일반순경 | 경행특채 | 해양경찰 | 경찰간부 시험대비 기본 이론서 최신개정판

박문각 경찰

브랜드만족
1위
박문각

2025

한쌤
경찰학 총론

기본 이론서

한상기 편저

동영상강의 www.pmg.co.kr

경찰청 출제위원 출신 저자가 직접 쓴

정통 경찰학 개론!

박문각

한쌤
경찰학 총론

기본 이론서

경찰학개론 2025 발간에 즈음하여

경찰학은 실무과목입니다. 실무는 숙달을 통해 익히는 성질이 있는 만큼 문외한 입장에서 접근하는 데에는 여러 애로 사항이 따릅니다.

첫째 출제범위를 정확히 아는 것이 어렵습니다.
둘째 이해하기도 어렵고, 이해가 어려우면 암기도 어렵습니다.
셋째 공부한 이후에도 실제 업무를 처리하지 않고 머리로만 공부하여 휘발성이 강한 특성이 있습니다.

다루는 실무영역도 이태원 참사가 터진 이후에 경찰개혁의 목소리가 무엇보다 커진 시점으로, 경찰 내부에 국민의 생명과 재산을 보호하는 위기관리 등 현장업무보다 내부 관리 문제에 인사의 중심점을 두고 있었던 과거의 문제들이 누적되어, 이와 같은 참사가 터졌다는 시각이 있으므로, 경찰을 개혁할 필요성이 무엇보다 커진 시점이라고 하겠습니다.

그리하여 시험출제에서도 경찰 내부관리 문제보다는 현장위기관리 업무의 비중이 커질 수밖에 없는 시점이기도 합니다.

경찰청에 바라는 바가 있다면 국민의 생명과 재산 보호에 필수적인 지식 중심으로 출제하고 난이도를 관리하여 수험생들의 공부 방향을 국민의 생명과 재산을 보호하는 방향으로 유도해 주길 바랄 뿐이며,

방향성은 약하고 실무에 대해 내근관리 업무와 현장업무 구별 없이 지나치게 방대한 영역에서 출제를 하다 보니 이에 대응하는 과정에서 불가피하게 기본서가 지나치게 두꺼워졌으나, 요약노트가 이를 추리는 기능을 하고 있으므로 요약노트를 통해 공부 범위를 확장하고 기본서를 통해 이해하고, 공부영역도 조절한다면 풍성한 기본서의 장점을 살리면서, 요약노트를 통해 효과적인 공부도 가능해질 것으로 믿습니다.

2024년 2월

편저자 한상기

이 책의 차례 CONTENTS

한쌤 경찰학 총론
기본 이론서

이 책의 차례 CONTENTS

박문각
경 찰

경찰청 출제위원 출신 저자가 직접 쓴

정통 경찰학개론!

PART

01

경찰과 경찰학

Chapter 01 경찰의 개념과 변천

1 경찰의 개념

> 경찰개념은 시대·역사 그리고 각국의 전통과 사상을 배경으로 발달하기 때문에, 일률적 정의가 곤란한 **다의적 개념**인 바,<14승진·22.2채용> 경찰개념의 연구를 통해서 경찰의 존재 이유를 성찰할 수 있고, 미래경찰을 구상할 수 있는 통찰력을 가질 수 있다.

I 테마 1 형식적 의미의 경찰과 실질적 의미의 경찰<06·07·14경간·05·07·08·10채용>

I. 형식적 의미의 경찰

(1) **의의 : 실무상 확립된 경찰개념**과 일치하는 것으로서 그 작용의 성질여하를 불문하고, **실정법상 보통경찰기관(경찰행정기관)에 분배되어 있는 임무**를 달성하기 위한 보통경찰기관의 모든 경찰활동을 의미한다.[♣실질적 의미의 경찰(×)]<10·15·16·17·19·20·21·23·24승진·06·07·14경간·05·07·08·10·12·15·17.2·23.1·2채용>

① **일반 행정기관**이 **실질적 의미의 경찰작용**을 하는 경우는 있으나(협의의 행정경찰), **형식적 의미의 경찰작용을 하지는 않는다.**[♣일반 행정기관도 형식적 의미의 경찰작용(×)]<10·15·19승진·06·07·19경간·08·10·12채용>

② 형식적 의미의 경찰은 **제도·조직법적 기준**에서 파악된 개념이다.[♣실질적 의미의 경찰(×), ♣일반 행정기관이라는 조직적 기준(×)]<03·08.3·10·15·16승진·06·07·14경간·05·07·08·10·12·15·20.1채용>
[😊형제조, 실성작]

(2) **규정 : 경찰관직무집행법**(제2조)**및 국가경찰과 자치경찰의 조직 및 운영에 관한 법률**(제3조)**에 규정**된 경찰의 직무범위를 의미한다.[♣실질적 의미의 경찰범위와 일치(×)]<09경간·03·20.1채용>

(3) **범위 :** 형식적 의미의 경찰은 **사회 목적적 작용과 국가 목적적 작용을 모두 포함**할 수 있는 개념이며 <09경간>, **권력 작용과 비권력 작용을 포함**한다.

※ 수사활동은 공공의 질서유지를 목적으로 하기보다는 형사사법권의 실현을 위한 보조작용으로서 실질적 의미의 경찰이라고 할 수는 없지만, 보통경찰기관인 경찰청에서 담당하고 있어 형식적 의미의 경찰에 해당한다.

📕 형식적 의미의 경찰에만 속하는 경우 - **정보경찰, 수사경찰(형사경찰, 사법경찰), 경찰의 서비스활동, 경찰방문, 외사경찰, 보안경찰, 방범지도**[♣실질적 의미의 경찰(×)][😊정수서방외보지]<14·19경간·10·15채용>

📕 형식적 의미의 경찰 및 실질적 의미의 경찰에 속하는 경우 - 해양경찰, 교통경찰, 소방, 풍속, 생활안전경찰(풍속경찰 포함), 경비경찰, 경찰하명, 경찰강제 등[😊해교소풍생활 경비 하명강제][♣건축허가(×)]

(4) **비교 :** 형식적 의미의 경찰 활동의 범위는 실정법에 따른 것으로 일반적으로 그 나라의 전통이나 여러 가지 현실적 요인에 의해 실정법이 결정되므로, **국가별로 차이가 있을 수** 있다.[♣차이가 있을 수 없다.(×)]<14·19·21·23승진·14경간·10·14.1채용>

Ⅱ. 실질적 의미의 경찰

(1) **의의** : **장래**에 향하여 **사회공공의 안녕과 질서를 유지**하기 위하여 국가의 **일반통치권**에 의거하여 **국민에게 명령·강제**하여 국민의 자연적 자유를 제한 또는 회복하는 **소극목적**의 **권력적 작용**을 의미한다(행정법학계)[♣특별통치권에 근거(×), ♣형식적 의미의 경찰은(×)]<09·10·14·15·16·17·19·21승진·13·19경간·12·15·23.2채용>

※ 경찰학계 ▶ 최근에는 공공질서 유지와 국민의 생명·신체·재산 보호를 위한 다양한 공공서비스 제공 작용으로 폭넓게 정의하는 견해 대두(경찰학계)

※ 사회 공공의 안녕과 질서유지는 성문법규범과 불문법규범의 총체에 대한 위험의 방지를 의미하는 **소극적 개념**이다.[♣적극적 개념(×)]<13·19경간·19승진>

① **실질적 의미의 경찰의 개념징표(특징)**

장래에	**장래에 향한** 위험방지(질서유지) 작용 ➡ 과거에 대한 제재인 사법(형사)작용은 제외
안녕과 질서유지	실질적 의미의 경찰은 **사회공공의 안녕, 질서유지**와 같은 **소극적 목적을 위한 작용**이다.<20승진> ※ 적극적인 복리작용이나 개인 상호간의 민사관계는 대상에서 제외된다.
일반 통치권에 기해	① **일반통치권** ➡ 일반국민을 대상으로 하는 일반통치권에 기초를 두는바, 특별권력에 기초하는 **의원경찰·법정경찰은 실질적 의미의 경찰개념에서 제외**되며, 형식적 의미의 경찰에도 포함되지 않는다.<05채용> ② **일반경찰과 의원·법정경찰의 관계**- 일반경찰권과 충돌 시 원칙적으로 **특별경찰권이 일반경찰권에 우선**하게 된다.<97승진>
국민을 상대로	일반국민을 상대로 하므로 외사대상을 상대로 하는 외사경찰이나 보안사범을 대상으로 하는 보안경찰은 제외된다.
명령·강제 하는 작용	① **권력적 작용** ➡ 실질적 의미 경찰 개념에 비권력 작용은 원칙적으로 제외된다.<10채용> ※ 실질적 의미의 경찰은 본질적으로 타인의 자유와 행동을 제한하고 규제하는 것과 관련이 있다.<12.1채용> ② **명령적 행위** ➡ 행정행위의 상대방에 대하여 일정한 의무를 부과하거나, 이를 해제함을 내용으로 하는 행정행위 **에** 하명·허가·면제 ※ 형성적 행위 제외 : 자연적 자유가 아닌 새로운 법률상의 권리나 능력을 좌우하는 특허·인가·대리 등 형성적 행위는 원칙적으로 실질적 의미의 경찰에서 제외된다.[♣포함(×)]

② **학문적 개념** : 실질적 의미의 경찰개념은 전통적인 **독일 행정법학**에서 경찰법상의 이른바 일반수권조항의 존재를 전제로 경찰관청에 대한 권한의 **포괄적 수권과 법치국가적 요청을 조화시키기 위하여** 구성된 도구개념으로 **경찰개념범위의 무제한적 확장을 제한하는 역할**을 한다.[♣학문적 의미에서 고찰된 개념(○), ♣실무상 확립된 개념(×), ♣프랑스 행정법학에서 유래(×), ♣일반 행정기관이라는 조직적 기준(×)]<10·15·17·20·21·23승진·09·13·14·23경간·10·11.1·14.1·17.1·20.1·23.1채용>

※ 실질적 의미의 경찰은 근본적으로 타인의 **자유와 행동을 제한하고 규제**하는 것과 관련이 깊으며 강제력을 수단으로 하여 질서경찰에 해당한다.<12.1채용>

③ **기준** : 실질적 의미의 경찰은 경찰의 위험 방지를 위한 **명령·강제 등 권력 작용**을 의미하는 개념으로 **성질·작용을 중심으로 파악**한 개념이다.[♣형식적 의미의 경찰은(×), ♣조직을 중심으로 파악한 개념(×), ♣행정조직의 일부로서(×), ♣비권력 작용 포함(×)]<17승진·10·11·15·17.2·20.1채용> [⊕형제조 실성작]

(2) 범위

① 실질적 의미의 경찰은 **행정경찰과 범위가 같으며 보안경찰과 협의의 행정경찰을 포함**하는 개념이다.**(실질적 의미의 경찰 = 행정경찰 = 보안경찰+협의의 행정경찰)**[♣수사·정보·보안경찰활동(×), ♣ 사법경찰활동(×), ♣경찰서비스활동(×)]<10·15·24승진·04경간·05·08·23.2채용>

> ※ 협의의 행정경찰 ➡ 일반행정기관에 속하는 행정작용 중에도 실질적 의미의 경찰작용에 포함되는 것이 있는데 이를 협의의 행정경찰이라고 한다.[♣형식적 경찰개념(×)<14승진·17.2·23.2채용>
> (➡ 일반행정기관에서도 경찰기능을 담당한다고 할 때의 경찰기능은 성질·작용 측면에서 바라본 실질적 경찰개념을[♣형식적 의미의 경찰개념(×)] 의미한다.<14경간>)
>
> ※ 보안경찰 ➡ 보통경찰기관의 작용(형식적 의미의 경찰작용) 중 실질적 의미의 경찰에 해당하는 것을 강학상 보안경찰이라 한다.[♣불심검문(○)]<23.2채용>

② **주체 : 일반 행정기관도** 실질적 의미의 경찰작용을 하는 경우가 있다.[᠍에 협의의 행정경찰]<15·16승진>

③ **대상 :** 실질적 의미의 경찰은 장래에 향한 작용이며, 사회공공의 안녕과 질서유지를 위한 권력적 작용이므로 **소극목적의 작용**에 한정되며, 동시에 **사회 목적적인 작용을 대상**으로 한다.<13경간·10·16·17·24승진·05·08·20.1·23.1채용>

> ※ **사회 목적적 작용** ➡ 국가 목적적 작용은 경찰의 개념에서 제외된다.[♣실질적 의미의 경찰 개념에 포함(×)]<09승진·94행정>

(3) 비교 : 실질적 의미의 경찰은 **국가 간에 공통성이 있는 개념**이다.

※ 독일행정법학계에서 제시한 실질적 의미의 경찰개념 외에 의미있는 용도를 가진 실질적 의미의 경찰개념은 제시된 바 없고, 의미 없다.

① 권력의 유형

일반권력	주권을 실현키 위한 국가의 모든 권력을 의미하는 개념으로서 국가와 국민간의 관계(일반 통치권)를 전제로 한다.
특별권력	국가(조직)내부의 부분적 질서를 유지하기 위한 권력 작용을 의미한다.

② 형식적 의미의 경찰과 실질적 의미의 경찰 비교 [☺형제조 실성작]

구분	형식적 의미의 경찰	실질적 의미의 경찰
실정법상 개념(**제도·조직**) 기준	○	×
학문적 개념(**성질·작용**) 기준	×	○
일반 행정기관이 수행하는 경우	×(없다.)	○(있다.)
보통경찰기관이 수행하는 것	○(일치)	△(일부 포함)
국가경찰과 자치경찰의 조직 및 운영에 관한 법률 제3조, 경직법 제2조의 대상	○(일치)	△(일부 포함)
사회 목적적 작용	○(포함)	○(포함)
국가 목적적 작용	○(포함)	×(제외)
국가별 차이	○(있다.)	×(없다.)

※ 생활안전경찰이나 교통경찰, 경비경찰의 경우 명령·강제하는 속성을 업무 자체에 내포하고 있어 실질적 의미의 경찰에 해당하나 실제 업무에서 서비스 등 비권력 작용을 수행하고 있어 실질적 의미의 경찰작용에 해당하지 않는 기능도 수행한다고 볼 수 있다.

Ⅲ. 양 개념의 관계

(1) 원칙적으로 형식적 의미의 경찰(실정법상 경찰개념)과 실질적 의미의 경찰(공공의 안녕과 질서유지를 위한 권력작용)은 아무런 관계가 없으며, 일부 일치한다. 즉 **양자의 범위는 일치하지 아니한다.**
[♣포괄하는 상위 개념(×), ♣일치(×)<19·23경간·15·16·20·23승진·11·14·17.2·23.1·2채용>

※ 형식적 의미의 경찰이 언제나 실질적 의미의 경찰이 되는 것은 아니며, 실질적 의미의 경찰이 모두 형식적 의미의 경찰이 되는 것도 아니다.<21승진·20.1채용>

(2) 형식적 의미의 경찰이 실질적 의미의 경찰작용을 하는 경우에는 양자가 일치할 수가 있다.(보안경찰)

예 지구대 경찰의 불심검문 → 양자가 일치 / 지구대 경찰의 대민봉사 → 양자는 불일치

(3) 의원경찰이나 법정경찰처럼 어느 한쪽에도 해당되지 않는 영역이 존재한다.

(4) (사무를 기준) **자치경찰 사무**는 실정법에 규정된 내용으로 **모두 형식적 의미의 경찰**에 해당하지만 명령·강제 기능에 해당하는 **일부만 실질적 의미의 경찰에 해당**한다.[♣자치경찰사무는 형식적 의미의 경찰과 실질적 의미의 경찰 모두에 해당(×)<23경간>

(1) **실질적 의미의 경찰에만 해당하는 영역 : 협의의 행정 경찰의 업무영역**

예 철도경찰, **도로경찰,** 산업경찰, 산림경찰, 건축경찰(**예** 건축허가), **보건경찰, 공물경찰,** 경제경찰, **영업경찰, 위생경찰**[♣정보경찰은 실질적 의미 경찰(×)<10승진·04·09·23경간·05·08·09채용> [☻철도산건 공경영 위협]

예 풍속영업에 해당하는 유흥주점에 대해 식품위생법에서 일반행정기관의 명령·강제(시정명령과 허가취소 등 제재)를 인정

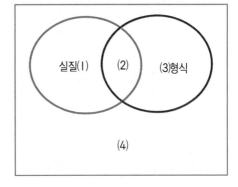

실질(1)　(2)　(3)형식

(4)

(2) **(강학상) 보안경찰** : 형식적 경찰이 실질적 경찰작용(공공의 안녕과 질서유지를 위해 국민에게 명령·강제)을 수행하는 업무영역이다.

※ 「경찰관직무집행법」제3조에 의한 불심검문은 범인을 검거하고 범죄를 예방하는 데 가장 중요한 경찰상 즉시강제의 권력작용이라는 면에서 실질적 의미의 경찰에 해당하고, 실정법에서 경찰행정기관에 그 권한을 맡긴 것이란 면에서 형식적 의미의 경찰이기도 하다.<14승진>

예 해양경찰, 교통경찰, 소방경찰, 풍속경찰, 생활안전경찰, 경비경찰, 경찰하명, 경찰허가(운전면허 발급, 총포 등의 소지허가 등), 경찰상 즉시강제(불심검문 등), 경찰상 강제집행, 순찰 등 범죄예방활동(通) 등[♣서비스 활동(×)<10승진> [☻해교소풍생활 경비 하명 강제]

(3) **형식적 의미의 경찰에만 해당하는 영역** : 형식적 의미 경찰의 **비권력적**인 업무영역과 과거의 범죄수사와 관련된 업무영역<01·08채용>

예 정보경찰·**수사(사법)경찰**[♣사법경찰은 실질적 의미의 경찰에 포함(×)<10·15승진·09·23경간·08·14·15·23.2채용>, **경찰의 서비스 활동(교통·지리정보의 제공,** 어린이 교통교육 등), 경찰방문, 외사경찰, (기능상) 보안경찰, 경찰지도(방범지도) 등, 순찰 등 범죄예방활동(少)<04경간·23승진·05·08채용> [☻정수 서방 외보지]

예 경찰서장이 특별히 필요한 경우 경찰공무원에게 풍속영업소에 출입하여 준수사항을 지키고 있는지를 검사하게 할 수 있는 '출입 및 검사'(풍속영업규제에 관한 법률 제9조)는 임의적 행정조사로 형식적 의미의 경찰에만 해당한다.

⑷ **실질적 의미에서도 형식적 의미에서도 경찰작용에 해당하지 않는 영역**

예 의원경찰, 법정경찰, 경찰조직 내부적 작용(경찰공무원임용 등), 일반 행정기관의 공공복리작용 등
<09경간>

> ※ 공물경찰 ➡ 공물(公物)에서 사회공공의 안녕과 질서에 대한 위해를 예방·제거하기 위한 작용
> **예** 도로에 균열이 발생하였을 때 안전성 확보를 위해 해당 지역의 통행을 금지하는 경우

IV. 경찰개념에 대한 견해 변화<04경간>

⑴ **전통적 견해** : 경찰을 사회공공의 안녕과 질서유지를 위해 일반통치권에 의거하여 국민에게 명령·강제함으로써 그 자연적 자유를 제한하는 작용으로 이해한다.(행정법 학자들의 견해[♣행정학자들에 의해 주장 (×)] − **실질적 의미의 경찰개념**<04경간>

※ **특징 : 경찰작용을 강제작용에 한정, 국민과의 수직적 관계** ➡ 경찰과 국민간의 수직적 관계를 설정한다.(경찰이란 ➡ '실질적 의미의 경찰이 사용하는 통치권적 권한')

⑵ **현대적 견해** : 경찰을 사회공공의 질서유지와 범죄로부터 국민 개개인의 생명과 재산을 보호하기 위한 다양한 공공서비스 또는 공공재를 제공해 주는 작용으로 이해하는 견해가 대두되고 있다.(행정학 학자들의 견해− **포괄적 개념**) 그러나 이러한 개념은 아무런 용도가 없는 것으로 이러한 개념에 뚜렷한 목적의식을 추가할 필요가 있다.

※ **특징 : 봉사와 협력요인을 중시**하고(경찰을 문제해결자로 인식), 공공의 질서유지와 수사 및 서비스 제공도 포함하며, 경찰과 국민의 **수평적 관계를 강조**한다.(경찰이란 ➡ '소극적 질서유지+서비스기능)<97승진·01·08채용>

Ⅲ **테마 2** **경찰개념의 분류**<07·09·12·16채용>[☺ 소자 목사 독보 정평 발진 보고 질질]

권한과 책임 소재(에 따라)	국가경찰	국가가 설립하고 관리하는 경찰 ※ 조직, 인사, 경비문제와 관련
	자치경찰	자치단체가 설립하고 관리하는 경찰
목적 (3권 분립사상)	행정경찰	공공질서 유지 및 범죄예방(행정법규 적용), 실질적 의미의 경찰
	사법경찰	형사사법권의 보조적 작용(형사소송법 적용), 형식적 의미의 경찰
업무의 독자성	보안경찰	다른 행정영역과 무관한 **독립**적 경찰작용, **예** 교통경찰, 풍속경찰
	협의의 행정 경찰	다른 행정영역과 관련하여 행하여지는 경찰작용 **예** 위생경찰, 산업경찰
위해의 **정도,** 담당기관	평시경찰	평시에 법규에 의하여 보통경찰기관이 행하는 경찰작용
	비상경찰	국가비상시에 군대가 일반 치안을 담당
경찰권의 발동시점	예방경찰	범죄위험을 **방지하기 위한** 권력적 또는 비권력적 작용 **예** 순찰활동, 경찰규제(총포·화약류취급제한), 정신착란자 보호조치
	진압경찰	**발생된 범죄**의 진압·수사를 위한 권력적 작용 **예** 사법경찰

보호법익	고등경찰	사상, 종교, 언론, 출판, 집회, 결사 등에 관한 정치경찰작용
	보통경찰	일반사회의 질서유지를 위한 경찰작용
경찰활동의 질과 내용	질서경찰	강제력을 수단으로 법집행
	봉사경찰	비강제적 수단으로 법집행

Ⅰ. **국가경찰과 자치경찰(권한·책임소재에 따른 구분)**<03·05·19승진·04·09·10·12·16채용>

구분	국가경찰(중앙경찰)	자치경찰(지방경찰)
의의	**국가가 설립·관리**하고 권한과 책임이 국가에 귀속되는 경찰제도	**지방자치단체가 설립·관리**하고 권한과 책임이 지자체에 귀속되는 경찰제도
조직	중앙집권적·관료적 조직	지방분권적·민주적 조직
수단	권력적인 명령·강제가 중심	비권력적 행정행위가 중심
장점	① 효율성[통일성·기동성·능률성·(강력하고 광범위한) **집행력**] 확보(통일적, 공정한 법집행) [♣운영·개혁 용이(×), ♣협의의 행정경찰(×)]<19승진·16.2·21.1·23.1채용> ② 다른 기관과 **협조·조정**이 용이하다.[♣자치경찰의 장점(×)]<22경간·10·16.1·20.1채용> ♣자치경찰은 다른 기관과 협조·조정이 용이한 장점이 있다.(×)<10채용> ③ 전국적 **통계자료 정확**(정확·유용한 통계자료 확보)[♣통계자료 수집 및 정확성 측면에서 불리(×)]<16.2·23.1채용>	① **민주성**─ 정치적 중립성·인권보장, 권력적 수단보다 **비권력적 수단 선호**, 주민지향(주민**협력 치안의 활성화**, 주민에 대한 **높은 책임의식**)으로 **주민의견수렴이 용이**하여 **주민지지를 받기 쉽다.**[♣권력적 수단 선호(×), ♣국가경찰은(×)]<22경간·19승진·13경간·10·20.1·23.1채용> ※ 지방정부 소속으로 중앙정부에 대한 정치중립에 유리한 제도이다. ② **지역의 특성에 맞는**(지역실정을 반영) 경찰행정이 가능[♣전국적으로 균등한 서비스 제공 가능(×), ♣국가경찰은(×)]<18·22경간·20.1·21.1·23.1채용> ③ 지방별로 독립된 조직이므로 조직·운영의 **개혁**이 용이하다.[♣국가경찰 장점(×)]<16.2채용>
단점	① 경찰에 대한 **시민통제 곤란, 비대화·관료화 우려**[♣자치경찰의 단점(×)]<10채용> ② 정치적 중립성 취약 ➡ (중앙)**정부정책 수행에 이용**으로 본연의 임무를 벗어날 수 있다.<19승진> ③ 각 **지방의 특수성·창의성 저해**[♣자치경찰의 단점(×)]<10채용> ④ **개혁곤란**, 잦은 인사이동 폐단	① **통일성·집행력·기동력 미약** ➡ 광역적 범죄에 대처곤란<19승진·10채용> ② 국가기관 및 타 자치경찰과 **협조곤란**[♣협조원활(×)]<18경간> ③ **통계자료의 부정확성**[♣통계 정확(×)]<18경간> ④ 지방 세력과 유착(정실주의), 토착비리 문제[♣자치경찰은 정부정책수행에 이용될 가능성이 많다.(×)]<23.1채용>

(1) **구별기준**: 경찰조직에 대한 **권한과 책임의 소재**(경찰의 조직·인사·비용부담)**에 의한 구분**으로서, 양자 모두 일반통치권에 근거를 두고 있다. 따라서 권력의 기초에는 차이가 없다.(通)[♣권한과 책임 소재에 따라 보안경찰과 협의의 행정경찰(×)]<20경간·17승진·12·16.1·23.1채용>

(2) **우리제도** : **원칙적인 국가경찰제도**하에 일부 업무(생활안전, 교통, 일부수사업무)에 대해 자치경찰위원회의 지휘·감독권을 인정하고, 제주에는 별도의 **자치경찰조직**을 두는 등 부분적으로 자치경찰제도를 가미하고 있다.[♣별도의 자치경찰조직은 없다.(×)→제주도에 별도 자치경찰조직이 있음.]<03·05승진, 04·09·10·12.3채용>

※ 국가경찰과 지치경찰의 조직 및 운영에 관한 법률은 "**국가와 지방자치단체**는 국민의 생명·신체 및 재산을 보호하고 공공의 안녕과 질서유지에 필요한 시책을 수립·시행하여야 한다"(제2조)고 규정하여 현행법은 자치경찰제도를 도입하고 있다.

(3) **소속** : 우리 '국가경찰과 자치경찰의 조직 및 운영에 관한 법률'은 **시·도경찰청의 소속을 시·도로 규정**하고 생활안전·교통·일부수사업무에 대해 시·도경찰위원회의 지휘·감독권을 인정하고 있으나, 원칙적으로 국가경찰체제를 유지하고 있다고 보아야 한다.<03·05승진·04·09·10·12.3채용>

(4) **유의사항** : 국가경찰과 자치경찰의 제도적 선택은 해당 국가의 **정치적 성격(민주주의·전체주의)**과 직접적인 관련성이 없음에 유의해야 한다.

① **우리나라에서 자치경찰로의 제도전환 시 고려사항**

> (1) 남북분단 상황 하에서 중앙정부의 위기극복 능력과 긴급사태에 대한 제도적 대처방안
>
> (2) 불균형적인 **지방재원의 조정·보충방안**
>
> (3) 한국 특유의 정치구도 하에서 **지방경찰의 정치적 중립**의 유지와 붕당화(朋黨化) 극복방안
>
> (4) 지방자치경찰에 대한 **국가검찰의 지휘·통제라는 모순**의 해결

② **자치경찰제 도입에 대한 찬반론**<01승진>

자치경찰제 도입 찬성론	자치경찰제 도입 반대론
(1) 경찰조직의 민주성·효율성의 확보	(1) 지방자치제 시행과 경찰제도는 무관함.
(2) 경찰의 정치적 중립화를 촉진하게 됨.	(2) 공조·광역수사의 효율성이 저하될 우려
(3) 지방자치단체와 경찰의 협조 용이	(3) 경찰조직 관리의 복잡성과 난맥상 야기
(4) 경찰에 대한 시민사회의 통제강화	(4) 지역적으로 경찰의 불균형을 초래
(5) 현행 법제도상 자치경찰 요소가 존재	(5) 자치경찰제 실시단위 설정의 어려움.

Ⅱ. 행정경찰과 사법경찰(목적, 3권 분립 사상)

구분	행정경찰(광의)	사법경찰
의의	사회 공공의 **안녕과 질서의 유지** 및 범죄예방을 목적으로 하는 권력 작용이다.<16승진>	**범죄수사, 범인체포의** 수사 작용이다.<16승진>
적용법	각종 **경찰행정법** 적용[♣형사소송법(×)]<16승진>	**형사소송법** 적용[♣각종 경찰법(×)]<16승진>
특징	① **현재 및 장래의 위험방지**를 위해 발동하는 작용이다.[♣행정경찰은 주로 과거의 상황에 대해 발동(×)]<13·22경간·02채용> ② **실질적 의미의 경찰**과 범위가 같다.[♣형식적 의미의 경찰에 포함(×)]<14·19승진·18.3채용> ➡행정경찰은 경찰의 개념에 속함.	① **과거의 불법에 대한 제재작용**이다.[♣현재 또는 장래상황에 대하여(×)]<13·22경간·02채용> ② **사법작용의 성격(국가목적)**을 가진다. ③ **형식적 의미의 경찰**에 포함[♣실질적 의미의 경찰에 포함(×)]<13·14·19승진·18.3채용> ➡사법경찰은 사법작용으로서 경찰의 개념에 속하지 않는다.(대륙법계 기준)

감독	경찰청장(또는 주무부장관)의 지휘·감독을 받는다.[♣검사지휘 하에 수행(×)]<16승진·02채용>	① **우리나라** : 경찰지휘권자(경찰청장 등)의 지휘·감독을 받는다.<16승진> ② **대륙법계** : 검사의 지휘 감독을 받는다.

(1) **구별기준** : 광의의 **행정경찰, 사법경찰은 경찰의 목적·임무**를 기준으로 한 구분이며(행정부의 업무인가, 사법부의 업무인가에 따른 구분), **3권 분립에 따른 구분**이라고도 할 수 있다.[♣권한과 책임의 소재에 따른 구분(×)]<12·13·17승진·01·03·20·21경간·09·12·18.1·21.1채용>

※ **행정경찰은 경찰의 개념범주**에 속하고, **사법경찰작용은 사법영역**에 해당한다.<02채용>

(2) **최초 구분** : 행정경찰과 사법경찰을 구분하는 것은 3권 분립 사상이 투철했던 프랑스에서 확립된 개념으로 프랑스의 '죄와 형벌법전(경죄처벌법)' 제18조에서 "행정경찰은 공공질서 유지·범죄예방을 목적으로 하고, 사법경찰은 범죄의 수사·체포를 목적으로 한다."고 최초로 규정한 데서 유래한다.[♣독일경찰학에서 유래(×), ♣영국에서 확립된 구분(×)]<14승진·13·20경간·04·09·12·18.3·21.1채용>

※ 프랑스는 지금도 엄격하게 행정경찰과 사법경찰을 구분하고 있다.<04승진·02채용>

(3) **대륙법계 특징** : 행정·사법경찰의 구분은 수사업무자체를 사법부의 관할로 규정하는 대륙법계의 특색으로 수사업무를 집행업무로 보아 행정부의 사무분장으로 하고 있는 **영미법계에서는 양자의 구별이 없으며,** 대륙법계에서는 수사를 경찰의 고유관할로 인정하지 않지만, 영미법계에서는 수사를 경찰의 고유관할로 인정하고 있다.<08승진·08채용>

(4) **우리나라** : 조직법상 행정경찰과 사법경찰의 구분이 없어, 보통경찰기관이 양 사무를 모두 담당하고 있으며, 수사는 경찰의 고유관할업무라고 할 수 있다.[♣우리나라는 구분이 명확(×)]<22경간·16승진·12.1·21.2채용>

III. 보안경찰과 협의의 행정경찰(독자성, 관련성)<06·08승진·04·07·11·12.1·18.1채용>

구분	보안경찰(치안경찰)	협의의 행정경찰
의의	다른 행정작용을 동반하지 않고, 오로지 **경찰작용만으로 독립**하여 행정의 일부분을 구성하는 경찰작용을 의미한다.[♣형식적 의미의 경찰(○), ♣실질적 의미의 경찰(○)]<12.1채용>	다른 행정작용에 부수하여 그 행정작용과 관련해서 발생하는 위험을 방지하기 위해 행해지는 경찰작용이다.[♣형식적 의미의 경찰(×), ♣실질적 의미의 경찰(○), ♣일반 행정에 독립하여(×)]<12.1·21.2채용>
예	※ 해양경찰, 교통경찰, 소방경찰 풍속경찰[♣협의의 행정경찰(×)], 생활안전경찰, 경비경찰, 경찰허명, 경찰허가, 경찰강제(불심검문)<21경간·06·18.3채용> [⊕해교소풍생활경비하명강제]	※ 철도경찰, **도로경찰**, 산업경찰, **산림경찰**, 건축경찰, **보건경찰, 공물경찰**, 경제경찰, **영업경찰, 위생경찰**[♣풍속경찰(×)]<21경간·09·18.3·21.2채용> [⊕철도산건 공경영 위험]

(1) **구별기준** : 보안경찰과 협의의 행정경찰은 다른 행정작용과의 관련성(독자성)을 기준으로 한 분류이다.[♣권한과 책임소재에 따른 구분(×)]<20·21경간·10·13·17승진·11·12.3·18.1채용>

(2) **행정경찰(실질적 의미의 경찰)을 재분류한 개념** : 20C 독일에서 비경찰화의 결과로서 생성된 개념이다.<11.1채용>

※ 행정경찰(실질적 의미의 경찰) = 보안경찰 + 협의의 행정경찰<11.1채용>

(3) 비경찰화

보안경찰의 영역에서 보안경찰 이외의 **협의의 행정경찰사무**를 제외시켜 다른 행정관청의 사무로 이관하는 현상을 **비경찰화**라 한다.[♣비범죄화(×)]<08 · 12 · 19승진 · 01 · 02 · 12.2 · 15.3채용>

① **비경찰화의 대상 ➡ 협의의 행정경찰사무**(⑩ 철도경찰, **도로경찰**, 산업경찰, 산림경찰, 건축경찰, **보건경찰, 공물경찰**, 경제경찰, **영업경찰, 위생경찰** 등)[♣풍속경찰(×)]<05 · 19승진 · 03 · 18.3채용>

② 보안경찰은 **비경찰화의 대상이 아니다.**

비교 **보안경찰 개념**

구분	강학상 보안경찰	기능상 보안경찰
의의	행정경찰 중 다른 행정작용에 부수되지 않고, 오로지 **경찰작용만으로 독립하여 행정의 일부분을 구성**	주로 국가의 존립과 기능의 불가침성(국가안전보장)에 대한 위험을 예방·진압하는 경찰활동을 의미
특징	**실질적 의미 경찰(○), 형식적 의미 경찰(○)** ※ 소방경찰은 강학상 보안경찰에는 해당, 형식적 의미의 경찰에 포함 여부 논란(우리나라)	**실질적 의미 경찰(×), 형식적 의미 경찰(○)**

IV. 평시경찰, 비상경찰(위해 정도, 담당기관)<21경간 · 12.3채용>

구분	평시경찰	비상경찰
의의	평온한 상태 하에서 일반경찰법규에 의하여 **보통경찰기관**이 행하는 경찰작용을 의미한다.<21.1채용>	비상사태 발생이나 계엄선포 시 **군대가 일반치안을 담당**하는 경우이다.<21.1채용>
예	※ 신고출동이나 예방활동 등 포괄적인 평상시의 경찰활동	※ 계엄, 위수령

※ **구별기준 :** 공공의 안녕과 질서에 대한 **위해의 정도와 적용법규, 담당기관에 따른 분류**이다.[♣경찰권 발동시점 기준(×)]<20 · 21경간 · 13승진 · 12.3 · 21.1 · 23.1채용>

V. 예방경찰과 진압경찰(경찰권 발동시점 기준)<96 · 97 · 19승진 · 01경간 · 11 · 12.3채용>

구분	예방경찰	진압경찰
의의	범죄의 발생이나 위험의 발생을 사전에 방지하기 위한 권력적 및 비권력적 작용을 의미한다.<12.3채용 - 분류기준 출제>	이미 발생된 위해의 제거나 범죄의 수사를 위한 경찰 (권력적 및 비권력) **작용을 의미**한다.<12 · 13승진 · 21.2채용>
특징	① 행정경찰보다는 범위가 협소(논란 소지 있음.) ② 주로 비권력적 수단을 사용하는 서비스의 성격이 강한 분야이므로 다양한 수단을 개발해 나가야 한다.	① 사법경찰과 범위가 일치 ② 불법집회에 대한 경찰의 자진해산 요청으로 집회자가 해산하였다면 이는 비권력적 진압경찰 작용에 해당한다.

예	① 순찰활동[♣범죄의 제지(×)]<12승진·03경간·04·09채용>	① 범죄의 제지[♣예방경찰(×)]·진압·수사, 범인의 체포<12승진·03경간·04·09·21.2채용>
	② 총포·화약류의 취급제한[♣진압경찰(×)]<21.2채용>	② 사람을 공격하는 **멧돼지, 광견 등 동물의 사살**<18.3·21.2채용>
	③ (위해 우려) 정신착란자의 보호조치<19승진·11.1·18.3채용>	③ (위해를 주는) 정신착란자의 보호조치

(1) **구별기준 :** 경찰권의 발동시점에 따라 예방경찰과 진압경찰로 구분한다.[♣평시경찰과 비상경찰로 구분(×), ♣질과 내용 기준(×)]<20·22경간·13·17·19승진·12.3·23.1채용>

(2) **'진압(鎭壓)'의 의미**(국가경찰과 자치경찰의 조직 및 운영에 관한 법률 제3조와 경찰관직무집행법 제2조) : 집단적 범죄에 대한 강력한 예방작용을 의미함과 동시에 사법적 수사에도 관련되는 것으로서, 이는 **예방경찰과 진압경찰의 양자 모두에 관련되는 개념**이다.<02채용>

Ⅵ. 보통경찰과 고등경찰(보호법익)<21경간>

구분	보통경찰	고등경찰
의의	일반사회의 안전과 질서유지를 위한 경찰작용을 의미한다.	국가조직의 근본에 대한 위배의 방지를 위한 사상·종교·집회·결사·언론·출판 등에 관한 경찰작용으로서 정치경찰을 의미한다.(**프랑스**에서 유래)[♣독일에서 유래(×)]<21경간>
예	※ 기본적인 모든 경찰활동	※ 경찰부서 내의 정보과·보안과, 국가정보원 등

※ **구별기준 : 보호법익**에 따라 보통경찰과 고등경찰로 구분된다.<18.1순경>

Ⅶ. 질서경찰과 봉사경찰(질과 내용)<08승진·08경간·12.1·3·18.1순경>

구분	질서경찰	봉사경찰
의의	**강제력을 수단**으로 사회공공의 안녕과 질서유지를 위한 법집행을 주로 하는 경찰활동	서비스·계몽·지도 등 비권력적인 수단을 통하여 경찰의 직무를 수행하는 경찰활동<21.2채용>
예	경찰처분(**경범죄처벌법상 교통위반자에 대한 통고처분**), 경찰강제(강제집행·즉시강제, 진압), 다중범죄진압, **범죄수사** 등[♣수난구호(×)]<12.1·18.1·21.1채용>	**방범지도**, 방범순찰, 청소년 선도, **교통정보의 제공, 수난구호** 등<21경간·12.1·18.1·21.1·2채용>

(1) **구별기준 :** 경찰 활동 시 **강제력의 사용 유무**로서, 경찰활동의 **질과 내용에 따라** 질서경찰과 봉사경찰로 구분한다.[♣국가경찰과 자치제 경찰은(×), ♣목적에 따른 구분(×)]<20·22경간·17승진·12.3·18.1·21.1·23.1채용>

(2) **형식적 의미의 경찰에 대한 구분 :** 형식적 의미의 경찰 중에서 경찰활동의 질과 내용을 기준으로 질서경찰과 봉사경찰로 구분할 수 있다.<12.1채용>

2 경찰개념의 형성 및 변천

> ① 경찰개념은 시대성·역사성을 반영, 일률적 정의가 곤란한 다의적 개념<14승진>

Ⅰ 테마 3 대륙법계 국가의 경찰개념 변천(대륙법계 독일 중심)

(1) 대륙법계 경찰개념 변천과정 ⇨ ① 국정 전반 → ② 내무행정 → ③ 위험방지 → ④ 보안경찰<19승진>

국정전반	고대·중세 (경찰권 미분화)	유럽의 경찰개념은 **고대**에는 **일체의 정치, 헌법**이었고, **중세**에 교회행정을 제외한 국정전반을 의미하다가,
내무행정 전반	경찰국가시대 (경찰권 분화)	경찰국가시대에 이르러 재정, 외교, 군사, 사법을 제외한 내무행정에 국한되고, [●군사재외]
위험방지	법치국가시대 (경찰권 분화)	19세기 말 복지경찰을 제외한 **소극적 위험방지**에 한정됨.
보안경찰 [●국내위안]		2차 대전 이후에 비경찰화 과정을 거치면서 공공의 안녕과 질서유지라고 하는 **보안경찰** 임무에 국한되기에 이른다.

(2) 대륙법계(독일)의 경찰개념의 특징 ⇨ 국왕의 절대적 권력으로부터 유래하는 경찰권을 전제로 하여, 권력에 봉사하는 경찰과 시민이 대립하는 구도(경찰권과 시민권은 반비례) 하에서 계몽주의 사상으로부터 말미암은 법치주의 사상의 등장으로 점차 시민권이 신장되면서 경찰이 권력을 행사할 수 있는 범위를 축소시킴으로써, 시민의 자유와 재산에 대한 **경찰권의 발동범위를 축소**시키고자 했던 사상의 반영이었다.[♣경찰과 시민은 대립관계가 아니었다.(×)]

♣대륙법계 경찰권은 축소과정을 밟게 되는데 경찰은 권력에 봉사하지만 그렇다고 시민과 대립관계는 아니었다.(×)

Ⅰ. 고대 및 중세

(1) **국정전반(일체정치, 헌법) :** 경찰이라는 용어는 그리스어의 πολιτεία, 라틴어의 politia에서 유래하는 것으로 도시국가에 관한 **일체의 정치, 특히 헌법**을 의미하였다.[♣정치 제외(×), ♣중세에 경찰과 행정분화(×)]<09·10·14승진·18경간·10.2·23.1채용>

※ 이는 곧 국정전반에서 국민을 상대로 명령·강제하는 기능이 있어 국정전반이 경찰개념에 해당하였다는 말이다.[♣정치 제외(×) → 포함]

(2) **14C 말 프랑스**에서 경찰(la Police)이란 **국가목적·국가작용·국가의 평온한 질서 있는 상태**를 의미하였다.[♣초기에는 공동체의 질서 있는 상태를 의미(×)]<21경간>

(3) **15C 말 프랑스**의 국가작용을 의미하는 **경찰개념(pouVoir de Police)이 독일에 계수**되어 양호한 질서를 포함한 **국가행정 전반을 포괄**하는 의미로 '국민의 공공복리를 위해 **강제력을 동원할 수 있는 통치자의 권한**'으로 인정되어 **절대적 국가권력의 기초를 제공**하였다.[♣독일의 경찰개념이 프랑스에 계수(×), ♣14세기 말(×)]<10·13승진·11·21경간>

(4) **16C**(1530년) 독일 제국경찰법에서 'polizei'라는 용어는 국가목적 내지 그러한 목적을 위하여 행하여지는 국가행정 중 **교회행정을 제외한 일체의 국가행정(국정전반)**을 의미했다.[♣교회행정 포함(×), ♣경찰국가시대(×), ♣군사·사법·재정·외교 제외한 내무행정 전반(×)]<08·10·19승진·07·11·13·17·23경간·04채용>

Ⅱ. 경찰국가시대(17~18C)

(1) 경찰과 행정의 분화(내무행정 전반) : 17세기 국가 활동의 확대와 복잡화로 국가작용의 분화사상이 나타나 경찰의 개념에서 **군사(국방)·사법·재정·외교작용이 제외**되어, 경찰이란 사회공공의 안녕과 복지에 직접 관계되는 **내무행정 전반**을 의미하게 되었다.[♣중세에 경찰과 행정분화(×), ♣교회행정 제외(×), ♣국정전반(×)]<07·08·09·12·14·19승진·11·18·23경간·04·09·23.1채용>

① **국가목적작용 제외** ➡ 경찰국가시대에 와서 **군사·사법·재정·외교작용**이 **국가의 특별한 작용으로 인식**되었다.(◇사법과 경찰의 분리 ⇨ 1648년 베스트팔렌 조약을 계기로)<07·09·22.2·23.1채용>

② **내무행정 전반** ➡ 경찰이란 '**소극적 치안유지(위험방지)**'+'**적극적 공공복리의 증진**'을 의미하였다.[♣소극목적에 한정(×), ♣적극적인 공공복지의 증진을 위하여 강제력을 행사할 수 없었다.(×)<18경간·19승진·10.2채용>

> 참고 **목적에 의한 행정의 분류**
>
> | 사회목적
작용 | 의의 | 사회공공의 질서유지나 이익증진의 달성을 직접 목적으로 하는 행정 |
> | --- | --- | --- |
> | | 내용 | 내무행정: 경찰(질서)행정[소극적 질서유지]+급부행정[적극적 복리증진] |
> | 국가목적
작용 | 의의 | 국가자체의 존립과 활동을 직접 목적으로 하는 행정 |
> | | 내용 | ① 재무행정[재력의 취득·관리]
② 외무행정[대외국 관계의 유지]
③ 군사행정[병력의 취득·관리]
④ 사법행정[사법적 설비의 취득·관리 및 재판에 부수한 질서유지] |

(2) 적극적 공공복리 증진 포함 : 후기 관방학을 사상적으로 기초로 하여 경찰국가적 행정이 전개되어, 경찰의 개념에는 '소극적 치안유지'뿐만 아니라 '적극적인 공공복리의 증진'을 위한 강제력의 행사, 즉 **복지경찰까지도 경찰의 개념에 포함**되었다.[♣공공복리 증진을 위한 강제력 행사 포함(○)<03승진·04·10.2·12.2채용>

※ **절대주의적 국가권력의 기초**－"**왕권신수설**"을 사상적 기반으로[♣계몽철학을 사상적 기초로(×)] 하여 경찰이란 절대왕권을 뒷받침하는 무제한적인 국가권력으로서 **절대주의적 국가권력의 기초**가 되었다.<12.2채용>

① 경찰(관료)은 국왕의 절대적인 권력에 복종하지만, 국민에 대해서는 **포괄적인 권한**에 근거하여 국민의 권리관계에 개입할 수 있었다.(재판에 의한 통제도 받지 않고 일방적으로 국민을 지배)<05승진>

※ 독일의 경우, 15세기부터 17세기에 이르기까지 경찰은 공동체의 질서정연한 상태 또는 공동체의 질서정연한 상태를 창설하고 유지하기 위한 활동으로 이해되었고, 이러한 공동체의 질서정연한 상태를 창설·유지하기 위하여 신민(臣民)의 거의 모든 생활영역이 포괄적으로 규제될 수 있었다.<22.1채용>

② **국왕의 통치권이 내무행정 전반에 미치는 시기**였다.

Ⅲ. 법치국가시대(19c~18세기 말 19세기 초)

(1) 위험방지(소극목적에 한정) : 18세기 **계몽철학의 등장**으로 법치주의 시대가 도래하면서(18C 말 19C 초) 야경국가 사상의 대두로 경찰분야에서 **적극적인 복지경찰분야가 제외**되어서, 경찰의 개념이 **소극적 위험방지의 분야에 한정**되게 되었다.[♣적극적 공공복리 증진 포함(×)](야경국가·질서국가)<09·14승진·11·23경간·08·09채용>

> ※ 요한 쉬테판 퓌터(J○han Stephan Pütter), 저서 「독일공법제도」 : "경찰의 직무는 임박한 위험을 방지하는 것이다. 복리증진은 경찰의 본래 직무가 아니다."(1776)
> → 경찰국가시대를 거치면서 확장된 경찰의 개념을 제한하기 위한 노력의 일환으로 볼 수 있다.<22.1채용>

① 사상적 배경 : 칸트 등의 **계몽주의와 자유주의, 자연법사상의 영향**으로 **권력분립주의와 법치주의**가 대두되어, 경찰직무범위를 더욱 더 한정시키는 계기가 되었다.[♣복지경찰개념의 영향(×), ♣군주주권론의 영향(×)]<03승진·01경간>

② 근거 : 18세기 말경의 **프로이센 일반란트법**(1794)·**프랑스의 경죄처벌법전**(1795)과 19세기 말 경의 **Kreuzberg판결**(1882)을 통해 경찰의 임무 범위가 **소극적 질서유지**에 한정되게 되었다.[♣크로이쯔베르크 판결을 계기로 경찰의 권한은 소극적 위험방지 분야로 한정하게 되었으며, 비로소 이 취지의 규정을 둔 경죄처벌법전 (죄와 형벌법전)이 제정(×)]<03승진·11경간·04·22.2·23.1채용>

정리 경찰작용을 소극목적으로 제한한 법률과 판결

프로이센 일반 란트법 (1794)	(1) **프로이센 일반란트법**(1794) : 18세기 칸트 등의 계몽주의사상과 자연법사상의 영향으로 제정된 프로이센 일반란트법은[♣프로이센 경찰행정법은(×)] "경찰관청은 공공의 평온, 안녕 및 질서를 **유**지하고 또한 공중 및 그의 개개 구성원들에 대한 절박한 위험을 **방**지하기 위하여 필요한 **기**관이다."(필요한 **조**치를 취하는 것은 경찰의 **직**무이다. / 필요한 수단(**조**치)을 강구하는 것이 경찰의 책무(**직**무)이다.)(제10조 제2항 제17호)라고 규정하였다.<10·13·19승진·13·19·20경간·12.2·18.3채용>[🙂일유 방기(조직)] ※ 법치국가적 경찰개념이 처음으로 법제화된 경우로는 1794년의 '프로이센 일반 란트법'을 들 수 있다.<23.2채용> (2) **프로이센 경찰행정법**(1931) : 제14조 제1**프로이센 일반란트법**항에서 "경찰**관**청은 일반 또는 개인에 대한 공공의 안녕과 질서를 위협하는 위험을 **방**지하기 **위**하여 현행법의 범위 내에서 의무에 합당한 재량에 따라 필요한 **조**치를 취하지 않으면 안 된다."라고 규정하였다.<14승진·18경간·22.1채용>[🙂정관 방위조] ※ 다른 표현의 해석 : "경찰행정청은 현행법의 범위 내에서 공공의 안녕 또는 공공의 질서를 위협하는 위험으로부터 공중이나 개인을 보호하기 위하여 필요한 조치를 의무에 적합한 재량에 따라 취하여야 한다." → 라고 규정하여 그로이츠베르크 판결(1882)에 의해 발전된 실질적 의미의 경찰개념을 성문화시켰다.<22.1채용> ※ 경찰의 직무범위는 **소극목적에 한정**한다고 하는 경찰개념을 **확립**하였다.
프랑스 죄와 형벌법전 (1795)	(1) **죄와 형벌법전**(1795) : "경찰은 **공공질서**를 유지하고, 개인의 **자유와 재산 및 안전**을 유지하기 위한 **기관**이다.(제16조)"라고 규정하여 **경찰의 직무를 소극목적에 한정**하였다.[♣적극적 공공복리 증진 포함(×)][일명 '경죄처벌법전']<19경간·09·14·19승진>[🙂형 자재 안기] ※ 제18조에서는 "행정경찰은 공공질서유지·범죄예방을 목적으로 하고 사법경찰은 범인의 수사·체포를 목적으로 한다."라고 규정함으로써 **행정경찰과 사법경찰의 구분을 처음으로 법제화**하였다.[♣지방자치법전에서 최초로(×)]<20경간·19.2채용> (2) **1884년의 지방자치법전**(제97조) : '죄와 형벌법전'을 계승하여 "자치체 경찰은 공공의 질서·안전 및 위생을 확보함을 목적으로 한다.(제97조)"라는 규정을 두어 직무를 **소극목적에 한정**하고 있으나 **위생사무 등 협의의 행정경찰사무를 포함**하고 있다.[♣위생사무 등 협의의 행정경찰사무 제외(×), ♣행정경찰과 사법경찰 최초구분(×) → 죄와 형벌법전 제18조]<13·17·19·20경간·14승진·19.2채용>

| **Kreuz berg 판결 (1882)** | **Kreuzberg 판결**(1882) : 프로이센 고등행정법원은 "경찰관청이 **일반 수권규정에 근거**하여 법규명령을 발할 수 있는 분야는 **소극적 질서유지(위험방지) 분야에 한정**된다." 라고 판시하여 경찰작용은 소극적 위험방지에 한정된다는 사상이 법해석상 확정되는 계기가 되어 경찰작용의 **목적 축소에 기여**하였다.[♣개별수권조항에 위배(×) → 일반수권조항에 위배]<17·19·20·22경간·09·12·16·18승진·10.1·19.2·22.1채용>

① 경찰작용의 목적 축소에 결정적 기여를 하였다.[♣목적 확대(×)]<05승진·11·13·18경간·02채용>

② 일반적 수권조항의 존재를 긍정하고 정당화하였다.

☞ **크로이쯔베르크 판결** − 베를린 크로이츠베르크 언덕에 있는 전승기념비에 대한 조망권을 확보해주기 위한 주변 토지에 대한 건축물의 높이를 제한하는 베를린 경찰청장의 명령에 대해 그러한 명령은 심미적 이유로 내려진 것으로 복지의 증진을 주목적으로 하는 것이므로 무효라고 판시 |

Ⅳ. 2차 대전 이후(20C)

(1) 독일의 경우 **2차 세계대전 이후(1937년)**[♣1차 세계대전 이후(×)] **비경찰화 과정**을 거치면서 **협의의 행정경찰사무를 타 행정관청에 이관**하여 경찰의 임무범위가 공공의 안녕과 질서유지라는 **보안경찰의 임무에 국한**되었다.[♣제1차 세계대전 이후(×), ♣보안경찰을 포함하여 비경찰화(×), ♣풍속경찰이관(×), ♣보건경찰은 경찰사무로 남게 되었다.(×)]<14승진·11·17경간·09·10.2·22.2채용>

(2) **독일연방 및 주의 통일경찰법 표준안(1986)** : '경찰은 공공의 안녕 또는 질서에 대한 위험방지를 그 임무로 한다.'

판례 **외국의 주요판례**

Kreuzberg판결	일반적 수권조항에 근거한 경찰권의 발동은 **소극적 위험방지 분야에 한정**된다는 사상이 법해석상 확정되는 계기를 만들었다.[♣경찰작용의 목적 확대(×) → 축소(○)]<11·22경간·12·18승진>
띠톱판결	**경찰(행정)개입청구권**을 최초로 인정한 판결이다.<20·22경간·18승진>
BlanCo판결	블랑코란 소년이 국영담배공장 운반차에 부상을 당하여 민사법원에 손해배상청구소송을 제기하였는데, 손해가 공무원에 의하여 발생한 것이라는 이유에서 행정재판소 관할로 옮겨진 사건으로 **공무원에 의한 손해는 국가에 배상책임이 있고, 그 관할은 행정재판소라는 원칙이 확립**되는 계기가 되었다.<18승진>
Mapp판결	**위법수집증거 배제법칙**이 확립된 판결이다.<22경간>
EsCobedo판결	**변호인 접견교통권**을 침해하여 얻은 자백의 증거능력 부정[♣국가배상책임 최초로 인정(×)]<18승진>
Miranda판결	**진술거부권, 변호인선임권, 접견교통권**을 고지하지 않은 상태에서 이루어진 자백의 증거능력을 부정(자백의 임의성과 관계없이 채취과정에 위법이 있는 자백을 배제하는 계기)<18승진>
인구조사판결	국가에 의한 **개인정보수집의 기본권 침해를 인정**한 판결

Ⅱ | 테마 4 영미법계 국가의 경찰개념과 대륙법계 국가의 경찰개념 비교

> ☞ 대륙법계 국가에서는 통치권을 토대로 경찰개념이 발전되어 발동범위를 제한해 나가는 과정이고, 영미에서는 자치권을 토대로 하여 경찰권이 확장되는 과정을 보이고 있다.

Ⅰ. 영미법계의 경찰개념

(1) 영미법계의 경찰개념은 시민으로부터 **자치권한을 위임받은** 조직체로서 **형성**되었다.[♣통치권 전제(×)]<12승진>

(2) 영미법계에서 경찰은 **시민을 위하여 법을 집행하고 서비스하는 기능 또는 역할을 수행하는** 조직체로 본다.<12승진 · 23.1채용>

(3) '**경찰은 무엇을 하는가?**' 또는 '**경찰활동이란 무엇인가?**'라는 문제를 중심으로 경찰의 개념이 논의되어 자연적으로 **기능 · 역할이 중심**이 되었다.[♣대륙법계 경찰개념(×)]<10 · 12승진 · 23.1채용>

(4) 영미법계는 **사법경찰을 경찰의 사물관할로 인정**하고 있다.

(5) 시민과 경찰의 관계는 **친화적 · 비례적 · 수평적**이라고 할 수 있다.<12.2채용>

Ⅱ. 대륙법계의 경찰개념

(1) 대륙법계의 경찰개념은 **통치권적 개념을 전제**로 **형성**되었다.<12승진 · 18경간>

(2) 대륙법계에서는 사회 공공의 안녕과 질서유지를 위해 **일반통치권**에 기하여 **국민에게 명령 · 강제하는 작용**을 의미한다.

(3) '**경찰이란 무엇인가?**'라는 문제를 **중심으로 형성**되어 경찰권 **발동범위와 성질을 중심**으로 경찰개념이 논의되었다.[♣기능과 역할중심(×), ♣경찰활동이란 무엇인가?(×)]<12 · 19승진 · 18경간>

(4) **사법경찰**을 경찰 **사물관할로 인정하지 않고** 있다.[♣수사를 경찰의 고유임무로 취급(×)]

(5) 대륙법계 국가의 경찰개념 형성과정은 경찰의 **임무범위를 축소하는 과정**이었으며 경찰과 시민을 대립하는 구도로 파악하였다.<18.3채용>

정리 영 · 미법계 경찰개념과 대륙법계 경찰개념의 비교 [☺영기역 대범성]

구분	영 · 미 법계(영국 · 미국)<12.2채용>	대륙법계(독일 · 프랑스)
형성	시민의 **자치권**으로부터	국왕의 **통치권**으로부터
관계	**친화적 · 비례적 · 수평적** 관계[♣대립(×)]	**대립관계**
개념	경찰은 시민을 위해 법을 집행하고, 서비스 하는 조직체로 정의	사회공공의 안녕과 질서유지를 위하여 일반통치권에 기하여 국민을 상대로 **명령 · 강제하** 는 조직으로 정의
중심 (초점)	경찰활동은 무엇인가? **(기능 · 역할)**	**경찰이란 무엇인가?** ─ **발동범위와 성질**(경찰권의)
조직	지방분권적 · 민주적 자치경찰 조직	중앙집권적 · 관료적 국가경찰 조직
사명	**국민의 생명 · 신체 · 재산보호에 중점**	**공공의 안녕과 질서유지에 중점**
관할	수사를 경찰의 고유 임무로 인정	수사를 법원의 업무로 봄.

수단	비권력적 수단 중시	권력적 수단(명령·강제) 중시
구분	행정·사법경찰 구분 없음.	행정·사법경찰 구분 있음.
변화	확대과정	축소과정

III. 우리나라에서의 경찰개념의 형성

1. 대륙법계 경찰개념의 도입

(1) **경찰개념 형성과정** ☞ **프랑스 → 독일 → 일본 → 우리나라**

※ 프랑스법의 '경찰권(pouVoir de Police)' 관념은 독일의 '경찰(polizei)'이라는 관념의 형성에 영향을 미치고, 일본이나 우리나라의 경찰개념의 형성에 중요한 영향을 미쳤다.

(2) **'행정경찰'의 용어 및 정의** ➡ **'행정경찰장정'의** '행정경찰'이라는 용어는 대륙법계, 특히 **프랑스(죄와 형벌법전)에서** 유래되었다.[♣독일에서(×)]

① 영향을 미친 순서 ➡ **프랑스(죄와 형벌법전) → 일본(행정경찰규칙 : 1875) → 우리나라(행정경찰장정 : 1894) ⇒ 우리의 경찰관직무집행법(1953)**

② 프랑스의 죄와 형벌법전은 일본의 행정경찰규칙의 모범이 되었다.

③ **경찰관직무집행법의 원전** ➡ 우리의 경찰관직무집행법의 원전은 프랑스의 '죄와 형벌법전'(경죄처벌법전)이라 할 수 있다.

(3) **'보호조치'·'범죄의 예방과 제지'라는 관념 :** 경찰관직무집행법상의 동 개념은 **독일의 프로이센에서** 유래했다.

① 프로이센 → 일본(행정집행법 : 1900) → 일제시대(행정집행령 : 1914~1948) → 정부수립 후(경찰관직무집행법 : 1953)

② 독일의 경찰개념은 일본을 거쳐 한국의 경찰개념 형성에 중요한 영향을 주었다.

2. 영·미법계 경찰개념 도입

(1) **영미법계 경찰개념의 도입 :** 1945년 미군정기

(2) **미군정기 :** 영미법계의 경찰이념인 **'국민의 생명·신체·재산의 보호'라는 민주적 이념이** 도입되었다.

① 한국의 **경찰관직무집행법(1953) 제1조에 '국민의 생명·신체·재산보호를 경찰의 책무로 명시**하였다.

※ 일본의 미군정 → 일본 : **경찰관 등 직무집행법**〈1948〉 → 우리나라 **경찰관직무집행법**〈1953〉

② **현재의 규정** ➡ 현재는 **경찰관직무집행법 제2조와 국가경찰과 자치경찰의 조직 및 운영에 관한 법률 제3조에 명시적으로 국민의 생명·신체·재산보호가 규정**되어 있다.

3. 결론

(1) **양법계의 영향 :** 우리의 경찰관직무집행법에는 **대륙법계 경찰요소인 프랑스와 독일(프로이센), 그리고 영미법계의 경찰개념이 모두 반영**되어 있다.

① **프랑스 영향** ➡ 경찰관직무집행법의 원전은 프랑스의 죄와 형벌법전이다.

② **독일 영향** ➡ '경찰관직무집행법'상의 **'보호조치'·'범죄의 예방과 제지'라는 관념 –** 프로이센에서 유래했다.

③ **영·미법계 영향** ➡ '경찰관직무집행법' 제정 당시 영·미 법계 사고의 반영인 '국민의 생명·신체·재산의 보호'가 제1조에 규정되었다.

참고 **경찰학의 연구**

1. 의의

(1) 경찰에 대한 학문의 총체로서 실정법상 경찰의 조직·활동, 권한·업무 및 피해와 구제에 대한 학문적 연구 성과의 총체를 의미한다.

　① '응용사회과학'으로서 이론과 실무의 통합적 접근이 매우 중요하며 실무에 대한 고려 없는 경찰학은 그 존재 의의가 없다.

(2) 경찰학의 학문성은 인정받고 있으나 독자성은 아직 인정받지 못하고 있다.

2. 접근방법 <11.2채용>

(1) 행태론적 접근방법 – 경찰현상을 비롯한 사회적 현상도 자연과학과 마찬가지로 엄밀한 **과학적 연구가 가능하다고 간주**한다. 인간의 주관이나 의식을 배제하여야 하며, 인식론적 근거로 논리실증주의를 신봉하고 있다. <11.2채용>

(2) 역사적 접근방법 – 각종 **경찰제도의 진정한 성격과 그 제도가 형성되어 온 특수한 방법을 인식**하는 유일한 수단을 제공해 준다. 사회제도 또는 제도의 개혁과 관련된 정책연구에 유용한 시사점을 제공해 주는 것으로 인정되고 있다. <11.2채용>

(3) 법률적 접근방법 – 경찰과정을 바라보는 시각이 편협하고 왜곡되기 쉽다. 또한 **기준이나 지침**이 명확하지 않은 경우가 많아 정확한 해석이 가능할 것인가에 대한 의문이 있다. 가장 결정적인 단점은 경찰과정의 역동적 측면을 파악할 수 없다는 점이다. <11.2채용>

(4) 제도적 접근방법 – 경찰관련 각종 **기관이나 직제에 비중**을 두고 그에 대한 구체적인 기술에 관심을 갖는 것으로 공식적 제도나 법률에 기반하고 있기 때문에 정태적이며, 특히 제도이면의 동태적 측면을 파악하기 어렵다는 비판이 있다.

(5) 체제론적 접근방법 – 정치사회와 제도의 관념을 부인하고 **체계적이고 발전적으로 사회가 변동한다는 관점**에 입각하고 있다. 요소와 요소간의 관계를 지나치게 거시적으로 다루는 까닭에 체제의 구체적인 운영 측면이나 행태 측면을 설명하지 못한다는 점이 단점이다.

3. 체계

기초이론	경찰학, 경찰사학, 경찰법학, 경찰행정학, 경찰과학
응용론	경무론, 생활안전론, 수사·교통·경비·정보·보안·외사론, 홍보론, 비교경찰론

4. 각국의 경찰학 연구

한국	1981년 경찰대 개교(경찰학과 탄생) ⇨ 1982년 "경찰학개론" 편찬
일본	① 1901년 궁국충길(宮國忠吉)이 "경찰학"을 총론과 각론의 체제로 편제하였다. ② 1948년 1월 이후 경찰대학교에서 월간으로 "경찰학논집"을 발간하여 경찰학의 체계화를 시도하고 있다. ③ 1950년 "경제학의 제문제" ⇨ 공법학과 경찰행정학의 입장을 모두 고려해 편집하였다.
미국	① 1960년 이후 활발한 연구, 특별히 경찰학의 학문적 독자성을 고려치 않는다. ② 형사사법학 또는 경찰행정학의 일분야로서 경찰학이 연구된다.
영국	① 19C 초반부터 범죄학의 한 분야로서 연구가 시작되었다. ② 1985년에 Exeter 대학에서 경찰 및 형사사법학과가 개설되었다.

독일	① **경찰학의 용어**는 1756년 Justi(유스티)의 "**경찰학원리**"에서 기원한다.
	② 이 시기의 경찰학은 내무행정 전반을 대상으로 한 개념으로서 오늘날의 경찰학과는 현격한 차이가 있다.
	③ 독일에서는 경찰학이 국가학이라는 명칭으로 연구되었으며, 독자적인 연구가 아니라 법학 또는 행정법학의 일분야로서 연구되었다.<05승진>

Chapter 02 민주경찰의 윤리적·사상적 토대

1 경찰과 윤리

Ⅰ 경찰윤리의 필요성과 실천과제

(1) **윤리란** '옳고 그름의 외적 기준' 즉, '문화적으로 승인된 올바른 상태'를 의미하며, 윤리는 사회생활을 하는 사람들이 무엇을 할 것인가에 대한 외적 준거를 제공하는 기능을 한다.

민주성(인권보장)	⇔	효율성(질서유지)

① **이념 충돌과 판단 :** 경찰관 업무집행에서 기준이 되는 민주성과 효율성의 두 가지 상반된 이념이 충돌할 경우 올바른 판단을 하기 위해 윤리의 필요성이 대두된다.

(2) **경찰윤리의 필요성(John Kleinig)**

① **강력한 권한과 상당한 재량성** → 합리적 판단 및 자율적 반성의 중요성이 부각된다.

※ 복지문제 등 국민생활에 광범위하게 국가가 개입하는 행정국가의 등장과 **재량권의 확대 및 행정의 전문화**로 인해 영향력이 더욱 커지고 있다.[♣남용될 가능성이 높아지고 있다.(○)]

② **경찰업무에서 많은 비정상적인 상황** → 경찰관으로서의 전문윤리의식이 확립되어 있어야 한다.

③ **장시간의 숙고를 허용하지 않음.** → 경찰이 대면하는 위기상황은 장시간의 숙고를 허용하지 않는바, 적절히 발달된 도덕적 대응이 요구된다.

④ **위기상황에의 개입의 불가피성** → 법과 조직에 의해 주어진 명령이므로 회피 가능성이 없다.

⑤ **경찰업무의 특수성** → 경찰은 대표적인 규제행정으로서의 보다 더 많은 유혹에 노출되고 있다.

⑥ **경찰집단 내부에서의 의무불이행의 유혹** → 집단규범에의 동조화를 요구하는 압력을 받고 있다.

(3) **경찰윤리 확립을 위한 실천과제[😊양창자책]**〈01경간〉

경찰정신(경찰공무원복무규정) ➡ ① 호국 ② 봉사 ③ 정의 〈01승진〉

자율	① 경찰업무에는 **경찰편의주의가 적용되어 그 활동에 많은 재량이 주어지므로**, 경찰의 구성원인 경찰관 개개인에 대한 신뢰와 이를 바탕으로 한 **자율적 임무수행이 요구**된다. ② 자율은 고도의 윤리수준과 자율에 따른 권한과 책임의 분배를 전제로 하는 개념이다.
창의	복잡한 현대 지식정보사회에서의 치안은 목표달성을 위한 다양한 방법 개발과 창의적 사고가 요구되며, (경찰활동의 생산성을 높이면서도 국민의 지지를 받을 수 있는 방법을 선택할 수 있는 높은 창의성이 요구되며) **창의는 자율을 전제**로 하고 있다.(양자는 동전의 양면관계)
책임	**책임이 없는 자율은 방종**이며, 참다운 책임은 단순한 처벌을 전제로 한 피동적 관념이 아닌 **발전을 위한 능동적 창조과정**으로 이해해야 하며, **책임과 권한의 조화가 필요하다.**(참다운 책임은 능동적인 것으로 적정한 권한분배가 자기윤리통제의 강화와 책임의식의 강화로 이어짐.)

양심	[♣책임이란(×)] 정직 · 책임의식 · 사명감을 포함하는 개념으로, 직업으로서의 경찰관에게 요구되는 기본적인 마음가짐이라 정의할 수 있다. ※ 획일적이고 불합리한 지시와 통제는 직업적 양심의 마비를 가져와 무사안일과 책임회피를 낳는바, **구습과 관행의 타파가 필요**하다.

Ⅱ 테마 5 바람직한 경찰의 역할모델

Ⅰ. 경찰의 역할모델 의의

(1) **전통적 치안 개념 :** 역사적으로 치안은 공동체 내에서의 **특정 권력기관에 의한 법집행의 의미**를 강하게 지녔다고 볼 수 있다.

① 치안활동의 역할 분담 : 오늘날 **공적 기관이 주된 치안활동**을 하고 **시민은 부수적 · 보조적**으로 치안활동에 참가한다.[♣시민들이 주된 치안활동(×), ♣공적기관은 보조적 활동(×)]

㉠ 거동수상자를 경찰에게 **신고하거나, 고소, 고발, 현행범 체포 등**은 시민에 의한 **자발적 참여의 형태**이다.

㉡ 시민들은 대부분 자발적으로 치안활동에 참여하고 있으나 공무원원조불응죄처럼 **치안활동에 참여하는 것이 강제되는 경우도** 있다.[♣현행법체계에서 시민들은 자율적으로만 참여(×)]

※ 공무원 원조불응죄 : 눈 · 비 · 바람 · 해일 · 지진 등으로 인한 재해, 화재 · 교통사고 · 범죄, 그 밖의 급작스러운 사고가 발생하였을 때에 현장에 있으면서도 정당한 이유 없이 관계 공무원 또는 이를 돕는 사람의 현장출입에 관한 지시에 따르지 아니하거나 공무원이 도움을 요청하여도 도움을 주지 아니한 사람은 10만원 이하의 벌금, 구류 또는 과료(科料)의 형으로 처벌한다. (경범죄처벌법 제3조 제1항 제29호)

㉢ 최근 민경협력치안을 위해 '**지역사회 경찰활동**'이 **강조**되고 있다.

② 사설경비 발달 : 치안활동은 반드시 공적으로 제공되어야 하는 것은 아니며, 사설경비업체, 사설경호 등 사설기관에 의해 이루어지기도 한다.

(2) **치안서비스 개념 부각 :** 경찰활동의 민주화와 경쟁력 강화 요청에 따라 치안서비스라는 용어가 전면에 부각되고 있다.

(3) **치안의 유형**

① **사적조직원칙과 사적비용 지불유형 :** 시장의 **효율성**을 높일 수 있지만, 경제적 약자는 치안서비스를 제공받을 수 없어 형평성의 문제가 제기된다.

② **공적조직원칙과 공적비용 지불유형 :** **형평성**을 높일 수 있지만, 치안서비스에 대한 불만과 비효율성의 문제가 제기된다.

※ 최근 범죄가 증가하면서 **민간경비업체의 서비스에 가입하는 사람이 증가**하는 현상은 공적치안의 **효율성, 성실성, 친절성 측면에 불만에 표출**하는 것이라고 볼 수 있다. 이는 공적치안서비스가 경쟁이 없기 때문에 나타나는 현상이다.

③ **절충형 :** 공적조직을 원칙으로 하고, **사적치안을 가미**하는 절충형이 **형평성의 문제와 치안서비스에 대한 불만 및 비효율성의 문제점을 해결하는 이상적인 방법**이다.

(4) **경찰의 역할 :** 경찰은 공동체 내에서 법을 집행하고 사회질서를 유지하는 사회통제 역할을 한다.

① **보수주의 견해**

㉠ 보수주의는 **엄격한 법집행**으로 범죄자를 처벌해야 한다고 주장한다.

㉡ 보수주의는 범죄를 개인의 선택이라고 보며, **일반예방**은 범죄를 저지른 타인이 체포되어 처벌되는 것을 보는 **일반사람들의 반응**에 의해 이루어지며[♣일반예방은 개인의 반응에 의해(×)], **특별예방**은 범죄 후 처벌을 직접 경험한 **개인의 반응에 의해** 이루어진다고 보고, 일반예방과 특별예방을 강조한다.

② **진보주의 견해**

㉠ 진보주의는 범죄의 원인을 **가정파괴, 교육결핍, 사회적 무관심 등 사회적 요인 때문**이라고 주장한다.

㉡ 범죄해결을 위해 어느 정도 책임을 사회에 돌리는 동시에 범죄를 저지른 **개인에 대한 재활과 교정을 통해 정상인으로 복귀하게 해야** 한다고 주장한다.

※ **다이버전(diversion)**은 범죄자를 체포하여 처벌하는 것에 중점을 두지 않고 기소하기 전에 **지역사회에서 일정한 처우를 받도록 함으로써 범죄인이라는 낙인을 가능한 한 줄이려는 것이다.**[♣보수주의(×)] [♣경찰의 대응과 처벌 강조(×)]

☞ 청소년들의 사소한 범죄행위에 대하여 검사가 선도조건부로 기소유예하는 경우

☞ 최근 대두하고 있는 '**회복적 사법(restorative justice - 진보주의)**'은 기존의 '응보적 사법(retributive justice - 보수주의)'에 의한 가해자 처벌보다는 범죄자와 피해자 간의 참여와 대화를 통해 갈등을 해결하고 지역사회에 행해진 손해의 회복·개선에 더 중점을 두는 제도로 주로 학교폭력 등 청소년 범죄에서 강조되고 있다.

③ **결론 :** 경찰의 궁극적인 목적은 범죄자를 엄벌하는 데에 있는 것이 아니라, 사회를 지키기 위해 문제 상태를 정상상태로 환원하는 데에 있으므로 경찰의 법집행 기능 때문에 기본 입장인 보수주의를 탈피할 수는 없지만 거시적인 안목에서 진보주의를 **조화시키는 방향에서 접근하는 것이 바람직**하다.

Ⅱ. 경찰의 역할모델 종류

1. 범죄와 싸우는 경찰 모델(the crimefighter model)

⑴ **개념 :** 수사, 형사 등 법집행을 통한 범법자 제압측면을 강조한 모델로서 시민들이 경찰은 '**범죄와 싸우는 자**'로서 **범인을 제압하는 것이 경찰의 주된 임무**라고 인식한다.

☞ 영화에서 의협심 강한 **형사가 조직폭력배에 맞서 정의를 실현**하는 경우

⑵ **원인 :** 대중매체에서 범죄와 싸우는 경찰모델을 부각하고 경찰내부에서도 실적을 홍보하기 위하거나, 수사영역을 경찰의 영역으로 확고하게 만들기 위해 의도적으로 강조한다.

※ 이 모델은 대중매체의 영향을 받아 범죄를 검거하는 경찰의 이미지가 크게 작용한 모델이다.

⑶ **장점 :** 경찰의 **역할과 임무를 뚜렷하게 인식**시켜 경찰의 '**전문직화**'에 **기여**한다.[♣경찰 전문직화에 장애(×)]

⑷ **단점**

① 전체 경찰의 업무를 포괄하는 것은 불가능하고, 교통지도, 범죄예방교육 및 서비스를 간과할 우려가 있다.

② 법 집행에 있어서 흑백논리에 따른 이분법적 오류에 빠질 우려가 있다.

※ **범법자는 적이고, 경찰은 정의의 사자**라는 **이분법적 인식**의 오류로 흑백논리에 따라 재판을 하기도 전에 경찰이 범법자를 처벌함으로써 **인권침해의 우려**가 있다.[♣인권보호에 기여(×)]

③ 범죄진압 이외의 업무에 종사하는 경찰관들의 사기를 떨어뜨리고, 다른 영역의 업무를 수행하기 위한 **기법이나 지식의 개발이 등한시될 수** 있다.

※ 가령 **수사업무를 주된 것으로 취급하고 다른 업무를 부수적으로** 보게 하여 경찰인력이나 자원을 수사에만 편중시킬 수가 있다.

> ※ '**Dirty Harry 문제**'는 도덕적으로 **선한 목적**을 위해 윤리적, 정치적, 혹은 법적으로 **더러운 수단**을 동원하는 것이 적절한가와 관련된 딜레마적 상황이다.<22.1채용>
>
> ※ **대의명분 있는 부패**(noble cause Corruption)는 대의명분 등 옳은 목적을 위한 수단으로 부패를 저지르는 것이 적절한가와 관련된 딜레마적 상황으로 **Dirty Harry**와 유사하다.
>
> → 대의명분 있는 부패(noble cause Corruption)와 Dirty Harry 문제는 부패의 개념적 징표를 **개인적 이익 추구를 넘어** 조직 혹은 **사회적 차원의 이익 추구로 확대하고자 하는 시도**라고 볼 수 있다.<23.2채용>

2. 치안서비스 제공자로서의 경찰모델(service worker model)

(1) 개념 : 치안서비스란 경찰활동의 전 부분을 포괄하는 용어로 가장 바람직한 모델이다.

※ 범죄와의 싸움도 **치안서비스의 한 부분에 불과**하고, 시민에 대한 **서비스 활동과 사회봉사활동의 측면을 강조**해야 한다.

(2) 경찰의 활동

① **대역적(代役的) 권위(stand - in authority)에 의한 활동 :** 여러 사회영역에서 공식적이고 명백하게 권한의 근거가 없는 경우에도 비공식적으로 또는 관행적으로 사회봉사활동에 관여하는 것을 의미한다.

　㉠ 대역적(代役的) 권위(stand - in authority)란 경찰의 24시간 근무체계와 지역적으로 널리 퍼져 있는 조직체계를 이용하여 교통사고 현장, 미아 및 가출인 보호 등 공식적이고 명백한 근거가 없는 경우에도 비공식적·관행적으로 사회봉사활동에 관여하는 것을 말한다.

　※ 그러나 이러한 경찰의 대역적 권위에 의한 활동은 일시적이고 임시방편적이며, **법적근거를 가진 사회봉사기관의 활동 내에서 이뤄져야 하고 이 범위를 넘어서서는 안 되는 것이다.**[♣사회봉사활동기관의 활동을 넘어서서 행해질 수(×)]

　㉡ 치안서비스 제공자 모델은 대역적(代役的) 권위(stand - in authority)에 의한 사회봉사활동, 비권력적 치안서비스를 당연한 치안활동에 포함시키기 때문에 **지역사회 경찰활동(C.P)과 일맥상통하는 측면**이 있다.

② **비권력적 치안서비스의 적극제공 :** 우범지역 순찰, 대국민 계도 등으로 범죄유발요인 사전제거 및 교통정보제공, 지리안내 등을 한다.

③ **사회적 갈등 해결 및 갈등발생의 개연성 최소화 :** 이미 일어난 문제해결뿐 아니라 일어날 개연성 있는 문제를 사전에 발견해서 해결을 시도하는 것이다.

Ⅲ **테마 6** **경찰의 정신문화**<01 · 03 · 05 · 09승진 · 11.1채용>

Ⅰ. 한국 경찰문화의 특징

(1) **일반적 특성 :** 한국의 행정문화는 경찰행정에도 투입되어 권위주의, 형식주의, 일반주의, 정적 인간주의 등이 나타난다.

① **권위주의 문화**

　㉠ 권위주의는 다른 의견에 대해 관용적 태도를 취하지 않는다.

　㉡ 권위주의는 유교사회의 가부장제도와 밀접한 관련을 가진다.

　㉢ 권위주의 문화 속에서는 **토론문화가 형성되지 않고, 복종과 지시**에 의해 모든 행정결정이 상사의 독단에 의해 이루어지는 경향이 있다.[♣토론을 활성화(×)]

② **의식주의 또는 형식주의** : 형식과 절차를 과도하게 중시하는 풍조를 말하는 것으로 선례답습주의, 맹목적 절차주의, 보수주의의 병폐를 야기하고 있다.

　예 어떤 선임경찰관이 후배 경찰관에게 '실제 일하는 것보다 서류를 잘 작성하는 것이 더 중요하다.'라고 하는 경우

　※ 일반주의(보편주의) : 모든 개별적 사물의 밑바탕은 보편적 일반성이 지배하고 있으므로, 개별적 현상보다는 보편이 참된 실재라고 보는 태도(반대 : 특수주의, 개별주의)

③ **정적 인간주의** : 인간적 유대나 사인주의를 강조하며, 가족주의와 유사하지만 정적 인간주의는 가족주의의 경계를 넘어 의식적, 인위적으로 다른 사람과 긴밀한 관계를 유지하고 또 이런 정을 바탕으로 사무를 처리하는 것을 말한다.

　예 어떤 경찰관이 친한 경찰관에게 전화를 걸어 사건청탁을 하자 그 경찰관이 "다른 사람은 안되지만, 너하고 친하니까 봐줄게"라고 하는 경우

　※ 가족주의는 정적 인간주의와 유사하지만 가족, 혈연, 출신학교, 출신지역 등 자연발생적 귀속집단의 경계를 한정하는 특징이 있다.

④ **유교문화**

　㉠ 역사적 대면관계에 의한 친분을 강조한다.

　㉡ 유교문화는 낯선 것과 익숙한 것의 구별을 중시한다.

　㉢ 농경사회를 기반으로 친분관계, 상급자와 하급자의 위계질서를 중시한다.[♣군사문화(×)]

⑤ **군사문화** : 획일적 사고와 흑백논리를 특징으로 한다.[♣유교문화(×)]

　※ 한국사회의 행정문화에 영향을 끼친 문화로는 유교문화와 군사문화를 들 수 있다.

⑵ **대외적 특징**

① 법을 집행할 때 경찰은 국민과 대치(against)하는 경향이 있다.

② 경찰은 법을 집행할 때 공중의 적극적인 지원을 받지 못할 때가 많다.

③ 경찰이 조직내부 연대성이 지나친 경우 폐쇄성을 띄는 경우가 있다.

　※ 이런 경우 국민에 대한 의식에서 우리는 우리이고 저들은 저들이라는 '우리-저들 의식'(us-them mentality)이 생겨날 수 있으며, 이러한 우리-저들 의식이 지배하게 되면, 일상에서 직장동료에 대한 '의리'가 강조되고, 그 결과 동료의 비리 등 부적절한 행위에 대해서도 관용과 침묵이 의리적 행위로 수용될 수 있다.[♣우리 저들 의식이 대내적 특징(×)]

⑶ **대내적 특징**

① 경찰문화는 다른 행정관료의 **행정문화와 다른 점**이 있다.

② 경찰내부에서도 정복 부서와 사복 부서의 문화 차이가 있다.

③ 경찰은 자신과 관련된 **정보의 공개를 꺼리는 문화**가 있다.

④ **사복경찰**은 상대적으로 정복경찰에 비해 **엘리트 의식**을 가진다.

⑷ **나아갈 방향**: 기존의 경찰문화로는 21세기 민주화 시대와 4차 산업혁명의 시대에 부응할 수 없으므로 치안서비스의 극대화를 위해서는 직무기술의 개발, 창의력과 자발성의 존중, 봉사함으로써 직무만족을 얻는 풍토가 조성되어야 한다.

II. 경찰의 정신문화

회의 주의	**합리적 의심과 비판**: 특정사안에 대해 **합리적으로 의심**하여 비판하는 것을 말한다.<09승진> ① **대상 특정화** ➡ 회의주의는 **대상이 특정화**되어 있는 특징이 있다.[♣대상이 특정화되어 있는 점에서 냉소주의와 차이(○)]<11.1채용> ② **개선의지** ➡ 건전한 회의주의는 **대상을 개선**시키고자 하는 의지를 지닌다.
냉소 주의	⑴ **의의**: 사회에 대한 **신념의 결여**로 인해 **합리적 근거나 대안 없이** 타인을 경멸하고, **대상의 특정 없이** 타인을 **무시**하는 것을 말한다.[♣합리적 의심을 통해(×)]<02·05·16승진·23.2채용> 　♣냉소주의는 특정대상을 합리적으로 의심하는 것이다.(×)<02·05승진> ⑵ **원인** 　① **가장 큰 원인은 신념의 결여**이다. 　　📖 파출소 근무 ○순경이 '경찰청에서 새 제도를 시행하겠다고 발표하자 전시행정이라고 비웃는 경우' 신념의 결여 때문이다. 　② 상사로부터의 **부당한 압력**, 과중한 업무와 스트레스, 동료 간의 경쟁과 갈등 　③ 경찰관이 공중(국민)이 도덕적으로 타락하였다고 생각하거나 상부의 지시가 부당하다고 생각될 때 나타난다.<09승진> 　　📖 김 순경은 국민을 위해 충성을 다하여 봉사하겠다는 각오로 경찰이 되었으나, **국민이 도덕적으로 타락하였다고 생각**하여 점차 회의가 들기 시작한 경우 냉소주의가 나타나기 쉽다.<09승진> 　　※ 냉소주의는 자신의 신념체제가 붕괴되었지만 **새로운 것에 의해 대체되지 않을 때** 나타나는 **도덕적 아노미(anomie) 현상**이다.[♣새로운 신념체제에 의해 급하게 대체될 때(×)](니더호퍼)<23.2채용> ⑶ **폐해** 　① 냉소주의는 **충성의 도덕적 제약으로부터 해방**시켜[♣충성의 도덕적 규범을 강화(×)] 조직에 대한 반발과 일탈현상을 초래한다. 　　♣냉소주의는 충성의 도덕적 규범을 강화시킨다.(×) 　② 냉소주의는 경찰의 **직업전문화를 저해**하는 기제로 작용할 수 있다.<23.2채용> 　③ 객관성이 결여되어 모든 것을 **부정적으로 보는 문화를 조장**한다.
공통점	냉소주의와 회의주의는 **모두 불신을 바탕**으로 하는 **공통점**이 있다.<11채용>

(1) 냉소주의 극복방안

① McGregor의 **Y이론에 입각한 조직관리를 해야** 한다.[♣×이론에 입각한 행정관리 필요(×)]<04 · 10승진>

※ 인간관 중 **Y이론은 인간이 책임감 있고 정직하여 민주적인 관리를 해야 한다**는 이론이고, **X이론**은 인간을 본래 **게으르고 생리적 욕구 또는 안전의 욕구에 자극을 주는 금전적 보상이나 제재 등** 외재적 유인에 반응한다고 상정하여 조직이 **권위적으로 관리**할 필요가 있다는 이론으로, **Y이론에 의한 관리**가 냉소주의를 극복하는 방안이 된다.[♣×이론에 의한 관리(×)]<18승진 · 23.2채용>

② **의사결정 과정에의 참여, 커뮤니케이션 과정의 개선(구성원 간의 신뢰회복, 하의상달)**이 필요하다.[♣상의하달 방식이 필요(×)]<09승진>

📋 부하가 잘한 일에 대하여 칭찬하기, 부하의 잘못은 조용히 타이르기, 중요한 의사결정시에 부하의 의견을 청취하기

참고 기타 개념

비지 바디니스	동료나 상사의 비행에 대하여 **일일이 참견하며 도덕적 충고**를 하는 태도를 의미한다. (busy bodiness)<04 · 13승진 · 20.1채용>
도덕적 해이 (moral hazard)	**도덕적 가치관이 붕괴**되어 **동료의 부패를 부패라고 인식하지 못하는 것**을 의미한다.<20.1채용> ※ 부패를 잘못된 행위로 인식하고 있지만 동료라서 모르는 척하는 침묵의 규범과는 구별되는 개념이다.<20.1채용> ① 정보를 많이 갖고 있는 집단이 정보력이 부족한 집단에 대해서 정보를 충분히 제공하지 않거나 잘못된 정보를 제공하여 불합리하게 이익을 취하는 비윤리적인 태도를 말한다. [♣동료나 상사의 부정부패에 대하여 감찰이나 외부의 언론매체에 대하여 공표하는 것(×)]<11승진> ② 보험을 든 자가 보험을 들고 나서 사고에 대비한 주의를 덜 하는 것과 같이 윤리적으로나 법적으로 자신이 해야 할 최선의 의무를 다하지 않은 행위를 의미한다.

Ⅳ **테마 7** 경찰의 일탈과 부패원인

경찰인의 일탈이란?

① **의의 :** 경찰관에 대한 사회 일반의 **규범적 기대를 벗어나는 비정상적인 행태**를 말한다.

② **특성 :** 경찰인에 대한 시민들의 사례나 호의의 문제 등 일탈에 이르지 않는 행위와 뇌물 등 일탈과의 **경계가 명확하지 않아 구별이 쉽지 않은 특성**이 있다.[♣호의와 뇌물이 명확히 구별(×)]

📋 **뇌물수수, 권한남용, 폭력행위, 공금횡령 등**은 법적 절차 · 규정위반의 일탈이라고 할 수 있다.

📋 근무 중 음주나 수면은 **일탈이지만 부패는 아니**라고 본다.

☞ **권한남용**
① 적을 다루듯이 범법자를 다룰 때 권한남용이 발생할 수 있다.
② 범법자에 대한 불신과 의심이 있을 경우 권한남용이 발생할 수 있다.
③ 법과 현실이 괴리될 때 경찰이 불법을 자행할 염려가 있다.
④ 경찰인의 심리적, 물질적 만족을 위한 권한남용도 있을 수 있다.[♣심리적, 물질적 만족을 위한 권한남용이 있을 수 없다.(×)]

③ 경찰인의 부패과정

단계	특징
1단계	대부분의 신임경찰관들은 경찰직을 사회에 **봉사하려는 수단**으로 생각하고 경찰에 **입문**
2단계	낮은 봉급, 경찰에 대한 낮은 사회 인식, 승진좌절 등에 대한 한계의식으로 현실의 벽을 느끼고 **좌절**함.
3단계	현실의 벽을 느끼고 좌절한 경찰인은 경찰역할이 무의미해져 **냉소**적으로 되면서 체념함.
4단계	의미를 잃어버린 경찰생활 속에서 경찰직을 사익과 안락을 추구하는 수단으로 이용하면서 **부패**함.

Ⅰ. 부패의 의의

부정 부패 어원	영어 'Corrupt(부패하다)'는 라틴어 'Cor(함께)'와 'rupt(파멸하다)'에서 유래하였으며, 동양에서의 '부패(腐敗)'라는 한자는 '썩다'라는 뜻을 가진 '부(腐)'와 '패하다, 무너지다'라는 뜻을 가진 '패(敗)'를 사용한다. 즉 부패는 '함께 파멸하는 행위, 썩어서 무너지는 행위'라는 언어적 의미가 담겨져 있다.

1. 학술상 부정부패의 개념 정의(하이덴하이머의 분류)

관직 중심적 정의	관직중심적 정의(public-office-centered)에서 부패는 뇌물수수행위와 특히 결부되어 있지만 반드시 금전적인 형태일 필요가 없는 **사적인 이익에 대한 고려의 결과로 권위를 남용**하는 경우를 포괄하는 용어이다.
시장 중심적 정의	시장중심적 정의(market-centered)에서 부패는 **강제적인 가격모델로부터 자유시장 모델로의 변화와 관련**이 있다. 고객들은 잘 알려진 위험을 감수하고 원하는 이익을 받는 것을 확실히 하기 위하여 높은 가격(뇌물)을 지불하려고 하여 부패가 일어난다. ※ 틸만(Tilman)의 견해
공익 중심적 정의	공익중심적 정의(public-interest-centered)에서는 어떤 일을 하도록 책임이 주어진 권한의 소유자, 즉 관직을 가진 사람이 법적으로 규정되어 있지 않은 금전적인 또는 다른 형태의 보수에 의하여 그런 보수를 제공하는 사람들에게 이로운 행위를 함으로써 **공중의 이익에 손해**를 가져올 때 부패가 일어난다고 한다.
결론	① **목적** : 부패행위는 돈, 재화, 서비스뿐만 아니라 **지위**, 영향력, 위신, 장래의 지원 등의 목적을 위해 행해지며, 부패행위를 은폐하려는 **간접적인 행위도 포함**된다. ② **이익 귀속** : 부패행위로부터의 이익은 행위자, 행위자와 동일시할 수 있는 사람, 조직 등에 귀속된다. ③ **형태** : 부패행위는 권위의 남용뿐만 아니라, 권위의 **적절한 사용의 형태로도** 이루어진다. ※ 부정부패에 대해 학자들은 권한의 남용은 물론 **적법한 권한행사라도 사적인 이익의 동기가 개입되고, 사적 이익이 결부되면** 부정부패라고 규정한다.[♣부패행위는 권한 남용이 없는 적법행위로는 이루어질 수 없다.(×)]

2. 사회구성원의 용인도에 따른 부정부패 구분(하이덴하이머의 분류)

백색 부패	이론상 일탈행위로 규정될 수 있으나, 구성원의 다수가 어느 정도 용인하는 선의의 부패 또는 관례화된 부패를 의미한다. **예** 경기가 밑바닥 상태인데도 국민들의 동요나 기업활동의 위축을 방지하기 위해서 경기가 살아 있다고 관련 공직자가 거짓말을 한 경우
회색 부패	① 백색부패와 흑색부패의 중간에 위치하는 유형으로서 얼마든지 흑색부패로 발전할 수 있는 잠재성을 지닌 것을 말한다. ② 사회 구성원 가운데 특히 엘리트를 중심으로 **일부 집단은 처벌을 원**하지만, 다른 **일부 집단은 처벌을 원하지 않는** 경우의 부패를 말한다.[♣백색부패(×)] 　　**예** 정치권에 대한 후원금, 떡값 같은 적은 액수의 호의표시나 **선물** 또는 순찰 경찰관에게 주민들이 제공하는 **음료수나 과일**[♣백색부패(×)]
흑색 부패	사회 전체에 심각한 해를 끼치는 부패로 구성원 모두가 인정하고 처벌을 원하는 부패를 말한다. **예** 업무와 관련된 댓가성 있는 뇌물수수

3. 부패방지 및 국민권익위원회의 설치와 운영에 관한 법률상 개념(제2조 제4항)

부패 행위	① 공직자가 직무와 관련하여 그 **지위 또는 권한을 남용**하거나 법령을 위반하여 **자기 또는 제3자의이익을 도모**하는 행위[♣제3자의 이익을 도모하는 행위 제외(×)](부패방지 및 국민권익위원회의 설치와 운영에 관한 법률, 부패행위 제2조 제4호)<23.2채용> ② 공공기관의 예산사용, 공공기관 재산의 취득·관리·처분 또는 공공기관을 당사자로 하는 **계약의 체결 및 그 이행에 있어서 법령에 위반**하여 공공기관에 대하여 재산상 손해를 가하는 행위 ③ 직접적인 부패행위 이외에 부패행위를 **강요, 권고, 제의, 유인**하는 행위 또는 그 **은폐를 강요, 권고, 제의, 유인**하는 등의 **간접적인 부패행위도 포함**

Ⅱ. 경찰부패의 원인가설(델라르트)<02·03·12·04승진·08·09·14.1·15.2·16.1채용>

> ☞ **경찰부패의 현실적 특징**
> ① 단속, 규제, 감시, 조사 등 경찰활동에서 경찰은 시민보다 우월한 위치를 점하게 되고 시민들은 경찰로부터 유리한 결정을 이끌기 위해 뇌물을 제공한다.
> ② 경찰조직의 **위계구조와 충성문화의 강조**는 **부패를 조장**하는 부패의 토양이 된다.[♣위계구조와 충성문화의 강조는 부패를 방지(×)]
> ③ 경찰인 자신을 권력집단의 일부로 인식하고 뇌물을 당연한 관행으로 받아들이면서 권력의 단맛을 느껴 부패가 진행된다.
> ④ 경찰이 서로의 부정을 함께 나눔으로써 공범관계가 형성되고, 부정행위가 발각되었을 때, 생길 책임 회피를 위해 덮어주기가 만연된다.
>
> ※ 공권력 행사기관, 부패중독 현상, 당연한 관행이나 특권의식, 경찰업무의 특수성의 대가로 인식, 침묵의 문화, 충성문화 등이 부패생성의 원인이 된다.

썩은 사과 가설	**의의**	썩은 사과 가설(rotten apple theory)은 전체경찰 중 일부 **부패할 가능성이 있는 경찰을 모집단계에서 배제하지 못하여** 이들이 조직에 흡수되어 전체가 부패할 가능성이 있다는 이론이다.[♣구조원인가설(×), ♣전체사회가설(×)]<10 · 12 · 18 · 24승진 · 13경간 · 10 · 13.1 · 14.1 · 16.1 · 17.2채용>
	특징	전체 중 **일부가 부패**되면 결국 썩은 사과가 사과상자 안의 모든 사과를 썩게 만들 듯 **전체가 부패**된다는 이론이다.
		※ 부패원인을 조직의 체계적 원인보다는 **개인적 결함**에 두고 있다.[♣개인적 결함보다는 조직의 체계적 원인으로 보고 있으며 조직차원의 경찰윤리교육의 중요성을 강조(×)]<03 · 24승진 · 18 · 20경간 · 08 · 09 · 15.2 · 17.2 · 18.2채용>
		📖 음주운전으로 징계처분을 받은 적이 있는 B가 다시 음주운전으로 적발되어 징계위원회에 회부되었다.<20.2채용>
전체 사회 가설	**의의**	① **윌슨**은[♣니더호퍼, 로벅, 바커(×)] **사회전체가 경찰의 부패를 묵인하거나 조장**할 때 경찰관은 자연스레 부패행위를 하게 되며, 처음 단계에는 설령 불법적인 행위를 하지 않더라도 작은 호의와 같은 것에 길들여져 나중에는 명백한 부정부패로 빠져들게 된다고 설명한다.[♣미끄러지기 쉬운 경사로 이론(×), ♣썩은 사과 가설(×)]<09 · 11 · 12 · 17 · 24승진 · 18경간 · 09 · 10 · 11 · 13.1 · 14.1 · 17.1 · 2 · 22.2채용>
		② '전체사회 가설'은 **시민사회의 부패가 경찰부패의 주요 원인**이라고 보는 이론이다.<20승진 · 11.1채용>
		※ 미국 시카고 경찰의 부패원인을 분석하던 윌슨이 **내린 결론**으로, 윌슨은 "시카고 시민들이 시카고 경찰을 부패시켰다."고 보았으며, 윌슨은 '경찰인은 어떤 작은 호의, 심지어 한잔의 공짜 커피도 받도록 허용되어서는 안 된다.'고 말하였다.[♣클라이니히의 결론(×), ♣니더호퍼, 로벅, 바커(×)]<18승진 · 18 · 22경간 · 10 · 11 · 14.1 · 17.1 · 22.2채용>
		📖 B지역은 과거부터 지역주민들이 관내 경찰관들과 어울려 도박을 일삼고, 부적절한 사건청탁을 하는 경우가 종종 있었으나 아무도 이를 문제화하지 않던 곳인데, 동 지역에 새로 발령받은 신임경찰관 A에게도 지역주민들이 접근하여 도박을 함께 하게 되는 경우[♣썩은 사과 가설(×)]<11승진>
		📖 주류판매로 단속된 노래연습장 업주가 담당경찰관 C에게 사건무마를 청탁하며 뇌물수수를 시도하였다.<20.2채용>
		📖 경찰관은 순찰 중 주민으로부터 피로회복 음료를 무상으로 받았고, 그 다음 주는 식사대접을 받았다. 순찰 나갈 때마다 주민들에게 뇌물을 받는 습관이 들었고, 주민들도 경찰관이 순찰을 나가면 마음의 선물이라며 뇌물을 주는 것이 관례가 되어 버렸다.<22승진>
		※ 전 뉴욕시경 국장 패트릭 머피는 '봉급을 제외하고 깨끗한 돈이라는 건 없다.'고 함.
	특징	시민사회의 부패가 경찰부패의 주원인이 된다.[♣구조원인가설(×)]<10 · 12 · 17승진 · 13경간 · 08 · 09 · 10.2 · 13 .1 · 15.2 · 18.2순경>
		※ 처음 단계에는 설령 불법적인 행위를 하지 않더라도 차츰 작은 호의와 같은 것에 길들여져 나중에는 명백한 부정부패로 빠져들게 된다는 이론이다.
		➡ '**미끄러운 경사로 이론**'과 **관련이 깊다(유사하다).**<05승진 · 17 · 18.2순경>

구조 원인 가설	**의의**	**구조원인가설**(Structural hypothesis)**은 선배경찰(선임)의 부패행태**(조직적 부패전통)로부터 **신임경찰이 차츰 사회화**되어 신임경찰도 기존 경찰처럼 부패로 물들게 된다는 이론이다.[♣윌슨의 전체사회가설(×), ♣썩은 사과 가설(×)]<01 · 02 · 04 · 08 · 10 · 12 · 13 · 17 · 20 · 24승진 · 12 · 15 · 21경간 · 08 · 09 · 11 · 13 · 14.1 · 15.2 · 17.1 · 2 · 20.1 · 22.1 · 2 · 23.1채용>

※ **니더호퍼, 로벅, 바커 등이 주장**한 가설이다.[♣윌슨이 주장(×), ♣코헨(Cohen), 펠드버그(Feldberg)가 제시(×)]<12 · 20경간 · 12 · 18승진 · 14.1 · 15.2 · 20.1채용>

🔲 정직하고 청렴하였던 신임형사 A가 자신의 조장인 B로부터 관내 유흥업소 업자들을 소개받고, 이후 B와 함께 활동을 해가면서 B가 유흥업소 업자들로부터 **월정금을 받아 상사와 동료에게 전달하는 것**을 보고 점점 그 방식 등을 답습한 경우<11승진 · 13경간>

🔲 신임 홍길동 순경은 정의를 확립하겠다고 다짐하고 일선에 근무하던 중 선배로부터 돈을 갈취하는 요령을 터득하면서 부패의 길로 접어들었다.<13경간 · 16.1채용>

☞ **경찰관의 입직 전후 사회화**

(1) **입직 후 경찰인의 사회화 과정:** 공식적 사회화 과정과 비공식적 사회화 과정으로 나뉜다.

① **공식적 사회화 :** 경찰업무의 절차, 교육 프로그램, 상사의 지침 등에 의해 이루어진다.
※ **개인적 성향**과 조직 내 **사회화 과정**은 **상호보완적 관계**에 있다.<21경간>

② **비공식적 사회화 :** 고참이나 동료들에게서 배우는 관례나 행태 등을 말한다.
※ 현실적으로 경찰업무의 절차, 상사의 지침 등 보다는 **고참이나 동료들에게서 배우는 관례나 행태 등에** 비공식적 사회화에 의해 더 많은 영향을 받는다.[♣경찰업무의 절차, 상사의 지침 등에 더 많은 영향(×)]<21경간>

(2) **입직 전 사회화 :** 경찰시험을 준비하는 甲이 경찰의 음주운전 기사를 보고 "경찰이 되면 저래서는 안 되겠다"라는 생각을 갖게 되는 현상을 예기적 사회화라고 한다.[♣침묵의 규범(×)]<21경간 · 09승진>

※ 경찰공무원의 사회화는 **경찰이 되기 전의 가치관에 의해 영향**을 받는다.<21경간> |
| | **특징** | ① 이는 '법규와 현실의 괴리'가 생겨 발생하는 것이다.<11 · 17승진>

🔲 **혼자 출장을 가면서 두 사람 몫의 출장비를 청구**하는 경우, 퇴근한 후에 잠깐 와서 출퇴근등록기를 조작하여 시간 외 근무를 한 것처럼 조작하는 경우<11 · 22승진>

② 구조원인 가설에 따르면 구조화된 조직적 부패는 **서로가 문제점을 알면서도 눈감아 주는 '침묵의 규범'**을 형성한다.<01 · 17승진 · 18.2 · 22.1채용>

🔲 경찰관 A는 동료경찰관들이 유흥업소 업주들로부터 접대를 받은 사실을 알고도 모른 체했다.<20.2채용>

③ 부패의 원인을 개인적 결함이 아닌 **조직의 체계적 원인**으로 보고 있다.<22.2채용> |
| **윤리적
냉소주의
가설** | | 윤리적 냉소주의 가설(Ethical cynicism hypothesis)은 경찰에 대한 **외부통제기능**을 수행하는 **정치권력, 대중매체, 시민단체의 부패**는 경찰의 냉소주의를 부채질하고 부패의 전염효과를 가져온다고 한다.<21경간> |
| **결론** | | 부정부패의 원인을 설명하는 데 있어서 위의 어느 한 가지 가설로는 모든 것을 설명하지 못하고 복합적인 원인에 의하여 나타난다고 본다. |

※ **'경찰 직업에 대한 회의로 시작되는 부패'에 대한 이론**: 경찰 직업에 대한 회의로 시작되는 부패과 정의 이론은,

1. 대부분의 신임경찰이 초심자의 마음으로 사회에 봉사하려는 건전한 생각과 투철한 직업의식에서 출발하지만[♣신임경찰이 봉사하려는 수단보다는 재산을 형성하려는 수단으로 생각하고 입문(×)]

2. 박봉과 **경찰에 대한 낮은 사회인식**, 승진좌절 등에 대한 한계의식으로 현실의 벽을 느끼고 좌절한다.[♣경찰인에 대한 높은 사회인식(×)]

3. 경찰인은 경찰 역할이 무의미해져 냉소적으로 되면서 체념하게 되어,

4. 의미를 잃어버린 경찰생활 속에서 경찰직을 사익과 안락을 추구하는 수단으로 이용하면서 부패의 단계로 접어든다고 한다.<09승진>

III. 작은 호의

(1) **의의**: 경찰활동에 대하여 시민이 선물이나 식사 등의 사례나 호의를 표시하는 것을 말한다.

※ 호의 ➡ 호의란 직무에 영향을 미치지 않을 정도의 감사와 애정의 표시이며, 훌륭한 경찰관에 대한 자발적 보상을 의미한다.

※ 호의는 긍정적인 측면도 있지만, 호의를 받아들이는 경찰인의 의식이나 사회적 영향 등을 고려해 볼 때 작은 호의의 수령은 비윤리적 태도로 규정되어야 한다.

(2) **견해 대립**<09승진>

허용론	금지론
① **관행성**: 공짜 커피와 같은 뿌리 깊은 관행을 완전히 불식시키는 것은 불가능하다.<01승진>	① **부작용**: 작은 호의를 받아들이면 점점 더 멈추기 어려운 부패의 '미끄러운 경사로' 위에 서게 된다. ➡ **작은 호의가 나중에는 큰 부패를 야기**<01승진>
② **자발성**: 작은 사례나 호의는 강제된 것이 아니라 자발적으로 이루어진다.	
③ **당연성**: 비록 자신이 해야 할 일을 하는 경우이지만, 고마움을 표시하는 것은 **당연**하다.	※ 작은 선물일지라도 정례화되면 준 사람에 대해 의무감을 갖거나 신세를 지고 있다는 생각을 가지게 된다.
④ **형성재(building block) 이론**: 작은 사례나 호의는 시민과의 친밀감 등 원만하고 긍정적인 사회관계를 만들어 주는 계기가 된다. ➡ 작은 호의나 긍정적 효과를 강조	② **구별능력(×), 특권의식**: 대부분의 경찰관들이 뇌물과 작은 호의를 구별할 수 있다고 해도 일부는 양자를 구별할 능력이 없고 특권의식이 형성될 수 있다.
예 김 순경은 순찰 중 슈퍼주인으로부터 음료수를 얻어 마시며 친분을 유지하다 절도사건이 발생하여 수사를 하던 중 평소 잘 알고 지내던 슈퍼주인으로부터 제보를 받은 경우<09승진>	※ **불순한 의도**: 공짜 커피를 제공하는 사람들은 대개 불순한 의도를 가지고 접근
⑤ **이성과 지능**: 경찰관은 호의와 뇌물을 구별할 수 있으며, 작은 호의를 받더라도 경찰관은 편파적으로 업무를 처리하지 않는다.	※ **델라트르**는 작은 호의를 금지해야 한다고 주장하였다.[♣금지할 필요 없다.(×)]<18·22경간>

※ **작은 호의에 대한 금지론**은 작은 호의가 부패로 이어진다는 **미끄러지기 쉬운 경사로 이론**을 주장하게 된다.

※ 작은 호의에 대해 금지론을 취할 경우, '일체 금품수수를 금지'하는 윤리강령의 제정이 가능해지며, 미끄러지기 쉬운 경사로 이론은 작은 호의에 대한 금지론에 입각하고 있다.[♣일체 금품수수를 금지한다면 이는 미끄러지기 쉬운 경사로 이론과 관련(○)]<19.2채용>

IV. 미끄러지기 쉬운 경사로 이론(Slippery slope theory : 작은 호의 가설 – 셔먼)

(1) **의의** : 셔먼은 '공짜 커피, 작은 선물 등의 **부패 아닌 작은 호의**가 나중에는 미끄러운 경사로를 타고 내려가듯 **큰 잘못(큰 범죄와 부패)으로 연결된다.**'고 주장하였다.[♣작은 호의도 부패(×)][♣펠드버그가 주장 (×)]<11 · 12 · 13 · 20 · 24승진 · 12 · 15 · 20 · 21 · 22경간 · 08 · 09 · 10 · 11.1 · 13 · 15.2 · 17.1 · 2 · 20.1 · 22.1채용>

※ 작은 호의를 제공받은 경찰관이 심리적 부채를[♣도덕적 부채(×)] 느껴 이를 보충하기 위해 결과적으로 악한[♣선한(×)] 후속행위를 하는 상황은 미끄러운 경사(slippery slope)가설의 맥락에서 이해할 수 있다.<23.2채용>

㉠ 지구대에 근무하는 경찰관 A는 순찰 도중 동네 슈퍼마켓 주인으로부터 음료수를 얻어 마시면서 친분을 유지하다가 나중에는 폭행사건 처리 무마 청탁을 받고 큰 돈까지 받게 된 경우<11승진>

㉡ **바늘도둑이 소도둑** 되는 것처럼 공짜 커피, 작은 선물 등의 사소한 호의가 나중에는 엄청난 부패로 이어질 수 있다고 본다.

(2) **작은 호의**에 대한 **부정설**의 입장으로, **사소한 관행**(선물)이 비록 **비윤리적 행위는 아니지만**, 후에 비윤리적 부패행위로 이어진다고 본다.<08채용>

① **논리적 접근** : 이 이론에 대한 논리적 접근은 **사소한 선물 수령 자체를 비윤리적 행위**로 본다.

② **심리적 접근** : 사소한 관행이 **비윤리적 행위는 아니지만**, 후에 비윤리적 부패행위로 이어진다고 본다.<08채용>

(3) 경찰관은 사생활의 사소한 잘못이 공무수행의 더 큰 잘못으로 이어질 수 있기 때문에, **경찰관의 사생활에 엄격한 제한을 가하여야** 한다고 본다.(작은 호의를 받는 것에 익숙해진 경찰관들이 결국 부패에 연루될 수 있음을 경고)<22.1채용>

※ **윌슨** : 경찰관의 부패를 막기 위해서는 **한 잔의 공짜 커피조차도 허용해서는 안 된다.**[♣공짜 커피 한 잔만큼은 허용(×)]

(4) **펠드버그**는[♣니더호퍼, 로벅 등은(×)] 대부분의 경찰관들이 **사소한 호의와 뇌물을 구별할 수** 있으므로 "미끄러운 경사로 이론"은 **비현실적일 뿐만 아니라, 경찰관의 지능에 대한 모독**이라고 주장한다.<18 · 20승진 · 12 · 13 · 15경간>

① '셔먼의 미끄러지기 쉬운 경사로 이론'에 대해 펠드버그[♣니더호퍼, 로벅, 바크(×)]는 작은 호의를 받았다고 해서 반드시 경찰이 큰 부패를 범하는 것은 아니라고 비판한다.<13 · 22경간 · 12 · 20승진 · 16.1채용>

Ⅴ. 테마 8 경찰관의 일탈 · 부패에 대한 대책

(1) **대응성 확보** : 경찰청은 2007.4부터 고객만족모니터센터를 개소하여, 주요치안정책에 대한 여론조사를 토대로 치안고객인 국민의 요구(NEED)를 치안정책에 반영하고 있다.

※ 대응성 : 시민들의 투입(INPUT)에 정치체제나 행정체제가 반응하는 것을 말한다.

(2) 이는 민주주의 사회에서 시민에 대한 대응성(responsiveness)을 제고하는 것으로 대응성은 시민들의 투입(input)에 정치체제나 행정체제가 반응하는 것을 말한다.

※ 수용성 : 어떤 정책이나 법 집행에 대하여 국민들이 납득하고 받아들이는 것을 말한다.

Ⅰ. 경찰의 직업전문화

① **직업전문화**: 경찰의 **높은 사회적 지위를 확보**하기 위해 미국의 **오거스트 볼머(August Vollmer)** 에 의해 **경찰개혁운동으로서 직업전문화가 추진**되었다.[♣미국의 서덜랜드(Edwin H. Sutherland)는 경찰 의 높은 사회적 지위를 확보하기 위하여 전문직업화를 추진하였다.(×)]<21경간>

② **관료제적 특성이 직업전문화에 미치는 영향**: 관료제 조직의 명령통일의 원리는 비판을 요구하는 직업전문화를 저해한다.

※ 직업전문화를 위하여 건전한 비판문화가 조성되어야 한다.

(1) **직업전문화의 장점**: 경찰 전문직업화를 주장하는 사람들은 전문직업화되면, 다음과 같은 장점이 있다 고 주장한다.<21경간>

① **자율과 재량적 업무수행을 촉진**하며, 복잡한 경찰업무를 효율적으로 수행하게 된다.

② **우수인재 유입으로 인적 자원의 질적 향상**(전문성 제고, 전문직업화의 기반구축)이 이루어진다.<21 경간>

③ **경찰직의 사회적 위상이 제고**된다.<21경간>

④ **보수상승의 요인**이 된다.

⑤ 경찰에 대한 공중의 존경과 서비스의 질이 개선되고 부정부패가 척결될 것이다.

(2) **경찰 직업전문화의 문제점[☻ 부소차]**

전문직업적 부권주의	① **부권주의**: 아버지가 자식의 문제를 결정하듯이 전문가가 우월적 지식에 근거하여 **상대방의 입장을 고려하지 않고 일방적으로 결정**하는 것, 즉 **다른 사람의 선택을 대신할 자격이 있다고 생각**하는 것을 말한다.(父權主義)[♣소외(×)]<21경간 · 03 · 09승진> **예** 병원의 의사가 치료법에 대하여 환자의 입장을 고려하지 않고 자신의 의학지식만 고려하여 **일방적으로 치료방법을 결정**하는 경우<09승진> ② 경찰의 전문직업적 부권주의는 **치안서비스의 질을 저하시킬 수** 있다.[♣전문직업적 부권주의로 치안서비스 질 향상(×)]<21경간>
사적 이익을 위한 이용	전문직들은 그들의 지식과 기술로 상당한 사회적 힘을 소유한다. 그러나 이러한 힘을 때때로 **공익보다는 사적인 이익을 위해서만 이용**하기도 한다.[♣공적 이익을 위한 이용(×)]
소외	**전문가적 무능** ☞ 나무는 보고 숲을 보지 못하는 경우[♣차별(×)] 처럼 전문가가 자신의 국지적 분야만 보고 전체적인 맥락을 보지 못하는 것을 말한다.[♣전문화에 따른 불평등 문제(×)]<02 · 09승진 · 22.2채용> **예** 공무원 A가 복지정책을 결정하면서 정부정책의 기본방침을 고려하지 않고 **자신이 속한 부서의 입장만을 고려한 채 정책을 결정**하는 경우 **예** ○○경찰서 경비과 소속 경찰관 甲은 집회 현장에서 시위대가 질서유지선을 침범해 경찰관을 폭행하자 교통, 정보, 생활안전등 다른 전체적인 분야에 대한 고려 없이 경비분야만 생각하고 검거 결정을 한 경우<22.2채용>

차별	**경제적 약자 차별**: 전문직이 되는 데 장기간의 교육과 비용이 들어 경제적 약자인 **가난한 사람은 전문가가 되는 기회를 상실**하는 것을 말한다.[♣소외(×), ♣진출기회 증대(×)]<21경간・19승진>
	♣경찰 전문직업화의 문제점으로 '소외'는 전문직이 되는 데 장기간의 교육이 필요하고 비용이 들어, 가난한 사람은 전문가가 되는 기회를 상실하는 것을 말한다.(×)<19승진>
	예 순경공채시험의 학력조건을 **대졸 이상으로 제한**하는 것 → **장기적으로 전문직업화의 기반을 구축**하게 된다.[♣사회적 기회균등 제공(×)]
	※ 경찰이 전문직업화되어 자신의 이익을 추구함에 따라 **경제적・교육적 약자에게 경찰에의 접근을 차단**하는 현상이 발생하는 것을 일컫는다.[♣남용의 문제(×)]<03・04・05・09・16승진>

※ 경찰 직업전문화의 정도를 고려할 때 대졸자로 제한하는 것은 차별의 문제가 제기되는바, 채용과목을 전문화시키고 승진에서 시험평가를 엄격히 하는 정도가 적정한 수준의 전문화라고 할 수 있다.

II. 경찰윤리교육

경찰윤리를 확립시키는 방편으로 경찰윤리교육도 강조되고 있으며 실제 경찰은 각종 교육 훈련의 내용에 윤리교육을 포함시키고 있다.

1. 경찰윤리교육의 목적(John Kleinig)[♣도덕적 연대책임 강화(×)]<23경간・04・05승진>

도덕적 결의의 강화	① **압력・유혹에 굴복(×), 의지강화** ☞ 도덕적 결의의 강화란 경찰관이 실무에서 내・외부의 여러 **압력과 유혹에도 굴복하지 않고** 소신과 직업의식에 따라 일을 처리하고자 하는 의지를 강화시키는 것이다.
	※ **압력・유혹에 대비** ➡ 경찰관들은 실무에서 내부・외부로부터의 압력과 유혹에 직면하게 될 것이므로 이에 대비하여 윤리적인 행동을 하기 위한 동기와 유인을 자극하는 것이 하나의 목표가 된다.
	② **한계(조직의 문제점을 개인에게 전가)** ➡ 도덕적 결의의 강화를 윤리교육의 가장 우선적인 과제로 보는 것은 현재 경찰운영의 **문제점을 구성원의 도덕성에만 전가하려는 잘못된 태도와 연결될 수** 있다.
도덕적 감수성 배양	① **의의** ☞ 도덕적 감수성이란 경찰관이 다양한 계층의 사람들(부자나 가난한 자)을 **모두 인간으로 존중**하고 공평하게 봉사하는 정서적 자질을 말한다.
	※ 경찰관들은 복잡한 사회적 환경과 문화에서 일하여야 하며, 이미 익숙해져 있는 관점에서 다른 관점을 이해할 준비가 되어 있지 않으면 업무수행이 부적절할 수 있다.
	② **한계** ☞ 현실적으로 경찰관은 **이미 가지고 있는 감수성을 명료하게 표현하지 못하는** 경우가 많으므로, 윤리교육의 목적이 도덕적 감수성만을 주안점으로 해서는 곤란하다.
도덕적 전문능력 함양	**관행의 비판적 검토 수용** ☞ 도덕적 전문능력이란 경찰이 비판적・반성적 사고방식을 배양하여 조직 내에서 관습적으로 내려오는 **관행을 비판적으로 검토하여 수용하는 것**을 의미하며, 이는 경찰윤리교육에 있어서 가장 중요한 목적이 된다.<04승진>
	※ 경찰관은 그가 봉사하는 지역사회의 구성원들에게 중대한 영향을 미치므로, 여러 결정과정에서 '도덕적 자율성'을 바탕으로 분석적・체계적으로 사안을 검토해 볼 필요가 있다.

III. 경찰부패에 대한 내부고발(Whistle Blowing)[J. Kleinig]

(1) 의의 : 경찰관이 **동료나 상사의 부정부패**에 대하여 감찰이나 외부의 언론매체에 대하여 **공표**하는 것을 의미하는 개념으로, '**침묵의 규범**'과 반대되는 개념이다.[♣busy bodiness (×), ♣외부고발(×), ♣'모랄 해저드'(moral hazard)(×)]<12 · 13 · 15 · 18경간 · 01 · 10 · 11승진 · 10.2채용>

※ 내부고발은 자신이 속한 조직에 대한 배신으로 받아들여지므로 내부고발자는 현실적으로 많은 고초를 겪게 되는바, 신중한 접근이 필요하다.

> **정리** 내부고발의 의의 - 엘리스톤
>
> ① 개인은 정보를 공표하기 위하여 **일련의 행동을 수행**한다.
> ② 정보는 **공적인 기록 사항**으로 된다.
> ③ 정보는 '**조직 내에서 발생이 가능한 잘못**', '**현실적인 잘못**', '**사소하지 않은 잘못**'
> ④ 행위를 수행하는 개인은 조직의 **현재 또는 과거의 구성원**이다.

(2) 내부고발의 정당화 요건[J. Kleinig]<20경간> [☻도중(에) 성공리(에) 보충]

① **적절한 도덕적 동기 :** '조직에 대한 충성'과 '공익'을 모두 고려해야 한다.<20경간>

 예 개인적 출세나 보복에 의한 내부고발은 **부당**하다.[♣개인출세를 위한 내부고발도 정당화(×)]

② **위반사항에 대한 중대성 · 급박성 :** 사소하고 일상적인 경미한 사항은 내부고발의 대상이 아니다.<05승진 · 20경간>

③ **성공 가능성 :** 어느 정도의 성공 가능성이 있어야 한다.[♣높은 성공 가능성 있어야(×)]

④ **합리적 근거 :** 내부고발자는 부적절한 행동을 하도록 지시되었다는 자신의 신념이 합리적 증거에 근거하였는지 확인해야 한다.

⑤ **보충성(최후 수단성) :** 특별한 경우를 제외하고 내부문제를 외부에 공표하기 전, 조직 내 **다른 채널을 통하여 해결할 수 있으면 먼저 내부적 해결을 해야** 한다고 한다.[♣먼저 외부에 공개할 때 정당화된다.(×), ♣외부고발 정당화 요건(×)]<01 · 04 · 10 · 11승진 · 12 · 20경간>

> ※ **법은 양날의 칼 :** 경찰인에 있어 '법은 양날의 칼'이라는 말의 의미는 경찰인도 법을 준수하지 않으면 법의 적용을 받게 된다는 말이다.<09승진>

IV. 윤리강령의 제정

1. 윤리강령 일반

연혁	① **봉사와 질서가 경찰이념**(1945년 국립경찰 창설 당시, **영미법계 영향**)[♣대륙법계 영향(×)]<21승진> ② **경찰윤리헌장(1966)** → **새경찰신조(1980)** → **경찰헌장(1991)** → **경찰서비스헌장(1998)**[♣경찰윤리헌장, 새경찰신조, 경찰서비스헌장, 경찰헌장 순(×)]<13 · 14승진 · 22경간>[☻윤새헌스] ♣경찰윤리강령은 경찰윤리헌장, 새경찰신조, 경찰서비스헌장, 경찰헌장 순으로 제정되었다.(×)<13 · 14승진> ※ 전문(경찰의 전통과 본분- 정신적 측면)과 본문(직무와 생활에서의 실천덕목)으로 구성되어 있다.

<table>
<tr><td rowspan="2">기능</td><td colspan="2">

(1) 윤리강령의 대내적 기능[♣대외적으로(×)]

　　※ 데이비스는 윤리강령의 **내부적 규율 측면을 강조**하였다.

　　① 경찰공무원 **개인적 행위의 기준 설정**(행위의 준거 제공),

　　② **경찰조직운영의 기준 제시**(조직운영의 기준 제공), **조직구성원의 자질통제** 기준,

　　③ **경찰조직에 대한 소속감·결속감 고취**, 도덕적 기풍과 결속[♣대외적 기능(×)],

　　④ **경찰조직구성원에 대한 교육자료 제공** 등의 기능을 한다.<14·16승진>

(2) 윤리강령의 대외적 기능

　　※ 클라이니히는 윤리강령의 **대외적 약속 측면을 강조**하였다.

　　① 치안**서비스의 질적 수준의 보장과 확신 부여:** 시민에게 서비스 수준 확신 → 민주화 시대 수요자 중심사회에서 서비스의 질적 수준을 보장한다.

　　② 경찰의 **대시민관계와 공공관계 개선**으로 **국민과의 신뢰관계 형성**<01승진>

　　③ **과도한 요구에 대한 책임 제한**

　　④ 경찰의 **전문직업적 지위를 향한 열망**을 나타낸다.

　　　※ 미국의 학자 쿠큰은 경찰이 자신이 제시한 윤리강령을 생활화함에 따라서 경찰직이 곧 전문직이라는 높은 위상을 차지하기를 기대한다고 한다.

</td></tr>
</table>

문제점	최소주의 위험	**근무수행의 최소기준:** 경찰관이 최선을 다하여 헌신과 봉사를 하려다가도 **경찰강령에 규정된 정도의 수준으로만 근무(근무수준 최저화 경향)를** 하려는 경향을 의미하며, 경찰강령이 근무수행의 최소 기준이 된다.[♣업무 간 우선순위 제시하지 못하는 한계(×), ♣비진정성 조장(×), ♣냉소주의 조장(×)]<13·14·16·19승진> ♣경찰윤리강령의 문제점으로 '비진정성의 조장'은 강령의 내용을 행위의 울타리로 삼아 강령에 제시된 바람직한 행위 그 이상의 자기희생을 하지 않으려는 경향을 의미한다.(×)<19승진> ※ 윤리강령의 내용을 행위의 울타리로 삼고 더이상의 자기희생을 하지 않으려 한다.
	우선순위 미결정	**우선순위(×):** 경찰강령이 구체적인 경우 그보다 곤란한 현실문제에 있어서 무엇을 먼저하고 무엇을 나중에 해야 할지 우선순위를 결정하는 기준이 되지 못한다.<14승진>
	실행 가능성 문제	**강제력 부족:** 경찰윤리강령은 **법적 강제력이 없기** 때문에 위반했을 경우 제재할 방법이 미흡하고, 이행을 보장하기 힘든 문제점을 가지고 있다.[♣법적 효력을 가질 경우도 있다.(×)]<02·14·16승진> ※ 현실을 무시하고 **지나치게 이상주의적 성격** 때문에 빛 좋은 개살구가 될 수 있다.
	냉소주의 문제	**참여(×), 일방적 제정:** 경찰강령은 직원들의 **참여에 의하여 이루어지는 것이 아니라,** 상부에서 제정하여 일방적으로 하달되었기 때문에 냉소주의를 야기할 수 있다.[♣제정과정에서 과도한 참여와 논란 야기(×), ♣냉소주의는 근무수준의 최저화 경향(×) → 최소주의 위험]<13·14승진> ♣경찰강령의 문제점으로 제정과정에서의 과도한 참여와 논란 야기가 지적된다.(×) ♣경찰윤리강령의 문제점 중 냉소주의 조장은 강령에 규정된 수준 이상의 근무를 하지 않으려 하는 근무수준의 최저화 경향을 말한다.(×)<13·14승진>
		※ 개혁에 대한 참여는 저항을 감소시키고, 행정절차에 대한 시민의 참여는 통제의 기본요소가 되는 등 참여는 민주적 절차의 기본요소라고 할 수 있다.

문제점	비진정성 조장	**타율성, 진정한 봉사(×)** : 경찰강령은 경찰관의 도덕적 자각에 따른 자발적인 행동이 아니라 외부로부터 요구된 것으로서 **타율성으로 인해** 진정한 봉사가 이루어지지 않을 수 있다.[♣냉소주의 문제(×)]<02 · 04 · 21승진>
		※ 윤리적 불감증을 발생시킬 수 있다.
	행위 중심적	**의도나 동기 소홀** : 경찰강령이 특정행위를 중심적으로 규정되어 있어, 행위 이전의 의도나 동기를 소홀히 하고 있다.

[😀 최우실냉비행]<05 · 13 · 14 · 16승진>

2. 경찰헌장(警察憲章)<13 · 14 · 15 · 16 · 23승진 · 05 · 09경간 · 08 · 17.1채용>

전문	경찰의 전통	민주경찰의 연원 - 나라와 겨레에 충성 - 자유 민주사회 수호
	경찰의 본분	개인의 자유 · 권리보호, 사회의 안녕과 질서유지, 국민의 행복한 삶 보장
	경찰의 다짐	충실한 임무수행 - 지향덕목의 실천결의
본문		① 모든 사람의 **인격을 존중**하고[♣능력을 존중하고(×)] 누구에게나 따뜻하게 **봉사**하는 **친절한 경찰**<13 · 16승진 · 05 · 09경간 · 08 · 10 · 17.1채용>
		② 정의의 이름으로 **진실을 추구**하며 어떠한 불의나 불법과도 **타협**하지 않는 **의로운 경찰**[♣타협하지 않는 깨끗한 경찰(×)]<12 · 16 · 23승진 · 10 · 17.1채용>
		♣경찰헌장에서는 '우리는 정의의 이름으로 진실을 추구하며, 어떠한 불의나 불법과도 타협하지 않는 공정한 경찰'이라고 하였다.(×)<12승진 · 17.1채용>
		③ 국민의 **신뢰를 바탕**으로 오직 **양심**에 따라 법을 집행하는 **공정한 경찰**[♣타협하지 않는 공정한 경찰(×)]<13 · 16 · 23승진 · 05 · 09경간 · 08 · 17.1채용>
		④ 건전한 상식 위에 **전문지식을 갈고 닦아** 맡은 일을 성실하게 수행하는 **근면한 경찰**[♣친절한 경찰(×)]<13 · 15 · 16승진 · 05 · 09경간 · 08 · 10 · 17.1채용>
		⑤ 화합과 단결 속에 항상 **규율**을 지키며[♣외부적 규율(×)] **검소**하게 생활하는 **깨끗한 경찰**[♣근면한 경찰(×), ♣경찰서비스헌장에서 제시(×)]<13 · 14 · 21 · 23승진 · 10채용>
		[😀봉친타의양공성근검깨]

3. 경찰서비스헌장(1998)<01 · 05승진 · 04 · 12경간>

1. 국민의 **안전**과 편의를 제일 먼저 생각하며 **성실**히 직무를 수행하겠습니다.[♣건전한 상식 위에 전문지식을 갈고 닦아 맡은 일을 성실하게 수행하도록 하겠습니다.(×)]<12경간>

2. 인권을 **존중**하고 권한을 **남용**하는 일이 없도록 하겠습니다.

3. 잘못된 **업**무처리는 즉**시** 확인하여 바로 잡겠습니다.

4. 모든 **민**원은 친절하고 신**속** · 공정하게 처리하겠습니다.

5. **국**민이 필요로 하면 어디든지 **바로** 달려가 도와드리겠습니다.

6. 범죄와 사고를 **철**저히 예방하고 법을 어긴 행위는 단**호**하고 엄정하게 처리하겠습니다.[♣화합과 단결 속에 규율을 지키며 검소하게 생활한다.(×), ♣민원오류에 대한 담당자 문책내용 포함(×)]

   [😀안성 존남 업시, 민속 국밥(먹는) 철호]

4. 경찰공무원 복무규정 - 기본강령(제3조)

경찰사명	경찰공무원은 국가와 민족을 위하여 충성과 봉사를 다하며, 국민의 생명·신체 및 재산을 보호하고, 공공의 안녕과 질서를 유지함을 그 **사명으로** 한다.[♣경찰정신(×)](제3조 제1호)<18.2채용>
경찰정신	경찰공무원은 국민의 수임자로서 일상의 직무수행에 있어서 국민의 자유와 권리를 존중하는 호국·봉사·정의의 **정신을** 그 바탕으로 삼는다.(제3조 제2호)
규율	경찰공무원은 법령을 준수하고 직무상의 명령에 복종하며, 상사에 대한 존경과 부하에 대한 존중으로써 **규율을** 지켜야 한다.(제3조 제3호)
단결	경찰공무원은 주어진 사명을 다하기 위하여 긍지를 가지고 한마음 한뜻으로 굳게 **뭉쳐** 임무수행에 모든 역량을 기울여야 한다.[♣경찰사명(×)](제3조 제4호)<18.2채용>
책임	경찰공무원은 창의와 노력으로써 소임을 완수하여야 하며, 직무수행의 결과에 대하여 **책임을** 진다.(제3조 제5호)<18.2채용>
성실·청렴	경찰공무원은 **성실하고 청렴한 생활태도**로써 국민의 모범이 되어야 한다.[♣규율(×)](제3조 제6호)<18.2채용>

5. 테마 9 경찰청 공무원 행동강령[경찰청훈령 제1045호]<13·20승진·11·13경간·13·15·17채용>

> **대통령령**인[♣총리령(×)] '공무원 행동강령'에 경찰청의 특수성을 반영하여 제정한 '경찰청 공무원 행동강령'은 **경찰청 훈령**으로 규정되었다.

적용범위	이 규칙은 **경찰청 소속 공무원**과 **경찰청에 파견된 공무원**에게 적용한다.[♣경찰청에 파견된 공무원 제외(×)](제3조)<20승진>
목적	이 규칙은 「부패방지 및 국민권익위원회의 설치와 운영에 관한 법률」 제8조 및 공무원 행동강령에 따라 경찰청(소속기관, 시·도경찰청, 경찰서를 포함)소속 공무원("공무원")이 준수하여야 할 행동기준을 규정하는 것을 목적으로 한다.(제1조)
정의	1. **"직무관련자"**란 공무원의 소관 업무와 관련되는 자로서 아래 어느 하나에 해당하는 **개인**[공무원이 사인(私人)의 지위에 있는 경우에는 개인] 또는 **법인·단체**를 말한다.(제2조 제1호) 가. 다음의 어느 하나에 해당하는 **민원을 신청**하는 **중**이거나 신청**하려**는 것이 명백한 개인 또는 법인·단체 　1) 「민원 처리에 관한 법률」 제2조 제1호 가목1)에 따른 법정민원(장부·대장 등에 등록·등재를 신청 또는 신고하거나 특정한 사실 또는 법률관계에 관한 확인 또는 증명을 신청하는 민원은 제외한다) 　2) 「민원 처리에 관한 법률」 제2조 제1호 가목2)에 따른 질의민원 　3) 「민원 처리에 관한 법률」 제2조 제1호 나목에 따른 고충민원 나. **인가·허가 등의 취소, 영업정지, 과징금 또는 과태료의 부과 등**으로 **이익 또는 불이익을 직접적으로 받는** 개인 또는 법인·단체 다. **수사, 감사(監査), 감독, 검사, 단속, 행정지도 등**의 대상인 **개인 또는 법인·단체** 라. 재결(裁決), 결정, 검정(檢定), 감정(鑑定), 시험, 사정(査定), 조정, 중재 등으로 이익 또는 불이익을 직접적으로 받는 개인 또는 법인·단체 마. 징집·소집·동원 등의 대상인 개인 또는 법인·단체

정의	바. 국가 또는 지방자치단체와 계약을 체결하거나 체결하려는 것이 명백한 개인 또는 법인·단체 사. 장부·대장 등에의 등록·등재의 신청(신고)중에 있거나 신청(신고)하려는 것이 명백한 개인이나 법인·단체 아. 특정한 사실 또는 법률관계에 관한 확인 또는 증명의 신청중에 있거나 신청하려는 것이 명백한 개인이나 법인·단체 자. 법령해석이나 유권해석을 요구하는 개인이나 법인·단체 **차. 경찰관서에 복무중인 전투경찰순경·의무경찰의 부모·형제자매**[♣직무관련자에 해당하지 않는다.(×)] 카. 시책·사업 등의 결정 또는 집행으로 이익 또는 불이익을 직접적으로 받는 개인 또는 법인·단체 타. 그 밖에 경찰관서에 대하여 특정한 행위를 요구중인 개인이나 법인·단체 2. "**직무관련공무원**"이란 **공무원의 직무수행과 관련하여 이익 또는 불이익을 직접적으로 받는 다른 공무원**(기관이 이익 또는 불이익을 받는 경우에는 그 기관의 관련 업무를 담당하는 공무원을 말한다) 중 다음 각 목의 어느 하나에 해당하는 공무원을 말한다. **가. 상급자와 직무상 지휘명령을 받는 당해 업무의 하급자** 나. 인사·감사·상훈·예산·심사평가업무 담당자와 해당업무와 직접 관련된 다른 공무원 다. 행정사무를 위임·위탁한 경우 위임·위탁사무를 관리·감독하는 공무원과 그 사무를 담당하는 공무원 라. 그밖에 특별한 사유로 경찰청장이 정하는 경우
부당지시	① 공무원은 상급자가 자기 또는 타인의 부당한 이익을 위하여 **공정한 직무수행을 현저하게 해치는 지시**를 하였을 때에는 일정한(별지 제1호 서식 또는 전자우편 등의) 방법으로 그 사유를 **상급자에게 소명하고 지시에 따르지 아니하거나**, 일정한(별지 제2호 서식 또는 전자우편 등의) 방법으로 (제23조에 따라 지정된) 행동강령에 관한 업무를 담당하는 공무원("**행동강령책임관**")과 **상담할 수** 있다.[♣상담하여야(×)](제4조 제1항)<12·14·20승진·13경간·15·17.1·18.1·23.1채용> ② 부당한 지시(제1항)를 이행하지 아니하였는데도 같은 지시가 **반복될 때에는 즉시 행동강령책임관과 상담하여야** 한다.[♣상담할 수(×)](제4조 제2항)<20승진> ③ (①②의) 상담 요청을 받은 행동강령책임관은 지시 내용을 확인하여 지시를 **취소하거나 변경할 필요**가 있다고 인정되면 **소속 기관의 장에게 보고하여야** 한다. 다만, 지시 내용을 확인하는 과정에서 부당한 지시를 한 상급자가 스스로 그 지시를 **취소하거나 변경하였을 때**에는 소속 기관의 장에게 **보고하지 아니할 수** 있다.[♣보고하지 아니한다.(×)](제4조 제3항)<20승진> ④ (③의) 보고를 받은 소속 기관의 장은 필요하다고 인정되면 지시를 취소·변경하는 등 적절한 조치를 하여야 한다. 이 경우 공정한 직무수행을 해치는 지시를 제1항에 따라 이행하지 아니하였는데도 같은 지시를 반복한 상급자에게는 징계 등 필요한 조치를 할 수 있다.(제4조 제4항)

부당한 수사지휘 이의제기	① 공무원은 「범죄수사규칙」(제30조)에 따른 경찰관서 내 **수사지휘에 대한 이의제기와 관련**하여 **행동강령책임관에게 상담을 요청할 수** 있다.[♣상담하여야(×)](제4조의2 제1항)<19승진·22경간·18.1·22.1채용>
	② 위의 상담요청을 받은 행동강령책임관은 해당 **지휘의 취소·변경이 필요하다고 인정되면 소속 기관장에게 보고하여야** 한다.(제4조의2 제2항)
수사단속 업무의 공정성 강화	① 공무원은 **수사·단속의 대상이 되는 업소 중 경찰청장이 지정하는 유형의 업소 관계자**와 부적절한 사적접촉을 하여서는 아니 되며, **공적 또는 사적으로 접촉한 경우 경찰청장이 정하는 방법에 따라 신고하여야** 한다.[♣허가를 받아야(×)](제5조의2 제1항)<23.1채용>
	② 공무원은 **수사 중인 사건의 관계자**(해당 사건의 처리와 법률적·경제적 이해관계가 있는 자로서 경찰청장이 지정하는 자를 말한다)와 **부적절한 사적접촉을 해서는 아니** 되며, **소속 경찰관서 내에서만 접촉하여야** 한다. 다만, **현장 조사 등 공무상 필요한 경우** 외부에서 접촉할 수 있으며, 이 경우에는 수사서류 등 **공문서에 기록하여야** 한다.(제5조의2 제2항)
특혜 배제	공무원은 직무를 수행함에 있어 지연·혈연·학연·종교 등을 이유로 특정인에게 **특혜를 주어서는 아니** 된다.[♣상담 후 처리(×)](제6조)<14·15·17승진·13경간·18.1순경>
	♣직무를 수행함에 있어 지연·혈연·학연·종교 등을 이유로 특정인에게 특혜를 주려고 하는 경우, 직무회피 여부 등에 관하여 직근 상급자 또는 행동강령책임관과 상담 후 처리하여야 한다.(×)<14·15·17승진·13경간·18.1순경>
예산 목적 외 사용금지	공무원은 여비, 업무추진비 등 공무 활동을 위한 예산을 목적 외의 용도로 사용하여 소속 기관에 재산상 손해를 입혀서는 아니 된다.(제7조)<22승진>
정치인등 부당요구 처리	① 공무원은 정치인이나 정당 등으로부터 부당한 직무수행을 강요받거나 청탁을 받은 경우에는 (별지 제9호 서식 또는 전자우편 등의 방법으로) **소속 기관의 장에게**[♣직근상급자에게(×)] **보고**하거나 **행동강령책임관과 상담하여야** 한다.[♣상담할 수(×)](제8조 제1항)<14·15·17·18승진·23경간·17.1·18.1채용>
	② 제1항에 따라 보고를 받은 소속 기관의 장이나 상담을 한 행동강령책임관은 그 공무원이 공정한 직무수행을 할 수 있도록 적절한 조치를 하여야 한다.(제8조 제2항)
경찰유관 단체원의 부정행위에 대한 처리	경찰유관단체원이 다음 각 호의 어느 하나에 해당하는 행위를 한 경우 **행동강령책임관**은 해당 경찰유관단체 운영 부서장과 협의하여 **소속기관장에게** 경찰유관단체원의 해촉 등 필요한 **조치를 건의하여야** 하며, 보고를 받은 소속기관장은 적절한 **조치를 취하여야**한다.(제8조의2)<23경간>
	1. 경찰업무와 관련하여 **금품을 수수** 또는 경찰관에게 **금품을 제공**하거나, 이를 **알선**한 경우
	2. 경찰 업무와 관련하여 부당한 **청탁 또는 알선**을 한 경우
	3. 이권 개입 등 경찰유관단체원의 **지위**를 부당하게 **이용**한 경우
	4. 직무와 관련하여 알게 된 **비밀을 누설**한 경우
	5. 그 밖에 경찰유관단체원으로서 부적절한 처신 등으로 경찰과 소속 단체의 **명예를 훼손**한 경우
인사 청탁 금지	① 공무원은 자신의 임용·승진·전보 등 인사에 부당한 영향을 미치기 위하여 타인으로 하여금 인사업무 담당자에게 청탁을 하도록 해서는 아니 된다.(제9조 제1항)<17·22승진>
	② 공무원은 직위를 이용하여 다른 공무원의 임용·승진·전보 등 인사에 부당하게 개입해서는 아니 된다.(제9조 제2항)<15승진·17.1순경>

직위의 사적이용 금지	공무원은 직무의 범위를 벗어나 **사적 이익을 위하여 소속 기관의 명칭이나 직위를 공표·게시하는 등의 방법으로 이용하거나 이용하게** 하여서는 아니 된다.(제10조의2)<21승진> 🔟 P경찰서 생활안전과장 ○가 지인의 룸살롱을 개업에 '축, 개업 / P경찰서 생활안전과장 ○'라는 문구를 넣은 대형화환을 보내면서 후일 보답을 약속받은 경우 → '직위의 사적이용 금지'의무 위반 **위반사례)** ⓐ 사적 친분관계에 있는 제3자가 공무원의 **직무와 무관한 내용의 출판물**을 발행하자, 공무원이 **소속된 기관의 명칭과 직위를 표시한 인사말을 기재**하여 홍보에 활용하도록 하는 행위 ⓑ 자신의 배우자가 운영하는 사업을 **홍보**하기 위해 인터넷 **블로그**에 자신의 **기관 명칭과 직위를 표시**하는 행위 **위반 아닌 사례)** ⓐ 업무관련 업소를 시찰한 뒤 바로 촬영한 방문기념 사진에 **기관 명칭과 직위를 친필로 사인하고 게시**토록 하는 행위 ⓑ **결혼식, 장례식 등에 기관 명칭과 직위**를 명기한 화환을 보내 전시토록 하는 행위 ⓒ **업무와 무관한** 지인의 개업식에 **기관 명칭과 직위**를 기재한 **축전**을 보내는 행위 ⓓ 타기관에서 소속된 **기관의 업무와 관련이 있는** 행사를 개최할 **기관 명칭과 직위**가 명기된 화분 또는 화환을 보내는 행위 ⓔ 업무상 관련자에게 **명함을 제공**하는 행위 ⓕ **경조사 봉투**에 기관의 명칭과 직위를 기재하는 행위
직무관련 정보이용 거래제한	공무원은 **직무수행 중 알게 된 정보를 이용**하여 유가증권, 부동산 등과 관련된 재산상 **거래 또는 투자**를 하거나 **타인에게** 그러한 정보를 **제공**하여 **재산상 거래 또는 투자를 돕는 행위를 해서는 아니** 된다.[♣타인에게 그러한 정보를 제공하여 재산상 거래 또는 투자를 돕는 행위는 그러하지 아니하다.(×)](제12조 제1항)<23.1채용>

가상자산 관련정보 이용 거래 등 제한	① 공무원은 다음 각 호의 어느 하나에 해당하는 행위를 해서는 아니된다.(제12조의2 제1항)
	
	  1. **직무수행 중 알게 된** 가상자산과 관련된 정보("**가상자산 정보**")를 **이용한 재산상 거래 또는 투자** 행위
	
	  2. 가상자산 정보를 **타인에게 제공**하여 재산상 **거래나 투자를 돕는 행위**
	
	② 가상자산관련 직무란 다음 각 호의 어느 하나에 해당하는 것을 말한다.(제12조의2 제2항)
	
	  1. 가상자산에 관한 정책 또는 법령의 입안·집행 등에 관련되는 직무
	
	  2. 가상자산과 관련된 수사·조사·검사 등에 관련되는 직무
	
	  3. 가상자산 거래소의 신고·관리 등과 관련되는 직무
	
	  4. 가상자산 관련 기술 개발 지원 및 관리 등에 관련되는 직무
	
	③ 가장자산관련 직무(경찰청장이 정함.)수행 부서와 직위에서 직무를 수행하는 공무원은 가상자산을 신규 취득하여서는 아니되며, 보유한 경우에는 소속기관의 장에게 신고해야 한다.(제12조의2 제4항)
	
	④ 신고를 받은 소속기관의 장은 해당 공무원의 공정한 직무수행을 저해할 수 있다고 판단되는 경우에는 **직무 배제 등 필요한 조치를 해야** 한다.(제12조의2 제5항)

사적노무 요구금지	공무원은 자신의 직무권한을 행사하거나 지위·직책 등에서 유래되는 사실상 영향력을 행사하여 **직무관련자 또는 직무관련공무원**으로부터 **사적 노무**를 **제공**받거나 **요구** 또는 **약속해서는 아니** 된다. 다만, **다른 법령 또는 사회상규에 따라 허용**되는 경우에는 **그러하지 아니**하다.[♣어떠한 경우에도(×)](제13조의2)<23경간>
(갑질금지) 직무권한등 행사 부당행위 금지	공무원은 자신의 직무권한을 행사하거나 지위·직책 등에서 유래되는 사실상 영향력을 행사하여 다음 각 호의 어느 하나에 해당하는 부당한 행위를 해서는 안 된다.(제13조의3) 1. 인가·허가 등을 담당하는 공무원이 그 **신청인에게 불이익**을[♣이익(×)] 주거나 **제3자에게 이익 또는 불이익**을 주기 위하여 부당하게 그 신청의 **접수를 지연하거나 거부**하는 행위[♣신청인에게 이익 또는 불이익(×)] 2. 직무관련공무원에게 **직무와 관련이 없거나 직무의 범위를 벗어나 부당한 지시·요구**를 하는 행위 3. 공무원 자신이 소속된 기관이 체결하는 물품·용역·공사 등 계약에 관하여 직무관련자에게 자신이 소속된 기관의 **의무 또는 부담의 이행을 부당하게 전가**하거나 자신이 소속된 기관이 **집행해야 할 업무를 부당하게 지연**하는 행위 4. 공무원 자신이 소속된 기관의 소속 기관 또는 산하기관에 자신이 소속된 기관의 **업무를 부당하게 전가**하거나 그 **업무에 관한 비용·인력을 부담하도록 부당하게 전가**하는 행위 5. 그 밖에 직무관련자, 직무관련공무원, 공무원 자신이 소속된 기관의 소속 기관 또는 산하기관의 **권리·권한을 부당하게 제한**하거나 **의무가 없는 일을 부당하게 요구**하는 행위

금품
수수
제한
	① 공무원은 직무 관련 여부 및 **기부·후원·증여** 등 그 명목에 관계없이[♣접대·향응 또는 교통·숙박 등의 편의 제공은 제외(×)] 동일인으로부터 1회에 100만원 또는 매 **회계연도에 300만원을 초과**하는 **금품등**을 받거나 요구 또는 약속해서는 아니 된다.(제14조 제1항)
	
	※ "금품등"이란 다음 각 목의 어느 하나에 해당하는 것을 말한다.
	
	    가. 금전, 유가증권, 부동산, 물품, 숙박권, 회원권, 입장권, 할인권, 초대권, 관람권, 부동산 등의 사용권 등 일체의 재산적 이익
	
	    나. 음식물·주류·골프 등의 접대·향응 또는 교통·숙박 등의 편의 제공[♣접대·향응 또는 교통·숙박 등의 편의 제공제외(×)]
	
	    다. 채무 면제, 취업 제공, 이권(利權) 부여 등 그 밖의 유형·무형의 경제적 이익
	
	② 공무원은 직무와 관련하여 **대가성 여부를 불문**하고 제1항에서 정한 금액 이하의 **금품 등을 받거나 요구 또는 약속해서는 아니 된다.**(제14조 제2항)
	
	③ 제15조의 외부강의등에 관한 사례금 또는 다음 각 호의 어느 하나에 해당하는 금품등은 제1항 또는 제2항에서 수수(收受)를 금지하는 금품 등에 해당하지 아니한다.(제14조 제3항)
	
	  1. 소속 기관의 장이 소속 공무원이나 파견 공무원에게 지급하거나 상급자가 위로·격려·포상 등의 목적으로 하급자에게 제공하는 금품등
	
	  2. 원활한 직무수행 또는 사교·의례 또는 부조의 목적으로 제공되는 음식물·경조사비·선물 등으로서 별표 1의 가액 범위 내의 금품등
	
	  3. **사적 거래(증여는 제외**한다)로 인한 채무의 이행 등 정당한 권원(權原)에 의하여 제공되는 금품등
	
	  4. 공무원의 **친족**(「민법」제777조에 따른 친족을 말한다)**이 제공**하는 금품등
	
	  5. 공무원과 관련된 직원상조회·동호인회·동창회·향우회·친목회·종교단체·사회단체 등이 정하는 기준에 따라 구성원에게 제공하는 금품등 및 그 소속 구성원 등 공무원과 특별히 장기적·지속적인 친분관계를 맺고 있는 자가 질병·재난 등으로 어려운 처지에 있는 공무원에게 제공하는 금품등

금품 수수 제한	6. 공무원의 직무와 관련된 공식적인 행사에서 주최자가 참석자에게 통상적인 범위에서 일률적으로 제공하는 교통, 숙박, 음식물 등의 금품등 7. 불특정 다수인에게 배포하기 위한 기념품 또는 홍보용품 등이나 경연·추첨을 통하여 받는 보상 또는 상품 등 8. 그 밖에 사회상규(社會常規)에 따라 허용되는 금품등(**부패방지법과 동일**) ④ 공무원은 제3항 제5호에도 불구하고 같은 호에 따라 특별히 **장기적·지속적인 친분관계를 맺고 있는 자가** 직무관련자 또는 직무관련공무원으로서 **금품 등을 제공한 경우**에는 그 수수 사실을 (별지 제10호 서식에 따라) **지체 없이 소속 기관의 장에게 신고하여야** 한다. (제14조 제4항) ⑤ 공무원은 자신의 **배우자나 직계 존속·비속이 자신의 직무와 관련**하여 제1항 또는 제2항에 따라 공무원이 받는 것이 금지되는 금품등("수수 금지 금품등")을 받거나 요구하거나 **제공받기로 약속하지 아니하도록 하여야** 한다.(제14조 제5항) ⑥ 공무원은 다른 공무원에게 또는 그 공무원의 배우자나 직계 존속·비속에게 수수 금지 금품등을 제공하거나 그 제공의 약속 또는 의사표시를 해서는 아니 된다.(제14조 제6항)
감독기관 갑질금지 (감독기관의 부당한 요구 금지)	① 감독·감사·조사·평가를 하는 기관("**감독기관**")에 소속된 공무원은 자신이 소속된 기관의 출장·행사·연수 등과 관련하여 감독·감사·조사·평가를 받는 기관("**피감기관**")에 다음 각 호의 어느 하나에 해당하는 **부당한 요구를 해서는 안 된다.**(제14조의2 제1항) 1. 법령에 근거가 없거나 예산의 목적·용도에 부합하지 않는 **금품등의 제공 요구** 2. 감독기관 소속 공무원에 대하여 **정상적인 관행을 벗어난 예우·의전의 요구**[♣정상적인 관행이라고 해도 피감기관에 예우의전 요구(×)] ② 제1항에 따른 부당한 요구를 받은 **피감기관 소속 공직자는 그 이행을 거부해야** 하며[♣이행을 거부할 수(×)], 거부했음에도 불구하고 감독기관 소속 공무원으로부터 **같은 요구를 다시 받은** 때에는 그 사실을 일정 서식에 따라 **피감기관의 행동강령책임관에게**[♣감독기관의 행동강령책임관에게(×)] **알려야** 한다. 이 경우 행동강령책임관은 그 요구가 **감독기관의 부당한 요구의** 어느 하나에 해당하는 경우에는 **지체없이 피감기관의 장에게 보고해야** 한다.(제14조의2 제2항) ③ **보고를 받은 피감기관의 장**은 감독기관의 부당한 요구의 어느 하나에 해당하는 경우에는 그 사실을 **해당 감독기관의 장에게 알려야** 하며, 그 사실을 통지받은 감독기관의 장은 해당 요구를 한 소속 공무원에 대하여 **징계 등 필요한 조치를 해야** 한다.(제14조의2 제3항)
외부 강의 신고	① 공무원은 자신의 직무와 관련되거나 그 지위·직책 등에서 유래되는 사실상의 영향력을 통하여 요청받은 교육·홍보·토론회·세미나·공청회 또는 그 밖의 회의 등에서 한 강의·강연·기고 등(이하 "외부강의 등"이라 한다)의 대가로서 직급 구분 없이 1시간 **40만원(**별표 2)을 초과하는 사례금을 받아서는 아니 된다.(제15조 제1항) ㉮ '외부강의 등'의 사례금 상한액은 1시간 이하로 강의한 경우 직급구분 없이 40만원이며(별표2 제1조 가), ㉯ 1시간을 초과하여 강의 등을 하는 경우에도 **사례금 총액은 강의 시간에 관계없이 1시간 상한액의 100분의 150에 해당하는 금액을 초과하지 못한다.**[♣경정 60만원(×)] (별표2, 제2조 나)<18승진> ② 공무원은 사례금을 받는 외부강의 등을 할 때에는 **외부강의** 등의 요청 명세 등을 (별지 제12호 서식의 외부강의등 신고서에) **소속 기관의 장에게 그 외부강의 등을 마친 날부터 10일 이내에 신고하여야**[♣승인(×)] 한다. 다만, 외부강의 등을 요청한 자가 **국가나 지방자치단체인 경우에는 그러지 아니**하다.[♣국가나 지방자치단체의 요청으로 할 경우 신고해야(×)](제15조 제2항)<12·15·18승진·13·23경간·13·15.1채용>

외부 강의 신고	③ 공무원은 신고를 할 때 신고사항 중 상세 명세 또는 사례금 총액 등을 **신고기간 내(10일)에 알 수 없는 경우**에는 해당 사항을 제외한 사항을 신고한 후 해당 사항을 **안 날부터 5일 이내에 보완하여야** 한다.(제15조 제3항)<18승진>
	④ 공무원이 대가를 받고 수행하는 외부강의 등은 **월 3회를 초과할 수 없다.** 국가나 지방자치단체에서 **요청**하거나 **겸직 허가**를 받고 수행하는 외부강의 등은 그 횟수에 포함하지 아니한다.(제15조 제4항)<22경간>
	⑤ 공무원은 **월3회를 초과하여 대가를 받고 외부강의 등을 하려는 경우**에는 **미리 소속 기관의 장의 승인**을 받아야 한다.[♣신고하여야(×)](제15조 제5항)
초과 사례금 신고 등	① 공무원은 제15조 제1항에 따른 금액을 **초과하는 사례금**("초과사례금")을 받은 경우에는 그 사실을 **안 날로부터 2일 이내**에 (별지 제13호 서식으로) **소속 기관의 장에게 신고하여야** 하며, 제공자에게[♣소속 기관장에게(×)] 그 초과금액을 **지체 없이 반환하여야** 한다.(제15조의2 제1항)<18승진>
	② 제1항에 따른 신고를 받은 소속 기관의 장은 초과사례금을 반환하지 아니한 공무원에 대하여 **신고사항을 확인한 후 7일 이내에** 반환하여야 할 초과사례금의 액수를 산정하여 해당 공무원에게 **통지하여야** 한다.(제15조의2 제2항)<18승진>
	③ 제2항에 따라 통지를 받은 공무원은 지체 없이 초과사례금(신고자가 초과사례금의 일부를 반환한 경우에는 그 차액으로 한정한다)을 제공자에게 반환하고 그 사실을 소속 기관의 장에게 알려야 한다.
	④ 공무원은 제1항 또는 제3항에 따라 초과사례금을 반환한 경우에는 증명자료를 첨부하여 **그 반환 비용을 소속 기관의 장에게 청구할 수** 있다.(제15조의2)
협찬요구 제한	공무원은 **직무관련자에게** 직위를 이용하여 행사 진행에 필요한 직·간접적 경비, 장소, 인력, 또는 물품 등의 **협찬을 요구하여서는 아니 된다.**(제16조의2)<22경간>
직무 관련자와 골프 및 사적여행 제한	① 공무원은 **직무관련자와**는 비용 부담 여부와 관계없이 골프를 같이 하여서는 아니 된다. 다만, 다음 각 호와 같은 **부득이한 사정**에 따라 골프를 같이 하는 경우에는 **소속관서 행동강령 책임관에게 사전에 신고하여야** 하며 사전에 신고하기 어려운 특별한 사유가 있는 경우에는 사후에 즉시 신고하여야 한다.(제16조의3 제1항)<22.1채용>
	1. 정책의 수립·시행을 위한 의견교환 또는 업무협의 등 공적인 목적을 위하여 필요한 경우
	2. 직무관련자인 친족과 골프를 하는 경우<22.1채용>
	3. 동창회 등 친목단체에 직무관련자가 있어 부득이 골프를 하는 경우
	4. 그 밖에 위 각 호와 유사한 사유로 부득이하다고 인정되는 경우
	② 공무원은 **직무관련자와** 함께 **사적인 여행을 하여서는 아니 된다.** 다만, 제1항 각 호의 사유가 있어 같은 항 단서에 따른 **신고를 한 경우에는 그러하지 아니**하다.(제16조의3 제2항)
사행성 오락금지	**[직무관련자와 사행성 오락금지]** ☞ 공무원은 직무관련자와 마작, 화투, 카드 등 우연의 결과나 불확실한 승패에 의하여 금품 등 경제적 이익을 취할 목적으로 하는 사행성 오락을 같이 하여서는 아니 된다.(제16조의4)

경조사 통지 · 경조 금품 수수 제한	공무원은 **직무관련자나 직무관련공무원**에게 경조사를 알려서는 아니 된다.[♣신문을 통해 경조사 통지금지(×)] 다만, 다음 각 호의 어느 하나에 해당하는 경우에는 경조사를 알릴 수 있다.(제17조)<22.1채용> 1. **친족**(「민법」 제767조에 따른 친족)에게 알리는 경우 2. **현재** 근무하고 있거나 **과거**에 근무하였던 기관의 **소속 직원**에게 알리는 경우[♣현재 근무기관의 소속직원에게 경조사 통지금지(×)]<15승진> 3. **신문, 방송** 또는 제2호에 따른 **직원에게만 열람이 허용**되는 **내부통신망 등**을 통하여 알리는 경우 4. 공무원 자신이 소속된 **종교단체·친목단체 등**의 회원에게 알리는 경우[♣경조사를 알릴 수 없다.(×)](제17조 제4호)<17승진·22.1채용> **위반인 경우)** ⓐ 외부인 접속이 가능한 **공무원노조사이트**에 경조사란을 신설하여 경조사 통지 ⓑ **상급자의 직무관련자**이지만, 하급자의 직무관련자가 아닌 경우, **하급자가 대신**하여 경조사 **통지** ⓒ **단체채팅방**을 통해 직무관련공무원에게 경조사를 통지 **위반이 아닌 경우)** ⓐ 과거에 직무관련자였으나 **현재는 직무관련자가 아닌 사람**에게 경조사 통지 ⓑ 공무원이 평소에 알고 지내던 **직무관련성이 없는 청사 주변의 식당 주인**에게 경조사 통지
상담	공무원은 알선·청탁, 금품등의 수수, 외부강의 등의 사례금수수, 경조사의 통지 등에 대하여 이 규칙을 **위반하는 지가 분명하지 아니할 때에는 행동강령책임관과 상담한 후 처리하여야** 하며 행동강령책임관은 (별지 제15호 서식에 따라) **상담내용을 관리하여야** 한다.(제18조 제1항)

6. 테마 10 부정청탁 및 금품 등 수수의 금지에 관한 법률

목적	이 법은 **공직자등**에 대한 부정청탁 및 공직자 등의 금품 등의 수수(收受)를 금지함으로써 공직자등의 공정한 직무수행을 보장하고 **공공기관**에 대한 국민의 신뢰를 확보하는 것을 목적으로 한다.(제1조)
공공 기관	"공공기관"이란 다음 각 목의 어느 하나에 해당하는 기관·단체를 말한다.(제2조 제1호) 가. 국회, 법원, 헌법재판소, 선거관리위원회, 감사원, 국가인권위원회, 고위공직자범죄수사처, 중앙행정기관(대통령 소속 기관과 국무총리 소속 기관을 포함한다)과 그 소속 기관 및 지방자치단체[♣선거관리위원회 제외(×)]<18승진·21.2채용> 나. (「공직자윤리법」 제3조의2에 따른) 공직유관단체 다. 「공공기관의 운영에 관한 법률」 제4조에 따른 기관 라. 「초·중등교육법」, 「고등교육법」, 「유아교육법」 및 그 밖의 다른 법령에 따라 설치된 각급 학교 및 「사립학교법」에 따른 학교법인[♣사립학교법에 따른 학교법인 제외(×)]<18승진> 마. 「언론중재 및 피해구제 등에 관한 법률」 제2조 제12호에 따른 언론사

공직자 등	가. 「국가공무원법」 또는 「지방공무원법」에 따른 공무원과 그 밖에 다른 법률에 따라 그 자격·임용·교육훈련·복무·보수·신분보장 등에 있어서 **공무원으로 인정**된 사람(제2조 제2호 가)<22.2채용>
	나. (제1호 나목 및 다목에 따른) **공직유관단체 및 기관의 장과 그 임직원**
	다. (제1호 라목에 따른) **각급 학교의 장과 교직원 및 학교법인의 임직원**
	라. (제1호 마목에 따른) **언론사의 대표자와 그 임직원**[♣언론사의 대표자와 그 임직원이 포함(○), ♣변호사 포함(×), ♣대기업 임원 포함(×)](제2조 제2호)<18승진>
금품 등	가. 금전, 유가증권, 부동산, 물품, 숙박권, 회원권, 입장권, 할인권, 초대권, 관람권, 부동산 등의 사용권 등 일체의 재산적 이익
	나. 음식물·주류·골프 등의 접대·향응 또는 교통·숙박 등의 편의 제공
	다. 채무 면제, 취업 제공, 이권(利權) 부여 등 그 밖의 유형·무형의 경제적 이익(제2조 제3호)
소속 기관장	공직자등이 소속된 공공기관의 장을 말한다.(제2조 제4호)
부정청탁 금지	① 누구든지 직접 또는 제3자를 통하여 직무를 수행하는 공직자등에게 다음 각 호의 어느 하나에 해당하는 **부정청탁을 해서는 아니 된다.**(제5조 제1항) ※ 부정청탁을 한 내용의 실현여부는 무관하다. 1. **인가·허가·면허·특허·승인·검사·검정·시험·인증·확인 등** 법령(조례·규칙을 포함)에서 일정한 요건을 정하여 놓고 직무관련자로부터 신청을 받아 처리하는 직무에 대하여 법령을 위반하여 처리하도록 하는 행위 등 ⋯⋯⋯ 14. **사건의 수사·재판·심판·결정·조정·중재·화해, 형의 집행, 수용자의 지도·처우·계호** 또는 이에 준하는 업무를 법령을 위반하여 처리하도록 하는 행위 15. 제1호부터 제14호까지의 부정청탁의 대상이 되는 업무에 관하여 공직자등이 법령에 따라 부여받은 **지위·권한을 벗어나 행사하거나 권한에 속하지 아니한 사항을 행사하도록 하는 행위** --- **14개 부정청탁 대상 :** ① 인·허가, ② 처벌의 감경·면제, ③ 인사 개입, ④ 위원 선정, ⑤ 수상·포상, ⑥ 직무상 비밀누설, ⑦ 계약체결, ⑧ 보조금·기금 등 업무, ⑨ 재화·용역의 처분, ⑩ 성적조작, ⑪ 병무, ⑫ 각종 평가·판정, ⑬ 행정지도·단속, ⑭ 수사·재판·중재 등 --- ② 부정청탁금지에도 불구하고 다음 각 호의 어느 하나에 해당하는 경우에는 이 법을 **적용하지 아니**한다.(제5조 제2항) 1. 법령·기준에서 정하는 절차·방법에 따라 **권리침해의 구제·해결을 요구**하거나 그와 관련된 **법령·기준의 제정·개정·폐지를 제안·건의**하는 등 특정한 행위를 요구하는 행위 2. **공개적으로 공직자등에게 특정한 행위를 요구**하는 행위 ※ 경찰서 앞에서 공개적인 1인 시위 형태로 부정청탁을 했다면 부정청탁 예외사유에 해당할 수도 있다.

부정청탁 금지	3. 선출직 공직자[♣임명직 공직자(×)], **정당, 시민단체 등**이 공익적인 목적으로[♣목적에 상관없이(×)] 제3자의 **고충민원을 전달**하거나 **법령·기준의 제정·개정·폐지 또는 정책·사업·제도 및 그 운영 등**의 개선에 관하여 제안·건의하는 행위 4. 공공기관에 직무를 **법정기한 안에 처리하여 줄 것을 신청·요구**하거나 그 **진행상황·조치결과 등**에 대하여 **확인·문의 등**을 하는 행위 5. 직무 또는 법률관계에 관한 확인·증명 등을 신청·요구하는 행위 6. 질의 또는 상담형식을 통하여 직무에 관한 법령·제도·절차 등에 대하여 설명이나 해석을 요구하는 행위 7. 그 밖에 사회상규(社會常規)에 위배되지 아니하는 것으로 인정되는 행위<제5조 제2항 제7호><19.1채용> ┌───┐ **7가지 예외사유 :** ① 법령·기준에서 정한 **절차에 따라** 요구, ② **공개적**으로 특정한 행위를 요구, ③ **선출직공직자**, 정당, 시민단체 등이 **공익적 목적**으로 제3자의 고충 민원 전달, ④ 진행상황 등 **문의**, ⑤ 확인·증명을 **신청**, ⑥ **질의·상담**형식으로 설명 요구, ⑦ **기타** 사회상규에 반하지 않는 행위 └───┘
금지	부정청탁을 받은 공직자등은 그에 따라 직무를 수행해서는 아니 된다.(제6조)
고지 및 거절	① 공직자등은 부정청탁을 받았을 때에는 부정청탁을 한 자에게 **부정청탁임을 알리고** 이를 **거절하는 의사를 명확히 표시하여야 한다.**[♣부정청탁임을 알렸다면 이와 별도로 거절하는 의사는 명확하지 않아도 된다.(×)](제7조 제1항)<19·22승진·22경간·22.2채용> ② 공직자등은 제1항에 따른 조치를 하였음에도 불구하고 **동일한 부정청탁을 다시 받은 경우에는 이를 소속 기관장에게 서면**(전자문서를 포함)으로[♣구두 또는 서면으로(×)] 신고 하여야 한다.(제7조 제2항)<22.2채용>
금품 등 수수금지	① 공직자등은 직무 관련 여부 및 기부·후원·증여 등 그 **명목에 관계없이** 동일인으로부터 1회에 100만원 또는 매 회계연도에 300만원을 초과하는 금품등을 받거나 요구 또는 약속해서는 아니 된다.[♣매 회계연도에 200만원을 초과(×)](제8조 제1항)<19·20·21·22·24승진·22경간·19.1·21.2·23.2채용> ※ **외부강의등의 대가로 매 회계연도 300만원을 초과**하는 사례금을 수수하는 것은 청탁 금지법 **위반이 아니다.**[♣청탁금지법 위반이다.(×)] ② 공직자등은 **직무와 관련하여** 대가성 여부를 불문하고 동일인으로부터 1회에 100만원 또는 매 회계연도에 300만원 이하의 **금품등을 받거나 요구 또는 약속해서는 아니** 된다.(제8조 제2항) ③ 외부강의 등에 관한 사례금 또는 다음 어느 하나에 해당하는 금품등의 경우에는 수수를 **금지하는 금품등에 해당하지 아니한다.**(제8조 제3항)<20·21승진·19.1채용> 1. 공공기관이 소속 공직자등이나 파견 공직자등에게 지급하거나 상급 공직자등이 **위로·격려·포상 등의 목적**으로 하급 공직자등에게 제공하는 금품등(제1호)<21·22·24승진> ※ **경찰서장이 경무계 직원들에게 위로·격려·포상의 목적으로 회식비를 제공하는 것**은 특별한 사정이 없다면 예외사유에 해당되어 가능하다.<21승진> 예 기관장이 업무추진비로 소속직원에게 화환(10만원)을 보내고(공공기관이 공직자에 지급하는 금품), 사비로 경조사비(10만원)를 주는 경우(상급공직자 등이 지급하는 위로등 목적)[♣청탁금지법 위반이다.(×)]<24승진>

2. **원활한 직무수행 또는 사교·의례 또는 부조의 목적**으로[♣3만원 이내는 목적불문 가능(×)] 제공되는 **음식물·경조사비·선물 등**으로서 대통령령(시행령 제17조 제1항)으로 정하는 가액 범위 안의 금품등. 다만, 선물 중 「농수산물 품질관리법」 제2조제1항제1호에 따른 농수산물 및 같은 항 제13호에 따른 농수산가공품(농수산물을 원료 또는 재료의 50퍼센트를 넘게 사용하여 가공한 제품만 해당한다)은 대통령령으로 정하는 설날·추석을 포함한 기간에 한정하여 그 가액 범위를 두배로 한다.(제8조 제3항 제2호)<19.1채용>

(시행령 별표1)

가액범위	음식물·경조사비·선물 등의 가액 범위 내용구분
금품 등 수수금지 3만원	1. **음식물**(제공자와 공직자등이 함께 **하는 식사, 다과, 주류, 음료,** 그 밖에 이에 준하는 것 - **모두 합산**)[♣미리 결제해 두고 공직자가 3만원 이하 식사를 하게 하는 경우(×) → 홀로 식사는 제외][♣1인당 5만원 식사비는 위법(○)]<22승진> ※ 공직자가 직무관련자로부터 **3만원 상당의 식사**를 제공받고 옆에 있는 카페로 옮겨 **6천원 상당의 커피**를 다시 제공받은 경우 → 시간적 근접성으로 1회로 보며, **3만원 초과로 위법** ※ 직무관련자와 식사를 한 후 1인당 식사비가 5만원이 나온 경우 3만원은 제공자가 결제하고, 2만원은 공직자가 결제한 경우 → **적법** ※ 미리 결제해 두고 공직자가 3만원 이하 식사를 하게 한 경우 → **혼자 식사**라서 **위법**(식사는 함께 하는 식사를 의미)
5만원	2. **경조사비** : 축의금·조의금은 5만원(모두 합산) ※ 경조사 : **본인 결혼, 직계존·비속의 결혼, 배우자 장례, 본인과 배우자의 직계 존·비속의 장례**에 한정[♣돌잔치(×)] → 1촌 이내 결혼, 장례 ※ **생일, 돌, 회갑, 집들이, 승진, 전보, 퇴직, 출판기념회 등**은 경조사에 **해당하지 않아** 경조사비 수수는 위법 ※ 다만, 축의금·조의금을 대신하는 화환·조화는 10만 원으로 한다.(**화환이나 조화를 함께** 보내는 경우 합산하여 10만 원까지 가능하다.) 3. **선물** : 금전, 유가증권(상품권 제외), 음식물 및 경조사비를 제외**한 일체의 물품**, 상품권(물품상품권 및 용역상품권만 해당, 금액상품권 제외) 및 그 밖에 이에 준하는 것은 5만원 ※ 다만, 농수산물 및 농수산가공품(농수산물을 원료 또는 재료의 **50퍼센트를 넘게 사용**하여 가공한 제품만 해당)과 농수산물·농수산가공품 상품권은 15만원(**설날·추석 전 24일**부터 설날·추석 **후 5일까지** 30만원)으로 한다. ※ **선물로** 5만원 골프 접대 → 골프접대는 **접대·향응에 해당**하여 선물로 볼 수 없어 5만원 이하라도 청탁금지법 위반, 위법 ※ **직무관련자**에 핸드폰으로 5만원 상당의 기프티콘을 보내는 경우 → **유가증권에 해당**하여 직무관련자인 경우 위법, 직무관련성 없으면 100만원 초과 금지 금품등에 해당하여 적법

		가. 제1호, 제2호 본문·단서 및 제3호 본문·단서에서 규정하는 각각의 가액 범위는 각각에 해당하는 것을 모두 합산한 금액으로 한다.

| 금품 등 수수금지 | 비고 | 가. 제1호, 제2호 본문·단서 및 제3호 본문·단서에서 규정하는 각각의 가액 범위는 각각에 해당하는 것을 모두 합산한 금액으로 한다.

나. 제2호 본문의 축의금·조의금과 같은 호 단서의 화환·조화를 함께 받은 경우에는 그 가액을 합산한다. 이 경우 가액 범위는 10만원으로 하되, 제2호 본문 또는 단서의 가액 범위를 각각 초과해서는 안 된다.

다. 제3호에서 "상품권"이란 그 명칭 또는 형태에 관계없이 발행자가 특정한 물품 또는 용역의 수량을 기재(전자적 또는 자기적 방법에 의한 기록을 포함한다)하여 발행·판매하고, 그 소지자가 발행자 또는 발행자가 지정하는 자(이하 "발행자등"이라 한다)에게 이를 제시 또는 교부하거나 그 밖의 방법으로 사용함으로써 그 증표에 기재된 내용에 따라 발행자등으로부터 해당 물품 또는 용역을 제공받을 수 있는 증표인 물품상품권 또는 용역상품권을 말하며, 백화점상품권·온누리상품권·지역사랑상품권·문화상품권 등 일정한 금액이 기재되어 소지자가 해당 금액에 상응하는 물품 또는 용역을 제공받을 수 있는 증표인 금액상품권은 제외한다.

라. 제3호 본문의 선물과 같은 호 단서의 농수산물·농수산가공품 또는 농수산물·농수산가공품 상품권을 함께 받은 경우에는 그 가액을 합산한다. 이 경우 가액 범위는 15만원(제17조 제2항에 따른 기간 중에는 30만원)으로 하되, 제3호 본문 또는 단서의 가액 범위를 각각 초과해서는 안 된다.

마. 음식물, 경조사비 및 선물 중 **2가지 이상을 함께 받은 경우에는 그 가액을 합산**한다. 이 경우 가액 범위는 함께 받은 음식물, 경조사비 및 선물의 가액 범위 중 **가장 높은 금액으로** 하되, 제1호부터 제3호까지의 규정에 따른 가액 범위를 각각 초과해서는 안 된다. |

(시행령 별표2)<22승진>

	가액범위	외부강의등 사례금 상한액
공직자등 사례금 상한액	40만원	가. **공무원으로 인정**되거나, **공직유관단체 및 기관의 장과 그 임직원**에 해당하는 공직자등[♣상한액 30만원(×)]<22승진> ※ **각급 학교장과 교직원 및 언론사의 대표자와 임직원 제외** ♣부정청탁금지법상 국가공무원법 또는 지방공무원법에 따른 공무원과 그 밖의 다른 법률에 따라 공무원으로 인정된 사람의 강의·강연·기고 등의 사례금 상한액을 30만원으로 규정하고 있다.(×)
	100만원	나. **각급 학교의 장과 교직원 및 학교법인의 임직원, 언론사의 대표자와 그 임직원**에 해당하는 공직자등: 100만원 예 국립대학 교수 1시간 상한액 100만원
	지급하는 자의 기준	다. (가목 및 나목에도 불구하고) 국제기구, 외국정부, 외국대학, 외국연구기관, 외국학술단체, 그 밖에 이에 준하는 외국기관에서 **지급하는 외부강의등의 사례금 상한액**은 사례금을 지급하는 자의 지급기준에 따른다.

금품 등 수수금지	적용기준	가. 가목 및 나목의 **상한액**은 강의 등의 경우 **1시간당**, 기고의 경우 **1건당** 상한액으로 한다.

가. 가목 및 나목의 **상한액**은 강의 등의 경우 **1시간당**, 기고의 경우 **1건당** 상한액으로 한다.

> ※ 사례금의 **지급주체, 강의일자, 대상, 내용(주제)** 중 **어느 하나라도 다른 경우** 외부강의 사례금은 강의마다 각각 지급이 가능하다.(**1회의 기준**)(국민권익위원회 매뉴얼)
>
> 🔲 같은 날 같은 대상에게 두 번 강의를 하는데, 각 강의의 주제가 다른 것이었다면, 사례금을 두 번 받더라도 청탁금지법 위반이 아니다.

외부강의 등에 해당(○)	외부강의 등에 해당(×)
① 다수인을 대상으로 하거나 **회의형태인 강의·강연**	① 법령상 위원회 등 위원으로 **회의 참석**
② 다수인을 대상으로 하거나 **회의형태인 발표·토론·심사·평가·의결 등**	② 시험출제위원으로서 **시험출제 회의 참석, 시험문제 출제**
③ 회의형태의 **자문회의 참석**	③ 방송 다큐멘터리 등 **원고 작성**
④ 공청회·간담회 등의 **좌장**	④ 언론**인터뷰**, 스포츠 해설, 방송 예능 프로그램 **출연**
⑤ 온라인 **동영상 강의**	⑤ 1：1이거나 **회의형태 아닌 용역·자문**
⑥ 신문·잡지에의 **기고**	⑥ 방송사 아나운서의 행사 **단순진행**

> 🔲 시험출제위원으로 시험문제를 출제하는 것, 방송 프로그램에 출연하는 것, 방송·다큐멘터리 등의 원고를 작성하는 것은 청탁금지법상 외부강의등에 해당하지 않으므로 신고대상이 아니다.

나. 가목에 따른 공직자등은 **1시간을 초과**하여 강의 등을 하는 경우에도 사례금 총액은 강의시간에 관계없이 **1시간 상한액의 100분의 150**에 해당하는 금액을 초과하지 못한다.<22승진>

> 🔲 **1시간 30만원 월 1회, 총 3개월** 강의를 진행한 경우, 60만원 3회 → 최대 180만원[♣270만원(×)]<23.2채용>

다. 가목 및 나목의 상한액에는 강의료, 원고료, 출연료 등 명목에 관계없이 외부강의등 사례금 제공자가 외부강의등과 관련하여 공직자등에게 제공하는 **일체의 사례금을 포함**한다.

라. '다'에 불구하고 공직자등이 소속기관에서 **교통비, 숙박비, 식비 등 여비**를 지급받지 못한 경우에는 「공무원 여비 규정」 등 공공기관별로 적용되는 여비 규정의 기준 내에서 실비수준으로 제공되는 **교통비, 숙박비 및 식비는 사례금에 포함되지 않는다.**[♣원고료를 별도로 받을 수(×)]

3. **사적 거래**(증여는 제외)로 인한 채무의 이행 등 정당한 권원(權原)에 의하여 제공되는 금품등[♣증여 포함(×)](제8조 제3항 제3호)<20승진·22경간·19.1채용>

4. **공직자등의 친족**(8촌 이내 혈족, 4촌 이내 인척)**이 제공하는 금품등**[♣7촌 이내 처벌(×)]<21·22승진>

5. 공직자등과 **관련된 직원상조회 · 동호인회 · 동창회 · 향우회 · 친목회 · 종교단체 · 사회단체 등이 정하는 기준에 따라 구성원에게 제공**하는 금품등 및 그 소속 구성원 등 공직자등과 특별히 장기적 · 지속적인 친분관계를 맺고 있는 자가 질병 · 재난 등으로 어려운 처지에 있는 공직자등에게 제공하는 금품등[♣수수를 금지하는 금품등에 해당한다.(×)](제8조 제3항 제5호)<19 · 20승진>

> 📖 정기 회비를 납부하는 **직원모임**에서 회원 경조사에 회칙에 따라 **50만원을 지급**하는 경우(적법)

6. 공직자등의 직무와 관련된 **공식적인 행사**에서 주최자가 참석자에게 통상적인 범위에서 **일률적으로 제공하는 교통, 숙박, 음식물 등의 금품 등**[♣수수를 금지하는 금품등에 해당(×)]<19승진>

7. 불특정 다수인에게 배포하기 위한 **기념품 또는 홍보용품 등이나 경연 · 추첨을 통하여 받는 보상 또는 상품** 등<21 · 22승진>

> ※ B경위가 휴일날 인근 대형마트 행사에서 추첨권이 뽑혀 **외제차가 당첨**된 것은 특별한 사정이 없다면 예외사유에 해당되어 가능하다.<21승진>

8. **그 밖에 다른 법령 · 기준 또는 사회상규에 따라 허용되는 금품등**

(요약) 8가지 예외 :

① 공공기관이나 상급 공직자등이 **위로 · 격려 · 포상 목적**으로 제공하는 금품등

② **직무수행, 사교 · 의례, 부조목적** 음식물 · 선물 · 경조사비 등(대통령령의 가액범위내 금품등)

  - 음식물(3만원 이하),
  - 선물(5만원 이하), 단, 농축수산물이거나 농축수산물가공품(농축수산물을 원료, 재료의 **50% 초과**사용한 가공품은 **10만원 이하**까지 가능)

    ※ 선물에는 금전, 유가증권(상품권 등)은 제외됨.

  - 경조사비(5만원 이하) 단, 화환 · 조화 보낼시 합산하여 10만원 이하까지 가능 (경조사비 내지 않고, 화환 · 조화만 10만원짜리로 보내는 것도 가능)

③ 사적거래(증여 제외), 채무이행 등 **정당한 권원**에 의하여 제공되는 금품

④ **친족이 제공**하는 금품등

⑤ **단체의 기준**이나 장기적 · 지속적 **친분관계**에 따른 금품등

⑥ **공식적 행사**에서 통상적 · 일률적으로 제공하는 음식물 등

⑦ **기념품 · 홍보용품** 등이나 **경연 · 추첨**을 통하여 받는 상품

⑧ 다른 **법령 · 기준 또는 사회상규**에 따라 **허용**되는 금품등

---

① 공직자등은 다음 각 호의 어느 하나에 해당하는 경우에는 소속기관장에게 지체 없이 **서면**으로 **신고하여야** 한다.[♣서면 또는 구두(×)](제9조 제1항)<21.2채용>

1. 공직자등 자신이 수수 금지 **금품등을 받거나 그 제공의 약속 또는 의사표시**를 받은 경우

2. 공직자등이 자신의 **배우자**가 수수 금지 금품등을 받거나 그 제공의 약속 또는 의사표시를 받은 사실을 안 경우[♣배우자는 법률혼 사실혼 구별하지 않고(×)]

금품 등 수수금지

공직자 등의 신고

공직자 등의 신고	※ 배우자는 특별한 단서가 없으므로 **법률상 배우자**라고 해석된다. 공직자등에 대해서는 제재규정이 있으나 부정청탁금지법상 배우자에 대해서는 **제재규정이 없으며**, 알선이나 청탁의 고의가 있었다면 특정범죄가중처벌법, 변호사법 등에 의해 처벌될 수 있다. ② 공직자등은 **자신**이 수수 금지 금품등을 받거나 그 제공의 약속이나 의사표시를 받은 경우 또는 자신의 **배우자**가 수수 금지 금품등을 받거나 그 제공의 약속이나 의사표시를 받은 사실을 알게 된 경우에는 이를 제공자에게 지체 없이 **반환하거나 반환하도록** 하거나 그 **거부의 의사를 밝히거나 밝히도록 하여야** 한다. 다만, 받은 금품등이 다음 각 호의 어느 하나에 해당하는 경우에는 소속기관장에게 인도하거나 인도하도록 하여야 한다.(제9조 제2항) 1. 멸실·부패·변질 등의 우려가 있는 경우 2. 해당 금품등의 제공자를 알 수 없는 경우 3. 그 밖에 제공자에게 반환하기 어려운 사정이 있는 경우 ③ 소속기관장은 신고를 받거나 금품등을 인도받은 경우 수수 금지 금품등에 해당한다고 인정하는 때에는 **반환 또는 인도하게 하거나 거부의 의사를 표시하도록 하여야** 하며, **수사의 필요성**이 있다고 인정하는 때에는 그 내용을 지체 없이 **수사기관에 통보하여야** 한다.(제9조 제3항)
외부강의 등 사례금 수수제한	① 공직자등은 자신의 직무와 관련되거나 그 지위·직책 등에서 유래되는 사실상의 영향력을 통하여 요청받은 "**외부강의등**"(교육·홍보·토론회·세미나·공청회 또는 그 밖의 회의 등에서 한 강의·강연·기고 등)의 대가로서 대통령령으로 정하는 금액을 **초과하는 사례금을 받아서는 아니 된다.**(제10조 제1항)<19경간> ② 공직자등은 **사례금을 받는** 외부강의 등을 할 때에는 대통령령으로 정하는 바에 따라 **외부강의등의 요청 명세 등을** 소속기관장에게 그 외부강의 등을 마친 날부터 10일 이내에 서면으로 신고하여야 한다.[♣신고할 수(×)](제10조 제2항)<19승진·22경간·21.2·23.2채용> ※ 다만, 외부강의등을 요청한 자가 **국가나 지방자치단체인 경우에는 그러하지 아니**하다.[♣신고하여야(×)](제10조 제2항 단서)<19·22경간·19승진·21.2채용> ※ **근무시간외**에 이루어지는 외부강의도 **신고대상**이다. ※ **기고**는 '원고를 보내는 시점'을 기준으로 10일내에 신고한다.[♣인쇄·기재되는 시점기준(×)](국권위 설명회 자료) ③ 공직자등은 (법 제10조 제1항에 따른) 금액을 초과하는 사례금("**초과사례금**")을 받은 경우에는 (법 제10조 제5항에 따라) 초과사례금을 받은 사실을 안 날부터 **2일 이내**에 다음 각 호의 사항을 적은 서면으로 소속기관장에게 **신고하여야** 한다.(시행령 제27조 제1항)<23.2채용> 1. 제26조 제1항에 따른 신고사항 2. 초과사례금의 액수 및 초과사례금의 반환 여부 ㉠ 신고를 받은 소속기관장은 초과사례금을 반환하지 아니한 공직자등에 대하여 신고사항을 확인한 후 **7일 이내**에 **반환하여야 할 초과사례금의 액수를 산정**하여 해당 공직자등에게 **통지하여야** 한다.(시행령 제27조 제2항) ㉡ 통지를 받은 공직자등은 **지체 없이 초과사례금**(신고자가 초과사례금의 일부를 반환한 경우에는 그 차액으로 한정)을 제공자에게 **반환**하고 그 사실을 소속기관장에게 알려야 한다.(시행령 제27조 제3항)

외부강의 등 사례금 수수제한	④ 소속기관장은 제2항에 따라 공직자등이 신고한 외부강의등이 **공정한 직무수행을 저해할 수 있다고 판단하는 경우**에는 그 공직자 등의 외부강의등을 **제한할 수** 있다.(제10조 제4항)<19경간>
	⑤ 공직자등은 규정에 따른 금액을 **초과하는 사례금**을 받은 경우에는 대통령령으로 정하는 바에 따라 **소속기관장에게 신고**하고, 제공자에게[♣소속기관장에게(×)] 그 **초과금액을 지체 없이 반환하여야** 한다.(제10조 제5항)<22.2채용>
	※ 초과사례금 신고의무 위반시 **과태료 500만원**(제23조 제4항)
신고 주체	**누구든지** 이 법의 위반행위가 발생하였거나 발생하고 있다는 사실을 알게 된 경우에는 다음 각 호의 어느 하나에 해당하는 기관에 **신고할 수** 있다.[♣이해관계인만(×)](제13조 제1항)<19·22승진>
	1. 이 법의 위반행위가 발생한 **공공기관 또는 그 감독기관**
	2. **감사원 또는 수사기관**
	3. **국민권익위원회**
	※ **비실명 대리신고** : 신고자 또는 신고를 대리하는 **변호사**는 그 취지를 밝히고 신고자의 인적사항, 신고자임을 입증할 수 있는 자료 및 위임장을 국민권익위원회에 함께 제출하여야 하며, 신고자 본인의 동의 없이 이를 열람하여서는 아니 된다.[♣비실명 대리신고는 허용되지 않는다.(×)](제13조의2 제2항, 제3항)
신고 처리	① "조사기관"은 신고를 받거나 국민권익위원회로부터 신고를 이첩받은 경우에는 그 내용에 관하여 필요한 조사·감사 또는 **수사를 하여야** 한다.(제14조 제1항)
	② **국민권익위원회**가 신고를 받은 경우에는 그 내용에 관하여 신고자를 상대로 사실관계를 확인한 후 대통령령으로 정하는 바에 따라 **조사기관에 이첩하고, 그 사실을 신고자에게 통보하여야** 한다.(제14조 제2항)
	③ **조사기관**은 조사·감사 또는 수사를 마친 날부터 **10일 이내에 그 결과를 신고자와 국민권익위원회에 통보**(국민권익위원회로부터 이첩받은 경우만 해당)하고, 조사·감사 또는 수사 결과에 따라 공소 제기, 과태료 부과 대상 위반행위의 통보, 징계 처분 등 **필요한 조치를 하여야** 한다.[♣30일 이내에 통보(×)](제14조 제3항)
	④ **국민권익위원회**는 조사기관으로부터 조사·감사 또는 수사 결과를 통보받은 경우에는 지체 없이 **신고자에게 조사·감사 또는 수사 결과를 알려야** 한다.(제14조 제4항)
	⑤ 조사·감사 또는 수사 결과를 통보받은 **신고자는 조사기관에 이의신청**을 할 수 있으며, 조사·감사 또는 수사 결과를 통지받은 신고자는 **국민권익위원회에도 이의신청을 할 수** 있다.(제14조 제5항)
	⑥ **국민권익위원회**는 조사기관의 조사·감사 또는 수사 결과가 충분하지 아니하다고 인정되는 경우에는 조사·감사 또는 수사 결과를 **통보받은 날부터 30일 이내**에 새로운 증거자료의 제출 등 합리적인 이유를 들어 조사기관에 **재조사를 요구할 수** 있다.(제14조 제6항)
	⑦ 재조사를 요구받은 조사기관은 **재조사를 종료한 날부터 7일 이내에 그 결과를 국민권익위원회에 통보하여야** 한다. 이 경우 국민권익위원회는 통보를 받은 **즉시 신고자에게 재조사 결과의 요지를 알려야** 한다.(제14조 제7항)

벌칙	**직무관련성, 대가성과 관계없이 1회 100만원 초과 또는 회계연도 기준 연간 300만원을 초과**한 금품등을 수수한 공직자등(신고, 반환 또는 인도, 거부의사표시 공직자 제외)(제8조 제1항) ① 제공자도 공직자등과 동일 ② **배우자**가 직무와 관련 위 금액의 금품등을 수수한 사실을 알고도 신고 또는 반환하지 않은 공직자등도 동일(**배우자 처벌규정 없음. → 알선이나 청탁의 고의가 인정되는 경우 특정범죄가중처벌법, 변호사법** 등에 의해 **처벌가능**) ※ **배우자는 법률상의 배우자만 의미한다.**[♣사실혼 배우자(×)]	**3년 이하 징역** **3천만원 이하 벌금** (몰수·추징병과)(제22조 제1항)
	부정청탁을 받은 공직자등(공직자 등에 공무수행사인 포함)은 **그에 따라 직무를 수행**(제6조)	**2년 이하의 징역** 또는 **2천만원 이하의 벌금**(제22조 제2항)<19·20승진>
	직무관련 1회 100만원 이하 금품등을 수수한 공직자등(신고, 반환 또는 인도, 거부의사표시 공직자 제외)(제8조 제2항) ① 제공자도 공직자등과 동일 ② **배우자**가 직무와 관련 위 금액의 금품등을 수수한 사실을 알고도 신고 또는 반환하지 않은 공직자등도 동일(**배우자 처벌규정 없음.**) ※ **배우자는 법률상의 배우자만 의미한다.**[♣사실혼 배우자(×)]	수수액의 **2배 이상 5배 이하 과태료**(징계부과금, 형사처벌 받은 경우 과태료 미부과)(제23조 제5항 제1호)
	외부강의등 **초과사례금 수수 후 미신고·미반환 공직자**등(제10조 제5항)	**500만원 이하 과태료** (제23조 제4항)

행위주체	행위유형(제5조 제1항)	제재수준
이해 당사자	**직접 자신을 위하여** 청탁하는 경우	**제재 없음**(공직자는 징계대상)
	제3자를 통하여 부정청탁하는 경우	1천만원 이하의 과태료(제23조 제3항)
사인(私人)	제3자를 위하여 부정청탁하는 경우	**2천만원 이하**의 과태료(제23조 제2항)
공직자등	제3자를 위하여 부정청탁하는 경우	**3천만원 이하**의 과태료(제23조 제1항)
	부정청탁에 따라 직무수행	**2년 이하의 징역** 또는 **2천만원 이하**의 벌금(제22조 제2항)

7. **테마 11** **공직자의 이해충돌방지법**

목적	이 법은 공직자의 직무수행과 관련한 사적 이익추구를 금지함으로써 공직자의 직무수행 중 발생할 수 있는 이해충돌을 방지하여 공정한 직무수행을 보장하고 공공기관에 대한 국민의 신뢰를 확보하는 것을 목적으로 한다.(제1조)
공공기관	가. 국회, 법원, 헌법재판소, 선거관리위원회, 감사원, 고위공직자범죄수사처, 국가인권위원회, 중앙행정기관(대통령 소속 기관과 국무총리 소속 기관 포함)과 그 소속 기관 나. 지방자치단체의 집행기관 및 지방의회 다. 교육행정기관 라. 공직유관단체(공윤법, 재정지원규모 등 고려) ※ 공직유관단체의 계약직 등 비정규직 근로자는 본 법의 적용대상에 포함될 수 있다. 마. 공공기관 바. 국립·공립 학교[♣사립학교 포함(×)](제2조 제1호) (♣언론사 포함(×)) ※ 부정청탁금지법 적용대상에서 언론사, 사립학교 제외
공직자	가. 「국가공무원법」 또는 「지방공무원법」에 따른 공무원으로 인정된 사람 나. 공직유관단체 또는 공공기관의 장과 그 임직원 ※ 공직유관단체의 계약직 등 비정규직 근로자는 본 법의 적용대상에 포함될 수 있다. (권익위 매뉴얼) 다. 각급 국립·공립학교의 장과 교직원[♣사립학교 교직원(×), 기자나 언론사 대표(×)](제2조 제2호) ※ **공무수행사인**은 공무수행과 관련하여 공직자와 같이 이해충돌방지법의 일부 규정을 준용하여 적용한다.(제16조 제1항)
고위공직자	치안감 이상의 경찰공무원 및 특별시·광역시·특별자치시·도·특별자치도의 시·도경찰청장 ..등(제2조 제3호)
이해충돌	공직자가 직무를 수행할 때에 자신의 사적 이해관계가 관련되어 공정하고 청렴한 직무수행이 저해되거나 저해될 우려가 있는 상황(제2조 제4호)
직무관련자	공직자가 법령·기준에 따라 수행하는 **직무와 관련**되는 개인, 법인, 단체 및 공직자(대리인 포함)[♣대리인 제외(×)] － 조치요구, 이익 또는 불이익, 계약체결 : 개인, 법인, 단체, － 이익 불이익을 직접적으로 받는 다른 공직자[♣간접적 이익, 불이익(×)](제2조 제5호) 가. 공직자의 직무수행과 관련하여 일정한 행위나 조치를 요구하는 개인이나 법인 또는 단체 나. 공직자의 직무수행과 관련하여 이익 또는 불이익을 직접적으로 받는 개인이나 법인 또는 단체 다. 공직자가 소속된 공공기관과 **계약을 체결하거나 체결하려는 것이 명백한 개인이나 법인 또는 단체**<23경간> 라. 공직자의 직무수행과 관련하여 이익 또는 불이익을 **직접적으로 받는** 다른 공직자. 다만, 공공기관이 이익 또는 불이익을 직접적으로 받는 경우에는 그 공공기관에 소속되어 해당 이익 또는 불이익과 관련된 업무를 담당하는 공직자를 말한다.

사적이해 관계자	가. 공직자 **자신** 또는 그 **가족**(「민법」)(제2조 제6호 가)<23승진> ※ 가족 : 1. 배우자, 직계혈족 및 형제자매 　　　　 2. 직계혈족의 배우자, 배우자의 직계혈족 및 배우자의 형제자매(생계 함께 하는 경우만) 나. 공직자 **자신** 또는 그 **가족**이 **임원·대표자·관리자** 또는 **사외이사**로 재직하고 있는 법인 또는 단체 다. 공직자 **자신**이나 그 **가족**이 **대리**하거나 **고문·자문** 등을 제공하는 개인이나 법인 또는 단체 라. 공직자로 채용·임용되기 **전 2년 이내**에 공직자 자신이 재직하였던 **법인 또는 단체** 마. 공직자로 채용·임용되기 **전 2년 이내**에[♣3년 이내에(×)] 공직자 자신이 **대리**하거나 **고문·자문** 등을 제공하였던 **개인**이나 **법인** 또는 **단체**<23경간> 바. 공직자 **자신** 또는 그 **가족**이 대통령령으로 정하는 **일정 비율 이상의 주식·지분 또는 자본금 등을 소유**하고 있는 **법인 또는 단체** ※ 시행령 제3조 제1항 　1. 공직자 자신이나 그 가족(민법)이 단독으로 또는 **합산**하여 발행**주식** 총수의 **100분의 30 이상**을 소유하고 있는 법인 또는 단체 　2. 공직자 자신이나 그 가족이 단독으로 또는 합산하여 출자**지분** 총수의 **100분의 30 이상**을 소유하고 있는 법인 또는 단체 　3. 공직자 자신이나 그 가족이 단독으로 또는 합산하여 **자본금** 총액의 **100분의 50 이상**을 소유하고 있는 법인 또는 단체 사. 최근 **2년 이내에 퇴직**한 공직자로서 퇴직일 전 2년 이내에 **회피 대상**(제5조제1항 각 호의 어느 하나) **직무를 수행하는 공직자와** 국회규칙, 대법원규칙, 헌법재판소규칙, 중앙선거관리위원회규칙 또는 대통령령으로 정하는 범위의 부서에서 **같이 근무**하였던 사람 아. 그 밖에 공직자의 사적 이해관계와 관련되는 자로서 국회규칙, 대법원규칙, 헌법재판소규칙, 중앙선거관리위원회규칙 또는 **대통령령**으로 정하는 자 ※ 시행령 제3조 제3항(대통령령으로 정하는 자) 　1. 법령·기준에 따라 공직자를 **지휘·감독하는 상급자** 　2. 다음 각 목의 어느 하나에 해당하는 행위(「금융실명거래 및 비밀보장에 관한 법률」에 따른 금융회사등, 「대부업 등의 등록 및 금융이용자 보호에 관한 법률」에 따른 대부업자등이나 그 밖의 금융회사로부터 통상적인 조건으로 금전을 빌리는 행위는 제외한다)를 한 공직자의 거래 상대방(「민법」 제777조에 따른 **친족**인 경우는 **제외**) 　　가. **최근 2년간 1회에 100만원을 초과**하는 금전을 빌리거나 빌려주는 행위 　　나. **최근 2년간 매 회계연도에 300만원을 초과**하는 금전을 빌리거나 빌려주는 행위 　3. 그 밖에 공공기관의 장이 해당 공공기관의 업무 특성을 반영하여 공정한 직무수행에 영향을 미칠 수 있다고 인정하여 **훈령 등 행정규칙이나 기준**으로 정하는 자 　　[❸자가리, 자가리, 대지리]

신고 · 제출 의무	
사적 이해관계 신고, 회피 · 기피 신청	① 신고대상 직무를 수행하는 공직자는 **직무관련자(대리인 포함)**[♣대리인 제외(×)]가 **사적 이해관계자**임을 안 경우 **안 날**부터 **14일 이내**에 소속기관장에게 그 사실을 **서면**(전자 문서 포함)으로 **신고**하고 **회피**를 **신청하여야** 한다.(제5조 제1항) ※ 신고대상 직무(인허가, 수사 등) ② 직무관련자 또는 공직자의 직무수행과 관련하여 **직접적인 이해관계가 있는 자**는 해당 공직자에게 **신고 및 회피 의무**가 있거나 **그 밖에 공정한 직무수행을 저해할 우려가** 있는 사적 이해관계가 있다고 판단하는 경우에는 그 공직자의 소속기관장에게 **기피를 신청할 수** 있다.(제5조 제2항) ③ 신고, 회피, 기피 – 적용x[♣적용한다.(×)](제5조 제3항) 1. 불특정다수 대상 **법률, 대통령령** 제정·개정 또는 폐지 수반 2. 특정 사실, 법률관계에 관한 확인·증명 신청 **민원서류** 발급 ④ 의무 위반 시 제재: **징계**(제26조), **2천만 원 이하**의 **과태료**(제28조 제2항) **직무 중지 · 취소**(제21조), 위법확정시 공직자 또는 제3자 **재산상 이익 환수**(제22조)
직무관련 부동산 보유 · 매수 신고	① 부동산을 **직접적으로**[♣간접적(×)] **취급**하는 대통령령으로 정하는 공공기관의 공직자는 신고대상에 해당하는 사람이 소속 공공기관의 업무와 관련된 부동산을 **보유**하고 있거나 **매수**하는 경우 **소속기관장**에게 그 사실을 **서면으로**[♣또는 구두로(×)] **신고하여야** 한다.(제6조 제1항)<22.2채용> ※ 신고대상: **공직자 자신, 배우자, 공직자와 생계를 같이하는 직계존속 · 비속**(배우 자의 직계존속 · 비속으로 생계를 같이하는 경우 포함) ※ 대통령령으로 정하는 공공기관(시행령 제6조) 　1. 한국토지주택공사 　2. 새만금개발공사 　3. 지방공사 또는 지방공단으로서 국민권익위원회가 고시하는 기관 ② 부동산을 직접 취급하는 공공기관 **외의 공공기관**의 공직자는 소속 공공기관이 택지개 발, 지구 지정 등 대통령령으로 정하는 **부동산 개발업무를 하는 경우** 신고대상에 해당 하는 사람이 그 부동산을 **보유**하고 있거나 **매수**하는 경우 **소속기관장**에게 그 사실을 **서면으로 신고하여야** 한다.(제6조 제2항) ③ 기한: 신고는 부동산을 **보유**한 사실을 **알게 된** 날로부터 **14일 이내**, **매수 후 등기를 완료**한 날부터 **14일 이내**에 하여야 한다.(제6조 제3항) ④ 의무 위반 시 제재: **징계**(제26조), **2천만 원 이하**의 **과태료**(제28조 제2항) **직무 중지 · 취소**(제21조), 위법확정시 공직자 또는 제3자 **재산상 이익 환수**(제22조)

소속 기관장 조치의무	**신고·회피신청이나 기피신청** 또는 **부동산 보유·매수 신고**를 받은 소속기관장은 해당 공직자의 **직무수행에 지장이 있다고 인정**하는 경우에는 다음 각 호의 어느 하나에 해당하는 **조치를 하여야** 한다.[♣예외 없이 조치(×)](제7조 제1항) ※ 지극히 어렵거나, 공익 위해 직무수행 필요성이 더 큰 경우 예외 인정(제7조 제2항) 1. 직무수행의 일시 **중지** 명령 2. 직무 대리자 또는 직무 공동수행자의 **지정** 3. 직무 **재배정** 4. **전보**
고위공직자 민간부분 업무활동 내역 제출	① 고위공직자는 그 직위에 **임용**되거나 **임기를 개시**하기 **전 3년 이내**에 민간 부문에서 업무활동을 한 경우, 그 활동 내역을 그 직위에 **임용**되거나 **임기를 개시**한 날부터[♣다음날부터(×)] **30일 이내**에 **소속기관장에게 제출하여야** 한다.(제8조 제1항)<23경간> ② 신고할 **업무활동 내역**에 다음 사항이 포함되어야 한다. 1. 재직하였던 법인·단체 등과 그 업무 내용 2. 대리, 고문·자문 등을 한 경우 그 업무 내용 3. 관리·운영하였던 **사업 또는 영리행위**의 내용[♣비영리 행위 내용(×)] 　[♣정부, 지자체, 공공기관, 공직유관단체에서의 활동(×)] ③ 의무 위반 시 제재 : **징계, 1천만 원 이하의 과태료, 직무 중지·취소** 등 필요조치
직무 관련자 거래 신고	① 공직자는 **자신, 배우자 또는 직계존속·비속**(배우자의 직계존속·비속은 생계를 같이하는 경우) 또는 **특수관계사업자**가 공직자 자신의 **직무관련자**(친족인 경우 제외)와 일정한 직무관련자 거래를 한다는 것을 **사전에**(사후에) 안 경우에는 **안 날부터 14일 이내**에 **소속기관장**에게 그 사실을 **서면으로 신고하여야** 한다.[♣배우자의 직계 존·비속 제외(×)](제9조 제1항, 제2항)<22경간·23승진> 　※ 특수관계사업자 : 자신, 배우자 또는 직계존속·비속이 대통령령으로 정하는 일정 비율 이상의 주식·지분 등(주식, 지분 30%, 자본금 50%)을 소유하고 있는 법인 또는 단체(제9조 제1항, 시행령 제12조 제1항) 　※ 금지되는 직무관련자 거래 : **금전거래, 유가증권** 거래(금융기관 거래 제외)(제1호), **부동산 거래**(공매 등 제외)(제2호), 물품·용역·공사 등 **계약** 체결(제3호)<23승진> ② 소속기관장은 공직자가 신고한 행위가 직무의 공정한 수행을 저해할 수 있다고 판단되는 경우에는 해당 공직자에게 일정한 조치(**중지, 지정, 재배정, 전보** – 제7조 제1항)를 할 수 있다.(제9조 제3항) ③ 의무 위반 시 제재 : **징계, 2천만 원 이하의 과태료, 직무 중지·취소** 등 필요조치

퇴직자 사적 접촉 신고	① (모든) 공직자는 직무관련자인 소속기관의 **퇴직자와 사적 접촉**을 하는 경우 **소속기관장**에게 **신고하여야** 한다.(제15조 제1항)<23승진> ※ 다만 **사회상규에 따라 허용되는 경우**에는 그러하지 **아니**하다.[♣사회상규에 따라 허용되는 경우라 할지라도(×)](제15조 제1항 단서)<23승진> → **공무와 무관한 사적 모임**에서 직무관련인 퇴직공직자를 접촉하는 경우 등은 **신고대상이 아니다.** ※ **퇴직자:** 공직자가 아니게 된 날부터 **2년이 지나지 아니한 사람**만 해당(제15조 제1항)<23승진> ※ **사적 접촉 : 골프, 여행, 사행성 오락**을 같이 하는 행위 ② 의무 위반 시 제재: **징계, 1천만 원 이하**의 **과태료, 직무 중지·취소** 등 필요 조치 ※ 공직자와 퇴직자 사이 신고 의무: ⓐ **사적이해관계 신고,** ⓑ **직무관련자 거래신고,** ⓒ **퇴직 공직자 사적 접촉신고** → **별개의 의무로 이행해야** 한다.[♣사적 접촉신고를 하면 다른 신고의무 배제(×)]

제한·금지 행위

직무관련 외부활동 제한	① 공직자는 **직무관련 외부활동** 행위를 하여서는 **아니** 된다.[♣다른 법령·기준에 따라 허용되는 경우라도(×)](제10조)<23승진>
	
	※ 다른 법령·기준에 따라 허용되는 경우는 그러하지 아니하다.(제10조 단서)<23승진>
	
	② 금지되는 직무관련 외부 활동
	
	  1. **직무관련자에 사적 노무 또는 조언·자문 등** 제공, **대가** 받는 행위[♣공문등을 통해 자문 등을 공식적으로 요청하는 것, 제한된다.(×)](제1호)<23승진>
	
	     예 사적으로 조언이나 자문을 제공, 대가× → 본조항 위반×
	
	  2. **직무관련 지식, 정보를 제공하고 대가를 받는 행위(허용된 외부강의 제외)**(제2호)
	
	     예 직무관련자○, 청탁금지법상 외부강의관련 규정 준수 → 본조항 위반×
	
	  3. 소속 공공기관이 **당사자**이거나 **직접적 이해관계**를 갖는 사안에서 소속 공공기관의 상대방을 **대리**하거나 상대방에 **조언·자문 또는 정보제공**(업무상대 대리, 조언, 자문, 정보제공)(제3호)
	
	  4. **외국 기관·법인·단체** 등의 **대리**행위(소속기관장 허가 시 제외)(제4호)
	
	  5. **직무관련** 다른 직위에 **취임**(소속기관장 허가 시 제외)(제5호)<23경간>
	
	③ 의무 위반 시 제재: **징계, 2천만 원 이하**의 과태료, **직무 중지·취소** 등 필요조치[♣3천만 원 이하(×)](제28조 제2항 제4호)<23경간>

가족 채용 제한	① 공공기관(산하기관, 자회사 포함)은 **제한대상인 공직자의 가족**(민법상)을 **채용할 수 없다.**[♣사적 이해관계 신고 대상인 가족과 다른 개념(×)](제11조 제1항)
	
	※ 제한대상 공직자 :
	
	  1. 소속 고위공직자
	
	  2. 채용업무 담당 공직자
	
	  3. 감독기관 소속 고위공직자
	
	  4. 모회사 소속 고위공직자

가족 채용 제한	※ 가족(민법 제779조) : 1. 배우자, 직계혈족 및 형제자매
	
	        2. 직계혈족의 배우자, 배우자의 직계혈족 및 배우자의 형제자매(생계를 같이하는 경우에 한함)
	
	② 예외 − 공개경쟁채용시험, 경력경쟁채용 시험 등에 합격한 경우
	  − 다른 법령에 따라 다수인을 대상으로 하지 아니한 시험으로 채용하는 경우(제11조 제2항)
	    ⓐ 공무원 퇴직자 → 퇴직시 직급에 재임용시
	    ⓑ 임용예정 직급·직위와 같은 직급·직위에서의 근무경력 → 해당 법령에서 정하는 기간 이상(임용시)
	    ⓒ **지방공무원 → 해당직급 국가공무원 임용시**, 국가공무원 → 해당직급 지방공무원 임용시
	    ⓓ 자격요건 충족여부만 요구되거나, 자격요건 해당 대상자x(다수인 대상으로 할 수 없는 경우)
	③ **다른 법률**에서 이 법의 적용을 받는 공공기관이 해당 공직자의 **가족을 채용**할 수 있도록 **허용**하고 있는 경우에는 그 법률의 규정에 따른다.(제11조 제4항)
	④ 의무 위반 시 제재 : **징계, 3천만 원 이하의 과태료, 직무 중지·취소** 등 필요조치

수의계약 체결 제한	① 공공기관(산하기관과 자회사 포함)은 제한 대상에 해당하는 자와 물품·용역·공사 등의 수의계약을 체결할 수 없다.(제12조 제1항)
	
	※ 다만, 해당 물품의 생산자가 1명뿐인 경우 등 대통령령으로 정하는 불가피한 사유가 있는 경우에는 그러하지 아니하다.(제12조 제1항 단서)
	
	− **수의계약 체결 제한 대상 :**
	  1. 제한 대상인 공직자 : 소속 고위공직자, 계약업무 담당자, 감독기관·모회사의 고위공직자, 소관 상임위원회 국회의원, 감사·조사권 있는 지방의회 의원 등과 그 가족,
	  2. 제한 대상인 공직자가 대표자인 법인 또는 단체,
	  3. 제한 대상인 공직자가 관계된 특수관계사업자
	② 제한 대상인 공직자는 제한 대상인 공직자와 수의계약을 체결하도록 지시·유도 또는 묵인을 하여서는 아니 된다.(제12조 제2항)
	③ 의무 위반 시 제재 : **징계, 3천만 원 이하의 과태료, 직무 중지·취소** 등 필요조치

공공기관 물품 등의 사적 사용· 수익금지	① 공직자는 공공기관이 소유하거나 임차한 물품·차량·선박·항공기·건물·토지·시설 등을 사적인 용도로 사용·수익하거나 제3자로 하여금 사용·수익하게 하여서는 아니 된다.(제13조) ※ 다만, 다른 법령·기준 또는 사회상규에 따라 허용되는 경우에는 그러하지 아니하다.(제13조 단서) ② 의무 위반 시 제재 : **징계, 2천만 원 이하의 과태료, 직무 중지·취소** 등 필요한 조치, 공직자 또는 제3자 **재산상 이익 환수**

PART

01

<table>
<tr>
<td rowspan="6">직무상
비밀 등
이용 금지</td>
<td>① 공직자(공직자가 아니게 된 날부터 3년이[♣2년이(×)] 경과하지 아니한 사람 포함)는 직무수행 중 알게 된 비밀 또는 소속 공공기관의 미공개정보를 이용하여 재물 또는 재산상의 이익을 취득하거나 제3자로 하여금 재물 또는 재산상의 이익을 취득하게 하여서는 아니 된다.(제14조 제1항)</td>
</tr>
<tr>
<td>※ 비밀 : 법령에 의해 비밀로 규정된 것뿐만이 아니라, 실질적으로 비밀로서 보호할 가치가 있는 일체의 정보(실질설 : 판례)</td>
</tr>
<tr>
<td>※ 미공개 정보 : 재물 또는 재산상 이익의 취득 여부의 판단에 중대한 영향을 미칠 수 있는 정보로서 불특정 다수인이 알 수 있도록 공개되기 전의 것</td>
</tr>
<tr>
<td>※ 7년 이하 징역, 7천만 원 이하 벌금(제27조 제1항) → 공직자의 재물, 재산상 이익취득이 없었더라도 처벌 대상(3자에게 취득하게 한 경우)</td>
</tr>
<tr>
<td>② (제3자) 공직자로부터 직무상 비밀 또는 소속 공공기관의 미공개정보임을 알면서도 제공받거나 부정한 방법으로 취득한 자는 이를 이용하여 재물 또는 재산상의 이익을 취득하여서는 아니 된다.(제14조 제2항)

※ 5년 이하 징역, 5천만 원 이하 벌금(제27조 제2항)</td>
</tr>
<tr>
<td>③ 공직자는 직무수행 중 알게 된 비밀 또는 소속 공공기관의 미공개정보를 사적 이익을 위하여 이용하거나 제3자로 하여금 이용하게 하여서는 아니 된다.(제14조 제3항)

※ 3년 이하 징역, 3천만 원 이하 벌금(제27조 제3항)</td>
</tr>
</table>

행위유형	제재
사적이해관계 신고 위반	과태료 2천만원
퇴직자 사적 접촉신고 위반	과태료 1천만원
부동산 · 보유, 매수신고 위반	과태료 2천만원
직무관련자 거래신고 위반	과태료 2천만원
직무관련 외부활동 금지 위반	과태료 2천만원

8. 테마 12 경찰의 적극행정 · 소극행정(대통령령)

(1) 적극행정

<table>
<tr>
<td rowspan="3">정의</td>
<td>① "적극행정"이란 공무원이 불합리한 규제를 개선하는 등 공공의 이익을 위해 창의성과 전문성을 바탕으로[♣창의성과 신속성을 바탕으로(×)] 적극적으로 업무를 처리하는 행위를 말한다.[♣경찰청 적극행정 면책제도 운영규정(×)](적극행정운영규정 제2조 제1호)<23승진></td>
</tr>
<tr>
<td>※ "적극행정"이란, 경찰청 및 그 소속기관의 공무원 또는 산하단체의 임 · 직원(이하 "경찰청 소속 공무원 등")이 국가 또는 공공의 이익을 증진하기 위해 성실하고 능동적으로 업무를 처리하는 행위를 말한다.(경찰청 적극행정 면책제도 운영규정 제2조 제1호)<23경간></td>
</tr>
<tr>
<td>② '면책' : 공무원이 적극행정을 추진한 결과에 대해 그의 행위에 고의 또는 중대한 과실이 없는 경우에는 「감사원법」 제34조의3 및 「공공감사에 관한 법률」 제23조의2에 따라 징계 요구 또는 문책 요구 등 책임을 묻지 않는다.(적극행정 운영규정 제16조)<23.2채용></td>
</tr>
</table>

정의	※ "면책"이란, **적극행정 과정**에서 발생한 부분적인 **절차상 하자 또는 비효율, 손실 등**과 관련하여 그 업무를 처리한 경찰청 소속 공무원 등에 대하여 다음 각 목의 어느 하나에 해당하는 **책임을 묻지 않거나 감면하는 것**을 말한다.(경찰청 적극행정 면책제도 운영규정 제2조 제2호)<23경간> 가. 「**경찰청 감사규칙**」 제10조 제1호부터 제3호까지 및 제6호 나. 「경찰공무원 징계령」에 따른 **징계 및 징계부가금** ※ **면책 대상자 :** 이 규정에 의한 면책은 경찰청 및 그 소속기관의 공무원 또는 산하단체의 임ㆍ직원 등에게 적용된다.(경찰청 적극행정 면책제도 운영규정 제4조)<23.2채용>
근거	① **헌법상 공무원의 지위 :** 공무원은 **국민전체에 대한 봉사자**이며, 국민에 대하여 **책임을** 진다.(헌법 제7조 제2항) ② **국가공무원법상 '성실의무' :** 모든 공무원은 법령을 준수하며 **성실히 직무를 수행하여야** 한다.(국가공무원법 제56조) ③ '징계규정(제2조)'에도 불구하고 징계위원회는 **고의 또는 중과실에 의하지 않은 비위**로서 다음 각 호의 어느 하나에 해당되는 경우에는 **징계의결 또는 징계부가금 부과 의결**("징계의결등")을 **하지 아니한다.**(공무원 징계령 시행규칙 제3조의2 제1항) 1. 불합리한 규제의 개선 등 공공의 이익을 위한 정책, 국가적으로 이익이 되고 국민생활에 편익을 주는 정책 또는 소관 법령의 입법목적을 달성하기 위하여 필수적인 정책 등을 수립ㆍ집행하거나, 정책목표의 달성을 위하여 업무처리 절차ㆍ방식을 창의적으로 개선하는 등 성실하고 능동적으로 업무를 처리하는 과정에서 발생한 것으로 인정되는 경우 2. **국가의 이익**이나 **국민생활에 큰 피해가 예견**되어 이를 방지하기 위하여 **정책을 적극적으로 수립ㆍ집행하는 과정에서 발생**한 것으로서 정책을 수립ㆍ집행할 당시의 여건 또는 그 밖의 사회통념에 비추어 적법하게 처리될 것이라고 기대하기가 극히 곤란했던 것으로 인정되는 경우
판단 기준	(1) 공공의 이익 증진을 위한 행위 ① 업무의 목적과 처리 방법이 **국민편익 증진**[♣공무원편익 증진(×)], **국민불편 해소, 경제활성화, 행정효율 향상 등** 공공의 이익을 증진하기 위해서 하는 행위를 의미한다. ② 또한, **사적인 이해관계가 없어야** 하며, '공무원 행동강령' 등에 의해 금지되는 **이권개입, 알선ㆍ청탁, 금품ㆍ향응 수수 등**의 행위가 연관된 경우 사적인 이해관계가 있다고 판단된다. (2) **창의성과 전문성을**[♣신속성을(×)] 바탕으로 한 행위 ① **창의성**은 어떤 문제에 대해 기존과 다른 시각으로 **새로운 아이디어를 생각**해내는 특성을 의미하고, '**전문성**'은 자신이 맡은 일을 잘 수행하기 위해 필요한 **지식과 경험, 역량**을 말한다. ② 창의성이[♣전문성이(×)] **참신한 해결책**을 마련하도록 돕는다면, **전문성은**[♣창의성은(×)] 그러한 **해결책의 현실 적합성**을 높여주게 된다. (3) 적극적인 행위 ① 평균적인 공무원에게 **통상**적으로 요구되는 정도의 **노력이나 주의의무 이상**을 기울여 업무를 처리하는 행위를 의미하며,

판단 기준	② 업무에 대한 **열의**를 바탕으로 **주도적으로 문제를 해**결하는 자세의 의미도 함께 담고 있다. ※ 소관 업무에 대한 끊임없는 고민이나 학습을 통해 창의적인 정책을 기획·추진하거나 새로운 절차·방식을 도입하는 경우 등 ③ 적극적인 행위에 해당하는지는 행위의 **결과가 발생한 시점이 아니라 업무를 추진할 당시를 기준**으로 가용할 수 있었던 자원과 정보, 업무량 등 제반사정을 종합하여 노력이나 주의의무 정도를 판단한다. **(4) 행위의 결과가 아닌 행위 자체가 판단기준** ① 적극행정은 **행위자체에 초점**을 두며, 업무처리로 인해 **긍정적인 효과가 발생해야만** 적극행정에 해당되는 것은 아니다.[♣긍정적 효과가 발생해야만 적극행정(×)] ② **공공의 이익을 증진**하기 위하여 적극적으로 최선의 노력을 다하면 적극행정에 해당한다.
대상	① **대상:** 공공재화와 서비스의 제공, 규제혁신 등 정부의 정책, 공무원이 직무를 수행하는 모든 **방식과 행위를 대상**으로 한다.[♣모든 방식과 행위를 대상으로 하지 않는다.(×)] ② **범위:** 적극행정이 **특정 분야의 정책이나 특정한 업무처리 방식**을 지칭하는 것은 아니다.[♣특정분야의 정책이나 특정 업무처리 방식 지칭(×)]
유형	① **행태적 측면:** 통상적으로 요구되는 정도의 **노력이나 주의의무 이상**을 기울여 맡은 바 임무를 최선을 다해 수행하는 행위이다. ② **규정의 해석·적용 측면:** 불합리한 규정과 절차, 관행을 **스스로 개선**하는 행위이다.[♣타의에 의하여(×)]

(2) 적극행정의 보호

도입 배경	① **창의적**이고 **적극적**으로 일하는 **태도가 필요**하다. ② **관행적·소극적인 업무행태:** 열심히 일했지만 예기치 못한 결과가 생기면 감사나 징계를 받게 되는 경우를 많이 보았기 때문에, 일을 해서 징계를 받느니 아예 가만히 있자는 관행적·소극적인 업무행태가 현장에서 사라지지 않는다. ③ 감사나 징계에 대한 두려움이 있다. ④ 적극행정에 대한 **감사면책과 징계면제**를 규정할 **필요**가 있다.		
주요 제도	적극행정 징계면제 제도	① 적극행정 징계면제 제도는 공무원이 **공공의 이익**을 위하여 **성실**하고 **적극적**으로 업무를 처리한 결과에 대하여 **고의나 중과실이 없는 이상** 징계를 **면제**해주는 제도이다. ② 자체감사를 받는 사람이 불합리한 규제의 개선 등 **공공의 이익을 위하여** 업무를 **적극적**으로 처리한 결과에 대하여 그의 행위에 **고의나 중대한 과실이 없는 경우**에는[♣고의가 없는 경우에 한하여(×)] 이 법에 따른 징계 요구 또는 문책 요구 등 책임을 **묻지 아니한다.**(공공감사에 관한 법률 제23조의2)<23승진> ③ 자체 감사를 받는 사람이 **적극행정면책**을 받기 위해서는 다음 각 호의 요건을 **모두 갖추어야** 한다.(경찰청 적극행정 면책제도 운영규정 제5조 제1항) ㉠ 감사를 받는 사람의 업무처리가 불합리한 규제의 개선, 공익사업의 추진 등 **공공의 이익을 위한 것**일 것(제1호) ㉡ 감사를 받는 사람이 대상 업무를 **적극적으로 처리**한 결과일 것(제2호)		

주요 제도	적극행정 징계면제 제도	ⓒ 감사를 받는 사람의 행위에 **고의나 중대한 과실이 없을 것**(제3호) ※ 고의 또는 중과실이 없음을 추정하는 요건을 적용하는 경우 **자체감사를** 받는 사람이 다음 각 호의 요건을 모두 갖추어 업무를 처리한 것으로 인정되는 경우에는 그 행위에 고의나 중대한 과실이 없는 경우에 해당하는 것으로 추정한다.(경찰청 적극행정 면책제도 운영규정 제5조 제2항)<23승진 · 23.2 채용> 1. 자체감사를 받는 사람과 대상업무 사이에 **사적인 이해관계가 없을 것** 2. 대상 업무를 처리하면서 **중대한 절차상의 하자가 없었을 것**[♣어떠한 절차상의 하자가 없었을 것(×)]
	사전 컨설팅	① **사전컨설팅** 제도는 적극행정을 추진하는 과정에서 불명확한 법령 등 **의사결정에 어려움을 야기하는 요인**이 있어 **감사원이나 자체감사기구에** 의견을 구하는 경우 그에 대하여 **의견을 제시하여 주는 제도**이다. ② **면책**: 공무원이 **사전컨설팅 의견대로 업무를 처리한 경우**에는 **면책 요건을 충족**한 것으로 추정한다. 다만, 공무원과 대상 업무 사이에 **사적인 이해관계가 있거나** 감사원이나 감사기구의 장이 사전컨설팅을 하는 데 필요한 정보를 충분히 제공하지 않은 경우에는 **그렇지 않다.**[♣어떠한 경우에도 징계를 면제한다.(×)](적극행정 운영규정 제16조 제2항) ③ "**사전컨설팅 대상 기관 및 대상 부서의 장**"이란 각 시 · 도경찰청장, 부속기관의 장, 산하 공직유관단체의 장 및 경찰청 관 · 국의 장[♣과장(×)]을 말한다.(경찰청 적극행정 면책제도 운영규정 제2조 제5호)<23.2채용> ④ **사전컨설팅 감사**: "사전컨설팅 감사"란 **불합리한 제도 등**으로 인해 적극적인 업무 수행이 어려운 경우, 해당 업무의 수행에 앞서 업무 처리 방향 등에 대하여 **미리 감사의견을 듣고** 이를 업무처리에 반영하여 **적극행정을 추진**하는 것을 말한다.(경찰청 적극행정 면책제도 운영규정 제2조 제4호)<23경간> ⑤ **사전컨설팅 감사의 대상** ⓐ **대상**: 사전컨설팅 대상 기관등의 장은 다음 각 호의 어느 하나에 해당하는 업무를 수행하기 전에 감사관에게 사전컨설팅 감사를 신청할 수 있다.(경찰청 적극행정 면책제도 운영규정 제15조 제1항) 1. 인가 · 허가 · 승인 등 규제관련 업무 2. 법령 · 행정규칙 등의 해석에 대한 이견 등으로 인하여 능동적인 업무처리가 곤란한 경우 3. 그 밖에 적극행정 추진을 위해 감사관이 필요하다고 인정하는 경우 ⓑ **제외대상**: 행정심판, 소송, 수사 또는 타 기관에서 감사 중인 사항, 타 법령에서 정하고 있는 재심의 절차를 거친 사항 등은 사전컨설팅 감사 대상에서 제외한다.[♣대상이다.(×)](경찰청 적극행정 면책제도 운영규정 제15조 제2항)<23경간>

주요 제도	적극 행정 지원 위원회	① (국가공무원법의 적극행정 장려규정에 따라 – 제50조의2) 적극행정 추진에 관한 사항을 심의하기 위하여 **각 중앙행정기관에 적극행정위원회**(이하 "위원회")를 둔다. (적극행정 운영규정 제11조 제1항) ※ 경찰청은 규제심사위원회에서 병행하도록 규정되어 있다. ② 공무원은 인가·허가·등록·신고 등과 관련한 규제나 불명확한 법령 등으로 인해 **업무를 적극적으로 추진하기 곤란한 경우**에는 위원회에 직접 해당 업무의 처리 방향 등에 관한 **의견의 제시를 요청할 수** 있다.(적극행정 운영규정 제13조) ③ 공무원이 **위원회가 제시한 의견대로 업무를 처리한 경우**에는 (「공공감사에 관한 법률」 제23조의2에 따른) **면책 요건을 충족한 것으로 추정**한다.(적극행정 운영규정 제16조 제3항) ※ 다만, 해당 공무원과 대상 업무 사이에 **사적인 이해관계**가 있거나 위원회가 심의하는 데 필요한 정보를 충분히 제공하지 않은 경우에는 그렇지 않다. [♣사적 이해관계가 있는 경우에 한하여(×)](적극행정 운영규정 제16조 제3항 단서)
	고도의 정책사항 실무직 징계면제	① 실무직 공무원이 적극행정에 나설 수 있도록 고도의 정책사항에 대해 실무직 공무원들을 보호해주는 제도가 필요하다. ② 이에 따라 국정과제등 주요 정책결정으로 확정된 사항, 다수부처 연관과제로 정책 조정을 거쳐 결정된 사항 등 **'정책결정사항 중 중요사항(고도의 정책 사항)'을 추진**하는 과정에서 발생한 결과에 대해서 실무직(담당자)의 고의나 중대한 과실이 없는 경우에는[♣어떠한 경우에도(×)] **문책기준에서 제외**하고 있다.(공무원 징계령 시행규칙 별표2에 규정)
면책 제외 대상		업무처리과정에서 기본적으로 지켜야 할 의무를 다하지 않았거나 다음 각 호에 해당하는 경우에는 **면책대상에서 제외**한다.(경찰청 적극행정 면책제도 운영규정 제6조)<23승진> 1. **금품을 수수**한 경우 2. **고의·중과실, 무사안일 및 업무태만**의 경우 3. **자의적인 법 해석 및 집행**으로 법령의 본질적인 사항을 위반한 경우(제3호)<23승진> 4. **위법·부당**한 민원을 수용한 **특혜성 업무처리**를 한 경우 5. 그 밖에 위 각 호에 준하는 **위법·부당**한 행위를 한 경우

(3) 소극행정

신고	① 누구든지 공무원의 소극행정을 **소속 중앙행정기관의 장**이나 (**국민권익위원회**가[♣국가인권위원회가(×)] 운영하는) **소극행정 신고센터에 신고할 수** 있다.(적극행정 운영규정 제18조의3 제1항)<23.2채용> ② 중앙행정기관의 장은 신고의 내용에 상당한 이유가 있다고 인정되는 경우에는 사실관계 확인을 위한 조사를 하여 **신속한 업무처리를 하는 등 적절한 조치**를 하고, 그 처리결과를 **신고인에게 알려야** 한다.[♣알릴 수 있다.(×)](제18조의3 제2항) ③ **국민권익위원회**는 중앙행정기관 소속 공무원의 소극행정 예방 및 근절을 위해 **소극행정 신고센터를 운영**하고, 중앙행정기관의 장에게 신고사항에 대해 **적절한 조치를 하도록 권고할 수** 있다.(제18조의3 제3항) ④ 소극행정 신고센터의 운영과 신고사항의 처리 절차 등에 관한 세부 사항은 **국민권익위원회가 정**한다.(제18조의3 제4항)

징계
대상
	징계대상으로서 소극행정
	
	① **성실의무 위반** : '**국가공무원법**'상 모든 공무원은 법령을 준수하며 **성실히 직무를 수행해야 할 의무**가 있다.(제56조) 이러한 성실의무에 위반한 경우 징계대상이 된다.
	
	② **소극행정** : 공무원이 **부작위 또는 직무태만 등 소극적 업무행태**로 국민의 권익을 침해하거나 국가재정상 손실을 발생하게 하는 행위를 말한다.(적극행정 운영규정 제2조 제2호)
	
	  ⓐ **부작위** : 공무원이 **상당한 기간 내에**[♣짧은 기간 내에(×)] 이행해야 할 **직무상 의무**가 있는데도 이를 **이행하지 아니하는 것**을 의미한다.
	
	  ⓑ **직무태만** : 통상적으로[♣전문가에게(×)] 요구되는 정도의 노력이나 주의의무를 기울이지 않고, 업무를 부실·부당하게 처리하는 것을 의미한다.

유형	① **적당편의** : 문제해결을 위해 **노력하지 않고**[♣노력하고(×)] 적당히 형식만 **갖추어 부실하게 처리**하는 행태 ② **업무해태** : 합리적인 **이유 없이**[♣합리적인 이유로(×)] 주어진 업무를 **게을리**하여 불이행하는 행태 ③ **탁상행정** : 법령이나 지침 등의 변화에도 불구하고 **과거 규정**에 따라 업무를 처리하거나, 기존의 불합리한 업무관행**을 그대로 답습**하는 행태 ④ **기타 관 중심 행정** : 직무권한을 이용하여 **부당하게 업무를 처리**하거나, 국민편익을 위해서가 아닌 **자신과 소속 기관의 이익을 위해 자의적으로 처리**하는 행태[♣타의에 의하여 처리하는 행태(×)] ※ 다만, 하나의 업무행태가 두 가지 이상의 유형에 해당될 수 있다. 예를 들어 **민원 신청에 대해 불필요한 서류를 지속적으로 요구**하며, 처리를 하지 않는 경우 '**업무해태**'로 볼 수 있고, '**기타 관 중심 행정**'으로도 볼 수 있다.

(4) 경찰청의 적극행정 실행계획(21.4)

추진
방향
	① 경찰청 적극행정 지원위원회 운영 활성화
	
	② **경찰청 적극행정 지원위원회**(경찰청 규제심사위원회와 겸임하여 병행운영)
	
	  ⓐ 구성·운영
	
	<table><tr><th>분류</th><th>내용</th></tr><tr><td>구성</td><td>총14명(정부위원 5명 + 민간위원 9명)</td></tr><tr><td>위원장</td><td>경찰청 차장과[♣경찰청장과(×)] 민간위원이 공동위원장</td></tr><tr><td>운영</td><td>㉠ 재적과반수 출석, 출석 과반수 찬성, 의결(재과출과)[♣재2/3출, 출2/3찬성 의결(×)]
	㉡ 원칙적 격월 회의 개최(2개월 1회), 필요시 수시 개최</td></tr></table>
	ⓑ **기능** : 적극행정과 관련하여 아래 사항을 심사하며, 특히 적극행정 관련 현안을 심의하여 소속 공무원의 의사결정을 지원한다.(경찰청 규제심사위원회 운영규칙 제6조 제4호)
	
	  가. 적극행정 실행계획의 수립에 관한 사항
	  나. 소속 공무원이 인가·허가·등록·신고 등과 관련한 규제나 불명확한 법령 등으로 인해 업무를 적극적으로 추진하기 곤란하여 위원회에 직접 의견 제시를 요청한 사항

다. 소속 공무원이 감사관실에서 운영하는 사전컨설팅감사의 방식으로 의견 제시를 요청한 내용이 국민생활에 미치는 영향이 크거나 여러 이해관계자와 관련되는 등 신중한 검토가 필요하여 감사관이 자문을 요청한 사항

라. 적극행정 우수공무원 선발 및 우수사례 선정에 관한 사항

마. 그 밖에 적극행정과 관련하여 경찰청장이 필요하다고 인정하여 위원회에 부의하는 사항

③ 적극행정 지원위원회의 의사결정 지원제도

ⓐ 요건 : 공무원이 위원회에 직접 의견 제시를 요청하거나, 자체감사기구의 장이 사전컨설팅 심사 내용에 대해 위원회에 자문을 요청한 경우 회의개최 및 심의

※ **안건 상정 제한** 사유(인사혁신처 적극행정 운영지침)

> ㉠ 관계 법령이 명확히 규정되어 있는데도 단순 민원해소 또는 소극행정·책임회피 수단으로 위원회를 이용하고자 하는 경우
>
> ㉡ 소관부서가 충분히 검토를 거치지 않은 경우
>
> ㉢ **이미 행해진 처분의 위법·부당 여부 확인**을 구하는 경우[♣상정·지원받을 수(×)]
>
> ㉣ 상정안건과 관련된 수사, 소송, 행정심판, 감사원 감사가 진행 중이거나 확정된 경우

ⓑ 효력 : 적극행정 지원위원회가 제시한 **의견대로 업무를 처리**한 경우→ 자체감사 시 적극행정 면책요건을 충족한 것으로 추정, **징계요구 등 면책**(적극행정 운영규정 제16조 제3항)

※ **다른 법률 적극행정에 대한 면책** : 자체감사를 받는 사람이 불합리한 규제의 개선 등 공공의 이익을 위하여 업무를 적극적으로 처리한 결과에 대하여 그의 행위에 고의나 중대한 과실이 없는 경우에는 이 법에 따른 징계 요구 또는 문책 요구 등 책임을 묻지 아니한다.[♣고의 및 경미한 과실이 없는 경우(×)](공공감사에 관한 법률 제23조의2 제1항)

※ **징계 등 면제** : 공무원이 위원회가 제시한 의견대로 업무를 처리한 경우에는 징계의 결등을 하지 않는다.(적극행정 운영규정 제17조 제3항)

㉠ **위원회에 대한 의견 제시 요청** : 공무원은 인가·허가·등록·신고 등과 관련한 규제나 불명확한 법령 등으로 인해 업무를 적극적으로 추진하기 곤란한 경우에는 위원회에 직접 해당 업무의 처리 방향 등에 관한 의견의 제시를 요청할 수 있다.(적극행정 운영규정 제13조)

→ **예외** : 다만, 공무원과 대상 업무 사이에 **사적인 이해관계**가 있거나 위원회가 심의하는 데 필요한 **정보를 충분히 제공하지 않은 경우**에는 그렇지 않다.

④ 과감한 제도 운영과 홍보를 통해 경찰 내에서 '적극행정은 보호하고 보상받는다.'는 확고한 인식을 정립한다.

⑤ **기관장이**[♣중간관리자가(×)] **선도**하는 적극행정 문화를 조성한다.

⑥ **적극행정 공무원 보호와 지원확대** : 현장의 민원에 대한 심적 부담을 덜기 위해, 인권위 진정이나 국민권익위원회 고충민원 등의 제기시 시·도청 송무관을 통하며 법률자문을 제공한다.

⑦ **소극행정 예방** : 소극행정에 대한 엄정대응 기조를 유지하고 권익위에서 운영하는 '소극행정 신고센터' 등을 통해 소극행정 행태를 상시 모니터링한다.

추진
방향

추진 방향	⑧ **성과 확산 및 소통강화** ⓐ **내부:** 적극행정 우수사례 및 보호·지원 사례를 주기적으로 발굴하고 게시하며, 전직 원 대상 적극행정 교육을 실시한다. ⓑ **외부:** 경찰청 정책기자단을 적극행정 모니터링단으로 병행 운영하며, 사이버경찰청 적 극행정 코너를 일제정비하고 운영을 활성화한다.

2 경찰활동의 기준

I 법과 윤리의 충돌 및 경찰활동의 기준

I. 저항권의 행사와 경찰의 대응<02·03·04·05승진>

(1) **저항권(right of resistance)** ☞ 민주적·법치국가적 기본질서 또는 기본체계를 침해하는 공권력에 대하여 **더이상의 합법적인 대응수단이 없는 경우**에 주권자로서의 국민이 민주·법치국가적 기본질서를 회복하기 위하여 공권력에 저항할 수 있는 최후의 비상수단이다.

※ 정당성, 자연법 ➡ 저항권은 정당성의 이름 아래 합법성에 도전하는 행위이며, 자연법의 이름으로 실정법에 도전하는 행위라고 할 수 있다.

※ 자연권이론, 역성혁명론 ➡ 저항권 사상은 로크의 자연권이론과 맹자의 역성혁명론에 사상적 근거를 두고 있다.

(2) **요건**

① **명백한 불법:** 공권력 행사의 **불법성이 객관적으로 명백**할 것

② **기본질서 전면부인:** 공권력 행사가 **민주적, 법치국가적 기본질서를 전면적으로 부인**하는 경우일 것

③ **최후의 수단 (보충성):** 자연법적 관점에 의하더라도 저항권은 최후 수단성·보충성이 적용되어 저항권은 공동체에서 **용인된 제도적 수단을 총동원해도 악법에 의한 불법을 막을 길이 없을 때** 최후적으로 행사되어야 한다.

(3) **경찰의 대응**

공권력 행사(X)	법이 공동체의 ① 객관적 윤리질서에 반하는 것이 명백하고 ② 정상적인 제도적 채널로 해결이 어려운 경우 ➡ 경찰은 시민의 저항권을 저지하기 위해 **시민의 저항을 억압해서는 안 된다.**[♣공권력 행사(×)]<02·04·05승진> ① 경찰이 악법에 대하여 자연법적 관점을 가지면 악법에 대한 저항을 어느 정도 묵인하는 태도를 취하게 된다. ② 저항권 발생이 요건의 명백성을 갖추고 있다면 현실적 악법의 저항에 경찰이 함께 하는 것이 공동체의 한 기관으로서 옳은 행동이라고 할 수 있다.
공권력 행사(○)	법이 공동체의 객관적 윤리질서에 위배되는지가 불분명하고 제도적 채널을 통한 해결 가능성이 있는 경우 ➡ 경찰은 법질서의 보호를 위해 현실적인 법에 근거하여 **법을 집행해야 한다.**[♣집행해서는 안 된다.(×)]<02·04·05승진> ♣경찰은 어떤 법이 객관적 윤리질서에 위배되는지 불분명할 때 시민의 저항권을 인정하여 대항하는 시민에게 법을 집행해서는 안 된다.(×)

Ⅱ [테마 13] **사회계약과 경찰활동의 기준**

> 공권력 행사의 근거가 되는 법과 제도가 시민과 국가의 사회계약에 의해 탄생한 것임을 이해한다면 법
> 집행이 어떠한 모습을 지향해야 하는지 기준이 설정될 수 있을 것이다. 코헨과 펠드버그는 이러한 사회
> 계약설의 관점에서 경찰활동의 기준을 제시하고 있다.

Ⅰ. 사회계약설

(1) **사회계약설** : '사회계약'이라는 관념을 통하여 경찰을 비롯한 제도나 정부형태, 법 체제 등의 사회제도가
만들어지는 원리를 도출하고 있다. ⇨ 따라서 **사회계약설에서 경찰활동의 기준을 찾을 수가 있다.**

　① **사회계약** : 사회계약은 개인들이 문명사회의 현실을 벗어나 하나의 **새로운 사회질서를 창출**하는 **공
동행위**이다.<23경간>

　② **목적** : 공동체 구성원은 사회계약을 통해서 **자연적 자유대신**에 **사회적 자유**를 얻게 된다.<23경간>

(2) **사회계약설의 주창자** : 홉스(hobbes), 로크(locke), 루소(rousseau) 등

　① **정부에 관한 제2논문 − 존 로크(J○hn locke)**<03 · 13승진 · 14경간>

> ⓛ **자연 상태[자유(○), 안전(×)]** ☞ **"자연 상태**에서 개인은 **자유**를 갖지만 안전이 결여되어
> 있어, 안전의 확보를 위해 계약을 통해 시민사회(정치적 사회)를 결성하고, 자신의 **생명과 재
> 산을 보호할 업무**(힘을 사용할 권한)**를 정부에 맡긴다.**"라고 주장함으로써 경찰활동의 민주성의
> 토대를 제시하고 있다.<13승진>
>
> ② **국가의 사명** ☞ 사회계약설에 의하면 **국가의 본질은 시민의 생명과 재산을 지키는 것**이며,
> 이에 가장 부합하는 조직은 군인과 경찰이다.[♣사회계약론에 의한 궁극적 목적은 공공의 신뢰 확보
> (×)]<13승진>

자연 상태의 사회	사회계약 이행과정	사회계약 후 사회
① **자유(○)** ➡ 인간은 자기가 원하는 것을 스스로 결정할 자유가 있다. ② **자연법 제한(○), 자위권(○)** ➡ 자연 상태에서도 인간은 **자연법의 제한**을 받으며 자신의 권리가 침해되었을 때 **자위권을 발동할 수** 있다.<12승진>	① **안전(×)** ➡ 자연 상태에서 자위권이 있어도 생명과 재산에 대한 안전이 결여되어 있다.[♣행복이 결여(×)] ② **기준(×), 공권력(×)** ➡ 자연법이 있더라도 합의된 기준(척도)이 없고, 자연법을 선고할 재판권도 없으며, 자연법을 집행할 공권력도 없다.[♣합의된 척도가 있다.(×)]<14경간>	① **자연권 위탁** ➡ 시민은 **자연권 일부를 포기**하고 생명 · 재산의 보호를 **국가에 위탁**하고 국가는 경찰에 생명 · 재산의 보호임무를 부여하였다.<13승진> ② 정부는 자연법을 토대로 **실정법**을 만들고 **법원**을 만들어 판결을 선고하며, 경찰과 검찰의 **공권력**을 통하여 법을 집행한다.

> ※ 영화 '포스트 맨(post Man)'은 연방정부가 붕괴되자 강력한 무력을 가진 집단이 주민을 임의로
> 살육하고 재산을 탈취하는 과정을 보이고 있다. → 이와 같이 자연 상태에서 생명과 재산의 안
> 전이 결여되는 원인은 자연상태에서는 법을 집행할 공권력이 없기 때문이다.[♣자연법이 존재하
> 지 않기 때문(×)]<09승진>

(3) **사회계약설 비교**<03 · 05 · 12승진 · 14 · 23경간>

구분	홉스<03 · 07 · 12승진 · 14경간>	로크<05승진 · 14경간>	루소<12승진 · 14경간>
저서	리바이던(Leviathan)	시민정치2론	사회계약론
자연상태	① **만인 대 만인의 투쟁** ② **약육강식**의 투쟁 상태 ③ 인간의 안전을 도모할 위대한 권력의 필요성	① 처음에는 자유, 평등, 정의가 지배하는 사회임. ② 인간관계가 확대됨에 따라 자연권의 유지가 **불안**하게 됨.<12승진 · 14경간>	① 처음에는 자유, 평등이 보장되는 목가적 상태 ② 점차 강자와 약자의 구별이 생기고 **불평등** 관계가 성립<12승진 · 14경간>
사회계약	① 자기보존을 위해 폭력보다는 평화와 협력이 더 유용 ② 자연권의 **전면적 양도**<14경간> ③ 각 개인의 **자연권 포기**	① **시민의 자연권** 일부를 국가 또는 국왕에 신탁(**일부 양도설**) ② 개인의 자연권을 보장[♣천부적 자연권은 국왕의 권리(×)]	① 모든 사람의 의지를 종합 →**일반 의지**[♣국왕이 보유(×)] ② 모든 사람에게 원시적 자유를 되찾아줌.
특징	① 국왕 통치에 절대 복종 ② 절대군주 정치를 통한 평화와 안전추구 ③ **혁명은 절대 불가**<14경간>	① **저항권(혁명권)의 유보** ② 입법과 행정의 2권 분립 ③ **제한군주정치** ➡ 시민권(저항권)의 확보 ※ **정부를 전복할 권한은 없다**고 보았다.[♣정부를 해산할 수 있는 권리가 있다.(×)]	① **국민주권의 발동**으로 불평등 관계를 시정(직접민주제 주장) ② 일반의지의 표현인 **법을 통해** 정의를 실현

☞ **주의** 홉스나 로크가 주장한 '자연권'이나 루소가 주장한 '일반의지'는 모두 시민들의 것이고, 국왕은 이러한 자연권이나 일반의지를 가지지 않는다.

☞ **주의** 루소가 고안한 "일반의지"라는 개념은 모호한 개념으로 일반의지라는 미명하에 독재가 가능하다는 비판을 받는다.<14경간>

II. 사회계약설에서 도출되는 경찰활동의 기준

H. Cohen(코헨)과 M. Feldberg(펠드버그)는 경찰활동에 대한 **사회계약설적 접근을 통해서 경찰활동이 지향하여야 할 다섯 가지의 기준을 도출**하였다.<04 · 05 · 08 · 14승진 · 01 · 07 · 09경간.....10 · 11 · 12.3채용>
[☺ 접신생협냉]

1. 공정한 접근 [☺차필요 편해무]

의의	① 경찰은 **전체사회의 필요**에 의해 생겨난 조직으로서, 경찰서비스에 대한 **동등**한 '필요'를 가진 사람들은 그것을 받을 **동등한 기회**를 가져야 한다.(Fair Access)<05 · 09 · 14승진 · 07경간 · 03 · 04 · 06 · 07 · 10 · 12.3 · 21.1채용> ② 경찰의 법집행과정에서 '필요' 외의 기준, 즉 성(性) · 나이 · 신분 등에 의한 **불합리한 차별은 금지**된다.[♣부자나 빈자, 여자나 남자 차별(×)]<01 · 04 · 05 · 11 · 14승진 · 23.2채용> ※ **경찰개입의 유일한 기준은 '필요'다.**<**평등원칙** 도출> → ※ 시민이 출동할 경우 공정한 접근이 요구되지만 무조건 출동하여야 하는 것은 아니다.(경찰편의주의)[♣공정한 접근에 의해 출동은 기속행위(×)]

내용	**편들기(X), 해태(X), 무시(X)** : 경찰의 '편들기'나 특정지역 혹은 사람에 대한 법집행을 '해태하거나 무시'하는 것은 금지된다.<02승진·07채용>
	※ **시민의 동등한 협력** ➡ 경찰 서비스에 대한 공정한 접근은 상대적으로 경찰활동에 대한 시민의 동등한 협력(복종의무)과 동전의 양면과 같은 관계에 있다.
	① **편들기** ➡ 친구나 동료에 대한 **특혜의 제공**(단속의 면제·봐주기)이나, 특정지역에 대한 **편파적인 서비스 제공**(부자동네만 순찰)도 **편들기에 해당**한다.<02·03승진·07·10·23.2채용>
	🔳 동료경찰관이라고 음주단속에서 음주운전을 눈감아 주는 경우[♣공공의 신뢰저해(×)]<05·09·10·14승진·07경간·03·04·06·07·10·12.3채용>
	🔳 경찰관 甲은 우범지역인 A거리와 B거리의 순찰업무를 맡았으나 A거리에 가족이 산다는 이유로 A거리에서 순찰 근무시간의 대부분을 할애한 경우<22승진·10.1채용>
	🔳 경찰관 丁은 순찰근무 중 달동네에 가려고 하지 않고 **부자 동네만 순찰**을 하는 경우[♣공공의 신뢰(×)]<17·20경간·10.1채용>
	② **해태·무시** ➡ 가난한 구역의 순찰누락, 노숙자의 범죄신고 무시는 **해태·무시에 해당**한다.(특정 요구를 의도적으로 게을리 하거나 아예 무시해버리는 것)

2. 공공의 신뢰 [😊 자집사절]

의의		시민은 자신들의 직접적인 권리행사를 스스로 제한하고 치안을 경찰에게 믿고 맡겼다는 점을 인식해야 하고, 경찰은 **시민의 신뢰에 부응하는 방식(내용)으로 법집행을 해야** 한다는 것을 의미한다.[♣냉정하고 객관적인 자세(×)](Public Trust)<05·09·11·14승진·07경간·03·04·06·07·12.3·21.1채용>
신뢰에 부응 하는 방식	자력구제 금지	사회계약에 의해 **공적 기관이 수사·공소제기·재판 등 업무를 수행해야** 하기 때문에, 시민들은 특별한 경우 이외에는 자신의 권리보호를 정부의 권력에 의존해야 하며 **자력구제는 원칙적으로 금지**된다.<01·20경간·01·02채용>
		🔳 목욕탕에서 금반지를 잃어버린 손님 甲은 다른 손님 乙이 매우 의심스러웠으나 직접 추궁하지 않고 경찰에 신고하여 체포하도록 하는 것(피해자가 용의자를 직접 체포치 않고, 수사기관에 신고해서 체포하게 하는 것)은 공공의 신뢰확보에 기여하는 것이다.[♣신고는 공정한 접근보장(×)]<13승진·02·04·11.2채용>
		🔳 1주일간 출장을 마치고 집에 돌아온 A는 자신의 TV가 없어진 것을 발견하였다. 그래서 여기저기 찾아보던 중에 평소부터 사이가 좋지 않던 옆집의 B가 A의 TV를 몰래 훔쳐가 사용중인 것을 창문 너머로 확인하였다. 이때 **A는 몽둥이를 들고 가서 직접 자기의 TV를 찾아오려다가 그만두고, 경찰에 신고하여 TV를 되찾았다.**<01·20경간·01·02채용>
	법집행 신뢰	시민들은 경찰이 **반드시 법집행을 할 것으로 신뢰**하고 있다.<04·08승진>
		※ 경찰이 범죄자에 대해 **두려움을 느끼고 법집행을 회피**한다면, 공공의 신뢰확보에 실패한 것이다.
		🔳 丁 순경은 강도범을 추격하다가 골목길에서 칼을 든 강도와 조우하였다. 丁순경은 계속 **추격하는 척하다가 강도가 도망가도록 내버려** 두었다.[♣공정한 접근(×)]<17경간>

신뢰에 부응 하는 방식	사익추구 금지	시민은 경찰이 시**민의 이익을 위해** 공권력을 행사하고, **사익(私益)을 위해** 공권력을 사용하지 않을 것으로 믿고 있다. 예 '뇌물수수'나 '공짜접대'를 받는 것은 공공의 신뢰확보에 실패한 것이다.
	적법절차 준수 신뢰	시민은 경찰이 강제력을 행사할 때 자의적으로 권한을 행사해서는 안되고, **적법절차를 지키고 필요최소한의 강제력을 사용할 것을 신뢰**하고 있다.[♣공정한 접근에 위배(×), ♣최대한의 강제력 행사 신뢰(×)] → 비례의 원칙이 도출된다.<10 · 11 · 22승진 · 07 · 20경간 · 05 · 12.3 · 21.1채용> 예 경찰의 과잉진압 ⇨ 경찰이 만취한 사람을 제지하는 과정에서 약간의 폭행을 당하자 흥분하여 수갑을 채우고 경찰봉으로 구타하는 등 과도한 물리력을 사용하는 경우('흥분'에 초점을 맞춘다면 냉정하고 객관적인 자세와도 관련이 있게 됨.)<12채용> 예 달아나는 절도범의 **등 뒤에 총을 쏘아 사망케 하는 경우**[♣공정한 접근에 위배(×)]<17 · 20경간 · 22승진 · 10채용>

3. 생명과 재산의 안전보호

의의	시민의 생명과 재산의 안전을 보호하는 것이 사회계약의 목적이며, **법집행은 사회계약의 실현을 위한 수단**에 불과한 것이다.[♣사회계약의 궁극적 목적은 신뢰확보(×), ♣법집행 자체가 경찰활동의 궁극적 목적(×)](Safety and Security)<05 · 09 · 11 · 13 · 14승진 · 07경간 · 03 · 04 · 06 · 07 · 12.3 · 23.2채용>
내용	**원칙** **시민의 생명 · 재산 · 안전이 우선(잠재적 위험 〉 현재적 위험)** : 경찰의 역할은 단순한 법집행이 아니라, 시민의 생명 · 재산 · 안전의 보호이므로 시민의 생명에 대한 위협이 급박하지 않다면 법집행을 위해서 시민의 생명을 희생시켜서는 안 된다. ※ **생명에 대한 현재적 위험**이 발생하는 경우 **행정법규나 재산적 피해에 대한 잠재적 위험은 우선순위를 양보해야 하는 것이 마땅하다.**[♣납치범 추격 중 신호위반해서는 안 된다.(×)] 예 경찰의 과도한 추적으로 쫓기던 오토바이 난폭운전자가 사고로 사망을 했다면, 경찰은 생명과 재산의 안전보호에 실패한 것이다.<04 · 10 · 22승진 · 05채용> ※ 법의 정신에만 입각하여 극단적으로 법대로 처리하는 경우
	예외 **잠재적 위험 〈 현재적 위험** : 위기상황에서 경찰은 현재적인 위험에 처해있는 시민의 생명과 안전을 잠재적인 위험보다 더 우선적으로 보호하여야 한다.
	예 은행 강도가 **어린이를 인질로 잡고 차량도주**를 하고 있다면, 경찰은 주위 시민들의 안전에 대한 **잠재적 위험에도 불구하고 추격(법집행)을 하여야** 한다.<20경간>

4. 협동(팀워크)과 역할한계 준수

의의	**협력을 통한 목적 달성**: 경찰은 그들에게 부여된 사회적 역할범위 내에서 활동을 하여야 하며, 이러한 범위 내의 활동을 함에 있어서도 상호협력을 통해 경찰목적을 달성해야 한다는 것을 의미한다.(Teamwork)<05·09·11·14승진·07경간·03·04·06·07·21.1채용>
내용	① **정부전체기능 배려** ☞ 권력분립의 원칙상 경찰은 일반 행정기능과 형사사법기능을 담당하는 통치기구의 일부를 구성하며, **정부의 전체기능이 조화롭게** 이루어지도록 하여야 한다. 　　**예** 정부전체기능은 일반 행정기관의 업무와 역할한계 구분, 수사와 재판영역의 역할한계 구분, 경찰상하기관의 협조, 동등 경찰조직 간의 협조 등이 있다.[♣코헨과 펠드버그는 다른 행정기관과의 협조를 설명하고 있지 않다.(×)] ② **협동의 전제** ☞ 기관간의 협동과 조화는 먼저 각 기관들이 자신의 **업무영역의 한계와 본분을 지키는 것에서 출발**한다. ⇨ 개인의 월권행위 금지 ③ 대외적·대내적 의무 ☞ 경찰에게 부여된 목적달성을 위해 '**국가기관 간**', '**행정기관**' 및 '**경찰의 내부구성원 간**'의 협력의무가 도출된다.[♣다른 행정기관과 협동은 언급하고 있지 않다.(×)]<11승진> 　　※ 법적근거 ➡ 경찰공무원 간(국가경찰과 자치경찰의 조직 및 운영에 관한 법률), 경찰기관 상호 간(경찰직무응원법)
예	① 경찰이 수사를 마치면 검찰의 기소를 위해 수사 자료를 검찰로 이송하는 것은 협동을 위한 과정이다. ② 경찰관 甲이 공명심에 앞서 주요 탈주범을 혼자 검거하려다 놓쳤다면 이는 협동과 팀워크에 위배된다.[♣공공의 신뢰에 위배(×)]<05·10승진·07·20경간·06·07·12.3·23.2채용> ③ 형사 甲이 **좋은 사람과 나쁜 사람을 가려**서, 나쁜 사람에 대해서만 적극적으로 혼내주는 경우(좋은 사람이라는 개인적 판단으로 객관적 요건을 무시하고 입건조차 하지 않는 경우) ⇨ 법원의 권한을 침해한 것으로 **역할한계의 오류**에 해당<03·05승진>

5. 냉정하고 객관적인 자세 [◉견관사이 냉무]

의의	**사회전체의 이익 고려**: 사회계약론의 입장에서 볼 때 경찰관은 사회의 일부분이 아닌 **사회 전체의 이익**을 위해 업무수행을 해야 하기 때문에, 공적인 역할을 수행함에 있어 **사사로운 감정에 사로잡히지 말고 공평하고 사심이 없어야** 한다.(냉정, 객관)[♣열정적이고 주관적인 방식(×), ♣사회전체이익 고려는 공정한 접근과 관련(×)]<05·09·10·14·19승진·07경간·03·04·06·07채용>
내용	**편견(X), 지나친 관여(X), 냉소주의(X), 무관심(X)**: 경찰관의 중용(평정)이 요구되며, 경찰관의 과도한 개입(편견이나 개인적 선호에 의한 **지나친 관여**)이나 무관심한 태도(**냉소주의**)는 모두 금지된다.[♣공정한 접근에 위배(×)]<02·10승진·08채용> 　　※ **객관성 저해**: 지나친 열정, 개인적 편견, 개인적 선호, [♣냉소적 태도(×)], 지나친 관여 　　※ **객관성 과도**(↔ 객관성 저해): 냉소주의로 흐를 위험
예	① 과거에 도둑을 맞은 경험이 있는 甲순경이 경찰이 되어 절도범을 검거하였는데, 과거 도둑맞은 경험이 생각나 피의자에게 욕설과 가혹행위를 하는 경우(지나친 관여)[♣해태, 무시(×)]<17·20경간·10승진> ② 아버지로부터 가정폭력을 많이 경험한 甲경장은 가정문제의 모든 잘못은 남편에게 있다고 단정하는 경우(편견)[♣공공의 신뢰확보에 위배(×)]<17·20경간·13승진·23.2채용> ③ 형사 甲이 담배를 피우고 있는 청소년을 제지하려다가 "내가 신경을 써봐야 무슨 효과가 있겠냐?"며 못 본 채 지나가는 경우(냉소주의)

Chapter 03 경찰의 기본이념

I 기본이념 일반

(1) **윤리의 필요성:** 경찰의 기본적 이념 간에는 긴장과 충돌의 가능성이 존재하기 때문에 이의 조화적 해결을 위한 경찰관의 윤리의 문제, 즉 법적 테두리 내에서 양심에 따른 가치판단의 문제가 발생하게 된다. ⇒ 경찰 윤리의 중요성이 부각

(2) **이념의 종류**

민주성		효율성
① 민주주의 ② 법치주의 ③ 인권존중주의 ④ 정치적 중립주의	⇔	⑤ 경영주의

II 민주주의(民主主義)

(1) **법적근거:** 헌법(제1조, 제7조 제1항), 국가공무원법(제1조), 국가경찰과 자치경찰의 조직 및 운영에 관한 법률(제1조), 경찰관직무집행법(제1조), 정부조직법(제34조 제4항)

① **헌법규정:** 대한민국의 주권은 국민에게 있고, 모든 권력은 국민으로부터 나온다.(헌법 제1조)<22.2채용>

- **경찰권재민의 원칙:** 헌법상의 주권재민(主權在民)의 원칙에서 '경찰권재민'의 원칙이 도출된다.

- 따라서 **경찰권은 국민에게 있고, 모든 경찰의 권력은 국민으로부터 나오는 것이다.(경찰권은 국민의 위임에 근거한 것)**[♣민주주의 이념을 나타냄.(○)]<11승진·02채용>

② 경찰이 전체국민에 대한 봉사자이며, 국민에 대해 책임을 지는 이유가 여기에 있다.

(2) **내용**

① **조직의 민주화:** 경찰기관 법정주의, 민주적 경찰공무원제도, 직업경찰공무원제도 등, 민주주의 이념은 대국민관계에서만이 아니라 **조직내부관계에서도 중요**하다.[♣경찰의 민주성 확보는 오로지 대외적 문제 (×)]<11승진>

- 경찰조직의 민주화를 위해서는 다수결의 원리에 의해 의사결정을 하는 문화가 필요하다.<99·02승진>

- 경찰조직 내 민주주의를 위해서 토론과 대화의 장이 필요하다.<02승진>

- 경찰조직의 권한을 내부적으로 분배해야 한다.<02승진>

② **작용의 민주화:** 실질적 법치주의, 경찰책임의 인정, 경찰통제, 행정구제제도 등

- 특정시책에 대한 반대가 권위에 의해 묵살되어서는 안 된다.<99승진>

- 경찰활동의 내용을 국민에게 공개하고, 경찰활동에 국민의 참여를 보장해야 한다.<02채용>

③ 경찰의 민주화 방안

대외적 방안	① **국민의 경찰에 대한 민주적 통제 장치** ☞ **국가경찰위원회**, **경찰책임의 확보**, '부패방지 및 국민권익위원회의 설치와 운영에 관한 법률'상 **국민감사청구제도**[♣대내적 방안 (×)]<20경간·02채용>
	② **경찰활동의 공개 및 국민의 참여기회 보장** ☞ '행정절차법', '정보공개법'에 따른 경찰행정정보의 공개, 열린(투명한) 경찰활동의 구현(투명성 확보)[♣행정절차와는 관련이 없다.(×)]<11승진·07·20경간>
대내적 방안	① **경찰조직 내부의 적절한 권한의 배분(중앙경찰과 지방경찰간의 적절한 권한배분 포함)**[♣권한의 중앙 집중(×), ♣성과급제도 확대(×)]<11승진·20경간> ♣경찰의 민주적 조직과 관리·운용을 위해서 중앙과 지방간의 권한분배에 있어 권한이 중앙에 집중되어야 한다.(×)<11승진>
	② **경찰관 개개인의 민주의식 고양** - 경찰간부의 민주적 리더십 필요

(3) 한계

① 위기상황에서는 신속한 결정이 중요하므로 민주적 토론보다는 일사 분란한 지휘체계가 요구된다.[♣ 위기상황에서도 민주적 토론과 다수결이 중요(×)]<02승진>

② 위험방지를 위해 불가피한 경우 필요최소한의 범위에서 권력적 수단을 사용하는 것이 불가피한 경우도 있다.[♣경찰활동은 반드시 비권력적 수단에 의해야 한다.(×)]<02채용>

Ⅲ 법치주의(法治主義)

(1) **의의 :** 사람이 아닌 '법에 의한 지배'를 말하는 것으로 국민의 자유와 권리를 제한하고 의무를 과하는 모든 활동은 법률로써만 가능하다는 것이다.

① **권력 작용 :** 경찰권을 발동(권력작용)함에는 법률이 규정한 요건(개별수권)에 따라야 하고(법률에 의한 행정의 원리), 위법한 경찰작용에 대해서는 제도적 통제장치(사법적 구제 등)를 보장하는 것을 법치주의라 한다.

※ 경찰의 활동은 사전에 상대방에게 의무를 과함이 없이 행사되는 즉시강제와 같은 경우가 많기 때문에 법치주의 원리가 강하게 요구된다.<11승진>

② **비권력 작용 :** 순전한 임의(비권력적) 활동의 경우라면 개별적 수권규정이 없이도 가능하다. 단 이 경우에도 조직법적 근거는 있어야 하므로 직무범위 내에서 행해져야 한다.<11승진>

(2) **성격 :** 초기에는 국가권력을 제한하는 **소극적 성격**을 가지고 출발하였으나(국가로부터의 자유), 현재에는 국가에 대해 요구하는 **적극적 성격**도 가지게 되었다.(국가에로의 자유)

(3) **침해유형**

적극적 침해	의의	경찰관청이 법률에 근거하지 아니한 위법한 처분 등으로 국민의 법률상의 이익을 침해하는 경우 ➡ '재량하자'와 '비례원칙'의 문제 발생
	구제	행정쟁송(취소심판·취소소송), **침해배제청구권(결과제거청구권)**, 국가배상청구권 등이 인정될 수 있다.
소극적 침해	의의	경찰관청이 법률로써 정한 의무를 이행하지 아니하여(부작위) 국민에게 손해를 끼치는 경우 ➡ '경찰재량의 0으로의 수축'의 문제 발생
	구제	**경찰(행정)개입청구**권, 의무이행심판·부작위위법확인소송, 국가배상청구권 등이 인정될 수 있다.

Ⅳ 테마 14 인권존중주의

Ⅰ. 인권 일반

(1) **인권의 개념**은 자연법과 사회계약론에 기원을 두고 있는 것으로, '**인간이면 누구나 누릴 수 있는 당연한 권리**' 즉 '사람이기 때문에 당연히 가지는 권리'를 말한다.<13·14승진>

① 기본권으로서 인권의 핵심적 내용은 국민의 자유와 권리인바 인권을 존중하는 것이 민주주의와 법치주의 이념 실현의 핵심적 내용이 된다.

② **기본적 인권**은 박탈할 수도 없고, 양도할 수도 없는, 인간이 인간답게 생존할 수 있는 기본적 권리를 뜻하는 것으로서 이를 **천부인권사상**이라고 한다.<13승진>

③ **"기본권"과 "인권" 구분**

기본권	헌법이 보장하는 **국민의 기본적 권리**를 의미하고
인권	인간의 생래적·천부적 권리, 즉 **자연권**을 의미한다.[♣'인권'은 헌법이 보장하는 국민의 기본적 권리를 의미(×), ♣'기본권'은 인간의 생래적·천부적 권리, 즉 자연권을 의미(×)]<13승진>

(2) **인권유형**

시대가 변천하면서 인권의 개념도 변화하므로 유형을 정형화하기가 용이하지 않다.

※ 인권은 다양한 것으로 영어로는 'Human Rights'로 복수형을 사용한다.

시민적 정치적 권리	인간의 존엄성과 자유로, **국가의 강압으로부터의 자유를 지향하는 것**이다.
	예 주로 **사상**과 **양심**의 자유, **참정권**의 보장, 의견표명과 **언론**의 자유, **집회**와 **결사**의 자유 등
경제적 사회적 문화적 권리	사람이 하나의 **생명체로서 살아가기 위해 필요한 것**으로, 기본적인 의식주와 삶의 질을 보장하는 것이다.
	예 주로 의식주의 보장, 노동조건의 보장, 교육을 받을 권리 및 사회보장의 혜택을 누릴 수 있는 권리의 보장 등
법적 권리	모든 인간이 **합법적인 절차에 의해 대우받을 권리**이며 절차적 권리 또는 규범적 권리와 연관된다.
	예 법 앞의 평등, 무죄추정, 공정한 재판, 소급입법 금지, 접견교통권 등 형사사법 절차에서 주로 문제가 된다.[♣시민적·정치적 권리(×)]
처벌받지 않을 권리	모든 권리영역에 적용될 수 있는 기본적 원칙으로서 **모든 사람이 모든 권리를 평등하게 누릴 수 있는 권리**이다.
	예 국적, 인종, 피부색, 성, 종교, 사상, 신분, 성적지향, 장애, 나이 등에 의해서 차별받지 않을 권리

(3) **인권침해 :** 인권침해란 헌법 및 법률에서 보장하거나 대한민국이 가입·비준한 국제인권조약, 국제관습법에서 인정하는 인간으로서 존엄과 가치 및 자유와 권리를 부당하게 제한하거나 침해하는 것을 말한다.

Ⅱ. 관련 근거규정

(1) 헌법상 기본적 인권보호

① 모든 국민은 인간으로서의 존엄과 가치를 가지며, 행복을 추구할 권리를 가진다. 국가는 개인이 가지는 불가침의 기본적 인권을 확인하고 이를 보장할 의무를 진다.(헌법 제10조)<11승진>

② "국민의 자유와 권리는 헌법에 열거되지 아니한 이유로 경시되지 아니한다."(헌법 제37조 제1항)<22.2채용>

　　※ **수사경찰에게 가장 요구되는 이념** : 수사법정주의 원칙과 임의수사의 원칙(강제처분법정주의) 등으로써 수사경찰이 **피의자 등을 대면하는 과정**에서 인권존중이 구현되도록 해야 한다.<11・16승진>

　　※ **경찰의 인권과 내부민주화** : 경찰자신의 인권도 존중해야 하며, 법적으로 인정된 권리에 대한 존중은 물론이고, 경찰의 운용면에서도 내부적 민주화 요청이 부각된다.

(2) 인권존중주의 규정

① 국가경찰과 자치경찰의 조직 및 운영에 관한 법률 : "경찰은 그 직무를 수행할 때 헌법과 법률에 따라 **국민의 자유와 권리 및 모든 개인이 가지는 불가침의 기본적 인권을 보호**하고, **국민 전체에 대한 봉사자로서 공정・중립을 지켜야** 하며, 부여된 **권한을 남용하여서는 아니** 된다."[♣국가경찰과 자치경찰의 조직 및 운영에 관한 법률에 인권존중주의 규정이 없다.(×)→제5조에 규정됨.](제5조)<11・13승진・20경간>

　　※ '인권보호를 위한 경찰관 직무규칙'상의 **사회적 약자**의 범주에는 **소년범, 외국인, 장애인 그리고 성적 소수자가 포함**되어 있으며, 이들을 **수사함에 있어 준수해야 할 준칙들이 규정**되어 있다.

② 경찰관직무집행법 : 이 법(경직법)은 국민의 자유와 권리 및 **모든 개인이 가지는 불가침의 기본적 인권을 보호**하고 사회공공의 질서를 유지하기 위한 경찰관(경찰공무원만 해당)의 직무 수행에 필요한 사항을 규정함을 목적으로 한다.(제1조 제1항)

(3) **경찰비례의 원칙**(헌법 제37조 제2항, 경찰관직무집행법 제1조 제2항) ☞ 법률에 규정된 경찰의 실력행사의 경우에도 구체적 사태를 해결하기 위해서는 사회통념상 합리적이고도 필요한 한도를 넘어서 실력이 행사되어서는 아니 된다는 것으로 절차적 인권보장의 핵심적 내용이다.[♣경직법에 경찰비례원칙 관련규정은 없다.(×)]<11승진>

(4) **"국가인권위원회법"** [시행 2023. 4. 27] [법률 제18846호]

용어	① **인권** : 「대한민국헌법」 및 법률에서 보장하거나 대한민국이 가입・비준한 국제인권조약 및 국제관습법에서 인정하는 **인간으로서의 존엄과 가치 및 자유와 권리**를 말한다.[♣국가인권위원회법과 별도로 '경찰 인권보호 규칙'에서 규정한 인권개념(×)](제2조 제1호)<13・14승진> ② **"구금・보호시설"**이란 다음 각 목에 해당하는 시설을 말한다.(제2조 제2호) 　가. 교도소・소년교도소・구치소 및 그 지소, 보호감호소, 치료감호시설, 소년원 및 소년분류심사원 　나. **경찰서 유치장 및 사법경찰관리가 직무 수행을 위하여 사람을 조사하고 유치(留置)하거나 수용하는 데에 사용하는 시설** 　다. 군 교도소(지소・미결수용실을 포함한다) 　라. 외국인 보호소 　마. **다수인 보호시설**(많은 사람을 보호하고 수용하는 시설로서 대통령령으로 정하는 시설 – 아동복지시설 등)
적용 범위	이 법은 대한민국 **국민과 대한민국의 영역에 있는 외국인**에 대하여 **적용**한다.[♣외국인에게는 적용되지 아니(×)](제4조)

조사 권한	위원회는 진정이 없는 경우에도 **인권침해나 차별행위**가 있다고 믿을 만한 상당한 근거가 있고 그 내용이 중대하다고 인정할 때에는 **직권으로 조사할 수** 있다.[♣직권으로 조사할 수 없는 한계가 있다.(×)](제30조 제3항)<22.2채용>
사실 조회	① 위원회는 그 업무를 수행하기 위하여 필요하다고 인정하면 관계기관등에 필요한 자료 등의 제출이나 **사실 조회를 요구할 수** 있다.(제22조 제1항) ② 위원회는 그 업무를 수행하기 위하여 필요한 사실을 알고 있거나 전문적 지식 또는 경험을 가지고 있다고 인정되는 사람에게 출석을 요구하여 그 **진술을 들을 수** 있다.(제22조 제2항)
방문 조사	위원회(상임위원회와 소위원회를 포함)는 필요하다고 인정하면 그 의결로써 **구금·보호시설**을 **방문하여 조사할 수** 있다.(제24조 제1항)
질문 검사권	위원회는 조사에 필요한 자료 등이 있는 곳 또는 관계인에 관하여 파악하려면 그 내용을 알고 있다고 믿을 만한 상당한 이유가 있는 사람에게 **질문**하거나 그 내용을 포함하고 있다고 믿을 만한 상당한 이유가 있는 서류와 그 밖의 물건을 **검사**할 수 있다.(제37조)
조사 한계	① 위원회는 조사를 할 때에는 국가기관의 기능 수행에 지장을 주지 아니하도록 유의하여야 한다.(제35조 제1항) ② 위원회는 개인의 사생활을 침해하거나 계속 중인 재판 또는 수사 중인 사건의 소추(訴追)에 부당하게 관여할 목적으로 조사를 하여서는 아니 된다.(제35조 제2항)
시정 권고	① 위원회는 인권의 보호와 향상을 위하여 필요하다고 인정하면 관계기관등에 정책과 관행의 **개선 또는 시정을 권고하거나 의견을 표명할 수** 있다.[♣경찰정책과 관행을 개선 또는 시정할 수 있다.(×)](제25조 제1항)<20경간> ② 권고를 받은 관계기관등의 장은 권고를 받은 날부터 **90일 이내에 그 권고사항의 이행계획을 위원회에 통지하여야** 한다.(제25조 제3항) ③ 권고를 받은 관계기관등의 장은 그 권고의 내용을 이행하지 아니할 경우에는 그 이유를 위원회에 통지하여야 한다.(제25조 제4항)

(5) **경찰관 인권행동강령** [시행 2020. 6. 10.] [**경찰청훈령** 제967호][♣대통령령(×)]

인권보호 원칙	경찰관은 국민이 국가의 주인임을 명심하고 모든 사람의 인권과 인간으로서의 존엄과 가치를 존중하고 보호할 책임이 있다.(제1조)
규정	인권보호 원칙(제1조), 적법절차 준수(제2조), 비례원칙(제3조), 무죄추정원칙 및 가혹행위 금지(제4조), 부당지시 거부 및 불이익 금지(제5조), 차별금지 및 약자·소수자 보호(제6조), 개인정보 및 사생활 보호(제7조), 범죄피해자 보호(제8조), 위험발생의 방지 및 조치(제9조), 인권교육(제10조)
부당지시 거부 및 불이익 금지	경찰관은 **인권을 침해**하는 행위를 하도록 **지시받거나 강요**받았을 경우 이를 **거부해야** 하고, 법령에 정한 절차에 따라 **이의를 제기할 수** 있으며, 이를 이유로 불이익한 **처우를 받지 아니**한다.(제5조)
차별금지 약자보호	경찰관은 직무를 수행하는 과정에서 합리적인 이유 없이 **성별, 종교, 장애, 병력(病歷), 나이, 사회적 신분, 국적, 민족, 인종, 정치적 견해 등**을 이유로[♣성적 지향을 이유로(×)] 누구도 **차별하여서는 아니 되고**, 신체적·정신적·경제적·문화적인 차이 등으로 특별한 보호가 필요한 사람의 **인권을 보호하여야** 한다.(제6조)<22승진>

위험 발생의 방지 및 조치	**경찰관**은 사람의 생명·신체에 위해를 끼치거나 재산에 중대한 손해를 끼칠 우려가 있는 때에는 이를 방지하기 위한 필요한 **조치를 하여야** 한다. 특히 자신의 책임 및 보호 하에 있는 사람의 건강 보호를 위해 노력하여야 하며, 필요한 경우 지체없이 응급조치, 진료의뢰 등 보호받는 사람의 생명권 및 건강권을 보장하기 위한 조치를 하여야 한다.(제9조)
인권교육	**경찰관**은 인권 의식을 함양하고 인권 친화적인 경찰 활동을 할 수 있도록 **인권교육을 이수하여야** 하며, **경찰관서의 장**은 **정례적**으로 소속 직원에게 **인권교육을 하여야** 한다.(제10조)

(6) **경찰 인권보호 규칙** [시행 2022. 10. 7.] [경찰청훈령 제1063호]

경찰관 등	경찰청과 그 소속기관의 경찰공무원, 일반직공무원, 무기계약근로자 및 기간제근로자, **의무경찰**을 의미한다.[♣의경·무기계약직 제외(×)](제2조 제1호)<21경간·22.2채용>
인권 침해	**경찰관등**이 직무를 수행하는 과정에서 모든 사람에게 보장된 인권을 침해하는 것을 말한다.(제2조 제2호)<21경간·22.1채용>
조사 담당자	인권침해를 내용으로 하는 진정을 조사하고 이에 따른 구제 업무 등을 수행하는 경찰청과 그 소속기관에 근무하는 공무원을 말한다.(제2조 제3호)<21경간>
진정 각하	경찰청 및 그 소속기관의 장은 다음 각 호의 어느 하나에 해당할 경우에는 그 진정을 각하할 수 있다.(제29조 제1항)<21.2채용> 1. 진정 내용이 인권침해에 해당하지 아니하는 것이 **명백**한 경우 2. 진정 내용이 **명백**히 사실이 아니거나 이유가 없다고 인정되는 경우 3. 피해자가 아닌 사람이 한 진정으로서 피해자가 조사를 원하지 않는다는 의사표시를 **명백**하게 한 경우 4. 진정의 원인이 된 사실이 **공소시효, 징계시효 및 민사상 시효 등이 모두 완성**된 경우[♣기각(×)]<21.2채용> 5. 진정의 원인이 된 사실에 관하여 법원이나 헌법재판소의 재판, 수사기관의 수사 또는 **그밖에** 법률에 따른 권리 구제**절차**가 진행 **中**이거나 **종결**된 경우(기간의 경과 등 형식 요건을 제대로 갖추지 못하여 종결된 경우는 제외한다) 6. 진정이 **익명**(匿名)이나 **가명**(假名)으로 제출된 경우 7. 진정인이 진정을 **취소**한 경우<21.2채용> 8. 기각 또는 각하된 진정과 동일한 내용으로 **다시** 진정한 경우 9. 진정 내용이 **추상**적이거나 관계자를 근거 없이 비방하는 등 **업무를 방해할 의도**로 진정한 것으로 판단되는 경우 10. 진정의 취지가 그 진정의 원인이 된 사실에 관한 법원의 **확정판결**이나 헌법재판소의 **결정**에 **반대**되는 경우 11. 국가인권위원회에서 진정서의 내용과 같은 사실을 **이미 조사** 중이거나 조사한 사실이 확인된 경우(진정인의 진정 **취소를 이유로 각하 처리**된 사건은 **제외**한다.)

진정 기각	경찰청 및 그 소속기관의 장은 진정 내용을 조사한 결과 다음 각 호의 어느 하나에 해당하는 경우에는 그 진정을 기각할 수 있다.(제37조) 1. 진정 내용이 **사실이 아니**거나 사실 여부를 **확인**하는 것이 **불가능**한 경우[♣각하사유(×)]<21.2 채용> 2. 진정 내용이 이미 피해회복이 이루어지는 등 따로 **구제조치가 필요하지 아니**하다고 인정되는 경우 3. 진정 내용은 사실이나 인권침해에 **해당하지 아니**하는 경우
조사 중지	조사담당자는 인권침해 사건을 조사하는 과정에서 다음 각 호의 어느 하나에 해당하는 사유로 사건 조사를 진행할 수 없는 경우에는 **조사를 중지할 수 있다.**[♣이첩할 수 없다.(×)] 다만, 확인된 인권침해 사실에 대한 구제절차는 계속하여 이행할 수 있다.(제35조 제1항)<22경간·21·23승진> ※ 사건 조사를 즉시 중단하고 종결하거나 해당 기관에 이첩할 수 있다는 의미이다. 1. 진정인이나 피해자의 **소재**를 알 수 없는 경우 2. 사건 해결과 진상 규명에 핵심적인 중요 참고인의 **소재**를 알 수 없는 경우<21.2채용> 3. 그 밖에 제1호 또는 제2호와 **유사**한 사정으로 더이상 사건 조사를 진행할 수 없는 경우 4. 감사원의 조사, 경찰·검찰 등 수사기관에서 **조사 또는 수사가 개시**된 경우<23승진>

조사
절차
	① 조사담당자는 사건 조사 과정에서 진정인·피진정인 또는 참고인 등이 **임의로 제출**한 물건 중 사건 조사에 필요한 물건은 **보관할 수** 있다.(제32조 제1항)<23승진>
	
	② 조사담당자는 제출받은 물건의 목록을 작성하여 제출자에게 내주고 사건기록에 그 물건 등의 번호·명칭 및 내용, 제출자 및 소유자의 성명과 주소를 적고 서명 또는 기명날인하게 하여야 한다.(제32조 제2항)
	
	③ 조사담당자는 **제출받은 물건에 사건번호와 표제, 제출자 성명, 물건 번호, 보관자 성명 등**을 적은 표지를 붙인 후 봉투에 넣거나 포장하여 안전하게 보관하여야 한다.(제32조 제3항)<23승진>
	
	④ 조사담당자는 제출자가 보관 중인 물건의 반환을 **요구하는 경우에는 반환하여야** 하며, 다음 각 호의 어느 하나에 해당하는 경우에는 제출자가 **요구하지 않더라도 반환할 수** 있다.[♣요구하는 경우에 한하여 반환할 수(×)](제32조 제4항)<21·22·23승진>
	
	  1. 진정인이 진정을 취소한 사건에서 진정인이 제출한 물건이 있는 경우
	
	  2. 사건이 종결되어 **더이상 보관할 필요가 없는 경우**<21·22승진>
	
	  3. 그 밖에 물건을 계속 보관하는 것이 적절하지 않은 경우<22승진>

인권
교육
	① **경찰청장은** 국민의 인권보호와 증진을 위하여 **경찰 인권정책 기본계획**("기본계획")을 **5년마다** 수립해야 한다.(제18조 제1항)<22.2채용>
	
	② **경찰청장은** 경찰관등(경찰공무원으로 신규 임용될 사람을 포함)이 근무하는 동안 지속적·체계적으로 교육을 받을 수 있도록 **3년 단위**로 다음 각 호의 사항을 포함한 **인권교육종합계획**을 수립하여 시행해야 한다.(제18조의2 제1항)<22경간·21승진·19.1·22.1채용>
	
	  1. 경찰 인권교육의 기본방향과 추진목표
	
	  2. 인권교육 전문강사 양성 및 지원
	
	  3. 경찰 인권교육 실태조사·평가

인권 교육	4. 교육기관 및 대상별 인권교육 실시 5. 그 밖에 경찰관등의 인권 보호와 향상을 위하여 필요한 사항 ③ **경찰관서의 장은** 경찰청 인권교육종합계획의 내용을 반영하여 **매년** 인권교육 계획을 수립하여 시행하여야 한다.(제18조의2 제2항)<19.1채용>
인권 영향 평가	① **대상 : 경찰청장은** 인권침해를 예방하고, 인권친화적인 치안 행정이 구현되도록 다음 각 호의 사항에 대하여 **인권영향평가를 실시하여야** 한다.[♣「국가재정법」에 따라 경찰은 예산을 편성할 때 예산이 인권에 미친 영향을 평가하는 보고서를 작성하여야(×)](경찰 인권보호 규칙 제21조 제1항)<20경간 · 22승진> 1. 제 · 개정하려는 법령 및 행정규칙 ※ 경찰청장은 해당 법령 및 행정규칙 안건을 **국가경찰위원회에 상정**하기 60일 이전에 **인권영향평가를 실시하여야** 한다.(제23조 제1항 제1호) 2. **국민의 인권에 영향을 미치는 정책 및 계획** ※ 경찰청장은 해당 사안이 확정되기 이전에 **인권영향평가를 실시하여야** 한다.(제23조 제1항 제2호) 3. 참가인원, 내용, 동원 경력의 규모, 배치 장비 등을 고려하여 인권침해 가능성이 높다고 판단되는 집회 및 시위<22승진> ※ 경찰청장은 **집회 및 시위 종료일로부터 30일 이전**에 **인권영향평가를 실시하여야** 한다.(제23조 제1항 제2호) ② 인권보호담당관은 **반기 1회 이상** 인권영향평가의 이행 여부를 **점검**하고, 이를 경찰청 인권위원회에 제출하여야 한다.[♣분기 1회 이상(×)](제24조)<22경간 · 21승진>
인권 진단	인권보호담당관은 인권침해를 예방하고 제도를 개선하기 위해 **연 1회 이상** 다음 각 호의 사항을 진단하여야 한다.(제25조)<22.1 · 2채용> 1. 인권 관련 정책 이행 실태 2. 인권교육 추진 현황 3. 경찰청과 소속기관의 청사 및 부속 시설 전반의 인권침해적 요소의 존재 여부
경찰청 인권 위원회	**설치** / 경찰 활동 전반에 걸친 민주적 통제를 구현하여 경찰력 오 · 남용을 예방하고, 경찰 행정의 인권지향성을 높여 인권을 존중하는 경찰 활동을 정립하기 위해 **경찰청장 및 시 · 도경찰청장의 자문기구**로서[♣심의 · 의결기구(×)] 각각 **경찰청 인권위원회, 시 · 도경찰청 인권위원회**("위원회")를 설치하여 운영한다.[♣행정안전부 장관 소속(×), ♣경찰서 인권위원회(×)](제3조)<21 · 22경간 · 13 · 14 · 24승진 · 13.2 · 22.1 · 2채용>
	업무 / 위원회는 다음 각 호의 사항에 대한 권고 또는 의견표명을 할 수 있다.(제4조) 1. 인권과 관련된 경찰의 제도 · 정책 · 관행의 개선 2. 경찰의 인권침해 행위의 시정 3. 국가인권위원회 · 국제인권규약 감독 기구 · 국가별 정례인권검토의 권고안 및 국가인권정책기본계획의 이행 4. 인권영향평가와 관련한 자문

경찰청 인권 위원회	구성	① 위원회는 위원장 1명을 포함하여 **7명 이상 13명 이하의 위원**으로 **구성한다**. 이때, **특정 성별이 전체 위원 수의 10분의 6을 초과하지 아니해야** 한다.[♣15명 이하(×)](제5조 제1항)<13승진 · 23경간 · 18.3 · 19.1채용> ② **위원장**은 위원회에서 **호선(互選)**하며, 위원은 당연직 위원과 위촉 위원으로 구분한다.(제5조 제2항) ③ 당연직 위원은 **경찰청은 감사관**[♣청문감사인권담당관(×)], 시 · 도경찰청은 **청문감사인권담당관**[♣감사관(×)]으로 한다.(제5조 제3항)<23.2채용> ④ **자격** : 위촉 위원은 인권 분야에 전문적인 지식과 경험이 있고 아래 각 호의 어느 하나에 해당하는 사람 중에서 경찰청장 또는 시 · 도경찰청장(이하 "청장")이 위촉한다. 이때, 각 호에 해당하는 사람이 **반드시 1명 이상** 포함되어야 한다.(제5조 제4항) 　1. **판사 · 검사 또는 변호사**로 **3년** 이상의 경력이 있는 사람 　2. 「초 · 중등교육법」제2조 제1호부터 제4호, 「고등교육법」 제2조 제1호부터 제6호까지의 규정에 따른 학교에서 **교원 또는 교직원으로 3년 이상** 근무한 경력이 있는 사람 　3. 「비영리민간단체지원법」제2조 제1호부터 제3호, 제5호부터 제6호까지의 규정에 따른 단체에서 **인권 분야에 3년 이상 활동**한 경력이 있거나 그러한 단체로부터 인권위원으로 위촉되기에 적합하다고 추천을 받은 사람 　4. 그 밖에 사회적 약자 등 다양한 사회 구성원의 목소리를 반영할 수 있는 사람 ⑤ **결격 및 당연퇴직사유 :** 다음 각 호의 어느 하나에 해당하는 사람은 위원이 될 수 없다.(제6조 제1항) ※ 결격사유의 어느 하나에 해당하게 된 때에는 당연히 **퇴직한다.**(제6조 제2항) 　1. 「공직선거법」에 따라 실시하는 선거에 후보자(예비후보자 포함)로 등록한 사람 　2. 「공직선거법」에 따라 실시하는 선거에 의하여 취임한 공무원이거나 그 직에서 퇴직한 날부터 3년이 지나지 아니한 사람 　3. **경찰의 직**에 있거나 그 직에서 **퇴직한 날부터 3년이 지나지 아니한** 사람[♣자격(×)]<23경간 · 23.2채용> 　4. 「공직선거법」에 따른 선거사무관계자 및 「정당법」에 따른 정당의 당원
	임기	① 위원장과 위촉 위원의 임기는 **위촉된 날로부터 2년**으로 하며, **위원장의 직은 연임할 수 없고,** 위촉 **위원은 두 차례만 연임할 수** 있다.[♣위촉된 날로부터 3년(×), ♣연임할 수 없다.(×)](제7조 제1항)<13 · 17승진 · 23경간 · 18.3 · 19.1 · 23.2채용> ② 위촉 위원에 결원이 생긴 경우 새로 위촉할 수 있고, 이 경우 새로 위촉된 위원의 임기는 **위촉된 날부터** 기산한다.[♣전임자의 잔임기간(×), ♣다음날부터(×)](제7조 제2항)<18.3채용>
	위원 해촉	다음 각 호의 어느 하나에 해당하는 경우에는 청장은 위원회의 의견을 들어 위원을 해촉할 수 있다.(제8조)<23경간> 1. **입건 전 조사 · 수사 중인 사건에 청탁 또는 경찰 인사에 관여하는 행위**를 하거나 기타 **직무 관련 비위사실**이 있는 경우<23경간> 2. 위원회의 명예를 실추시키거나 위원으로서의 품위를 손상시키는 행위를 한 경우

경찰청 인권 위원회	위원 해촉	3. 특별한 사유 없이 연속으로 정기회의에 3회 불참 등 직무를 태만히 한 경우 4. 위원 스스로 직무를 수행하는 것이 곤란하다고 의사를 밝힌 경우 5. 그 밖에 부득이한 사유로 업무를 수행할 수 없는 경우
	회의	① 위원회의 회의는 정기회의와 임시 회의로 구분하며, **재적위원 과반수의 출석으로 개의(開議)하고, 출석위원 과반수의 찬성으로 의결**한다.[♣재적 2/3출석, 출석과반수 찬성으로 의결(×)](제11조 제1항)<13승진> ② **정기회의는 경찰청은 월 1회, 시 · 도경찰청은 분기 1회** 개최한다.[♣경찰청 분기 1회, 시 · 도청 월1회(×)](제11조 제2항)<18.3 · 23.2채용> ③ **임시회의는 위원장이 필요하다고 인정**하거나 **청장 또는 재적위원 3분의 1 이상**이 소집을 요구하는 경우 **위원장이 소집**한다.[♣재적위원 3인 이상(×)](제11조 제3항)<13승진>
진상 조사단 구성		① **경찰청장**은 경찰의 법 집행 과정에서 사람의 사망 또는 중상해 그 밖에 사유로 인하여 **중대한 인권침해의 의심**이 있는 경우 이를 조사하기 위하여 **진상조사단을 구성할 수** 있다. 이 경우에 경찰청 인권위원회는 진상조사단 구성에 대하여 권고 또는 의견표명을 할 수 있다.(제42조 제1항) ② 진상조사단은 경찰청 차장 직속으로 두고 진상조사팀, 실무지원팀, 민간조사자문단으로 구성한다.(제42조 제2항) ③ 단장은 경찰청 소속 경무관급 공무원 중에서 국가경찰위원회의 추천을 받아 경찰청장이 임명한다.(제42조 제3항)

III. 인권의 유형

인권의 종류는 다양하기 때문에 영어로도 'Human Rights'로 표현해 복수형을 사용한다. 시대가 변천함에 따라 **인권의 개념이 변화**하기 때문에 유형을 정형화하여 분류하기는 어려우나 대체적으로 4가지 범주로 나눌 수 있다.

⑴ **시민적 · 정치적 권리 :** 인간의 **존엄성**과 자유, 국가의 강압으로부터의 **자유**를 지향하는 것으로서 주로 **사상과 양심의 자유, 참정권의 보장, 의견표명과 언론의 자유, 집회와 결사의 자유 등**이 이에 해당한다.

⑵ **경제적 · 사회적 · 문화적 권리 :** 사람이 하나의 생명체로서 살아가기 위한 **기본적인 의식주와 삶의 질을 보장**하는 것이며, 주로 **의식주의 보장, 노동조건의 보장, 교육을 받을 권리 및 사회보장**의 혜택을 누릴 수 있는 권리의 보장 등이 그것이다.

⑶ **법적권리 :** 모든 인간이 합법적인 절차에 의해 대우받을 권리이며 절차적 권리 또는 규범적 권리와 연관된다. 법 앞의 평등, 무죄추정, 공정한 재판, 소급입법 금지, 접견교통권 등 형사사법 절차에서 주로 문제가 된다.[♣시민적 · 정치적 권리(×)]

⑷ **차별받지 않을 권리 :** 모든 권리영역에 적용될 수 있는 기본적 원칙으로서 모든 사람이 모든 권리를 평등하게 누릴 수 있는 권리이다. 따라서 **국적, 인종, 피부색, 성, 종교, 사상, 신분, 성적지향, 장애, 나이 등에 의해서 차별받지 않을 권리**를 말한다.

IV. 경찰인권시책 흐름<12승진>[● 검구 안만시]

① **70년대 이전 ☞ 인권보다 검거율 제고 우선**(범인 검거율 및 실적 제고가 수사활동의 목표, 전쟁수습, 집회시위 등 사회적 혼란에 대처하기 위한 역량강화에 주력)

② **70년대 ☞ 인권구호는 등장하나, 구체적인 인권시책 미흡**(정확한 검거활동과 적정수사를 통한 국민의 안전보장이 목표, 국민의 자기방범 및 수사의 협조자로서의 역할에 대한 홍보활동 강화)

③ **80년대 ☞ 인권보다 사회안정 우선**(10.26 이후 민주·개방화 요구로 사회전반의 혼란 지속, '새시대 새경찰' 구호아래 금품수수 및 폭력 없는 경찰 강조)

④ **90년대 ☞ 국민의 인권의식 향상에 비해 인권경찰 만족도 미흡**(생활수준의 향상과 더불어 시민들의 인권의식 고양, 수준 높은 치안서비스 요구, 지속적인 제도개선에 노력하였으나 국민들이 느끼는 인권경찰 만족도는 미흡)

⑤ **2000년대 ☞ 직무패러다임 인권중심으로 전환 시급**(국가인권위원회 발족(01.11) 및 지식정보화 사회에서 인권관련 NGO의 적극적 활동으로 국가기관에 대한 인권 기대의식 상승, 인권보호를 위한 지속적 노력에도 불구, 일선 경찰관의 인권마인드 부족으로 각종 법집행과정에서 인권침해 사례 발생)

⑥ **2010년~2011년 ☞** 경찰청 인권보호센터를 수사국에서 감사관실로 이관하는 내용으로 직제를 조정하였으며, 국민인권보호를 위한 각종 지침의 이행을 담보하는 등 인권수호의지 재차 확인 및 **중점추진과제로서 인권을 강조**한다.

Ⅴ 정치적 중립주의

(1) **정치적 중립 :** 경찰은 특정 정당 기타 정치단체의 이익이나 이념을 위해 활동할 수 없으며, 오로지 주권자인 **전체국민과 국가를 위하여 활동해야** 한다는 원칙이다.<11승진>

　① **정치중립 보장 방안 :** 정치적 중립을 보장하기 위해 '**공무원의 신분보장**'과 '**직업공무원제**'를 채택하고 있다.

　② **정치적 중립에 위배된 사례 ➡** '**3.15 부정선거**'

(2) **법적근거**

　① **헌법 규정 :** 공무원의 정치적 중립성은 법률이 정하는바에 의하여 보장된다.(헌법 제7조 제2항)

　② **국가경찰과 자치경찰의 조직 및 운영에 관한 법률 규정 :** 경찰은 국민 전체에 대한 봉사자로서 공정중립을 지켜야 한다.(국가경찰과 자치경찰의 조직 및 운영에 관한 법률 제5조)

　③ **국가공무원법 :** 공무원에게 **국가공무원법상의 '정치운동금지 의무**(제65조)'를 부과하고 있다.

　　※ 공무원은 정당이나 그 밖의 정치단체의 결성에 관여하거나 이에 가입할 수 없다.(국공법 제65조 제1항)<22.2채용>

Ⅵ 경영주의(經營主義)

(1) **효율성 문제 :** 국가경찰과 자치경찰의 조직 및 운영에 관한 법률 제1조(목적) − 이 법은 경찰의 **민주적**인 관리·운영과 **효율적**인 임무수행을 위하여 경찰의 기본조직 및 직무범위와 그 밖에 필요한 사항을 규정함을 목적으로 한다.

(2) **경영주의 이념 도출 :** 이는 우리 경찰이 법을 집행함에 있어 인권존중과 법치주의 등 민주적 요소와 함께 효율성을 고려해야 한다는 것으로 여기에서 경영주의 이념이 도출된다.

(3) **전통적 이념 : 고객만족**(고객에 대한 관심과 대응성·서비스의 질 향상·경찰경영의 최고이념), **능률성** (투입과 산출의 비율을 의미, 메 성과급제도의 확대), **효과성**(목표달성의 정도를 의미)

(4) **새로운 이념 :** 국민감동과 생산성 문제

− **국민감동** ➜ 경찰경영은 국민만족의 차원을 넘어서 이제는 국민감동을 지향해야 한다.

　　메 고객지향적 행정, 정보기술을 활용한 One-stop·On-line service의 실시, 사이버 경찰청의 운영 등

− **생산성** ➜ 종래의 능률성이나 효과성의 차원을 넘어서는 **생산성 차원의 경영 마인드가 요구**되며 이를 확보하기 위한 수단으로 조직혁신·구조조정·감축관리 등이 요구된다.

　　주의 **경찰력의 최대 동원이나 충분한 동원은 생산성과는 배치된다.**[♣가용경력 최대 동원은 경영주의 이념에 부합(×)]

박문각
경 찰

경찰청 출제위원 출신 저자가 직접 쓴

정통 경찰학개론!

경찰 역사

Chapter 01 한국경찰의 역사와 제도

전근대적 경찰	고조선~ 갑오경장(1894)	① 경찰 기능의 미분화
		② 중국의 영향
근대적 경찰	갑오경장~ 광복(1945)	① 경찰기능의 분화
		② 일본의 영향
		③ 경찰의 조직법적·작용법적 근거 마련으로 근대경찰 탄생 계기
현대적 경찰	광복(1945)~ 경찰법 제정	① 경찰사에 있어서 새로운 출발을 지향한 시기
		② 한국이 자주적으로 경찰을 운용
	경찰법 제정 (1991) 이후	① 경찰법 제정 및 경찰청의 외청 독립
		② 민주경찰로의 발전 계기를 마련

제1절 테마 15 갑오경장 이전의 경찰제도

(1) 경찰작용과 타 행정작용, 재판 및 형 집행기능, 군사작용이 분화되지 않고 통합적으로 수행되었다.[♣경찰과 형 집행기능 분리(×), ♣부족국가시대 경찰기능 통합작용(○)]<14승진·15경간·02채용>

※ 조선시대 직수아문 제도 : 조선은 경찰권이 일원화되지 못하고, 각 관청마다 소관사무와 관련하여 직권에 의하여 위법자를 체포·구금할 수 있었다.<11경감·13경간>

(2) 전제적인 경찰권이 행사되었다.

(3) 경찰기능은 전제왕권을 공고히(지배체제의 유지)하는 데 중심을 두고 있었다.

(4) 중국의 영향을 많이 받았다.[♣갑오개혁 이전 일본영향을 많이 받았다.(×)]

※ 조선시대 포도청

포도청	개요	**최초 전문적 독립적 경찰기관**: 전국적으로 극성을 부리던 도적들의 횡포를 막고자 만들어진 최초의 전문적·독립적 경찰기관으로서 도적의 예방과 체포 및 야간순찰을 실시하였다.[♣의금부는(×)]<20경간>
	연혁	① **유래**: 성종 2년(1471)에 시작된 **포도장제에서 유래**하였다.<08승진·01·09경간·02·08채용>
		② **명칭**: 중종 치세기에[♣성종 치세기에(×)] 처음으로 '**포도청**'이라는 명칭을 사용하였다.(중종35년)
		③ **폐지**: 갑오경장 때 한성부에 경무청을 설치하면서 **폐지**하였다.[♣갑오경장 이후에도 지속(×), ♣경부 설치하면서 폐지(×)]<12.2채용>
		♣조선시대의 포도청은 갑오개혁 이후에도 지속되었다.(×)<12.2채용>
		♣조선시대의 포도청은 갑오경장 때 한성부에 경부를 설치하면서 폐지되었다.(×)<12.2채용>
	관할	① **전국조직(×)** ☞ **한양과 경기지방을 관할**하였으므로 **전국적 조직이라 할 수 없다.**(通)
		※ 지방에 둔 토포사(討捕使)나 토포청(捕討廳)을 근거로 포도청을 전국 조직으로 이해하는 소수 견해가 있으나, 토포사는 보통 수령이 겸임하였고 토포청이 포도청의 직접 지휘·감독을 받는 것도 아니었으므로 이를 근거로 포도청을 전국적 조직으로 보기는 어렵다.
		② **사물관할** ☞ 사법업무와 관련하여 포도청에서 죄인을 조사하다가 중죄인이나 전문적인 관할의 문제가 발생하면 의금부·사헌부·형조로 이송하였다.
		※ 다모(茶母) ➡ 여자관비 경찰로서 양반집 수색이나 여자도적 체포 등 여성범죄의 임무를 수행하였다.<20경간·03채용>

제2절 │ **갑오경장 이후의 경찰**

1 [테마 16] 갑오경장부터 한일합병 이전의 경찰

한국 경찰역사에서 경찰이란 용어의 등장은 갑오경장(1894)으로서, 경찰에 관한 조직법적·작용법적 근거가 마련되어 근대적 경찰체제가 갖추어지게 되었다. 그러나 대륙법계 경찰체계를 갖춘 일본이 장기적 **지배전략의 일환으로 일본의 경찰체제를 이식하였다는 점에 그 한계가 있다.**<14승진>

⑴ **최초 근대적 경찰제도 도입**: 갑오경장(1894)을 계기로 **외형상 근대적 의미의 경찰제도(개념)가 최초로 도입**되었다.[♣갑신정변(×)]<96승진·01경간·13.1채용>

⑵ **경찰과 행정의 분화**: 최초로 경찰과 행정작용·군사작용의 분화가 이루어졌다.(**분화의 시작, 완전한 분화는 미군정기에 이루어짐.**)[♣완전한 분화(×)]<08승진>

⑶ **법적근거 마련**: 한국경찰이 **조직법적·작용법적 근거**를 가지고 근대 경찰로 태어나게 된 직접적인 계기가 되었고, **경찰이라는 용어도 최초로 등장**하게 되었다.<01·13.1채용>

(4) **광범위한 업무**: 감옥 · 위생 · 소방 · 영업 · 회사 · 도서에 관한 사무 등 광범위한 사무를 담당하였다.[♣제외(×)]<14승진>

　♣경찰의 임무영역에서 위생경찰, 영업경찰 등이 제외되었다.(×)<14승진>

(5) **제국주의적 침략 확보 수단**: 이 시기의 경찰이념은 국민의 **인권보호에 있지 않고**, 통치권 보호와 그 뒤에 숨겨진 **일본의 제국주의적 침략**을 확보하는 데 있었다.[♣국민의 인권보호(×)]

　♣갑오경장부터 한일합병 이전까지 시기의 경찰이념은 국민의 인권을 보호하는 데 있었다.(×)

> ※ 일본 경찰화 과정 ➡ 모든 제도가 철저하게 일본의 의도와 계획 하에 창설 · 정비 · 통합되어 일본경찰화되는 과정이었으며, 법제 면에서도 일본의 것이 그대로 이식되었다.

Ⅰ 갑오경장(1894)

> **한국경찰 창설과정**
>
> ① **창설의 요구**: 1894년 6월 **일본각의에서 한국경찰의 창설을 결정**하여, 내정개혁 방안의 하나로서 조선에 경찰의 창설을 요구하였다.[♣독자적 필요성에 의해(×), ♣자주적 결정(×)]<20경간>
>
> 　♣한국경찰의 창설은 독자적 필요성에 의하여 만들어졌다.(×)
>
> 　♣갑오개혁에 따른 일본경찰의 도입은 자주적 결정에 의한 것이었다.(×)
>
> ② **창설의 결정**: 친일 김홍집 내각은 6월 14일 '각 아문관제'에서 **처음으로 경찰이라는 용어를 사용**하고, 경찰을 법무아문 소속으로 설치할 것을 결정하였다. 그러나 곧 경찰을 내무아문 소속으로 변경하였다.[♣외무아문(×), ♣내무아문에 창설하였다가 법무아문으로 변경(×)]<19승진 · 18 · 20경간 · 13.1 · 18.3채용>
>
> 　※ 경무청은 입안초기에는 법무아문 소속이었으나, 실제 창설 시에는 내무아문 소속으로 소속이 변경되었다.(법문아문 → 내무아문)[♣외무아문 소속(×)]<14승진 · 03 · 09채용>

Ⅰ. 제도 · 조직 · 작용변화

(1) **제도변화**

① **경찰권의 일원화(직수아문제의 폐지)**: 그동안 시행되어 왔던 각 부 · 각 아문 · 각 군문의 체포나 시형(施刑)에 관한 권한을 금지하였다.<07채용>

　※ 사법관의 재판 없이 형벌을 가하는 행위나 군영의 발순(發巡)도 금지하였다.

② **외형상 근대 국가적 경찰체제**: 경무청의 설치로 외형상 근대 국가적 경찰체제를 갖추었다.

(2) **조직변화**

① **'경무청관제직장' 제정**: 일본의 **경시청관제(1881)**를 모방하여, 1894년 **최초의 경찰조직법인 경무청관제직장을 제정**하였다.[♣행정경찰규칙 모방(×)]<14승진 · 11 · 12 · 13 · 14 · 21 · 22경간 · 12.2 · 13.1채용>

　※ **일본 경시청 모방** ➡ 일본의 경시청을 경무청으로 바꾸고, 그 계급을 일본의 경시총감, 경시, 경부, 순사에서 경무사, 총순, 순검으로 바꾸어 사용하였다.

② **경무청의 설립과 포도청의 폐지**: 한국 **최초의 경찰조직법인 '경무청관제직장'**을 통해 **좌 · 우포도청을 합하여** 한성부에 **경무청을 창설**(長은 경무사)하였다.[♣경무부 창설(×), ♣장은 경무관(×)]<03 · 12 · 13 · 14승진 · 01 · 19경간 · 12.2 · 13.1 · 18.2 · 3채용>

③ **관할** : 경무청은 **내무아문 예속**으로 한성부 내의 일체의 경찰사무 · 감옥사무를 관장하게 하였고, 범죄인을 체포 · 수사하여 법사에 이송하는 업무를 담당하였다.[♣전국관할(×), ♣오늘날 경찰청의 원형(×) → 신경무청]<03 · 12 · 13 · 14 · 19승진 · 01 · 18 · 19 · 21경간 · 12.2 · 13.1채용>

※ 갑오개혁 직후 경찰사무는 **범죄수사 · 범인을 체포하는 사법사무**는 물론이고 **위생(전염병) · 영업 · 소방 · 감옥사무를 포함**하여 그 **직무범위가 광범위**하였으며, 한성부 내의 경찰 · 감옥사무를 담당하여 수도경찰적 성격에 그쳤다.[♣사법사무 제외(×)]<21경간 · 10승진>

④ **경찰지서 설치** : 갑오경장 당시 경무청 산하 **5부자내**의 경찰업무를 분담하도록 최초로 한성부의 5부 (자)내에 **경찰지서를 설치**하고 **경무관을 서장으로** 보하였다.[♣경무사를 서장으로(×)]<01 · 09 · 21경간 · 08승진>

(3) 작용변화

① **최초의 경찰작용법 제정(1894)** : 일본의 '**행정경찰규칙**(1875)'**과 '위경죄즉결례**(1885)'**를 혼합**하여 한문으로 옮겨놓은 것으로 **최초의 경찰작용법인 "행정경찰장정"을 제정**(1894)하였으며, 여기에는 영업 · 시장 · 회사 및 소방 · 위생, 결사 · 집회, 신문잡지 · 도서 등의 광범위한 사무가 포함되어 있다.[♣ 경무청관제직장(×), ♣행정경찰장정규칙 제정(×)]<03 · 13 · 14 · 19승진 · 12 · 14 · 15 · 17 · 19 · 22경간 · 03 · 12.2 · 14.2채용>

※ 「행정경찰장정」은 최초의 경찰작용법으로서 **행정경찰의 업무와 목적, 과잉단속 엄금, 순검 채용과 징계 등**의 내용으로 구성되어 있다.<23경간>

② 경무청의 설치로 **행정과 경찰의 분화가 시작**되었다.[♣분화가 제대로 이루어졌다.(×), ♣분화가 이루어졌다.(○), ♣분화가 완성되었다.(×)]<08승진>

※ **비경찰화와 경찰과 행정의 분화문제**

> ① 갑오경장 당시 **경찰과 일반 행정의 분화가 시작**은 되었으나, 경찰 직무범위의 포괄성과 광범성으로 인해 경찰업무와 일반 행정업무가 미분화된 전근대적 성격을 띠고 있었다.
>
> ② 경찰은 영업 · 시장 · 회사 · 신문잡지 · 도서에 대한 사무 및 일체의 위생사무와 소방사무까지 담당하고 있었다.<08채용>
>
> **주의** 경찰과 일반 행정의 완전한 분화(비경찰화)는 미군정 시대에 이루어진다.

※ **유길준 서유견문 - 경찰제도**(1895년)

> ① 유길준은 「서유견문」 '제10편 순찰의 규제'를 통해 **경찰제도 개혁을 주장**하였다.<21경간>
>
> ② 유길준은 **경찰의 기본 업무로 치안에 집중할 것을 강조**하였다.[♣'위생'을 경찰업무에서 제외할 것을 주장하였다.(×)]<21경간>
>
> ③ 유길준은 결찰제도를 **행정경찰과 사법경찰로 구분**할 것을 주장하였다.<21경간>
>
> ④ 김옥균, 박영효 등이 일본의 경찰제도로부터 영향을 받은 반면, 유길준을 **영국의 경찰제도로부터 영향**을 받았다.<21경간>

Ⅱ. 내부관제시대(1895)

(1) 중앙

① **경찰고문관제도 실시** : 일본의 무구극조 경시를 경무청의 고문관으로 초빙하여 조선의 경찰 제도를 일본의 제도에 맞추어 정비하도록 하였다.

② **'내부관제 제정'** : '내부(內部)관제(1895)'가 제정되어, **내부대신의 경찰에 대한 지휘감독권이 정비**되었다.(내부관제 제1조)<19경간·12·17승진>

※ 경무청관제(1895.4) 제2조에서 '경무사는 내부 대신의 지휘감독을 받아 전적으로 한성부 5부의 **경찰, 소방 및 감옥에 관한 일**을 총합한다.'고 규정하여, 위 내부관제 제1조의 내용을 구체적으로 규정했다.

※ '경무청관제' 개정으로 종래의 **'경찰지서'를 '경찰서'로 개칭**하였고 궁내에는 **'궁내경찰서'를 신설**하여 왕궁 내외의 경비를 담당하게 하였다.

※ 을미개혁(1895년 10월 8일)이후 「**순검직무세칙**」(1896.2.5.)에 의해 '지리교시, 집회정리, 구호조치, 송사관여 금지 등' **순검의 직무**가 구체적으로 정해졌다. **순검·간수 사상휼금규칙**(1896.4.19.)에 의해 '근무중 다치거나 순직했을 경우 치료비와 장례비 지급등' **복지와 관련된 규정**도 신설되었다.[♣순검직무세칙(×)]<23경간>

(2) 지방

① **'지방관제(1895)'와 '지방경찰규칙(1896)'을 제정**하여 지방경찰의 작용법적 근거를 마련하였다.<19경간·12·17승진>

② 지방에는 **관찰사의 지휘·감독을 받는** 경찰(경무관·경무관보·총순)을 배치하였다.

Ⅲ. 일본 헌병 주둔

(1) **군용전신선 보호명목 주둔**(1896) : 1896년 한성과 부산 간의 **군용전신선의 보호명목으로 일본의 헌병대가 주둔**하기 시작하였다.<14승진>

① **시찰·정탐 등** ➡ 반란 등의 **시찰이나 정탐 등의 임무를 수행**하면서 사실상 헌병경찰로서의 활동을 하였다.

② **헌병경찰제의 시발점** ➡ 일본 헌병의 한국 주둔은 한일합병 이후의 헌병경찰제의 시발점이 되었다.

③ 갑오개혁 이후 주둔한 일본 헌병은 **군사경찰업무와 행정경찰업무 및 사법경찰업무를 겸**하였다.[♣사법경찰업무 제외(×)]<13승진·15경간>

♣갑오개혁 이후 주둔한 일본 헌병은 군사경찰업무와 행정경찰업무를 수행하고, 사법경찰업무는 제외하였다.(×)<13승진>

※ 일본의 헌병조례(1881)에 의하면 헌병은 군사경찰 이외에도 행정경찰·사법경찰을 겸하였으며 이 체제는 조선에도 그대로 적용되어 사실상 헌병경찰로 보아도 무방하다.

정리 조선 주둔 일본 헌병의 역할변화

1896년 최초주둔	① 부산과 한성 간 **군용전신선 보호 명목** 주둔 ② **반란 시찰, 정탐임무 수행** 사실상 헌병경찰
1903년 '한국주차헌병대'로 개칭	군사경찰업무 외에도 **사회단체의 단속, 의병의 토벌, 항일인사의 체포, 일본관리 및 민간인과 친일파의 보호** 등의 고등경찰과 보통경찰 역할 수행
1906년 통감부 설치 "헌병조례"	**군사경찰업무 외에 사법경찰과 행정경찰업무 수행**
1907년 '한국주차헌병에 관한 건'	헌병이 치안유지에 관한 업무를 관장하도록 규정
1910년 '통감부 경찰관제'	**헌병과 경찰의 조직통합**
1910년 '조선주차헌병조령'	① **헌병이 일반치안을 담당한다는 법적 근거** 마련 ② 일반경찰관은 주로 개항장이나 도시 배치, 헌병은 군사경찰상 필요한 지역, 의병활동 지역 등에 배치

Ⅱ 광무개혁(1897)

Ⅰ. 경부의 신설(1900)

(1) **경부관제** : 광무개혁의 진행 중에 **1900년에** 경부관제에 의하여 경찰을 내부(內部)에서 독립시켜 중앙 관청인 **경부(警部)를 설치**하였다.[♣1902년에(×)]<11 · 19경간 · 17승진>

※ 경찰의 위상이 높아졌으나, 경부는 1년간 경부대신이 12번이나 바뀌는 등 문제가 많아 1년간 존속하다가 실패하였다.<04 · 08채용>

(2) **이원적 조직, 일원적 사물관할** : 경찰체제(조직 : 토지관할)는 **이원적 체제(중앙과 지방)**로 운영되었으나 경찰권(**사물관할**)은 경부(警部)에서 **일원적**으로 운영하였다.

① **중앙과 지방의 이원적 체제로 운영**

중앙	① **경부**에서 한성 및 각 개항시장의 경찰업무 · 감옥사무를 통할 수행하게 하였다.<19경간 · 14 · 19승진> ② 한성부에는 **궁내경찰서와 5개의 경찰서, 3개의 분소**를 두고, 이를 지휘하는 **경무 감독소**를 두었다.[♣경부 감독소(×)]<19경간 · 12승진>
지방	한성부 이외의 각 관찰부에는 **총순(總巡)**을 두어 관찰사를 보좌하여 치안업무를 담당하게 하였다. 총순은 관찰사의 보조기관이다.[♣관찰사 지휘를 받지 않도록(×)]<06경간> ♣각 관찰부에는 총순을 두어 치안업무를 담당하도록 하고, 총순은 관찰사의 지휘를 받지 않도록 하였다.(×)

Ⅱ. 신경무청 시대(1902)

(1) **경무청 체제로의 전환** : 경부(警部)경찰체제가 실패한 후에 다시 내부 소속에 경무청을 두어 경찰업무를 수행하게 하였다.(경무청이 경부의 업무를 관리하게 되었다. - 신경무청 시대)<19경간>

(2) **경무사, 국내 일체(전국) 경찰 · 감옥사무** : 경무청관제(1902)를 통해 경무청에 경무사를 두고 **국내 일체(전국)**의 경찰사무와 감옥사무를 관리하게 하였다.

※ 최초로 전국을 관할하여 오늘날 경찰청의 원형이라고 볼 수 있다.

(3) **조선주차헌병대(1903)** : 일본헌병은 1903년 '한국주차헌병대'로 개칭되어 군사경찰업무 외의 **사회단체의 단속, 의병의 토벌, 항일인사의 체포, 일본관민과 친일파의 보호, 시찰·정탐 등의 임무와 보통경찰활동 및 고등경찰활동을 수행**하였다.

Ⅲ 한국경찰권의 상실과정

Ⅰ. 고문경찰제도(1904)

(1) '**제1차 한일협약**'을 계기로 **고문경찰제도가 시작**되었다.

① **경찰제도 심의·기안권 상실** ➡ 일본의 경무고문이 경찰사무상 제반의 설비에 관하여 심의기안의 책임을 지게 하여, 한국 경찰제도에 관한 심의·기안권이 일본으로 넘어가고, 한국의 경찰사무 일체를 일본의 동의 없이는 행사할 수 없게 되었다.(경찰권 강탈의 제1보)

② **경무고문의 한국경찰통제** ➡ 경무고문은 그 보좌기관으로서 경시·경부 등을 배치하여 한국의 경찰을 통제하였다.

(2) **내부경무국 체제** : 내부관제에 의하여 경찰은 내부대신 하에 속하도록 하고, 내부의 경무국이 행정 및 고등경찰에 대한 사무를 담당하도록 하고, 지방경찰도 내부대신이 직접 관할하도록 하였다.(1905. 02)

Ⅱ. 통감부 경무부 경찰체제(1905)

(1) **통감정치 시작** : '**제2차 한일협약**(을사조약, 1905. 11)'을 계기로 '통감부 및 이사청 관제'를 제정하여 통감부에 의한 통감정치가 시작된다.<17승진>

① **통감과 경무고문에 의한 경찰관리** ➡ 통감부 내에 **경무부**를 두고, 경무총장이 경찰사무를 관장하게 하였으나, 실제 통감부가 설치된 이후 경찰은 통감과 경무고문부의 경무고문에 의해 관리가 되었다.(1905. 12)

② 통감부에 의한 통감정치가 시작되면서, **경무청을 한성부 내의 경찰로 축소시키는** 한편 **통감부 산하에 별도의 경찰조직인 경찰부를 설립, 직접 지휘**하여 사실상 한국경찰을 장악하였다.[♣경무청 관할 전국 확대(×)]<12·19승진>

♣을사조약에 의거 통감부에 의한 통감정치가 시작되면서 경무청을 전국을 관할하는 기관으로 확대하여 사실상 한국경찰을 장악하였다.(×)<19승진>

(2) **지방경찰의 체제 정비** : 지방에 경무서 및 경무분서를 설치하고, 경무관(경무서 책임자)과 총순(경무분서 책임자)을 배치하여 관찰사의 지휘를 받게 하였다.(1906. 09)

※ 한국 독립 이후의 미군정에 의한 '경무부'의 원형이 여기 있다.

(3) **1906년 '헌병조례'** : 통감부가 설치되면서 헌병은 일본의 '**헌병조례**'에 의해 **군사·행정·사법경찰 업무를 동시에 수행**하였다.[♣군사경찰업무와 사법경찰업무만을 수행(×)] ➡ 헌병경찰제의 시초<18경간·04채용>

♣1906년 통감부가 설치되면서 헌병은 일본의 「헌병조례」에 의해 군사경찰업무와 사법경찰업무만을 수행하였다.(×)<18경간>

① 1906. 7. 발령된 칙령인 '한국주차군사령부조례'에서는 문관인 한국통감에게 예외적으로 주차군 지휘권을 인정하였고, 1910년 한국병합 후 총독이 조선주둔군의 군대 지휘권을 장악하였다.

※ 1906년 '한국주차군사령부조례'에 따라 한국주차군사령관을 육군대장 또는 중장으로 하여 통감의 명을 받아 용산·평양 등 치안유지상 필요한 주요 지역에 배치하였다.

III. 경시청체제의 출범(1907)

(1) **'한일신협약'을 계기**로 '경무청관제'를 개정하여 종래의 '경무청'을 '경시청'으로 경무사는 경시총감으로 경무관은 경시로 개칭하여 한국 경찰관청과 계급의 일본화를 추진하였다.(경무청 → 경시청, 경무사 → 경시총감)

(2) 1907. 7 통감부는 **보안법을 제정**하여 한국민의 행동까지 통제하였다.

　※ 보안법은 결사의 해산, 정치적으로 불온하다고 인정되는 자의 주거지로부터 퇴거 등을 규정하고 있어 기본적인 인권을 제한하는 악법으로 미군정기에 폐지되었다.

(3) **'경찰관리 임용에 관한 건'**: 조선 내 **일본경찰**(고문경찰과 이사청 경찰)을 한국경찰로 임용하여 명목상으로 **한국경찰에 흡수·통합**시켰다.(1907/08)

　➡ **한국경찰과 일본경찰의 조직적 통합**

(4) 후속조치로 **내부관제를 개정**(1907/12)하여 내부 소속의 '경무국'에서 경찰사무를 관장하되 **감옥에 관한 사무를 경찰의 관할에서 제외**하였다.

(5) **'경시청관제', '지방관 관제' 개정**

① 1907. 7. '경시청관제'를 통해 한성의 경무청이 경시청으로 개칭되었고, 장인 경시총독은 내부대신의 지휘·감독을 받아 경찰업무를 수행하였으며, 한성부와 경기도가 경시청 관할에 놓였다.(1908년 7월 다시 한성부로 한정)

② 지방은 종래 경무서, 경무분서가 일본처럼 각각 경찰서, 경찰분서로 개칭되면서 경찰서장이 각 관찰사를 보좌하여 경찰사무를 관장케 하였다.

(5) **1908년 '지방관제'**(칙령49호): 각 道에 내무부와 경찰부를 두어 경시의 경찰부장이 관찰사를 보좌하여 도내의 경찰사무를 관장하게 하였다.(지금까지 없던 지방경찰지휘조직이 생겨남.) ➡ **오늘날 시·도경찰청의 원형으로 평가**

IV. 한국경찰권 상실과정 <04승진·07·20경간·03·04·12.2·14.2·18.2채용>

1908. 10	① **'경찰사무에 관한 취극서'** ➡ 재한국 일본인에 대한 경찰사무를 일본관헌의 지휘감독을 받도록 위양[♣재한국 외국인에 대한(×)]<03·04승진·14.2채용>
1909. 03	② **'재한국 외국인민에 대한 경찰에 관한 한일협정'** ➡ 재한국 외국인민에 대한 경찰사무의 지휘·감독권을 日計한국경찰관이 행사하도록 하였다.
1909. 07	③ **'한국 사법 및 감옥사무 위탁에 관한 각서(기유각서)'** ➡ 사법경찰권을 포함하는 사법 및 감옥사무가 일본에 위탁됨.
1910. 06	④ **'한국 경찰사무 위탁에 관한 각서'** 체결 ➡ 한국 경찰권의 완전 위탁 [☻ 취한사경] 　※ '통감부경찰서관제'를 공포하여 한국경찰권을 완전히 장악

※ 1910년 '통감부 경찰서 관제'에 따라 통감부 직속으로 경찰통감부가 설치되었고, 각 도에 경찰부가 설치됨으로써 지방행정기관과 경찰기관이 분리되었다.

참고 갑오경장 이후 경찰의 변천

1894	• 갑오개혁 ⇨ **경무청** 창설 [한성부 내의 감옥 및 경찰사무를 관장] • '경무청관제직장'과 '행정경찰장정'을 제정, 경찰고문관제도의 실시	내무아문 경무청
1895	내부(內部) 경찰체제의 정비	내부 경무청
1896	일본 헌병이 조선에 주둔하기 시작함.	
1900	'광무개혁' ⇨ **경부**경찰체제 탄생 → 제도 시행 1년 만에 실패	경부(警部)
1902	**경무청체제**로 전환(신경무청시대) ⇨ 전국을 관할	내부 경무청
1904	'제1차 한일협약' ⇨ **고문경찰제도**	내부 경무청
1905	• '제2차 한일협약(을사조약)' ⇨ **통감부 · 경무부 경찰체제** [이중관할] • 지방에 경무서 · 경무분서를 설치함.	통감부 경무부
1907	• '한일신협약(정미7조약)' ⇨ **경시청체제**, 한일경찰 통합을 추진 • 지방경찰을 경찰서 · 경찰분서로 개칭	내부 경무국 · 경시청
1908	'경찰사무에 관한 **취극서**' ⇨ 재한국 일본인에 대한 경찰권 강탈	내부 경무국 · 경시청
1909	'재한국 외국인민에 대한 경찰에 관한 **한일협정**'	
1909	'**사법 및 감옥사무 위탁**에 대한 각서' ⇨ 사법경찰권의 강탈	
1910	'한국 **경찰사무 위탁**에 관한 각서' ⇨ 한국 경찰권의 완전 상실	
1910	**헌병경찰제도** ⇨ 총독부 소속 **경무총감부** [서울과 황궁] 와 도(道)의 경무부 [지방]	경무총감부 경무부
1919	**보통경찰제도** ⇨ 총독부 소속 **경무국**	경무국

참고 경찰기구변화

내무아문 경무청(1894) → 내부 경무청(1895) → 경부(1900) → 내부 경무청(1902) → 통감부 경무부(1905) → 내부 경무국 · 경시청(1907) → 총독부 경무 총감부(1910) → 총독부 경무국(1919) → 국방사령부 경무국(1945) → 경무부(1946) → 내무부 치안국(1948) → 내무부 치안본부(1975) → 내무부 경찰청(1991)

2 테마 17 일제 강점기의 경찰

(1) 헌병경찰은 일본 **식민지배의 중추기관**이었다.

식민시기에 일본은 조선에 총독부를 설치하여 **총독의 제령권과 경무총장 · 경무부장 등의 명령권(命令權)을 통하여 전제적 · 제국주의적인 경찰권을 행사**하였다.[♣총독에게 주어진 명령권(×), ♣경무총장 · 경무부장에게 주어진 제령권(×)]<13승진 · 18.3채용>

(2) 사상이나 이념까지 통제하는 사상경찰, 중일전쟁 발발 후 경제경찰영역까지 경찰작용을 확대하는 등 **경찰의 대상영역이 광범위**했다.

(3) 경찰이념이 한국국민을 억압하고 제국주의 일본의 식민 지배를 공고히 하는 데 있어 국민의 경찰에 대한 **뿌리 깊은 불신(不信)풍토가 축적된 시기**이다.

Ⅰ. 조선총독부의 설치와 제령권

(1) **조선총독부 설치 :** 1910년 8월 한국의 국호를 대한제국에서 조선으로 환원시키고 '조선총독부 설치에 관한 건'을 통해 총독부라고 하는 새로운 통치기구를 설치했다.

하부조직으로 총무부, 내무부, 탁지부(국가재정 전반을 담당), 농상공부, 사법부를 두었다.

(2) **제령권 :** 조선총독에게 '조선에 시행할 법령에 관한 법률'을 통해 '제령권'이라 불리는 입법권을 주었다.

① 제령권은 조선총독으로 하여금 조선의 행정·입법·사법권을 한손에 장악하고 식민지 체제를 유지할 수 있게 했다.

② 제령권은 조선총독의 경찰권 행사의 법적 근거가 되었으며 헌병경찰제도의 창설 및 그를 뒷받침한 경찰작용에 관한 법령을 가능하게 했다.

Ⅱ. 헌병경찰제도의 시행

1. 경찰과 헌병의 통합

(1) **'통감부 경찰관서 관제'(1910) :** 한일합병 전인 1910년 6월 29일 이미 헌병경찰제의 기초가 되는 '통감부 경찰관서 관제'를 통하여 **통감부에 경무총감부(합병 이후 조선총독부 산하 경무총감부)를**, 각도에는 경무부를 설치하고 요직을 일본 헌병으로 채웠다.(**헌병과 경찰조직 통합**)- 일본칙령 296호

① **서울과 황궁의 경찰사무 ➡ 경무총감부(경무총장)의 직할**로 관장하게 하였다.<17.1채용>

② 각 도(道)의 경찰사무 ➡ 경무총장의 지휘를 받아 각 도의 경무부가 관장하였다.

(2) **'통감부 경무총장, 경무부장, 경시, 경부의 임용 및 분한에 관한 건'(이하 임용 및 분한에 관한 건) :** 동 건을 통해 헌병이 경찰에 임용될 수 있는 길을 열어 **헌병과 경찰이 통합**되었다.- 일본칙령 302호

※ **'조선총독부경찰관서관제'** ☞ 한일합병 후인 9월 30일 '조선총독부경찰관서관제'에 '임용 및 분한에 관한 건'의 내용이 그대로 계승되었다. - 일본칙령 358호

2. 헌병경찰제도의 법적 근거

(1) **'조선주차헌병조령(1910)' :** 칙령(조선주차헌병조령)을 통해 헌병이 일반 치안을 담당한다고 하여 헌병이 신분을 유지한 채 **경찰관의 직무를 수행할 수 있는 법적 근거를 마련**하였다.[♣헌병은 법적 근거 없이 배치(×)]<17.1채용>

♣일제 강점기 헌병은 법적 근거 없이 배치되었다.(×)

(2) **'통감부 경무총장 및 경무부장이 발하는 명령에 관한 건' :** 서울과 각 도의 경찰책임자(경무총장과 경무부장)에게 **경찰명령권을 부여**하여 세계사에 전례가 없는 강력한 경찰제도라는 평판을 받았다.

(3) **헌병경찰제도를 뒷받침한 법령 : 보안법, 집회단속에 관한 법률, 신문지법, 출판법,** 범죄즉결례, 조선 태형령, 경찰범처벌규정, 행정집행령 등이 있다.<08경간>

※ **범죄즉결례**(1910.12.15.)는 법치주의 파괴로서 법규를 발할 수 있는 권한을 주는 일종의 절차법으로 '경찰서장 또는 그 직무를 행하는 자는 각기 관할구역에서 경미한 범죄를 즉결할 수 있는 권한을 갖게 되었다.

※ **경찰범처벌규칙**(1912.3.25)은 **일상생활과 관련**된 87개의 행위를 **처벌하는 조항**으로 이루어져 있다.
[♣범죄즉결례(×), ♣97개 조항(×)]<23.2채용>

3. 헌병경찰활동

(1) **헌병과 경찰의 배치(임무분담)** : 일반경찰(개항장·도시) ⇔ 헌병경찰(군사경찰상 필요지·의병활동 지역)[♣헌병경찰은 도시·개항장(×)]<13승진·08경간·04·17.1채용>

♣일제 강점기 헌병은 주로 도시나 개항장에 배치되었다.(×)

(2) **주요임무** : 헌병경찰은 첩보수집·의병토벌 등이 주요 임무이다.<20경간>

(3) **광범위한 업무** : 기타 **민사소송의 조정, 집달리 업무, 세관의 업무, 일본어 보급, 부업의 장려 등 광범위한 업무**를 수행하였으며 특히 지방에서는 **헌병이 한국인의 생사여탈권**을 쥐고 있었다.<01·11승진·13·20경간>

III. 보통경찰제도로 전환

1. 3.1 운동과 보통경찰제도

(1) **제도 변화** : 3·1운동을 계기로 헌병경찰제도에서 **보통경찰제도로 전환**하였다.[♣광주학생운동이 헌병경찰제도 종식의 계기(×)]<14·22경간>

♣헌병경찰의 종언을 고한 결정적인 계기는 광주학생운동이다.(×)<14경간>

① **경무국 ➡ 조선 총독부 직속**의 경무총감부를 폐지하고 **'경무국'을 두어** 전국의 경찰사무와 위생 사무를 관장하게 하였다.<04승진·05채용>

② **제3부 ➡** 지방의 각 도에는 제3부(1920년에 경무부로 개칭)를 두어 경찰사무와 위생사무를 관장토록 하였다.

(2) **업무 변화(X)** : 경찰은 치안유지 외에 **각종 조장행정에의 원조·민사소송의 조정업무·집달관 업무 등도 계속 수행**하였다.[♣조장행정 원조, 민사조정업무 등 제외(×)]<08승진·11.1채용>

♣3.1운동으로 경찰의 사무 중 집달리 사무, 민사쟁송조정사무 등이 제외되었다.(×)<08승진·11.1채용>

2. 경찰활동과 치안입법

(1) 경찰의 **조직은 변화**하였으나 **직무와 권한에 대한 기본적 변화는 없었다.**[♣경찰의 권한 약화(×), ♣많은 변화(×)]<17경간·19승진·08채용>

(2) 각종 법령의 제정으로 **단속체제는 오히려 한층 강화**되었다.

① 3·1 운동을 계기로 **'정치범 처벌법(1919)'을 제정**하였고 일본에서 사유제산제도 부정등 반정부·반체제운동을 막기 위해 일본에서 1923년에 제정된 **'치안유지법을 식민 한반도에 적용**(1925년, 한반도에 제정)하여 탄압적 지배체제를 한층 강화하였다.[♣일본에서 제정된 정치범 처벌법 적용(×), 식민 한반도에서 처음으로 치안유지법 제정(×)]<05·13승진·14·15경간·18.3·22.1·23.1채용>

② 중일전쟁(1937) 이후에는 후방정비에 초점을 두고 **경제경찰, 외사경찰까지 기능을 확대**하고 **'예비검속법'** 등을 통하여 독립운동에 대한 **탄압을 강화**하는 데 경찰이 이용되었다.

3 **테마 18** **임시정부 경찰**

> **임시정부 경찰에 대한 활동평가**
>
> ① 임시정부경찰은 임시정부의 **법령에 의하여 설치**된 **정식 치안조직**이었다.
>
> ② 대한민국 임시정부의 독립전쟁 최전선에서 한국광복군이 역할을 했다면, 정부 수호·국민보호의 최일선을 담당한 것은 임시정부경찰이었다.
>
> ③ 임시정부 경찰은 **임시정부를 수호**하고 일제의 밀정을 방지하는 임무를 통해서, 임시정부의 항일투쟁을 수행하는 데 핵심적 역할을 수행하였다.

Ⅰ. 대한민국경찰조직의 변화

(1) 1919년 3.1운동으로 태어난 대한민국임시정부는 임시헌장(헌법)에서 우리민족 **최초의 '민주공화제'를 선포**하였다.

> ※ 따라서 임시정부 경찰은 우리 역사상 최초의 '민주공화제 경찰'로서 **민주경찰의 효시**라는 제도사적 의의를 가진다.

(2) 현행 헌법은 "임시정부의 법통을 계승한다."라고 하고 있는바, **임시정부 경찰은 오늘날 한국경찰의 뿌리**라고 평가할 수 있다.

Ⅱ. 임시정부 경찰조직

(1) **상해 시기**(1919~1932)

경무국	**내무부 산하**에 경무국이 설치되었다. ① 1919년 4월 25일 '**대한민국 임시정부 장정**' 공포로 임시정부 경찰조직인 경무국직제와 분장사무가 처음으로 규정되었다. ② 1919년 8월 12일 **초대 경무국장**으로 **백범 김구** 선생이 임명되면서 경무국의 구성과 활동이 본격적으로 시작되었다. ※ 1919년 11월 「대한민국임시관제」를 제정하여 내무부에 경무국을 두고 초대 경무국장으로 김구를 임명하였다는 지문이 21년 경간부 시험에 출제되었으나 임시정부 문건에 통합임시정부가 1919년 9월에 출범하였고, 이때 이미 초대 경무국장이었다는 기록이 있으므로 출제오류로 보인다.<21경간> ③ '대한민국 임시정부 장정'에서 경무국의 소관 사무는 **행정경찰에 관한 사항, 고등경찰에 관한 사항, 도서출판 및 저작권에 관한 사항, 일체 위생에 관한 사항** 등으로 규정되었다. ④ 임시정부 경찰 운영을 위해 **정식예산이 편성**되었고 규정에 의해 소정의 **월급이 지급**되었다.

연통제 (경무사)	① 상해 임시정부는 지역적 한계를 극복하고 국내와 연계하여 **연락 · 정보수집 · 선전활동 및 정부 재정 확보** 등을 위해 경찰조직으로 연통제를 실시하였다. ※ 실질적 목적은 점령된 본국의 국민들에게 독립의식을 잊지 않게 하고, 또한 **기밀탐지 활동과 군자금**(독립운동 자금) 모집활동을 하여 최종 목적으로는 일제 저항운동을 일으키려는 데 있었다. ② 국내 각 도 단위 지방행정기관으로 **독판부**를 설치하였으며, 독판부 산하 경찰기구로 **경무사**를 두었고, 부 · 국 단위 지방행정기관으로는 부서 · 군청이 있었고 산하 경찰기구로 경무과를 두었다.<21경간> ③ 각 독판부 · 부서 · 군청 및 경무사 · 경무과 소속의 **경감과 경호원이 경찰업무를 수행**하였다. ④ 1920년 9월 회령의 연통기관이 일제 경찰에게 발각되는 등 일제의 감시와 탄압이 심해지면서 1921년 이후 점차 와해되었다.
의경대	① 임시정부는 '임시거류민단제'를 통해 교민들의 자치제도를 공인하였고, **교민단체**는 '의경대 조례'를 통해 **자치경찰조직**인 의경대를 조직하였다. ② **김구 선생**이 중심이 되어 1923년 12월 17일 **대한교민단 산하**에 별도의 **경찰 조직인 의경대를 창설**하였고, 1932년에 직접 의경대장을 맡기도 하였다.<21경간> ③ 의경대는 교민사회에 침투한 일제의 **밀정을 색출**하고 **친일파를 처단**하는 역할을 맡았으며, 그 밖에 **교민사회의 안녕과 질서유지, 호구조사, 민단세 징수, 풍기단속** 등의 업무를 수행하였다.<21 · 22경간> ④ 의경대는 1932년 윤봉길 의사 의거로 일제의 탄압이 심해진 후 수난의 이동시기를 겪던 1936년에 사실상 와해되었다.

(2) **이동 시기**(1932~1940. 9월)

1932년 윤봉길 의사 의거 후 일제의 탄압이 극심해져 고난의 이동시기를 겪었다. 이동 시기에는 행정기능이 제 역할을 다하지 못했고, 사실상 제대로 된 경찰조직을 유지할 수 없었다.

(3) **중경 시기**(1940~1945)

경무과	① 1940년 9월 임시정부가 중국 정부의 임시수도인 **중경**에 자리 잡으면서 정부조직법 또한 개편되는데, 1943년 제정된 **'대한민국 잠행관제'**에 따라 **내무부 경무과**가 만들어졌다.[♣ 경무국(×)]<21경간> ② 경무과는 **내무부 하부조직**으로 **일반 경찰사무, 인구조사, 징병 및 징발, 국내정보 및 적 정보수집** 등의 업무를 수행하였다.
경위대	① 중경시기 임시정부는 대일전쟁을 추구하며 체제를 정비하는 가운데 자체적으로 정부를 수호할 수 있도록 1941년 **내무부 직속**으로 경찰 조직인 경위대를 설치하고, 그 규칙으로 '경위대 규정'을 **따로** 두었다. ② 통상 경위대장은 **경무과장이 겸임**하였다. ③ 경위대의 주요 임무는 **임시정부 청사를 경비**하고, **임시정부 요인을 보호**하는 것으로서, 군사조직이 아닌 **경찰조직**이다. ④ **광복 후** 1945년 11월 23일 임시정부 요인들이 환국할 때 경위대는 **김구 주석 등이 안전하게 귀국**할 수 있도록 경호 업무를 수행하였다.

PART
02

III. 임시정부 경찰 주요인물

백범 김구 선생	① **경무국장** 백범 김구 선생은 경찰을 지휘하며 **임시정부 수호를 책임**졌고, 그 결과 임시정부의 성공적 정착에 이바지했다.
	② 백범 김구 선생을 **측근에서 보좌**한 것은 임시정부 경찰의 **경위대**로서, 백범 김구 선생과 임시정부 경찰의 인연은 역사적 운명을 함께 했다.
나석주 의사	임시정부 **경무국 경호원** 및 **의경대원**으로 활동하면서 1926년 12월 식민수탈의 심장인 **식산은행과 동양척식회사에 폭탄을 투척**하였다.[♣김석 선생(×)]
김석 선생	**의경대원**으로 활동하면서 **윤봉길 의사를 배후 지원**하였는데, 윤봉길 의사는 1932년 4월 29일 상해 홍구 공원에서 열린 일왕의 생일축하 기념식장에 폭탄을 던졌다.
김용원 열사	1921년에는 구 선생의 뒤를 이어 **제2대 경무국장**을 역임하였다. 1924년 지병으로 귀국 후, **군자금 모금, 병보석과 체포를 반복**하다 옥고 후유증으로 1934년 순국하였다.
김철 선생	**의경대 심판**을 역임하였으며 1932년 11월 30일 상하이 **프랑스조계에 침입**하였다가 일제경찰에 체포되어 감금당하였고, 이후 석방되었으나 1934년 6월 29일 고문 후유증으로 생애를 마감하였다.

IV. 임시정부경찰 평가

임시정부 수호	① 상해 시기 임시정부는 **경무국** 외에도 대한교민단의 **의경대** 기타 임시정부와 관련한 여러 **의용단체**들을 통해 수호될 수 있었다.
	② 중경시기 **경위대**는 **정부청사를 경비**하고 요인들을 **경호**하면서 **임시정부 수호**의 최일선을 담당하였다.
교민보호	의경대는 **교민사회의 안녕과 질서유지를 담당**하였는데, 의경대의 교민사회 유지활동은 결국 **임시정부 수호에도 기여**하였다.
일제밀정 처단	① 임시정부 경찰은 일제의 밀정을 색출하고 처단하는 역할을 하였다.
	② 일제의 밀정을 처단하는 일은 **임시정부의 보호뿐만 아니라 독립운동의 성공을 위해서도 매우 중요**한 일이었다.

4 [테마 19] 미군정하의 경찰

미군정기의 변화

(1) **전체적인 경찰제도와 인력은 개혁이 이루어지지 아니하였으며**, 경찰은 민주적으로 개혁할 기회를 갖지 못하였고 이로 인해 독립 이후에도 **국민의 경찰에 대한 부정적 태도는 유지**되었다.[♣경찰제도 · 조직 · 인력 청산(×), ♣전면적 개혁(×)]<12경위 · 14.2채용>

♣미군정기에 일제강점기의 경찰제도와 인력에 대한 전면적인 개혁이 시행되었다.(×)<14.2채용>

♣해방에 따라 미군정이 시작되면서 일제식민지 시기의 경찰인력과 제도는 청산되었다.(×)

※ 1945년 광복 이후 신규 경찰을 대거 채용하는 과정에서 전체의 20% 가량은 **일제경찰 출신들이 재임용**되기도 하였지만, **상당히 많은 독립운동가 출신들이 경찰에 채용**되었는데, 이는 상시 한국 경찰이 일제강점기 경찰과는 분명히 단절된 새로운 경찰이었다는 점을 보여준다.[♣독립운동가 출신 배제(×)]<22경간>

(2) **조직법적·작용법적 정비** : 치안입법의 정비와 함께 **조직법적·작용법적 정비**가 이루어지고 **비경찰화 작업** 등으로 **경찰의 활동영역이 축소**되었다.[♣경찰관직무집행법 제정(×), ♣경찰작용 확대(×)]<12·20승진·22경간·14.1채용>

(3) 경찰의 이념 및 제도에 **영미법적인 민주주의적 요소가 도입**되었다.<14.1채용>

① **국민의 생명·신체·재산보호** ➡ 경찰의 임무는 '**국민의 생명과 재산의 보호**'라는 자각이 일어나게 된다.<12경위>

② **중앙경찰위원회** ➡ 1947년에 **6인의 위원으로 구성된 중앙경찰위원회를 통한 경찰통제시도** 등 **민주적 요소가 강화**되었다.<12경위·13경간>

♣미군정기에 경찰의 이념에 민주적인 요소가 도입되었다.(○)

(4) 사회공공의 안녕과 질서유지라는 임무를 부여받은 경찰로서 광복 이후의 좌우대립과 혼란의 극한 상황을 극복함으로써 **건국의 기초를 쌓는 데 기여**하였다.

Ⅰ. 경찰조직 변화

(1) **구관리 현직유지 선포와 개혁 유보** : '**태평양미군총사령부포고 1호**'를 통해 군정실시와 구(舊)관리 현직유지가 선포되어, 일제 강점기 경찰을 그대로 유지하였다.

※ 경찰의 표어인 '봉사와 질서'를 흉장으로 패용하고, 이를 기본이념으로 하는 개혁을 추진

(2) 1945년 10월 21일(경찰창설 기념일)에 미군정 아래 **경무국 창설**로 일본인 경찰들을 모두 추방하고 비로소 한국인들로만 구성된 경찰체제가 출범하였다.

① 한국경찰은 일제시대의 경찰의 조직을 개혁하여 창설한 것이 아니라, **식민지기의 경찰조직을 그대로 유지**한 것이다.

※ 고등경찰업무를 관장하던 경무국 보안과 폐지(1945. 9. 29)

※ 군정초기 군정장관 소속으로 국방사령부를 두고 그 아래에 군무국과 경무국을 두어 국방사령부가 군사와 경찰 양 기능을 관장하게 하여, 국방사령부의 지휘·감독을 받는 부대로서의 경찰이 조직되었다.

(3) **미군정기 경찰조직**<21.1채용>

초기	**중앙**	① 조선총독부의 '**경무국**'이 군정청의 **일국으로서 유지**가 되었다. ② 1945년 10월 21일 ➡ 우리의 경찰 창설기념일
	지방	① 1945년 12월 27일 '국립경찰 조직에 관한 건'이 공포되어, 각 도의 경찰기구를 시·도지사로부터 분리하여 경찰의 조직·인사·재정 등의 권한을 시·도의 경찰부장이 행사하였다. ② 단, 시·도의 법률과 질서를 유지할 책임만큼은 시·도지사에게 부여하였다.

| 변천 | 중앙 | ① 1946년 1월 16일 '경무국 경무부에 관한 건'에 의해 경무국을 국방사령부와 같은 직급인 '**경찰부(경무부)**'로 **승격 · 개편**하였다.(1946. 01)<21.1채용> |
| | 지방 | ① 지방에 3개의 경무총감부(관구경찰청의 감독기구)와 그 산하에 도지사로부터 독립된 11개의 관구경찰청(철도관구 포함)을 두었다.(1948. 02) |

II. 경찰제도 변화

(1) **비경찰화(경찰사무의 정비) : 위생사무의 위생국 이관, 경제경찰과 고등경찰 폐지, 소방업무이관, 출판물 등 검열업무의 공보부 이관, 각종 허가권의 이관 및 폐지,** 선박 및 선원의 단속 · 현장조사 및 수색업무의 재무부 세관국 이관 등 비경찰화 작업이 진행되어 **경찰의 직무범위가 축소**되었다.[♣비경찰화 작업은 이루어지지 않았으며(×), ♣경제경찰 신설(×), ♣소방업무를 민방위 본부로 이관(×)→75년1]<14 · 18 · 20경간 · 04 · 14.1 · 18.2 · 21.1 · 22.1채용>

(2) **정보업무를 담당할 사찰과(정보과)를 신설**하였다.[♣비경찰화 일환으로 정보경찰 제외(×)]<05 · 19승진 · 14 · 18경간 · 03 · 08 · 14.1채용>

(3) **경찰의 독자적 수사권 행사(수사-경찰, 기소-검사) :** 광복 이후 미군정은 일제가 운용하던 비민주적 형사제도를 상당부분 개선하고, 영미식 형사제도를 도입하기로 하였는데, 1945년 12월 29일 미군정 '법무국의 검사에 대한 훈령 제3호'에 의해 '검사의 직무는 법원에 공소를 제기하는 것으로서, 자세한 **범죄조사는 검사의 직무가 아니며, 경무국이 조사할 사항은 경무국에 의뢰하도록 규정**'하였다.(그 이전에는 검사의 사법경찰관리 지휘 감독이 가능했음.)

※ **수사는 경찰, 기소는 검사 체제가 도입**되며 경찰의 독자적 수사권이 인정되었다.<22경간>

(4) **식민지기 악법 청산, 경찰검을 경찰봉으로 대체 : 정치범처벌법**(1919. 4. 15 제정), **치안유지법**(1925. 5. 8 제정), 정치범보호관찰령(1936. 12. 12 제정), **예비검속법**(1941. 5. 15 제정) 등을 폐지하고 이들 법령의 위반업무를 담당하던 경무국 보안과도 폐지되었다.(⇨ 폐지시기: 1945~1946)<21.1채용>

※ **보안법이 마지막으로 폐지**되었다.(1948. 04 폐지)[♣정치범처벌법이 마지막으로 폐지(×)]<04채용>

(5) **여자경찰제도 신설 : 1946년** 7월 1일 최초로 **여자 경찰관을 채용**하여 14세 미만의 소년범죄와 풍속, 소년, 여성보호업무를 담당하게 하였다.[♣여자경찰제도는 논란 끝에 시행되지 않음.(×)](1946)<12경간 · 01 · 14.1 · 21.1채용>

※ (서울 · 인천 · 대구 · 부산 총 4곳에) 여자경찰서를 창설(1947~1957) -〉 부녀자와 14세 미만의 소년범죄를 취급<14.1채용>

(6) **경찰간부후보생 제도 시행 :** 1945년 일제하의 경찰관강습소를 조선경찰학교로 개명하여 교육한 것이 경찰간부후보 교육의 시초가 되었다.(1947년 정식으로 경찰간부후보제도가 창설됨.)

(7) **중앙경찰위원회의 설치**(1947/11) : 1947년 **6인으로 구성된 중앙경찰위원회**가 법령157호로 **설치되어** 주요 경무 정책의 수립, 경무부장관이 회부한 경무정책과 그 운영의 심의결정, 경찰관리의 소환 · 심문 · 임면 · 이동 등에 관한 사항, 기타 군정장관이 회부한 사항을 심의하는 등<18경간> 경찰통제를 통해 경찰의 **민주화를 추진하였으나 실패**하였다.[♣민주적 개혁에 성공(×), ♣9인으로 구성(×)]<08 · 09승진 · 13 · 14 · 18 · 20경간 · 11.1 · 14.1채용>

(8) **기타 경찰제도의 변화 :** 경찰의 표어인 '봉사와 질서'를 흉장으로 패용하고, 이를 기본이념으로 하는 개혁을 추진, 과학수사의 도입, 경찰공보 업무 개시, 경찰의 사법권을 폐지[경찰서장의 즉결처분권 및 훈계방면권을 사법부에 이관(1946)]. 기타 ➡ 기마경찰대 신설(1946. 02), 철도경찰(철도관구경찰) 창설(1946/03)

5 **테마 20** **내무부 경찰체제** — (1948년 정부수립 이후 1991년 이전의 경찰)

> (1) 독립국가로서 한국역사상 **최초로 자주적 입장에서 경찰을 운용**하였다.<19경간 · 12경감>
>
> ① 종래 식민지배에 이용되거나 또는 군정통치로 주권이 없는 상태하에서 활동하던 경찰이 비로소 주권국가 대한민국의 존립과 안녕, 대한민국 국민의 생명과 신체 및 재산의 보호라는 **경찰 본연의 임무를 수행**하였다.<19경간 · 12경감>
>
> ② 정부수립 직후 좌우익 간 이념대립의 심화로 태백산, 지리산 등에 소요사태가 발생하였고 무장공비 토벌작전이 감행되었다.<07승진>
>
> (2) 경찰작용에 관한 기본법으로서 **경찰관직무집행법을 제정**하였다.(1953)[♣1955년 제정(×)]<19경간 · 12 · 20승진 · 13.2순경>
>
> ① '국민의 생명 · 신체 · 재산의 보호'라는 **영미법적 사고가 최초로 도입**되었다.<03채용 · 13경간>
>
> ② 그러나, 경찰조직에 대한 기본법을 갖추지 않아 조직법적 체계는 갖추지를 못하였다.
>
> (3) 해양경찰업무 · 전투경찰업무(의무경찰업무) 등이 정식으로 경찰의 업무범위에 추가되었고, 소방업무가 경찰의 업무에서 배제되는 등 **경찰사무에 변화**가 나타났다.
>
> (4) 경찰의 선거개입에 따르는 문제점으로 이 시기 **경찰의 최대 과제는 경찰의 정치적 중립**이었으며 내부적으로는 **경찰기구의 독립이 하나의 숙원**이었다.[♣정치중립 완성(×)]<19경간 · 12경감>
>
> ♣내무부 산하의 치안국, 치안본부 시대는 정치적 중립을 완성한 시기이다.(×)

Ⅰ. 조직 – 내무부 치안국 시대(48년~74년)

(1) **중앙** : 1948년 **정부수립 당시** 미군정하의 1946년 이후 중앙행정기관이었던 '**경무부**(경찰부)'를 1948년 정부조직법상 내무부 산하의 '**치안국**'으로 창설하여 **경찰을 내무부 장관의 감독을 받는 보조기관으로 격하**시켰다.[♣확대 개편(×), ♣독자적 관청(×), ♣치안본부로 격하(×)]<07 · 09 · 20승진 · 12 · 15경간 · 08 · 11.1채용>

※ 법률 제1호인 정부조직법에서 기존의 경무부를 내무부의 일국인 치안국에서 인수하도록 함으로써 경찰조직은 부에서 **국으로 격하**되었는데, '**국**'체제는 치안본부 개편(1975) 후 **1991년 경찰청(내부무 외청)이 독립**할 때까지 유지되었다.<13승진>

※ '**경찰부(경무부)**'를 '**치안국**'으로 경찰조직을 축소한 이유[☺ 모기반]

> ㉠ **법 제정 참여과정에서 일본 관료출신들이 일본정부의 과거 행정조직을 모방**[♣미국행정 모방(×)]
>
> ㉡ **좌익계열의**[♣우익계열의 경찰권 약화기도(×)] **경찰권 약화기도**
>
> ㉢ **경찰 권력에 대한 국민적 반감**

① 소방업무를 다시 경찰의 업무에 포함, 경무대 경찰서를 설치하였다.

② **치안본부로 확대(보조기관)** : 1974년 8 · 15 저격사건(문세광 사건)을 계기로 내무부 치안국에서 내무부 치안본부(1974)로 경찰조직을 확대했지만 여전히 경찰의 총책임자는 보조기관에 불과하여 '**국**'체제는 1991년 경찰청이 독립할 때까지 유지되었다고 볼 수 있다.[♣독자적 관청(×)]<13승진>

♣1948년 정부조직법에 의해 내무부 산하의 치안본부로 개편되면서 경찰은 독자적 관청으로서 경찰 업무를 시작하게 되었다.(×)<11.1채용>

※ **내무부 치안국(1948)** ⇨ **내무부 치안본부**(1974 – 1974년 8 · 15저격사건이 계기)

(2) **지방** : 지방경찰을 내무부로 흡수시켜 경찰의 계통을 '**치안국 – 시 · 도경찰국 – 경찰서**'로 단순화시켰다.

① 지방에는 **시 · 도에 경찰국**을 두었고, 그 책임자인 경찰국장은 1991년 경찰법 제정까지 행정관청이 아닌 **시장이나 도지사의 보조기관**에 불과했다.

Ⅱ. 특색

(1) **조직** : 경찰의 총책임자인 치안국장(치안본부장)이나 시·도의 경찰국장은 그 지위가 보조기관에 불과하였으나, **경찰서장만은** 1991년 이전에도 경찰에서 유일하게 **행정관청으로서의 지위를 보유**하였다.[♣ 경찰청장만이 유일한 행정관청(×)]<12.2채용>

(2) **6.25전쟁과 구국경찰**

① 구국 경찰은 6.25전쟁 전 공산주의 무장유격대 상대의 비정규전과 38선 인근 국지전투, 6.25전쟁 중 각종 전투, 정전 후 잔비토벌, 이후 대간첩작전 등 국가수호를 위한 경찰의 모든 대적 활동을 통칭한다.

② 경찰은 6.25전쟁 이전에도 '48.11.14.부터 50.3.25.'까지 침투한 총 2,345명의 북한 인민유격대를 국군과 함께 소탕하고, 874회에 이르는 38도선에서의 불법 침공에 맞서 토벌작전을 전개하였다.

③ 6.25전쟁의 최초 전사자는 경찰관(강릉경찰서 전대욱 경사)이었으며, 6.25전쟁 발발 직후 경찰관들은 태안사, 개성, 고랑포, 춘천 등 곳곳에서 결사 항전하여 북한군의 남진 속도를 지연시켜 아군이 전투 태세를 정비하고 주민들이 피난할 수 있는 시간을 확보하는 데 기여하였다.

④ 전황이 악화되어 최후의 저지선인 낙동강 전선에서 대치가 본격화되자, 함안, 다부동 전투 등 수많은 희생 끝에 낙동강 방어선 사수에 기여하였고, UN군에 배속된 15,000여 명의 경찰관은 인천상륙작전·서울 수복작전에 참여한 것을 비롯하여 UN군과 함께 북진하면서 장진호 전투 등에서 전공을 올리기도 하였다.

⑤ 6·25전쟁 기간 동안 전 경찰관의 1/3에 해당하는 10,648명의 전사·실종되고 6,980명이 부상당하였다.

⑥ 6·25전쟁 중 주요전투

춘천 내평 전투	㉠ 1950년 6월 25일 양구경찰서 내평지서장 **노종해 경감** 등은 불과 10여명의 인력으로 춘천으로 가는 길목을 지키고 **북한군 1만 명의 진격을 1시간 이상 지연**시킨 후 전사하였다.
	㉡ 국군이 방어선을 구축할 수 있도록 함으로써 6·25전쟁 최초 승전인 춘천지구 전투승리의 결정적인 역할을 하였다.
함안 전투	㉠ 전남·북 및 경남 3개도 경찰관 6,800명과 미군25사단 일부는 1950년 8월 18일부터 9월 15일까지 수없이 많은 전투를 이겨내면서 북한군 4개 사단을 격퇴하고 방어선을 시수해냈다.
	㉡ 당시 경남경찰 3,400여명을 지휘한 경남경찰국장은 **독립운동가 출신 최천 경무관**이었다.
다부동 전투	㉠ 대구 북방 22km에 위치한 경북 칠곡군 다부동은 낙동강 방어의 성패를 좌우하는 가장 중요한 전술적 요충지였는데, 55일간의 치열한 전투 끝에 낙동강 방어선을 사수할 수 있었다.
	㉡ 당시 불리한 전황에 정부와 군 지휘부가 부산으로 이동하자 대구는 일대 혼란이 가중됐는데, 경찰관은 끝까지 대구 사수를 결의하고 대구에 남아 대구 시민을 보호했다.
	※ 이는 군대가 일방적으로 패퇴하는 상황에서 국민들 곁에 위치하면서 생활 안정을 위한 사회유지 활동을 전개하여 정부가 건재하고 있음을 국민들에게 증명했다는 점에서 중요한 의의를 가진다.

장진호 전투	⊙ 장진호 전투는 1950년 11월 말부터 12월 초까지 함경남도 장진 일대에서 UN군과 중공군이 벌인 전투로서 당시 미해병 1사단에 배속되어 있던 한국경찰 '화랑부대' 1개소대 기관총 부대가 장진호 유담리 전투에서 뛰어난 전공을 거두고 미 해병의 극찬을 받았다.
	⊙ '화랑부대'는 미군으로부터 별도 정예훈련을 받고 부대단위로 편제된 경찰관부대를 통칭하였다.
	⊙ 당시 한국경찰의 UN군 배속은 말도 안통하고 지리도 잘 모르는 이국땅에서 UN군이 전쟁을 원활히 수행하는 데 큰 역할을 하였다.

(3) 경찰관련 법령의 정비

① **경찰관직무집행법의 제정(1953.**12)[♣1948(×)] ➡ 독립 이후까지 남아있던 경찰작용 관련법은 '행정집행령' 등 극히 일부에 지나지 않았으나, 경찰관직무집행법의 제정으로 경찰관련 법령의 정비가 이루어졌고 **국민의 생명·신체·재산보호**라는[♣사회공공의 안녕과 질서유지(×)] **영미법적 사고가 최초로 규정되어 우리나라에 도입**되게 되었다.<12승진·13·19·22경간·12.2·13.2·18.2·20.1채용>

　⊙ 1981년 경찰의 **직무규정**(제2조)을 처음 규정하여 **경찰 직무범위**를 구체적으로 정하였다.

② **경찰공무원법 제정 : 1969년 경찰공무원법 제정**으로 경찰공무원 채용이 최초로 국가공무원법이 아닌 특별법에 의해 이루어지게 되었다.[♣53년 경찰관직무집행법 제정으로(×), ♣경찰법 제정으로(×)]<12·19·22경간·20승진>

　⊙ 경찰공무원법 제정으로 **경정·경장 2계급 신설**, 2급지 경찰서장을 경감에서 경정으로 격상하고, **경감 이상 치안감 이하 계급정년제가 도입**되었다.[♣경찰관직무집행법 제정으로(×)]<12경간·17·18승진·10.2·11.1·17.2·22.1채용>

　⊙ 경찰공무원이 별정직(현 **특정직**)화 되었으며, 치안국장에게 **'치안총감'**이라는 **경찰계급이 부여**되었다.

　⊙ 이후 1979년 동법 개정시 치안정감 계급 신설, 1983년 경위계급의 계급정년 도입, 1998년 경정 이상 계급정년으로 개정되어 현재까지 시행

(4) 경찰조직 및 임무의 변화

① **신설(도입) :** 경찰병원 설치(1949), **해양경찰대**(1953), 국립과학수사연구소(1955), 해외주재관제도(1966), **전투경찰대**(1968)·기동타격대 설치(1968), 경찰공무원법 제정 및 경정·경장의 2계급 신설(1969), 치안본부로 개편(1974)<22.1채용>, 경찰대 개교(1981), 의무경찰 제도의 도입(1982)[♣중앙경찰위원회(×)→미군정기]<19경간·12경간·22.2채용>

② **배제(폐지) :** 내무부 민방위본부로 **소방업무를 이관**하였다.(1975)[♣소방업무 추가(×), ♣미군정기에(×)]<12승진·18경간·21.1·22.2채용>

> ※ 1968년 1월 21일 '북괴 124군부대 소속 김신조 외 30명의 청와대 기습사건'
>
> ① '김신조 사건' 또는 '1.21 사태'라고 부른다.
>
> ② 이를 계기로 경찰은 전투경찰대(1968 - 현 의무경찰대)와 기동타격부대를 발족하고, 해양경찰대를 증편하였다.

(5) 정치적 중립요구의 증대 : 1960년 3. 15부정선거 개입 등 정치적 중립을 해치는 일탈과 과오를 겪게되자 국민의 경찰에 대한 최대의 요구는 정치적 중립이었으며, 조직 내부적으로도 경찰의 기구독립이 하나의 숙원이었다.<12경감>

① 4.19 혁명과 경찰

　　㉠ 1960년 **3월 15일 정·부통령 선거가 부정선거**로 치러지자 마산에서 대규모 시위가 일어났고, 경찰은 시민들을 향해 발포, **4월 11일 김주열 열사의 시신이 발견**되며 전국적 시위로 확산되었다.

　　㉡ 경찰은 4월 19일 서울 전역에서 시위대를 향해 발포하였고, 사태가 심각해지자 4월 27일 대통령 하야 성명 발표, 경찰 또한 4,520명이 축출되고 부정선거 연루자의 공민권이 제한되었다.

　　㉢ 3.15부정선거 및 4.19혁명 결과 정치·사회적으로 '**경찰의 정치적 중립 제도화**'가 추진되었다.

② **1987년 '6월 민주항쟁'** 이후 경찰 내부에서는 정치적 중립을 지키지 못한 과오를 반성하고 **경찰 중립화를 요구하는 성명 발표 등 자성의 목소리**가 나왔다.<20.1채용>

③ 이러한 배경 하에 1991년 경찰법(현 국가경찰과 자치경찰의 조직 및 운영에 관한 법률)의 제정을 보게 된 것이다.

(6) **'국'체제 하의 정부별 경찰변화 및 역사 정리**

제1공화국 (1948 ~1960)	① 경무부에서 치안국으로 조직격하 ② 경찰관직무집행법 제정(1953) ③ 6.25전쟁 수행(군 및 UN군 지원) **※ 보도연맹사건** ㉠ 1949년 4월 좌익 사범들을 전향시키기 위한 유화책으로 사상 전향자들로 '국민보도연맹'(보도연맹은 신분보장을 약속하고 좌익들을 전향시켜 '요시찰인'으로 관리하는 것임.)이라는 관변단체를 조직하였다. ㉡ 그러나 50.6.25 전쟁이 발발하자 정부와 군경은 보도연맹원들을 북한에 동조할 위험이 있는 인물들로 보고 구금하였고, 즉결처분 방식으로 수만 명(추정)을 사살하였다. ④ 4.19 혁명
제2공화국 (1960~ 1961)	(1960. 4.19혁명~1961. 5.16군사 쿠데타) 1960년 헌법 개정 '**경찰중립화**'규정 신설 : "...법률에는 경찰의 중립을 보장하기에 필요한 기구에 관하여 규정을 두어야 한다."는 규정이 신설되었다. ※ 그러나 5.16 군부는 이 조항을 삭제하고 검사의 영장청구 독점 조항을 헌법에 신설하였다.
제3공화국 (1963 ~1972)	(1963년 10월 유신~1979년 10.26 거쳐~1981년 3월 5공화국 출범) ① 3공화국 초기 학원가를 중심으로 **한일회담 반대 등 시위가 격화**되자, 1962년 청와대 부근에 경찰관으로 구성된 **경찰기동대 1개를 창설**한 이래 계속 증설하였다. ② 5.16군부는 1962년 12월 26일에는 개헌을 통해 헌법 제10조 제3항 "체포·구금·수색·압수에는 검찰관의 신청에 의하여 법관이 발부한 영장을 제시하여야 한다."는 규정을 신설하여 **검사와 영장 청구 독점을 명시**함으로써, 수사경찰의 검찰에 종속을 강화하였다. ③ 1963년 12월 1일 군 출신 중심으로 대통령경호실을 설치하면서 **경찰의 경호 기능은 경호실의 지휘·통제를 받게** 되었다.

제3공화국 (1963 ~1972)	④ 1964년 3월 10일 대통령령인 **'정보 및 보안업무 조정 · 감독규정'**에 경찰의 정보, 보안, 외사기능을 통제하는 법적 근거를 마련하였고, 이후 **중앙정보부에서 경찰의 정보, 보안, 외사 업무 등 업무를 조정 · 감독**하게 되었다. ⑤ 1968년 1.21 무장공비 침투사건이 발생하자 경찰의 대간첩작전 기능 강화를 위해 정부 차원에서 경찰기구 확대방안이 추진되었다. ⑥ 1968년 12월 경찰이 바라던 '경찰공무원법'이 제정(경장 · 경정 2계급 신설, 경감 이상 계급정년제)(공포 · 시행 69.1.7.)
제4공화국 (1972~ 1981)	(1972년 10월 유신~1979년 10.26사태~1981년 3월) ① 1974년 영부인 저격사건 발생(치안국 → 치안본부로 격상) ② 유신헌법 선포 후 대학가를 중심으로 한 시위는 더욱 늘어나, 시위진압 전담부대가 더욱 증가 ③ 1975년 8월 치안본부 제2부 소방과 → 내무부 소방국으로 분리 ④ 경호 업무 강화를 위해 **1974년**에는 **22특별경비대가 창설**되었고, **1976년**에는 **101경비단 증설** ⑤ 1973년 청원경찰법, 1976년 용역경비업법(현 경비업법)제정. 국가기관에 청원경찰 및 용역경비원 배치 장려 ⑥ 1979년 경찰대학 설치법 제정, 1981년 신입생 선발 ⑦ 안병하 전남경찰국장, 이준규 목포서장의 신군부 무장강경진압방침 거부
제5공화국	(1981년 3월~1988년 2월까지) **1987**. 1. 14. 경찰대공분실에서 **박종철 고문치사 사건** 발생 → **6월 항쟁의 도화선**

6 테마 21 경찰청 경찰체제

Ⅰ. 구경찰법(현 국가경찰과 자치경찰의 조직 및 운영에 관한 법률)의 주요내용

(1) **경찰법(현 국가경찰과 자치경찰의 조직 및 운영에 관한 법률) 제정의 배경 : 91년 경찰법 제정**은 선거 부처에서의 독립으로 **경찰기관의 독립성을 확보하여 정치적 중립을 달성하고 민주적 통제를 확보하려는 열망에 따른 것**이었다.<08승진>

※ **정부조직법**은 국가 행정조직에 관한 기본법으로 경찰법이 제정되기 이전에는 **경찰체제(설치)의 근거법**이었다.[♣경찰관직무집행법은(×)]<18 · 22경간>

(2) **정치적 중립 확보의 제도적 방안** : 경찰의 정치적 중립성의 확보를 위한 제도적 방안을 실현하였다.

① **외청 독립** : 내무부의 내국(內局)이었던 **치안본부(치안본부장)**를 내무부의 외청(外廳)인 **경찰청(경찰청장)으로 변경**하였다.[♣치안국장이 경찰청장으로(×)]<19.2채용>

➡ 내무부 해양경찰대를 경찰청 소속 해양경찰청으로 변경하였다.

※ 내무부장관(현 행정안전부장관)의 직접적인 지휘 · 감독을 받던 치안정책을 경찰에서 고유의 권한과 책임아래 수행할 수 있게 되면서, **직제 · 인사 · 예산 등 조직 운영의 필수적인 사항을 주체적으로 담당**할 수 있게 되었다.

② **독립관청화** : 보조기관이었던 **경찰청장과 지방경찰청장(현 시·도경찰청장)을 독립관청으로 변경**하였다.[♣지방경찰청장을 독립관청화하지 못한 아쉬움(×), ♣현재 독립관청은 경찰서장뿐(×)]<02·08·11승진·14.2채용>

※ 경찰서장은 경찰법 제정 이전부터 관청의 지위를 가지고 있었다.

③ **경찰위원회 신설** : '**경찰위원회'를 신설**하여 경찰에 대한 민주적 통제와 정치적 중립을 구현하려 하였다.(91년, 현 국가경찰위원회의 전신)<08승진·14.2·17.2채용>

※ **치안행정협의회 설치** ☞ 지방행정과 치안행정의 업무협조를 위해 '치안행정협의회'를 설치하였다.(현재 자치경찰위원회로 대체)

(3) **미완의 독립** : 경찰을 안전행정부의 외청으로 둠으로써 선거부처(안전행정부)로부터 **완전히 독립시키지 못하여** 정치적 중립을 확보하지 못한 아쉬움이 있다.[♣선거부처에서 독립하여 완전한 정치적 중립을 할 수 있게 됐다.(×)]<07경간·09채용>

Ⅱ. 국가경찰과 자치경찰의 조직 및 운영에 관한 법률의 주요내용(2020년 신설)

(1) 경찰의 사무를 국가경찰사무와 자치경찰사무로 각각 구분하여 정했다.(제4조)

(2) 자치경찰사무를 관장하게 하기 위해 시·도지사 소속으로 시·도자치경찰위원회를 합의제 행정기관으로 두고, 그 권한에 속하는 업무를 독립적으로 수행하도록 하였다.(제18조)<22.2채용>

Ⅲ. 수사구조 개혁

(1) 2004년 참여정부 당시 '수사권 조정 자문위원회'가 발족되어 논의하였으나 **조정안 도출 실패**

(2) 2011년 18대 국회는 '수사현실의 법제화' 측면에서 **경찰의 수사개시·진행권 명문화** 및 모든 수사에 대한 검찰의 지휘를 인정하는 내용의 형사소송법 개정안을 의결

(3) 2020년 1월 13일 국회에서 **형사소송법과 검찰청법 개정안이 통과**되어 비로소 **경찰과 검찰이 대등 협력관계를 구축**하고, '**수사는 경찰, 기소는 검찰**'이라는 민주적인 분권형 수사구조를 구현할 수 있게 되었다.

※ 검사의 독점적 영장청구권에 대한 문제, 경찰의 책임수사기반 등 추가적인 과제들이 남아있지만, 가장 중요한 수사구조에 관한 기본 규정이 개혁된 것은 수사개혁의 성과로 평가된다.

Ⅳ. 기타 변화

(1) 경찰헌장의 제정(1991), 경찰서비스헌장을 제정(1998)

(2) **해양경찰 이관** : 해양경찰을 해양수산부로 이관(1996년 8월)하였다.[♣91년 이관(×)]

① 다시 국토해양부 소속으로 변경되었다가 해양수산부 소속으로 변경되는 과정을 거쳐 2014년 세월호 사건으로 국민안전처 신설과 동시에 국민안전처 소속 해양경비안전본부로 이관되었다.

② 2017년 문재인 정부 출범으로 **해양수산부 소속 해양경찰청으로 복귀**하였다.

(3) **행정자치부의 창설** : 종래의 내무부가 총무부와 합쳐져서 행정자치부로 바뀌면서, 경찰은 내무부의 외청에서 행정자치부의 외청으로 전환되었다.(1998)

(4) 경찰대개혁 100일 작전(1999년 12월 1일~2000년 3월 9일) ☐ '자율·창의·책임'을 이념으로 하여 국민으로부터 신뢰와 사랑을 받는 경찰상을 정립하고자 하였다.

(5) **행정안전부의 창설** : 종래의 행정자치부와 중앙인사위원회 및 비상기획위원회가 행정안전부로 바뀌면서, 경찰은 행정안전부의 외청으로 전환되었다.(2008)

⑹ **행정자치부 소속**: 박근혜 정부 출범으로 행정안전부 소속이었다가 세월호 사건으로 안전관련 업무가 국민안전처로 이관됨에 따라 행정자치부 소속으로 바뀌었다.(2014년)

⑺ **행정안전부 소속**: 문재인 정부 출범으로 행정자치부가 행정안전부로 변경되어 현재 경찰청은 행정안전부 소속이다.

① 수사절차 전반에 걸쳐 **객관적인**[♣주관적(×)] 시각으로 사건을 살펴보고 오류를 바로잡을 수 있도록 하기 위하여 일선 **경찰서**에 '**영장심사관**', '**수사심사관**' 제도를 도입·운영하고 있다.[♣지구대 및 파출소에(×)]<22.1채용>

② 집회·시위에 대한 관점을 관리·통제에서 인권존중·소통으로 근본적으로 바꾸기 위해 스웨덴 집회·시위관리 정책을 벤치마킹한 '**대화경찰관제**'를 도입·**시행**하고 있다.<22.1채용>

③ 국경을 초월하는 국제범죄에 능동적으로 대응하고 재외국민 보호를 위해 치안시스템 전수, 외국경찰 초청연수, 치안인프라 구축사업 등을 내용으로 하는 **치안한류 사업을 추진**하고 있다.<22.1채용>

④ 2020년 12월 「국가정보원법」 개정에 따라 국가정보원의 **국가 안보 관련 수사업무가 경찰로 이관**되었다.<22.1채용>

[연혁] 우리나라 경찰의 연혁

1945	10.21	국립경찰 창설 ➡ 미 군정청에 경무국을, 각 도에 경찰부를 창설	
1946	01.16	경무국을 **경무부로 승격**	미군정시대
	03.05	철도 관구경찰청 발족(1949년 폐지)	
	06.10	최초로 여경을 모집, 소년업무와 여성관련 업무 담당하게 함.<12경간·18.1채용>	
1947	02.17	서울 등 4개 시도에 여자경찰서 신설(1957년에 폐지)	
	09.01	간부후보생 제도 시행	
	11.25	6인의 중앙경찰위원회 설치[♣내무부치안본부시대(×)]<17·18승진·10.2채용>	
1948	08.15	대한민국 정부수립	내무부치안국시대
	09.03	국립경찰지휘권 인수, 경찰계급을 경무관, 총경, 경감, 경위, 경사, 순경으로 개정	
	11.04	내무부장관 산하에 **치안국 설치**[♣치안본부(×)]	
1949	10.18	**경찰병원 설치**<10.2채용>	
1953	12.14	경찰관직무집행법 제정·공포<21경간·17·18승진·13.2·17.2·18.1채용>	
	12.23	해양경찰대 발족<12경간>	
1954	04.01	경범죄처벌법 제정	
1955	03.25	**국립과학수사연구소 설치**<21경간>	
1960	6. 15	제2공화국 헌법, **헌법에 경찰중립화** 규정 신설	
1966	07.01	**해외경찰주재관 제도 신설**<10.2·13.2·17.2채용>	
	07.12	**경찰윤리헌장 제정**<12경간·21.2채용>	
1968	01.21	서울 무장공비 31명 침입·교전 끝에 6명 사살, 김신조 생포	
	09.01	시·도에 전투경찰대 발족(1.21사태를 계기)<12경간>	
1969	01.07	① 경찰공무원법 제정<12·21경간·17·18승진·10.2·11.1·17.2·21.2채용> ② 최초로 특별법에 의한 경찰관 모집	
1971	.	정풍운동 전개<12경간>	

1974	12.24	내무부 치안국을 **치안본부로 개편**(8·15 저격사건이 계기)<21경간·13.2·17.2·18.1·22.1채용>	치안 본부 시대
1975	.	내무부 민방위본부 소방국으로 소방업무 이관<21.2채용>	
1979	12.28	**경찰대학설치법 제정·공포** ➡ 1981년에 1기생 입학	
1982	.	의무경찰제도 도입<12경간>	
1990	.	범죄와의 전쟁 선포<12경간>	
1991	08.01	① 치안본부→ **경찰법 제정** 및 **경찰청으로 승격** (경찰국 → 지방경찰청, 해양경찰대 → 해양경찰청)<17·18승진·13.2·18.1·21.2·23.2채용> ② 경찰위원회 신설<14.2·17.2채용>	경찰청 창설 이후
1996	08.08	**해양경찰청을 해양수산부로 이관**함.	
1998		경찰서비스헌장 제정<21.2·23.2채용>	
1999	05.24	경찰서에 '**청문관제' 도입**<12경간>	
1999	12.28	**운전면허시험관리단 신설** ➡ 면허시험장을 청장 직속의 책임운영기관으로 변경	
2000	09.29	**사이버테러대응센터 신설**<23.2채용>	
2005	07.05	경찰청 생활안전국에 **여성청소년과 신설**	
2005	12.30	**경찰병원**을 추가로 **책임운영기관화**	
2006	03.30	경찰청 외사관리관을 **외사국으로 확대** 개편	
2006	07.01	**제주 자치경찰 출범**<13.2·18.1·22.1채용>[🔵공유 제자]	
2006	10.31	① 제주지방경찰청장을 치안감급으로 격상 ② 인권보호, 범죄피해자 보호 등을 위해 경찰청 수사국 내에 '**인권보호센터' 신설**[🔵공유(의) 인권]	
2011	.	운전면허시험 관리업무를 운전면허시험 관리단에서 도로교통공단으로 이관	
2014	11.19	국민안전처 신설 및 해양수산부 소속 해양경찰청을 **국민안전처** 내 **해양경비안전본부**로 이관변경	
2017	07.26.	국민안전처 폐지로 국민안전처 소속 해양경비안전본부가 해양수산부로 이관되어 **해양경찰청**으로 승격	
2021	1. 01.	**경찰과 검찰을 협력관계로 규정**하는 형사소송법과 검찰청법 개정안 시행	
2021	1. 01	경찰법 전부개정 → 국가경찰과 자치경찰의 조직 및 운영에 관한 법률	
2021	1. 01	경찰위원회를 국가경찰위원회로 하고, **자치경찰위원회 설립** 및 **생활안전, 교통, 일부 수사**에 대해 **자치경찰위원회의 지휘·감독권 인정**	
	1. 01	국가수사본부 신설<23.2채용>	

7 **테마 22** **자랑스러운 경찰의 표상**<13 · 18 · 20승진 · 19.2 · 20.1채용>

백범 김구 선생	김구 선생은 **민족의 사표**이다. ① 1919년 수립 상하이 **임시정부 초대 경무국장**이다.<21승진> 　※ **대한민국 헌법」**은 그 전문에서 **대한민국이 임시정부의 법통을 계승**하고 있다는 점을 분명히 밝히고 있다.<13 · 18 · 20승진 · 19.2채용> ② 경무국장 취임 후 임시정부경찰을 지휘하며 임시정부의 **성공적 정착**에 이바지<21승진> ③ 1932년에는 직접 **대한교민단 의경대장**(32.1.11~32.2.)에 취임하여 **일제의 밀정 색출, 친일파 처단 및 상해 교민사회의 질서유지** 등 임무수행 ④ 윤봉길 의사 의거 이후 김구 선생과 임시정부 요인들은 일제의 탄압을 피해 중국 전역을 이동하는 고난의 시기를 겪었으며 **1940년에는 대한민국 임시정부 주석**으로 선출되었다. ⑤ 광복 후 귀국한 김구 선생은 1947년 경무부 교육국에서 출간한 '**민주경찰**' 창간호에 '**자주독립과 민주경찰**'이라는 **축사를 기고**하였고 국립경찰 창설기념 특호에서는 '**국민의 경종이 되소서**'라는 휘호를 선물하는 등 경찰에 대한 남다른 애정을 보였다.
나석주	임시정부 **경무국 경호원** 및 **의경대원으로 활동**하였고 1926년 12월 식민수탈의 심장인 식산은행과 동양척식회사에 폭탄을 투척하였다.<20.2 · 22.3채용>
안맥결 총경	**독립운동가 출신** 여성경찰관으로 2018년 **독립유공자**로 등록(건국포장 수훈)되었다. ① 도산 안창호 선생의 조카딸로서 1919년 10월 평양 숭의여학교 재학 중 **만세시위에 참여하다 체포**되어 20일간 구금되었다. ② 1936년 **임시정부 군자금 조달** 혐의로 5개월간 구금되었으며, 1937년 일제가 조직한 수양동우회 사건으로 수배된 후 만삭의 몸으로 서대문형무소에 수감되었다가 가석방되었다. ③ 1946년 5월 **미군정하 제1기 여자경찰간부로 임용**되어 국립경찰에 투신하였고 1952년부터 2년간 서울여자경찰서장을 역임하며 풍속 · 소년 · 여성보호 업무를 담당하였다.<20.2채용> 　※ 여자경찰제도는 당시 권위적인 사회 속에서 선진적이고 민주적인 제도였다. ④ 1957년 국립경찰전문학교 교수로 발령받아 후배 경찰교육에 힘쓰다 1961년 5.16군사정변이 **일어나자** 군사정권에 협력할 수 없다며 **사표를 제출**하였다.[♣이준규 총경(×)]<21 · 24승진>
문형순 경감	**민주, 인권경찰의 표상**으로 2018년 경찰영웅으로 선정되었다. ① 문형순 서장은 **신흥무관학교를 졸업**한 독립군 출신으로 광복 이후 경찰간부(경위)로 경력 채용되어 경찰에 입직하였다. ② 제주 4.3사건 당시인 1948년 12월, 제주 대정읍 하모리에서 검거된 **좌익총책의 명단에 연루된 100여명의 주민들**이 처형위기에 처하자 당시 **모슬포 서장** 문형순은 조남수 목사의 선처 청원을 받아들여 이들에게 **자수토록** 하고, 1949년 초에 자신의 결정으로 **전원을 훈방**하였다. ③ 1950년 8월 30일 성산포 경찰서장 재직 시 계엄군의 **예비검속자 총살 명령**에 대해 '**부당함으로 불이행**'한다고 거부하고 278명을 방면하였다.[♣안맥결 총경(×)]<21 · 24승진 · 20.2 · 22.2채용>

안종삼 서장	① 구례경찰서 안종삼 서장은 여순사건 이후 구례군에 국민훈련원 구례분원을 설치하여 **보도연맹원**들에게 복권의 기회를 부여하였다.
	② 50.7.24. 전쟁발발로 예비검속된 보도연맹원들에 대한 총살 명령이 내려오자 480명의 예비검속자 앞에서 "내가 **죽더라도 방면하겠으니 국가를 위해 충성해 달라**"라고 연설한 후 전원을 방면함으로서 구명하였다.[♣이준규(×)]<23경간·22.2채용>
	③ 이러한 의를 기려 2012년 7월 구례경찰서 서정에 안종삼 서장의 동상이 제막되었다.
차일혁 경무관	**호국경찰, 인권경찰(인본경찰), 문화경찰의 표상**으로 2019년 경찰영웅으로 선정되었다.
	① **일제강점기 항일투쟁**을 하였고, 전북 18전투경찰대대장(경감)으로 경찰에 투신하였다.<23경간>
	② 남부군 사령관 이현상을 사살(1953)하는 등, **빨치산 토벌의 주역**이다.(호국경찰)
	③ 빨치산 토벌 당시 **이현상을 '적장의 예'로써 화장**해주고, 생포한 공비들에 대하여 관용과 포용으로 귀순을 유도한 호국경찰, 인본경찰, 인권경찰의 표상이 되었다.[♣최규식 경무관과 정종수 경사(×)]<20경간·13·16·18·19·20승진·19.2·20.1채용>
	④ 공비들의 근거지가 될 수 있는 사찰들을 불태우라는 상부의 명령에 대하여 '절을 태우는 데는 한나절이면 족하지만, 세우는 데는 천 년 이상의 세월로도 부족하다.'며 사찰의 문짝만 태움으로써 **화엄사(구례)등 사찰과 문화재를 보호**하였다.(문화경찰의 표상)[♣최규식 경무관과 정종수 경사(×)]<20경간·13·16·18·19·20승진·19.2·20.1채용>
	⑤ 충주경찰서장 재직 당시 '**충주직업소년학원**'을 설립하여 불우아동들에게 배움의 기회를 제공하는 등 **문화경찰의 표상**이 되었다.<23경간>
	⑥ 차일혁 경무관은 화엄사에 건립된 공적비에, '20세기를 빛낸 위대한 인물'로 선정되는 등 업적이 인정되었고, 드라마 '여명의 눈동자' 주인공 장하림(박상원 역)의 실제모델이다.[♣최규식 경무관과 정종수 경사는(×)]<13승진>
최규식 경무관 · 정종수 경사	최규식 경무관과 정종수 경사는 **호국경찰의 표상**이다.[♣인본경찰(×), ♣문화경찰(×)]<20경간·13·18·20승진·19.2·20.1채용>
	① 최규식 종로서장과 정종수 경사는 1968년 무장공비 침투사건(1.21사태) 당시 **종로경찰서 자하문검문소에서 경찰관 10인과 함께 무장공비를 온몸으로 막아내고 순국함으로써 청와대**를 사수하고 대한민국을 위기에서 건져 올렸다.<20경간·13·18·20승진·19.2·20.1채용>
	② 군방어선이 뚫린 상황에서 경찰관 최규식(태극무공훈장)·정종수(화랑무공훈장)의 순국으로 대한민국을 지켜내고 조국의 발전을 가능하게 한 영웅적인 사례이다.
안병하 치안감	**민주·인권경찰의 표상**으로 2017년 경찰영웅으로 선정되었다.
	① 육군사관학교 출신으로 1962년 경찰에 투신, 1979년 2월 전라남도 경찰국장으로 임명되었다.
	② 1980년 5.18 광주 민주화운동 당시[♣1987년 6월항쟁 당시(×)] 안병하 국장은 과격한 진압을 지시했던 군과 달리, **비례의 원칙에 입각**한 경찰권 행사 및 **시위대의 인권보호를 강조**하여, '분산되는 자는 너무 추격하지 말 것, 부상자 발생치 않도록 할 것, 연행과정에서 학생의 피해가 없도록 유의하라'고 지시하는 등 신군부의 무장강경진압 방침을 거부하였다.(민주, 인권경찰)[♣문형순 경감(×)]<20경간·18·20·21·22·24승진·19.2·20.1·2·22.3채용>
	③ 신군부의 명령을 어긴 죄로 직무유기 혐의로 직위해제당하고 보안사 동빙고 분실로 끌려가 10여 일간 혹독한 고문을 받은 후, 후유증으로 투병하다 사망하였다.
	④ 2006년 순직경찰로 인정받아 서울 국립현충원에 영면하였고, 2009년 문을 연 충남 아산 경찰교육원(경찰인재개발원)에는 안병하 치안감의 이름을 딴 안병하 홀이 생겼다.

이준규 총경	**민주경찰, 인권경찰의 표상**이다. ① 이준규 서장은 1948. 3. 31 경찰입직(순경공채)하였다. ② 1980년 5.18 당시 **목포경찰서장으로 재임**하면서 안병하 국장의 방침에 따라 경찰 총기 대부분을 군부대 등으로 사전에 이동시켰으며, 자체 방호를 위해 가지고 있던 소량의 총기마저 격발할 수 없도록 방아쇠 뭉치를 모두 제거해 경찰관들과 함께 고하도 섬으로 이동시키는 등 **원천적으로 시민들과의 유혈충돌을 피하도록 조치**하여 광주와 달리 목포에서는 사상자가 거의 나오지 않았다.[♣안맥결 총경(×)]<20 · 23경간> ③ 이에 신군부에 의해 직무유기 혐의로 구속되어 1980년 직위해제된 후 파면되는 한편, **강경진압 지시거부** 및 자위권 소홀 혐의로 군법회의에서 징역 1년의 선고유예를 받았다.<20.1채용> ④ 2018년에 5.18민주유공자로 등록되었고, 2019년에는 **형사판결 재심 무죄 선고 및 파면처분 직권 취소 등 명예회복**이 이루어졌다.
최중락 총경	대한민국 **수사경찰의 표상**으로 2019년 경찰영웅으로 선정되었다. ① 최중락 총경은 1950. 11월 경찰에 입직(순경공채). 63, 68, 69년 **치안국 포도왕(검거왕)으로 선정**되었고 재직 중 1,300여 명의 범인을 검거하는 등 수사경찰의 상징적인 존재이다.<24승진> ② 1970~80년대 MBC드라마 '**수사반장**'의 **실제모델**로 20년간 각종 자료 제공 및 자문, 1990년 퇴직 후에는 '**촉탁수사연구관'으로 선임**되어 후배 수사 경찰관들을 지도하였다. ③ 논조근정훈장, 근정포장, 대통령표창을 비롯해 120여개 훈 · 포장과 표창을 받았다.
박재표 경위	1956년 8월 13일 제2대 지방의원 선거 당시 **정읍 소성지서**에서 순경으로 근무하던 중 투표함을 바꿔치기 하는 **부정선거를 목격**하고 이를 **기자회견을 통해 세상에 알리는 양심적 행동**을 하였다.<23경간>
김학재 경사	① 부천남부서 형사였던 김학재 경사(당시 경장)는 1998년 5월 강도강간 신고출동 현장에서 피의자로부터 좌측 흉부를 칼로 피습당한 가운데서도 끝까지 격투를 벌여 범인 검거 후 순직하였다. ② 2018년 문형순 서장과 함께 경찰영웅으로 선정되었다.

Chapter 02 비교경찰론

제1절 | 비교경찰 일반론

Ⅰ 경찰제도의 세 가지 유형

구분	분권형	집권형	통합형(절충형)
우선가치	시민의 자유와 권리	사회의 안전	자유와 안전의 조화
권한·책임의 소재	지방정부	중앙정부	중앙정부＋지방정부

① **권한·책임 소재** ➡ 경찰제도는 경찰에 대한 **권한과 책임의 소재**가 중앙정부와 지방정부, 어디에 있느냐를 기준으로 크게 세 가지로 분류한다.(국가경찰제도·자치경찰제도 분류와 같은 개념)

　　주의 집권형 또는 분권형이라는 제도 자체가 **민주주의 혹은 전체주의와 직접적 연관성을 갖는 것은 아니다.**<01채용>

② 민주성과 효율성의 조화 ➡ 민주국가에서 형사사법체계의 핵심은 법집행과정에서의 시민의 자유·권리의 보호라는 가치와 범죄통제(사회 질서유지)의 능률성이라는 가치의 균형에 있다.

Ⅰ. 집권형 모델

의의	중앙정부통제 ⇨ 경찰력이 중앙정부의 직접적인 통제하에 있는 체제, 사회공공의 안녕·질서를 개인의 자유·권리보다 더 중시하는 특징을 보인다. ※ **주의** 집권적인 경찰제도는 전체주의 국가에서만 특징적으로 나타나는 것은 아니며, 민주주의와 반드시 대립되는 것도 아니다.	
사례	※ 한국, 스웨덴, 프랑스, 핀란드, 이탈리아, 이스라엘, 태국, 대만, 덴마크 등	
프랑스 경찰	특색	**집권성** ➡ 강력한 관료제와 집권화된 중앙정부 형태를 가진다. ※ 경찰은 지방정부의 봉사자가 아니라 중앙정부의 법집행자로서의 이미지를 갖는다.
	장점	**효율성** ➡ 범죄에 매우 **능률적·효과적으로 대처**할 수 있다.(범죄통제의 능률성) ※ 경찰력으로부터 시민의 권리를 보호하기 위한 장치가 있어 인권보호에 있어 다른 모델에 비해 소홀하다고 단정할 수 없다.
	단점	**민주성(△), 지역사정 고려(×)** ➡ 상대적으로 분권형에 비해 민주성이 떨어지며 지역사정을 고려한 경찰활동이 이루어지기 힘들다.
	경향	※ 국가경찰 위주의 임무수행 과정에서 자치도시들의 이익이 무시되어, 자치도시에서는 이에 대한 불만으로 자치경찰을 창설하려는 경향이 있다.

Ⅱ. 분권형 모델

의의	① 지역별로 다수의 경찰기구를 가지며 자치권에 기해 경찰력을 행사하게 된다. ② 집권화된 중앙경찰조직의 직권남용에 대한 불신사상에 바탕을 두고 있다.	
사례	※ **미국, 스위스, 캐나다, 네덜란드, 벨기에**<02·04채용>	
미국 경찰	특색	① **지방통제** ➡ 경찰권이 자치권에 의해 철저히 제한을 받는다. ② **분권구조** ➡ 다양한 경찰기관들이 독자적으로 경찰력을 제공한다.
	장점	① **시민의 자유와 권리의 보장에 기여(민주성)**한다.<01경간·01채용> ② **지역실정에 맞는 치안활동**이 가능하고 **개혁이 용이**하다.
	단점	① **비능률** ➡ 통일적 기준의 미비로 인한 **비능률**이 존재 ② **통일된 체계(×)** ➡ 연방·주·지방정부 간에 경찰활동의 **통일된 체계가 없다.** ③ **협조·조정곤란** ➡ 기관할거주의·관할분쟁으로 **국제범죄·광역범죄에 대처능력 미약**
	경향	단점의 극복을 위한 집권화의 강화는 미국인들의 정서와 맞지 않기 때문에 현존 기관들 간의 **협조와 조정의 강화를 통해** 이를 극복하려 한다.

Ⅲ. 절충형 모델

의의	중앙정부와 지방정부가 경찰에 대한 통제권한을 공유하는 절충된 형태이다.	
사례	※ **영국, 일본, 독일, 호주, 브라질**<04승진·01·02·03채용>	
영국 경찰	특색	영국은 중앙통제를 강화하다가 최근 4원 체제를 통해 자치로 회귀하고 있다.
	장점	경찰서비스 제공에 대한 지방통제가 이루어지고 있지만, '국가적인 기준'을 채택함으로써 분권화 모델보다는 효과적·효율적·통일적인 경찰서비스 제공이 가능하며, 집권적 국가 경찰체제의 비민주적 요소의 보완이 가능하다.
	단점	범죄통제와 시민의 자유보호 간의 균형이 어렵다.
	특색	집권형에 분권형을 가미하고, 분권형은 집권형을 가미하여 절충형을 지향한다.

Ⅱ 경찰조직의 일원주의 · 이원주의

일원 주의	행정경찰과 사법경찰을 조직상 통합하여 행정경찰기관이 사법경찰의 기능을 겸하는 제도를 말한다. ※ **주의** 행정경찰과 사법경찰의 구분문제와 일원주의·이원주의의 구분과는 관련성이 없다. 예 한국, 중국, 일본, 프랑스, 스페인
이원 주의	① **의의** : 행정경찰과 사법경찰을 조직상으로 구분하여 행정경찰기관과는 별도로 사법경찰기관을 두는 제도이다. ② **연방차원** : 미국·독일·영국은 연방경찰 차원에서는 이원주의를 취하지만, 지방경찰 차원에서는 일원주의를 취하고 있다. 예 영국(soCA), 미국(FBI·DEA), 독일(BKA)

제2절 **테마 23** **영국경찰**

> 영국은 잉글랜드, 스코틀랜드, 웨일즈, 북아일랜드의 연방 국가이며 47개 도(County)와 7개 특별시로 구
> 성된 지방행정조직을 갖고 있지만 미국보다는 상대적으로 지방정부보다 중앙정부에 권한이 집중되어
> 있고 내무성 장관(home secretary)이 경찰을 관할한다.

Ⅰ 영국경찰의 역사

> (1) **자치경찰제의 전통** ☞ 영국은 **전통적으로 분권적·자치적 경찰구조를** 발전시켜 왔다.<07·08채용>
>
> ※ 경찰은 주민자치 치안의 대표자로 출발하였고, **지방자치조직으로 정착되어 경찰활동이 국가권
> 력의 행사라기보다 지역주민을 위한 봉사라는** 개념이 강했다.
>
> (2) **중앙집권의 강화 후 자치경찰로 회귀**
>
> ※ **사원체제 도입으로 자치경찰 성격 강화** : 기존의 삼원체제가 중앙집권화됨에 따라, 자치경찰의
> 성격을 강화하고자 지방자치경찰제도를 2012년 지역치안위원장, 지역치안평의회, 지방경찰청장,
> 내무장관으로 구성되는 사원체제로 변경하였다.

Ⅰ. 수도경찰청 창설 이전

(1) 경찰관(Constable)의 등장

① 13세기 지방행정구역인 교구(parish)마다 무급경찰인 Constable이 치안을 담당하기 시작했으며 **산업
혁명기에 이르기까지 영국의 지역치안을 담당하였다.**

※ **에드워드 1세** ☞ 지방도시의 치안유지를 위해 '윈체스터법'을 제정하였다.<08승진>

② Constable 제도는 생업 이외의 근로부담으로 인해 일반인의 기피대상이 되었고, 점차 **자원봉사에서
유급종사로 변모**되면서 약 600년간 치안제도로 기능하였으나, 18세기 산업혁명으로 새로운 치안제도
의 개혁이 요구되었다.

Ⅱ. 수도경찰청 창설 이후

(1) **수도경찰청 탄생** : 로버트 필경은 산업혁명으로 **도심의 범죄와 무질서 증가** 등 치안유지가 어려워지고
계속되는 **정치적 항의와 폭동에** 대한 경찰조직의 정비가 요구되자 1829년의 '**수도경찰청법'에 의해
국가경찰로서 수도경찰청을 탄생**시켰다.

※ **최초의 근대경찰** - 1829년의 수도경찰청 창설은 **최초의 근대경찰조직으로 불리며, 미국의 근대 경찰
이 1830년대 이후 동부를 중심으로 생성되었으므로 미국에 비해 앞서 있었다고** 할 수 있다.

① **수도경찰청** ➡ 내무부 소속하에 창설되어 내무부의 형식적·간접적인 지휘를 받았지만, 실제 운용
면에서는 **직접적인 지휘·통제를 받는 것은 아니었다.**<07채용>

② **영국경찰의 기초 확립** ➡ 수도경찰청 창설을 통해 여러 경찰 **조직을 통합하고 제도·계급·정복
등의 통일을** 추진하여 영국경찰의 기초를 확립하였다.<01채용>

③ 경찰관 임용·승진에서 정략적 요소를 배제, **경찰관의 정치활동 금지**

※ **정치중립 :** 영국은 경찰 창설 당시 정치적 영향으로부터 경찰조직을 독립시키기 위해 노력을 기울인 반면, 미국의 자치경찰은 지역사회와 유착으로 인해 부패, 비효율 등의 문제가 지속적으로 제기되었다.

④ **수도경찰의 애칭 bobby** ➡ 로버트 필의 애칭인 bobby가 친근한 이미지의 정복 순찰경찰을 지칭하는 **수도경찰의 애칭**이 되었다.

⑤ **robert peel경의 경찰활동의 원칙** [☻ 예지준물봉중감개]<21경간 · 01 · 20.1채용>

⑴ robert peel경의 경찰활동의 원칙 [☻ 예지준물봉중감개]

　① **예방위주의 경찰활동** ⇨ 경찰의 **기본적 임무**는 범죄와 **무질서의 예방**이다.[♣기본적 임무는 범죄에 신속한 대응(×)]<21경간 · 20.1채용>

　② **시민의 지지확보** ⇨ 경찰의 업무달성능력은 **시민의 지지(인정)에 의해 결정**된다.<20.1채용>

　③ **국민의 준법정신 향상** ⇨ 경찰은 국민들의 준법정신 향상을 위해 적극 협력해야 한다.

　④ **최소한의 물리력 사용** ⇨ 경찰의 물리력은 국민의 지지를 받기 위해 최소한으로 사용되어야 한다.

　⑤ **공공성 유지(봉사경찰)** ⇨ 경찰도 전체국민의 복지와 안전을 위하여 항상 노력하는 국민의 한 구성원임을 명심해야 한다.

　⑥ **공정한 법집행(정치적 중립 유지)** ⇨ 경찰은 여론이 아니라 절대적으로 공정한(비당파적인) 법집행을 통해 국민의 지지를 얻고자 노력해야 한다.

　⑦ **범죄와 무질서 감소에 의한 평가** ⇨ 가시적인 경찰력 행사가 아닌 범죄와 무질서 감소에 의한 평가를 받아야 한다.

　⑧ **최소한의 개입** ⇨ 기능수행에 필요한 정도의 권한만을 행사해야 한다.

> ※ **요약 : 예방**(경찰의 1차 목적), **국민의 지지**(국민의 지지로 업무달성능력 평가), **준법정신 향상**(준법정신 향상 위해 공중협력을 끌어내야), **물리력 최소사용**(국민의 지지를 얻기 위해 최소사용), **봉사경찰**(공공성 유지), **정치중립**(공정한 법집행), **감소에 의한 평가**(범죄와 무질서 감소에 의한 평가, 가시적 경찰력행사 X), **최소한의 개입**(기능수행에 필요한 정도만)
>
> [☻ **예지준물 봉중 감개** - 예지(원이) (목마르다고) 준 물(에) 봉중(근이가) 감개(무량)]

⑵ 로버트 필경의 12개 경찰개혁안

　① 경찰은 안정되고, 능률적이고, **군대식으로 조직화되어야** 한다.<21경간 · 20.1채용>

　② 경찰은 **정부의 통제하에** 있어야 한다.<22경간>

　③ 경찰의 **능률성은 범죄의 부재**(absence of crime)에 의해 가장 잘 나타날 것이다.[♣효율성은 항상 범죄나 무질서를 진압하는 가시적인 모습으로 판단(×)]<22경간>

　④ **범죄발생 사항은 반드시 전파**되어야 한다.[♣범죄정보는 유출되어서는 안 된다.(×)]<21 · 22경간>

　⑤ 시간과 지역에 따른 경찰력의 배치가 필요하다.

　⑥ **자기감정을 조절**할 줄 아는 것이 가장 중요한 경찰관의 자질이다.

　⑦ **단정한 외모**가 시민의 존중을 산다.

　⑧ **적임자를 선발**하여 적절한 **훈련을 시키는 것이 능률성의 근간**이다.<21경간 · 20.1채용>

---

⑨ 공공의 안전을 위해 모든 경찰관에게는 **식별할 수 있도록 번호**가 부여되어야 한다.

⑩ 경찰서는 **시내 중심지에 위치**하여야 하며, 주민의 접근이 용이해야 한다.

⑪ 경찰은 반드시 **시보기간**을 거친 후에 채용되어야 한다.

⑫ 경찰은 **항상 기록**을 남겨 차후 경찰력 배치를 위한 기준으로 삼아야 한다.

(3) **로버트 필경의 지휘지침**

① 경찰관의 권위를 드러내려는 **부주의한 간섭 금지,**

② 경찰관의 완벽한 자기 **기분 다스리기,**

③ 임무와 권한에 대한 **올바른 관념형성**을 위한 신임경찰관 보살핌,

④ 경찰의 1차 목적은 **범죄의 예방** 등이 있다.

(2) **이후 근대적 지방경찰조직 탄생 :** 수도경찰청은 지방경찰청 창설의 준거가 되어 이후 영국 전지역에서 수도경찰청을 모델로 하는 근대적 지방경찰조직이 창설되었다.

Ⅱ 영국경찰의 조직과 제도

(1) **중앙통제 강화 후 자치경찰로 회귀(사원체제 도입으로 자치경찰 성격 강화) :** 기존의 삼원체제가 중앙집권화됨에 따라, 자치경찰의 성격을 강화하고자 지방자치경찰제도를 2012년 지역치안위원장, 지역치안평의회, 지방경찰청장, 내무장관으로 구성되는 사원체제로 변경하였다.

※ 영국은 52개 **지역경찰청**을 중심으로 운영되는 광역단위의 자치경찰제이며, 내무장관은 지역경찰청 지원예산에 대한 감사와 전국 경찰의 효율성 향상을 위한 조정·지원업무 등을 통해 **간접적으로 통제**하는 전형적인 **분권적 경찰제도**를 채택하고 있다.[♣내무장관이 각 지방경찰청을 관리·통제하는 집권적 경찰제도(×)]

(2) **치안활동에 민간참여활성화 :** 정규경찰관 이외에 민간 인력을 활용한 특별경찰(special Constable), 지역사회지원경찰관(PCso : Police Community support officer) 등의 제도를 통해 경찰활동에 대한 민간인의 참여를 활성화시키고 있다.

※ **치안을 공통문제로 인식 ➡ '문제 지향적 경찰활동'**의 마인드에 입각하여 **치안문제**를 경찰만의 문제가 아닌 지방자치단체와 지역주민의 공통된 문제로 인식하고 있다.

Ⅰ. 사원체제의 구성

(1) **자치경찰제도 유지 :** 수도경찰청 등 총 52개의 경찰청으로 구성된 광역단위 자치경찰제를 유지하였다.

(2) **사원체제로 변경 :** 영국은 오랜 자치경찰의 전통을 유지하여 왔으며 **내무장관,** 지역별 **경찰위원회, 지방경찰청장**으로 구성되는 기존의 **삼원체제가 중앙집권화됨에 따라,**[♣지나친 치안분권화의 비판(×)] 지방자치경찰제도를 2012년 **지역치안위원장, 지역치안평의회, 지방경찰청장, 내무장관**으로 구성되는 **사원체제로 변경**하여 **자치경찰의 성격을 강화**하였다.<21경간>

(3) 4원 체제

지역치안 위원장	① **지역주민의 선거에 의해 선출**(민주적 통제기관)
	② 종전 경찰위원회의 임무를 대체하여 지방경찰청장 및 차장의 임면권을 행사
	③ 예산 및 재정을 총괄
	④ 지역치안계획을 수립
지역치안 평의회	① **지역치안위원장의 견제기구**로서 각 지방자치단체에서 파견한 선출직 대표와 독립위원으로 구성
	② 경찰 예산집행에 대한 감사
	③ 경찰예산안 및 지방경찰청장 임명에 대한 거부권 행사
	④ 지역치안위원장에 대한 정보와 출석요구권
	⑤ 지역치안위원장의 업무에 대한 주민소환투표
지방경찰 청장	① 관할 경찰에 대한 독자적인 지휘·운영
	② 차장 이외의 경찰관에 대한 인사권
내무장관	① **내무부 지원예산(50%)에 대한 감사**
	② 국가적 범죄대응에 관련하여 **지역경찰에 대한 임무부여 및 조정**
	③ 지방경찰청장 중에서 국립범죄청장 임명

II. 주요경찰 기구

(1) **수도경찰청**(Metropolitan Police Service)

① **창설목적 : 산업혁명으로 인한 인구의 도시집중화 문제에 대처**하기 위해 내무부장관 관리하의 특수한 경찰로서 **로버트 필에 의해 창설**이 되었다.(1829년)

② **자치경찰화** : 경찰에 대한 민주적 통제강화를 주장하는 노동당의 집권 후, 1998년 5월에 런던자치정부 수립을 위한 법안이 런던시민 투표로 통과되어 2000년부터 자치경찰로 되었다.<08경간>

(2) **국립범죄청**(National crime agency − **중앙정부차원의 수사기구 :** 2006년 창설된 중앙경찰조직인 **중대조직범죄청(soCA)과 아동범죄대응센터(CEOPC)를 통합하여 2013년 국립범죄청(NCA)으로 대체**하여 조직범죄와 경제, 사이버범죄 등 중앙정부 단위 수사업무를 관장한다.[♣soCA는 조직범죄 등 관장(×)] <22.2채용>

Ⅲ 영국경찰의 권한

(1) **견제와 균형** : 집중된 권한의 분산을 통한 형사사법기관의 견제와 균형유지

① 국립기소청의 창설을 통해 형사사법기관의 견제와 균형을 유지하기 위한 노력을 하고 있다.

(2) **조직** : 행정경찰과 사법경찰의 개념 구분은 없으나 조직상으로는 **이원주의**로 수사경찰과 행정경찰이 분리되어 독자적인 사법경찰 조직(NCA)을 가지고 있다.<03승진>

(3) **업무** : 영국의 모든 경찰청은 독자적인 수사부를 가지고 있고, 또한 **소방·위생·영업 등에 관한 행정경찰의 업무도 수행**하고 있다.<07·08채용>

① **지위 :** 영국의 경찰관은 **독립한 공무 수행자로서 단독관청의 지위**를 가진다.<07채용>

※ **영미법 체제 : 잉글랜드 웨일즈는 영미법 체제**(검사와 경찰은 대등협력관계)를 가지고 있다.

※ 사인소추주의 전통 : 영국에는 피해자 등 사인이 직접 변호사를 사서 기소업무를 담당하게 하는 사인소추주의의 전통이 있다.

⑴ **범죄소추법과 국립기소청(국립검찰청) :** 과거 경찰에서 수사와 기소를 함께 담당함에 따라 공정성 문제의 대두로 **1985년 범죄기소법**(범죄소추법 : The Prosecution of offences Act)을 통해 **국립기소청 (CPS)을 창설**하면서 '**공소제도**'를 **도입**하게 된다.[♣1985년 이후 경찰에 독자적 수사권 부여(×)]<04채용>

① **범죄소추법** (The Prosecution of offences Act - 1985)

> ㉠ **독립적 기소** ➡ 국립검찰청은 독립적으로 경찰이 입건한 형사사건에 대한 기소를 담당하고 있다.
>
> ㉡ **경찰기소결정의 구속(X)** ➡ 검찰은 모든 범죄사건의 기소에서 **증거에 관한 독립적 평가**를 실시할 수 있으며 **경찰의 기소결정에 구속을 받지 않는다.**<09채용>

1985년 이전		1985년 이후
○ **경찰** : 대부분의 범죄에 대한 기소권	⇨	○ **경찰** : 일부 경미사건 약식기소
○ **검사** : 일부 중요 사건 기소		○ **검찰** : 거의 모든 범죄에 대한 기소권(독점적 권한)

② **수사와 기소의 엄격한 분리 :** 소추기관인 검찰은 수사기관인 경찰로부터 분리되어 수사는 경찰의 고유권한이며 검찰은 모든 범죄사건의 기소에서 증거에 관한 독립적인 평가를 실시할 수 있다.[♣수사는 원칙적으로 검찰담당(×)]

⑵ **법무부 신설 :** 2007년 신설된 법무부(Ministry of Justice)는 내무부로부터 **교정, 소년사범, 보호관찰, 법원행정업무를 이관받아 수행**한다.[♣경찰이 교정 등 업무수행(×)]

※ 영미법계 국가에서는 위험방지 목적의 행정경찰사무와 사법경찰사무가 엄격하게 구분되지 않고 있다.

⑶ **영국의 검찰조직 :** 중앙집권적 검찰조직의 수장은 검찰총장이며, 법무총감을 통해 의회에 대해 책임을 진다.

① 검찰총장은 **법무부장관(법무총감 : Attorney General)이 임명**한다.

⑷ **영국경찰의 수사권**(수사의 주체) : 경찰은 **수사의 주체로서 광범위한 재량**을 가지는 바, **수사개시권, 수사진행권**을 가지는 것은 물론이고 수사를 **종결할 수도** 있다.[♣경찰의 수사종결권(○)]

① **수사종결권 :** 신고나 범죄인지시 독자적 수사가 가능하며, 범죄혐의가 없을 경우 **무혐의 처리할 것인지 검찰에 송치할 것인지 경찰이 독자적으로 결정**할 수 있다.

※ 수사종결 후 경찰이 기소, 경고처분, 무혐의처리 또는 정액벌금, 부과결정을 한다.(기소 결정시 경찰이 구속 또는 불구속결정을 한다.)

※ **약식기소권 :** 치안법원에서 처리하는 경미한 범죄에 대해서는 **경찰이 약식기소**를 한다.

② **영장청구권 : 경찰이 직접 법관에게 영장을 청구할 수** 있다.[♣체포영장은 경찰이 검사에게 신청(×)]<02채용·11경간>

※ **수사의 주재자 :** 대륙법계나 우리나라 경찰과 구별되는 가장 큰 특징으로 모든 범죄수사를 원칙적으로 경찰이 담당한다는 점에서 영국경찰은 수사의 주재자라고 할 수 있다.

③ **약식체포권 :** 범죄관련성 및 체포 필요성(긴급을 요할 경우 같은)이 인정될 경우 영장 없이도 체포가 가능하다.(5년 이상의 구금형 요건은 없어졌다.)<04채용>

※ 기소 전 영장 없이 24시간, 경정급 간부 허가 시 36시간, 치안판사의 허가 시 96시간까지 피의자 구금조사가 가능하다.

제3절 | 테마 24 | 미국경찰

> 미국은 50여 개 주와 수도인 워싱턴 D.C.로 구성된 연방공화국으로 1776년 영국으로부터 독립하였고, 미국의 연방헌법이 연방정부의 권한으로 규정하고 있는 국방, 외교, 연방과세, 주간 통상, 국제교류, 화폐발행, 우편, 이민 등의 사항 이외에는 모든 권한이 주정부에 속하며 주는 경찰권을 직접행사하거나 지방자체단체 등에 위임하여 행사한다.

I 미국경찰의 역사

― 미국경찰의 성립

(1) 근대경찰 탄생

① **배경**: 1830년대에서 1840년대 도시화, 산업화, 신이민의 증가로 범죄가 증가하여 경찰제도의 필요성이 증대되었다.

② **미국 근대경찰의 시초**: 보스턴 시 야경제도(1631)가 미국 도시경찰의 시초이며 1636년에 치안관을 임명하였으며, **보스턴 경찰(1838)을 필두로 뉴욕(1845), 필라델피아(1848) 경찰로** 대도시의 경찰개혁이 이어지게 된다.<04채용>

(2) 효율성 문제: 영국 경찰제도 도입과 적응 및 개인의 자유와 권리에 가치를 두는 작은 정부 사상으로 자치경찰제도 시행 등 고도로 분권화된 체제를 유지하고 있었으며, 지나치게 분권화된 체제로 인해 **경찰력의 중복과 경찰기관 간의 협력의 문제가 대두**되었다.

(3) 정치중립의 실패: 지역사회와 유착 및 문제점 등으로 영국의 런던경찰과 같은 **정치적 중립성을 확보하지 못하는 결과가 초래**되었다.[♣1800년대 영국경찰보다 지역사회의 정치적 영향으로부터 자유로웠다.(×)]

(4) 민간경비업의 발달: **서부개척(1850년대)시대부터** 금괴수송을 목적으로 조직화·활성화되어서, 경호경비 전담회사가 등장하기 시작하였다.

I. 20c 미국경찰의 개혁

1. 경찰전문화 운동 등

(1) **경찰의 전문화 운동**: 정치와 경찰의 분리를 목표로 Richard Sylvester(리차드 실베스터)와 August Vollmer(오거스트 볼머)가 주도하여 **경찰 전문화 운동을 시작**하고, **직업경찰제도를 확립**하였다.(1905년 이후)

① **오거스트 볼머**: 오거스트 볼머는 미국의 직업경찰제도를 확립하는 데 기여한 대표적 인물로서, 1905년부터 1932년까지 켈리포니아 버클리시 경찰서장으로 재직하면서 경찰관들에게 대학교육을 받도록 장려하고, 미국 최초로 버클리 대학에 경찰학 과정을 개설하도록 지원하였고,

※ 오거스트 볼머(August Vollmer)는 경찰관 선발을 지원하기 위해서 **지능·정신병·신경학 검사를 도입**했다.<23경간>

② **위커샴 위원회**(wickersham Commission): 이후 1930년대 미국의 경찰제도 개선을 위해 구성된 **위커샴 위원회**(wickersham Commission)에서 경찰개혁을 추진하였으며, 위커샴 위원회 보고서에서는 경찰전문성 향상을 위해 **경찰관 채용기준 강화, 임금 및 복지개선, 교육훈련 증대의 필요성이 제기**되었다.<23경간>

※ 1960년대 이후 미국의 인권운동이 활발히 일어났다.

③ **윌슨(O. W. Wilson) : 1인 순찰제의 효과성**에 관한 **체계적인 연구**를 수행했다.<23경간>

(2) **정치와 경찰분리 시도 : 경찰을 정치로부터 분리하기 위한 여러 가지 시도**가 행해졌다.

(3) **경찰임무와 역할 :** 범죄의 증가와 암살의 유행 등으로 **경찰임무와 역할이 분명**해졌다.

(4) **적법절차원리 강조 :** 경찰업무수행에 있어서 **적법절차의 원리가 강조**되었으며 범죄대응의 **효율성보다**는 상대적으로 **인권보호에 관심을 두기 시작**하였으며 **연방대법원은 판결**을 통해 경찰업무에도 **적법절차를 요구**하게 되었다.<22경간>

① **위법수집증거 배제법칙** ➡ Weeks판결(1914)과 **Mapp판결**(1961: 원칙의 확립)

⇒ "불법수색과 불법압수로 수집한 증거는 피고인에게 불리하게 사용될 수 없다."

② **자백배제법칙** ➡ **Mallory판결**(1957) – 불법구속 중의 자백에 대한 증거능력을 부정

③ **변호인 접견교통권** ➡ **EsCobedo판결(1964), 진술거부권고지원칙** – **Miranda판결(1966)**

2. 지역사회 경찰활동 등

(1) **최근의 변화 :** 1980~1990년대 미국경찰은 범죄예방에 중점을 두는 ① Community policing(**지역사회 경찰활동**)과 ② **문제 지향적 경찰활동** 등 과학적·실증적 경찰활동에 초점을 두고 있다.

※ 유대관계 개선 강조 ➡ 지역주민들의 참여를 통해 경찰과 지역사회 주민의 유대관계 개선을 강조한다.(같은 맥락으로 1990년대에 깨진 유리창 이론이 등장한다.)

(2) **봉사경찰지향 :** 단순한 범죄해결뿐만 아니라 사회질서를 유지하면서도 주민에게 봉사하는 경찰활동을 지향하게 되었으며 지역주민의 안전과 복지를 강조한다.

※ 직업경찰제도 확립(1905년부터 1930년) → 미국인권운동(1960년) → 지역사회 경찰활동(1980년)

Ⅱ 미국경찰의 조직과 제도

Ⅰ. 특징

(1) **경찰조직 구성 :** 미국 경찰조직은 **분권적 자치경찰의 전통을 유지**하며 행정단위의 구성단계에 따라 **연방경찰, 주경찰, 지방경찰로 나누어**지며 전국에 17000개 이상의 경찰조직이 존재하는 것으로 추산된다.

(2) **경찰의 분권화 :** 전국 경찰은 **대등한 협력관계로 일원적으로 지휘하는 기구나 제도는 없지만**, 각 기관간의 **협력·응원관계로 문제를 해결**하고 있다.<05승진·05채용>

① **조직범죄의 대처** ➡ 미국은 조직범죄 담당 기관이 여러 개이기 때문에 단속의 효율성을 높이기 위해 조직범죄가 뿌리 깊은 곳에서는 **관계 수사기관의 대표자를 연합한 '특별단속조직(strike force)'을 만들어 이에 대처**하고 있다.

② **민간경비업체(Private Police)의 역할** ➡ 미국의 민간 경비업은 사적 경찰이라 불릴 정도로 다양한 역할을 수행하고 있으며, 활동이나 발전과정·규모·권한 등을 비교하여 볼 때 공적 경찰에 대등한 수준의 규모와 권한을 보유하고 있다.

(1) **연방경찰과 지방경찰의 관계 :** 연방과 주는 형사소송법이나 관할법원이 전혀 **별개의 시스템으로 구성**되어 독립적으로 운영되어 고도로 분화된 시스템이다.

① **연방경찰** ➡ 연방법을 집행하며 주법이나 자치법을 집행하지 못하고 주경찰이 자치경찰에 대한 통제권을 확대하지 못하도록 제한하고 있다.

② **주 경찰** ➡ 주법을 직접 집행하거나 자치경찰에 위임하여 집행하고 연방법은 집행하지 못한다.

③ **자치경찰** ➡ 주법이나 자치법을 집행하며 연방법은 집행하지 못한다.

⑵ **특수한 분권체제** : 미국 경찰은 연방과 지방의 **특수한 분권적 체제**를 가지고 있다는 평가를 할 수 있다.

① **전국의 경찰을 통합, 지휘하는 일원적 지휘기관이 없다.**

② **연방경찰, 주경찰, 자치경찰 권한**

연방 경찰	① **헌법상 경찰권(×), 과세권 · 주간통상 규제권** ☞ 헌법상 경찰권을 보유하고 있지 않지만, 연방차원의 전국적 대응 필요성이 높은 사안에 대해 헌법이 부여한 과세권 · 주간통상 규제권 등의 행사로 사실상 경찰권을 행사하고 있다. ② **확대 · 강화 추세** ☞ 최근 비상사태의 일상화로 **연방경찰의 기능이 확대 · 강화**되는 경향 ③ **장점** ☞ 연방경찰은 통일적이고 공정한 법집행이 가능하다는 장점이 있다.
주 경찰	① **권한** ☞ 경찰권은 주정부의 고유권한으로 **헌법상 주정부가 경찰권을 보유**하고 있다. 　※ 미국의 주 경찰은 **실질적인 경찰권을 행사**함으로써 **연방경찰의 제한적인 활동에 비해 경찰권의 행사 범위가 훨씬 광범위**하다. ② **행사** ☞ 주정부는 경찰권을 **직접 행사하기도 하나, 지방자치단체 등에 대부분 위임하여 행사**하고 있다. ③ **관계** ☞ 주 경찰은 범죄감식이나 교육 등 **지방경찰을 지원할 뿐이고, 지방경찰에 대한 지휘 · 통제기능은 행사하지 않는다.**
지방 자치 경찰	① **권한** ☞ 주정부의 경찰권을 70% 이상 **위임받아 행사**한다.[♣연방경찰에 비해 좁은 편(×)] 　※ 자치경찰의 사물관할권은 연방경찰보다 그 범위가 넓다. ② **관계** ☞ 주 내의 지방경찰 조직으로는 도시경찰과 기타 지방경찰이 있으며, 이들 지방경찰은 **주 경찰과 대등한 관계를 유지**하고 있다.[♣주 경찰은 소속 시, 군 경찰지휘(×)] ③ **개념범위** ☞ 규모가 큰 자치도시인 시(City), 법인격이 인정되는 타운(inCorporated town), 빌리지(village) 또는 버로우(borough)의 경찰을 총칭하는 개념이다. 　※ 기타 지방경찰로 군(County)경찰 · 면(town)경찰, 치안관, 특별경찰(교육구 등 특별구 경찰, 대학경찰, 공원경찰)을 두고 있다. ④ 주 경찰보다는 50개 주 산하 시, 군 등 자치단체에서 **다양한 규모와 형식의 자치경찰을 중심으로 지역치안을 운영**하고 있다.

Ⅱ. 연방경찰 제도

> ☞ **연방경찰의 특징**
>
> ⑴ **비능률 · 비경제성** : **연방법집행기관의 난립**으로 연방경찰의 업무가 특정한 분야에 한정되어 있어 기능의 중복으로 인한 비능률 · 비경제성이 심각하다.
>
> ⑵ **연방경찰통합론** ☞ **비능률 · 비경제성으로 인해 조직재편성의 필요성이 부각**되고 있으며 이를 주장하는 견해도 있다.<03채용>

1. 법무부 소속 연방법집행 기관

(1) **법무부 장관** : 미국정부의 수석법무관이며, 법률문제에 관하여 미국정부를 대표하고 대통령이나 다른 부처 장관으로부터의 상담에 조언하는 임무를 담당하고 있다.

(2) **종류** [⊕ 형보검교제연마알지]

- 형사국
- 법무교육국(OJP's)
- 마약단속국(DEA)
- 연방보안관(US MS)
- 국제형사경찰기구 중앙사무국
- 알코올 · 담배 · 무기 · 폭파물국(ATF)
- 연방검찰청
- 연방범죄수사국(FBI)
- 지역치안사무국(COPS)

구분	내용
국토 안보부 (DHS)	① **설립동기(2003)** ☞ 2001년 911테러 이후 **대테러 대책의 하나로 대테러기능을 통합운영하기 위해** 2003년 국토안보법에 의거 신설하였다.(DHS : Department of homeland Security) ② **소속 기관** ☞ 소속 기관으로 **해안경비대**(Coast Guard)와 과거 재무부 소속이었던 **SS**(Secret service : 대통령 경호담당)가 있다. ③ **협조의 필요성 해결** ☞ 연방과 지방이 수평관계를 유지하면서 기관간의 협의나 합동수사팀의 구성 등을 통해 업무중복 등 상호 협조 · 조정의 필요성을 해결하고 있다.[♣연방과 지방간 수직적 관계로 개선(×)]
SS (secret service)	① **대통령 경호 :** 대통령 경호업무 및 요인의 경호, 백악관 및 외국대사관의 경비 ② **화폐범죄 단속 :** 국고 · 은행 · 화폐범죄의 수사 및 재무법령의 집행

연방 보안청	① **국가적 범죄 범인 체포 · 호송** ☞ 여러 주를 관할로 하며 은행강도 · 유괴 · 마약 · 테러 등의 국가적 범죄에 대한 범인의 체포 및 호송을 담당한다.
	② **연방보안관 주된 임무**

─ 증인의 신변안전보호	─ 법무부장관 특별지시 이행	─ 지역적 소요의 진압
─ 연방범죄 피의자 호송	─ 관할법원법정관리 · 법정경비	─ 체포등영장 · 소환장의 집행

연방 범죄 수사국 (FBI)	① **FBI국장** ☞ 대통령이 임명하고 통상 직무에 대하여는 법무부장관의 지휘 · 감독을 받는다. ※ **루즈벨트**(F. D. roosevelt) 대통령의 지시로 1908년 **최초의 연방수사 기구가 법무부에 창설**되었다.[♣재무부에 창설(×)]<23경간> ② **업무** ☞ 연방의 일반경찰로서 '모든 연방범죄와' '**타 기관에서 관할하지 아니한 모든 범죄**'를 **수사**하고 있다. ※ FBI는 연방범죄에 대한 수사와 대테러업무 등을 담당하면서 공안에 관련된 방대한 정보를 수집하며, 2001년 9.11 테러 이후 테러예방과 수사에 많은 역량을 집중시키고 있다.<22.2채용>

※ **FBI의 기본적 임무**<07채용>		
─ 연방범죄수사	─ 국내 공안정보의 수집	
─ 대테러업무 담당	─ 범죄감식 · 범죄통계의 작성	
─ 특정 공무원의 신원조사	─ 지방경찰직원의 교육훈련	

DEA	불법마약제도와 판매의 단속을 담당하고 있다.
ATF	총기류와 폭발물 단속

III. 주 경찰제도

성립	(1) **성립원인 :** 주 경찰은 20세기부터 지방경찰의 **지나친 분권화로 인한 정치적 중립 훼손 · 전문성 부족 · 비능률**을 해결하기 위해 급격히 발전한 경찰조직이다.<11경간>
	(2) **국가경찰 :** 하와이를 제외한 모든 주에 구성되어 있는 **국가경찰**이다.
	(3) **주정부는 고유한 권한으로 경찰권 행사 :** 연방수정헌법 제10조에 따라 경찰권은 주에 유보되어있는 바, 주 전역을 관할하며 **일반적인 경찰권을 행사**하고 있다.[♣연방경찰보다 협소(×)]
조직 특징	(1) **연방정부에 의한 통제 :** 연방정부는 주경찰기관이 **지방경찰에 대한 통제를 확대하지 못하도록 주 경찰의 규모 · 활동범위 등을 제한**하고 있다.
	(2) **경찰권 위임 :** 주 경찰은 주 경찰권의 대부분을 지방자치 경찰에 위임하여 행사하고 있다. [♣주정부에서 관할 지역경찰들을 총괄(×)]
	(3) **지방경찰과 주경찰 관계 :** 지방경찰은 본질적으로 지방자치의 이념에 근거한 것으로 **주 경찰과의 관계는 상호 독립적**이고, 주 경찰이 지방경찰에 대한 기능적 보완을 하고 있다.
제도 특징	(1) **다양한 조직 · 관리형태 :** 주 경찰의 조직이나 관리형태는 **연방경찰과 관련성 없이** 각 주의 지역적 특색 · 발전과정 · 임무의 차이 등으로 각 주마다 다양한 형태를 보이고 있다. ① 주경찰은 일반적으로 **주경찰국(state Police)과 고속도로순찰대(highway patrol)로 구분**한다.
	(2) **주군인경찰(National Guard) :** 주 경찰은 민간방위대의 성격을 가진 주군인경찰을 보유하고 있다.
	(3) **특별집행기관 :** 각 주는 필요에 따라 특정한 분야에만 권한이 한정되어 있는 '특별집행기관'을 운용하고 있다.

IV. **지방경찰**(Local Police)

(1) **자치체경찰**(municipal Police)

① 범죄수사와 순찰 등 전형적인 경찰기능을 담당한다.

② 미국경찰조직의 중심으로 3만 명 규모(뉴욕시)에서 10명 이하 규모까지 다양하다.

(2) **군(카운티) 보안관**(County sheriff)

① 일반적으로 주헌법에서 규정되어, 대부분의 주에서 **주민들로부터 직접 선출**된 독립된 기관으로 별도의 자치경찰이 존재하지 않는 농촌지역을 주로 담당한다.<21경간>

② **범죄수사, 순찰 등 모든 경찰권**을 행사하며 이외에 구치소관리, 일정세금징수, 법정경비 등 업무를 수행한다.<21경간>

Ⅲ 미국경찰의 권한

Ⅰ. 수사권 배분

(1) **분권적 수사구조** : 연방범죄 등 기타 법률에 의하여 연방경찰에 부여된 수사권은 연방경찰에, 주법에 규정된 범죄 수사권은 주 경찰에, 이외의 범죄는 지방경찰에 수사권을 부여하고 있다.

※ 연방범죄는 연방법집행기관의 수사관이 수사하여 연방검찰로 넘기고 있고, 그 밖에 모든 범죄는 지방경찰이 수사하여 지방검찰에 송치한다.

※ **영미법계 수사구조의 특징** :

㉠ 경찰의 **독자적 수사 종결권을 인정**

㉡ 경찰과 검찰의 상호 대등한 **협력관계**

㉢ 수사관으로서의 **경찰의 전문성 존중**

㉣ 인권보호를 위한 **절차적 보장 강화**

(2) **검사와 경찰관계** : 공소권과 수사권은 각각 독립적으로 검사와 경찰에게 **분배**되어 있고, 수사과정에서 경찰이 검사의 조언을 구하거나 체포영장의 검토를 받는 경우가 있는 등 **검사와 사법경찰은 법률조언 및 상호 보완적 관계**를 유지하고 있다.

※ 프랑스 사법제도의 영향으로 비교적 일찍 검찰제도가 도입되었다.

사법경찰	(1) **수사의 개시, 진행, 종결권** : 독립된 수사주체로서 어느 주에서나 모든 사건에 대한 **수사의 개시, 진행, 종결권**을 보유하고 있다. (2) **독자적인 영장청구권** : 경찰이 수사과정에서 독자적으로 치안판사에게 영장을 청구할 수 있는 권한을 가지고 있다. (3) **수사주재자** : 따라서 독자적 수사권을 보유한 수사의 주재자라 할 수 있다.[♣강제수사는 수사판사의 지휘(×)] ※ 사법경찰과 검사는 원활한 형사절차를 위해 서로 협력한다.
검사	(1) **조직구분** : 미국의 검사는 연방검사·주 검사·카운티검사로 나뉘고 이들은 공소제기 및 국가소송의 정부대리인으로 참가하는 직무를 행한다. (2) **예외적 직접수사** : 검사는 기소여부 결정 및 공소유지라는 소송절차상의 역할만 수행하며 조직범죄, 경제범죄, 공직자 비리 등 **특별한 사건에는 검사가 직접 수사**를 하기도 한다. ☞ **검사의 경찰에 대한 통제**<11경간> ㉠ 보완수사 요구 ㉡ 중요 피의자에 대한 체포거부 ㉢ 송치사건에 대한 기소거부 등에 한정되어 있다.[☺보체기] (3) **예외적 수사지휘** : 검찰이 개별사건에 대한 기소를 결정하는 과정에서 경찰의 수사방향과 증거수집에 관하여 예외적으로 수사지휘를 하기도 한다. ※ 지방에 따라 경찰력이 약한 군 지역에서는 검사가 형사를 모집·활용하거나 경찰에서 파견된 형사를 지휘하여 경찰과는 독립적으로 수사를 하기도 한다.

Ⅱ. 형사절차의 특징

☞ 철저한 당사자 주의 준수로 피의자나 피고인의 권리가 강력하게 보호된다.

수사절차 특징	(1) **불심검문(Stop and Frisk : 체포 전 구금)** : 판례법으로 인정되어 최근 몇 개의 주에서 명문화되었으며, 합리적인 의심이 있는 경우에 경찰이 정지시켜 질문·동행 및 신체수색 등 **2시간 이내의 신체구금을 인정**한다. (2) **중요증인의 구속** (3) **미란다 원칙** : 범죄자를 체포할 때 '변호인 조력권'과 '진술거부권'을 고지한다. ※ 우리의 경우는 체포 시 체포의 이유, 변호인선임권, 변명의 기회를 주도록 하고 있으며, 진술거부권은 피의자신문 시에 고지하도록 하고 있다. (4) **Searches and Seizures** : 영장에 의해 실시되는 주거·신체 등에 대한 압수·수색을 말한다.
재판절차 특징	(1) **답변거래(plea bargaining)** : 피고인이 **검사와 흥정**을 하여 범죄사실을 약하게 하거나 **형벌을 경감하게 하는 조건하에 자기의 유죄를 인정하는 것**을 말한다. (2) **면책특권(immunity)** : 증인이 증언을 거절할 것 같은 경우에 증언을 당해 증인에게 불리하게 사용하지 않는다는 보증 하에 증인에게 증언을 하도록 하는 것을 말한다. ※ 진술거부권과 같은 맥락에서 헌법이 인정하고 있는 자기부죄거부특권(privilege against self–incrimination)과 재판의 실효성이라는 실무적 필요성을 실용적으로 절충시킨 제도라고 할 수 있다.

제4절 | 테마 25 독일경찰

독일의 국명은 독일연방공화국이며 인구 8천 2백만 명, 면적은 한반도의 1.6배, 정부 형태는 내각책임제로 구성되어 있다.

독일은 역사적으로 수많은 영주국가로 구성되었으며, 지방분권 전통을 유지해 왔고, 각 지방의 고유문화를 유지·발전시켜왔으며, 16개 주정부로 이루어진 연방국가로서 각 주는 국가의 권능을 유지하고 있으며 독자적인 헌법과 법률제정권을 가진다.

독일의 연방대통령은 국가 원수로서 대외적으로 국가를 대표하나 제한적이고 상징적인 권한만 보유하며 연방 총리는 연방 대통령의 제청으로 연방하원에서 재적 과반수의 득표로 선출한다.

Ⅰ 독일경찰의 역사

나찌 독일 이전	(1) **봉건영주들의 경찰권 행사(14c 이후)** : 14세기 이후부터 독일에서는 지방을 다스리던 봉건영주들이 경찰권을 행사하였다. (2) **중앙집권적 경찰의 창설과 해체** : 독일은 **1차 세계대전 당시에 중앙집권적 경찰을 창설**하였지만, **연합국의 해체요구로 다음 해 지방경찰로 재편성**하였다.(1919년)

히틀러 시대	(1) **경찰권의 집권화 :** 히틀러는 각 주에 속해있던 경찰권을 박탈하고, 경찰권을 중앙에 집중하여 국가경찰을 만들었다.(1936) ※ 나치정권의 등장으로 법치주의적 경찰제도가 파괴되고, **경찰의 정치화가 가속**되었다. ※ **중앙집권적 경찰 제도를 채택한 시기** ➡ **'1차 세계대전'** 당시와 **'히틀러의 나치독일'** 시대 (2) **법치주의 파괴 :** 정치경찰(게슈타포)의 등장과 함께 권력유지를 위한 도구로서의 경찰권에 대한 모든 견제가 없어졌고, 경찰행위에 대한 적법통제가 사라졌다.
2차 대전 이후	(1) **연합국의 4D 정책과 비경찰화 :** 2차 대전 후 연합국에 의해 **4D정책과 더불어 비경찰화가 진행**되었다.[♣독일정부 주도로 탈나찌화, 민주화, 문민화 개혁 진행(×)] ※ **4D정책 :** ⓐ **탈나치화,** ⓑ **탈군사화,** ⓒ **탈정치화,** ⓓ **민주화 및 지방분권화** [⦿ 나군정민] (2) **경찰권의 주정부 이관 :** 1949년 제정된 독일기본법(bohn헌법)에서 **일반경찰행정권을 주정부의 권한으로 귀속시켜** 독일 경찰조직의 중점이 다시 주(Land)로 이전되었다.<07채용> ① **주단위 국가경찰제도** ➡ 독일은 **미국의 경우와는 달리 자치경찰을 채택하지는 않고,** 대부분의 주정부에서는 자체입법으로 '주 단위의 국가경찰제도'를 채택하고 있으며 이는 **분권적 경찰제도**라고 평가할 수 있다.<03·04채용> (3) **정보업무와 경찰업무 엄격분리 :** 2차 세계대전 이후 정치경찰에 대한 반성으로 **정보업무와 경찰업무가 엄격히 분리**되었다.

Ⅱ 독일경찰의 조직과 제도

Ⅰ. 특징

(1) **보수적 관료체제 :** 독일경찰은 능률성·집권성·전문성을 강조한다.

　① **위원회조직(X), 시민참여조직(X)** ➡ 독일경찰은 경찰위원회나 공안위원회와 같은 위원회 조직을 가지고 있지 않으며 일반시민들이 경찰행정과 관련한 정책결정에 참여할 수 있는 공식적인 조직이 거의 없다.[♣연방경찰에 연방공안위원회 설치(×)]

　② **연방내무부장관의 치안책임 :** 연방내무부장관은 연방의 치안정책에 관해 책임을 지며, **연방의회에 출석하여 치안정책에 대하여 설명할 의무**가 있다.<10승진>

(2) **정치적 자유 :** 독일은 경찰공무원에게는 **정당가입의 자유가 보장**되고 있다.

(3) **경찰의 치안정보 활동**

　① **한국·프랑스·일본** ➡ 경찰청에서 직접 정보수집과 분석업무를 수행하고 있으며 미국이나 독일에 비해 그 권한과 정보수집 범위가 광범위하다.

　② **미국·독일** ➡ 연방경찰 차원에서는 정보업무를 수행하지만, **주 경찰 차원에서는 범죄수사와 관련한 정보 이외의 일반적인 치안정보 수집활동을 수행하지 않는다.**

Ⅱ. 연방경찰과 주 경찰의 관계

1. 주정부 중심

(1) **주 단위 국가경찰체제** : 헌법상 경찰권은 주정부가 보유하고 있어 헌법에서 연방정부의 권한으로 하지 않은 사항은 **원칙적으로 주정부의 권한**이며[♣미국과 유사(○)], **주 단위의 국가경찰체제**로 대부분의 주는 자체입법으로 경찰권을 직접 행사하고 있으며 경찰조직은 주마다 상이하다.<05·09승진·22경간>

(2) **연방경찰의 제한된 경찰권** : 연방경찰조직은 전국적 사항이나 국가적 긴급사태에 대처하기 위한 조직이므로 헌법이 규정한 범위 내에서 경비·공안 등 필요한 범위 내에서 독자적 경찰권을 가지고 있다.

① **법집행 통일성 확보** : 연방법인 형법과 형사소송법을 각주의 경찰이 위임받아 집행하는 형식을 취함으로써 형사사법체계의 통일성을 유지하도록 하였다.

2. 상호 독자적 지위

(1) **상명하복(×)** : 연방경찰과 주 경찰은 각각 독자적인 조직으로 상명하복의 관계가 아니다.[♣연방경찰과 주경찰은 상명하복 관계(×)]<09경간>

(2) **연방내무부장관** : 연방의 최상급 경찰관청인 연방내무부장관은 원칙적으로 주(란트) 경찰에 대하여 **재정부담의 의무나 지휘통솔권을 가지지 않는다.**<04승진·02·03·04채용>

(3) **예외적 통제권** : 연방경찰의 관할에 속하는 업무관련 주 경찰에 대한 예외적 통제를 인정하고 있다.

> ※ **지휘권 강화 시도** ➡ 독일에서는 경찰권 분산으로 인한 효율성 저하의 문제점을 극복하기 위해, 연방의 경찰권과 지휘권을 강화하려는 시도가 계속되고 있다.

비교 **연방경찰과 주경찰**

구분	연방경찰조직	주 경찰
소속	연방정부 내무부 소속	주정부 내무부 소속
주 임무	국경경비와 특수임무만을 수행함.	사실상의 지역치안을 전담

Ⅲ. 독일과 미국경찰제도의 비교

(1) **헌법상 경찰권 소재** : 헌법상 경찰권은 원칙적으로 각 주의 권한이며, 연방은 필요한 범위 내에서만 경찰권을 행사한다.

① **주정부 중심** ➡ 헌법에서 연방정부의 권한으로 규정하지 않은 사항은 원칙적으로 주정부의 권한으로 인정한다.

※ (차이점) **주 단위 국가경찰제도** ➡ 미국과 같이 주정부가 산하 자치단체에 경찰권을 위임하지 않고 주내무부를 정점으로 하는 계층적 경찰조직을 구성하여 운영하고 있다.[♣자치단체에 경찰권위임(×)]

※ 다만, 독일 대부분의 주는 미국의 경우와는 달리 자치경찰을 채택하지는 않고, 자체입법으로 주 단위의 국가경찰제도를 채택하고 있어 주 내무부를 정점으로 집권화된 시스템을 보유하고 있으며, 전체적으로 보면 분권적 시스템에 속한다.[♣시군경찰은 독립적인 경찰조직으로 경찰활동 수행(×)]<22경간>

(2) **연방수사기관, 연방정보기관 운영** ☞ 연방차원의 치안문제에 대처하기 위해 연방수사기관과 연방정보기관을 운영하고 있는 점에서도 미국과 독일은 유사하다.

Ⅳ. 연방경찰조직

연방 경찰 (BP)	(1) **명칭변경** : 2005년 연방국경경비대(BGS)의 명칭을 연방경찰(Bundespolizei)로 변경하였으 며 명칭만 바뀌었고 임무와 권한에는 변동이 없다. (2) **경비업무** : 독일연방지역의 국경경비와 주요 헌법기관(연방의회 · 국회대통령 · 연방정부 · 헌법재판소) 및 외국대사관에 대한 안전업무를 수행한다. (3) **예하부대** : 소속 하에 대테러 특수부대인 **GSG-9을 두고 있다.** ※ 뮌헨올림픽(1972) 당시 검은 9월단 사건으로 창설
연방 범죄 수사청 (BKA)	(1) **연방주요범죄 대처 목적** : **연방관련 주요범죄에 대처**하기 위해 연방내무부 산하에 설치되 어 있으며 반 헌정질서 범죄 및 **국제적 광역적 범죄에 대한 수사권을 행사**한다. ※ 연방헌법기관 요인들에 대한 **신변경호도** 담당한다.<22.2채용> (2) **주 수사경찰에 대한 역할** : 연방범죄수사국은 독일 수사경찰의 총본부가 아니라, 범죄수 사 분야에 대한 **각 주의 협조 및 지원업무를 담당**한다.<09채용> ① 범죄관련 정보를 총괄하는 조직이며, 주 수사경찰에 대한 실질적, 일반적 지휘권은 존 재하지 않아 전국 경찰(주 경찰)의 수사 활동과는 큰 관련성이 없다.<08경간> (3) **독일 인터폴 중앙사무국(NCB)** : 인터폴 국가중앙사무국의 역할을 통해 **외국과의 수사협 조 등 임무를 수행**하고 있다.
연방 헌법 보호청 (BFVS)	(1) 정보수집 및 분석업무, 국가방첩임무, 반국가단체 및 문제인물 감시 등 업무를 담당하고 있다. (2) **범죄수사권 없음** : 독일의 연방헌법보호국은 우리의 국가정보원처럼 반국가사범에 대한 수 사권이 없어, **구속 · 압수 · 수색 · 소환 등의 권한이 없으며**, 반국가사범의 위법한 행위에 대한 정보를 경찰당국에 이첩해야 한다.[♣헌법위반과 관련된 사안에 대해서만 구속 · 압수 · 수색 등 강제수사를 할 수 있다.(×)]<21경간> ※ 2차 대전 이후 연합국의 영향으로 경찰기관의 경찰권과 정보기관의 정보권을 엄격히 분리하고 있다.

Ⅲ 독일경찰의 업무와 권한

Ⅰ. 검사의 권한

(1) **수사권 및 공소권** : 검사는 수사의 주체이자 주재자로서 **수사 및 공소에 대한 모든 권한을 가지고 또
한 책임을** 진다.[♣공소권만 보유(×)]

① **수사의 주체** ➡ 경찰수사 활동의 모든 단계에 구체적 지시 · 감독을 통하여 개입할 수 있고, 때로는
검사 **자신이 수사 활동을 직접 인수하여 계속할 수**도 있으나 실제 중요사건을 제외하고는 검찰 송
치 후 통제가 이루어지고 있다.

※ **사인소추** ➡ 독일은 일정한 범죄에 대해서는 피해자들의 사인소추를 인정하고 있다.

(2) **권한의 행사방법** : 그러나 독일의 검사는 자체적으로 고유한 수사조직을 가지고 있지 않으며 사법경찰
중 일부를 검찰의 보조공무원으로 활용할 수 있도록 하고 있다.

(3) **평가**

① '팔 없는 머리' : 독일의 검찰은 **공소권과 수사권을 모두 가지고 있으나**, 자체적인 집행기관(수사
인력)이나 수사 장비가 전무하므로, 경찰의 도움 없이는 독자적 수사가 불가능하다.[♣자체수사인력
(×)]<10승진 · 08채용 · 11경간>

② **수사실행 :** 고소·고발 등 수사의 단서가 경찰에게 주로 접수되어 **대부분의 수사가 경찰에 의해** 이루어진다.

③ **조서 증거능력 :** 독일은 **법관 이외의 기관이 작성한 조서에 증거능력을 인정하지 않아** 독일 검사는 신문조서를 받기 위한 피의자 신문을 하지 않는다.

II. 사법경찰관의 권한

(1) **독자적 수사 개시권 :** 경찰에게도 일반적인 **독자적 수사 개시권이 인정**되며 모든 범죄에 대한 수사의 개시·집행은 경찰이 담당하고 있다.

① 그 외 **독자적 수사 진행권, 수사 종결권, 영장청구권 등은 모두 인정되지 않는다.**

※ **지체 없는 검찰 송치 :** 경찰에게도 독자적으로 수사에 착수할 권한과 의무가 있지만, 지체 없이(긴급한 증거보전 및 신속한 조사 후에) 자료를 검찰에 송부하여야 한다. 수사방법은 전적으로 경찰의 소관으로 검사는 수사방법에 대해서는 관여하지 않는다.

III. 검사와 경찰의 관계

(1) **수사권의 보유 :** 형사소송법상 **수사의 주체는 검사이지만, 경찰에게도 수사에 대한 일반권한을 부여**함으로써 **검사와 경찰 모두에게 수사권을 인정**하고 있다.<06경간>

(2) **최근의 개정 :** 1999년 개정 형사소송법은 일반사건의 수사권을 경찰에게 부여하여, 그동안 법적으로 초동수사권에 한정되어 있던 경찰수사권의 행사는 모든 영역에 걸쳐 가능하게 되었다.

(3) **양자의 관계 :** 경찰은 사건처리를 검사에게 송부하여 지시를 받아야 하므로, **양자는 상명하복의 관계에 있고, 검사가 수사의 주재자이고 경찰은 보조자**이다.<08채용>

제5절 | 테마 26 | **프랑스 경찰**

> 프랑스는 면적이 549,000평방미터로 한반도의 약 2.5배에 해당하고 인구가 약 6,375만에 해당하며 정부형태는 대통령제를, 의회는 상·하 양원제를 취하고 있고 행정구역은 22개의 레지옹(광역도, Region), 96개의 데빠르트망(도, department), 3만 6천개의 코뮌(시·읍·면, Commune)으로 이루어져 있으며 프랑스 대혁명기에 자치경찰화를 경험하였을 뿐 나폴레옹 이후 국가경찰체제를 유지하고 있다.

① 프랑스 경찰의 역사

프랑스 혁명 이전	(1) **프레보 :** 11세기경 프랑스에서는 **법원과 경찰기능**을 가진 프레보(PreVot)가 파리에 도입되었고, **프레보는 왕이 임명**하였다.<11·21경간> ※ 1032년 앙리 1세가 파리 시내의 치안을 위하여 창설한 국왕 친위순찰대격인 프레보(preVot)가 법원·경찰을 담당하였는데, 이것이 프랑스 국가경찰의 시초라 할 수 있다. (2) **봉건영주의 경찰권 행사 :** 중세에 접어들면서 **지방에는 봉건영주가 경찰권을 행사**하였고, 프레보와 경찰기능과 조직에 관한 마찰이 발생하였다.

<table>
<tr><td rowspan="5">프랑스
혁명
이전</td><td>

(3) **경찰권 이론 등장**: 프랑스에서 경찰권이론은 **14세기에 등장**하였는데, 이 이론에 따르면 **군주** 는 개인 간의 결투와 같은 **자구행위를 억제**하기 위하여 **공동체의 원만한 질서를 보호할 권리와 의무**를 갖고 있으며, 이에 근거하여 **필수불가결한 조치권한**을 갖는다고 보았다.<11 · 21경간>

※ **14C 말 프랑스**에서 경찰(la Police)이란 국가목적 · 국가작용 · 국가의 평온한 질서 있는 상태를 의미하였다.[♣초기에 공동체의 질서 있는 상태를 의미(×)]<21경간>

(4) **15C 말 프랑스**의 국가작용을 의미하는 **경찰개념(pouVoir de Police)이 독일에 계수**되어 양호한 질서를 포함한 **국가행정 전반을 포괄**하는 의미로 '국민의 공공복리를 위해 **강제력을 동원할 수 있는 통치자의 권한**'으로 인정되어 **절대적 국가권력의 기초를 제공**하였다.[♣독일의 경찰개념이 프랑스에 계수(×), ♣14세기 말(×)]<10 · 13승진 · 11 · 21경간>

(5) **경찰대신 임명**: 17세기 도시지역의 치안부재와 전염병에 의한 비위생 등의 문제가 대두되자, 루이 14세는 1667년 파리에 경찰국을 창설하고 **최초로 경찰국장(경찰대신)을 임명**하고 지방 대도시에도 경찰국장을 임명하였다.

※ 중앙집권적 성격과 자치적 성격의 양면이 존재하였다. [**구체제(Ancient regime)시대** (11~17C)]

</td></tr>
</table>

<table>
<tr><td rowspan="4">프랑스
혁명
이후</td><td>

(1) **경찰대신 폐지:** 프랑스 대혁명으로 왕권강화를 위해 설치한 경찰대신을 폐지하고 1796년 경찰업무가 지방자치단체장에게 속하게 하는 **지방경찰체제를 수립**한다.<08 · 10승진 · 09채용>

※ 파리경찰국은 폐지되어, 파리시는 국립민간방위대(혁명기의 민간방범대)가 치안을 담당하게 되고 경찰권이 시장에게 이관된다.

(2) **국가경찰체제 도입:** 나폴레옹이 집권한 이후 황제의 권한을 강화하기 위해 국가경찰체제를 도입하게 된다.

(3) **드레퓌스 사건(1894년):** 드레퓌스 사건 이후 군이 담당하던 **공안업무도 경찰이 담당**하고 있다.

※ 프랑스 우파인 군부와 보수세력 대 민주주의를 표방하는 좌판 간의 대립으로 불거진 사건이다. 군부와 보수세력이 드레퓌스라는 유대인 장교를 간첩으로 몰아 자신들의 입지를 강화하려고 했으나 결국 무죄로 판명된다. 당시 프랑스의 진보적인 지식인들이 총궐기하여 드레퓌스를 옹호하였고 에밀 졸라는 '나는 고발한다.'라는 글을 발표하여 사회적 반항을 불러일으켰다.

</td></tr>
</table>

Ⅲ 경찰의 조직과 제도

Ⅰ. 구조적 특색

(1) **집권형 국가경찰제도:** 중앙집권적 국가경찰제도를 기반으로 자치경찰제를 선택적으로 가미하고 있다.[♣분권화된 자치경찰 중심의 치안활동(×)]

※ 일부 자치경찰제도를 시행하고 있으나 국가경찰체제가 정비되어 있다.

① **형식상 이원구조** ➡ 프랑스 경찰은 형식상 국가경찰과 자치경찰의 이원적 구조를 가지고 있다.

② **국가경찰 중심 운영** ➡ 그러나, 전반적으로 국립경찰과 군경찰 모두 **중앙에서 내무부장관이 일반적 지휘 · 감독**을 하는 **국가경찰 중심의 운영형태**를 보이고 있다.

(2) **비경찰화 미흡:** 경찰의 업무에 **위생사무가 포함**되어 있다.

(3) **정보경찰의 높은 비중:** 프랑스의 지리적 특수성이나 정치상황에 의한 국가안보적 차원에서 정부를 위한 정치 · 정보경찰의 비중이 높다.

Ⅱ. 조직적 특색

국가 경찰	국립경찰	① **인구 2만 이상의 코뮌에 배치**되어 **도지사가 관장**하고 있다. ② 국립경찰은 다시 **경찰청 본부조직, 파리경찰청, 지방경찰청**(시경찰)등이 있다. 　　※ 프랑스는 경찰청 소속 수사국을 중심으로 지방에 지방수사국을 설치, 광역 　　적 수사를 담당한다.
	군인경찰	국립경찰이 배치되지 않은 인구 **소도시**(2만 미만의 코뮌)**와** 농촌지역에 군인경찰 (La Gendamerie Nationale)**이 배치**되어 경찰업무를 수행하며, 도지사가 관장한다. <21경간> 　　※ 프랑스 군경찰은 군인의 신분으로 국방임무를 수행하면서, **행정경찰과 사법경 　　찰의 기능을 수행**한다.<22경간>
자치 경찰		(1) **자치단체장 책임하 설치** ➡ 자치경찰은 필요성과 재정능력에 따라 **자치단체장**(읍·면장)**의 책임 하에 설치**한다.[♣일정규모 이상 대도시는 반드시 자치경찰을 설치할 의무 있다.(×)](사물관할) 　　※ 다만 일정규모 이상의 자치경찰을 설치할 경우 검사와 관선도지사의 승인을 얻어야 한다. 　　※ 규모가 작은 자치단체들은 **여러 개의 자치단체를 관할하는 광역자치 경찰을 설치할 수도 있다.** (2) **사법권 행사** : 형사소송법에 의해 자치단체장과 부자치단체장에게는 사법경찰권이 부여되며, 자치경찰은 **사법경찰보조자로서 제한된 범위에서 사법경찰권을 행사**한다.(사법경찰관 보 좌, 범죄인지보고서 작성, 범죄정보수집 등)

Ⅲ 업무와 권한

(1) **사인소추주의** : 프랑스는 검사의 기소독점주의를 인정하지 않고 모든 범죄의 직접 피해자가 검사와
독립하여 수사판사나 재판법원에 사인소추할 수 있다.[♣검사의 기소독점(×)]

　① **사인소추주의 － 미국·영국·프랑스 등[◉ 영미 샤프]**

　② **국가소추주의 － 한국·일본·독일·중국** 등 검사의 기소독점권이 강하다.(독일, 중국은 예외적 사
　　인소추 인정)[◉ 한일 중독 국가]

(2) **검찰에 대한 법원의 우위**

　① 검찰이 법원의 하부조직으로 구성되어 있고, **재판과 수사의 상당 부분이 법관의 권한**에 속한다.

　② 경찰은 초동수사권자, 검사는 임의수사 및 기소권자, 수사판사는 강제수사권자

(3) **사법경찰관 권한** : 사법경찰은 수사판사나 검사의 지시를 받으며, **독자적인 수사개시권**을 가지고, 실
무상 대다수 사건에서 주도적으로 수사를 하고 있다.<11경간>

(4) **검사의 지위** : 검사가 **수사의 주재자**이며, 경찰은 수사의 보조자에 불과하다.

　① 수사지휘권 : 검사는 사법경찰에 대해 수사지휘권을 보유한다.

　　※ 경찰에 독자적 수사개시권이 인정된다.

(5) **예심판사** : 예심판사는 **수사의 주재자로서 수사권**을 가지고 동시에 **판사로서의 결정권**도 가진다.

　※ 다만, 예심판사는 당해 사건의 공판에는 참여할 수 없게 된다.

제6절 | 테마 27 | 일본경찰

지금까지 본서에서는 영·미법계의 대표국가인 영국과 미국의 경찰 제도를 살펴보고 대륙법계 대표국가인 독일과 프랑스의 제도를 살펴보았다. 기준 없이 많은 국가의 제도를 살펴보는 것은 비경제적이면서도 그럴 필요성은 약하다는 점에서 추천할 만한 일이 아니다. 다만 지금까지 살펴본 상반된 두 법체계를 절충적으로 흡수한 대표적 사례로서 일본 경찰을 들 수가 있다.

Ⅰ 일본경찰의 역사

일본 경찰 역사의 특징

① **제국주의·군국주의 도구** : 경찰의 창설은 시민의 필요를 위한 것이 아니라, 정부의 보호와 군국주의의 도구로 이용하기 위한 것으로 경찰은 각종 치안입법을 통하여 국민의 사상까지도 감시하였다.

※ **일본경찰의 사상적 토대 ➡ '경찰국가의 철학'**으로 국민의 인권보다 '국민으로부터 정권을 지키는 데 충실하였다.

② **절충형** : 일본은 프랑스와 독일의 영향을 받아 근대화의 과정을 밟았고, 미국의 영향으로 지방분권적이고 민주적인 경찰제도를 가지게 되어 **양법계의 특징을 혼합한 절충형 제도**를 가지게 되었다.

Ⅰ. 명치유신 전후의 경찰제도 [명치유신(1868)]

병부성 시대	**번병·부병조직** : 명치유신 초기 **번에서 차출된 무사들로** 번병·부병을 조직하여 순찰제도를 도입하여 동경부의 치안을 담당하게 하였다.(명치유신 이전과 별 차이 없음.)
사법성 시대 (1871~ 1874)	① **나졸 창설** : 동경부에 나졸 3000의 창설로 최초의 근대적 경찰이 등장하였다.(1871)
	② **경보료직제장정(1872)** : 나졸이 1872년 사법성관할로 이관되면서 행정경찰의 조직과 임무에 관한 규정으로 경보료직제장정이 제정되었으며 사법경찰업무는 「사법직무정제」에 의거 검사가 수행하도록 되어 있었다.
내무성 시대 (1874~)	① **내무성이관** : 1873년 유럽대륙을 시찰하고 작성한 조사보고서를 토대로 1873년 내무성이 설치되고, 1874년 사법성의 경보료를 내무성으로 이관하였다.
	② **동경경시청의 설치** : 1874년 내무성의 관할 하에 동경경시청이 창설되었으며, 종래 나졸은 순사가 되고, 또한 자치제적인 번인제도도 폐지됨으로써 자치경찰제적 요소가 완전히 일소되었다.
	※ **헌병경찰제도 ➡** 헌병조례(1881)에 의해 설치된 헌병은 군사 및 행정·사법경찰을 겸임하는 경찰기관으로 활동을 하였다.
미군정 시대 (1945)	① **분권적·민주적 경찰제도 도입**
	② **군국주의 일소** : 군국주의의 일소 차원에서 철저한 개혁을 실시하여 **일왕의 독립명령권·명치헌법·각종 치안입법의 폐지(인권지령), 정치경찰·헌병대·내무부 등을** 폐지하고, 경찰수뇌부와 사상경찰 관계자 등을 파면 조치하였다.
	③ **검사의 수사 독점권 폐지**

Ⅱ. 구(舊)경찰법 시대(1947)

(1) 민주화 요청[◉공책분권]

① **공안위원회제도 도입** ➡ 도입 민주적 관리방식의 경찰 관리기구로서 (국가 및 지방)공안위원회제도를 도입하였다.

> ※ 공안위원회는 경찰의 관료화·독선화를 방지하고 경찰의 민주화와 정치적 중립성을 보장하려는 제도이다.

② **경찰책무의 한정** ➡ 경찰의 임무(국민의 생명·신체 및 재산을 보호/**범죄의 수사와 피의자의 체포**/공안의 유지)를 규정하여 경찰활동의 범위를 한정하였다.

③ **극단적 지방분권화** ➡ 시 및 인구 5천명 이상의 정·촌은 자체 부담으로 자치경찰을 두게 하였다.

  ㉠ **국가경찰과 자치경찰의 2원적 구조** ➡ 내각총리대신 관할의 국가지방경찰과 시·정·촌 자치경찰의 2원적 구조를 가진 경찰제도를 창설하여 경찰의 운영과 지방자치를 연계시키려 했다.

  ㉡ **대등한 지위** ➡ 자치경찰은 국가비상사태의 경우를 제외하고는 국가의 지방경찰과 대등한 지위를 가졌다.

(2) 문제점

① **민주성의 문제점** ➡ **치안책임 불명확** : 국가공안위원회가 내각으로부터 독립성이 강하여 **정부의 치안책임이 불명확**하게 되었다.(내각책임제 형태의 정부와 특히 부조화)

② **효율성의 희생** ➡ 현실적인 기반을 고려치 않고 제도를 과도하게 소단위로 세분화하는 **극단적인 분권주의를 취하여 치안유지라는 목표(능률)를 희생**하게 되었다.

> ※ 비경제성 ➡ 경찰기구의 2원화(국가의 지방경찰과 자치경찰)와 지역 단위의 세분화로 비효율적이고 후원회의 기부에 의존하는 등 국민에게 부담이 되는 비경제적인 제도였다.

Ⅲ. 신(新)경찰법 시대(1954) - 현재까지

(1) 효율성의 강화

① **도·도·부·현 경찰로 일원화** ➡ 능률화의 요청으로 경찰의 운영단위를 시·정·촌에서 도·도·부·현으로 격상하여 지방자치경찰조직을 도·도·부·현 경찰로 일원화하였다.

② **국가와 지방자치의 조화** ➡ 도도부현 경찰에 원칙적으로 자치적 성격을 부여하고(경시 이하의 직원을 지방공무원으로 임명), 동시에 국가적 요청에 근거하여 필요한 한도 내에서의 국가적 성격을 부여하였다.[♣우리나라와 같은 국가경찰체제 형성(×)]

③ **업무 분장** ➡ 중앙의 경찰기관에서 국가가 책임을 분담할 특정사항을 관장하도록 하였다.

(2) **민주성과 능률성의 조화** : 능률화의 요청으로 경찰운영의 단위를 격상·일원화하여 국가지방경찰을 폐지하고 **자치경찰을 도도부현 경찰로 일원화**하여 '**도도부현 경찰제도**'와 '**공안위원회에 의한 경찰관리**'라는 현행 제도의 골격이 완성되었다.

> ※ 구경찰법의 문제점을 보완하기 위하여 신경찰법에서는 경찰의 민주성과 능률성, 국가적 성격과 자치적 성격, 정치적 중립과 책임의 명확화라는 상반된 요소의 조화에 중점을 두었다.

(3) **정치 중립성 확보와 치안책임 명확화** : 공안위원회제도를 유지하여 정치 중립성을 확보하고, **국가공안위원장을 국무대신으로 하여 치안책임을 명확화**하였다.

Ⅱ 조직과 제도

Ⅰ. 국가경찰(경찰청과 관구경찰국)

⑴ **경찰청 설치 :** 경찰청은 **국가공안위원회에 설치**된다.

⑵ **경찰청장관 임명 :** 경찰청 장관은 국가공안위원회가 총리의 동의를 얻어 임명한다.

　※ 경찰청장은 소관사무 범위 내에서 도도부현 경찰을 지휘·감독한다.

⑶ **국가공안위원회 :** 국가공안위원회는 경찰청의 관리기관으로서 총리의 관할 하에 있다.

　※ 경찰예산, 경찰교양, 경찰통신, 범죄감식, 경찰장비, 황궁경찰 등의 경찰청 사무에 대해서 도도부현 경찰을 관리한다.

⑷ **경찰청의 지방기관 :** 경찰청의 지방기관으로 **동경경시청**과 **북해도 경찰본부 관할구역**을 **제외**하고 전국에 **6개의 관구경찰국**이 배치되어 있다.<21경간>

Ⅱ. 도도부현 경찰

⑴ **구성 :** 동경도 경시청과 도도부현 경찰본부로 구성된다.

⑵ **관리 : 지사 소속하의 공안위원회가 경찰을 관리**한다.

⑶ **성격 :** 자치경찰적 성격과 국가적 성격이 혼재한다.

Ⅲ 업무와 권한

⑴ **법규정 :** 1948년 형사소송법의 개정 이후 형사소송법상 사법경찰직원과 검찰관은 각각 **상호 대등한 협력관계에 있는 독립된 수사기관**이 되었다.<22경간>

　※ 사법경찰과 검사의 관계를 협력관계로 규정하면서도, **사법경찰에 대한 검찰의 지시·지휘권을 인정**하고 있다.[♣검찰은 경찰수사에 대한 지휘권을 가지지 않는다.(×)]

⑵ **법률상 수사권은 검사와 사법경찰직원에게** 있다.

① **사법경찰직원과 검사의 권한**<11.2채용>

사법경찰직원	① 제1차적(본래적) 수사기관으로 독자적 수사권 보유(수사의 개시·진행권)[♣수사종결권(×)]<22경간>
	② 체포·압수·수색·검증영장 청구권을 포함한 **강제처분권**을 가짐.<08승진·09채용>
검사 (검찰관)	① 제2차적(보충적)수사기관
	② **검사 권한 = 사법경찰직원권한** + [㉠ 보충·보정권, ㉡ **구속영장청구권**, ㉢ **수사종결권(경찰수사 전건 송치), ㉣ 기소권(소추권)**]

② 일반적 지시 / 일반적 지휘 / 구체적 지휘

일반적 지시권	적정한 수사와 공소유지를 위해 필요한 사항을 **준칙으로** 정하는 것
일반적 지휘권	**구체적 사건**에 대하여 개개의 사법경찰직원이 아니라, **사법경찰직원 일반**에 대하여 수사의 협력을 구하는 것
구체적 지휘권	**개개의 사건이나 개개의 사법경찰직원**에 대하여 검사 자신이 범죄수사를 하고 있는 경우에 한하여 특정 사법경찰직원에게 수사의 보조(협력)를 구하는 것

[비교] 외국의 경찰수사권 정리

구분	경찰의 수사주체성	경·검 관계
영국	① 경찰이 수사주재 ② 모든 범죄수사 개시(○), 진행(○), 종결권(○) 보유	① 과거 경찰이 수사와 기소 독점 ② 1985년 검찰청을 창설하여 수사와 기소 분리 ③ 경찰과 검찰은 상호 협의, 조언, 자문의 대등협력관계
미국	① 경찰이 수사주재 ② 모든 범죄수사 개시(○), 진행(○), 종결권(○) 보유	① 전통적 권력분립 사상에 따라 수사는 경찰, 기소는 검찰에 배분(각 주별로 예외 있음.) ② 경찰과 검찰은 상호 협의, 조언, 자문의 대등협력관계
독일	① 경찰은 수사주체(보조적 지위도 인정) ② 경찰의 독자적 수사개시권(○) ③ 경찰의 수사진행권 인정(검사의 지휘권도 인정)	① 검사가 수사의 주재자로 사법경찰에 대해 촉탁과 위임을 발할 수 있고, 사법경찰은 이를 충족시켜야 할 의무(○) ② 검사의 직접수사(X), 형식상 상명하복관계이며 사실상 협력관계, 검사는 '손발 없는 머리'
프랑스	① 경찰은 수사주체(보조적 지위도 인정) ② 모든 범죄에 대한 독자적 수사개시, 검사의 지휘에 의한 진행권 행사	① 경찰은 주체적 수사권 보유하나 수사진행에 검사를 보조하는 지위, 검사는 일부 경죄의 임의수사 및 소추권자 ② 사법경찰이 수사를 함에 있어 수사판사 또는 검사의 지시가 있는 경우 이를 준수해야 한다. ③ 다만, 검사와 수사판사는 자체 인력이 없어 직접 수사하지 않으므로 사실상 경찰과 협력관계
일본	① 경찰은 수사의 주체, 1차적 수사기관 ② 모든 범죄수사의 독자적 개시·진행권 행사	① 경찰은 1차적·본래적 수사권자, 검찰은 2차적·보충적 수사권자 및 기소권자 ② 경찰과 검찰은 상호협의, 조언, 자문하는 대등협력관계 ③ 검사는 송치 후 수사의 효율화, 적정한 공소제기를 위해 일정한 범위 내에서 지시 및 지휘권 보유

□ 중국 경찰

Ⅰ 조직과 제도

① **중앙집권과 지방분권의 결합체제**: 각 지역의 공안기관은 중앙상급기관과 지방정부로부터 2중의 지휘·관리를 받는다.[♣강력한 중앙집권 체제(×)]

  − 대륙법계의 중앙집권체제의 경찰이나 영미법계의 지방분권체제의 경찰과는 다른 성격을 가짐.

  − **경찰조직 구성**: 국무원공안부(중앙기관) − 인민경찰(지방공안기관) − 인민무장경찰대 − 주민자치방위조직으로 구성되어 있다.

    ※ 기본적으로 **국가경찰제도**를 취하면서 지방에서의 부족한 치안 수요를 충당하기 위해 **자치단체에 준하는 민간조직의 도움을 받아 경찰력을 유지하고 있다.**[♣경찰력에 민간협력 배제(×)]<08승진·12경간>

② **광범위한 권한**: 민생치안·수사활동 등 경찰 본연의 임무 외에도 **호적·소방·교정·철도공안·출입국관리·산림보호 등 직무영역이 광범위**하다.

  ※ **인민경찰의 종류** → 중국 경찰의 종류는 다양하나 크게 인민생활과 관련된 민생치안분야를 담당하는 '**인민경찰**'과 정치적인 시국치안분야의 업무를 담당하는 '**무장경찰**'로 대별할 수 있다.

③ **일원주의**: 독자적인 사법경찰 조직을 운영하지 않고 있으며, 사법경찰의 권한유형은 대륙법계와 유사하다.<10승진·09경간>

국가 안전부	① **창설**: 공안조직 내부의 정치국의 전문화, 국가의 안전 확보와 대간첩업무를 강화하기 위해 **KGB와 CIA를 모델로** 하여 1983년에 창설한 행정계통의 정보기관이다. ② **임무**: 행정계통의 정보기관으로서 **공안조직 내부의 정치국의 전문화를 위해 만들어져**서 전국의 치안활동의 지도와 정보업무를 담당한다.<09경간> ③ **범위**: 당의 안전과 위험·국가의 안전과 위기에 직접 관계하는 **대내업무와 대외업무를** 모두 담당한다. ※ 대간첩업무가 중점이며, 반체제 인사에 대한 감시와 외국인과 유학생들에 대한 감시활동도 하고 있다.

국무원
공안부
	① **공안부 설치**: 국무원에 중앙경찰기관인 공안부가 설치되어 있다.(**공안부장은 장관급**)
	
	  ※ 우리 경찰청에 해당<12경간>
	
	② **공안부장**: 국무원의 구성원으로서 국무원 총리가 제청하여 전국인민대표대회에서 선출하며, 파면권도 역시 전인대에서 가지고 있다.(장관급)
	
	  ※ 정치경찰기능을 포함하여 광범위한 권한을 행사한다.

인민경찰	국무원 공안부의 하부 지방조직으로서 각 지방의 행정단위에 대응하는 지방공안기관으로, 성공안청 또는 시공안국(4대직할시) → 현공안국 또는 공안분국 → 공안파출소, 4단계의 조직구조를 가지고 있다.
인민무장 경찰대	**인민해방군 소속**: **국가안전보위를 담당하는 인민해방군 소속의 무장부대**(일명 인민해방군 중앙경호국)로서 **우리의 의무경찰과 유사**하다.<08·09·10승진·08경간> ※ 조직 → 행정기관과 해방군의 중간적 성격을 가진 치안기관으로 인민무장경찰부대가 있고, 중앙에 총부, 각 1급 행정부에 총대가 있다.

※ **주민자치방위조직** ☞ 경찰조직은 아니지만, 경찰의 최하위 조직인 공안파출소와 함께 일반주민의 자치방위의 말단조직인 '거민위원회' 및 '치안보위위원회'를 구성하여 치안유지에 큰 역할을 하고 있다.<07경간>

Ⅱ 권한과 업무

① **중국경찰의 기본적 법령** ➡ **인민경찰조례**(1957)와 이 조례를 대체하는 **인민경찰법**(1995)

② **인민경찰법**(1995) ➡ 기존의 인민경찰조례(1957)를 완전히 대체하는 법으로서 52개조의 규정으로 경찰의 조직·권한·직무·의무 등을 규정하고 있으며, **우리의 조직법(국가경찰과 자치경찰의 조직 및 운영에 관한 법률)과 작용법(경찰관직무집행법)에 해당하는 내용을 포함**하고 있다.<12경간>

③ 사법경찰은 수사의 주재자로서 검찰과 상호협력관계를 유지하고 있다.

공안기관	① **모든 분야** ☞ 법률에 타 기관이 수사하도록 하는 특별한 규정이 없는 한 **일부 공무원 범죄**와 대형 경제범죄를 제외한 모든 분야의 범죄 단속권이 있다. ② **공산당 지도하에 업무를 수행**한다.<12경간>
국가 안전부	대형 경제범죄와 같은 **국가안전을 위해하는 사건 및 간첩사건**을 처리
인민 검찰원	① **공무원범죄, 경제범죄** ☞ 공무원 범죄와 불법고문과 같은 공무원의 직무관련 범죄, 경제범죄 등에 대한 단속권 보유 - **경찰기관과 검찰기관의 업무구분이 명확**하다.[♣경찰과 검찰의 업무구분 불명확(×)] ② **권한** ☞ 국가의 유일한 공소기관으로서 형사건의 정사를 담당하며, 체포를 비준하고 수색입안활동과 심판활동 및 판결과 재정의 집행이 합법적인지 여부를 감독하는 독립한 검찰권은 행사하고 있다.
인민법원	자소사건은 인민법원이 직접 수사한다.

※ **업무구분이 명확** ➡ 형사사건에 대한 수사·구류·예심은 **공안기관**이, 간첩사건에 대한 수사·구류·예심은 **국가안전부**가, 수사권 및 체포승인·공소제기 및 유지(공소권)는 **인민검찰원**이 담당한다.

PART
03

경찰행정법

법학기초이론 및 조직법

Chapter **01**

1 경찰법 일반

(1) **경찰법의 의의 :** 경찰법은 경찰을 규율하는 법으로 경찰의 개념 정의에 따라 경찰법의 개념이 좌우된다.**(경찰개념에 종속)**

① 제1설 ➡ 경찰의 개념을 위험방지에 기여하는 국가 활동으로 이해하여 경찰법을 위험방지법으로 본다.(knemeyer)

② 제2설 ➡ 제도적 의미의 경찰개념의 축소 결과, 단지 경찰행정청이 행하는 위험방지활동만을 경찰법의 대상으로 본다. 반면 타 질서행정청이 수행하는 위험방지활동을 질서법의 대상으로 경찰법의 대상에서 제외한다.(schenke)

③ 제3설 ➡ 경찰법이란 위해방지에 관한 국가작용의 내용·범위 및 형식에 관한 성문 및 불문의 법체계를 의미한다.(류지태 등)

④ 제4설 ➡ 경찰의 조직과 작용 및 경찰에 대한 국민의 권리구제에 관한 법(최영규)을 경찰법으로 본다.

정리 경찰법의 구성 <99승진>

경찰 조직법	경찰 존립의 근거를 부여하고, 경찰이 설치할 기관의 명칭·권한, 관청상호간의 관계, 경찰조직 구성원의 임면·신분·직무 등에 대하여 규정하는 법을 말한다. **예** 국가경찰과 자치경찰의 조직 및 운영에 관한 법률, 경찰공무원법 등
경찰 작용법	경찰이 경찰권을 발동할 수 있는 요건과 그 효과로서 각종 위해의 제거를 위한 수단이나 경찰제재 등을 정한 법으로 법률유보원칙이 적용된다. **예** 경찰관직무집행법, 도로교통법 등
행정 절차법	경찰행정 등 침해행정 분야에서는 사후적 권리구제는 그 실효성이 낮기 때문에 오늘날 사전절차의 준수 등 사전구제절차로서 절차적 권리가 중요하다. **예** 행정절차법은 행정절차에 관한 일반법으로서, 신고절차·처분절차·행정지도절차·행정상 입법예고절차·행정예고절차 등을 규정하고 있다. [🔵 신처지 예고]
경찰 구제법	경찰권 행사와 관련하여 그 상대방인 국민과 분쟁이 발생할 경우 그 분쟁의 해소와 관련하여 규정하고 있는 법이다. **예** 손해전보법과 행정쟁송법

(2) **경찰법의 특성 :** 경찰법은 **통일된 단일법전이 없다.**[♣통일된 단일법전(×)]

2 │ 테마 28 │ 경찰과 법치행정

Ⅰ. 의의

(1) **개념 :** 국민의 **권리 · 의무에 관계되는 작용**을 할 경우에는 반드시 대표기관인 국회에서 제정한 **법률에 따라야** 하며(**법률에 의한** 행정의 원리),/ 위법한 행정작용에 대해서는 **사법적 구제를 보장**하여 인권보장의 목적을 달성하려는 제도를 의미한다.

(2) **근거 :** 국민의 모든 자유와 권리는 **국가안전보장 · 질서유지 또는 공공복리**를 위하여 **필요한 경우에 한하여 법률로써**[♣법령으로(×)] 제한할 수 있으며, 제한하는 경우에도 자유와 권리의 **본질적인 내용을 침해할 수 없다.**[♣자유 · 권리의 본질적 내용도 법률수권이 있으면 제한 가능(×)](헌법 제37조 제2항)<20경간 · 09채용>

> **주의** 법령(법률＋명령)에 의한 제한(×)

※ 행정작용은 **법률에 위반**되어서는 아니 되며, 국민의 **권리**를 제한하거나 **의무**를 부과하는 경우와 그 밖에 국민생활에 **중요**한 영향을 미치는 경우에는 **법률에 근거**하여야 한다.(행정기본법 제8조)

① **비권력작용 및 권력작용(경찰기관의 모든 활동)** ➡ 경찰기관의 모든 활동은 **조직규범(조직법적 근거)으로서의 법률에 정해진 범위 내에서** 행해져야 한다.<11.1채용>

② **권력작용**(권리 · 의무에 관계되는 작용) ➡ 조직규범의 범위 내에 속해야 함은 물론이고 법률에 의한 **별도의 수권이 있어야** 한다.

※ 본질적 내용 침해금지 ➡ 경찰행정을 구속하는 법률은 국민의 의사를 반영하고, 기본적 인권을 보호하기 위한 것이어야 한다.(실질적 법치주의)

(3) **효력 :** 근대적 법치행정의 원리는 법의 **쌍면적 구속력을 인정**하여, 경찰관으로 하여금 국가뿐만 아니라 **국민에 대해서도 법 준수의 책무를 지게** 하는 데 특징이 있다.

Ⅱ. 유형

(1) 2차 대전 후 형식적 법치주의에 대한 비판과 반성으로 국가권력은 실질적 · 내용적인 한계를 갖고 있어야 한다는 의식 하에 법치주의의 실질화에 노력을 기울이고 있다.

> **정리** 법치주의

형식적 법치주의	법률의 제정 시 절차와 형식에 적합하기만 하다면 내용적 타당성을 묻지 않고 법치주의에 부합된다는 것을 의미한다.
실질적 법치주의	① 법률의 제정 시 절차와 형식은 물론 그 내용까지도 헌법에 적합하여야 한다는 원리를 의미한다. ② 경찰행정을 구속하는 법률은 국민의 의사를 반영하고, 기본적 인권을 보호하기 위한 것이어야 한다.

(2) 법치주의는 **형식적 법치주의에서 실질적 법치주의로 발전**하였다.[♣형식적 법치주의로(×)]

Ⅲ. 내용(법률의 지배 ➡ 합헌성의 원칙)

1. 합헌성의 원칙

(1) **경찰관련 법규의 합헌성의 원칙 :** 실질적 법치주의

① 현대에는 실질적 법치주의가 등장하면서 경찰활동이 법률적합성에만 그치는 것이 아니라, 헌법적 이념에 충실할 것을 요구하고 있다.

② 경찰행정을 구속하는 법률은 **국민의 의사를 반영하고, 기본적 인권을 보호하기 위한 것이어야** 함을 의미한다.

2. O. Mayer의 '법률의 지배' – (오토마이어가 말하는 법치주의 내용)

법치행정의 원칙에 관한 전통적 견해는 '법률의 법규창조력', '법률의 우위', '법률의 유보'를 내용으로 한다.[♣법률의 지배(×)]<22.2채용>

(1) 법률의 법규창조력

① 국회가 제정한 **법률 또는 법률의 위임에 의한 명령(법규명령)**만이[♣행정규칙으로(×)] 국민의 권리·의무에 관한 사항, 즉 일반국민을 구속하는 내용을 규정할 수 있고, **법률의 수권(위임)이 없는 한 경찰권은 스스로 법규를 만들지 못한다**는 원칙이다.[♣의회만이 법규 제정(○)]

※ 법규 ➡ 국민의 권리·의무에 영향을 미치거나 그 범위를 확정하는 성문의 일반·추상적 규범을 의미한다.(국민에 대한 구속력 수반)

② 법률의 법규창조력이란 국민의 대표기관인 **의회만이 국민을 구속하는 규범인 법규를 제정할 수 있다**는 것을 말한다.

(2) **법률우위의 원칙**: 법률우위란 법률의 형식으로 표현된 국가의사는 다른 모든 국가작용(행정, 사법)보다 우위에 있다는 것으로, 특히 행정권의 행사가 **법률(법규명령 포함)에 저촉되거나 위반되어서는 안 된다**는 것이다.[♣국회에서 제정한 법률만을 의미(×)]<02·07경간·02·04·05채용>

※ '법률의 우위'에서의 법률에는 **형식적 의미의 법률**뿐만 아니라 그 밖에 성문법과 불문법이 포함된다.<22.2채용>

① **저촉규범**: 경찰은 법률에 저촉하는 명령을 발할 수 없다는 원칙이다.<05채용>

② **제약규범**: 따라서 어떠한 경찰활동도 **경찰활동을 제약하는 법률의 규정, 즉 제약규범**에 위반해서는 안 된다는 원칙을 법률우위의 원칙이라 한다.[♣법률유보의 원칙(×)]<11.1채용>

③ **행정의 모든 영역에 적용**: '법률의 우위'는 행정의 성질에 관계없이 **행정의 모든 영역에서 적용**된다고 보는 것이 일반적 견해이며 법치주의의 **소극적 기능에 해당**하게 된다.[♣일정영역에서만 적용(×)]

(3) **법률유보의 원칙**[☺유근수작용]

① **의의**: 근거규범 없이는 국민의 권리·의무에 영향을 미치는 경찰활동을 독자적으로 할 수 없다는 것으로, 구체적인 경찰권의 조치에는 그 권한을 정당화할 수 있는 **개별적인 법률의 근거(수권)를 요한다는 원칙**이다.(근거규범, 수권규범)<05채용>

※ 근거(수권)규정 없이 경찰기관은 자기의 판단에 따라 **독창적으로 행위를 할 수 없다는 것을 의미한다.**[♣독자적으로 판단하여 행위할 수 있다.(×)]<05승진·02·03·11.1채용>

※ 행정기본법 제8조(행정작용은 법률에 위반되어서는 아니 되며, 국민의 권리를 제한하거나 의무를 부과하는 경우와 그 밖에 국민생활에 중요한 영향을 미치는 경우에는 법률에 근거하여야 한다.)에서 법률우위(위반되어서는 아니)와 법률유보의 원칙을 명시(법률에 근거하여야..)하고 있다.

> **판례** [혼합살수방법 → 법령에 열거(×) → 살수차운용지침 → 법률유보의 원칙 위배] 혼합살수방법은 법령에 열거되지 않은 새로운 위해성 경찰장비에 해당하고 이 사건 지침에 혼합살수의 근거 규정을 둘 수 있도록 위임하고 있는 법령이 없으므로, 이 사건 지침은 법률유보원칙에 위배되고 이 사건 지침만을 근거로 한 이 사건 혼합살수행위 역시 법률유보원칙에 위배된다. 따라서 이 사건 혼합살수행위는 청구인들의 신체의 자유와 집회의 자유를 침해한다.[♣반드시 위헌·위법이라고 할 수 없다.(×)](헌재 2015헌마476)<22.2채용> → 본 판례에 따라 위해성 경찰장비의 사용기준 등에 관한 규정에 명시(제13조의2 제3항)

② **근거** : 경찰권의 발동에 반드시 국회에서 정한 법률의 근거를 요하는 것(법률유보 원칙)은 **민주적 정당성의 요구**에 의한 것이다.

③ **적용영역** : '법률의 유보'는 행정분야에 따라 적용되는 영역이 다르므로, **모든 행정작용에 법률유보가 적용되는 것은 아니며**, 이는 법치주의의 **적극적 기능**에 해당하게 된다.

> **정리** 법이 경찰활동을 규율하는 2가지 측면
>
> (1) **제약규범** ➡ 경찰활동은 법률의 규정에 위반해서는 안 된다는 **법률우위 문제**
>
> (2) **근거규범**
>
> ① **조직법적 근거** ➡ 경찰활동은 법률에 정해진 권한 범위 내에서 행해져야 한다는 조직규범 문제 (사물관할, 직무규범, 일반조항, 임무규범, 책임귀속)<02·07경간·02·04·05·11.1채용>
>
> If) 만약 **조직법상 직무범위 외의 행위**라면 ➡ 경찰의 직무행위가 될 수 없고 ➡ 효과가 국가에 귀속되지 않는다.[♣제약규범(×)]
>
> ② **작용법적 근거** ➡ 경찰기관은 **수권규정 없이** 자기 판단에 따라 독자적으로 행위할 수 없다는 법률유보의 문제
>
> ※ **통설은 법률유보 = 근거규범 = 수권규범 = 작용법적 근거로 본다.**

④ **법률유보의 범위** : 법률의 근거를 필요로 하는 행정**작용**의 범위를 어디까지로 할 것인가에 대해 학설의 대립이 있다.[☻ 국민의 권리를 침해하는 경우에만 필요(×)]

> **정리** 학설대립

침해유보설	자유나 권리를 침해하는 작용에 대해서만 법률근거를 요한다는 입장(과거 다수설)
권력유보설	**(행정유보설)** 침해적인가 수익적인가 하는 행정작용의 성격과 관계없이, 국민의 **권리·의무와 관계있는 모든 권력 작용에 대해서** 법률의 근거를 요한다는 입장
급부행정 유보설	사회적 유보설을 보다 확대하여 급부행정의 권리성에 대한 구별 없이 급부행정 전반에 걸쳐서 법률의 근거를 요한다는 입장 ※ **사회적 유보설** ➡ 침해행정뿐만 아니라 복리행정 중에서 사회보험·공적부조 등과 같이 권리성을 띤 사회보장행정에도 법률의 근거를 요한다는 입장
전부유보설	행정작용은 성질이나 종류를 불문하고 모두 법률의 근거를 요한다는 입장
중요사항 유보설	**중요한 본질적인 사항**에 관해서는 국회가 심의·의결해야 한다는 입장(憲裁·大判) ➡ '본질성 유보설'·'단계설'·'본질성설' – 법률유보의 범위를 법적 규율의 기본권 관련성이나 중요도·관계이익 등을 고려하여 단계적·개별적으로 정하여야 한다는 견해 ➡ 법률유보의 범위와 강도에 여러 단계가 존재한다는 것을 강조(단계설)

㉠ **권력적·침해적 작용** : 경찰작용이 권력적·침해적 작용일수록 **법치주의의 요구가 강하게 적용**이 된다.

㉡ **비권력 작용** : 비권력적 작용이나 순수한 서비스 활동은 구체적 수권이 없어도 임무에 관한 일반조항(=직무범위)의 범위 내에서 얼마든지 활동이 가능하다.

Ⅳ. 한계(법치주의의 한계)

① 실질적 법치주의 하에서 법치주의의 원리는 완전히 적용되는 것이 원칙이지만, 일부 작용의 경우에는 이론적으로 또는 사실상 법치주의의 원리가 완전하게 적용되지 않는 것이 있는데, 이를 특히 법치주의의 한계 또는 예외라고 한다.

② 법치주의의 적용이 제한되는 '법치주의의 한계(예외)'는 인정될 수 있지만, 실질적 법치주의 하에서 법치주의의 원리가 적용되지 않는 **'법치주의의 배제'는 있을 수가 없다.**

통치 행위	① **고도의 정치성**: 고도의 정치적인 국가행위 내지 국가적 이익에 직접 관계되는 사항을 대상으로 하는 행위에 있어서 그에 대한 법적인 판단이 가능함에도 불구하고 고도의 정치성 때문에 **사법심사의 대상에서 제외**되는 국가행위 예 **대통령의 비상계엄선포행위**, 국군의 해외파병 ② **축소과정**: 오늘날은 국민의 기본권 보호를 위해 통치행위의 적용영역이 점차 축소 · 정리되어 가고 있음.
재량 행위	① **원칙**: 재량에 기초한 행정권의 발동은 합법성의 문제(적법 · 위법)가 아니라 합목적성의 문제(당 · 부당)를 제기하기 때문에, 재량행위는 **법치주의 이념의 적용과는 무관**하다. ② **예외**: 그러나 재량행위라 할지라도 **재량의 내적 · 외적 한계를 일탈한다면 사법적 심사의 대상**이 된다.(재량의 남용 · 일탈은 행정소송의 대상)
특별 권력 관계 내부 행위	① 특별권력관계의 내부질서유지를 위한 지배 내지 관리행위 예 군인에 대한 훈련, 공무원에 대한 직무명령, 학생의 수업, 수형자에 대한 행형 등 ② 목적달성을 위해 필요한 한도 내에서 **본질적 사항에 관한 것을 제외하고는 법률유보의 원칙이 완화될 수**가 있고, 권력주체에게 개괄조항에 의한 상당한 재량이 인정될 수가 있다고 본다. 주의 특별권력관계에서 **법치행정의 원리가 완화되는 것**이지 배제되거나 적용이 되지 않는 것은 아니다.[♣배제(×), ♣적용되지 않는다.(×)] ※ **특별권력관계 외부행위**: 특별권력관계 복종자의 기본권에 영향을 미치는 행위로서 처분성이 긍정되어 행정소송의 대상이 된다.(통설) 예 경찰공무원의 임명 · 면직처분 등
예외적 상황 이론	① 예외적 상황의 법규적용 ☞ 행정권에 부과되는 법규는 예외적 상황에 있어 평시에 적용되는 법규와 내용을 달리한다는 이론으로 프랑스 행정법학에서 인정되고 있다. ② 그 결과 행정은 정상적인 상황에서 위법이 되는 조치도 적법하게 행할 수 있고, 과실행위에 대해서도 행정상 손해배상책임을 발생시키지 않을 수가 있게 된다.

3 테마 29 경찰법의 법원

Ⅰ 법원 일반

(1) **법원의 개념 :** 어떠한 것을 경찰행정에 관한 법으로 인식할 것인가의 문제로 경찰의 조직·작용 및 통제에 대한 **법의 존재형식 내지 인식근거**를 의미한다.<14승진>

① **법원의 종류 :** 법원은 그 존재형식에 의해 **성문법원과 불문법원으로 구분**된다.<20·22경간·14·20승진·23.1채용>

② **성문법주의 :** 경찰법은 **성문법주의를 취하는 것이 원칙**이며, 성문법 중에서도 국회에서 제정한 **법률에 의하는 것이 원칙**이다.

③ **법규성 :** 법원은 일반적으로 그 효력면에서 법규성을 갖는 것을 말한다.

(2) **관련문제**

① **불문법의 법원성문제 :** 국민에게 예측 가능성을 보장하고 경찰권의 발동에 민주적 정당성을 요하는 법치주의의 원칙상 성문법에 의한 규율이 바람직하나 성문법이 미비한 부분에서는 **불문법이 예외적·보충적으로 경찰법의 법원**이 될 수 있다.[♣불문법은 경찰법의 법원이 될 수 없다.(×)]

② **경찰처분(행정행위)의 법원성 :** 행정처분은 행정청의 권력적 법집행 행위로써 규범이 아니므로, **경찰법의 법원이 될 수가 없다.**[♣법원이 될 수 있다.(×)]<99승진>

> **정리** 법원의 범위에 관한 학설 대립

협의설	'**법규**'만을 법원으로 보는 견해(법규설) ➡ 행정규칙의 법원성 부정(判)
광의설	'**법규**' 및 '**행정사무의 처리기준인 법규범**'을 모두 법원으로 보는 견해(행정기준설) ➡ 행정규칙(훈령)의 법원성 긍정(다수설)<08승진>

Ⅱ 테마 30 성문법원<11.1채용>

(1) **의의 :** 국민의 대표로 구성된 입법기관에서 일정한 절차를 거쳐 명칭과 조문을 가진 성문법의 형태로 제정되는 법인 제정법을 의미한다.[♣경찰권 발동에는 국회에서 제정한 법률의 근거 요구(○)]

(2) **원칙 :** 국민에게 **예측가능성을 보장**하고 **경찰권의 발동에 민주적 정당성을 요하는 법치주의의 원칙상** 경찰권력의 발동에는 반드시 "**성문법에 의한 규율**"을 요하는 것이 원칙이다.[♣경찰권 발동에 민주적 정당성까지는 필요하지 않다.(×)]

① 실제 경찰행정법 분야는 **성문법이 차지하는 비중이 크다.**

② 민주적 정당성은 국민으로부터 법을 통해 권한을 부여받아야 확보되는 것이다.

(3) **종류 :** 성문법원에는 **헌법, 법률, 조약과 국제법규, 조례와 규칙**이 있다.[♣조리(×)]<20·22경간·14·20승진·11.1·23.1채용>

☞ 성문법원의 종류<14·20승진·11.1채용>	
헌법	국가의 통치조직과 통치작용의 기본원리 및 국민의 기본권을 보장하는 근본 규범
법률	국회에서 법률이라는 형식으로 제정한 규범, 가장 **중심된 법원**
조약· 국제법	헌법에 의하여 '**체결·공포된 조약**'과 '**일반적으로 승인된 국제법규**' ⇒ **국내법과 동일한 효력**을 가짐.
명령	① 행정권이 정립하는 일반적·추상적인 규범[♣행정처분도 법원이다.(×)] ② 판례는 **행정규칙의 법원성 부정**[♣행정규칙도 성문법원(×), 조리도 성문법원(×)]<11.1채용>
자치 법규	**조례**	지방자치단체의 의회가 법령의 범위 안에서 자치권에 의거하여 제정한다.<14승진>
	규칙	**지방자치단체의 장이** 법령 또는 조례가 위임한 범위 안에서 제정한다.[♣지방의회에서 제정(×)]<20경간·14승진>

Ⅰ. 헌법

(1) **헌법의 규정 :** 헌법은 경찰법에 관해 명시적, 직접적으로 규정하고 있지는 않다.

(2) **기능 :** 그러나 **헌법은 기본적인 통치 구조와 국가작용의 기본원칙을 정한 기본법**으로서, 헌법전 가운데 행정의 **조직이나 작용의 기본원칙을 정한 부분**은 그 한도 내에서 **경찰(행정)법의 법원이 된다.**<20·22경간·11·12·16승진>

　🅔 행정조직 법정주의(제96조), 국민의 자유·권리 제한의 법정주의(제37조 제2항), 비상시 긴급명령(제76조) 등

Ⅱ. 법률

(1) 경찰행정상의 조직이나 작용(경찰권 발동)에 관한 사항들도 모두 법률에 근거하여야 하므로, 법률은[♣헌법은(×)] **경찰행정상의 법률관계에 있어 가장 중심적인(중요한) 법원**이다.<22경간·11승진>

　♣경찰행정상의 법률관계에서 가장 중심된 법원이 헌법이다.(×)<10경위>

(2) **경찰권력의 발동에는 반드시 국회에서 제정한 법률의 근거가 요구**되며, 우리의 경우 **통일된 단일법전이 존재하지 않는다.**<10경위>

　① **일반경찰행정법원 ➡ 국가경찰과 자치경찰의 조직 및 운영에 관한 법률**, 경찰공무원법, 의무경찰대법 등 경찰조직법과 경찰작용법에 해당하는 **경찰관직무집행법**, 경찰직무응원법, 도로교통법, 경범죄처벌법 등

　② **특별경찰행정법원 ➡ 건축법, 공중위생법, 식품위생법**, 도로법, 폐기물관리법, 환경법규, 의료법, 약사법, 전염병예방법 등[♣국가경찰과 자치경찰의 조직 및 운영에 관한 법률(×)]

　※ 법원조직법 등은 경찰행정과 관련된 법이 아니므로 경찰법의 법원이 될 수가 없다.

(3) **효력발생**

　① 국회에서 의결된 **법률안**은 정부에 이송되어 **15일 이내에 대통령이 공포**한다.(헌법 제53조 제1항)<23승진>

　② 법률은 특별한 규정이 없는 한 **공포한 날로부터 20일을 경과**함으로써 **효력**을 발생한다.(헌법 제53조 제7항)<23승진>

③ 국민의 **권리 제한 또는 의무 부과**와 직접 관련되는 **법률**(법규명령 포함)은 긴급히 시행하여야 할 특별한 사유가 있는 경우를 제외하고는 공포일부터 적어도 **30일이 경과한 날부터 시행되도록 하여야** 한다.[♣20일이 경과한 날부터(×)](법령등의 공포에 관한 법률 제13조의2)<23승진>

(4) 법 적용의 기준

① **법률 불소급 원칙 :** 새로운 법령등은 법령등(법령과 자치법규 포함)에 **특별한 규정이 있는 경우를 제외**하고는 그 법령등의 효력 발생 전에 **완성되거나 종결된 사실관계 또는 법률관계에 대해서는 적용되지 아니한다.**(행정기본법 제14조 제1항)

② **처분시법 주의 :** 당사자의 신청에 따른 **처분**은 법령등에 특별한 규정이 있거나 처분 당시의 법령등을 적용하기 곤란한 특별한 사정이 있는 경우를 제외하고는 **처분 당시의 법령등에 따른다.**[♣신청시 법령등에(×)](행정기본법 제14조 제2항)

③ **행위시법주의 : 법령등을 위반한 행위**의 성립과 이에 대한 제재처분은 법령등에 특별한 규정이 있는 경우를 제외하고는 법령등을 **위반한 행위 당시의 법령등에 따른다.**(행정기본법 제14조 제3항)

※ **경한 신법 우선주의 :** 다만, 법령등을 위반한 행위 후 법령등의 변경에 의하여 그 행위가 법령등을 위반한 행위에 **해당하지 아니**하거나 제재처분 기준이 **가벼워진 경우**로서 해당 법령등에 특별한 규정이 없는 경우에는 **변경된 법령등을 적용**한다.(행정기본법 제14조 제3항 단서)

III. 조약 · 국제법규

> (1) **조약 · 국제법규 :** 헌법에 의하여 '**체결 · 공포된 조약**'과 '**일반적으로 승인된 국제법규**'는 국내법과 **동일한 효력**을 가진다.[♣성문법원의 일종(○), ♣국내법보다 하위 효력(×)](헌법 제6조)<11 · 14 · 16 · 19승진 · 23경간>
>
> > ♣헌법에 의하여 체결 · 공포된 조약과 일반적으로 승인된 국제법규도 경찰법의 법원으로 볼 수 있다.(○)<14승진>
> >
> > ♣헌법에 의하여 '체결 · 공포된 조약'과 '일반적으로 승인된 국제법규'는 국내법보다는 하위의 효력을 가진다.(×)<14 · 16승진>
>
> (2) **국내적용 절차 :** 조약이나 국제법규가 국내에 적용되기 위해서 **별도의 국내법을 제정해야 할 필요가 없으며**[♣제정하여야(×)], 헌법에 의해 체결 공포된 조약은 **대통령의 비준과 국회의 동의가 있으면 된다.**
>
> (3) **국내법과 충돌문제 :** 법령에 **특별한 규정이 없으면, '신법우선의 원칙' 및 '특별법우선의 원칙'**에 의해 해결한다.(신법과 특별법이 충돌하면 '특별법'이 우선)
>
> (4) **유의 :** 특히 수사 · 외사경찰의 활동에는 조약과 국제법규의 내용에 유의해야 한다.

1. 헌법에 의해 체결 공포된 조약

(1) 조약 일반

의의	국가 간에 문서의 형식으로 체결되고 명시된 합의를 말한다.(명칭불문)
	※ **신사협정의 경우 헌법에 의해 체결 · 공포된 조약이라고 볼 수 없다.**
	※ 일반적으로 승인된 국제법규와는 달리 우리나라를 당사자로 하여 체결 · 공포된 조약에 국한된다.

요건	국제법적 효력	'대통령의 비준'에 의해서만 발생한다.
	국내법적 효력	'국회의 동의'와 '대통령의 비준'에 의해서 발생한다.
	① 대통령의 비준행위 ➡ 조약의 국제법적·국내법적 효력의 발생요건	
	※ 대통령이 **조약을 체결·비준**함에 있어서는 **국무회의의 심의를 거쳐야** 한다.	
	② 국회의 동의 ➡ 국내법적 효력의 발생요건(국회의 동의를 얻지 못한 조약은 국제법상 유효, 국내법상 무효)	
절차	① 전권대사의 (가)서명 ➡ 국회동의(일부 조약에만 필요) ➡ 국무회의 심의 ➡ 대통령의 체결·비준[♣종료(×)]	
	② 비준·동의 범위: 조약의 비준 또는 동의는 그 내용 전부에 대하여 무조건 하여야 하며, 일부비준·수정비준·조건부비준은 인정되지 아니한다.(전체·무조건 비준·동의)	
	③ 국회의 동의: 조약을 국내법으로 수용하는 것에 대한 동의로서의 성격을 가지며 대상은 조약의 체결·비준으로 종료는 대통령이 국회의 동의 없이 직접 할 수 있다.<04승진>	
	☞ 헌법 제60조 ① 국회는 상호원조 또는 안전보장에 관한 조약, 중요한 국제조직에 관한 조약, 우호통상항해조약, 주권의 제약에 관한 조약, 강화조약, 국가나 국민에게 중대한 재정적 부담을 지우는 조약 또는 입법사항에 관한 **조약의 체결·비준**에 **대한 동의권**을 가진다.	
통제	① 조약의 규범통제 여부: 사법심사 긍정설(多·憲)	
	② 헌법재판소가 위헌 결정한 조약: 일반적으로 효력이 상실되나 국제법적 효력은 유지한다.<01·04승진>	
기타	※ 국회의 동의를 요하는 조약: 국회는 상호원조 또는 안전보장에 관한 조약, 중요한 국제조직에 관한 조약, 우호통상항해조약, 주권의 제약에 관한 조약, 강화조약, 국가나 국민에게 중대한 재정적 부담을 지우는 조약 또는 입법사항에 관한 조약(헌법 제60조)	

(2) 조약의 종류

조약	격식을 따지는 정식 문서: 주로 당사국 간의 정치적·외교적 기본관계나 지위에 관한 포괄적인 합의를 기록하는 데 사용되며 체결주체는 주로 국가이다.(treaty)
의정서	국제법상 조약의 한 명칭: 의정서는 국제공문서를 삽입하는 기록부를 말하며 개정이나 보충의 성격을 띠는 조약에 주로 사용되고, 오늘날에는 회의의 당사자가 승인한 의사록의 의미로 쓰이기도 하고, 또 약식의 국제합의를 의미하기도 한다.(Protocol)[♣협약(×)]<07·08·09승진>
헌장	조약의 일종으로 주로 국제기관의 설치조약(**국제기구 구성**)의 경우에 쓰이는데, 국제연합헌장·국제노동헌장 등의 예가 있다(Charter).
양해각서	당사국 사이의 외교교섭 결과 서로 양해된 내용을 확인·기록하기 위해 정식계약 체결에 앞서 행하는 문서로 된 합의(memorandum of understanding)<07·09승진>
협약	국가와 국가 사이에 문서를 교환하여 계약을 맺음. 또는 그 계약. 좁은 뜻의 조약과 성질, 효력이 같다. 주로 문화적 내용의 것이나 입법적인 것(**특정분야·기술적 사항**)에 붙이는 일이 많다.
협정	주로 정치적 요소가 포함되지 않은 행정권에 속하는 사항(**전문적·기술적 주제**)에 대하여 정부가 입법부의 동의 없이 단독으로 외국정부와 맺는 약정(約定:정부 간 협정)(agreement)<09·14승진>

기타	① **각서교환**(exchange of note)：일국의 대표가 그 국가의 의사를 표시한 각서(Proposing note) 를 타방국가의 대표에 전달하면, 타방국가의 대표는 그 회답각서(Reply note)에 전달받은 각서의 전부 또는 중요한 부분을 확인하고 그에 대한 동의를 표시하여 합의를 성립시키는 형태(주로 기술적 성격의 사항과 관련된 경우에 많이 사용) **예** 사증협정, 차관공여협정 등 에 많이 사용<07·09승진>
	② **기관 간 약정**(Agency-to-Agency Arrangement)：국가 또는 정부 간에 체결되는 조약 또는 협 정이 아닌 정부기관 간에 체결되는 약정을 의미(법적 구속력이 없는 합의)

2. 일반적으로 승인된 국제법규

의의	① 국제사회의 보편적 규범으로서 대부분의 세계 각 국가가 승인하고 있는 법규이다.
	② 일반적으로 승인된 국제법규는 **국회의 동의와 같은 별도의 절차 없이도 국내법적 효력을** 갖는다.
종류	− **성문의 국제법규**
	− **국제관습법(예** 대사나 공사 등의 법적 지위에 관한 제 원칙, 조약준수의 원칙)
	− **국제사회에서 일반적으로 승인된 (다자간) 국제조약**(대한민국이 당사국이 아니어도 국내 에서 효력이 있음.)
	예 Genocide(집단학살)금지협정, 포로에 대한 제네바협정, 부전조약(1928)
주의	**일반적으로 승인된 국제법규로 인정되지 않은 것** : 세계인권선언(1948), **강제노동폐지에 관 한 ILO(국제노동기구)조약 제105조**

Ⅳ. 행정입법

(1) **명령 :** 국회의 의결을 거치지 않고 행정권에 의하여 제정된 일반적·추상적인 성문법규를 **명령**이라 고 한다.<16승진>

① 대통령은 **법률에서 구체적으로 범위를 정하여 위임**받은 사항과 **법률을 집행**하기 위하여 필요한 사항에 관하여 **대통령령을 발할 수** 있다.(헌법 제75조)

② 국무총리 또는 행정각부의 장은 소관사무에 관하여 법률이나 대통령령의 **위임 또는 직권**으로 **총 리령 또는 부령을 발할 수** 있다.[♣직권으로 부령을 발할 수는 없다.(×)](헌법 제95조)

(2) **종류 :** 행정입법이란 행정부가 제정하는 법을 의미하며, 행정조직 내부의 사무처리기준에 관한 **행정 규칙**[♣법규명령(×)]과 국민을 구속하는 효력이 있는 **법규명령**[♣행정규칙(×)]으로 구분된다.<20경간· 19.2채용>

※ 국민의 권리를 제한하거나 의무를 부과하려면 법률이나 법률이 내용·범위·목적 등을 구체적으 로 위임한 **법규명령**[♣행정규칙(×)]이 필요하다.<13승진>

♣국민의 권리를 제한하거나 의무를 부과하기 위해서는 법률이나 법률이 내용·범위·목적 등을 구체적으로 위임한 행정규칙이 필요하다.(×)<13승진>

☞ 행정입법의 종류	
법규 명령	행정권이 정립하는 일반적·추상적 규정으로 **법규의 성질**을 가지는 것으로서, **국민을 구속하는 효력**이 있고, 재판규범이 되며 '법률우위의 원칙'이 적용된다.[♣행정규칙(×)]<20경간·19.2채용>
행정 규칙	① 행정조직 내부에서 그 조직과 활동을 규율하는 등 행정조직 **내부의 사무처리 기준**에 관해, 행정권이 정립하는 일반적·추상적 규정으로서 **법규의 성질을 가지지 않는 것**(훈령·행정명령)[♣법규명령(×)]<19.2채용> ② **행정규칙(훈령)의 법원성 →** 긍정설(多) / 부정설(判)

1. 법규명령

(1) **의의** : **국회의 의결을 거치지 않고 행정기관이**(행정권에서) **제정**한 추상적인 규정으로서 **법규성을 가진 성문법규**를 '**법규명령**'이라 하고 법규명령의 종류에는 **위임명령과 집행명령**이 있다.[♣집행명령은 행정규칙(×)]<20경간·04·12·13·14·16·20·21승진>

(2) **요건** : 법규명령의 제정에는 **헌법·법률 또는 상위명령의 근거를 요**한다.[♣헌법·법률 또는 상위명령의 근거가 필요하지 않아 독자적인 행정입법 작용이 허용된다.(×)]<20경간>

　① 법률우위의 원칙과 법률유보의 원칙이 적용된다.

　② 집행명령은 추상적 위임으로 가능하지만, 위임명령은 개별적·구체적 위임이 필요하다.

(1) 분류

형식	대통령령	대통령이 헌법이나 법률의 위임에 의해 발하는 명령(시행령) ※ 대통령은 법률에서 구체적으로 범위를 정하여 **위임받은 사항**과 법률을 집행하기 위하여 필요한 사항에 관하여 대통령령을 발할 수 있다.(헌법 제75조)
	총리령	국무총리가 법령의 위임 또는 직권에 의하여 발하는 명령(시행규칙) ※ 국무총리 또는 행정각부의 장은 소관사무에 관하여 **법률이나 대통령령의 위임** 또는 **직권으로 총리령 또는 부령을 발할 수 있다.**[♣행정각부의 장은 직권으로 부령을 발할 수 없다.(×)](헌법 제95조)<20승진>
	부령	각부장관이 법령의 **위임 또는 직권에 의하여** 발하는 명령(시행규칙)[♣직권으로 부령 불가(×)]<20승진> ♣행정각부의 장은 소관 사무에 관하여 법률이나 대통령령의 위임으로 부령을 발할 수 있으나, 법치행정의 원리상 직권으로 부령을 발할 수 없다.(×)
내용	위임명령	상위법령에서 **위임받은 사항**을 정하는 일종의 법률 보충적 명령 예'그 밖에 대통령령이 정하는 긴급자동차'의 유형(도교법 제2조) ① **상위법령의 근거를 요**한다.(**구체적으로 범위를 정한 개별적 위임 필요**) ② **위임 시** 국민의 권리·의무에 관한 **새로운 입법사항**을 정할 수 있다.
	집행명령	상위 법률의 범위 내에서 이를 시행(집행)하기 위하여 필요한 **절차나 형식**으로 세부적·기술적 사항을 정하기 위하여 발하는 명령이다.[♣집행명령은 행정규칙(×), ♣위임명령(×)]<19·21승진> ♣위임명령은 법규명령이고, 집행명령은 행정규칙이다.(×)

내용	**집행명령**	**예 긴급자동차의 운행**: 긴급자동차는 긴급자동차의 구조를 갖추어야 하고, 특례의 적용을 받고자 하는 때에는 사이렌을 울리거나 경광등을 켜야 한다.(도교법시행령 제2조) ① 법률의 **수권이 없어도** 제정이 가능하다. ② 국민의 권리·의무관련 새로운 입법사항을 정할 수 없다.[♣새로운 입법사항 규정(×), ♣위임명령(×)]<21승진> ※ 22년도 2차 순경공채시험에서 '권리·의무 관련된 사항을 정할 수 없다.'라고 하여 옳은 지문으로 처리하였으나, 집행명령은 법규성이 있는 법규명령으로 당연히 권리·의무에 영향을 미치는 사안이라 새로운 사항을 정할 수 없을 뿐 기술적인 내용이 권리·의무에 영향을 미치는 것은 당연한 것이다. **판례** [집행명령→권리·의무에 관한 변경·보충(×), 새로운 내용(×)] 법률이 규정한 범위 내에서 법률을 현실적으로 집행하는 데 필요한 세부적인 사항만을 규정할 수 있을 뿐, **법률에 의한 위임이 없는 한** 법률이 규정한 개인의 권리·의무에 관한 내용을 변경·보충하거나 법률에 규정되지 아니한 새로운 내용을 규정할 수는 없다.(대법원 93다37342)
	공통점	① 행정기관이 발령권자: 행정기관은 위임명령과 집행명령을 모두 발할 수 있다. ② **법규성**: 양자 모두 법규명령으로서 법규성(구속력)이 있어 국민의 **권리·의무에 관한 사항**이다.<22.2채용> ♣위임명령은 법규명령, 집행명령은 행정규칙으로 볼 수 있다.(×)<13·14승진> → 22년 2차 순경공채시험에서 '법규명령에는 위임명령과 집행명령이 있으며, 모두 국민의 권리 의무에 관한 사항을 규정할 수 있다.'는 지문을 오답처리하였으나 모두 법규성이 있어 국민의 권리·의무관련 내용이므로 옳은 지문으로 해당 지문은 출제오류에 해당한다.

(2) **요건**

성립요건	주체	각각의 제정권자가 그 권한의 범위 내에서 제정해야 한다.
	내용	상위법령에 저촉되지 않고, 실현 가능·명백해야 한다.
	절차	**입법예고**: 입법예고의 대상이 되는 법령은 입법예고를 거쳐야 한다. – **대통령령**: 법제처의 심사와 국무회의 심의를 거친다. – **총리령·부령**: 법제처의 심사만 거친다.
	형식	**요식행위**: 조문의 형식을 취해야 한다.
	공포	**관보에 공포**: 공포일은 '관보발행일'을 기준으로 한다.
효력요건		**효력발생 시점**: 대통령령, 총리령 및 부령은 특별한 규정이 없으면 **공포한 날부터 20일**이 경과함으로써 **효력을 발생**한다.[♣즉시 효력(×), ♣30일이 경과함으로써(×)](법령등의 공포에 관한 법률 제13조)<20경간·17·19·23승진·19.2·23.1채용> ♣법규명령의 시행일이 정해진 경우에는 그 날부터 효력을 발생하고, 특별한 규정이 없는 경우에는 공포한 즉시 효력을 발생한다.(×)<17승진> ※ **국민의 권리제한·의무부과와 직접 관련되는 대통령령, 총리령, 부령(법규명령)**: 특별한 사유가 있는 경우를 제외하고는 공포일로부터 **30일이 경과한 날로부터** 시행되도록 해야 한다.[♣20일이 경과한 날부터(×)](법령 등 공포에 관한 법률 제13조의2)<17·21승진>

(3) 한계<14 · 17승진>

집행 명령	집행명령은 상위법령을 시행하는 데 필요한 사항(절차 · 형식)을 규정할 수 있을 뿐이고, 상위 법령에 없는 새로운 입법사항을 정하지는 못한다.
위임 명령	**(1) 포괄적 위임금지**(헌법 제75조) ① **행정권에 대한 입법권의 위임은 개별적 · 구체적 위임에 한정**되고, 전면적 · 일반적 · 포괄적 위임은 **인정되지 않는다.**(헌법 제75조)<14 · 17 · 19승진> ② **포괄적 위임의 판단기준** ⇨ '법률에서 구체적으로 범위를 정하여' 　－ 대상의 측정성과 기준의 명확성을 요구 　－ 해당 법률의 전반적인 체계와 취지 · 목적 당해 조항의 규정형식과 내용 및 **관련 법규의 해석을 통하여** 판단(大判 97부36) 　－ 위임 구체성의 요구 정도는 규제대상의 종류(수익 · 침해)와 성격에 좌우된다. 　[판례] 1) [위임범위→포괄적 · 일반적 위임(×)] '위임의 범위'는 법치행정의 원리에 따라 구체적으로 범위를 정하여 위임받은 사항만을 위임할 수 있고(헌법 제75조), 법률에 의한 포괄적 · 일반적 수권은 허용되지 않는다.(대법원 97부36) 　[판례] 2) [규율대상 다양, 수시변화→구체성 · 명확성 완화] 처벌법규나 조세법규와 같이 국민의 기본권을 직접적으로 제한하거나 침해할 소지가 있는 법규에서는 구체성 · 명확성의 요구가 강화되어 그 위임의 요건과 범위가 일반적인 급부행정 법규의 경우보다 더 엄격하게 제한적으로 규정되어야 하는 반면에, 규율대상이 지극히 다양하거나 수시로 변화하는 성질의 것일 때에는 위임의 구체성 · 명확성의 요건이 완화된다.[♣요건 강화(×)](헌재 2013헌가6) **(2) 국회전속사항의 위임금지** ① 헌법에 의해 **국회의 전속적 법률사항으로 규정된 사항**은 위임할 수 없다.<14 · 17 · 19승진> 　예 국적취득요건, 국방의무(병의 복무기간) 등 ② 이를 법률로 규정한 후에 다시 구체적 위임을 하는 경우는 위임 가능하다.(多) **(3) 형식적 권한 위임금지** '법규명령제정권'은 해당 기관에 전속되는 형식적 권한에 속하는 것으로서, 그 명령제정권 자체를 타 기관에 위임할 수는 없다. **(4) 재위임의 문제** ① 행정권에 대한 입법권의 **전면적 재위임이나 백지 재위임**은 금지된다.<14 · 17승진> 　♣법규명령의 한계로 행정권에 대한 입법권의 일반적 · 포괄적 위임은 인정될 수 없고, 국회 전속적 법률사항의 위임은 원칙적으로 금지되며, 법률에 의하여 위임된 사항을 전부 하위명령에 재위임하는 것은 금지된다.(○)<14 · 17승진> ② 세부적인 사항의 보충을 위임하는 구체적 · 개별적 재위임만 가능하다.

(5) 처벌규정(벌칙)의 위임문제

위임 명령

제한적 긍정설(多·判) ▷ 원칙적으로 불가능하지만 예외적으로 가능하다.[♣벌칙의 위임은 절대금지(×)]<01행시·02입시>

♣벌칙의 위임은 절대적으로 금지된다.(×)<01행시·02입시>

① **보충성의 원칙**을 지켜서,

② 예측 가능성(처벌대상인 범죄구성요건의 '**구체적 기준**'을 **정하**고)을 가지고,

③ 형벌의 '**종류**'와 '**최고한도**'를 **정하여** 구체적으로 위임하는 것은 가능하다.

⑷ 효과(법규성 인정)

① **양면적, 쌍면적 효력(법규성)** ➡ 법규명령은 국민과 행정청을 동시에 구속하는 **양면적 구속력**을 가짐으로써 **재판규범**이 된다.[♣국민을 구속하지 않지만(×)]<17·19승진>

♣법규명령은 내부적 효력을 가지지만 국민을 구속하지는 않는다.(×)<17승진>

② **법규명령을 위반한 행정행위** ➡ **위법행위가 되어 무효 또는 취소의 사유가 될 수** 있다.<19승진>

♣법규명령은 대외적 구속력을 갖기 때문에 그에 반하는 행정권 행사는 위법하다.(○)<19승진>

※ **구제** ➡ 법규명령(에 의한 행정처분)으로 권익을 침해당한 국민은 행정소송이나 국가배상을 통하여 권리의 구제를 받을 수가 있다.

2. 행정규칙(일반적으로 명령과 행정규칙은 서로 다른 것)

⑴ 일반

① **의의** : 행정조직 **내부에서 그 조직과 활동을 규율하기 위해** 행정권이 정립하는 일반적·추상적 규정으로서 **법규의 성질을 가지지 않는 것**을 말한다.

② **근거** : 행정기관은 스스로의 권능으로 행정규칙을 정립할 수 있고, **행정규칙의 제정에는 법령의 특별한 수권을 요하지 않는다.**(법률유보원칙적용 없음.)[♣법적근거 필요(×), ♣구체적 수권 필요(×)]

ⓐ **법치주의와의 관계** ➡ 행정규칙에는 법률유보의 원칙은 적용되지 않으나, 법률우위의 원칙은 적용이 된다.

ⓑ **행정규칙의 법원성** ➡ 긍정설 / 부정설(判)[♣훈령은 법원(×)]

③ **한계**

ⓐ 행정규칙으로 국민의 권리·의무에 관한 사항을 규정할 수 없다.

ⓑ 행정규칙에도 법률우위의 원칙은 적용이 되며 목적달성에 필요한 한도 내에서만 제정이 가능하다.

⑵ 성질[행정규칙(행정명령·훈령)의 법규성 문제 ➡ 부정설(通·判)]

① **법규성 부정** : 행정규칙(훈령)은 행정조직 내부에서 상급기관이 하급기관에 대하여 그 조직이나 업무처리의 절차·기준 등에 관하여 발하는 일반·추상적 규범을 의미하므로 행정규칙은 법규성이 부정된다.

② **대외적 구속력 없음** : 행정규칙은 대외적 구속력이 없어서 **국민의 권리·의무와 아무런 관련성이 없다.** 따라서 행정규칙을 **위반해도 위법의 문제가 발생하지 않는다.**[♣반드시 위법(×)]<19승진>

♣행정규칙은 행정기관이 법률의 수권 없이 권한 범위 내에서 만든 일반적·추상적 명령을 말하며 대내적 구속력을 갖고 있으므로 경찰관이 이를 위반하면 반드시 위법이 된다.(×)<19승진>

정리 **행정규칙의 법규화**

① 행정규칙 중 '**법령대위규칙**'이나 '**재량준칙**' ➡ 법규성이 인정되는 경우가 있다.

- **법령대위규칙** ➡ 상위법의 수권에 의해 다른 원칙의 매개 없이 그 자체로서 법규성을 인정받는 경우가 있다.

- **재량준칙** ➡ 평등원칙(또는 자기구속의 법리)을 매개로 하여 법규성이 인정되는 경우가 있다.

② 재량준칙

- **대상** : 재량준칙의 제정은 행정청에게 재량권이 인정되는 **재량행위의 경우에만 가능**하며, 기속행위의 경우에는 인정되지 않는다.

- **법규화(법규성 인정)** : 평등의 원칙(행정의 자기구속의 법리)을 매개로 하여 재량준칙의 법규화 또는 준법규화가 이루어지는 경우가 있다.

> ※ 대법원은 원칙적으로 재량준칙을 포함한 행정규칙의 법규성을 인정하지 않고, 예외적으로 인정할 뿐이다.[♣재량준칙의 법규성을 일관되게 인정(×)](대판2001도7121)

> **판례** [**재량준칙 + 평등원칙, 신뢰보호의 원칙 → 자기구속 → 재량준칙 위반 → 위법**] **재량준칙으로** 정한 바에 따라 되풀이 시행되어 행정관행이 이루어지게 되면 **평등의 원칙이나 신뢰보호의 원칙에 따라 행정기관은 상대방에 대한 관계에서 그 규칙에 따라야 할 자기구속을 받게 되므로** 이러한 경우에는 특별한 사정이 없는 한 그에 반하는 처분은 **평등의 원칙이나 신뢰보호의 원칙에 어긋나 재량권을 일탈·남용한 위법한 처분**이 된다.(2011두28783 판결)

- **자기구속의 법리 예외** : 위법한 재량준칙(행정규칙)에 대해서는 행정의 자기구속의 법리가 적용되지 않는다.[♣적용된다.(×), ♣자기구속을 당한다.(×)]<21승진>

> ※ **신뢰보호의 원칙**은 한 당사자에 대한 선·후행 조치 간 일관성의 문제로 위법한 경우 적법성과 충돌하면서 적용되지만, **자기구속의 법리**는 복수당사자간 평등성의 문제로 위법한 경우에는 인정되지 않는다.

(3) **유형**[☺ 훈지예일고]

내용	조직규칙, 근무규칙, 영조물규칙
형식	**훈령, 지시, 예규, 일일명령, 고시**<19승진>
기능	① **법령**(규범)**해석규칙** ② **법률대위**(보충)**규칙** : 법률이 필요한 영역이지만 법령이 없거나 추상적인 경우에 이를 대신하는 행정규칙으로서 상위규범을 구체화하는 내용의 행정규칙 ③ **재량준칙** : 재량권 행사의 통일성, 예측 가능성을 확보하여 재량권행사의 일반적 방향을 제시하기 위하여 발한다. ─ **재량권의 자의적 행사를 막기 위해** 행정청이 스스로 재량권 행사의 일반적 기준을 설정하여, 내용적으로 재량권을 제한하는 수단이 되는 행정규칙이다.

정리 법규명령과 구분에 관한 학설

법규명령 형식의 행정규칙	법규 명령설	직접 국민의 자유·재산에 관계없는 사항이라도 법규의 형식으로 제정됨으로써 일반국민을 구속하게 되므로 법규명령으로 보아야 한다는 견해(多)
	행정 규칙설 (判)	내용상 행정사무의 처리준칙에 불과하여 **행정규칙인 것이 명백**할 때에는 법규의 형식으로 제정되어도 **행정규칙으로서의 성질**을 가진다는 견해(대법원 09누9780)<13·14·19승진> ♣법규명령의 형식(부령)을 취하고 있지만 그 내용이 행정규칙의 실질을 가지는 경우 판례는 당해 규범을 행정규칙으로 보고 있다.(○)<19승진> ─ **부령(시행규칙)으로 정한 행정규칙 : 행정규칙으로 봄.**<13·19승진> ─ **대통령령(시행령)으로 정한 행정규칙 : 법규명령으로 봄.**[♣행정규칙으로 본다.(×)] **판례** **[부령형식, 행정규칙 실질 → 행정규칙]** 자동차운수사업법 제31조등의 규정에 의한 **사업면허의 취소등의 처분에 관한 규칙**(1982.7.31 교통부령 제724호)은 **부령의 형식**으로 되어 있으나 그 규정의 성질과 내용이 자동차운수사업면허의 취소처분 등에 관한 사무처리기준과 처분절차 등 **행정청 내의 사무처리준칙을 규정한** 것에 불과하므로 이는 교통부장관이 관계행정기관 및 직원에 대하여 그 직무권한행사의 지침으로 발한 행정조직내부에 있어서의 **행정명령의 성질**을 갖는 것이고, **법규명령이라고는 볼 수 없다.**(대법원 83누676 판결 [자동차운행정지처분취소])
행정규칙 형식의 법규명령	법규 명령설 (多·判)	이러한 행정규칙은 내용적으로는 법률 또는 상위명령의 구체적인 위임에 기하여 제정되는 것이므로, 그 실질적 내용에 따라 **법규명령[법령보충적 행정규칙]으로 보아야** 한다는 견해(대법원 95누7727)<20경간> ※ (판례에 의함.) 법령 규정이 특정 행정기관에 그 **법령 내용의 구체적 사항을 정할 수 있는 권한을 부여**하면서 그 권한 행사의 절차나 방법을 특정하고 있지 않아 수임행정기관이 **행정규칙의 형식으로 그 내용을 구체적으로 정하고 있다면** 그 행정규칙은 대외적 구속력이 있는 **법규명령으로서의 효력**을 가진다.(대법원 95누7727)<20경간> 🔲 경찰관직무집행법시행령 제22조 '보상금의 지급 등에 필요한 사항은 경찰청장이 정하여 고시한다.'고 규정하고 있고 이에 따라 경찰청장이 제정 고시한 '**범인검거 등 공로자 보상에 관한 규정**'은 행정규칙이지만, 법과 시행령의 위임에 따라서 보상금의 내용을 보충하는 '**법률보충적 행정규칙**'으로서 법규명령의 효력을 지닌다. **판례** **[법령 위임→행정규칙형식→법규명령 효력(○)]** 법령의 규정이 특정 행정기관에 그 법령 내용의 구체적 사항을 정할 수 있는 **권한을 부여**하면서 권한 행사의 절차나 방법을 특정하고 있지 않아 수임행정기관이 **행정규칙의 형식으로** 그 법령의 내용이 될 사항을 구체적으로 **정한 경우**, 그 행정규칙은 대외적 구속력이 있는 **법규명령으로서의 효력을 가진다.**(해당 법령의 **해석상 가능한 것을 명시한** 것에 지나지 아니하거나 해당 법령 **조항의 취지**에 근거하여 이를 **구체화하기 위한 것**인 때에는 위임 범위를 벗어난 것으로 볼 수 없다.)(대법원 2014두3020, 3037 판결 [임금·임금])

⑷ **요건**

성립 요건	주체	정당한 권한을 가진 행정기관이 그 권한의 범위 내에서 발해야 한다.
	내용	법령이나 상위규칙에 반하지 않고, 수명자에 대해서는 복종의무의 한계 내의 것이어야 하고, 실현가능하고 명확하여야 한다.
	형식	**문서와 구술**→모두 다 가능하다.
	절차	① 일반적 절차는 없으며, **공포를 요하지 않는다.**<19.2채용> ② 다만, 통일성과 적법성의 확보를 위해 법제처의 사전심사(국무총리 훈령)나 사후평가를 거치고 있다.
효력 요건		특별규정이 없는 한 행정규칙은 **성립요건을 갖춘 때에 그 효력이 발생**하여, 적당한 방법으로 수명기관에 **도달한 때부터 구속력이 발생**하게 되며, 공포라는 형식을 요하지 않는다. ➡ 우리의 경우는 대부분 관보에 게재하고 있다.<20경간·13·14승진>

⑸ **효력**

내부적 효력	① **일면적인 법적 구속력** ➡ 행정규칙은 규칙발령기관의 권한이 미치는 범위 내에서 행정조직 **내부에서는 일면적인 법적 구속력**을 가진다.[♣대외적 구속력(×)]<01입시> ※ **징계벌의 원인** ➡ 대상자인 공무원이나 행정기관은 이를 준수할 의무를 지게 되며, 이를 위반한 경우에는 징계벌(징계책임)의 원인이 된다. ② 대내적 구속력 유무에 있어서 **행정규칙과 법규명령은 동일**하다.<13·14승진> 판례 [1] [행정규칙→내부적 효력(○), 외부적 효력(×)] 행정기관이 소속 공무원이나 하급행정기관에 대하여 **세부적인 업무처리절차나 법령의 해석·적용 기준**을 정해 주는 '행정규칙'은 상위법령의 **구체적 위임이 있지 않는 한 조직 내부에서만 효력을 가질 뿐** 대외적으로 국민이나 법원을 구속하는 효력이 없다.[♣언제나 내부적 효력만(×)] [2] [재량에 관한 행정규칙→법원은 존중해야] 대외적으로 국민이나 법원을 구속하는 효력이 없는 행정규칙이더라도, 행정규칙이 이를 정한 행정기관의 **재량에 속하는 사항에 관한 것인 때**에는 그 규정 내용이 객관적 합리성을 결여하였다는 등의 특별한 사정이 없는 한 **법원은 이를 존중하는 것이 바람직**하다. 그러나 행정규칙의 내용이 **상위법령이나 법의 일반원칙에 반하는 것**이라면 법치국가원리에서 파생되는 법질서의 통일성과 모순금지 원칙에 따라 그것은 법질서상 당연무효이고, 행정내부적 효력도 인정될 수 없다. 이러한 경우 법원은 해당 행정규칙이 법질서상 부존재하는 것으로 취급하여 행정기관이 한 조치의 당부를 상위법령의 규정과 입법 목적 등에 따라서 판단하여야 한다.(대법원 2017두66541 판결 [공급자등록취소무효확인등청구])
외부적 효력 직접적 구속효 ⇩ 부정 (通)	**대외적 구속력 없음.** ➡ 행정규칙의 외부적 효력은 법적 효력이 아니라 원칙적으로 **사실상 구속력에 불과**하므로, 행정규칙으로 사인의 권리·의무를 규정하지 못하고, 법원을 구속하지도 못한다. ➡ **위반해도 반드시 위법(X)** ※ 사인에 대해 행정기관이 규칙위반의 불이익처분을 하여도 사인은 규칙위반을 이유로 다툴 수 없다. 다만 예외적으로 규범구체화 행정규칙(법률대위규칙)의 경우에는 법규성을 인정한다.

외부적 효력	간접적 구속효	**준법규설(헌재)** ➡ **재량준칙**은 그 자체가 법은 아니지만, **평등원칙을 매개**로 하여 국민에 대해서 법규에 준하는 **대외적 구속력**을 가지게 된다. ㅡ 재량준칙의 재정은 행정청에게 재량권이 인정되는 경우에만 가능하며 행정청이 기속권만을 갖는 경우에는 인정되지 않는다. ㅡ 대법원 : 재량준칙을 포함한 행정규칙의 법규성(대외적 구속력)을 **예외적으로만** 인정하고 있다. 판례 [행정규칙 되풀이 → 행정관행 → 위반 → 위법] 상급행정기관이 하급행정기관에 대하여 업무처리지침이나 법령의 해석적용에 관한 기준을 정하여 발하는 이른바 '행정규칙이나 내부지침'은 일반적으로 행정조직 내부에서만 효력을 가질 뿐 대외적인 구속력을 갖는 것은 아니므로 행정처분이 그에 위반하였다고 하여 그러한 사정만으로 곧바로 위법하게 되는 것은 아니다. 다만, 재량권 행사의 준칙인 **행정규칙**이 그 정한 바에 따라 되풀이 시행되어 **행정관행**이 이루어지게 되면 평등의 원칙이나 신뢰보호의 원칙**에 따라** 행정기관은 그 상대방에 대한 관계에서 그 규칙에 따라야 할 **자기구속**을 받게 되므로, 이러한 경우에는 특별한 사정이 없는 한 그를 위반하는 처분은 평등의 원칙이나 신뢰보호의 원칙에 위배되어 재량권을 일탈·남용한 **위법한 처분**이 된다.(대법원 2009두7967 판결 [신규건조저장시설사업자인정신청반려처분취소])

판례 [행정규칙(훈령)의 법규성 → 평등원칙을 매개로 긍정] 식품위생법시행규칙 제53조에 따른 별표 15의 행정처분기준은 **행정기관 내부의 사무처리준칙을 규정한 것에 불과**하기는 하지만 특별한 사유가 없는 한 행정청은 당해 위반사항에 대하여 위 처분기준에 따라 행정처분을 함이 보통이라 할 것이므로, 행정청이 이러한 처분기준을 따르지 아니하고 특정한 개인에 대하여만 **위 처분기준을 과도하게 초과하는 처분을 한 경우에는 재량권의 한계를 일탈**하였다고 볼 만한 여지가 충분하다. 영업허가 이전 1개월 이상 무허가 영업을 하였고 영업시간위반이 2시간 이상이라 하더라도 위 행정처분기준에 의하면 1월의 영업정지사유에 해당하는데도 2월 15일의 영업정지처분을 한 것은 **재량권 일탈 또는 남용에 해당**한다.(대판 93.6.29 93누5635)

3. 비교(법규명령과 행정규칙)

구분	법규명령	행정규칙
의의	일반권력을 기초로 발동되며 국민에게 직접 권리·의무를 발생시키는 **법규성**을 가지고 있다.	특별권력을 기초로 발동되며 행정조직 내부사항만을 규율하며 **법규성이 없다.** [♣집행명령은 행정규칙(×)]
근거	헌법·법률 또는 상위명령의 **근거를 요함**. 위임명령은 개별적·구체적 위임이 필요함.	행정권의 당연한 권능으로 만들어지고, **구체적 수권을 요하지 않음.**
한계	**위임명령**은 **개별적·구체적 위임**의 범위 내에서, **집행명령**은 상위명령 시행에 필요한 **절차**	**법령규정에 위반되지 않은 한도 내**에서 특정 행정목적 달성에 필요한 사항을 규정
형식	명령의 종류를 밝히고 **문서에 의한 조문형식**	**문서**의 형식을 취하나 **구두**로도 가능

효력 요건	관보에 게재하여 **공포**함으로서 효력이 발생함.	하급기관에 **도달**만 하면 효력이 발생하며 공 포를 요하지 않음.<13승진>
구속력	**일반적·양면적·쌍면적** ➡ 구속력 일반국민 뿐만 아니라 제정권자인 국가도 구속됨.[♣대외구 속력(○), ♣내부구속력(○)], [♣대내적 구속력은 행정규 칙과 법규명령 동일(○)]	**일면적 구속력** ➡ 특별권력 내부의 상대방만 을 구속함.[♣대외구속력(×), ♣내부구속력(○)] ※ **주의** 조직 내에서는 법규명령, 행정규칙, 양자 모두 **구속력**(○)
위반 효과	**법규성**(○) ➡ 위반행위는 위법행위이며 하자 있는 행위로서 행정소송의 대상이 됨.	**법규성**(X) ➡ 위반행위는 위법행위가 되지 않 고 적법·유효하다.[♣경찰관이 행정규칙을 따라야 할 의무는 있다.(○)]

♣일반적으로 대내적 구속력 유무에 있어서 행정규칙과 법규명령은 동일하다.(○)<14승진>

V. 자치 법규

현행 국가경찰제 하에서는 자치입법(조례·규칙)은 국가경찰활동과는 관련성이 적으나, 장래에 자치경
찰제를 도입하게 되면 조례·규칙은 자치경찰의 주요한 법원이 될 수 있을 것이다.

조례	① **의의**: **지방자치단체의 의회가** 법령의 범위 안에서 자치권에 의거하여 **제정**하는 법 형식의 자치규율을 **조례**라 한다.[♣규칙(×), ♣최후의 보충적 법원(×) → 조리]<16·20승진> **예** "제주특별자치도 자치경찰 운영 등에 관한 조례" ② 지방자치단체는 법령의 범위에서 그 사무에 관하여 조례를 제정할 수 있다.(지방자치법 제28조 제1항 본문) ③ 조례로 주민의 '**권리제한**' 또는 '**의무부과**'에 관한 사항이나 '**벌칙**'을 정할 때에는 **법률의 위 임이 있어야** 한다.[♣주민의 '권리제한'을 제외한(×)](지방자치법 제28조 제1항 단서)<11·12승진> ♣조례는 지방자치단체의 의회가 법령의 범위 안에서 지방자치권에 의거하여 제정하는 법규를 말하는 것으로 조례로 특히 주민의 '권리제한'을 제외한 '의무부과' 및 '형벌'을 정할 경우에는 반드시 법률의 위임이 있어야 한다.(×)<12경위> ※ 따라서 법률의 위임이 없는 한 조례로서는 형벌을 규정할 수 없다.<03채용> ♣조례로 주민의 '권리제한' 또는 '의무부과'에 관한 사항이나 '형벌'을 정할 수 있다.(×)<12경위> ※ 지방자치법 ➡ **조례에 의해 1천만원 이하의 과태료를 정할 수** 있다. 과태료는 해당 지방 자치단체의 장이나 그 관할구역의 지방자치단체의 장이 부과·징수한다.(법 제34조 제1항), 그 **절차에 관해 질서위반행위규제법에 의하도록** 하고 있다.(법 제156조 제3항)<14경간> ④ **법령**에서 조례로 정하도록 **위임**한 사항은 그 법령의 **하위 법령**에서 그 위임의 내용과 범위를 제한하거나 직접 규정할 수 없다.(지방자치법 제28조 제2항)
규칙	**지방자치단체의 장**은 **법령 또는 조례의 범위에서** 그 권한에 속하는 사무에 관하여 **규칙**을 제정 할 수 있다.[♣지방의회에서 제정(×), ♣조례가 위임한 범위에서(×)](지방자치법 제29조)<20경간·23.1채용> **예** 제주특별자치도 자치경찰공무원 인사규칙 ※ 조례와 규칙은 특별한 규정이 없으면 공포한 날부터 20일이 지나면 효력을 발생한다.(지방자치 법 제32조 제8항)

Ⅲ 테마 31 불문법원

(1) **의의** : 성문법과 같이 문장의 형식을 취하지 않은 법을 의미한다.

(2) **예외적 적용** : 공법적 법률관계는 성문법주의를 취하는 것이 원칙이지만, 성문법의 공백을 메우거나 의문점을 보충·해석하기 위하여 **불문법원이 예외적으로 적용**된다.[♣법원이 될 수 없다.(×)]

(3) **종류** : ① **관습법,** ② **판례법,** ③ **조리** [☻조판관]

Ⅰ. 관습법

(1) **개념** : 사회의 거듭된 관행으로 생성한 사회생활 규범이 사회의 **법적 확신**과 인식에 의하여 법적 규범으로 승인·강행되기에 이른 것을 관습법이라 한다.<23.1채용>

① 사실인 관습과 관습법은 구분되어야 하며 성문법이 나타나면 관습법은 소멸하게 된다.

② 관습법은 민사, 행정분야의 경우 행정선례법이나 민중관습법으로 인정되는 예외가 있으나 법치주의가 엄격히 적용되는 **형사법 분야에서는 부정**된다.

정리 관습법의 성립요건(통설·판례) 및 효력관련 학설

성립 요건	법적 확신설	'사실인 관습'과 '국민의 법적 확신'만으로 관습법이 성립하며, 국가의 승인은 요하지 않는다는 견해(通·判) ⇔ 국가승인설
효력	보충적 효력설	관습법에 대해 성문법이 없는 경우에만 적용될 수 있는 **보충적(열후적) 효력만을 인정하는 견해**<04행정>

정리 관습법의 유형

행정 선례법	의의	① 행정선례법이란 행정기관이 취급한 선례가 오랫동안 반복·시행됨으로써 국민들 간에 그것에 대한 법적 확신이 생긴 경우를 말한다. ② 행정선례은 불문법으로서의 지위를 가지기 때문에 법률의 개정에 의해 그 효력을 부인할 수가 있으나, 법규성이 부정되는 **훈령에 의한 행정선례법의 변경은 불가능**하다고 보아야 한다.[♣훈령으로 행정선례법 변경가능(×)]<04채용> ♣훈령에 의하여 행정선례법을 변경할 수 있다.(×)<04채용>
	예	**실정법적 근거** : 행정절차법, 국세기본법<02행시> ※ **행정절차법**(제4조 제2항) : "행정청은 법령 등의 해석 또는 행정청의 관행이 일반적으로 국민들에게 받아들여진 때에는 / 공익 또는 제3자의 정당한 이익을 현저히 해할 우려가 있는 경우를 제외하고는 / 새로운 해석 또는 관행에 의하여 소급하여 불리하게 처리하여서는 아니 된다."
민중 관습법	의의	민중관습법이란 민중 사이의 오랜 기간, 관행에 의해 성립되는 관습법을 말하는데 주로 공물·공수의 사용관계에 관하여 성립한다.
	예	입어권(수산업법 제4조), 하천용수에 관한 관습법

Ⅱ. 판례법

(1) **의의**: 추상적인 법규에 대한 법원의 동일 판결이 반복되어 행정청과 국민이 이를 법으로 인식하게 되는데 이를 판례법이라 한다.(법으로서 확신되는 경우)

(2) **형성**: 실정법이 불확정개념을 사용하고 있는 경우에는 판례법이 형성될 수 있으나, 실정법에 명문화되어 있는 **확정개념(⑩ 소송제기 시한)에 대하여는 판례법이 형성되기 어렵다.**[♣성립하기 쉽다.(×)]<05승진·03채용>

♣'소송의 제기 시한' 같은 경우 판례법이 성립하기 쉽다.(×)<05승진·03채용>

> ❀ **불확정 개념** ➡ 행정청의 선택의 여지가 있는 추상적·다의적인 개념을 법률이 행정행위의 요건으로 하고 있는 경우를 의미한다.(판례법이 만들어질 가능성이 높다.)
>
> ⑩ 무효와 취소의 구별, 재량권 행사의 한계, 총기사용의 한계, 폭행·협박, 공익·공공의 안녕 등

정리 판례의 효력

외국	영미 법계	선례기속의 원칙을 인정 ➡ 판례의 법원성을 긍정한다. ※ 상급심의 판례는 장래에 향하여 하급법원을 법적으로 구속하게 된다. ☞ 따라서 판례를 만드는 **법원이** 대륙법계에 비해 **강한 통제장치로서 기능**한다.<12.2채용>
	대륙 법계	선례기속의 원칙을 부정 ➡ 선례의 법원성을 부정한다. ※ 상급심의 판례는 '당해 사건'에 대해서만 하급법원을 법적으로 구속하게 됨.
우리 나라	대법원 판례	부정설(判) ⇔ 긍정설(多) ※ 우리나라의 경우 선례기속의 원칙이 인정되지 않으므로 판례의 '법적 구속력'은 부정되지만, 판례의 **'사실상 구속력'은 인정**된다.(多)
	헌재 결정례	**긍정설(다수설)**: **헌법재판소에 의한 법률의 위헌결정** 및 **헌법소원의 결정**은 국가기관과 지방자치단체를 법적으로 구속하므로 **법원성이 긍정**된다.<20·23경간>

Ⅲ. 조리

1. 개요

(1) **의의**: 조리란[♣관습법이란(×)] 일반사회의 **정의감에 합치되는 보편적 원리**로서 인정되는 **'사물의 이치'** 또는 '법의 일반원칙'을 의미하며, 불문법원으로서 **법으로 취급**된다.[♣성문법원(×), ♣지방의회가 제정하는 자치법규(×) → 조례]<22경간·11·12·16승진·19.2채용>

(2) **특색**: 오늘날 중요한 일부 조리에 대해서는 헌법을 지배하는 기본원리로서의 중요성이 부각되어, 헌법적 차원의 법원으로서의 '법의 일반원칙'으로 재구성되어 **점차 성문화되어 가는 추세**에 있다.[♣법 일반원칙이 성문화된 사례는 없다.(×)]<20경간>

> ⑩ 경찰관직무집행법상 비례의 원칙(제1조 제2항), 행정절차법상의 신의성실 및 신뢰보호의 원칙(제4조)
> **주의** 조리는 비록 성문법적 근거가 있다 해도 그 성질은 불문법원에 해당한다.

(3) **기능**

① **행정법규 해석의 기본원리 :** 법령해석상 의문이 있는 경우에 조리는 '해석의 기본원리'로 작용한다.

② **행정법의 법원 :** 조리는 법령규정 상 미비점이 있는 경우에 적용되는 **'최후의 보충적 법원'**으로서 기능을 수행한다.<11승진>

③ **재량권의 한계설정 :** 조리는 그 자체가 법률적 효력으로서 자유로운 **행정의 한계를 설정**한다.[♣조리 상 한계는 법적 근거를 요한다는 것(×)]<06경간>

(4) **위반효과**

① **조리 우선 :** 법의 일반원칙과 개별 행정법규가 충돌하는 경우에는 법의 일반원칙(조리)이 우선하게 된다.

② **조리 위반 :** 경찰의 행위가 형식상 적법하더라도 조리에 위반되는 경우에는, **위헌 또는 위법의 문제 가 발생**하여 **사법심사의 대상**이 되며, 무효 또는 취소의 사유가 될 수 있다.[♣형식법령에 적합하면 항상 적법(×)]<22경간 · 12 · 14승진 · 19.2채용>

2. 유형(조리 = 경찰법의 일반원칙)<20경간>

(1) 비례의 원칙(과잉금지의 원칙) – (작용법에서)	(2) 평등의 원칙(자기구속의 법리)
(3) 부당결부금지의 원칙	(4) 신뢰보호의 원칙
(5) 신의성실의 원칙	(6) 보충성의 원칙, 기득권존중의 원칙 등

(1) **부당결부금지의 원칙**(관련 – 복수운전면허 취소 판례)

(1) **의의 :** 행정청은 행정작용을 할 때 상대방에게 해당 행정작용과 **실질적인 관련이 없는 의무**를 **부과해서는 아니 된다.**[♣신뢰보호의 원칙](행정기본법 제13조)<23승진 · 23.2채용>

※ 부당결부금지의 원칙은 경찰작용 중 복수운전면허의 취소와 관련하여 유의해야 하는 사항이다.

(2) **근거 :** 행정기본법 제13조에서 **부당결부금지원칙을 규정**하고 있다.[♣현행법상 명문의 규정은 없 다.(×)]<23.2채용>

※ 법치국가의 원리와 자의금지의 원칙에서도 도출되는 행정법의 일반원칙이다.<23.2채용>

부당결부원칙 위반을 인정(허용X)	부당결부원칙 위반을 부정(허용○)
① **이륜자동차(제2종 소형)의 음주운전** ➡ 2종 소 형면허 및 제1종 대형 · 보통면허의 취소나 정지	① **1종 보통면허로 운전할 수 있는 차량 음주운전** ➡ 제1종 보통, 제1종 대형면허의 취소 · 정지
② **트레일러나 레커(제1종 특수)를 음주운전** ➡ 제1종 특수면허 및 제1종 대형 · 보통면허의 취 소나 정지	② **택시의 음주운전** ➡ 제1종 대형 · 보통 · 특수면 허 및 제2종 보통면허의 취소나 정지
	③ **제1종 보통면허로 운전할 수 있는 차량의 음주 운전** ➡ **제1종 보통 및 원동기장치자전거 면허 의 취소**
	④ **제1종 대형면허로 운전할 수 있는 차량을 운전 면허정지 기간 중 운전** ➡ 제1종 대형 및 보통 면허의 취소

판례 1) **[1종대형 면허정지기간 중 운전→관련 1종 보통면허취소가능]** 한 사람이 **여러 종류의 자동차운전면허**를 취득하는 경우뿐 아니라, 이를 **취소 또는 정지하는 경우**에 있어서도 서로 **별개의 것으로 취급하는 것이 원칙**이고, 자동차운전면허는 그 성질이 대인적면허일 뿐만 아니라, 도로교통법시행규칙 제26조 [별표 13의 6]에 의하면, 제1종 대형면허 소지자는 제1종 보통면허 소지자가 운전할 수 있는 차량을 모두 운전할 수 있는 것으로 규정하고 있어, 제1종 대형면허의 취소에는 당연히 제1종 보통면허소지자가 운전할 수 있는 차량의 운전까지 금지하는 취지가 포함된 것이어서 이들 차량의 운전면허는 서로 관련된 것이라고 할 것이므로, **제1종 대형면허로 운전할 수 있는 차량을 운전면허정지 기간 중에 운전한 경우에는 이와 관련된 제1종 보통면허까지 취소할 수** 있다.(대판 2004두12452)

판례 2) **[제1종 보통면허의 취소에는 원동기장치자전거의 운전까지 금지하는 취지가 포함]** 한 사람이 여러 종류의 자동차운전면허를 취득하는 경우뿐 아니라, 이를 **취소 또는 정지하는 경우**에 있어서도 서로 **별개의 것으로 취급하는 것이 원칙**이고, 도로교통법시행규칙 제26조 [별표 14]에 의하면, 제1종 보통면허 소지자는 승용자동차만이 아니라 원동기장치자전거까지 운전할 수 있도록 규정하고 있어 **제1종 보통면허의 취소에는 원동기장치자전거의 운전까지 금지하는 취지가 포함**된 것이어서 이들 차량의 운전면허는 서로 관련된 것이라고 할 것이므로, 제1종 보통면허로 운전할 수 있는 차량을 운전면허정지 기간 중에 운전한 경우에는 이와 **관련된 원동기장치자전거면허까지 취소할 수** 있다.(대판 1997.5.16 97누2313)

판례 3) **[원동기 장치자전거 음주운전→운전가능한 모든 면허 취소→적법]** 갑이 혈중알코올농도 0.140%의 주취상태로 **배기량 125cc 이륜자동차를 운전**하였다는 이유로 관할 지방경찰청장이 갑의 자동차운전면허[**제1종 대형, 제1종 보통, 제1종 특수(대형견인·구난), 제2종 소형]를 취소**하는 처분을 한 사안에서, 갑에 대하여 제1종 대형, 제1종 보통, 제1종 특수(대형견인·구난) 운전면허를 취소하지 않는다면, 갑이 **각 운전면허로 배기량 125cc 이하 이륜자동차를 계속 운전할 수** 있어 실질적으로는 아무런 불이익을 받지 않게 되는 점, 갑의 혈중알코올농도는 0.140%로서 도로교통법령에서 정하고 있는 운전면허 취소처분 기준인 0.100%를 **훨씬 초과**하고 있고 갑에 대하여 특별히 감경해야 할 만한 사정을 찾아볼 수 없는 점, 갑이 음주상태에서 운전을 하지 않으면 안 되는 부득이한 사정이 있었다고 보이지 않는 점, 처분에 의하여 달성하려는 행정목적 등에 비추어 볼 때, 처분이 사회통념상 현저하게 타당성을 잃어 재량권을 남용하거나 한계를 일탈한 것이라고 단정하기에 충분하지 않음에도, 이와 달리 위 처분 중 제1종 대형, 제1종 보통, 제1종 특수(대형견인·구난) 운전면허를 취소한 부분에 재량권을 일탈·남용한 위법이 있다 볼 수 없다.[♣ 재량권 일탈·남용이다.(×)](대법원 선고 2017두67476 판결 [자동차운전면허취소처분취소])<23.2채용>

판례 4) **[주택사업계획승인, 관련 없는 토지 기부채납 부관→부당결부금지원칙 위반(위법), 당연무효(×)]** 지방자치단체장이 사업자에게 **주택사업계획승인**을 하면서 그 주택사업과는 아무런 **관련이 없는 토지를 기부채납하도록 하는 부관**을 주택사업계획승인에 붙인 경우, 그 부관은 **부당결부금지의 원칙에 위반되어 위법**하다.[♣취소사유(○)]<22.2채용>
지방자치단체장이 승인한 사업자의 **주택사업계획은 상당히 큰 규모의 사업**임에 반하여, 사업자가 **기부채납한 토지 가액은 그 100분의 1 상당의 금액에 불과**한 데다가, 사업자가 그 동안 그 부관에 대하여 **아무런 이의를 제기하지 아니**하다가 지방자치단체장이 **업무착오로 기부채납한 토지에 대하여 보상협조요청서를 보내자** 그 때서야 비로소 부관의 **하자를 들고 나온 사정**에 비추어 볼 때 부관의 하자가 중대하고 명백하여 **당연무효라고는 볼 수 없다**.[♣당연 무효이다.(×)](대법원 96다49650 판결 [소유권이전등기말소])<23.2채용>

(2) 평등의 원칙

의의	① 행정청은 합리적 이유 없이 국민을 **차별하여서는 아니 된다.**[♣신뢰보호의 원칙(×)](행정기본법 제9조)<21경간·23승진> ② **한계 기능 :** 헌법상의 원칙으로 **모든 공권력 행사를 통제**하는 법원이며, **비례원칙과 함께 재량권 행사에 한계를 부여**하는 기능을 수행한다. ③ **요구** : 평등의 원칙은 법적용뿐만 아니라 입법작용 또한 정의와 형평의 원칙에 합당하게 이루어질 것을 요구하게 된다. ┌판례┐ **[같은 정도의 비위→징계양정 차별→평등원칙 위배(×), 적법]** 같은 정도의 비위를 저지른 자들 사이에 있어서도 그 직무의 특성 등에 비추어, 개전의 정이 있는지 여부에 따라 징계의 종류의 선택과 양정에 있어서 **차별적으로 취급**하는 것은, 사안의 성질에 따른 합리적 차별로서 이를 자의적 취급이라고 할 수 없는 것이어서 **평등원칙 내지 형평에 반하지 아니**한다.(대법원 선고 99두2611 판결 [파면처분취소등] 종합법률정보 판례)<22.2채용>
근거	헌법(제11조 제1항) ➡ 평등원칙을 위반하면 위헌·위법의 문제가 발생한다.
기능	**행정규칙의 법규로의 전환기능 :** 평등원칙은 행정규칙(재량준칙)을 외부적 효력을 갖는 법규로서 전환시키는 전환규범의 기능을 수행하게 된다.<04행정> ※ 행정의 자기구속의 원리도 결국 평등원칙을 매개로 하여 재량준칙을 외부적 효력을 갖는 법규로서 전환시키는 기능을 한다는 점에서 종국적인 전환기능은 평등원칙에 의해 부여되는 것으로 보는 것이 타당하다.

(3) 자기구속의 원칙

의의	**평등원칙에서 파생된 원칙**으로서 행정청이 재량권 행사에 있어서 상대방과의 관계에서 동종 사안에 대해 이미 제3자에게 행하였던 결정의 기준에 구속을 받는다는 원칙 ※ 동종 사안에 대한 동일한 판단을 요구 ┌판례┐ **[재량준칙, 되풀이 시행→자기구속(○)]** 재량준칙이 정한 바에 따라 되풀이 시행되어 행정관행이 이루어지게 되면 평등의 원칙이나 신뢰보호의 원칙에 따라 행정청은 상대방에 대한 관계에서 그 규칙에 따라야 할 **자기구속**을 받게 되므로, 이러한 경우에는 특별한 사정이 없는 한 **그에 반하는 처분**은 평등의 원칙이나 신뢰보호의 원칙에 어긋나 **재량권을 일탈·남용한 위법한 처분**이 된다(대법원 2011두28783 판결)
기능	① **국민의 권리보호 기능** : 행정의 재량권행사에 대한 사후적 사법통제를 확대하는 기능을 한다. ② **행정규칙의 법규화** : 재량준칙 위반 시에 위법성을 부여함으로써 취소소송의 제기를 가능하게 한다.

한계	**불법에 있어서 평등대우**: 행정의 법률적합성의 원칙상 행정규칙에 따른 **종래의 관행이 위법한 경우**에 불법에의 평등대우는 인정되지 않으며, 이 경우 행정청은 기존의 위법한 행위를 직권취소하여 그 위법성을 제거해야 한다.[♣위법한 관행의 자기구속(×)] ※ 구속의 근거가 되는 행정관행이 **적법한 경우에만 적용**되므로, 위법한 재량준칙에 대해서는 행정의 자기구속의 법리가 적용되지 않는다.<11승진·22.2채용> ※ 사정변경(자기구속으로부터의 일탈): 행정의 법률에의 구속은 엄격한 것이나, 자기구속에 따른 구속은 탄력적 구속으로서 기초가 된 사정이 변경되게 되면 행정청은 자기구속에 따른 제한을 받지 않게 된다. 판례 [위법한 행정처분의 선례 → 이에 따를 의무(×)] **위법한 행정처분이 수차례에 걸쳐 반복**적으로 행하여졌다 하더라도 그러한 처분이 위법한 것인 때에는 행정청에 대하여 **자기구속력을 갖게 된다고 할 수 없다.**[♣적법 및 위법을 불문하고 재량준칙에 따른 행정관행이 성립한 경우라면, 행정의 자기구속 원칙이 적용될 수 있다.(×)](대법원 2008두13132 판결 [조합설립추진위원회승인처분취소])<22.2채용>
효과	① **재량행위에 대한 사법통제의 확대**: 행정의 자기구속은 재량행정의 영역에서 국민의 권리보호를 위하여 행정의 재량권 행사에 대한 사후적 사법통제를 확대시키는 데 그 의의가 있다. ※ 자기구속의 원칙에 위반한 처분은 위헌·위법한 처분이 되어 항고소송의 대상이 된다. ② **위법행위에 대한 자기구속의 적용(불법에 있어 평등)** ➡ **부정(通·判)** ─ 기존의 위법한 행정규칙이나 관례 ➡ 계속 위법한 처분을 해달라는 주장 ➡ 부정

(4) 성실의무 및 권한남용금지의 원칙

① 행정청은 법령등에 따른 의무를 성실히 수행하여야 한다.(행정기본법 제11조 제1항)

  ※ **신의성실의 원칙**은 「민법」(제2조)뿐만 아니라 **경찰행정법을 포함한 모든 법의 일반원칙**이며 법원으로 인정된다.<23경간>

② 행정청은 행정권한을 **남용**하거나 그 **권한의 범위를 넘어서(일탈)**는 아니 된다.(행정기본법 제11조 제2항)

  ※ 재량의 외적 한계를 벗어나는 것이 **일탈**이고, 내적 한계를 벗어나는 것이 **남용**이다.

  ※ 경찰행정법의 일반원칙인 **평등의 원칙, 비례의 원칙, 권한남용금지의 원칙, 신뢰보호의 원칙** 등은 「행정기본법」에 **규정**되어 있다.[♣규정되어 있지 않다.(×)]<23경간>

(5) 신뢰보호의 원칙

의의	① **법적안정성의 보호**: 행정청은 공익 또는 제3자의 이익을 현저히 해칠 우려가 있는 경우를 제외하고는 행정에 대한 **국민의 정당하고 합리적인 신뢰를 보호하여야** 한다.(행정기본법 제12조 제1항)<11승진> ※ 신뢰보호의 원칙은 **합법성을 희생하여서라도** 국민의 신뢰를 보호함이 정의·형평에 부합하는 것으로 인정되는 특별한 사정이 있는 경우에 적용될 수 있는 것이다. ─ **신뢰보호의 원칙** ➡ **하나의 당사자에 대한** 선·후행조치 간의 일관성의 문제 ─ **자기구속의 법리** ➡ **복수 당사자 간**의 평등성의 문제

의의	② 행정청은 권한 행사의 기회가 있음에도 불구하고 **장기간 권한을 행사하지 아니**하여 국민이 그 권한이 행사되지 아니할 것으로 믿을 만한 정당한 사유가 있는 경우에는 그 권한을 **행사해서는 아니** 된다.(행정기본법 제12조 제2항)<23승진>※ 다만, 공익 또는 제3자의 이익을 현저히 해칠 우려가 있는 경우는 예외로 한다.[♣공익 또는 제3자의 이익을 현저히 해칠 우려가 있는 경우에도(×)](행정기본법 제12조 제2항 단서)<23승진·23.2채용>
근거	**행정기본법**(제12조), 국세기본법(제18조 제3항), **행정절차법**(제4조 제2항)이 일반법적 근거가 될 수 있다.[♣실정법에 별도규정 없다.(×)]<11승진>**행정절차법 제4조(신의성실 및 신뢰보호)**[♣공익 등을 해할 우려 있어도 보호(×)]② 행정청은 법령 등의 해석 또는 행정청의 관행이 일반적으로 국민들에게 받아들여진 때에는 공익 또는 제3자의 정당한 이익을 현저히 해할 우려가 있는 경우를 제외하고는 새로운 해석 또는 관행에 의하여 소급하여 불리하게 처리하여서는 아니 된다.[♣공익 또는 제3자의 정당한 이익을 현저히 해할 우려가 있어도 보호해야(×)]<22.1채용>**행정기본법 제12조(신뢰보호의 원칙)**① 행정청은 공익 또는 제3자의 이익을 현저히 해칠 우려가 있는 경우를 제외하고는 행정에 대한 국민의 정당하고 합리적인 신뢰를 보호하여야 한다.<22.1채용>
연혁	① **독일:** 위법한 수익적 행정행위 취소권 제한의 법리를 중심으로 성립되었다.② **영미:** 영미법상의 금반언의 법리도 신뢰보호원칙과 같은 취지라 할 수 있다.
요건	① **선행조치의 존재:** 신뢰보호를 위해서는 우선 행정청의 어떠한 **선행조치가 존재하여야 하며**, 이는 소극적·적극적, 명시적·묵시적 행위를 불문한다.② **선행조치의 신뢰**[♣행정청의 선행조치를 반드시 신뢰할 필요가 없다.(×)]③ **신뢰에 기초한 행위:** 사인이 행정청의 선행조치를 신뢰한 것만으로는 부족하고, 그것을 믿은 사인이 어떠한 처리를 하였어야 한다.④ **보호가치 있는 신뢰:** 관계자가 선행조치에 대하여 정당성·존속성을 사실상 신뢰하였어야 하며, 그러한 **신뢰는 보호를 받을 가치가 있어야** 한다.[☻ 존신기가]※ 행정행위의 하자가 수익자 측의 귀책사유에 기인할 때에는 보호가치 있는 신뢰가 될 수 없다.(떼 기망, 강박, 증뢰 등)⑤ **인과관계:** 신뢰와 처리 사이에 인과관계가 없다면 보호해야 할 이유가 없다.⑥ **권익침해:** 선행조치에 반하는 처분 또는 부작위로 인해 관계인의 권익을 침해 ➡ 결과적으로 법적 안정성이 침해되는 경우
위반효과	**위법행위(취소사유):** 신뢰보호 원칙을 위반한 행정청의 행위는 원칙적으로 위법한 행위가 되어 권리구제가 가능하게 된다.※ 신뢰보호원칙에 반하는 처분행위는 단순위법으로 **무효사유는 아니고**, 원칙적으로 취소사유에 불과하며, 예외적으로 무효가 된다.[♣원칙적 무효이다.(×)]※ 한계: 법률적합성과 신뢰보호원칙의 충돌문제(위법한 행정작용에 대한 신뢰보호의 원칙 적용문제 – 이익형량설(통·판): 침해되는 사익과 공익을 형량해서 결정해야 한다는 견해이다.

> **판례** **[서장이 착오로 면허정지(위법) →(구)지방경찰청장이 면허취소(적법) →신뢰보호의 원칙 위반, 위법]** 운전면허 취소사유에 해당하는 음주운전을 적발한 경찰관의 소속 경찰서장이 사무착오로 위반자에 운전면허 정지처분을 한 상태에서 위반자의 주소지 관할 (구)지방경찰청장이 위반자에게 운전면허 취소처분을 한 것은 선행처분에 대한 당사자의 **신뢰 및 법적 안정성을 저해**하는 것으로 **허용될 수 없다.**[♣신뢰 및 법적 안정성을 저해하는 것으로 볼 수 없다.(×), ♣비례의 원칙 위법(×)](대법원 2000.02.25 99두10520 판결)<11승진·19.2채용>

> **판례** **[사전 적정통보→허가요건○, 허가신청, 불허가처분→신뢰보호의 원칙 위반(위법)]** 폐기물처리업에 대하여 관할 관청의 **사전 적정통보**를 받고 막대한 비용을 들여 **허가요건**을 갖춘 다음 **허가신청**을 하였음에도 청소업자의 난립으로 효율적인 청소업무의 수행에 지장이 있다는 이유로 한 **불허가처분**이 신뢰보호의 원칙에 반하여 재량권을 남용한 위법한 처분이다.(대법원 98두4061 판결 [폐기물처리업허가신청에 대한 불허가처분취소])<22.2채용>

(6) **비례의 원칙**(과잉금지의 원칙)

의의	경찰권 발동의 조건과 정도(수단)는 질서유지의 필요성(목적)과 비교하여, 그 사이에 합리적인 비례가 유지되어야 한다는 것으로 **경찰권 발동은 필요최소한의 범위에서** 이루어져야 한다는 원칙이다.<19.1채용>
	※ 비례원칙은 일반적 수권조항에 근거하여 경찰권이 발동되는 경우는 물론이고 개별적 수권조항에 근거하여 경찰권이 발동되는 경우에도 적용된다.<16·22승진·23.1채용>
	① **조건과 정도에 관한 원칙** ➡ 경찰권 발동의 조건과 정도에 관한 원칙이다.
	② **목적과 수단 사이의 합리적 비례관계 요구** ➡ 경찰권의 발동으로 인한 국민의 자유제한은 장해의 제거에 필요한 한도를 초과하지 못한다는 것을 의미한다.<19.1채용>
	③ **재량권의 한계를 설정**하여 주는 원리이다.
근거	(1) **성문화된 원칙 :** 헌법(제37조 제2항)의 과잉금지원칙에서 **도출**된 헌법상의 원칙이며, 경찰관직무집행법(제1조 제2항)에도 근거를 두고 있다.[♣비례원칙은 근거 규정이 없다.(×)]<98·02·16·20·22승진·20.2·23.1채용>
	♣경찰비례의 원칙은 조리상의 원칙으로 아직 명문규정이 없다.(×)<98·02승진>
	① **헌법 제37조 제2항** – 국민의 모든 자유와 권리는 국가안전보장·질서유지 또는 공공복리를 위하여 **필요한 경우에 한하여** 법률로써 제한할 수 있으며, 제한하는 경우에도 **자유와 권리의 본질적인 내용을 침해할 수 없다.**[♣기본권의 본질적인 내용도 제한할 수 있다.(×)]
	② **경찰관직무집행법 제1조 제2항** – 이 법에 규정된 경찰관의 직권은 그 직무수행에 필요한 **최소한도 내에서** 행사되어야 하며 이를 남용하여서는 아니 된다.<16·20승진>
	※ **경찰비례의 원칙을 명시적으로 선언**하고 있는 것이며, 이는 공공의 안녕과 질서유지라는 **공익목적**과 이를 실현하기 위하여 **개인의 권리나 재산을 침해하는 수단** 사이에는 **합리적인 비례관계**가 있어야 한다는 의미를 갖는다.<23경간>
	③ **행정기본법 제10조** – 비례의 원칙 : 행정작용은 다음의 각 원칙에 따라야 한다.
	1. (적합성) 행정목적을 달성하는 데 **유효하고 적절**할 것(제1호)
	2. (필요성) 행정목적을 달성하는 데 **필요한 최소한도**에 그칠 것(제2호)
	3. (상당성) 행정작용으로 인한 **국민의 이익 침해가 그 행정작용이 의도하는 공익보다 크지 아니할 것**[♣공익이 침해보다 크지 아니할 것(×)](제3호)<23.2채용>
	(2) **불문법원** : 성문법적 근거규정이 있다 해도 비례원칙의 **성질은 불문법원에 속한다.**

| 연혁 | ① **독일**에서 경찰법상의 **판례를 중심으로 발달**하여 왔다.<20.2채용> |
| | ② 초기에는 **경찰행정영역에서 주로 적용**되었으나 오늘날에는 **행정법의 모든 영역에서 적용되는 원칙**으로 이해되고 있다.<20.2채용> |

	적합성	**목적달성에 적합한 수단**: 행정목적을 달성하는 데 **유효하고 적절**할 것[♣필요성 (×)](행정기본법 제10조 제1호)<21경간 · 22 · 23승진 · 20.2채용>
		※ 이미 취하여진 조치의 부적합성이 사후에 판명된 경우에는 경찰기관은 당해 조치를 중지해야 하며, 이미 취한 조치의 원상회복에 노력하여야 한다.
	필요성	**'최소 침해의 원칙(필요최소한)'**: 행정목적을 달성하는 데 **필요한 최소한도**에 그칠 것(행정기본법 제10조 제2호)<23승진>
		① 목적달성에 적합한 여러 수단 중 **국민에게 가장 적은 부담**을 주는 수단을 선택하라는 원칙이다.[♣상당성(×), ♣협의의 비례의 원칙(×)]<21경간 · 19.1 · 20.2 · 23.1채용>
		② 독일의 경찰법에서는 필요성의 원칙을 담보하기 위해 '대체수단의 제공'이 명문화되어 있다.
요건	**상당성**	**'이익형량', '협의의 비례의 원칙', '수인가능성의 원칙'**: 행정작용으로 인한 **국민의 이익 침해**가 그 행정작용이 의도하는 **공익보다 크지 아니할** 것(행정기본법 제10조 제3호)<23승진>
		① 경찰의 조치는 그에 의하여 달성되는 **공익**이 그로 인한 상대방의 자유·권리에 대한 침해(침해되는 **사익**)**보다 클 때**에만 허용된다는 원칙이다.[♣최소 침해의 원칙(×) → 필요성의 원칙]<12 · 22승진 · 19.1 · 20.2 · 23.1채용>
		② **"경찰은 참새를 쫓기 위해 대포를 쏘아서는 안 된다."**는 독일법언은 경찰비례의 원칙 중에서도 **상당성의 원칙을 잘 대변**해 주고 있다.[♣적합성의 원칙 대변(×)]<04 · 05 · 20승진 · 02채용>

(1) **모두 충족해야**: 경찰작용의 **적합성·필요성·상당성의 원칙을 모두 충족**하여야만 비례원칙이 충족된다.[♣적어도 하나는 충족해야(×)]<11 · 16 · 20 · 22승진>

> ♣경찰작용은 적합성, 필요성, 상당성의 원칙 중 적어도 하나는 충족해야 한다.(×)<16승진>

> ※ 경찰행정관청의 특정행위가 공적 목적 달성을 위해 적합하고, 국민에게 가장 피해가 적으며, 달성되는 공익이 침해되는 사익보다 더 커야 적법한 행적작용이 될 수 있다.<22승진>

(2) **단계 구조**: 적합한 수단 ➡ 필요한 수단 ➡ 상당성이 있는 수단

(3) **판례입장**: 우리 헌법재판소와 독일 연방헌법재판소는 비례원칙의 내용으로서 ① 목적의 정당성<합목적성>, ② 방법의 적정성<**적합성**>, ③ 피해의 최소성<**필요성**>, ④ 법익의 균형성<**상당성**>을 제시하고 있다.

① 대법원은 집회장소와 **시간적·장소적으로 근접하지 않은 경우, 해당집회 참가행위가 불법이어도 이를 제지할 수 없다고 판결**하였다.[♣시간적 장소적으로 근접하지 않은 경우에도 제지할 수(×)](2007도 9794)

> ♣대법원 판례에 의하면 집회장소와 시간적·장소적으로 근접하지 않은 경우에도 불법집회에 참가하려는 목적이 명백한 경우, 경찰관은 사전에 이들을 제지할 수 있다.(×)

② 대법원은 상대방과 근접한 거리에서 얼굴을 향하여 가스총을 발사하여 **상대방의 눈 한쪽이 실명된 경우 비례의 원칙을 준수했다고 보기 힘들다**고 판결했다.(2002다57218)

위반 효과	경찰의 행위가 비록 **형식상 적법하더라도 비례원칙을 위반할 경우**에는 위법의 문제가 발생하여 **국가배상이나 항고소송의 대상이 될 수** 있다.[♣위반해도 국가배상책임 불성립(×)]<16·20·22승진> ♣비례원칙에 위반한 국가작용에 대해서 국가배상책임이 성립되지 않는다.(×)<16승진> 〔판례〕**[부정 취득하지 않은 운전면허까지 필요적으로 취소 → 과잉금지원칙 위배]** 위법이나 비난의 정도가 미약한 사안을 포함한 모든 경우에 **부정 취득하지 않은 운전면허까지 필요적으로 취소**하고 이로 인해 **2년 동안 해당 운전면허 역시 받을 수 없게 하는 것**은, 공익의 중대성을 감안하더라도 지나치게 기본권을 제한하는 것이므로, 법익의 균형성 원칙에도 위배된다. 따라서 심판대상조항 중 각 '거짓이나 그 밖의 부정한 수단으로 받은 운전면허를 제외한 운전면허'를 필요적으로 취소하도록 한 부분은, 과잉금지원칙에 반하여 일반적 행동의 자유 또는 직업의 자유를 침해한다.[♣비례의 원칙에 위배되지 않는다.(×)][헌재 2019헌가9·10(병합)]<23경간>

제2절 경찰조직법

경찰조직법에는 대표적으로 국가경찰과 자치경찰의 조직 및 운영에 관한 법률이 있으며 크게는 경찰공무원법도 경찰조직법으로 본다. 이러한 경찰조직법을 아우르는 양대 이념은 민주성과 효율성이며 모든 제도의 구성은 이 두 가지 이념을 조화시키는 문제라고 볼 수가 있는바, 현행법상 규정된 제도들이 어떤 이념을 추구하고 있는지 어떤 요소들이 어떤 이념과 관련이 있는지 염두에 두고 학습할 필요가 있다.

1 테마 32 경찰조직의 기초개념

Ⅰ 경찰조직법 기본원리

(1) **의의** : **경찰조직법**은 경찰에 **존립근거**를 부여하고, 경찰이 설치할 **기관의 명칭, 권한, 관청상호간의 관계** 나아가 **경찰관청의 임면·신분·직무 등에 대해서 규정하는 법**이다.

① **국가의 행정조직에 관한 기본법은 '정부조직법'**이며, **경찰의 조직에 관한 기본법은 '국가경찰과 자치경찰의 조직 및 운영에 관한 법률'**이라 할 수 있다.

② **정부조직법 제34조 제4항** : '치안에 관한 사무를 관장하기 위하여 행정안전부장관 소속하에 경찰청을 둔다.'고 규정하고 있다.[♣경찰 조직규정(×), ♣직무범위 규정(○), ♣설치 및 직무규정(○)]

③ **수명자** : 헌법 재판소 결정에 의하면 '구경찰법(현 국가경찰과 자치경찰의 조직 및 운영에 관한 법률)'은 '**경찰의 기본조직 및 직무범위**' 등을 규정한 전형적인 조직법으로 원칙적으로 그 조직의 구성원이나 구성원이 되려는 자 등 외에 **일반국민을 수명자로 하지 않는다.**[♣일반국민을 수명자로 한다.(×)](헌법재판소 91헌마162)

> **憲裁** **[구경찰법 → 기본권 침해(×)]** 기본권 침해는 '경찰관직무집행법'이나 '형사소송법' 등에 따라 행해지는 경찰권 행사라는 **별도의 공권력 행사에 의한 것**이지 조직법인 **(구)'경찰법'**에 의하여 직접 이루어지는 것이라고 할 수 없고, 또 청구인들이 주장하는 기본권 침해의 가능성은 **잠재적인 우려에 불과한 것**이다.(헌법재판소 91헌마162)

(2) **특색** : 경찰기관이 국민의 통제 하에 국민에 대하여 통일적인 책임을 지게 하면서도, 민주적이고 효율적으로 경찰사무를 수행할 수 있도록 하는 데 있다.

정리 **경찰조직법 기본원리[☺ 민중능집]**

> **국가경찰과 자치경찰의 조직 및 운영에 관한 법률** : 이 법은 경찰의 민주적인 관리·운영과 효율적인 임무수행을 위하여 경찰의 기본조직 및 직무범위와 그 밖에 필요한 사항을 규정함을 목적으로 한다.[♣경찰관직무집행법에 규정(×)](국가경찰과 자치경찰의 조직 및 운영에 관한 법률 제1조)<15경간·24승진·15.3·18.2채용>
>
> → '**국가경찰과 자치경찰의 조직 및 운영에 관한 법률**'상 경찰이념 : 민주성과 효율성

민주성	민주성	국민에 대한 봉사·책임, 경찰기관의 법률주의, 공개경쟁에 의한 신규채용
	중립성	공무원의 신분 및 정치적 중립의 보장, 정치운동 금지의무, 국가경찰위원회
효율성	능률성	계층제 행정조직, 경찰기동대의 운영(경찰직무응원법 제4조)
	집권성	국가경찰제도, **경찰조직의 독임제**[♣경찰조직 합의제 원칙(×)]<97승진>

Ⅱ 행정주체

(1) **의의** : 행정주체란 행정을 행할 **권리와 의무**를 가지고, 자기의 이름과 책임 하에 행정을 실시하는 단체(법인)를 의미하며, 그 **법적 효과는 모두 행정주체에게 귀속**이 된다.

※ 행정주체는 법적효과 귀속의 당사자이므로 법인격이 있어야 한다.[판례]

정리 **소송의 피고**

민사소송 당사자소송	**행정주체(국가, 자치단체)**
	예 경찰관의 위법행위로 인한 국가배상사건(민사소송)의 피고는 대한민국이다.
항고소송	**처분관청**(**예** 집회금지통고에 대한 소송의 피고는 금지통고를 한 경찰관청)
	[♣경찰청장의 위법처분에 대한 행정심판·소송의 피고는 대한민국(×) → 경찰청장]

(2) **종류** : 행정주체에는 ① 국가, ② 공공단체[지방자치단체, 영조물법인, 공공조합, 공법상재단], ③ 수권사인(공무수탁사인)등이 있다.

> ※ 경찰행정의 주체 → 국가경찰제도에서는 국가만이 경찰행정의 주체가 될 수 있으나, 자치경찰제를 시행하게 되면 지방자치단체도 경찰행정의 주체가 될 수 있다.<06승진> 현재 우리나라에서 경찰행정의 주체에는 국가와 제주특별자치도가 있다.

참고	수권사인
의의	자신의 이름으로 공행정 사무를 처리할 수 있는 권한을 부여받아 이를 처리하는 사인을 의미한다.(일명 공무수탁사인)
예	토지수용권을 행사하는 사업시행자, 별정우체국장, 선박항해 중 경찰 및 호적사무를 집행하는 선장, 교정업무를 위탁받은 민간교도소

Ⅲ 행정기관(종류)<04 · 06승진>

(1) **경찰행정기관** : 경찰행정기관이란 법인인 행정주체를 위하여 **현실적으로 그 직무를 수행하는 기관**을 의미한다.

(2) **법률효과 귀속** : 행정기관에는 법률에 의하여 일정한 범위의 권한과 책임이 주어지며, 경찰행정이 권한범위 내에서 행하는 행위의 법적 효과는 **법률상 행정주체인 국가에 귀속**한다.

(3) **직무수행 범위** : 행정기관의 직무의 수행에는 일정한 범위 즉 한계가 있는데 이에는 사항적(내용에 의한) · 지역적 · 기능적 한계가 있다.

1. 행정관청

(1) **행정관청** : 행정주체의 법률상 **의사를 결정하여 외부에 표시하는 권한을 가지는 기관**을 의미한다.

※ 행정관서(예 경찰청)와 행정관서의 장(예 경찰청장)은 서로 구분되는 개념으로서, 행정관서가 아니라 행정관서의 장이 행정관청에 해당한다.[♣경찰서, 시 · 도경찰청, 경찰청은 행정관청(×)]

(2) **구분** : 책임자의 수에 따라 독임제와 합의제로 구분된다.

※ 행정관청은 독임제를 원칙으로 하나, 합의제로 조직되는 경우도 있다.

정리	행정관청 유형
독임제	① 대통령, 각부 장관 등 ※ 넓은 의미에서 행정안전부장관도 경찰관청의 하나라고 할 수 있다. ② **경찰행정관청** : 경찰청장 − 시 · 도경찰청장 − 경찰서장[♣지구대장(×)]<01 · 11.2 · 12.2채용> − 지구대장(파출소장)은 경찰서장의 보조기관으로서 **경찰행정관청이 아니다.**
합의제	**소청심사위원회, 행정심판위원회**, 감사원, 중앙선거관리위원회 등[♣국가경찰위원회는 행정관청(×)→ 의결기관]

종류	경찰행정관청의 종류<12승진>			
경찰청장	상급경찰관청	중앙 보통경찰관청	중앙행정기관	행정안전부장관 소속
시도경찰청장	중급경찰관청	지방상급보통경찰관청	특별지방	시 · 도지사 소속
경찰서장	하급경찰관청	지방하급보통경찰관청	행정기관	시 · 도경찰청장 소속

2. 의결기관(참여기관)[● 경위징계의결]

(1) **의결기관 :** 행정관청의 의사를 구속하는 **의결을 행하는** 합의제 행정기관으로서 의결을 외부에 표시할 수 있는 권한은 없다.(참여기관)

> 예 **국가경찰위원회, 경찰징계위원회**는 의결기관에 해당한다.[♣경찰공무원인사위원회(×), ♣자문기관(×)]<11. 2·12.2채용>

(2) 행정청이 의결기관의 의결사항에 대해 의결을 거치지 아니하고 행위를 한 경우에는 무권한 행위로서 무효가 된다.

> ※ 의결기관의 의결(결정)이 처분의 내용을 이루고, 처분청은 그 의결 내용을 자신의 이름으로 외부에 표시만 하게 된다.

3. 자문기관

(1) 자문기관이란 행정청으로부터 자문을 받아 구속력이 없는 의견을 제시하는 기관(심의기관)을 말하며 각종 심의회 등이 여기에 해당한다.

> 예 경찰공무원인사위원회(경찰청), 시민단체·경찰협력위원회(경찰청), 경찰발전위원회(경찰서) 등<11.2채용>

(2) 자문기관의 의견은 **법적 구속력이 없으며**, 다만 필수적 자문의 경우에 이를 결여하면 절차상 위법사유가 된다.

4. 집행기관

(1) 행정관청이 결정한 의사를 구체적으로 실현하는 기관으로서 공권력에 의한 실력행사를 포함, 다양한 수단을 동원하여 경찰 의사를 실현하는 기관으로서 **순경에서 치안총감까지 전 경찰관으로 구성**된다.<97 승진·03·11.2채용>

> ※ 경찰집행기관은 제복착용권, 무기의 휴대·사용권을 보유하며, 일반경찰집행기관을 이루는 경찰공무원은 사법경찰에 관한 사무를 아울러 담당하고 있다.

> **참고** **기타기관**(행정기관의 조직과 정원에 관한 통칙 등)

중앙행정기관	국가의 행정사무를 담당하기 위하여 설치된 행정기관으로서 그 관할권의 범위가 전국에 미치는 행정기관을 말한다. 다만, 그 관할권의 범위가 전국에 미치더라도 다른 행정기관에 부속하여 이를 지원하는 행정기관은 제외한다.(제2조 제1호)
특별지방행정기관	특정한 중앙행정기관에 소속되어, 당해 관할구역 내에서 시행되는 소속 중앙행정기관의 권한에 속하는 행정사무를 관장하는 국가의 지방행정기관을 말한다.(제2호) 예 경찰청 소속의 시·도경찰청·경찰서, 국세청 소속의 지방국세청·세무서 등
부속기관	행정권의 직접적인 행사를 임무로 하는 기관에 부속하여 그 기관을 지원하는 행정기관을 말한다.(제3호) 예 경찰대학·경찰종합학교·중앙경찰학교, 경찰병원
소속기관	중앙행정기관에 소속된 기관으로서, **특별지방행정기관**과 **부속기관**을 말한다.(제5호)
자문기관	부속기관중 행정기관의 자문에 응하여 행정기관에 전문적인 의견을 제공하거나, 자문을 구하는 사항에 관하여 심의·조정·협의하는 등 행정기관의 의사결정에 도움을 주는 행정기관을 말한다.(제4호)

보조기관	행정기관의 의사 또는 판단의 결정이나 표시를 보조함으로써 행정기관의 목적달성에 공헌하는 기관을 말한다.(제6호) 예 **차장 – 국장 – 부장 – 과장 – 계장 – 반장 등**<99승진 · 11.2채용>
보좌기관	행정기관이 그 기능을 원활하게 수행할 수 있도록 그 기관장이나 보조기관을 **보좌**함으로써 행정기관의 목적달성에 공헌하는 기관을 말한다.(제7호) 예 비서실, 조정실, 담당관(정책의 기획이나 계획의 입안 및 연구 · 조사)등
하부조직	행정기관의 보조기관과 보좌기관을 말한다.(제8호)
감사기관	행정기관의 사무나 회계를 검사하여 그 적부를 감사하는 권한을 가진 기관을 말한다. 예 감사원

2 경찰기관 분류

보통 경찰기관	경찰 관청	보통경찰관청	**경찰청장** – 시 · 도경찰청장 – 경찰서장[♣경찰서장은 집행기관(×)] [♣경찰청장은 행정관청 아니다.(×)]
		특별경찰관청	해양경찰청장 – 시 · 도해양경찰청장 – 해양경찰서장
	경찰의결기관		**국가경찰위원회**[♣자문기관(×), ♣행정관청 성격(×)], 징계위원회
	경찰자문기관		경찰공무원인사위원회, 행정발전위원회
	집행 기관	일반경찰집행기관	경찰공무원[**치안총감~순경**][♣경찰서장(×)]
		특별경찰집행기관	소방공무원, 헌병, 의무경찰대, 해양경찰공무원, 청원경찰
	경찰보조기관		경찰청 **차장, 국장**, 과장, 지방청 부장, 과장, 경찰서 과장
특별 경찰기관	협의의 행정경찰기관		**산림청장**[산림경찰], 금융감독원, 국토교통부 등
	비상경찰기관		계엄사령관, 위수사령관

※ **보통경찰기관** ➡ 보안경찰 작용을 담당하는 경찰기관을 의미한다.

　주의 **국립과학수사연구원은 행정안전부 장관 소속하**에 두고 있다.

Ⅰ 보통경찰기관

참고 테마 33 국가경찰, 자지경찰의 임무구분

> ※ **국가와 지방자치단체의 책무(공통)** : 국가와 지방자치단체는 국민의 생명·신체 및 재산을 보호하고 공공의 안녕과 질서유지에 필요한 시책을 수립·시행하여야 한다.(국자법 제2조)<24승진>

1. 국가경찰의 사무(국가경찰과 자치경찰의 조직 및 운영에 관한 법률 제4조 제1항 제1호)

> 1. 국민의 생명·신체 및 재산의 보호
>
> 2. 범죄의 예방·진압 및 수사
>
>   ※ '범죄의 예방·진압 및 수사' 관련 자치경찰사무는 제외한다.
>
> 3. 범죄피해자 보호
>
> 4. 경비·요인경호 및 대간첩·대테러 작전 수행
>
> 5. 공공안녕에 대한 위험의 예방과 대응을 위한 **정보의 수집·작성 및 배포**
>
> 6. 교통의 단속과 위해의 방지
>
> 7. 외국 정부기관 및 국제기구와의 **국제협력**
>
> 8. 그 밖에 공공의 안녕과 질서유지

2. 자치경찰의 사무

> **국가경찰사무**(제3조에서 정한 경찰)의 임무 범위 내에서 관할 지역의 생활안전·교통·경비·수사 등에 관한 다음 각 목의 사무(국가경찰과 자치경찰의 조직 및 운영에 관한 법률 제4조 제1항 제2호)<22.2채용>
>
> 가. 지역 내 주민의 **생활안전 활동에 관한 사무**<22.2채용>
>
> 　1) **생활안전**을 위한 순찰 및 시설의 운영<22.2채용>
>
> 　2) **주민참여 방범활동**의 지원 및 지도<22.2채용>
>
> 　3) **안전사고 및 재해·재난** 시 긴급구조지원
>
> 　4) 아동·청소년·노인·여성·장애인 등 **사회적 보호가 필요한 사람**에 대한 보호 업무 및 **가정·학교·성폭력 등의 예방**
>
> 　5) 주민의 일상생활과 관련된 **사회질서의 유지** 및 그 **위반행위의 지도·단속.** 다만, 지방자치단체 등 **다른 행정청의 사무는 제외**한다.<22.2채용>
>
> 　6) 그 밖에 지역 주민의 생활안전에 관한 사무
>
> 나. 지역 내 **교통 활동에 관한 사무**<22.2채용>
>
> 　1) **교통법규 위반**에 대한 **지도·단속**<22.2채용>
>
> 　2) 교통안전시설 및 무인 교통단속용 **장비의 심의·설치·관리**<22.2채용>

3) 교통안전에 대한 **교육 및 홍보**

4) 주민참여 지역 교통활동의 **지원 및 지도**

5) 통행 허가, 어린이 통학버스의 신고, 긴급자동차의 지정 신청 등 각종 **허가 및 신고에 관한 사무**

6) 그 밖에 지역 내의 **교통안전 및 소통**에 관한 사무

다. 지역 내 다중운집 행사 관련 **혼잡 교통 및 안전 관리**<22.2채용>

라. 다음의 어느 하나에 해당하는 **수사사무**

1) 학교폭력 등 **소년범죄**<22.2채용>

2) 가정폭력, **아동학대 범죄**<22.2채용>

3) 교통사고 및 **교통 관련 범죄**

4) 「형법」 제245조에 따른 **공연음란** 및 「성폭력범죄의 처벌 등에 관한 특례법」 제12조에 따른 **성적 목적을 위한 다중이용장소 침입행위**에 관한 범죄[♣공중밀집 장소에서의 추행행위에 관한 범죄(×)]<22.2채용>

5) **경범죄 및 기초질서 관련** 범죄

6) **가출인** 및 「실종아동등의 보호 및 지원에 관한 법률」 제2조 제2호에 따른 **실종아동등 관련 수색 및 범죄**(경찰관서장의 요청을 거부한 자에 대한 수사도 자치경찰사무에 포함된다.)

※ 자치경찰사무에 관한 구체적인 사항 및 범위 등은 **대통령령으로 정하는 기준에 따라 시·도조례로 정한다.**(국가경찰과 자치경찰의 조직 및 운영에 관한 법률 제4조 제2항)<22.2채용>

I. 중앙경찰조직

1. 테마 34 경찰청장

☞ 설치근거	
정부 조직법	**설치 및 직무** : "치안에 관한 사무를 관장하기 위하여 행정안전부장관 소속으로 경찰청을 둔다."라고 규정하여 경찰의 **직무범위**와 경찰청의 **설치근거를 명시**하고 있다. [♣조직규정(×)](정부조직법 제34조 제5항)<15.3채용>
	※ 정부조직법은 국가 행정조직에 관한 기본법으로 구경찰법(현-국가경찰과 자치경찰의 조직 및 운영에 관한 법률)이 제정되기 이전에는 경찰체제(설치)의 근거법이었다.[♣경찰관직무집행법은(×)]<18경간>
국가경찰과 자치경찰의 조직 및 운영에 관한 법률	① **치안에 관한 사무**를 관장하기 위하여 **행정안전부장관 소속**으로 경찰청을 둔다.(국가경찰과 자치경찰의 조직 및 운영에 관한 법률 제12조)<01승진·99·10.2·13.2채용>
	② 실제 경찰의 **조직 및 직무범위**를 규정하고 있는 **경찰조직의 기본법**이다.[♣정부조직법(×)](국가경찰과 자치경찰의 조직 및 운영에 관한 법률 제1조)<98승진·02채용>

편제	
조직	① 경찰청은 7국·1대변인[경무관: 청장 직속기관]·4관[차장직속]으로 편성 　－ 7국 : 경무국, 생활안전국, 수사국, 경비국, 정보국, 보안국, 외사국 　－ 4관 : 감사관(고위공무원단 소속 일반직 공무원 또는 경무관), 교통관리관, 기획조정관, 정보통신관리관
경찰청 차장	① 경찰청에 차장을 두며, 차장은 **치안정감(治安正監)**으로 보한다.(국가경찰과 자치경찰의 조직 및 운영에 관한 법률 제15조 제1항) ② 차장은 경찰청장을 보좌하며, **경찰청장이 부득이한 사유로 직무를 수행할 수 없을 때에는 그 직무를 대행**한다.[♣대통령의 지시가 있으면(×)](국가경찰과 자치경찰의 조직 및 운영에 관한 법률 제15조 제2항)<15승진> → **협의의 법정대리**
소속 기관	① 부속기관 : **경찰대학, 경찰인재개발원, 중앙경찰학교, 경찰병원, 경찰수사연수원**[♣국립과학수사연구원(×), ♣책임운영기관(×)](경찰청과 그 소속기관 직제 제2조 제1항)<01·17승진·99·10. 2·13.2채용> 　♣경찰청장 부속기관으로 경찰대학, 경찰인재개발원, 중앙경찰학교, 경찰수사연수원, 경찰병원, 국립과학수사연구원 등이 있다.(×)<17승진> 　주의 **국립과학수사연구원은 행정안전부 소속** 　※ 경찰청장 소속하에 **책임운영기관**으로 **경찰병원**을 둔다.(경찰청과 그 소속기관 직제 제2조 제2항)<10.2·13.2채용> 　※ 조사연구형 기관 중 연구형 기관 － 국립과학수사연구원 / 의료형 기관 － 경찰병원(책임운영기관의 설치·운영에 관한 법률 시행령 별표1) ② **특별지방행정기관** : 「국가경찰과 자치경찰의 조직 및 운영에 관한 법률」에 따라 **시·도경찰청과 경찰서**를 둔다.(제2조 제3항)
경찰청장 (국가경찰과 자치경찰의 조직 및 운영에 관한 법률 제14조)	
지위	① 경찰청에 경찰청장을 두며, 경찰청장은 **치안총감**으로 보한다.(제14조 제1항)<12·16승진·13.2채용> ② 경찰청장의 **임기는 2년**으로 하고, **중임할 수 없다.**[♣중임할 수 있다.(×)](제14조 제4항)<12·15·16·18승진·13.2·15.2·18.2·20.1·2채용> ③ 경찰청장이 그 직무를 집행하면서 **헌법이나 법률**[♣법령(×)]**을 위배**하였을 때에는 **국회는 탄핵 소추를 의결할 수 있다.**[♣대통령의 지시를 위배하였을 때(×), ♣국무회의 의결로 해임(×), ♣탄핵할 수(×)](제14조 제5항)<15·16·18승진·13.2·15.2·20.1·2채용> 　♣경찰청장이 그 직무를 집행하면서 헌법이나 법률을 위배하였을 때에는 국회는 탄핵할 수 있다.(×)<15·16승진·13.2·15.2채용> 　♣경찰청장이 헌법이나 법률을 위반했을 때 국회에서 탄핵 소추를 의결할 수 있다고 인정되나, 현행 「국가경찰과 자치경찰의 조직 및 운영에 관한 법률」에는 국회의 탄핵소추 의결권이 명기되어 있지 아니하다.(×)<18승진> 　※ 경찰청장은 강력한 신분보장의 대상으로 **일반적 징계(파면·해임)의 대상이 아니다.** 　※ 개정 전 구경찰법(현 국가경찰과 자치경찰의 조직 및 운영에 관한 법률)상 '**경찰청장은 퇴직일로부터 2년 이내에는 정당의 발기인이 되거나 당원이 될 수 없다.**'는 규정은 **위헌판결로 효력이 상실되었다.**[♣될 수 없다.(×)]<10.2채용> 　♣경찰청장은 퇴직일로부터 2년 이내에는 정당의 발기인이 되거나 당원이 될 수 없다.(×)<10.2채용>

임명 절차	경찰청장은 **국가경찰위원회의 동의를**[♣국가경찰위원회 추천(×)] 받아 **행정안전부장관의 제청**으로[♣행안부 장관 거쳐(×)] **국무총리를 거쳐 대통령이 임명**한다. 이 경우 **국회의 인사청문을 거쳐야** 한다.(제14조 제2항)<12·15·16·18승진·14경간·10.2·13.2·15.2·3·18.2채용> ※ 절차 ➡ ① 국가경찰위원회의 동의 ➡ ② 행정안전부장관의 제청 ➡ ③ 국무총리 경유 ➡ ④ 국회의 인사청문회경유 ➡ ⑤ 대통령이 임명[☻동제거청임][♣국가경찰위원회 추천(×)]<12경간> ♣『국가경찰과 자치경찰의 조직 및 운영에 관한 법률』상 경찰청장의 임명절차는 ① 국가경찰위원회의 추천→② 행정안전부장관 제청→③ 국무총리 경유→④ 대통령이 임명한다.(×)<12경간> ♣경찰청장은 국가경찰위원회의 동의를 얻어 국무총리 제청으로 대통령이 임명한다.(×)<12경위> ※ **해양경찰청장 ➡ 국회인사청문회나 탄핵의 대상이 아니다.**[♣인사청문회(×)] ♣대통령이 경찰청장과 해양경찰청장을 임명할 시에는 국회의 인사청문회를 거쳐야 한다.(×)

권한	① 경찰청장은 **국가경찰에 관한 사무를 총괄**하고 **경찰청 업무를 관장**하며 소속공무원 및 각급 국가경찰기관의 장을 지휘·감독한다.[♣국가수사본부장은(×)](제14조 제3항)<12·16·18승진·15.2·21.2채용>
	
	- 우리의 경찰조직은 **독임제 조직으로 구성**되어 있다.<97·07승진>
	
	- **경찰행정의 책임**은 종국적으로 최상급의 경찰관청인 **경찰청장에게 귀속**
	
	② 차장은 경찰청장을 보좌하며, **경찰청장**이 부득이한 사유로 직무를 수행할 수 없을 때에는 그 **직무를 대행**한다. (제15조 제2항)
	
	♣경찰청장의 유고시에는 차장이 직무를 대행하지 않고, 대통령의 다음 경찰청장 임명을 기다려야 한다.(×)
	
	③ 경찰청장은 다음 각 호의 경우에는 **자치경찰사무를 수행하는 경찰공무원(제주특별자치도의 자치경찰공무원을 포함)을 직접 지휘·명령할 수** 있다.[♣어떠한 경우에도 제주자치경찰 지휘 불가(×), ♣언제나 지휘·명령할 수(×)](제32조 제1항)<20.2채용>
	
	  1. **전시·사변, 천재지변, 그 밖에 이에 준하는 국가 비상사태, 대규모의 테러 또는 소요사태**가 발생하였거나 발생할 우려가 있어 전국적인 치안유지를 위하여 긴급한 조치가 필요하다고 인정할 만한 충분한 사유가 있는 경우
	
	  2. 국민안전에 중대한 영향을 미치는 사안에 대하여 **다수의 시·도에 동일하게 적용되는 치안정책을 시행할 필요가 있다고 인정할 만한 충분한 사유**가 있는 경우
	
	  3. **자치경찰사무와 관련**하여 해당 시·도의 경찰력으로는 국민의 생명·신체·재산의 보호 및 공공의 안녕과 질서유지가 어려워 **경찰청장의 지원·조정이 필요하다고 인정**할 만한 충분한 사유가 있는 경우
	
	♣경찰청장은 어떠한 경우에도 제주특별자치도 소속 자치경찰공무원에게 명령을 내릴 수 없다.(×)
	
	  ㉠ **경찰청장은** 자치경찰사무 직접 지휘·명령에 따른 조치가 필요한 경우에는 **시·도자치경찰위원회**에 자치경찰사무를 담당하는 경찰공무원을 직접 지휘·명령하려는 사유 및 내용 등을 구체적으로 제시하여 **통보하여야** 한다.(제32조 제2항)<22경간>
	
	  ㉡ 통보를 받은 시·도자치경찰위원회는 정당한 사유가 없으면 즉시 자치경찰사무를 담당하는 경찰공무원에게 경찰청장의 **지휘·명령을 받을 것을 명하여야** 하며, 규정된 사유에 해당하지 아니한다고 인정하면 **시·도자치경찰위원회의 의결**을 거쳐 경찰청장에게 그 지휘·명령의 **중단을 요청할 수** 있다.(제32조 제3항)

권한	ⓒ 경찰청장이 지휘·명령을 하는 경우에는 **국가경찰위원회에 즉시 보고하여야** 한다. 다만, **'경찰청장의 지원·조정이 필요하다고 인정할 만한 사유'**(제1항 제3호)의 경우에는 [♣다수의 시·도에 동일하게 적용되는 치안정책을 시행할 필요가 있다고 인정할 만한 충분한 사유가 있는 경우(×)] **미리 국가경찰위원회의 의결을 거쳐야** 하며 긴급한 경우에는 우선 조치 후 지체 없이 국가경찰위원회의 의결을 거쳐야 한다.(제32조 제4항)<22경간>
ⓔ 보고를 받은 국가경찰위원회는 규정된 사유에 해당하지 아니한다고 인정하면 그 지휘·명령을 **중단할 것을 의결**하여 경찰청장에게 **통보할 수** 있다.(제32조 제5항)
ⓜ 경찰청장은 지휘·명령할 수 있는 **사유가 해소**된 때에는 경찰공무원에 대한 지휘·명령을 **즉시 중단하여야** 한다.(제32조 제6항)<22경간>
ⓗ **시·도자치경찰위원회**는 '경찰청장의 지원·조정이 필요하다고 인정할 만한 사유'에 해당하는 경우 **의결**로 지원·조정의 범위·기간 등을 정하여 **경찰청장에게 지원·조정을 요청할 수** 있다.(제32조 제7항)<22경간>
④ 경찰청장은 제주특별자치도경찰청의 관할구역 내에서 (제1항의) **지휘·명령권**을 제주특별자치도경찰청장에게 **위임할 수** 있다.(제32조 제8항)
수사 지휘	① 경찰청장은 경찰의 수사에 관한 사무의 경우에는 **개별 사건의 수사에 대하여 구체적으로 지휘·감독할 수 없다.**(제14조 제6항)
※ 다만, 국민의 생명·신체·재산 또는 공공의 안전 등에 중대한 위험을 초래하는 긴급하고 중요한 사건의 수사에 있어서 경찰의 자원을 대규모로 동원하는 등 통합적으로 현장 대응할 필요가 있다고 판단할 만한 상당한 이유가 있는 때에는 **국가수사본부장을 통하여** 개별 사건의 수사에 대하여 구체적으로 지휘·감독할 수 있다.(제14조 제6항 단서)
② 경찰청장은 (제6항 단서에 따라) **개별 사건의 수사에 대한 구체적 지휘·감독을 개시한 때**에는 이를 **국가경찰위원회에 보고하여야** 한다.(제14조 제7항)
③ 경찰청장은 (제6항 단서의) 개별사건 수사지휘·감독 **사유가 해소된 경우**에는 개별 사건의 **수사에 대한 구체적 지휘·감독을 중단하여야** 한다.(제14조 제8항)
④ 경찰청장은 국가수사본부장이 (제6항 단서의) 사유가 해소되었다고 판단하여 개별 사건의 수사에 대한 구체적 지휘·감독의 **중단을 건의**하는 경우 **특별한 이유가 없는 한** 이를 **승인하여야** 한다.(제14조 제9항)
⑤ (제6항 단서에서 규정하는) 긴급하고 중요한 사건의 범위 등 필요한 사항은 **대통령령으로** 정한다.(제14조 제10항)
※ 전국 또는 일부 지역에서 연쇄적·동시다발적으로 발생하거나 광역화된 범죄에 대하여 경찰력의 집중적인 배치, 경찰 각 기능의 종합적 대응 또는 국가기관·지방자치단체·공공기관과의 공조가 필요한 사건 등(대통령령 제2조 제1항)

장관 지휘	**승인 사항**	경찰청장 및 소방청장(이하 "청장"이라 한다)은 다음 사항에 관하여 **미리 행정안전 부장관**의 **승인**을 받아야 한다.(행정안전부장관의 소속청장 지휘에 관한 규칙 제2조 제1항) 1. **법령제정·개정**이 필요한 **경찰·소방분야 기본계획의 수립과 그 변경**에 관한 사항 2. **국제협력**에 관한 중요 **계획**의 수립과 그 변경에 관한 사항 3. **국제기구의 가입과 국제협정의 체결**에 관한 사항

	보고 사항	① **사전보고 :** 청장은 다음에 관하여 **미리** 장관에게 **보고해야** 한다.(규칙 제2조 제2항)
		
		   1. 국무**회의**에 상정할 사항
		
		   2. 청장의 국제**회의** 참석 및 국외 **출장**에 관한 사항
		
		② 청장은 다음에 관하여 장관에게 **보고해야** 한다.(규칙 제2조 제3항)
		
		   1. 대통령·국무총리 및 장관의 **지시**사항에 대한 추진계획과 그 실적
		
		   2. **중요 정책 및 계획**의 추진실적
		
		   3. 대통령·국무총리 및 그 직속기관과 국회 및 감사원 등에 **보고**하거나 **제출** 하는 자료 중 중요한 사항
		
		   4. 감사원의 **감사 결과 및 처분 요구사항** 중 중요 정책과 관련된 사항
		
		   5. 그 밖에 법령에 규정된 권한 행사 및 책무 수행에 **필요하다고 인정**하여 장 관이 요청하는 사항

2. 테마 35 국가수사본부장

지위	① **경찰청에** 국가수사본부를 두며, 국가수사본부장은 **치안정감(治安正監)으로** 보한다.[♣법무 부장관 소속(×)](제16조 제1항)<21.2·22.2·23.2채용> ② 국가수사본부장의 **임기는 2년**으로 하며, **중임(重任)할 수 없다.**[♣중임할 수 있다.(×)](제16조 제3항)<23경간·21.2·23.2채용> ※ 국가수사본부장은 **임기가 끝나면 당연히 퇴직**한다.(제16조 제4항)<23경간·21.2채용> ③ 국가수사본부장이 직무를 집행하면서 **헌법이나 법률을 위배**하였을 때에는 **국회는 탄핵 소추를 의결할 수** 있다.[♣대통령의 지시를 위배하였을 때(×), ♣국무회의 의결로 해임(×), ♣국회는 탄핵할 수(×)](제16조 제5항)<22승진·23경간·21.2·23.2채용> ♣국가수사본부장이 그 직무를 집행하면서 헌법이나 법률을 위배하였을 때에는 국회는 탄핵할 수 있다.(×) ♣국가수사본부장이 헌법이나 법률을 위반했을 때 국회에서 탄핵 소추를 의결할 수 있다고 인정되나, 현행 「국가경찰과 자치경찰의 조직 및 운영에 관한 법률」에는 국회의 탄핵소추 의결권이 명기되어 있지 아 니하다.(×) ※ 국가수사본부장은 강력한 신분보장의 대상으로 **일반적 징계(파면·해임)의 대상이 아니다.**

자격	국가수사본부장을 경찰청 **외부를 대상으로 모집하여 임용할 필요가 있는 때**에는 아래의 자격을 갖춘 사람 중에서 임용한다.(제16조 제6항)<23경간> 1. **10년 이상 수사업무에 종사한 사람 중에서** (「국가공무원법」 제2조의2에 따른) **고위공무원단에** 속하는 공무원, 3급 이상 공무원 또는 총경 이상 경찰공무원으로 재직한 경력이 있는 사람 2. **판사·검사 또는 변호사의 직에 10년 이상 있었던** 사람 3. **변호사 자격이 있는 사람**으로서 국가기관, 지방자치단체, (「공공기관의 운영에 관한 법률」 제4조에 따른) **공공기관**(이하 "국가기관등")에서 **법률에 관한 사무에 10년 이상 종사**한 경력이 있는 사람 4. 대학이나 공인된 연구기관에서 **법률학·경찰학 분야에서 조교수 이상의 직**이나 이에 **상당하는 직에 10년 이상** 있었던 사람<23경간> 5. (제1호부터 제4호까지의) **경력 기간의 합산이 15년 이상**인 사람
결격 사유	국가수사본부장을 경찰청 외부를 대상으로 모집하여 임용하는 경우 다음 각 호의 어느 하나에 해당하는 사람은 국가수사본부장이 될 수 없다.(제16조 제7항)<23.2채용> 1. 「경찰공무원법」(제8조제2항 각 호의)상 **결격사유**에 해당하는 사람 2. 정당의 **당원이거나 당적을 이탈**한 날부터 3년이 지나지 아니한 사람<23.2채용> 3. **선거에 의하여 취임하는 공직**에 있거나 그 공직에서 **퇴직한 날**부터 3년이 지나지 아니한 사람 4. 자격 있는 (제6항 제1호에 해당하는) **공무원** 또는 (제6항 제2호의) **판사·검사의 직**에서 퇴직한 날로부터 **1년이 지나지 아니한** 사람 5. **변호사 자격이 있는 사람**으로서 국가기관, 지방자치단체, **공공기관**에서 **법률에 관한 사무**에 10년 이상 종사한 경력의 자격있는 (제6항 제3호에 해당하는) 사람으로서 국가기관등에서 퇴직한 날로부터 1년이 지나지 아니한 사람 [☻경선당일]
권한	국가수사본부장은 「형사소송법」에 따른 경찰의 수사에 관하여 각 **시·도경찰청장과 경찰서장 및 수사부서 소속 공무원을 지휘·감독**한다.[♣국가경찰사무총괄, 경찰청업무관장(×)](제16조 제2항)<22승진·21.2채용>

3. 테마 36 경찰국

경찰 국장	① 국장은 **치안감**으로 보한다.(행정안전부와 그 소속기관 직제 제13조의2 제1항) ② 국장은 다음 사항을 분장한다.(제13조의2 제2항) 　1. 행정안전부장관의 **경찰청장에 대한 지휘·감독**에 관한 사항(정부조직법) 　2. **국가경찰위원회 위원의 임명 제청 및 경찰청장의 임명 제청**에 관한 사항(국자법) 　3. **국가경찰위원회 안건 부의** 및 국가경찰위원회의 심의·의결 사항에 대한 **재의 요구**(국자법) 　4. **총경 이상** 경찰공무원의 **임용 제청, 계급정년 연장 승인**을 위한 **경유** 및 **징계**를 위한 **경유**에 관한 사항(경공법) 　5. **시·도자치경찰위원회**의 의결에 대한 **재의 요구** 및 **시·도경찰청장의 임용 제청**에 관한 사항(국자법) 　6. 그 밖에 다른 법령에 따른 경찰행정 및 자치경찰사무 지원에 관한 사항

경찰국	경찰국에 **총괄지원과 · 인사지원과 및 자치경찰지원과**를 두며, 총괄지원과장은 부이사관 · 서기관 또는 총경으로, **인사지원과장은 총경**으로, 자치경찰지원과장은 총경 또는 서기관으로 각각 보한다.(직제 시행규칙 제10조의2 제2항) ① 총괄지원과장 : 　　㉠ 장관의 **청장지휘감독** 　　㉡ **국가경찰위원회**에 대한 안건부의, 재의요구 　　㉢ **경찰행정지원**에 관한 사항 ② 인사지원과장 : 　　㉠ 국가경찰위원 **임명제청**, 경찰청장 **임명제청**, 시도경찰청장 **임용제청** 　　㉡ 총경 이상 경찰공무원 **임용제청**, 계급**정년** 연장 **승인**을 위한 경유, **징계**를 위한 **경유**에 관한 사항 ③ 자치경찰 지원과장 : 　　㉠ **시 · 도자치경찰위원회**의 의결에 대한 **재의요구**에 관한 사항 　　㉡ **자치경찰사무 지원**에 관한 사항

4. 테마 37 경찰국가경찰위원회

(1) **의의** : **국가경찰과 자치경찰의 조직 및 운영에 관한 법률에 근거하여 설치된 행정안전부 소속의 합의제 의결기관**으로 민주적 토론에 의한 결정으로 독임제 경찰관청의 단독결정의 단점을 보완하는 기능을 수행한다.[♣경찰공무원법에 근거(×), ♣경찰청에 설치(×), ♣자문기관(×), ♣행정관청(×)](국가경찰과 자치경찰의 조직 및 운영에 관한 법률 제7조 참조)<96 · 18승진 · 04 · 11.1 · 12.1 · 16.2 · 17.1 · 2채용>

① **민주성 · 정치중립** : 국가경찰위원회는 경찰활동의 타당성을 높이고, 경찰의 민주적 운영과 정치적 중립, 즉 통제와 참여를 위해 법으로 설치된 기구이다.[♣주민의견 수렴을 위해 경찰이 발족(×)]<13경간 · 17.2순경>

② **한계** : 행정관청이 아닌 의결기관으로 의결사항이 한정되어 있고, **행정안전부 장관의 재의요구에 의한 제한**을 받기 때문에 명실상부한 민주적 통제장치로 보기에는 어려움이 있으며, 일반인이 참여할 수 없어 **간접적 참여수단에 불과**하다.

※ 국가경찰위원회는 주민의 의견수렴을 위해 발족한 기구가 아니다.<04승진 · 04채용>

(2) **심의 · 의결기관** : 경찰행정에 관하여 **심의 · 의결**하기 위하여 **행정안전부에** 국가경찰위원회를 둔다.(국가경찰과 자치경찰의 조직 및 운영에 관한 법률 제7조 제1항)<20경간 · 10승진 · 02채용>

(1) 구성 · 신분

구성	① 위원장 1명을 포함한 7인의 위원으로 **구성**하되, **위원장 및 5명의 위원은 비상임**으로 하고, **1명의 위원은 상임**으로 한다.[♣위원장 및 1명의 위원은 상임으로(×)](국가경찰과 자치경찰의 조직 및 운영에 관한 법률 제7조 제2항)<01 · 14 · 17 · 18 · 20승진 · 12 · 14 · 18 · 22경간 · 06 · 08 · 12.1 · 13.1 · 15.3 · 16.2 · 17.1 · 2 · 20.1 · 22.2채용>
	㉠ **상임위원은 정무직(차관급 – 별표)**으로 한다.[♣위원장은(×)](제7조 제3항)<17 · 20승진 · 18경간 · 17.1순경>
	㉡ 위원 중 **2명은**[♣3명은(×)] **법관의 자격이 있는 사람**이어야 한다.(제8조 제3항)<17 · 20승진 · 18경간 · 17.1 · 20.1채용>
	㉢ 위원은 **특정 성(性)이 10분의 6을 초과하지 아니**하도록 노력하여야 한다.(제8조 제4항)
	② **위원장은 비상임위원 중에서 호선**한다.[♣대통령이 임명(×)](국가경찰위원회 규정 제2조 제2항)<08 · 13경간 · 12.2 · 14.2채용>
	③ **위원장**이 사고가 있을 때에는 **상임위원, 위원 중 연장자 순**으로 위원장의 직무를 대리한다.[♣비상임위원, 연장자순(×)](국가경찰위원회규정 제2조 제3항)<08승진 · 08 · 13 · 17경간 · 12.2 · 14.2채용>[☺ 호상연]
결격 및 당연 퇴직 사유	① **검찰, 경찰, 국정원 직원, 군인, 당적, 선거에 의해 취임하는 공직에서 퇴직(이탈)한 날로부터 3년이 지나지 아니**한 사람[♣퇴직한 다음날로부터(×), ♣법관 또는 변호사(×), ♣소방의 직(×)](국가경찰과 자치경찰의 조직 및 운영에 관한 법률 제8조 제5항)<09 · 13 · 17 · 18 · 20 · 21승진 · 06 · 12경간 · 11 · 13 · 14.2 · 18.3 · 22.2채용> [☺ 검경국군당선]
	② 국가공무원법 제33조(결격사유)의 '**국가공무원 결격사유**'에 해당하는 사람(제8조 제5항 제4호)
위원 임명 절차	위원은 **행정안전부장관의 제청**으로 **국무총리 거쳐(경유) 대통령이 임명**한다.[♣경찰청장의 제청으로 행정안전부장관을 거쳐(×)][♣국무총리제청으로(×)](제8조 제1항)<13 · 17 · 18 · 20승진 · 18경간 · 12.1 · 2 · 13.2 · 14.2 · 17.1채용>[☺ 제거임]
	※ **행정안전부장관**은 위원 임명을 제청할 때 경찰의 **정치적 중립이 보장**되도록 하여야 한다.[♣임명을 동의할 때(×)](제8조 제2항)<21승진>
임기	① 위원의 **임기는 3년으로**[♣2년(×)] 하며 **연임할 수 없다.**[♣연임할 수 있다.(×)](제9조 제1항)<06 · 18 · 20승진 · 08 · 18 · 22경간 · 09 · 12.1 · 13.1 · 15.3 · 16.2 · 17.1 · 18.3 · 20.1채용>
	② 이 경우 **보궐위원의 임기는 전임자의 남은 기간**으로 한다.[♣전임자의 남은 임기가 1년 미만인 경우 한 차례에 한해서 연임할 수(×)](제9조 제1항)<20승진 · 18 · 22경간 · 17.1 · 22.2채용>
신분 보장	위원은 중대한 **신체상 또는 정신상의 장애**로 직무를 수행할 수 없게 된 경우를 제외하고는 **그 의사에 반하여 면직되지 아니**한다.(제9조 제2항)<12 · 14경간 · 17승진 · 14.2 · 18.3채용>
	※ 신체 또는 정신상의 장애로 면직하는 경우에는 **위원장 또는 행정안전부 장관의 요구**[♣경찰청장의 요구(×)]에 의한 **위원회의 의결**이 있어야 한다.(국가경찰위원회규정 제4조 제1항, 제2항)
의무	위원에 대해서는 국가공무원법상의 '**비밀엄수 의무**(국공법 제60조)'와 '**정치운동금지 의무**(국공법 제65조)'가 준용된다.(제8조 제6항)<19.2채용>

(2) **권한** [☻ 주발 인부외 협조 제부]

심의·의결권	다음 각 호의 사항은 국가경찰위원회의 심의·의결을 **거쳐야** 한다.[♣거칠 수 있다.(×)](제10조 제1항)<20경간> 1. 국가경찰사무에 관한 **인사, 예산, 장비, 통신 등**에 관한 **주요정책 및 경찰 업무 발전**에 관한 사항(제1호)<23.1채용> 2. 국가경찰사무에 관한 **인권보호와 관련**되는 경찰의 운영·개선에 관한 사항(제2호)<23.1채용> 3. 국가경찰사무 담당 공무원의 **부패 방지와 청렴도 향상**에 관한 주요 정책사항(제3호)<17.2채용> 4. 국가**경찰사무 외의** 다른 국가기관으로부터의 **업무 협조요청**에 관한 사항[♣경찰임무관련(×)](제4호)<17·18승진·12.1·18.3채용> 5. **제주특별자치도**의 자치경찰에 대한 경찰의 **지원·협조 및 협약체결의 조정 등**에 관한 주요 정책사항(제5호)<14경간·23.1채용> 6. 시·도자치경찰위원회 **위원 추천**, 자치경찰사무에 대한 주요 **법령·정책 등**에 관한 사항, 행정안전부장관과 경찰청장의 시·도자치경찰위원회 의결에 대한 **재의 요구에 관한 사항**(제6호) 7. **국민의 생명·신체 및 재산을 보호**하고 공공의 안녕과 질서유지에 필요한 **시책 수립**에 관한 사항(제7호) 8. **비상사태 등 전국적 치안유지를 위한 경찰청장의 지휘·명령 규정**에 따른 비상사태 등 전국적 치안유지를 위한 **경찰청장의 지휘·명령에 관한 사항**(제8호) 9. 그 밖에 **행정안전부장관 및 경찰청장이** 중요하다고 인정하여 위원회의 회의에 **부친** 사항 [♣경찰 인사사항만 심의·의결(×)](제9조 제1항 제9호)<03승진·12경간·01·02·04·07채용>
동의권	경찰청장의 임명에 있어서 **동의권**을 행사한다.(제14조 제2항)<03승진·07채용>
의견 청취등	① 위원장은 위원회의 심의를 위하여 필요한 경우에는 **관계공무원 또는 관계전문가의 출석·발언이나 자료의 제출을 요구할 수** 있다.(국가경찰위원회 규정 제9조 제1항)<20경간> ② 위원장은 위원회의 심의를 위하여 필요한 경우에는 **관계 경찰공무원에게 필요한 사항의 보고를 요구할 수** 있으며, 그 관계 경찰공무원은 성실히 이에 응하여야 한다.(국가경찰위원회 규정 제9조 제2항)

⑶ **운영**

운영	① **국가경찰위원회의 사무는 경찰청에서**[♣자체적으로(×)] 수행한다.(제11조 제1항)<13 · 22경간 · 17 · 18승진> ※ 이 법에 규정된 것 외에 위원회의 **운영** 및 **심의 · 의결 사항**의 구체적 범위, **재의 요구** 등에 필요한 사항은 **대통령령으로 정한다.**(제11조 제3항)<15.3채용> ② 위원회에 **간사 1명**을 두되, 간사는 경찰청 **소속 과장급 경찰공무원** 중에서 **경찰청장이 지명**한다.(국가경찰위원회 규정 제8조 제1항) ③ **정기회의**는 특별한 사유가 있는 경우를 제외하고는 **매월 2회 위원장이 소집**한다.[♣매월 1회(×)](국가경찰위원회 규정 제7조 제2항)<17 · 20경간 · 14승진 · 12.2채용> ④ 위원장은 필요한 경우 임시회의를 소집할 수 있으며, **위원 3인 이상과 행정안전부장관 또는 경찰청장**은 위원장에게 **임시회의의 소집을 요구할 수** 있다.[♣시 · 도경찰청장(×), ♣시도 자치경찰위와 함께 위원 2인 이상 요구 시(×)](국가경찰위원회규정 제7조 제3항)<17경간 · 14 · 21승진 · 12.1 · 22.2채용> ⑤ **위원회 회의**는 **재적위원 과반수 출석과 출석위원 과반수의 찬성으로 의결**한다.[♣재적 3분의 2 이상 출석(×)](제11조 제2항)<13 · 17승진 · 13 · 22경간 · 15.3 · 16.2 · 17.2채용> [☻재과출과] ⑥ 국가경찰위원회 규정(대통령령)에 규정된 사항외에 위원회의 운영을 위하여 필요한 사항은 **위원회의 의결**을 거쳐 **위원장이 정**한다.[♣행안부 장관이 정한다.(×)](국가경찰위원회 규정 제11조)<21승진>
재의 요구	① **재의 요구권** : **행정안전부장관**은 위원회의 의결사항이 부적당하다고 판단될 때에는 **10일 이내 재의를 요구할 수** 있고 이 경우 위원회는 **7일 이내 재의결하여야** 한다.[♣경찰청장은 (×)],[♣7일 이내에 요구하고(×), ♣10일 이내 의결(×)](제10조 제2항, 국가경찰위원회 규정 제6조)<10 · 13승진 · 14 · 17경간 · 03 · 06 · 11.2 · 12.2 · 14.2채용> ② **성격** : 재의 요구권은 국가경찰위원회의 **의결기관으로서의 기능을 제약하는 요소**가 되므로, 국가경찰위원회는 심의기관에 불과하다는 평가를 하는 견해도 있다.(의결기관과 자문기관의 중간형태)[♣국가경찰위원회는 명실상부한 민주통제장치(×)]

정리 각종위원회 의결정족수

국가경찰위원회 · 자치경찰위원회 / 경찰징계위원회 / 청소년보호위원회 / 보안관찰처분심의위원회 / 국민권익위원회 / 언론중재위원회 / 보안심사위원회	재적의원 과반수 출석, 출석위원 과반수 찬성
소청심사위원회 / 정규임용심사위원회	재적위원 2/3 이상의 출석, 출석위원 과반수 찬성 [☻소정이]
경찰공무원인사위원회 / 승진심사위원회 / 보상금심사위원회	재적위원 과반수 찬성으로 의결한다. [☻재과 승인]

II. 테마 38 지방의 경찰조직

1. 시·도경찰청

소속	① 경찰의 사무를 지역적으로 분담하여 수행하게 하기 위하여 **특별시·광역시·특별자치시·도·특별자치도(이하 "시·도")에 시·도경찰청**을 두고, 시·도경찰청장 소속으로 **경찰서**를 둔다. 이 경우 인구, 행정구역, 면적, 지리적 특성, 교통 및 그 밖의 조건을 고려하여 시·도에 **2개의 시·도경찰청을 둘 수** 있다.[♣경찰청장 소속으로(×)](국가경찰과 자치경찰의 조직 및 운영에 관한 법률 제13조)<14승진·08·15.3·18.2·19.2채용>
	② 시·도경찰청장은 **국가경찰사무**에 대해서는 **경찰청장의 지휘·감독**을, **자치경찰사무**에 대해서는 **시·도자치경찰위원회의 지휘·감독을 받아** 관할구역의 소관 사무를 관장하고 **소속 공무원 및 소속 경찰기관의 장을 지휘·감독**한다. 다만, **수사에 관한 사무**에 대해서는 **국가수사본부장의 지휘·감독**을 받아 관할구역의 소관 사무를 관장하고 소속 공무원 및 소속 경찰기관의 장을 지휘·감독한다.(국가경찰과 자치경찰의 조직 및 운영에 관한 법률 제28조 제3항)<16.1채용>
	※ 시·도경찰청장에 대한 국가경찰사무의 지휘·감독권은 경찰청장이 보유하고 있다.[♣시·도지사의 지휘·감독(×)]<10채용>
	③ **시·도자치경찰위원회**는 자치경찰사무에 대해 **심의·의결을 통하여** 시·도경찰청장을 지휘·감독한다. 다만, 시·도자치경찰위원회가 심의·의결할 **시간적 여유가 없거나 심의·의결이 곤란**한 경우 대통령령으로 정하는 바에 따라 위원회의 지휘·감독권을 **시·도경찰청장에게 위임한 것으로 본다**.(국가경찰과 자치경찰의 조직 및 운영에 관한 법률 제28조 제4항)<24승진>
	※ 대통령령: 시·도자치경찰위원회는 자치경찰사무에 대한 지휘·감독이 실시간으로 이루어질 수 있도록 미리 경찰청장과 협의하여 **시·도경찰청장에게 위임되는 자치경찰사무 지휘·감독권의 범위 및 위임 절차 등을 시·도자치경찰위원회의 의결**을 거쳐 정해야 한다.(자치경찰사무와 시·도자치경찰위원회의 조직 및 운영 등에 관한 규정 제19조)
구성	① 시·도경찰청에 시·도경찰청장을 두며, **시·도경찰청장은 치안정감(治安正監)·치안감(治安監) 또는 경무관(警務官)**으로 보한다.(국가경찰과 자치경찰의 조직 및 운영에 관한 법률 제28조 제1항)<10채용>
	※ **서울특별시·부산광역시·인천광역시 및 경기도 남부** 시·도경찰청장은 **치안정감**으로, 그 밖의 시·도경찰청장은 **치안감 또는 경무관**으로 보한다.(경찰청과 그 소속기관 직제 제39조 제3항)<08채용>
	② (「경찰공무원법」 제7조에도 불구하고) **시·도경찰청장**은 경찰청장이 시·도자치경찰위원회와 협의하여 추천한 사람 중에서 행정안전부장관의 제청으로 **국무총리를 거쳐 대통령이 임용**한다.(국가경찰과 자치경찰의 조직 및 운영에 관한 법률 제28조 제2항)<22승진>
	③ 시·도경찰청에 **차장을 둘 수** 있다.(국가경찰과 자치경찰의 조직 및 운영에 관한 법률 제29조 제1항)
	— 시·도경찰청장을 보조하기 위하여 **서울특별시경찰청에 차장 3명**을, **제주특별자치도경찰청에 차장 1명**을 둔다. **서울특별시경찰청 차장은 치안감**으로, 제주특별자치도경찰청 **차장**은 경무관으로 보한다.(경찰청과 그 소속기관 직제 제40조 제1항, 제2항)
	④ **차장**은 시·도경찰청장을 보좌하여 소관 사무를 처리하고 시·도경찰청장이 부득이한 사유로 직무를 수행할 수 없을 때에는 그 직무를 **대행**한다.(협의의 법정대리)(국가경찰과 자치경찰의 조직 및 운영에 관한 법률 제29조 제2항)<22승진>

직할대	시·도경찰청장은 특정한 경찰사무에 관하여 시·도경찰청장 또는 시·도경찰청 차장을 보좌하기 위하여 **경찰청장의 승인**을 얻어 직할대를 둘 수 있다.(경찰청과 그 소속기관 조직 및 정원관리 규칙 제6조) ※ 시·도경찰청장은 행정안전부령으로 정하는 범위에서 **차장**(차장을 두지 않는 경우에는 시·도경찰청장) **밑에** 직할대를 둘 수 있다.(경찰청과 그 소속기관 직제 제41조 제1항)
하부 조직	① 하부조직(대·팀) 설치요건에 해당되는 경우에는 특별한 경우를 제외하고는 적어도 **4인이상의 정원**을 필요로 하는 **업무량**이 있어야 한다.[♣3인 이상(×)](규칙 제7조 제2항) ※ 하부조직 설치요건은 업무분담수행 필요, 분명한 업무한계와 독자성 및 계속성이 있어야 한다.(규칙 제7조 제1항) ② 계(대·팀)장은 **총경·경정·경감 또는 5급**으로 한다.(규칙 제7조 제3항)

2. 경찰서

설치	① **시·도경찰청장 소속**으로 **경찰서**를 둔다.(국가경찰과 자치경찰의 조직 및 운영에 관한 법률 제13조) ② 경찰서에 경찰서장을 두며, **경찰서장**은 경무관(警務官), 총경(總警) 또는 경정(警正)으로 보한다.[♣총경 또는 경정으로(×)](국가경찰과 자치경찰의 조직 및 운영에 관한 법률 제30조 제1항)<14승진·12.2·13.2·15.3·18.2채용> * 경무관 서장 – 서울송파, 수원남부, 분당, 부천원미, 청주흥덕, 전주완산, 창원중부 경찰서 ③ 경찰서의 계(대·팀)장은 **경감, 경위 또는 일반직 6급**으로 한다.(경찰청과 그 소속기관 조직 및 정원관리 규칙 제9조 제3항)
근거	① **경찰서 및 지구대(파출소) 설치**의 법적 근거는 **국가경찰과 자치경찰의 조직 및 운영에 관한 법률**이다.(국가경찰과 자치경찰의 조직 및 운영에 관한 법률 제30조 제1항, 제3항)<04승진> ② **시·도경찰청 및 경찰서의 명칭, 위치, 관할구역, 하부조직, 공무원의 정원**, 그 밖에 필요한 사항은 (「정부조직법」 제2조 제4항 및 제5항을 준용하여) **대통령령 또는 행정안전부령**으로 정한다.(국가경찰과 자치경찰의 조직 및 운영에 관한 법률 제31조) ③ **경찰서의 하부조직, 위치 및 관할구역**과 그 밖에 필요한 사항은 **행정안전부령**으로 정한다.(경찰청과 그 소속기관 직제 제42조 제2항)
평가 통보	**시·도자치경찰위원회**는 정기적으로 **경찰서장의 자치경찰사무 수행에 관한 평가결과**를 경찰청장에게 통보하여야 하며 경찰청장은 이를 반영하여야 한다.(국가경찰과 자치경찰의 조직 및 운영에 관한 법률 제30조 제4항)

3. 지구대 · 파출소 · 출장소

지구대 · 파출소	**(1) 설치**(근거 – 경찰청과 그 소속기관 직제(대통령령 제44조)) ① **시 · 도경찰청장**은[♣경찰서장은(×)] 경찰서장의 소관사무를 분장하기 위하여 행정안전부령이 정하는바에 의하여[♣대통령령이 정하는바에 의하여(×)] **경찰청장 승인을 얻어** 지구대 또는 파출소를 둘 수 있다.[♣사후보고(×), ♣행정안전부장관 승인(×)](경찰청과 그 소속기관 직제 제44조 제1항)<19경간 · 08 · 11 · 14 · 17승진 · 14.2채용> 　　※ 승인은 사전통제의 일종인 인가권에 해당하는 것으로 별도의 규정이 있어야 하고 일반적인 지휘권으로 할 수 있는 것이 아니라고 해석해야 한다. ② **경찰서장 소속**으로 **지구대 또는 파출소**를 두고, 그 설치기준은 치안수요 · 교통 · 지리 등 관할구역의 특성을 고려하여 **행정안전부령**으로 정한다. 다만, 필요한 경우에는 출장소를 둘 수 있다.[♣대통령령으로(×)](국가경찰과 자치경찰의 조직 및 운영에 관한 법률 제30조 제3항)<16.1 · 19.2채용> **(2) 조직변경 등**(근거 – 지역경찰 조직 및 운영에 관한 규칙 제10조(경찰청훈령 제611호)) ① (지역경찰관서장) 지구대장은 경정 또는 경감, 파출소장은 경정 · 경감 또는 경위로 한다.(경찰청과 그 소속기관 조직 및 정원관리 규칙 제10조 제2항)<14승진 · 11경간> ② 지구대 · 파출소 및 출장소의 명칭 · 위치 및 관할구역과 기타 필요한 사항은 **시 · 도경찰청장**이 정한다.[♣경찰서장이(×)](경찰청과 그 소속기관 직제 제44조 제3항)<14.17승진> ③ 시 · 도경찰청장이 지구대 또는 파출소를 **폐지하거나 명칭 · 위치 및 관할구역을 변경**하였을 때에는 **경찰청장에게 보고하여야** 한다.[♣사전승인(×)](경찰청과 그 소속기관 조직 및 정원관리규칙 제10조 제5항-경찰청 훈령)<11 · 14승진> **(3) 인사 :** 시 · 도경찰청장 및 경찰서장은 **지구대장 및 파출소장을 보직하는 경우**에는 **시 · 도자치경찰위원회의 의견을 사전에 들어야** 한다.(경찰공무원임용령 제4조 제9항)<22승진>
치안센터	① **시 · 도경찰청장**은[♣경찰서장은(×)] 지역치안을 효율적으로 수행하기 위하여 **지역경찰관서장 소속하에 치안센터를 설치할 수 있다.**[♣경찰서장은(×)](지역경찰의 조직 및 운영에 관한 규칙 제10조 제1항)<11승진 · 06채용> 　　※ 치안센터 명칭은 "00지구대(파출소) 00치안센터"로 한다. ② 치안센터 관할구역의 크기는 설치목적, 배치 인원 및 장비, 교통 · 지리적 요건 등을 고려하여 **경찰서장이 정한다.**[♣시 · 도경찰청장이(×)](지역경찰의 조직 및 운영에 관한 규칙 제11조 제3항)
출장소	① **시 · 도경찰청장**은[♣경찰서장은(×)] 임시로 필요한 때에는 **출장소를 둘 수 있으며, 출장소를 설치한 때에는 경찰청장에게 보고하여야** 한다..[♣사전승인(×)](경찰청과 그 소속기관 조직 및 정원관리규칙 제10조 제3항)<11 · 14 · 17승진> ② 출장소장은 **경위 또는 경사**로 한다.(경찰청과 그 소속기관 조직 및 정원관리규칙 제10조 제4항 – 경찰청 훈령)

4. 테마 39 시·도 자치경찰위원회

설치	① 자치경찰사무를 관장하게 하기 위하여 **시·도지사 소속**으로 **시·도자치경찰위원회**를 둔다.[♣시도경찰청장 소속하에(×)](국가경찰과 자치경찰의 조직 및 운영에 관한 법률 제18조 제1항)<20경간·10·14·16·18승진·13·16.1채용>
	※ 다만, 시·도에 2개의 시·도경찰청을 두는 경우 시·도지사 소속으로 2개의 시·도자치경찰위원회를 둘 수 있다.(제18조 제1항 단서)
	※ 2개의 시·도자치경찰위원회를 두는 경우 해당 시·도자치경찰위원회의 **명칭, 관할구역, 사무분장, 그 밖에 필요한 사항**은 대통령령으로 정한다.[♣행안부령(×)](제18조 제3항)<23.2채용>
	※ **지방자치법**에서도 시도자치경찰위원회 설치근거를 마련하고 그 **세부 사항**은 **조례**로 정하도록 하고 있다.(제116조)
	② 시·도자치경찰위원회는 **합의제 행정기관**으로서 그 권한에 속하는 업무를 **독립적으로 수행**한다.(국가경찰과 자치경찰의 조직 및 운영에 관한 법률 제18조 제2항)<22.1채용>
	※ 독립적 업무수행 권한이 부여되었으므로 **행정관청**으로 보아야 하며, 이 점에서 의결기관인 국가경찰위원회와 구별된다.
구성	① 시·도자치경찰위원회는 **위원장 1명을 포함**한 7명의 위원으로 **구성**하되, 위원장과 1명의 위원은 상임으로 하고, **5명의 위원은 비상임**으로 한다.[♣11인의 위원(×), ♣1명의 위원은 상임으로 하고, 위원장과 5명의 위원은 비상임(×)](국가경찰과 자치경찰의 조직 및 운영에 관한 법률 제19조 제1항)<10·16·18승진·18·21·23경간·12.2·21.1·22.2채용>
	② 위원은 **특정 성(性)이 10분의 6을 초과하지 아니**하도록 **노력하여야** 한다.[♣2인은 법관자격(×)](국가경찰과 자치경찰의 조직 및 운영에 관한 법률 제19조 제2항)<21.1·23.2채용>
	③ 위원 중 **1명**은 **인권문제에 관하여 전문적인 지식과 경험이 있는 사람**이 임명될 수 있도록 **노력하여야** 한다.(국가경찰과 자치경찰의 조직 및 운영에 관한 법률 제19조 제3항)<21경간·22.1채용>
임명	① 시·도자치경찰위원회 **위원**은 다음 각 호의 사람을 **시·도지사가 임명**한다.(국가경찰과 자치경찰의 조직 및 운영에 관한 법률 제20조 제1항)<23경간·21.1채용>
	1. **시·도의회가 추천**하는 2명
	2. **국가경찰위원회가 추천**하는 1명
	3. 해당 **시·도 교육감이 추천**하는 1명
	4. 시·도자치경찰위원회 **위원추천위원회가 추천**하는 2명
	5. **시·도지사가 지명**하는 1명
	② 시·도자치경찰위원회 **위원장**은 위원 중에서 **시·도지사가 임명**하고, **상임위원**은 시·도자치경찰위원회의 **의결**을 거쳐 위원 중에서 **위원장의 제청**으로 **시·도지사가 임명**한다. 이 경우 **위원장과 상임위원은 지방자치단체의 공무원으로** 한다.[♣시·도경찰청장이 임명·위촉(×)](국가경찰과 자치경찰의 조직 및 운영에 관한 법률 제20조 제3항)<24승진·21.1채용>
	③ 위원은 정치적 중립을 지켜야 하며, 권한을 남용하여서는 아니 된다.(국가경찰과 자치경찰의 조직 및 운영에 관한 법률 제20조 제4항)<22.1채용>
	④ 공무원이 아닌 위원에 대해서는 「**지방공무원법**」[♣국가공무원법(×)]의 **비밀엄무의무**(제52조) 및 **정치운동금지의무**(제57조)를 준용한다.(국가경찰과 자치경찰의 조직 및 운영에 관한 법률 제20조 제5항)<24승진>

PART
03

임명	※ 비밀엄수의무(국공법 제60조) 정치운동금지의무(국공법 제65조) 준용규정은 없다.(국가경찰위원회 위원은 준용규정 있음, 선서의무(국공법 제55조)·복종의무(국공법 제57조) 준용규정도 없음.)<22.1채용>
	⑤ 공무원이 아닌 위원은 그 소관사무와 관련하여 형법이나 그 밖의 법률에 따른 벌칙을 적용할 때에는 공무원으로 본다.(국가경찰과 자치경찰의 조직 및 운영에 관한 법률 제20조 제6항)
	⑥ 그 밖에 위원의 임명방법 등에 관하여 필요한 사항은 대통령령으로 정하는 기준에 따라 **시·도조례로** 정한다.(국가경찰과 자치경찰의 조직 및 운영에 관한 법률 제20조 제8항)
자격	시·도자치경찰위원회 위원은 다음 각 호의 어느 하나에 해당하는 자격을 갖추어야 한다.(국가경찰과 자치경찰의 조직 및 운영에 관한 법률 제20조 제2항)<23경간>
	1. **판사·검사·변호사 또는 경찰의 직**에 5년 이상 있었던 사람
	2. **변호사 자격**이 있는 사람으로서 국가기관등에서 **법률에 관한 사무**에 **5년 이상** 종사한 경력이 있는 사람
	3. 대학이나 공인된 연구기관에서 **법률학·행정학 또는 경찰학 분야**의 **조교수 이상**의 직이나 이에 상당하는 직에 **5년 이상** 있었던 사람<23경간>
	4. 그 밖에 관할 지역주민 중에서 지방자치행정 또는 경찰행정 등의 분야에 **경험이 풍부**하고 **학식과 덕망**을 갖춘 사람
결격 사유	다음 각 호의 어느 하나에 해당하는 사람은 **위원이 될 수 없다**. 위원이 각 호의 어느 하나에 해당한 경우에는 **당연퇴직**한다.(국가경찰과 자치경찰의 조직 및 운영에 관한 법률 제20조 제7항)<22.2채용>
	1. 정당의 **당원**이거나 **당적을 이탈**한 날부터 **3년이 지나지 아니한** 사람
	2. **선거에 의하여 취임하는 공직**에 있거나 그 공직에서 **퇴직**한 날부터 **3년이 지나지 아니한** 사람
	3. **경찰, 검찰, 국가정보원 직원 또는 군인의 직**에 있거나 그 직에서 **퇴직**한 날부터 **3년이 지나지 아니한** 사람<24승진·22.2채용>
	4. 국가 및 지방자치단체의 **공무원이거나 공무원이었던** 사람으로서 **퇴직**한 날부터 **3년이 지나지 아니한** 사람. 다만, 제20조 제3항 후단에 따라 위원장과 상임위원이 지방자치단체의 공무원이 된 경우에는 당연퇴직하지 아니한다.
	5. **지방공무원결격사유**(「지방공무원법」 제31조 각 호)의 어느 하나에 해당하는 사람. 다만, 지방공무원결격사유 중 '파산선고를 받고 복권되지 아니한 사람, 금고 이상의 형의 선고유예를 선고받고 그 선고유예기간 중에 있는 사람'(「지방공무원법」 제31조 제2호 및 제5호)에 해당하는 경우에는 같은 법(제61조제1호) 단서(파산 – 면책신청을 하지 아니하였거나 면책불허가 결정 또는 면책 취소가 확정된 경우만, 선고유예 – 횡령·배임, 성폭력범죄, 아동청소년의 성보호에 관한 법률 위반, 수뢰죄에 따른 선고유예만)에 따른다.
임기 · 신분	① 위원장과 위원의 **임기는 3년으로 하며, 연임(連任)할 수 없다**.[♣위원만 한 차례 연임할 수(×)] (국가경찰과 자치경찰의 조직 및 운영에 관한 법률 제23조 제1항)<21경간·23.2채용>
	② **보궐위원**의 임기는 전임자 임기의 남은 기간으로 하되, **전임자의 남은 임기가 1년 미만**인 경우 그 보궐위원은 제1항에도 불구하고 **1회에 한하여 연임할 수** 있다.(국가경찰과 자치경찰의 조직 및 운영에 관한 법률 제23조 제2항)<22.2채용>
	③ 위원은 중대한 **신체상 또는 정신상의 장애**로 직무를 수행할 수 없게 된 경우를 **제외**하고는 그 의사에 반하여 **면직되지 아니**한다.(국가경찰과 자치경찰의 조직 및 운영에 관한 법률 제23조 제3항)

위원장	① 위원장은 시·도자치경찰**위원회를 대표**하고 **회의를 주재**하며 시·도자치경찰위원회의 **의결을 거쳐 업무를 수행**한다.(국가경찰과 자치경찰의 조직 및 운영에 관한 법률 제22조 제1항) ② 위원장이 부득이한 사유로 직무를 수행할 수 없을 때에는 **상임위원**, 시·도자치경찰위원회 위원 중 **연장자순**으로 그 직무를 대행한다.(국가경찰과 자치경찰의 조직 및 운영에 관한 법률 제22조 제2항)

소관
사무
	① 위원회의 소관 사무(권한 - 할 수)는 다음 각 호로 한다.(제24조 제1항)<22.2·23.1채용>
	
	  1. 자치경찰사무에 관한 **목표의 수립 및 평가**
	
	  2. 자치경찰사무에 관한 **인사, 예산, 장비, 통신** 등에 관한 **주요정책 및 그 운영지원**
	
	  3. 자치경찰사무 담당 공무원의 **임용, 평가** 및 인사위원회 **운영**
	
	  4. 자치경찰사무 담당 공무원의 **부패 방지와 청렴도 향상**에 관한 주요 정책 및 **인권침해 또는 권한남용 소지**가 있는 규칙, 제도, 정책, 관행 등의 개선
	
	  5. 지방자치단체의 책무(제2조)에 따른 **시책 수립**
	
	  6. (제28조 제2항에 따른) 시·도경찰청장의 임용과 관련한 경찰청장과의 **협의**, 경찰서장의 자치경찰사무 수행에 관한 평가규정(제30조 제4항)에 따른 **평가 및 결과 통보**
	
	  7. 자치경찰사무 **감사 및 감사의뢰**
	
	  8. 자치경찰사무 담당 공무원의 주요 비위사건에 대한 **감찰요구**
	
	  9. 자치경찰사무 담당 공무원에 대한 **징계요구**<22.2채용>
	
	  10. 자치경찰사무 담당 공무원의 **고충심사 및 사기진작**<23승진>
	
	  11. 자치경찰사무와 관련된 **중요사건·사고 및 현안의 점검**
	
	  12. 자치경찰사무에 관한 **규칙의 제정·개정 또는 폐지**
	
	  13. **지방행정과 치안행정**의 업무조정과 그 밖에 필요한 **협의·조정**[♣국가경찰위원회 사무 (×)]<23.1채용>
	
	  14. 제32조에 따른 비상사태 등 전국적 치안유지를 위한 **경찰청장의 지휘·명령에 관한 사무**
	
	  15. 국가경찰사무·자치경찰사무의 협력·조정과 관련하여 **경찰청장과 협의**[♣국가경찰사무·자치경찰사무의 협력·조정과 관련하여 시·도경찰청장과 협의(×)]<23승진>
	
	  16. 국가경찰위원회에 대한 **심의·조정 요청**<23승진>
	
	  17. 그 밖에 시·도지사, 시·도경찰청장이 중요하다고 인정하여 시·도자치경찰위원회의 회의에 부친 사항에 대한 **심의·의결**<23승진>
	
	② 시·도자치경찰위원회의 업무와 관련하여 시·도지사는 정치적 목적이나 개인적 이익을 위해 관여하여서는 아니 된다.(국가경찰과 자치경찰의 조직 및 운영에 관한 법률 제24조 제2항)

운영	① 시·도자치경찰위원회는 (제24조의) 사무에 대하여 **심의·의결**한다.(제25조 제1항) ② 시·도자치경찰위원회의 회의는 **재적위원 과반수의 출석과 출석위원 과반수의 찬성**으로 의결한다.(국가경찰과 자치경찰의 조직 및 운영에 관한 법률 제25조 제2항) ③ **시·도지사**는 (제1항에) 관한 시·도자치경찰위원회의 의결이 적정하지 아니하다고 판단할 때에는 **재의를 요구할 수** 있다.(국가경찰과 자치경찰의 조직 및 운영에 관한 법률 제25조 제3항)

④ 위원회의 의결이 법령에 위반되거나 공익을 현저히 해친다고 판단되면 **행정안전부장관**은 미리 **경찰청장의 의견**을 들어 **국가경찰위원회를 거쳐 시·도지사에게**⁽제3항의⁾ **재의**를 요구하게 할 수 있고, **경찰청장**은 **국가경찰위원회와 행정안전부장관을 거쳐 시·도지사에게 재의를 요구하게 할 수** 있다.(국가경찰과 자치경찰의 조직 및 운영에 관한 법률 제25조 제4항)

⑤ 시·도자치경찰위원회의 위원장은 **재의요구**를 받은 날부터 **7일 이내**에 회의를 소집하여 재의결하여야 한다. 이 경우 **재적위원 과반수의 출석과 출석위원 3분의 2 이상의 찬성**으로 전과 같은 의결을 하면 그 **의결사항은 확정**된다.[♣재적위원 과반수의 출석과 출석위원 과반수의 찬성으로 전과 같은 의결을 하면 그 의결사항은 확정된다.(×)](국가경찰과 자치경찰의 조직 및 운영에 관한 법률 제25조 제5항)

운영

① **회의**: 시·도자치경찰위원회의 회의는 **정기적으로 개최하여야** 한다. 다만 위원장이 필요하다고 인정하는 경우, **위원 2인 이상이 요구**하는 경우 및 **시·도지사가 필요하다고 인정하는** 경우에는 임시회의를 개최할 수 있다.[♣3인 이상(×)](국가경찰과 자치경찰의 조직 및 운영에 관한 법률 제26조 제1항)<22.2·23.2채용>

ㄱ 시·도자치경찰위원회 위원장은 정기회의와 임시회의를 소집·개최한다. 이 경우 정기회의는 특별한 사유가 있는 경우를 제외하고는 **월 1회 이상 소집·개최**한다.(자치경찰사무와 시·도자치경찰위원회의 조직 및 운영 등에 관한 규정 제13조 제1항)<20경간>

ㄴ 시·도자치경찰위원회 **위원장은 회의를 소집**하려면 회의 **개최 3일 전까지** 회의의 일시·장소 및 안건 등을 위원에게 **알려야** 한다. 다만, 긴급한 사정이나 그 밖의 부득이한 사유가 있는 경우에는 그렇지 않다.(규정 제13조 제2항)

ㄷ 시·도자치경찰위원회는 회의록을 작성하고, 회의의 내용 및 결과와 출석한 위원의 성명을 적어야 한다. 회의록에는 위원장과 출석한 위원이 서명·날인해야 한다.(규정 제13조 제3, 4항)

② 시·도자치경찰위원회는 회의 안건과 관련된 이해관계인이 있는 경우 그 의견을 듣거나 회의에 참석하게 할 수 있다.(국가경찰과 자치경찰의 조직 및 운영에 관한 법률 제26조 제2항)

③ 위원회의 위원 중 공무원이 아닌 위원에게는 예산의 범위 안에서 직무활동에 필요한 비용 등을 지급할 수 있다.(국가경찰과 자치경찰의 조직 및 운영에 관한 법률 제26조 제3항)

④ 그 밖에 시·도자치경찰위원회의 운영 등에 필요한 사항은 **대통령령**으로 정하는 기준에 따라 **시·도조례**로 정한다.(국가경찰과 자치경찰의 조직 및 운영에 관한 법률 제26조 제4항)

⑤ 시·도자치경찰위원회의 사무를 처리하기 위하여 **시·도자치경찰위원회에**[♣시도경찰청에(×)] 필요한 **사무기구**를 둔다.(제27조 제1항)

※ **사무기구에는** 「지방자치단체에 두는 국가공무원의 정원에 관한 법률」에도 불구하고 대통령령으로 정하는 바에 따라 **경찰공무원을 두어야** 한다.(제27조 제2항)

※ 사무기구의 조직·정원·운영 등에 관하여 필요한 사항은 경찰청장의 의견을 들어 **대통령령으로 정하는 기준**에 따라 **시·도조례**로 정한다.(제27조 제4항)

⑥ **시·도자치경찰위원회 위원장**은 시·도자치경찰위원회의 심의를 위하여 필요한 경우에는 **관계 공무원 또는 관계 전문가의 출석·발언이나 자료의 제출을 요구할 수** 있다.[♣요구할 권한이 없다.(×)](자치경찰사무와 시·도자치경찰위원회의 조직 및 운영 등에 관한 규정 제14조 제1항)<20경간>

	① 자치경찰사무의 수행에 필요한 예산은 **시 · 도자치경찰위원회의 심의 · 의결**을 거쳐 **시 · 도지사**가 수립한다. 이 경우 시 · 도자치경찰위원회는 **경찰청장의 의견을 들어야** 한다.[♣시도경찰청장의 의견을 들어(×)](제35조 제1항)<22경간>
예산	② **시 · 도의회**는 관련 예산의 효율적인 관리를 위하여 의결로써 자치경찰사무에 대해 **시 · 도자치경찰위원장의 출석 및 자료 제출을 요구할 수** 있다.(제35조 제3항)<22경간>
재정지원	① **자치경찰사무에 대한 재정적 지원: 국가는** 지방자치단체가 이관받은 사무를 원활히 수행할 수 있도록 인력, 장비 등에 소요되는 비용에 대하여 **재정적 지원을 하여야** 한다.[♣할 수 (×)](국자법 제34조)<22경간 · 24승진>
	② **예산: 시 · 도지사**는 자치경찰사무 담당 공무원에게 조례에서 정하는 예산의 범위에서 **재정적 지원 등을 할 수** 있다.(제35조 제2항)<22경간>

정리 각종 위원회 비교

구분	국가경찰위원회	시도자치경찰위원회	소청심사위원회
근거	국가경찰과 자치경찰의 조직 및 운영에 관한 법률		국가공무원법
구성	위원장 포함 7인		5-7인의 상임위원과 상임위원수 1/2 이상의 비상임위원
자격	결격 - 검찰, 경찰, 국정원 직원, 군인, 당적, 선거에 의해 취임하는 공직에서 퇴직한 날로부터 3년이 경과하지 아니한 자	국가경찰위원회 위원 결격사유 + 공무원(퇴직 3년 미경과) + 지방공무원 결격사유	− 법관 · 검사 또는 변호사의 직에 5년 이상 근무한 자 − 대학에서 행정학 · 정치학 또는 법률학을 담당한 부교수 이상의 직에 5년 이상 근무한 자 − 3급 이상 해당 공무원 또는 고위공무원단에 속하는 공무원으로 3년 이상 근무한 자
의결	재적과반수 출석에 출석과반수 찬성		재적 2/3 출석 출석과반수 찬성
심의사항	국가경찰사무관련 (본문참조)	자치경찰사무관련 (본문참조)	불이익한 처분을 받은 공무원 구제여부

III. 테마 40 청원경찰

(1) **개념**: "청원경찰"이란 배치대상 시설의 경영자가 경비를 부담할 것을 조건으로 경찰의 배치를 신청하는 경우 그 기관 · 시설 또는 사업장 등의 경비(警備)를 담당하게 하기 위하여 배치하는 경찰을 말한다.(청원경찰법 제2조)

(2) **배치대상시설**

① 국가기관 또는 공공단체와 그 관리 하에 있는 중요 시설 또는 사업장

② 국내 주재(駐在) 외국기관

③ 그 밖에 행정안전부령으로 정하는 중요 시설, 사업장 또는 장소(청원경찰법 제2조)

정리 청원경찰 / 경비업법상 경비원 비교

구분	청원경찰(청원경찰법)	경비원(경비업법)
관할	경찰청 '**경비국**'에서 관장[♣생안국 관장(×)]	경찰청 '**생활안전국**'에서 관장[♣경비국 관장(×)]
이념	**대적방호개념**	**생활안전개념**(범죄예방)
신분	민간인(예외적 공무원)	민간인
채용	**18세 이상 남녀**(정년60세)[♣남자만(×), ♣50세 미만(×)](시행령 제3조 제1호)<12경간>	18세 이상(특수경비원 - 18세 이상 60세 미만)
무장	**무기휴대 허용**(근무지역 내)	**무기휴대 금지**(특수경비원은 가능)
법적지위 및 임무	(1) 원칙적으로 사법상의 고용계약관계에 해당한다.(청원경찰은 공무원이 아니다.) ① 형법 기타 법령에 의하여 **벌칙을 적용할 경우**와 청원경찰법과 동시행령에서 특히 규정한 경우에는 **공무원으로 본다**.(제10조 제2항) ② 청원경찰(**국가기관이나 지방자치단체에 근무하는 청원경찰은 제외**한다.[♣포함한다.(×)])의 직무상 불법행위에 대한 **배상책임**에 관하여는 「**민법**」**의 규정**을 따른다.[♣국가배상법 적용(×)](제10조의2)<22경간·20.1채용> ※ 청원경찰의 **임용권자가 국가기관·지방자치단체장인 경우**에는 예외적으로 공무원의 신분을 가지며 이 경우에는 손해배상에 있어 **국가배상법이 적용**된다.(대법원 92다47564 판결)<20.1채용> (2) 청원경찰은 청원경찰의 배치 결정을 받은 자("청원주")와 배치된 기관·시설 또는 사업장 등의 구역을 관할하는 경찰서장의 감독을 받아 그 **경비구역만의 경비**를 목적으로 필요한 범위에서 「**경찰관 직무집행법**」**에 따른**[♣국가경찰과 자치경찰의 조직 및 운영에 관한 법률에 따른(×)] **경찰관의 직무를 수행**한다.(제3조)<20경간·15.2·17.2채용> ① 청원경찰의 주임무는 보완적 경비이다. **판례** **[국가나 지자체 근무 청원경찰→사법상 고용관계(×)]** 국가나 지방자치단체에 근무하는 청원경찰은 국가공무원법이나 지방공무원법상의 공무원은 아니지만, 다른 청원경찰과는 달리 그 임용권자가 행정기관의 장이고, 국가나 지방자치단체로부터 보수를 받으며, 산업재해보상보험법이나 근로기준법이 아닌 공무원연금법에 따른 재해보상과 퇴직급여를 지급받고, 직무상의 불법행위에 대하여도 민법이 아닌 국가배상법이 적용되는 등의 특질이 있으며 그외 임용자격, 직무, 복무의무 내용 등을 종합하여 볼 때, 그 근무관계를 사법상의 고용계약관계로 보기는 어려우므로 그에 대한 징계처분의 시정을 구하는 소는 행정소송의 대상이지 민사소송의 대상이 아니다.[♣사법상 고용관계이다.(×)](대법원 92다47564 판결)<22경간>

근무 한계	사항적 한계	① 청원경찰은 수사활동 등 사법경찰관리의 직무를 행해서는 안 된다.
		② 청원경찰에게 **사법경찰사무(범죄수사)는 인정되지 않는다**.[♣경비구역 내에서 범죄수사 가능(×)]<12경간·01·05승진·08채용>
	장소적 한계	청원경찰은 **경비구역 내**에 한해서 경비목적을 위하여 필요한 범위 안에서 '**경찰관직무집행법**'에 의한 경찰관의 직무를 수행한다.[♣경비구역에 제한되지 않고(×)](청원경찰법 제3조)<20경간·17승진·13.2·14.1·15.2·17.2채용>
		예 불심검문·보호조치·위험발생방지·범죄의 예방과 제지·교통정리·무기의 사용 등

근무 한계	직무 보고	청원경찰이 직무를 행하는 경우에 경찰관직무집행법에 의하여 행하여야 할 보고는 관할경찰서장에게 **서면으로 보고함에 앞서** 지체 없이 **구두로 보고**하여 그 지시에 따라야 한다.(청원경찰법 시행규칙 제22조)<13.2 · 14.1채용>
		※ 경찰은 청원경찰을 **지도 · 감독할 권한**이 있다.
배치 절차	배치 순서	청원경찰의 배치사업장이 하나의 경찰서 관할 구역인 경우에 한하여 **배치결정, 임용승인, 지도 및 감독상 명령**에 관한 권한을 관할 **경찰서장에게 위임**한다.(시행령 제20조) **배치신청 ➡ 배치결정[시 · 도경찰청장**(위임이 있는 경우 서장)**] ➡ 임용승인신청[청원주] ➡ 임용승인[시 · 도경찰청장**(위임이 있는 경우 서장)**] ➡ 임용[청원주]**(청원경찰법 제4조 제1,2항, 제5조, 청원경찰법 시행령 제20조)<07 · 08 · 10승진 · 14.1채용> ① 청원경찰을 배치 받으려는 자는 **대통령령**으로 정하는바에 따라 관할 **시 · 도경찰청장**에게 청원경찰 **배치를 신청**하여야 한다.[♣서장에게(×)](제4조 제1항)<19승진> ※ 청원경찰의 배치를 받으려는 자는 청원경찰 배치신청서에 일정 서류를 첨부하여 **관할 경찰서장을 거쳐 시 · 도경찰청장에게 제출**하여야 한다. 이 경우 배치 장소가 둘 이상의 도일 때에는 주된 사업장의 관할 경찰서장을 거쳐 시 · 도 경찰청장에게 한꺼번에 신청할 수 있다.(시행령 제2조) ② **시 · 도경찰청장**(위임이 있는 경우 경찰서장)은 제1항의 청원경찰 배치 신청을 받으면 지체 없이 그 **배치 여부를 결정**하여 신청인에게 알려야 한다.(제4조 제2항, 시행령 제20조) ※ 시 · 도경찰청장은 '**청원경찰 배치의 결정에 관한 권한**'을 관할 **경찰서장에게 위임**한다. 다만, 청원경찰을 배치하고 있는 **사업장이 하나의 경찰서의 관할 구역에 있는 경우로 한정**한다.(예외)(시행령 제20조) ③ **시 · 도경찰청장**(위임이 있는 경우 경찰서장)**은** 청원경찰 배치가 필요하다고 인정하는 기관의 장 또는 시설 · 사업장의 경영자에게 **청원경찰을 배치할 것을 요청할 수 있다.**[♣명령할 수 있다.(×)](제4조 제3항, 시행령 제20조)<17승진 · 22경간> ※ 시 · 도경찰청장은 '**청원경찰 배치의 요청에 관한 권한**'을 관할 **경찰서장에게 위임**한다. 다만, 청원경찰을 배치하고 있는 **사업장이 하나의 경찰서의 관할 구역에 있는 경우로 한정**한다.(예외)(시행령 제20조)
	임용	(1) **임용권자와 임용승인권자 ➡** 청원주가 임용권자이고, **시 · 도경찰청장**(예외적으로 경찰서장)**이 임용승인권자**이다.[♣경찰서장이 임용승인권자(×), ♣지청장 또는 서장이 임용승인(○), ♣지청장이 임용(×)](제5조 제1항, 시행령 제20조)<99 · 19승진 · 11경간 · 13.2 · 14.1 · 15.2채용> ① 청원경찰은 청원주가 임용하되, 임용을 할 때에는 미리 **시 · 도경찰청장**(위임이 있는 경우 경찰서장)**의 승인을 받아야** 한다.[♣원칙적으로 경찰서장의 승인(×)](청원경찰법 제5조, 시행령 제20조)<13.2채용> ※ 시 · 도경찰청장은 '**청원경찰 임용승인에 관한 권한**'을 관할 **경찰서장에게 위임**한다. 다만, 청원경찰을 배치하고 있는 **사업장이 하나의 경찰서의 관할구역에 있는 경우로 한정**한다.(예외)(시행령 제20조) ② 임용승인은 경찰이 청원경찰로서의 적격성여부를 판단하는 것으로 실제 임용은 청원주의 권한에 해당하므로 **임용승인을 받은 자라도 임용하지 않을 수** 있다.<02 · 09 · 10승진> ※ 임용승인 여부와 무관하게 **실제임용은 청원주의 재량**이다.[♣청원주는 반드시 임용하여야(×)]<10승진>

배치 절차	**임용**	(2) 국가공무원법(제33조)상의 **공무원 결격사유**에 해당하는 자는 청원경찰로 임용될 수 없다.(제5조 제2항)

(3) **임용자격** ➡ **18세 이상 남여**[♣남자만(×), ♣55세 미만(×), ♣19세 이상(×)], **행정안전부령으로 정하는 신체조건**이 요구된다.(시행령 제3조 제1호, 제2호)<01·08승진·08·17.2채용>

> **임용방법 등**
>
> ① 법 제4조 제2항에 따라 청원경찰의 배치 결정을 받은 자(이하 "청원주"라 한다)는 법 제5조 제1항에 따라 그 배치 결정의 통지를 받은 날부터 **30일 이내에** 배치 결정된 인원수의 임용예정자에 대하여 청원경찰 임용승인을 **시·도경찰청장에게 신청하여야** 한다.(시행령 제4조 제1항)
>
> ② 청원주가 법 제5조 제1항에 따라 청원경찰을 **임용하였을 때**에는 임용한 날부터 10일 이내에 그 임용사항을 관할경찰서장을 거쳐 **시·도경찰청장에게 보고하여야** 한다. 청원경찰이 퇴직하였을 때에도 또한 같다.(시행령 제4조 제2항)

**제복
·
무기
휴대**

(1) **제복착용** : 청원경찰은 근무 중 **제복을 착용하여야** 한다.[♣제복착용 명시적 규정이 없다.(×)] (제8조 제1항)<20경간·17·19승진>

※ 청원경찰이 그 배치지의 특수성 등으로 특수복장을 착용할 필요가 있을 때에는 청원주는 **시·도경찰청장의 승인**을 받아 **특수복장을 착용하게 할 수** 있다.(청원경찰법 시행령 제14조 제3항)<20.1채용>

(2) **무기대여** : **시·도경찰청장**은 청원경찰이 직무를 수행하기 위하여 필요하다고 인정하면 **청원주의 신청을 받아** 관할 **경찰서장으로 하여금** 청원경찰에게 **무기를 대여**, 지니게 할 수 있다.[♣경찰청장은 시·도경찰청장으로 하여금(×), ♣구입 후 신고하면(×), ♣지니게 하여야 한다.(×)](제8조 제2항)<11·20경간·14.1·15.2채용>

※ 무기대여 규정 해석상 청원경찰은 직무수행 중 **무기 사용권한이 있다고** 해석된다.[♣무기사용 권한은 없다.(×)]

(3) **대여무기** : **시·도경찰청장이** 무기를 대여하여 휴대하게 하고자 할 때에는 **청원주로부터 국가에 기부 체납된 무기에 한하여** 관할 경찰서장으로 하여금 무기를 대여하여 휴대하게 할 수 있다.[♣시도청장 허가사항(○), ♣경찰청장 승인(×)](시행령 제16조 제2항)<02·09승진>

**감독
·
징계**

(1) **청원경찰의 직무감독권자 : 청원주와 경찰서장**[♣경찰청장(×)](제3조)<98승진·12경간·15.2채용>

※ 청원경찰은 청원경찰의 배치 결정을 받은 자("청원주")와 배치된 기관·시설 또는 사업장 등의 구역을 관할하는 **경찰서장의 감독**을 받아 그 경비구역만의 경비를 목적으로 필요한 범위에서 「경찰관 직무집행법」에 따른 경찰관의 직무를 수행한다.(제3조)<98승진·12경간·15.2채용>

① **경찰서장의 감독** : 관할서장은 **매달 1회 이상** 청원경찰을 배치한 경비구역에 대하여 '복무규율과 근무 상황, 무기의 관리 및 취급사항'을 감독하여야 한다.[♣연 1회 이상(×)] (시행령 제17조)<17.2채용>

② 청원주는 청원경찰을 **신규로 배치**하거나 **이동배치**하였을 때에는 배치지(이동배치의 경우에는 종전의 배치지)를 **관할하는 경찰서장에게 그 사실을 통보하여야** 한다.(시행령 제6조 제1항)<20.1채용>

※ 이동배치통보를 받은 **경찰서장**은 이동배치지가 다른 관할구역에 속할 때에는 전입지를 관할하는 경찰서장에게 **이동배치한 사실을 통보하여야** 한다.(시행령 제6조 제2항)

③ **청원주는** 항상 소속 **청원경찰의 근무 상황을 감독**하고, 근무 수행에 **필요한 교육을** 하여야 한다.(제9조의3 제1항)

(2) 경찰서장과 청원주의 감독권자 : 시 · 도경찰청장

시 · 도경찰청장은 청원경찰의 효율적인 운영을 위하여 (**경찰서장과**) **청원주를 지도하며 감독상 필요한 명령을 할 수** 있다.(제9조의3 제2항)<13.2채용>

[설명] 징계 [😊 파해정감견]

<table>
<tr><td rowspan="3">감독 · 징계</td><td rowspan="4">징계 권자</td><td colspan="2">청원경찰의 징계권자 : 청원주<03승진 · 17.2채용></td></tr>
<tr><td colspan="2">① **청원주**는[♣관할감독서장은(×)] 청원경찰이 징계사유의 하나에 해당하는 때에는 **대통령령**으로 정하는 징계절차를 거쳐 **징계처분을 하여야** 한다.(제5조의2 제1항)<22경간 · 17.2채용></td></tr>
<tr><td colspan="2">※ 청원주는 청원경찰 **배치 결정의 통지**를 받았을 때에는 통지를 받은 날부터 **15일 이내**에[♣30일 이내(×)] 청원경찰에 대한 징계규정을 제정하여 관할 **시 · 도경찰청장**에게 신고하여야 한다. 징계규정을 변경할 때에도 또한 같다.</td></tr>
<tr><td colspan="2">② 관할 경찰서장은 청원경찰이 징계사유의 어느 하나에 해당한다고 인정되면 청원주에게 해당 청원경찰에 대하여 **징계처분을 하도록 요청할 수** 있다.(시행령 제8조 제1항)</td></tr>
<tr><td rowspan="2">징계 사유</td><td colspan="2">① 직무상의 의무에 위반하거나 직무를 태만히 한 때</td></tr>
<tr><td colspan="2">② 품위를 손상하는 행위를 한 때</td></tr>
<tr><td>종류</td><td colspan="2">**파면 / 해임 / 정직**(1~3개월 직무정지, 보수의 2/3 감함) **/ 감봉**(1~3개월, 보수의 1/3을 감함) / **견책**[♣강등(×)][♣파면, 정직, 견책으로 구분(×)](제5조의2 제2항)<04 · 09 · 10 · 19승진 · 12경간 · 08 · 13.2 · 14.1 · 15.2 · 20.1채용></td></tr>
<tr><td rowspan="2">처벌</td><td colspan="2">① 청원경찰이 직무를 수행할 때 직권을 남용하여 국민에게 해를 끼친 경우에는 **6개월 이하의 징역이나 금고에** 처한다.[♣1년 이하의 징역이나 금고(×)](제10조 제1항)<11 · 12경간 · 17승진 · 14.1채용></td></tr>
<tr><td colspan="2">② 청원경찰 업무에 종사하는 사람은 「형법」이나 그 밖의 법령에 따른 **벌칙을 적용할 때**에는 **공무원으로** 본다.(제10조 제2항)</td></tr>
<tr><td>신분 보장</td><td colspan="3">(1) 청원경찰은 형의 선고, 징계처분 또는 신체상 · 정신상의 이상으로 직무를 감당하지 못할 때를 제외하고는 그 의사(意思)에 반하여 면직되지 아니한다.(제10조의4 제1항)

(2) 청원주가 청원경찰을 면직시켰을 때에는 (10일 이내에) 그 사실을 관할 경찰서장을 거쳐 시 · 도경찰청장에게 보고하여야 한다.[♣사전에 시 · 도경찰청장 승인을 받아야(×)](법 제10조의4 제2항)<11경간></td></tr>
<tr><td>배치 폐지</td><td colspan="3">(1) 청원주는 청원경찰이 배치된 시설이 폐쇄되거나 축소되어 청원경찰의 배치를 폐지하거나 배치인원을 감축할 필요가 있다고 인정하면 청원경찰의 배치를 폐지하거나 배치인원을 감축할 수 있다. 다만, 청원주는 다음 각 호의 어느 하나에 해당하는 경우에는 청원경찰의 **배치를 폐지하거나 배치인원을 감축할 수 없다.**(청원경찰법 제10조의5 제1항)

1. 청원경찰을 대체할 목적으로 「경비업법」에 따른 **특수경비원을 배치**하는 경우

2. 청원경찰이 배치된 기관 · 시설 또는 사업장 등이 배치인원의 변동사유 없이 **다른 곳으로 이전**하는 경우

(2) 청원주가 청원경찰을 **폐지**하거나 **감축**하였을 때에는 청원경찰 배치 결정을 한 **경찰관서의 장에게 알려야** 하며, 그 사업장이 시 · 도경찰청장이 청원경찰의 배치를 요청한 사업장일 때에는 그 폐지 또는 감축 사유를 구체적으로 밝혀야 한다.(청원경찰법 제10조의5 제2항)</td></tr>
</table>

Ⅱ 특별경찰기관

(1) **비상경찰기관**: 보통경찰기관의 힘만으로는 치안을 유지할 수 없는 비상시에 병력으로써 치안을 담당하는 기관

    ① **위수사령관의 병력출동절차** ☞ 시·도지사의 출동요청 ➤ 육군참모총장의 승인 ➤ 병력출동

        예 계엄사령관, 위수사령관, 수도방위사령관

(2) **협의의 행정경찰 기관**: 주된 **행정부분에 부수되어** 일어나는 장애를 제거함으로써 사회질서를 유지하기 위한 권력작용을 말한다.

    ① 각 **주무장관이 관장**하고 있으며, **학문상 개념**으로 제도상으로는 **경찰이 아니다.**[♣실무상 개념(×)]

    ※ **비경찰화** ➡ 비경찰화는 이러한 협의의 행정경찰기능이 보통경찰기관에 배분되어 있다가 관련 행정기관으로 이관되는 현상을 말한다.

    ※ **특별사법경찰기관** ☞ 산림·해사·전매·세무·군수사기관 기타 특별한 사항에 관하여 사법경찰관리의 직무를 행하는 자 등 대부분 특별사법경찰관리의 신분을 가진다.

        예 산림보호주사, **약사감시원**, **마약감시원**, **철도공안원** 등

3 경찰관청의 권한

Ⅰ 경찰관청의 권한일반

(1) **의의**: 경찰관청이 법률상 유효하게 직무를 행할 수 있는 범위, 즉 관할을 의미한다.

(2) **권한행사의 원칙**: 경찰관청의 권한은 법령에 의하여 부여된 것으로 법령에 의하여 부여받은 관청이 스스로 행사하는 것이 원칙이다.

    ① 예외적으로 타 기관이 권한을 행사하는 경우로서 권한의 대리와 위임이 있다.

정리 경찰관청 상호간의 관계[♣행정처분(×)]

상하 관청간	(1) **권한의 대리 및 위임**
	(2) **권한의 감독**: 감시권, 훈령권, 인가권, 주관쟁의 결정권, 취소·정지권

대등
관청간
	(1) **권한존중 관계**
	
	  ① 권한의 불가침
	
	  ② 주관쟁의에 대한 협의 ⇨ 공통 상급관청의 결정 또는 협의에 의함.(행정절차법 제6조)
	
	(2) **상호협력관계**: 협의, 사무위탁, 행정(경찰)응원(직무상 필요한 특정행위를 경찰관청 사이에 지원하는 것)

정리 권한의 한계

사항적 한계	① 경찰에 관한 일정한 사무만을 관장한다.[소관사무]
	② 상급관청이 하급관청의 권한행사를 지휘·감독할 수 있으나, **특별한 규정이 없는 한** 하급관청의 **권한행사를 대행할 수는 없다.**[사물관할]<96경간>
지역적 한계	① 일정한 관할지역 내에서만 효력을 발생한다.[토지관할]
	② 관할이 전국에 미치는 중앙관청과 관할지역 내에만 효력이 미치는 지방관청이 있다.

대인적 한계	일정한 인적 범위에 한정[인적관할]
	예 외교관에 대한 치외법권
형식적 한계	① 권한행사의 형식에 일정한 한계가 있는 경우 예 행정안전부령의 제정권
	② 형식적 권한은 타 기관에의 위임이나 대리의 대상이 될 수가 없다.
시간적 한계	권한행사가 일정한 시간에 의하여 제한되는 경우
	예 신고서 접수 48시간 내에 집회·시위의 금지통고를 해야

(3) 권한행사의 효과

① **적극적 효과 :** 경찰관청이 소관 사무에 관하여 권한을 행사한 경우에는 그 행위는 국가(행정주체)의 행위로서 효력을 발생하며 법적 행위, 사실행위를 불문한다.

② **소극적 효과 :** 경찰관청이 그 권한의 한계를 넘어서서 권한을 행사한 때에는 그 행위는 권한 외의 행위로서 당연 무효이고, 국가(행정주체)에게 귀속되지 않는다.

Ⅱ 테마 41 권한의 대리

(1) 개념 : 경찰관청의 권한의 **전부(법정대리) 또는 일부**를 대리기관이 피대리청을 위한 것임을 표시하여 **자기의 이름으로** 행하고, 그 행위는 **피대리청의 행위로서 법률상 효과가 발생**하는 것을 의미한다.[♣권한의 귀속이 대리청으로(×)]

※ 실정법상 권한의 대행 또는 직무대행, 직무대리라 불리기도 한다.

(2) 종류 : 대리에는 **임의대리와 법정대리**가 있다.[♣임의대리와 수권대리(×)]<20승진·01·02·06채용>

※ 보통 대리라고 하는 경우에는 **수권(임의)대리를** 의미한다.<20승진>

(3) 방법

① **현명주의** ➡ 대리기관은 피대리청을 위한 것임을 표시하고 대리기관 **자신의 이름으로** 권한을 행사한다.[♣대리기관을 위한 것임을 표시하여 피대리기관 명의로(×)]<07·12.1·13.1채용>

② **사법상 대리와의 구별** ➡ 사법상 대리 ➤ 인격주체 간의 대리 / 행정법상 대리 ➤ 국가기관 상호간의 대리

(4) 효과

① **권한이전 없음.** ➡ 대리의 경우 법령상의 권한분배에는 영향이 없어 권한의 이전이 없으며 법적 근거도 필요 없고 외부에 공시를 요하지도 않는다.

② **효과귀속** ➡ 대리기관의 법률행위의 효과는 수권대리·법정대리의 구분 없이 **항상 피대리청에게 귀속**이 된다.[♣대리관청에 귀속(×)]<19승진·01·07·09·12.1채용>

※ 따라서 **행정소송의 피고는 피대리청이 된다.**[♣대리관청(×)]

> **❀ 임의대리**
> - 권한이전(×)
> - 법적 근거(×)
> - 외부공시(×)
> - 전부, 중요부분(×)
> - 지휘감독(○)
> - 상대방 동의(×)
> - 복대리(×)
> - 현명주의(○)
> <13승진>

※ 직무대리 관련규정

(1) 직무대리규정(대통령령) [시행 2022. 12. 27.] [대통령령 제33155호]

제1조(목적) 이 영은 기관장, 부기관장이나 그 밖의 공무원에게 사고가 발생한 경우에 직무상 공백이 생기지 아니하도록 하고 직무대리자의 책임을 명확하게 하기 위하여 직무대리자 결정 방식 및 직무대리 운영 원칙 등을 규정함을 목적으로 한다.

제2조(정의)

1. **"직무대리"**란 기관장, 부기관장이나 그 밖의 공무원에게 **사고**가 발생한 경우에 직무상 공백이 생기지 아니하도록 해당 공무원의 **직무를 대신 수행하는 것을** 말한다.

4. **"사고"**란 다음 각 목의 어느 하나에 해당하는 경우를 말한다.

　가. 전보, 퇴직, 해임 또는 임기 만료 등으로 후임자가 임명될 때까지 해당 직위가 공석인 경우

　나. **휴가, 출장 또는 결원 보충이 없는 휴직 등**으로 **일시적**으로 직무를 수행할 수 없는 경우[♣사고에 포함되지 아니한다.(×)]

(2) 경찰청 직무대리 운영 규칙(훈령)

제3조(정의)

1. **"소속기관"**이란 **부속기관**(경찰대학, 경찰인재개발원, 중앙경찰학교, 경찰수사연수원, 경찰병원) 및 **시·도경찰청**을 말한다.

2. **"직무대리지정권자"**란 사고가 발생한 공무원의 **직근 상위 계급자**를 말한다.

제4조(소속기관장 등의 직무대리)

① 차장을 두지 않은 시·도경찰청장에게 사고가 있을 경우에는 「경찰청과 그 소속기관 직제」(이하 "직제")에 규정된 순서에 따른 부장이 대리한다.

제6조(경찰서장의 직무대리) 경찰서장에게 사고가 있을 때에는 직제 시행규칙에서 정한 순서에 따른 직근 하위 계급의 과장이 대리한다.

제7조(직할대장의 직무대리) 직할대장에게 사고가 있을 때에는 소속기관의 하부조직을 설치하는 규정에서 정한 순서에 따른 **직근 하위 계급자가 대리**한다.

제8조(직무대리의 지정) 제4조부터 제7조까지에 규정한 사항 외의 공무원에게 사고가 발생하였거나 **규정된 직무대리가 적절치 않다고 인정되는 경우**에는 직무대리지정권자가 해당 공무원의 **직근 하위 계급자 중에서 직무의 비중, 능력, 경력 또는 책임도 등을 고려하여 직무대리자를 지정**한다.

제9조(직무대리의 특례) 제8조에도 불구하고 직무대리지정권자는 대리하게 할 업무가 특수하거나 그 밖의 부득이한 사유가 있는 경우, **사고가 발생한 공무원과 동일한 계급자를 직무대리자로 지정할 수 있다.**[♣사고 공무원의 직근 하위 계급자 중에서 직무대리자를 지정하여야(×)]

제10조(직무대리의 운영)

① 직무를 대리하는 경우 **한 사람은 하나의 직위에 대해서만 직무대리를 할 수** 있다.

② 제8조에 따라 직무대리를 지정할 때에는 별지 서식에 따른 **직무대리 명령서**를 직무대리자에게 발급하여야 한다.

③ 제2항에도 불구하고 사고 기간이 **15일 이하인 경우**에는 직무대리 명령서의 발급을 **생략할 수** 있다. 이 경우 직무대리지정권자는 직무대리자로 지정된 사실을 전자인사관리시스템이나 내부통신망 등을 통하여 직무대리자에게 명확하게 통지하여야 한다.

④ 직무대리자는 **본래 담당한 직위의 업무를 수행하면서 직무대리 업무를 수행하는 것을 원칙**으로 하되, 사고가 발생한 공무원의 직위에 보할 수 있는 승진후보자에게 그 사고가 발생한 공무원의 직무대리를 하게 하는 경우에는 본래 담당한 직위의 업무를 수행하지 아니하고 직무대리 업무만을 수행하게 할 수 있다.

⑤ 직무대리자는 직무대리하여야 할 업무를 **다른 공무원에게 다시 직무대리하게 할 수 없다.**[♣다시 대리하게 할 수 있다.(×)]

제11조(직무대리권의 범위) 직무대리자는 사고가 발생한 공무원의 **모든 권한**을 가지며, 그 **권한에 상응하는 책임**을 진다.

Ⅰ. 수권대리

의의	① 피대리청의 수권에 의하여 대리관계가 발생하는 경우를 의미한다.(**임의대리 · 위임대리 − 원칙적 개념**) ※ 수권대리는 수권, 즉 신임(신뢰)관계를 기초로 하여 성립이 된다. ② 수권행위는 피대리청의 **일방적 행위**로서 대리기관의 동의는 요하지 않는다.
근거	수권대리의 경우에는 **법적 근거가 필요 없다.**(법령에 위배해서는 안 된다.)[♣요한다.(×)]<03채용> ※ **일반적 의미 : 보통 대리라고 하는 경우에는 수권(임의)대리를 의미하므로, 대리에는 원칙적으로 법적 근거가 필요 없고, 복대리는 불가능**하다.[♣보통 대리는 법정대리를 의미(×)]<20승진 · 13경위 · 08 · 09채용>
주체	피대리청의 **보조기관이** 되는 것이 보통이다.[♣관청이(×)]<19승진>
범위	대리권의 범위는 수권행위에 의해서 정해지며, 특별한 규정이 없는 한 아래의 제한을 받게 된다. ① 수권대리(임의대리)는 일반적 · 포괄적 권한의 **일부에 관해서만** 대리가 가능하다.[♣전부대리(×)]<19승진 · 12.1채용> ※ 전부대리는 실제상 당해 관청의 일시적 폐지를 의미하게 된다. ② 법령이 특정한 행위를 반드시 특정한 기관만이 하도록 규정하고 있다면(형식적 권한), 그러한 행위는 대리의 대상이 될 수가 없다.

효과		
	대리행위는 **피대리관청의 행위로서 효과가 발생**한다.[♣대리관청의 행위로(×)]<20승진 · 12.1채용>	
	외부 관계	① 피대리청은 대리기관의 행위에 대해 대리의 상대방(국민)에게 책임을 부담한다. ② 따라서 **행정소송의 피고는 피대리청이** 된다.[♣대리관청이(×)]<19.1 · 22.2채용>
	내부 관계	① 피대리청은 대리기관의 권한행사를 **지휘 · 감독할 수 있고, 지휘감독상 책임**을 진다.[♣지휘감독 책임 없다.(×)]<19 · 20승진 · 12.1채용> ② 대리기관은 대리한 업무에 대해 피대리청에 대해 책임을 부담한다.

Ⅱ. 법정대리

의의	법정사실이 발생하였을 때 직접 법령의 규정에 의하여 대리관계가 발생하는 경우의 대리를 의미한다.	
근거	법정대리는 필수적으로 **법령상 근거를** 요하며, **일반법령으로** '**직무대리규정**(대통령령)'이 있다.	
	※ 직무대리규정 : 직무대리자의 결정 방식 및 직무대리의 운영 원칙 등을 규정	
종류	법정대리는 협의의 **법정대리**와 **지정대리**가 있다.<20승진>	
	협의의 법정 대리	① **의의** : 법정사실의 발생과 함께 **당연히 대리관계가 발생**하는 경우를 의미한다.<14·20승진>
		② **사례** 　- 경찰청장(시·도경찰청장)이 부득이한 사유로 직무를 수행할 수 없는 경우 **차장 의 직무대행**[♣지정대리에 해당(×)](국자법 제15조 제2항)<99·15승진·22.2채용> 　- 대통령의 궐위·사고 시에 **국무총리의 권한 대행**
	지정 대리	**의의** : 법정사실(일시적 사고)이 발생하였을 때 일정한 자의 **지정이 있어야** 대리관계 가 발생하는 경우<14승진>
		🔘 국무총리 유고시 대통령이 지정하는 국무위원이 국무총리의 직무를 대행하는 경우
		※ 피대리청의 구성원이 궐위된 경우의 대리인 서리도 지정대리의 일종
주체	대리기관은 피대리청의 **보조기관**인 것이 보통이나 다른 경찰관청이 되는 경우도 있다.<07경간>	
범위	① 법에 특별규정이 없는 한 대리권은 피대리청의 **권한의 전부**에 대하여 미친다.[♣권한의 일부에 대해서만 가능(×)]<04·12.1채용> 　※ 법에 특별한 규정이 있으면 법정대리의 범위를 권한의 일부에 한정 할 수 있다. ② 대리기관은 복대리권이 인정되며 이 경우 복대리는 수권대리(임의대 리)의 성질을 가진다.	**❀ 법정대리 특성** － **권한이전(×)** － **법적근거(○)** － **전부(○)** － **복대리(○)** － **지휘감독(×) 대리기관 동의(×)** － **자기책임(○)** － **현명주의(○)**
효과	① 법정대리의 법적 효과는 **피대리관청에 귀속**된다.[♣대리관청에 귀속 (×)]<20승진·12.1·22.2채용> ② 법정대리는 피대리청의 사고로 인한 것이기 때문에, **대리기관은 피대 리청의 지휘·감독을 받지 않으며, 지휘·감독상 책임도 지지 않는 다.**[♣지휘·감독 가능(×), ♣지휘감독 책임(×)]<19·20승진·12.1채용> 　※ 따라서 대리기관은 자기의 책임 하에서 그 권한을 행사한다. 다만 해외출장이나 질병으로 인한 법정대리의 경우에는 지휘·감독권이 인정된다.	

[설명] **복대리**

의의	대리기관이 그 대리권 행사를 다시 타 기관으로 하여금 대리하게 하는 것이다. ※ 복대리기관은 대리기관의 대리가 아닌 피대리관청의 대리이다.
성격	복대리는 언제나 **임의대리**(수권대리)에 해당한다.<19.1채용>
가능 여부	복대리의 가능여부는 기본대리(원대리)의 성격에 따라 달라진다. 　- **수권대리의 경우** : 신임을 전제로 하는 수권대리의 경우 복대리는 기본대리의 신임관계를 깨 뜨리기 때문에 **원칙적으로 불가능**하다.[♣복대리 가능(×)]<13·15·19승진·08·12.1·19.1채용> 　- **법정대리의 경우** : 법정대리는 **복대리가 가능**하다.[♣불가능(×)]<19승진·12.1채용>

정리 수권대리 / 법정대리

구분	근거(법)	권한범위	복대리	지휘·감독
수권대리	필요 없음.	일부	불가능	받는다.
법정대리	필요	전부	가능	받지 않는다.

※ 임의대리 ➡ 수권행위(대리명)의 철회로 소멸 / 법정대리 ➡ 법정사실의 소멸에 의하여 소멸

Ⅲ **테마 42** 권한의 위임

Ⅰ. 의의

경찰관청이 **법령에 근거**하여 권한의 **일부**를 다른 경찰기관(보통 하급관청)에 **이전**하여 그 수임기관의 권한으로, **수임기관의 명의와 책임으로** 행사하게 하는 것이다.[♣법적근거 불필요(×), ♣전부 또는 주요부분(×), ♣위임기관의 명의와 책임으로(×)]<13·15승진·06·12.1·13.1·18.1채용>

① **사법상 위임과 구별** ⇨ 사법상 위임(인격주체 간) / 행정법상 위임(국가기관 상호간)

② **상대방** ⇨ 원칙상 하급관청, 예외적으로 대등기관·다른 행정기관 [⇨위탁], 지방자치단체 또는 그 기관, 사인 수권사인(수탁사인)[♣보조기관에(×)]

　　♣권한의 위임은 보조기관, 권한의 대리는 하급관청이 주로 상대방이 된다.(×)<19승진>

③ **재위임** ⇨ 수임청은 법령의 근거가 있다면 위임받은 권한을 또 다시 재위임할 수 있다.

Ⅱ. 근거·한계

(1) **근거**: 위임은 **권한의 이전**이 있기 때문에 **반드시 법적 근거**를 요한다.[♣필요 없다.(×)<04·14승진·05·13.1채용>

※ 일반법으로서 "정부조직법" 및 "행정권한의 위임 및 위탁에 관한 규정"을 두고 있다.

① **권한위임의 일반법 인정여부** ➡ 긍정(通·判)

② 법령에 특별한 규정이 없어도 정부조직법 제6조에 근거해서 권한을 위임할 수 있다.

참고 정부조직법 제6조(권한의 위임 또는 위탁)

① 행정기관은 법령으로 정하는 바에 따라 그 소관사무의 **일부**를 보조기관 또는 하급행정기관에 위임하거나 다른 행정기관·지방자치단체 또는 그 기관에 위탁 또는 위임할 수 있다. 이 경우 위임 또는 위탁을 받은 기관은 특히 필요한 경우에는 **법령으로 정하는 바에 따라** 위임 또는 위탁을 받은 사무의 **일부를**[♣전부를(×)] 보조기관 또는 하급행정기관에 재위임할 수 있다.(제6조 제1항)

② **보조기관**은 (제1항에 따라) 위임받은 사항에 대하여는 그 범위에서 **행정기관으로서 그 사무를 수행**한다.(제6조 제2항)

③ **행정기관**은 법령으로 정하는 바에 따라 그 소관사무 중 조사·검사·검정·관리 업무 등 국민의 **권리·의무와 직접 관계되지 아니하는 사무**를 지방자치단체가 아닌 **법인·단체 또는 그 기관이나 개인에게 위탁할 수** 있다.

(2) **한계**: 경찰관청 권한의 **일부에 대해서만 가능**하고, 권한의 **전부나 주요부분에 대해서는 위임이 허용되지 않는다.**[♣위임의 범위에는 제한이 없다.(×), ♣전부 대리할 수(×)]<13·19승진·02·05·08·13.1채용>

※ **형식적 권한**: 행정관청의 권한 중 형식적 권한은 위임의 대상이 될 수 없다.

> 판례 **[위임 → 법률이 허용하는 경우에만 인정(○)] 행정권한의 위임**은 행정관청이 법률에 따라 특정한 권한을 다른 행정관청에 이전하여 수임관청의 권한으로 행사하도록 하는 것이어서 권한의 법적인 귀속을 변경하는 것이므로 **법률이 위임을 허용하고 있는 경우에 한하여 인정된다** 할 것이다.(대법원 94누6475판결)

III. 방법

(1) **법적 근거를 요**하고, **외부공시를 요**한다.

(2) 권한을 이전 받을 수 있는 **하급관청**이 상대방(수임관청)이 된다.

(3) 위임받은 권한은 수임기관의 권한으로, **수임기관의 명의와 책임으로** 행사하게 하는 것이다.

(4) 위임은 위임청의 **일방적 행위**로서 수임청의 **동의를 요하지 않는다.**<04채용>

IV. 효과

(1) **권한의 귀속관계변동**: 권한이 수임청으로 이전되므로 수임관청에 효과가 귀속한다.<03·14·19승진·01·03·05·12.1채용>

① **위임관청의 권한 상실** ➡ 권한이 위임되면 위임관청은 사무처리 권한을 상실하게 된다.<14승진>

② **수임기관의 명의와 책임** ➡ **수임기관의 명의(이름)와 책임**으로 권한을 행사한다.[♣위임기관의 명의와 책임으로(×)]<14승진·07경간·22.2채용>

③ **행정소송 당사자** ➡ 행위에 대한 책임도 수임기관이 부담하며, **수임기관이 행정소송의 당사자(피고)**가 된다.<19.1·22.2채용>

> 권한상실(위임관청),
> 권한이전(○)
> 명의·책임(수임청)
> 소송당사자(수임청)
> 비용부담(위임청)
> <13·14승진>

(2) **위임사항에 대한 지휘·감독의 문제**

① 수임기관이 위임관청의 지휘·감독 하에 있는 기관 ➡ **지휘·감독이 가능**하다.

② 수임기관이 위임관청의 지휘·감독 하에 있는 기관이 아닌 경우 ➡ **지휘·감독이 불가능**하다.

※ 지휘감독 하에 있는 기관이 아닌 경우 **지휘·감독권이 없는 것이 원칙**이나, 우리의 "행정권한의 위임 및 위탁에 관한 규정"에서는 위임(위탁)기관의 **지휘·감독권과 취소·정지권을 인정**하고 있다.(제6조)

(3) **비용 등의 부담**: 비용·인력·설비 등은 법령에 특별한 규정이 있는 경우를 제외하고는 **위임자가 부담하는 것이 원칙이다.**[♣수임자부담(×)]<13·15·19승진>

(4) **종료**: 법령의 개폐, 위임해제의 의사표시, 종기의 도래·해제조건의 성취 등

> ❀ **위탁·수탁·촉탁** ☞ 본질은 위임과 같으나 수임기관이 하급·보조기관이 아닌 경우를 의미한다.
>
> 예 교통규제에 관한 시장 등의 권한은 특별시장·광역시장은 시·도경찰청장에게 위임하고, 시장·군수는 관할경찰서장에게 위탁한다.

행정권한의 위임 및 위탁에 관한 규정[시행 2023. 7. 25.] [대통령령 제33642호]

제2조(정의) 이 영에서 사용하는 용어의 뜻은 다음과 같다.

1. "위임"이란 법률에 규정된 행정기관의 장의 권한 중 일부를 그 **보조기관** 또는 **하급행정기관의 장**이나 **지방자치단체의 장**에게[♣다른 행정기관의 장에게(×)] 맡겨 그의 권한과 책임 아래 행사하도록 하는 것을 말한다.<19경간 · 18.1 · 23.2채용>

2. "**위탁**"이란 법률에 규정된 행정기관의 장의 권한 중 일부를 **다른 행정기관의 장**에게 맡겨 그의 권한과 책임 아래 행사하도록 하는 것을 말한다.<21승진>

3. "민간위탁"이란 법률에 규정된 행정기관의 사무 중 일부를 지방자치단체가 아닌 법인·단체 또는 그 기관이나 개인에게 맡겨 그의 명의로 그의 책임 아래 행사하도록 하는 것을 말한다.

4. "위임기관"이란 자기의 권한을 위임한 해당 행정기관의 장을 말하고, "수임기관"이란 행정기관의 장의 권한을 위임받은 하급행정기관의 장 및 지방자치단체의 장을 말한다.

5. "위탁기관"이란 자기의 권한을 위탁한 해당 행정기관의 장을 말하고, "수탁기관"이란 행정기관의 권한을 위탁받은 다른 행정기관의 장과 사무를 위탁받은 지방자치단체가 아닌 법인·단체 또는 그 기관이나 개인을 말한다.

제3조(위임 및 위탁의 기준 등)

① 행정기관의 장은 허가·인가·등록 등 민원에 관한 사무, 정책의 구체화에 따른 집행사무 및 일상적으로 반복되는 사무로서 그가 직접 시행하여야 할 사무를 제외한 일부 권한(이하 "행정권한"이라 한다)을 그 보조기관 또는 하급행정기관의 장, 다른 행정기관의 장, 지방자치단체의 장에게 위임 및 위탁한다.<24승진>

② 행정기관의 장은 행정권한을 위임 및 위탁할 때에는 위임 및 위탁하기 **전에 수임기관의 수임능력 여부를 점검**하고, 필요한 **인력 및 예산을 이관하여야** 한다.[♣이관할 수 있다.(×)]<19경간 · 21 · 24 승진>

③ 행정기관의 장은 행정권한을 위임 및 위탁할 때에는 위임 및 위탁하기 전에 단순한 사무인 경우를 제외하고는 수임 및 수탁기관에 대하여 수임 및 수탁사무 처리에 필요한 **교육을 하여야** 하며, 수임 및 수탁사무의 **처리지침을 통보하여야** 한다.<23.2채용>

제6조(지휘·감독) 위임 및 위탁기관은 수임 및 수탁기관의 수임 및 수탁사무 처리에 대하여 **지휘·감독**하고, 그 처리가 **위법하거나 부당**하다고 인정될 때에는 이를 **취소하거나 정지시킬 수 있다**.[♣위법한 경우에만 취소(×), ♣취소하거나 정지시켜야 한다.(×)]<19경간 · 11 · 15 · 19 · 21승진 · 18.1 · 21.1 · 23.2채용>

> **판례** [**부당으로 취소→광범위 재량허용(○), 그러나 이해관계 3자(○), 이미 형성된 법률관계(○)→엄격한 재량통제 필요(○)**] 수임 및 수탁사무의 처리가 부당한지 여부의 판단은 위법성 판단과 달리 **합목적적·정책적 고려도 포함**되므로, 위임 및 위탁기관이 그 사무처리에 관하여 일반적인 지휘·감독을 하는 경우는 물론이고 나아가 수임 및 수탁사무의 처리가 **부당하다는 이유**로 그 사무처리를 **취소**하는 경우에도 **광범위한 재량이 허용**된다고 보아야 한다. 다만 그 사무처리로 인하여 **이해관계 있는 제3자**나 이미 **형성된 법률관계**가 존재하는 경우에는 위임 및 위탁기관이 **일반적인 지휘·감독을 하는 경우와 비교**하여 그 사무처리가 부당하다는 이유로 이를 취소할 때 상대적으로 **엄격한 재량통제의 필요성이 인정된다**.[♣재량통제 필요성 부정된다.(×)] 따라서 종합적으로 판단하여 이러한 취소에 재량권 **일탈·남용이 인정**된다면 취소처분은 **위법**하다.(대법원 2016두 55629 판결)<23.2채용>

제7조(사전승인 등의 제한) 수임 및 수탁사무의 처리에 관하여 위임 및 위탁기관은 수임 및 수탁기관에 대하여 **사전승인을 받거나 협의를 할 것을 요구할 수 없다.**[♣요구할 수 있다.(×)]<19경간 · 13 · 19 · 24승진 · 21.1채용>

제8조(책임의 소재 및 명의 표시)

① 수임 및 수탁사무의 처리에 관한 **책임은 수임 및 수탁기관에** 있으며, 위임 및 위탁기관의 장은 그에 대한 **감독책임을 진다.**[♣감독책임을 지지 않는다.(×)]<19경간 · 21승진 · 18.1 · 21.1채용>

② 수임 및 수탁사무에 관한 권한을 행사할 때에는 **수임 및 수탁기관의 명의로** 하여야 한다.[♣위임 및 위탁기관의 명의로(×)]<21 · 24승진 · 21.1채용>

제9조(권한의 위임 및 위탁에 따른 감사) 위임 및 위탁기관은 위임 및 위탁사무 처리의 적정성을 확보하기 위하여 필요한 경우에는 수임 및 수탁기관의 수임 및 수탁사무 처리 상황을 **수시로 감사할 수 있다.**<19경간 · 24승진 · 18.1채용>

제28조

③ 경찰청장은 시 · 도경찰청장, 경찰대학장, 경찰인재개발원장, 중앙경찰학교장 및 경찰수사연수원장에게 해당 소속기관의 **4급 및 5급 공무원의 전보권**과 **6급 이하 공무원의 임용권**을 각각 위임한다.

Ⅴ. 구별개념

1. 내부위임

의의	① 행정관청이 자기의 권한을 **하급관청에 외부에 표시함이 없이 내부적으로** 경미한 사항의 **사무 처리에 관한 결재권을 위임**하는 경우를 의미한다. ② 경찰관청이 내부적으로 사무 처리의 편의를 도모하기 위하여 그 보조기관 또는 하급경찰관청으로 하여금 그 권한을 사실상 행사하게 하는 것이다. ※ 수임자는 본래의 행정청, 즉 **위임청의 이름으로 권한을 행사**하여야 한다. 판례 1) [법률이 위임허용(×)→가능(○)] 행정권한의 **내부위임**은 **법률이 위임을 허용하고 있지 아니한 경우에도** 행정관청의 내부적인 사무처리의 편의를 도모하기 위하여 그의 **보조기관 또는 하급행정관청**으로 하여금 그의 권한을 **사실상 행사하게** 하는 것이다.(대법원 94누6475 판결) 판례 2) [내부위임→위임관청이름으로만] 권한위임의 경우에는 수임관청이 자기의 이름으로 그 권한행사를 할 수 있지만 **내부위임**의 경우에는 수임관청은 **위임관청의 이름으로만** 그 권한을 행사할 수 있을 뿐 자기의 이름으로는 그 권한을 행사할 수 없다.(대법원 94누6475 판결)<24승진>
구별 개념	① **위임** ➡ 위임은 권한의 귀속이 변경되지만(수임청 명의), **내부위임은 권한의 귀속에 변경을 가져오지 아니한다.**(위임청 명의) ② **대리** ➡ 대리는 대리행위임을 외부에 표시하고 행하지만, 내부위임은 **행위를 한 자가 외부에 표시되지 않는다.**<08경간>

2. 위임전결 · 대결

<table>
<tr>
<td rowspan="2">위임
전결</td>
<td>평상시에 행정관청의 권한 또는 결재사항 일부를 보조기관에 위임하되, 대외적인 권한행사
는 행정관청의 명의로 하게 하는 것

① 위임과 차이점 ➡ 권한귀속 자체에 변경이 없다는 점에서 권한의 위임과 구별<13승진>

② 대리와 차이점 ➡ 수임기관이 위임 경찰관청의 명의로 행사한다는 점에서 대리와 구별</td>
</tr>
<tr>
<td>판례 [전결규정위반, 보조기관등이 행정처분→무효(×)] 전결과 같은 행정권한의 내부위임은 법령상 처분권자인 행정관청이 내부적인 사무처리의 편의를 도모하기 위하여 그의 보조기관 또는 하급 행정관청으로 하여금 그의 권한을 사실상 행사하게 하는 것으로서 법률이 위임을 허용하지 않는 경우에도 인정되는 것이므로, 설사 행정관청 내부의 사무처리규정에 불과한 전결규정에 위반하여 원래의 전결권자 아닌 보조기관 등이 처분권자인 행정관청의 이름으로 행정처분을 하였다고 하더라도 그 처분이 권한 없는 자에 의하여 행하여진 무효의 처분이라고는 할 수 없다.[♣무효에 해당(×)](대법원 97누1105 판결)</td>
</tr>
<tr>
<td rowspan="2">대결</td>
<td>(1) 대결이란 행정기관의 결재권자가 휴가 · 출장 · 사고 등의 사유로 결재할 수 없을 때(일시부재 시) 그 직무를 대리하는 자가 결재하는 것을 뜻한다.<15승진 · 12채용>

(2) 대외적이 권한행사는 본래의 행정청의 이름으로 표시하게 하는 경우를 의미하며, 법령상 근거를 요하지 않는다.<97 · 14 · 15승진 · 12채용></td>
</tr>
<tr>
<td>① 위임전결과 유사점 ➡ 대외적인 권한행사는 원행정청 이름으로 행하는 점

② 위임전결과 차이점 ➡ 구성자의 일시부재의 경우에 인정되는 점과 사후에 결재권자의 후열을 받는다는 점에서 위임전결과 구별된다.</td>
</tr>
</table>

① 내부위임 · 위임전결 · 대결 등은 권한 자체의 귀속에 있어서 변동이 없고, 본래의 경찰관청의 이름으로 행해지는 내부적 사실행위이기 때문에 권한의 위임과 구별된다.

② 내부위임 · 위임전결 · 대결에는 구체적 수권(법령상의 근거)을 요하지 않는다.<12.1채용>

정리 위임과 대리의 비교<03 · 09채용>

구분		권한의 대리	권한의 위임
당사자		(원칙) 피대리청의 보조기관	하급관청 등
법적 근거	임의	불요(법적 근거를 불필요)	반드시 법적 근거 필요[♣요하지 않는다.(×)]
	법정	필요(법적 근거 필요)	
법적성질		수권행위는 피대리청의 일방적 행위	위임청의 일방적 행위(동의 불요)
발생원인	임의	수권행위에 의해서 발생	법령에 근거한 위임행위
	법정	법정사실의 발생에 의해	
행위방식		피대리청을 위한 것임을 표시하여 [현명주의] 자기의 명의로 행사	수임기관의 자기명의로 행사함.
권한의 범위	임의	권한의 일부에 대해서만	위임청의 일반적 · 포괄적 권한의 일부에 한하여 인정[♣전부 또는 일부(×)]
	법정	전부대리가 원칙임.	
권한의 이전		대리기관에 이전되지 않음.	수임청으로 이전(공시 필요)

효과의 귀속	피대리청 <09채용>		수임청
책임의 귀속	외부관계 ▶ 피대리청이 책임을 부담		수임청이 책임을 부담(행정소송의 피고는 수임청이 됨.)
	내부관계 ▶ 대리기관의 책임을 부담		
지휘·감독	임의	지휘·감독이 가능	지휘·감독이 가능
	법정	지휘·감독이 불가	
복대리 (재위임)	의의	원칙적으로 불가(신임관계)	재위임이 가능(단, 법령의 근거를 요함.) <97 승진>
	법정	복대리가 가능	
종료사유	임의	수권행위의 철회, 실효, 대리기관의 사망 및 신분 상실	위임의 해제, 근거법령의 소멸, 실효(종기의 도래·해제조건의 성취)
	법정	원인된 법률관계의 소멸	

4 경찰관청의 권한감독

Ⅰ 감독관계 일반

(1) **의의** : 상급관청이 하급관청의 권한행사를 지휘·감독하며, 그 적법성과 합목적성을 확보하고 국가의사의 통일적 실현을 보장하기 위하여 수행하는 통제작용을 의미한다.

(2) **근거** : 감독권에 대한 조직법적 근거만 있으면, **개별적·구체적 수권은 필요치 않다.**

※ **감독의 방법** : ① 감시권 ② 훈령권 ③ 주관쟁의결정권 ④ 인가권 ⑤ 취소·정지권

정리 감독의 방법

감독권	하급관청의 권한행사 상황을 파악하기 위하여 사무를 감독하고 **보고를 받는 것**으로서 **사후적 통제장치**에 해당한다.
	※ **특별한 규정이 없어도** 상급기관은 감독권을 **행사**한다.
훈령권	① 상급관청이 하급관청의 권한행사를 지휘하기 위하여 발하는 명령이다.
	② 훈령에 의한 감독권이 당연히 하급관청의 권한에 대한 **대집행권을 포함하는 것은 아니다.**[♣대집행권 포함(×)]
	♣상급관청의 훈령에 의한 감독권에는 하급관청의 권한에 대한 대집행권도 포함된다.(×)
	예 경찰청장이 시도청장의 운전면허취소처분에 대해 감독권을 행사할 수는 있지만, 경찰청장이 직접 시도청장을 대신하여 운전면허를 취소할 수는 없다.
인가권	하급관청이 그 사무를 처리함에 있어서 **미리** 상급관청의 **승인**을 받는 것(**사전통제**)으로 인가권을 행사하기 위해서는 특별한 규정이 필요하다.
	예 경사·경위 승진 및 경위 경감 채용에 대한 경찰청장의 사전 승인제도, 시·도경찰청장의 지구대·파출소 설치에 대한 경찰청장의 사전승인
주관쟁의 결정권	소속 관청 간의 권한에 대하여 다툼이 있는 경우에 양 관청에 공통되는 상급관청이 그에 관해 결정을 하는 것(권한쟁의 결정)
취소권 정지권	상급관청이 직권으로 또는 행정심판의 청구에 의하여 하급관청의 **위법·부당한 행위**를 취소·정지시키는 권한
	※ 행정행위의 직권취소권자 ▶ 원칙적으로 **처분청**, 예외적으로 **감독청**도 가능(多)

○ **예방(사전)감독** ➤ 감시권, 훈령권, 주관쟁의결정권, 인가권(승인권)

○ **교정(사후)감독** ➤ 취소·정지권(감시권)

PART
03

Ⅱ **테마 43 훈령권**

(1) **의의 : 훈령이란 상급관청이 하급기관에 대하여** 상당한 장기간에 걸쳐 하급기관의 **권한행사를 일반적으로 지휘하기 위하여** 미리 발하는 명령(= 행정규칙)<96·98·17승진>

예 법조항에 대하여 경찰청이 내린 법률해석의 지침, 경찰내사처리규칙 등

① **대집행권 포함(X)** : 일반적으로 법률에 특별한 규정이 없는 한 상급관청은 **감독권에 기하여 하급관청의 권한을 대집행할 수 없다.**

주의 상급관청의 훈령권에 의한 감독권에는 하급관청의 권한에 대한 대집행권은 포함되지 않는다.

② **지시문서** : 지시문서란 **훈령·지시·예규·일일명령 등**[♣직무명령(×)] 행정기관이 그 하급기관이나 소속 공무원에 대하여 일정한 사항을 **지시하는 문서**이다.(행정 효율과 협업촉진에 관한 규정 제4조 제2호)

판례 **[내부명령→구속력(×)]** **훈령**이란 행정조직 **내부**에 있어서 그 권한의 행사를 **지휘감독하기 위하여** 발하는 행정명령으로서 **훈령, 예규, 통첩, 지시, 고시, 각서 등** 그 사용명칭 여하에 불구하고 공법상의 법률관계 내부에 관한 준칙 등을 정하는데 그치고 대외적으로는 아무런 **구속력도 가지는 것이 아니다.**(대법원 82누324 판결 [자동차면허취소처분취소])

(2) **근거와 한계**

① **근거** : 훈령과 직무명령은 **법령의 구체적인 근거 없이 발할 수 있다.**[♣훈령은 법령의 구체적 근거필요(×)]<12경간·16.2·19.2채용>

② **한계** : 하급기관에게 권한행사의 **독립성이 보장되어 있는 사항**은 훈령의 대상이 될 수가 없다.

예 징계위원회의 징계의결권<04경간>

Ⅰ. **훈령의 종류**

협의 훈령	일반적 업무에 대해 장기에 걸쳐 **일반적으로 지시**하기 위해 발하는 명령
지시	상급관청이 하급관청의 업무에 관하여 **개별적·구체적**으로 발하는 명령이다.[♣예규(×)]<12경간> ※ 훈령은 원칙적으로 일반적·추상적 사항에 대해서 발해야 되지만, **개별적·구체적 사항에 대해서도 발해질 수가 있다.**<18승진> ♣상급관청이 하급관청에 대하여 개별적·구체적 지휘를 위하여 발하는 명령을 예규라 한다.(×)<12경간>
예규	반복적 행정사무의 **기준을 제시**하는 명령이다.[♣개별·구체 지휘를 위한 명령이 예규(×)]<03승진·12경간·19.2채용>
일일명령	당직·출장·특근·휴가 등 **일일업무에** 관하여 발하는 명령이다.

II. 기능

(1) **기능** : 훈령은 감독 행정관청이 소관 하급행정관청에 대하여 법률해석이나 재량판단의 구체적 지침을 제시하는 등 **행정의사의 통일적 수행을 위하여** 발하여진다.

※ 훈령이 사실상 강제성을 가지게 되어 '훈령에 의한 행정'의 폐해가 발생할 우려가 있다.

(2) **훈령 · 직무명령 비교**<20승진 · 11 · 12경간>

구분	훈령	직무명령
주체	**상급관청이 하급경찰관청의** 권한행사를 지휘하기 위해 발하는 명령[♣상급공무원이 하급공무원에게(×)]<12경간 · 17 · 19승진>	**상관이 그 부하공무원에 대하여** 직무를 지휘하기 위하여 발하는 명령<16 · 19승진 · 18경간>
대상	**원칙적으로 일반적 · 추상적 사항** 대상이지만, **개별적 · 구체적 사항에 대해서도 가능**[♣개별사항 불가능(×)]<11 · 18 · 19 · 20경간 · 12 · 18 · 19 · 20승진 · 12.3 · 16.2 · 19.2채용>	**개별적 · 구체적 사항**
효력	① 하급관청의 기관의사를 구속 ② **하급관청이나 훈령발급관청의 구성원**에 변동이 있어도 훈령의 **효력**에는 영향이 없음.[♣효력상실(×)]<11 · 19경간 · 17 · 18 · 19 · 20승진 · 12.3채용>	① 기관구성원인 공무원 개개인을 구속 ② 수명 공무원의 **변동**이 있는 경우에는 직무명령은 당연히 **효력을 상실**[♣영향 받지 않는다.(×)]<11경간 · 12.3채용>
범위	행정관청의 소관 사무에 국한	직무**관련** 개인 사생활까지 규제[♣직무관련 없는 사생활에는 미치지 않음.(○)]<18경간 · 12.3 · 19.2채용>
관계	① 훈령은 직무명령을 **겸할 수** 있음.[♣겸할 수 없다.(×)]<11 · 19경간 · 19.2채용> ② 훈령은 수명기관을 구속하고 수명기관의 구성자인 공무원도 구속	직무명령은 **훈령의 성질을 가질 수 없다.**<11 · 19경간 · 19.2채용>

☞ **공통점**

(1) 법령의 근거 없이도 발할 수 있으며 특별한 형식(문서 · 구두 모두 가능)을 요하지 않는다.[♣법률상 근거 필요(×)]<12 · 20경간 · 19승진>

(2) 대외적 구속력은 없지만, 대내적 구속력은 있으며 위반 시 징계의 사유가 된다.[♣훈령위반은 징계사유 아니다.(×)][♣대외적 구속력 없다는 점에서 집행명령과 동일(×)][♣대외적 구속력(×)]<11 · 12경간>

※ 국민의 권리 · 의무에 영향을 미치지 않는다.<12경감>

(3) 하급관청이 형식적 요건은 심사할 수 있다.[♣형식적 요건은 심사할 수 없다.(×)-가능]<11경간>

III. 요건심사

1. 형식적 요건[☻상내독]

(1) **의의** : 훈령의 **주체 · 권한 · 절차 등에 대한 요건**을 의미한다.(법에 규정된 사항과 충돌 여부)<08채용>

(2) **요건**[♣공익에 반하지 않을 것(×)]<13 · 20경간 · 12 · 18 · 19 · 20승진 · 12 · 16.2순경>

① **훈령권이 있는 상급관청**이 발한 것일 것[♣훈령의 실질적 요건(×)]<20경간>

② **하급관청의 권한 내의 사항**에 관한 것일 것

③ **하급관청의 직무상 독립된 권한에 속하는 사항이 아닐 것**[♣직무상 독립된 범위에 속하는 사항이어야 (×)]<20승진·18경간·16.2채용>

④ **법에 정한 주체, 권한, 절차**에 위반되지 않을 것[♣내용의 적법성(×), ♣실질적 요건(×)]<12.3채용>

(3) **심사**: 훈령의 형식적 요건에 대해서는 **하급관청에게 심사권이 있다.**[♣심사할 수 없다.(×)]<11경간>

※ 따라서 하급관청은 심사결과 복종을 거부할 수 있다.

2. 실질적 요건

(1) **의의**: 훈령의 내용에 관한 요건을 의미한다.

(2) **요건**: 내용이 **실현 가능**하고 **명확**할 것, 내용이 **적법**하고 **타당**할 것, 내용이 **공익**에 반하지 않을 것(실현 가능성·명백성·내용의 **적법성**·타당성·**공익적합성**)[♣훈령의 형식적 요건(×), ♣훈령권이 있는 상급관청이 발할 것(×)→훈령의 형식적 요건]<98·12·17·20승진·08·09채용>

(3) **심사 가능성**

원칙	훈령의 실질적 요건에 대해서는 **하급관청에게 심사권이 없다.** ※ 따라서 하급관청은 훈령의 복종을 거부할 수 없다.
예외	훈령이 **범죄를 구성**하거나 **명백한 위법**으로 당연 **무효**의 경우에는 하급관청에게 심사권이 있고 결과에 따라 복종을 거부하여야 한다. ※ 이 경우 하급관청이 그 훈령에 복종하게 되면 훈령을 발한 상급관청은 물론 복종한 하급관청도 그 책임을 부담해야 한다.

참고 훈령과 직무명령의 위법성

(1) **형식적 위법성(주체·권한·절차)** – 형식적 요건으로 심사 가능

(2) **실질적 위법성(내용)**

① **위법한 훈령**

- 단순위법 ➤ 하급관청에 심사권이 없음.(복종을 해야 한다.)
- 명백한 위법 ➤ 하급관청에 심사권 있음.

② **위법한 직무명령**: 부하공무원에게 심사권이 있음.(복종을 거부할 수 있다.)

- 직무명령에의 복종은 공무원의 복종의무에서 도출이 되는데, 공무원에게는 복종의무보다 더 높은 의무인 법령준수의무가 있기 때문에, 위법한 직무명령은 훈령과는 달리 부하공무원에게 심사권이 인정된다.

3. 훈령의 경합

(1) 둘 이상의 상급관청의 훈령이 서로 모순되어 경합하는 때에는

① 첫째 **주관상급관청의 훈령**에 따라야 하고<17승진>

② 둘째 주관상급관청이 서로 **상하관계에 있는 때**에는 **직근상급관청의 훈령에 따라야** 하며[♣더 높은 관청의 훈령을 따라야(×)]<12경간·17승진>

③ 셋째 **불명확한 경우 주관쟁의**의 방법으로 해결해야 한다.[♣주관상급관청이 불명확한 때에는 직근상급행정관청의 훈령에 따른다.(×)]<07행정·19경간·05·17승진>

예 혜화경찰서 소속 한국민 순경이 근무 중 **서울경찰청 훈령과 경찰청 훈령이 경합**하는 내용을 발견한 경우에는 **서울경찰청 훈령에 따라 업무를 처리해야** 한다.[♣경찰청 훈령에 따라(×)]<12경간>

IV. 효력

1. 훈령의 법규성(대외적 효력)

(1) **결론 : 부정설(通·判)**<01채용>

① 훈령은 행정조직 내부에서 특별권력관계에 복종하는 자에게만 구속력을 가질 뿐, **대외적으로** 국민에 대한 **법적 구속력이 없을 뿐 아니라**, 재판의 준거가 될 수 없어 **재판규범성이 부정**되므로 법원을 구속하지도 않는다.[♣훈령은 원칙적으로 대외적 효력을 갖는다.(×)]<11·12·20경간·01채용>

② 국민의 권리·의무에 영향을 미치지 않는다.<12경감>

(2) **훈령위반의 효력 :** 훈령은 행정규칙의 일종으로 수명자에 대한 편면적 구속력만 있으며 행정조직 외부에 대하여 아무런 법적 효과를 가지지 않으므로, 내부적으로 징계사유가 될지언정, 상급관청의 **훈령에 위반한 처분도 위법이 되지 않고 유효**하다.[♣훈령위반은 무효(×)]<04행정·97·18승진·20경간·01·16.2채용>

(3) **내부적 구속력 :** 훈령은 내부 법으로서 공무원의 훈령 위반행위는 하급관청을 구성하는 공무원의 직무상 의무위반에 해당되어 **징계의 사유가 될 수** 있다.(서울고법 66구329)<18승진>

> **판례** **[내부명령 → 내부적 구속력(○)]** 공무원의 **요정출입 금지를 명한 국무총리의 훈령**은 캬바레, 빠, 요정등 유흥영업장소에서의 유흥에는 일반적으로 과대한 비용이 소요되므로 그러한 요정에 출입하는 공무원은 대개 직무상의 부정한 청탁과 관련되어 향응을 받는 것이라는 국민의 의혹을 살 우려가 있다 하여 이를 금지하는 것이므로 이와 같은 **훈령을 어기고 요정을 출입하는 행위는 공무원의 품위를 손상하는 행위**에 해당된다.(서울고등법원 66구329 제1 특별부판결 : 상고 [파면처분취소청구사건])

2. 훈령의 외부화

(1) **재량준칙 :** 훈령 중 재량행위에 있어 행정사무처리 또는 법령해석의 기준을 제시하는 것을 내용으로 하는 것을 말한다.

(2) **훈령의 외부화 :** '재량준칙'의 경우에는 평등원칙에 의한 '자기구속의 법리'에 의하여 법규성이 긍정되어 대외적 효력을 가지는 경우가 있다.(通·判)

> **참고** 직무명령
>
> ## 1. 의의
>
> (1) **직무명령 :** 상관이 그 부하공무원에 대하여 직무를 지휘하기 위하여 발하는 명령<18경간>
>
> ※ 직무명령과 훈령의 관계 ⇨ 양자는 모두 특별권력에 기초하는 것으로서 양자의 차이는 질적 차이가 아니라 양적 차이가 있는 것에 불과하다.

(2) **범위**: 상관의 명령은 부하공무원의 **직무범위 내에 속하는 사항이어야** 한다.<99승진>

※ 직무명령은 직접적으로 직무집행에 관계되는 사항뿐만 아니라, **간접적으로 직무에 관계되는 공무원의 사생활까지 규율할 수 있다.**[♣직무와 관련이 없는 사생활까지(×)]<12.3채용>

⠀ 예 복장, 용모, 음주 등

2. 요건

(1) **의의**: 부하직원의 심사권과 관련하여 형식적 요건과 실질적 요건이 문제되며 수단적 요건은 **문서 · 구두 모두 가능**하다.

3. 심사

형식적 요건	의의	직무명령의 **법률상 주체 · 권한 · 절차 · 형식** 등에 관한 요건을 의미한다.<18경간 · 11.2채용> ① **권한이 있는 상관**이 발한 것일 것 ② **부하공무원의 직무범위 내의 사항**에 관한 것일 것 ③ 부하공무원의 직무상 **독립된 권한에 속하는 사항이 아닐 것**[♣공익에 반하지 않을 것(×)]<12승진> ④ 법정의 형식이나 절차가 있으면 이를 갖출 것
	심사	직무명령의 **형식적 요건**에 대해서는 부하공무원에게 심사권이 있다. ※ 따라서 부하공무원은 심사결과 복종을 거부할 수 있고, **수명공무원은 복종에 따른 책임을 져야** 한다.
실질적 요건	의의	직무명령의 내용(실현 가능성, 명백성, 적법성, 타당성 등)에 관한 요건
	심사 원칙	부하공무원은 자기의 의견을 진술할 수는 있지만, 행정의 계층적 질서유지를 위해 심사권이나 복종거부권은 가지지 않는다. 예 **부당한 상관의 지시는 복종을 해야 한다.**
	심사 예외	예외적으로 **범죄를 구성**하거나 또는 **당연무효(명백한 위법)**의 경우는 심사할 수 있고, 복종을 거부해야 한다.(通 · 判)<01경간> ※ 이 경우에 당해 공무원이 그 직무명령에 복종하게 되면, 복종한 공무원도 그에 대한 **책임을 부담해야** 한다.<99승진 · 02채용> 주의 (단순)위법한 직무명령 ⠀- 공무원은 자신의 의견을 진술할 수 있으며 복종의무가 없다. ⠀⠀예 위법한 상관의 지시 ➡ 복종을 거부할 수 있다. ⠀- 복종의무보다는 법령준수의무가 더 앞서기 때문이다.

4. 효과

대외적	**직무명령은 법규가 아니므로 직무명령에 위반한 행위도 적법 · 유효**하다.
대내적	조직 내부 법으로서의 성격은 가지므로 직무명령에 위반한 행위는 **징계사유가 될 수 있다.**

Chapter 02 경찰공무원법 관련

> 국가공무원인 경찰공무원의 경우는 경찰공무원의 책임 및 임무의 중요성과 신분 및 근무조건의 특수성에 비추어 그 임용·교육훈련·복무·신분보장 등에 관하여 국가공무원법과는 별도로 **경찰공무원법을 따로 두어 국가공무원에 대한 특례를 규정**하고 있다.(경찰공무원법 제1조)

1 경찰공무원법제의 기본구조

[I] 테마 44 경찰공무원의 개념과 분류

I. 경찰공무원의 개념

(1) **의의** : 경찰공무원은 **국가공무원법 및 경찰공무원법의 적용**을 받는 **경력직, 특정직 국가공무원**으로서 경찰의 직무에 종사하는 자를 의미한다.[♣특수경력직(×)]

① **경찰공무원** : 순경에서부터 치안총감에 이르는 계급을 가진 공무원을 말한다.

② **경찰공무원법상 경찰공무원** : 경찰기관에 근무하는 **일반직·기능직 공무원 및 의무경찰은 경찰공무원에는 포함되지 않는다.**[♣경찰기관에 근무하는 일반직공무원(×)]

※ 일반직·기능직은 특정직에 포함되지 않으며, 의무경찰은 의무경찰대법이 적용된다.

③ **형법상, 국가배상법상 공무원** : 일반직·기능직 공무원 및 의무경찰은 형법상의 공무집행방해죄의 대상이 되는 공무원에 해당하고, **국가배상법상의 공무원에도 포함**된다.[♣의무경찰 제외(×)]

정리 공직의 분류(국가공무원법 제2조) [☺ 경특, 일특, 정별]

경력직		실적과 자격에 의하여 임용되고 그 신분이 보장되며 평생토록 공무원으로 근무할 것이 예정되는 공무원으로서 실적주의와 신분보장이 적용된다.
	일반직	기술·연구 또는 행정일반에 대한 업무를 담당하며 직군·직렬별로 분류되는 공무원 **예** 행정일반직(9급~1급), 연구·지도직, 기술직
	특정직	법관·검사, 외무공무원, 경찰공무원, 소방공무원, 교육공무원, 군인·군무원, 헌법재판소 헌법연구관 및 국가정보원 직원, 경호공무원과 **특수 분야의 업무**를 담당하는 공무원(국가공무원법 제2조 제2항 제2호)
특수 경력직		경력직공무원 외의 공무원을 의미, 실적주의나 **신분보장이 적용되지 않음.**
	정무직	① 선거에 의하여 취임하거나 임명에 있어서 국회의 동의 필요 ② 고도의 정책결정 업무를 담당하거나 이러한 업무를 보조하는 공무원으로 법령에서 정무직으로 지정하는 공무원 **예** 대통령, 국무총리, 국무위원, 지방의원, 자치단체장
	별정직	특정한 업무를 담당하기 위하여 별도의 자격기준에 의하여 임용되는 공무원으로서 법령에서 별정직으로 지정하는 공무원, 특별한 신임을 요함. **예** 치안정책연구소 소장·연구관, 비서관, 각종 상임위원, 예비판사

⑵ **법 적용 :** 경찰공무원도 역시 국가공무원에 포함되어 **원칙적으로 국가공무원법의 적용**을 받게 되지만, 경찰공무원의 책임 및 직무의 중요성과 신분 및 근무조건의 특수성에 비추어 **따로 경찰공무원법을 두어** 그 임용·교육훈련·복무·신분보장 등에 관하여 **국가공무원법에 대한 특례**를 규정하고 있다.

① **경찰공무원법은 국가공무원법의 규정을 상당부분 준용**하고 있으며 경찰공무원법에 규정이 없는 것은 국가공무원법의 적용을 받는 **일반법과 특별법의 관계**이다.[♣준용규정 없다.(×)][일반법 특별법관계 (○)](경찰공무원법 제1조)<12.3채용>

Ⅱ. 경찰공무원의 분류

1. 계급

⑴ **의의 :** 경찰공무원이 가지는 **개인의 능력과 특성을 기준으로** 유사한 능력과 개인적 특성을 가진 공무원을 여러 범주와 집단으로 나누어 계층을 구분하는 제도이다.

⇨ **직책의 난이도(권한과 책임)와 보수의 차이를 두기 위한 분류**

① 직무수행에 요구되는 능력·자격과 계급수준의 조화가 이루어질 때에는 운영의 효율을 기할 수 있으나, 계급의 수준과 능력·자격이 적합하지 않은 경우에는 관리의 효율성을 떨어뜨리게 되는 단점이 있다.

⑵ **내용 : 수직적 분류**로서 순경 − 경장 − 경사 − 경위 − 경감 − 경정 − 총경 − 경무관 − 치안감 − 치안정감 − 치안총감의 11개 계급을 두고 있다.

2. 경과<11경간·12.3채용>

⑴ **의의 :** 경과는 **경찰업무의 특성(임무의 기능 및 성질)을 기준으로** 적합한 경찰관을 모집·채용하고, 능력을 발전시킴으로써 경찰업무의 효율성을 높이기 위한 제도이다.

① 경찰공무원의 능력과 경력을 전문화시키고 개개 경찰관의 특성을 활용하기 위하여 **수평적으로 분류한 것**이다.

② **직무의 성격에 따르는 분류**로서 개인의 능력·적성·자격 등의 활용이 목적이다.[♣책임과 보수 등에 차이를 두기 위한 것(×)]

③ 경찰관이 담당하는 **직무의 종류(보직)는 경과에 의해 결정**된다.

④ 경찰공무원의 경과는 '**경찰공무원임용령**'(대통령령)에서 근거를 두고 있고, 상세한 세 분류는 '경찰공무원임용령시행규칙'에서 규정하고 있다.(경찰공무원법 제4조 제2항)<05승진·12.3채용>

⑵ **경과 구분**

① 경찰공무원은 그 직무의 종류에 따라 경과(警科)에 의하여 구분할 수 있다.(경찰공무원법 제4조 제1항)

② 경과의 구분에 필요한 사항은 대통령령으로[♣행안부령으로(×)] 정한다.(경찰공무원법 제4조 제2항)<12.3채용>

참고	**경과유형**(경찰공무원임용령 제3조, 동령시행규칙 제19조) [😊 일보수특, 항정]

일반경과	기획·감사·경무·생활안전·교통·경비·작전·정보·외사 기타의 직무로서 수사경과·안보수사경과 및 특수경과에 속하지 아니하는 직무
보안경과	안보수사경찰에 관한 직무. 경정 이하에 적용됨.
수사경과	범죄수사에 관한 직무. 경정 이하에 적용됨.
특수경과	**항공경과, 정보통신경과**[♣보안경과(×)] [♣보안경과는 특수경과에 해당한다.(×)]

(3) 경과 부여

① **총경 이하 경찰공무원에게 부여하는 경과**는 일반경과, 수사경과, 보안경과, 특수경과이다. 다만, 수사경과와 보안경과는 경정 이하 경찰공무원에게만 부여한다.(경찰공무원임용령 제3조 제1항)

② 임용권자 또는 임용제청권자는 경찰공무원을 **신규 채용할 때에 경과를 부여하여야** 한다.[♣신규채용 후 1년 경과해서 부여(×)](경찰공무원임용령 제3조 제2항)<22승진>

   ※ **신규채용**된 경찰공무원에게는 **일반경과를 부여**한다. 다만, 수사, 보안, 항공, 정보통신분야로 채용된 경찰공무원에게는 임용예정 직위의 업무와 관련된 경과를 부여한다.(시행규칙 제22조)

③ 경찰청장은 전시·사변 또는 이에 준하는 비상사태가 발생한 경우에는 경과의 일부를 **폐지** 또는 **병합**하거나 **신설할 수** 있다.(경찰공무원임용령 제3조 제4항)

④ 경과별 **직무의 종류 및 전과 등**에 관하여 필요한 사항은 **행정안전부령**으로 정한다.(경찰공무원임용령 제3조 제5항)

   ㉠ **전과는 일반경과에서 수사경과·보안경과 또는 특수경과로의 전과만 인정**한다. 다만, 정원감축 등 경찰청장이 정하는 사유가 있는 경우 보안경과·수사경과 또는 정보통신경과에서 일반경과로의 전과를 인정할 수 있다.(경찰공무원임용령 시행규칙 제27조 제1항)

   ㉡ 전과의 대상자에 해당하는 경우에도 현재 경과를 부여받고 **1년이 지나지 아니한 사람**은 전과를 할 수 없다.(경찰공무원임용령 시행규칙 제28조 제2항 제1호)

   ㉢ 전과의 대상자에 해당하는 경우에도 **특정한 직무분야에 근무할 것을 조건으로 채용**된 경찰공무원으로서 채용 후 **5년이 지나지 아니한 사람**은 전과를 할 수 없다.[♣3년(×)](경찰공무원임용령 시행규칙 제28조 제2항 제2호)

정리 **수사경과 – 수사경찰인사운영규칙** [시행 2021. 11. 23.] [경찰청훈령 제1039호]

	수사경찰인사운영규칙이 적용되는 수사경찰의 근무부서는 아래와 같다.(제3조)<20경간>
적용부서	1. 경찰청 **수사기획조정관의 업무지휘**를 받고 있는 경찰관서의 수사부서
	2. 경찰청 **수사국장의 업무지휘**를 받고 있는 경찰관서의 수사부서<20경간>
	3. 경찰청 **형사국장의 업무지휘**를 받고 있는 경찰관서의 수사부서
	4. 경찰청 **사이버수사국장의 업무지휘**를 받고 있는 경찰관서의 수사부서<20경간>
	5. 경찰청 **과학수사관리관의 업무지휘**를 받고 있는 경찰관서의 수사부서
	6. 경찰청 **안보수사국장의 업무지휘**를 받고 있는 경찰관서의 수사부서
	7. 경찰청 **생활안전국장의 업무지휘**를 받고 있는 경찰관서의 **지하철범죄 및 생활질서사범 수사부서**
	8. 경찰교육기관의 수사직무 관련 학과
	9. 국립과학수사연구원 등 직제상 정원에 경찰공무원이 포함되어 있는 정부기관 내 수사관련 부서
	10. 「국가공무원법」 제32조의4 및 「경찰공무원임용령」 제30조 규정에 따른 파견부서 중 수사직무관련 부서
	11. 기타 경찰청장이 특별한 필요에 따라 지정하는 부서

(1) 선발원칙(제10조)

① 수사업무 수행을 위한 업무역량, 전문성 등을 고려하여 **경정 이하의 경찰공무원을 대상**으로 **수사경과자를 선발**한다.

※ 경찰청장은 수사경과자가 보유한 수사 역량·경력 등에 따라 수사관 자격을 부여하며, **수사관 자격은 예비수사관, 일반수사관, 전임수사관, 책임수사관**으로 구분하며, 각 자격별 선발방법은 별표1에 따른다.(제7조 제1항, 제2항)

② 수사경과자의 선발인원은 수사경찰의 전문성 확보와 인사운영의 효율성 등을 고려하여 **수사부서 총정원의 1.5배의 범위[♣2배 범위(×)]** 내에서 경찰청장이 정한다. 이때, 「경찰공무원 인사운영 규칙」 제3조를 준수하여야 한다.

(2) 선발방식: 수사경과자는 다음 각 호의 방식을 통해 선발한다.(제12조)

1. 수사경과자 **선발시험**(이하 "선발시험"이라 한다) 합격

2. 수사경과자 **선발교육**(이하 "선발교육"이라 한다) 이수

3. **경찰관서장의 추천**

선발	선발시험	① 선발시험은 **매년 1회** 실시하며, 시험 실시 **15일 전까지** 일시·장소 등 필요한 사항을 **공고하여야** 한다.(제12조의2 제1항) ② 선발시험 과목은 **범죄수사에 관한 법령** 및 **이론, 수사실무**를 포함한 **2개 이상**으로 하며, **선택형으로 실시하는 것을 원칙**으로 하되, 기입형을 포함할 수 있다. ③ 선발시험 합격자는 **매과목 4할 이상 득점한 사람** 중에서 선발 예정인원을 고려하여 **고득점자순**으로 결정한다. ④ 선발시험에서 **부정행위**를 한 사람은 당해 시험을 정지 또는 무효로 하며, 향후 **5년간 선발시험에 응시할 수 없다.** ⑤ 그 밖에 선발시험 운영에 관한 세부사항은 경찰청장이 정한다.
	선발교육	① 선발교육은 **범죄수사에 관한 법령** 및 **이론, 수사실무**를 포함하여 수사업무에 필요한 사항을 내용으로 한다.(제12조의3 제1항) ② 선발교육은 **2주 이상**의 기간 동안 **경찰수사연수원**에서 실시한다. ③ 그 밖에 선발교육 운영에 관한 세부사항은 경찰청장이 정한다.
	추천	경찰관서장의 추천(제12조의4) ① **경찰관서장은 수사경과를 부여받지 못한 소속 수사부서 근무자 중 근무경력·수사역량 및 의지 등을 고려**하여 수사경과 선발심사대상자로 적합하다고 인정하는 사람을 **시·도경찰청장에게 추천**할 수 있다. ② 제1항에 따라 수사경과 선발 대상자를 추천받은 시·도경찰청장은 제16조에 따른 **수사경과심사위원회의 심사**를 통해 수사경과자를 **선발**한다.
유효 기간 및 갱신		① 수사경과 유효기간은 수사경과 **부여일 또는 갱신일로부터 5년**으로 한다.(제14조 제1항)<19경위> ② 수사경과자는 수사경과 유효기간 내에 다음 각 호의 어느 하나에 해당하는 방법으로 **언제든지 수사경과를 갱신할 수** 있다. 다만, 휴직 등 경찰청장이 정하는 사유로 수사경과 갱신을 할 수 없는 경우에는 그 연기를 받을 수 있다.(제14조 제2항)<19승진>

유효 기간 및 갱신	1. 경찰청장이 지정하는 **수사 관련 직무교육 이수**. 이 경우 **사이버교육을 포함**한다.<19승진> 2. 수사경과 **갱신을 위한 시험에 합격** ③ 수사경과자가 수사경과 유효기간 내에 다음 각 호의 어느 하나를 충족한 경우 수사경과를 **갱신한 것으로 본다.** 1. 제7조 제2항의 **책임수사관 자격을 부여**받은 경우 2. 「전문수사관 운영규칙」 제4조에 따른 **전문수사관 또는 전문수사관 마스터로 인증**된 경우 3. **50세 이상**으로 제3조 제1항의 부서에서 **근무한 기간의 합이 10년 이상**인 경우 4. 제3조 제1항의 부서에서 **최근 3년**간 **치안종합성과평가의 개인등급이 최상위** 등급인 경우 ④ 수사경과 유효기간은 별표2에 따른다.

수사
경과
해제
	① 다음 각 호의 어느 하나에 해당하는 경우에는 수사경과를 **해제하여야** 한다.(제15조 제1항)<20승진>
	
	1. 직무와 관련한 **청렴의무위반 · 인권침해 또는 부정청탁에 따른 직무수행**으로 **징계처분**을 받은 경우(제15조 제1항 제1호)<20승진>
	
	2. **5년간 연속**으로 수사경과부서(제3조 제1항) 외의 부서에서 **근무하는 경우**[♣3년 연속 비수사부서 근무(×)](제15조 제1항 제2호)<19 · 20승진>
	
	3. 제14조에 따른 유효기간 내에 **갱신**이 되지 않은 경우
	
	② 다음 각 호의 어느 하나에 해당하는 경우에는 수사경과를 **해제할 수** 있다.[♣해제하여야(×)](제15조 제2항)<19 · 20승진>
	
	1. 직무와 관련한 **청렴의무위반 · 인권침해 또는 부정청탁에 따른 직무수행**(제1항 제1호) 외의 사유로 징계처분을 받은 경우
	
	2. **인권침해, 편파수사**를 이유로 다수의 **진정**을 받은 등 **공정한 수사업무 수행을 기대하기 곤란한 경우**(제15조 제2항 제2호)<19 · 20승진>
	
	3. 수사업무 **능력 · 의욕이 현저하게 부족**한 경우
	
	   a. **2년간 연속**으로 정당한 사유없이 수사부서 외의 부서에서 근무하는 경우(파견기간 및 같은 휴직기간은 위 기간에 산입하지 아니한다)
	
	   b. 수사부서 근무자로 선발되었음에도 정당한 사유없는 **수사부서 전입기피**
	
	   c. **인사내신서**를 제출하지 않거나 부실기재하여 제출한 경우
	
	4. **수사경과 해제를 희망**하는 경우

3. 전문직위

(1) 직위유형별 보직관리 및 전문직위의 지정 등

① 소속 장관은 해당 기관의 직위를 업무 성격 및 해당 직위에서의 장기 근무 필요성 등을 고려하여 유형별로 구분하고, 이를 보직관리에 반영하여 행정의 전문성이 향상되도록 노력하여야 한다.(공무원임용령 제43조의3 제1항)

② **소속장관은** 해당 기관의 직위 중 전문성이 특히 요구되는 직위를 **전문직위로 지정하여 관리할 수** 있고, 직무수행요건이나 업무분야가 동일한 전문직위의 군(群)을 전문직위군으로 지정하여 관리할 수 있다.(공무원임용령 제43조의3 제2항)

③ **소속장관은** 지정된 '전문직위' 중 **인사혁신처장이 정하는 전문직위**에 대해서는 직무수행요건을 설정하고, 직무수행요건을 갖춘 사람을 전문직위 **전문관으로 선발하여 임용하여야** 한다.[♣임용할 수 (×)](공무원임용령 제43조의3 제3항)

⑵ 전문직위에 임용된 경찰공무원의 전보제한 등

① 임용권자 또는 임용제청권자는 (「공무원임용령」 제43조의3에 따른) '전문직위'에 임용된 경찰공무원을 해당 직위에 **임용된 날부터 3년의 범위에서 경찰청장이 정하는 기간이 지나야 다른 직위에 전보할 수** 있다.[♣4년의 범위에서(×)](경찰공무원임용령 제25조 제1항)

※ 다만, 직무수행요건이 같은 직위 간의 전보 등 경찰청장이 정하는 경우에는 기간에 관계없이 전보할 수 있다.(경찰공무원임용령 제25조 제1항 단서)

② 규정한 사항 외에 전문직위의 지정, 전문직위 전문관의 선발 및 관리 등 전문직위의 운영에 필요한 사항은 **경찰청장이 따로 정한다.**(경찰공무원임용령 제25조 제2항)

Ⅱ 테마 45 경찰 인사기관과 그 권한

> ① **임명** ➡ 특정인에게 공무원으로서의 신분을 부여하며 공법상 **근무관계를 설정(신규채용)**하는 행위를 의미
>
> ※ 임명은 실정법상 임용으로 표현되기도 한다.(국가공무원법 제26조)
>
> ② **임용** ➡ **"임용"**이란 **신규채용 · 승진 · 전보 · 파견 · 휴직 · 직위해제 · 정직 · 강등 · 복직 · 면직 · 해임 및 파면**을 말한다.[♣강임 · 전직 포함(×)](경찰공무원법 제2조 제1호)<11.2채용>
>
> ※ 징계 중 **감봉 · 견책은 임용의 개념에서 제외**되고 있다.
>
> ③ **임면** ➡ 신규채용 · 승진임용 · 면직(파면 · 해임)을 의미, 전직 · 겸임 · 강임 · 전보 등이 포함되는 경우도 있다.

Ⅰ. 경찰의 인사권자 <03승진 · 07 · 12 · 14 · 15경간 · 09 · 13 · 14.1 · 2 · 19.1채용>

구분	원칙	예외
대통령	**총경 이상의 경찰관은 경찰청장의 추천을**[♣경찰청장 제청(×)] 받아 **행정안전부장관의 제청**으로 **국무총리를 거쳐 대통령이 임용**한다. (경찰공무원법 제7조 제1항)<12 · 14경간 · 17 · 22승진 · 06 · 14.2 · 19.1 · 20.1 · 23.1채용> [😀 추제거임] ※ 해경: 해양경찰청장 추천 – 해수부장관 제청 – 총리를 경유 – 대통령이 임명(경찰공무원법 제7조)	**경정으로의 신규채용 · 승진임용 · 면직**[임면]은 **경찰청장**(해양경찰청장)**의 제청**으로 **국무총리를 거쳐 대통령이** 행한다.[♣경찰청장이(×), ♣경찰청장 추천에 행안부장관 제청(×)](경찰공무원법 제7조 제2항 단서)<03 · 17승진 · 07 · 12 · 14 · 15 · 17경간 · 09 · 13 · 14.2 · 18.2 · 23.1채용> [😀 경정 신승면, 제거임]

경찰 청장 · 해양 경찰 청장	① **경정 이하**의 경찰관은 **경찰청장(해양경찰청장)**이 임용한다.(경찰공무원법 제7조 제2항)<96 · 17승진 · 12경간 · 23.1> ② **경정의 강등 · 정직**은 경찰청장이 행한다.[♣대통령이(×)](경찰공무원법 제7조 제2항 해석)<10채용>	다만 **총경**의 **전보 · 휴직 · 직위해제 · 정직 · 복직 · 강등**은 경찰청장(해양경찰청장)이 행한다.[♣대통령(×)](경찰공무원법 제7조 제1항 단서)<07 · 22승진 · 12 · 15 · 17경간 · 18.2 · 20.1 · 23.1채용> [😊 **전휴직정복강총**]

경찰 청장 · 해양 경찰 청장	① **경찰청장**은 **대통령령**으로 정하는 바에 따라 **경찰공무원의 임용에 관한 권한의 일부**를 **시 · 도지사, 국가수사본부장, 소속 기관의 장, 시 · 도경찰청장**에게 **위임할 수 있다.**[♣위임할 수 없다.(×)](경찰공무원법 제7조 제3항)<20.2 · 23.1채용> ※ 이 경우 **시 · 도지사**는 위임받은 권한의 일부를 대통령령으로 정하는 바에 따라 **시 · 도자치경찰위원회, 시 · 도경찰청장**에게 **다시 위임할 수 있다.**(경찰공무원법 제7조 제3항 단서) ※ 시 · 도지사: 특별시장 · 광역시장 · 특별자치시장 · 도지사 또는 특별자치도지사(이하 동일) ② **경찰청장**은 "**시 · 도지사**"에게 해당 "**시 · 도**"의 **자치경찰사무를 담당하는 경찰공무원 중 경정의 전보 · 파견 · 휴직 · 직위해제 및 복직에 관한 권한**과 **경감 이하의 임용권**(신규채용 및 면직에 관한 권한은 제외)을 **위임한다.**(경찰공무원임용령 제4조 제1항) ※ **자치경찰사무를 담당하는 경찰공무원**: "**시 · 도자치경찰위원회**", 시 · 도경찰청 및 경찰서(지구대 및 파출소는 제외)에서 근무하는 경찰공무원을 말한다.(경찰공무원임용령 제4조 제1항 본문) ③ **경찰청장**은 **국가수사본부장**에게 국가수사본부 안에서의 **경정 이하에 대한 전보권을 위임한다.**[♣위임할 수(×)](경찰공무원임용령 제4조 제2항) ※ **경찰청장**은 **수사부서에서 총경을 보직**하는 경우에는 **국가수사본부장의 추천을 받아야** 한다.(경찰공무원임용령 제4조 제7항) ④ **경찰청장**은 "**소속기관등**"(경찰대학 · 경찰인재개발원 · 중앙경찰학교 · 경찰수사연수원 · 경찰병원 및 시 · 도경찰청)**의 장**에게 그 소속 경찰공무원 중 **경정의 전보 · 파견 · 휴직 · 직위해제 및 복직에 관한 권한**과 **경감 이하의 임용권**을 **위임한다.**[♣위임할 수 있다.(×), ♣위임할 수 없다.(×)](경찰공무원임용령 제4조 제3항)<15경간 · 17승진 · 19.1 · 20.1채용> ※ 순경공채시험실시권 - 경찰청장이 소속기관등의 장에게 위임한다.(경찰공무원임용령 제33조) 예 국가경찰사무를 담당하는 ○○경찰서 소속 **경사 丙**에 대한 **정직**처분 → 중징계이므로 임용권자인 시도경찰청장이 집행[♣서장이 집행(×)]<22.2채용> ⑤ **경찰청장**은 경찰공무원의 **정원 조정, 승진임용, 인사교류 또는 파견**을 위하여 필요한 경우에는 **임용권을 행사할 수 있다.**(경찰공무원임용령 제4조 제11항)<15경간 · 20.1채용>
시 · 도지사 · 시 · 도 자치 경찰 위원회	① 임용권을 위임받은 **시 · 도지사**는 경감 또는 경위로의 승진임용에 관한 권한을 제외한 **임용권**을 **시 · 도자치경찰위원회**에 다시 위임한다.[♣경위 乙에 대한 휴직이나 복직은 시도지사가(×)](경찰공무원임용령 제4조 제4항)<22.2채용> ② 임용권을 위임받은 **시 · 도자치경찰위원회**는 시 · 도지사와 시 · 도경찰청장의 의견을 들어 그 권한의 **일부를 시 · 도경찰청장**에게 다시 **위임할 수 있다.**[♣위임한다.(×)](경찰공무원임용령 제4조 제5항) ※ **시 · 도자치경찰위원회**는 임용권을 행사하는 경우에는 **시 · 도경찰청장의 추천을 받아야** 한다.(경찰공무원임용령 제4조 제8항)

소속 기관 등의 장	① **소속기관등의 장**(경찰대학·경찰인재개발원·중앙경찰학교·경찰수사연수원·경찰병원 및 시·도경찰청)은 **경찰청장(해양경찰청장)의 위임**을 받아 **경정의 전보·휴직·직위해제·파견·복직 및 경감 이하의 임용권**을 행사한다.[♣경찰청장이(×)](경찰공무원임용령 제4조 제3항 해석)<09·12경간> [☺ 전휴직파복정] ② 임용권을 위임받은 **시·도경찰청장**은 소속 **경감 이하** 경찰공무원에 대한 해당 **경찰서 안에서의 전보권**을 경찰서장에게 다시 **위임할 수 있다.**[♣위임한다.(×)](경찰공무원임용령 제4조 제6항)<20.1채용> ③ 소속기관등의 장은 **경감 또는 경위를 신규채용**하거나 **경위 또는 경사를 승진**시키려면 미리 **경찰청장의 승인을 받아야** 한다.[♣사전보고(×), ♣경장, 경사승진(×)](경찰공무원임용령 제4조 제10항)<14경간·20.1채용> ④ **경찰간부후보생 시험의 실시권자** ➡ 경찰대학의 장(경찰청장이 위임하며, 직접할 수도 있다.)(경찰공무원임용령 제33조)
경찰 서장	① 시·도경찰청장 및 경찰서장은 **지구대장 및 파출소장을 보직하는 경우**에는 **시·도자치경찰위원회의 의견을 사전에 들어야** 한다.(경찰공무원임용령 제4조 제9항)<22승진> ② 인사실무에서 경감 이하 **서내 전보권은 경찰서장이** 행하고 있다.[♣시·도경찰청장(×)](경찰공무원임용령 제4조 제6항 관련)<12경간>

Ⅱ. 경찰공무원 인사위원회(경찰공무원법 제5조, 제6조, 경찰공무원임용령 제9~14조)

(1) **의의 :** 경찰공무원의 인사에 관한 중요사항에 관하여 **경찰청장의 자문에 대해 심의**하기 위하여 경찰청(해양경찰청)에 두는 **비상설·자문기관**이다.

① 경찰공무원의 인사(人事)에 관한 중요 사항에 대하여 경찰청장 또는 해양경찰청장의 자문에 응하게 하기 위하여 경찰청과 해양경찰청에 경찰공무원인사위원회를 둔다.(경찰공무원법 제5조 제1항)

② 인사위원회의 구성 및 운영에 필요한 사항은 대통령령으로 정한다.(경찰공무원법 제5조 제2항)

(2) **설치근거 법률 :** 경찰공무원법(제5조, 제6조)<18승진>

(3) **심의 사항**(제6조)

① 경찰공무원의 **인사행정에 관한 방침과 기준 및 기본계획**

② 경찰공무원 **인사에 관한 법령의 제정 또는 개폐**에 관한 사항

③ 기타 **경찰청장 또는 해양경찰청장이 인사위원회 회의에 부치**는 사항[♣승진에 관한 사항(×)]

(4) **구성 및 운영**

① 위원장을 포함한 **5명 이상 7명 이하로 구성**하며 위원은 **경찰청 소속 총경 이상**의 경찰공무원 중에서 **경찰청장이 임명**한다.[♣경찰청 차장이 임명(×), ♣위원장이 임명(×)](경찰공무원임용령 제9조 제1항)<09경간·09.2채용>

② 경찰청 **인사담당국장(경무국장)이 위원장직**을 수행하며 위원장은 인사위원회를 대표하고 인사위원회의 사무를 총괄한다.[♣경찰청 차장이 위원장(×)](해경 – 해양경찰청 인사담당국장이 위원장, 총경 이상 경찰공무원 중 해양경찰청장이 임명)(경찰공무원임용령 제10조 제1항)<12경간>

※ 위원장이 부득이한 사유로 직무를 수행할 수 없는 때에는 위원 중에서 최상위계급 또는 선임의 경찰공무원이 그 직무를 대행한다.(경찰공무원임용령 제10조 제2항)

③ 위원장은 인사위원회의 회의를 소집하고 그 의장이 되며 회의는 **재적위원 과반수의 찬성으로 의결**한다.(경찰공무원임용령 제11조 제1항, 제2항)<05·08채용>

※ 위원장은 인사위원회에서 심의된 사항을 지체 없이 경찰청장 또는 해양경찰청장에게 보고하여야 한다.(경찰공무원임용령 제13조)

III. 인사방해

(1) **시험 또는 임용의 방해금지 :** 누구든지 시험 또는 임용에 관하여 **고의로 방해**하거나 **부당한 영향**을 주는 행위를 하여서는 아니 된다.(국가공무원법 제44조)

(2) **인사에 관한 부정행위 금지 :** 누구든지 **채용시험·승진·임용,** 그 밖에 **인사기록**에 관하여 **거짓이나 부정하게 진술·기재·증명·채점 또는 보고**하여서는 아니 된다.(국가공무원법 제45조)

→ 국가공무원법상 '시험 또는 임용의 방해금지', '인사에 관한 부정행위 금지'에 위반한 사람 : **1년 이하의 징역 또는 100만 원 이하** 벌금[♣2년 이하 징역 2백만원 이하 벌금(×)](경찰공무원법 제37조 제4항)

2 경찰공무원의 근무관계

Ⅰ 경찰공무원 근무관계의 성질

I. 특별권력관계

(1) **의의 :** 특별한 공법상 원인에 의하여 성립되었으므로 공법상 필요한 한도 내에서 사용자인 권력주체의 포괄적 명령지배권이 인정되고, 상대방인 특별한 신분관계에 있는 자가 이에 복종하는 관계를 말한다.

(2) **종래 :** 공무원은 근무관계를 특별권력관계로 이해하여 공무원에 대한 국가의 포괄적 지배권을 인정하여 **공무원에 대한 법치주의와 인권보장의 적용제한을 인정**하였다.

① 특별권력관계로 보아 법적 근거 없이도 공무원의 인권관련 사항을 제한할 수 있었다.

(3) **부정 :** 독일제국주의 하에서 탄생한 이론으로 **오늘날에는 이러한 이론은 일반적으로 부정**된다.[♣특별권력관계이론이 그대로 적용된다.(×)]

II. 특별법관계

(1) **극복 :** 오늘날 이러한 전통적 **특별권력관계론은 실질적 법치주의의 발전에 따라 극복**이 되었고, 공무원은 국민전체에 대한 봉사자이면서 한편 근로자로서 한 사람의 인격체이며 인권보장의 대상이 되고 있다.

① **경찰공무원도 인권보장의 대상**이 되며 불이익처분을 받았을 때에는 **권리구제를 받을 수(손해배상·행정쟁송 등 소를 제기할 수)**가 있다.

② 특별권력관계이론에 의하면 경찰관에 대한 경찰청장의 처분은 내부관계에 해당하여 다툴 수 없었지만 특별권력관계이론이 극복된 현재는 **경찰관 역시 경찰관청의 처분으로 권리를 침해당할 경우 이를 다툴 수 있다.**[♣경찰관은 경찰청장의 처분에 대해 다툴 수 없다.(×)]

예 징계처분에 대한 소청심사와 소송제기

(2) **성질** : 경찰공무원의 근무관계의 성질은 **특별권력관계가 아니라 특별법관계**로 보아야 한다.

> **憲裁** **[국가공무원→특별한 근무관계]** 국가공무원은 그 임용주체가 궁극에는 주권자인 국민이기 때문에 **국민전체에 대하여 봉사**하고 책임을 져야 하는 특별한 지위에 있고, 그가 담당한 업무가 국가 또는 공공단체의 공공적인 일이어서 특히 그 직무를 수행함에 있어서 **공공성·공정성·성실성 및 중립성 등이 요구**되기 때문에 일반 근로자와 달리 **특별한 근무관계에** 있는 사람이다.(헌재 2003헌바51 등)

> **판례** **[양성평등→공무원 근무관계에도 적용]**국가나 국가기관 또는 국가조직의 일부는 기본권의 수범자로서 **국민의 기본권을 보호하고 실현해야 할 책임과 의무**를 지니고 있는 점, 공무원도 임금을 목적으로 근로를 제공하는 근로기준법상의 **근로자인 점** 등을 고려하면, 공무원 관련 법률에 특별한 규정이 없는 한, 고용관계에서 양성평등을 규정한 남녀고용평등과 일·가정 양립 지원에 관한 법률 제11조 제1항(**정년·퇴직 및 해고에서 남녀차별금지**)과 근로기준법 제6조(**성, 국적, 신앙, 사회적 신분을 이유로 차별금지**)는 국가기관과 **공무원** 간의 공법상 근무관계에도 **적용**된다.(대법원 2013두20011 판결 [공무원지위확인])

(3) **특성** : 그러나 공무원의 근무관계에는 '**근로3권의 제한**'이나 '**이중배상의 금지**' 등이 인정되는 일반적인 근무관계와는 다른 공익성이 강한 부분사회를 형성하고 있다.

Ⅱ 경찰공무원 근무관계의 변동

Ⅰ. 테마 46 경찰공무원관계의 성립

> (1) **임명(=임용)** : 특정인에게 경찰공무원으로서의 신분을 부여하여 **공법상 근무관계를 설정**하는 행위를 의미하며, 경찰공무원법은 임용·채용이라는 용어를 사용하고 있다.
>   ① **경정 및 순경**의 신규채용은 **공개경쟁시험**으로 한다.(경찰공무원법 제10조 제1항)
> (2) **임용의 원칙** : 평등의 원칙, 실적주의의 원칙, 적격자 임용의 원칙이 적용된다.

1. 법적 성질

(1) **쌍방적 행정행위설에 의할 경우(통·판)**[♣단독행정행위(×)]

① **임명이나 임명거부의 처분성이 긍정** ➡ 임명행위에 대한 법적 분쟁은 항고소송의 대상이 될 수 있다.

② **임명에 있어 상대방의 동의는 임명의 유효요건** ➡ 상대방의 동의가 없는 임명행위는 성립은 되지만 무효가 된다.[♣상대방 동의 없는 임명도 유효(×)]

③ 임명은 행정행위로서 **개별적·구체적 규율(구체적 처분)에 해당**하며, 그 성격은 **형성적 행위로서 특허에 해당**하게 된다.<96경간>

④ 특별권력(특별행정법)관계에 있는 공법상의 근무관계에 있어서 그 주체가 내부질서유지 및 명령권을 행사하는 처분은 주로 **자유재량행위**에 해당하는 것이므로 공무원에 대한 임용처분 역시 대부분 임용권자의 자유재량행위에 속한다고 할 것이나, 그 행사에 **일탈과 남용금지의무**가 있다.

(2) **공법상 계약** : 계약직 공무원 임명의 법적 성질은 공법상 계약에 해당한다고 볼 수 있다.

정리 공무원관계의 법적 성질

쌍방적 행정행위설	상대방의 동의를 요하는 행정행위라는 설(통설·판례)
공법상 계약설	상대방의 신청에 대해서 행정 측이 승낙하는 것이므로 일종의 계약

참고 쌍방적 행정행위와 공법상 계약의 구별

(1) **공법상 계약** ➡ 공법적 효과의 발생을 목적으로 하여 복수당사자 사이에서 대립되는 의사표시의 합치로서 성립되는 공법행위를 의미한다. 즉 공법상 계약은 **복수의 의사표시**가 있어야 성립된다.

(2) **쌍방적 행정행위** ➡ 쌍방적 행정행위는 일단 **행정청의 의사표시만으로 성립**되고, 상대방의 의사는 단지 그것이 행하여지기 위한 요건(유효요건)에 지나지 않는다는 데 차이가 있다.

　　예 공무원의 임명행위, 귀화허가 등

2. 임용 자격

(1) **적극적 요건** : 신규채용의 경우 능력주의(성적주의)가 적용된다.(경찰공무원법 제10조)

① 경정 및 순경의 신규채용은 **공개경쟁시험의 성적**에 의한다.(경찰공무원법 제10조 제1항)

② 경위의 신규채용은 경찰대학을 졸업한 사람 및 대통령령으로 정하는 자격을 갖추고 공개경쟁시험으로 선발된 사람("경찰간부후보생")으로서 교육훈련을 마치고 정하여진 시험에 합격한 사람 중에서 한다.(경찰공무원법 제10조 제2항)

　　※ **부정행위자에 대한 조치** ➡ 경찰청장 또는 해양경찰청장은 경찰공무원의 채용시험 또는 경찰간부후보생 공개경쟁선발시험에서 부정행위를 한 응시자에 대하여는 해당 시험을 **정지 또는 무효**로 하고, 그 **처분이 있는 날부터**[♣다음 날부터(×)] **5년간 시험응시자격을 정지**한다.[♣3년간(×)](경찰공무원법 제11조<15.1·19.1·20.1채용>

③ 아래의 어느 하나에 해당하는 경우에는 **"경력경쟁채용시험"**(경력 등 응시요건을 정하여 같은 사유에 해당하는 다수인을 대상으로 경쟁의 방법으로 채용하는 시험)으로 경찰공무원을 **신규채용할 수** 있다. (다만, 다수인을 대상으로 시험을 실시하는 것이 적당하지 아니하여 대통령령으로 정하는 경우에는 다수인을 대상으로 하지 아니한 시험으로 경찰공무원을 채용할 수 있다.)(경찰공무원법 제10조 제3항)

1. **폐직·과원**(「국가공무원법」 제70조 제1항 제3호<폐직·과원>)으로 퇴직하거나 **신체정신상 장애**(국가공무원법 제71조 제1항 제1호<신체정신상 장애로 장기요양이 필요>)로 인한 휴직 기간 만료로 **퇴직한 경찰공무원을 퇴직한 날부터 3년**(「공무원 재해보상법」에 따른 공무상 **질병 또는 부상**으로 인한 휴직의 경우에는 **5년**[♣퇴직한 날로부터 5년(×)] 이내에 퇴직 시에 **재직한 계급의 경찰공무원으로 재임용**하는 경우

2. 공개경쟁시험으로 임용하는 것이 부적당한 경우에 임용예정 직무에 관련된 **자격증소지자를 임용**하는 경우

3. 임용예정직에 상응하는 근무실적 또는 연구실적이 있거나 전문지식을 가진 사람을 임용하는 경우

4. (「국가공무원법」에 따른) **5급 공무원의 공개경쟁채용시험**이나 「사법시험법」에 따른 **사법시험에 합격한 사람**을 **경정 이하**의 경찰공무원으로 임용하는 경우

5. **섬, 외딴곳 등 특수지역에서 근무할 사람을 임용**하는 경우

6. **외국어에 능통한 사람을 임용**하는 경우

7. 제주특별자치도의 자치경찰공무원을 그 계급에 상응하는 경찰공무원으로 임용하는 경우

8. 「국가경찰과 자치경찰의 조직 및 운영에 관한 법률」 제16조에 따라 경찰청 외부를 대상으로 모집하여 **국가수사본부장을 임용**하는 경우

> ☞ **경력경쟁채용 결격사유 :** 다음 각 호의 어느 하나에 해당하는 사람은 경력경쟁채용등의 대상이 될 수 없다.(경찰공무원임용령 제16조 제1항)<23승진>
>
> 1. 종전의 재직기관에서 **감봉 이상의 징계처분**을 받은 사람[♣견책 이상(×)]<23승진>
>
> 2. **정년퇴직**한 사람

(2) **소극적 요건**(결격사유) : 아래의 어느 하나에 해당하는 사람은 경찰공무원으로 임용될 수 없다.(경찰공무원법 제8조 제2항)<20경간 · 96 · 97 · 05 · 13승진 · 03 · 12.1 · 16.1 · 18.2 · 20.2 · 21.2채용>[☻적성파 자유파 횡성미아3213]

① 대한민국 **국적**을 가지지 아니한 사람(제1호)<20.2채용>

② **복수국적자**[「국적법」 제11조의2 제1항에 따른 복수국적자로 대한민국 국적과 외국국적을 가진 사람][♣일반공무원 임용·결격사유(×)](제2호)<20경간 · 13승진>

  ※ 복수국적자는 개정 국적법에 의해 일반공무원 임용 결격사유는 아니다.

③ **피성년후견인** 또는 **피한정후견인**(제3호)<20경간 · 21.2채용>

④ **파산선고**를 받은 자로서 **복권되지 아니한** 사람[♣복권된 사람(×)](제4호)<21.2채용>

⑤ **자격정지 이상**의 형의 **선고**를 받은 사람[♣벌금(×)](제5호)<20.2채용>

⑥ **자격정지 이상**의 형의 선고유예를 받고 그 **선고유예기간 중**에 있는 사람[♣당연퇴직사유에도 해당(×)](제6호)<12.3채용>

⑦ 징계에 의하여 **파면 또는 해임의 처분**을 받은 사람[♣해임 후 3년 경과하면 제외(×), ♣파면 또는 해임처분을 받은 사람도 경찰공무원에 임용될 수 있다.(×)](제10호)<20경간 · 96 · 97 · 05승진 · 03 · 12.3 · 18.2채용>

⑧ 공무원으로 **재직기간 중 직무와 관련**하여 **횡령 · 배임**이나 업무상 횡령 · 배임(「형법」 제355조 및 제356조에 규정된) 죄를 범한 사람으로서 **300만원 이상의 벌금형**을 선고받고 그 형이 **확정된 후 2년이 지나지 아니**한 사람[♣2년이 지난 사람(×)](제7호)<20.2 · 21.2채용>

⑨ **성폭력 범죄**(성폭력범죄의 처벌 등에 관한 특례법) / **음란 부호등 전시**(**음란 부호 · 문언 · 음향 · 화상, 영상 배포 · 판매 · 임대,** 공공연한 **전시**), **공포**(유발) **부호 등 반복 도달**(**공포심**이나 **불안감을 유발**하는 **부호 · 문언 · 음향 · 화상, 영상 반복**적 상대방 **도달**) － (정보통신망 이용촉진 및 정보보호 등에 관한 법률) / **스토킹범죄**(스토킹범죄의 처벌 등에 관한 법률)를 범한 사람으로서 **100만원 이상의 벌금형**을 선고받고 그 형이 **확정된 후 3년이 지나지 아니**한 사람[♣2년이 지난 사람(○)](제8호)<20경간 · 21.2채용>

⑩ **미성년자**에 대한 **성폭력범죄**(「성폭력범죄의 처벌 등에 관한 특례법」 제2조), **아동 · 청소년대상 성범죄**(「아동 · 청소년의 성보호에 관한 법률」 제2조 제2호)를 저질러 **형 또는 치료감호가 확정**된 사람(집행유예를 선고받은 후 그 **집행유예기간이 경과한 사람을 포함**)(제9호)<20.2채용>

> ※ 일반 공무원의 경우, 해임처분 후 3년, 파면처분 후 5년이 경과하면 공무원으로 임용될 수 있으나, 경찰공무원은 해임 · 파면처분 후 기간경과와 관계없이 결격사유

> **판례** **[임용결격자 임용→당연무효→퇴직급여 청구(×), (=임용결격사유 소멸후 근무)]** 공무원연금법에 의한 퇴직급여 등은 적법한 공무원으로서의 신분을 취득하여 근무하다가 퇴직하는 경우에 지급되는 것이고, **당연무효**인 임용결격자에 대한 임용행위에 의하여 공무원의 신분을 취득할 수는 없으므로, **임용결격자가 공무원으로 임용**되어 사실상 근무하여 왔다고 하더라도 적법한 공무원으로서의 신분을 취득하지 못한 자로서는 공무원연금법 소정의 퇴직급여 등을 청구할 수 없으며, 나아가 **임용결격사유가 소멸된 후에 계속 근무**하여 왔다고 하더라도 그때부터 무효인 임용행위가 유효로 되어 적법한 공무원의 신분을 회복하고 퇴직급여 등을 청구할 수 있다고 볼 수는 없다.[♣당연무효로 볼 수 없다.(×)] (대법원 선고 95누9617 판결 [퇴직급여청구반려처분취소])<22.2채용>

참고 공무원임용 결격사유(국가공무원법 제33조)

1. 피성년후견인[♣피한정후견인(×)]<21.2채용>

2. 파산선고를 받고 복권되지 아니한 자<21.2채용>

3. **금고 이상**의 실형을 선고받고 그 집행이 끝나거나(집행이 끝난 것으로 보는 경우를 포함한다) 집행이 면제된 날부터 **5년이 지나지 아니**한 자

4. **금고 이상**의 형의 집행유예를 선고받고 그 유예기간이 끝난 날부터 **2년이 지나지 아니**한 자

5. 금고 이상의 형의 선고유예를 받은 경우에 그 선고유예 기간 중에 있는 자

6. 법원의 판결 또는 다른 법률에 따라 자격이 상실되거나 정지된 자

6의2. 공무원으로 재직기간 중 직무와 관련하여 「형법」[제355조(횡령·배임) 및 제356조(업무상 횡령·배임)]에 규정된 죄를 범한 자로서 300만원 이상의 벌금형을 선고받고 그 형이 확정된 후 2년이 지나지 아니한 자<21.2채용>

6의3. 다음 각 목의 어느 하나에 해당하는 죄를 범한 사람으로서 100만원 이상의 벌금형을 선고받고 그 형이 확정된 후 3년이 지나지 아니한 사람

　가. (성폭력범죄의 처벌 등에 관한 특례법) **성폭력범죄**

　나. (정보통신망 이용촉진 및 정보보호 등에 관한 법률) 음란 부호·문언·음향·화상, 영상 배포·판매·임대, 공공연한 전시(음란 부호등 전시) / 공포심이나 불안감을 유발하는 부호·문언·음향·화상, 영상 반복적 상대방 도달(**공포유발 부호 등 반복 도달**)

　다. (스토킹범죄의 처벌 등에 관한 법률) 스토킹범죄

6의4. 미성년자에 대한 다음 각 목의 어느 하나에 해당하는 죄를 저질러 파면·해임되거나 형 또는 치료감호를 선고받아 그 형 또는 치료감호가 확정된 사람(집행유예를 선고받은 후 그 집행유예기간이 경과한 사람을 포함한다)

　가. 「성폭력범죄의 처벌 등에 관한 특례법」 제2조에 따른 성폭력범죄

　나. 「아동·청소년의 성보호에 관한 법률」 제2조 제2호에 따른 아동·청소년대상 성범죄

7. 징계로 파면처분을 받은 때부터 5년이 지나지 아니한 자

8. 징계로 해임처분을 받은 때부터 3년이 지나지 아니한 자

(3) 결격사유(소극요건)에 해당하는 자를 경찰공무원으로 임용하는 행위는 무효이며 재직 중 결격사유에 해당하는 사유(자격정지 이상의 형 선고유예 기간 중 제외)가 발생하면 당연퇴직이 된다.

3. 임용 절차

(1) 경찰청장은 신규채용시험에 합격한 사람(경찰대학을 졸업한 자 및 경찰간부후보생을 포함)을 대통령령으로 정하는 바에 따라 **성적 순위에 따라 채용후보자명부에 등재하여야** 한다.(경찰공무원법 제12조 제1항)<04승진·10.2채용>

① 경찰공무원의 신규채용은 **채용후보자명부의 등재순위에** 따른다. 다만, 채용후보자가 경찰교육기관에서 **신임교육을 받은 때에는 그 교육성적순위에 따른다.**[♣신임교육을 받은 때에도 동일하다.(×)](경찰공무원법 제12조 제2항)<10.2채용>

② 공개경쟁채용시험, 경찰간부후보생 공개경쟁선발시험 및 특별채용시험에 합격한 자는 총리령 또는 행정안전부령이 정하는바에 의하여 임용권자 또는 임용제청권자에게 **채용후보자 등록을 하여야** 한다.(경찰공무원임용령 제17조 제1항)

③ 채용후보자등록을 하지 아니한 자는 경찰공무원으로 **임용될 의사가 없는 것으로** 본다.(경찰공무원임용령 제17조 제2항)<10.2채용>

(2) 채용후보자 명부의 **유효기간은 2년의 범위에서 대통령령으로** 정한다. 다만, 경찰청장은 필요에 따라 **1년의 범위에서 그 기간을 연장할 수 있다.**[♣유효기간 1년(×), ♣최장 2년(×)](경찰공무원법 제12조 제3항)<09·21경간·09.2·10.2채용>

① 채용후보자 명부의 **유효기간은 2년으로 하되, 경찰청장은 필요에 따라 1년의 범위에서 그 기간을 연장할 수 있다.**[♣1년(×)](경찰공무원임용령 제18조 제3항)<10.2채용>

② 신규채용시험에 합격한 사람이 채용후보자 명부에 등재된 이후 그 유효기간 내에 「병역법」에 따른 병역 복무를 위하여 **군에 입대한 경우**(대학생 군사훈련 과정 이수자를 포함)의 의무**복무 기간은 채용후보자 명부 유효 기간에 넣어 계산하지 아니한다.**(경찰공무원법 제12조 제4항)<21경간>

③ 임용권자 또는 임용제청권자는 채용후보자 명부에 등재된 채용후보자가 아래의 어느 하나에 해당하는 경우에는 **채용후보자 명부의 유효기간의 범위에서 기간을 정하여 임용 또는 임용제청을 유예할 수** 있다.[♣유예해야 한다.(×)] 다만, 유예기간 중이라도 그 사유가 소멸한 경우에는 임용 또는 임용제청을 **할 수 있다.**(경찰공무원임용령 제18조의2 제1항)<21경간·23승진·22.2채용>

1. 「병역법」에 따른 **병역복무**를 위하여 **징집 또는 소집**되는 경우

2. **학업을 계속하는 경우**<23승진·22.2채용>

3. **6개월 이상의 장기요양이 필요한 질병**이 있는 경우

4. **임신**하거나 **출산**한 경우

5. 그 밖에 임용 또는 임용제청의 유예가 **부득이하다고 인정**되는 경우

(3) 임용은 임용장의 교부에 의함이 원칙이나, 임용장의 교부가 유효요건은 아니다.

① 경찰공무원은 임용장이나 임용통지서에 적힌 날짜에 **임용된 것으로** 보며, 임용일자를 **소급해서는 아니** 된다.[♣출근한 일자이다.(×)](경찰공무원임용령 제5조 제1항)<99·17·23승진·09경간·01·15.1·18.2·22.2채용>

※ **임용의 효력발생 시기는 임용장(임용통지서)에 기재된 일자이다.**

② 사망으로 인한 면직은 **사망한 다음 날에 면직된 것으로 본다.**[♣사망한 날(×)](경찰공무원임용령 제5조 제2항)<23승진·18.2채용>

> **참고** **채용후보자의 자격상실 사유**(경찰공무원임용령 제19조)<21경간·18승진>
>
> 1. 채용후보자가 **임용 또는 임용제청에 응하지 아니한 경우**
> 2. 채용후보자로서 받아야 할 **교육훈련에 응하지 아니한 경우**
> 3. 채용후보자로서 받은 **교육훈련성적이 수료점수에 미달**되는 경우
> 4. 채용후보자로서 교육훈련을 받는 중에 **퇴학처분**을 받은 경우, 다만 질병 등 교육훈련을 계속할 수 없는 **불가피한 사정으로 퇴학처분을 받은 경우는 제외**한다.[♣불가피한 사정으로(×)]<18승진·09경간>

4. 시보임용(경찰공무원법 제13조, 경찰공무원임용령 제20조, 경찰공무원임용령시행규칙 제9조)

(1) 의의

① 임용권자는 신규 임용된 경찰관이 경찰관으로서의 **적격성을 보유하고 있는지를 확인**하기 위해, 그리고 **경찰실무를 습득**하기 위해 일정기간 동안 시험보직을 명하게 된다.<11.1채용>

 ※ 시보임용은 시험으로 알아내지 못한 점을 검토해 보고 직무를 감당할 능력이 있는가를 알아보는데 그 목적이 있다.<12.1채용>

② 자질·적성의 검토기간으로서 **시보임용기간 중 신분보장을 받지 못한다.**<99승진·11.1채용>

 ※ 시보임용된 경우에도 공무원으로 보게 되므로 인사상의 불이익 처분을 받은 경우 소청을 제기할 수가 있다.(89누4758 판결)

③ **지도·감독 : 임용권자 또는 임용제청권자**는 시보임용 기간 중에 있는 경찰공무원("시보임용경찰공무원")의 근무사항을 항상 지도·감독하여야 한다.(경찰공무원 임용령 제20조 제1항)<24승진>

④ **교육훈련 등 :** 임용권자 또는 임용제청권자는 **시보임용경찰공무원 또는 시보임용예정자에게** 일정기간 교육훈련(실무수습을 포함)을 시킬 수 있다.(경찰공무원임용령 제21조 제1항)

 ※ 이 경우 **시보임용예정자**에게 교육훈련을 받는 기간 동안 **예산의 범위**에서 임용예정계급의 1호봉에 해당하는 봉급의 80퍼센트에 해당하는 금액 등을 **지급할 수 있다.**(경찰공무원임용령 제21조 제1항)

> **참고** **면제(예외)**
>
> 다음 각 호의 어느 하나에 해당하는 경우에는 **시보임용을 거치지 아니한다.**(경찰공무원법 제13조 제4항)<16·17·22승진·11·12·16.2·17.1·19.1채용>
>
> ① **경찰대학 졸업자** 또는 **경찰간부후보생**으로서 소정교육을 마친 자를 **경위 임용하는 경우**(제1호)<16승진·11·13.2·17.1채용>
> ② 경찰공무원으로서 대통령령이 정하는 상위계급에의 승진에 필요한 자격요건을 갖추고 임용예정계급에 상응한 공개경쟁채용시험에 합격한 자를 당해 계급의 경찰공무원으로 임용하는 경우(제2호)
> ③ 퇴직 경찰공무원으로서 **퇴직 시에 재직한 계급의 채용시험에 합격한 자를 재임용하는** 경우(제3호)<16승진·11·12·16.2·17.1·19.1채용>
> ④ 자치경찰공무원을 그 계급에 상응하는 경찰공무원으로 임용하는 경우[♣시보임용을 거쳐야 한다.(×)](제4호)<16·22승진·13.2·17.1채용>

(2) 대상 · 기간(경찰공무원법 제13조 제1항, 제2항)<11.1채용>

① **적용대상 : 경정 이하**의 경찰공무원을 **신규 채용**하는 때<11 · 15.1채용>

② **시보기간 : 1년간** 시보로 임용하고, 그 기간이 **만료된 다음 날**에 정규 경찰공무원으로 임용한다.[♣만료된 날에 임용(×)](경찰공무원법 제13조 제1항)<10승진 · 23경간 · 11.1 · 13.2 · 14.2 · 15.1 · 16.2 · 17.1채용>

※ 시보경찰공무원의 정규임용은 정규임용심사위원회의 의결을 요한다.

③ **제외기간 : 휴직 · 직위해제 · 징계에 의한 정직 또는 감봉처분**을 받은 기간은 시보임용기간에 산입하지 아니한다.[♣휴직 또는 감봉기간 산입(×), ♣견책처분(×)](경찰공무원법 제13조 제2항)<17승진 · 11.1 · 12.3 · 13.2 · 14.2 · 16.2 · 18.2채용>[☺ 휴직정감]

(3) 면직 · 정규임용(경찰공무원법 제13조, 경찰공무원임용령 제20조, 제21조, 경찰공무원임용령 시행규칙 제9조)

면직 대상	**(1) 시보임용예정자(교육생)** : 임용권자 또는 임용제청권자는 시보임용예정자가 **교육훈련성적이 만점의 60퍼센트 미만이거나 생활기록이 극히 불량할 때**에는 시보임용을 하지 아니할 수 있다.(경찰공무원임용령 제21조 제2항)[☺교육생은 교육생] **(2) 정규임용예정자(시보)** : 임용권자 또는 임용제청권자는 시보임용기간 중에 있는 경찰공무원이 다음 각 호에 해당하여 정규 경찰공무원으로 임용하는 것이 **부적당하다고 인정되는 경우**에는 **정규임용심사위원회의 심사**를 거쳐 **면직**시키거나 또는 **면직을 제청할 수 있다**.[♣직권으로(×), ♣요건 없이 부적당하다고 인정되는 경우(×), ♣제청하여야(×), ♣징계절차를 거쳐야(×)](경찰공무원임용령 제20조 제2항)<08경간 · 17 · 24승진 · 05 · 16.2채용> ① **징계사유**에 해당하는 경우 ② **교육훈련성적이 만점의 60퍼센트 미만**이거나 **생활기록 극히 불량**한 경우<10승진 · 11.1 · 16. 2채용> ③ **근무실적, 직무수행능력, 직무수행태도**(경찰공무원 승진임용규정 제7조 제2항–**제2평정 요소**)의 **평정점이 만점의 50퍼센트 미만**인 경우[♣제2평정요소 60% 미만(×)] [☺ 교육생 징계? 오미!]
정규 임용	① **정규임용심사위원회** : 시보임용경찰공무원의 **정규임용과 면직을 심사하기 위하여** 임용권자 또는 임용제청권자 소속하에 정규임용심사위원회를 둔다.[♣징계절차를 거쳐야만 면직 가능(×)](경찰공무원임용령 제20조 제3항, 경찰공무원임용령 시행규칙 제9조)<17승진 · 12.1채용> ※ 시보임용경찰공무원의 면직 또는 면직제청에 따른 동의의 절차는 해당 징계위원회의 **파면 의결에 관한 절차를 준용**한다.[♣해임절차 준용(×)](경공임용령 시행규칙 제10조 제3항) ② 「정규임용심사위원회는 위원장 1명을 포함한 위원 **5명 이상 7명 이하로 구성**한다.(경찰공무원임용령 시행규칙 제9조 제1항) ③ **위원장**은 위원 중 **가장 계급이 높은 경찰공무원**이 된다. 다만, 가장 계급이 높은 경찰공무원이 둘 이상인 경우 그중 **해당 계급에 승진임용된 날이 가장 빠른 경찰공무원**이 된다.(경찰공무원임용령 시행규칙 제9조 제2항) ④ 위원은 소속 **경감 이상 경찰공무원 중**에서 위원회가 설치된 기관의 장이 임명하되, 심사대상자보다 **상위 계급자**로 한다.(경찰공무원임용령 시행규칙 제9조 제3항) ⑤ 위원회는 **재적위원 3분의 2 이상 출석과 출석위원 과반수 찬성**으로 의결한다.(경찰공무원임용령 시행규칙 제9조 제4항)[☺소정이] ⑥ 시보임용경찰공무원의 **면직 또는 면직제청에 따른 동의의 절차**는 해당 징계위원회의 **파면 의결에 관한 절차를 준용**한다.[♣해임 절차 준용(×)](경찰공무원임용령 시행규칙 제10조 제3항)<24승진>

II. 테마 47 경찰공무원관계의 변경

> (1) **의의 :** 경찰공무원으로서의 신분을 유지하면서 경찰공무원관계 내용의 전부 또는 일부를 변경하는 행위를 말한다.
>
> ① 국가의 단독적 행정행위로서 형성적 행위에 해당한다.
>
> ② 처분성이 긍정되어 행정소송의 대상이 될 수 있다.
>
> (2) **유형 :** 전직(경찰공무원 제외), 전과, 전보, **휴직, 직위해제,** 파견, 복직, **정직,** 강임, 승진[♣해임(×)]
>
> ♣공무원 관계의 변경에는 휴직, 직위해제, 정직, 해임이 있다.(×)

1. 경찰공무원관계 변경의 내용

전직	직렬을 달리하는 임용을 의미한다.(경찰공무원법 제2조)<13승진>
	전직은 **경찰공무원에게는 적용되지 아니한다.**
강임	동일한 직렬 또는 다른 직렬의 **하위직급에 임명**되는 것을 의미한다.
	– 국가공무원법 제73조의4(강임)은 경찰공무원법 제36조 제1항에 의해 **경찰에 적용되지 않는다.**[♣적용된다.(×)](경찰공무원법 제36조 제1항)<13·18승진>

전과	의의	경과를 바꾸는 임용을 의미한다.
	범위	전과는 **일반경과에서 수사경과, 보안경과, 특수경과로** 전과하는 것에 한하여 인정한다.<01승진>
		※ 다만, 정원감축 등으로 인하여 부득이한 경우에는 보안경과·수사경과·정보통신경과 또는 운전경과에서 일반경과로 전과하는 것을 인정할 수 있음.(경찰공무원임용령 시행규칙 제27조)
	제한	다음 어느 하나에 해당하는 사람은 전과를 할 수 없다.(시행령 제28조 제2항)
		1. 현재 경과를 **부여**받고 **1년**이 지나지 아니한 사람
		2. 특정한 직무분야에 근무할 것을 **조건**으로 **채용**된 경찰공무원으로서 채용 후 **5년**이 지나지 아니한 사람[♣3년이 지나지 아니한 사람(×)]

전보	동일 직위 및 자격 내에서의 **침체방지 및 직무수행능률을 높이기 위한** 보직의 변경
파견	업무수행 또는 그와 관련된 행정지원이나 연수, 기타 능력개발 등을 위하여 공무원을 다른 기관으로 일정한 기간 이동시켜 근무하게 하는 것
복직	"복직"이란 **휴직·직위해제 또는 정직**(강등에 따른 정직 포함)[♣강등에 따른 정직 제외(×)] 중에 있는 경찰공무원을 직위에 복귀시키는 것을 말한다.(경찰공무원법 제2조 제3호)
	판례 **[당연퇴직→복직처분→공무원 신분 회복(×)]** 임용권자가 임용결격사유의 발생 사실을 알지 못하고 직위해제되어 있던 중 임용결격사유가 발생하여 **당연퇴직된 자에게 복직처분을 하였다고 하더라도 이 때문에 그 자가 공무원의 신분을 회복하는 것은 아니다.**(대법원 96누4275 판결 [경찰공무원신분확인])

2. 전보

(1) **의의** : "전보"란[♣전직이란(×)] 경찰공무원의 동일 직위 및 자격 내에서의 **근무기관이나 부서를 달리하는 임용**을 말한다.(경찰공무원법 제2조 제2호)<13승진 · 09.2채용>

① 동일 직위 및 자격 내에서의 침체방지 및 직무수행능률을 높이기 위한 **보직의 변경**이다.

② 전보의 기간이나 시기를 일정하게 정해 놓아야 안정된 심리 속에서 업무수행이 가능하다.

(2) **정기적 전보** : 임용권자 또는 임용제청권자는 장기근무 또는 잦은 전보로 인한 업무 능률 저하를 방지하기 위하여 특별한 사정이 없으면 **정기적으로 전보를 실시하여야** 한다.(경찰공무원임용령 제26조)

(3) **제한** : 당해 직위에 임용된 날부터 **1년 이내**(감사업무를 담당하는 경찰공무원의 경우에는 **2년 이내**[♣감사는 3년 이내(×)])에 **다른 직위에 전보할 수 없다.**[♣6개월 이내(×)](경찰공무원임용령 제27조 제1항)<18승진>

> **참고** **전보제한 예외사유**(경찰공무원임용령 제27조)<02 · 05승진>[☻ 승전시보]
>
> ① 다음 각 호에 해당하는 경우에는 그러하지 아니하다.
>
>   1. 직제상 최저단위인 보조기관 또는 보좌기관 내에서 전보하는 경우
>   2. 경찰청과 소속기관등 또는 소속기관등 상호간의 교류를 위하여 전보하는 경우
>   3. 기구의 개편, 직제 또는 정원의 변경으로 해당 경찰공무원을 전보하는 경우
>   4. **승진**임용된 경찰공무원을 전보하는 경우
>   5. **전문직위**로 경찰공무원을 전보하는 경우
>   6. 징계처분을 받은 경우
>   7. 형사사건에 관련되어 수사기관에서 조사를 받고 있는 경우
>   8. 경찰공무원으로서의 품위를 크게 손상하는 비위(非違)로 인한 **감사 또는 조사가 진행 중**이어서 해당 직위를 유지하는 것이 부적절하다고 판단되는 경찰공무원을 전보하는 경우
>   9. 경찰기동대 등 경비부서에서 정기적으로 교체하는 경우
>   10. 교육훈련기관의 교수요원으로 보직하는 경우
>   11. **시보**임용 중인 경우
>   12. 신규채용된 경찰공무원을 해당 계급의 보직관리기준에 따라 전보하는 경우 및 이와 관련한 전보의 경우
>   13. 감사담당 경찰공무원 가운데 부적격자로 인정되는 경우
>   14. **경정 이하**의 경찰공무원을 **배우자 또는 직계존속이 거주**하는 시 · 군 · 자치구 지역의 경찰기관으로 **전보**하는 경우
>   15. **임신 중**인 경찰공무원 또는 **출산 후 1년**이 지나지 않은 경찰공무원의 모성보호, 육아 등을 위하여 필요한 경우
>
> ② 교육훈련기관의 **교수요원**으로 임용된 사람은 그 임용일부터 **1년 이상 3년 이하의 범위**에서 경찰청장이 정하는 기간 안에는 다른 직위에 전보할 수 없다. 다만, 기구의 개편, 직제 · 정원의 변경이나 교육과정의 개편 또는 폐지가 있거나 교수요원으로서 부적당하다고 인정될 때에는 그렇지 않다.
>
> ③ 섬등 **특수지역** 임용에 따라 채용된 경찰공무원은 그 채용일부터 **5년**의 범위에서 경찰청장이 정하는 기간(휴직기간, 직위해제기간 및 정직기간은 포함하지 않는다) 안에는 채용조건에 해당하는 기관 또는 부서 외의 기관 또는 부서로 전보할 수 없다.

3. 휴직(국가공무원법 제71조, 제73조)

⑴ **의의** : 경찰공무원으로서의 신분을 보유하면서 **일정한 기간 동안 직무담임을 해제**하는 것을 말한다.

⑵ **복직** : 휴직기간 중 그 사유가 소멸된 때에는 **30일 이내**에[♣20일 이내 신고(×)] 임용권자 또는 임용제청 권자에게 이를 신고하여야 하며, 임용권자는 **지체 없이 복직을 명하여야** 한다.[♣30일 이내에 복직을 명(×)](국가공무원법 제73조 제2항)<13 · 17 · 20승진>

① 휴직기간이 만료된 경찰공무원이 30일 이내에 복귀신고를 한 때에는 당연 복직이 된다.

⑶ **유형**(국가공무원법 제71조, 제72조)<13 · 15경간 · 16 · 17승진>

직권 휴직	공무원이 다음 각 호의 어느 하나에 해당하면 임용권자는 본인의 의사에도 불구하고 휴직을 **명하여야** 한다.(제71조 제1항) 1. 신체 · 정신상의 장애로 **장기 요양**이 필요할 때[♣공가사유(×), ♣직위해제 사유(×)](제71조 제1항 제1호) − 기간 : **1년 이내** (부득이한 경우 **1년의 범위**에서 **연장**할 수 있다. 다만, 다음 각 목의 어느 하나에 해당하는 공무상 질병 또는 부상으로 인한 휴직기간은 **3년 이내**로 하되, 의학적 소견 등을 고려하여 대통령령등으로 정하는 바에 따라 **2년**의 범위에서 **연장할 수** 있다.)(국가공무원법 제72조 제1호)<13 · 15경간 · 16 · 17 · 승진 · 21.1채용> 　가. 「공무원 재해보상법」 제22조 제1항에 따른 요양급여 지급 대상 부상 또는 질병 　나. 「산업재해보상보험법」 제40조에 따른 요양급여 결정 대상 질병 또는 부상 　※ 장애요양(1호)으로 휴직한 공무원에게는 다음 구분에 따라 봉급(외무공무원의 경우에는 휴직 직전의 봉급)의 일부를 지급한다. 다만, **공무상 질병 또는 부상**으로 휴직한 경우에는 그 기간 중 봉급 **전액을 지급한다**.(공무원보수규정 제28조 제1항) 　　1. 휴직 기간이 **1년 이하**인 경우 : 봉급의 **70퍼센트** 　　2. 휴직 기간이 **1년 초과 2년 이하**인 경우 : 봉급의 **50퍼센트** 2. 「병역법」에 따른 병역 복무를 마치기 위하여 **징집 또는 소집**된 때(제71조 제1항 제3호) − 기간 : 그 복무기간이 **끝날 때까지**)(제72조 제1호)<13 · 15경간 · 16 · 17 · 18 · 19승진> 3. 천재지변이나 전시 · 사변, 그 밖의 사유로 **생사**(生死) **또는 소재**(소재)**가 불명확**하게 된 때(제71조 제1항 제4호) − 기간 : **3개월**(제72조 제3호)<16 · 17 · 20승진> 4. 그 밖에 **법률의 규정**에 따른 의무를 수행하기 위하여 직무를 이탈하게 된 때(제71조 제1항 제5호) − 기간 : 그 복무기간이 끝날 때까지(국가공무원법 제72조 제2호) 5. 「공무원의 노동조합 설립 및 운영 등에 관한 법률」 제7조에 따라 **노동조합 전임자로 종사**하게 된 때(제71조 제1항 제6호) − 기간 : 그 **전임기간** 동안(국가공무원법 제72조 제9호)<15경간>[☺신병천 법전] 　※ 사실상 노무에 종사하는 공무원으로서 노동조합에 가입된 자가 조합 업무에 전임하려면 **소속장관의 허가를 받아야** 한다.
의원 휴직	임용권자는 공무원이 다음 각 호의 어느 하나에 해당하는 사유로 휴직을 원하면 **휴직을 명할 수** 있다.[♣명하여야(×)] 다만, **자녀양육 · 임신 · 출산**(제4호)의 경우에는 대통령령으로 정하는 특별한 사정이 없으면 휴직을 **명하여야** 한다.(제71조 제2항)<22승진> 1. **국제기구, 외국 기관**, 국내외의 **대학 · 연구기관, 다른 국가기관** 또는 대통령령으로 정하는 민간기업, 그 밖의 기관에 임시로 **채용**될 때(제71조 제2항 제1호) − 기간 : 채용 기간으로 한다. 다만, 민간기업이나 그 밖의 기관에 채용되면 **3년** 이내(제72조 제4호)<15경간>

2. 국외 **유학**을 하게 된 때(제71조 제2항 제2호) — 기간 : **3년 이내, 2년 연장가능**(제72조 제5호) <17 · 18 · 20승진>

※ **외국유학** 또는 **1년 이상의 국외연수**를 위하여 휴직한 공무원에게는 그 기간 중 봉급의 **50퍼센트**를 지급할 수 있다. 이 경우 교육공무원을 제외한 공무원에 대한 **지급기간은 2년**을 초과할 수 없다.(공무원보수규정 제28조 제2항)

※ 규정되지 않은 휴직의 경우에는 봉급을 지급하지 아니한다.(공무원보수규정 제28조 제4항)

3. **중앙인사관장기관의 장이 지정하는 연구기관이나 교육기관 등**에서 연수하게 된 때(제71조 제2항 제3호) — 기간 : **2년** 이내[♣3년 이내(×), ♣휴직을 명하여야(×)](제72조 제6호)<18 · 19 · 22승진 · 15경간>

4. **만 8세 이하**(취학 중인 경우 **초등학교 2학년 이하**) 자녀를 **양육**하기 위하여 필요하거나 여성공무원이 **임신** 또는 **출산**하게 된 때(휴직을 명하여야 하는 사유)(제71조 제2항 제4호) — 기간 : **자녀 1명당 3년** 이내(제72조 제7호)<19승진>

5. 조부모, 부모(배우자의 부모를 포함), 배우자, 자녀 또는 손자녀를 **부양**하거나 **돌보기** 위하여 필요한 경우. (다만, 조부모나 손자녀의 돌봄을 위하여 휴직할 수 있는 경우는 본인 외에 돌볼 사람이 없는 등 대통령령등으로 정하는 요건을 갖춘 경우로 한정)(제71조 제2항 제5호) — 기간 : **1년** 이내, 재직기간 중 **총 3년 초과 금지**(제72조 제8호)<15경간>

6. 외국에서 근무 · 유학 또는 연수하게 되는 배우자를 **동반**하게 된 때(제71조 제2항 제6호) — 기간 : **3년** 이내, **2년 연장** 가능(제72조 제5호)<15경간 · 17 · 19승진>

7. 대통령령등으로 정하는 기간(**5년 이상**) 동안 재직한 공무원이 직무 관련 **연구과제 수행** 또는 자기개발을 위하여 **학습 · 연구** 등을 하게 된 때(제71조 제2항 제7호) — 기간 : **1년** 이내[♣2년 이내(×)](제72조 제10호)<18 · 20승진>

※ "자기개발휴직" 후 복직한 공무원은 복직 후 **10년 이상 근무하여야** 다시 자기개발휴직을 할 수 있다.(공무원임용령 제57조의10 제2항)

[☺채유연 양 임신, 출산간호, 동반]

(왼쪽 세로: 의원 휴직)

---

4. 직위해제(職位解除)(국가공무원법 제73조의3)<02 · 17 · 20 · 21승진 · 08 · 13 · 15경간 · 15.2채용>

(왼쪽 세로: 의의)

① 직위해제라 함은 공무원본인에게 직위를 계속 유지시킬 수 없는 사유가 있는 경우에 **직위만을 부여하지 않는 것**을 말한다.<13승진>

② 휴직과는 달리 **제재적 성격**을 가지는 **보직의 해제**이며 복직이 보장되지 아니한다.<16 · 20 · 21승진>

③ 지휘관 등에게 징계책임을 묻는 대신에 활용하는 경우가 많으나, 직위해제는 징계가 아니므로 **직위해제와 징계처분이 동시에 병과될 수도 있다.**[♣병과는 일사부재리원칙 위배(×)]<13경간>

④ 직위해제의 여부는 **재량사항**으로서 의무적 직위해제는 인정되지 않는다.

판례 [직위해제 → 해임(적법)] **직위해제처분**은 공무원에 대하여 불이익한 처분이긴 하나 징계처분과 같은 성질의 처분이라고는 볼 수 없으므로 **동일한 사유**에 대한 직위해제처분이 있은 후 **다시 해임처분**이 있었다 하여 **일사부재리의 법리**에 어긋난다고 할 수 없다.(대법원 83누489 판결 [해임처분취소])

임용권자는 일정 사유(아래 직위해제 사유)에 해당하는 자에게는 **직위를 부여하지 아니할 수** 있다.(국가공무원법 제73조의3 제1항)<22 · 24승진 · 23.1채용>

2. 직무수행 **능력이 부족**하거나 **근무성적이 극히 나쁜** 자[♣판단력의 부족(×), ♣직권휴직사유(×)] (국가공무원법 제73조의3 제1항, 제2호)<15 · 16 · 17승진 · 13 · 15경간 · 15.2 · 23.1채용>

① **대기명령** : 능력부족, 성적이 나쁜 사유로 임용권자가 직위해제를 하는 경우에는 **3월 이내의 범위**에서 대기를 명한다.[♣중징계 요구중인 자(×)](국가공무원법 제73조의3 제3항)<16 · 20 승진 · 21.1 · 22.2 · 23.1채용>

※ 판례에 의하면 직위해제된 공무원은 원칙적으로 출근의무가 없으나 **대기명령을 받은 경우 출근하여야 할 의무가 있다.**(서울고법 91구5435 판결)

② **조치** : 대기명령을 받은 자에 대하여 임용권자 또는 임용제청권자는 능력회복이나 근무 성적의 향상을 위한 **교육훈련 또는 특별한 연구과제의 부여 등 필요한 조치**를 하여야 한다.(국가공무원법 제73조의3 제4항)

③ **직권면직** : 대기명령 후에도 대기명령자의 능력이나 근무성적 향상을 기대하기 어려울 때에는 **징계위의 동의를 얻어** 임용권자가 **직권면직을 시킬 수** 있다.(국가공무원법 제70조 제1항 제5호, 제2항)<19 · 21승진 · 11.2채용>

3. **파면 · 해임 · 강등 또는 정직**에 해당하는 **징계 의결이 요구 중인 자**[♣감봉(×)][중징계](국가공무원법 제73조의3 제1항, 제3호)<15경간 · 15 · 17 · 20승진 · 15.2채용>

4. **형사사건으로 기소**된 자(**약식명령**이 청구된 자는 **제외**)[♣직권휴직사유(×), ♣약식명령이 청구된 자를 포함(×)](국가공무원법 제73조의3 제1항, 제4호)<15경간 · 15 · 16 · 17승진 · 15.2 · 21.1 · 23.1채용>

5. **고위공무원단**에 속하는 **일반직공무원으로서 적격심사를 요구**받은 자[♣국제기구에 임시채용 (×)](국가공무원법 제73조의3 제1항, 제5호)<15승진>

6. **금품비위, 성범죄 등** 대통령령으로 정하는 비위행위로 인하여 감사원 및 검찰 · 경찰 등 수사기관에서 **조사나 수사 중인** 자로서 비위의 정도가 중대하고 이로 인하여 **정상적인 업무수행을 기대하기 현저히 어려운 자**(1과 2,3,5호가 경합하면 2,3,5호의 직위해제처분을 하여야 한다.)(국가공무원법 제73조의3 제1항, 제6호)<22승진>

[☻능력부족하고 성적 나쁜 형사 중징계 / ☻부나중기, 적수]

---

① 직위해제된 자는 직무에 종사하지 못하고 **출근의무도 없으며,** (대기명령을 받은 경우 출근 의무 있음. – 판례<서울고법 91구5435 판결>)<16승진 · 13경간>

해석상) **승진소요 최저연수에 산입되지 않는다.**<16 · 21승진 · 13경간>

※ 다음 각 경우 승진소요 최저연수에 **포함**된다.[♣산입되지 않는다.(×)](경찰공무원 승진임용규정 제5조 제2항 제2호 가, 나, 다)<13경간 · 21승진>

가. '**중징계요구**'로 인해 직위해제된 사람에 대해 징계위원회가 징계하지 아니하기로 결정하거나, 징계에 대해 소청심사위원회의 결정 또는 법원의 판결로 무효 또는 취소된 경우,

나. '**형사 기소**'로 인해 직위해제된 사람에 대해 법원의 무죄판결이 확정된 경우,

다. '**금품비위, 성범죄로 조사 · 수사대상**'이 되어 직위해제된 자에 대해 징계요구하지 않거나, 징계의결하지 않거나, 징계가 무효 · 취소된 경우인 동시에 형사사건에 해당하지 않거나, 불송치, 불기소, 무죄확정된 경우<13경간 · 21승진>

사유 (좌측 세로 레이블)
효과 (좌측 세로 레이블)

<table>
<tr><td rowspan="4">효과</td><td>② 임용권자 또는 임용제청권자는 대기명령을 받은 자에게 **능력회복이나 근무성적의 향상을 위한 교육훈련 또는 특별한 연구과제의 부여 등 필요한 조치**를 하여야 한다.(국가공무원법 제73조의3 제4항)</td></tr>
<tr><td>③ 기간 중 **봉급의 80퍼센트**(능력부족 또는 성적이 나쁜 자) **또는 70퍼센트**(고위공무원단에 속하는 일반직공무원으로서 적격심사를 요구받은 자), **또는 50퍼센트**(중징계요구, 형사기소, 비위수사대상)**만**을 지급받게 된다.[♣50퍼센트 지급(×), ♣승진소요 최저연수에 산입(×)](공무원보수규정 제29조)<13경간>

※ **70퍼센트 지급대상자가** 직위해제일부터 **3개월이** 지나도 직위를 부여받지 못한 경우에는 그 3개월이 지난 후의 기간 중에는 **봉급의 40퍼센트를 지급**한다.(고위공무원단에 속하는 일반직공무원으로서 적격심사를 요구받은 자 - 제2호 ~ 제5호까지 사유)[♣봉급의 50퍼센트(×)](공무원보수규정 제29조 제2호)<21승진>

※ **50퍼센트 지급대상자가** 직위해제일부터 **3개월이** 지나도 직위를 부여받지 못한 경우에는 그 3개월이 지난 후의 기간 중에는 **봉급의 30퍼센트를 지급**한다.(공무원보수규정 제29조 제3호)</td></tr>
<tr><td>④ 직위해제의 **사유가 소멸**된 때, 임용권자는 **지체없이 직위를 부여하여야** 한다.[♣직위를 부여할 수 있다.(×), ♣7일 이내](국가공무원법 제73조의3 제2항)<16·20승진·21.1·23.1채용></td></tr>
</table>

5. 승진

(1) **승진 :** 경찰공무원은 **바로 아래 하위계급**에 있는 경찰공무원 중에서 **근무성적평정, 경력평정, 그 밖의 능력을 실증**(實證)하여 승진임용한다. 다만, 해양경찰청장을 보하는 경우 치안감을 치안총감으로 승진임용할 수 있다.(경찰공무원법 제15조 제1항)

※ 승진은 원칙적으로 동일직렬 내에서 이루어진다.

① 경무관 이하 계급으로의 승진은 승진심사에 의하여 한다. 다만, 경정 이하 계급으로의 승진은 대통령령으로 정하는 비율에 따라 승진시험과 승진심사를 병행할 수 있다.(경찰공무원법 제15조 제2항)

② 총경 이하의 경찰공무원에 대하여는 대통령령으로 정하는바에 따라 **계급별로 승진대상자 명부를 작성하여야** 한다.[♣경무관 이하(×)](경찰공무원법 제15조 제3항)

(2) 경찰공무원의 승진임용은 **심사승진임용 · 시험승진임용 및 특별승진임용**으로 구분한다.(경찰공무원 승진임용규정 제3조)<12.1·22.1채용>

(3) **종류[☺특근시사]**<12.1채용>

<table>
<tr><td rowspan="5">특별
승진</td><td>① 경찰공무원으로서 아래 사유에 해당되는 사람에 대하여는 **1계급 특별승진시킬 수** 있다. (**경정 이하까지의 승진가능, 경감 이하에 적용**)(경찰공무원법 제19조 제1항)</td></tr>
<tr><td>1. 청렴하고 투철한 봉사 정신으로 직무에 모든 힘을 다하여 공무 집행의 공정성을 유지하고 깨끗한 공직 사회를 구현하는 데에 다른 공무원의 귀감(龜鑑)이 되는 자, 직무수행 능력이 탁월하여 행정 발전에 큰 공헌을 한 자, 제53조에 따른 제안의 채택 · 시행으로 국가 예산을 절감하는 등 행정 운영 발전에 뚜렷한 실적이 있는 자, 재직 중 공적이 특히 뚜렷한 자가 명예퇴직할 때(국가공무원법 제40조의4 제1항 제1호~제4호의 어느 하나)(경찰공무원법 제19조 제1항 제1호)</td></tr>
<tr><td>2. 전사하거나 순직한 사람(경찰공무원법 제19조 제1항 제2호)</td></tr>
<tr><td>3. 직무 수행 중 현저한 공적을 세운 사람(경찰공무원법 제19조 제1항 제3호)</td></tr>
<tr><td>② **경위 이하**의 경찰공무원으로서 모든 경찰공무원의 귀감이 되는 **공을 세우고 전사하거나 순직한 사람**에 대하여는 **2계급 특별승진시킬 수** 있다.[♣경감 이하(×)](경찰공무원법 제19조 제1항)<13.2·22.2채용></td></tr>
</table>

근속 승진	① **순경에서 경장(4년 이상), 경장에서 경사(5년 이상), 경사에서 경위(6년 6개월 이상)**[♣12년(×)], **경위에서 경감(8년 이상)**에로의 승진에 적용된다.[♣경정까지(×), ♣순경·경장·경사는 각각 5·6·7년(×)](경찰공무원법 제16조 제1항)<12·13·15.1·20.1채용>
	※ 임용권자는 경감으로의 근속승진임용을 위한 심사를 **연 2회까지** 실시할 수 있다. 이 경우 경감으로의 근속승진임용을 할 수 있는 인원수는 **연도별로 합산**하여 해당 기관의 근속승진 대상자의 **100분의 40에 해당하는 인원수**(소수점 이하가 있는 경우에는 1명을 가산한다)를 **초과할 수 없다.**(경찰공무원 승진임용규정 제26조 제4항 – 대통령령)
	② 인사교류 경력이 있거나 주요 업무의 추진 실적이 우수한 공무원 등 **경찰행정 발전에 기여**한 공이 크다고 인정되는 경우에는 **대통령령**으로 정하는 바에 따라 **그 기간을 단축할 수** 있다.(경찰공무원법 제16조 제2항)
시험 승진	① **경정 이하 계급으로의 승진**은 대통령령으로 정하는 비율(5대5)에 따라 승진시험과 승진심사를 병행**할 수** 있다.(**경감까지 시험의 대상**)[♣총경까지(×)](경찰공무원법 제15조 제2항)<12.1채용>
	② 경찰공무원의 승진에 필요한 계급별 최저근무연수, 승진 제한에 관한 사항, **그 밖에 승진에 관하여 필요한 사항**은 대통령령으로[♣행안부령으로(×)] 정한다.(경찰공무원법 제15조 제4항)
	ⓐ 대통령령 – 경찰공무원의 승진임용 시 심사승진후보자와 시험승진후보자가 있을 경우에 **승진임용 인원의 70퍼센트를 심사승진후보자로, 30퍼센트를 시험승진후보자로** 한다.[♣60퍼센트로(×)](경찰공무원 승진임용규정 제25조 제1항 제1호)<12.1채용>
심사 승진	**경무관 이하** 계급으로의 승진은 승진심사에 의한다.(총경까지 심사의 대상)(경찰공무원법 제15조 제2항)

⑷ **승진소요 최저연수 :** 대통령령 – **승진소요 최저근무연수 : 총경은 3년 이상, 경정·경감은 2년 이상, 경위·경사·경장·순경은 1년 이상** 해당 계급에 재직해야 한다.[♣순경, 경장, 경사의 승진소요 최저근무연수는 6, 7, 8년이다.(×), ♣경감이 경정으로 승진하려면 4년 이상 재직하여야(×)](경찰공무원 승진임용규정 제5조 제1항)(23.7.4 시행)<12.1채용>

※ 강등되었던 사람이 강등되기 직전의 계급으로 승진한 경우 강등되기 직전의 계급에서 재직한 기간은 승진소요최저년수의 기간에 포함한다.(제5조 제7항)

※ 강등된 경우 강등되기 직전의 계급에서 재직한 기간은 제1항의 기간에 포함한다.(제5조 제8항)

① **산입(×) :** ⓐ **휴직**기간 ⓑ **직위**해제기간 ⓒ **승진**임용 **제**한기간 ⓓ **징계**처분기간[♣언제나 포함되지 않는다.(×)](경찰공무원 승진임용규정 제5조 제2항)[☻휴직승제 징계]

② **산입(○) – 예외적**(경찰공무원 승진임용규정 제5조 제2항 제1호 제2호)[♣자기개발에 따른 휴직(×)]

ⓐ 공무상(공무상 재해보상법상) 질병 또는 부상으로 인한 신체·정신상 장애 요양 휴직기간(병가기간),

ⓑ 병역이나 법률상 의무이행을 위한 휴직기간,

ⓒ **국제기구**, 외국기관, 국내외의 대학·연구기관, 다른 국가기관 또는 대통령령으로 정하는 민간기업, 그 밖의 기관에 **임시로 채용**될 때,

ⓓ **국외유학** 휴직기간(**50퍼센트**),

ⓔ **자녀양육 또는 임신·출산·간호**로 인한 휴직기간(자녀 1명에 대해 1년이 넘는 경우 최초 **1년** – 둘째 자녀 이후 휴직 등 예외적 전기간) 등<22.2채용>

　　🔳 만 7세인 초등학교 1학년 외동딸을 양육하기 위하여 1년간 휴직한 경사 乙의 위 휴직기간 1년은 승진소요 최저근무연수에 포함된다.<22.2채용>

ⓕ **승진소요 최저 연수에 산입되는 직위해제기간**

- 중징계에 대해 관할 징계위원회가 **징계하지 아니하기로 의결**된 경우,[♣징계하지 아니하기로 의결한 경우... 포함되지 아니한다.(×)]

- 중징계 · 형사사건 기소로 인한 **징계처분이 소청위의 결정, 법원의 판결 등으로 무효 · 취소**된 경우,

- 직위해제처분의 사유가 된 형사사건이 법원의 판결에 따라 **무죄로 확정**된 경우(경찰공무원 승진임용규정 제5조 제2항 제2호 가, 나)

ⓖ 통상적인 근무시간보다 짧은 시간을 근무하는 경찰공무원("**시간선택제전환경찰공무원**")의 근무기간은 다음의 기준에 따라 **승진소요최저년수에 포함**한다.(경찰공무원 승진임용규정 제5조 제6항)<22.2채용>

1. 해당 계급에서 시간선택제전환경찰공무원으로 근무한 1년 이하의 기간은 그 기간 전부<22.2채용>

2. 해당 계급에서 시간선택제전환경찰공무원으로 근무한 1년을 넘는 기간은 근무시간에 비례한 기간

3. 해당 계급에서 자녀양육, 임신, 출산, 간호의 사유로 인한 휴직을 대신하여 시간선택제전환경찰공무원으로 지정되어 근무한 기간은 둘째 자녀부터 각각 3년의 범위에서 그 기간 전부

(5) **승진임용의 제한**(경찰공무원 승진임용규정 제6조)

다음 아래의 어느 하나에 해당하는 경찰공무원은 승진임용될 수 없다.(경찰공무원 승진임용규정 제6조 제1항)

① **징계의결 요구, 징계처분, 직위해제, 휴직**(「공무원 재해보상법」에 따른 공무상 질병 또는 부상으로 인하여 「국가공무원법」 제71조 제1항 제1호에 따라 휴직한 사람을 제37조 제1항 제4호 또는 같은 조 제2항에 따라 특별승진임용하는 경우는 제외) 또는 **시보임용 기간 중**에 있는 사람(경찰공무원 승진임용규정 제6조 제1항 제1호)

② 징계처분의 집행이 끝난 날부터 다음 각 목의 구분에 따른 기간(「국가공무원법」상 **재산범죄**(제78조의2 제1항 각 호)의 어느 하나에 해당하는 사유로 인한 **징계처분과 소극행정, 음주운전(음주측정거부 포함), 성폭력, 성희롱** 및 **성매매**에 따른 징계처분의 경우에는 각각 **6개월을 더한 기간**)이 지나지 아니한 사람(경찰공무원 승진임용규정 제6조 제1항 제1호)<22.1채용>

가. 강등 · 정직 : 18개월 / 나. 감봉 : 12개월 / 다. 견책 : 6개월

(6) **평정**

평정은 **근무성적평정, 경력평정**으로 나누고, **경력평정**은 **기본경력과 초과경력으로 구분**하여 실시하되, **경위 · 경사**계급의 기본경력에 포함되는 기간은 평정기준일부터 **최근 3년간**이다. → 자세한 내용은 경찰관리의 근무성적 평정제도 참조(기본경력 – 총경 · 경정 · 경감 3년, 경위 · 경사 2년, 경장 · 순경 최근 1년 6개월)

(7) **경찰공무원 승진심사위원회**(경찰공무원 승진임용규정 제16조)

① **보통승진심사위원회 : 경정 이하**로의 승진심사를 담당하며 각급 경찰기관에서 담당한다.(**경위 이상**이고 **상위계급자**로 구성)(경위 이하로의 승진심사는 경찰서에서도 가능하다.)

② **중앙승진심사위원회 : 경정과 총경을 대상**으로 총경 · 경무관으로의 승진심사를 담당하며 경찰청에 설치되어 있다.

※ 모두 5-7인으로 구성되며, 재적과반수 찬성으로 의결한다.

(8) **승진후보자 명부의 작성**(경찰공무원 승진임용규정 제24조)

① **심사** : 임용권자나 임용제청권자는 승진심사위원회에서 승진임용예정자로 선발된 사람에 대하여 **심사승진후보자 명부를 작성하여야** 한다.(경찰공무원 승진임용규정 제24조 제1항)

※ 시험 : 임용권자나 임용제청권자는 시험에 합격한 사람에 대하여 각 계급별로 승진후보자 명부를 작성하되, 합산성적 고득점자순으로 작성하여야 한다.(경찰공무원 승진임용규정 제36조 제1항)

② 임용권자나 임용제청권자는 심사승진후보자 명부에 기록된 사람이 승진임용되기 전에 **정직 이상의 징계처분을 받은 경우**에는 심사승진후보자 명부에서 그 사람을 **제외하여야** 한다.[♣감봉 이상(×)](경찰공무원 승진임용규정 제24조 제3항)<22승진>

※ 시험 : 임용권자나 임용제청권자는 시험승진후보자 명부에 기록된 사람이 승진임용되기 전에 **정직 이상**의 징계처분을 받은 경우에는 시험승진후보자 **명부에서** 그 사람을 **제외하여야** 한다.[♣감봉 이상(×)](경찰공무원 승진임용규정 제36조 제3항)<22.1채용>

III. [테마 48] 경찰공무원관계의 소멸

퇴 직	강제퇴직	당연퇴직
		징계면직
		직권면직
	임의퇴직	의원면직

※ 퇴직에는 자신의 의사에 의하지 않은 강제퇴직과 본의의 의사에 의한 임의퇴직이 있다.

1. 당연퇴직

(1) **개념** : 일정한 법정사유의 발생에 따라 별도의 행위를 기다릴 것도 없이 **당연히 경찰공무원의 신분을** 상실하는 것을 말한다.

※ 퇴직 사유가 있는 공무원이 행한 행위는 권한 없는 자의 행위가 되지만, 상대방 국민의 보호를 위하여 '**사실상 공무원이론**'에 의하여 일단 유효한 행위로 볼 수 있는 경우도 있다.

> [판례] 당연퇴직으로 공무원신분을 상실한 자가 사실상 공무원으로 근무하여 왔다고 하더라도 공무원 연금법상의 **퇴직급여를 청구할 수 없다.**(대판 1995.10.12)

(2) **성질** : 당연퇴직의 발령은 법률의 규정에 의한 신분의 소멸로서 처분이 아니라, 일정한 사유의 발생으로 인하여 퇴직된 사실을 알리는 **관념의 통지에 불과**하다.

※ 따라서 퇴직은 공무원의 신분을 상실시키는 새로운 형성적 행위가 아니므로 처분성이 인정되지 않아 항고소송의 대상이 되지 않는다.(通·判)

(3) **당연퇴직의 유형**[☺결정사만]

결격 퇴직	경찰공무원법(제8조 제2항)에 의한 **임용결격사유에 해당한 때** 당연퇴직한다.(경찰공무원법 제27조)<99승진>
	※ 제4호, 제6호에 일정한 예외가 있다.
	[설명] **결격퇴직사유(당연퇴직사유 중)** - 경찰공무원법(제8조 제2항, 제27조)
	1. 대한민국국적을 가지지 아니한 자
	2. **복수국적자**[둘 중 하나가 대한민국국적인 경우]

3. 피성년후견인 또는 피한정후견인

4. 파산선고를 받은 자로서 **복권되지 아니한 자** 중 일정한 사람(신청 기한 내 면책신청하지 않았거나, 면책불허가 결정 또는 면책취소가 확정된 경우만 – 국가공무원법 제69조)

※ 파산선고를 받은 사람으로서 (「채무자 회생 및 파산에 관한 법률」에 따라 신청기한 내에) **면 책신청을 하지 아니하였거나 면책불허가 결정 또는 면책취소가 확정된 경우만 해 당**한다.(경찰공무원법 제27조 단서)

5. 자격정지 이상의 형의 선고를 받은 자

6. **일정한 죄**를 범하고 자격정지 이상의 형의 선고유예를 선고받고 그 유예기간 중에 있 는 사람<18승진·12.3채용>

※ 제6호의 **결격사유에 해당**하는 선고유예 기간 중인 범죄

㉠ 형법상 수뢰죄 등(수뢰죄, 사전수뢰죄, 제3자 뇌물제공, 수뢰후부정처사, 사후수 뢰, 알선수뢰)(형법 제129조~제132조)

㉡ 성폭력범죄(성폭력범죄의 처벌 등에 관한 특례법 제2조), 아동청소년대상 성범죄(아동·청 소년의 성보호에 관한 법률 제2조 제2호)

㉢ 직무와 관련하여, 횡령·배임, 업무상 횡령·배임(형법 제355조 또는 제356조)의 **죄**를 범한 사람

→ 으로서 자격정지 이상의 형의 **선고유예를 받은 경우만 해당**한다.(경찰공무원법 제27조 단서)

판례 [선고유예로 당연퇴직 → 선고유예기간 경과로 신분회복(×)] **자격정지 이상의 형의 선 고유예**를 받음으로써 선고유예 판결의 확정일에 당연히 경찰공무원의 신분 을 상실(당연퇴직)하게 되는 것이고, 나중에 선고유예기간(2년)이 경과하였 다고 하더라도 경찰공무원의 신분이 회복되는 것은 아니다.[♣회복된다.(×)](대 법원 1997. 7. 8. 선고 96누4275 판결 [경찰공무원신분확인] > 종합법률정보 판례)

10. 징계에 의하여 **파면 또는 해임의 처분을 받은 자**

7. 공무원으로 **재직기간 중 직무와 관련**하여 횡령·배임이나 업무상 횡령·배임(형법) 죄 를 범한 사람으로서 300만원 이상의 벌금형을 선고받고 그 형이 확정된 후 2년이 지 나지 아니한 사람

8. 성폭력 범죄(성폭력범죄의 처벌 등에 관한 특례법) /,

음란 부호등 전시(**음란 부호·문언·음향·화상, 영상 배포·판매·임대**, 공공연한 **전시**),

공포(유발) 부호 등 반복 도달(**공포심**이나 **불안감**을 **유발**하는 **부호·문언·음향·화 상, 영상 반복**적 상대방 **도달**) – (정보통신망 이용촉진 및 정보보호 등에 관한 법률) /

스토킹범죄(스토킹범죄의 처벌 등에 관한 법률)

를 범한 사람으로서 **100만원 이상의 벌금형**을 선고받고 그 형이 확정된 후 3년이 지 나지 아니한 사람[♣2년이 지난 사람(○)](제8호)<20경간·21.2채용>

9. **미성년자**에 대한 성폭력범죄(「성폭력범죄의 처벌 등에 관한 특례법」 제2조), 아동·청소년대 상 성범죄(「아동·청소년의 성보호에 관한 법률」 제2조 제2호)를 저질러 형 또는 치료감호가 확정된 사람(집행유예를 선고받은 후 그 **집행유예기간이 경과한 사람을 포함**)

결격 퇴직

	연령 정년	규정상 퇴직하도록 정한 연령에 도달한 때 당연퇴직한다. ① 경찰공무원 **연령정년 : 60세로**(경찰공무원법 제30조 제1항 제1호) ※ 경찰공무원 연령정년의 연장취지 : 헌법상 평등권의 보장, 경찰공무원의 사기진작, 경찰 조직의 공동체 복원, 노령인구에 대한 취업기회 확대 ② 정년에 달한 날이 1월에서 6월 사이에 있는 경우에는 **6월 30**일에, 7월에서 12월 사이에 있는 경우에는 **12월 31**일에 각각 당연퇴직된다.(경찰공무원법 제30조 제5항)<12경간·20.1채용>

**정년
퇴직**

**계급
정년**

규정상 동일계급에서 근무 가능한 기한에 도달한 때 당연퇴직한다.

⑴ **치안감(4년)·경무관(6년)·총경(11년)·경정(14년)**[♣총경 10년(×)](경찰공무원법 제30조 제1항 제2호)<96승진·12경간·13·17.1채용>

⑵ **'강등' 시 계급정년 ➡** 징계로 강등(경감으로 강등된 경우 포함)된 경찰공무원의 계급정년(경찰공무원법 제30조 제2항)

  ① **기준 ➡** 강등된 계급의 계급정년은 **강등 전 계급 중 가장 높은 계급의 계급정년**으로 한다.[♣강등 후 계급기준(×)](경찰공무원법 제30조 제2항 제1호)<12경간>

  ② **계산 ➡** 계급정년을 산정할 때 **강등 전 계급 근무연수와 강등 이후 근무연수를 합산**한다.(경찰공무원법 제30조 제2항 제2호)<12경간>

⑶ **적용 ➡** 경감 이하의 경찰공무원에게 계급정년의 적용이 없다.

  ① **특수부문 연장 ➡ 수사, 정보, 외사, 보안, 자치경찰사무 등 특수부문**에 근무하는 경찰공무원으로서 대통령령이 정하는바(임용권자 소속하의 정년연장심사위원회 심사-경찰공무원임용령 제48조)에 의하여 지정을 받은 **총경 및 경정의 경우에는**[♣경무관, 총경의 경우(×)] **4년의 범위 안에서**[♣2년의 범위(×)] 대통령령이 정하는바(신청서 제출시 정년연장심사위원회를 거침.)에 의하여 계급정년을 연장할 수 있다.(경찰공무원법 제30조 제3항)<13.1채용>

  ② **비상사태 하 연장 ➡ 경찰청장 또는 해양경찰청장**은 전시·사변 기타 이에 준하는 비상사태 하에서는 **2년의 범위에서**[♣3년의 범위에서(×)] **계급정년**[치안감(4년)·경무관(6년)·총경(11년)·경정(14년)]**을 연장할 수** 있다.(경찰공무원법 제30조 제4항)<13.1·20.1채용>

비상 사태 하 계급정년 연장	경무관 이상	행정안전부장관(경찰청소속 공무원에 한정)**과 국무총리**를 거쳐 **대통령의 승인**을 받아야 한다.<20.1·22.2채용>
	총경 경정	**국무총리**를 거쳐 **대통령의 승인**을 받아야 한다.[♣경무관(×)](경찰공무원법 제24조 제4항)<20.1>

⑷ **자치경찰공무원 근무 :** 계급정년을 산정할 때 제주특별자치도의 자치경찰공무원으로 근무한 경력이 있는 경찰공무원의 경우에는 그 계급에 상응하는 자치경찰공무원으로 근무한 연수(年數)를 산입한다.(경찰공무원법 제30조 제6항)

⑸ **재임용시 :** (경찰공무원법 제10조 제3항 제1호에 따라) 재임용된 경찰공무원의 계급정년 연한은 **재임용 전에 해당 계급**의 경찰공무원으로 **근무한 연수를 합**하여 계산한다.(경찰공무원임용령 제8조)<23승진>

<table>
<tr><td rowspan="9">사망
·
임기
만료</td><td>① 근무자가 **사망**(사망 다음날)하거나, 법으로 정한 **임기가 만료**된 때[♣사망한 날 면직(×)]<15.1 채용></td></tr>
<tr><td>※ 사망으로 인한 면직은 **사망한 다음날**에 **면직된 것**으로 본다고, 경찰공무원임용령에 명시하고 있다.[♣사망한 날에(×), ♣사망으로 인한 면직은 경찰공무원법에 명시적 규정(×)](경찰공무원임용령 제5조 제2항)<17승진 · 18.2 · 22.2채용></td></tr>
<tr><td>♣사망으로 인한 면직은 사망한 날에 면직된 것으로 본다.(×)<17승진 · 18.2채용></td></tr>
<tr><td>② 임용시기 특례 : 아래의 일자에 **임용된 것으로** 본다.(경찰공무원 임용령 제6조)</td></tr>
<tr><td>ⓐ 전사하거나 순직한 사람을 다음에 해당하는 날을 임용일자로 하여 **특별승진임용**하는 경우</td></tr>
<tr><td>가. **재직 중 사망**한 경우 : **사망일의 전날**[♣사망한 날(×)]<22.2채용></td></tr>
<tr><td>나. **퇴직 후 사망**한 경우 : **퇴직일의 전날**</td></tr>
<tr><td>ⓑ 형사사건으로 **기소되어 직위해제**하는 경우 : **기소된 날**<22.2채용></td></tr>
<tr><td>ⓒ **직권면직**의 경우 : **휴직기간의 만료일** 또는 **휴직사유의 소멸일**</td></tr>
</table>

ⓓ 경찰간부후보생, 「경찰대학 설치법」에 따른 경찰대학의 학생 또는 시보임용예정자가 경찰공무원의 직무수행과 관련된 **실무수습 중 사망**한 경우 : **사망일의 전날**

2. 면직

(1) 퇴직의 일종으로서 경찰공무원 관계를 소멸(공무원의 신분을 상실)시키는 **형성적 행정행위**에 해당한다.<96승진 · 97경간>

　※ (강제)면직은 처분성이 인정되어 항고소송의 대상이 된다.

(2) 면직발령장 또는 면직통지서에 기재된 일자에 효력이 발생하여, 그날 0시부터 공무원의 신분을 상실하게 된다.

　※ 다만, 사망으로 인한 면직은 사망한 다음날에 면직된 것으로 본다.

(3) 유형

<table>
<tr><td rowspan="4">일방
면직</td><td colspan="2">(1) **의의** : **일방적 면직**으로 본인의 의사와 상관없이 일방적으로 행해지는 면직처분인바, **징계면적과 직권면직**이 있다.<09승진></td></tr>
<tr><td colspan="2">(2) **징계면직** : 징계로서 공무원의 신분을 박탈하는 행위를 의미한다.
　※ **파면과 해임**이 있다.</td></tr>
<tr><td colspan="2">(3) **직권면직** : 일정한 법정 사유가 존재하는 경우에 경찰공무원 본인의 의사에도 불구하고 임용권자가 직권으로 행하는 면직처분</td></tr>
<tr><td>**징계위원회 동의 불필요(의견○)**</td><td>**징계위원회 동의 필요**<10.2 · 11.2채용></td></tr>
</table>

<table>
<tr><td>① **폐직** 또는 **과원**</td><td>① 대기명령자의 능력 · 성적 향상이 **어렵다.**</td></tr>
<tr><td>② 직무 **미복귀** 혹은 **불감당**</td><td>② 능력 · 성실성의 현저한 **결여**</td></tr>
<tr><td>③ 필수적 자격 · 면허의 **취소**</td><td>③ 위험 일으킬 **우려**(성격 · 도덕적 결함으로)</td></tr>
<tr><td>[☺ **직원**(이) **불미**(스러워) **취소**]</td><td>[☺ **어결우동면**]</td></tr>
</table>

(4) 직권면직 사유[경찰공무원법(제28조)]<04·10·19승진·23경간·03·10·11·15.2·22.1채용>

직권면직 ➡ 임용권자는 경찰공무원이 다음 각 호의 어느 하나에 해당될 때에는 직권으로 면직시킬 수 있다.(경찰공무원법 제28조 제1항)<22승진·23경간>

1. 국가공무원법 제70조 제1항 제3호·제4호·제5호까지의 규정 중 어느 하나에 해당될 때(경찰공무원법 제28조 제1항 제1호)

   ① 직제와 정원의 개폐 또는 예산의 감소 등에 의하여 **폐직 또는 과원**이 되었을 때(징계위원회 의견 들어야)[♣동의 필요(×), ♣직위해제 사유(×)](국가공무원법 제70조 제1항 제3호, 제2항)<10.2·15.2채용>

   ② 휴직기간이 끝나거나 휴직사유가 소멸된 후에도 직무에 **복귀하지 아니하거나 직무를 감당할 수 없을 때**(징계위원회 의견 들어야)[♣동의 필요(×), ♣직위해제 사유(×)](국가공무원법 제70조 제1항 제4호, 제2항)<19승진·10.2·15.2·22.1채용>

   ③ 직위해제로 대기명령을 받은 자가 그 기간에 **능력 또는 근무성적 향상을 기대하기 어렵다고 인정된 때(징계위원회 동의 필요)**(국가공무원법 제70조 제1항 제5호, 제2항)<19·21·22승진·11.2채용>

   ─ 국가공무원법 직권면직 사유중 경찰관에게는 적용되지 않는 직권면직 사유

   6. 전직시험에서 세 번 이상 불합격한 자로서 직무수행 능력이 부족하다고 인정된 때<24승진>

   7. 병역판정검사·입영 또는 소집의 명령을 받고 정당한 사유 없이 이를 기피하거나 군복무를 위하여 휴직 중에 있는 자가 군복무 중 군무(軍務)를 이탈하였을 때

   8. 해당 직급·직위에서 직무를 수행하는 데 필요한 자격증의 효력이 없어지거나 면허가 취소되어 담당 직무를 수행할 수 없게 된 때

   9. 고위공무원단에 속하는 공무원이 제70조의2에 따른 적격심사 결과 부적격 결정을 받은 때

2. 경찰공무원으로 부적합할 정도의 **직무수행능력 또는 성실성이 현저히 결여된 사람**으로서 대통령령으로 정하는 사유(**징계위원회 동의 필요**)(경찰공무원법 제28조 제1항 제2호, 제2항)<19승진·11.2·22.1채용>

   [경찰공무원임용령 제47조상 직무수행능력 또는 성실성 결여의 구체적 사유]

   ㉠ 지능 저하 또는 판단력 부족으로 경찰업무를 **감당할 수 없는** 경우

   ㉡ 책임감의 결여로 직무수행에 성의가 없고 위험한 직무를 고의로 **기피하거나 포기**하는 경우

3. 직무수행에 있어 위험을 일으킬 우려**가 있을 정도의 성격 또는 도덕적 결함, 대통령령으로 정하는 사유(징계위원회 동의 필요)**(경찰공무원법 제28조 제1항 제3호, 제2항)<19승진·10.2·22.1채용>

   [경찰공무원임용령 제47조상 위험을 일으킬 우려가 있을 정도의 결함의 구체적 사유]

   ㉠ **인격 장애, 알코올, 약물중독 그 밖의** 정신장애로 인하여 경찰업무를 **감당할 수 없는** 경우[♣동의 없는 면직가능(×)](경찰공무원임용령 제47조 제2항 제1호)<10.2채용>

   ㉡ 사행행위 또는 재산의 낭비로 인하여 채무과다, 부정한 이성 관계 등 도덕적 결함이 현저하여 타인의 비난을 받는 경우(경찰공무원임용령 제47조 제2항 제1호)

일방 면직

일방 면직	4. 당해 경과에서 직무를 수행하는 데 필요한 **자격증의 효력이 상실되거나 면허가 취소되어 담당 직무를 수행할 수 없게 된 때**[♣징계위의 동의 필요(×)](경찰공무원법 제28조 제1항 제4호)<23경간·10.2·22.1채용>
	※ 직권면직과 파면·해임 : 처분사유와 효과 면에서는 구별되지만, 결과적으로 공무원의 신분을 소멸시킨다는 점에서는 동일하다.
의원 면직	(1) **의의** : 공무원 자신의 의사표시에 기초하여 임용권자가 이를 수리함으로써 **공무원관계를 소멸시키는 쌍방적 행정행위**로 **임명권자의 수리가 요구**된다.[♣바로 효과 발생(×)]<01채용> ① 사직의 의사표시는 진정한 의사에 의한 것이어야 한다. 판례 사직의 의사표시는 공무원의 진정한 의사에 의한 것이어야 하며, 상사 등의 강요에 의해 반려될 것을 기대하고 한 사의표시에 의한 면직처분은 위법한 것으로 취소 또는 무효의 사유가 된다.[♣유효(×)](대판 75누46)<09승진> (2) **면직효과의 발생 시기** : 서면에 의한 사직서를 임명권자가 승인(수리)한 때 ① 사직서 제출 후 무단결근하면 징계사유가 된다. 판례 임용권자의 승인(수리)전에는 공무원관계가 계속되므로, 사직서 제출 후 직장을 무단이탈하면 징계 및 형사책임의 사유가 된다.(대판 71누14) (3) **명예퇴직** : 공무원으로서 20년 이상 근속한 자에 대하여 경제적인 혜택을 주고 자진하여 퇴직하도록 하는 제도

판례 1) [비진의 의사표시-무효] 상사인 세무서장이 원고에게 사직원을 제출할 것을 강력히 요구하므로, 원고가 사직원을 제출할 의사가 없으면서 사직원을 제출하더라도 행정쟁송을 할 의사로 사직원을 제출하였다면, 면직처분은 무효로 보아야 할 것이다.(대법원 75누46 판결)

판례 2) [파면·구속 두려워 사직서-유효] 공무원이 범법행위를 저질러 수사기관에서 조사를 받는 과정에서 수사기관과 소속 행정청의 직원 등의 권고·종용에 따라 사직을 조건으로 내사종결하기로 하고 사직서를 작성·제출한 경우, 그 사직의사결정이 공무원 자신이 그 범법행위로 인하여 구속되어 형사처벌되고 징계파면까지 될 것을 우려하여 사직서를 제출한 것으로 인정되는 경우라면 특단의 사정이 없는 한 위와 같은 사직 종용사실만으로는 그 사직의사결정이 순전히 강요에 의한 것으로 볼 수는 없다.[유효(○)](대법원 92누558 판결)<승진09>

3 경찰공무원의 권리·의무·책임

특별권력관계이론이 퇴조하고 공무원에게도 법치주의가 일반적으로 적용되면서 경찰공무원의 인권도 국민의 인권과 마찬가지로 중요하게 받아들여지고 있다는 점과 아울러 정치적 중립 목적의 신분보장에 의해 지위가 보장된다는 점에도 불구하고 여전히 공익상 필요에 의해 경찰공무원의 지위(권리·의무·책임)에는 일정한 제한이 가해진다는 점을 염두에 둘 필요가 있다.

I 테마 49 경찰공무원의 권리[☺ 권신재 일직의 신]

> 경찰공무원도 **헌법상 기본권의 주체**로서 모든 **기본권을 향유**할 수 있으나, **노동 3권(단결권·단체교섭권·단체행동권)**, 국가배상청구권, 거주이전의 자유 등 **일부 기본권은 행사에 제한**을 받는다.

신분상 권리	① **일반적 권리** : 직무집행권, 신분보유권, 직위보유권, **쟁송제기권 [☺ 집신보송일]**
	② **특수한 권리** : 제복착용권, 무기휴대 및 사용권, 장구사용권 [☺ 제무장 특]
재산상 권리	**보수청구권, 연금청구권**, 실비변상청구권, 보급품수령권, 보상청구권[♣직무상 권리(×), ♣신분상 권리(×)]<98승진·02·08경간·03채용>

Ⅰ. 신분상 권리

1. 일반적 신분상 권리 [♣특수한 신분상 권리(×)] [☺ 보송집신 일]

직무 집행권	경찰공무원이 직무를 수행하고 그 **직무집행을 방해를 받지 않을 권리** ※ 이를 방해하면 '형법'상 공무집행방해죄를 구성한다.(형법 제136조)<16승진> **판례** [**적법한 공무집행 → 추상적 권한(○), 구체적 요건과 방식(○)**] 공무집행방해죄는 공무원의 직무집행이 적법한 경우에 한하여 성립한다. 이때 적법한 공무집행은 그 행위가 **공무원의 추상적 권한에 속할 뿐 아니라**[♣추상적 권한이 아니라(×)] **구체적 직무집행에 관한 법률상 요건과 방식을 갖춘 경우를 가리키므로, 경찰관이 적법절차를 준수하지 않은 채** 실력으로 현행범인을 **연행**하려 하였다면 **적법한 공무집행이라고 할 수 없다.**(대법원 2013도2168 판결 [공무집행방해·상해])<23경간>
신분 보유권	① 신분보장은 의사에 반한 불리한 신분조치의 금지를 의미한다. ② 공무원의 신분보장은 궁극적으로 헌법에 의해 보장되는 것이다. ※ 공무원의 정치중립뿐만 아니라 능률적 수행을 확보하기 위해서도 인정된다. ㉠ 공무원의 신분과 정치적 중립성은 법률이 정하는 바에 의하여 보장된다.(헌법 제7조) ㉡ 공무원은 형의 선고, 징계처분 또는 이 법에서 정하는 사유에 따르지 아니하고는 본인의 **의사에 반하여 휴직·강임 또는 면직을 당하지 아니**한다. 다만, **1급 공무원**과 직무등급이 **가장 높은 등급의 직위에 임용된 고위공무원단에 속하는 공무원**은 그러하지 아니하다.[♣경찰공무원법상(×)](국가공무원법 제68조)<22승진> ③ **치안총감, 치안정감 및 시보임용 중인 공무원을 제외(신분보장이 되지 않음.)**한 모든 경찰공무원은 그 의사에 반해 휴직·면직당하지 않는다.[♣치안총감·치안정감을 제외한 모든 경찰공무원은(×), ♣모든 경찰공무원(×)](국가공무원법 제68조, 경찰공무원법 제36조)<05승진·경간·채용> ※ **경찰청장이 신분보장을 받게 되어 경찰청장인 치안총감은 예외적으로 신분보장의 대상이 되지만**, 해양경찰청장인 치안총감은 신분보장의 대상이 되지 않음. ④ **신분보장 방법**으로 보수의 지급, 명예퇴직수당의 지급, 사회보장, 국가유공자에 대한 예우 등이 있다.

직위 보유권	자신에게 부여된 일정한 직위를 보유할 권리로, 법정사유에 의하지 아니하고는 직위를 해제당하지 않는다.
쟁송 청구권	위법·부당한 권리침해 시 **소청심사청구권**, 기타 **행정소송제기권**을 보유한다.<16승진>

2. 특수한 신분상 권리

제복 착용권	① 경찰공무원은 **제복을 착용하여야** 한다.[♣할 수(×)](경찰공무원법 제26조 제1항) ※ 제복착용권은 경찰공무원의 **권리이자 의무**로서의 성격을 가진다.<11경간·99승진·06채용> ② 경찰공무원의 복제(服制)에 관한 사항은 **행정안전부령**(또는 해양수산부령)**으로** 정한다.[♣대통령령으로(×)](경찰공무원법 제26조 제3항)<23경간·12.3채용>
무기 휴대 및 사용권	① **무기휴대의 법적 근거**는 **경찰공무원법**이다.[♣경찰관직무집행법(×)](경찰공무원법 제26조 제2항)<13·15·16승진·07·10·12. 15.3채용> ※ 경찰공무원은 직무수행을 위하여 필요한 때에는 **무기를 휴대할 수 있다.**[♣하여야 한다.(×)](경찰공무원법 제26조 제2항) ※ 경찰공무원의 무기휴대는 **권리이지 의무가 아니다.**<99승진> 판례 [**무기휴대권리 → 개인적 휴대(×)**] 경찰공무원법의 규정 취지는 경찰공무원이 직무수행을 위하여 필요하다고 인정되는 경우에 한하여 무기를 휴대할 수 있다는 것뿐이지, 경찰관이라 하여 허가 없이 **개인적으로 총포 등을 구입하여 소지하는 것을 허용하는 것은 아니다.**(대법원 95도2408 판결 [총포·도검·화약류단속법위반·변호사법위반]) ② **무기사용의 법적 근거 : 경찰관직무집행법**이다.[♣경찰공무원법(×), ♣국가공무원법(×)](경직법 제10조의 4)<15·16승진·01경간·12. 15.3채용>
장구 사용권	**수갑·포승·경찰봉·방패·전기충격기** 등 경찰장구를 사용할 수 있는 권리이다.[♣장신구 사용권(×)](경찰관직무집행법 제10조의2) ※ **장구사용의 법적 근거 : 경찰관직무집행법**

II. 재산상 권리

1. 보수 청구권

(1) 보수는 **봉급과 기타 각종 수당을 합산한 금액**으로서 '근로의 대가'로서의 성질과 '공무원의 생활보장'적 성격을 가지고 있다.<02승진>

정리 **봉급 + 수당 = 보수**

봉급	직무의 곤란성 및 책임의 정도에 따라 직책별로 지급되는 **기본급여**
수당	직무여건 및 생활여건 등에 따라 지급되는 **부가급여**

(2) 공무원의 보수에 관한 사항은 **대통령령**으로 정한다.(국가공무원법 제47조 제1항)

※ **경찰공무원의 보수에 관한 법령** : 별도의 법령이 존재하지 않고 대통령령인 '공무원보수규정[♣행안부령(×)]', 대통령령인 '공무원수당 등에 관한 규정'이 적용된다.[♣경찰공무원보수법이 별도로 존재(×)](공무원보수규정, 공무원수당 등에 관한 규정)<13승진>

(3) 청구권 행사

① 공법상 권리로서 **당사자소송의 대상**이 된다.

> ※ 보수청구권은 임의로 포기할 수 없고, **보수에 대한 압류는 1/2까지로 제한**된다.

② 급여에 관한 결정, 기여금의 징수, 그 밖에 이 법에 따른 급여에 관하여 이의가 있는 사람은 대통령령으로 정하는바에 따라 「공무원 재해보상법」(제52조)에 따른 **공무원재해보상연금위원회에 심사를 청구할 수** 있다.(공무원연금법 제87조 제1항)

> ※ 심사 청구는 급여에 관한 결정 등이 있었던 날부터 180일, 그 사실을 안 날부터 90일 이내에 하여야 한다. 다만, 정당한 사유가 있어 그 기간에 심사 청구를 할 수 없었던 것을 **증명한 경우는 예외**로 한다.(공무원연금법 제87조 제2항)

③ 소속 장관은 **경감 이하**(별표 2의2에 따른) 공무원 중 근무성적, 업무실적 등이 우수한 사람에게는 예산의 범위에서 **성과상여금을 지급한다.**(공무원수당 등에 관한 규정 제7조의2 제1항)

④ 공무원연금법에 따른 급여를 받을 권리는 급여의 사유가 발생한 날부터 **5년간 행사하지 아니**하면 **시효로 인하여 소멸**한다.[♣3년간(×)](공무원연금법 제88조 제1항)<13승진>

> ※ 급여를 받을 권리는 **양도·압류하거나 담보에 제공할 수 없으며** 다만, 대통령령이 정하는 금융기관에 담보로 제공할 수 있고, 법률에 의한 체납처분의 대상으로 할 수는 있다.

> ※ 잘못 납부한 기여금을 반환받을 권리는 퇴직급여 또는 퇴직유족급여의 지급 결정일부터 **5년간** 행사하지 아니하면 시효로 인하여 소멸한다.(공무원연금법 제88조 제2항)

⑤ **사회보장 :** 공무원이 **질병·부상·폐질(廢疾)·퇴직·사망 또는 재해**를 입으면 본인이나 유족에게 **법률**로 정하는 바에 따라 적절한 급여를 지급한다.(국공법 제77조 제1항)

> → 법률 : **공무원연금법, 공무원재해보상법**

⑥ 공무원재해보상법에 따른 급여를 받을 권리는 그 급여의 사유가 발생한 날부터 **요양급여·재활급여·간병급여·부조급여는 3년간, 그 밖의 급여는 5년간** 행사하지 아니하면 **시효로 인하여 소멸**한다.[♣5년,, 3년(×)](공무원재해보상법 제54조 제1항)<21승진>

> ※ 요양급여(재활급여, 장해급여, 간병급여, 재해유족급여, 부조급여)를 받으려는 사람은 인사혁신처장에게 급여를 청구하여야 하며, 인사혁신처장은 요양급여 등의 청구를 받으면 급여의 요건을 확인한 후 급여를 결정하고 지급한다.(공무원재해보상법 제9조 제1항, 제3항)

(4) 각종 급여결정

① 각종 급여는 그 급여를 받을 권리를 가진 사람의 신청에 따라 **인사혁신처장의 결정**[♣기획재정부장관이 결정(×)]으로 **(연금관리)공단**이 지급한다.(공무원연금법 제29조 제1항)<13승진>

> ※ 다만, 장해연금 또는 장해일시금, 급여제한사유 해당 여부 등 **대통령령**으로 정하는 사항은 「**공무원재해보상법**」에 따른 **공무원재해보상심의회의 심의**를 거쳐야 한다.(공무원연금법 제29조 제1항 단서)

② 급여의 결정에 관한 **인사혁신처장의 권한**은 대통령령에 따라 **공무원연금공단에 위탁**되어 있다.(공무원연금법 제29조 제2항, 동법 시행령 제25조)<13승진>

(5) 부정수령

① 보수를 거짓이나 그 밖의 **부정**한 방법으로 수령한 경우에는 수령한 금액의 **5배의 범위**에서 가산하여 징수**할 수** 있다.(국가공무원법 제47조 제3항)

② 거짓이나 그 밖의 부정한 방법으로 **시간외근무수당**을 지급받았을 때에는 부정 수령액의 5배에 해당하는 금액을 가산하여 징수하고, **1년의 범위**에서 위반 행위의 적발 횟수에 따라 **근무명령을 하지 않는다.** 이 경우 각급 행정기관의 장은 위반행위를 **2회 이상 적발**했을 때에는 관할 징계위원회에 **징계의결을 요구해야** 한다.(공무원수당 등에 관한 규정 제15조 제8항)

③ **성과상여금**을 **거짓**이나 그 밖의 **부정**한 방법으로 지급받은 때에는 그 지급받은 성과상여금에 **해당하는 금액을 징수**하고,[♣2배에 해당하는 금액 징수(×)] **1년의 범위**에서 성과상여금을 **지급하지 아니한**다.(공무원수당 등에 관한 규정 제7조의2 제10항)

※ 소속 장관은 **경감 이하**(별표 2의2에 따른) 경찰공무원 중 근무성적, 업무실적 등이 우수한 사람에게는 **예산의 범위에서 성과상여금을 지급**한다.

Ⅱ **테마 50** **경찰공무원의 의무**<개념구분 – 10 · 15 · 20승진 · 11 · 14 · 15경간 · 08 · 10 · 12.2 · 14.1채용>

아래 경찰공무원의 의무는 **모두 법적의무**로서 이를 위반하면 처벌 혹은 징계의 사유가 될 수 있으며 국가공무원법은 '**정치운동금지의무**'와 '**집단행동금지의무**' 위반에 대해 처벌규정을 두고 있고 **경찰공무원법**에서는 이를 **가중처벌**하고 있다. [☺ 권신재의 일직신]

일반의무	국가공무원법	① **성**실의무<14.1채용> ② **선서** 의무[☺ 일국성서]
	국가공무원법	① **종**교중립의무 ② **친**절공정의무 ③ **복**종의무 [☺ 종친복직국법] ④ **직**무전념의무(이겸영) ⑤ **법**령준수의무[♣비밀엄수의무(×)]<19승진 · 14 · 15경간 · 12.2 · 14.1채용>
직무상 의무	경찰공무원법	① **거짓보고 · 직무유기금지 의무**(경찰공무원법 제24조 제1항, 제2항)<12 · 15 · 19 · 20 · 21경간 · 20승진 · 10.1 · 14.1 · 19.2채용> ※ 거짓보고금지 : 경찰공무원은 직무에 관하여 **거짓으로 보고나 통보를** 하여서는 아니 된다.[♣국가공무원법상 의무(×)](경찰공무원법 제24조 제1항)<12 · 15경간 · 14.1 · 19.2채용> ※ 직무유기 금지 : 경찰공무원은 **직무를 게을리하거나 유기(遺棄)해서는** 아니 된다.(경찰공무원법 제24조 제2항) ② **제복착용의무**(권리이자 의무) : 경찰공무원은 제복을 착용하여야 한다.(경찰공무원법 제26조 제1항)<20승진 · 11 · 19 · 20 · 21경간> ③ **지휘권남용 등의 금지의무** : 전시 · 사변, 그 밖에 이에 준하는 비상사태이거나 작전수행 중인 경우 또는 많은 인명 손상이나 국가재산 손실의 우려가 있는 위급한 사태가 발생한 경우, 경찰공무원을 **지휘 · 감독하는 사람은 정당한 사유 없이 그 직무 수행을 거부 또는 유기**하거나 경찰공무원을 지정된 근무지에서 **진출 · 퇴각 또는 이탈**하게 하여서는 아니 된다.(경찰공무원법 제25조)<20 · 22승진 · 11 · 15 · 20 · 21경간 · 10.1 · 12.2채용> → 경찰공무원으로서 전시 · 사변, 그 밖에 이에 준하는 비상사태이거나 작전 수행 중인 경우에 **직무유기 금지**(제24조 제2항) 또는 **지휘권남용금지**(제25조), **직장이탈금지**(「국가공무원법」 제58조 제1항)를 위반한 사람은 **3년 이상의**[♣1년 이상(×)] **징역이나 금고**에 처하며, **거짓보고나 통보금지**(제24조 제1항), **복종의무**(「국가공무원법」 제57조)를 위반한 사람은 **7년 이하의 징역이나 금고**에 처한다.(경찰공무원법 제37조) [☺ 경찰공무원이 거제지정!]

직무상 의무	경찰공무원 복무규정	① 지**정**장소 외에서 직무수행 금지의무
		② **민**사 분쟁에 부당개입 금지의무
		③ 근무시간 중 **음주**금지의무[☻정민(이) 음주 복무]
신분상 의무	국가공무원법	① **영**예 등의 제한 ② **청**렴의무 ③ **정**치운동 금지 의무 ④ **비**밀엄수 의무 ⑤ **품**위유지의무 ⑥ **집**단행동금지 의무[♣친절공정의무(×)]<20 승진>[☻국영청정비품집신]
	경찰공무원법	**정치관여금지**(정치중립의무) : 경찰공무원은 정당이나 정치단체에 가입하거 나 정치활동에 관여하는 행위를 하여서는 아니 된다.[♣경찰청공무원 행동강령에 규정(×)](제23조 제1항)<23.1채용> ※ 정치관여행위(경공법 제23조 제2항) 1. 정당이나 정치단체의 **결성 또는 가입**을 지원하거나 방해하는 행위 2. 그 직위를 이용하여 특정 정당이나 특정 정치인에 대하여 **지지 또는 반 대** 의견을 유포하거나, 그러한 여론을 조성할 목적으로 특정 정당이나 특정 정치인에 대하여 찬양하거나 비방하는 내용의 의견 또는 사실을 유포하는 행위 3. 특정 정당이나 특정 정치인을 위하여 **기부금 모집**을 **지원**하거나 **방해** 하는 행위 또는 국가·지방자치단체 및 「공공기관의 운영에 관한 법률」 에 따른 공공기관의 자금을 이용하거나 이용하게 하는 행위[♣국가공무 원법 규정(×)] 4. 특정 정당이나 특정인의 **선거운동**을 하거나 선거 관련 **대책회의**에 관 여하는 행위 5. 「정보통신망 이용촉진 및 정보보호 등에 관한 법률」에 따른 정보통신망 을 이용한 제1호부터 제4호까지의 규정에 해당하는 행위 6. 소속 직원이나 다른 공무원에 대하여 제1호부터 제5호까지의 행위를 하도록 요구하거나 그 행위와 관련한 보상 또는 보복으로서 이익 또는 불이익을 주거나 이를 약속 또는 고지(告知)하는 행위 [♣특정 정당·정치단체나 특정 정치인을 위하여 집회를 주최·참석·지원하도록 다른 사람을 사주·유도·권유·회유 또는 협박하는 행위(×)→국정원법 제11 조 제2항 제5호]
	기타 법	① **공직자윤리법** ➤ **재산등록·공개의무**<01·03승진·10채용·11경간> ② 부패방지 및 국민권익위원회의 설치·운영에 관한 법률 ➤ 부패행위 신고의무

Ⅰ. 일반적 의무

성실 의무	① 국가공무원법상 성실의무는 (법령을 준수하여) **공공의 이익**을 도모하고, 그 불이익을 방지하기 위해 전인격과 양심을 바쳐서 성실히 직무를 수행하여야 할 의무를 말한다.[♣경찰공무원법상 의무(×)](국가공무원법 제56조)<12경간·02·14.1채용> 　※ 국가공무원법상 공무원의 성실의무는 경우에 따라 **근무시간 외에 근무지 밖에까지 미칠 수도** 있다.(判) ② **다른 의무의 원천**이 되는 **가장 기본적인 의무**이다.<04·13·20승진·12경간·14.1채용> 　– 윤리성을 강하게 띠고 있는, 자발적이고 적극적인 성격의 의무이다. ③ 국가공무원법 제56조는 '모든 공무원은 법령을 준수하며 성실히 직무를 수행하여야 한다.'고 규정하고 있어 **명시적 규정이 있는 법령상 의무**이다.[♣명시적 규정 없으나(×)][♣경찰공무원법상 의무(×)](국가공무원법 제56조)<20승진·11·12경간·14.1·19.2채용>
선서 의무	공무원은 취임할 때에 **소속 기관장 앞에서** 국회규칙, 대법원규칙, 헌법재판소규칙, 중앙선거관리위원회규칙 또는 **대통령령으로 정하는바에 따라 선서(宣誓)하여야 한다.**[♣소속 상사 앞에서 선서(×)](국가공무원법 제55조) ※ 다만 **불가피한 사유가 있을 때에는 취임 후 선서를 하게 할 수** 있다.(국가공무원법 제55조)<18.3채용>

Ⅱ. 직무상 의무

종교 중립 의무	① 공무원은 종교에 따른 차별 없이 직무를 수행하여야 한다.[♣종교중립의무는 신분상 의무(×)](국가공무원법 제59조의 2 제1항)<16·18·19·23승진·20경간·14.1채용> 　♣종교중립의무는 신분상 의무에 해당한다.(×)<16승진·14.1채용> ※ 다른 의무와 별개로 규정하고 있다. ② 공무원은 소속 상관이 **종교중립의 의무에 위배되는 직무상 명령**을 한 경우에는 이에 따르지 아니할 수 있다.[♣따라야(×), ♣이에 따르지 아니하여야 한다.(×)](국가공무원법 제59조의2 제2항)<16·18·19승진> 　※ 종교중립의무는 법령엄수의무에 포함되며, 복종의무에 우선한다고 해석된다.
친절 공정 의무	공무원은 **국민 전체의 봉사자**로서 **친절하고 공정하게 직무를 수행하여야** 한다.(국가공무원법 제59조)<17·20경간·15승진> ※ 이는 단순한 윤리적 의무가 아니라 법에 명시된 **법적 의무**이다.[♣윤리적 의무(×)]<17경간·04승진·03채용>
복종 의무	(1) 공무원은 직무를 수행할 때 소속 상관의 **직무상의 명령에 복종하여야** 한다.(국가공무원법 제57조)<19.2채용> 　※ **경찰공무원은 상관의 지휘·감독을 받아 직무를 수행**하고, 그 직무수행에 관하여 서로 협력하여야 한다.(국가경찰과 자치경찰의 조직 및 운영에 관한 법률 제6조 제1항) → **국자법(구경찰법)에도 복종의무를 규정**하고 있다. 憲裁 [공무원복종의무 → 필수] 행정부공무원은 대통령을 정점으로 소위 피라미드식 계층구조가 될 수 밖에 없기 때문에 **명령복종관계는 공무원 관계의 필수적인 내용**이라고 할 수 있다.(헌법재판소 92헌바21)

> **판례** **[직무수행내역 일지형식 보고명령→정당한 명령]** 상관이 직무수행을 태만히 하거나 지시사항을 불이행하고 허위보고 등을 한 부하에게 그 근무태도를 교정하고 직무수행을 감독하기 위하여 **직무수행의 내역을 일지 형식으로 기재하여 보고하도록 명령**하는 행위는 직무권한 범위 내에서 내린 **정당한 명령**이므로 부하는 그 명령을 실행할 법률상 의무가 있고, 그 명령을 실행하지 아니하는 경우 군인사법 제57조 제2항 소정의 **징계처분**이 내려진다거나 그에 갈음하여 얼차려의 제재가 부과된다고 하여 그와 같은 명령이 형법 제324조 소정의 강요죄를 구성한다고 볼 수 없다.[♣복종의무 위반은 경찰공무원법상 형사벌 부과대상(×)](대법원 2010도1233 판결 [가혹행위·강요])

① **소속 상관**: 신분상의 상관이 아닌 직무상의 상관(당해 경찰공무원의 직무에 대하여 지휘·감독을 할 수 있는 정당한 권한을 가지고 있는 상관)을 의미한다.

② **직무범위 내**: 직무명령은 수명공무원의 **직무범위 내**에 속하는 사항에 대하여 발하여야 한다.[♣권한행사 외의 사항 포함(×)]

※ **직무관련 사생활 포함**: 복종의무가 생기는 직무상 명령은 직무집행에 직접적으로 관계되는 것뿐만 아니라 복장 등 간접적인 사항도 대상범위에 들어간다. 그러나 사생활의 경우 직무관련 사생활은 포함되나, 직무와 관련 없는 공무원의 사생활에까지 미치는 것은 아니다.[♣직접적 직무집행에 관한 것이어야(×)]<13채용>

※ 특별한 규정이 있는 경우 외에는 **서면이나 구두**의 어느 형식이나 무방하다.

③ (독립성이 보장된 직무가 아닐 것) 공무원의 복종의무는 직무의 성질상 **독립이 보장된 공무원의 직무수행에는 인정되지 않**는다.(에 감사위원, 법관, 교수 등)

(2) 직무명령의 형식적 요건에 하자가 있는 경우 그 복종에 따르는 **책임은 수명공무원**이 져야 한다.

(3) **내용의 적법성, 공익성, 타당성, 적합성 등 실질적 요건**은 원칙적으로 하급공무원의 **심사대상이 아니**지만 내용의 적법성에 문제가 있는 경우 거부하여야 한다.

※ **위법한 직무명령**: 경찰공무원은 소속 상관의 **종교차별적인 직무명령**((국가공무원법 제59조의2 **종교중립의무 위배**)을 거부하여야 하며, 위법함을 알고 복종하였다면 복종한 공무원에게 책임이 있다.[♣위법 직무명령도 복종의무 있다.(×)] 판례는 위법한 직무명령은 직무상의 지시명령이라 할 수 없으므로 이에 따라야 할 의무가 없다고 판시하고 있다.

법령준수의무와 (직무명령에의) 복종의무가 충돌할 경우(법령준수의무가 우선)	
부당	① 경찰공무원은 **구체적 사건수사와 관련된 상관의 지휘·감독**의 적법성 또는 **정당성** 여부에 대하여 이견이 있을 때에는 **이의를 제기할 수 있다.**[♣경찰공무원법에 명문화(×), ♣국가공무원법에 명문화(×)](**국가경찰과 자치경찰의 조직 및 운영에 관한 법률** 제6조 제2항)<13·19승진·17.2채용> ② **공무원행동강령(대통령령)**은 상급자가 공정한 직무를 저해하는 지시를 한 경우 해당 상급자에 소명 또는 행동강령책임상담관에게 상담할 수 있도록 규정하고 **계속 반복될 경우 상담하여야 한다**고 하여 복종의무와의 조화를 꾀하고 있다.(경찰청 공무원행동강령 규칙 제4조)

(좌측 세로 레이블) **복종의무** / **부당**

복종 의무	**위법**	공무원은 소속 상관이 종교중립의 의무에 위배되는 직무상 명령을 한 경우에는 이에 따르지 아니하여야 하며, 위법한 명령에 따른 경우 민·형사상 책임을 져야 한다. ※ **판례** − 직무명령이 위법 내지 불법한 명령인 때에는 이는 직무상의 지시명령이라 할 수 없으므로 이에 따라야 할 의무는 없다고 판시 ※ **통설** − 직무명령이 형법에 저촉되는 등 그 하자가 중대하고 명백하여 무효가 아닌 한 공무원은 상관의 직무명령에 복종하여야 한다고 한다.
직무 전념 의무	**직장 이탈 금지**	공무원은 **소속 상관의 허가 또는 정당한 이유 없이**는 직장이탈을 하지 못한다.[♣소속 기관장 허가(×)](국가공무원법 제58조 제1항)<17경간·14승진·15.2·17.2·18.3·19.2채용> ① 수사기관이 공무원을 **구속하려면** 그 소속 기관의 장에게 미리 통보하여야 한다. 다만, **현행범은 그러하지 아니하다.**[♣현행범인 경우(×)](국가공무원법 제58조 제2항)<11·16·20승진> ② 감사원과 검찰·경찰, 그 밖의 수사기관은 조사나 **수사를 시작한 때와 이를 마친 때에는 10일 내에 소속 기관의 장에게 그 사실을 통보하여야** 한다.(국가공무원법 제83조 제3항)
	겸직 금지	공무원은 **소속기관장**[♣소속 상관(×)]**의 허가 없이** 다른 직무를 겸하지 못한다.(국가공무원법 제64조 제1항)<07·12·14·19승진·12.3·16.1·17.1·2채용>
	영리 업무 종사 금지	공무원은 공무 이외의 **영리를 목적으로 하는 업무에 종사하지 못한다.**(국가공무원법 제64조 제1항)<19·21경간·13·14·19승진·16.1·17.2채용> ① 공무원이 자신이 담당하고 있는 직무와 관련이 있는 타인의 기업에 투자하는 행위는 금지되어 있다. ② 일시적인 재산상 이득을 목적으로 하는 업무를 행하는 것은 허용이 된다. ※ 소속기관장의 **허가를 받아도** 영리업무에 **종사할 수 없다.**
법령 준수 의무		① 공무원이 직무수행에 있어 법령을 준수하여 직무를 수행해야 한다.[♣경찰공무원법에 규정(×)](국가공무원법 제56조)<19·20·21경간·15승진> ② 경찰은 적법한 외관을 갖춘 한 해당법령을 준수할 의무를 가지므로 법령에 대한 형식적 심사·적용 배제권을 가지지만, 실질적 심사·적용배제권은 가지지 않는다.
	경찰공무원 복무규정[시행 2017. 7. 26.] [대통령령 제28215호]<15.2채용>	
	기본강령	1호. 경찰사명, 2호. 경찰정신, 3호. 규율, 4호. 단결, 5호. 책임, 6호. 성실·청렴[♣제4호에 책임, 제5호에 단결을 규정(×)](제3조)<17승진>
	지정장소 외 직무수행 금지	경찰공무원은 상사의 허가를 받거나 그 명령에 의한 경우를 제외하고는 직무와 관계없는 장소에서 **직무수행을 하여서는 아니**된다.(경찰공무원복무규정 제8조)<19경간·15.2·21.1채용>
	민사분쟁 부당개입 금지	경찰공무원은 **직위 또는 직권을 이용하여 부당하게 타인의 민사분쟁에 개입하여서는 아니**된다.(제10조)<17·22승진·20경간·21.1채용>
	근무시간 중 음주금지	경찰공무원은 **근무시간 중 음주를 하여서는 아니**된다. 다만, 특별한 사정이 있는 경우에는 예외로 하되, 이 경우 주기가 있는 상태에서 직무를 수행하여서는 아니된다.(제9조)<20경간·15.2채용>

	여행제한	경찰공무원은 **휴무일 또는 근무시간외에 2시간 이내에**[♣3시간 이내에(×)] **직무에 복귀하기 어려운 지역으로 여행을 하고자 할 때**에는 소속 경찰기관의 장에게 **신고를 하여야** 한다.[♣소속상관의 허가를 받아야 한다.(×)] 다만, 치안상 특별한 사정이 있어 경찰청장 또는 경찰기관의 장이 지정하는 기간 중에는 소속경찰기관의 장의 **허가**를 받아야 한다.(제13조)<15.2·21.1채용>
법령 준수 의무	**포상휴가**	경찰기관의 장은 근무성적이 탁월하거나 다른 경찰공무원의 모범이 될 공적이 있는 경찰공무원에 대하여 **1회 10일 이내의**[♣1회 14일 이내(×)] **포상휴가**를 허가할 수 있다. 이 경우의 **포상휴가기간은 연가일수에 산입하지 아니**한다.(제18조)<17승진·15.2채용> ※ 공무원 휴가 ① 공무원의 휴가는 **연가(年暇), 병가, 공가(公暇) 및 특별휴가**로 구분한다.(국가공무원복무규정 제14조) ② **병가** : 행정기관의 장은 소속 공무원이 다음 각 호의 어느 하나에 해당할 경우에는 **연 60일**의 범위에서 **병가를 승인할 수** 있다. 이 경우 질병이나 부상으로 인한 지각·조퇴 및 외출은 **누계 8시간**을 **병가 1일**로 계산하고, (제17조 제5항에 따라) 연가 일수에서 빼는 병가는 병가 일수에 산입하지 아니한다.(국가공무원 복무규정 제18조 제1항) 1. 질병 또는 부상으로 인하여 직무를 수행할 수 없을 때 2. 감염병에 걸려 그 공무원의 출근이 다른 공무원의 건강에 영향을 미칠 우려가 있을 때 ③ **공가** : 행정기관의 장은 소속 공무원이 다음 각 호의 어느 하나에 해당하는 경우에는 이에 직접 필요한 기간 또는 시간을 **공가로 승인해야** 한다.(국가공무원복무규정 제19조)<23승진> 1. 병역판정검사·소집·검열점호 등에 응하거나 동원 또는 훈련 참가 2. 공무관련, 국회, 법원, 검찰, 경찰 또는 그 밖의 국가기관에 소환 3. 법률에 따라 투표에 참가할 때 4. 승진시험·전직시험에 응시할 때 5. **원격지로 전보** 발령을 받고 부임할 때<23승진> 6. 기타 건강진단, 건강검진, 결핵검진, 헌혈참가, 외국어능력시험 응시, 올림픽 등 국가적 행사 참가, **천재지변 등 출근불가능**, 노조 단체교섭 및 단체협약, 국외공무출장관련 예방접종, 제1급 감염병 감염여부 검사등<23승진> ④ **특별휴가** : 행정기관의 장은 소속 공무원이 **결혼**하거나 **그 밖의 경조사**가 있는 경우에는 해당 공무원의 신청에 따라 별표 2의 기준에 따른 **경조사휴가를 주어야** 한다. ※ 별표2 : 결혼(본인 5일, 자녀 1일), 출산(배우자 10일, 한번에 둘 이상 자녀 15일), 입양(본인 20일), 사망(배우자, 본인 및 배우자의 부모 5일, 본인 및 배우자의 조부모·외조부모, 자녀와 그 배우자 3일, 본인 및 배우자의 형제자매 **1일**[♣3일(×)])

법령준수의무	연일근무자 등의 휴무	경찰기관의 장은 특별한 사정이 없는 한 다음과 같이 휴무를 **허가하여야** 한다.[♣할 수 있다.(×)](제19조)<17승진> 1. **연일근무자 및 공휴일근무자**에 대하여는 그 다음날 1일의 휴무 2. **당직 또는 철야근무자**에 대하여는 **다음 날 오후 2시를 기준으로 하여 오전 또는 오후의 휴무**
	상관신고	경찰공무원은 **신규채용, 승진, 전보, 파견, 출장, 연가, 교육훈련기관에의 입교 기타 신분관계 또는 근무관계 또는 근무관계의 변동**이 있는 때에는 **소속상관에게 신고**를 하여야 한다.[♣소속기관장에게(×)](제11조)<21.1채용>

III. 신분상 의무

영예등 제한	공무원이 외국 정부로부터 **영예나 증여를 받을 경우**에는 **대통령의 허가**를 받아야 한다.[♣증여를 받는 경우(○), ♣국가공무원법상 의무(○), ♣소속 기관장의 허가(×)](국가공무원법 제62조)<17경간 · 99 · 12 · 15 · 18 · 23승진 · 01 · 12 · 15.2 · 16.1 · 18.3채용>
청렴의무	**(1) 대외적 관계** ① 공무원은 (대외적으로) **직무와 관련**하여 **직접적이든 간접적이든** 사례 · 증여 또는 향응을 주거나 받을 수 없다.[♣직접 관련이 있는 경우에 한해(×), ♣간접적인 .. 받을 수 있다.(×)](국가공무원법 제61조 제1항)<13승진 · 17.1 · 18.3채용> ※ 직무와 관련된 금품수수의 경우는 징계감경의 대상이 아니다. ② 공직자등은 **직무 관련 여부 및 기부 · 후원 · 증여 등 그 명목에 관계없이** 동일인으로부터 **1회에 100만원 또는 매 회계연도에 300만원을 초과하는 금품**등을 받거나 요구 또는 약속해서는 아니 된다.(부정청탁 및 금품등 수수의 금지에 관한 법률 제8조 제1항) ※ 벌칙 − 3년 이하의 징역, 3천만원 이하의 벌금(제22조 제1항) **(2) 대내적 관계 :** 공무원은 직무상의 관계가 있든 없든 그 소속 상관에게 **증여하거나** 소속 공무원으로부터 **증여를 받아서는 아니** 된다.[♣직무와 관련 없는 증여는 받을 수 있다.(×)](국가공무원법 제61조 제2항)<14 · 16 · 18승진 · 12경간 · 12.3 · 15.2 · 17.1채용> > ※ 공무원의 청렴의무를 보장하기 위하여 '공직자윤리법(재산등록 · 공개제도, 선물신고 등 규정)'과 '부패방지 및 국민권익위원회의 설치와 운영에 관한 법률'을 두고 있으며, 동법에 의한 공무원의 행동기준을 규정하기 위해 '**공무원의 청렴유지 등을 위한 행동강령(대통령령)**', '**경찰청 공무원 행동강령(경찰청훈령)**'을 마련하고 있다.[♣국가공무원법이 재산등록 및 공개제도 규정(×)]<12경간> > ♣국가공무원법에 공직자의 재산등록 및 공개제도를 규정하고 있다.(×)<12경간> **(3) 공직자윤리법** > (1) **목적 :** 공직자의 부정한 재산 증식을 방지하고, 공무집행의 공정성을 확보하는 등 공익과 사익의 이해충돌을 방지하여 국민에 대한 봉사자로서 가져야 할 공직자의 윤리를 확립함을 목적으로 한다.(제1조)

※ 공직자윤리법은 공무원의 청렴의무의 제도적 확보를 위하여 일정한 공직자의 재산 등록 및 공개, 선물신고에 관하여 정하고 있다.[♣국가공무원법은(×)](공직자윤리법 제3조, 제10조, 제15조)<12경간>

(2) 재산 등록

① **등록의무자** → 「공직자윤리법」에서는 **총경(자치총경 포함) 이상의 경찰공무원**을 [♣경정 이상(×)] 재산등록의무자로 규정하고 있고, 「동법 시행령」에서는 경찰공무원 중 '**경정, 경감, 경위, 경사**(와 자치경찰공무원 중 자치경정, 자치경감, 자치경위, 자치경사)를[♣경위 이상(×)] 재산등록의무자로 규정하고 있다.(공직자윤리법 제3조 제1항 제9호, 동 시행령 제3조 제5항 제6호)<11·17·20경간·18·22승진·01채용>

② **내용** → 공직자는 등록의무자가 된 날부터 **2월이 되는 날이 속한 달의 말일까지** 등록의무자로 된 날 현재의 재산을 등록기관(경찰청)에 등록을 해야 한다.(제5조 제1항)

※ 다만, 등록의무자가 된 날부터 2개월이 되는 날이 속하는 달의 말일까지 등록의무를 면제받은 경우에는 그러하지 아니하며, 전보(轉補)·강임(降任)·강등(降等) 또는 퇴직 등으로 인하여 등록의무를 면제받은 사람이 **3년**(퇴직한 경우에는 1년) 이내에 다시 등록의무자가 된 경우에는 전보·강임·강등 또는 퇴직 등을 한 날 이후 또는 제11조 제1항에 따른 재산변동사항 신고 이후의 변동사항을 신고함으로써 등록을 갈음할 수 있다.(제5조 제1항 단서)

③ 등록의무자는 매년 1월 1일부터 12월 31일까지의 재산 변동사항을 다음 해 2월 말일까지 등록기관에 신고하여야 한다.(공윤법 제6조 제1항)

※ 다만, 최초의 등록 후 또는 제5조 제1항 단서(일정한 면제 후 다시 의무자가 되는 경우 등)에 따른 신고 후 최초의 변동사항 신고의 경우에는 등록의무자가 된 날부터 그 해 12월 31일까지의 재산 변동사항을 등록기관에 신고하여야 한다.(공윤법 제6조 제1항 단서)

④ **등록재산**(소유 명의와 관계없이 사실상 소유하는 재산, 비영리법인에 출연한 재산과 **외국에 있는 재산을 포함**) → **본인, 배우자**(사실혼관계자 포함[♣제외(×)]), **본인의 직계존비속**(다만, 혼인한 직계비속인 여자와 외증조부모, 외조부모, 외손자녀 및 외증손자녀는 제외)(제4조 제1항)<23경간>

⑤ **등록대상 재산**(제4조 제2항)

---

1. 부동산에 관한 소유권·지상권 및 전세권

※ 미국에 있는 5천만원 상당 아파트(외국재산 포함)<23경간>

2. 광업권·어업권·양식업권, 그 밖에 부동산에 관한 규정이 준용되는 권리

3. 다음 각 목의 동산·증권·채권·채무 및 지식재산권(知識財産權)

가. 소유자별 합계액 **1천만원 이상의 현금**(수표를 포함)<23경간>

나. 소유자별 합계액 **1천만원 이상의 예금**<23경간>

다. 소유자별 합계액 1천만원 이상의 주식·국채·공채·회사채 등 증권

라. 소유자별 합계액 1천만원 이상의 채권

마. 소유자별 합계액 1천만원 이상의 채무

바. 소유자별 합계액 500만원 이상의 금 및 백금(금제품 및 백금제품을 포함한다)

사. 품목당 500만원 이상의 보석류

아. **품목당 500만원 이상의 골동품 및 예술품**[♣합계액(×)]

자. 권당 500만원 이상의 회원권

차. 소유자별 연간 1천만원 이상의 소득이 있는 지식재산권

카. 자동차 · 건설기계 · 선박 및 항공기

4. 합명회사 · 합자회사 및 유한회사의 출자지분

5. 주식매수선택권

6. 가상자산

⑥ **등록재산의 공개대상자**[♣국가공무원법에 재산등록 · 공개의무 규정(×)]: **치안감 이상**의 [♣경무관 이상(×)] 경찰공무원, **시 · 도경찰청장**(제10조 제1항 제8호)<20경간 · 18승진>

※ 공직자윤리위원회는 치안감 이상의 경찰공무원 및 특별시 · 광역시 · 특별자치시 · 도 · 특별자치도의 시 · 도경찰청장에 해당하는 공직자 본인과 배우자 및 본인의 직계존속 · 직계비속의 재산에 관한 등록사항과 변동사항 신고내용을 등록기간 또는 신고기간 만료 후 **1개월 이내**에[♣2개월 이내(×)] 관보 또는 공보에 게재하여 **공개하여야** 한다.(제10조 제1항 제8호)<18승진>

⑦ **열람 · 복사 제한**: 누구든지 공직자윤리위원회 또는 등록기관의 장의 **허가를 받지 아니**하고는 등록의무자의 재산에 관한 등록사항을 **열람 · 복사하거나 이를 하게 하여서는 아니** 된다.(제10조 제3항)

※ 다만, 등록의무자가 본인의 등록사항에 대하여 열람 · 복사하는 경우에는 그러하지 아니하다.(제10조 제3항 단서)

(3) **외국 정부 등으로부터 받은 선물의 신고**

① 공무원(지방의회의원을 포함) 또는 공직유관단체의 임직원은 **외국으로부터 선물**(대가 없이 제공되는 물품 및 그 밖에 이에 준하는 것을 말하되, 현금은 제외)을 받거나 그 직무와 관련하여 외국인(외국단체를 포함)에게 선물을 받으면 지체 없이 **소속 기관 · 단체의 장에게 신고하고 그 선물을 인도하여야** 한다. 이들의 **가족이** 외국으로부터 선물을 받거나 그 공무원이나 공직유관단체 임직원의 직무와 관련하여 외국인에게 선물을 **받은 경우에도 또한 같다.**(제15조 제1항)<20경간 · 18 · 21승진>

② 신고할 선물의 가액은 **대통령령으로 정**한다.(제15조 제2항)

※ (법 제15조 제1항에 따라) 신고하여야 할 선물은 그 선물 수령 당시 증정한 국가 또는 외국인이 속한 국가의 시가로 미국화폐 **100달러 이상**이거나 국내 시가로 **10만원 이상**인 선물로 한다.[♣미국화폐 1,000달러 이상이거나 국내 시가로 100만원 이상(×)](시행령 제28조 제1항)<18 · 21승진>

③ **선물의 관리 · 유지**: 선물 신고를 받은 소속기관 또는 공직유관단체의 장은 **분기별**로 총리령으로 정하는 바에 따라 선물신고 관리상황을 **등록기관의 장**에게 **통보하여야** 하고, 해당 선물은 다음의 구분에 따른 기간에 등록기관의 장에게 **이관하여야** 한다. 다만, 정부의 등록기관 및 부 · 처 · 청이 감독하는 공직유관단체의 장은 인사혁신처장(군인과 군무원은 국방부장관)에게 이관하여야 한다.(시행령 제29조 제1항)

청렴
의무

PART
03

1. **상반기**에 신고된 선물의 경우: 해당 연도 **7월 1일부터 7월 31일까지**

2. **하반기**에 신고된 선물의 경우: 다음 연도 **1월 1일부터 1월 31일까지**

(4) **취업제한**

① 공직자윤리법이 규정에 의한 **재산등록의무자(총경 이상)**와 **취업심사대상자**는 퇴직일로부터 **3년간 취업심사대상기관**에 **취업할 수 없다.**(공직자윤리법 제17조 제1항 관련)<20경간·21승진·17.2순경>

※ 다만, 관할 **공직자윤리위원회**로부터 취업심사대상자가 **퇴직 전 5년 동안 소속하였던 부서 또는 기관의 업무와 취업심사대상기관 간에 밀접한 관련성이 없다는 확인을 받거나 취업승인**을 받은 때에는 **취업할 수** 있다.(공직자윤리법 제17조 제1항 단서)<21승진>

－ 취업심사대상기관: ⓐ **자본금이 10억원 이상**이고 **연간 외형거래액**(부가가치세가 면세되는 경우에는 그 면세되는 수입금액을 포함)이 **100억원 이상**인 영리를 목적으로 하는 사기업체 등....(공직자윤리법 시행령 제33조 제1항 제1호~제4호)

② 취업제한의 대상자: **총경 이상**의 경찰공무원

> ※ **비위면직자의 취업제한(계급불문)** － **비위면직자 등**은 당연퇴직, 파면, 해임된 경우에는 **퇴직일**, 벌금 **300만원 이상의 형의 선고**를 받은 경우에는 그 집행이 종료(종료된 것으로 보는 경우를 포함)되거나 집행을 받지 아니하기로 **확정된 날부터 5년 동안 취업제한기관**에 취업할 수 없다.(부패방지 및 국민권익위원회의 설치와 운영에 관한 법률 제82조 제2항)
>
> － 취업제한기관: 공공기관, 대통령령으로 정하는 부패행위 관련기관, **퇴직 전 5년간 소속하였던 부서 또는 기관의 업무와 밀접한 관련이 있는 영리 사기업체** 등, 영리사기업체 등의 공동이익과 상호협력 등을 위하여 설립된 법인·단체(부패방지 및 국민권익위원회의 설치와 운영에 관한 법률 제82조 제2항)

청렴 의무

(4) **부패방지 및 국민권익위원회의 설치와 운영에 관한 법률**

(1) **의의**: **국민권익위원회를 설치**하여 고충민원의 처리와 이에 관련된 불합리한 행정제도를 개선하고, 부패의 발생을 예방하며 부패행위를 효율적으로 규제함으로써 국민의 기본적 권익을 보호하고 행정의 적정성을 확보하며 청렴한 공직 및 사회풍토의 확립에 이바지함을 그 목적으로 한다.(제1조)

※ **"부패행위"**란 다음 각 목의 어느 하나에 해당하는 행위를 말한다.(제2조 제4호)<23.2 채용>

가. 공직자가 직무와 관련하여 그 지위 또는 권한을 남용하거나 **법령을 위반**하여 **자기 또는 제3자의 이익을 도모**하는 행위<23.2채용>

나. 공공기관의 예산사용, 공공기관 재산의 취득·관리·처분 또는 공공기관을 당사자로 하는 계약의 체결 및 그 이행에 있어서 법령에 위반하여 공공기관에 대하여 재산상 손해를 가하는 행위

다. 가목과 나목에 따른 행위나 그 은폐를 강요, 권고, 제의, 유인하는 행위

※ 국민권익위원회 ➡ 고충민원의 처리와 이에 관련된 불합리한 행정제도를 개선하고, 부패의 발생을 예방하며 부패행위를 효율적으로 규제하도록 하기 위하여 국무총리 소속으로 국민권익위원회를 둔다.(제11조 제1항)

⑵ **고충민원의 신청 및 접수 :** 누구든지(국내거주 외국인 포함) 국민권익위원회 또는 시민고충처리위원회("권익위원회")에 고충민원을 신청할 수 있다. 이 경우 하나의 권익위원회에 대하여 고충민원을 제기한 신청인은 다른 권익위원회에 대하여도 고충민원을 신청할 수 있다.(제39조 제1항)

※ 권익위원회는 고충민원의 신청이 있는 경우에는 다른 법령에 특별한 규정이 있는 경우를 제외하고는 그 접수를 보류하거나 거부할 수 없으며, 접수된 고충민원서류를 부당하게 되돌려 보내서는 아니 된다. 다만, 권익위원회가 고충민원서류를 보류·거부 또는 반려하는 경우에는 지체 없이 그 사유를 신청인에게 통보하여야 한다.(제39조 제4항)

⑶ **부패행위의 신고**

① **누구든지** 부패행위를 알게 된 때에는 이를 국민권익위원회에 **신고할 수** 있다.(제55조)

② **공직자는** 그 직무를 행함에 있어 다른 공직자가 부패행위를 한 사실을 알게 되었거나 부패행위를 강요 또는 제의받은 경우에는 지체 없이 이를 수사기관·감사원 또는 위원회에 신고하여야 한다.(제56조)<24승진>

③ **신고자의 성실의무 :** "신고자"가 신고의 내용이 허위라는 사실을 알았거나 알 수 있었음에도 불구하고 신고한 경우에는 **이 법의 보호를 받지 못**한다.(제57조)<19경간>

④ **신고의 방법 :** 신고를 하려는 자는 **본인의 인적사항과 신고취지 및 이유를 기재한 기명의 문서로써** 하여야 하며[♣무기명으로 할 수(×)], 신고대상과 부패행위의 증거 등을 함께 제시하여야 한다.(제58조)<24승진·19경간·22.2채용>

⑷ **신고의 처리**

① **위원회 :** 위원회는 접수된 신고사항에 대하여 신고자를 상대로 다음 각 호의 사항을 **확인할 수** 있다.[♣확인하여야 한다.(×)](제59조 제1항)<24승진>

1. 신고자의 인적사항[♣신고대상자의 인적사항(×)], 신고의 경위 및 취지 등 신고내용의 특정에 필요한 사항

2. 신고내용이 국가기밀 등 조치 제외대상의 어느 하나에 해당하는지의 여부에 관한 사항

㉠ 위원회는 접수된 신고사항을 그 **접수일부터 60일 이내에 처리하여야** 한다. 이 경우 '신고자 인적사항, 신고경위 및 취지, 신고내용 특정'에 필요하다고 인정되는 경우에는 그 기간을 **30일 이내에서 연장할 수** 있다.(제59조 제8항)

㉡ 위원회는 접수된 신고사항에 대하여 **감사·수사 또는 조사가 필요**한 경우 이를 **감사원, 수사기관 또는 해당 공공기관의 감독기관**(감독기관이 없는 경우에는 해당 공공기관을 말한다. 이하 "조사기관"이라 한다)에 **이첩하여야** 한다. 다만, 신고가 '신고의 내용이 명백히 거짓인 경우 등' 법정 사항에 해당하는 경우에는 이를 조사기관에 이첩하지 아니하고 종결할 수 있다.(제59조 제3항)

② **조사기관 :** 조사기관은 신고를 이첩 또는 송부받은 날부터 60일 이내에 감사·수사 또는 조사를 **종결하여야** 한다.[♣30일 이내에(×)] 다만, 정당한 사유가 있는 경우에는 그 기간을 연장할 수 있으며, 위원회에 그 연장사유 및 연장기간을 **통보하여야** 한다.(제60조 제1항)<24승진·19경간>

청렴 의무

청렴
의무
	※ **신고를 이첩 또는 송부받은 조사기관**(조사기관이 이첩받은 신고사항에 대하여 다른 조사기관에 이첩·재이첩, 감사요구, 송치, 수사의뢰 또는 고발을 한 경우에는 이를 받은 조사기관을 포함)은 감사·수사 또는 조사결과를 감사·수사 또는 조사 종료 후 **10일 이내에 위원회에 통보하여야 한다.**(제60조 제2항)
	
	③ **고발**: 위원회에 신고가 접수된 당해 부패행위의 혐의대상자가 다음 각 호에 해당하는 고위공직자로서 부패혐의의 내용이 형사처벌을 위한 수사 및 공소제기의 필요성이 있는 경우에는 위원회의 명의로 검찰, 수사처, 경찰 등 관할 수사기관에 **고발을 하여야 한다.**[♣고발할 수 있다.(×)](제59조 제6항)<19경간>
	
	  1. 차관급 이상의 공직자 / 2. 특별시장, 광역시장, 특별자치시장, 도지사 및 특별자치도지사
	
	  3. 경무관급 이상의 경찰공무원
	
	  4. 법관 및 검사 / 5. 장성급(將星級) 장교 / 6. 국회의원
	
	⑤ **국민감사의 청구**
	
	  18세 이상의 국민은 공공기관의 사무처리가 법령위반 또는 부패행위로 인하여 공익을 현저히 해할 경우 **300인 이상 국민연서**로 감사원에 감사를 청구할 수 있다.(제72조 제1항, 시행령 제84조)<09승진>
	
	  ※ 다만, 국회·법원·헌법재판소·선거관리위원회 또는 감사원의 사무에 대하여는 국회의장·대법원장·헌법재판소장·중앙선거관리위원회 위원장 또는 감사원장(이하 "당해 기관의 장"이라 한다)에게 감사를 청구하여야 한다.(제72조 제1항 단서)

정치 운동 금지	(1) 공무원은 **정당이나 그 밖의 정치단체의 결성에 관여하거나 이에 가입할 수 없다.**[♣단순한 정당가입 가능(×)](국가공무원법 제65조 제1항)<16.1채용> ※ 국가공무원법상 '**정치운동금지의무**'는 헌법상(제7조 제2항에 규정) '**정치중립의무**'를 규정한 일반법의 성격을 띠며, 이를 구체화한 것이 특별법인 경찰공무원법상 '**정치관여금지**'이다. ※ **경찰공무원법** 제23조(정치관여 금지)에도 사실상 **동일한 내용의 규정**이 있다.[♣경찰공무원법상의 의무(○)]<21경간> → 경찰공무원법상 정치활동에 관여하는 행위란 다음 각 호의 어느 하나에 해당하는 행위를 말한다.(경찰공무원법 제23조 제2항) 1. 정당이나 정치단체의 결성 또는 가입을 지원하거나 방해하는 행위 2. 그 직위를 이용하여 특정 정당이나 특정 정치인에 대하여 지지 또는 반대 의견을 유포하거나, 그러한 여론을 조성할 목적으로 특정 정당이나 특정 정치인에 대하여 찬양하거나 비방하는 내용의 의견 또는 사실을 유포하는 행위 3. 특정 정당이나 특정 정치인을 위하여 **기부금 모집을 지원하거나 방해하는 행위** 또는 국가·지방자치단체 및 「공공기관의 운영에 관한 법률」에 따른 공공기관의 자금을 이용하거나 이용하게 하는 행위[♣기부금모집방해행위는 국가공무원법상 '정치운동금지의무에 해당(×)'] 4. 특정 정당이나 특정인의 선거운동을 하거나 선거 관련 대책회의에 관여하는 행위 5. 「정보통신망 이용촉진 및 정보보호 등에 관한 법률」에 따른 정보통신망을 이용한 제1호부터 제4호까지의 규정에 해당하는 행위 6. 소속 직원이나 다른 공무원에 대하여 제1호부터 제5호까지의 행위를 하도록 요구하거나 그 행위와 관련한 보상 또는 보복으로서 이익 또는 불이익을 주거나 이를 약속 또는 고지(告知)하는 행위[♣특정 정당·정치단체나 특정 정치인을 위하여 집회를 주최·참석·지원하도록 다른 사람을 사주·유도·권유·회유 또는 협박하는 행위(×)→ 국가정보원법 제11조 제2항 제5호에 규정]

**정치
운동
금지**

(2) 공무원은 선거에서 특정 정당 또는 특정인을 **지지 또는 반대하기 위한** 다음의 행위를 하여
서는 아니 된다.(국가공무원법 제65조 제2항)<14승진>

① 투표를 **하거나 하지 아니하도록** 권유 운동을 하는 것[♣가입하지 않도록 권유 가능(×)]

② **서명 운동**을 기도·주재하거나 **권유**하는 것

③ 문서나 도서를 공공시설 등에 **게시**하거나 게시하게 하는 것<14승진>

④ 기부금을 **모집** 또는 모집하게 하거나, 공공자금을 **이용** 또는 이용하게 하는 것[♣기부금
모집방해(×) → 경공법 규정]

⑤ 타인에게 **정당이나 그 밖의 정치단체에** 가입하게 하거나 **가입하지 아니하도록** 권유 운
동을 하는 것

(3) 공무원은 다른 공무원에게, **정치적 행위에 대한 보상 또는 보복으로서 이익 또는 불이익을
약속**하여서는 아니 된다.(국가공무원법 제65조 제3항)

※ **정치적 중립** 확보를 위한 엄격한 제한을 두고 있다.

(4) **정치운동죄 :** 국가공무원법상 '**정치운동금지**'의무에 위반한 자는 **3년 이하의 징역과 3년
이하의 자격정지**에 처한다.(국가공무원법 제84조)

(5) 경찰공무원법상 '**정치관여 금지**' 규정에 위반한 자는 **5년 이하의 징역과 5년 이하의 자격정
지**에[♣2년 이하 징역, 200만원 이하 벌금(×)] 처하고 형사소송법 제249조에도 불구하고 그 죄에 대한
공소시효 기간은 10년으로 한다.(경찰공무원법 제37조 제3항)

**비밀
엄수
의무**

(1) **의의 :** 공무원은 재직 중은 물론 퇴직 후에도 직무상 알게 된 비밀을 엄수(嚴守)하여야 한
다.(국가공무원법 제60조)<12·19·21경간·02·15·18·23승진·15.2채용>

공무원의 비밀엄수의무 위반에 대해서는 **재직 중에는 형사처벌 및 징계처분이 가능하며, 퇴
직 후에도 형사벌에 의한 제재는 가능**하다.[♣형법상 처벌대상 아니다.(×)](형법 제127조-공무상비
밀누설죄)<15승진·12경간>

※ 공무원이거나 공무원이었던 사람은 직무상 알게 된 다음 각 호의 사항을 타인에게 누설하
거나 부당한 목적을 위하여 사용해서는 아니 된다. 다만, **법령에 따라 공개하는 경우는
제외**한다.(국가공무원 복무규정 제4조의2)

1. 법령에 따라 비밀로 지정된 사항

2. 정책 수립이나 사업 집행에 관련된 사항으로서 외부에 공개될 경우 정책 수립이나 사업
집행에 지장을 주거나 특정인에게 부당한 이익을 줄 수 있는 사항

3. **개인의 신상이나 재산에 관한 사항**으로서 외부에 공개될 경우 특정인의 권리나 이익
을 침해할 수 있는 사항

4. 그 밖에 국민의 권익 보호 또는 행정목적 달성을 위하여 비밀로 보호할 필요가 있는 사항

(2) **범위 :** 자신이 처리하는 **직무에 직결된 비밀뿐만 아니라,** 직무와 관련하여 알게 된 모든
비밀을 포함한다.[♣직무와 직결된 비밀에 한정(×)]<12경간·13승진·14.1채용>

(3) **판단기준 : 실질설** - 실질적으로 비밀로서 보호할 가치가 있는 것을 의미(通·判)

※ 기준 ➡ 공개되지 않은 사실로서 적국(북한)에 알려지지 아니함이 대한민국에 이익이 되는
것은 실질설에 의해 보호할 가치 있는 비밀로 분류된다.

(4) **증인·감정인 :** 공무원 또는 공무원이었던 자가 법원 기타 법률상 권한을 가진 기관의 증인
또는 감정인이 되어 직무상 비밀에 관하여 신문을 받을 때에는 **소속 공무소 또는 감독관공
서의 허가를 받은 사항에 한하여** 진술할 수 있다.(형사소송법 제147조-공무상 비밀과 증인자격, 민
사소송법 제306조-공무원의 신문)

PART
03

품위 유지 의무	공무원은 **직무의 내외를 불문**하고 그 품위가 손상되는 행위를 하여서는 아니 된다.[♣직무에 한하여(×)](국가공무원법 제63조)<19·21경간·15·16승진·17.1순경> **예** 축첩·도박, 알코올 중독, 고리대금업, 성매매 알선 등 ※ 품위유지의무는 직무와 관련성이 없는 공무원의 단순한 사생활에는 미치지 않는다. ※ 품위 유지의 의무 : 공무원은 품위를 손상하는 행위를 하여서는 아니 된다.(지방공무원법 제55조) **판례** 지방공무원법상의 품위유지의 의무는 공직의 체면, 위신, 신용을 유지하고 주권자인 국민의 수임자로서 **국민전체의 봉사자**로서의 직책을 다함에 손색이 없는 몸 가짐을 뜻하고 **직무 내외를 불문**한다.(대법원 82누46 판결 [파면처분취소])
집단 행동 금지	(1) 공무원은 노동운동이나 그 밖에 공무 외의 일을 위한 집단 행위를 하여서는 아니 된다. 다만, **사실상 노무에 종사하는 공무원은 예외**로 한다.[♣사실상 노무에 종사하는 공무원 포함(×)](국가공무원법 제66조 제1항)<19·21경간·16.1채용> ※ 집단적 행위 ➡ 공무 외의 목적을 위한 다수인의 행위로서 단체의 결성에는 이르지 아니한 상태에서의 행위를 의미한다. ① 사실상 노무에 종사하는 공무원의 범위는 대통령령등으로 정한다.(국가공무원법 제66조 제2항) ※ 서무·인사·기밀, 경리·물품출납사무, 노무감독, 보안시설경비, 운전 등에 종사하는 공무원을 제외한 우정직 공무원(국가공무원법 시행령 제28조) ② 공무원으로서 노동조합에 가입된 자가 **조합 업무에 전임**하려면 **소속장관의 허가를 받아야** 한다.[♣소속기관장 허가(×)](국가공무원법 제66조 제3항) (2) 경찰공무원은 노동 3권(**단결권·단체교섭권·단체행동권**)의 **제약**을 받는다.(가지지 못한다.) ① 경찰공무원이 '집단행위 금지'를 위반하면 **2년 이하의 징역 또는 200만원 이하의 벌금**에 처한다.(경찰공무원법 제37조 제4항) ※ 프랑스나 미국경찰의 경우 단결권이나 단체교섭권을 인정하고 있다. (3) **경찰공무원의 직장협의회 설립과 운영** **1. 공무원직장협의회의 설립·운영에 관한 법률(공무원직협법)** (1) **목적** : 이 법은 공무원의 근무환경 개선, 업무능률 향상 및 고충처리 등을 위한 직장협의회의 설립과 운영에 관한 기본적인 사항을 규정함을 목적으로 한다.(공무원직협법 제1조) (2) **설립** ① 국가기관, 지방자치단체 및 그 하부기관에 근무하는 공무원은 **직장협의회("협의회")**를 설립할 수 있다.(공무원직협법 제2조 제1항) ② 협의회는 기관 단위로 설립하되, 하나의 기관에는 **하나의 협의회만**을 설립할 수 있다.[♣2개 이하의 협의회만(×)](공무원직협법 제2조 제2항) ③ 협의회를 설립한 경우 그 대표자는 소속 기관의 장("기관장")에게 설립 사실을 통보하여야 한다.[♣통보할 수(×)](공무원직협법 제2조 제3항) (3) **가입** ① **가입가능** : 협의회에 가입할 수 있는 공무원의 범위는 다음과 같다.(공무원직협법 제3조 제1항)

<table>
<tr>
<td rowspan="2">집단
행동
금지</td>
<td colspan="2">

    1. **일반직공무원**

    2. **특정직공무원** 중 다음 각 목의 어느 하나에 해당하는 공무원

       가. 외무영사직렬·외교정보기술직렬 외무공무원

       나. **경찰공무원**[♣경감 이하(×)]

       다. 소방공무원

    3. **별정직공무원**

② **가입불가 :** 다음 각 호의 어느 하나에 해당하는 공무원은 협의회에 가입할 수 없다.(공무원직협법 제3조 제2항)

    2. 업무의 주된 내용이 **지휘·감독권**을 행사하거나 다른 공무원의 업무를 **총괄**하는 업무에 종사하는 공무원

    3. 업무의 주된 내용이 **인사, 예산, 경리, 물품출납, 비서, 기밀, 보안, 경비** 및 그 밖에 이와 유사한 업무에 종사하는 공무원

③ 기관장은 해당 기관의 직책 또는 업무 중 협의회에의 **가입이 금지**되는 직책 또는 업무를 협의회와 협의하여 **지정하고 이를 공고하여야** 한다.(공무원직협법 제3조 제3항)

④ **가입 및 탈퇴의 자유 :** 공무원은 자유로이 협의회에 가입하거나 협의회를 탈퇴할 수 있다.(공무원직협법 제4조)

</td>
</tr>
<tr>
<td colspan="2">

(4) 협의

① 협의회는 기관장과 **다음 사항을 협의**한다.(공무원직협법 제5조 제1항)

    1. 해당 기관 고유의 근무환경 개선에 관한 사항

    2. 업무능률 향상에 관한 사항

    3. 소속 공무원의 공무와 관련된 **일반적 고충**에 관한 사항[♣개별적 고충(×)]

    ※ **개별적 고충**은 **고충심사위원회의 심의사항**이다.

    4. 그 밖에 기관의 발전에 관한 사항

② 협의회는 협의를 할 때 협의회 구성원의 직급 등을 고려하여 협의회 구성원의 의사를 고루 대변할 수 있는 **협의위원을 선임(選任)하여야** 한다.(공무원직협법 제5조 제2항)

※ 협의회에는 협의회의 업무를 전담하는 공무원은 둘 수 없다.(공무원직협법 시행령 제12조)

</td>
</tr>
</table>

판례 **[기동대원 8-9명이 점심식사 거부 → 집단행동금지의무 위반(○)]** 요인신변경호, 다중범죄진압등 특수임무를 수행하여야 하는 **경찰기동대원 15명**이 점심식사를 하기 위해 대기중 **부식이 나쁘다는 이유**로 그 중 **8-9명이 점심식사를 거부한 행위**는 국가공무원법 제66조 제1항이 금지하고 있는 **집단적 행위**에 해당한다 할 것이고 위 집단적 행위를 선동 내지 주도한 자에 대하여 같은법 제78조 제1항 제1, 2호의 징계사유에 해당한다는 이유로 **파면처분을 한 것은 적절**하다.[♣집단행위에 해당하지 않는다.(×)](대법원 84누787 판결 [파면처분취소])

Ⅲ 테마 51 경찰공무원의 책임(징계)

> 경찰공무원의 책임이란 공법상 근무관계에서 경찰공무원이 그 의무를 위반함으로써 국가로부터 불리한 제재를 받게 되는 지위를 의미하며 이러한 제재에는 **행정상 책임, 형사상 책임, 민사상 책임**이 있다.<99승진>

Ⅰ. 경찰공무원의 징계책임

1. 징계의 의의

징계란 공무원의 의무위반이 있는 경우 또는 비행이 있는 경우 공무원 내부관계의 질서유지를 위하여 **특별권력관계에 의해** 과해지는 제재이다.[♣일반통치권에 의해(×)]<12.2채용>

① **특별권력관계(특별행정법관계)**에 의해 이루어지며, **내부질서 유지가 목적**이다.[♣일반통치권에 기해(×)]<09경간·97·09승·12.2채용>

※ **법치주의 ➡** 징계에도 법치주의는 적용된다.

※ 중징계는 "**임용**"의 개념에 포함된다.[♣파면·해임 제외(×)](경찰공무원법 제2조 제1호)<11.2채용>

② 징계는 행정관청이 법집행으로서 행하는 **권력적 의사표시**로 '**경찰처분**'이다.[♣경찰처분이 아니다.(×)]

　― **결정재량 부정, 선택재량 인정 ➡** 징계사유가 있는 때에는 징계요구권자는 반드시 징계의결을 요구해야 하고, 그 결과에 따라 징계처분을 하여야 하는 점에서 징계의 기속성이 인정되나, 징계의 종류의 결정에 관하여서는 재량성이 인정되고 있다.

> 판례 **시험승진후보자명부에서의 삭제행위**는 승진여부를 결정하기 위한 행정청 내부의 **준비과정에 불과**하므로 행정처분이 된다고 할 수 없다.[♣행정처분에 해당(×)](대법원 선고 97누7325 판결 [정직처분취소])<22.2채용>

정리 **징계벌과 형사벌 비교**<99승진·09경간>

구분	징계벌[♣일반통치권에 기해(×)]	형사벌
목 적	조직내부의 질서유지(퇴직 후 불가능)	일반사회의 질서유지
기 초	특별행정법관계(공무원 내부관계)	일반통치권
내 용	일정한 신분상 이익의 박탈	자유·재산의 제한 또는 박탈
대 상	공무원법상 의무위반	형사법상의 의무위반

> ① **징계벌과 형벌**은 대상·목적 등을 달리하기 때문에 동일한 행위에 대하여 양자를 **병과할 수 있으며**, 병과하더라도 일사부재리의 원칙에 저촉되지 아니한다.[♣일사부재리 위배(×), ♣병과할 수 없다.(×)](判)<09승진·09경간·11.2채용>
>
> ※ 경찰공무원 개인의 징계책임이 언제나 형사책임과 일치하는 것은 아니다.
>
> ⓐ **검찰·경찰 기타 수사기관에서 수사 중인 사건 ➡** 징계에 대해 '**형사소추선행의 원칙**'을 취하고 있지는 않아 **징계절차를 진행할 수 있고 행정소송도 가능**하지만, 국가공무원법은 수사 중인 사건에 대해서는 징계절차를 중지할 수 있도록 하고 있다.[♣진행할 수 없다.(×)] (국가공무원법 제83조 제2항)<08채용>
>
> ⓑ **퇴직 후에 징계벌은 불가능**하다.

※ 감사원과 검찰·경찰 기타 수사기관은 조사나 수사를 **개시**한 때와 이를 **종료**한 때에는 **10일 내에** 소속기관의 장에게 당해 사실을 **통보하여야** 한다.[♣7일 이내(×)](국가공무원법 제83조 제3항)<15.3채용>

② **감사원에서 조사 중인 사건**은 조사개시의 통보를 받은 날로부터 '징계의결의 요구', 기타 징계절차를 진행하지 못한다.(국가공무원법 제83조 제1항, 제2항)<09경간·09승진>

[판례] 1) [형사무죄판결→징계 당연무효(×)] 공무원인 갑이 그 직무에 관하여 뇌물을 받았음을 징계사유로 하여 파면처분을 받은 후 그에 대한 형사사건이 항소심까지 유죄로 인정되었고 그 형사사건에서 갑이 수사기관과 법정에서 금품수수사실을 자인하였으나 그후 대법원의 파기환송판결에 따라 무죄의 확정판결이 있었다면 위 **징계처분은** 근거없는 사실을 징계사유로 삼은 것이 되어 위법하다고 할 수는 있을지언정 그것이 객관적으로 명백하다고는 할 수 없으므로 위 징계처분이 당연무효인 것은 아니다.(대법원 89누4963 판결 [파면처분무효확인])

[판례] 2) [형사유죄확정(×)→징계가능(○), 행정소송가능(○)] 공무원에게 징계사유가 인정되는 이상, 관련된 형사사건이 아직 유죄로 확정되지 아니하였다 하더라도 징계처분을 할 수 있음은 물론, 그 징계처분에 대한 행정소송을 진행함에도 아무런 지장이 없다.(대판 1986.11.11)

[판례] 3) [징계는 재량→현저하게 타당성(×)→재량권 남용(○)→위법] 피징계자에게 징계사유가 있어서 징계처분을 하는 경우, 어떠한 처분을 할 것인지는 **징계권자의 재량**에 맡겨져 있다. 다만 징계권자의 징계처분이 사회통념상 현저하게 타당성을 잃어 징계권자에게 맡겨진 재량권을 남용하였다고 인정되는 경우에 한하여 그 처분이 위법하다고 할 수 있다.(대법원 2013두26750 판결 [부당해고구제재심판정취소])<23.2채용>

2. **징계의 종류**(국가공무원법 제79조, 제80조)<01·03·05·13·14·20승진·07·09·14경간·02·04·11·12·15.1·3채용>

(1) 공무원이거나 공무원이었던 사람이 아래 어느 하나에 해당하는 경우에는 대통령령으로 정하는 바에 따라 **퇴직급여 및 퇴직수당의 일부를 줄여 지급**한다. 이 경우 퇴직급여액은 이미 낸 기여금의 총액에 「민법」에 따른 이자를 가산한 금액 이하로 줄일 수 없다.(공무원연금법 제65조 제1항)

  1. **재직 중의 사유**(직무와 관련이 없는 과실로 인한 경우 및 소속 상관의 정당한 직무상의 명령에 따르다가 과실로 인한 경우는 제외)로 **금고 이상의 형**이 **확정**된 경우

  2. **탄핵** 또는 **징계**에 의하여 **파면**된 경우

  3. **금품 및 향응 수수, 공금의 횡령·유용**으로 징계에 의하여 **해임**된 경우[♣해임은 언제나 전액지급(×)]

(2) 급여등 제한사유(제1항 각 호)의 어느 하나의 경우에 해당되어 퇴직급여 및 퇴직수당의 일부를 줄여 지급한 후 그 급여의 **감액 사유가 소급하여 소멸**되었을 때에는 그 감액된 금액에 대통령령으로 정하는 **이자를 가산하여 지급**한다.(공무원연금법 제65조 제2항)

(3) 재직 중의 사유로 **금고 이상**의 형에 처할 범죄행위로 인하여 **수사**가 진행 중이거나 형사**재판**이 계속 중일 때에는 퇴직급여(연금인 급여를 제외) 및 퇴직수당의 일부를 대통령령으로 정하는 바에 따라 **지급 정지할 수** 있다. 이 경우 급여의 제한사유에 해당하지 아니하게 되었을 때에는 그 지급 정지하였던 금액에 대통령령으로 정하는 이자를 가산하여 지급한다.(공무원연금법 제65조 제3항)

중징계	파면		신분이 박탈되며, 향후 **5년간 공직임용금지(경찰관은 영원히 불가능)**(국가공무원법 제33조 제7호, 경찰공무원법 제8조 제2항 제10호)<09·14경간>		배제징계
		퇴직급여	**5년 이상 근무자**는 그 금액의 **1/2**을, **5년 미만 근무자**는 그 금액의 **1/4**을 감액 지급함.(♣1/3을 감액(×), ♣급여제한을 받지 않는다.(×)](공무원연금법 시행령 제61조 제1항 제1호)<09경간·14·20승진·19.1채용>		
		퇴직수당	그 금액의 **1/2을 감액** 지급함.(공무원연금법 시행령 제61조 제1항 제1호)<11승진>		
	해임		신분박탈, 향후 **3년간** 공직임용이 금지됨.**(경찰은 영원히 불가능)**[♣파면·해임도 경찰공무원에 임용될 수 있다.(×)](국가공무원법 제33조 제8호, 경찰공무원법 제8조 제2항 제10호)<18승진·14경간·11.2·18.2·23.2채용>		
		원칙	원칙적으로 퇴직급여·퇴직수당은 **전액이 지급**됨.[♣원칙적 감액(×)](공무원연금법 시행령 제61조 제1항 제2호)<14경간>		
		예외	**금품 및 향응수수나 공금의 횡령·유용으로 해임된 경우** **퇴직급여는 5년 이상** 근무자는 **1/4**을, **5년 미만** 근무자는 **1/8**을 감액한 후 지급하고[♣1/4 지급(×), ♣10년인 경우 1/8 감액(×)](공무원연금법 시행령 제61조 제1항 제2호)<20승진·09경간> **퇴직수당**은 그 금액의 **1/4을 감액** 지급함.[♣1/2감액(×)](공무원연금법 시행령 제61조 제1항 제2호)<09경간·13승진>		
	강등		① **1계급 아래로** 직급을 내리고 **공무원신분을 유지하**며(고위공무원단에 속하는 공무원은 3급으로 임용하고, 연구관 및 지도관은 연구사 및 지도사로 보함.) ② **3개월 직무정지(정직)** 및 (그 기간) 보수의 **전액을 감액**[♣1~3개월(×)](국가공무원법 제80조 제1항)<14·15·20승진·11·12.3·15.3채용>	18개월	교정징계
	정직		**1~3개월 직무정지(정직)**[♣기간추가 가능(×)] 및 (그 기간) 보수의 **전액을 감액**[♣보수 1/3 감액(×), ♣정직은 경징계(×)](국가공무원법 제80조 제3항)<15.3·19.1·21.2채용> ※ 정직기간은 경력평정 기간에서 **제외**[♣정직은 경징계(×)]<15채용>		
경징계	감봉		**1~3개월 감봉**[♣기간추가(×)], 보수의 **1/3 감액**[♣직무에 종사하지 못한다.(×)](국가공무원법 제80조 제4항)<15승진> ※ **감봉기간은 경력평정 기간에 포함된다.**<12.3채용>	12개월	
	견책		**견책(譴責)**은 전과(前過)에 대하여 훈계하고 회개하게 한다.[♣18개월 경과 전에 승진불가(×)](국가공무원법 제80조 제5항)<12.3채용>	6개월	

(교정징계 오른쪽 칸: **승진·승급 일정기간 제한**(국가공무원법78조의2 제1항 각호)**에 따른 일정한 재산범죄**(금전, 물품, 부동산, 향응 또는 일정한 재산상 이익의 취득 및 제공, 일정한 국고금의 횡령, 배임, 절도, 사기, 유용) **/ 소극행정**(부작위, 직무태만), **음주운전**(음주측정거부 포함), **성폭력, 성희롱 및 성매매**에 따른 징계처분의 경우에는 각각 **6개월을 더한 기간**[♣강등 18개월(×)]<19승진·14경간·11채용>)

※ **관련규정**: 경찰공무원 승진임용규정 제6조, 공무원연금법 제65조 동시행령 제61조, 국가공무원법 제79조 제80조

※ **1년 이내에 2회의 경고**(효력 1년)를 받은 자가 같은 **기간 내에 다시 경고**에 해당하는 사유가 있는 경우에는 **징계위원회에 회부하여야** 한다. 다만, 감독책임으로 인한 경우는 제외한다.((경찰청) 경고·주의 및 장려제도 운영 규칙 제7조 제3항)

(1) **강등의 신설과 계급정년**

> 최근 개정된 경찰공무원법은 '강등'징계에 있어서 '계급정년'의 경우에는 '계급정년을 산정함에 있어서 강등이전 계급의 근무연수와 강등된 이후의 근무연수를 합산하도록 규정'함으로써 강등징계가 오히려 정년을 늘려주는 부당한 효과를 방지하고 있다.

> > 징계로 인하여 강등(경감으로 강등된 경우를 포함한다)된 경찰공무원의 계급정년은 제1항 제2호에도 불구하고 다음 각 호에 따른다.
> >
> > 1. **강등된 계급의 계급정년은 강등되기 전 계급 중 가장 높은 계급**의 계급정년으로 한다.(경찰공무원법 제30조 제2항 제1호)<11.1채용>
> >
> > 2. 계급정년을 산정할 때에는 **강등되기 전 계급의 근무연수와 강등 이후의 근무연수를 합산**한다.(경찰공무원법 제30조 제2항 제2호)<11.1채용>
> >
> > > ♣징계로 인하여 경감으로 강등된 경찰공무원의 계급정년을 산정할 때에는 강등되기 전 계급인 경정의 계급정년을 기준으로 경정의 근무연수와 강등 이후의 계급인 경감의 근무연수를 합산한다.(○)<11.1채용>

※ 경찰공무원 경력채용규정(법 제10조 제3항 제1호)에 따라 **재임용된 경찰공무원의 계급정년 연한**은 **재임용 전에 해당 계급의 경찰공무원으로 근무한 연수를 합하여 계산**한다.(경찰공무원 임용령 제8조)

(2) **징계의 효과**(경찰공무원 승진임용규정)

징계 기간	① 강등·정직·감봉기간은 **승진소요 최저근무연수에서 제외되기 때문에** 그 기간 중에는 심사승진과 시험승진의 대상이 되지 못한다. ② 심사승진후보자명부에 등재된 자가 승진임용되기 전에 **정직 이상♣감봉 이상(×)]의 징계처분**을 받은 경우 **심사 및 시험승진후보자명부에서 이를 제외하여야** 한다.[♣삭제할 수 있다.(×)](경찰공무원 승진임용규정 제24조 제3항, 제36조 제3항)<05·15승진·12.3·19.1채용> ♣승진후보자가 감봉 이상의 징계처분을 받은 경우 승진임용후보자 명부에서 삭제하여야 한다.(×)<05·15승진> 판례 [**시험승진후보자 명부 삭제→처분(×)**] 시험승진후보자명부에서의 삭제행위는 행정청 내부의 준비과정에 불과하여, 행정처분이 된다고 할 수 없다.[♣행정처분에 해당(×)](대법원 선고 97누7325 판결 [정직처분취소])<22.2채용>
승진 및 승급 제한	① 징계처분의 집행이 **종료된 날**부터 강등은 '18개월', 정직은 '18개월', 감봉은 '12개월', '영창·근신 또는 견책은 6개월'간 승진·승급의 제한을 받는다.(승진소요 최저연수에서도 제외)[경찰공무원 승진임용규정 제6조 제1항 제2호]<19승진·14경간·11·19.1채용> ※ 집행이 **종류된 날부터 기산**하므로 집행기간이 강등 3개월, 정직 1~3개월, 감봉 1~3개월이므로 사실상 해당 기간만큼 추가로 승진·승급이 제한된다. ② 다만, **국가공무원법**(78조의2 제1항 각호)**에 따른 일정한 재산범죄**(금전, 물품, 부동산, 향응 또는 일정한 재산상 이익의 취득 및 제공, 일정한 국고금의 **횡령, 배임, 절도, 사기**, 유용)에 따른 **징계 및 소극행정**(부작위, 직무태만), **음주운전(음주측정거부 포함)**, **성폭력, 성희롱 및 성매매에** 따른 징계처분의 경우에는 각각 **6개월을 더한 기간이 적용**된다.[♣금품 등 강등 21개월(×)][경찰공무원 승진임용규정 제6조 제1항 제2호]<19승진·14경간·11·19.1·22.2채용> ※ "소극행정"이란 공무원이 부작위 또는 직무태만 등 소극적 업무행태로 국민의 권익을 침해하거나 국가 재정상 손실을 발생하게 하는 행위를 말한다.(적극행정 운영규정 제2조 제2호)

승진 및 승급 제한	例 위법 부당한 처분과 직접적 관계없이 50만 원의 **향응**을 받아 **감봉 1개월**의 징계처분을 받은 **경감 丁**이 그 **징계처분을 받은 후** 해당 계급에서 **경찰청장 표창**을 받은 경우(그 외 일체의 포상을 받은 사실 없음.)에는 징계처분의 집행이 끝난 날부터 **18개월**이 지나면 승진임용될 수 있다.<22.2채용> → 향응은 6개월 징계가중, 징계처분 후 받은 표창은 감경사유x ③ 승진·승급의 제한기간 중에 있는 사람이 다시 승진·승급을 제한받는 경우 그 제한 기간은 이전 사유에 의한 제한기간이 만료된 날로부터 기산한다.
임용	'징계에 의하여 파면 또는 해임처분을 받은 사람'은 경찰공무원으로 임용될 수 없다.

※ 영창·근신 의무경찰대법상의 징계로서 의무경찰대의 대원 중 경사 이하의 경찰관에 대한 징계는 6가지의 징계 외에 영창·근신을 더하여 8가지 징계를 두고 있다.(영창·근신의 기간 15일 이내)

3. 징계권자

(1) 경찰공무원의 징계는 징계위원회의 의결을 거쳐 **징계위원회가 설치된 소속 기관의 장이** 하되, 『국가공무원법』에 따라 **국무총리 소속으로 설치된 징계위원회에서 의결한 징계는 경찰청장 또는 해양경찰청장이** 한다.(경찰공무원법 제33조)

(2) **파면·해임·강등 및 정직은** (임용권에 포함되는 중징계로) 징계위원회의 의결을 거쳐 해당 경찰공무원의 **임용권자가** 한다.(경찰공무원법 제33조)

① **대통령 집행 :** ⓐ **경무관 이상의 강등·정직과** ⓑ **경정 이상의 파면·해임은 경찰청장의 제청으로 행정안전부장관과 국무총리를 거쳐 대통령이** 행한다.[♣행안부장관 제청(×), ♣경정의 해임은 경찰청장이 (×)](경찰공무원법 제33조)<04승진·11.2·14.1·16.1·20.2·22.2채용>

※ 해양수산부 소속 경무관 이상의 강등·정직과 경정 이상의 파면·해임 – 해양경찰청장의 제청 ➡ 해양수산부장관과 국무총리를 거쳐 ➡ 대통령이 집행(경찰공무원법 제33조)<16.1채용>

② **경찰청장 집행 :** ⓐ **경무관 이상의 감봉·견책,** ⓑ **총경 및 경정의 강등·정직은** 경찰청장이 행한다.(경찰공무원법 제33조)<10승진·09경간·11.2·14.1채용>

※ **경징계(감봉·견책)의 집행은** 징계위원회의 의결을 거쳐 징계위원회가 설치된 소속기관의 장이 행사한다.(총리소속 징계위원회에서 의결한 경무관 이상의 경징계는 경찰청장이 행사)

③ **징계권 구분**(경찰공무원법 제33조)<11.2·14.1채용>

구분	치안정감	치안감	경무관	총경	경정	경감	경위	경사	경장	순경
파면	경찰청장 [해양경찰청장](제청) ⇨					소속기관장이 집행				
해임	행안부 장관 [해수부 장관](경유) ⇨									
	국무총리(경유) ⇨ 대통령이 집행									
강등				경찰청장이 집행						
정직										
감봉	경찰청장(해경청장)이 집행			(징계위원회가 설치된) 소속기관의 장이 집행						
견책										

4. 징계위원회

(1) 징계위원회

① **경무관 이상**의 경찰공무원에 대한 징계의결은 「국가공무원법」에 따라 **국무총리 소속**으로 설치된 징계위원회에서 한다.[♣경찰공무원 중앙징계위원회(×)](경찰공무원법 제32조 제1항)<11.2 · 13.2 · 14.1 · 16.1 · 21.2 · 22.2채용>

② **총경 이하**의 경찰공무원에 대한 징계의 의결을 하기 위하여 대통령이 정하는 경찰기관 및 해양경찰관서에 경찰공무원징계위원회를 둔다.(경찰공무원법 제32조 제2항)<16.1채용>

③ 중앙징계위원회는 **총경 및 경정**에 대한 징계 또는 「국가공무원법」 제78조의2에 따른 **징계부가금 부과**(이하 "징계등") 사건을 심의·의결한다.(경찰공무원징계령 제4조 제1항)<11.2채용>

④ **보통징계위원회**는 해당 징계위원회가 설치된 경찰기관 **소속 경감 이하**[♣경정 이하(×)] 경찰공무원에 대한 징계등 사건을 심의·의결한다. 다만, 다음 각 호의 기관에 설치된 보통징계위원회는 각 호의 구분에 따른 경찰공무원에 대한 징계등 사건을 심의·의결한다.(경찰공무원징계령 제4조 제2항)<12.1 · 17.2채용>

1. **경정 이상**의 경찰공무원을 장으로 하는 **경찰서**, 경찰기동대·해양경찰서 등 **총경 이상**의 경찰공무원을 장으로 하는 경찰기관 및 정비창: 소속 **경위 이하**의 경찰공무원

2. 의무경찰대 및 경비함정 등 경찰청장 또는 해양경찰청장이 지정하는 **경감 이상**의 경찰공무원을 장으로 하는 경찰기관: 소속 **경사 이하**의 경찰공무원

(2) 징계위원회의 종류 및 설치

① 경찰공무원 징계위원회는 경찰공무원 중앙징계위원회(이하 "중앙징계위원회")와 경찰공무원 보통징계위원회(이하 "보통징계위원회")로 구분한다.

② **중앙징계위원회는 경찰청 및 해양경찰청에 두고, 보통징계위원회는** 경찰청, 시·도경찰청, 해양경찰청, 지방해양경찰청, 경찰대학, 경찰인재개발원, 중앙경찰학교, 경찰수사연수원, 해양경찰인재개발원, 경찰병원, 경찰서, 경찰기동대, 의무경찰대, 해양경찰서, 정비창(整備廠), 경비함정 및 경찰청장(해양경찰청 소속 경찰공무원에 관한 사항의 경우에는 해양경찰청장을 말한다.)이 지정하는 **경감 이상**[♣경정 이상(×)]**의 경찰공무원을 장으로 하는 기관에 둔다.**(경찰공무원징계령 제3조)<12.3채용>

(1) **징계위원회의 종류**(경찰공무원법 제32조)

종류	관할	설치(소속)
국무총리 중앙징계위원회	경무관 이상	**국무총리 소속하에 설치** [♣경찰공무원 중앙징계위원회(×)]<11.2 · 13.2 · 14.1 · 16.1 · 22.2채용>
경찰공무원 중앙징계위원회	총경 및 경정	**경찰청 및 해양경찰청**<09 · 11.2 · 12.1 · 14.1채용>
경찰공무원 보통징계위원회 [♣소속 경위 이하 (×)]	소속 경감 이하	해당 징계위원회가 설치된 경찰기관(아래 소속 경위 이하 및 소속 경사 이하를 대상으로 징계할 수 있는 기관 제외)[주로 **경찰청과 소속기관**][♣경찰공무원 보통징계위원회는 소속 경정 이하 경찰공무원 징계 심의·의결(×), ♣종로서 순경 홍길동(×)]<09채용> ※ **경찰청 및 해양경찰청 소속 보통징계위원회** → 타 규정에 불구하고 경찰청장이 징계의결을 요구하는 징계사건을 심의·의결한다.

경찰공무원 보통징계위원회 [♣소속 경위 이하 (×)]	소속 경위 이하	**경정 이상**의 경찰공무원을 장으로 하는 경찰서
		경찰기동대·해양경찰서 등 **총경 이상**의 경찰공무원을 장으로 하는 경찰기관 및 정비창(경찰공무원징계령 제4조 제2항 제1호)<12.1채용>
	소속 경사 이하	의무경찰대 및 경비함정 등 경찰청장 또는 해양경찰청장이 지정하는 **경감 이상**의 경찰 공무원을 장으로 하는 경찰기관[♣경정 이상 (×)](경찰공무원징계령 제4조 제2항 제2호)

☞ **관련사건 관할**

① **상위 계급과 하위 계급**의 경찰공무원이 관련된 징계등 사건은 **상위 계급의 경찰공무원을 관할**하는 징계위원회에서 심의·의결하고, **상급 경찰기관과 하급 경찰기관**에 소속된 경찰공무원이 관련된 징계등 사건은 **상급 경찰기관에 설치된 징계위원회에서 심의·의결**한다. 다만, 상위 계급의 경찰공무원이 감독상 과실책임만으로 관련된 경우에는 관할 징계위원회에서 각각 심의·의결할 수 있다.(경찰공무원징계령 제5조 제1항)

  🔲 ○○경찰서 소속 지구대장 **경감 甲**과 동일한 지구대 소속 **순경 乙**이 관련된 징계등 사건(甲의 감독상 과실책임만으로 관련된 경우, 관련자에 대한 징계등 사건을 분리하여 심의 의결하는 것이 타당하다고 인정되는 경우는 제외)→ **경감 甲를 관할하는 시·도경찰청 징계위원회**에서 심의·의결[♣○○ 경찰서 설치 징계위원회 관할(×)]<22.2채용>

② **직근상급 경찰기관 징계위원회 관할** ➡ 소속을 달리하는 **2명 이상**의 경찰공무원이 관련된 징계등 사건으로 관할 징계위원회가 서로 다른 경우, 모두를 관할하는 **바로 위 상급 경찰기관에 설치된 징계위원회에서**[♣무거운 책임있는 경찰공무원을 관할하는 징계위원회에서(×)] 심의·의결한다. (경찰공무원징계령 제5조 제2항)<13·17승진·15.1채용>

(2) **경찰공무원 징계위원회**(경찰공무원징계령 제6조)

구성	① **각 징계위원회** : 각 징계위원회는 **위원장 1명**을 포함하여 **11명 이상 51명 이하**의 공무원위원과 민간위원으로 **구성**한다.(제6조 제1항)<17·21경간·17·23승진·15.1채용>
	※ '공무원징계령'상 중앙징계위원회는 위원장 1명을 포함하여 **17명 이상 33명 이하의 공무원위원과 민간위원으로 구성**한다. 이 경우 민간위원의 수는 위원장을 제외한 위원 수의 **2분의 1 이상**이어야 한다.(공무원징계령 제4조 제1항)
	② **징계위원회 회의** : 징계위원회의 회의는 **위원장과** 징계위원회가 설치된 **경찰기관의 장이** 회의마다 지정하는 **4명 이상 6명 이하의 위원**[♣5명 이상 7명 이하의 위원(×)]으로 **성별을** 고려하여 구성하되, 민간위원의 수는 위원장을 포함한 위원 수의 **2분의 1 이상**이어야 한다.[♣징계위원회 12명 출석(×)](제7조 제1항)<12·21·23경간·13·17승진·12.1·3·22.1채용>
	※ 실제 징계위원회 회의는 위원장을 포함하여 **5~7인**으로 **구성**하게 된다.
임명	① **징계위원회의 위원**은 징계등 **심의 대상자보다 상위 계급인 경위 이상의**[♣경감 이상(×)] **소속 경찰공무원 또는 상위 직급에 있는 6급 이상의 소속 공무원** 중에서 징계위원회의 **공무원위원을 임명**한다.(해경청의 경우 상위계급 소속 공무원 수 미달의 경우 3~7명으로 중앙징계위원회 구성 가능)(경찰공무원징계령 제6조 제2항)<17경간·18승진·12.1채용>
	② 징계위원회가 설치된 경찰기관의 장은 각 징계위원회 위원 수의 **2분의 1 이상**을 다음 각 호의 구분에 따라 해당 호 각 목의 사람 중에서 **민간위원으로 위촉**한다. 이 경우 특정 성별의 위원이 민간위원 수의 **10분의 6을 초과하지 않도록 해야** 한다.(경찰공무원징계령 제6조 제3항)<23승진>

③ 위촉된 민간위원의 **임기는 2년**으로 하며, **한 차례만 연임할 수** 있다.(제6조의2)

임명		
	중앙 징계 위원회	가. **법관·검사** 또는 **변호사로 10년 이상** 근무한 사람
		나. 대학(「고등교육법」 제2조에 따른 학교 또는 이에 준하는 교육기관)에서 경찰 관련 학문을 담당하는 **정교수 이상**으로 재직 중인 사람
		다. **총경 또는 4급 이상의 공무원**으로 근무하고 퇴직한 사람[퇴직 전 5년부터 퇴직할 때까지 근무했던 적이 있는 경찰기관(해당 경찰기관이 소속된 중앙행정기관 및 그 중앙행정기관의 다른 소속기관에서 근무했던 경우를 포함)의 경우에는 퇴직일부터 3년이 경과한 사람을 말한다.]
		라. 민간부문에서 **인사·감사 업무를 담당**하는 **임원급** 또는 이에 상응하는 직위에 근무한 경력이 있는 사람 [☻ 10정 총사임]
	보통 징계 위원회	가. **법관·검사** 또는 변호사로 **5년 이상** 근무한 사람
		나. 대학에서 경찰 관련 학문을 담당하는 **부교수 이상**으로 재직 중인 사람
		다. **공무원으로 20년 이상 근속하고 퇴직**한 사람[퇴직 전 5년부터 퇴직할 때까지 근무했던 적이 있는 경찰기관(해당 경찰기관이 소속된 중앙행정기관 및 그 중앙행정기관의 다른 소속기관에서 근무했던 경우를 포함)의 경우에는 퇴직일부터 3년이 경과한 사람을 말한다[♣중앙징계위원회 위원(×)]
		라. 민간부문에서 **인사·감사 업무**를 담당하는 **임원급** 또는 이에 상응하는 직위에 근무한 경력이 있는 사람 [☻ 5부리임]

④ **제척:** 징계위원회의 위원장 또는 위원이 다음 각 호의 어느 하나에 해당하는 경우에는 그 징계등 사건의 심의·의결에 관여하지 못한다.(경찰공무원징계령 제15조 제1항...)<17.2채용>

1. 징계등 심의 **대상자의 친족** 또는 직근 **상급자**(징계사유가 발생한 기간 동안 직근 상급자였던 사람을 포함)인 경우<17.2채용>

2. 그 **징계사유와 관계**가 있는 경우<17.2채용>

3. **징계양정 및 징계부과금 과다로 인한 감봉·견책의 무효·취소의 결정·판결**(「국가공무원법」 제78조의3 제1항 제3호)의 사유로 **다시 징계등 사건의 심의·의결**을 할 때 해당 **징계등 사건의 조사나 심의·의결에 관여**한 경우

⑤ **기피:** 징계등 심의 대상자는 징계위원회의 위원장 또는 위원이 다음 각 호의 어느 하나에 해당하는 경우에는 징계위원회에 그 사실을 서면으로 밝히고 해당 위원장 또는 위원의 기피를 신청할 수 있다.(제15조 제2항)

1. **제척사유**(제15조 제1항 각 호)의 어느 하나에 해당하는 경우

2. **불공정한 의결을 할 우려가 있다고 의심할 만한 타당한 사유**가 있는 경우

⑥ **회피:** 징계위원회의 위원장 또는 위원은 **제척사유**의 어느 하나에 해당하면 스스로 해당 징계등 사건의 **심의·의결을 회피해야** 하며, **기피사유(불공정한 의결을 할 우려가 있다고 의심할 만한 타당한 사유**가 있는 경우)에 해당하면 **회피할 수** 있다.(제15조 제4항)

회의

① 위원장은 위원회의 사무를 **총괄**하고 위원회를 **대표**한다.(경찰공무원징계령 제7조 제3항)<17·23 경간·14승진·18.2채용>

※ 징계위원회의 위원장은 위원 중 **최상위 계급 또는 이에 상응하는 직급**에 있거나 최상위 계급 또는 이에 상응하는 직급에 **먼저 승진임용된 공무원**이 된다.(제6조 제4항)

회의	② 징계위원회 회의는 **위원장이 소집**한다.(경찰공무원징계령 제7조 제4항)
	
	③ 징계사유가 다음 각 호의 어느 하나에 해당하는 징계사건이 속한 징계위원회의 회의를 구성하는 경우에는 피해자와 **같은 성별**의 위원이 **위원장을 제외한**[♣포함한(×)] **위원 수의 3분의 1 이상 포함되어야** 한다.(경찰공무원징계령 제7조 제2항)<23경간>
	
	   1. 「성폭력범죄의 처벌 등에 관한 특례법」에 따른 **성폭력범죄**
	
	   2. 「양성평등기본법」에 따른 **성희롱**
	
	④ 위원장은 **표결권**을 가진다.[♣표결권을 가지지 아니한다.(×)](경찰공무원징계령 제7조 제5항)<11·14 승진·12·23경간·09.2·12.3·18.2채용>
	
	   ♣경찰공무원징계위원회 위원장은 위원회의 사무를 총괄하며 위원회를 대표하지만, 표결권을 가지지 아니한다.(×)<14승진·12경간·12.3채용>
	
	⑤ 위원장이 **부득이한 사유**로 직무를 수행할 수 없거나 **위원장이 필요하다고 인정**하는 경우에는 **출석한 위원 중 최상위 계급 또는 이에 상응하는 직급에 있거나 최상위 계급 또는 이에 상응하는 직급에 먼저 승진임용된 공무원이 위원장**이 된다.(경찰공무원징계령 제7조 제6항)<23경간>

5. 징계사유 − [◉법의직 체위]

> ① 징계에 관하여 다른 법률의 적용을 받는 공무원이 이 법의 징계에 관한 규정을 적용받는 공무원으로 임용된 경우에 **임용 이전**의 다른 법률에 따른 **징계사유**는 그 **사유가 발생한 날부터 이 법에 따른 징계사유가 발생한 것**으로 본다.(국가공무원법 제78조 제2항)<12.2채용>
>
> ② 직무명령 위반도 직무상의 의무위반이 되는 한 징계사유가 되며, 체면·위신의 손상행위는 반드시 법률에 규정하는 것에 한정되지 않으므로 법정주의는 그만큼 축소가 된다.
>
> ③ **임명 전의 행위**라도 공무원의 체면 또는 위신을 손상시킬 때는 **징계사유가 될 수** 있다.
>
> > **[판례]** **[임명전 행위 → 원칙(징계사유×), / 예외(이로 인해 임용 후 체면, 위신 손상 → 징계사유(○))]** 국가공무원으로 **임용되기 전의 행위**는 국가공무원법 제78조 제2항의 경우외에는 원칙적으로 재직중의 **징계사유로 삼을 수 없다** 할 것이나, 비록 임용 전의 행위라 하더라도 이로 인하여 임용 후의 공무원의 체면 또는 위신을 손상하게 된 경우에는 위 제1항 제3호의 징계사유로 삼을 수 있다고 보아야 한다.(대법원 89누7368 판결 [파면처분취소])<22.2채용>
>
> ④ 징계사유의 발생에 있어서 행위자의 **고의·과실의 유무는 불문**한다.

(1) **법령위반**: 국가공무원법 및 국가공무원법에 의한 명령에 위반하였을 때

(2) **의무위반·직무태만 :** 직무상의 의무(다른 법령에서 공무원의 신분으로 인하여 부과된 의무를 포함)에 위반하거나 직무를 태만한 때

(3) **체면·위신 손상**: 직무내외를 불문하고 그 **체면 또는 위신을 손상하는 행위**를 한 때[♣직무태만 제외(×), ♣능력이 부족하거나 근무성적이 극히 나쁜 경우(×)→ 직위해제 사유](국가공무원법 제78조 제1항)<04승진·05·08·12.2 채용>

판례 **【정류장에서는 앞지르지 못한다고 주의 → 직무태만(×)】** 싸이카에 승무하고 교통단속을 하던 경찰공무원이 정류장에서 앞차를 앞지르려고 하는 것을 목격하고 손짓을 하여 앞지르지 못하게 한 뒤 그 버스를 정차시켜 놓고 운전사에게 대하여 **정류장에서는 앞지르기를 하지 못한다고 주의를 한 데 그친 것**은 교통경찰관으로서는 바람직한 근무자세라 할 것이고 경찰공무원으로서 성실의무에 위반하는 등 **직무를 태만히 한 것이라고는 볼 수 없다.**(대법원 선고 76누179 판결 [파면처분취소])

참고 퇴직을 희망하는 공무원의 징계사유 확인 등(국가공무원법 제78조의4)

① 임용권자 또는 임용제청권자는 **공무원이 퇴직을 희망하는 경우**에는 **징계사유**(제78조 제1항)가 있는지, **중징계요구 중, 비위관련 형사기소·수사·감사 또는 조사 중**(제2항 각 호)**의 어느 하나**에 해당하는지 여부를 감사원과 검찰·경찰 등 조사 및 수사기관의 장에게 **확인하여야** 한다.(국가공무원법 제78조의4 제1항)

② (제1항에 따른) 확인 결과 퇴직을 희망하는 공무원이 파면, 해임, 강등 또는 정직에 해당하는 징계사유가 있거나 다음 각 호의 어느 하나에 해당하는 경우(제1호·제3호 및 제4호의 경우에는 해당 공무원이 파면·해임·강등 또는 정직의 징계에 해당한다고 판단되는 경우에 한정) 제78조 제4항에 따른 소속장관 등은 지체 없이 징계의결등을 요구하여야 하고, **퇴직을 허용하여서는 아니** 된다.(국가공무원법 제78조의4 제2항)

  1. 비위(非違)와 관련하여 형사사건으로 기소된 때

  2. 징계위원회에 파면·해임·강등 또는 정직에 해당하는 징계 의결이 요구 중인 때

  3. 조사 및 수사기관에서 비위와 관련하여 조사 또는 수사 중인 때

  4. 각급 행정기관의 감사부서 등에서 비위와 관련하여 내부 감사 또는 조사 중인 때

③ (제2항에 따라) 징계의결등을 요구한 경우 임용권자는 (제73조의3 제1항 제3호에 따라) **해당 공무원에게 직위를 부여하지 아니할 수** 있다.(국가공무원법 제78조의4 제3항)

④ 관할 징계위원회는 (제2항에 따라) 징계의결 등이 요구된 경우 다른 징계사건에 우선하여 징계의결 등을 하여야 한다.(국가공무원법 제78조의4 제4항)

참고 정상참작사유(책임을 묻지 아니할 수)(경찰공무원징계령 세부시행규칙 제4조 제5조 – 경찰청 훈령)

행위자에 대한 징계양정기준(제4조 제2항)	감독자에 대한 정상참작사유(제5조 제2항)
1. 과실로 인하여 발생한 의무위반행위가 다른 법령에 의해 **처벌사유가 되지 않고** 비난가능성이 없는 때[♣처벌사유가 되지만(×)]<07채용>	1. 부하직원의 의무위반행위를 **사전에 발견하여 적법 타당하게 조치한 때**<15·20승진·12경감>
2. 국가 또는 공공의 **이익**을 증진하기 위해 성실하고 능동적으로 업무를 처리하는 과정에서 부분적인 절차상 하자 또는 비효율, 손실 등의 잘못이 발생한 때	2. 부하직원의 의무위반행위가 감독자 또는 행위자의 **비번일, 휴가기간, 교육기간 등**에 발생하거나, 소관업무와 직접 관련 없는 등 감독자의 **실질적 감독범위를 벗어났다고 인정된 때**[♣경찰인재개발원에서 기본교육 중(○)]<15승진>
3. **업무매뉴얼**에 규정된 직무상의 절차를 충실히 이행한 때[♣정상참작 불가(×)]<20승진·11경감·09.2채용>	3. 부임기간이 **1개월 미만**으로 부하직원에 대한 실질적인 감독이 곤란하다고 인정된 때[♣2개월(×), ♣1년 미만(×), ♣50일(×)]<12·15·19·20승진·12경간>

4. 의무위반행위의 발생을 **방지하기 위해 최선**을 다하였으나 **부득이한 사유로 결과가 발생**하였을 때

5. 발생한 의무위반행위에 대하여 **자진신고**하거나 **사후조치에 최선**을 다하여 **원상회복에 크게 기여**한 때

6. 간첩 또는 사회이목을 집중시킨 중요사건의 범인을 검거한 공로가 있을 때[♣감독자 정상참작사유(×)]<12 · 19승진>

4. 교정이 불가능하다고 판단된 부하직원의 사유를 명시하여 인사상 조치(전출 등)를 상신하는 등 **성실히 관리한 이후**에 같은 부하직원이 **의무위반행위를 야기**하였을 때<12 · 15승진>

5. 기타 부하직원에 대하여 평소 철저한 교양감독 등 감독자로서의 임무를 성실히 수행하였다고 인정된 때<20승진> [◉ 이매방 조감일]

참고 **징계감경사유와 감경제외사유**(경찰공무원징계령 세부시행규칙 제8조 제1, 2, 3항(징계감경))<10.2 · 22.2채용>

**징계
감경
사유**
	① 징계위원회는 징계의결이 **요구된 자**가 다음의 어느 하나에 해당하는 공적이 있는 경우 일정 기준에 따라 징계를 감경할 수 있다.[♣징계처분을 받은 후 해당 계급에서 경찰청장 표창을 받은 경우(×)](제8조 제1항)<22.2채용>
	
	  1. 「상훈법」에 따라 **훈장 또는 포장**을 받은 공적
	
	  2. 「정부표창규정」에 따라 **국무총리 이상의 표창**을 받은 공적. 다만, **경감 이하**의 경찰공무원등은 **경찰청장 또는 중앙행정기관 차관급 이상 표창**을 받은 공적
	
	    예 징계의결이 요구된 **경정 丁**에게 **국무총리 표창**을 받은 공적이 있는 경우 → 감경가능 (소속경찰서가 국무총리 표창을 받은 경우 → 감경사유X)<22.2채용>
	
	    예 위법 부당한 처분과 직접적 관계없이 50만 원의 **향응**을 받아 **감봉 1개월**의 징계처분을 받은 **경감 丁**이 그 **징계처분을 받은 후** 해당 계급에서 **경찰청장 표창**을 받은 경우(그 외 일체의 포상을 받은 사실 없음.)에는 징계처분의 집행이 끝난 날부터 **18개월**이 지나면 승진임용될 수 있다.<22.2채용> → 향응은 6개월 징계 가중 및 아래 감경제외 사유
	
	  3. 「모범공무원규정」에 따라 **모범공무원**으로 선발된 공적
	
	② 경찰공무원등이 **징계처분 또는 징계위원회의 권고에 의한 경고**를 받은 사실이 있는 경우에는 그 징계처분 또는 경고처분 전의 공적은 감경대상 공적에서 **제외**한다.(제8조 제2항)

**징계
감경
제외
사유**
	의무위반행위의 내용이 아래 어느 하나에 해당하는 경우 징계를 감경할 수 없다.(제3항)
	
	  1. **금전, 물품, 부동산, 향응** 또는 그 밖에 대통령령으로 정하는 재산상 이익을 취득하거나 **제공**한 경우, 국고금 등을 **횡령**(橫領), **배임**(背任), **절도, 사기** 또는 **유용**(流用)한 경우(국가공무원법 제78조의2 제1항 각 호의 어느 하나)에 해당하는 비위<10.2채용>
	
	  1의2. 금전, 물품, 부동산, 향응 또는 그 밖에 대통령령으로 정하는 **재산상 이익을 취득**하거나 **제공**한 경우, 국고금 등을 **횡령**(橫領), **배임**(背任), **절도, 사기** 또는 **유용**(流用)한 경우(국가공무원법 제78조의2 제1항 각 호의 어느 하나)에 해당하는 비위에 대한 **신고 의무**를 이행하지 않은 경우
	
	  2. (「양성평등기본법」 제3조 제2호에 따른) **성희롱**
	
	  3. (「성매매알선 등 행위의 처벌에 관한 법률」 제2조 제1호의) **성매매**, (같은 조 제2호의) **성매매 알선**, (같은 조 제3호의) **성매매 목적 인신매매**
	
	  4. (「성폭력범죄의 처벌 등에 관한 특례법」 제2조에 따른) **성폭력범죄**
	
	  5. (「도로교통법」 제44조 제1항에 따른) **음주운전** 또는 (같은 조 제2항에 따른) **음주측정에 대한 불응**

6. (「공직자윤리법」 제22조에 따른) **재산등록 및 주식의 매각 · 신탁 관련 의무위반행위**

7. (「적극행정 운영규정」 제2조 제2호에 따른) **소극행정**

※ "소극행정"이란 공무원이 **부작위** 또는 **직무태만** 등 소극적 업무행태로 국민의 권익을 침해하거나 국가 재정상 손실을 발생하게 하는 행위를 말한다.(적극행정 운영규정 제2조 제2호)

7의2. **부작위 또는 직무태만**

8. (「경찰청 공무원 행동강령」 제13조의3에 따른) 직무권한등을 행사한 **부당한 행위**

9. (제2호부터 제4호까지의) **성 관련 비위** 또는 (「경찰청 공무원 행동강령」 제13조의3에 따른) **부당한 행위**를 은폐하거나 필요한 **조치를 하지 않은** 경우

10. (「형법」 제124조의) **불법체포 · 감금** 및 (제125조의) **폭행 · 가혹행위**

11. 특정인의 공무원 채용에 대한 **특혜를 요청**하거나, 그 요청 등에 따라 **부정한 방법으로 채용관리**를 한 경우

12. (「부정청탁 및 금품등 수수의 금지에 관한 법률」 제5조에 따른) **부정청탁**

13. (「부정청탁 및 금품등 수수의 금지에 관한 법률」 제6조의) **부정청탁에 따른 직무수행**

14. **직무상 비밀**이나 **미공개 정보**를 이용한 **부당행위**

15. **우월적 지위 등을 이용**하여 다른 공무원 등에게 **신체적 · 정신적 고통**을 주는 등의 **부당행위**

(좌측 세로 라벨) 징계 감경 제외 사유

6. 징계절차 - 징계위원회의 의결을 거쳐 당해 경찰공무원의 임용권자가 행함.

(1) **징계의 절차**

① 경찰기관장의 요구 ➡ ② 징계위의 의결 ➡ ③ 인사권자의 집행(징계명령)

(2) 징계절차에는 행정절차법의 규정이 적용되지 않으며, 반드시 **징계위원회의 의결을 거쳐서 행해져야** 하며 **절차를 거치지 아니한 징계는 무효**가 된다.

(3) 징계등 심의 대상자는 **변호사를 변호인으로 선임**하여 징계등 사건에 대한 보충진술과 증거제출을 하게 할 수 있다. 다만, **징계위원회의 허가**를 받은 경우에는 변호사가 아닌 사람을 **특별변호인으로 선임할 수** 있다.[♣경찰공무원 임용령에 규정(×)](경찰공무원징계령 세부시행규칙 제11조)

(1) 징계의결의 요구 [제1단계]

요구	**(1) 요구: 경찰기관의 장**은 징계의결 요구의 사유가 있을 경우(신청받은 경우 포함)에 지체 없이 관할 징계위원회를 구성하여 **징계의결을 요구하여야** 한다.[♣요구할 수(×)](경찰공무원징계령 제9조)<13·14·18·19승진·12.2채용>

<table>
<tr>
<td rowspan="4">요
구
시
한</td>
<td>① 징계사유 있을 시: 지체 없이 요구하여야(경찰공무원징계령 제9조)</td>
</tr>
<tr>
<td>② 징계사유 통보를 받은 경우: 30일 이내에 관할 징계위원회에 징계를 요구하거나 그 상급 경찰기관의 장에게 징계등 의결의 요구를 신청하여야 한다.[♣징계위원회에 신청(×)](경찰공무원징계령 제10조 제2항)<12경간></td>
</tr>
<tr>
<td>※ 경찰기관의 장은 그 소속이 아닌 경찰공무원에게 징계사유가 있다고 인정될 때에는 해당 경찰기관의 장에게 그 사실을 증명할 만한 충분한 사유를 명확히 밝혀 통지하여야 한다.(경찰공무원징계령 제10조 제1항)</td>
</tr>
<tr>
<td>③ 재징계의결 요구 – 3개월 이내에 요구하여야(예외 양정과다의 감봉·견책)</td>
</tr>
</table>

(2) 신청: 경찰기관의 장은 그 소속 경찰공무원에 대한 징계등 사건이 상급 경찰기관에 설치된 징계위원회의 관할에 속한 경우에는 그 **상급 경찰기관의 장에게** 징계의결서등을 첨부하여 징계등 의결의 요구를 신청하여야 한다.[♣요구하거나 신청하여야(×)](경찰공무원징계령 제9조 제2항)

※ 징계의결요구 또는 그 신청은 중징계 또는 경징계로 구분하여 요구 또는 신청하여야 하며 서로 관련 없는 2개 이상의 비위가 경합될 때에는 그중 책임이 중한 비위에 해당하는 징계보다 한 단계 위의 징계의결을 요구할 수 있다.

(3) 재징계의결 요구

① **의의:** 처분권자(또는 처분제청권자)는 아래의 사유로 소청심사위원회 또는 법원에서 징계처분 등의 무효 또는 취소(취소명령 포함)의 결정이나 판결을 받은 경우에는 **3개월 이내에 다시 징계의결 또는 징계부과금 부과 의결을 요구하여야** 한다.[♣감봉·견책의 양정과다로 인한 무효·취소(×)](국가공무원법 제78조의3)

※ 다만, 징계양정이 과다한 사유로 무효 또는 취소(취소명령 포함)의 결정이나 판결을 받은 감봉·견책처분에 대하여는 징계의결을 요구하지 아니할 수 있다.(국가공무원법 제78조의3)

② **요건**

‒ 실체적 하자: 법령의 적용, 증거 및 사실 조사에 명백한 흠이 있는 경우

‒ 절차적 하자: 징계위원회의 구성 또는 징계의결, 그 밖에 절차상의 흠이 있는 경우

‒ 징계 과다: 징계양정이 과다한 경우

(4) 징계부가금 부가요구의무

① 공무원의 징계 의결을 요구하는 경우 그 징계사유가 '**금전, 물품, 부동산, 향응** 또는 그 밖에 대통령령으로 정하는 **재산상 이익을 취득하거나 제공**한 경우, 규정상 일정한 **횡령(橫領), 배임(背任), 절도, 사기 또는 유용(流用)**한 경우에 해당하는 경우에는 해당 징계 외에 다음 각 호의 행위로 취득하거나 제공한 **금전 또는 재산상 이득의 5배 내의 징계부가금 부과 의결**을 징계위원회에 **요구하여야** 한다.(국가공무원법 제78조의2 제1항)

요구	※ **재산상 이익 :** 유가증권, 숙박권, 회원권, 할인권, 초대권, 관람권, 부동산 등 사용권 등 일체의 재산상 이익, 골프등 접대 또는 교통 · 숙박 등 편의제공, 채무면제, 취업제 공, 이권 부여 등 유 · 무형의 경제적 이익[♣채무면제 등 유 · 무형의 이익은 부가금 요구 대 상 아니다.(×)](공무원징계령 제17조의2(징계부가금))

② 처분권자(대통령이 처분권자인 경우에는 처분 제청권자)는 관할 세무서장에게 징계부가금 징수를 의뢰한 후 **체납일부터 5년이 지난 후에도 징수가 불가능**하다고 인정될 때에는 관 할 징계위원회에 **징계부가금 감면의결을 요청할 수** 있다.(국가공무원법 제78조의2 제5항)

⑤ **사본송부 :** 경찰기관의 장은 징계등 의결을 요구할 때에는 **경찰공무원 징계 의결 또는 징 계부가금 부과 의결 요구서 사본**을 징계등 **심의 대상자에게 보내야** 한다. 다만, 징계등 심 의 대상자가 그 수령을 거부하는 경우에는 그러하지 아니하다.(경찰공무원 징계령 제9조 제5항)

> 판례 **[징계요구 철회후 다시 징계요구로 파면 → 적법]** 징계권자가 경찰관에 대하여 **징계 요구**를 하였다가 이를 **철회**하고 **다시 징계요구**를 하여 파면결의를 한 경우 경찰공무원징계령에 이를 금지한 조문이 없으므로 그 징계절차는 **적법**하다.
> (대법원 79누388 판결 [파면처분취소])

징계의결등의 요구는 징계 등 사유가 발생한 날부터 다음 각 호의 구분에 따른 **기간이 지나면 하지 못한다.**(국가공무원법 제83조의2)<14 · 15승진 · 08 · 14.1채용>

1. 징계 등 사유가 다음 각 목의 어느 하나에 해당하는 경우: **10년** - 21. 12. 9 시행

   가. 「성매매알선 등 행위의 처벌에 관한 법률」 제4조에 따른 금지행위

   나. 「성폭력범죄의 처벌 등에 관한 특례법」 제2조에 따른 성폭력범죄

   다. 「아동 · 청소년의 성보호에 관한 법률」 제2조 제2호에 따른 아동 · 청소년대상 성범죄

   라. 「양성평등기본법」 제3조 제2호에 따른 성희롱

2. 징계 등 사유가 **일정한 재산범죄**(제78조의2 제1항 각 호의 어느 하나-횡령(橫領), 배임(背任), 절도, 사기 또는 유용(流用) 등)에 해당하는 경우: **5년[♣3년(×)]**

3. 그 밖의 징계 등 사유에 해당하는 경우: **3년[♣2년(×)]**

   ① 최종행위 기준 ➡ 징계사유가 계속적으로 행하여진 일련의 행위인 경우에는 최종의 행 위를 기준으로 한다.

   ② 절차중단 사유로 시효만료 시 ➡ 감사원 조사, 형사소추 등으로 징계 절차를 진행하지 못하여 징계시효기간이 지난 경우 조사나 수사의 종료 통보를 받은 날부터 1개월이 지 난 날에 시효가 끝나는 것으로 본다.

   ※ **징계의 감경금지 대상** ➡ 징계사유의 시효가 5년인 비위 및 '성폭력범죄의 처벌 및 피해자 보호 등에 관한 법률'에 따른 성폭력 범죄

요구 시효	(위 내용)
통보	그 소속이 아닌 경찰공무원에게 징계사유가 있다고 인정되는 때에는 당해 경찰기관의 장에게 그 사실을 증명할 만한 충분한 사유를 적시하여 이를 통보하여야 한다.

(2) **징계의결** [제2단계]

기한	징계위원회는 징계의결요구서를 받은 날로부터 **30일 이내**에 의결을 하여야 한다.[♣60일 이내(×)](경찰공무원징계령 제11조 제1항)<17·18·20·23승진·08·17.2·18.2·21.1·23.2채용>
※ 다만, 부득이 한 사유가 있을 때에는 해당 징계의결을 **요구한 경찰기관장의 승인**[♣징계대상자의 동의(×)]을 얻어 **30일 이내의 범위**에서 그 기한을 **연기할 수** 있다.[♣20일 이내 범위(×)](경찰공무원징계령 제11조 제1항 단서)<12경간·13·14·18·20·23승진·17.2·18.2·21.1·23.2채용>
※ **국무총리 중앙징계위원회의 경우는 60일 이내**
출석	(1) **출석**: 징계위원회가 징계등 심의 대상자의 출석을 요구할 때에는 법정 서식의 출석 통지서로 하되, **징계위원회 개최일 5일 전 까지** 그 징계등 심의 대상자에게 도달되도록 해야 한다.[♣2일 전까지(×)](경찰공무원징계령 제12조 제1항)<17·21경간·04·07·20승진·12.3채용>
※ **공시송달**: 다만, 징계등 심의 대상자의 소재가 분명하지 아니할 때에는 **출석 통지를 관보에 게재**하고, 그 게재일부터[♣게재일 다음날부터(×)] **10일이 지나면 출석 통지가 송달된 것으로 보며**, 징계등 의결을 할 때에는 관보 게재의 사유와 그 사실을 기록에 분명히 적어야 한다.[♣7일이 지나면(×)](경찰공무원징계령 제12조 제3항)<17·18·20승진·18.2·21.1채용>
① **출석거부**: 징계위원회는 징계등 심의 대상자가 그 징계위원회에 출석하여 진술하기를 원하지 아니할 때에는 **진술권 포기서를 제출**하게 하여 이를 기록에 첨부하고 **서면심사로 징계등 의결을 할 수** 있다.(경찰공무원징계령 제12조 제2항)
② **서면의결**: 징계위원회는 출석 통지를 하였음에도 불구하고 징계등 심의 대상자가 **정당한 사유 없이 출석하지 아니**하였을 때에는 그 사실을 기록에 분명히 적고 **서면심사로 징계등 의결을 할 수** 있다.(경찰공무원징계령 제12조 제3항)<18.2채용>
③ **원격영상회의 방식**: 징계위원회는 위원과 징계등 심의 대상자, 징계등 의결을 요구하거나 요구를 신청한 자, 증인, 관계인 등 이 영에 따라 회의에 출석하는 사람(이하 "출석자")이 동영상과 음성이 동시에 송수신되는 장치가 갖추어진 서로 다른 장소에 출석하여 진행하는 **원격영상회의 방식으로 심의·의결할 수** 있다.(경찰공무원 징계령 제14조의2 제1항)<23승진>
※ 이 경우 징계위원회의 위원 및 출석자가 같은 회의장에 출석한 것으로 본다.(경찰공무원 징계령 제14조의2 제1항 단서)
[판례] 1) [징계위출석통지(×) → 취소사유] 경찰공무원의 징계의결과정에 **징계심의위원회**에 **출석하라는 통보를 하지 아니한 위법**이 있다 하더라도 그와 같은 사유는 행정처분의 **취소 사유**에 불과하다.(대법원 85누386 판결 [파면처분무효확인])
[판례] 2) [통지(서면, 구두, 전화, 전언 등 가능) 없는 징계절차 → 위법] 경찰공무원징계령 제12조 제1항 소정의 출석통지는 소정의 서면에 의하지 아니하더라도 **구두, 전화 또는 전언등 방법**에 의하여 징계심의 대상자에게 전달되었으면 출석통지로서 족하다. 경찰공무원징계령 제12조 제1항 소정의 징계심의대상자에 대한 출석통지는 징계심의대상자로 하여금 징계심의가 언제 개최되는가를 알게 함과 동시에 자기에게 이익되는 사실을 진술하거나 증거자료를 제출할 기회를 부여하기 위한 조치에서 나온 강행규정이므로 위 **출석통지 없이 한 징계심의 절차는 위법**하다.(대법원 84누251 판결 [파면처분취소])
(2) **무효사유**: 의견진술기회를 부여하지 않은 징계는 무효사유가 된다.
※ 징계절차는 판단절차이며, 유사한 판단절차인 소청심사의 경우 의견진술 기회를 주지 않는 경우 무효로 규정하고 있다.(국가공무원법 제13조 제2항)

양정	(1) **재량한계** : 징계처분과 관련한 징계권자의 재량은 징계를 할 경우에 어떠한 처분을 선택할 것인가(징계의 종류)에 있으나, **징계의 요건 자체에 대한 재량은 인정되지 않는다.** ※ 징계의 요건에는 재량의 문제가 아니라 판단의 문제가 발생한다. (2) **위법** : 징계처분이 사회통념상 현저하게 타당성을 잃은 경우 위법이 된다.(判) ☞ 양정 기준 **징계고려사항** : 징계위원회는 징계등 사건을 의결할 때에는 징계등 심의 대상자의 비위행위 당시 **계급 및 직위**, 비위행위가 공직 내외에 미치는 **영향 평소 행실, 공적**(功績), 뉘우치는 정도나 그 밖의 **정상**과 징계등 의결을 **요구한 자의 의견**을 고려해야 한다.[♣고려할 수 있다.(×)](경찰공무원징계령 제16조)<17.2·21.1채용> ※ **징계고려 세부사항** → 의무위반행위의 유형·정도, 과실의 경중, 행위 당시 계급 및 직위, 비위행위가 공직 내외에 미치는 영향, **수사 중 경찰공무원 신분을 감추거나 속인 정황**, 평소 행실, 공적, 뉘우치는 정도, 규제개혁 및 국정과제 등 관련 업무 처리의 적극성 또는 그 밖의 정상을 **참작**하여 요구 또는 징계의결**하여야** 한다.[♣할 수 있다.(×)](경찰공무원징계령 세부시행 규칙 제4조 제1항)
심의 · 의결	(1) 징계위원회는 출석한 징계등 심의 **대상자**에게 징계 사유에 해당하는 사실에 관한 **심문**을 하고 심사를 위하여 필요하다고 인정될 때에는 **관계인**을 출석하게 하여 **심문할 수** 있다. (경공징계령 제13조 제1항) (2) 징계위원회는 징계등 심의 대상자에게 **진술할 수 있는 기회를 충분히 주어야** 하며, 징계등 심의 대상자는 일정 서식의 의견서 또는 말로 자기에게 이익이 되는 사실을 진술하거나 증거를 제출할 수 있다.(경공징계령 제13조 제2항) ※ 징계등 심의 대상자는 진술하지 아니하거나 개개의 질문에 대하여 진술을 거부할 수 있으며, 징계위원회의 위원장은 징계등 심의 대상자에게 제1항과 같이 **진술을 거부할 수 있음을 고지하여야** 한다.[♣진술거부권 고지의무를 경찰공무원 징계령에 규정(×)](경공징계령 세부시행규칙 제12조 제1, 2항) (3) 징계등 심의 대상자는 **증인의 심문을 신청할 수** 있다. 이 경우 **징계위원회는 의결로써 그 채택 여부를 결정하여야** 한다.[♣위원장이 채택여부 결정(×), ♣결정할 수(×)](경공징계령 제13조 제3항)<21.2채용> (4) 징계등 의결을 **요구한 자** 또는 징계등 의결의 **요구를 신청한 자**는 징계위원회에 출석하여 의견을 진술하거나 서면으로 **의견을 진술할 수** 있다.[♣진술해야(×)](경공징계령 제13조 제4항) ※ 다만, **중징계나 중징계 관련 징계부가금 요구사건의 경우에는 특별한 사유가 없는 한 징계위원회에 출석하여 의견을 진술해야** 한다.(경공징계령 제13조 제4항 단서) (5) 징계위원회는 필요하다고 인정할 때에는 사실 조사를 하거나 특별한 학식·경험이 있는 사람에게 **검증 또는 감정을 의뢰할 수** 있다.(경공징계령 제13조 제5항) (6) **의결정족수** : 징계위원회의 의결은 위원장을 포함한 **위원과반수의 출석과 출석위원 과반수의 찬성으로 의결**한다.[♣재적과반수 출석에 출석위원 2/3 이상 찬성으로 의결(×)](경찰공무원징계령 제14조 제1항)<15.1·21.1채용> (7) **의결** : 의견이 나뉘어 출석위원 과반수의 찬성을 얻지 못한 경우에는 **출석위원 과반수가 될 때까지 징계등 심의 대상자에게 가장 불리한 의견을 제시한 위원의 수를 그 다음으로 불리한 의견을 제시한 위원의 수에 차례로 더하여** 그 의견을 합의된 의견으로 본다.[♣정직 3개월 2명, 정직 1월 1명, 감봉 2월 1명, 감봉 2월 1명, 견책 2명 → 감봉 2월](경찰공무원징계령 제14조 제1항 단서)<21.1채용> ※ **비공개** : 징계위원회의 의결내용은 **공개하지 아니**한다.(경찰공무원징계령 제14조 제3항)

심의 · 의결	(8) 징계위원회는 의결규정에도 불구하고 다음의 사항에 대해서는 **서면으로** 의결할 수 있다. (경찰공무원 징계령 제14조 제3항) 　　1. 징계등 사건의 **관할 이송**에 관한 사항[♣관할 이송에 관한 사항만 서면의결할 수(×)] 　　2. 징계등 의결의 **기한 연기**에 관한 사항 (9) 징계위원회의 **의결 내용은 공개하지 아니**한다.(경찰공무원 징계령 제14조 제5항) (10) **징계등 의결의 통지 :** 징계위원회는 징계등 의결을 하였을 때에는 **지체 없이** 징계등 의결을 **요구한 자에게** 의결서 정본(正本)을 보내어 **통지하여야** 한다.(경찰공무원징계령 제17조)<23.2채용>
심사 재심사	**징계의결등을 요구한 기관의 장**은 징계위원회의 의결이 가볍다고 인정하면 그 처분을 하기 전에 다음 각 호의 구분에 따라 **심사나 재심사**를 청구할 수 있다. 이 경우 소속 공무원을 대리인으로 지정할 수 있다.(국가보안법 제82조 제2항) 1. **국무총리 소속**으로 설치된 징계위원회의 의결: **해당 징계위원회에** 재심사를 청구 2. **중앙행정기관**에 설치된 징계위원회(중앙행정기관의 소속기관에 설치된 징계위원회는 제외한다)의 의결: **국무총리 소속**으로 설치된 징계위원회에 심사를 청구 3. 총리소속 및 중앙행정이관 설치 징계위원회 **이외의 징계위원회**의 의결: **직근 상급기관에 설치**된 징계위원회에 심사를 청구
효력	**효력발생 :** 징계의결은 그 **의결만으로는** 그 내용에 관한 효력을 발생하지 못하고, 그 임명자가 그 의결을 실시함으로써 비로소 효력을 발생한다.[♣의결만으로 효력 발생(×)]<11승진>

(3) 징계의 집행[제3단계](경찰공무원징계령 제18조, 제19조)

의의	징계의결은 그 의결만으로써는 내용에 대한 효력을 발생하지 못하고, 각 인사권자(징계권자)가 그 **의결을 실시(집행)함으로써** 비로소 **효력을 발생**한다. ※ 강등(3개월간 직무에 종사하지 못하는 효력 및 그 기간 중 보수는 전액을 감하는 효력으로 한정한다), 정직 및 감봉의 징계처분은 휴직기간 중에는 그 집행을 정지한다.(국공법 제80조 제6항)
집행	(1) 징계위원회는 징계등 의결을 하였을 때에는 **지체 없이** 징계등 의결을 **요구한 자에게 의결서 정본(正本)을 보내어 통지하여야** 한다.(경찰공무원징계령 제17조) (2) 처분권자는 **피해자가 요청하는 경우**[♣피해자 요청이 없어도(×)] 「성폭력범죄의 처벌 등에 관한 특례법」에 따른 **성폭력범죄** 및 「양성평등기본법」에 따른 **성희롱**에 해당하는 사유로 **처분사유 설명서**를 교부할 때에는 그 징계처분결과를 피해자에게 함께 통보하여야 한다.(국가공무원법 제75조 제2항) (3) **경징계 집행** ① 징계등 의결을 **요구한 자**는 경징계의 징계등 의결을 통지받았을 때에는 **통지받은 날부터 15일 이내**에 징계등을 집행하여야 한다.[♣30일 이내에(×)](경찰공무원징계령 제18조 제1항)<14·18·20승진·12경간·08·14.1·18.2채용> ② 징계등 의결을 **요구한 자**는 징계등 의결을 집행할 때에는 의결서 사본에 징계등 **처분사유 설명서**를 첨부하여 징계등 처분 **대상자에게 보내야** 한다.(경찰공무원징계령 제18조 제2항) ③ 징계등 의결을 요구한 경찰기관의 장은 경징계의 징계등 의결을 **집행하였을 때**에는 지체 없이 그 결과에 의결서의 사본을 첨부하여 해당 **임용권자에게 보고**하고, 징계등 처분을 받은 사람의 **소속 경찰기관의 장에게 통지하여야** 한다.(경공징계령 제20조)

(4) 중징계 집행

집행

① 징계등 의결을 **요구한 자**는 중징계의 징계등 의결을 통지받았을 때에는 **지체 없이** 징계등 처분 대상자의 임용권자에게 의결서 정본을 보내어 해당 징계등 처분을 **제청하여야** 한다.[♣15일 이내(×)](경찰공무원징계령 제19조 제1항)<21경간>

※ 다만, **경무관 이상의 강등 및 정직, 경정 이상의 파면 및 해임 처분의 제청, 총경 및 경정의 강등 및 정직의 집행은 경찰청장 또는 해양경찰청장이** 한다.(경찰공무원징계령 제19조 제1항 단서)<21경간>

᯾ 국가경찰사무를 담당하는 ○○경찰서 소속 **경사 丙**에 대한 **정직**처분 → 중징계이므로 임용권자인 시도경찰청장이 집행, 행정소송의 피고는 시도경찰청장[♣서장이 집행, 경찰청장이 행정소송피고(×)]<22.2채용>

② 중징계 처분의 제청을 받은 **임용권자**는 **15일 이내**에 의결서 사본에 징계등 **처분 사유 설명서**를 첨부하여 징계등 처분 **대상자에게 보내야** 한다.(경찰공무원징계령 제19조 제2항)<18승진>

> [판례] **[징계처분 사유설명서 교부→민사송달(×), 볼 수 있는 상태(○)]** 공무원에 대한 **징계처분의 사유설명서의 교부**는 소송서류의 **송달이 아니므로** 민사소송법의 송달방법에 의할 것이 아니고 이를 받을 자가 **볼 수 있는 상태**에 놓여질 때에 교부한 **것**이 된다 할 것이다.(대법원 68누148 판결 [파면처분취소])

7. 효과

(1) **징계의 효과 :** 징계처분을 받은 자는 그 징계처분을 받은 날 또는 그 집행이 종료된 날로부터 승진임용과 승급에 있어 제한을 받으며, **파면 또는 해임처분을 받은 자는 경찰공무원의 임용자격이 박탈**된다.<10승진>

(2) **취소·철회의 제한 :** (경찰)공무원의 징계는 준사법적 행정행위로서 징계처분에 대해서는 징계권자가 이를 취소·철회할 수가 없다.(불가변력)

※ **징계의 성질** → 경찰관청의 권력적 의사표시(실제 판단의 표시)로서의 법집행행위로서 처분에 해당한다.

> [판례] **[징계처분 사유설명서 교부→민사송달(×), 볼 수 있는 상태(○)]** 징계권자로서는 징계의결대로 **징계처분**을 집행한 다음에는 특단의 사정이 없는 한 그 **스스로 이를 취소하거나 변경할 수 없다** 할 것이고 이는 징계위원회의 의결내용에 **하자가 있는 경우에도 마찬가지**라 할 것이다. (대구고법 78구92 특별부판결 : 확정 [파면처분취소청구사건])

II. 회계관계직원의 변상책임(경찰공무원의 책임)

공무원이 국가에 재산상의 손해를 끼친 경우에 지는 책임으로서, 국가배상법에 의한 변상책임과 '**회계관계직원 등의 책임에 관한 법률**'에 의한 변상책임이 있다.

(1) **회계관계직원 :** 물품관리관·물품운용관·물품출납공무원 및 물품사용공무원 등 국가의 예산 및 회계에 관계되는 사항을 정한 법령의 규정에 의하여 국가의 회계 사무를 집행하는 사람을 의미한다.

PART

03

⑵ **요건**

① **고의 또는 중과실** : '**고의 또는 중대한 과실**'로 법령 그 밖의 관계규정과 예산에 정하여진 바에 위반하여 국가 등의 재산에 대하여 손해를 끼친 때에는 변상의 책임을 부담한다.

② **선량한 관리자의 주의** ☞ '**선량한 관리자로서의 주의**'를 게을리 하여 **그가 보관하는 현금 또는 물품이 망실되거나 훼손된 때**에는 변상의 책임을 부담한다. 이 경우 **회계관계직원은 스스로 사무를 집행하지 아니한 것을 이유로 그 책임을 면할 수가 없으며, 선량한 관리자의 주의를 태만히 하지 아니한 증명을 못하였을 때**에는 **변상의 책임이 있다.**

※ **선량한 관리자의 주의의무(선관주의)** : 구체적 사람을 기준으로 그의 능력에 따른 주의의무가 아닌, 평균적·추상적 사람이 마땅히 기울여야 할 일반적·객관적인 주의의무를 의미한다.

⑶ **판정**

① **감사원이 판정** : 변상책임의 유무 및 변상액은 감사원이 판정한다.(감사원법 제31조)

② **감사원의 판정전** : 중앙관서장, 지방자치단체장, 감독기관장 또는 당해 기관장은 회계관계직원이 변상책임이 있다고 인정되는 때에는 **감사원이 판정하기 전이라도** 당해 회계관계직원에 대하여 **변상을 명할 수** 있다.[♣없다.(×)](회계관계직원 등의 책임에 관한 법률 제6조 제1항)

4 권익보장제도

> **경찰공무원의 권익보장을 위한 제도**<99승진·02채용>
>
> ⓐ **처분사유 설명서 교부제도**　　ⓑ **고충심사청구**
>
> ⓒ **소청심사청구**　　　　　　　　ⓓ **행정소송의 제기[❸처고소행]**

Ⅰ. 테마 52 처분사유설명서 교부제도

⑴ **의의** : 공무원에 대하여 **징계처분** 등을 할 때나 강임·휴직·직위해제 또는 면직처분을 할 때에는 그 처분권자 또는 처분제청권자는 **처분사유를 적은 설명서를 교부(交付)하여야** 한다.(국가공무원법 제75조 제1항 본문)

※ 다만, 본인의 원(願)에 따른 강임·휴직 또는 면직처분은 그러하지 아니하다.(국가공무원법 제75조 제1항 단서) 예 의원면직, 의원휴직 등

① 처분권자는 **피해자가 요청하는 경우**[♣요청이 없는 경우에도(×)] 다음 각 호의 어느 하나에 해당하는 사유로 처분사유 설명서를 교부할 때에는 그 징계처분결과를 **피해자에게 함께 통보하여야** 한다.(제75조 제2항)

1. 「성폭력범죄의 처벌 등에 관한 특례법」 제2조에 따른 **성폭력범죄**

2. 「양성평등기본법」 제3조제2호에 따른 **성희롱**

3. 직장에서의 지위나 관계 등의 우위를 이용하여 업무상 적정범위를 넘어 다른 공무원 등에게 부당한 행위를 하거나 신체적·정신적 고통을 주는 등의 행위(**갑질**)로서 대통령령등으로 정하는 행위

(2) **중요성** : 처분청이 처분을 신중하게 하도록 하고, 정당한 이유의 제시를 통해 처분의 적법성과 타당성을 확보하여 상대방이 처분을 받아들이게 하는 기능을 수행한다.

※ 처분사유 설명서 교부제도는 **사전적 구제절차**로서의 의미를 지닌다.[♣사후적 구제절차(×)]<09채용>

II. 테마 53 고충처리제도

(1) **고충처리** : 공무원은 **인사 · 조직 · 처우 등 각종 직무 조건과 그 밖에 신상 문제와 관련한 고충**에 대하여 상담을 신청하거나 심사를 청구할 수 있으며, **누구나** 기관 내 **성폭력 범죄 또는 성희롱 발생 사실을 알게 된 경우 이를 신고할 수** 있다.(국가공무원법 제76조의2 제1항)<22승진>

※ 이 경우 상담 신청이나 심사 청구 또는 신고를 이유로 불이익한 처분이나 대우를 받지 아니한다.(국가공무원법 제76조의2 제1항 단서)

① 중앙인사관장기관의 장, 임용권자 또는 임용제청권자는 고충 상담을 신청받은 경우에는 **소속 공무원을 지정하여 상담하게** 하고, 심사를 청구받은 경우에는 **관할 고충심사위원회에 부쳐 심사하도록 하여야** 하며, 그 결과에 따라 고충의 해소 등 공정한 처리를 위하여 노력하여야 한다.(국가공무원법 제76조의2 제2항)

② 중앙인사관장기관의 장, 임용권자 또는 임용제청권자는 기관 내 **성폭력 범죄** 또는 **성희롱 발생** 사실의 **신고**를 받은 경우에는 지체 없이 사실 확인을 위한 **조사**를 하고 그에 따라 필요한 **조치를 하여야** 한다.[♣조치를 위하여 노력하여야(×)](국가공무원법 제76조의2 제3항)

※ **성격** : 고충처리제도는 공무원의 근무조건의 적정성을 확보하기 위한 제도로서, 공무원의 근로 3권이 제약되는 것에 대한 보완적 제도인바, 공무원을 위한 Ombudsman적 성격을 가진다.

※ **옴부즈맨(Ombudsman)** : 국민을 위한 고충 · 민원처리기관을 의미한다.

정리 **심사기관**(경찰공무원법 제31조, 공무원고충처리규정 제3조의2)

중앙 고충심사 위원회	① 경찰공무원 **고충심사위원회의 심사를 거친 재심청구**와 **경정 이상의 경찰공무원의 인사상담 및 고충심사**는 「국가공무원법」에 따라 설치된 **중앙고충심사위원회**에서 한다.(경찰공무원법 제31조 제2항)<22승진> ※ 공무원의 고충을 심사하기 위하여 중앙인사관장기관에 중앙고충심사위원회를, **임용권자 또는 임용제청권자 단위로 보통고충심사위원회**를 두되, 중앙고충심사위원회의 기능은 소청심사위원회에서 관장한다.(국가공무원법 제76조 제4항) ② 6급(경감) 이하의 공무원의 고충으로서 **보통고충심사위원회에서 심사하는 것이 부적당하여 중앙고충심사위원회에서 심사할 수 있는 사안**은 다음 각 호의 어느 하나에 해당하는 사안을 말한다.(공무원고충처리규정 제3조의6 제5항, 국가공무원법 제76조의2 제5항)<21경간> 1. **성폭력범죄 또는 성희롱 사실**에 관한 고충 2. (공무원 행동강령 제13조의3에 따른) **부당한 행위**로 인한 고충 3. 그 밖에 성별 · 종교 · 연령 등을 이유로 하는 **불합리한 차별**로 인한 고충
경찰 공무원 고충심사 위원회	① 경찰청 소속 경찰공무원의 인사상담 및 고충을 심사하기 위하여 **경찰청, 시 · 도경찰청 및 대통령령으로 정하는 경찰기관**에 경찰공무원 고충심사위원회를 둔다.(해양경찰청 소속 경찰공무원의 인사상담 및 고충을 심사하기 위하여 해양경찰청 및 대통령령으로 정하는 지방해양경찰관서에 경찰공무원 고충심사위원회를 둔다.)(경찰공무원법 제31조 제1항)<13.2채용>

경찰
공무원
고충심사
위원회
	※ 대통령령으로 정하는 기관 – 경찰대학·경찰인재개발원·중앙경찰학교·경찰수사
	연수원·경찰서·경찰기동대·경비함정 **기타 경감 이상의**[♣경정 이상(×)] **경찰공무**
	원을 장으로 하는 기관 중 행정안전부장관 또는 해양수산부장관이 지정하는 경찰기
	관(공무원고충처리규정 제3조의2 제1항)<21경간>
	
	② **경감 이하 경찰공무원**의 고충심사를 담당한다.
	
	③ 경찰공무원 고충심사위원회는 위원장 1명을 포함하여 **7명 이상 15명 이내의 공무원위**
	원과 민간위원으로 구성한다. 이 경우 **민간위원의 수**는 위원장을 제외한 위원 수의 2
	분의 1 이상이어야 한다.(공무원고충처리규정 제3조의2 제2항)<21경간>
	
	  ⊙ 경찰공무원고충심사위원회 민간위원의 임기는 **2년**으로 하며, **한 번만 연임할 수** 있
	    다.(공무원고충처리규정 제3조의2 제6항)
	
	  ⓒ 경찰공무원 고충심사위원회의 회의는 **위원장과** 위원장이 회의마다 **지정하는 5명 이**
	    상 7명 이하의 위원으로 성별을 고려하여 구성한다. 이 경우 민간위원이 3분의 1
	    이상 포함되어야 한다.(공무원고충처리규정 제3조의2 제7항)
	
	  ⓒ 보통고충심사위원회의 결정은 위원 5명 이상의 출석과 **출석위원 과반수의 합의**에
	    따른다.(공무원고충처리규정 제10조 제1항)
	
	④ 경찰공무원 고충심사위원회의 **위원장**은 설치기관 소속 공무원 중에서 **인사 또는 감사**
	업무를 담당하는 과장 또는 이에 상당하는 직위를 가진 사람이 된다.(공무원고충처리규정
	제3조의2 제3항)<21경간>
	
	⑤ 경찰공무원고충심사위원회의 공무원위원은 청구인보다 **상위 계급** 또는 이에 상당하는
	소속 공무원 중에서 **설치기관의 장이 임명**한다.(공무원고충처리규정 제3조의2 제4항)
	
	⑥ 경찰공무원 고충심사위원회의 민간위원은 다음 각 호의 어느 하나에 해당하는 사람 중
	에서 **설치기관의 장이 위촉**한다. 이 경우 민간위원의 **임기는 2년**으로 하며, 한 번만 연
	임할 수 있다.(공무원고충처리규정 제3조의2 제5항)
	
	  1. 경찰공무원으로 20년 이상 근무하고 퇴직한 사람
	
	  2. 대학에서 법학·행정학·심리학·정신건강의학 또는 경찰학을 담당하는 사람으로서
	    조교수 이상으로 재직 중인 사람
	
	  3. 변호사 또는 공인노무사로 5년 이상 근무한 사람

(2) **대상 : 공무원은 누구나** 인사·조직·처우 등 직무 조건과 관련된 신상 문제와 **성폭력범죄**(성폭력범죄의
처벌 등에 관한 특례법」, 제2조)·**성희롱**(「양성평등기본법」, 제3조 제2호) 및 **부당한 행위 등**(「공무원 행동강령」 제13
조의3)으로 인한 신상 문제와 관련된 고충의 처리를 요구할 수 있다.(공무원고충처리규정 제2조 제1항)

  ① 원칙적으로 **직무와 관련된 모든 문제가 고충심사의 대상**이 된다.<09채용>

  ② **구분 :** 고충처리는 **고충상담, 고충심사 및 성폭력범죄·성희롱 신고 처리로 구분**한다.(공무원고충처리규정)

(3) **절차 :** 고충심사위원회가 청구서를 접수한 때에는 **30일 이내**에 고충심사에 대한 **결정을 하여야** 한다.
다만, 부득이하다고 인정되는 경우에는 **고충심사위원회의 의결로 30일을 연장**할 수 있다.[♣20일 이내
(×)](공무원고충처리규정 제7조 제1항)<22승진>

  ① 고충심사위원회는 **심사일 5일 전까지** 청구인 및 처분청에 심사일시 및 장소를 **알려야** 한다.(공무원고
충처리규정 제8조 제1항)

  ② 고충심사위원회가 고충심사청구에 대하여 결정을 한 때에는 결정서를 작성하고, 위원장과 출석한 위
원이 서명·날인하여야 한다.(공무원고충처리규정 제11조 제1항)

③ 결정서가 작성된 경우에는 지체 없이 이를 설치기관의 장에게 송부하여야 한다.(공무원고충처리규정 제11조 제2항)

④ 결정서를 송부받은 설치기관의 장은 청구인, 처분청 또는 관계 기관의 장에게 심사결과를 통보하여야 한다.(공무원고충처리규정 제12조 제1항)

⑤ 심사결과 중 시정을 요청받은 처분청 또는 관계 기관의 장은 특별한 사유가 없으면 이를 이행하고, 시정 요청을 받은 날부터 **30일 이내**에 그 **처리 결과를 설치기관의 장에게 알려야** 한다. 다만, 특별한 사유로 이행할 수 없는 경우 그 사유를 설치기관의 장에게 문서로 통보하여야 한다.(공무원고충처리규정 제12조 제2항)

(4) 고충심사 효력

① **강제성(×)** ➡ 처리결과에 대한 강제성이 없어서 권익구제로서의 고충심사의 **실효성이 떨어진다.**

② **처분(×)** ➡ **고충심사결정은 처분이 아니므로 행정소송의 대상이 될 수가 없다.**

(5) 기타 성희롱 · 성폭력 근절

① 중앙인사관장기관의 장, 임용권자 또는 임용제청권자는 기관 내 **성폭력 범죄 또는 성희롱 발생 사실의 신고**를 받은 경우에는 지체 없이 사실 확인을 위한 조사를 하고 그에 따라 필요한 조치를 하여야 한다.[♣필요한 조치를 위하여 노력하여야 한다.(×)](국가공무원법 제76조의2 제3항)<22승진>

---

* 테마 54 양성평등

― 실질적 양성 평등 실현 제도

양성평등 기본법	① 용어정의 　1. "양성평등"이란 성별에 따른 차별, 편견, 비하 및 폭력 없이 인권을 동등하게 보장받고 모든 영역에 동등하게 참여하고 대우받는 것을 말한다.(제3조 제1호) 　2. "성희롱"이란 업무, 고용, 그 밖의 관계에서 국가기관 · 지방자치단체 또는 대통령령으로 정하는 공공단체("국가기관등")의 종사자, 사용자 또는 근로자가 다음의 어느 하나에 해당하는 행위를 하는 경우를 말한다.(제3조 제2호)[♣성희롱 개념은 양성평등 기본법에서 정의(○)] 　　가. 지위를 이용하거나 업무 등과 관련하여 **성적 언동 또는 성적 요구 등**으로 상대방에게 성적 **굴욕감**이나 **혐오감**을 느끼게 하는 행위 　　나. 상대방이 **성적 언동 또는 성적 요구**에 따르지 아니한다는 이유로 **불이익**을 주거나 그에 따르는 것을 조건으로 **이익 공여의 의사표시**를 하는 행위 ② 국가와 지방자치단체는 법령의 제정 · 개정 및 적용 · 해석, 정책의 기획, 예산 편성 및 집행, 그 밖에 법령에 따라 직무를 수행하는 과정에서 **성평등 관점을 통합**하는 성 주류화 조치를 **취하여야** 한다.(제14조 제1항) ③ 국가와 지방자치단체는 사회 모든 영역에서 법령, 정책, 관습 및 각종 제도 등이 **여성과 남성에게 미치는 영향을 인식**하는 능력을 증진시키는 교육("성인지 교육")을 전체 소속 공무원 등에게 실시하여야 한다.(제18조 제1항) ④ 국가기관등의 장은 해당 기관에서 **성희롱 사건**이 발생한 사실을 알게 된 경우(국가기관등의 장이 해당 성희롱 사건의 행위자인 경우를 포함) **피해자의 명시적인 반대의견이 없으면 지체 없이 그 사실을 여성가족부장관에게 통보**하고, 해당 사실을 안 날부터 **3개월 이내**에 [♣2개월 이내에(×)] **재발방지대책**을 **여성가족부장관에게 제출하여야** 한다.(제31조의2 제1항)

양성평등 기본법		⑤ 여성가족부장관은 **통보받은 성희롱사건** 발생 사건이 **중대**하다고 판단되거나 **재발방지**대책의 점검 등을 위하여 필요한 경우 해당 기관에 대한 **현장점검을 실시할 수 있으며**, 점검 결과 시정이나 보완이 필요하다고 인정하는 경우에는 국가기관등의 장에게 **시정이나 보완을 요구할 수 있다.**(제31조의2 제1항)
성희롱 · 성폭력 근절을 위한 공무원 인사관리 규정 (대통령령)	신고	행정부 소속 국가공무원("공무원")은 **누구나** 공직 내 **성희롱 또는 성폭력 발생 사실**을 알게 된 경우 그 사실을 **임용권자 또는 임용제청권자**("임용권자등")에게 **신고할 수 있다.**(제3조)<21승진>
	조치	① 임용권자등은 **성희롱·성폭력 발생 사실의 신고**를 받거나 공직 내 **성희롱 또는 성폭력 발생 사실을 알게 된 경우**에는 지체 없이 그 사실 확인을 위한 **조사를 하여야** 하며, 수사의 필요성이 있다고 인정하는 경우 **수사기관에 통보하여야** 한다.[♣조사할 수(×)](제4조 제1항)<21승진>
		② 임용권자등은 **조사 기간** 동안 피해자등이 요청한 경우로서 피해자등을 보호하기 위하여 필요하다고 인정하는 경우 그 **피해자등이나** 성희롱 또는 성폭력과 관련하여 가해 행위를 했다고 **신고된 사람**에 대하여 **근무 장소의 변경, 휴가 사용 권고 등 적절한 조치를 하여야** 한다.[♣조치를 위하여 노력하여야(×)](제4조 제3항)<21승진>
	피해자 신고자 조치	① 임용권자등은 **조사 결과** 공직 내 성희롱 또는 성폭력 발생 사실이 **확인**되면 **피해자에게** 다음 각 호의 어느 하나에 해당하는 **조치를 할 수 있다.** 다만, 임용권자등은 **피해자의 의사에 반(反)하여 조치를 하여서는 아니 된다.**[♣의사에 반하여 전보등 조치를 할 수(×)](제5조 제1항)<21승진> 1. **교육훈련 등 파견근무** 2. 다른 직위에의 **전보** 3. **근무 장소의 변경, 휴가 사용 권고** 및 그 밖에 임용권자등이 필요하다고 인정하는 **적절한 조치**<21승진> ② 임용권자등은 성희롱 또는 성폭력 발생 사실을 신고한 사람("신고자")이 그 신고를 이유로 집단 따돌림, 폭행 또는 폭언으로 인한 정신적·신체적 피해를 호소하는 경우에는 제1항 각 호의 어느 하나에 해당하는 조치를 할 수 있다. 다만, 임용권자등은 **신고자의 의사에 반하여 조치를 하여서는 아니** 된다.(규정 제5조 제2항)
경찰청 성희롱· 성폭력 예방 및 2차 피해 방지와 그 처리에 관한 규칙		**(1) 일반** ① **목적:** 이 규칙은 「양성평등기본법」 및 같은 법 시행령, 「성폭력방지 및 피해자 보호 등에 관한 법률」 및 같은 법 시행령, 「여성폭력방지기본법」에 따라 성희롱·성폭력 예방 및 2차 피해 방지와 그 처리를 위해 필요한 사항을 정함을 목적으로 한다.(제1조) ② **"성희롱":** 「**양성평등기본법**」 제3조 제2호 각 목의 행위를 하는 경우를 말한다.(제2조 1) ③ **"성폭력":** 「**성폭력범죄의 처벌 등에 관한 특례법**」 제2조 제1항에 규정된 죄에 해당하는 행위를 말한다.(제2조 2) ④ **2차 피해:** "2차 피해"란 성희롱·성폭력 피해자가 「여성폭력방지기본법」상 '2차 피해'의 어느 하나에 해당하는 피해를 입거나, 성희롱·성폭력 사건 내용 유포 및 축소·은폐, 그 밖에 피해자의 의사에 반하는 **불리한 처우** 등으로 피해를 입는 것을 말한다.(제2조 3)

※ 여성폭력방지 기본법상 2차 피해(제3조 3) : 아래 어느 하나에 해당하는 행위

가. 수사·재판·보호·진료·언론보도 등 여성폭력 사건처리 및 회복의 전 과정에서 입는 정신적·신체적·경제적 피해

나. 집단 따돌림, 폭행 또는 폭언, 그 밖에 정신적·신체적 손상을 가져오는 행위로 인한 피해(정보통신망을 이용한 행위로 인한 피해를 포함한다)

다. 사용자(사업주 또는 사업경영담당자, 그 밖에 사업주를 위하여 근로자에 관한 사항에 대한 업무를 수행하는 자)로부터 폭력 피해 신고 등을 이유로 입은 다음 어느 하나에 해당하는 불이익조치

1) 파면, 해임, 해고, 그 밖에 신분상실에 해당하는 신분상의 불이익조치

2) 징계, 정직, 감봉, 강등, 승진 제한, 그 밖에 부당한 인사조치

3) 전보, 전근, 직무 미부여, 직무 재배치, 그 밖에 본인의 의사에 반하는 인사조치

4) 성과평가 또는 동료평가 등에서의 차별과 그에 따른 임금 또는 상여금 등의 차별 지급

5) 교육 또는 훈련 등 자기계발 기회의 취소, 예산 또는 인력 등 가용자원의 제한 또는 제거, 보안정보 또는 비밀정보 사용의 정지 또는 취급 자격의 취소, 그 밖에 근무조건 등에 부정적 영향을 미치는 차별 또는 조치

6) 주의 대상자 명단 작성 또는 그 명단의 공개, 집단 따돌림, 폭행 또는 폭언, 그 밖에 정신적·신체적 손상을 가져오는 행위

7) 직무에 대한 부당한 감사 또는 조사나 그 결과의 공개

8) 인허가 등의 취소, 그 밖에 행정적 불이익을 주는 행위

9) 물품계약 또는 용역계약의 해지, 그 밖에 경제적 불이익을 주는 조치

⑤ **적용범위 :** 이 규칙의 피해자 보호는 피해자(피해를 입었다고 주장하는 사람을 포함 [♣제외(×)])뿐 아니라 신고자·조력자·대리인("피해자등")에게도 적용된다.(제3조 제2항)

⑥ **피해자 보호 :** 경찰기관의 장은 피해자등에게 상담, 조사 신청, 협력 등을 이유로 다음 어느 하나에 해당하는 **불리한 처우를 해서는 안 된다.**(제11조 제5항)

1. 파면, 해임, 그 밖에 신분 상실에 해당하는 불이익 조치

2. 징계, 승진 제한 등 부당한 인사조치

3. 직무 미부여, 직무 재배치, 그 밖에 본인의 의사에 반하는 인사조치

4. 성과평가 또는 동료평가 등에서 차별이나 그에 따른 임금 또는 상여금 등의 차별 지급

5. **직업능력 개발 및 향상을 위한 교육훈련 기회의 제한**[♣직업능력 개발 및 향상을 위한 교육훈련 기회의 제한 제외(×)]

6. 집단 따돌림, 폭행 또는 폭언 등 정신적·신체적 손상을 가져오는 행위를 하거나 이를 방치하는 행위

7. 그 밖에 피해자등 의사에 반하는 불리한 처우

(2) **조사**

① 성희롱·성폭력 및 2차 피해 조사를 원하는 피해자등은 성희롱·성폭력 및 2차 피해 **조사 신청서**를 상담원 또는 조사관에게 제출해야 하며, 상담원 또는 조사관은 **지체 없이 이를 접수해야** 한다.(제9조 제1항)

경찰청 성희롱· 성폭력 예방 및 2차 피해 방지와 그 처리에 관한 규칙

② 조사관은 성희롱·성폭력 및 2차 피해 조사 신청을 접수한 날로부터 **20일**[♣60일(×)] **이내에 조사를 완료해야** 한다. 다만, 특별한 사정이 있는 경우 신고센터장에게 보고 후 **20일** 범위 내에서 조사 기간을 **연장할 수** 있다.(제10조 제1항)

③ 조사관은 조사과정에서 피해자의 인격 또는 명예가 손상되거나 사적인 비밀이 침해되지 않도록 해야 하고, 다음 각 호의 2차 피해 행위를 해서는 안 된다.(제10조 제4항)

1. 피해자를 비난하거나 피해자에게 책임을 전가하려는 행위

2. 피해자의 조사 신청의 의도를 의심하는 행위

3. 피해 사실을 인정하지 않으려는 예단을 가지거나 사소한 것으로 취급하는 행위

4. 피해자의 과거 언행을 부적절하게 질문하는 행위

5. 성희롱·성폭력 및 2차 피해 행위자를 옹호하거나 두둔하는 행위

6. **피해자의 의사에 반하여** 성희롱·성폭력 및 2차 피해 **행위자를 동석**시키는 행위[♣ 피해자 의사에 관계없이(×)]

7. 목격자를 회유하거나 피해자 입장에서의 진술을 방해하는 행위

8. 그 밖에 제1호부터 제7호까지에 준하는 행위

④ 조사관은 공정하고 전문적인 조사를 위해 외부전문가를 참여시키거나 외부전문가에게 자문할 수 있다.(제10조 제5항)

⑤ 조사관은 법령에 따라 다른 기관에서 조사·수사 중이거나, 피해자가 조사 신청을 취소 또는 조사에 협조하지 않는 경우에는 조사를 중지할 수 있다.(제10조 제6항)

⑥ 조사관은 사건처리 중간(결과)통지에 따라 서면, 팩스, 전자우편, 전화, 문자메시지 등의 방법을 통해 조사 진행 상황을 피해자에게 통지해야 한다.(제10조 제7항)

⑦ 조사관은 **조사처리 과정 중**에 2차 피해 발생 여부를 지속적으로 확인하여 **2차 피해 방지 조치를 해야** 한다.(제10조 제8항)

⑧ 조사관은 조사에 지장을 줄 우려가 있는 등의 부득이한 경우를 제외하고는 피해자의 신청이 있으면 피해자가 원하는 사람을 동석하게 할 수 있다.(제10조 제9항)

(3) 피해자등 보호 및 비밀유지

① 경찰기관의 장은 조사기간 동안 **피해자의 의사를 고려해** 성희롱·성폭력 및 2차 피해 행위자와의 **업무·공간 분리, 휴가 부여 등 적절한 조치를 취해야** 한다.(제11조 제1항)

② 경찰기관의 장은 특별한 사유가 없는 한 행위자가 **견책 이상의 징계**처분을 받은 때에는 2차 피해 방지를 위해 징계 처분일로부터 **10년 동안**[♣5년 동안(×)] 피해자와 **동일한 관서에 근무하지 않도록** 해야 하며, 피해자와 **직무상 연관된 보직에 배치해서는 안 된다.**(제11조 제4항)

③ 경찰기관의 장은 피해자등에게 상담, 조사 신청, 협력 등을 이유로 다음 각 호의 어느 하나에 해당하는 불리한 처우를 해서는 안 된다.(제11조 제5항)

1. 파면, 해임, 그 밖에 신분 상실에 해당하는 불이익 조치

2. 징계, 승진 제한 등 부당한 인사조치

3. 직무 미부여, 직무 재배치, 그 밖에 본인의 의사에 반하는 인사조치

4. 성과평가 또는 동료평가 등에서 차별이나 그에 따른 임금 또는 상여금 등의 차별 지급

5. 직업능력 개발 및 향상을 위한 교육훈련 기회의 제한

경찰청 성희롱· 성폭력 예방 및 2차 피해 방지와 그 처리에 관한 규칙

6. 집단 따돌림, 폭행 또는 폭언 등 정신적 · 신체적 손상을 가져오는 행위를 하거나 이를 방치하는 행위

7. 그 밖에 피해자등 의사에 반하는 불리한 처우

④ 성희롱 · 성폭력과 관계된 사안을 **직무상 알게 된 사람**은 사안의 조사 및 처리를 위해 **필요한 경우를 제외**하고는 동 사안 관계자의 신원은 물론 그 내용 등에 대하여 이를 **누설해서는 안 된다.**(제11조 제6항)

(4) 성희롱 · 성폭력 및 2차 피해 신고센터 등

① 경찰청장은 소속 구성원 및 교육생의 성희롱 · 성폭력 및 2차 피해 관련 상담 · 조사 등 처리를 위해 경찰청 **인권보호담당관실**에 **경찰청 성희롱 · 성폭력 신고센터**(이하 "신고센터")를 둔다.(제5조 제1항)

② 경찰청장은 성희롱 · 성폭력 및 2차 피해 신고의 편의를 위해 **온라인신고센터**를 설치 · 운영한다.(제5조의2)

③ 성희롱 · 성폭력 및 2차 피해 사안을 심의하기 위해 **경찰청**에 **성희롱 · 성폭력 심의위원회**(이하 "위원회")를 둔다.(제13조 제1항)

※ 위원장은 경찰청 경무인사기획관으로 한다.

④ 신고센터장은 성희롱 · 성폭력 및 2차 피해 사안에 대한 **조사가 완료**된 후 지체 없이 그 조사 결과를 피해자 및 행위자에게 **서면 등으로 통지**하고 **사건을 종결**한다.(제15조)

⑤ 경찰기관의 장은 조사 중인 성희롱 · 성폭력 및 2차 피해 행위가 **중징계에 해당**된다고[♣징계에 해당(×)] 판단되는 경우에는 해당 행위자에게 **의원면직을 허용해서는 안 된다.**(제16조 제2항)

성폭력범죄 · 성희롱 신고 및 조사

① 누구나 기관 내 성폭력범죄 또는 성희롱 발생 사실을 알게 된 경우 이를 인사혁신처장 및 임용권자등에게 **신고할 수** 있다.(제15조 제1항)

② **인사혁신처장**은 성폭력범죄 · 성희롱 신고를 받은 경우 지체 없이 신고 내용을 확인하고 해당 임용권자등이(「성희롱 · 성폭력 근절을 위한 공무원 인사관리규정」 제4조에 따른) **조사를 실시했는지 여부를 확인**하여 **조사를 실시하지 않은 경우에는 조사 실시 및 그 결과 제출을 요구할 수** 있다.(제15조 제2항)

③ 인사혁신처장은 조사 실시 요구를 했음에도 임용권자등이 조사를 실시하지 않거나 조사가 미흡하다고 판단될 경우에는 다음 각 호의 방법으로 신고에 대하여 **직접 조사해야** 한다.[♣직접조사할 수 없다.(×)](제15조 제3항)

1. 성폭력범죄 · 성희롱과 관련하여 피해자나 피해를 입었다고 주장하는 사람("**피해자등**"), 성폭력범죄 · 성희롱과 관련하여 가해행위를 했다고 신고된 사람("**피신고자**") 또는 관계인에 대한 출석 요구, 진술 청취 또는 진술서 제출 요구

2. 피해자등, 피신고자, 관계인 또는 관계기관 등에 대하여 조사 사항과 관련이 있다고 인정되는 자료의 제출 요구

3. 전문가의 자문

④ 조사를 위해 출석 또는 자료의 제출을 요구받은 사람이나 관계기관은 정당한 사유가 없는 한 이에 따라야 한다.(제15조 제4항)

⑤ 인사혁신처장은 조사 실시 확인 과정 또는 조사 과정에서 피해자등이 성적 불쾌감 등을 느끼지 않도록 하고, 사건 내용이나 인적사항의 누설 등으로 인한 피해가 발생하지 않도록 해야 한다.(제15조 제5항)

경찰청 성희롱 · 성폭력 예방 및 2차 피해 방지와 그 처리에 관한 규칙

공무원 고충처리 규정 (대통령령)

⑥ 인사혁신처장은 **조사 기간 동안** 피해자등이 **요청**하는 경우로서 피해자등을 보호하기 위해 **필요**하다고 인정하는 경우 그 피해자등이나 피신고자에 대하여 다음 각 호의 조치를 하도록 임용권자등에게 **요청할 수** 있다.(제15조 제6항)

공무원
고충처리
규정
(대통령령)

1. 근무 장소의 변경

2. 휴가 사용 권고

3. 그 밖에 인사혁신처장이 필요하다고 판단하는 적절한 조치

⑦ 인사혁신처장은 신고의 원인이 된 사실이 범죄행위에 해당한다고 믿을만한 상당한 이유가 있는 경우 검찰 또는 수사기관에 **수사를 의뢰할** 수 있다.(제15조 제7항)

III. 테마 55 소청심사제도

1. 일반

(1) **의의** : 공무원으로서 소속 기관으로부터 징계처분·강임·휴직·직위해제·면직처분, 기타 본인의 의사에 반하는 **불이익한 처분을 받은 자**가 관할 소청심사위원회에 심사를 청구하는 **특별행정심판**을 말한다.[♣행정심판의 일종(○)](국가공무원법 제9조)<11·19승진>

① **원칙적 대상** ➡ 징계처분·강임·휴직·직위해제·면직처분(경찰공무원에게는 강임 적용 없음.)

※ **징계처분** ➡ **행정관청이 법집행으로서 행하는 권력적 의사표시**이며, 경찰관에 대한 행위지만 법집행행위인 **경찰처분**의 하나이다.[♣경찰처분이라 할 수 없다.(×)]

② **기타 본인의 의사에 반하는 불이익한 처분** ➡ 공무원의 신분에 관한 불이익처분 중에서 법에 열거되어 있지 않은 의원면직의 형식에 의한 면직, 전직, 대기명령, 경력평정 등을 의미한다.

(2) **근거** : 소청심사제도와 소청심사위원회는 국가공무원법(제9조 이하)에 설치근거를 두고 있다.[♣국가경찰과 자치경찰의 조직 및 운영에 관한 법률상 인정(×), ♣국가공무원법에 설치근거(○)]<11.1·17.1채용>

2. 심사의 청구

(1) **원칙적 대상 : 징계처분·강임·휴직·직위해제 및 면직처분**의 경우에는 **처분사유설명서를 교부받은 날로부터 30일 이내**에 소청심사위원회에 심사를 청구할 수 있다.(주의−경찰공무원에게는 강임 적용 없음)(국가공무원법 제76조 제1항)

※ 이 경우 변호사를 대리인으로 선임할 수 있다.(국가공무원법 제76조 제1항 단서)

(2) **기타 본인의 의사에 반하는 불이익한 처분은 처분이 있음을 안 날로부터 30일 이내**에 소청심사위원회에 심사를 청구할 수 있다.[♣발생한 날로부터 30일 이내(×)](국가공무원법 제76조 제1항)

3. 소청심사위원회(인사혁신처 소속)

(1) **설치** : 행정기관(경찰 포함) 소속 공무원의 징계처분, 그 밖에 그 의사에 반하는 불리한 처분이나 부작위에 대한 소청을 심사·결정하게 하기 위하여 **인사혁신처에**[♣행정안전부에(×)] 소청심사위원회를 둔다.(국가공무원법 제9조 제1항)<17승진·12·22.2채용>

※ **각 부 소청심사위원회 설치** : 국회·법원·헌법재판소 및 선거관리위원회 소속 공무원의 소청에 관한 사항을 심사·결정하게 하기 위하여 국회사무처·법원행정처·헌법재판소사무처 및 중앙선거관리위원회사무처에 각각 해당 소청심사위원회를 둔다.[♣국회·법원·헌법재판소·선관위 소속공무원 소청심사를 위해 행안부에 소청심사위원회를 둔다(×)](국가공무원법 제9조 제2항)<12.3채용>

※ **의무경찰의 소청 관할:** 의무경찰에 대한 징계처분에 불복하는 소청은 각기 소속에 따라 해당 **의무경찰대가 소속된 기관에 설치된 경찰공무원 징계위원회에서 심사**한다.(의무경찰대 설치 및 운영에 관한 법률 제6조 제1항)

① **인사혁신처 소속 소청심사위원회:** 경찰공무원이 징계처분 등 불리한 처분을 받았을 때 그 시정을 요구할 수 있는 기관이다.

② **법적 근거:** 국가공무원법 제9조[♣소청심사위원회는 국가공무원법에 설치근거(○)]<11.1채용>

③ **성격: 합의제 행정관청**이다.<12경감>

(2) **구성**(국가공무원법 제9조 이하)

정원	① 국회사무처, 법원행정처, 헌법재판소사무처 및 중앙선거관리위원회사무처에 설치된 소청심사위원회는 위원장 1명을 포함한 위원 **5명 이상 7명 이하의 비상임위원으로 구성**하고,<18.2채용> ② 인사혁신처 소속 소청심사위원회는 **위원장 1인을 포함**한 5인 이상 7인 이내의 **상임위원**[♣비상임위원(×)]과 **상임위원수의 2분의 1 이상인 비상임위원**[♣상임위원(×)]으로 **구성**하되, **위원장은 정무직으로** 보한다.(국가공무원법 제9조 제3항)<16·17·19승진·09·11.1·12.2·14.1채용>
임명	① 국회사무총장, 법원행정처장, 헌법재판소사무처장, 중앙선거관리위원회사무총장의 제청 ➡ 국회의장, 대법원장, 헌법재판소장, 중앙선거관리위원회위원장이 임명(제9조 제3항) ② 인사혁신처장의 **제청** ➡ 국무총리 **경유** ➡ **대통령이 임명**[♣행정안전부장관 임명(×)](국가공무원법 제10조 제1항)<08·19승진·12.2채용>
상임위원	**상임**위원의[♣위원의(×)] **임기는 3년**으로 하며 **한 번만 연임할 수** 있으며(**1차에 한해 연임이 가능**), **상임위원의 겸직은 허용되지 아니**한다.[♣다른 직무를 겸할 수 있다.(×)](국가공무원법 제10조 제2항, 제4항)<08·11.1·12.2·14.1·2채용> → 상임위원에 대해서만 제한

(3) **자격**(국가공무원법 제10조, 제11조)

상임위원자격	① **법관·검사 또는 변호사**의 직에 **5년 이상** 근무한 자(상임 또는 비상임)<10승진> ② 대학에서 **행정학·정치학 또는 법률학을 담당**한 **부교수 이상의 직에 5년 이상** 근무한 자[♣3년 이상(×)](상임 또는 비상임)<16승진·14.1채용> ③ **3급 이상** 해당 공무원 또는 **고위공무원단**에 속하는 공무원으로 **3년 이상** 근무한 자(상임)
비상임위원자격	① **법관·검사 또는 변호사**의 직에 **5년 이상** 근무한 자(상임 또는 비상임)<10승진> ② 대학에서 **행정학·정치학 또는 법률학을 담당**한 **부교수 이상의 직에 5년 이상** 근무한 자[♣3년 이상(×)](상임 또는 비상임)<16승진·14.1채용> ※ **3급 이상 공무원 또는 고위공무원단에 속하는 공무원으로 3년 이상 근무한 자는 상임위원은 될 수** 있으나, **비상임위원은 될 수 없다.**[♣비상임위원이 될 수(×)](국가공무원법 제10조 제1항)<19승진>
결격사유	① 다음 각 호의 어느 하나에 해당하는 자는 소청심사위원회의 위원이 될 수 없다.(국가공무원법 제10조의2 제1항) 　1. **공무원 결격사유**(제33조 각 호)의 어느 하나에 해당하는 자 　2. 「정당법」에 따른 정당의 **당원** 　3. 「공직선거법」에 따라 실시하는 **선거에 후보자로 등록**한 자 ② 소청심사위원회위원이 결격사유에 해당하게 된 때에는 당연히 퇴직한다.(국가공무원법 제10조의2 제2항)

신분 보장	① 소청심사위원회의 공무원이 아닌 위원은 「형법」이나 그 밖의 법률에 따른 **벌칙을 적용**할 때 **공무원으로 본다.**(국가공무원법 제10조 제5항) ② 소청심사위원회의 상임위원은 **다른 직무를 겸할 수 없다.**(국가공무원법 제10조 제4항)<12.3·14.1채용> ③ 소청심사위원회의 위원은 금고 이상의 형벌[♣자격정지 이상 형벌(×), ♣벌금 이상 형벌(×)] 또는 **장기의 심신쇠약으로 직무를 수행할 수 없게 된 때**를 제외하고는 **그의 의사에 반하여 면직되지 아니**한다.(국가공무원법 제11조)<16·17·19승진·12.3·17.1채용>

4. 심사 및 결정

(1) 접수 · 심사

① 소청심사위원회가 소청을 접수하였을 때에는 **지체 없이 심사하여야** 한다.(국가공무원법 제12조 제1항)<19승진·14.2채용>

② 소청심사위원회는 심사를 할 때 필요하면 검증(檢證)·감정(鑑定), 그 밖의 **사실조사**를 하거나 **증인을 소환**하여 질문하거나 **관계 서류를 제출하도록 명할 수** 있다.(제12조 제2항)<19승진>

③ 소청심사위원회가 소청사건을 심사하기 위하여 징계요구 기관이나 관계 기관의 소속 **공무원을 증인으로 소환**하면 해당 기관의 장은 **이에 따라야** 한다.[♣따를 수(×)](국가공무원법 제12조 제3항)<14.2채용>

④ 소청심사위원회는 필요하다고 인정하면 소속 직원에게 사실조사를 하게 하거나 특별한 학식·경험이 있는 자에게 **검증이나 감정을 의뢰할 수** 있다.(제12조 제4항)<19승진>

⑤ 소청심사위원회가 소청사건을 심사할 때에는 **소청인 또는 대리인(변호사)**에게 **진술기회를 주어야** 한다.(제13조 제1항)

※ 진술기회를 주지 아니한 결정은 **무효로 한다.**[♣의견진술 기회를 부여하지 않아도 무효는 아니다.(×)](국가공무원법 제13조 제2항)<14승진·04채용>

(2) 소청사건의 결정

① 소청사건의 결정은 **재적위원 3분의 2 이상의 출석과 출석위원 과반수의 합의**[♣재적위원 과반수 합의(×)]에 따르되, 의견이 나뉘어 출석위원 과반수의 합의에 이르지 못하였을 때에는 과반수에 이를 때까지 소청인에게 **가장 불리한 의견에 차례로 유리한 의견을 더하여 그 중 가장 유리한 의견을 합의된 의견으로** 본다.(소청위 의결로 30일 연장가능)(국가공무원법 제14조 제1항)<14·16승진·08·12.3·14.1·17.1채용>

※ 소청심사위원회는 제3항에 따른 임시결정을 한 경우 외에는 소청심사청구를 접수한 날부터 **60일 이내에 이에 대한 결정을 하여야** 한다. 다만, 불가피하다고 인정되면 소청심사위원회의 의결로 **30일을 연장할 수** 있다.(국가공무원법 제76조 제5항)

② **파면·해임·강등 또는 정직**에 해당하는 징계처분을 **취소 또는 변경**하려는 경우와 **효력 유무 또는 존재 여부에 대한 확인**을 하려는 경우에는 **재적위원 3분의 2 이상의 출석과 출석위원 3분의 2 이상의 합의**가 있어야 한다.(국가공무원법 제14조 제2항)<22.2채용>

※ 이 경우 구체적인 결정의 내용은 출석위원 과반수의 합의에 따르되, 의견이 나뉘어 출석위원 과반수의 합의에 이르지 못하였을 때에는 과반수에 이를 때까지 소청인에게 가장 불리한 의견에 차례로 유리한 의견을 더하여 그 중 가장 유리한 의견을 합의된 의견으로 본다.(국가공무원법 제14조 제2항 단서)

③ 소청심사위원회의 결정은 그 이유를 구체적으로 밝힌 **결정서로 하여야** 한다.(국가공무원법 제14조 제9항)

④ 소청심사위원회의 위원은 그 위원회에 계류된 소청사건의 증인이 될 수 없으며, 다음 사항에 관한 소청사건의 심사·결정에서 제척된다.(국가공무원법 제14조 제3항)

- 위원 본인과 관계있는 사항

- 위원 본인과 친족 관계에 있거나 친족 관계에 있었던 자와 관계있는 사항

⑤ **불이익변경금지 원칙 적용 :** 소청심사위원회가 소청의 결정을 하는 경우에는 **어떠한 경우에도[♣다른 비위가 발견되는 등 특단의 사정이 없는 한(×)]** 원징계처분에서 부과한 징계보다 **무거운 징계를 부과하는 결정을 하지 못한다.**(국가공무원법 제14조 제8항)<05·12·17승진·22.2채용>

> [판례] **[의원면직 취소→징계처분(불이익변경금지×)]** 소청심사위원회가 절차상 하자가 있다는 이유로 의원면직처분을 취소하는 결정을 한 후 징계권자가 징계절차에 따라 당해 공무원에 대하여 징계처분을 하는 경우, 국가공무원법 제14조 제6항에 정한 불이익변경금지의 원칙이 적용될 여지는 없다.(대법원 선고 2008두11853,11860 판결 [해임처분취소·파면처분취소])

5. 효과 및 불복

(1) **소청심사 결정의 효과 :** 소청심사위원회의 취소명령 또는 변경명령 결정은 그에 따른 징계나 그 밖의 처분이 있을 때까지는 **종전에 행한 징계처분** 또는 (제78조의2에 따른) **징계부가금 부과처분에 영향을 미치지 아니한다.[♣종전 처분이 당연히 효력을 상실한다.(×)](국가공무원법 제14조 제7항)<12·14·19승진·22.2채용>**

① 소청심사위원회의 **결정은 처분 행정청을 기속한다.[♣기속하는 것은 아니다.(×)](국가공무원법 제15조)<12·14·19승진>**

② **재심요구의 폐지 :** 소청심사위원회의 독립성을 강화하기 위하여 인사혁신처장이 소청심사위원회의 결정에 대하여 **재심을 요구할 수 없도록** 하고 있다.[♣인사혁신처장은 재심청구할 수 있다.(×)]<04채용>

※ 그러나 개별법에 특별한 규정을 두고 있는 경우에는 재심요구가 가능하다.

  ▣ 감사원이 파면요구를 행한 사항이 파면의결이 되지 아니한 때에는 감사원은 재심의를 요구할 수 있다.(감사원법 제32조 제3항)

(2) **불복 :** 소청심사위원회의 결정에 불복하는 경찰공무원(청구인)은 **행정소송을 제기할 수** 있다.

6. 불이익처분에 따른 행정소송

(1) **의의 :** 소청을 제기한 자가 소청심사위원회의 **결정에 불복**이 있거나/또는 소청심사위원회가 **60일이 지나도 결정을 하지 않은 때에[♣30일이 지나도(×)]**, 소청결정서 정본을 송달받은 날로부터 90일(소청이 있은 날로부터 1년) 이내에 관할 행정법원(또는 지방법원 본원합의부)에 행정소송을 제기할 수 있다.(행정소송법 제18조 제2항 제1호)

(2) **요건(필요적 소청심사전치주의)[♣임의적 전치주의(×)] :** 공무원의 신분상 불이익 처분이나 부작위에 대한 행정소송은 소청심사위원회의 **심사·결정을 거치지 아니하면 이를 제기할 수가 없다.[♣소청심사 없이 행정소송 제기 가능(×), ♣소송과 심판의 선택적 청구 가능(×)](국가공무원법 제16조 제1항)<14·19승진·14.2·22.2채용>**

  ▣ 甲이 징계처분사유 설명서를 받은 날부터 30일 이내(甲에게 책임이 없는 사유로 소청심사를 청구할 수 없는 기간은 없다고 전제한다.) 소청심사를 제기하지 않은 경우에는 행정소송을 제기할 수 없다.<22.2채용>

※ **임의적 전치주의** ➢ 원칙적으로 행정쟁송은 행정심판을 거치지 않고 행정소송이 가능하다.(행정소송법 제18조)

⑶ **대상(원처분주의) :** 행정소송법의 원칙상 원처분주의가 적용되기 때문에, 원칙적으로 소청심사위원회의 결정(재결)이 아니라 **원래의 징계처분이 소송의 대상**이 된다.[♣재결처분이 대상(×)](행정소송법 제19조)

⑷ **피고 : 징계처분, 휴직처분, 면직처분**, 그 밖에 의사에 반하는 **불리한 처분**에 대한 행정소송의 경우에는 **경찰청장 또는 해양경찰청장**을 피고로 한다. 다만, 임용권을 위임한 경우에는 그 **위임을 받은 자**를 피고로 한다.[♣경찰청장만이 피고(×), ♣원칙 청장, 예외도 있다.(○)](경찰공무원법 제34조)<98·99승진·23경간·09·22.2채용>

> **예** 국가경찰사무를 담당하는 ○○경찰서 소속 **경사 丙**에 대한 **정직**처분 → 행정소송의 피고는 경감 이하 임용권(중징계 포함)을 위임받은 시도경찰청장[♣경찰청장이 행정소송피고(×)]<22.2채용>

※ **주의** 처분청이 피고가 되는 것이 아니다.

※ 행정소송을 제기할 때에는 **대통령의 처분 또는 부작위의 경우**에는 **소속장관**(대통령령으로 정하는 기관의 장을 포함)을, **중앙선거관리위원회위원장**의 처분 또는 부작위의 경우에는 **중앙선거관리위원회사무총장**을 각각 피고로 한다.(행정소송법 제16조 제2항)

> **판례** 1) **징계일반사면→파면 취소소송(○)**] 징계에 관한 **일반사면**이 있었다고 할지라도 **사면의 효과는 소급하지 아니**하므로 파면처분으로 이미 상실된 원고의 **공무원 지위가 회복될 수 없는 것**이니 원고로서는 동 파면처분의 위법을 주장하여 **그 취소를 구할 소송상 이익이 있다**고 할 것이다.(대법원 80누536 전원합의체 판결 [파면처분취소])

> **판례** 2) **징계사유(×) 판결→동일사유로 다시 징계(×)**] 징계처분의 취소를 구하는 소에서 **징계사유가 될 수 없다고 판결한 사유와 동일한 사유**를 내세워 **행정청이 다시 징계처분**을 한 것은 확정판결에 저촉되는 행정처분을 한 것으로서, 위 취소판결의 기속력이나 확정판결의 기판력에 저촉되어 **허용될 수 없다.**(대법원 92누2912 판결 [견책처분취소])

Chapter 03 경찰의 기본적 임무 및 수단

임무	권한(경찰권의 기초)		수단	비고
사회공공의 안녕과 질서유지(위험방지)	협의의 경찰권	광의의 경찰권	권력적 수단	경찰책임문제, 행정경찰
범죄수사	수사권		수사 수단	형사책임문제, 사법경찰
서비스			비권력적 수단	

1 [테마 56] 경찰의 기본적 임무

> **경찰의 임무를 공부하는 이유**는
>
> 첫째 경찰의 **활동내용(권력작용, 비권력작용)에 따라 근거규정(조직법적 근거, 작용법적 근거)이나 방식이 다르고,** (권력적 개입에는 작용법적 근거로서 개별 수권 필요)[♣일반수권규정에 근거 어떠한 사태에도 발동할 수(×)]
>
> 둘째 수권규정(작용법적 근거)이 있는 경우에도 **개입여부의 결정은 임무의 성질(재량행위, 기속행위)에 따라 다를 수가** 있으며,(행정경찰작용인지 사법경찰작용인지에 따라 다름.)
>
> 셋째 경찰의 개입여부를 잘못 결정한 경우, **배상문제나 형사책임문제가 수반될 수** 있기 때문이다.[♣배상문제는 발생치 않으나(×)]

Ⅰ 기본적 임무 일반

Ⅰ. 경찰의 임무범위 판단

(1) **임무규정 :** 경찰의 임무범위는 '**정부조직법**'·'**국가경찰과 자치경찰의 조직 및 운영에 관한 법률**'·'**경찰관직무집행법**' 등에서 규정하고 있다.(정부조직법(제34조 제4항) ➡ '치안에 관한 사무'를 경찰의 임무로 규정하고 있다.)

① 정부조직법에서는 추상적인 '치안'의 개념만을 제시하고 있기 때문에, 실제 경찰의 임무범위를 규정하고 있는 법은 국가경찰과 자치경찰의 조직 및 운영에 관한 법률과 경찰관직무집행법이다.[♣정부조직법에 경찰의 조직과 임무범위규정(×)]

② **형사소송법과 국가경찰과 자치경찰의 조직 및 운영에 관한 법률**은 경찰의 **수사**를 경찰의 **직무로 규정**하고 있다.[♣국가경찰과 자치경찰의 조직 및 운영에 관한 법률은 명문으로 규정하고 있지 않다.(×)](형소법 제196조 제2항, 국가경찰과 자치경찰의 조직 및 운영에 관한 법률 제3조 제2호)<10.1채용>

③ **경찰의 임무규정**<조직법적 근거><97 · 98승진 · 13 · 22경간 · ....06 · 07 · 10.1 · 15.3 · 19.1 · 2 · 21.2채용>

국가경찰과 자치경찰의 조직 및 운영에 관한 법률 (제3조), 경찰관직무 집행법(제2조)	1. 국민의 생명 · 신체 및 재산의 보호 2. 범죄의 예방 · 진압 및 수사 3. 범죄피해자 보호 4. 경비 · 주요인사경호 및 대간첩 · 대테러작전수행	5. 공공안녕에 대한 위험의 예방과 대응을 위한 정보의 수집 · 작성 및 배포 6. 교통의 단속과 교통위해의 방지 7. 외국정부기관 및 국제기구와의 국제협력 8. 그 밖의 공공의 안녕과 질서유지

> **판례 1)** **[국민의 생명 · 신체 · 재산보호 → 절박, 중대위험 발생, 발생우려(○) : 법령근거 없어도 작위의무 (○), / 절박, 중대위험 발생, 발생우려(×) : 법령근거 없으면 작위의무(×)]** (공무원의 부작위로 인한 국가배상책임에서 '법령에 위반하여'라고 하는 것이 엄격하게 형식적 의미의 법령에 명시적으로 공무원의 작위의무가 규정되어 있는데도 이를 위반하는 경우만을 의미하는 것은 아니고, **국민의 생명, 신체, 재산 등**에 대하여 **절박하고 중대한 위험상태가 발생**하였거나 **발생할 우려**가 있어서 국민의 생명, 신체, 재산 등을 보호하는 것을 본래적 사명으로 하는 국가가 초법규적, 일차적으로 그 위험 배제에 나서지 아니하면 국민의 생명, 신체, 재산 등 을 **보호할 수 없는 경우**에는 형식적 의미의 법령에 근거가 없더라도 국가나 관련 공무원에 대하여 그러한 위험을 배제할 작위의무를 인정할 수 있을 것이나, 그와 같은 절박하고 중대한 위험상태가 발생하였거나 발생할 우려가 있는 경우가 아닌 한, 원칙적으로 공무원이 관련 법령대로만 직무를 수행하였다면 그와 같은 공무원의 부 작위를 가지고 '고의 또는 과실로 법령에 위반'하였다고 할 수는 없다.(대법원 2000다 57856 판결 [손해배상(기)])
> → 이 판례는 경직법 제2조에 '국민의 생명 · 신체 · 재산보호'가 신설되기 전 판례임

> **판례 2)** 「경찰관 직무집행법」 제2조 **직무행위의 구체적 내용이나 방법 등**은 경찰관의 **전문적 판단**에 기한 **합리적인 재량에 위임**되어 있다.(대법원 2000다57856판결)

⑵ **경찰의 궁극적 임무** : 경찰의 임무는 **행정조직법상 경찰기관을 전제로 한 개념**[형식적 의미의 경찰]으로 **공공의 안녕과 질서 유지(위험의 방지)**가 경찰의 궁극적 임무이다.<05 · 09 · 20승진 · 03 · 17.2채용>

※ 경찰은 행정부 소속으로 사법부는 과거의 범죄를 판단하는 재판이 주된 업무이지만, 행정부는 미래의 위험방지가 본질적이고 궁극적인 임무에 해당한다.

① **위험방지에 한정** ➡ 경찰의 임무는 **위험방지라는 소극목적에 제한**되고 적극적 공공복리의 증진은 경찰의 임무가 아니다.

※ 국가경찰과 자치경찰의 조직 및 운영에 관한 법률 제3조에 의하면 경찰은 국민의 생명 · 신체 및 재산을 보호하고, 공공의 안녕과 질서유지를 그 임무로 한다고 정하고 있는데, **국민의 생명 · 신체 및 재산의 보호는 공공의 안녕에 포함되는 개념**이다.[♣국민의 생명 · 신체 및 재산보호는 공공의 안녕 과 질서유지를 포함(×)]

② **위험**은 보호를 받게 되는 법익에 대해 **구체적으로 존재해야 하는 것은 아니다.**

⑶ **범죄수사와 서비스** ➡ 2호의 '범죄의 예방 · 진압 및 수사'를 근거로 범죄의 수사는 물론이고 서비스도 추가적으로 경찰의 임무에 포함시켜서 보아야 한다.

Ⅱ. 경찰임무의 특수성 <04경간>

위험성	위험에 대처하기 위해 경찰관에게 강한 신체·정의감이 요구되고, **무기휴대가 허용**된다.
기동성	경찰업무의 특성상 신속하게 대응하지 못하면 그 피해가 확산되기 때문에 기동성요구
돌발성	경찰사태는 예상하지 못한 곳, 예상하지 못한 사안에서 갑자기 발생하는 돌발적 성격
보수성	경찰은 법적 안정성을 추구하는바, 현 상태를 유지하는 것에 업무의 포인트를 맞춘다.
고립성	경찰업무는 누군가의 잘못을 찾아 바로잡는 속성으로 다수의 사회구성원으로부터 고립
조직성	경찰 조직은 돌발적이고 위험한 상황에 신속히 대처하기 위해 강화된 계층제 형태를 띰.
정치성	정치권력에 의해 정치적 목적을 위해 악용될 수 있는 **정치성**을 가지고 있다.
권력성	경찰작용은 목적달성을 위해 시민의 자유와 권리를 제한하는 권력적 성격을 지닌다.

Ⅱ 공공의 안녕과 질서 유지(위험의 방지)

Ⅰ. 공공의 안녕

1. 개념 구성

(1) **의의 : 성문법 규범의 총체**로서 법질서, 권리, 각 개인의 법익, 국가 또는 기타 공권력 주체의 기관과 집행의 불가침성을 의미한다.[♣공공의 안녕은 위험방지의 보호대상(○)]<20승진>

(2) 공공의 안녕이라는 개념은 **개인과 국가의 이중적(二重的) 개념으로 구성**되어 있으므로 경찰임무를 수행하는 데 있어 양자를 균형 있게 고려하는 감각이 요구된다.<10.2채용>

(3) 공공의 안녕은 **법질서, 권리, 각 개인의 법익, 국가 또는 기타 공권력 주체의 기관과 집행의 불가침성**을 뜻한다.<11승진·23경간·17.2채용>

2. 법질서의 불가침성

법질서의 불가침성은 공공의 안녕의 제1요소로서 **공법규범에 대한 위반**은 일반적으로 공공의 안녕에 대한 위험으로 취급되어 **경찰권 발동의 대상**이 된다.[♣개인의 권리와 법익의 보호(×)]<20승진·02·05·17.2·20.1·21.2채용>

공법적 (公法的) 질서	**공법적 질서에 대한 침해**는 원칙적으로 공공의 안녕에 대한 위험으로 인정되며, 이는 특히 형법 및 특별형법 등의 **범죄구성요건을 충족**시키게 되므로 사전에 **경찰의 개입이 허용**된다.(다만, 친고죄나 반의사불벌죄의 경우에는 성격상 경찰활동에 제한을 받게 된다.)
	예 암표의 매매(경범죄처벌법위반), 총포·도검류의 매매(총포·도검·화약류등 단속법 위반)<11.2채용>
	① **침해의 판단** : 행정경찰 작용을 위한 공법적 질서에 대한 침해는 객관적인 법익의 위태 또는 침해의 존재로서만 판단하며, **주관적 범죄구성요건의 실현, 유책성 및 구체적 가벌성의 존재는 요하지 않는다.**
	② **경찰의 활동** : 경찰의 활동은 형법적 가벌성의 범위 내에 국한되지 않으며, 형법적 가벌성의 범위 내에 이르지 아니한 경우에도 권력·비권력적 경찰활동이 가능한바,<10.2채용>
	㉠ **권력작용 : 구체적 위험**이 존재하는 경우 위험방지를 위해 명령·강제가 가능하고,
	㉡ **비권력작용 : 구체적 위험이 존재하지 않는 경우**에도 국민의 자유나 권리를 침해하지 않는 범위(비권력적 작용=임의활동) 내에서는 **정보·보안·외사의 기본적인 경찰활동이 가능**하다.[♣형법적 가벌성 있어야 경찰활동 가능(×)]<03승진·07·10.2채용>

사법적 질서	원칙	**경찰활동 금지**: 사법적 질서는 개인 상호간의 문제로서 법원의 관할영역이며 경찰의 개입영역이 아니므로 사법적 질서에 대한 **경찰활동은 금지된다.**
	예외	**예외적 개입**: 경찰은 사법적 질서, 즉 사적 권리에는 원칙적으로 개입할 수 없으나, 법적 보호가 적시에 이루어지지 않아서 경찰의 원조 없이는 **권리의 실현이 불가능하거나, 현저하게 곤란한 경우에 한하여 예외적으로 개입**할 수가 있다.(독일경찰법모범초안 제1조 제2항)
		※ **보충성의 원칙 적용** ➡ 따라서 채권확보와 같은 사적 권리, 즉 사법적 질서의 침해에 대한 경찰의 개입에는 사적자치의 원칙이 우선 적용되고 경찰권의 개입은 **보충성의 원칙이 적용**된다.[♣경찰개입이 선행적으로(×)]
		♣사유재산권의 보호활동에는 경찰의 개입이 선행적으로 이루어져야 한다.(×)
		▶ **보충성의 원칙** – '법적 보호가 적시에 이루어지지 않고, 경찰의 원조 없이는 법을 실현시키는 것이 무효화되거나 사실상 어려워질 경우'에만 경찰이 개입할 수 있다는 원칙

참고 공법과 사법

공법(公法)	국가와 국가, 또는 국가와 국민 상호간의 관계를 규율하는 법을 말한다. 예 헌법·행정법·형법·형사소송법·국제법 등
사법(私法)	국민 상호간의 관계를 규율하는 법을 말한다. 예 민법·상법 등
공법관계 (公法關係)	공법상의 법률관계를 공법관계라 하며, 하나의 법률관계이며 권리·의무관계인 점에서는 사법관계와 같으나, 행정의 실효성 확보를 위해 획일성·강행성, 집단성, 행정주체의 우위성, 공익우선성 등의 사법관계에서는 볼 수 없는 우월적 특성이 인정된다.

3. 국가존립과 국가기관 기능의 불가침성

유의 사항	① **개념 확대 금지**: 국가의 존립과 기능의 불가침성을 위한 지나친 경찰의 개입은 시민과의 충돌을 야기하고, 경찰활동에 대한 시민의 저항을 불러일으킬 수 있는바, 방지되어야 할 **위험의 범주를 지나치게 확대해서는 안 된다.**
	② **위법성 없는 비판(개입×)**: 국가조직에 대한 비판이 폭력성과 명예훼손행위 없이 표출되는 경우에는 언론의 자유, 예술의 자유 및 집회의 자유가 헌법적으로 보장되고 있어 **경찰이 개입할 문제가 아니다.**[♣모든 종류의 국가비판에 개입해야(×)]
국가의 존립 보호	① **경찰의 역할**: 군은 적국과의 관계에서, **경찰은 사회공공과의 관계에서 국가존립을 담당**한다.
	② **국가 목적적 작용의 중요성 대두**: 국가의 존립보호에는 **국가 목적적 치안유지 작용**인 경비·정보·보안·외사경찰의 중요성이 대두된다.
	※ 평시 임무수행 ➡ 경찰은 **내란·외환의 죄에 이르기 전 단계**에도 보안·외사활동을 통하여 **임무를 수행하여야 한다.**[♣가벌성의 범위에 이르러야 경찰활동 가능(×)]
국가 기관의	① **경찰의 임무**: 경찰은 국회·법원·지방자치단체 등 **국가기관의 정상적 기능발휘를 보호**해야 한다.
기능 보호	② **국가기관의 기능 방해**: 행정관청 또는 경찰의 활동에 대한 **중대한 방해는 공공의 안녕에 대한 위협으로 간주**되며, 형법의 **범죄구성요건을 충족**시키게 된다.[공무집행방해죄 성립]

4. 개인의 권리와 법익의 불가침성

⑴ **경찰의 개입 가능성**: 공공의 안녕과 관련된 개인법익 침해의 경우에는 **원칙적으로 경찰의 개입이 가능**하다.[♣집단적 요소에만(×)]

　① 개인의 법익보호를 위해 경찰개입청구권이 인정되기도 하며, 가벌성의 범위에 이르지 아니한 경우에도 권력·비권력적 경찰활동이 가능하다.[♣가벌성의 범위에 이르렀을 때만(×)]

⑵ **보호범위**: 이 경우 경찰은 인간의 존엄성·명예·생명·건강·자유 등의 개인적 법익뿐만 아니라, **개인의 사유 재산적 가치 또는 지적재산권(저작권 등)과 같은 무형의 권리도 보호**하여야 한다.[♣무형의 권리는 보호대상 아니다.(×)]<11승진·20·22경간·10.2채용>

　※ **보충성의 원칙 적용** → 순수한 사법적(私法) 질서는 원칙적으로 개개인과 사법부(司法府, 민사법원)의 판단에 의하여 유지되어야 할 사항이므로, 사법적 개인법익의 침해에 대한 경찰의 개입은 보충성의 **원칙상 최후·최소의 수단이 되어야** 하고, 이 경우에도 경찰원조는 **잠정적 보호에 국한되어야** 하고, **최종적인 권리구제는 법원(法院)에 의하여야** 한다.<20경간>

⑶ **공법규범 위반여부**: 이 경우 경찰은 개인법익에 대한 침해가 동시에 형법이나 행정법 등의 공법규범을 위반하였는지 여부를 확인해 보아야 한다.(공법규범을 위반하게 되면 적극적 개입이 가능하게 된다.)

Ⅱ. 공공의 질서

⑴ **불문규범의 총체**: 공공질서란 당시의 지배적 윤리와 가치관을 기준으로 판단할 때, 그것을 준수하는 것이 시민으로서 원만한 공동체 생활을 위한 불가결의 전제조건이 되는 **각 개인의 행동에 대한 불문규범의 총체**를 의미한다.[♣성문법규범의 총체(×)]<05·06·20승진·15·20경간·19.1·20.1·21.2·23.1채용>

　예 자살, 동성애, 이성간의 동거, 옷을 입지 않는 행위 등

⑵ **특성**

　① 공공질서는 선량한 풍속·사회질서와 관련되는 개념으로 **풍속경찰의 주된 관할영역**이다.

　② 공공질서의 내용은 **시대에 따라 변화하는 상대적·유동적 개념**이며, 시대가 변화함에 따라 **공공질서의 포섭범위는 점차 축소되는 경향**이 있다.[♣시대를 초월하는 고정적 개념(×), ♣점차 확대(×)]<09·11·20승진·15·20경간·03·19.1·20.1·21.2·23.1채용>

　※ 특히 오늘날 법적 안정성 확보를 위한 **불문규범의 성문화의 요청**으로 인해 공공질서 개념의 사용범위는 **점차 축소**되고 있다.<09승진·20경간·17.2채용>

⑶ **한계**

　① 헌법과 법률에 위반되는 가치는 결코 공공질서의 내용이 될 수가 없다.

　② 공공질서의 확대적용은 국민의 기본권을 침해할 우려가 있기 때문에 **통치권의 집행을 위한 개입의 근거**로 사용될 수 있는 이 개념은 **제한적인 사용과 엄격한 합헌성의 요구를 요구받는다.**[♣엄격한 통제요구(○)]<15경간·09경감·03 101단·23.1채용>

　※ 공공질서와 관련하여 경찰이 개입할 것인가의 여부는 경찰의 결정에 맡겨져 있더라도 헌법상 과잉금지원칙이 준수되어야 한다.<23경간>

　③ 공공의 질서와 관련한 경찰의 개입여부는 자유재량이 아니라, 경찰관청의 '**의무에 합당한 재량행사**'가 되어야 한다.

　※ 행정청은 재량이 있는 처분을 할 때에는 관련 이익을 정당하게 형량하여야 하며, 그 재량권의 범위를 넘어서는 아니 된다.(행정기본법 제21조)

III. 위험방지(유지)

1. 개념

(1) **위험** : 경찰상 위험은 가까운 장래에 공공의 안녕·질서에 **손해가 나타날 수 있는 가능성**이 개개의 경우에 **충분히 존재**하는 상태를 말한다.[= 경찰상 보호법익에 대한 침해가능성]<12·15·17·18승진·15경간·21.2채용>

(2) **손해** : 보호받는 개인 및 공동의 법익에 관한 **정상적 상태의 객관적 감소**를 뜻하며, 보호법익에 대한 **현저한 침해가 있어야**만 인정되며, 단순한 성가심이나 불편함은 경찰개입의 대상이 아니다.[♣위험 (×)]<12·17·18·20·22·24승진>

(3) **위해(危害)·장해(障害)·경찰위반** : 공공의 안녕·질서에 **손해가 이미 발생한 경우(위험이 현실화된 상태)를 의미**한다.

① 위험이 현실화된 상태를 경찰위반 상태라 한다.(경찰권을 발동하기 위해서는 공공의 안녕(질서)에 대해 위험 또는 장해가 있어야 한다.)

(4) **위험의 원인** : 보호법익에 대한 위험이 형사책임능력 있는 인간에 의한 것인지, 형사책임능력 없는 인간에 의한 것인지 따지지 않고, 지진·산사태 등 자연재해의 결과에 의한 것인지도 문제되지 않는다.

※ 현대사회는 다양한 위험이 발생하고, 이를 해결하기 위해 적극개입하는 것이 마땅하므로 경찰의 위험방지 활동영역이 확장되어 가고 있다.

2. 판단기준

(1) 경찰이 **구체적 처분으로** 개입하기 위해 필요한 위험이 '**경찰상 위험**'이다.

(2) **위험의 정도** : 경찰상 위험이 인정되기 위해서는 **손해발생의 충분한 가능성(구체적 위험)이 필요하**다.<17승진>

> ※ **손해발생의 충분한 가능성** ➡ 구체적 처분을 통한 경찰개입의 전제조건으로서 "손해발생의 충분한 가능성"이란 보호법익에 대한 현저한 침해행위의 가능성을 말하며 단순한 성가심·불편함은 경찰개입의 대상이 아니다.
>
> ※ **필수적 가능성**(×) ➡ 경찰개입의 전제조건으로서 위험(경찰상 위험)에 손해발생의 필수적(필연적) 가능성까지 요구되는 것은 아니다.[♣필수적 가능성이 요구된다.(×)]<10.2채용>

(3) **위험의 판단기준** : 정상적이고 평균적인 인간의 판단을 기준으로 하며, 충분한 가능성에 대한 판단은 사전적 관점에서, 구체적 상황하에서 현장 경찰관의 현재 인식상황에 따라 행해져야 하며, 사후에 사건이 **실제로 진행된 경과**(객관적 상황)에 의해서 **판단해서는 안된다.**

※ '**경찰상 위험**' 인정 ➡ 손해발생에 대한 충분한 가능성(구체적 위험)과 경찰상 보호법익의 중요성이 있어야 인정할 수 있으며 경찰상 위험이 인정될 경우 개별적 처분이 가능하다.

3. 유형

위험의 현실성(정도)에 따른 분류	**구체적 위험, 추상적 위험**<21.2채용>
위험에 대한 인식에 따른 분류	**외관적 위험, 오상위험, 위험혐의**[♣추상적 위험(×)]<20승진>

(1) 위험의 현실성(정도)에 따른 분류

<table>
<tr>
<td rowspan="7">구체적
위험</td>
<td colspan="2">

(1) 특정의 **개별적인 사실관계**에서 나오는 위험을 말한다.

(2) 구체적인 개개 사안에 있어서, 실제로 또는 최소한 경찰관의 사전적 관점에서 사실관계를 합리적으로 평가하였을 때, 가까운 장래에 손해발생의 **충분한 가능성(개연성)**이 존재하는 경우를 의미하며, 위험이 **필수적으로 존재해야 하는 것은 아니다.**[♣필수적 위험 존재(×)]<17승진・23경간・10.2・22.1채용>

📻 만취자가 운전을 하려는 경우

① **충분한 가능성** : 위험은 (권력적) **경찰개입(경찰 권력작용)의 전제 요건**이며, 구체적 권력적 처분을 통한 경찰개입의 대상인 위험은 객관적으로 존재(충분한 가능성)하고 있으면 충분하다.[♣필수적 존재(×)]<22승진・10.2채용>

> 📻 **차나 사람이 없는 한적한 도로에서 횡단보도의 보행자 신호 시 차도의 적색신호를 무시한 운전** ⇨ 경찰상 위험이란 '법질서의 침해', 손해발생의 충분한 가능성 즉 구체적 위험이 있는 경우로 어디선가 갑자기 횡단자가 나타날 충분한 가능성(청소년이 달려오는 등)이 있어 횡단자의 생명신체 등 개인적 법익에 대한 충분한 침해가능성과 아울러 '안녕'에 해당하는 도로교통법을 침해하여 '법질서의 불가침성'을 현실적이고 **구체적으로 침해하는 것**이다.[♣차도에 차가 전혀 다니지 않아도 경찰책임 발생(○),/♣적발은 잘못된 것(×)]<20경간>

(3) 경찰의 **권력적 개입**(＝경찰작용)의 **법적 요건**이 된다.

※ 개별적(또는 개괄적) 수권조항에 의한 경찰의 활동(＝**경찰의 권력적 작용**)은 구체적 위험을 제거하기 위한 경우에 가능하다.

  📻 경찰관직무집행법(제3조~제10조의4)

(구체적 위험에서 출발하여 강화된 위험형태 – 독일경찰법) [✿현직중급임명]

</td>
</tr>
<tr>
<td>현재의
위험</td>
<td>

손해를 발생시키는 위험 상황이 **시작 또는 직전**인 경우를 말한다.

※ 경찰상 비책임자인 제3자에게 경찰권을 발동하기 위한 전제조건이 된다.

</td>
</tr>
<tr>
<td rowspan="5">직접적
위험</td>
<td>

집회에 대한 조치와 관련하여 사용되는 개념으로서 위험상황이 그대로 진행되면 보호법익에 대한 **손해가 발생할** 고도의 개연성이 있는 상태를 말한다.

※ 직접적이고 명백한 위험(판례)

> **판례** 1) [**해산명령과 처벌 요건 → 직접적인 위험이 명백히 초래된 경우일 것**] 미신고 불법집회라 하더라도 타인 법익이나 공공의 안녕질서에 직접적인 위험이 명백하게 초래된 경우(📻 도로점거)에 한하여 해산명령 및 해산명령불응죄로 처벌이 가능하다.(대법 2010도6388)<22.2채용>
> ※ 대법원은 해산명령의 요건으로 '직접적인 위험이 명백하게 초래된 경우일 것'을 요구하고 있다.

> **판례** 2) [**직사살수 → 직접적, 명백한 위험 현존하는 경우에만**] 위해성 경찰장비인 살수차와 물포는 필요한 최소한의 범위에서만 사용되어야 하고, 특히 인명 또는 신체에 위해를 가할 가능성이 더욱 커지는 직사살수는 타인의 법익이나 공공의 안녕질서에 직접적이고 명백한 위험이 현존하는 경우에 한해서만 사용이 가능하다고 보아야 한다.[♣위험이 존재하는 경우 가능(×)](대법원 2015다236196 판결 [손해배상(기)])

</td>
</tr>
</table>

구체적 위험	**중대한 위험**	**중대한 법익에 대한 위험**으로서, 중대한 법익으로 국가의 존속·생명·중대한 재산적 가치등이 논의된다.
	긴급한 위험	긴급한 위험도 **중대한 법익에 대한 위험**인데, 이 경우 반드시 위험 발생이 목전에 급박할 필요는 없다. ※ 비교 : **임박한 위험** – 다른 국가기관의 임무인 경우로서, 경찰이 **즉시 개입하지 않으면 손해가 발생할 수** 있는 위험

※ **명백하고 현존하는 위험**(rule of clear and present danger) – 미국 셴크 판결(schenck v. united ststes, 1919)

미국 연방대법원에서 국가기밀누설, 타인의 명예 또는 사생활의 비밀을 침해하려는 경우, 법원이나 관계기관 등이 정지명령 등으로 이를 제지하고자 할 때 즉 **언론·출판 등의 자유를 제한하는 기준**으로 판시한 원칙이다.

> 憲裁 [합헌 : 찬양·고무, 이적표현물 제작 처벌 → 국가존립과 자유민주질서에 명백한 위험만 요구]
> 국가보안법 제7조 제1항(찬양·고무) 및 제5항(이적표현물제작)은 각 그 소정 행위가 **국가의 존립·안전을 위태롭게 하거나 자유민주적 기본질서에 위해를 줄** (**명백한 위험만** 있는) 경우에만 (축소)적용된다고 해석한다면 **헌법에 위반되지 아니**한다.(89헌가113)
> → 이유 : **명백한 위험만 요구**하고 있다.[♣명백하고 현존하는 위험이 있는 경우에만 적용(×)]

추상적 위험

(1) **일반적·추상적 사실관계에서 추론**되는 위험이다.

(2) 가설적·상상적 위험을 의미하는 것으로 개별적 사안을 상정한다면 **구체적 위험이 예상**되는 경우를 말한다.[♣추정적 위험은 구체적 위험의 예상가능성(×)]

　※ 추정적 위험은 오상위험과 동일한 의미이다.

　※ 구체적 위험은 **구체적 위험에 대한 예측**이 필요하고, **추상적 위험**의 경우에도 사실적 관점에서 **위험에 대한 예측이 필요**하다. 단순히 안전하지 못하다는 정도의 인식만으로는 충분하지 않다.[♣구체적 위험은 구체적 위험에 대한 예측이 필요하나 추상적 위험의 경우에는 그러하지 아니하다.(×)]<24승진>

(3) 추상적 위험은 구체적인 경우를 전제로 판단하는 것이 아니라, 경찰상 (만들어질) **법규명령위반 자체가 위험**하다고 인정되는 경우이다.

(4) 이 경우 경찰의 **개별처분은 불가능**하고 다만 **경찰상 법규명령**이 발령될 수 있다.<18승진>

　※ 예상되는 위험의 방지를 위한 설비를 갖추기 전까지는 해당행위를 금지하고 이를 어길 경우에는 일정한 경찰상 제재를 가하는 형태의 대처를 하게 된다. 예 각종 허가제

(5) 직무조항(조직법적 근거)에 의한 경찰의 활동(경찰의 **비권력적 활동**), 경찰의 **범죄예방 및 위험방지 행위의 준비**는 추상적 위험이 존재하는 경우에도 **가능**하다.<23.2채용>

　예 경찰관직무집행법(제2조) 범죄예방 및 위험방지 행위의 준비<22승진>

경찰 개입

(1) **구체적인 처분을 통한 (권력적) 개입**에는 구체적 위험이 필요하다.

(2) **법규명령을 제정**하기 위해서는 **추상적 위험**이 필요하다.

(3) 경찰의 개입(권력적 개입 및 비권력적 개입)은 **구체적 위험 또는 추상적 위험이 있을 때**에 가능하다.[♣구체적 위험이 있을 경우에만(×)]<12·18승진·17.2·20.1·21.2채용>

경찰 개입

※ 원칙적으로 경찰개입은 구체적 처분을 통한 **권력적 개입을 의미**하고, 구체적 처분을 통한 경찰의 권력적 개입을 통제하기 위해 만든 개념이 구체적 위험이므로, 경찰개입은 구체적 위험이 있을 경우에만 가능하다고 해야 한다. 그럼에도 경찰개입을 **법규명령**을 통한 개입까지 포함하거나, 비권력적 개입을 포함하여 추상적 위험이 있는 경우에도 가능한 것으로 승진에 수차례 출제된 바 있는데, 이는 명백히 잘못된 용어 사용에 기반한 것이고, 일선 실무자들의 업무처리 과정에서 혼란을 유발할 수 있는 문제이므로 용어의 엄격한 사용이 필요하다.

① **위험의 존재**(원칙적으로 구체적 위험, 그러나 실무종합은 추상적 위험 또는 구체적 위험이라고 한다.)는 경찰개입의 최소요건이다.

※ '**위험**은 보호받게 되는 법익에 대해 **구체적으로 존재해야 하는 것은 아니다.**'라고 실무종합은 주장(22년 대비 총론1, 30면 09번)하고 있으나, 경찰의 임무수행을 위한 개입은 구체적 처분을 통한 개입을 의미하므로 위험은 구체적으로 존재해야 한다고 해야 하며, 공신력 없는 실무종합 집필과 감수는 큰 우려를 자아내고 있다.

② **사전배려의 원칙** ➡ 환경행정 분야에서는 사전배려원칙에 따라 추상적 위험 이전의 단계(위험이 인정되지 않는 상태)에서도 개입이 허용되나, 경찰권의 발동에는 사전배려원칙이 적용되지 않는다.<01채용>

(4) **범죄의 예방**분야나 장래의 **위험방지를 위한 준비행위**는 구체적 위험이나 추상적 위험의 구성요소에 의해서도 제한되지 않아, **추상적 위험이 존재하는 경우에도 가능**하다.

① 준비행위는 범죄예방이나 위험방지 임무에 포함된다.

② **범죄예방을 위한 준비행위** : 무작위적인 신원확인, 비디오 감시등이 문제된다.

③ **위험방지를 위한 준비행위** : 정보의 수집 및 보유와 관련하여 논의된다.

참고 | **경찰명령권 발동의 형식(개입의 형태)**

	권력의 유형	명령권의 발동형식		제재의 수단
국가조직 내부관계 ⇨	특별권력	개별적·구체적 ⇨ 일반적·추상적 ⇨	직무명령 행정규칙	⇨ 징계벌
국민과 국가관계 ⇨	일반권력	개별적·구체적 ⇨ 일반적·추상적 ⇨	행정행위 법규명령	⇨ 행정벌

---

(2) **위험의 인식에 따른 분류와 경찰의 개입**

① **경찰의 위험인식** : 사실에 기인한 경우 향후 발생할 사건의 진행에 관한 **주관적 추정을 포함**하지만 <15경간>, 일종의 **객관화를 이루는 사전판단을 요** 한다. 따라서 **의무에 합당한 주관적 예측이 요구** 된다.<07채용>

㉠ 장래에 발생할 위험을 방지하는 경찰활동에는 가정적인 **사건 경과에 대한 예측이 필요**하다.

㉡ 행위를 하는 경찰공무원은 그가 입수할 수 있는 사실에 근거하여 위험의 존재를 인정할 수 있는 자료와 위험의 존재를 부정할 수 있는 자료를 비교 형량하여야 한다.

㉢ 손해발생의 충분한 가능성에 대한 판단은 **사전적 관점에서 행해져야** 한다.[♣사후적 관점에서(×)]

※ 따라서 법원이 경찰작용을 통제할 경우에도 사후에 사건이 실제로 진행된 경과에 근거하여 사후적 관점에서 판단해서는 안된다. 사전적 관점은 구체적인 상황하에서 경찰공무원의 사건 당시의 현재 인식상황에 따라서 판단하는 것이다.(쿠켈만의 독일경찰법)

㉣ 위험의 예측과 관련하여 **비례의 원칙**은 '**손해의 정도와 손해발생의 개연성이 반비례한다는 원칙**'이 적용될 수 있다.

※ 발생이 예상되는 **손해의 정도가 매우 중대하면, 그 개연성의 정도가 낮아도 위험을 긍정할 수 있고,** 반대로 **손해의 정도가 중요하지 않은 경우라면 손해발생의 개연성이 클 경우라야** 위험이 존재한다고 판단할 수 있다.

② **위험의 인식에 따른 분류와 책임**[♣위험에 대한 인식으로 외관적 위험, 추정적 위험, 위험혐의로 구분(○)]<18 · 24승진>

외관적 위험	(1) **위험(×), 판단(○)** : 경찰이 **의무에 합당한 사려 깊은 상황판단**을 했음에도 불구하고 **위험을 잘못 긍정**하는 경우, 즉 상황을 합리적으로 사려 깊게 판단하여 위험이 존재한다고 인식하여 개입하였으나 **실제로는 위험이 없었던 경우**를 의미한다.(인식과 사실이 불일치하는 경우)[♣'오상위험'(×)]<11 · 15 · 22승진 · 15경간 · 20.1 · 22.1채용> ① **위험의 부존재** : 사후적으로 평가할 때 경찰이 그 상황에서 부작위를 하였다고 해도 아무런 피해가 발생하지 않았을 경우의 위험을 의미한다. ▣ 경찰관이 살려달라는 소리를 듣고 집의 출입문을 부수고 들어갔는데, 실제로는 귀가 어두운 노인이 TV 형사극을 크게 켜놓아 그 외침소리가 밖으로 들렸던 경우 ▣ 의무에 합당한 사려 깊은 판단을 하였으나 집안에서 아이들이 서로 괴성을 지르며 장난치는 것을 밖에서 듣고 강도사건이 발생한 것으로 오인한 경찰관이 문을 부수고 들어간 경우<12승진> ② **의무에 합당한 판단** : 외관적 위험은 **경찰상 위험에 포함**되며(多), 외관적 위험을 방지하기 위한 **경찰개입은 적법**하므로 민사상 · 형사상 책임문제가 발생하지 않는다.<15 · 18 · 20승진 · 20경간> (2) **손실보상 문제** : 외관적 위험에 대한 경찰개입으로 발생한 피해가 '공공필요'에 의한 '특별한 희생'에 해당된다면 **국가에 대해 손실보상의 청구가 가능**하다.[♣국가의 손실보상 책임도 발생하지 않는다.(×)]<18 · 20 · 22승진 · 20경간 · 23.2채용>
오상 위험	(1) **위험(×), 판단(×)** : 이성적이고 객관적으로 판단할 때 위험의 외관도 그 혐의도 정당화되지 아니함에도 불구하고 경찰이 **위험의 존재를 잘못 추정한 경우**를 의미한다.(= **추정성 위험 · 추정적 위험 · 추측상 위험 · 허구적 위험**)(인식과 사실이 불일치하는 경우)<15 · 17 · 18승진> ※ 객관적 판단(×) ➡ 객관화를 이루는 사전판단, 즉 객관적 판단이 이루어지지 못한 경우이다. (2) **경찰상 위험(×)** : 오상위험은 경찰상 위험에 속하지 아니하며, 오상위험을 방지하기 위한 경찰의 개입은 **원칙적으로 위법행위**를 구성한다.[♣경찰개입이 가능하다(×)]<17경찰승진> ▣ 영화촬영을 위한 살인극에 대한 경찰의 오해 (3) **책임 발생** : 경찰이 의무에 어긋나는 개입행위를 했으므로 **개인에게는 민 · 형사상 책임, 국가에게는 국가배상책임이 발생**할 수 있다.[♣국가는 손실보상책임(×)]<15경간 · 15 · 17승진 · 22.1채용>

위험 혐의	(1) **위험가능성(○), 실현은 불확실** : 경찰이 의무에 합당한 사려 깊은 판단을 할 때 실제로 **위험의 가능성은 예측이 되나 실현이 불확실**한 경우를 말한다.[♣외관적 위험(×)]<15·17·20·22승진·10.1채용> 예 시청 내 폭발물 설치 제보 (2) **예비적 조치** : 경찰의 개입은 위험의 존재여부가 명백해질 때까지는 **예비적 조치**(위험조사 차원의 경찰개입)에만 국한되어야 한다. ※ 다시 말하여 위험혐의는 위험의 존재 여부가 명백해질 때까지 예비적으로 행하는 **위험조사 차원의 개입을 정당화**한다.[♣예비적인 위험조사 차원의 경찰개입은 정당화될 수 없다.(×)]<18·24승진·22.1·23.2채용> (3) **책임** : 경찰개입은 적법하므로 외관적 위험과 동일하게 처리된다.

③ **일반적 위험과 위험예방조치(비권력 작용)** : 범죄의 예방이나 장래의 위험방지를 위한 준비행위와 같은 일반적인 위험을 예방하는 조치(비권력 작용)는 경찰이 조직법적 근거 내에서는 수행할 수 있다.

4. 특색

(1) **경찰편의주의 원칙 적용** : 위험의 방지라는 임무는 예측하기 힘든 현장상황에서 재량 있는 다양한 대처가 필요하여 경찰권 행사에는 **경찰편의주의 원칙이 적용되는 것이 원칙**이다.

> ※ 재량권의 0수축이론 ➡ 그러나 위험이 중대하고 명백하며 상황이 급박한 경우와 같은 예외적인 상황하에서 오직 하나의 결정만이 의무에 합당한 재량권 행사로 인정된다는 것이 재량권의 0으로의 수축이론이다.
>
> ※ 경찰개입청구권 인정 ➡ 오늘날 '경찰재량의 0으로의 수축'과 '**반사적 이익의 보호이익화**'가 논의되면서, 생명·건강·자유·명예·재산 등, 개인의 법익보호를 위하여 각 개인에게 **경찰의 개입을 청구할 수 있는 권리, 즉 경찰(행정)개입청구권을 인정**하기에 이르렀다.
>
> ※ 경찰개입청구권은 재량권이 0으로 수축된 경우에만 예외적으로 인정되는 것이 원칙이다.

(2) **위험발생의 원인 불문** : 위험방지는 임무의 특성상 원인을 따지기 이전에 **위험을 방지하는 것 자체가 시급하고 중요**하므로 인간의 행위·물건·자연력 등 **위험 발생원인은 묻지 않는다.**

① **자연적 위험도 대상** ➡ 경찰은 물건이나 자연력에 의해 발생된 책임처럼 경찰책임자에 의해 야기되지 않은 이러한 위험도 방지해야 할 의무가 있다.

② **주관적 요건 불요, 위법성 불요, 책임성 등 불요** ➡ 경찰책임은 위험방지를 위한 경찰의 명령에 대해 작위·부작위·수인·급부할 의무를 말하는 것으로 위험방지 목적을 이행하는 것이 시급한바 처벌을 목적으로 하는 형사책임과 같이 고의 과실 등 **주관적 요건, 위법성, 책임성 등을 요구하지 않는다.**

> ※ 경찰긴급권 인정 ➡ 긴급한 경우 위험발생에 원인을 제공한바 없는 비책임자에게도 예외적으로 경찰책임을 지울 수 있는데 이러한 것을 경찰긴급권이라 한다.

(3) **구체적 위험에 한정** : 경찰은 위험방지를 위해 **명령·강제라는 권력적 수단을 사용하므로** 이러한 수단을 사용하게 될 경우 방지해야 할 위험의 범위를 **구체적 위험에 한정**하고 그 범위를 **지나치게 확대해서는 안 된다.**

(4) 현대 사회적 법치국가의 적극적 개입요청

① **사회국가**란 경제·사회·문화의 모든 영역에서 정의로운 사회질서의 형성을 위하여 **사회현상에 관여하고 간섭하고 분배하고 조정하는 국가**이다.

② **사회법치국가** 아래서 국가는 위험문제에 적극 개입하므로 **경찰의 활동영역이 확장**되어 가고 있다.

※ 2차대전 이후인 1949년 제정된 **독일연방공화국기본법**은 **사회민주주의적 헌법**으로서 **사회적 법치국가를 추구**한다.

③ 위험방지, 범죄수사와 직접 관련이 없는 영역에서도 경찰은 사회의 요구에 따라 국민의 생명과 재산을 보호하기 위한 다양한 **비권력적 작용을 통한 적극적인 경찰개입(경찰작용)이 증가**하고 있다.

※ 2018년에 규정된 경찰관직무집행법상 범죄피해자 보호는 현대 사회적 법치국가 이념에 부합한다.

④ 개인의 자유보호를 위해 국가권력의 발동범위를 제한하는 데 초점을 둔 형식적 법치주의와 달리, 현대 **사회적 법치국가의 실질적 법치주의**는 국민의 자유와 권리를 실질적으로 보호하기 위한 **국가권력의 적극적인 개입**을 인정한다.

⑤ 경찰관직무집행법상 **손실보상규정과 소송지원규정**은 경찰 임무의 **적극적 수행을 돕기 위한 규정**이다.[♣경찰임무의 적극적 수행과 관련이 없다.(×)]

5. **테마 57** **범죄피해자 보호**

범죄수사에 있어서 범죄피해자를 위한 **사법경찰권의 적극적인 개입을 인정하는 입법례가 증가**하는 추세이다.<23경간>

근거	**(1) 헌법적 근거:** 1948년 헌법 제정 당시에는 피해자에 대한 내용이 전혀 존재하지 아니하였다. 1988년 시행된 헌법에서 ① 형사피해자는 법률이 정하는 바에 의하여 당해 사건의 **재판절차에서 진술할 수** 있다.(제27조 제5항) ② 타인의 **범죄** 행위로 인하여 **생명·신체에 대한 피해**를 받은 국민은 법률이 정하는 바에 의하여 **국가로부터 구조를 받을 수** 있다.(제30조) ※ 헌법(제30조)은 범죄피해자에 대한 구조를 직접 규정하고 있고, 하위법에서 범죄피해자에 대한 국가 차원의 보호·지원체계를 구축하고 민간 활동을 촉진하는 등 종합적인 대책을 마련하고 있다. **(2) 국제조약과 피해자 보호** ① 성매매와 성적 착취, 노동력 착취, 장기적출 등의 착취를 목적으로 한 "인신매매등" 피해에 대한 국제적 연대를 위하여, 다자간 조약인 「국제조직범죄 방지 협약을 보충하는 **여성과 아동을 대상으로 하는 인신매매 예방·억제·처벌을 위한 의정서**」를 2015년에 비준하였다. ⓐ 인신매매: "인신매매"란 **착취를 목적**으로 **위협**이나 **무력**의 행사 또는 그 밖의 형태의 **강박, 납치, 사기, 기만, 권력의 남용**이나 **취약한 지위의 악용**, 또는 타인에 대한 **통제력을 가진 사람의 동의**를 얻기 위한 **보수나 이익의 제공이나 수령**에 의하여 사람을 모집, 운송, 이송, 은닉 또는 인수하는 것을 말한다.(의정서 제1장 제3조 가목)

근거	※ 착취 : 착취는 최소한, 타인에 대한 매춘의 착취나 그 밖의 형태의 성적 착취, 강제노동이나 강제고용, 노예제도나 그와 유사한 관행, 예속 또는 장기의 적출을 포함한다.(의정서 제1장 제3조 가목 단서)

※ 의정서상 **인신매매 수단**으로 규정된 어떠한 수단이든 **사용**된 경우에는 '인신매매'에 규정된 의도된 착취에 대한 인신매매 **피해자의 동의는 문제가 되지 않는다**.(의정서 제1장 제3조 나목)

※ **착취를 목적**으로 한 아동의 모집, 운송, 이송, 은닉 또는 인수는 그것이 '인신매매'에 **규정된 수단 중 어떠한 것을 포함하지 아니**하더라도 "인신매매"로 간주된다.(의정서 제1장 제3조 다목)

ⓑ "**아동**" : "아동"이란 **18세 미만**의[♣16세 미만(×)] 모든 사람을 말한다.(의정서 제1장 제3조 라목)

② 2013년 형법 일부 개정(제289조)으로 인신매매 처벌규정을 신설하였으며, 약칭「인신매매방지 의정서」와 관련된 국내법률로「**인신매매등 방지 및 피해자보호 등에 관한 법률**」이 2023년 1월 1일 시행되었다.

(3) 일반 규정

① 「경찰관직무집행법」 제2조 제2의2호 : 범죄피해자 보호규정

※ 범죄피해자에 대한 **구호조치**는 특별한 경우를 제외하고 일반적으로 범죄진압보다 **우선적으로 취급되어야** 한다.

② 「범죄피해자 보호법」: **범죄피해 구조금과 관련**하여 헌법 제30조에 따라 제정

(4) 개별법적 근거 : 「성매매방지 및 피해자보호 등에 관한 법률」, 「성폭력방지 및 피해자보호 등에 관한 법률」, 「가정폭력방지 및 피해자보호 등에 관한 법률」 등

① '**성폭력 피해자**'의 개념은 처벌법이 아니라 보호법인 「**성폭력방지 및 피해자보호 등에 관한 법률**」에서 **직접 규정**하고 있다.

② '**성매매 피해자**'의 개념 정의는 처벌법인 「**성매매알선 등 행위의 처벌에 관한 법률**」에서 규정(제2조 제1항 제4호)하고 있고, 보호법인 「**성매매방지 및 피해자 보호등에 관한 법률**」에서는 이를 인용(제2조 제4호)하고 있다.[♣「성매매방지 및 피해자 보호등에 관한 법률」에서 '성매매 피해자' 개념 규정(×)]

③ '**가정폭력 피해자**'의 개념은 보호법인 「**가정폭력방지 및 피해자보호 등에 관한 법률**」과 처벌법인 「**가정폭력범죄의 처벌 등에 관한 특례법**」에서 **중복해서 규정**하고 있다.

인신매매등 방지 및 피해자 보호 등에 관한 법률	**(1) 인신매매 등** : "인신매매등"이란 **성매매와 성적 착취, 노동력 착취, 장기적출 등의 착취를 목적**으로 다음 각 목의 어느 하나에 해당하는 행위를 하여 사람을 **모집, 운송, 전달, 은닉, 인계 또는 인수하는 것**을 말한다.

다만, "**아동·청소년**" 또는 "**장애인**"을 모집, 운송, 전달, 은닉, 인계 또는 인수하는 경우에는 다음 각 목의 어느 하나에 해당하는 행위를 **요하지 아니**한다.[♣폭행, 협박, 강요 등을 요한다.(×)]

가. 사람을 **폭행, 협박, 강요, 체포·감금, 약취·유인·매매**하는 행위

나. 사람에게 **위계 또는 위력을 행사**하거나 사람의 **궁박한 상태를 이용**하는 행위

다. 업무관계, 고용관계, 그 밖의 관계로 인하여 사람을 보호·감독하는 자에게 **금품이나 재산상의 이익을 제공**하거나 **제공하기로 약속**하는 행위

(2) 피해자 보호 · 지원

① 다음 각 호의 어느 하나에 해당하는 **인신매매등피해자**("피해자")는 이 법에 따라 **보호 · 지원**을 받는다.

　1. **아동 · 청소년** 또는 **장애인**으로서 **인신매매등 피해**를 입은 사람

　2. **인신매매등범죄피해자**("범죄피해자")

　3. **인신매매등 피해**를 입은 사람(제1호 또는 제2호 해당하는 사람 제외)으로서 제14조에 따라 **여성가족부장관으로부터 확인서를 발급**받은 사람

② 피해자는 다음의 각 호의 어느 하나에 해당하여야 한다.

　1. 대한민국 국적을 가진 사람으로서 국내 또는 해외에서 인신매매등 피해를 입은 사람

　2. 국내에서 인신매매등 피해를 입어 대한민국에 체류하고 있는 외국인

(3) 절차

① **누구든지** 인신매매등 피해사실을 알게 된 때에는 피해자권익보호기관이나 수사기관에 **신고**(고소 · 고발을 포함한다. 이하 같다)**할 수** 있다.(제21조 제1항)

　※ **신고의무 :** 인신매매등피해자지원시설등 **일정 시설의 장이나 그 종사자**는 업무와 관련하여 인신매매등 피해사실을 알게 된 때에는 지체 없이 피해자권익보호기관이나 수사기관에 **신고하여야** 한다.(제21조 제2항)

② 누구든지 인신매매등 피해사실을 신고한 자에 대하여 그 신고를 이유로 불이익을 주어서는 아니 된다.(제21조 제3항)

　※ 신고를 이유로 불이익 조치 : **3년 이하의 징역, 3천만원 이하의 벌금** – 징계, 승진제한 등 부당한 인사조치 / 교육훈련 기회 제한조치 / 집단 따돌림 등...

③ 인신매매등 피해사실 신고를 접수한 **피해자권익보호기관의 직원**이나 **사법경찰관리**는 지체 없이 인신매매등 현장에 **출동하여야** 한다. 이 경우 피해자권익보호기관의 장이나 수사기관의 장은 서로 **동행하여 줄 것을 요청할 수** 있으며, 그 요청을 받은 피해자권익보호기관의 장이나 수사기관의 장은 정당한 사유가 없으면 소속 직원이나 사법경찰관리가 현장에 **동행하도록 하여야** 한다.(제22조 제1항)

④ 인신매매등 현장에 출동한 자는 피해자를 인신매매등 행위자로부터 **분리하거나 치료가 필요**하다고 인정할 때에는 **피해자권익보호기관 또는 의료기관에 인도하여야** 한다.(제22조 제2항)

⑤ 인신매매등 현장에 출동한 자는 피해자를 보호하기 위하여 신고된 현장에 출입하여 신고자등 및 관계인 등에 대하여 **조사**를 하거나 **질문을 할 수** 있다.(제22조 제3항)

　※ 이 경우 피해자권익보호기관의 직원은 피해자의 보호를 위한 범위에서만 조사 또는 질문을 할 수 있다.(제22조 제3항 단서)

　ⓐ 출입, 조사 또는 질문을 하는 자는 그 **권한을 표시하는 증표를 지니고** 이를 신고자등 및 관계인 등에게 **보여주어야** 한다.(제22조 제4항)

　ⓑ 조사 또는 질문을 하는 자는 신고자등 및 관계인 등이 자유롭게 진술할 수 있도록 인신매매등 행위자로부터 **분리**된 곳에서 **조사**하는 등 필요한 조치를 하여야 한다.(제22조 제5항)

　ⓒ 누구든지 인신매매등 현장에 출동한 자에 대하여 **현장조사를 거부**하거나 **업무를 방해**하여서는 아니 된다.(제22조 제6항)

인신매매등 방지 및 피해자 보호 등에 관한 법률

인신매매등 방지 및 피해자 보호 등에 관한 법률	※ 위반하여 인신매매등 현장에 출동한 자에 대하여 현장조사를 거부하거나 업무를 방해한 자는 **2년 이하의 징역 또는 2천만원 이하의 벌금**에 처한다.(제48조 제2항) ⑥ **피의자 등 피해통지** : 검사 또는 사법경찰관리는 수사과정에서 **피의자 또는 참고인이 인신매매등의 피해를 당했다고 볼 만한 상당한 이유**가 있을 때에는 **지체 없이 법정대리인·친족 또는 변호인에게 통지**하고, 신변보호, 수사의 비공개 등 그 보호에 **필요한 조치를 하여야** 한다.(제23조 제1항) ※ **통지 예외** : 인신매매 피해 통지의 대상이 되는 **법정대리인·친족 또는 변호인**이 인신매매등 행위에 **가담**했다고 볼 만한 상당한 이유가 있거나, 피의자 또는 참고인의 **사생활 보호 등 부득이한 사유**가 있는 경우에는 통지규정에도 불구하고 **통지하지 아니할 수 있다.**[♣아니한다.(×)](제23조 제2항) ⑦ **채권 무효** : 인신매매등 범죄를 범한 자가 해당 범죄행위와 관련하여 **피해자에 대하여 가지는 채권**은 그 계약의 형식이나 **명목과 관계없이 이를 무효**로 한다. 그 채권을 양도하거나 그 채무를 **인수한 경우에도 또한 같다.**[♣양도·인수의 경우 예외(×)](제24조 제1항) ※ **무효채권 고지** : 검사 또는 사법경찰관리는 피해자를 조사할 때에는 채권이 무효인 사실을 본인 또는 법정대리인 등에게 고지하여야 한다.(제24조 제3항)
성폭력방지 및 피해자보호 등에 관한 법률	① **피해자** : "성폭력피해자"란 성폭력으로 **직접적 피해**를 입은 사람을 말한다.[♣간접적 피해(×)](제2조 제3호) ※ 피해자등 : 피해자나 피해자의 가족구성원(제7조 제1항) ② **불이익조치 금지** : 누구든지 피해자 또는 성폭력 발생 사실을 신고한 자를 **고용하고 있는 자**는 성폭력과 관련하여 피해자 또는 성폭력 발생 사실을 신고한 자에게 일정한 **불이익조치를 하여서는 아니 된다.**[♣성폭력방지법에 불이익조치 금지를 규정하고 있지 않다.(×)](제8조) ※ 해고 징계등 불이익조치 금지 위반 : 3년 이하 징역 3천만원 이하 벌금(제36조 제1항) ③ **동행요청** : **상담소, 보호시설 또는 통합지원센터의 장**은 피해자등을 긴급히 **구조할 필요**가 있을 때에는 경찰관서(지구대·파출소 및 출장소를 포함)의 장에게 그 소속 직원의 동행을 요청할 수 있으며, 요청을 받은 경찰관서의 장은 특별한 사유가 없으면 이에 **따라야** 한다.[♣따를 수 있다.(×)](제31조) ④ **현장출동** : 사법경찰관리는 성폭력 신고가 접수된 때에는 지체 없이 **신고된 현장에 출동하여야** 한다.(제31조의2 제1항) ⑤ **조사, 질문** : 신고에 따라 **출동한 사법경찰관리**는 신고된 현장에 출입하여 관계인에 대하여 **조사를 하거나 질문을 할 수** 있다.(제31조의2 제2항) ⑥ **업무방해 금지** : 누구든지 정당한 사유 없이 신고된 현장에 출동한 사법경찰관리에 대하여 **현장조사를 거부하는 등** 업무를 방해하여서는 아니 된다.(제31조의2 제5항) ※ 업무방해 금지 위반 – 500만원 이하 과태료(제38조 제1항)
가정폭력 방지 및 피해자보호 등에 관한 법률	① **피해자** : "피해자"란 가정폭력으로 인하여 **직접적으로 피해**를 입은 자를 말한다.(제2조 제3호) ② **신고출동** : 사법경찰관리는 가정폭력범죄의 **신고가 접수**된 때에는 지체 없이 가정폭력의 현장에 출동하여야 한다.(제9조의4 제1항) ③ **조사·질문** : 신고에 따라 **출동한 사법경찰관리**는 피해자를 보호하기 위하여 신고된 현장 또는 사건 조사를 위한 관련 장소에 **출입**하여 관계인에 대하여 **조사를 하거나 질문을 할 수** 있다.[♣하여야 한다.(×)](제9조의4 제2항)

가정폭력 방지 및 피해자보호 등에 관한 법률	④ **업무수행 방해금지**: 가정폭력행위자는 신고출동에 따른 사법경찰관리의 **현장 조사를 거부하는 등** 그 **업무 수행을 방해**하는 행위를 하여서는 아니 된다.(제9조의4 제3항) ※ 정당한 사유 없이 업무수행방해금지 규정(제9조의4 제3항)을 위반하여 현장조사를 거 부·기피하는 등 업무 수행을 방해한 가정폭력행위자에게는 **500만원 이하의 과태 료**를 부과한다.(제22조 제1항) ⑤ **불이익 금지**: 피해자를 **고용하고 있는 자**는 누구든지 「가정폭력범죄의 처벌 등에 관 한 특례법」에 따른 가정폭력범죄와 관련하여 피해자를 해고(解雇)하거나 그 밖의 **불이 익을 주어서는 아니 된다.**(제4조의5) ※ 불이익 금지규정을 위반하여 피해자를 해고하거나 그 밖의 **불이익을 준 자**는 **3년 이하의 징역** 또는 **3천만원 이하의 벌금**에 처한다.(제20조 제1항)
스토킹방지 및 피해자보호 등에 관한 법률	① **"피해자"**란 스토킹으로 **직접적인 피해**를 입은 사람을 말한다.(제2조 제3호) ② 피해자 또는 스토킹 사실을 신고한 자를 **고용하고 있는 자**는 피해자 또는 스토킹 사실 을 신고한 자에게 스토킹으로 피해를 입은 것 또는 신고를 한 것을 이유로 '직무에 대한 **부당한 감사 또는 조사나 그 결과의 공개'**등 불이익조치를 하여서는 아니 된다.[♣불 이익조치 금지규정을 두고 있지 않다.(×)](제6조 제1항) ※ 불이익처우 금지를 위반하여 신고자 또는 피해자에게 해고나 그 밖의 불이익조치를 한 자는 **3년 이하의 징역** 또는 **3천만원 이하의 벌금**에 처한다.(제16조) ③ 피해자를 고용하고 있는 자는 **피해자의 요청이 있으면** 업무 연락처 및 근무 장소의 **변경, 배치 전환** 등의 **적절한 조치**를 할 수 있다.[♣하여야(×)](제6조 제2항) ④ 사법경찰관리는 스토킹의 신고가 접수된 때에는 지체 없이 신고된 현장에 **출동하여야** 하며, 출동한 사법경찰관리는 신고된 현장 또는 사건조사를 위한 관련 장소에 **출입**하 여 관계인에 대하여 **조사를 하거나 질문을 할 수** 있다.(제14조 제1항, 제2항) ⑤ 신고출동에 따라 **출입, 조사 또는 질문**을 하는 사법경찰관리는 그 권한을 표시하는 **증 표를 지니고 이를 관계인에게 내보여야** 한다.[♣할 수(×)](제14조 제3항) ⑥ 신고출동에 따라 조사 또는 질문을 하는 사법경찰관리는 피해자·신고자·목격자 등이 자유롭게 진술할 수 있도록 스토킹행위자로부터 **분리된 곳에서 조사**하는 **등 필요한 조치를 하여야** 한다.[♣할 수(×)](제14조 제4항) ⑦ 누구든지 정당한 사유 없이 신고출동에 따른 사법경찰관리의 **현장조사를 거부**하는 등 그 **업무 수행을 방해**하는 행위를 하여서는 **아니 된다.**(제14조 제5항) ※ 업무 수행 방해 금지규정에 위반하여 정당한 사유 없이 현장조사 거부 등 사법경찰관 리의 **업무 수행을 방해**한 자에게는 **1천만원 이하의 과태료를 부과**한다.(제18조 제1항)
여성폭력 방지기본법	① **"여성폭력"**이란 성별에 기반한 여성에 대한 폭력으로 **신체적·정신적** 안녕과 안전할 수 있는 권리 등을 침해하는 행위로서 관계 법률에서 정하는 바에 따른 **가정폭력, 성폭 력, 성매매, 성희롱, 지속적 괴롭힘 행위**와 그 밖에 친밀한 관계에 의한 폭력, 정보 통신망을 이용한 폭력 등을 말한다.[♣정보통신망을 이용한 폭력 제외(×)](제3조 제1호) ② **"여성폭력 피해자"**란 여성폭력 **피해를 입은 사람**과 그 **배우자**(사실상의 혼인관계를 포함)[♣사실혼 제외(×)], **직계친족 및 형제자매**를 말한다.(제3조 제2호) ③ **"2차 피해"**란 여성폭력 피해자(이하 "피해자")가 다음 각 목의 어느 하나에 해당하는 피해를 입는 것을 말한다.(제3조 제3호)

가. 수사 · 재판 · 보호 · 진료 · 언론보도 등 여성폭력 **사건처리 및 회복의 전 과정**에서 입는 **정신적 · 신체적 · 경제적 피해**

나. **집단 따돌림, 폭행 또는 폭언, 그 밖에 정신적 · 신체적 손상을 가져오는 행위**로 인한 피해(**정보통신망을 이용한 행위**로 인한 피해를 **포함♣**제외(×)])

다. **사용자**(사업주 또는 사업경영담당자, 그 밖에 사업주를 위하여 근로자에 관한 사항에 대한 업무를 수행하는 자)로부터 폭력 피해 신고 등을 이유로 입은 다음 어느 하나에 해당하는 **불이익조치**

　　1) 파면, 해임, 해고, 그 밖에 신분상실에 해당하는 신분상의 불이익조치

　　2) 징계, 정직, 감봉, 강등, 승진 제한, 그 밖에 부당한 인사조치

　　3) 전보, 전근, 직무 미부여, 직무 재배치, 그 밖에 본인의 의사에 반하는 인사조치

　　4) 성과평가 또는 동료평가 등에서의 차별과 그에 따른 임금 또는 상여금 등의 차별 지급

　　5) 교육 또는 훈련 등 자기계발 기회의 취소, 예산 또는 인력 등 가용자원의 제한 또는 제거, **보안정보 또는 비밀정보 사용의 정지 또는 취급 자격의 취소** 그 밖에 근무조건 등에 부정적 영향을 미치는 차별 또는 조치

　　6) 주의 대상자 명단 작성 또는 그 명단의 공개, 집단 따돌림, 폭행 또는 폭언, 그 밖에 정신적 · 신체적 손상을 가져오는 행위

　　7) 직무에 대한 부당한 감사 또는 조사나 그 결과의 공개

　　8) 인허가 등의 취소, 그 밖에 행정적 불이익을 주는 행위

　　9) 물품계약 또는 용역계약의 해지, 그 밖에 경제적 불이익을 주는 조치

④ 수사기관의 장은 여성폭력 사건 담당자 등 업무 관련자를 대상으로 2차 피해 방지교육을 실시하여야 한다.(제18조 제2항)

⑤ 2차 피해 방지교육 실시의무를 부담하는 수사기관의 범위와 2차 피해 방지교육에 관하여 필요한 사항은 대통령령으로 정한다.(제18조 제4항)

※ **수사기관의 장**(경찰청, 시 · 도경찰청 및 경찰서 포함)은 여성폭력 업무 관련자를 대상으로 **매년 1시간 이상 2차 피해 방지교육을 실시해야** 하며, 그 실시 결과를 다음 연도 **2월 말까지 여성가족부장관에게♣**행정안전부 장관에게(×)] **제출해야 한다.**(시행령 제10조 제2항)

---

(1) 목적 : 이 법은 범죄피해자 보호 · 지원의 기본 정책 등을 정하고 타인의 범죄행위로 인하여 **생명 · 신체**에[♣재산(×)] 피해를 받은 사람을 구조(救助)함으로써 범죄피해자의 복지 증진에 기여함을 목적으로 한다.(제1조)

(2) 기본이념

① 범죄피해자는 범죄피해 상황에서 빨리 벗어나 **인간의 존엄성을 보장**받을 권리가 있다.(제2조 제1항)

② 범죄피해자의 **명예와 사생활의 평온은 보호**되어야 한다.(제2조 제2항)

③ 범죄피해자는 해당 사건과 관련하여 각종 **법적 절차에 참여할 권리**가 있다.(제2조 제3항)

(3) 정의 : 이 법에서 사용하는 용어의 뜻은 다음과 같다.(제3조 제1항)

① "**범죄피해자**"란 타인의 범죄행위로 **피해를 당한 사람**과 그 **배우자**(사실상의 혼인관계를 포함♣제외(×)]), **직계친족 및 형제자매**를 말한다.[♣사실상 혼인관계 제외(×)] (제3조 제1항 제1호)<22.1채용>

여성폭력
방지기본법

범죄
피해자
보호법

※ 범죄피해 방지 및 범죄피해자 구조 활동으로 피해를 당한 사람도 범죄피해자로 본다.(제3조 제2항)

② **"범죄피해자 보호·지원"**이란 범죄피해자의 **손실 복구, 정당한 권리 행사 및 복지 증진에 기여**하는 행위를 말한다. 다만, **수사·변호 또는 재판에 부당한 영향을 미치는 행위는 포함되지 아니**한다.(제3조 제1항 제2호)

③ **"범죄피해자 지원법인"**이란 범죄피해자 보호·지원을 주된 목적으로 설립된 **비영리법인**을 말한다.(제3조 제1항 제3호)

④ **"구조대상 범죄피해"**란 대한민국의 **영역 안**에서 또는 대한민국의 **영역 밖**에 있는 대한민국의 **선박이나 항공기 안**에서 행하여진 사람의 **생명** 또는 **신체**를 해치는 죄에 해당하는 행위(「형법」상 **형사미성년**(제9조), **심신상실**(제10조 제1항), **강요된 행위**(제12조), **긴급피난**(제22조 제1항)에 따라 처벌되지 아니하는 행위를 **포함**하며,/같은 법 **정당행위**(제20조) 또는 **정당방위**(제21조 제1항)에 따라 처벌되지 아니하는 행위 및 **과실**에 의한 행위는 **제외[♣포함(×)]**로 인하여 **사망하거나 장해 또는 중상해**를 입은 것을 말한다.(제4호)

⑤ **"장해"**란 범죄행위로 입은 부상이나 질병이 **치료**(그 증상이 고정된 때를 포함)된 **후**에 **남은 신체의 장해**로서 대통령령으로 정하는 경우를 말한다.(제5호)

⑥ **"중상해"**란[♣장해(×)] 범죄행위로 인하여 **신체나 그 생리적 기능에 손상을 입은 것**으로서 대통령령으로 정하는 경우를 말한다.(제6호)

(4) **국가의 책무** : 국가는 범죄피해자 보호·지원을 위하여 다음 각 조치를 취하고 이에 **필요한 재원을 조달할 책무**를 진다.(제4조)

1. 범죄피해자 보호·지원 체제의 구축 및 운영

2. 범죄피해자 보호·지원을 위한 실태조사, 연구, 교육, 홍보

3. 범죄피해자 보호·지원을 위한 **관계 법령의 정비 및 각종 정책의 수립·시행**

   ※ 국민의 책무 : 국민은 범죄피해자의 명예와 사생활의 평온을 해치지 아니하도록 유의하여야 하고, 국가 및 지방자치단체가 실시하는 범죄피해자를 위한 정책의 수립과 추진에 최대한 **협력하여야** 한다.(제6조)

(5) **형사절차 참여 보장 등**

① 국가는 범죄피해자가 해당 사건과 관련하여 **수사담당자와 상담**하거나 **재판절차에 참여**하여 진술하는 등 형사절차상의 권리를 행사할 수 있도록 **보장하여야** 한다.(제8조 제1항)<22.1채용>

② **국가**는 범죄피해자가 **요청하면** 가해자에 대한 수사 결과, 공판기일, 재판 결과, 형 집행 및 보호관찰 집행 상황 등 **형사절차 관련 정보**를 대통령령으로 정하는 바에 따라 제공할 수 있다.[♣제공하여야(×)](제8조 제2항)<22.1채용>

(6) **사생활의 평온과 신변의 보호 등**

① 국가 및 지방자치단체는 범죄피해자의 **명예**와 **사생활의 평온**을 보호하기 위하여 필요한 **조치를 하여야** 한다.(제9조 제1항)

② 국가 및 지방자치단체는 범죄피해자가 형사소송절차에서 한 **진술**이나 **증언과 관련**하여 **보복을 당할 우려**가 있는 등 **범죄피해자를 보호할 필요**가 있을 경우에는 적절한 **조치를 마련하여야** 한다.(제9조 제2항)<22.1채용>

**범죄
피해자
보호법**

PART

03

⑺ **구조금의 지급요건 :** 국가는 **구조대상 범죄피해**를 받은 사람("구조피해자")이 다음 각 호의 어느 하나에 해당하면 구조피해자 또는 그 유족에게 범죄피해 구조금(이하 "구조금")을 **지급한다.**(제16조)

1. 구조피해자가 피해의 **전부 또는 일부를 배상받지 못**하는 경우

2. 자기 또는 타인의 형사사건의 수사 또는 재판에서 **고소 · 고발 등 수사단서를 제공**하거나 진술, 증언 또는 자료제출을 하다가 **구조피해자가 된 경우**[♣고소 · 고발 등 수사단서를 제공은 제외(×)]

⑻ **구조금의 종류 등 :** 구조금은 **유족구조금 · 장해구조금 및 중상해구조금으로 구분**하며, **일시금**으로 지급한다.(제17조 제1항)

> 판례 **유족구조금**은 사람의 생명 또는 신체를 해치는 죄에 해당하는 행위로 인하여 사망한 피해자 또는 유족에 대한 **손실보상을 목적**으로 하는 것으로서, 범죄행위로 인한 손실 또는 손해를 전보하기 위하여 지급된다는 점에서 **불법행위로 인한 소극적 손해의 배상과 같은 종류의 금원**이다.(대법원 2017다228083)

① 유족구조금은 구조피해자가 **사망**하였을 때 유족의 범위 및 순위(제18조)에 따라 **맨 앞의 순위인 유족에게 지급**한다. 다만, **순위가 같은 유족이 2명 이상**이면 **똑같이 나누어 지급**한다.(제17조 제2항)

② **장해구조금 및 중상해구조금**은 해당 **구조피해자에게 지급**한다.(제17조 제3항)

⑼ **구조금을 지급하지 아니하는 경우**

① 범죄행위 당시 구조피해자와 가해자 사이에 다음 어느 하나에 해당하는 친족관계가 있는 경우에는 **구조금을 지급하지 아니한다.**(제19조 제1항)

1. 부부(사실상의 혼인관계를 포함[♣제외(×)])

2. 직계혈족

3. 4촌 이내의 친족

4. 동거친족

※ **일부 지급 :** 범죄행위 당시 구조피해자와 가해자 사이에 **구조금을 지급하지 아니할 수 있는 사유의 어느 하나에 해당하지 아니하는 친족관계**가 있는 경우에는 구조금의 **일부를 지급하지 아니**한다.(제19조 제2항)

② **구조피해자**가 다음의 어느 하나에 해당하는 행위를 한 때에는 **구조금을 지급하지 아니한다.**(제19조 제3항)

1. 해당 범죄행위를 교사 또는 방조하는 행위

2. 과도한 폭행 · 협박 또는 중대한 모욕[♣단순 모욕(×)] 등 해당 범죄행위를 유발하는 행위

3. 해당 범죄행위와 관련하여 현저하게 부정한 행위

4. 해당 범죄행위를 용인하는 행위

5. 집단적 또는 상습적으로 불법행위를 행할 우려가 있는 조직에 속하는 행위(다만, 그 조직에 속하고 있는 것이 해당 범죄피해를 당한 것과 관련이 없다고 인정되는 경우는 제외)

범죄
피해자
보호법

6. 범죄행위에 대한 보복으로 가해자 또는 그 친족이나 그 밖에 가해자와 밀접한 관계가 있는 사람의 생명을 해치거나 신체를 중대하게 침해하는 행위

※ **일부 지급 :** 구조피해자가 다음 각 호의 어느 하나에 해당하는 행위를 한 때에는 구조금의 일부를 지급하지 아니한다.(제19조 제4항)

1. **폭행 · 협박 또는 모욕** 등 해당 범죄행위를 유발하는 행위[♣지급하지 아니(×)]

2. 해당범죄피해 **발생 또는 증대에 가공**한 부주의한 행위 또는 부적절한 행위

범죄 피해자 보호법

(10) **구조금의 지급신청**

① 구조금을 받으려는 사람은 법무부령으로 정하는 바에 따라 그 **주소지, 거주지 또는 범죄 발생지**를 관할하는 **지구심의회에 신청하여야** 한다.(제25조 제1항)

※ 지구심의회는 **구조금 지급신청**을 받았을 때 구조피해자의 **장해 또는 중상해 정도가 명확하지 아니**하거나 그 밖의 사유로 인하여 **신속하게 결정을 할 수 없는 사정**이 있으면 신청 또는 직권으로 대통령령으로 정하는 금액의 범위에서 **긴급구조금**을 지급하는 결정을 할 수 있다.(제28조 제1항)

② **신청기한 :** 구조금 **지급신청**은 해당 구조대상 범죄피해의 발생을 **안 날부터 3년**이 지나거나 해당 구조대상 범죄피해가 **발생한 날부터 10년**이 지나면 할 수 없다.(제25조 제2항)

※ **수급기한 :** 구조금을 받을 권리는 그 **구조결정**이 해당 신청인에게 **송달된 날부터 2년간**♣3년간(×)] 행사하지 아니하면 시효로 인하여 **소멸된다.**(제31조)

③ **구조금 수급권의 보호 :** 구조금을 받을 권리는 양도하거나 담보로 제공하거나 압류할 수 없다.(제32조)

(11) **경찰관서의 협조 :** 범죄**피해자 지원법인의 장 또는 보호시설의 장**은 피해자나 피해자의 가족구성원을 **긴급히 구조할 필요**가 있을 때에는 경찰관서(지구대 · 파출소 및 출장소를 포함)의 장에게 그 소속 직원의 **동행을 요청할 수** 있으며, 요청을 받은 경찰관서의 장은 특별한 사유가 없으면 이에 **따라야** 한다.(제46조의2)

Ⅲ 범죄의 수사

(1) **수사를 경찰임무로 규정 :** 국가경찰과 자치경찰의 조직 및 운영에 관한 법률 제3조와 경찰관직무집행법 제2조는 **수사를 경찰의 임무로 규정**하고 있어 영 · 미법계와 유사한 태도를 취하고 있다.[♣실질적 의미의 경찰(×)]

※ 「형사소송법」은 임의수사를 원칙으로 하고, 강제수사를 예외적으로 허용하고 있다.(제199조 해석)<19.1채용>

① **대륙법계** ➡ 대륙법계의 경우 경찰권은 위험방지에 한정, 원칙적으로 수사권은 사법권에 속한다.

② **국가경찰과 자치경찰의 조직 및 운영에 관한 법률과 형사소송법의 입장** ➡ 수사를 경찰의 사물관할로 인정하고 현행 형사소송법은 경찰의 수사개시와 진행 · 종결권을 인정하고 있으며 **검사의 지휘는 폐지**되었다.(형소법 제196조)

(2) **형식적 의미의 경찰기능 :** 범죄의 수사는 과거의 범죄를 밝혀 형사책임을 묻기 위한 사법경찰작용으로 **형식적 의미의 경찰**에 해당한다.(국가경찰과 자치경찰의 조직 및 운영에 관한 법률 제3조, 경찰관직무집행법 제2조)

(3) **예방과 진압 및 수사의 관계**: 경찰의 위험방지 임무는 수사 임무와 별개의 것이 아니다. 범죄의 예방과 제지를 위한 위험방지조치가 가능할 뿐만 아니라 위험이 현실화될 때 범죄의 구성요건을 충족시키는 경우 경찰수사의 대상이 되므로 범죄의 수사와 위험방지 임무는 일련의 과정 속에서 **상호연관성**을 가지고 있다.[♣위험방지와 연관성 없다.(×)/ ♣있다.(○)]

Ⅳ 서비스 활동

(1) 최근 복지행정이 강하게 요구되면서 경찰행정분야도 소극적인 위험방지를 위한 법집행적인 임무뿐만 아니라 적극적으로 **국민에게 봉사하는 활동이 요청**되고 있다.<12경위>

(2) **내용**

① **급부 행정적 서비스 활동 강조**: 급부행정이란 복지 국가적 원리를 바탕으로 하여 사회 구성원의 이익추구활동을 직접적으로 조장하여 주는 배려적 활동을 말한다.

    예 순찰을 통한 범죄예방활동, 어린이 교통안전교육, 교통시설의 설치, 교통정보의 제공, 범죄 신고자 보상지급금 등[♣정신착란자 보호조치(×), ♣불심검문(×)→즉시강제,/ ♣교통범칙금 통고서발부(×)→ 경찰벌, ♣운전면허의 정지·취소처분(×), ♣총포소지허가(×)→명령적 행위(하명, 허가) ♣범죄수사(×)]

② **비권력적 사실행위**: 공공복리의 증진이라는 적극목적의 성격을 가지며, 법적 성질은 **비권력적 사실행위**에 속한다.

2 경찰활동의 기초

> ① 종래 경찰권은 실질적 의미의 경찰(협의의 경찰권)을 의미하였으나, 오늘날 경찰활동에는 비권력적 수단을 통해 임무수행을 하는 분야가 증가하고 있으며, 영미법계의 영향으로 우리의 경찰관직무집행법은 범죄수사를 경찰의 사물관할의 범위로 규정하고 있어, 협의의 경찰권과 수사권을 포괄하는 개념이 광의의 경찰권이 되는 것이다.
>
> ② **광의의 경찰권 = 협의의 경찰권 + 수사권**

Ⅰ. 테마 58 협의의 경찰권과 경찰책임

(1) **의의**: 사회 공공의 안녕과 질서 유지를 위하여 일반통치권에 의거 **국민에게 명령·강제하는 권한**을 의미한다.(=실질적 의미의 경찰)

① 협의의 경찰권은 **국가와 국민간의 일반통치권을 전제**로 한다.

② **협의의 경찰권 발동의 요건**: 공공의 안녕과 질서에 대한 위해의 존재, 경찰상 장애의 존재[♣수사상 단서의 존재는 협의의 경찰권 발동의 요건(×)]

(2) **범위**

① **보안경찰**(예 통행금지, 다중범죄 진압)+**협의의 행정경찰**(예 노점상 단속, 불량식품 단속) = **행정경찰 = 실질적 의미의 경찰**

② **의원경찰**(×), **법정경찰**(×): **특별권력에 기초**하여 국가내부의 부분질서를 담당하는 **의원경찰·법정경찰**은 일반통치권을 전제로 하는 **협의의 경찰권의 개념에서는 제외**된다.[♣법정경찰권 행사는 협의의 경찰권 행사(×), 일반통치권에 근거(×)]

    ※ 경찰권 발동의 경우에는 **의원경찰권, 법정경찰권(특별경찰권)이 일반경찰권보다 우선**한다.

(3) **상대방** : 통치권에 복종하는 모든 자가 경찰권에 복종해야 함이 원칙이다.

① 자연인 · 법인, 내국인 · 외국인을 불문한다.<단, 일정한 한계가 있음.>

② 협의의 **경찰권은 경찰책임자에게 발동되는 것이 원칙**이나 **예외적으로 경찰긴급권이 인정**된다.[♣ 경찰책임자에게만 발동될 수(×)]

> ※ **자연적 자유의 내재적 제한 ➡** 자연적 자유에는 일정한 내재적 제한이 따르기 때문에, 인권(人權) 을 내재적으로 제약하는 성질을 가지는 경찰의무의 부과가 가능해진다. ⇨ 외국인도 경찰권의 대 상이 된다.

③ **고권력 주체** : 타 행정기관이나 행정주체가 경찰 의무에 위반하는 행위를 하는 경우의 경찰권 발동 에는 일정한 제한이 따른다고 본다.

> – **절충설(제한적 긍정설)이 다수설 ➡** 경찰목적이 우월하여 경찰의 개입권능을 긍정하는 긍정설, 해당기관 스스로 위험을 극복해야 한다는 부정설이 대립하나 절충설이 다수설로 **고권력 주체의 적법한 임무수행을 방해받지 않는 범위 내에서** 경찰권의 발동이 가능하다고 본다.(통설)[♣다른 행 정주체에 대해서는 절대 경찰권이 발동될 수 없다.(×)]
>
> > ※ 다른 행정기관이나 행정주체가 경찰 의무를 위반하는 경우 경찰행정청의 경찰권 발동 가능성에 대하여 긍정설, 부정설, 절충설 등이 대립한다.

(4) **경찰책임의 원칙**

의의	① 사회공공의 안녕 · 질서가 침해되거나 침해될 우려가 있는 경우, 경찰권은 **원칙적으로** 경찰 위반 **상태의 발생에 책임이 있는 자에 대하여 발동할 수** 있다는 것이며, **책임자 이외의 자에게 유형력을 행사**하는 것은 **위법**이 된다.[♣경찰권행사는 경찰책임자에 대해서만(×)]<21 · 23경간 · 19.1 · 19.2 · 20.1채용>
	② 경찰권 발동의 대상인 경찰책임과 관련하여 경찰위반의 상태는 개별적인 경우를 규율하는 법규위반(위법)으로부터 직접적으로 나오는 것이 아니라, 공공의 **안녕 혹은 질서를 위협하는 행위나 상태로부터** 나온다.<11승진>
	③ 경찰책임의 원칙은 경찰권 행사의 상대방에 제한을 두는 것으로 **경찰권 통제와도 관련이** 있다.[♣무관(×)]<16승진>
	♣경찰책임을 논하는 것은 경찰권 행사의 제한이나 경찰권 통제와는 전혀 상관없는 문제이다.(×)<16승진>
경찰 책임 요건	(1) **요건** : 자기의 지배범위 안에서 객관적으로 경찰위반상태가 발생한 경우, 그에 대한 **고의 · 과실, 위법성, 책임, 민법상 행위능력 등과 무관하게 경찰책임**을 지게 된다.(공개된 장소, 사적인 장소 불문)[♣고의 · 과실 없는 경우 경찰책임을 지지 않음.(×), ♣위법성 요구(×), ♣민법상 책임능력 요구(×)]<17 · 22경간 · 14 · 16승진 · 19.2채용>
	♣고의 · 과실이 없는 경우 또는 위법성이 없는 경우에는 경찰책임을 지지 않는다.(×)<14승진>
	(2) **주체** : 자기 지배범위에 속하는 한 행위자의 **작위 · 부작위와 무관**하게 위험을 야기시키 면 책임을 지며, **타인의 행위 또는 물건에 대해서도 책임을 진다.** 이러한 경우 타인의 행 위로 인한 책임은 **자기책임**에 해당한다.[♣대위책임(×)]<19 · 22경간 · 14승진>
	♣경찰책임의 원칙상 자기 자신 이외의 자의 행위에 대해서는 일체 책임을 지지 않는다.(×)<14승진>
	🔳 타인을 보호 감독할 지위에 있는 자가 피지배자의 행위로 발생한 경찰위반에 대하여 경 찰책임을 지는 경우, 자기의 지배범위 내에서 발생한 데에 대한 **자기책임**이다.[♣대위책 임(×)]<19경간>

① 경찰책임의 주체는 **모든 자연인**이 될 수 있다. 따라서 **행위능력, 불법행위능력, 형사 책임능력, 권리능력, 국적여부 등에 관계없으며, 사법인(私法人)뿐만 아니라 권리능력 없는 사단**도 경찰책임자가 될 수 있다.<17 · 19 · 22경간 · 14승진>

② 원인제공 ➡ 자신의 행위 또는 물건의 지배로 인해 위험의 원인을 제공하게 되면 책임을 지게 된다.

※ **인과관계 판단기준 :** 책임귀속을 정하는 기준(사람의 행위와 경찰위반상태 사이)

경찰 책임 요건	**조건설 (등가설)** 행위와 경찰위반상태 사이에 **적어도 인과의 관계가 있으면** 책임을 발생시키는 데 **충분**하다. ※ 책임귀속이 무제한 확대되는 문제가 있다. 예 수영복 입은 모델(B)을 쇼윈도에 비치한 옷가게 주인(A)과 구경꾼으로 인한 교통혼잡 → 모두 책임(○)<22경간> → 교통혼잡이 심하지 않다면 A에게 책임을 물어서는 안 될 것이다.
	상당인과 관계설 행위로부터 **통상 발생하는 결과에 한정**하여 경찰위반상태와 인과관계를 인정하는 견해이다. ※ 통상 발생하지 않는(전혀 사전에 예상할 수 없었던) 경찰위반상태에 대하여는 인과관계를 부정한다.
	직접 원인설 행위가 경찰위반상태를 **직접적으로 야기하게(직접적 원인) 되는 경우에만** 인과관계를 인정하는 견해이다.(통설) 예 수영복 입은 모델(B)을 쇼윈도에 비치한 옷가게 주인(A)과 구경꾼으로 인한 교통혼잡 → 구경꾼 책임[♣B책임(×)](○)<22경간>
	의도적 간접원인 제공자 이론 (= 목적적 원인제공자 책임설) 타인의 **경찰위반 상태를 의도적으로 유발한 간접원인제공자**는 다른 직접원인자와 마찬가지로 경찰권발동의 대상이 될 수 있다고 본다. 예 수영복 입은 모델(B)을 쇼윈도에 비치한 옷가게 주인(A)과 구경꾼으로 인한 교통혼잡 → A책임(A로 하여금 B를 쇼윈도에서 나오게 하도록 조치)<22경간>

경찰 책임의 종류	**(1) 행위책임** ① **자기의 행위나 자기의 지배하에 있는 사람의 행위**로 **경찰위반상태가 발생**한 경우의 책임이다.<19.2채용> ② **사용자의 책임(보호 · 감독자의 책임)** : 사용자가 **피사용자의 행위에 대해 책임**을 질 때 그 책임의 성격은 **자기책임의 성질**을 갖는다.(통설)[♣타인 행위에 대한 책임부정(×)]<14 · 16승진> ※ 피사용자 외, 기타 자신의 보호 · 감독 하(지배범위)에 있는 자의 행위에 대해서도 책임을 진다.<14승진> **(2) 상태책임** ① 물건 · 동물의 **점유자 기타 관리자가 그 지배범위에 속하는** 물건 · 동물로 인하여 경찰위반상태가 발생한 경우 지는 책임이다.[♣상태책임자는 소유권자(×)]<19.2채용> ② **소유권은 물론이고 정당한 권원은 필요 없다.**[♣정당한 권원 필요(×)] 예 도난당한 자동차의 사고에 대해 자동차를 지배하고 있는 절도범이 책임을 진다.[♣차주(×)]

경찰 책임의 종류	**(3) 복합책임**: 다수인의 행위 또는 다수인이 지배하는 물건의 상태에 기인하거나, 행위책임과 상태책임의 중복에 기인하여 경찰위반상태가 발생한 경우의 책임이다.<19.2·23.2채용> ① **다수인의 책임**: 일부 또는 전체에 대해 경찰권 행사가 **가능**하며<14승진>, 경찰책임자 의 선택은 ⓐ "**위험방지의 효율성**"과 ⓑ "**비례의 원칙**"을 기준으로 하고, 침해우려가 해소되지 않는 한, 1인에 대한 경찰권 행사로 기타 책임자의 책임은 소멸되지 않는 다.[♣나머지 책임자의 책임소멸(×)]<19경간·14승진> ② **행위책임과 상태책임 경합**: 일반적으로 **행위책임**자가 책임지는 것이 효율적이지만 항상 그런 것은 아니다.[♣일반적으로 상태책임이 우선(×)]
경찰 긴급권	① **경찰책임자가 아닌 제3자에 대해서는** 아래 요건이 충족되는 경우에 한해 **예외적**으로 허 용된다. ⓐ **급박한 필요가 있는 경우**(위험 현실화 또는 현실화가 목전에 급박)<22경간> ※ 경찰상 긴급상태(경찰긴급권)에 대한 일반적 근거규정으로, 경범죄처벌법에 '공무원 원조요구불응죄'를 들 수 있다.[♣경직법에 일반적 근거규정(×)]<22경간> ⓑ **보충성의 원칙**을 지켜서, ※ **1차 책임자**에 대한 경찰권 발동으로 **경찰상의 장애를 제거할 수 없을 때** 보충적으 로 허용된다.(먼저 경찰책임자에 대한 경찰권발동이나 경찰고유수단에 대한 심사를 해야 한다.)<22경간> ⓒ **법령상의 근거가 있는 경우**에 한해 경찰권을 발동할 수 있으며 이 경우, ⓓ **제3자가 받는 특별한 손실은 보상되어야** 하며, 결과제거청구와 같은 구제수단이 마련 되어야 한다.[♣제3자 손실은 보상을 요하지 않는다.(×), ♣법령상 근거 없이(×)][♣경찰책임자에게 만 발동(×), ♣제3자의 승낙이 있는 경우에 한하여(×)]<17·19·22경간·14승진·19.1·19.2채용> ※ 경찰책임 원칙의 예외로서 긴급한 필요가 있는 경우 경찰책임 있는 자가 아닌 제3자에 대한 경찰권 발동이 허용되는 경우가 있다는 것이다.<19.1채용> ② 경찰긴급권에 의한 조치는 형법상의 **긴급피난과 동일한 법리에 의한 것**이다. 囲 **화재현장에 대한 소화작업 동원(소방법에 근거)**
손실 보상	국가는 경찰관의 적법한 직무집행으로 인하여 다음의 어느 하나에 해당하는 손실을 입은 자에 대하여 정당한 보상을 하여야 한다.(경직법 제11조의2 제1항)<22경간> ① 손실발생의 원인에 대하여 **책임이 없는 자**가 생명·신체 또는 재산상의 손실을 입은 경우 (손실발생의 원인에 대하여 책임이 없는 자가 경찰관의 직무집행에 자발적으로 협조하거 나 물건을 제공하여 생명·신체 또는 재산상의 손실을 입은 경우를 포함한다)(경직법 제11조 의2 제1항 제1호) ② 손실발생의 원인에 대하여 **책임이 있는 자**가 자신의 **책임에 상응하는 정도를 초과하는** **생명·신체 또는 재산상의 손실**을 입은 경우[♣원칙적으로 손실보상 청구권 인정(×)](경직법 제 11조의2 제1항 제2호)<22경간>

Ⅱ. 수사권

(1) **의의** : 국가형벌권을 행사하기 위해 형사소송법에 의해 경찰에게 부여된 권한으로서, 범죄사실을 조사하고 범인 및 증거를 발견 · 수집 · 보전하기 위한 경찰의 권한을 의미한다.

(2) **범위**

① **모든 자연인** : 원칙적으로 자연인(내국인 · 외국인)은 모두 다 수사권 발동의 대상이 된다.

② **법인(예외적)** : 법인은 예외적으로 수사권 발동의 대상이 된다.**예** 압수 · 수색

(3) **제한**

① 외교사절(외교특권)[♣한국주재 외국상사 직원(×)]

② 공무집행중의 미군범죄(SOFA협정)

③ 대통령(헌법 제84조 불소추 특권)

④ 국회의원(헌법 제44조 불체포특권, 헌법 제45조 면책특권)<01채용>

비교 **협의의 경찰권과 수사권의 차이점**

구분	협의의 경찰권	수사권
발동요건	위해의 존재, 경찰상 장애의 존재	수사상 단서의 존재
발동대상	경찰책임자, 경찰비책임자(예외)	피의자, 참고인 등 형사소송법에 규정된 관계자(예외 없음.)
특징	① 일반처분(**예** 통행금지) 가능 ② 경찰긴급권 발동 가능(경찰책임예외 인정)	① 일반처분은 불가능 ② 경찰긴급권 발동 불가능

Ⅲ. 광의의 경찰권

(1) **개념** : 광의의 경찰권은 협의의 경찰권과 수사권을 포괄하는 개념이라고 할 수 있다.

(2) **협의의 경찰권의 문제점** : 과거의 경찰권은 실질적 의미의 경찰이 사용하는 통치권적 작용(협의의 경찰권)을 의미하였으나 이러한 경찰개념은 형식적 의미의 경찰권과 일치하지 아니하며, 경찰활동 전체를 설명하지 못하는 문제점이 있다.

(3) **수사권의 개념적 한계** : 경찰의 범죄수사활동은 경찰하명이나 의무위반에 대한 강제집행, 즉시강제 등과는 성질을 달리하는 것인바, 실질적 의미의 경찰개념을 포함할 수 없는 것이다.

(4) **광의의 경찰권(협의의 경찰권+수사권)** : 우리나라는 영미법계의 영향으로 범죄수사를 경찰의 사물관할로 보고 있는바, 협의의 경찰권과 수사권을 합하여 광의의 경찰권이라 칭함으로써 경찰권을 포괄할 수 있게 된다.

3 경찰권의 수단

구분	권력적 작용(명령·강제 수단 사용)	비권력적 작용
법적 근거	국민의 자유·권리 침해효과 때문에, **조직법적 근거**(임무규정) 외에도 권한의 행사에는 반드시 **구체적 수권을 필요**(작용법적 근거)	국민에 대해 침해적 효과가 없기 때문에, 권한의 행사에 **조직법적 근거만 있으면 충분**하고, 구체적 수권을 요하지 않는다.
유형	① 행정처분이나 강제집행에 속하는 활동 　囫 교통범칙금 통고서의 발부, 운전면허의 취소·정지, 무면허 운전자 단속 등 ② 즉시강제를 통한 위험방지활동 　囫 불심검문, 정신착란자의 보호조치, 무기사용 등	① 행정지도에 속하는 활동 　囫 청소년 선도 등[♣무면허운전자 단속(×)] ② 단순 **사실행위** 　囫 경찰방문, **지리안내**, **정보제공**, 정보수집활동, **차량순찰**♣단순지시는 항고소송으로 다툴 수 있다.(×) ③ 급부행정에 속하는 서비스 활동 　囫 범죄 신고자 보상금지급 등 ④ 사유재산권의 보호활동 　囫 유실물의 관리 등
구제	손해배상과 행정쟁송 모두 가능	**손해배상은 가능, 행정쟁송은 불가**

Ⅰ. 권력적 수단

(1) **명령·강제(강제집행)** : 경찰은 사회공공의 안녕과 질서유지를 위해 일반통치권에 근거하여 명령(경찰처분)·강제(경찰강제)함으로써 기본적인 경찰임무를 수행함을 특징으로 한다.

　① **원칙적 기본적 수단** : 경찰활동의 원칙적이고 기본적인 수단으로 Gritz Fleint는 '경찰은 교훈과 훈계가 아니라 강제를 통해서 목적을 달성할 수 있다.'라고 말한바 있다.

　② **법적근거** : **조직법적 근거**와 **작용법적 근거**가 모두 필요하다.

　③ **명령과 의무발생 및 의무실현** : 경찰은 경찰명령을 발함으로서 인간의 자유를 제한하고 이를 통해 경찰의무를 발생시키고 경찰의무를 실현시킴으로써 경찰목적을 달성하게 된다.

　※ 경찰의무의 발생은 인간의 **자연적 자유에 내재하는 일정한 제약 때문**이다.

(2) **즉시강제** : 명령을 통해 의무를 부과할 시간적 여유가 없는 경우 예외적으로 명령없이 즉각 강제에 돌입하는 '즉시강제'를 허용하게 된다.

(3) **경찰책임** : 위험발생에 일정한 책임이 있는 개인이 **경찰상 명령·강제, 즉시강제를 수용할 의무**를 지게 되는데 이러한 책임을 경찰책임이라 하며 이에는 **행위책임과 상태책임**이 있다.

Ⅱ. 비권력적 수단

(1) **임무규정으로 가능** : 경찰활동 중 개인의 자유와 권리에 개입하지 않으면서 **구체적 수권조항 없이 임무에 관한 일반 조항만으로도 행할 수** 있는 위험방지 및 봉사활동을 의미한다.

　囫 **도보·차량순찰**, 일상적 교통관리, **정보의 제공, 지리안내**, 권고 등 행정지도, 경찰방문과 같은 비권력적 행정조사 등<05승진>

　※ **조직규범 = 조직법적 근거 = 사물관할 = 직무규범 = 일반조항 = 임무규정 → (책임귀속의 기준)**

(2) **서비스 강화 요청** : 오늘날 경찰에게 요구되고 있는 다양한 임무를 수행하기 위해서는 전통적인 권력적 작용 외에 **비권력적 수단을 통한 서비스의 강화가 요구**된다.[♣권력적 수단에 의존해야(×)]

① **궁극적인 목표** : 현대국가에서 경찰활동은 서비스를 위한 위험방지, 서비스를 위한 수사로 귀결이 되며 경찰의 **규제권한도 궁극적으로는 서비스를 위하여 사용되어야** 한다.

> **주의** 규제권한이나 권력 작용이 서비스를 위해 사용되어야 한다는 것은 사용목적을 지칭하는 것인바, 국민을 대상으로 하는 측면에서 특정대상에 대한 **권력작용은 여전히 소극목적에 한정**되며 다만 대상과 전체 국민에 대한 서비스 정신과 배려를 잊지 말아야 한다는 것이다.

② **개인의 권리와 이익도 고려해야** : 현대경찰의 새로운 경향은 공익뿐만이 아니라 국민 개개인의 권리와 이익까지도 보호하고자 하며 경찰개념 역시 이를 반영하여 구성해 나가는 과정에 놓여 있다.[♣경찰규제권한 발동은 오로지 공익을 위한 것(×)]

※ 국민에게 경찰권의 발동을 요청할 수 있는 권리를 인정하는 등 전향적인 자세가 요구된다.

③ **다양한 수단 개척 요구** : 오늘날 경찰은 행정의 복지 국가적 요청에 부응하여 국민의 생존권적 기본권을 적극적으로 보장하기 위한 서비스의 강화 등 국민의 권리를 침해하지 않는 **다양한 경찰활동의 수단을 개척해 나가야** 한다.

(3) **권리구제** : 서비스 등 비권력적 사실행위로 인해 손해를 끼친 경우 손해배상은 가능하다고 보지만 행정쟁송은 불가능하다고 본다.[♣개인은 손해배상청구 불가능(×), ♣행정쟁송가능(×)]

III. 범죄수사 수단

(1) **임의수사의 원칙** : 형사소송법은 수사목적의 달성과 인권보장의 조화를 위하여 **임의수사를 원칙으로** 하고, 강제수사는 예외적으로 허용하고 있다.

① **피의자신문이나 임의제출물의 압수**와 같이 상대방의 동의나 협력을 얻어서 행해지는 수사 활동은 **영장 없이도 가능**하다.

> **주의** 임의제출물 압수는 영장이 필요 없지만 제출 후 반환을 요구할 수 없어 강제수사로 본다.

② **필요최소한의 침해** ➡ 강제수사의 경우 인권침해의 문제가 발생할 수 있기 때문에 **영장에 의한 수사의 경우에도 불필요한 인권침해가 없도록** 신중한 자세가 필요하다.[♣영장에 의한 수사의 경우 인권침해의 문제는 발생하지 않는다.(×)]

(2) **수사법정주의 원칙 적용** : 범죄의 수사는 적법절차를 준수하면서 과거의 범죄를 밝혀 형사책임을 물어야 하는 **기속행위**로서 **수사법정주의원칙**이 지배한다.[♣행정편의주의 원칙(×), ♣개입여부에 대해 대부분 재량부여(×)]

① **강제수사법정주의** : 수사는 국민의 자유과 권리에 밀접한 관련을 가지므로 엄격한 요건, 기간 등이 법정되어 있으며 구체적 수권이 있을 경우에 가능하고 절차도 법에 정해진 대로 이루어져야 하며 강제수사의 경우 이러한 원칙은 더욱 철저히 지켜져야 한다.[♣강제수사에서 법정요건을 위반해도 위법문제는 발생하지 않는다.(×)]

② **규정방식** ➡ 수사권의 발동에 관해서는 형사소송법 각조가 대부분 "~한다." 혹은 "~하여야 한다."라고 규정하여 기속행위임을 천명하고 있다.

※ 법치주의 ➡ 기속행위이건 재량행위이건 법정주의(법치주의)가 적용되는 것이 원칙이지만 기속행위의 경우 좀 더 엄격하게 법정주의가 적용되는 것은 당연하다.[♣범죄수사에는 형사소송법상 강제수단이나 임의수단 등이 사용(○)]

③ **위반** ➡ 수사법정주의 원칙을 위반할 경우 **위법수사의 문제가 발생**하며 징계책임, 형사상 책임(직권남용), 국가배상책임의 대상이 될 수 있다.

(3) **영장주의** : 강제수사에는 반드시 법관이 발부한 영장이 필요하다는 원칙이 적용된다.

참고 **테마 59** **재량0 수축이론과 경찰개입청구권**

위험방지를 위한 경찰권의 발동(명령·강제)에는 위험방지의 속성상 재량이 인정될 수밖에 없어 경찰편의주의가 적용되는 것이 원칙이다. 그러나 항상 재량이라고 해석할 경우 국민들은 다급한 상황에서도 경찰권의 발동을 요구할 수 있는 법적 권리가 인정되지 않는바, 시민에게 닥친 위험을 보고도 경찰이 부당하게 경찰권을 행사하지 않을 경우(부작위) 이를 통제할 방법이 필요하게 되었다.

제1절 경찰편의주의

Ⅰ. 경찰권 행사관련 과거의 논의

'경찰편의주의'와 '반사적 이익론'은 경찰권의 불행사에 대한 **국민의 책임추궁을 면하게 하는 법리**로서 종래 널리 사용되어 왔다.[♣편의주의는 경찰권발동의 한계이론(×)]

1. 경찰편의주의

(1) **재량에 의한 개입 :** 경찰위반의 상태가 있는 경우에도 경찰은 반드시 경찰권을 발동해야 하는 것이 아니라, **발동의 여부 및 수단(조치)의 선택은** 당해 **경찰관청의 재량**에 의한다는 원칙을 말한다.[♣범죄수사에 있어서의 수사법정주의 원칙의 개념으로(×)]<11승진>

① 경찰행정법에서 "~할 수 있다."라고 규정하고 있는 경우, **경찰편의주의가 적용되는 재량행위**라고 할 수 있는데 이때에도 재량의 행사는 **의무에 합당한 재량이어야** 한다.[♣자유재량(×)]

　　예 「경찰관직무집행법」 제6조에서 '경찰관은 범죄행위가 목전에 행하여지려 하고 있다고 인정될 때에는 이를 예방하기 위하여 관계인에게 경고를 발하고 제지할 수 있다.'고 하는 등의 경찰개입을 규정하고 있다.<12경위>

　　※ 경찰편의주의는 경찰권의 작용은 일반적 수권조항에 근거하는 작용이므로 당해경찰관청의 의무에 합당한 재량에 따른다는 원칙인바, 독일경찰법 모범초안 제3조①②항을 근거로 제시된 원칙이다.

(2) **경찰편의주의의 한계**

① **부작위 : 개입하지 않는 부작위에 있어서는** 편의주의의 한계 문제로 **재량수축론의 법리**가 있다.

② **작위 :** 개입하는 작위에 있어서는 재량권 행사의 문제로 **의무에 합당한 재량행사**의 문제와 **비례의 원칙이 문제**가 된다.

2. 반사적 이익론

<table>
<tr>
<td rowspan="5">의의</td>
<td>
(1) **사실상 이익** : 행정법규가 불특정다수의 이익을 보호하고 있는 결과 간접적으로 개인에게 돌아오는 사실상의 이익을 의미한다.(= **간접적 이익**)

※ **반사적 효과** ➡ 법이 공익의 보호증진을 위하여 일정한 규율을 하거나 법에 의해 행정의 집행이 이루어지는 것의 반사적 효과로서 특정 또는 불특정의 사인에게 발생하는 이익을 말한다.

(2) **종래의 견해** : 종래에는 행정청의 **규제권한의 행사**를 오로지 **공익목적만을 위한 것**으로 보고, 혹 이로 인하여 사인이 어떠한 이익을 향유하더라도 그것은 공권이나 법률상 이익이 아니라 **반사적 이익에 불과**하다고 보았다.

① 법적 보호의 대상에서 이러한 반사적 이익(사실상의 이익)을 제외시켜 왔다.

> 📖 영업허가에 의하여 관련 업체에서 받는 이익(일반 음식점허가에 따른 노래방의 이익), 법적 규제와 같은 공무원의 **직무수행으로부터 얻는 제3자의 이익**
>
> 📖 직무명령은 상관이 부하직원에 대하여 직무를 지휘하기 위하여 발하는 명령으로 **특별행정법관계 내부에서만 구속력이 인정**되는 까닭에, 공무원의 **직무명령 수행으로 인한 시민의 이익**은 법적으로 보호되는 이익이 아닌 반사적 이익으로 해석되어 소송을 통해 보호받을 수 없는 것으로 이해됨.[♣반사적 이익 아니다.(×)]
</td>
</tr>
<tr><td rowspan="3">효과</td>
<td>
법적보호(×), 원고적격(×) : 반사적 이익은 법에 의해 직접 보호되는 이익이 아닌 사실상의 이익이며 간접적 이익에 불과한 것으로 침해되어도 **법적 보호의 대상이 되지 않아**, 소송을 제기할 수 있는 원고적격도 인정되지 않는다.

① 행정소송을 통한 구제가 불가능하고, **국가배상법의 보호대상으로도 되지 아니한다**고 본다.

※ 반사적 이익론의 극복 ☞ 재량0수축을 통한 반사이익의 보호이익화
</td>
</tr>
</table>

제2절 재량권의 0으로의 수축

Ⅰ. 의의

(1) **하나의 조치만이 의무에 합당** : 경찰권 발동여부는 경찰편의주의에 따른 원칙적 재량사항이나, 예외적으로 국민의 생명·신체·재산에 중대한 침해가 우려되는 상황에서는 **오직 하나의 결정(조치)만이 의무에 합당한 재량권 행사로 인정되는 경우**가 있다.[♣오직 하나의 결정만을 하여야 하는 것은 아니다.(×)]<01행정·03행시·10.1채용>

➡ **경찰개입청구권 인정**<15승진> ➡ 재량권이 0으로 수축이 되면 행정관청에게는 **결정재량이 부**정되며, 개인에게는 경찰(행정)개입청구권이 인정된다.

(2) **결정재량영역에서 인정** : 재량권의 수축은 일반적으로 '**결정재량의 영역**'에서 인정이 되는 것이며, 이는 '**개인적 공권의 확대**'를 가져오게 된다.<01경간·02채용>

(3) **권익침해 구제목적** : 전통적 행정편의주의와 반사적 이익론을 수정한 법리로서, **행정권의 부작위에 의한 권익침해를 구제하기 위한 이론**으로서 '경찰행정의 영역'에서 최초로 인정되었다.

Ⅱ. 요건

(1) 원칙적으로 **침해 법익의 중대성** 또는 **위험의 절박성(급박성)**을 요한다.[♣다른 수단이 존재할 경우 재량0 수축이 일어나지 않는다.(○)]

> ※ **독일 판례(요건의 완화)** ☞ '과도한 교통소음', '수인하기 어려운 교회 종소리', '개인차고 앞의 불법주차', '이웃의 비둘기 사육에 의한 피해' 등의 경우에도 재량권의 수축을 긍정한다.

> ※ 우리 판례의 태도(국가배상에서 인정) ☞ 재량권의 0으로의 수축이론은 우리나라 국가배상법의 분야에서는 판례상 인정되고 있다.

> 예 김신조 사건, 극동호사건, 군산화재사건 등 <07경간>

> | 판례 | **[군산화재사건]** 윤락녀들이 윤락업소에 감금된 채로 윤락을 강요받으면서 생활하고 있음을 쉽게 알 수 있는 상황이었음에도, 경찰관이 이러한 감금 및 윤락 강요행위를 제지하거나 윤락업주들을 체포·수사하는 등 **필요한 조치를 취하지 아니하고** 오히려 업주들로부터 뇌물을 수수하며 그와 같은 행위를 **방치한 것은 경찰관의 직무상 의무에 위반**하여 위법하므로 국가는 이로 인한 정신적 고통에 대하여 위자료를 지급할 의무가 있다.(대법원 2004.9.23. 2003다49009)

Ⅲ. 효과

(1) **재량행위의 기속행위화 :** 재량권의 수축으로 경찰의 결정재량이 수축이 되어서 오직 경찰권의 발동만이 유일·적정한 재량행사가 되어 경찰에게는 권한발동의 의무가 발생하고, 그러한 경찰권 발동으로 받는 국민의 이익은 반사적 이익이 아닌 공권으로서의 효력이 발생하게 된다.

(2) **경찰개입청구권 인정 :** 국민에게는 **경찰(행정)개입청구권**이 인정된다.

① **행정쟁송** ➡ 적정한 경찰권의 발동이 없으면 국민은 행정쟁송을 제기할 수가 있다.(의무이행심판 및 부작위위법확인소송)

② **국가배상** ➡ 경찰권이 발동되지 않아 손해를 받은 국민은 경찰의 부작위를 이유로 국가에 대해 **국가배상(손해배상)을 청구할 수**가 있다.

> 주의 '수사법정주의' 원칙은 형사소송법에서 도출된 법치주의 관련원칙으로서, 재량권의 0으로의 수축이론과는 아무런 관련이 없다.[♣수사법정주의는 재량0수축과 관련(×)]<01경간>

> > ♣'재량권의 0수축'과 관련 있는 개념으로 '기속행위화', '경찰개입청구권', '수사법정주의', '손해배상청구 가능' 등을 들 수 있다.(×)

> 정리 **재량0수축 전과 수축 후 권한 변화**[♣수사법정주의(×) → 무관하다.]

> | | | |
> |---|---|---|
> | ① 경찰 편의주의 | | ① 보호이익 [●보청기공법] |
> | ② 반사적 이익 | ⇨ | ② 경찰개입청구권 인정 |
> | ③ 간접적 이익 | (재량0 수축) | ③ 기속행위화(하나의 조치만이 합당) |
> | ④ 사실상 이익, 사권 [●편반간사] | | ④ 공권, 법률상 이익(쟁송제기, 배상청구) |

> ☞ **개인권리의 법적인 보호 여부에 따른 개념 분류**
>
> – **법적보호**(×) ➡ 경찰편의주의(재량행위) 반사적 이익, 사실상 이익, 간접적 이익, 사권
>   → 경찰개입청구권 부정
>
> – **법적보호**(○) ➡ 기속행위, 보호이익, 법률상 이익, 공권 → 경찰개입청구권 인정

제3절 경찰개입청구권

Ⅰ. 경찰개입청구권

> ① 종래에는 경찰권 발동의 요건이 있을지라도 경찰관청은 경찰편의주의에 입각한 재량에 의해 권한을 발동하지 않을 수 있는 것으로 여겨왔다.
>
> 그러나 오늘날 복지국가적 행정을 요구하고 있는 시대적 요청에 따라 경찰행정 분야에서도 각 개인이 **경찰권의 발동을 요청할 수 있는 권리**인 **경찰개입청구권**을 인정하기에 이르렀는데 이는 '**재량권의 0으로의 수축이론**'과 관련이 있다.<20경간 · 12경위>
>
> ② 개인의 자유보호를 위해 국가권력의 발동범위를 제한하는 데 초점을 둔 형식적 법치주의와 달리, 현대 **사회적 법치국가의 실질적 법치주의**는 국민의 자유와 권리를 실질적으로 보호하기 위한 **국가권력의 적극적인 개입을 인정**한다.
>
> ※ 사회국가란 경제 · 사회 · 문화의 모든 영역에서 정의로운 사회질서의 형성을 위하여 사회현상에 관여하고 간섭하고 분배하고 조정하는 국가이다. 제2차 세계대전 이후 제정된 독일연방공화국 기본법은 사회적 법치국가를 추구한다.

1. 의 의

(1) **경찰개입청구권** : 경찰권의 **부작위(不作爲)로 인하여** 권익을 침해당한 자가 당해 경찰권에 대하여 제3자에 대한 **경찰권의 발동(규제 또는 단속)을 청구할 수 있는 권리**를 말한다.

※ 즉 재량권의 불행사가 위법한 경우 경찰개입청구권을 통해서 경찰권을 통제한다.[♣재량권의 행사가 위법한 경우(×)]

① 행정개입청구권이 인정되기 위해서는 행정청에게 개입의무가 있어야 하며 경찰행정분야에서 주로 인정된다.

(2) **최초 인정** : 독일의 '**띠톱판결**'(Bandsägen-Urteil:1960)에서 최초로 인정되었다.(띠톱판결)<03 · 05 · 14승진 · 09 · 22경간>

(3) **확대 경향** : 오늘날 사회적 법치국가에서는 국민생활에 대한 행정의 관여가 확대됨에 따라서 경찰개입청구권이 인정될 여지가 **점차 확대되고 있다.**[♣축소경향(×)]<14승진>

① 종래 반사적 이익으로 보았던 것을 관계법규가 공익과 동시에 개인적 이익도 보호하는 것으로 적극적으로 해석함으로써 경찰개입청구권이 인정될 여지가 확대되고 있다.

> 참고 **행정행위발급청구권** ⇨ 자기의 이익을 위하여 '자기에 대한' 행정권의 발동을 청구할 수 있는 권리
>
> 예 사행행위허가의 청구, 총포 등 소지허가의 신청

2. 성립요건

(1) **재량권의 0으로 수축을 전제**(경찰입장): 경찰의 재량이 부정되어 **오직 한 가지 결정만이 타당한 결정**이 되고 경찰에게는 개입 의무가 발생하게 된다.<14·15승진>

(2) **공권 또는 보호이익의 침해** (국민입장): 경찰개입청구권의 행사는 **법적인 보호를 전제**로 하는 것이므로, 경찰권의 행사로 인하여 국민이 받는 이익이 **반사적 이익에 해당하는 경우**에는 경찰개입청구권이 **인정되지 않는다.** [♣반사적 이익인 경우에도 인정(×)]<14승진>

(3) **보충성의 원칙**: 다른 수단으로 목적을 달성할 수 있는 경우에는 **경찰개입청구권은 인정되지 아니**한다.[♣경찰편의주의 적용(○)]

3. 구제방법

행정 쟁송	**'의무이행심판', '부작위위법확인소송' 제기** ➡ **'의무이행심판'** 및 **'부작위위법확인소송'**을 제기할 수 있다. ※ **실익** ➡ 우리의 경우 의무이행소송이 인정되지 않아서 독일과 같이 경찰(행정)개입청구권을 인정할 실익은 크지 않으나 국가배상 등 간접강제제도에 의해서도 경찰(행정)개입청구권을 인정할 실익은 있다.
손해 배상	(1) **국가의 배상책임 인정**: 경찰개입청구권이 인정된 경우 **부작위로 인한 손해에 대해서는 손해배상청구권이 인정**된다. ① **김신조 사건(1.21사태)**: 경찰관 등의 부작위로 인한 국가배상책임을 인정하였다.[♣경찰개입청구권 인정(○)]<09경간·05일반·여경> ② **'개인의 신변보호요청 사건'**: 개인의 신변보호요청에 대하여 이를 게을리 한 국가(경찰관)의 배상책임을 인정하였다. (2) **손해배상책임을 인정한 독일의 판결**(경찰권 불행사에 대해) ① 눈썰매 사건 판결 　 ② 별장점탈 사건 판결 ③ 혼잡교차로 교통정리 미실시 사건 판결 　 ④ 지뢰 사건 판결

> **참고 띠톱판결**(1960 독일연방헌법 재판소)<11승진·09경간·05일반·여경>
>
> (1) **경찰개입청구**: 주거지역에 설치된 석탄제조 업체에서 사용하는 띠톱에서 배출되는 먼지와 소음으로 피해를 받고 있던 인근주민이 행정청에 건축경찰상의 금지처분을 발할 것을 청구한 것에 대해,
>
> (2) **경찰개입청구권 인정**: 연방헌법재판소가 경찰법상의 일반수권조항의 해석에 있어 ① 인근주민의 '무하자 재량행사청구권'을 인정하고, ② **재량권의 0으로의 수축이론에 의거**하여 원고의 청구를 인용한 판결로서 **경찰(행정)개입청구권을 인정한 판결의 효시로 평가**되고 있다.[♣재량권 확대이론에 근거(×)]<11승진·09경간·05일반·여경>
>
> (3) **'반사적 이익론의 극복', '재량권의 0으로의 수축법리' 인용**: 특히 이 판결은 '반사적 이익론의 극복'과 '재량권의 0으로의 수축법리'를 모두 채택하고 있는 점에서 특색이 있다.

II. 무하자 재량행사청구권

1. 의의

(1) **무하자 재량행사청구권** : 개인이 행정청에 대하여 하자 없는 적법한 재량처분을 구할 수 있는 **공권**을 말한다.

> ※ 선택재량에 효과적 ➡ 무하자 재량행사청구권은 선택재량과 결정재량 모두에 적용될 수 있으나, 결정재량보다는 선택재량에 더 효과적으로 적용될 수 있다.

(2) **재량행위와 공권** : 재량행위에는 **공권이 성립될 수 없는 것이 원칙**이나, 재량행위에도 재량권의 한계를 준수해야 할 법적 의무는 존재하므로, 예외적으로 이 범위 내에서는 개인적 공권이 성립할 수 있다. ⇨ 재량은 자유재량이 아니라 '**의무에 합당한 재량**'이기 때문이다.

(3) **개인적 공권확대, 재량통제와 밀접** : '무하자 재량행사청구권'은 **개인적 공권의 확대 및 재량통제와 밀접한 관련성이 있다.**[♣개인적 공권확대 경향과 무관(×)]

2. 성질

(1) **적극적 공권** : 이는 단순히 위법한 처분을 배제하는 소극적·방어적 권리로서의 성격뿐만 아니라, 행정청에 대하여 적법한 재량처분을 할 것을 구하는 적극적 공권이다.

(2) **형식적·제한적·절차적 공권** : 특정한 처분을 구하는 실체적 공권이 아니라, 재량권의 법적 한계를 준수하면서 처분할 것을 구하는 형식적 공권의 성질을 가진다.

비교 **무하자 재량행사청구권과 경찰개입청구권의 비교**

구분	무하자 재량행사청구권	경찰(행정)개입청구권
법적 성질	형식적·(절차적)권리	실체적 권리
인정 범위	선택재량이 주된 영역	결정재량이 주된 영역
내용	법적 한계를 준수하며 처분할 것을 요구	특정처분의 발동을 청구

III. 보호이익 · 공권

1. 보호이익

의의	**보호이익** : 국민생활의 행정에의 의존도가 높아짐에 따라 대두가 된 이념으로서, 종래와 같은 의미에서의 권리는 아니나 그렇다고 반사적 이익으로도 볼 수 없는 이익으로서, **행정소송을 통하여 구제될 수 있는 이익**을 의미한다. 예 연탄공장 설치허가에 대한 '인근주민의 허가 취소청구'
경향	**반사적 이익의 보호이익화** ① **규제권한과 사익보호** ➡ 오늘날 경찰의 **규제적 권한**은 오로지 공익만을 보호하기 위한 것이 아니고 **국민 개개인의 사익보호와도 연결되어 있다고 봄**으로서, 종래에는 반사적 이익으로만 보았던 이익 중에도 이제는 법으로 보호해야 할 이익으로 인정하는 경우가 있다. ② **법해석 경향** ➡ 종래에는 반사적 이익으로 보았던 것도 해당법규는 물론 관련법규의 해석을 통하여 공익과 동시에 **개인적 이익도 보호하는 것으로 해석**을 한다. ③ **보호이익 확대** ➡ 이러한 결과 현재는 '**법적으로 보호되는 이익**' 또는 '**공권**'으로서의 성격을 인정하는 경우가 점차 늘어나고 있다.

2. 공권

의의	**공권**: 공법관계에 있어서 직접 자기의 이익을 위하여 일정한 행위(작위·부작위·급부·수인)를 행정주체(행정기관)나 제3자에게 **요구할 수 있는 법률상의 힘**을 의미한다. **예** 위법한 처분의 취소청구권, 원상회복청구권, 공법상 금전청구권, 영조물이용권·공물의 특허사용권 등 ※ **법적 보호 ➡ 공권은 법적 보호의 대상**이 되며 공권을 침해받게 되면 소송을 통해 권리실현(소구가능성)을 강제할 수 있고, 침해로 입은 손해에 대하여는 손해배상 또는 손실보상청구권이 인정된다.(= **법적이익**)
경향	(1) **공권확대**: 현대 행정에서는 국민 기본권의 강화현상에 의해 국민의 권리구제의 범위를 확대시키기 위한 노력의 일환으로 **공권의 확대화 경향**을 보이고 있다.<00·03·04행정> (2) **반사적 이익의 보호이익화**: 반사적 이익을 법률상 보호이익(공권)으로 보고 권리구제를 인정하는 추세이다. (3) **새로운 공권의 등장**: **무하자 재량행사청구권**, 경찰(행정)개입청구권, 행정행위발급청구권 등이 새로이 등장하고 있다. (4) **재량권의 0으로의 수축이론**: 전통적으로 행정편의주의가 적용되는 사안에서 결정재량을 부정하여 행정청의 개입의무를 인정한다.
성립 요건	(1) **강행 법규성**: 공권이 성립하기 위해서는 강행법규 등에 의해 **행정주체에게 일정한 작위의무가 부과되어 있어야** 한다. (2) **사익 보호성**: 공권이 성립하기 위해서는 해당 행정법규의 보호 목적이 공익뿐만 아니라, (부수적으로라도) **사익보호도 목적으로 하고 있어야** 한다.

> **판례** **[연탄공장 사건]** 주거지역 안에서는 도시계획법과 건축법에 의하여 공익상 부득이하다고 인정될 경우를 제외하고는 거주의 안녕과 건전한 생활환경의 보호를 해치는 모든 건축이 금지되고 있을 뿐 아니라 주거지역 내에 거주하는 사람이 받는 위와 같은 보호이익은 법률에 의하여 보호되는 이익이라고 할 것이므로, 주거지역 내에 위 법조 소정 제한면적을 초과한 연탄공장 건축허가처분으로 불이익을 받고 있는 제3거주자는 비록 당해 행정처분의 상대자가 아니라 하더라도 그 행정처분으로 말미암아 위와 같은 법률에 의하여 보호되는 이익을 침해받고 있다면 당해 행정처분의 취소를 소구하여 그 당부의 판단을 받을 법률상의 자격이 있다.[♣반사적 이익(×)](대법원 73누96, 97 판결)

4 테마 60 경찰의 관할

① 사물관할(事物管轄)

Ⅰ. 의의

(1) **사물관할**: 경찰이 처리할 수 있고 또 처리해야 하는 사무내용의 범위를 의미하며, **경찰권의 발동범위를 설정**한 것이다.<16·17승진·17.1·20.2·23.1채용>

① 조직법인 국가경찰과 자치경찰의 조직 및 운영에 관한 법률(제3조)과 작용법인 경찰관직무집행법(제2조)에서 **조직법적 근거**[♣조직법적 임무규정(○)]로서 규정하고 있다.<17.1채용>

※ 조직법적 근거 = 사물관할 = 직무규범 = 일반조항 형태 = 임무규정 = 책임귀속범위[☻ 조사직일 임귀속]<15경간>

⑵ **경찰개입의 한계** : 조직법적 임무규정으로서 넓은 의미의 **경찰권의 발동범위를 설정**하여, 그 범위를 넘는 분야에 대해서는 경찰이 개입할 수 없도록 한다는 점에서 의의를 가진다.<16승진>

⑶ **권력적 개입과 추가 수권** : 이러한 사물관할의 범위 내의 직무라고 해도, 국민의 자유와 권리에 개입하는 권력적인 조치권한의 행사일 경우에는 법치주의의 원칙상 별도의 구체적 수권이 추가적으로 요구된다.

⑷ **특징(범죄수사 포함)** : 우리나라의 경우 **영미법계의 영향**으로 '범죄의 수사'를 경찰의 사물관할로서 인정하고 있으며[♣대륙법계 영향(×)], 일반적 **경찰작용법인 경찰관직무집행법 제2조에 조직법적 임무규정이 포함**되어 있다는 특징을 보이고 있다.<17경간·16승진·17.1·20.2·23.1채용>

II. 내용

⑴ **'경찰관직무집행법 제2조'**, **'국가경찰과 자치경찰의 조직 및 운영에 관한 법률 제3조'의 규정** : 임무규정이 사물관할이며, 경찰작용법이라고 할 수 있는 「경찰관직무집행법」에서도 사물관할을 규정하고 있다.<17.1채용>

① **공공의 안녕과 질서유지, 범죄수사** ➡ 경찰의 사물관할을 한마디로 표현하는 규정은 '**공공의 안녕과 질서유지**'라고 할 수 있으며, 사물관할의 범위에는 '**위험방지**'뿐만 아니라 범죄수사와 '**서비스 영역**'도 포함된다.[♣재판의 공정성 확보(×)]

② **보충적 적용** ➡ 다른 근거규정이 없을 경우 공공의 안녕과 질서유지규정이 근거규정이 된다.

⑵ **경찰과 특별사법경찰관리와의 관계**

① **의의** : 특별사법경찰이란 산림·해사·전매·세무 기타 특별한 사항에 관하여 수사를 담당하는 자들을 말한다.<04채용>

② **소속** : 특별사법경찰관은 통상 **일반행정기관 소속**이다.<04채용>

  〔예〕출입국관리업무 종사자, 산림보호 종사원, 검사장의 지명에 의한 사법경찰관리 등

③ **권한** : 특별사법경찰관리는 일반사법경찰관리에 비해 **권한이 제한**되어 있고, 일반사법경찰관리는 **권한이 포괄적**이다.<04채용>

  ㉠ **직접 수사하는 경우** : 경찰관은 특별사법경찰관리의 직무범위에 속하는 범죄를 먼저 알게 되어 직접 수사하고자 할 때에는 경찰관이 '**소속 경찰관서장**'의 지휘를 받아 수사하여야 한다. 이 경우 해당 특별사법경찰관리와 긴밀히 협조하여야 한다.[♣특별사법경찰관에게 사건을 인계하여야 한다.(×)](범죄수사규칙 제3조)<04채용>

  ㉡ **이송하는 경우** : 경찰관은 특별사법경찰관리에게 사건을 이송하고자 할 때에는 필요한 조치를 한 후 관련 수사자료와 함께 신속하게 이송하여야 한다.(범죄수사규칙 제4조)

  ㉢ **인계를 받았을 경우** : 경찰관은 특별사법경찰관리의 직무범위에 해당하는 범죄를 이송받아 수사할 수 있으며, 수사를 종결한 때에는 그 **결과를 특별사법경찰관리에게 통보하여야** 한다.(범죄수사규칙 제5조 제1항)

  ㉣ **수사가 경합되는 경우** : 경찰관은 특별사법경찰관리가 행하는 수사와 경합할 때에는 경찰관이 '소속 수사부서장'의 지휘를 받아 해당 **특별사법경찰관리와** 그 수사에 관하여 **필요한 사항을 협의하여야** 한다.(범죄수사규칙 제6조)

④ **직무범위 :** 특별사법경찰관리의 직무범위에 대해서는 '**형사소송법**'·'**사법경찰관리 직무를 행할 자와 그 직무범위에 관한 법률**'·'**검사의 사법경찰관리에 대한 수사지휘 및 사법경찰관리의 수사준칙에 관한 규정**'에 의해서 원칙적으로 경찰의 관할에서 제외되고 있다. ⇨ '범죄수사규칙'에서 상호간의 관계를 규정하고 있다.

Ⅱ 인적관할(人的管轄)

의의	**인적관할 :** 광의의 경찰권(**협의의 경찰권+수사**)이[♣협의의 경찰권이(×)] 어떤 사람에게 적용되는가의 문제이다.<17경간·23.1채용> ※ **속지주의 원칙** ➡ 원칙적으로 국가의 일반 통치권에 복종하는 모든 사람(대한민국 영토 안에 있는 모든 사람, 속지주의)이 경찰권의 대상이나, 일정한 한계가 있다.<02채용>

예외	(1) **대통령**
	
	불소추특권 – 대통령은 **내란 또는 외환의 죄를 범한 경우를 제외**하고는 재직 중 형사상의 소추를 받지 아니한다.[♣어떠한 범죄에 대해서도 소추되지 아니(×)](헌법 제84조)<02·22.1·23.1채용>
	
	(2) **국회의원**
	
	① **불체포특권**
	
	  ㉠ 국회의원은 **현행범인인 경우를 제외**하고는 **회기 중 국회의 동의 없이 체포 또는 구금되지 아니**한다.(헌법 제44조 제1항)
	
	  ㉡ 국회의원이 회기 전에 체포 또는 구금된 때에는 **현행범인이 아닌 한 국회의 요구가 있으면 회기 중 석방**된다.(헌법 제44조 제2항)
	
	② **면책특권** – 국회의원은 국회에서 **직무상 행한 발언**과 표결에 관하여 **국회 외에서 책임을 지지 아니**한다.[♣국회에서 책임지지 않는다.(×)](헌법 제45조)<02채용>
	
	(3) **외교사절**(외교특권 – 비엔나협약)
	
	외국의 원수와 외교관, 그 가족 및 내국인이 아닌 종사자에게는 대한민국의 형법이 적용되지 않는다.(비엔나협약)<02채용>
	
	(4) **주한미군**(공무집행 중의 미군 범죄 : SOFA)
	
	공무 중 범죄와 내부범죄 등 일부범죄에 대해서만 재판권을 미군당국이 행사하며 원칙적으로 재판권은 한국에 귀속된다.[♣미군의 모든 범죄의 1차적 재판권을 미국이(×)](SOFA)<02채용>

Ⅲ 토지관할(지역관할)

경찰의 **지역관할**은 **경찰권이 발동될 수 있는 지역적 범위**를 말하고, **대한민국의 영역 내에 모두 적용됨이 원칙**이다.[♣경찰청장 관저 포함(○)] 그러나 이 경우에도 다른 행정관청이나 기관 또는 국제법적 근거에 의거 일정한 한계가 있다. 아래 사항들은 이러한 한계를 설명한 것들이다.[♣사물관할(×)]<16승진·22.1채용>

국회 경호권

① **국회 경호권**: 국회내부(울타리 안) 질서유지권은 **국회의장에게** 있으며 이를 국회경호권이라 한다.

   ※ 국회의 경호를 위하여 국회에 경위를 둔다.(국회법 제144조)

② **파견요구**: 의장은 국회의 경호를 위하여 필요한 때에는 **국회운영위원회의 동의**를[♣국가경찰위원회 동의(×)] 얻어 일정한 기간을 정하여 정부에 대하여 필요한 국가경찰공무원의 파견을 요구할 수 있다.(국회법 제144조 제2항)<17승진·16.2채용>

③ **근무**: 국회경위와 파견된 국가경찰공무원은 **의장의 지휘를 받으며**, 경위는 회의장 건물 안에서, 파견 **경찰공무원은 회의장 건물 밖에서 경호**한다.[♣회의장 건물 안에서도(×)](국회법 제144조 제3항)<17승진·09.2·14.2·16.2채용>

④ **회의의 질서유지**: 의원이 본회의 또는 위원회의 회의장에서 이 법 또는 국회규칙을 위반하여 회의장의 **질서를 어지럽혔을 때**에는 **의장이나 위원장은 경고나 제지**를 할 수 있다.(국회법 제145조 제1항)

   ※ 의장이나 위원장의 경고나 제지 조치에 따르지 아니하는 의원에 대해서는 의장이나 위원장은 당일 회의에서 발언하는 것을 금지하거나 퇴장시킬 수 있다.(국회법 제145조 제2항)

[요령] 현행범 체포요령

① **국회 안(회의장 밖)** ⇨ 국회 안(회의장 밖)에 **현행범**이 있을 경우 **체포한 후 의장의 지시**를 받아 **처리하여야 한다**.[♣지시를 받은 후 체포(×)](국회법 제150조)<15·17경간·03·14.2·16.2·17.1·20.2채용>

   図 시위대가 국회의사당 경내에 기습시위를 하는 경우(100m 이내는 집회금지장소로 불법시위)

② **회의장(본관) 안** ⇨ 의원은 회의장 안에 있어서는 **의장의 명령 없이는 이를 체포할 수 없다.**
   [♣체포한 후 의장의 지시를 받아야 한다.(×)](국회법 제150조 단서)<15경간·03·14.2·16.2·17.1채용>

⑤ **증원**: 경찰의 증원이 필요한 경우 **국회사무처와 협의하여 처리**하여야 한다.

[참고] 국회 방청허가(국회법 제152조, 제153조)

국회의장이 방청을 허가함에 있어서는 흉기를 휴대한 자, 주기가 있는 자, 정신에 이상이 있는 자, 기타 행동이 수상하다고 인정되는 자는 방청을 허가하지 아니하며, 필요한 때에는 경위 또는 국가경찰공무원으로 하여금 방청인의 신체를 검사하게 할 수 있다.

법정 경찰권

① **법정경찰권의 소재**: 법정의 질서유지는 재판장이 담당한다.(법원조직법 제58조 제1항)

   ※ 법정에서의 질서유지권은 재판장이 행사한다는 의미이다.

② **파견요구**: 재판장은 법정에서의 질서유지를 위하여 필요하다고 인정할 때에는 **개정 전후에 상관없이** 관할 경찰서장에게 **국가경찰공무원의 파견을 요구할 수** 있다.(법원조직법 제60조 제1항)<17·22경간·22.1채용>

③ 파견된 경찰관은 **법정 내외의**[♣법정 내에서만(×)] 질서유지에 관하여 **재판장의 지휘를 받는**다.(법원조직법 제60조 제2항)<17·22경간·17승진·03·22.1채용>

치외법권지역	① 「외교관계에 관한 비엔나 협약」상 **외교관과 외교신서사**는 **신체의 불가침**을 향유하며 어떠한 형태의 체포나 구금도 당하지 아니한다.(협약 제29조, 제27조 제5호) ※ **영사관원**은 외교관과 달리 '**중대한 범죄**에 해당하여 **접수국 사법당국의 결정에 따를 경우**'에는 **체포·구속할 수 있다.**[♣어떠한 경우에도 체포·구속당하지 아니(×)](협약 제41조 제1호) ② 외교공관·외교관의 사택(개인주택)·외교관의 교통수단(승용차, 비행기, 보트 등) 등은 치외법권 지역으로 동의 없이 들어가지 못한다.[♣외교사절 승용차는 포함되지 않음.(×)<16승진·15경간·14.2채용>] ※ 예외 ➡ 화재나 전염병의 발생 등과 같이 공안을 유지하기 위해 긴급을 요하는 경우에는 **외교공관(영사관사도 동일)**도 상태책임의 대상이 되어, **국제관례상**[♣국제법상(×)] 예외적으로 사절의 동의 없이 공관 내부로 들어 갈 수 있다.[♣상태책임 대상이 될 수 없다.(×) ♣들어갈 수 없다.(×)<09.2·14.2·20.2채용>]
미군영내	① **시설 및 구역 내부 경찰권**: 원칙적으로 **미군이 행사**하나 미군 당국이 **동의한 경우와 중대 현행범인을 추적하는 경우**에는 예외적으로 대한민국 경찰도 시설 및 구역 내에서 범인을 체포할 수 있다.[♣한국 당국은 체포할 수 없다.(×)(SOFA 합의의사록 제22조 제10호)<15경간·03·05·09.2·20.2채용>] ※ SOFA협정에 의한다. ② **미군시설 및 구역외에서 미군 및 미군재산에 관한 압수·수색·검증**: **동의하는 경우에만 가능**하다.(단, 압수·수색·검증에 관한 대한민국 당국의 요청이 있는 때에는 미군 당국은 필요한 조치를 하여야 한다.) ③ **한국인이 미군영내에서 체포된 경우**: 우리 경찰은 인도를 요구할 수 있으며, 인도받은 후 석방 또는 구속 수사한다.[♣미군에 석방을 요구할 수 있다.(×)] ④ **미군에 의한 피해**: 미군에 의해 피해를 입은 경우 한국정부에 배상신청하거나 미군을 상대로 민사소송을 할 수 있다. ⑤ **한미행정협정(SOFA) 합의의사록 제22조 제10호**

시설 및 구역에서 체포	㉠ **합중국 군 당국**은 합중국 군대가 사용하는 **시설과 구역 안에서 통상 모든 체포를 행한다.** ㉡ 그러나 합중국 군대의 관계 당국이 동의한 경우 또는 중대한 범죄를 범한 현행범을 추적하는 경우에 대한민국 당국이 시설과 구역 안에서 체포를 행하는 것을 막는 것은 아니다.[♣대한민국 당국은 이 시설과 구역 안에서 체포를 행할 수 없다.(×)] 　　♣합중국 군 당국은 합중국 군대가 사용하는 시설과 구역 안에서 모든 체포를 행사하며, 대한민국 당국은 이 시설과 구역 안에서 체포를 행할 수 없다.(×) ㉢ 대한민국 당국이 체포하고자 하는 자로서 합중국 군대의 구성원 군속 또는 가족이 **아닌 자**가 합중국 군대가 사용하는 시설과 **구역 안**에 있는 경우에는 **합중국 군 당국**은 대한민국 당국의 요청에 따라 체포할 것을 약속한다. ㉣ 합중국 군 당국에 의하여 **체포된 자로서 합중국 군대의 구성원, 군속 또는 가족이 아닌 자**는 즉시 대한민국 당국에 인도되어야 한다. ㉤ 합중국 군 당국은 **시설이나 구역의 주변**에서 **동 시설이나 구역의 안전에 대한 범죄**의 기수 또는 미수의 현행범을 체포 또는 유치할 수 있다. ㉥ 합중국 군대의 구성원, 군속 또는 가족이 **아닌 자**는 즉시 대한민국 당국에 인도되어야 한다.

미군 영내	사람, 재산의 압수·수 색·검증	㉠ **대한민국 당국은** 합중국 군대가 사용하는 **시설과 구역 안에서** 사람이나 재산에 관하여 또는 소재 여하를 불문하고 합중국의 재산에 관하여 **압수, 수색 또는 검증할 권리를 통상 행사하지 아니한다.** ㉡ 다만, 합중국의 관계 군 당국이 대한민국 당국의 이러한 사람이나 재산에 대한 압수, 수색 또는 검증에 **동의한 때**에는 그러하지 아니하다. ㉢ 대한민국 당국이 합중국 군대가 사용하는 시설과 구역 안에 있는 사람이나 재산 또는 대한민국 안에 있는 합중국의 재산에 관하여 압수, 수색 또는 검증을 하고자 할 때에는 합중국 군 당국은 대한민국 군 당국의 **요청에 따라 압수, 수색 또는 검증을 행할 것을 약속**한다.
기타		① **해양 : 해양에서**의 경찰 및 오염방제 업무는 **해양경찰청장이 관할권**을 가지고 있다.<03·09.2 채용> 　　※ 육상 〈일반경찰〉 ⟺ 해양 〈해양경찰〉 ② **외국군함 내부 :** 외국군함 내부는 기국주의에 의해 치외법권이 인정되어 군함 측의 동의없이 추적이 불가능하므로 동의를 얻어 추적하거나, 경찰청장에게 보고하여 외교경로로 해결한다.[♣내부까지 추적할 수 있다.(×)](외국군함)<03채용> ③ **성당내부 등 종교시설내부, 대학구내 등**은 일반통치권이 미치는 지역이다.[♣성당은 치외법권 지역(×)]<03채용>

Chapter **04**

Chapter **04** 경찰작용법

경찰작용법은 권리·의무변동으로서 경찰작용의 의의, 경찰권 발동의 근거와 한계, 경찰(작용)행정의 개념, 종류, 내용, 경찰상 처분의 법적 효력, 경찰강제 등에 관한 규율을 내용으로 한다.

1 경찰작용법의 의의

(1) **의의 :** 경찰행정의 내용을 규율하는 법규로서, **경찰행정상의 법률관계의 성립·변경·소멸(권리·의무 변동)에 관련된 모든 법규**를 의미한다.

> 📖 법적 효력을 갖는 도로상의 교통경찰관 수신호, 통행금지 등

① **경찰작용**은 국민에게 **명령·강제하는 전형적인 권력작용**이다.

> ※ **경찰작용의 재량**을 인정하는 경우 **기속재량**이다.

② 경찰작용법은 경찰의 임무, 경찰권 발동의 근거와 한계 등에 관한 규율을 내용으로 한다.

③ 경찰작용은 공법작용이기 때문에 **유료도로 요금납부명령과 같은 사법적 작용**은 경찰작용에서 **제외**된다.

④ 경찰작용은 대외적 작용만을 의미하고, **조직 내부적 작용**은 경찰작용법의 범위에서 **제외**된다.

> ※ 조직내부를 규율하는 행정규칙의 경우 일반적으로 법규성이 부정된다.

(2) **경찰작용의 법적 근거**

개별법	'도로교통법', '경찰직무응원법', '경범죄처벌법', '성매매알선 등 행위의 처벌에 관한 법률' 등
일반법	**경찰관직무집행법** : 경찰작용을 통괄하는 일반법은 없고, 경찰즉시강제 일반법인 경찰관직무집행법이 작용법의 일반법적 지위를 가지고 있으나, 일반법으로서의 **체계적 통합성, 법적 명확성이 부족하다는 평가**를 받고 있다.[♣체계적 통합성과 법적 명확성이 있다.(×)<99승진·01채용>
	※ **형사소송법** ➡ 형법의 절차법이자 수사절차를 규율하는 법으로 위험방지를 위한 경찰권의 발동 근거와는 관련이 없다.<98승진>

(3) **특성 : 법집행의 탄력성 요구로 인한 법치주의 한계** — 경찰작용 대상의 복잡·다기성으로 인해서 입법기관이 미리 모든 경찰권의 발동사태를 상정해서 그 요건을 법률에 규정하는 것이 불가능하다.

① 따라서 경찰작용법은 주로 개별목적의 **개별입법과 일반규정에 의존**하고 있다.

② 이러한 사정으로 경찰작용법은 **체계적 통합성과 법적 명확성이 미흡하다는 한계**를 지니고 있다.[♣체계적 통합성과 법적 명확성이 있다.(×)]

③ 경찰작용의 본래적 특성인 복잡성·재량성과 경찰작용에 대한 법치주의의 요청이 상호 긴장관계를 형성하고 있어 **일반조항의 허용성과 존재여부가 논란**이 되고 있다.

> ※ 경찰관직무집행법 제2조 제7호[기타 사회공공의 안녕과 질서유지] 규정을 일반적 수권조항으로 인정할 것인지에 대해 긍정설과 부정설이 대립하고 있다.

2 경찰작용의 근거와 한계(요건)

법치주의의 내용으로 '법률유보', '법률우위'의 원칙이 있음은 이미 법학 기초이론에서 배운 것과 같다. 이를 법적 근거와 한계에 관련시켜서 이해해야만 개념을 정확히 파악했다고 할 수 있다.

- 경찰작용의 근거 ☞ 법률유보의 원칙과 같은 의미이다.
- 경찰작용의 한계 ☞ 법률우위의 원칙과 같은 의미에 해당한다.

Ⅰ 경찰작용의 근거

경찰작용은 국민에 대하여 명령·강제하는 대표적인 침해적·권력적 행정작용으로서, 국민의 자유 및 권리와 충돌할(긴장관계를 일으킬) 가능성이 큰 작용이므로 법률에 의한 행정의 원칙, 즉 **법치주의가 강하게 요구**되는바, 특히 경찰행정작용에는 법적 근거가 필요하다는 법률유보 원칙이 강하게 요구된다.

※ 경찰작용법의 법원

① 성문법원 ➡ 법률·조약, 행정입법, 조례·규칙

② 불문법원 ➡ 관습법·조리는 경찰작용의 경우에는 간접적 근거에 그침.

정리 법적 근거의 체계

위험방지를 위하여 개인의 자유와 권리를 침해하는 구체적인 경찰상의 조치는 당연히 경찰의 직무범위에 속하여야 하며, 그 조치권한을 정당화시킬 수 있는 별도의 법적 근거가 있어야 한다.

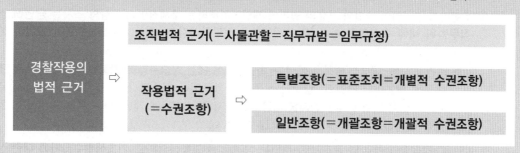

Ⅰ. 조직법적 근거

⑴ **경찰이 처리할 수 있고 처리해야 하는 경찰의 직무범위**를 규정한 것으로서, 경찰관청의 사물관할의 범위를 의미한다.(조직규범·사물관할·직무규범·일반조항 형태·임무범위)

⑵ 경찰작용의 조직법적 근거는 경찰작용의 성질에 관계없이 **모든 경우의 경찰작용에 항상 적용**되는 것이다.

⑶ **작용법적 근거와의 차이**: 이러한 점에서 조직법적 근거는 경찰작용의 성질(권력·비권력)에 따라 그 근거를 달리하는 작용법적 근거와는 성격을 달리하게 된다.

⑷ 결국 직무범위에 관한 규정은 경찰의 임무규정이 되고 이러한 임무규정은 다른 행정청과의 직무의 한계를 설정하여, **법적으로 허용되는 경찰작용의 외적 한계를 결정**하게 된다.

① **책임귀속의 기준** ➡ 경찰관의 행위가 국가의 책임으로 귀속되는 책임귀속의 기준이 된다.

② **적법 · 위법 판단의 기준** ➡ 외적한계로서 당해 경찰작용의 적법과 위법 여부를 판단하는 기준이 된다.(외적한계를 벗어나면 위법이 된다.)

　　※ **비권력 작용의 증가** ➡ 오늘날 경찰의 활동 중에는 개인의 권리 또는 자유에 대해 개입 또는 침해를 하지 않으면서 경찰의 임무에 관한 일반조항의 범위 내에서 가능한 임의적 경찰활동이 증가하고 있다.

II. 작용법적 근거 [●유근수작용]

> 경찰조치를 위한 **법적 근거의 형태**로 논의되는 것이 **일반적 수권조항과 개별적 수권조항**의 문제이다.

1. 작용법적 근거 일반

(1) **의의 :** 조직법적 근거의 범위 내에서 경찰이 행할 수 있는 조치에 대한 수권 및 그 조치의 발동요건을 정한 **권한규정(수권조항 · 수권규정)을 의미**한다.

① **법률유보** ➡ 법률유보에 관한 판례인 중요사항 유보설에 입각할 경우 대체로 작용법적 근거와 범위가 일치하며, 근거규범, 수권규범과 같은 맥락으로 이해할 수 있다.

(2) 경찰의 행위 중 국민의 자유와 권리의 침해를 수반하는 조치권한, 즉 **권력적 · 부담적 조치(경찰작용)의 발동에는** 엄격한 법치주의가 적용되는바, **반드시 구체적 수권을 요**한다고 할 수 있다.

예 공무원에 대해 특정종교를 금지하는 훈령, 자살을 시도하는 사람에 대한 경찰관서 보호, 붕괴위험시설에 대한 예방적 출입금지<22.2채용>

① 위험방지를 위하여 개인의 자유와 권리에 개입 · 침해하는 구체적인 경찰상의 조치는 **당연히 경찰의 직무범위 내에 속하여야** 하며, 그 조치권한을 정당화시킬 수 있는 **구체적 수권이 있어야 한다.**

> ※ 비권력 작용, 내부적 활동은 예외 ➡ 하급관청에 대한 상급관청의 '감독권의 행사'와 같은 조직 내부적 활동이나 경찰의 '임의적 활동(경찰방문이나 청소년 선도 같은 비권력적 활동)'은 국민의 법적 지위에 대한 침해를 내용으로 하지 않기 때문에 개별적 · 구체적 수권 없이 조직법적 근거만으로 행사가 가능하다.[♣임의적 활동도 구체적 수권필요(×)]
>
> **예** 경찰관의 학교 앞 등교지도, 주민을 상대로 한 교통정책홍보, **기초생활수급자에 대한 생계비지원**<22.2채용>

(3) **수권조항의 분류 :** 입법기술상 수권조항은 '개별적 수권조항'과 '일반적(개괄적) 수권조항'으로 나누어진다.

2. 작용법적 근거 유형(수권조항의 유형)

> ※ 일반(개괄)수권조항과 개별(특별)수권조항의 관계
>
> ☞ **보충적 적용** ➡ 특별수권조항이 있는 한도 내에서는 일반수권조항은 적용되지 않으며(적용의 우위), 일반수권조항은 특별수권조항에 대하여 **보충적으로만 적용**된다.

개별적 수권조항	의의	**특별조항·표준조치를 의미**: 개별적·구체적 사안에 대하여 특정한 종류·내용의 조치에 관한 법적 근거(요건)를 두는 규정을 의미한다. ◙ 경찰관직무집행법 제3조(불심검문)부터 10의4(무기의 사용)까지의 규정[♣경직법 제2조 제7호(×)]
	장점	**법률유보의 원칙 철저 ➡** 구체적 법적 근거가 있을 때만 경찰권을 발동할 수 있으므로, 법률유보의 원칙을 철저히 지켜 국민의 기본권을 보호할 수 있다.
	단점	**법집행의 탄력성 저하 ➡** 개별적인 법적근거가 없다면 예상되는 위험에 대처할 수가 없어, 경찰법집행의 탄력성이 저하된다.
일반적 수권조항	의의	① **일반조항·개괄수권조항을 의미 ➡** 개별적인 작용법적 근거가 없을 때 경찰관 발동의 일반적·보충적 근거가 될 수 있도록 법률에 의한 개별적 수권 없이 경찰권의 발동권한을 **포괄적으로 수권하는 규정**을 의미한다.<23.2채용> ② **법원의 불확정개념 심사 ➡** 일반조항에서 사용된 '공공의 안녕', '공공질서', '위험' 등의 개념은 재량개념이 아닌 불확정개념으로서 구체적 사안에 있어 법원은 제한 없이 심사할 수 있다. ◙ 경찰관직무집행법 제2조 제7호를 드는 견해가 있다. ◙ **독일 경찰법 모범초안 ➡** "경찰은 공공의 안녕이나 질서에 대한 개별적 경우에 존재하는 위험을 방지하기 위하여 필요한 조치를 취할 수 있다."
	장점	**법집행 탄력성 확보 ➡** 개별적 법적 근거가 없다 해도 경찰의 판단에 따라 경찰권을 발동할 수 있게 하여, **법집행의 탄력성을 높여**서 효율적인 경찰목적 달성이 가능해진다.
	단점	**법률유보원칙 침해 ➡** 경찰권의 발동범위가 확대됨으로써 **법률유보의 원칙을 침해하여** 경찰권의 발동이 국민의 기본권을 위협할 수 있다.

3. 테마 61 일반적 수권조항 인정논란

독일에서는 이전부터 공공의 안녕과 질서에 대한 위험의 방지를 경찰의 직무로 정하고 그 직무조항을 보충적인 수권조항으로 새기는 전통이 확립되어 있는바, 이와 관련 한국의 경찰관직무집행법 제2조 제7호 '**기타 공공의 안녕과 질서유지**'가 일반적 수권조항에 해당한다고 주장하는 학자들이 있다.

제2조(직무의 범위) 경찰관은 다음 각 호의 직무를 행한다.

1. 국민의 생명·신체 및 재산의 보호
2. 범죄의 예방·진압 및 수사
2-1. 범죄피해자 보호
3. 경비·주요 인사경호 및 대간첩·대테러작전 수행
4. 공공의 안녕에 대한 위험의 예방과 대응을 위한 정보의 수집·작성 및 배포
5. 교통단속과 교통위해의 방지
6. 외국 정부기관 및 국제기구와의 국제협력
7. **그 밖에 공공의 안녕과 질서유지**

긍정설	**주장**	① **입법기술상 한계(법집행의 탄력성)** : 입법기관이 미리 경찰권의 발동사태를 상정해서 모든 발동요건을 법률에 규정하는 것은 **입법기술상 불가능**하다.[♣가능(×)]<09.1 · 16.2채용>

② **학설 · 판례로 보충** : 일반조항을 확대해석하거나 남용한 경우는 **사법심사의 대상**이 되며 개괄적 수권조항의 내용을 이루는 **불확정개념**은 학설 · 판례를 통해 특정이 가능하다.

③ **조리상 한계로 통제 가능** : 일반조항으로 인한 경찰권의 남용 가능성은 **조리상의 한계 등으로 통제 가능**하다.<09.1 · 16.2채용>

※ 경찰권 발동의 조리상의 한계를 논하는 것 자체가 일반조항을 전제로 하는 것이다.

④ **독일의 학설 · 판례** : 독일에서는 **학설 · 판례가 일반조항을 인정**하고 있다.<02채용>

⑤ **보충적 적용** : 개별적 수권조항을 인정하며, 개괄적 수권조항은 개별적 수권이 없는 때에 한하여 **2차적 · 보충적으로 적용**이 된다.[♣개별적 수권조항에 우선(×)]<09.1 · 16.2채용> |
| | **결론** | **일반수권조항 긍정 → 경찰권 발동의 개별적인 근거규정이 없을 때에는 경찰관직무집행법 제2조 제7호(일반조항)에 근거하여 경찰권을 발동할 수 있다.**(판례)

※ 일반적 수권조항 긍정설도 개별적 수권조항의 존재를 인정하고 있다.

판례 1) 청원경찰법 제3조는 청원경찰은 청원주와 배치된 기관, 시설 또는 사업장 등의 구역을 관할하는 경찰서장의 감독을 받아 그 경비구역 내에 한하여 경찰관직무집행법에 의한 직무를 행한다고 정하고 있고 한편 **경찰관직무집행법 제2조**에 의하면 경찰관은 범죄의 예방, 진압 및 수사, 경비요인, 경호 및 대간첩작전 수행, 치안정보의 수집작성 및 배포, 교통의 단속과 위해의 방지, **기타 공공의 안녕과 질서유지등을 그 직무로** 하고 있는 터이므로 경상남도 양산군 도시과 단속계 요원으로 근무하고 있는 청원경찰관인 공소외 김차성 및 이성주가 원심판시와 같이 1984. 12.29 경상남도 양산군 장안면에 있는 피고인의 집에서 피고인의 형 공소외 1이 **허가없이 창고를 주택으로 개축하는 것을 단속한 것**은 그들의 **정당한 공무집행**에 속한다고 할 것이므로 이를 폭력으로 방해한 피고인의 판시 소위를 공무집행방해죄로 다스린 원심조치는 정당하고 이에 소론과 같은 위법이 있다고 할 수 없다.(대법원 85도2448) → 이후 헌법재판소는 부정설(헌법재판소 2009헌마406)을 취하였으나, 실무종합은 판례를 긍정설로만 소개하고 있다.

판례 2) 검증장소의 경비임무를 수행하고 있던 위 순경은 경찰관직무집행법 2조나 5조에 의하여 공소외 1의 폭행행위를 제지하거나 또는 이를 제지하기 위해서 임의동행을 요구할 책무가 있다.(대법원 70도1391) |
| **부정설 (다수)** | **주장** | ① **헌법규정 위배** : 헌법은 국민의 자유와 권리를 제한하기 위해서는 **법률로써만 가능하도록 규정**하고 있다.

※ 헌법상의 법률은 당연히 개별적인 경찰작용법이어야 하고, 포괄적 · 일반적 수권법은 허용되지 아니한다.

② **법률유보의 원칙 위배** : 경찰작용은 대표적인 권력적 · 침해적 작용으로서 법률유보 원칙의 적용을 받으므로 경찰권의 발동에는 **개별적 수권조항이 요구**된다.[♣긍정설이(×)] |

부정설 (다수)		③ **독일 같은 명시적 규정 없음** : 우리의 경찰관직무집행법은 독일에서와 같이 "경찰은 필요한 조치를 취할 수 있다."는 명시적 규정을 두고 있지 않다.[♣독일은 부정(×)]
	주장	☞ **입법필요설** ➡ 일반조항의 필요성을 인정하면서도, 국가경찰과 자치경찰의 조직 및 운영에 관한 법률이나 경찰관직무집행법의 규정은 권한규정이 아닌 단순한 임무규정으로 보고, 입법을 통해 개괄조항을 도입할 필요가 있다는 견해 ➡ 일반조항의 '**존재**'여부와 '**필요성**' 여부는 논리적 관련성이 없다. ➡ **일반적 수권조항의 존재를 부정하는 견해**라고 해서 필연적으로 **일반적 수권조항의 필요성을 부정**하는 것은 아니다.[♣필요성 부정(×)] ♣ 일반적 수권조항의 존재를 부정하는 견해는 필연적으로 일반적 수권조항의 필요성을 부정할 수밖에 없다.(×)
	결론	**조직법적 근거규정임.** ⇨ 우리의 경찰관 직무집행법 제2조 제7호는 경찰의 직무범위만을 정한 것으로, 본질적으로 **조직법적 성질**(=사물관할 · 임무에 관한 일반규정)의 규정이다.[♣긍정성(×)]<09.1 · 16.2 · 20.1채용> [판례] **[통행제지의 경직법 2조 법률적 근거 부정]** 경찰의 임무 또는 경찰관의 직무 범위를 규정한 구경찰법 제3조, **경찰관직무집행법 제2조**는 그 성격과 내용 및 아래와 같은 이유로 '일반적 수권조항'이라 하여 국민의 **기본권을 구체적으로 제한 또는 박탈하는 행위의 근거조항으로 삼을 수는 없으므로** 위 조항 역시 이 사건 통행제지행위 발동의 법률적 근거가 된다고 할 수 없다.(헌법재판소 2009헌마406)<11승진>

Ⅱ 경찰작용의 한계

Ⅰ. **법규상 한계**(1단계 제약)

(1) **의의** : 법규상 한계란 경찰작용을 함에 있어 법을 위반하거나 저촉되어서는 안 된다는 법률우위의 원칙을 말하는 것이다.

  ※ **법률우위의 원칙** ➡ 행정작용에 법적근거를 요구하는 법률유보의 원칙과 함께 법치주의의 기본요소로서 법이 행정작용에 한계기능을 하는 점에 초점을 둔 개념이다.

(2) **성문법원** : 헌법, 법률, 명령, 조례, 규칙 등의 성문법원이 1차적으로 경찰작용의 법규상 한계로 작용하게 된다.

(3) **불문법원** : 관습, 판례, 조리 등 불문법원은 성문법원이 없을 때 보충적 · 2차적으로 경찰작용의 한계기능을 하게 되며 넓게 보아 이 역시 법규상 한계에 해당하게 된다.

II. 테마 62 조리상 한계

경찰소극목적의 원칙	경찰권 행사의 **목적**에 관한 원칙이다.
경찰공공의 원칙	경찰권 행사**대상의 영역·조건**에 관한 원칙이다.
경찰비례의 원칙	경찰권 행사**수단의 조건·정도**에 관한 원칙이며, 헌법상 원칙이다.
경찰책임의 원칙	경찰권 행사의 **인적 대상**에 관한 원칙이다.
보충성의 원칙	경찰권 행사 여부 즉 **개입 여부**에 대한 원칙이다.
경찰평등의 원칙	경찰권 행사의 대상과 관련한 행사**방법**에 대한 원칙, 헌법상 원칙이다.

※ **헌법상 원칙과 조리** ➡ 경찰비례의 원칙과 경찰평등의 원칙은 헌법에 성문화되어, 성문법원이라고도 할 수 있으나 일반원칙에 해당하는 성격상 여전히 조리의 지위도 함께 보유하게 된다.

1. 의의

(1) **통제목적의 이론 :** 조리상의 한계이론은 **개괄적 수권조항(일반조항)의 인정을 전제로 경찰권 발동의 남용가능성을 통제하기 위해 발전된 이론**이다.

※ 재량통제목적 ➡ 주로 재량의 남용 가능성 통제와 밀접한 관련이 있다.<05경간>

(2) **우리의 다수설 입장 :** 하지만 우리의 다수설의 경우는 경찰의 조리상의 한계는 일반조항에 근거하여 경찰권을 발동하는 경우는 물론 **개별적 수권조항에 근거하여 경찰권을 발동하는 경우에도 적용이 된다**고 한다.[♣일반적 수권조항에만 적용(×)]

※ 이론적 모순 ➡ 일반조항을 부정하면서 조리상의 한계는 인정하는 이론적 모순을 보이고 있다.

(3) **한계일탈의 효과 :** 조리상의 한계에 위반한 행위는 재량의 일탈·남용에 해당되어 **위법성이 인정**되고 **처벌이나 징계의 사유**가 된다.

2. 경찰소극목적의 원칙<98·03·05승진>

(1) **의의 :** 강제력을 수단하는 경찰작용은 원칙적으로 사회공공의 안녕과 질서유지를 위한 **소극적인 위해방지에 한정**되어야 하고,[♣공공의 복리를 위하여(×), ♣경비경찰권 발동은 소극목적에 한정되어야(○)]<15경간>

(2) 복리증진(적극목적)이나 재정·군정을 위한 발동은 할 수 없다는 원칙이다.

※ Kreuzberg 판결에 의해서 확립이 되었다.<06채용>

📋 위반사례 ➡ 경찰이 사치품의 수입금지 결정 / 경찰허가를 함에 있어 동업자간의 경쟁관계를 배려하는 것

3. 경찰공공의 원칙(사생활자유의 원칙)<21경간·99·04·06·11승진·03채용>

(1) **의의 :** 경찰권은 **사회공공의 안녕질서를 유지하기 위해서만 발동할 수** 있고, 사회 공공의 안녕과 질서유지에 직접 관계가 없는 **개인의 사생활**(사적) **관계는 경찰권발동의 대상이 아니라는 원칙**이다.[♣소극목적의 원칙(×)]<21경간·11승진>

① 헌법상 사생활 비밀의 자유와 관련이 있는 원칙이다.

※ 대상에 관한 원칙 ➡ 경찰권 발동의 대상 중 주로 영역·내용적 조건에 관련된 원칙이다.

(2) 내용 : 사생활불가침, 사주소불가침, 민사관계불간섭, 사경제불간섭 등 [●생주민경]

사생활 불가침	① **내용** : 사회공공의 안녕·질서와 관계없는 개인의 사생활은 간섭할 수 없다는 원칙이다. **예** 개인의 의복이나 외형상 치장, 개인의 가정불화 등 ※ **사생활의 범위는 사회통념에 의해서 결정**되며, 조리에 해당하여 **명문의 규정은 없다.**[♣「경찰관 직무집행법」은 "경찰공무원은 직위 또는 직원을 이용하여 부당하게 타인의 사생활에 개입하여서는 아니된다."고 규정하고 있다.(×)<23.2채용> ② **한계** : 개인의 사생활이라 할지라도 **공공의 안녕·질서와 관련성이 있다면** 경찰의 개입이 허용된다.[♣개인권리 불가침의 원칙(×)→헌법 제37조 제2항] **예** 신체의 과도한 노출, 고성방가 등
사주소 불가침	① **내용** : 일반사회와 직접 접촉이 없는 가택 내의 생활공간인 사주소를 침해하여서는 안 된다는 원칙<98승진> **주의** 사주소 공개된 장소 **예** 사주소 내에서 나체로 있는 행위, 사주소 내의 청소, 피아노 연주 등 ② **한계** : 개인의 사주소 내의 활동이라 할지라도 **공공의 안녕·질서와 관련성이 있다면** 경찰의 개입이 허용된다. **예** 피아노 연주소음으로 인근 주민이 고통을 겪는 경우
민사 관계 불간섭	① **내용 : 민사상 법률관계의 형성·유지**는 사법권(司法權)의 작용영역으로서 **경찰권의 관여 대상이 아니다.** ※ 민사상 법률관계 ➡ 민법에서 규율하고 있는 법률관계를 의미한다. **예** 매매·**가옥임대차분쟁**·불법행위·채무불이행·**민사상 채권집행** 등[♣민사 채권집행 예외적 개입 허용(×), ♣가옥임대차분쟁은 예외적 개입 허용(×)<96·99승진·11.2채용> **예** 경찰관은 범죄행위를 수사할 뿐, **가해자와 피해자 간의 합의는 민사상 법률관계**이므로 이를 강요하는 형태인 **합의종용은 불가능**하다.[♣경찰권 개입 허용(×)<11.2순경> ② **한계** : 민사상 법률관계라 할지라도 공공의 안녕·질서와 관련성이 있어 처벌규정까지 있다면 경찰의 **개입이 허용**된다. **예** 암표의 매매, **총포·도검류의 매매 등**<11.2채용>
사경제 불간섭	경찰은 원칙적으로 영업의 종류·방법, 상품의 가격·품질과 같은 사경제관련 문제에는 관여하지 못한다는 원칙이다.

4. 경찰비례의 원칙(과잉금지의 원칙)<99승진·02경간·01채용>

경찰권 발동의 **조건과 정도(수단)**는 질서유지의 필요성(**목적**)과 비교하여, 그 사이에 **합리적인 비례가 유지되어야** 한다는 것으로 **경찰권 발동은 필요최소한의 범위에서** 이루어져야 한다는 원칙이다.

5. 경찰책임의 원칙(경찰권 발동의 인적 대상에 관한 원칙)<17경간·14승진·19.1·19.2·20.1채용>

사회공공의 안녕·질서가 침해되거나 침해될 우려가 있는 경우, 경찰권은 **원칙적으로** 경찰위반 **상태의 발생에 책임이 있는 자에 대하여 발동할 수** 있다는 것이며, **책임자 이외의 자에게 유형력을 행사**하는 것은 **위법**이 된다.[♣경찰권행사는 경찰책임자에 대해서만(×)<19.1·19.2·20.1채용>

6. 보충성의 원칙

(1) **의의 :** 개인에게 불이익을 주는 공권력의 행사는 행정목적달성을 위하여 다른 수단이 없을 때 **최후의 수단**으로 행하여야 한다는 원칙으로,

① 원칙적으로 권력적 수단에 의한 **개입여부를 결정하는 원칙**이다.

② 법적용이나 수단의 사용상 **우선순위를 결정**하는 원칙이다.

(2) **적용영역 :** 경찰상 즉시강제, 경비경찰의 발동영역은 물론이고 **강제력행사 전반(권력적 작용 전반)**에 적용되는 원칙이다.

(3) **보충성의 원칙이 적용우선순위 결정의 원칙으로 작용하는 경우**

> ① 협의의 행정 경찰권에 대한 일반경찰권 행사
>
> ② 특별법에 대한 일반법의 적용
>
> ③ 특별권력에 대한 일반통치권
>
> ④ 개별수권에 대한 일반수권법 적용

7. 조리상 한계의 적용상 문제점

> (1) **이론적 모순** ⇨ 독일의 조리상의 한계론은 일반조항을 전제로 하고 있는 데 비해, 우리의 경우 일반 조항을 부정하면서도(다수설) 조리상의 한계를 긍정하고 있는 이론적 모순을 지니고 있다.
>
> (2) **경찰소극목적의 원칙** ⇨ 실제적용에 있어 소극목적과 적극목적의 구분이 어려운 문제점이 있다.
>
> ※ 환경규제(國 상수원 보호지역에의 유조차량 통과단속)의 성격은 소극인지 적극인지 불분명하다.
>
> (3) **경찰공공의 원칙** ⇨ 현행 법규나 판례의 태도와 불일치하는 측면이 있다.
>
> ① '가정폭력범죄의 처벌 등에 관한 특례법' ⇨ 경찰관의 가정폭력에 대한 제지를 의무화하고 있다.
>
> ② 가정폭력문제에 경찰관이 방관해서는 안 됨을 판시하였다.(대판 1998.05.26 : 신변보호 판결)
>
> ※ 피해자의 신변이 매우 위험한 상태에서 범죄 신고와 함께 신변보호를 요청한 경우
>
> (4) **경찰비례나 경찰평등의 원칙** ⇨ 오늘날 조리상 원칙이 아니라 법률상의 원칙으로 전환되었다.

3 테마 63 행정행위

Ⅰ 경찰상 행정행위의 개념

(1) **학문상 개념 :** 행정행위는 행정주체의 상대방에 대한 우월성을 전제로, 행정권의 특정한 행위형식을 포괄하는 동시에 행정소송의 대상을 표현하기 위해 만들어진 학문상 개념이다.

(2) 행정행위의 개념징표

행정청의 행위	① **행정청**: 널리 행정주체의 의사를 외부적으로 결정·표시할 수 있는 권한을 가진 기관을 의미한다.(따라서 행정부 기관의 행위에 한정되지 않는다.) ※ 공무수탁사인의 행위도 행정행위에 포함이 된다.(예 사립대 총장의 학위수여) ② **외부적 행위**: 행정조직의 영역을 벗어나서 국민 개인에 대한 행위를 말한다. ※ 행정내부(특별행정법관계)적 행위는 행정행위에서 제외되지만, 특별행정법관계에서의 행위라 해도 개인의 권리·의무에 직접 관련이 된다면 행정행위가 될 수 있다. 예 공무원의 징계처분, 겸직허가 등
법률행위	**법적 효과(권리·의무 변동)**: 직접적으로 **권리·의무의 발생·변경·소멸 등의 법적 효과**를 가져오는 행위를 의미한다.[♣경찰청장의 횡단보도 설치 기본계획 수립(×)]<22.2채용> ※ 직접적인 법적 효과를 목적으로 하지 않는 사실행위는 행정행위에서 제외된다. 예 음주운전 등 교통법규 위반자에 대해 운전면허를 취소하는 것[♣즉시강제(×)]<22.2채용>
공법상의 행위	**행위의 근거**: 효과가 공법적이라는 것이 아니라, 행위의 근거가 공법이라는 의미 ※ 사법에 근거한 사법적인 행정활동(예 국고행위)은 행정행위에서 제외되며 행정행위의 효과는 공법적일 수도 있고, 사법적일 수도 있다. **판례 1)** [국유재산 무단점유 → 변상금 부과 → 공법상 법률행위(행정처분)] 국유재산의 관리청이 그 무단점유자에 대하여 하는 변상금부과 처분은 공법상 법률행위로 행정처분에 해당한다.[♣순전히 사경제 주체로서 행하는 사법상의 법률행위이다.(×)](대법원 선고 87누1046,1047 판결 [국유재산변상금부과처분취소])<23.2채용> ※ 판단근거: 변상금의 체납시 국세징수법에 의하여 강제징수토록 하고 있는 점 등을 근거로 하고 있다. **판례 2)** [국가나 지자체 근무 청원경찰 → 사법상 고용관계(×)] 국가나 지방자치단체에 근무하는 청원경찰은 국가공무원법이나 지방공무원법상의 공무원은 아니지만, 사법상의 고용계약관계로 보기는 어렵다.[♣사법상 고용관계이다.(×)](대법원 92다47564 판결)<22경간·23.2채용> **판례 3)** [국립교육대학생 퇴학 → 행정처분] 국립 교육대학 학생에 대한 퇴학처분은 행정처분임이 명백하다.(대법원 91누2144 판결 [퇴학처분취소])<23.2채용> ※ 학교의 내부질서유지를 위해 **학칙 위반자인 재학생에 대한 구체적 법집행**으로서 국가공권력의 하나인 징계권을 발동하여 학생으로서의 신분을 일방적으로 박탈하는 국가의 **교육행정에 관한 의사를 외부에 표시한 것**이므로 행정처분이라고 한다. **판례 4)** [원천징수행위 → 행정처분(×)] 원천징수의무자가 비록 과세관청과 같은 행정청이더라도 그의 **원천징수행위**는 법령에서 규정된 징수 및 납부의무를 이행하기 위한 것에 불과한 것이지, 공권력의 행사로서의 **행정처분을 한 경우에 해당되지 아니한다**.(대법원 89누4789 판결 [기타소득세등부과처분무효확인])<23.2채용> ※ 원천징수하는 소득세에 있어서는 납세의무자의 신고나 과세관청의 부과결정이 없이 법령이 정하는 바에 따라 그 세액이 자동적으로 확정됨을 근거로 행정처분이 아니라고 한다.

구체적 사실에 대한 행위	**개별적 · 구체적 규율** : 행정행위는 원칙적으로 '개별적 · 구체적 규율'을 의미한다. ※ '구체적 · 일반적 규율'인 일반처분이나 '개별적 · 추상적 규율'도 모두 행정행위의 개념에 포함시키고 있다.
권력적 단독행위	**범위** : 행정행위는 법집행 행위로서 권력적 단독행위이므로 '행정상 입법'이나 '통치행위'와는 구별되며, 행정청의 비권력적 행위(예 공법상 계약)도 행정행위에서 제외된다. [♣비권력적 단독행위(×)] ※ 자동기계에 의해 자동적으로 결정되는 경우 (예 교통신호기)도 일방적 행위로서 행정행위에 포함된다.

(3) 행정행위와 처분과의 관계

① 행정소송의 대상을 확정짓기 위해 '행정행위'라는 개념을 만들었으나, 현행 행정소송법은 행정소송의 대상을 '처분'으로 규정함으로써 양자의 관계가 문제되고 있다.

② 취소소송의 권익구제기능을 중시하여 **처분의 개념을 행정행위 개념보다 더 넓게** 보고 있다.(통설 – 이원설)

참고 테마 64 행정기본법(처분등)

행정행위	행정주체가 법 아래에서 구체적 사실에 관한 법집행으로서 행하는 **권력적 단독행위인 공법상 법률행위(공법행위, 공권력의 행사)**	
처분	의의	(1) **처분** : 행정청이 구체적 사실에 관하여 행하는 법 집행으로서 **공권력의 행사 또는 그 거부와 그 밖에 이에 준하는 행정작용**을 말한다.(행정기본법 제2조 제4호) 예 공권력의 행사 : 교통경찰관의 수신호, 교통신호등에 의한 신호, 도로점용허가 [♣경찰청장의 횡단보도 설치 기본계획 수립(×)]<22.2채용> 예 거부처분 : 주민등록번호 변경신청 거부<22.2채용> ※ 행정소송의 대상으로서 처분은 작위뿐만 아니라 **부작위, 권력적 사실행위, 행정행위, 일반처분(일반적 · 구체적 규율), 개별적 · 추상적 규율을 모두 포함**한다. ① **개별적 · 구체적 규율** ➡ 개별적 사안에 대한 구체적 행위 　　예 운전면허의 취소 · 정지[♣교통경찰관의 단순한 지시나 교통정리(×)→사실행위] ② **개별적 · 추상적 규율** ➡ 개별적 · 구체적 규율이 관계자에게 반복되는 형태이다. 　　예 "甲은 도로가 빙판이 될 때마다 모래를 뿌리는 등 빙판을 제거하라." ③ **일반적 · 구체적 규율** ➡ '불특정 다수인에 대한 특정사건의 규율'을 의미하며, 일반처분이라고 한다. 　　예 주차금지구역의 지정, 교통경찰관의 수신호 · 교통신호등의 신호, 교통표지판 등

구분	구체적 사건(1회적)	추상적 사건(무제한적)
개별적 사람(특정인)	행정행위	개별적 · 추상적 규율
일반적 사람(불특정인)	일반처분	법규범

처분	의의	(2) **제재처분** : "제재처분"이란 법령 등에 따른 의무를 위반하거나 이행하지 아니하였음을 이유로 당사자에게 **의무를 부과하거나 권익을 제한하는 처분**을 말한다. 다만, 강제집행(제30조제1항 각 호)에 따른 **행정상 강제는 제외**한다.(행정기본법 제2조 제5호)
		
		① **제척기간** : 행정청은 법령등의 위반행위가 종료된 날부터 5년이 지나면 해당 위반행위에 대하여 제재처분(인허가의 정지·취소·철회, 등록 말소, 영업소 폐쇄와 정지를 갈음하는 과징금 부과)을 **할 수 없다.**(행정기본법 제23조 제1항)
		
		② 다음 어느 하나에 해당하는 경우에는 **제척기간을 적용하지 아니**한다.(행정기본법 제23조 제2항)
		
		  1. 거짓이나 그 밖의 부정한 방법으로 인허가를 받거나 신고를 한 경우
		
		  2. 당사자가 인허가나 신고의 위법성을 알고 있었거나 **중대한 과실로 알지 못한 경우(고의 중과실)**[♣과실로 알지 못한 경우(×)]
		
		  3. 정당한 사유 없이 행정청의 조사·출입·검사를 기피·방해·거부하여 제척기간이 지난 경우
		
		  4. 제재처분을 하지 아니하면 국민의 안전·생명 또는 환경을 심각하게 해치거나 해칠 우려가 있는 경우
		
		③ 행정청은 **제척기간에도 불구**하고 행정심판의 재결이나 법원의 판결에 따라 **제재처분이 취소·철회**된 경우에는 재결이나 판결이 **확정된 날부터 1년(합의제행정기관은 2년)이 지나기 전**까지는 그 취지에 따른 **새로운 제재처분**을 할 수 있다.(행정기본법 제23조 제3항)
		
		④ **다른 법률**에서 제척기간(제1항) 및 새로운 제재처분 제척기간(제3항)보다 짧거나 긴 기간을 **규정**하고 있으면 그 법률에서 정하는 바에 **따른다.**(행정기본법 제23조 제4항)
		
		> **판례** [시험승진후보자 명부 삭제 → 처분(×)] 시험승진후보자명부에서의 삭제행위는 결국 그 명부에 등재된 자에 대한 승진 여부를 결정하기 위한 행정청 **내부의 준비과정에 불과**하고, 그 자체가 어떠한 권리나 의무를 설정하거나 법률상 이익에 직접적인 변동을 초래하는 별도의 **행정처분이 된다고 할 수 없다.**[♣행정처분에 해당(×)](대법원 선고 97누7325 판결 [정직처분취소])<22.2채용>

	이익 형량	행정청은 재량이 있는 처분을 할 때에는 관련 **이익을 정당하게 형량하여야** 하며, 그 재량권의 범위를 넘어서는 아니 된다.(제21조)
	자동 처분	행정청은 법률로 정하는 바에 따라 완전히 **자동화된 시스템**(인공지능 기술을 적용한 시스템을 포함)**으로 처분을 할 수** 있다. 다만, 처분에 **재량이 있는 경우**는 그러하지 **아니하다.**(제20조)<23.2채용>
	이의 신청	① 행정청의 처분에 이의가 있는 당사자는 처분을 받은 날부터 30일 이내에 **해당 행정청에 이의신청을 할 수** 있다.(행정기본법 제36조 제1항) ② 행정청은 이의신청을 받으면 그 신청을 받은 날부터 **14일 이내**에 그 이의신청에 대한 결과를 신청인에게 **통지하여야** 한다. 다만, 부득이한 사유로 14일 이내에 통지할 수 없는 경우에는 그 기간을 **만료일 다음 날부터** 기산하여 **10일의**[♣14일의(×)] 범위에서 한 차례 **연장할 수** 있으며, 연장 사유를 신청인에게 통지하여야 한다.(제2항)

이의 신청	③ 이의신청을 한 경우에도 그 이의신청과 관계없이 「행정심판법」에 따른 행정심판 또는 「행정소송법」에 따른 행정소송을 제기할 수 있다.(제3항) ④ **이의신청**에 대한 결과를 통지받은 후 행정심판 또는 행정소송을 제기하려는 자는 그 결과를 **통지받은 날**(통지기간 내에 결과를 통지받지 못한 경우에는 같은 항에 따른 통지기간이 만료되는 날의 다음 날)**부터 90일 이내에 행정심판 또는 행정소송을 제기할 수** 있다.(제4항) ⑤ 다른 법률에서 이의신청과 이에 준하는 절차에 대하여 정하고 있는 경우에도 그 법률에서 규정하지 아니한 사항에 관하여는 이 조에서 정하는 바에 따른다.(제5항)	
처분	재심사	① 당사자는 처분(제재처분 및 행정상 강제는 제외)이 행정심판, 행정소송 및 그 밖의 **쟁송을 통하여 다툴 수 없게 된 경우**(법원의 확정판결이 있는 경우는 제외[♣포함(×)])라도 다음의 어느 하나에 해당하는 경우에는 해당 처분을 한 행정청에 처분을 **취소·철회**하거나 **변경**하여 줄 것을 **신청할 수** 있다.(행정기본법 제37조 제1항) 　1. 처분의 근거가 된 **사실관계 또는 법률관계**가 추후에 당사자에게 **유리하게 바뀐 경우** 　2. 당사자에게 유리한 결정을 가져다주었을 **새로운 증거**가 있는 경우 　3. (민사소송법 제451조에 따른) **재심사유에 준하는 사유**가 발생한 경우 등 **대통령령**으로 정하는 경우 ② 재심사 신청은 해당 처분의 절차, 행정심판, 행정소송 및 그 밖의 쟁송에서 당사자가 **중대한 과실 없이**[♣단순 과실 없이(×)] 해당 사유를 **주장하지 못한 경우에만** 할 수 있다.(제37조 제2항) ③ 재심사 신청은 당사자가 사유를 **안** 날부터 **60일 이내**에 하여야 한다. 다만, 처분이 **있은 날부터 5년**이[♣3년이(×)] 지나면 **신청할 수 없다.**(제37조 제3항) ④ 재심사 신청을 받은 행정청은 특별한 사정이 없으면 신청을 받은 날부터 **90일**(합의제행정기관은 **180일**) 이내에 처분의 재심사 결과(재심사 여부와 처분의 유지·취소·철회·변경 등에 대한 결정을 포함)를 신청인에게 통지하여야 한다. 다만, 부득이한 사유로 90일(합의제행정기관은 180일) 이내에 통지할 수 없는 경우에는 그 기간을 만료일 다음 날부터 기산하여 **90일**(합의제행정기관은 **180일**)의 범위에서 **한 차례 연장할 수** 있으며, 연장 사유를 신청인에게 통지하여야 한다.(제37조 제4항) ⑤ 처분의 재심사 결과 중 처분을 유지하는 결과에 대해서는 행정심판, 행정소송 및 그 밖의 **쟁송수단을 통하여 불복할 수 없다.**(제37조 제5항)
나이 계산	행정에 관한 나이는 다른 법령등에 특별한 규정이 있는 경우를 제외하고는 **출생일을 산입**하여[♣출생일을 산입하지 않고(×)] **만(滿) 나이로 계산**하고, **연수(年數)**로 표시한다. 다만, **1세에 이르지 아니한 경우**에는 **월수(月數)**로 표시할 수 있다.(제7조의2)<23.2채용>	

참고 법률행위와 사실행위

행정권의 발동에 의해 국민이 피해를 입은 경우의 권리구제 수단으로는 크게 실체적 구제(손해배상·손실보상)와 절차적 구제(행정쟁송)가 있다. 행정의 법적 행위로 국민이 피해를 입은 경우에는 이러한 모든 구제가 인정이 되지만, 행정의 사실행위로 인한 피해의 경우 실체적 구제는 인정되지만, 절차적 구제가 인정될 것인가와 관련하여 양자의 구별실익이 있다. 이는 행정쟁송의 대상인 처분성의 인정여부와 쟁송에서의 협의의 소익문제(재판을 통한 권리보호의 필요성)와 밀접한 관련성이 있다.

법률행위	일정한 **법적 효과의 발생을 목적**으로 하여 법적 효과(권리·의무)를 외부적으로 발생·변경·소멸시키는 법률행위를 의미하며 경찰처분보다는 좁은 개념이고 행정행위와 유사한 개념이다.
	예 경찰하명, 경찰허가, 경찰면제, (강학상) 교통정리
	※ **권리구제** ☞ 행정의 법적 행위에 의해 국민이 피해를 입은 경우 이에 대한 **권리구제 수단으로 행정쟁송이나 손실보상·손해배상이 모두** 가능하다.

사실행위	의의	**법적효과(×)**: 일정한 법적 효과의 발생을 목적으로 하는 것이 아니라, 직접적으로 사실상의 결과만을 가져오는 행정주체의 행위형식의 전체를 의미하며 원칙적으로 행정소송의 대상이 될 수 없다.
		예 경찰상 강제집행·즉시강제, 교통안전시설의 설치·관리, 불법주정차차량의 견인, 도로상 방치물의 제거, **단순한 교통경찰관의 지시** 등
	유형 / 권력적 사실행위	법령 또는 행정행위를 집행하기 위한 공권력의 행사로서 사실행위
		예 경찰상 강제집행·즉시강제, 음주 용의차량의 정지 지시 등
	유형 / 비권력적 사실행위	공권력의 행사와 관계없는 명령·강제성이 없는 사실행위
		예 금전출납, 쓰레기수거, 행정지도, 정보수집활동, 단순한 교통경찰관의 지시, (사실상) 교통정리 등
	권리구제 / 손해배상	**손해배상청구 가능** → 행정상 사실행위에 의해 피해를 입은 경우 손해(국가)배상의 청구가 가능하다.
	권리구제 / 행정쟁송	**권력적 사실행위** ㉠ **실효성 (×)** → 처분성을 인정할 수 있기 때문에 항고소송의 대상이 될 수 있지만, 보통 그 침해가 단기에 끝나는 경우가 많기 때문에 행정소송의 경우 권리구제의 실효성이 낮아 소송의 이익이 인정되기 어렵다. 따라서 사실행위에 대한 권리구제 방법으로서는 국가배상이 가장 효과적이고 직접적인 방법이다. ㉡ **예외** → 다만, 권력적 사실행위로서 계속적 성질을 가지는 경우에는 예외적으로 행정쟁송의 실익이 인정될 수 있다. 　　**예** 전염병환자의 강제격리·강제수용, 물건의 압류 등 **비권력적 사실행위** － 처분성이 부정되어 어떠한 경우에도 항고소송의 대상이 될 수 없음. 　　**예 단순한 교통경찰관의 지시**, 경찰의 정보수집활동, 행정지도(경찰지도) 등

에 경찰지도(행정지도)

의의	① **비권력적 사실행위** ➡ 행정주체가 일정한 행정목적을 실현하기 위하여 상대방의 임의적 협력을 기대하여 행하는 **비권력적 사실행위**이다.<23승진> 따라서 행정지도는 상대방의 권리·의무에 영향을 주지 아니한다. 에 자동차 10부제 운행지도, 차량시위의 신고에 대한 철회권유 등 ② **내부행위 제외** ➡ 상급기관이 하급기관에 대하여 행하는 감사지도와 같이 행정조직 내부에서 행하는 행정지도는 여기서의 행정지도에 포함되지 않는다.
법적 근거	① **조직법적 근거 필요** ➡ 행정지도는 비권력적·임의적 작용이기 때문에 **작용법적 근거(구체적 수권)는 요하지 않으나(多)**, 조직법적 근거(사물관할·소관사무)는 필요하다.
권리 구제	② **항고소송의 대상[부정설(통·판)]** ➡ 행정지도는 법률효과의 변동을 일으키지 아니하는 비권력적 사실행위이기 때문에 처분성이 부인되어 **항고소송(행정소송)의 대상이 될 수 없다.** [♣될 수 있다.(×)]
	③ **손해배상청구의 대상** ➡ 원칙적으로 손해배상의 대상이 될 수 있다. ※ 위법성(동의는 불법행위의 성립을 배제하기 때문), 인과관계의 입증이 곤란하기 때문에 **실제 손해배상에는 상당한 어려움이 있다.** ※ 다만, 사실상 강제에 의한 규제적 행정지도의 경우에는 그 성격상 배상책임을 인정할 수 있다.

Ⅲ 경찰상 행정행위의 종류

Ⅰ. 법적효과의 발생 원인에 따른 분류

법률 행위적 행정행위	**의사표시가 구성요소** ➡ 의사표시를 구성요소로 하고, 그 효과의사의 내용에 따라서 법률적 효과를 발생하는 행위를 의미한다. ※ **의사표시** ➡ 당사자가 목적한 대로의 법률효과(권리나 의무의 변동)를 가져오는 법률행위의 요소를 말한다.
준법률 행위적 행정행위	**판단·인식·관념이 구성요소** ➡ 의사표시 이외의 정신작용(판단·인식·관념 등)을 요소로 하고, 그 법률적 효과는 행위자의 목적 여하를 불문하고 직접 법률의 규정에 의하여 발생하는 행위를 말한다. ※ 모두 기속행위로서 요식행위에 해당한다.

Ⅱ. 테마 65 행정주체의 재량성 여부에 따른 행정행위 분류

재량행위와 기속행위의 구별의 일차적 기준은 법률규정이며, 다만 **법률규정의 문리적 표현**뿐만 아니라 관련규정·입법취지 등을 **종합적으로 고려**하여야 한다.

1. 기속행위와 재량행위의 구분

기속 행위	**다르게 판단할 여지(×)** : 행정법규가 요건과 효과에 대해 일의적·확정적으로 규정함으로써 행정청은 법규가 정한바를 단순히 집행하는 데 그치는 경우의 행정행위를 말하는 것으로 다르게 판단할 여지가 없는 경우를 말한다. 📵 지방경찰철장은 … 제1호 …, 제14호에 해당하는 때에는 그 운전면허를 취소하여야 한다.(도로교통법 제93조)
재량 행위	(1) **선택의 자유 인정** : 행정청이 처분에 앞서 법률에서 규정한 요건의 판단이나 효과를 결정함에 있어서 복수 행위 간에 선택의 자유(독자적 판단권)가 인정되는 경우의 행위를 말한다. ※ '결정재량'과 '선택재량'으로 구분된다. (2) **재량행사와 문제** : 재량의 목적과 한계 내에서 행한 재량행사는 당·부당의 문제는 발생할 수 있어도 위법의 문제는 발생하지 아니한다.

구별 실익			

구분	기속행위	재량행위
판단오류의 효과	위법 ⇨ **소송의 대상이** ○	부당 ⇨ **소송의 대상이** ×

구별 실익	(1) **구별 목적** : 기속행위와 재량행위의 가장 중요한 구별의 실익은 '**행정행위에 대한 행정소송**(사법심사)**의 한계를 설정**'하기 위함이다.<90·00·04행정> ① 부당한 행정행위는 행정심판이나 행정청의 직권에 의해 취소될 수 있을 뿐 법원에 의해 취소될 수는 없다. (2) **구별의 상대성** : 재량행위라도 어느 정도 법규의 기속을 받으며, 기속행위라도 문자 그대로 법규의 기계적 집행에 그치는 것이 아니라 어느 정도 재량이 인정되는 것이므로, **기속행위와 재량행위의 구분은 양적·상대적인 구분에 불과**한 것이다.
구별 기준	**법문언기준설(通·判)** : 재량행위와 기속행위의 구별의 일차적 기준은 **법률규정의 형식이나 체제 또는 문언**에 의하며, 다만 법률규정의 **문리적 표현뿐만 아니라 관련규정이나 입법취지 등을 종합적으로 고려**하여 판단하여야 한다. ① 법률이 "~하여야 한다.", "~해서는 아니 된다.", "~할 수 없다."라고 규정 ⇨ **기속행위** ② 법률이 "할 수 있다." 또는 "하지 아니할 수 있다."로 규정하고 있으면 ⇨ **재량행위**

2. 재량행위

(1) 의의

① **구체적 타당성 확보** : 경찰의 목적인 공공의 안녕과 질서유지(위험방지)를 위한 모든 경우를 예상하여 법으로 빠짐없이 규정을 한다는 것은 입법기술상 불가능하여 재량은 경찰목적 달성을 위한 **구체적 타당성이 있는 행정을 보장**하는 주요한 수단이다.

② **행정 편의주의** : 이에 입법자는 법치행정의 원리를 해하지 않는 범위 내에서 행정행위의 요건을 정함에 있어 불확정 개념을 사용하거나, 행위의 효과를 정함에 있어서 **재량을 행정청에게 부여**하는 경우가 많다.

③ **결정재량과 선택재량의 차이**<22.2채용>

결정 재량	**의의**	행정청이 법규가 허용한 조치를 '**할 것인가 말 것인가**' **여부**에 대해 결정할 **재량**을 말한다.[♣선택재량(×)] ※ 중대하고 급박한 위험상황에서 재량권이 0으로 수축이 되면 결정재량은 소멸하게 된다. 囫 경찰공무원의 비위에 대해 **징계처분을 하는 결정**과 그 공무원의 건강 등 제반사정을 고려하여 **징계처분을 하지 않는 결정** 사이에서 **선택권**을 갖는 것을 결정재량이라 한다.[♣선택재량(×)]<22.2채용>
	예	**위험발생의 방지조치 ➡** 경찰관은 … 천재지변…… 기타 위험한 사태가 있을 때에는 **다음의 조치를 할 수 있다.**(경찰관직무집행법 제5조)
선택 재량	**의의**	**수단이나 대상의 선택 ➡** 법규가 허용한 여러 조치 중에서 **어느 것을 선택하느냐 또는 누구에 대해 조치를 할 것인가의 여부에 대한 재량**을 말한다.[♣결정재량(×)] ※ 재량권이 0으로 수축이 되어도 선택재량은 원칙적으로 소멸하지 않는다.
	예	① 시·도경찰청장은 도로에서의 위험을 방지하고 교통의 안전과 원활한 소통을 확보하기 위하여 … 구간을 정하여 보행자나 차마의 통행을 **금지하거나 제한할 수 있다.**(도로교통법 제6조) ⇨ 결정 및 선택재량<04경간> ② "…에 관하여 **적절한 조치**를 취하여야 한다."(도로교통법 제11조 제5항) ⇨ **선택재량**

(2) **한계**

① **전제 조건**: 법규가 행정청에 재량을 부여한 것은 '일정한 재량범위 내에서 행정이 행하여질 것'과 그 재량권을 행사함에 있어서도 '일정한 원칙을 지켜줄 것'을 전제로 하고 있는 것이다.

② **의무에 합당한 재량**: 따라서 재량이란 행정청의 완전한 자유재량을 의미하는 것이 아니라 '**의무에 합당한 재량**'을 의미하는 것이다.[♣어떠한 조치를 취하여도 문제될 것이 없다.(×)]<09채용>

③ **사법심사 대상**: 행정청의 재량에 속하는 처분이라도 **재량권의 한계를 넘거나 그 남용이 있는 때에는 위법**이 되며 법원은 이를 취소할 수 있다.(행정소송법 제27조)

※ **재량행사 기준**: 행정청은 재량이 있는 처분을 할 때에는 **관련 이익을 정당하게 형량하여야** 하며, 그 **재량권의 범위를 넘어서는 아니 된다.**(행정기본법 제21조)

※ **재량의 일탈·남용**은 사법심사의 대상이 된다.

④ **일탈, 남용 비교**<22.2채용>

일탈	**의의**	재량의 **외적 한계를 넘는 경우**를 의미한다.(재량의 유월)[♣내적 한계를 넘는(×)]<22.2채용>
	예	법이 A·B 중 어느 하나를 선택할 수 있는 권한(선택재량)을 부여하고 있는 경우에 C나 D와 같은 법의 규정 밖의 것을 선택하는 경우
남용	**의의**	재량의 **내적 한계를 넘는 경우**를 말한다.[♣외적 한계를 넘는 경우(×)]<22.2채용>
	예	행정청이 재량권을 수권한 법률의 목적이나, 평등원칙·**비례원칙**·부당결부금지의 원칙 등 법의 **일반원칙(조리)에 위배하여 행사**하는 경우 남용에 해당한다.

※ 도로교통법상 교통단속임무를 수행하는 경찰공무원을 폭행한 사람의 운전면허를 취소하는 것(기속행위)은 행정청이 재량여지가 없으므로 재량권의 일탈 남용과는 관련이 없다.<22.2채용>

참고 **행정행위 하자의 내용과 효과**

		하자의 내용	하자의 효과
재량위반 ⇨		부당 ⇨	취소사유
법률(기속)위반 ⇨	위법	단순위법 ⇨	
		중대하고 명백한 위법 ⇨	무효사유

① **하자의 명백성** ⇨ 일반인의 관점에서도 위법이 분명한 경우를 의미한다.(通·判)

② **하자의 중대성** ⇨ 당해 법규의 목적·의미·기능·위반 정도를 종합적으로 검토하여 판단한다.

(3) 재량통제

입법	(1) **법규적 통제** ➡ 법률의 제정에 있어 불확정개념이나 모호한 표현을 피하고 가능한 한 그 내용을 구체적이고 명확하게 규율하여 재량의 범위를 축소시키는 것을 말한다.(엄격한 법률유보) (2) **정치적 통제** ➡ 간접적 통제에 해당하는 것으로 국회의 국정감시 기능 등 정치적 견제기능을 통한 통제를 말한다.
행정	(1) **감독권에 의한 통제** ➡ 재량준칙의 제정, 위법·부당한 재량행사의 취소·변경, 승인권이나 감시·감독을 통한 통제가 이에 해당한다. 　① **재량준칙** ➡ 개별적 사안에 있어 **재량권 행사가 자의적으로 행해질 위험성이 있어 재량준칙을 정하여 재량권을 행사하도록** 하는 경우가 많다. (2) **행정절차에 의한 통제** ➡ 행정절차법 등에 의해 처리기간의 설정·공표, 처분기준의 설정·공표 등의 방법이 있다. (3) **행정심판에 의한 통제** ➡ **위법 또는 부당한 처분**에 대해서 행정부 내에서 행하는 자율적 통제수단이며 위법뿐 아니라 부당함에 대한 심사도 가능하다. 　※ 재량의 일탈 남용은 위법으로 행정심판과 행정소송의 대상이 되나 단순히 재량권 행사에서 합리성을 결하는 등 **재량을 그르친 경우**에는 **부당**한 경우로 **행정심판의 대상**이 된다.<22.2채용>
사법	(1) **법원에 의한 통제** ➡ 판례는 재량통제를 더욱 확대하는 경향에 있다. 　① 행정소송법 제27조에 의해 비록 재량행위에 속하는 행위라도 **재량의 일탈·남용이 있는 경우에는 행정소송의 대상**이 된다.<08행정·03행시> 　예 '행정의 자기구속의 법리(평등원칙)'를 통한 재량통제 / '재량권의 0으로의 수축'에 따른 손해배상책임의 인정 / '무하자재량행사청구권'이나 '경찰(행정)개입청구권'의 인정 (2) **헌법재판소에 의한 통제** ➡ 위헌법률심사권의 행사 또는 헌법소원
국민	**여론·자문·청원·압력단체의 활동 등** ➡ 간접적·비법적인 통제

III. 상대방의 협력 여부에 따른 분류

일방적 행정행위	상대방 협력(×): 상대 협력을 요하지 않고 행정청이 직권으로서 하는 행정행위(독립적 행정행위) 예 직권면직, 공무원 신분관계의 변경
쌍방적 행정행위	상대방 협력(○): 상대방의 협력을 요건(성립요건)으로 하는 행정행위 - 동의를 요하는 쌍방적 행정행위 예 공무원 임명 등 - 신청을 요하는 쌍방적 행정행위 예 공무원의 의원면직, 허가·특허 등

IV. 상대방에 대한 효과에 따른 분류

수익적 행정행위	**이익부여, 부담취소·철회**: 국민에게 권리·이익을 부여하거나 부담적 행정행위를 취소·철회하는 행정행위 예 허가·면제·특허·인가, 부담적 행정행위의 취소·철회 등 ※ **급부행정** ☞ 국가에게 정의로운 사회를 형성할 권한과 의무가 있다는 사회국가원리를 바탕으로 사회구성원의 이익추구활동을 직접적으로 조장하여 주는 배려적 활동 예 범죄신고자 보상금 지급, 공공시설의 설치, 어린이 교통안전교육(서비스제공)
침해적 행정행위	**침해·의무부과**: 국민의 권리·이익을 침해하거나 새로운 의무를 부과하는 행정행위 예 하명, 권한 박탈행위, 수익적 행정행위의 거부·취소·철회 등
복효적 행정행위	**복수 효과**: 하나의 행정행위가 수익과 침익이라는 복수의 효과를 동시에 발생시키는 행정행위를 의미한다.

V. 처분의 대상에 따른 분류

대인적 행정행위	**이전·승계(×)**: 사람의 주관적 요소에 기초를 둔 행정행위로서 행정행위의 효과가 이전·승계되지 않는다. ※ 일신전속성 ➡ 무효·취소의 사유가 이전되지 않는다. 예 의사·약사면허, 운전면허, 공무원 임명, 귀화허가, 통행허가 등
대물적 행정행위	**이전·승계(○)**: 물건의 객관적 사정에 기초를 둔 행정행위로서 행정행위의 효과가 이전·승계된다.<07채용> ※ 따라서 무효·취소의 사유도 이전이 된다. 예 건축허가, 자동차검사합격처분, 주차금지구역의 지정 등
혼합적 행정행위	사람의 주관적 요소와 물건의 객관적 사정을 모두 고려하는 행정행위로서 효과의 여부는 관계법규의 해석에 의해 판단을 해야 한다. 예 풍속영업(사행행위 등)의 허가, 총포·도검·화약류의 제조허가

Ⅲ 경찰상 행정행위의 내용

참고 **테마 66** **행정작용의 유형**<20경간>

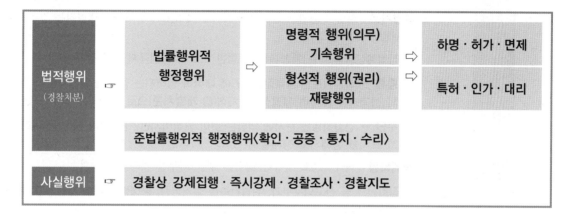

Ⅰ. 법률행위적 행정행위

1. **테마 67** 명령적 행위

(1) 명령적 행위 일반

① **의무부과·해제:** 행정행위의 상대방에 일정한 의무를 부과하거나, 이를 해제함을 내용으로 하는 행정행위

※ 소극적 작용으로서 경찰작용의 핵심이다.

② **기속행위:** 국민의 자유와 권리를 제한 또는 제한을 해제하는 작용을 하므로 명령적 행위의 성격은 기속행위(기속재량행위)인 것이 원칙이다.

※ 경찰편의주의는 위험방지를 위한 하명의 경우에 적용되며 이때에도 결국은 의무에 합당한 재량이므로 기속재량에 해당하는 것이다.

③ **적법요건:** 명령적 행위(하명·허가·면제)는 그 하명이나 허가의 내용이 되는 행위가 법적행위인 경우 그 법적행위의 효력은 판단하지 않고 **오직 적법과 위법만을 판단한다.**

※ 행위의 유효·무효와는 관련이 없다.<07채용>

(2) 하명

의의	① 행정 목적을 위하여, 국가의 일반통치권에 의거하여, 개인에게 특정한 **작위·부작위·수인 또는 급부의 의무**를 명하는 행정행위, 개인에게 **특정의무를 명**하는 명령적 행정행위를 하명이라 한다.<20·23승진·20경간·19.1·23.1채용> ※ 금지 ➡ 부작위 의무를 과하는 하명 예 **경찰관의 수신호·신호등의 교통신호**는 **경찰하명**으로서 경찰처분에 해당한다.[♣불심검문을 위한 차량정지 등 단순한 교통경찰관의 지시(×) → 사실행위]<20경간·02채용> ② 성질 ➡ **법적행위**(법적효과 발생)이며, **명령적 행위**(국민의 자연적 자유를 제한하여 권리·능력을 설정하는 형성적 행위와 구별)로, **일반통치권에 기초**(특별권력관계내부의 직무상 명령과 구별)한다.

분류	형식	① **법규하명**: 하명이 직접 법률 또는 명령에 의하여 행하여져서 일반적·추상적 성격을 가지고, 특별한 행정처분을 요하지 않는 경우(추상적 위험만 존재하는 경우) 예 운전자의 야간등화의무, 미성년자의 음주금지, 집회신고의무 등 ② **하명처분**: 하명이 법령에 근거한 구체적인 행정행위에 의하여 내려지는 경우(구체적 위험이 존재하는 경우) 예 집회해산명령, 야간통행제한, 위험한 도로의 통행금지, 차량정지 명령 등 ※ **종류** ➡ 하명처분은 불특정다수인에 대하여 행해지는 경우(예 **일반처분**)와 특정의 상대방에 대하여 개별적·구체적(예 **개별처분**)으로 행해지는 경우가 있음. ※ **수단** ➡ 경찰하명은 문서에 의하는 것이 원칙이지만, 구술이나 행동 등 여러 가지 표지를 통해서도 행해질 수 있다.
	내용	① **작위하명**: 적극적으로 일정한 행위를 행할 의무를 부과하는 행위 예 집회신고 등 신고의무부과, 위법건축물 철거명령, 공해방지 시설 개선명령, 현역병 입영명령 ② **부작위 하명**: **공공시설에서 공중의 건강을 위하여 흡연행위를 금지하는 하명**처럼, 일정한 행위를 **소극적**으로[♣적극적으로(×)] 하지 말 것을 명하는 행위로 **금지**라고 부르기도 하며, 경찰에게 가장 일반적인 하명의 형식이 된다.(일명 **경찰금지**)[♣일명 면제(×)]<10·16·20승진·23.1채용>

※ **유형**<20경간>

절대적 금지	어떠한 경우에도 해제의 대상이 될 수 없는 금지로 **법규하명 형식**으로 행해진다. 예 **청소년의 음주·흡연금지**, 불량(부패)식품 판매금지 등<20경간·16승진>
상대적 금지	일정한 경우에는 해제의 대상(**허가를 유보**)이 될 수 있는 금지로 허가라는 별도의 행정행위에 의해 비로소 금지가 해제된다. 예 **교통경찰관의 수신호**, 음식점·**유흥업소 영업금지**, 도로통행금지 등<20경간>

③ **수인하명**: 경찰권 발동으로 인하여 자신의 신체나 재산에 가해지는 사실상의 침해, 즉 경찰강제에 대하여 저항하지 않고 이를 감수해야 하는 의무를 명하는 행위

예 대집행·즉시강제 시 공권력에 복종할 의무, 위험방지를 위한 출입 시에 관계인이 경찰의 조사(출입)에 응할 의무

④ **급부하명**: 금품·물품 등을 납부할 의무를 명하는 행위

예 수수료의 납부, 현품부과, 조세부과처분, 과태료 부과처분

※ 도로교통법 위반에 대한 **과태료부과**는 하명이다.[♣하명이 아니다.(×)]<23경간>

① **사실행위** ➡ 원칙적으로 사실행위(예 교통방해물 제거)이지만,

② **법률행위** ➡ 예외적으로 법률행위(예 무허가 음식판매 금지)인 경우도 있다.

분류	대상	① **대인적 하명(이전 X)** : 인적 사정에 기초, 일신 전속적 성격 　예 운전면허 취소 ② **대물적 하명(이전 ○)** : 물적 사정에 기초를 둔 하명 　예 주차금지구역 지정<04 · 07채용> ③ **혼합적 하명(이전 △)** : 인적 사정과 물적 사정에 기초를 둔 하명
효과		① **경찰의무의 발생과 자연적 자유의 제한** : 행정청의 명령에 대해서 사인은 일정한 행위를 하여야 할 또는 하지 않아야 할 **공법상 의무가 발생**하게 되는데, 이러한 의무는 개인의 자연적 자유만 제한할 뿐이고, 사법상의 행위능력에까지 영향을 미치는 것은 아니다. 　※ 경찰하명이 있는 경우, 상대방은 **행정주체에 대하여만 의무를 이행할 책임**이 있고 그 이외의 제3자에 대하여 법상 의무를 부담하는 것은 아니다.[♣3자에게도 법적의무를 부담한다.(×)]<19.1채용> 　※ 하명의 효과는 원칙적으로 수명자에게만 발생한다. 그러나 **대물적 하명의 경우**에는 그 대상인 물건에 대한 **법적 지위를 승계한 자에게도** 그 효과가 미친다.<10승진> ② **하명의 위반효과** : 경찰하명 위반으로 의무 불이행이 되는 경우에는 경찰상 **강제집행의 대상**이 되고, 이미 의무를 위반한 경우에는 **경찰벌**이 과해질 수 있으며, 하명을 위반한 행위의 **사법적 효력에는 원칙적으로 영향을 미치지 않는다.**[♣법적 효력에 영향을 미친다.(×)]<20경간 · 10승진 · 19.1 · 23.1채용> 　－ **공법적 효과** : 의무를 불이행한 경우 ➡ **경찰상 강제집행**, / 의무를 위반한 경우 ➡ **경찰벌**<10승진> 　－ **사법적 효과** : 하명은 행위의 적법요건일 뿐 유효(효력)요건이 아니다. 따라서 하명에 위반한 행위는 **사법(私法)적으로 유효하다.** ➡ 적법요건(○), 유효요건(×) 　　예 영업정지 명령에 위반하여 영업을 **계속**하였을 경우 행정벌 등 제재의 대상이 되지만, 당해 영업에 관한 거래행위의 효력까지 부인되지는 않는다.[♣거래행위의 효력 부인(×)]<20경간> 　　※ **지역적 범위** : 당해 처분청의 관할구역 내에서만 하명의 효과가 발생한다. 　－ 예외적으로 처분청의 관할구역 밖에까지 효과가 미치는 경우도 있다. ③ **하자** 　－ **무효사유** : 당해 하명에 위반하여도 처벌의 원인이 되지 않고, 그 하명의 집행에 대하여 저항하더라도 정당방위로서 공무집행방해죄가 성립하지 않는다. 　－ **취소사유** : 비록 하명에 하자가 있다고 해도, 권한 있는 기관에 의하여 취소되기 전까지는 공정력에 의해 관계자를 구속하게 된다. ④ **반사적 이익** : 하명의 효과로 제3자가 반사적 이익 또는 **파생된 이익**을 받을지라도 이는 **법률상 이익이 아니라 반사적 이익**에 불과하여 사법상의 **청구권을 발생시키지는 않는다.**[♣법률상 이익(×)]<11승진> 　－ 하명의 수명자는 하명을 발한 행정주체에 대해서만 책임을 부담할 뿐이고, 그 이외의 제3자에 대하여서는 법적 의무를 부담하지 않는다.

구제	① **적법한 하명**: 경찰하명의 수명자는 수인의무를 지므로 적법한 경찰하명으로 인하여 어느 정도의 손실이 발생하였다 하여도 국가에 대하여 보상을 청구할 수가 없다.
	※ **특별희생**: 예외적으로 하명의 수명자가 '특별한 희생'을 받은 경우에는 손실보상의 청구가 가능하다.
	② **위법한 하명**: 위법한 하명으로 권리·이익이 침해된 수명자는 행정심판, 행정소송등 **행정쟁송 제기**하여 취소 등을 구하거나, 민사 **손해배상 소송**을 제기하여 손해배상을 청구할 수 있다.[♣손해배상을 청구할 수 없다.(×), ♣손실보상을(×)]<20승진·19.1·23.1채용>
	♣위법한 하명으로 인하여 권리·이익이 침해된 자는 손실보상을 청구할 수 있다.(×)<20승진>
	※ 기타 정당방위, 청원, 고소·고발, 공무원의 형사·징계책임 등

(3) 허가

의의		① **금지해제**: 법령에 의한 **일반적·상대적 금지를 특정한 경우에 해제**함으로써, 일정한 행위를 적법하게 행할 수 있도록 자연의 자유를 회복시켜 주는 행정행위를 말한다.[♣절대적 금지를 해제(×)]<19·23승진·12경간·02·09.1·18.3채용>
		② **허가대상**: 상대적 금지만 허가의 대상이 됨, 절대적 금지는 허가의 대상이 될 수 없다. [♣절대적 금지에도 인정(×), ♣작위의무, 급부의무해제(×)]<19승진·09.1·18.3·22.2채용>
		※ 실정법상으로는 허가·면허·특허·인가·승인 등으로 혼용되고 있다.
성질		① **법적 행위, 쌍방적 행정행위**: 의무를 해제하는 **법적 행위**이며, 상대방의 출원(신청)을 요하는 **쌍방적 행정행위**에 해당한다.
		② **명령적 행위성**: 허가의 효과는 상대적 금지를 해제하여 자연의 자유를 회복함에 불과하기 때문에 허가는 명령적 행위에 해당한다.(多·判) 따라서 형성적 행정행위인 특허와 구별된다.
		※ 형성적 행위설: 헌법상의 직업선택의 자유와 관련해서 허가와 특허의 구별실익이 희박하다는 논거에 따라 허가의 성격을 형성적 행위로 보는 견해도 있다.(소수설)
		③ **기속 행위성**: 허가는 명령적 행위로서 자연적 자유의 금지를 해제하는 의미를 갖기 때문에 허가의 요건을 갖춘 경우에 허가를 할 것인가의 여부는 원칙적으로 **기속행위(또는 기속재량행위)로 보아야** 한다.[♣허가할 수 있다.(×), ♣허가하여야 한다.(○)]<02·07채용>
		※ 예외적 재량행위 ➡ 예외적으로 허가 시 이익형량(공익)이 요구되는 경우의 허가는 재량행위가 될 수 있다. 剛 사행행위 허가
분류	형식	① **구체적 처분 형식**: 허가는 항상 구체적 처분형식으로 행하여진다.
		② **법규에 의한 허가 불가능**: 법규에 의한 허가는 그 전제인 일반적 금지 자체를 소멸시키기 때문에 불가능하다.<12경간>
		－ **일반허가** ☞ 불특정 다수인에 대하여 행해지는 일반허가(剛 통행금지 해제)
		－ **개별허가** ☞ 특정의 상대방에 대하여 이루어지는 개별허가(剛 운전면허)
	내용	① **사실행위** ☞ 원칙적으로 사실행위이지만,(剛 건축허가·운전면허)
		② **법률행위** ☞ 예외적으로 법률행위인 경우도 있다.(剛 영업허가·무기판매허가)
		－ 허가 대상(내용)인 법률행위에 있어 허가 없는 법률행위의 효력이 문제된다.(유효한 것으로 본다.)

PART

03

분류	대상	① **대인적 허가**(이전불가) ☞ 사람의 주관적 요소에 기초한 허가[♣이전 가능(×)]
		예 **자동차운전면허, 건축사면허, (한)의사면허, 마약취급면허, 총포류 소지허가** 등<04 · 07 · 09 · 22.1채용>
		② **대물적 허가**(이전가능) ☞ 물건의 객관적 사정(물적 사정)에 기초한 허가
		예 **자동차 검사합격처분, 건축허가**, 입산금지해제 등[♣이전불가(×)]
		③ **혼합적 허가**(이전제한) ☞ 인적 사정 및 물적 사정에 기초한 허가(인적 사정을 갖추는 경우 이전이 가능해진다.)
		예 **총포류 제조 · 판매허가**, 풍속영업허가, **자동차운전학원허가**, 사행행위 허가[♣총포류 제조 · 판매의 허가, 자동차운전학원의 허가는 대인적 허가(×)]<07경간 · 09채용>

요건

① **허가의 요건** → 허가의 요건으로 **신청(출원), 시험 · 검사합격 등, 수수료 · 조세의 납부나 공적 증명을 요하는 경우**가 있다.<04 · 12경간>

② **허가와 신청** → 허가는 원칙적으로 신청을 요하는 **쌍방적 행정행위**이므로 상대방의 출원에 따라 행하여지는 것이 원칙이며, 신청을 요하는 허가의 경우에 있어 신청이 없는 허가는 무효가 된다.[♣특허와 동일(×)]<22.2채용>

※ 예외적으로 출원(신청) 없이 직권으로 불특정 다수인에게 '**일반허가**'를 하는 경우도 있으며, 일반적으로 요식행위이나 요식행위가 아닌 경우도 있고 일반적으로 서면허가를 하나 구두로도 가능하다.[♣반드시 상대방의 출원에 의하여(×), ♣반드시 서면으로(×)]<19승진 · 12경간 · 09.1채용>

♣허가는 상대방의 신청에 의하여 행해지는 것이 원칙이나 예외적으로 신청 없이도 행해질 수 있다.(○)

예 대간첩작전 등 통행금지의 해제, 계엄 하에서 보도 관제의 해제

－ 수정허가 가능 ➡ 경우에 따라 신청의 내용과 다른 내용의 허가도 가능하다.

③ **법령적용 기준 시** → 신청 시가 아니라 **허가 처분 시의 법령을 기준**(학설 · 판례)으로 판단한다.[♣신청당시의 법령이 기준(×)]<02행시 · 09 · 18.3채용>

※ 허가신청이 있은 후 그에 대한 결정이 있기 전에 허가기준을 정한 법령이 개정된 경우에는 처분청은 원칙적으로 개정된 법령을 적용하여야 한다.

허가 갱신

① **허가의 실효** : 기한부 허가의 경우에는 그 기간이 도래하면 원칙적으로 허가의 효력이 당연히 상실된다. 따라서 별도의 취소절차는 필요 없다.

② **허가의 갱신** : 허가의 갱신은 새로운 허가가 아닌 '**종래의 허가에 대한 기한의 연장**'으로 보아야 한다.(판례)

－ **허가의 갱신**의 여부는 자유재량이 아닌 **기속재량의 문제**이다.

※ 기한부 허가의 경우 **그 기한의 도래하기 전**에 상대방이 신청할 경우 경찰상 장애발생의 새로운 사유가 없는 한 **허가해야** 한다.(판례)<09.1채용>

－ 허가의 갱신이 있은 후에도 갱신 전의 법 위반사실을 근거로 허가를 취소할 수 있다.

> 판례 사행행위의 허가는 그것이 비록 갱신허가라 하더라도 **종전 허가에 붙여진 기한의 연장에 불과**하여 관련 법령의 변동이나 위법한 사유가 새로 발생하는 등 사정의 변화가 없는 한 **반드시 갱신하여야 하는 것은 아니고** 위 법조 소정의 허가요건이나 그 밖에 다른 법령에 저촉되는가의 여부 및 공익 등을 고려하여 허가 여부를 결정하여야 한다고 봄이 상당하다.(대판 92누4543 판결)<09.1채용>

효과	① **자연적 자유의 회복** : 원칙적으로 상대적 금지를 해제하여 개인의 **자연적 자유를 회복**시키는 것이다.
	
	※ 새로운 권리설정(×) ➡ 허가는 하명에 의한 상대적 금지의무를 해제하여 원래부터 할 수 있었던 행위를 할 수 있도록 할 뿐, 새로이 권리나 능력을 설정하는 행위가 아니다.
	
	※ 제3자의 권리(×), 행정주체에 대한 의무(○) ➡ 법령에서 허가를 받은 자에게 일정한 의무를 과하는 경우가 있으나, 이는 당사자가 행정주체에 대해서만 부담하는 의무로서, 제3자는 의무이행을 소구할 수도, 손해배상을 청구할 수도 없다. 다만 행정주체는 당사자의 의무위반을 이유로 경찰벌을 과할 수는 있다. 젤 의사의 진료거부금지의무
	
	※ 허가의 지역적 효력범위 ➡ 원칙: 당해 처분청의 관할구역 내에서만 허가의 효과가 발생 (예외 : 처분청의 관할구역 밖에까지 허가의 효과가 미치는 경우도 있다.)
	
	② **허가위반(무허가) 행위의 효과**
	‒ **공법적 효과** : 허가를 받지 않은 행위는 경찰상 강제집행이나 경찰벌의 대상이 된다.
	   젤 무면허 운전, 무허가 영업행위 등
	‒ **사법적 효과** : 허가는 행위의 **적법요건이지 유효요건은 아니**므로, 무허가행위는 행정상 강제집행 또는 행정벌의 대상은 되지만, 행위 자체의 **법적 효력은 영향을 받지 않는 것이 원칙**이다.[♣허가는 행위의 유효요건(×), ♣무허가 행위는 당연 무효(×)]<04·10·19승진·04·09·18.3·22.2채용>
	
	※ 무허가 행위는 원칙적으로 **유효**하며 예외적으로 규제위반이나 허가가 사법상 법률관계의 전제가 되는 경우에는 그 간접적 효과로서 사법상 법률관계가 무효가 되는 경우가 있다.
	   젤 부동산 거래신고 등에 관한 법률 : 허가를 받지 아니하고 체결한 토지거래 계약 → **무효**로 규정
	
	③ **제3자에 대한 독점이익은 반사적 이익**(주의 특허와의 차이)
	㉠ 기존업자의 이익은 반사적 이익 ➡ 특정한 자에 대한 법적 규제로 누리던 기존허가업자의 이익(젤 일정한 법적 요건을 갖춘 자만이 의료행위를 할 수 있도록 함으로써 기존 의사가 받던 이익)은 반사적 이익에 불과하다.
	따라서 제3자에 대한 허가 때문에 이미 허가를 받은 자의 이익이 침해된다 해도 소송을 통해 이를 구제 받을 수가 없다.
	
	판례 한의사 면허는 경찰금지를 해제하는 명령적 행위(강학상 허가)에 해당하고, 한약조제시험을 통하여 **약사에게 한약조제권을 인정함으로써 한의사들의 영업상 이익이 감소되었다고 하더라도 이러한 이익은 사실상의 이익에 불과**하고 약사법이나 의료법 등의 법률에 의하여 보호되는 이익이라고는 볼 수 없으므로, 한의사들이 한약조제시험을 통하여 한약조제권을 인정받은 약사들에 대한 합격처분의 무효 확인을 구하는 당해 소는 원고적격이 없는 자들이 제기한 소로서 부적법하다.(대판 1998.3.10 97누4289)
	
	㉡ 관련법령이 허가의 이익을 법률상 이익으로 규정하는 경우(젤 거리제한 등)에는, 허가로 인하여 받는 이익이 **예외적으로 법률상 이익이 될 수**가 있다.[♣언제나 반사적 이익(×)]
	※ **경업자 소송에서 기존업자의 이익을 권리로 인정한 경우가 있음.(判)**
	➡ **처분(허가)의 상대방이 받는 이익은 법률상 이익**이다.

효과	ⓒ 정당한 이유 없이 행정청이 허가를 거부하거나 허가를 취소하는 경우에는 허가를 받은 사람은 행정소송을 제기하여 법적인 보호를 받을 수가 있다. ④ **타법상 제한** : 허가의 효과는 상대적으로 허가는 특정행위에 대한 금지만을 해제할 뿐이고, 그 외의 **타 법률상의 제한(금지)은 계속 존재**하게 된다.[♣타법상 제한 모두 해제(×)]<22.2채용> ⑩ 경찰공무원이 음식영업허가를 받는다 해도 국가공무원법상의 제한(영리업무종사금지)까지 해제되는 것은 아니다.

PART 03

(4) 면제

의의	법령에 의하여 일반적으로 부과되어 있는 경찰상의 **작위 · 수인 · 급부의무**를 특정한 경우에 **해제**하여 주는 경찰상의 행정행위이다.[♣허가(×), ♣부작위 의무를 해제(×)]<05 · 10 · 19승진>
비교	**허가와 면제** – **공통점** ➡ **의무의 해제** – **차이점** ➡ 허가는 부작위의무를 해제하고, 면제는 작위 · 수인 · 급부의무를 해제

2. 테마 68 형성적 행위

(1) 형성적 행위 일반

① **의의** : 상대방에게 특정한 권리 · 능력 또는 포괄적 법률관계 기타의 법률상의 힘을 설정 · 보충 · 완성시키는 행정행위이다.(적극적 복리작용에 해당)

※ **경찰대상(×)** ➡ 경찰작용은 소극적 질서유지가 목적이므로 적극적 작용인 형성적 행위는 경찰에서는 수행하지 않음. 경찰작용에서는 형성적 행위의 중요성이 낮음.

② **재량행위** : 국민에 대해 이익을 주는 수익적 행정행위로서의 기능을 하므로 형성적 행위는 재량행위인 것이 원칙이다.

③ **유효요건** : 형성적 행위(특허 · 인가 · 대리)는 유효요건으로서 오직 유효와 무효만을 판단하며 행위의 적법 · 위법과는 관련이 없다.

(2) 종류

특허	**의의**	특정의 상대방을 위하여 새로이 **권리를 설정**하는 행위, 능력을 설정하는 행위 및 포괄적 법률관계를 설정하는 행정행위를 의미한다. ⑩ 공무원 임명, 공유수면매립면허, 광업허가, 어업면허, 자동차운수사업면허, 귀화허가, 국유재산 등의 관리청이 **행정재산의 사용 · 수익에 대하여 하는 허가**(대법원 2010다86723 판결)<22.1채용>
	성질	① **쌍방적 행정행위** ➡ 특허는 **출원(신청)을 필요요건**으로 하는 쌍방적 행정행위에 해당하므로 신청 없는 특허는 무효가 된다.[♣허가처럼 신청을 요건으로 하지 않는다.(×)]<22.2채용> ② **재량행위** ➡ 특허는 형성적 행위로서 재량행위에 해당한다. ③ **수익적 행위** ➡ 특허는 상대방에게 이익을 주는 행위이다.

특허	효과	① **법률상의 힘 발생(권리 등 설정)** → 특허는 침해로부터 법적 보호를 받음.
		② **유효요건** → 특허 없는 행위는 무효가 된다.
		③ **효과의 이전** → 대인적 특허의 효과는 이전하지 않으나, 대물적 특허의 효과는 특허의 전제가 된 물건이나 권리의 이전과 함께 이전할 수가 있다.
인가	의의	행정주체가 사인간의 계약·합동행위 등 법률행위에 동의를 부여하여 행정객체가 제3자와 하는 행위의 효력을 **보충**함으로써 법률상의 효력을 **완성**시키는 행위로 선행하는 사인의 법적 행위를 전제로 한다.[♣특허(×)]
		※ 행정주체의 관여 → 공익과 중요한 관계가 있는 행위에 대해 특히 행정주체가 이에 관여하는 의미를 가진다.
		예 사업양도의 인가, 공공조합의 설립인가(정관승인), 지방채 기채승인, 사립대총장의 취임 승인, 특허기업의 운임·요금인가, 수도공급규정인가, 토지거래허가제, **재단법인의 정관변경허가**(대법원 95누4810)<22.1채용>
	대상	**법률행위** → 성질상 항상 제3자간의 법률행위(공법행위·사법행위를 불문)에 한정되고, 사실행위는 인가의 대상에서 제외된다.
	효과	① **보충행위** → 인가는 효력을 완성하는 보충적 효력만 있을 뿐 법률행위의 하자를 치유하는 효력이 있는 것은 아니다.
		※ 한계 → 기본적 법률행위가 무효인 경우에는 인가가 있다 하더라도 기본적 법률행위가 유효로 되는 것은 아니다.
		② **유효요건** → 인가는 법률적 행위의 효력을 발생시키기 위한 요건이므로 인가를 요하는 행위를 인가 없이 행한 경우에는 무효가 된다.
		※ 적법요건(×) → 강제집행이나 처벌의 문제는 발생하지 않는다.
대리		제3자가 해야 할 일을 행정주체가 행함으로써, 제3자가 행한 것과 같은 효과를 일으키는 행정행위(법정대리에 해당)

II. 테마 69 준법률행위적 행정행위

확인	**판단의 표시** → 특정한 사실 또는 법률관계에 관하여 **다툼(의문)이 있는 경우**에 공권적으로 그 존부 또는 정부를 행정청이 판단하는 행위
	예 행정심판의 재결, 당선인·합격자의 결정, 발명특허 등
	※ **불가변력(○)** → 확인은 다툼이 있는 사실에 대한 공적 판단의 표시라는 점에서 처분청이라 할지라도 그 판단표시를 직권으로 취소·철회할 수 없는 불가변력이 발생한다.
공증	**인식의 표시** → **다툼이나 의문이 없는** 사실·법률관계의 존재에 대하여 형식적으로 증명하고 공적인 증거력을 부여하는 행위
	예 면허증 교부·발급, 여권발급, 등기·등록·등재, 영수증·허가증의 교부·발급, 날인·압날 등
	※ **불가변력(×)** → 공증이 갖는 공적 증거력은 반증이 있을 때까지 일응 진실한 것으로 추정되는 효력을 가지는 데 그치며 불가변력이 발생하지는 않는다.

	통지	특정·불특정의 상대방에 대하여 **특정한 사실을 알리는 행위**(관념의 표시)

통지	특정·불특정의 상대방에 대하여 **특정한 사실을 알리는 행위**(관념의 표시)
	예 **대집행계고**, 납세독촉, 특허출원의 공고, 귀화고시 등
수리	① 타인의 행정청에 대한 행위를 유효한 것으로서 수령하는 행위(관념의 수리)
	예 행정심판청구서의 수리, 입후보자등록의 수리 등
	② 법령등으로 정하는 바에 따라 행정청에 일정한 사항을 통지하여야 하는 신고로서 **법률에 신고의 수리가 필요하다고 명시**되어 있는 경우(행정기관의 내부 업무 처리 절차로서 수리를 규정한 경우는 제외)에는 **행정청이 수리하여야 효력이 발생**한다.(행정기본법 제34조)

정리 확인과 공증

구분	확인	공증
성질	다툼(의문)이 있는 사항(판단의 표시)	다툼(의문)이 없는 사항(인식의 표시)
효과	불가변력이 발생	공적인 증거력을 부여[♣불가변력 발생(×)]

IV 테마 70 경찰처분의 부관

I. 부관의 의의

(1) **종된 의사표시** : 부관은 조건·기한·부담·철회권의 유보 등과 같이 **주된 처분에 부과되는 종된 규율**(의사표시)로서, 주된 **처분의 효과를 제한하거나 보충**하기 위해서 의무를 부과함으로써 **국민의 권리·의무에 영향**을 미치는 효과가 있다.<14경간>

① **부관의 부종성(附從性)** ➡ 부관의 존재는 주된 행정행위의 존재에 의존하게 된다.

② **법정부관** ➡ 법정부관의 경우 처분의 효과제한이 직접 **법규에 의해서 부여되는 부관**으로서 이는 행정행위의 부관과는 구별되는 개념으로 원칙적으로 **부관의 개념에 속하지 않는다.**<20경간>

    예 자동차검사증의 유효기간, 인감증명의 유효기간

II. 부관의 종류

> ※ **부관(×)** ➡ 기간, 법정부관, 법률효과의 전부배제, 기일, 도달, 부담금, 공용부담, 해제권의 유보 등은 부관이 아니다.

1. 조건

(1) **의의** : 행정행위의 효과의 발생 또는 소멸을 **장래의 불확실한 사실에 의존**시키는 부관이다.[♣확실한 사실에 의존(×)]

(2) **특색** : 조건이 성취되면 '당연히' 효력의 발생 또는 소멸의 효과가 발생한다.

    ※ 행정법관계에서는 법적 안정성을 중시하므로 조건은 실제 그 사용이 많지 않다.

(3) 정지조건과 해제조건 비교

정지 조건	행정행위의 **효과발생을 장래의 불확실한 사실에 의존**시키는 부관[♣소멸(×), ♣해제조건(×)]<14경간>
	예 도로포장공사의 완성을 부관으로 한 자동차운송사업의 면허, 시설완성을 전제로 한 학교법인 설립허가<94승진>
해제 조건	행정행위의 **효과소멸을 장래의 불확실한 사실에 의존**시키는 부관[♣발생(×), ♣정지조건(×)]<14경간>
	예 6월 이내에 공사에 착수하지 않으면 효력을 상실한다는 건축허가<03 · 07채용>

2. 기한

(1) **의의**: 행정행위의 효과발생 또는 소멸을 **장래의 확실한 사실에 의존**시키는 부관[♣불확실한 사실에 의존(×)]<10승진>

※ **기간**은 부관이 아니라 **사건(事件)에 해당**한다.

(2) **특색**: 기한이 성취되면 '**당연히**' **효력의 발생 또는 소멸의 결과가** 발생한다.

※ **종기의 성격** ➡ 통상적으로 종기의 도래로 행정행위의 효력은 일단 소멸이 되지만, 통상적으로 종기는 행정행위의 존속기간(절대적 소멸사유)이 아니라, 행정행위의 내용의 **갱신기간(조건의 존속기간)**으로 보는 것이 타당하다.(通 · 判)<09채용>

(3) 유형

시기	기한의 도래로 효력이 발생한다.(~부터)
	예 사업의 개시일을 지정한 지방철도사업 면허
종기	기한의 도래로 효력이 소멸한다.(~까지)
	예 사용의 종료일을 지정한 도로점용허가
확정	**확정기한** ➡ 도래의 시기까지 확실한 기한 예 일주일 후, 3개월까지
불확정	**불확정기한** ➡ 도래하는 시기가 확실하지 않은 기한 예 비가 오면

3. 부담

(1) **의의**: 수익적 행정행위의 상대방에게 **작위 · 부작위 · 수인 · 급부의 의무를 명**하는 부관이다.

예 도로점용허가 시 도로점용료의 납부명령, 종업원의 정기건강진단을 요건으로 하는 영업허가, 다방영업 허가 시 수수료 납부 등

(2) **특색**: **독립된 행정행위**

① **하명 성격** ➡ 부담은 다른 부관과 달리 그 자체가 **하나의 행정행위**, 즉 '**하명**'으로서의 성격을 가진다.<20경간>

② **처음부터 효력 발생** ➡ 부담은 행정행위의 효과를 제한하지 않기 때문에 부담부 행정행위는 처음부터 효력이 발생하게 된다.

③ **분리가능** ➡ 부담은 본체인 행정행위와 분리가 가능하고 독립하여 **사후부관형태로도 부과가 가능**하다.<20경간>

④ **강제집행 대상** ➡ 부담의 불이행시에 독자적으로 **강제집행의 대상이 될 수** 있다.[♣강제집행의 대상이 될 수 없다.(×)]<20경간>

⑤ **행정쟁송 대상** ➡ 행정행위의 부관은 **부담인 경우를 제외**하고는 **독립하여 행정소송의 대상이 될 수 없다.**<23.2채용>

⑥ **구분** ➡ **부담과 정지조건의 구분**이 불분명한 경우에는 최소 침해의 원칙상 **부담으로 보아야** 한다.<20경간>

 예 "운행을 허가한다. 단 안전시설을 갖추어야 한다." ➡ 부담으로 본다.

> ※ **부담불이행** : 원칙적으로 조건부 행정행위처럼 곧바로 행정행위의 효력이 상실되는 것이 아니라 먼저 **경찰벌이나 강제집행의 사유**가 되고, 그 후에도 부담의 불이행이 계속된다면 **철회권 행사의 사유**가 될 수는 있는 것이다.
>
> ※ **해제조건부 행정행위** ➡ 조건이 성취되면 당연히 그 효력을 상실하게 된다.

4. 수정부담

(1) **의의** : 새로운 의무를 부가하는 것이 아니라, 상대방이 **신청한 것과는 다르게 행정행위의 내용을 정하는 부관**이다.<14·20경간>

 예 A도로의 통행허가 신청에 대하여 B도로의 통행을 허가한 경우[♣법률효과 일부배제(×)]<09경간>

① **상대방 동의** ➡ 상대방의 **동의가 있어야 효력이 발생**한다.[♣동의가 없어도(×)]<14·20경간>

(2) **성격** : ① 독립된 행정행위설(多 : 수정허가설) ⇔ ② 부관설

5. 철회권 유보

(1) **의의** : 행정행위에 부가된 특정한 사유가 발생하는 경우에 당해 행위를 철회(취소)할 수 있는 권한을 유보하는 부관이다.

 예 미성년자를 고용하면 유흥업소 허가를 취소한다.<07·09경간>

(2) **특색** : 철회권이 유보된 경우라도, **철회권의 행사를 위해서는 부가된 특정사유의 발생**뿐만 아니라, 상대방의 권익보호라는 차원에서 일정한 조리상의 제한 등 **철회에 관한 일반적 요건이 충족되어야** 한다.(多)<07·09경간>

① 철회권의 유보에 의한 **철회권 행사는 상대방의 권익보호견지에서 제한**받는다.

② **별도 의사표시 필요** ➡ 철회권의 행사는 별도의 행정청의 철회의 의사표시가 있어야 비로소 행정행위의 효력이 소멸하게 된다.(해제조건과의 차이)

6. 법률효과 일부배제

(1) **의의** : 행정행위의 주된 내용에 부가하여 법령에서 일반적으로 그 행위에 부여하고 있는 법률효과 중 일부의 발생을 배제(제한)시키는 행정행위의 부관이다.<14경간>

 예 격일제 운행 택시영업허가<04채용>, 야간에 제한된 도로점용·사용허가

(2) **특색** : 법적 근거 필요(多) ➡ 법률효과의 일부배제는 관계법령에서 규정하고 있는 일반적인 효과를 배제하는 것이므로 관계법령에서 명시적 근거를 두고 있는 경우에만 허용이 된다.

7. 부담권 유보

(1) **의의 :** 행정행위의 부담의 **사후적 추가 · 변경 · 보충의 권리를 유보**하는 부관이다.

　※ '부담유보' · '행정행위의 사후변경의 유보' · '추가변경의 유보'라고도 한다.

(2) **특색 :** 장기간에 걸친 사회적 · 경제적 변화 및 기술적 발전에 대비하기 위한 것으로 당초의 행정행위 시에 미리 사후적 의무를 부과할 수 있는 근거를 마련하는 부관이다.

III. 부관의 기능

(1) **순기능 :** 행정에 **신축성을 부여**, 절차적 경제성 보장, 공재정의 확보에 기여, 이해의 조정을 통한 공익과 제3자 보호, 원처분의 의무이행을 확보하는 수단

(2) **역기능**

　① 해제부관 ➡ 행정편의에 치우쳐서 상대방에게 불이익을 줄 수 있다.

　② 부담 ➡ 권한행사의 남용이나 부당결부금지원칙을 저해할 우려가 있다.

IV. 부관의 한계

1. 자유성

(1) **법적 근거 불요설(通) :** 부관이 법령에 위반되지 않는 한 법적 근거 없이 자유로이 부관을 붙일 수 있다.(법률유보 제한)

(2) **한계 :** 부관은 **법령상 · 조리상 · 목적상 한계**를 지닌다.(법률우위 적용)<09경간>

　① 이러한 한계(@ 비례의 원칙)를 벗어난 부관은 무효가 된다.[♣비례원칙에 반할 수 없다.(○)]

2. 가능성

부관 가능성 긍정 : 재량행위 · 법률행위적 행정행위인 경우 **명문규정이 없을 지라도**[♣명문규정이 있는 경우에만(×)] 행정관청의 재량으로 **부관을 붙일 수 있는 경우가 있다.**(통설)<09 · 14경간>

① **법적 요건**

　㉠ 행정청은 처분에 **재량이 있는 경우**에는 부관을 붙일 수 있다.(행정기본법 제17조 제1항)<23.1채용>

　㉡ 행정청은 처분에 **재량이 없는 경우**에는 법률에 근거가 있는 경우에 부관을 붙일 수 있다.(행정기본법 제17조 제2항)<23.1채용>

　㉢ 부관은 다음 각 요건에 적합하여야 한다.(행정기본법 제17조 제4항)

　　1. 해당 처분의 **목적에 위배되지 아니할 것**(제1호)

　　2. 해당 처분과 **실질적인 관련이 있을 것**[♣실질적 관련성이 없을 것(×)](제2호)<23.2채용>

　　3. 해당 처분의 **목적을 달성하기 위하여 필요한 최소한의 범위일 것**(제3호)

② **준법률행위적 행정행위 : 부관 가능성 부정(通 · 判)**

　　－ **통설 · 판례** ➡ 부관은 법률행위적 행정행위에만 붙일 수 있다고 본다.

　　－ **소수설** ➡ 준법률행위적 행정행위에도 '확인 · 공증'의 경우에는 기한(특히 종기) 정도는 붙일 수 있다고 본다.[♣준법률행위적 행정행위에도 일정한 경우 부관이 가능하다는 견해도 있다.(○)]

③ **기속행위와 부관** ➡ **부관 가능성 부정(通 · 判)**

- **통설 · 판례** ➡ 부관은 법률행위적 행정행위 중에서도 **재량행위에만** 붙일 수 있고, 기속행위는 법규에 엄격히 기속되므로 기속행위에는 부관은 붙일 수 없고, **기속행위에 부관을 붙이면 무효**라고 본다.

- 소수설 ➡ 기속행위의 경우에도 '법률상 규정'되어 있거나, '법률요건의 충족'을 위한 부관은 허용된다고 봄.

3. 사후부관

법 제정이전 사후부관의 문제 : 부관은 행정행위를 발할 때 부가하는 것이 원칙인데, 행정행위를 발한 후에 새로이 부담을 추가하거나 이미 붙여진 부담을 사후에 변경 · 보충할 수 있는가 하는 문제가 발생하였다.

① **제한적 긍정설(通 · 判)** ➡ 판례는 사후부관이 **제한적으로 인정된다고 보는 입장**에 있었으나 행정기본법에 명문화하여 해결하였다.[♣판례는 사후에 부관만을 붙일 수 없다고 본다.(×)]<09경간>

> **원칙** 사후에 부관을 붙이는 것은 당해 행위를 철회하고 새로운 부관부 행정행위를 하는 것과 같으므로 원칙적으로는 인정되지 않는다.

> **예외** 행정행위 당시에 **유보**를 했거나, 상대방의 **동의**가 있는 경우, **법령에 근거**가 있거나, 당초 행정행위를 유지시킬 수 없는 **사정변경이 발생한 경우, 부담인 경우**에는 사후부관이 가능하다. [♣법에 근거가 있는 경우에만 인정(×)][☻ 유동근 사부]

② **행정기본법 :** 행정청은 부관을 붙일 수 있는 처분이 다음 각 호의 어느 하나에 해당하는 경우에는 그 **처분을 한 후에도** 부관을 **새로** 붙이거나 종전의 부관을 **변경할 수** 있다.(제17조 제3항)

1. 법률에 **근거**가 있는 경우[♣법률 근거가 있는 경우에만(×)]

2. 당사자의 **동의**가 있는 경우<23.1채용>

3. **사정이 변경**되어 부관을 새로 붙이거나 종전의 부관을 변경하지 아니하면 해당 처분의 목적을 달성할 수 없다고 인정되는 경우

V. 부관의 하자(하자의 유형 ➡ 무효 / 취소)

1. 취소할 수 있는 부관

(1) **행정행위 유효 :** 부관에 중대 · 명백하지 않은(위법한) 하자가 있는 경우에는 취소되기 전까지는 유효한 부관부 행정행위가 되며 취소된 경우에는 무효와 같이 된다.[♣행정행위는 유효하다.(○), ♣부관이 위법하면 본체인 행정행위 취소해야(×)]

※ 후에 부관이 취소되게 되면 무효의 경우와 효과가 같게 된다.

2. 무효인 부관

(1) **절충설(多 · 判)** ☞ 원칙 ➡ 일부 무효 / 예외 ➡ 전부 무효<04입시 · 04행정>

① **원칙** ➡ **부관에 중대 · 명백한 하자가 있는 경우**에는 원칙적으로 **부관만 무효**가 되어 행정행위는 **부관 없는 단순한 행정행위**로서 효력이 발생한다.

② **예외** ➡ 부관이 없었다면 주된 행정행위를 하지 않았을 정도로 부관이 **행정행위의 중요한 본질적 요소**라면(䁈 도로점용허가의 점용기한) 부관만이 아니라 주된 **행정행위 전체가 무효**가 된다.

Ⅵ. 부관에 대한 쟁송

(1) **부관만을 대상으로 취소소송을 할 수 있을 것인가의 문제 :** 부관은 행정행위의 일부이기 때문에 **원칙적으로 독립하여 쟁송대상으로 할 수 없으며** 예외적으로 부담만은 독립하여 쟁송의 대상이 될 수 있다고 한다.

① **부담독립쟁송설(通·判)** ➡ 부담은 그 자체로서 하나의 행정행위가 되는 것이기 때문에 부담만이 본체인 행정행위와 분리하여 **취소소송의 대상이 될 수 있다.**(부담만 긍정)[♣부담만을 대상으로 한 취소소송 불가능(×)]

② **기타 부관은 부정** ➡ 다른 부관은 행정행위의 일부에 불과하기 때문에 **독립적으로 취소소송의 대상이 될 수가 없다.**<01입시·04행정>

Ⅴ 경찰처분의 요건

Ⅰ. 경찰행정행위의 요건

1. 행정행위의 성립요건

(1) **의의 :** 행정행위가 유효하게 성립하기 위해서는 성립요건과 효력요건을 모두 갖추어야 하는데 이 성립요건이나 효력요건에 흠(하자)이 있게 되면 그 하자의 정도에 따라 취소의 대상이 되거나 무효 또는 부존재인 행위가 될 수 있다.

> **(성립요건+효력요건=유효한 성립 / 하자 ⇨ 취소 혹은 무효)**

(2) **성립요건**

① **내부적 성립요건**

주체	권한 내의 행위, 정상적인 상태의 행위, 정당한 권한을 가진 행정기관의 행위
내용	내용의 실현가능성, 명확성, 적법성·타당성, 공익에의 적합성
절차	상대방의 협력<동의·신청>, 공고 또는 통지, 이해관계인의 참여·협의, 청문·공청 또는 변명의 기회
형식	문서의 형식, 필요적 기재의 형식, 서명·날인의 형식

② **외부적 성립요건 : 표시** ➡ 행정기관 내부의 결정(예 합의제 기관의 의결)이 있는 것만으로는 아직 행정행위가 성립하였다고 할 수 없으며, 외부에 표시되어야 비로소 행정행위가 성립하게 된다.

2. 행정행위의 효력발생요건

(1) **의의 :** 경찰상 행정행위가 효력을 발생하기 위하여 요구되는 요건을 의미한다.

(2) **효력발생요건**

상대방 없는 행정행위	**성립과 동시에 효력 발생** ➡ 법령에 특별규정이 있거나 부관에 의한 특별한 제한이 있는 경우를 제외하고 성립과 동시에 효력을 발생함이 원칙이다. 예 경고, 교통신호 등
상대방 있는 행정행위	**도달과 동시 효력 발생** ➡ 도달주의가 적용되어 일반적으로 송달에 의해 상대방에게 '도달'됨으로써 효력이 발생하는 것이 원칙이다. – **특정인** : 원칙 ➡ 송달(도달주의가 적용됨.) / 예외 ➡ 송달불능시의 공고(공고 후 14일을 경과하면 효력 발생) – **불특정인** : 공고(공고 후 5일 후에 효력 발생)

(3) **도달주의와 발신주의**(원칙 : 도달주의 / 예외 : 발신주의)<99승진>

도달주의	도달주의는 상대방 있는 의사표시는 상대방에게 도달한 때에 그 효력이 생긴다는 주의로서 수신주의 · 수령주의라고도 한다.
	※ 도달 ➡ 도달이란 '상대방의 지배권 내에 들어가' 사회통념상 일반적으로 상대방이 알 수 있는(요지할 수 있는) 상태가 생겼다고 인정되는 것을 의미
	예 우편이 수신함에 투입된 때, 동거하는 친족 · 가족이나 고용인이 수령한 때
	※ 등기와는 달리 보통우편에 의한 도달은 추정되지 않음.
발신주의	의사표시가 상대방에게 발신된 때에 그 효력이 발생한다는 입법태도

판례 내용증명우편이나 등기우편과는 달리, **보통우편의 방법**으로 발송되었다는 사실만으로는 그 우편물이 상당기간 내에 도달하였다고 추정할 수 없고 송달의 효력을 **주장하는 측에서 증거에 의하여 도달사실을 입증하여야** 한다.(대판 2000다25002)

Ⅵ 테마 71 경찰 행정행위의 효력

처분은 권한이 있는 기관이 취소 또는 철회하거나 기간의 경과 등으로 소멸되기 전까지는 **유효한 것으로 통용**된다. 다만, **무효인 처분은 처음부터 그 효력이 발생하지 아니**한다.(행정기본법 제15조)

(1) 행정행위의 효력으로는 ① 구속력, ② 공정력, ③ 확정력(존속력), ④ 집행력이 있다.

(2) 공정력이 무효인 행정행위에는 발생하지 않으며 이어 다른 효력도 당연히 발생하지 않는다.

1. 구속력

(1) **의의 :** 구속력이란 행정행위가 법정요건을 갖추어 행하여진 경우에 그 행위가 당연 무효의 경우를 제외하고는 그 내용에 따라 '상대방과 이해관계인(제3자)', '처분청', '다른 국가기관 및 수소법원 이외의 법원'을 구속하는 힘을 말한다.

※ 구속력은 실체법적 효과를 의미한다.

2. 공정력

(1) **일단 유효한 것으로 추정 :** 처분은 권한이 있는 기관이 취소 또는 철회하거나 기간의 경과 등으로 소멸되기 전까지는 (일단) 유효한 것으로 통용된다. 다만, 무효인 처분은 처음부터 그 효력이 발생하지 아니한다.[♣무효행위 포함(×)](행정기본법 제15조)

예 운전면허취소처분이 일단 행하여지면 비록 그 건이 위법하더라도 상대방인 국민은 이에 복종해야 하고, 취소처분 후 운전을 하게 되면 무면허운전의 죄책을 면할 수 없다.

참고 **선결문제**

☞ 선결문제란 민사소송사건과 형사소송사건의 심리에 있어서 행정행위의 위법 여부 또는 효력의 유무(존재 여부)가 선결문제로 된 경우, 당해 법원이 스스로 그 위법 또는 유효여부를 심리·판단할 수 있는지의 문제를 의미한다.

민사 사건	효력 유무	① **무효사유 → 적극설**(通·判): 민사법원이 **위법으로 무효인지를 판단할 수 있**다.[♣판단할 수 없다.(×)] ② **취소사유 → 소극설**(通·判): 민사법원이 행정행위의 **효력을 직접 부인할 수 없다.**[♣부인할 수 있다.(×)] 예 세금반환소송에서 과세처분의 효력심사
	위법 여부	**적극설**(通·判) → 소수법원은 선결문제로 행정행위에 대한 위법성을 **심리·판단할 수 있다.** 예 **국가배상소송에서 처분의 위법성심사**
형사 사건	효력 유무	① **무효사유 → 적극설**(通·判): 형사법원이 직접 무효를 판단할 수 있다. ※ 무면허 운전의 경우 경찰관도 이를 판단하여 형사입건 등 조치를 할 수 있다. ② **취소사유 → 소극설**(通·判): 경찰관이나 형사법원이 행정행위의 **효력을 직접 부인할 수 없다.**[♣직접 부인할 수 있다.(×)] 판례 연령미달의 결격자인 피고인이 소외인의 이름으로 운전면허시험에 응시, 합격하여 교부받은 운전면허는 … 취소되지 않는 한 유효하므로 피고인의 운전행위는 무면허운전에 해당하지 않는다.(대판 1982.2.8.)
	위법 여부	**적극설**(通·判) → 형사법원은 선결문제로서 행정행위에 대한 위법성을 **심리·판단할 수 있다.**[♣판단할 수 없다.(×)] 예 도시계획법상 조치명령위반죄를 심리하면서 조치명령의 위법여부 심사, 공무집행방해죄 심리 중 공무수행의 적법성 심사 ※ 경찰관이 공무집행방해죄로 현행범 체포할 때 공무수행의 적법성 여부를 심사해야 한다.

* 선결문제를 해결하는 Key Point ⇨ 선결문제의 성격(위법 또는 무효)을 먼저 잘 파악할 것

(2) **성질 :** 정책적인 이유로 행정행위의 **유효성을 잠정적으로 추정하여 행정행위의 구속력을 사실상 통용시키는 절차법적 효력**에 불과하다.[♣적법성의 추정(×), ♣실체법상 효력(×)]

> ※ **입증책임무관설**(通·判) → 공정력은 실체법상의 적법성의 추정으로 볼 수 없으므로 공정력과 입증책임의 문제는 관련성이 없고, 입증책임은 민사소송법상의 분배원칙인 법률요건에 따라 분류해야 한다.[♣공정력은 입증책임 분배에 영향을 미친다.(×)]
>
> ☞ **처분의 적법요건 충족사실** – 행정청이 입증책임 / **처분의 위법성** – 원고 측이 입증책임

(3) **근거 :** 법적 안정설(통설) – 공정력의 이론적 근거에 관해서는 **행정의 실효성 보장, 행정법관계의 안정성 유지 및 상대방의 신뢰보호의 필요성**을 이유로 하는 법적 안정설(행정정책설)이 통설이다.

⑷ 한계

① **무효인 행정행위와 공정력** ➡ 공정력은 행정의 안정성을 확보하기 위해 실정법상 인정된 것이기 때문에 당연 무효인 행정행위에는 공정력이 인정되지 않음.

② **공정력이 있는 행정행위** ➡ 당연 무효인 행정행위를 제외한 모든 행정행위

3. 확정력(존속력)

불가 쟁력	**다툴 수 없게 되는 효력** ➡ 쟁송제기기간의 경과 또는 쟁송수단을 다함으로 인해 행정행위의 상대방 기타 관계인이 더이상 행정행위의 효력을 통상적인 쟁송절차를 통해서는 다툴 수 없게 효력, － 형식적 확정력으로 **절차법적 구속력을 의미**한다. － 무효인 행위를 제외하고 **모든 행정행위에서 발생**한다. 🔲 제소기간의 경과, 심급의 종료 등
불가 변력	① **취소·철회할 수 없는 경우** ➡ 행정청은 발령한 행정행위를 취소·철회할 수 있음이 원칙이나, 일정한 행정행위는 그 성질상 행정기관(처분청 및 상급감독청)도 이를 취소·철회할 수 없는 경우가 있는바, 이 취소·철회가 불허 또는 제한되는 효력을 불가변력이라 한다. － 행정행위의 속성에서 나오는 **실체법적 구속력**에 속한다. ② **인정범위** ☞ 불가변력은 일정한 쟁송절차를 거쳐 행해지는 **확인적 행위 등과 같은 '준사법적 행정행위'에 대해서만 발생**한다. 🔲 행정심판의 재결, 징계위원회의 결정, 소청심사위원회의 결정 등
양자 관계	불가쟁력은 행정객체의 주장을 제한하는 힘이며, 불가변력은 행정주체의 변경을 제한하는 힘으로 양자는 상호 **독립적이며 서로 무관**하다. 따라서 어느 하나의 효력이 발생해도 다른 효력을 다툴 수 있다. － **불가쟁력이 발생한 행정행위** ➡ 불가변력이 없는 한 취소권을 가진 행정청은 직권으로 불가쟁력이 발생한 **행정행위를 취소(철회)할 수** 있고, － **불가변력이 발생한 행정행위** ➡ 불가쟁력이 발생하기 전에는 이해관계인은 **소송을 통해 효력을 다툴 수가** 있다.

정리 불가쟁력과 불가변력 비교

구분	불가쟁력(형식적 존속력)	불가변력(실질적 존속력)
효력성질	절차법적 효력(쟁송법적 효력)	실체법적 효력(행정행위 성질에서)
구속대상	처분 상대방, 이해관계인	처분청 및 감독청(행정기관)
발생범위	모든 행정행위에서 발생[♣특정(×)]	특정한 행정행위에서만 발생[♣모든(×)]

4. 자력집행력(강제력)

⑴ **의의 :** 행정행위에 의하여 부과된 의무를 상대방이 이행하지 아니하면, 사법(私法)행위와는 달리 법원의 힘을 빌리지 아니하고 행정청이 자력으로 그 이행을 강제할 수 있는 효력을 말한다.

※ **민사강제집행과 구분** ➡ 강제집행력이라고 하며, 이를 인정하지 않는 민사강제집행과는 구분된다.

⑵ **법적근거** ☞ 처분행위와 집행행위는 별개 행정작용인바, 각각에 법적 근거가 요구된다.

※ **인정범위** ➡ 강제력은 행정행위를 통하여 의무를 부과하는 하명행위에서만 문제가 되며, 형성적 행위는 그 대상이 되지 않는다.

Ⅶ 테마 72 경찰 행정행위의 하자

Ⅰ. 행정행위의 하자 문제<97경간>

⑴ **의의 :** 행정행위가 **성립·효력요건을 결여**하여 적법·유효하게 성립하지 못한 경우를 의미한다.

⑵ **하자의 종류 :** 하자있는 행정행위에는 '무효인 행정행위'와 '취소할 수 있는 행정행위'가 있다.

※ **구별실익** ➡ 무효인 행정행위는 구속력이 없어 복종하지 않을 수 있으나, 취소할 수 있는 행정행위는 구속력이 있어 복종을 해야 한다.

⑶ **하자의 승계 문제 :** 두 개 이상의 행정행위가 서로 연속하여 행하여지는 경우, 선행행위의 하자를 이유로 후행행위의 위법을 주장할 수 있는지가 문제된다.

⑷ **하자의 치유·전환 문제 :** 당사자의 법적 안정성의 보장, 무익한 행정행위의 반복금지(행정경제의 도모), 공공복리의 실현을 위해서 하자 있는 행정행위를 일정한 경우에 예외적으로 그 효력을 유지시킬 수 있을 것인지가 문제된다.

Ⅱ. 행정행위의 무효·취소

> ① **무효·취소**─ 행정행위(처분) 당시에 하자(원시적 하자)가 있는 경우
> ② **철회·실효**─ 행정행위 당시의 하자와는 무관하고 나중에 발생한 사유에 기인한다.

취소	① 행정청은 **위법** 또는 **부당**한 처분의 전부나 일부를 **소급**하여 **취소할 수** 있다. 다만, 당사자의 **신뢰를 보호할 가치가 있는 등 정당한 사유가 있는 경우**에는 **장래를 향하여 취소**할 수 있다.(행정기본법 제18조 제1항)<09경간> **例** 행정절차법상 의견청취절차를 거치지 않은 처분(판례), 신뢰원칙을 위반한 행위 ② **비교·형량의무와 의무면제 :** 행정청은 당사자에게 권리나 이익을 부여하는 처분을 취소하려는 경우에는 취소로 인하여 당사자가 입게 될 **불이익**을 취소로 달성되는 **공익과 비교·형량(衡量)하여야** 한다. 다만, 다음 각 호의 어느 하나에 해당하는 경우에는 그러하지 아니하다.(행정기본법 제18조 제2항) 1. **거짓**이나 그 밖의 **부정**한 방법으로 처분을 받은 경우 2. 당사자가 처분의 위법성을 **알고 있었거나 중대한 과실**로 알지 못한 경우[♣과실로(×)]
무효	**효력발생(×)** ➡ 행정행위의 하자가 **중대하고 명백**하여, 권한 있는 기관의 취소 없이도 처음부터 당연히 법률적 효력이 발생하지 않는 행정행위이다.<09경간> ※ 효과 ➡ 무효인 하명은 아무런 효력이 없으므로 이를 불이행해도 경찰강제나 경찰벌의 대상이 될 수 없다. **例** 의견진술기회를 부여하지 않은 징계위원회의 징계의결·소청심사위원회의 의결

구별 기준	중대·명백설(通·判) → 하자가 '법규위반의 중대한 하자'임과 동시에 그것이 '외관상 명백한 것'이어야 무효사유이며, 단순위법의 행위 등은 취소의 대상이라는 견해
	※ 신뢰보호 → 상대방의 신뢰보호이익이 중대·명백한 하자에서는 상대적으로 적다.

1. 행정행위의 취소

(1) **소급하여 효력 상실** : 일단 유효하게 성립한 행정행위를 그 **성립상의 흠(원시적 하자)을 이유**로 권한 있는 기관이 행위 당시에 **소급하여 그 효력의 전부 또는 일부를 상실시키는 것**이다.

　※ **불이행 효과** → 취소가 있기 전까지는 그 행위가 효력을 가지기 때문에 이를 불이행하면 경찰강제나 경찰벌의 대상이 될 수 있다.

① 취소할 수 있는 행정행위에 대해서는 공정력이 인정되므로 출소기간의 제한이 있으며, 출소기간이 지난 경우 불가쟁력이 발생하고 **불가쟁력이 발생한 경우에도 직권취소는 가능**하다.[♣불가쟁력이 발생한 경우 직권취소 불가능(×)]

② 또한 취소할 수 있는 행정행위는 공정력이 있으므로 심판전치주의가 특별히 규정된 사안에서 심판전치주의가 적용이 되며, 선결문제의 경우 공정력과 관련되는 효력문제는 판단할 수 없으나 위법여부는 판단할 수 있게 된다.

③ 하자 승계의 경우 통설에 의하면 선행행위와 후행행위가 하나의 효과를 목적으로 하는 경우 하자 승계가 긍정되고, 서로 다른 효과를 목적으로 하는 경우는 하자가 승계되지 않는다고 한다.

④ 사정판결이나 사정재결은 공정력이 인정되는 취소사유에는 인정될 여지가 생기는 것이며 취소사유의 경우 치유를 통해 온전한 행정행위가 될 수 있다.

(2) 구체적 취소사유

주체	(1) **권한 초과한 행위**(무권한자의 행위는 무효사유)
	(2) **의사결정에 하자가 있는 행위** 　① **사기(사위)·강박 등** → 처분의 내용이 위법하지 아니한 경우에도 취소사유가 된다. 　② **착오** → 착오의 결과 단순위법·부당하게 된 행위가 있어야 취소사유가 된다.
	(3) **부정행위에 의한 행위**(증수뢰, 부정신고 기타)
내용	(1) **단순한 위법**인 경우 **예** 면허결격사유가 있는 자에 대한 운전면허
	(2) **부당한 행위** → 공익에 위반한 경우 등
	(3) **선량한 풍속 기타 사회질서(공서양속·미풍양속)에 위반**한 행위
절차	(1) **편의적 절차위반** → 행정의 능률·원활·참여 등을 위한 편의적 절차를 위반한 행위
	(2) **필요적 자문을 결여** → 필요한 협의를 결여한 행위는 무효
	(3) **절차위반** → 공무원이 정당한 증표의 제시 없이 행한 행위(多)
형식	(1) **경미한 형식의 하자** **예** 개발 부담금의 납부고지서에 납부근거의 기재가 누락된 경우

(3) 종류

직권 취소	① **의의** ➡ 행정기관(처분청, 감독청)이 직권으로 행정행위를 취소시키는 것이다. ② **취소권자** ➡ 처분청 / 감독청 　－ 처분청 ➡ 고유한 권한으로서 취소권을 가진다. 　－ 감독청 ➡ 감독청은 명문의 규정이 없는 경우에도 취소권을 가짐.(多) 　※ **감사원** ➡ 시정요구만 인정되고 취소권은 가지고 있지 않다. ③ 행정행위 제소기간도과로 **불가쟁력이 발생한 경우에도 직권취소는 가능**하다.[♣불가능(×)]
쟁송 취소	**의의** ➡ 위법·부당한 행정행위로 인해 권익이 침해된 자의 **쟁송의 제기에 의하여** 권한 있는 기관(행정심판위원회·법원)이 행정행위의 효력을 소멸시키는 것이다. 　※ **취소권자** ➡ **행정심판**: 행정심판위원회, 제3기관 / **행정소송**: 행정법원

비교 **직권취소 / 쟁송취소**

구분	직권취소	쟁송취소
의의	행정청 **직권취소**	이해관계인의 신청에 의한 취소
근거	**법적근거 불요**(通·判)	행정심판법·행정소송법
목적	적법성 또는 합목적성 확보	당사자의 권리구제
주체	행정청(**처분청·감독청**)	행정심판(행정청) / 행정소송(행정법원)
대상	불문	침해적 행정행위
사유	**공익적 요구** + 추상적 위법성	추상적 위법성
절차	특별한 절차 불요	행정쟁송절차(심판·소송)에 의함.
제한	상대방 권익보호를 위해	특별한 규정(사정판결) 외 제한(×)
기간	**제한 없음.**	심판(**90일**···**180일**) / 소송(**90일**····**1년**)
효과	**개별적 소급효** / 기속력·확정력(×)	**소급효 발생** / 기속력·확정력 발생

※ 효과 : 취소는 원칙적으로 소급효를 가지지만, 예외적으로 **상대방(국민)의 이익보호를 위해 소급효가 인정되지 않을 수도 있다.**<97경간>

참고 **행정행위의 철회 － 원시적 하자(×)**

의의	① 행정청은 적법한 처분이 다음의 어느 하나에 해당하는 경우에는 그 처분의 전부 또는 일부를 **장래를 향하여 철회할 수** 있다.(행정기본법 제19조 제1항) 　1. **법률**에서 정한 **철회 사유**에 해당하게 된 경우 　2. 법령등의 변경이나 **사정변경**으로 처분을 더이상 존속시킬 필요가 없게 된 경우 　3. **중대한 공익**을 위하여 필요한 경우 　　※ **새로운 사정(원인 : 후발적 사유)** ➡ 유효하게 성립된 행정행위의 효력을 그 성립 후 발생한 **새로운 사정**에 의하여 더이상 존속시킬 수 없게 된 경우에, **장래에 향하여** 그 효력의 **전부 또는 일부**를 소멸시키는 독립된 행정행위 　　※ **실정법상 취소와 용어가 혼용되기도 한다.**

의의	예 음주운전으로 인한 운전면허의 취소(철회에 해당), 공익상의 필요로 인한 도로점 용 허가의 효력 상실 ※ **법적근거 불요설(多 · 判)** ➡ 행정의 법률적합성 및 공익적합성, 새로운 사정의 적응 요청 등의 이유 때문에 철회에 법적 근거는 필요치 않음. ② 행정청은 처분을 철회하려는 경우에는 철회로 인하여 당사자가 입게 될 **불이익**을 철회로 달성되는 **공익과 비교 · 형량하여야** 한다.(행정기본법 제19조 제2항)
철회 권자	**처분청만이 철회권**을 가진다.(특별한 규정이 있으면 예외가 인정되나, 명문의 규정이 없는 경 우 **감독청은 철회를 명할 수 있을 뿐**, 철회권을 가지지 않는다.) ※ **철회의 사유** ➡ 사정변경 / 우월한 공익상의 필요 / 철회권이 유보된 경우 / 상대방의 의 무위반 · 귀책사유 / 법령에 규정된 철회사유의 발생 ※ **철회의 제한** ➡ 부담적 행위의 철회는 자유로우나, 수익적 행위의 철회는 철회를 요하는 공익상 필요와 상대방의 신뢰보호 및 법적 안정성을 비교 · 형량하여 결정하여야 함.
철회 효과	① **형성력 발생** ➡ 행정행위의 효력이 소멸된다. ② **불소급효** ➡ 철회의 효과는 원칙적으로 장래에 향해서만 발생한다.<98입시> ③ **손실보상** ➡ 상대방이 귀책사유 없이 특별한 손실을 입은 경우에는 손실보상 청구가 가능 하다.<02행시>

정리 **취소와 철회 비교**<09승진>

구분	취소	철회
주체(권한행사)	**처분청+감독청(多)+법원**	**처분청[♣특별규정 없으면 감독청(×)]**
발생사유	**원시적 하자**	**후발적 사유**(사후발생의 새로운 사유)
효과	**소급효 인정**, 손해배상 문제발생	**소급효 부정**, 손실보상 문제발생
절차	엄격한 절차 적용	특별한 절차규정 없음.
공통점	① 취소와 철회 모두 **일정한 조리상의 제한** 있음[♣제한사유 인정 여부에 차이(×)]<09승 진>, 구체적 수권 필요 없음, 특별한 절차규정 없음. ② 행정청은 제척기간(5년)에도 불구하고 행정심판의 재결이나 법원의 판결에 따라 제재처분이 **취소 · 철회된 경우**에는 재결이나 판결이 확정된 날부터 **1년**(합의제 **행정기관은 2년**)이 지나기 전까지는 그 취지에 따른 **새로운 제재처분을 할 수** 있다.(행정기본법 제23조 제3항)	

2. 행정행위의 무효

(1) **의의 :** 행정행위의 하자가 **중대하고 명백**하여, 권한 있는 기관의 취소 없이도 처음부터 당연히 법률적 **효력이 발생하지 않는** 행정행위

※ 효과 ➡ 무효인 하명은 아무런 효력이 없으므로 이를 불이행해도 경찰강제나 경찰벌의 대상이 될 수 없다.

① 무효인 행정행위에 대해서는 공정력이 부정되므로 출소기간의 제한이 없으며, 출소기간의 제한이 없 어 불가쟁력이 발생할 여지가 없다.

② 또한 무효인 행정행위는 공정력이 없으므로 심판전치주의가 특별히 규정된 사안에서도 심판전치주의를 굳이 적용할 실익이 없으며, 선결문제의 경우 위법여부를 판단할 수 있음은 물론이고 공정력과 관련되는 효력문제도 판단할 수 있게 된다.

③ 무효행위의 경우 선행행위에 불가쟁력이 발생하지 않으므로 하자는 당연히 승계된다고 본다.

④ 사정판결이나 사정재결은 공정력조차도 인정되지 않는 무효행위에는 인정될 여지가 없으며 요건에 공통성이 있는 경우 다른 행정행위로의 전환은 가능하다.

⑵ 취소와 구별기준

> **중대·명백설(通·判)** ➡ 하자가 '법규위반의 중대한 하자'임과 동시에 그것이 '외관상 명백한 것'이어야 무효사유이며, 단순위법의 행위 등은 취소의 대상이라는 견해
>
> ※ 신뢰보호 ➡ 상대방의 신뢰보호이익이 중대·명백한 하자에서는 상대적으로 적다.

⑶ 무효와 취소 비교

구분	무효	취소
공정력	×(인정되지 않음.)	○(인정)
출소기간(불가쟁력)	×(적용되지 않는다.)	○(적용)
필요적 심판전치주의	×(적용되지 않는다.)	○(적용) – 단 대상일 경우
선결문제	○(심사가능)	△(효력유무×, 위법유무○)
하자승계	○(항상 승계)	△(하나의 목적○, 다른 목적×)
사정재결·판결	×(불인정)	○(인정)
치유·전환	**전환**만 인정	**치유**만 인정
공통점	**국가배상청구소송에서 인용**여부, **집행부정지**의 원칙[♣구별실익 있다.(×)] – 국가배상청구소송에서는 효력유무를 따지지 않고 위법성만 따지게 되므로 공정력과 무관하게 무효사유건, 취소사유건 국가배상을 인정할 수 있다.	

➡ 무효소송의 종류

　① 무효등확인소송(무효확인심판) / ② 무효선언취소소송 / ③ 당사자소송(선결문제)

➡ **사정재결(심판)·사정판결(소송)** ➡ 청구인의 청구가 인정되는 경우에도 처분을 취소하는 것이 현저히 공공복리에 반할 경우 예외적으로 청구를 기각하는 판결

참고 행정행위의 실효 – 원시적 하자(×)

의의	**일정한 사실에 의해** ➡ 아무런 하자 없이 유효하게 성립·발효한 행정행위의 효력이 행정청의 의사와 관계없이 일정한 사실에 의해 장래에 향하여 당연히 소멸되는 것
특색	① **하자와 무관** ➡ **취소와의 차이** ② **당연히 효력 소멸**(행정청 의사표시×) ➡ **철회와의 차이** ③ **장래에 행하여** ➡ 실표사유가 발생한 이후 장래에 향하여만 효력이 소멸함.
사유	① 부관의 성취 ➡ 해제조건의 성취·종기의 도래(예 총포소지 허가기간의 도래) ② 목적의 달성 / 달성 불가능 ③ 대상의 소멸(예 목적물의 멸실, 당사자의 사망, 허가영업의 자진 폐업 등)

III. 행정행위의 하자승계

1. 의의

(1) **후행행위의 위법 주장 가능성**: 두 개 이상의 행정행위가 서로 연속하여 행하여지는 경우, **선행행위의 하자를 이유로 후행행위의 위법을 주장할 수 있는가** 하는 문제이다.

※ **인정실익** ➡ 선행행위에 대한 쟁송기간의 경과로 불가쟁력이 발생한 경우에 위법하지 않은 후행행위에 대하여 선행행위의 위법성을 이유로 쟁송상 다툴 수 있는가 하는 점

(2) 행정행위 상호간에는 기본적으로 하자의 승계가 인정되지 않는다.

2. 요건

선행행위		후행행위		
① 취소사유인 하자 있고, ② 불가쟁력 발생 **(제소기간 경과)**	⇨	하자가 없음.	⇨	① **독립된 별개 효과추구** ⇨ 승계를 부정 ② **동일 공통된 효과추구** ⇨ 승계를 긍정

(1) 선행행위에 무효사유인 흠이 있으면 이는 언제든지 후행행위에 승계되어 그 취소 또는 무효를 주장할 수 있다.<95·99·02행정>

※ 따라서 선행행위에는 당연 무효가 아닌 취소사유인 하자가 존재하여야 한다.

(2) **선행행위에 취소사유인 흠이 있는 경우**

① **선행행위에 불가쟁력이 발생했어야** 하고,

② **후행행위에는 고유한 하자가 없어야** 한다.

학설 취소사유인 하자에 대한 하자승계론(通·判)의 입장

> **원칙** ➡ 선행행위와 후행행위가 '독립된 **별개의 법적 효과의 발생**'을 목적으로 하는 독립된 절차를 이루는 경우 ⇨ 하자가 **승계되지 않음**.(원칙적으로 행정행위 상호간에는 하자의 승계가 인정되지 않음.)
>
> **예외** ➡ 선행행위와 후행행위가 결합하여 '**동일한 하나의 법적 효과의 발생**'을 목적으로 하는 일련의 절차를 이루는 경우 ⇨ **하자가 승계**된다.

> 판례 공무원의 직위해제처분에 하자가 있더라도 면직처분의 위법성을 다툴 수 있는 원인으로 승계
> 됨을 부인하였다. 즉, 직위해제처분의 하자는 면직처분으로 이어지기를 기다려서는 안 되고
> 직위해제처분의 쟁송기간이 도과하기 전에 다투어야 한다.(대판 71누96)

판례 **승계의 여부**<10승진 · 10.2순경>

하자승계 부정(원칙)	하자승계 긍정(예외)
➡ 선 · 후행 행정행위가 **별개 목적**	➡ 선 · 후행 행정행위가 결합, **동일 법적효과를 목적**으로 하는 경우
(1) **직위해제처분과 직권면직처분**<10승진>	(1) 대집행절차에 있어서 선행처분인 **계고처분의 하자**와 후행처분인 **대집행영장발부통보처분** 간의 경우(대집행절차 상호간)<10.2채용>
(2) 건물철거명령과 대집행계고처분	(2) 조세체납처분 상호간(독 · · · 압 · · · 매 · · · 청)
(3) **과세처분과 체납처분**[♣승계긍정(×)]<08승진>	(3) **개별공시지가결정의 위법**과 이를 기초로 한 **과세처분** 간의 경우<10.2채용>
(4) 표준공시지가결정과 과세처분	(4) **안경사시험합격무효처분의 하자**와 **안경사면허취소처분** 간<10.2채용>
(5) **사업인정과 토지수용재결처분**	[☻ 대조개안 긍정]
(6) (대학원) **수강거부처분과 수료처분** 간[♣긍정(×)] <10.2채용>	
[☻ 직건과표사수 부정]	

IV. 하자의 치유와 전환

1. 의의

(1) **예외적 효력유지 :** 당사자의 법적 안정성의 보장, 무익한 행정행위의 반복금지(행정경제의 도모), 공공복리의 실현을 위해서 하자 있는 행정행위를 일정한 경우에 예외적으로 그 효력을 유지시키는 것을 의미한다.

※ **법규정(×)** ➡ 하자의 치유나 전환에 대해 독일과 같은 직접적인 법규정이 없기 때문에, 민법규정의 유추적용이 문제가 되며, 학설에 의해서 다양한 이론이 전개되고 있다.

① **통설 : 하자의 치유는 취소할 수 있는 행정행위에 대해서만, 하자의 전환은 무효인 행정행위에 대해서만 인정될 수** 있다.(치유 ➡ 취소 / 전환 ➡ 무효)

2. 치유

의의	**(하자에도 불구) 효력유지** ➡ 성립당시에 적법요건을 결여한 하자 있는 행정행위를 일정한 요건 아래에서 그 성립 당시의 **하자에도 불구하고 하자 없는 적법 · 유효한 행위로** 효력을 그대로 유지시키는 것
요건	취소할 수 있는 하자일 것 ☞ 무효인 행정행위의 치유는 불가능하다. ※ **치유인정 사유** ➡① 요건이 사후에 보완된 경우, ② 취소가 필요 없게 된 경우
효과	**소급효** ➡ 치유가 된 행정행위는 종전의 행정행위의 발령 당시로 소급하여 효력이 발생하게 된다.

참고 **사실상 공무원 이론**

(1) **의의** ➡ 적법한 공무원의 신분을 가지지 아니한 자의 행위라 해도 상대방이 공무원이라고 믿을 만한 외관이 있는 경우, 신뢰보호의 원칙을 적용하여 그가 행한 행정처분 등을 신뢰한 국민의 이익을 보호하기 위해 처분의 효력을 유효한 것으로 다루는 이론(외관 ➡ 유효)

(2) **성격**

① **치유의 예로 보는 견해(多)** ➡ 사실상 공무원이론은 공무원 아닌 자의 행위를 그 자체로서 유효한 것으로 인정하는 것이므로 이는 하자의 치유에 해당한다고 보아야 함.[♣하자의 치유에 해당한다는 데 이견이 없다.(×)]

② **전환의 예로 보는 견해**

③ **신뢰보호원칙의 적용으로 보는 견해**(최근 다수설) ➡ 하자의 치유·전환과는 무관

3. 전환

의의	**다른 행정행위로 인정** ➡ 행정행위가 원래의 행정행위로서는 위법한 것으로 무효이나, 이를 다른 행정행위로 보면 요건이 충족되는 경우, 다른 행정행위로 보아 유효한 행위로 인정 **예** 사망자에 대한 재결의 효력을 상속인에 대하여 인정하는 것 ※ **근거규정** – 국내에는 독일과 달리 하자의 치유와 전환에 관한 직접적인 **행정법규정은 존재하지 않는다.**
요건	① **주체** ➡ 하자 있는 행정행위의 전환은 '처분청'이나 '행정심판위원회'에 의해 행해질 수 있다. ② **대상** ➡ 취소할 수 있는 행정행위에 대한 전환의 인정 여부 ➡ 부정설(通) ③ **요건** [☺똥침 성공] ⌐ **동일한 행정기관의 권한** ➡ 무효인 행정행위와 전환될 행정행위에 대하여 동일한 행정기관이 권한을 갖고 있을 것(또한 **행정청의 의도에 반하지 않을 것**) ⓛ **권익침해(×)** ➡ **상대방(당사자) 또는 제3자의 권익**을 침해하지 않을 것 ⓒ **성립·효력요건 구비** ➡ 무효인 행정행위가 전환될 행정행위의 성립·효력요건을 구비할 것 ⓔ **요건·효과의 실질적 공통성** ➡ 무효인 행정행위와 전환될 행정행위 사이에 요건·효과의 실질적 공통성이 있을 것[♣목적과 효과가 다를 것(×)] ④ **한계** ➡ 다수설에 의하면 **기속행위에서 재량행위로 전환은 금지**된다.[♣가능(×)]
효과	**소급효** ➡ 전환으로 인하여 생긴 새로운 행정행위는 종전의 행정행위의 **발령 당시로 소급하여 효력이 발생**하게 된다.[♣장래에 향하여서만(×)]

Chapter 05 경찰행정의 실효성(의무이행) 확보수단

전통적 의무이행 확보수단 [♣과징금(×)]	의무 이행	경찰 강제	강제집행	대집행, 집행벌, 직접강제, 강제징수<19경간>
			즉시강제	시간적 여유가 없고, 성질상 의무를 명하면 목적달성 불가
	의무 위반	경찰벌	경찰형벌	행정법상 의무위반에 대하여 형벌을 과하는 경우
			경찰질서벌	행정법상 의무위반에 대한 제재로 과태료 부과
새로운 의무이행 확보수단	금전적 제재		가산세	가산세는 개별 세법이 과세의 적정을 기하기 위하여 정한 **의무의 이행을 확보할 목적**으로 그 의무 위반에 대하여 **세금의 형태**로 가하는 행정상 제재이다.<23.1채용>
			가산금	경찰법상의 급부의무의 불이행에 대해서 과해지는 금전상의 제재
			과징금	① 행정청은 법령등에 따른 **의무를 위반**한 자에 대하여 법률로 정하는 바에 따라 그 위반행위에 대한 제재로서 **과징금을 부과할 수** 있다.(행정기본법 제28조) ② 과징금은 원칙적으로 **행정법상의 의무를 위반**한 자에 대하여 당해 위반행위로 얻게 된 **경제적 이익을 박탈**하기 위한 목적으로 부과하는 금전적인 제재이다.<23.1채용> ※ **과징금과 벌금·범칙금의 병과 가능** ➡ 과징금은 국가의 형벌권의 실행으로서의 과벌이 아니므로, 행정법규 위반에 대하여 벌금이나 범칙금 외에 과징금을 부과하는 것은 **이중처벌금지(일사부재리)의 원칙에 반하지 않**는다. ※ **과태료와도 병과가 가능** ➡ 이익환수라는 측면에서 과징금은 집행벌인 과태료나 위반에 대한 제재인 과태료와도 병과가 가능하다.
			부과금	사업 수행에 필요한 경비를 다수의 관계자로부터 징수하는 금전적 부담
	관허사업 제한			경찰법상의 의무위반이 있는 경우 각종의 허가를 하지 아니하거나 허가를 취소·정지함으로써 간접적으로 의무이행을 확보하는 경우를 의미한다.
	공급 거부			경찰법상의 의무위반자나 불이행자에 대하여 일정한 경찰상 역무나 재화의 공급행위를 거부함으로써 의무이행을 확보하는 수단 예 건축법상의 전기·수도의 공급중지 등
	공표 제도			(1) **의의**(간접적·심리적 강제) ☞ 공표제도는 경찰법상의 의무위반 또는 의무불이행이 있는 경우 그의 성명·위반사실 등을 불특정다수인이 주지할 수 있도록 일반에 알려 사회적 비난과 명예 또는 신용의 침해를 위협함으로써 그 시정을 구하는 경찰작용 (2) **법적 성질**(비권력적 사실행위) ☞ 간접적·심리적 강제이며, 비권력적 사실행위로서 공표 그 자체만으로는 어떠한 법적 효과도 발생하지 아니한다. (3) **법적 근거**(필요) ☞ 공표는 관련자의 명예·신용·프라이버시의 침해를 가져오는 동시에, 공무원의 비밀엄수의무 등과 관련이 있기 때문에 법적 근거가 필요하다.

새로운 의무이행 확보수단	공표 제도	① **공표에 관한 일반법은 없고**, 각 개별법령에 근거하고 있다. ◎ 아동·청소년의 성보호에 관한법률, 공공기관의 정보공개에 관한 법률(제8조의2 : 일반법적 기능을 수행), 국세기본법의 고액조세체납자의 명단공개, 소비자기본법, 식품위생법, 공직자윤리법상 명단공개, 환경오염배출업소의 명단공개
직접적 강제수단		강제집행(대집행, 직접강제, 강제징수), 경찰상 즉시강제[♣집행벌(×), ♣공급거부(×)]<12경간·21승진> ♣집행벌, 경찰상 즉시강제, 대집행, 강제징수, 공급거부는 모두 직접적 의무이행 확보 수단이다.(×)<12경간>
간접적 강제수단		**경찰벌, 집행벌(이행강제금), 새로운 의무이행 확보수단(과징금, 가산금 등)**<12경간> ♣간접적인 경찰상 의무이행 확보수단에는 명단공개, 경찰벌, 경찰질서벌, 강제징수가 있다.(×)

> 판례 **[건축법 이행강제금 → 간접강제 수단]** 구 건축법상 **이행강제금**은 시정명령의 불이행이라는 과거의 위반행위에 대한 제재가 아니라, 시정명령을 이행하지 않고 있는 건축주·공사시공자·현장관리인·소유자·관리자 또는 점유자(이하 '건축주 등'이라 한다)에 대하여 다시 상당한 이행기한을 부여하고 기한 안에 시정명령을 이행하지 않으면 이행강제금이 부과된다는 사실을 고지함으로써 의무자에게 심리적 압박을 주어 시정명령에 따른 의무의 이행을 간접적으로 강제하는 행정상의 **간접강제 수단**에 해당한다.(대법원 2015두46598 판결 [이행강제금부과처분무효확인등])

1 전통적 의무이행 확보수단

[Ⅰ] 테마 73 경찰강제

(1) **의의** : 법령 또는 이에 의거한 경찰처분에 의하여 과하여진 경찰행정법상의 의무를 의무자가 스스로 **이행하지 않을 경우**에 경찰행정청이 장래에 향하여 행정목적의 실현을 확보하기 위하여 개인의 신체 또는 재산에 **실력을 행사**하여 경찰상 필요한 목적을 실현시키는 자력강제로서 **권력적 사실행위**이다.

(2) **종류** : **경찰강제**에는 **강제집행**(대집행, 집행벌, 직접강제[♣즉시강제(×)], 강제징수)과 **즉시강제**가 있다.[♣강제집행과 직접강제(×)](경찰강제 = 경찰상 강제집행+즉시강제)<19.1채용>

 ※ 강제집행 = 의무의 존재(명시적 의무)+의무 불이행 ≠ 즉시강제

(3) **근거** : 행정상 강제조치에 관하여 행정기본법에서 정한 사항 외에 필요한 사항은 따로 법률로 정한다. (행정기본법 제30조 제2항)

 ① 경찰상의 강제집행을 하기 위해서는 경찰의무를 부과하는 경찰하명의 근거가 되는 법률 이외에 **경찰상의 강제집행을 위한 별도의 법적 근거가 있어야** 한다.<22경간·22.2채용>

 ② **형사(刑事), 행형(行刑) 및 보안처분** 관계 법령에 따라 행하는 사항이나 **외국인의 출입국·난민인정·귀화·국적회복**에 관한 사항에 관하여는 '행정기본법상 행정상 강제규정'을 **적용하지 아니**한다.(행정기본법 제30조 제2항)

(4) **특성** : 행정법상의 모든 의무불이행에 대하여 강제집행 수단이 마련되어 있는 것은 아니므로, 강제집행 수단이 없는 경우에는 경찰벌을 과하도록 규정되어 있는 것이 보통이다.[♣강제집행수단(×) ➡ 경찰벌]

① **법치행정의 원리 엄격 적용** ➡ 권력작용이므로 법치행정의 원칙이 엄격히 적용되어 반드시 **법적 근거가 필요**하다.[♣작위의무를 부과한 행정처분의 법적 근거가 있다면 행정대집행은 별도의 법적 근거를 요하지 아니하며(×)]<22.2채용>

② **자력강제 인정** ➡ 경찰상 강제집행은 **자력강제가 인정**되므로, **민사상의 강제집행인 타력강제와는 구별**이 된다.

I. 테마 74 경찰상 강제집행

(1) **강제집행**[♣경찰하명(×)] : 경찰하명에 대한 경찰법상의 **의무불이행에 대하여**[♣경찰위반에 대하여(×)] 경찰권이 실력을 가하여 그 **의무를 이행**시키거나, 이행이 있는 것과 같은 상태를 실현시키는 작용이다. <96·16·21승진·19.1채용>

※ 경찰하명은 강제집행의 전제가 되며, **의무를 부과하는 수단**이다.[♣의무이행 확보수단(×)]

① **성격** : 강제집행 중 '**대집행, 직접강제, 강제징수**'는 경찰목적의 달성을 위한 **직접적 강제수단**이고, '**집행벌**'은 간접적 **강제수단**이다.[♣강제집행은 간접적 의무이행 확보수단(×)]<21승진>

② **즉시강제와 비교** : 경찰상의 강제집행은 경찰하명에 의한 **의무의 존재 및 그 불이행을 전제**로 한다는 점에서 **이를 전제로 하지 아니하고 급박한 경우에 행하여지는 경찰상 즉시강제**[♣직접강제(×)]**와 구별**된다.[♣강제집행은 선행의무의 불이행을 전제로 하지 않는다.(×)]<20경간·14승진·19.1·21.1채용>

③ **경찰벌과 비교** : 경찰상 강제집행은 **장래에 향하여 의무이행을 강제**한다는 점에서 **과거의 의무위반에 대한 제재**인 **경찰벌과 구별**된다.<21.1채용>

④ **구별개념**<97·98승진·01채용>

강제집행/경찰벌	강제집행	장래에 향하여 의무이행을 강제
	경찰벌	과거의 의무위반에 대한 제재
강제집행/즉시강제	강제집행	'경찰하명'과 '선행의무'의 존재 및 그 '불이행'을 전제로 한다.
	즉시강제	'경찰하명'과 '선행의무' 및 그 '불이행'을 전제로 하지 않는다.

※ **강제집행과 즉시강제의 공통점** : 권력적 사실행위 / 장래의 의무이행을 실현 / 행정권의 자력집행 / 법치행정의 원칙이 엄격히 적용됨. / 국민의 신체 또는 재산에 대한 실력행사

판례 경찰상 즉시강제는 국민의 의무와는 상관없이 경찰기관이 실력을 행사하여 경찰목적을 도모하는 경우이므로 인권침해의 소지가 많다. … 따라서 법치행정의 원칙상 행정(경찰)강제는 **강제집행을 원칙**으로 하고, 인권침해의 소지가 큰 행정상 **즉시강제는 예외적 수단**에 속한다.(헌재 2000헌가12)<98승진>

(2) **근거**

① **일반법** : **국세징수법**(강제징수일반법), **행정대집행법**(대집행 등 강제집행의 일반법)[♣경찰관직무집행법(×)]<21.1·22.2채용>

※ 집행벌과 직접강제에는 일반법이 없다.

② **개별법** : 건축법·도로교통법·출입국관리법·식품위생법 등

(3) 수단과 대상

수단	대상(의무)
대집행	**대체적 작위의무**
집행벌	**모든 의무**(대체 · **비대체적 작위의무**, 부작위의무, 수인의무, 급부의무)
직접강제	**모든 의무**(대체 · **비대체적 작위의무, 부작위의무, 수인의무, 급부의무**)
강제징수	**급부의무**

대체적 작위의무	비대체적 작위의무	부작위의무	수인의무	급부의무
대집행				**강제징수**
직접강제 및 집행벌(이행강제금)				

(4) 행정상 의무의 유형 – (하명 참조)

대체적 작위의무	타인이 대신 행할 수 있는 행위를 해야 할 의무 **예** **위법건축물 철거의무, 주정차 위반차량의 제거의무**, 교통장애물 제거의무, 선전광고물 제거의무, 건물의 이전 · 보수 · 청소의무, 불법광고판 철거의무
비대체적 작위의무	고도의 전문기술성을 요하는 경우와 같이 반드시 의무자 본인이 해야 하고 타인이 대신 행할 수 없는 행위를 해야 할 의무 **예** 증인출석의무, 의사의 진료의무, 전문가의 감정의무, 건물 · 토지의 인도(명도)의무
부작위 의무	일정한 행위를 하여서는 아니 될 의무 **예** 통행금지의무, 음주운전 금지의무, 통제구역에 출입하지 않을 의무, 사증 없이 입국하지 아니하여야 할 의무 등 ※ **오직 의무위반** ➡ 부작위 의무에 대해서는 성격상 의무불이행이란 없고 **오직 의무위반만 존재**한다.
수인의무	행정권의 발동으로 인하여 자신의 신체나 재산에 가해지는 사실상의 강제에 대하여 저항하지 않고 이를 감수해야 하는 의무 **예** 경찰관직무집행법상 위험방지를 위한 출입 등 적법한 공권력의 행사에 복종해야 할 의무, 신체검사 · 예방접종에 응해야 할 의무
급부의무	금품 · 물품 등을 납부할 의무 **예** 수수료 · 현품의 납부의무, 조세납부의무

행정청은 행정목적을 달성하기 위하여 필요한 경우에는 **법률로 정하는 바에 따라** 필요한 최소한의 범위에서 다음 각 조치를 할 수 있다.(행정기본법 제30조 제1항)

1. 대집행

(1) **의의** : 의무자가 행정상 의무(법령등에서 직접 부과하거나 행정청이 법령등에 따라 부과)로서 **타인이 대신하여 행할 수 있는 의무**를 **이행하지 아니(대체적 작위의무 불이행)하는 경우** 법률로 정하는 다른 수단으로는 그 이행을 확보하기 곤란하고 그 불이행을 방치하면 공익을 크게 해칠 것으로 인정될 때에 행정청이 의무자가 하여야 할 행위를 **스스로 하거나 제3자에게 하게** 하고 그 **비용을 의무자로부터 징수**하는 것[♣비대체적 작위의무의 불이행이 있는 경우(×)](행정기본법 제30조 제1항 제1호)<16·18·20승진·21.1·22.1·2채용>

  ※ **권력적 사실행위**로서 강제집행에 해당한다.

  예 **무허가 건축물의 강제철거**, 이동명령에 불응하는 **불법주정차 차량의 견인**(제35조 제2항), 교통장애물·선전광고물의 제거 등[♣즉시강제(×)]<22.2채용>

  ※ **스스로 혹은 제3자가 실행+비용징수** : 대집행의 대상이 되는 의무 ➡ 대체적 작위의무만이 대상이 된다. <01·02입시>

(2) **대집행의 법적 근거** : 권력작용으로 **반드시 법적 근거가 필요**하다.[♣작위의무를 부과한 행정처분의 법적 근거가 있다면 행정대집행은 별도의 법적 근거를 요하지 아니 하며(×)]<21.1·22.2채용>

일반법	**"행정대집행법"**<98승진·21.1채용>
단행법	"공익사업을 위한 토지 등의 취득 및 보상에 관한 법률", "지방재정법", "건축법"

(3) **요건**

  ① **주체 : 당해 행정청** － 경찰 의무를 부과한 당해 경찰관청 즉 처분청을 의미하며, **감독청은 대집행권을 가지지 않는다.**[♣당해 행정청(○), ♣감독청(×)]<03입시>

  ※ 예외 위임 ➡ 당해 행정청의 위임이 있으면 다른 행정청도 대집행의 주체가 될 수 있다.

  ② **대상 : 대체적 작위의무**의 불이행이 있을 것

  ※ 부작위의무·비대체적 작위의무 ➡ **신체검사·증인출석 의무**와 같이 대체성이 없는 **비대체적 작위의무 등은 대집행의 대상이 될 수 없다.**

  ※ 비용문제 ➡ 대체적 작위의무라면 타인이 행하는 것이 비용이 훨씬 많이 든다고 하더라도 대집행의 대상에서 제외되는 것은 아니다.

(4) **조리상 한계**

  ① **보충성의 원칙** ➡ 다른 수단으로 이행확보가 곤란할 것

  ② **비례의 원칙** ➡ 의무불이행을 방치함이 심히 공익에 위배될 것

(5) **절차 : 계고 → 통지 → 실행 → 비용의 징수** 순[♣계고→통지→비용의 징수→실행 순(×)](행정대집행법 제3조, 제4조)<20경간>

계고	의무이행을 최고함과 동시에 상당한 이행 기한까지 의무가 이행되지 아니할 때에는 대집행을 한다는 뜻을 미리 **문서로써 통지**하는 것
통지	의무자가 계고를 받고 지정기한까지 그 의무를 이행하지 아니할 때에는 당해 행정청은 **대집행영장으로써** 대집행을 할 시기, 대집행책임자의 성명 및 대집행 비용의 계산액을 의무자에게 **통지**하여야 한다.[♣대집행영장에 의한 통지→대집행의 계고(×)]<14경간>
실행	대집행은 영장에 기재된 시기에 대집행 책임자에 의해서 실행하게 된다.
비용 징수	대집행에 소요된 비용은 실제비용액과 납기일을 정하여 의무자에게 문서로써 그 납부를 부과하고, 납부하지 않을 경우에는 국세징수의 예에 의하여 강제징수 할 수 있다.

⑹ **권리구제**

① **[실행전] 행정소송** : 대집행 실행 전에는 행정쟁송의 대상이 되나, 대집행 실행 후에는 원칙적으로 대집행의 취소나 변경을 구할 법률상 이익이 없으므로 원칙적으로 행정쟁송의 대상이 되지 못한다. [♣실행 후에도 행정쟁송의 대상(×)]

※ 그러나, 예외적으로 대집행의 취소로 인해 회복되는 법률상 이익이 있는 경우에는 행정쟁송의 제기가 가능할 수 있다.

※ 처분성 ➡ 대집행 절차는 각각 처분의 성질을 갖는 것이므로, 대집행의 어느 단계이든 실행 전에는 각각 행정쟁송의 대상이 될 수가 있다.

② **[실행 후] 손해배상 · 원상회복 청구** : 대집행 실행 후, 대집행의 위법이나 과잉진압을 이유로 하는 손해배상이나 원상회복의 청구가 가능하다.(가장 효과적인 권리구제 수단임.)

※ 대집행의 실행 전에는 손해가 발생하지 않으므로, 국가배상이나 원상회복청구권은 고려의 대상이 될 수 없다.

2. 이행강제금의 부과(집행벌)

⑴ **의의** : 의무자가 행정상 의무를 이행하지 아니하는 경우 행정청이 적절한 **이행기간을 부여**하고, 그 기한까지 행정상 의무를 **이행하지 아니**하면 **금전급부의무를 부과**하는 것(행정기본법 제30조 제1항 제2호)

※ 행정법상의 **부작위의무 또는 비대체적 작위의무(주 대상)**를 이행하지 아니할 때, 그 **의무를 강제적으로 이행**시키기 위한 강제집행으로서 과하는 **금전벌**이다.[♣대체적 작위의무(×) → 원칙적으로 부작위의무나 비대체적 작위의무이지만 최근 건축법상 이행 강제금 제도처럼 대체적 작위의무 이행수단으로도 사용]<16 · 18 · 21승진 · 14경간>

① **간접적 · 심리적 강제수단** ➡ 집행벌은 간접적 · 심리적 강제수단으로 성질은 과태료이고, 개별법에서 예외적으로 인정하고 있다.[♣직접적으로 강제(×)]<14경간>

◫ 시정명령을 불이행한 **위법건축주에** 대한 **이행강제금**(건축법 제80조)

⑵ **대상의무**(집행벌을 부과할 수 있는 의무불이행 사안의 의무는 어떤 의무인가?)

① **종래 통설** : 집행벌을 **비대체적 작위의무나 부작위의무의 이행수단으로서** 이해하여 왔다.

② **현재 통설** : 그러나 집행벌(이행강제금)은 이론적으로 **의무의 종류와 무관**하게 부과할 수 있어, 어떠한 의무이든 이행강제금을 부과할 수 있는 명문의 규정이 있으면 부과가 가능하다고 본다.<03행시>

※ 부작위의무와 의무위반 ➡ 특히 부작위의무의 불이행이란 실제로 있을 수가 없고 부작위의무에 대해서는 오직 의무의 위반만이 있을 수가 있다.

⑶ **절차**

① **계고** : 행정청은 이행강제금을 부과하기 전에 **미리 의무자에게 적절한 이행기간을 정**하여 그 기한까지 행정상 의무를 이행하지 아니하면 이행강제금을 부과한다는 뜻을 **문서로 계고**(戒告)**하여야** 한다.(행정기본법 제31조 제3항)

② **통지** : 행정청은 의무자가 **계고에서 정한 기한**까지 행정상 의무를 **이행하지 아니**한 경우 **이행강제금**의 부과 금액 · 사유 · 시기를 **문서로** 명확하게 적어 의무자에게 **통지하여야** 한다.(행정기본법 제31조 제4항)

③ **일사부재리 원칙이 적용(×)** : 행정청은 의무자가 행정상 의무를 이행할 때까지 이행강제금을 **반복하여 부과할 수** 있다.[♣반복 부과할 수 없다.(×)] 다만, 의무자가 의무를 이행하면 새로운 이행강제금의 부과를 즉시 중지하되, 이미 부과한 이행강제금은 징수하여야 한다.(행정기본법 제31조 제5항)<20 · 21승진>

④ **징수** : 행정청은 이행강제금을 부과받은 자가 납부기한까지 이행강제금을 내지 아니하면 **국세강제징수**의 예 또는 「지방행정제재·부과금의 징수 등에 관한 법률」에 따라 **징수**한다.(행정기본법 제31조 제6항)

(4) **경찰벌과 병과(○)** : 집행벌과 경찰벌은 목적·성질이 다르므로 양자는 **병과될 수** 있으며, 집행벌은 의무이행을 위한 강제집행이라는 점에서 의무위반에 대한 제재로서 과하는 경찰벌과 구별된다.[♣경찰벌과 병과해서 행할 수 없다.(×)]<96행정·20경간·21승진>

※ 의무자가 자신의 의무를 이행한 경우에는 더이상 부과할 수가 없지만, 시정명령을 이행한 경우에도 이미 부과된 이행강제금은 납부하여야 한다.

3. 직접강제

(1) **의의** : 의무자가 행정상 **의무를 이행하지 아니(의무불이행)**하는 경우 행정청이 의무자의 **신체나 재산에 (직접적으로) 실력을 행사**하여 그 행정상 의무의 이행이 있었던 것과 같은 상태를 실현하는 것(행정기본법 제30조 제1항 제3호)<97·11·16·18·20승진·14경간>

① **보충성·비례성** ➡ 강제집행 중 가장 강력한 수단으로서 국민의 인권을 가장 크게 제약하기 때문에 2차적·보충적으로 활용되어야 하며(최후의 수단), 비례원칙의 엄격한 적용을 받는다.

② **즉시강제와 구별** ➡ 직접강제와 즉시강제의 구별에 대한 전통적인 견해는 직접강제의 경우 **구체적인 의무부과를 전제로 그 불이행이 있어야 실력행사가 가능**하다고 한다.

※ 의무자가 부작위의무를 위반한 경우에 그 결과의 제거의무를 명함이 없이 직접 강제적으로 제거하는 경우 ➡ 직접강제설 / 즉시강제설(多)

(2) **근거** : **일반법이 없으며**, 개별법에서 예외적으로 인정[♣경찰관직무집행법이 일반법(×)]

> ☞ **개별법상 인정사례**
> (1) **'식품위생법'**, '공중위생관리법' 상의 무허가 영업소에 대한 강제폐쇄(제79조)<01행시·21승진>
> (2) **'도로교통법'**상의 도로의 위법 인공구조물 제거[♣즉시강제(×)](제71조 제2항), 위험방지를 위한 조치(제47조)
> (3) **'집회 및 시위에 관한 법률'**상의 해산명령 불이행에 따른 해산조치(제17조 제3호)<21승진>
> (4) **'출입국관리법'**상의 **사증 없이 입국한** 외국인 강제퇴거(제46조)[♣감염병 환자 격리(×)→즉시강제]<21승진>

(3) **대상** : **대체적·비대체적 작위의무, 부작위의무, 수인의무 등 모든 의무의 불이행에 대하여 강제가 가능**하다.

(4) **절차**

① 직접강제는 **행정대집행이나 이행강제금 부과의**[♣과징금 부과(×)] 방법으로는 행정상 의무이행을 확보할 수 없거나 그 실현이 **불가능한 경우에** 실시하여야 한다.(행정기본법 제32조 제1항)

② 직접강제를 실시하기 위하여 **현장에 파견되는 집행책임자**는 그가 집행책임자임을 표시하는 **증표를 보여 주어야** 한다.(행정기본법 제32조 제2항)

③ 행정청은 직접강제를 하기 전에 미리 의무자에게 적절한 이행기간을 정하여 그 기한까지 행정상 의무를 이행하지 아니하면 직접강제한다는 뜻을 문서로 **계고(戒告)하여야** 한다.(행정기본법 제32조 제3항)

④ 행정청은 의무자가 계고에서 정한 기한까지 행정상 의무를 이행하지 아니한 경우 직접강제 사유·시기를 문서로 명확하게 적어 의무자에게 **통지하여야** 한다.(행정기본법 제32조 제3항)

4. 강제징수

(1) **의의** : 의무자가 행정상 의무 중 **금전급부의무를 이행하지 아니(불이행)하는 경우** 행정청이 의무자의 **재산에 실력을 행사**하여 그 행정상 의무가 실현된 것과 같은 상태를 실현하는 것(행정기본법 제30조 제1항 제4호)<04행정 · 16 · 18 · 21승진 · 22.1 · 2채용>

> ◙ 지정된 기한까지 체납액을 완납하지 않은 **국세체납자의 재산을 압류하는 것**[♣즉시강제(×)]<22.2채용>

(2) **근거** : 경찰상 강제징수를 인정하고 있는 실정법은 일반법으로 '**국세징수법**'이 있다.[♣국세기본법(×)]<20 승진 · 14경간>

(3) **대상** : 강제징수는 작위 · 부작위 또는 수인의무의 이행을 촉구하는 수단인 **금전급부의무의 불이행에 대한 강제수단**으로 활용된다.

(4) **절차** [☺독압매청, 독체중결]

독촉	의무자에 대하여 의무의 이행을 최고하고, 그 불이행시에 체납처분 할 것을 예고하는 **통지**행위로서, 그 성질은 **준법률행위적 행정행위**이다.
압류	체납자의 사실상 · 법률상 재산처분을 금함으로써 체납액의 징수를 확보하는 강제 행위로서 **권력적 사실행위**이다.
매각	매각은 공정성을 위하여 원칙적으로 공매처분(경매 · 입찰)에 의하며, 예외적으로 수의계약에 의하는 경우가 있다.
청산	매각대금 등 체납처분절차로 획득한 금전에 대하여 조세 기타 공과금, 담보채권 및 체납자에게 배분하는 행정작용 ※ **충당의 순서** ➡ 체납처분에서 얻어진 금전은 [체납처분비 → 국세(본래의 채무) → 가산금]의 순으로 충당한다.(국세징수법 제4조)

① **성공적 징수** ➡ 독촉 ⇨ 압류 ⇨ 매각 ⇨ 청산

② **징수 실패(결손처리)** ➡ 독촉 ⇨ 체납처분(압류, 매각, 청산) ⇨ 체납처분 중지 ⇨ 결손처리<20경간>

> ※ **체납처분중지 및 결손처분** ➡ 체납처분의 목적물인 총재산의 추산가격이 체납처분 비용에 충당하고 잔여가 생길 여지가 없을 때에는 체납처분을 중지한다.

> ※ **납세의무유지** ➡ 체납중지를 하면 결손처분이 가능하나, 결손처분으로 납세의무는 소멸하지 아니한다.

(5) **구제** : 강제징수 절차의 각각에 대해 행정쟁송(행정심판 · 행정소송)의 제기가 가능하며, 행정상 강제징수에 대한 불복에 대하여는 국세기본법에서 특별한 규정을 두고 있고, 이들 규정 외에는 행정심판법과 행정소송법이 적용된다.

II. 테마 75 경찰상 즉시강제

> (1) **의의 : 현재의 급박한 행정상의 장해**를 제거하기 위한 경우로서 다음 어느 하나에 해당하는 경우에 행정청이 **곧바로 국민의 신체 또는 재산에 실력**을 행사하여 행정목적을 달성하는 것(행정기본법 제30조 제1항 제5호)<96·97·98승진·09.1·22.2채용>
>
> 　가. 행정청이 미리 행정상 의무 이행을 명할 **시간적 여유가 없는 경우**[♣시간적 여유가 없는 경우에 한할 것(×)]
>
> 　나. 그 **성질상** 행정상 의무의 이행을 명하는 것만으로는 행정목적 달성이 곤란한 경우
>
> 　　※ 가장 효과적인 경찰상 이행확보수단이다.
>
> 　　예 「감염병의 예방 및 관리에 관한 법률」상 **감염병관리시설에 강제격리**(제42조 제7항)
>
> (2) **전제 : 즉시강제**[♣직접강제(×)]는 **의무의 불이행을 전제로 하지 않는다**는 점에서 강제집행과 다르다.<19.1채용>
>
> (3) **절차 :** 즉시강제를 실시하기 위하여 현장에 파견되는 집행책임자는 그가 **집행책임자임을 표시하는 증표를 보여 주어야** 하며, 즉시강제의 **이유와 내용을 고지하여야** 한다.(행정기본법 제33조 제2항)
>
> (4) **강제집행과의 공통점과 차이점**
>
> | 구분 | 강제집행 | 즉시강제 |
> |---|---|---|
> | 공통점 | (1) **권력적 사실행위,** 국민의 신체·재산에 대한 실력행사 | |
> | | (2) 행정권의 자력집행, 장래의 의무이행을 실현 | |
> | 차이점 | (1) **선행의무의 존재 및 그 의무불이행 전제** | (1) **선행의무의 존재 및 그 불이행 전제(×)** |
> | | | (2) **경찰목적 실현의 긴급성** |

1. 근거

(1) **이론적 근거**

① **전통적 견해 :** 전통적으로 독일에서는 특히 경찰행정의 분야를 중심으로 국가의 일반긴급권이론에 근거하여, 개별적 법적 근거 없이 즉시강제를 할 수 있다고 보았다.

② **현대적 견해 :** 오늘날 법치국가에서 즉시강제는 극히 예외적이고 전형적인 권력작용이기 때문에 이론적 근거만으로는 충분치 않고 **반드시 실정법적 근거가 있어야** 한다.[♣법률의 근거가 없더라도 일반긴급권에 기초하여 행사할 수 있다.(×)]<04행시·22경간·22.2채용>

(2) **실정법적 근거**

① **일반법 : 경찰관직무집행법**<96·97승진>

② **개별법 :** 소방기본법·식품위생법·마약류관리에 관한 법률 등

2. 한계

(1) **법규상 한계 :** 전형적인 침해적 권력작용이므로 다른 행정작용에 비해 보다 엄격한 법적 근거가 요구된다.

(2) **조리상 한계 : 급박성, 소극성, 비례성**(적합성, 필요성, 상당성), **보충성, 책임성**(즉시강제는 소극적 질서유지를 위해서만 발동될 수 있음)[♣평등성(×), ♣즉시강제는 광범위하게 허용(×)]<96·97·98승진·13경간·09.1채용> [● 급소비보]

　※ 즉시강제는 급박성으로 인해 일일이 평등의 원칙을 충족시키기는 어렵다.

판례 **[행정강제 → 강제집행이 원칙, 예외적 즉시강제]** 행정강제는 행정상 **강제집행을 원칙**으로 하며, 법치국가적 요청인 예측가능성과 법적 안정성에 반하고, 기본권 침해의 소지가 큰 권력작용인 행정상 **즉시강제**는 어디까지나 **예외적인 강제수단**이라고 할 것이다.(헌재 2000헌가12)

① **보충성·비례성** : 즉시강제는 **다른 수단으로는 행정목적을 달성할 수 없는 경우**에만 허용되며, 이 경우에도 **최소한으로**만 실시하여야 한다.(행정기본법 제33조 제1항)

② **경찰책임의 원칙** : 경찰상 즉시강제 시 필요 이상으로 실력을 행사하여 **경찰책임자 이외의 자에게** **유형력을 행사하는 것은 위법**이 된다.<20.1채용>

3. 절차

(1) **영장주의** : **영장주의의 적용여부**에 대하여 **절충설(通·判),** 영장불요설, 영장필요설이 대립하고 있다.

① **절충설(통설·판례)** : 영장주의는 경찰권 발동에도 **일반적으로 적용**되나, 영장주의를 적용하면 행정목적을 달성할 수 없는 긴급을 요하는 **예외적인 경우에만 영장주의가 배제**될 수 있다.[♣영장주의 적용배제(×), ♣영장필요설이 통설·판례(×)]<13경간·20.1채용>

(2) **증표제시** : 즉시강제를 실시하기 위하여 **현장에 파견되는 집행책임자**는 그가 집행책임자임을 표시하는 **증표를 보여 주어야** 하며, 즉시강제의 **이유와 내용을 고지하여야** 한다.(행정기본법 제33조 제2항)

※ **예외** 집행책임자는 즉시강제를 하려는 재산의 **소유자 또는 점유자를 알 수 없거나** 현장에서 그 소재를 즉시 확인하기 어려운 경우에는 즉시강제를 **실시한 후** 집행책임자의 이름 및 그 이유와 내용을 **고지할 수** 있다. 다만, 다음 각 호에 해당하는 경우에는 게시판이나 인터넷 홈페이지에 게시하는 등 적절한 방법에 의한 공고로써 고지를 갈음할 수 있다.(행정기본법 제33조 제3항)

1. 즉시강제를 실시한 후에도 재산의 소유자 또는 점유자를 알 수 없는 경우(제1호)

2. 재산의 소유자 또는 점유자가 국외에 거주하거나 행방을 알 수 없는 경우(제2호)

3. 그 밖에 대통령령으로 정하는 불가피한 사유로 고지할 수 없는 경우(제3호)

4. 수단<90·94·95행정·01입시·04행시·96·97승진·16.2채용>

구분	경찰관직무집행법	개별법
대인적 즉시강제	① **불심검문**(제3조), **보호조치**(제4조) ※ 자동차 검문은 불심검문에 해당<09.1채용> ② **위험발생의 방지조치**(경고, 억류, 피난, 접근·통행의 제한·금지)(제5조) ③ **범죄의 예방·제지**(제6조) ④ 경찰장비(무기·장구, 분사기 및 최루탄)의 사용	① **전염병환자의 강제격리**, 강제건강진단 ② 강제수용(마약류 관리에 관한 법률)<96승진> ③ 교통차단 ④ 강제퇴거 ⑤ 원조강제
대물적 즉시강제	① 물건 등의 임시영치(가영치) ② 위험발생의 방지조치	① 위법광고물 철거 ② 불량의약품·식품·물건의 수거·폐기조치 ③ 도로의 위법공작물 등에 대한 제거조치 (도교법 제71조)
대가택적 즉시강제	위험방지를 위한 출입 및 검색<98·04승진>	① 영업소 등의 조사 ② 총포·화약류의 저장소에 대한 임검

※ 직무수행을 위한 임의적 사실행위 ➡ 경찰상 직무수행을 위한 '사실 확인행위' 및 '출석요구'

※ **주의** '징발법에 의한 물품의 징발'은 즉시강제가 아니라 공용수용에 해당한다.<94행정>

5. 구제

적법한 즉시 강제	**손실보상** : 특정인이 귀책사유 없이 적법한 즉시강제로 입은 피해가 **특별한 희생**에 해당하면 **손실보상청구가 가능**하다.[♣적법한 즉시강제는 구제대상이 아니다.(×)]<20.1채용> **예** 소방기본법상의 소방종사명령(제24조)과 그에 응한 경우의 희생에 대한 보상 ※ **긴급피난** – 적법한 즉시강제에 의해 문을 부수다가 벽이 무너지는 경우 이웃집 창문을 부수고 피난하는 등 일정한 요건 하에서 **형법상 위법성 조각사유**에 해당하는 **긴급피난도 가능**하다.<20.1채용>
위법한 즉시 강제	**행정 쟁송** **처분성 인정으로 쟁송 가능(○), 쟁송실익(×)** ➡ 즉시강제는 권력적 사실행위로서 그 **처분성을 인정**하는 것이 다수의 견해로 **행정쟁송이 가능**하지만,[♣처분 등에 해당(○)], 대부분의 즉시강제는 단기간에 끝나는 경우가 많기 때문에 협의의 **소익이 부인되는 경우가 많아** 행정쟁송의 실익이 없다. 즉 행정소송에 의한 구제는 즉시강제의 성질상 적합하지 아니하다.[♣실효성 있는 구제수단(×)]<14승진·20.1채용> ※ **강제수용, 물건영치** ➡ 강제수용이나 물건의 영치 등과 같이 비교적 장기간에 걸쳐 지속되는 계속적 즉시강제의 경우에는 행정쟁송의 소익을 인정할 수 있다.
	손해 배상 **실효성** ➡ 행정쟁송이 불가능한 통상적인 경우에는 원상회복 또는 **손해배상이 가장 실효성 있는 권리구제 수단**이 된다.<04행정> – 공무원의 위법한 즉시강제로 인하여 신체 또는 재산상의 손해를 받았을 때에는 **국가 또는 지방자치단체에 대해 손해배상을 청구할 수** 있다.
	기타 정당방위, 직권에 의한 취소·정지, 징계책임, 고소·고발, 청원 등 ※ **정당방위** ➡ 위법한 즉시강제에 대하여는 **형법상 정당방위가 인정**될 수 있으므로, 이러한 경우에는 **공무집행방해죄가 성립되지 않는다.**<14승진>

참고 **테마 76** 경찰조사

의의	**권력적·비권력적 조사활동** : 경찰기관이 경찰작용을 적정하게 실행함에 있어 필요로 하는 자료·정보 등을 수집하기 위하여 행하는 **권력적·비권력적 조사활동**으로서, 현대국가에 있어 경찰조사의 수요는 점차 증가하고 있다.<92행정> ※ **경찰작용의 수단** ➡ 경찰조사는 향후 경찰작용에 필요한 정보 및 자료를 확보하기 위한 **준비적·보조적 수단으로서의 의미**를 가진다.<22.2채용> **예** 질문·검사, 조사목적을 위한 영업소 등에의 출입 등

비교	경찰상 즉시강제	경찰조사
목적	경찰상 필요한 상태 실현	경찰작용의 보조수단
성질	권력적 작용	권력＋비권력 작용
방법	직접적 실력행사	**행정벌에 의한 간접강제**
긴급성	**필요**	**불요**(수인하명을 전제)
일반법	경찰관직무집행법	행정조사기본법

종류

(1) 조사대상

① **대인적** ➡ **불심검문**, 질문, **신체의 수색** 등

② **대물적** ➡ 장부 등의 열람, 시설검사, 물품의 검사·수거 등

③ **대가택적** ➡ 가택출입, 임검(전당포 영업소조사, 물품 보관소 조사, 음식물·저장품 검사)

(2) 조사수단

① **강제조사** ➡ 영업소의 장부나 서류를 강제로 조사하는 경우 / 세무에 종사하는 공무원이 조세범죄사건 수사에 필요한 조사권을 가지는 경우

② **임의조사** ➡ 임의적 성격의 각종의 통계자료조사, 여론조사 등

근거

(1) 강제조사 : 법률유보의 원칙에 따라 **구체적 수권을 필요**로 한다.

(2) 임의조사 : 작용법적 근거 없이, **조직법적 근거만으로도** 수행할 수가 있다.[♣자발적 협조를 얻은 경우 조직법상의 권한 범위 밖에서도 가능(×)]<22.2채용>

※ 실정법적 근거

　− **일반법** ➡ **행정조사기본법**[♣경찰조사의 일반적인 근거법은 없다.(×)]

　− **개별법** ➡ 경찰관직무집행법, 총포·도검·화약류 등의 안전관리에 관한 법률, 식품위생법 등

한계

(1) 실체적 한계

① **법적한계** ➡ 권력적 조사의 경우에는 법률유보의 원칙이 적용된다.

② **조리상 한계** ➡ 경찰상 조사가 법적 근거에 의해 행하여지는 때에도 보충성·비례성·평등의 원칙 등 **경찰법 일반원칙의 적용**을 받는다.

(2) 절차적 한계

① **행정절차법** ➡ 행정조사에는 행정절차법이 적용되지 않는다.(규정이 없기 때문)

② **영장주의** ➡ 절충설(多·判) : 영장주의는 **행정권 발동에도 원칙적으로 적용**되지만, 형사소추의 목적이 아닌 행정목적 달성을 위한 즉시강제로서 급박성 등 합리적 이유가 있는 경우에는 **예외적으로 배제**될 수 있다.[♣영장이 필요하지 않다.(×)]<96입시>

③ **진술거부권** ➡ 행정조사를 위한 질문에는 적용되지 않는다.(多)

> 판례 [행정조사절차 → 진술거부권 고지의무(×)] 행정조사 절차에는 수사절차에서의 **진술거부권 고지의무**에 관한 형사소송법 규정이 **준용되지 않는다.**(대법원 선고 2020두31323 판결[실업급여지급제한 및 반환명령처분취소])<24승진>

(3) 실력행사 : 부정설(多) − 관계법에 **명시적으로 규정이 없는 경우**에는 행정청은 **상대방의 저항을 실력으로 배제**하고 필요한 조사를 할 수가 없다.

정리 **테마 76-1** 행정조사 기본법

의의	"행정조사"란 행정기관이 **정책을 결정**하거나 **직무를 수행**하는 데 필요한 **정보나 자료를 수집**하기 위하여 현장조사·문서열람·시료채취 등을 하거나 조사대상자에게 보고요구·자료제출요구 및 출석·진술요구를 행하는 **활동**을 말한다.(제2조 제1호)
근거	**(1) 원칙(근거규정 필요)**: 행정기관은 **법령 등**에서 행정조사를 **규정하고 있는 경우에 한하여 행정조사를 실시할 수** 있다.(제5조) ※ **예외(자발적 협조)**: 다만, 조사대상자의 **자발적인 협조를 얻어 실시**하는 행정조사의 경우에는 그러하지 아니하다.(제5조 단서) ※ **예외(하여야)**: 경찰공무원(자치경찰공무원은 제외한다)은 **교통사고가 발생한 경우**에는 **대통령령(음주운전여부 등)**으로 정하는 바에 따라 **필요한 조사를 하여야** 한다.(도로교통법 제54조 제6항) ※ 정보통신 수단을 통한 행정조사 ➡ 행정기관의 장은 인터넷 등 정보통신망을 통하여 조사대상자로 하여금 자료의 제출 등을 하게 할 수 있다. **(2) 적용범위**: **행정조사**에 관하여 다른 법률에 특별한 규정이 있는 경우를 제외하고는 이 법으로 정하는 바에 따른다.(제3조 제1항) ① **적용제외 대상**: 국가안전보장·통일 및 외교, 국방 및 안전에 관한 사항일부, 정보공개법에 따른 정보에 관한 사항, 근로감독관의 직무에 관한 사항, **조세·형사·행형 및 보안처분**에 관한 사항, 금융감독기관의 감독·검사·조사 및 감리에 관한 사항, 일정한 공정거래위원회의 법률위반행위 조사에 관한 사항에는 이 법을 **적용하지 아니**한다.[♣경찰의 수사에도 행정조사기본법 이 적용(×)](제3조 제2항)<22.2채용> **(3) 강제력** ① **원칙**: 행정조사는 조사대상자가 이를 거부하였을 경우 강제력에 대한 법률의 근거규정이 없는 한 **직접 강제력을 행사할 수 없음이 원칙**이고, ※ **법령에 근거한 출입조사**라 하더라도 상대방이 이를 **거부**할 경우 **강제로 출입하여 조사할 수 없음이 원칙**이다. → 허가취소나 과태료 부과 등 간접강제를 규정하고 있을 뿐이다. ② **예외**: 관련 법령에 벌칙(대부분 질서벌로서 과태료 규정)이 있는 경우 이를 간접적으로 강제할 수 있을 뿐이다.(즉시강제와 구별) ㉠ **형벌**: 허가관청은 재해 예방 또는 공공의 안전유지를 위하여 필요하다고 인정되면 관계 공무원으로 하여금 총포·도검·화약류·분사기·전자충격기·석궁의 제조소·판매소 또는 임대소, 화약류저장소, 화약류의 사용장소, 그 밖에 필요한 장소에 출입하여 장부·서류나 그 밖에 필요한 물건을 **검사하게 하거나** 관계자에 대하여 **질문을 하도록 할 수** 있다.(총포·도검·화약류 등의 안전관리에 관한 법률 제44조 제1항) →동법 제72조(제6호): 거부시 3년 이하의 징역 또는 700만원 이하의 벌금에 처한다. ㉡ **질서벌**: 조세의 경우 국세기본법에서 세무조사 절차를 규정하고, 관할 세무서장은 세법의 질문·조사권 규정에 따른 **세무공무원의 질문**에 대하여 거짓으로 진술하거나 그 직무집행을 **거부 또는 기피한 자에게 2천만원 이하의 과태료를 부과·징수**한다.(국세기본법 제88조) ㉢ **행정처분**: 허가취소 규정(식품위생법 제75조 - 출입·검사·수거 거부·방해·기피 등)

ⓔ **즉시강제 : 질병관리청장, 시·도지사 또는 시장·군수·구청장**은 **조사거부자**를 자가 또는 감염병관리시설에 **격리할 수** 있으며, 제4항에 따른 조사·진찰 결과 감염병환자등으로 인정될 때에는 감염병관리시설에서 **치료받게 하거나 입원시켜야** 한다.(감염병의 예방 및 관리에 관한 법률 제42조 제7항)

※ 강제격리의 즉시강제를 재량사항으로 인정하고 있다.

ⓜ **의무적 조사 :** 경찰공무원(자치경찰공무원은 제외한다)은 **교통사고**가 발생한 경우에는 대통령령으로 정하는 바(시행령 제32조 제4호 : **술**에 취하거나 **약물**을 투여한 상태에서의 **운전여부 등**)에 따라 필요한 **조사를 하여야** 한다.[♣조사할 수(×)](도로교통법 제54조 제6항)

판례 1) [**풍속영업소 출입조사 → 행정조사 규정(○), 강제수사(×)**] **풍속영업소 출입조사**(풍속영업의 규제에 관한 법률 **제9조**)는 경찰관이 수사기관으로서 강제수사를 하기 위하여 풍속영업소에 출입하는 경우에 적용되는 것이 아니라 경찰행정조사자로서 행정처분 등에 필요한 자료를 수집하는 **행정조사**를 하기 위하여 풍속영업소에 출입하는 경우에 적용되는 **규정**에 해당한다.(제주지방법원 2017노112 판결 : 상고 [풍속영업의규제에관한법률위반])

→ **풍속영업규제에 관한 법률 제9조 제1항 :** 경찰서장은 특별히 필요한 경우 경찰공무원에게 풍속영업소에 출입하여 풍속영업자와 대통령령으로 정하는 종사자가 준수 사항을 지키고 있는지를 검사하게 할 수 있다.(출입 및 검사 거부에 대한 벌칙은 없음)

판례 2) [**도교법 호흡측정, 혈액검사 → 행정조사(○), 수사(○)**] 국가경찰공무원이 도로교통법 규정에 따라 **호흡측정 또는 혈액 검사 등의 방법으로 운전자가 술에 취한 상태에서 운전하였는지를 조사하는 것**은, 수사기관과 경찰행정조사자의 지위를 겸하는 주체가 형사소송에서 사용될 증거를 수집하기 위한 **수사**로서의 성격을 가짐과 아울러 교통상 위험의 방지를 목적으로 하는 운전면허 정지·취소의 행정처분을 위한 자료를 수집하는 **행정조사의 성격을 동시에** 가지고 있다고 볼 수 있다.[♣수사이고, 행정조사의 성격을 가지는 것은 아니다.(×)]<24승진>

[**동의×, 영장×, 위법한 채혈조사 → 운전면허 처분 → 위법**] 따라서 음주운전 여부에 대한 조사 과정에서 운전자 본인의 **동의**를 받지 아니하고 또한 법원의 **영장도 없이 채혈조사**를 한 결과를 근거로 한 **운전면허 정지·취소 처분**은 도로교통법 제44조 제3항을 위반한 것으로서 특별한 사정이 없는 한 **위법한 처분**으로 볼 수밖에 없다.(대법원 2016 2014두46850 판결 [자동차운전면허취소처분취소])

기본원칙

(1) **비례원칙과 과잉금지원칙(권한남용금지) :** 행정조사는 조사목적을 달성하는 데 필요한 **최소한의 범위** 안에서 실시하여야 하며, 다른 목적 등을 위하여 조사권을 **남용하여서는 아니** 된다.[♣비례원칙과 과잉금지 원칙 명문으로 규정(○)](제4조 제1항)

※ 행정기관은 조사목적에 적합하도록 조사대상자를 선정하여 행정조사를 실시하여야 한다. (제4조 제2항)

(2) **중복금지의 원칙 :** 행정기관은 유사하거나 동일한 사안에 대하여는 공동조사 등을 실시함으로써 행정조사가 중복되지 아니하도록 하여야 한다.(제4조 제3항)

(3) **긍정적(positive) 조사의 원칙 :** 행정조사는 법령 등의 위반에 대한 처벌보다는 법령 등을 준수하도록 유도하는 데 중점을 두어야 한다.(제4조 제4항)

기본원칙	(4) **목적 외 사용금지**: 행정기관은 행정조사를 통하여 알게 된 정보를 다른 **법률**에 따라 내부에서 이용하거나 다른 기관에 제공하는 경우를 **제외**하고는 원래의 조사목적 이외의 용도로 이용하거나 타인에게 **제공하여서는 아니** 된다.[♣언제나 목적외 용도로 이용할 수 없다.(×)](제4조 제6항)<24승진>
	(5) **비밀누설금지**: 다른 법률에 따르지 아니하고는 행정조사의 대상자 또는 행정조사의 내용을 공표하거나 직무상 알게 된 비밀을 누설하여서는 아니 된다.(제4조 제5항)

절차	(1) **증표제시의무**: 현장조사를 하는 조사원은 그 권한을 나타내는 **증표를 지니고 이를 조사대상자에게 내보여야** 한다.(제11조 제3항)
	
	※ 증표의 휴대·제시에 의해 상대방에게 행정조사에 대한 수인의무가 발생한다.
	
	(2) **사전통지·이유제시**: 원칙적으로 서면으로 통지하여야 하나, 예외적으로 출석요구서등의 제시 또는 구두로 통지할 수 있다.
	
	① 행정조사를 실시하고자 하는 행정기관의 장은 **출석요구서, 보고요구서·자료제출요구서 및 현장출입조사서**("출석요구서등")를 조사개시 7일 전까지 조사대상자에게 **서면으로 통지하여야** 한다.(행정조사기본법 제17조 제1항)
	
	② 다만, 다음 각 호의 어느 하나에 해당하는 경우에는 **행정조사의 개시와 동시에 출석요구서등을 조사대상자에게 제시하거나** 행정조사의 목적 등을 조사대상자에게 **구두로 통지할 수** 있다.(행정조사기본법 제17조 제1항 단서)<22.2채용>
	
	  1. 행정조사를 실시하기 전에 관련 사항을 미리 통지하는 때에는 **증거인멸 등**으로 행정조사의 목적을 달성할 수 없다고 판단되는 경우
	
	  2. 「통계법」에 따른 **지정통계의 작성을 위하여 조사**하는 경우
	
	  3. 조사대상자의 **자발적인 협조**를 얻어 실시하는 행정조사의 경우[♣자발적 협조로 조사가 이루어지는 경우일지라도 조사목적 등을 반드시 서면으로 통보하여야(×)]<24승진·22.2채용>
	
	③ 행정기관의 장이 출석요구서등을 조사대상자에게 발송하는 경우 출석요구서등의 **내용이 외부에 공개되지 아니하도록 필요한 조치를 하여야** 한다.(제17조 제2항)
	
	(3) **조사의 연기신청**
	
	① 출석요구서등을 통지받은 자가 **천재지변이나 그 밖에 대통령령으로 정하는 사유**로 인하여 행정조사를 받을 수 없는 때에는 당해 행정조사를 연기하여 줄 것을 행정기관의 장에게 요청할 수 있다.(제18조 제1항)
	
	② **연기요청을 하고자 하는 자**는 연기하고자 하는 기간과 사유가 포함된 **연기신청서**를 행정기관의 장에게 제출하여야 한다.(제18조 제2항)
	
	③ 행정기관의 장은 행정조사의 연기요청을 받은 때에는 연기요청을 받은 날부터 7일 이내에 조사의 연기 여부를 **결정하여 조사대상자에게 통지하여야** 한다.(제18조 제3항)
	
	(4) **자발적 협조와 조사거부**
	
	① 행정기관의 장이 조사대상자의 **자발적인 협조**를 얻어 행정조사를 실시하고자 하는 경우 조사대상자는 **문서·전화·구두 등**의 방법으로 당해 **행정조사를 거부할 수** 있다.(제20조 제1항)
	
	② 행정조사에 대하여 조사대상자가 조사에 응할 것인지에 대한 **응답을 하지 아니**하는 경우에는 법령등에 **특별한 규정이 없는 한** 그 조사를 **거부한 것으로 본다**.(제20조 제2항)
	
	③ 행정기관의 장은 조사거부자의 **인적 사항 등에 관한 기초자료**는 특정 **개인을 식별할 수 없는 형태로** 통계를 작성하는 경우에 한하여 이를 이용할 수 있다.(제20조 제3항)

(5) 의견제출

① 조사대상자는 사전통지의 내용에 대하여 **행정기관의 장에게 의견을 제출할 수** 있다.(제21조 제1항)

② 행정기관의 장은 조사대상자가 제출한 의견이 **상당한 이유**가 있다고 인정하는 경우에는 이를 행정조사에 **반영하여야** 한다.(제21조 제2항)

(6) 녹음 등

① **조사대상자와 조사원은** 조사과정을 방해하지 아니하는 범위 안에서 행정조사의 과정을 **녹음하거나 녹화할 수** 있다. 이 경우 녹음·녹화의 **범위 등은 상호 협의하여 정하여야** 한다.(제23조 제3항)

② 조사대상자와 조사원이 녹음이나 **녹화**를 하는 경우에는 **사전에** 이를 당해 **행정기관의 장에게 통지하여야** 한다.(제23조 제4항)

(7) **조사결과의 통지** : 행정기관의 장은 법령등에 특별한 규정이 있는 경우를 제외하고는 행정조사의 결과를 확정한 날부터 **7일 이내에 그 결과를 조사대상자에게 통지하여야** 한다.(제24조)

참고 **출입조사 요령**

경찰서 생활질서계에 근무하는 경찰관이 관내에 있는 A호텔의 나이트클럽에 미성년자가 자주 출입한다는 첩보를 입수하고 단속을 위하여 출입하고자 하였으나, 나이트클럽 종사자들이 이를 거부하며 저항하였다. 이때 행사될 수 있는 실력의 범위는?

① 구체적 상황에 따라 필요한 최소한의 강제력을 행사할 수 있다.

② 필요 이상으로 실력을 행사하여 상대방의 신체를 침해하는 것은 위법이다.

③ 경찰비례의 원칙을 엄격히 지켜야 한다.

➡ **필요 이상으로 실력을 행사하여 상대방에게 상해를 가했을 경우 직권남용**이다.[♣정당행위(×)] 따라서 이에 저항한 상대방은 정당방위에 해당되고, 공무집행방해죄를 구성하지 않는다.

정리 **테마 76-2** **개인정보 보호법**

| 정의 | 개인정보 | "개인정보"란 **살아 있는 개인에 관한 정보**로서[♣사망한 개인에 관한 정보 포함(×)] 다음 각 목의 어느 하나에 해당하는 정보를 말한다.(제2조 제1호)<22.2·23.2채용>

가. **성명, 주민등록번호 및 영상 등**을 통하여 개인을 **알아볼 수** 있는 정보

나. 해당 정보만으로는 특정 개인을 알아볼 수 없더라도 **다른 정보와 쉽게 결합하여 알아볼 수** 있는 정보. 이 경우 쉽게 결합할 수 있는지 여부는 다른 정보의 입수 가능성 등 개인을 알아보는 데 소요되는 시간, 비용, 기술 등을 합리적으로 고려하여야 한다.<22.2채용>

다. 가목 또는 나목을 제1호의2(가명처리)에 따라 가명처리함으로써 원래의 상태로 복원하기 위한 추가 정보의 사용·결합 없이는 특정 개인을 알아볼 수 없는 정보("가명정보")(제2조 제1호) |
| | 가명처리 | 개인정보의 **일부를 삭제**하거나 일부 또는 전부를 **대체**하는 등의 방법으로 **추가 정보가 없이는 특정 개인을 알아볼 수 없도록 처리**하는 것을 말한다.[♣익명처리(×)] (제2조 제1의2호)<22.2·23.2채용> |

정의	처리	개인정보의 수집, 생성, 연계, 연동, 기록, 저장, 보유, 가공, 편집, 검색, 출력, 정정(訂正), 복구, 이용, 제공, 공개, 파기(破棄), 그 밖에 이와 유사한 행위를 말한다.(제2조 제2호)
	정보주체	처리되는 **정보에 의하여 알아볼 수 있는 사람**으로서 그 정보의 주체가 되는 사람을 말한다.[♣새로운 정보에 관한 독점적 권리를 가지는 사람(×)](제2조 제3호)<22.2채용>
	개인정보 파일	개인정보를 쉽게 검색할 수 있도록 일정한 규칙에 따라 체계적으로 배열하거나 구성한 **개인정보의 집합물**(集合物)을 말한다.[♣개인정보서류(×)](제2조 제4호)
	개인정보 처리자	업무를 목적으로 개인정보파일을 운용하기 위하여 스스로 또는 다른 사람을 통하여 **개인정보를 처리하는 공공기관, 법인, 단체 및 개인 등**을 말한다.[♣개인정보관리자 (×)](제2조 제5호)<23.2채용>
	공공기관	다음 각 목의 기관을 말한다.(제2조 제6호) 가. 국회, 법원, 헌법재판소, 중앙선거관리위원회의 행정사무를 처리하는 기관, 중앙행정기관(대통령 소속 기관과 국무총리 소속 기관을 포함한다) 및 그 소속 기관, 지방자치단체 나. 그 밖의 국가기관 및 공공단체 중 대통령령으로 정하는 기관
	고정형 영상정보 처리기기	**일정한 공간에 지속적으로 설치**되어 지속적 또는 주기적으로 사람 또는 사물의 영상 등을 촬영하거나 이를 유·무선망을 통하여 전송하는 장치로서 대통령령으로 정하는 장치를 말한다.(제2조 제7호)<22.2채용>
	이동형 영상정보 처리기기	사람이 신체에 **착용 또는 휴대**하거나 **이동 가능한 물체에 부착 또는 거치**(据置)하여 사람 또는 사물의 영상 등을 촬영하거나 이를 유·무선망을 통하여 전송하는 장치로서 대통령령으로 정하는 장치를 말한다.[♣고정형 영상정보 처리기기(×)](제2조 제7의2호)
	과학적 연구	기술의 개발과 실증, 기초연구, 응용연구 및 민간 투자 연구 등 과학적 방법을 적용하는 연구를 말한다.(제2조 제8호)
정보 주체의 권리		정보주체는 자신의 개인정보 처리와 관련하여 다음 각 호의 권리를 가진다.(제4조) 1. 개인정보의 처리에 관한 정보를 **제공**받을 권리 2. 개인정보의 처리에 관한 **동의** 여부, 동의 범위 등을 **선택**하고 결정할 권리 3. 개인정보의 처리 여부를 **확인**하고 개인정보에 대한 **열람(사본의 발급을 포함**한다. 이하 같다) 및 **전송**을 요구할 권리 4. 개인정보의 **처리 정지, 정정·삭제 및 파기**를 요구할 권리<23.2채용> 5. 개인정보의 처리로 인하여 발생한 피해를 신속하고 공정한 절차에 따라 **구제**받을 권리 6. 완전히 자동화된 개인정보 처리에 따른 결정을 **거부**하거나 그에 대한 **설명** 등을 요구할 권리
개인정보 수집이용		개인정보처리자는 다음 각 호의 어느 하나에 해당하는 경우에는 개인정보를 수집할 수 있으며 **그 수집 목적의 범위에서 이용할 수** 있다.(제15조 제1항) 1. **정보주체의 동의를 받은 경우** 2. **법률에 특별한 규정이 있거나 법령상 의무를 준수하기 위하여 불가피한 경우**(제15조 제1항 제2호)<18경간> 3. 공공기관이 법령 등에서 정하는 소관 업무의 수행을 위하여 불가피한 경우 4. 정보주체와 체결한 계약을 이행하거나 계약을 체결하는 과정에서 정보주체의 요청에 따른 조치를 이행하기 위하여 필요한 경우 5. 명백히 정보주체 또는 제3자의 급박한 생명, 신체, 재산의 이익을 위하여 필요하다고 인정되는 경우

개인정보 수집이용	6. 개인정보처리자의 정당한 이익을 달성하기 위하여 필요한 경우로서 명백하게 정보주체의 권리보다 우선하는 경우. 이 경우 개인정보처리자의 정당한 이익과 상당한 관련이 있고 합리적인 범위를 초과하지 아니하는 경우에 한한다., 7. 공중위생 등 공공의 안전과 안녕을 위하여 긴급히 필요한 경우,,,,,,,,
개인정보 제공	① 개인정보처리자는 다음 각 호의 어느 하나에 해당되는 경우에는 정보주체의 **개인정보를 제3자에게 제공**(공유를 포함)**할 수** 있다.(제17조 제1항) 　1. **정보주체의 동의를 받은 경우**[♣동의를 받은 경우에도 제공 불가(×)](제17조 제1항 제1호)<18경간> 　2. **법**(제15조제1항제2호, 제3호 및 제5호부터 제7호까지)에 따라 개인정보를 수집한 목적 범위에서 개인정보를 제공하는 경우(제17조 제1항 제2호) ② 개인정보처리자는 (제1항제1호에 따른) **동의를 받을 때**에는 다음 각 호의 사항을 정보주체에게 알려야 한다. 다음 각 호의 어느 하나의 사항을 변경하는 경우에도 이를 알리고 동의를 받아야 한다.(제17조 제2항) 　1. 개인정보를 **제공받는 자** 등 　2. 개인정보를 제공받는 자의 **개인정보 이용 목적** 　3. 제공하는 개인**정보의 항목** 　4. 개인정보를 제공받는 자의 개인**정보 보유 및 이용 기간** 　5. 동의를 거부할 권리가 있다는 사실 및 동의 거부에 따른 불이익이 있는 경우에는 그 불이익의 내용.......... ③ 개인정보처리자는 당초 수집 목적과 합리적으로 관련된 범위에서 정보주체에게 불이익이 발생하는지 여부, 암호화 등 안전성 확보에 필요한 조치를 하였는지 여부 등을 고려하여 **대통령령으로 정하는 바**에 따라 **정보주체의 동의 없이 개인정보를 제공할 수** 있다.(제17조 제4항)
개인정보 초과 이용제공 제한	① 개인정보처리자는 개인정보를 (제15조제1항에 따른) 범위를 **초과하여 이용**하거나 (제17조 제1항 및 제28조의8 제1항에 따른) 범위를 **초과**하여 제3자에게 **제공**하여서는 아니 된다.(제18조 제1항) ② 제1항에도 불구하고 개인정보처리자는 다음 각 호의 어느 하나에 해당하는 경우에는 정보주체 또는 제3자의 이익을 부당하게 침해할 우려가 있을 때를 제외하고는 **개인정보를 목적 외의 용도로 이용하거나 이를 제3자에게 제공할 수** 있다. 다만, 제5호부터 제9호까지에 따른 경우는 공공기관의 경우로 한정한다.(제18조 제2항) 　1. 정보주체로부터 별도의 **동의를 받은 경우** 　2. 다른 **법률에 특별한 규정**이 있는 경우 　3. 명백히 **정보주체** 또는 **제3자**의 급박한 생명, 신체, 재산의 **이익**을 위하여 필요하다고 인정되는 경우 　4. 삭제 　5. 개인정보를 목적 외의 용도로 이용하거나 이를 제3자에게 제공하지 아니하면 다른 **법률에서 정하는 소관 업무를 수행**할 수 없는 경우로서 **보호위원회의 심의·의결**을 거친 경우 　6. **조약**, 그 밖의 국제**협정**의 이행을 위하여 외국정부 또는 국제기구에 **제공**하기 위하여 필요한 경우 　7. **범죄의 수사와 공소의 제기 및 유지를 위하여 필요**한 경우[♣수사에 필요한 경우에도 별도의 동의를 받아야 한다.(×)] 　8. **법원의 재판업무 수행을 위하여 필요**한 경우

개인정보 초과 이용제공 제한	9. 형(刑) 및 감호, 보호처분의 **집행**을 위하여 필요한 경우
	10. 공중위생 등 공공의 **안전과 안녕**을 위하여 긴급히 필요한 경우
	③ 개인정보처리자는 정보주체의(제2항 제1호에 따른) 동의를 받을 때에는 다음 각 호의 사항을 정보주체에게 알려야 한다. 다음 각 호의 어느 하나의 사항을 변경하는 경우에도 이를 알리고 동의를 받아야 한다.(제18조 제3항)
	1. 개인정보를 제공받는 자,,,,,(제18조)
개인정보 파기	개인정보처리자는 보유기간의 경과, 개인정보의 처리 목적 달성, 가명정보의 처리 기간 경과 등 그 개인정보가 불필요하게 되었을 때에는 지체 없이 그 개인정보를 파기하여야 한다. 다만, 다른 법령에 따라 보존하여야 하는 경우에는 그러하지 아니하다. ,,,(제21조 제1항)<18경간>
금지행위	개인정보를 처리하거나 처리하였던 자는 다음 각 호의 어느 하나에 해당하는 행위를 하여서는 아니 된다.(제59조)<18경간>
	1. 거짓이나 그 밖의 부정한 수단이나 방법으로 개인정보를 취득하거나 **처리에 관한 동의를 받는 행위**
	2. 업무상 알게 된 **개인정보를 누설하거나 권한 없이 다른 사람이 이용하도록 제공**하는 행위 (제59조 제2호)<18경간>
	3. 정당한 권한 없이 또는 허용된 권한을 초과하여 다른 사람의 **개인정보를 이용, 훼손, 멸실, 변경, 위조 또는 유출**하는 행위

III. 즉시강제 일반법 및 훈령

1. 테마 77 경찰관직무집행법 일반

(I) **연혁**<07승진·09경간·06채용>

> ⓐ 행정경찰장정(1894) ➡ 우리나라 최초의 경찰작용에 관한 법으로서, 일본의 '행정경찰규칙'을 모방하였다. (프랑스법의 영향)
> ⓑ 행정집행령(1914~1948) ➡ 일본이 프로이센의 영향을 받아 1900년 제정한 행정집행법을 모범으로 한 것이다. (독일법의 영향)

① **경찰관직무집행법(1953)은** 일본의 '경찰관등직무집행법'(1948)을 모방하여 만들었다.(프랑스법·독일법 및 일부 영미법을 반영)[♣일본 경찰관등직무집행법의 영향(○)]

② 작전·경호 등 국가 목적적 경찰작용에 대한 법적 근거를 두지 않은 문제점을 내포

③ **경찰관직무집행법 개정연혁**(주의 - 최초 개시된 국회 자료의 오류로 출제가 사실상 중단된 문제)

1차(1981)	(1) **경찰관의 직무범위를 구체적으로 명시**, 범죄예방을 위한 가택방문·계도, 사실의 조회·확인, 유치장 설치근거, 경찰장구의 사용 등을 신설
	※ 1차 개정 시 경찰관의 직무범위를 명시하면서 **치안정보의 수집·작성 및 배포**가 직무범위로 규정되었다.
	(2) 과격소요진압을 위한 경찰관의 무기사용에 관한 규정을 추가

2차(1988)	(1) 경찰권행사의 요건과 한계를 엄격히 함으로써 경찰권 행사의 적정을 도모
	(2) 임의동행 시에 기본권 보장을 강화
	– 임의동행 시 "동행을 거부할 자유", "언제든지 경찰서로부터 퇴거할 자유", "변호인의 조력을 받을 권리"의 고지규정을 신설했다.[♣1991년 "변호인의 조력을 받을 권리"규정 신설(×)]
	– 경찰관서 유치시한을 3시간으로 규정
	(3) **임시영치의 기간을 30일에서 10일로 단축**, 방범방문 삭제, 보호조치 및 무기 사용의 요건을 강화
	(4) 경찰관의 직권남용에 대한 **벌칙을 6월 이하에서 1년 이하로 강화**
3차(1989)	**최루탄 사용조항** 추가<08승진·06채용>
4차(1991)	(1) 경찰활동의 활성화 방향으로 개정 [범죄와의 전쟁]
	(2) **임의동행 시 경찰관**의 '임의동행 거절권' '언제든 퇴거의 자유'에 대한 사전 고지의무를 삭제하고, 임의동행의 시간적 제한을 **3시간에서 6시간으로 완화**, 현행범의 경우에도 경찰장구 사용이 가능토록 완화
5차(1996)	해양경찰에게도 동법이 적용되도록 하기 위한 개정
6차(1999)	**경찰장비 규정**의 구체화·명확화 ➡ '경찰장비의 사용기준 등에 관한 규정' 제정
7차(2004)	기존의 파출소를 통합하여 **지구대를 설치**
8차(2006)	제주도를 폐지하고 제주특별자치도를 설치하여 자치경찰제를 도입
	※ 제주특별자치도의 자치경찰에 대해서는 그 근간을 '제주특별자치도 설치 및 국제 자유도시 조성을 위한 특별법'에서 규정하고 있고, 동법에서는 경찰관직무집행법의 많은 규정을 준용하고 있다.
9차(2011)	경찰의 임무로 "국민의 생명, 신체 및 재산의 보호" 추가
10차(2013)	재산상 손실에 대한 손실보상규정 신설(2014시행)
11차(2014. 5)	① '대테러임무' 추가
	② '외국정부기관 및 국제기구와의 국제협력' 임무 추가
12차(2016. 1)	신고 등 보상금 지급규정 신설(2016. 7)
13차(2018. 4)	직무 범위에 '**범죄피해자 보호**'규정 추가
14차(2018. 12)	① **재산상 손실 외**에 생명 또는 신체상의 손실에 대한 보상규정 신설
	② 손실보상금 환수규정 추가(2019. 6시행)
15차(2020.12)	① 경찰관의 인권보호의무가 **처음으로 명시**(제1조)
	② 직무범위 개정(치안정보 → 공공안녕에 대한 위험의 예방과 대응을 위한 정보)
	③ 정보수집 절차와 한계 규정 신설(제8조의2)(2021. 1.1시행)

(2) **의의**

  ① **성격 :** 경찰관직무집행법은 **즉시강제의 일반법**이자 경찰작용에 관한 일반법적 지위를 가지고 있다.[♣조직에 관한 기본법(×)]<11경간>

> ※ 경찰관직무집행법의 경찰작용에 관한 일반법적 지위에 대해 의문이 제기되기도 하며, "통합경찰작용법 제정논의" 또는 "경찰관직무집행법 개정 논의"의 출발선에서 그러한 의문점이 존재하는 것은 사실이나, 현재로서는 일반법적 지위를 가지고 있다고 보아도 무방하다.

PART 03

② **목적**

　㉠ 이 법은 **국민의 자유와 권리** 및 **모든 개인이 가지는 불가침의 기본적 인권을 보호**하고 **사회공공의 질서를 유지**하기 위한 경찰관(경찰공무원만 해당한다.)의 직무수행에 필요한 사항을 규정함을 목적으로 한다.[♣민주적인 관리·운영과 효율적 임무수행을 위하여(×)](제1조 제1항)<15경간·22승진·14.2채용>

　　➡ 영미법계 사고(**국민의 자유와 권리의 보호**)와 대륙법계 사고(**사회공공의 질서유지**)를 모두 반영하고 있다.

　　※ 국가경찰공무원에 한한다는 것은 주로 국가공무원에게 권한을 주는 규정이라는 뜻이고 예외가 있을 수 없다는 뜻은 아니다.

　㉡ 이 법에 규정된 경찰관의 직권은 그 직무수행에 **필요한 최소한도 내에서 행사되어야 하며 이를 남용하여서는 아니** 된다.(제1조 제2항)<15·20승진·15경간·14.2채용>

　　➡ **비례의 원칙** ➡ 필요최소한도 내는 **비례의 원칙**을 말하는 것이고 **남용금지의 원칙**은 비례의 원칙의 내용에 해당하는 것이다.(경찰비례의 원칙과 권한남용금지의 원칙을 규정)[♣신뢰보호의 원칙을 규정(×)]<02승진>

　　➡ **벌칙 :** 이 법에 규정된 경찰관의 의무에 위반하거나 직권을 남용하여 다른 사람에게 해를 끼친 자는 **1년 이하의 징역이나 금고에** 처한다.[♣벌칙규정 없다.(×)](제12조)<10.2·12.2채용>

　　※ 성격 ➡ 경찰관직무집행법은 즉시강제의 일반법이자 경찰작용의 일반법적 지위를 가지고 있다.

　　[판례] **[경직법 '필요한 최소한도에서' → 헌법상 과잉금지원칙의 표현]** 특히 경찰관 직무집행법은 제1조 제2항에서 "경찰관의 직권은 그 직무 수행에 필요한 최소한도에서 행사되어야 하며 남용되어서는 아니 된다."라고 선언하여 **경찰비례의 원칙을 명시적으로 규정**하고 있는데, 이는 경찰행정 영역에서의 **헌법상 과잉금지원칙을**[♣과소보호금지원칙을(×)] **표현한** 것이다.(대법원 2018다288631 판결 [손해배상(기)])<23.2채용>

⑶ **직무범위 – 경찰관직무집행법**(제2조), **국가·자치경찰의 조직·운영에 관한 법률과 동일**<12경위·15경간·12.2·18.2채용>

　　규정의 취지 : 구체적인 **직무범위(사물관할, 임무규정, 조직법적 근거)**의 규정을 둠으로써 경찰권 발동의 남용이나 무분별한 행사의 방지를 도모하기 위한 것이라고 볼 수 있다.(다른 행정청과의 직무한계 설정 ➡ 경찰작용의 외적 한계)

　　※ 경찰관직무집행법의 제정 시에 없었던 내용을 1차 개정 시에 도입하였다.

경찰관 직무 집행법 (제2조)	1. 국민의 생명·신체 및 재산의 보호 2. 범죄의 예방·진압 및 수사 3. 범죄피해자 보호 4. 경비·주요인사경호 및 대간첩·대테러작전수행[♣테러경보발령(×)]<23.2채용>	5. 공공안녕에 대한 위험의 예방과 대응을 위한 정보의 수집·작성 및 배포 6. 교통의 단속과 교통위해의 방지 7. 외국정부기관 및 국제기구와의 국제협력 8. 그 밖의 **공공의 안녕과 질서유지**

> **판례** **[형식적 법령근거(×) → 공무원 작위의무 인정할 수(○)]** (국가배상요건으로서) '**법령 위반**'이란 엄격하게 형식적 의미의 법령에 명시적으로 공무원의 작위의무가 규정되어 있는데도 이를 위반하는 경우만을 의미하는 것은 아니고, **인권존중 · 권력남용금지 · 신의성실과 같이 공무원으로서 마땅히 지켜야 할 준칙이나 규범을 지키지 않고 위반한 경우를 포함**하여 널리 **객관적인 정당성이 없는 행위를 한 경우를 포함**한다. 따라서 국민의 생명 · 신체 · 재산 등에 관하여 절박하고 중대한 위험상태가 발생하였거나 발생할 우려가 있어서 국민의 생명 · 신체 · 재산 등을 보호하는 것을 본래적 사명으로 하는 국가가 초법규적, 일차적으로 그 위험 배제에 나서지 않으면 **국민의 생명 · 신체 · 재산 등을 보호할 수 없는 경우**에는 **형식적 의미의 법령에 근거가 없더라도** 국가나 관련 공무원에 대하여 그러한 위험을 배제할 작위의무를 인정할 수 있다.[대법원 2022.7.14. 선고 2017다290538 판결]

(4) 적용주체

① **경찰관직무집행법상의 경찰관 :** 이 법은 국민의 자유와 권리 및 모든 개인이 가지는 불가침의 **기본적 인권을 보호**하고 사회공공의 질서를 유지하기 위한 **경찰관(경찰공무원만 해당**한다. 이하 같다)**의 직무수행에 필요한 사항을 규정**함을 목적으로 한다.[♣자치경찰 및 청원경찰 포함(×)](경찰관직무집행법 제1조 제1항)<15경간>

　㉠ **협의 ➡ 국가경찰공무원(해양경찰 포함), 의무경찰**(경찰관직무집행법 제1조 제1항)<04승진 · 11.1채용>

　㉡ **광의 ➡** 특별사법경찰관리, 제주자치경찰, 청원경찰(경비구역 내에 한함.)

> ※ **제주특별자치도 자치경찰**에 대해선 그 근간을 '제주특별자치도 설치 및 국제자유도시 조성을 위한 특별법'에서 규정하고 있다. 다만 특별법에서 경찰관직무집행법의 많은 규정을 준용하고 있다.[♣근간을 경찰관직무집행법에 규정(×)]

　※ 경비업법상의 경비원, 소방경찰은 경찰관직무집행법상의 경찰관의 개념에 포함되지 않는다.<03승진>

② **의경**

　㉠ **원칙 ➡** 의경은 (경찰공무원법상) **경찰공무원을 보조하는 차원**에서 직무를 수행해야 한다.

　㉡ **예외 ➡ 경찰공무원의 지시를 받았다면 단독으로 권한행사가 가능**하여 단독으로 교통정리를 위한 신호 또는 지시는 물론이고 경찰관직무집행법에 근거하여 **불심검문 · 보호조치 · 무기사용이 가능**하다.[♣긴급체포(×)]

　※ 다만, 긴급체포는 사법경찰관에게만 주어진 권한이므로, 의경은 물리적 보조는 가능하지만 **법률적인 보조권은 가지지 않는다**.[♣법률적 보조권(×)]

> **판례** 1) **[의무경찰 → 신호, 지시(○)]** **의무경찰**은 치안업무를 보조하는 업무의 일환으로서 경찰공무원법의 규정에 의한 경찰공무원과 마찬가지로 **단독으로 교통정리를 위한 지시 또는 신호를 할 수 있다**.(대법원 98다18339)

> **판례** 2) **[의경 → 지시 → 불심검문, 보호조치, 무기사용 등(○)]** **의경**도 경찰관직무집행법상 경찰관에 해당한다. 따라서 경찰관직무집행법상 경찰관의 권한을 행사하되 경찰공무원법상 경찰공무원을 보조하는 차원에서 행하여야 한다. 명시적이든 묵시적이든 지시를 받았다면 단독으로 불심검문 · 보호조치 · 무기사용 등의 권한을 행사하게 된다.(대법원 93다9163)

(5) **수단**<05승진·09채용·13경간>

① **대인적 강제:** 불심검문(제3조), 보호조치(제4조), 범죄 예방·제지조치(제6조), 경찰장구·무기 및 분사기 등 사용(제10조의2, 3, 4)<13경간>

② **대물적 강제:** 물건 등의 **임시 영치(10일)**(제4조 제3항)

③ **대가택적 강제: 위험방지를 위반 출입·검색**(제7조)

④ **대인·대물·대가택적 강제:** 위험발생의 방지조치(제5조)

※ 임의적 사실행위 ➡ 경찰상 직무수행을 위한 '사실확인 행위' 및 '출석요구'

2. 경찰관직무집행법의 개별적 수권규정

(1) **테마 78** **불심검문**

의의	① **불심검문:** 경찰관은 불심검문 **대상자를 정지시켜 질문**할 수 있다.[♣하여야 한다.(×)](제3조 제1항)<15·20·24승진·11.2·13·15.3채용> ※ 사법경찰관리(司法警察官吏)가 범인을 체포하는 등 그 직무를 수행할 때에 **17세 이상인** 주민의 신원이나 거주 관계를 확인할 필요가 있으면 **주민등록증의 제시를 요구할 수** 있다.(정복근무 중인 경찰관 외에는 신원을 표시하는 증표를 지니고 이를 관계인에게 내 보여야 한다.)(주민등록법 제26조 제1항 제2항) ※ 이 경우 사법경찰관리는 주민등록증을 제시하지 아니하는 자로서 신원을 증명하는 증표 나 그 밖의 방법에 따라 신원이나 거주 관계가 확인되지 아니하는 자에게는 범죄의 혐의 가 있다고 인정되는 상당한 이유가 있을 때에 한정하여 인근 관계 관서에서 신원이나 거주 관계를 밝힐 것을 요구할 수 있다.(주민등록법 제26조 제1항) ② 경찰관이 범죄의 예방 및 범죄의 수사, 범인검거 등 그 직무를 수행하기 위하여 불심검문 대상자를 정지시켜서 질문·조사하는 작용을 말한다. ※ 불심검문을 경찰조사의 근거라고도 한다. ※ 동행이나 흉기 조사까지를 포함하는 개념, 자동차검문도 불심검문에 해당한다.<98승진>
근거	① **근거법규:** 경찰관직무집행법(제3조) ※ 관련법규 – 형사소송법(제211조), 주민등록법(제17조의 10), 의무경찰대법(제2조) ② 불심검문 거부 시 조치: 현행법상 불심검문 불응자에 대한 대응조치나 처벌규정이 없다[♣있다.(×)] ➡ 따라서 불심검문은 강제성을 가지지 않기 때문에 **임의적 행정조사라는 견해**가 있다.
성격	① 대인적 즉시강제 ➡ 흉기조사의 경우 응해야 할 의무가 있다고 해석되며 불심검문과정에 서 최소한의 유형력(앞을 가로 막거나 어깨에 손을 올리는 행위)은 허용된다고 해석되므로 대인적 즉시강제로 볼 수 있다.(**사법목적인 경우에는 임의적 수단**으로 이해하며, **행정목 적이라면 대인즉시강제**로 해석하나 **대인적 즉시강제라는 견해와 임의적 수단이라는 견 해가 대립**된다.)[♣대물즉시강제(×), ♣학설상 논란이 있다.(○)]<13경간> ※ 사법경찰관리(司法警察官吏)가 범인을 체포하는 등 그 직무를 수행할 때에 17세 이상인 주민의 신원이나 거주 관계를 확인할 필요가 있으면 주민등록증의 제시를 요구할 수 있 다.(주민등록법 제26조 제1항 – 처벌규정 등 강제규정이 없음.) ※ 행정경찰상의 처분이지만 **수사의 단서**가 될 수 있다.

성격

② **거절** ➡ 거절하더라도 강제할 수 없다.[♣강제 가능(×)][♣거절할 수 없다.(×)]<13경간·13.2·15.3채용>

　　예 경찰관이 낯선 사람이 집 앞에 있다는 신고를 받고 출동하여 주민등록증 제시를 요구하였으나 거절하여 신원을 확인하지 못하였을 경우 올바른 조치이다.[♣잘못된 조치(×)]<12경감>

　　예 A경찰관이 불법집회를 앞두고 여의도 광장에서 큰 가방을 메고 걸어가는 사람을 발견하여 가방을 열어줄 것을 부탁했으나, **상대방이 이를 거절하자 강제로 가방을 열고 시너와 소주병을 압수한 경우 위법한 조치이다.**[♣적법(×)]

　　[판례] [**불심검문 대상자를 추적하여 옷자락을 붙잡는 행위 → 적법**] 경찰관이 불심검문 대상자에 해당하는 피고인을 추적한 끝에 따라잡아 옷자락을 붙잡는 행위는 적법하다.[울산지법 2018노1309 판결 : 확정]

③ **강제력 행사의 정도** ➡ (최소한의 유형력) 범죄혐의자가 불심검문을 거부하며 천천히 걸어가는 경우에는 경찰관이 **손으로 어깨나 팔을 가볍게 잡거나 앞을 가로막을 수 있다.**(일본판례)

④ **구별개념** ➡ 행정경찰 작용 특히 생활안전경찰 작용에 속한다고 볼 수 있으며, 범죄의 수사 및 범인체포를 목적으로 하는 사법경찰작용과 구별된다.

　　※ 그러나 불심검문의 결과 사법절차로 이행되는 경우가 있기 때문에, 불심검문은 사법경찰 작용과 밀접하게 관련되어 있다고 볼 수 있다.

대상

경찰관은 다음 각 호의 어느 하나에 해당하는 사람을 정지시켜 **질문**[♣동행요구(×)]할 수 있다.(제3조 제1항)<15·20·24승진·11.2·13·15.3채용>

① 수상한 행동이나 그 밖의 주위 사정을 '**합리적**[♣객관적(×)]으로 판단하여 볼 때 **어떠한 죄를 범하였거나, 범하려** 하고 있다고 의심할 만한 '**상당**'한[♣충분한(×)] 이유가 있는 사람(제3조 제1항 제1호)<15·16승진>

－ 범죄처벌의 목적이 아니기 때문에 형사책임능력이 없는 심신상실자도 그 대상이 될 수가 있다.[♣경찰상 위험을 야기하려 하고 있다고 의심할 만한 상당한 이유가 있는 자(×)]<16승진·07채용>

　　※ **판단기준** ➡ 통상의 사회평균인이 보더라도 의심을 긍정할 정도의 것임을 요한다.

② 이미 행하여진 범죄나 행하여지려고 하는 범죄행위에 관해 그 사실을 **안다**고 인정되는 **사람**(이들은 경찰책임자가 아니므로 경찰책임의 원칙의 예외에 해당)[♣주위 사정에 밝지 못하여 의심스러운 행동을 하는 자(×)](제3조 제1항 제2호)<13.2·15.3채용> [😊하려안]

　　※ 경찰관직무집행법은 범죄예방 이외의 위험방지 목적의 불심검문을 규정하지 않고 있다.

　　※ **자동차 검문**

　　① **허용한계논란** ➡ 자동차의 경우 보행자와는 달리 외관으로부터 불심검문의 요건사실을 발견하기 어렵기 때문에 일체의 차량을 정지 또는 서행시켜야 한다는 점에서 허용한계가 논란이 되고 있다.

　　② **상대방 동의** ➡ 자동차 검문 시 트렁크의 내부 등 눈에 보이지 않는 곳에 대한 검사는 상대방의 동의가 있는 경우에 한하여 인정된다.

　　③ **준현행범 간주** ➡ 정차를 하지 않는 경우에는 준현행범으로 간주하여 형사소송법에 의한 강제가 가능하다.

대상	**[판례]** 1) **불심검문 대상자**에게 형사소송법상 체포나 구속에 이를 정도의 혐의가 있을 것을 요한다고 할 수는 없다.[♣혐의를 요한다.(×)](대법원 2011도13999 판결 [상해·공무집행방해])<23경간>
	[판례] 2) **[일부 인상착의 일치하지 않는 것 만으로→불심검문 대상→위법(×)]** 피고인의 인상착의가 미리 입수된 용의자에 대한 인상착의와 일부 일치하지 않는 부분이 있다고 하더라도 그것만으로 경찰관들이 피고인을 **불심검문 대상자로 삼은 조치가 위법하다고 볼 수는 없다.**(대법원 2011도13999 판결 [상해·공무집행방해])<23.경간>

절차	**정지**	움직이고 있는 행동을 경찰관 앞에서 중지하게 함을 의미한다.
		※ 정지는 원칙적으로 임의수단에 의해서 하여야 하나, 예외적으로 급박하고 부득이한 경우에는 상대방의 의사에 반하는 강제수단을 예외적으로 행사할 수도 있는 것이다.(◙ 손으로 어깨나 팔을 가볍게 잡는 행위, 앞을 가로 막는 행위 등)
		– **최소한의 유형력** ➡ 질문을 하기 위한 **최소한의 유형력 행사는 허용**된다.<08승진>
		– **실력행사 정도** ➡ 실력을 행사하더라도 질문을 위한 일시적 정지에 그쳐야 한다.
		[판례] **[재차 앞을 막고 검문(적법) → 멱살을 잡아 밀치는 항의→공무집행방해죄(○)]** 검문 중이던 경찰관들이, 자전거를 이용한 날치기 사건 범인과 흡사한 인상착의의 피고인이 자전거를 타고 다가오는 것을 발견하고 정지를 요구하였으나 멈추지 않아, 앞을 가로막고 검문에 협조해 달라고 하였음에도 불응하고 그대로 전진하자, 따라가서 재차 앞을 막고 검문에 응하라고 요구하였는데, 이에 피고인이 경찰관들의 **멱살을 잡아 밀치는 등** 항의하여 공무집행방해 등으로 기소된 사안에서, 경찰관들의 행위는 **적법한 불심검문에 해당한다.**[♣공무집행방해죄 성립(○)](대법원 2010도6203 판결 [상해·공무집행방해·모욕])
	질문	① **의의 :** 경찰관이 거동수상자에게 행선지·성명·주소·소지품의 내용 등을 물어 봄으로써 의심을 풀거나 경찰목적상 필요한 사항을 알아내는 것을 의미한다.
		※ **수상한 거동 등의 판단 :** 경찰관의 객관적인 합리적 판단에 기초(복장, 언어, 장소, 소지품, 태도 등과 같은 주위 사정을 합리적으로 판단하여 거동 불심자 여부를 결정해야 함.)<07채용>
		② **요령** ➡ 질문시 신분을 표시하는 **증표를 제시**하면서[♣제시하거나(×)] / **소속과 성명을 밝히고** / 검문의 **목적과 이유를 설명하여야** 한다.[♣증표를 제시하거나 구두로 소속·성명을 밝히면 된다.(×), ♣제복을 착용한 경찰관의 신분증명을 면제하는 규정이 신설(×)](제3조 제4항)<19·20승진·07채용>
		③ **증표 :** 신분을 표시하는 증표는 '**경찰공무원의 공무원증**'으로 한다.(시행령 제5조)
		※ 기타 **재직증명서, 신분증의 복사본, 흉장 등으로 대체할 수가 없다.**[♣흉장도 포함(×)]<19.1채용>
		※ **주민등록법**이나 외국의 입법례(영국 형사증거법)는 **제복 착용 시 증표제시의 예외를 규정**하고 있고 우리의 **경찰관직무집행법은 명시적 규정이 없으나** 우리 판례는 사실상 제복 착용시 예외를 인정하고 있다.
		➡ 사법경찰관리는 신원 등을 확인할 때 친절과 예의를 지켜야 하며, **정복근무 중인 경우 외에는 미리 신원을 표시하는 증표를 지니고 이를 관계인에게 내보여야** 한다.(주민등록법 제26조 제2항)

➡ 정복근무 중에 **피검문자의 경찰관 신분확인의 요구가 없는 상황**이었다면 증 표제시의무의 예외가 인정될 수 있다.(판례)

> 판례 1) [요구 없는 상황, 신분증 제시 없는 불심검문 적법] – **정복착용 경찰관**들이 사건당사자인 피검문자의 경찰관에 대한 신분확인의 요구가 없는 상황에서 경찰공무원증 제시 없이 불심검문한 것은 적법한 공무집행이며 피검문자의 경찰관 폭행은 공무집행방해죄가 성립한다.[♣무죄(×)](대법원 2004도4029, 2014도43)

> 판례 2) [신분증제시(×), 종합고려 → 적법] 불심검문을 하게 된 **경위**, 불심검문 당시의 현장상황과 검문을 하는 경찰관들의 **복장**, 피고인이 공무원증 제시나 신분확인을 **요구**하였는지 여부 등을 종합적으로 고려하여, 검문하는 사람이 경찰관이고 검문하는 이유가 범죄행위에 관한 것임을 피고인이 충분히 알고 있었다고 보이는 경우에는 **신분증을 제시하지 않았다**고 하여 그 불심검문이 위법한 공무집행이라고 할 수 없다.(대법원 2014도7976 판결 [공무집행방해·상해])<22·23경간>

주의 대법원 판례 ➡ **제복을 착용**하였고, 상대방이 요구하지 않은 경우라도 경찰관의 신분증 소지 및 제시의무가 해제되었다고 볼 수는 없으며, 신분증을 소지해야하고 요구가 있으면 신분증을 제시해야 한다.[♣요구 시에 소속과 성명을 밝히면 된다.(×)][♣제복을 착용한 경찰관은 신분증명을 할 필요가 없다.(×), ♣제복착용하면 신분증 소지 및 제시의무가 없다.(×)]

주의 국가인권위원회 ➡ 정복 착용한 경찰관이 신분증을 제시하지 아니하고 불심검문을 하였다면 이는 **적법절차를 위반한 인권침해에 해당한다**고 결정하였다.[♣인권침해는 아니다.(×)]

④ **답변의 강요금지**: 동행을 요구받은 사람은 그 의사에 반해 답변을 강요당하지 아니한다.[♣질문을 위한 즉시강제수단(×)][♣답변강요가능(×)](경찰관직무집행법 제3조 제7조)<15.2채용>

⑤ **진술거부권고지의무(×)**: 피의자에 대한 조사 작용이 아니기 때문에 그 사람에게 '진술거부권'을 알릴 필요는 없다.[♣진술거부권 고지의무 명시(×), ♣고지하여야(×)]<17경간·98·03승진·02·07·11채용>

※ 진술거부권은 모든 국민에게 인정(헌법)되지만, 진술거부권고지의무는 형사소송법에 특별한 규정이 있을 때 인정된다.

① **신체 및 일반 소지품 검사**: 특별한 규정이 없으므로, **상대방의 승낙을 얻어야** 한다.[♣일반 소지품 조사 규정(×)]<10.1·19.1채용>

② **흉기소지여부 조사 가능**: 경찰관은 거동불심자를 정지시켜 질문을 할 때에 그 사람이 **흉기를 가지고 있는지 여부를 조사할 수** 있다.[♣거부할 수 있는 규정 있다.(×), ♣조사 하여야 한다.(×)](제3조 제3항)<17경간·11.2·15.3채용>

※ 이때의 소지품 검사의 대상은 흉기의 소지 여부만을 조사하는 것으로서 검사의 수단은 **외표검사**, 즉 미국 판례상의 'stop and frisk'이다.<08경간>

– **행정목적** ➡ 이는 질문 시 위해방지 및 자해방지라는 행정목적을 위해 인정

– **필요최소한의 강제력** ➡ 이러한 한정된 목적범위 내에서는 필요 최소한도의 강제력의 행사가 허용된다.

질문 / 절차 / 검사

검사

※ **흉기조사관련 거부규정(×), 거부에 대한 대응조치나 처벌규정(×)** ➡ 상대방의 거부 가능성에 대한 별도의 규정을 두고 있지 않고, 또 그에 대한 대응조치나 처벌규정에 대한 규정도 없다. ⇒ 상대방이 흉기조사에 응할 의무는 인정된다고 해석[♣'답변강요 금지'나 '동행요구에 대한 거부'에 대해서는 명시적 규정 없다.(×)]

> **판례** [**비례원칙, 방법의 상당성 → 정지, 질문, 흉기소지여부 조사할 수**] 불심검문 대상자에게 질문을 하기 위하여 범행의 경중, 범행과의 관련성, 상황의 긴박성, 혐의의 정도, 질문의 필요성 등에 비추어 목적 달성에 **필요한 최소한의 범위** 내에서 **사회통념상 용인될 수 있는 상당한 방법**으로 대상자를 **정지**시킬 수 있고 **질문**에 수반하여 **흉기의 소지 여부도 조사할 수** 있다.(대법원 2010도6203 판결 [상해·공무집행방해·모욕])<23경간>

절차

(1) 요건 [😊 불교]

경찰관은 불심검문 대상인 사람을 정지시킨 장소에서 질문을 하는 것이 그 사람에게 **불리하거나 교통에 방해**가 된다고 인정될 때에는 질문을 하기 위하여 가까운 **경찰서·지구대·파출소 또는 출장소**(지방해양경찰관서를 포함[♣지방해양경찰관서 미포함(×)], 이하 "경찰서")로 **동행할 것을 요구할 수** 있다.[♣신원확인이 불가능한 경우(×), ♣질문을 능률적으로 하기 위해(×), ♣하여야(×)](경찰관직무집행법 제3조 제2항)<12·22·24승진·13·17·22경간·11.2·15.2·3·19.1채용>

예 경찰관은 거리에서 범죄혐의자 발견 시 정지를 요청할 수 있고, 교통에 방해가 되는 경우 인근 관서에 동행해줄 것을 요청할 수 있다.(○)

※ **동행의 장소** ➡ 부근의 경찰서·지구대·파출소 또는 출장소·지방해양경찰관서 등이며, 상대방의 동의가 있는 경우에는 경찰관서가 아니라도 무방하다.

(2) 성질

임의 동행

경찰관이 임의동행을 함에 있어서는 반드시 **상대방의 동의나 승낙을 얻어야** 한다.[♣강제할 수 있다.(×), ♣임의동행 요구를 거절할 수 없다.(×)](경찰관직무집행법 제3조 제2항)<10·15.3채용>

※ 상대방의 승낙을 얻지 못한 연행은 위법한 행위로서 상대방이 이에 항거하여 폭행·협박을 가하여도 공무집행방해죄를 구성하지 아니한다.

① **임의성 판단의 기준** : 평균인을 기준으로 하여 본인의 의사로서 동행에 응하는가 아닌가를 판단해야 한다.

② **동행거절(언제든 가능)** : 이 경우 동행을 요구받은 사람은 **동행요구를 거절할 수** 있다.(또 동행 후에도 언제든지 퇴거할 수 있는 자유가 있다.)[♣특별한 사정 존재 시에 한하여 거절가능(×), ♣정당한 이유 없이 거절할 수 없다.(×), ♣규정되어 있는 것은 아니(×)](경찰관직무집행법 제3조 제2항)<98·15승진·13·17·22경간·15.2채용>

※ **신체구속의 제한** ➡ 불심검문 시에 질문을 하거나 경찰관서에 동행하여 질문을 할 경우에 그 사람은 형사소송에 관한 법률에 따르지 아니하고는 신체를 구속당하지 아니한다.(경찰관직무집행법 제3조 제7항)<08승진·7·15.2채용>

> **판례** 1) [**자발 탑승 → 하차 요구, 설명 듣고 → 빨리 가자 요구 → 적법**] 피고인이 음주측정을 위해 경찰서에 동행할 것을 요구받고 **자발적인 의사로 경찰차에 탑승**하였고, 경찰서로 **이동 중 하차를 요구**하였으나 그 직후 **수사 과정에 관한 설명을 듣고 빨리 가자고 요구**하였으므로, 피고인에 대한 임의동행이 적법하고, 그 후 이루어진 음주측정 결과가 증거능력이 있다.[대법원 2016.9.28. 선고 2015도2798 판결]

PART
03

판례 **2)** [**자발적 의사의 객관적 사정에 의한 입증 → 적법**] 수사관이 동행에 앞서 피의자에게 동행을 거부할 수 있음을 알려 주었거나 동행한 피의자가 언제든지 자유로이 동행과정에서 이탈 또는 동행 장소로부터 퇴거할 수 있었음이 인정되는 등 오로지 피의자의 자발적인 의사에 의하여 수사관서 등에의 동행이 이루어졌음이 객관적인 사정에 의하여 명백하게 입증된 경우에 한하여, 임의동행의 적법성이 인정되는 것으로 봄이 상당하다. (대법원 2006.7.6. 2005도6810)<12.2채용>

판례 **3)** [**임의동행 강요 → 불법**] 단순히 교통경찰의 면허증제시요구를 거부하고 단속태도에 대하여 항의하였다는 사실만으로 임의동행을 강요한 경찰관의 행위는 불법이다. (대법원 91도2797)

판례 **4)** [**현행범 아닌 사람 강제적 임의동행→불법**] 범죄행위가 이미 끝나 현행범의 요건을 갖추지 못한 경우의 강제적 임의동행은 불법이다. (대법원 91도1314)

판례 **5)** [**임의동행을 가장한 강제연행→불법**, / **자발적 의사→객관적 사정으로 입증해야**] 긴급체포의 사유나 현행범에 해당하지 않을 경우 **임의동행을 가장한 강제연행은 불법**이며, 행정경찰 목적의 경찰활동으로 행하여지는 경찰관직무집행법 소정의 질문을 위한 동행요구도 형사소송법의 규율을 받는 수사로 이어지는 경우에는, 오로지 피의자의 자발적인 의사에 의하여 수사관서 등에의 동행이 이루어졌음이 객관적인 사정에 의하여 명백하게 입증된 경우에 한하여, 그 적법성이 인정된다. (대법원 2005도6810)

수사관이 단순히 (수사목적으로) 출석을 요구함에 그치지 않고 일정 장소로의 동행을 요구하여 실행한다면 위에서 본 법리가 적용되어야 하고, 한편 행정경찰 목적의 경찰활동으로 행하여지는 경찰관직무집행법 제3조 제2항 소정의 질문을 위한 동행요구도 형사소송법의 규율을 받는 수사로 이어지는 경우에는 역시 위에서 본 법리가 적용되어야 한다. (대법원 2005도6810 판결 [도주])

(3) 절차 [● 증제 소성목이 동장]

(1) **요구 시**: 경찰관은 자신의 **신분을 표시하는 증표를 제시**하면서 **소속과 성명**을 밝히고 그 **목적과 이유를 설명**하여야 하며[♣구두로 소속과 성명만 밝히고(×)], 반드시 **동행의 장소를 밝혀야** 한다.[♣현장에서 질문할 때와 달리(×), ♣할 수(×)](경찰관직무집행법 제3조 제4항)<22경간·12.3·15.2채용>

① 임의동행 거절권 알릴(고지) 의무(×): 경찰관직무집행법 3차 개정 시에 임의동행 거절권 고지가 도입되었지만, **4차 개정 시에 폐지**되었다.[♣알려야(×)]

※ 수사경찰: 임의동행거절권 고지의무 삭제(구범죄수사규칙 제54조의2)<10.1채용> → 경찰수사를 위한 임의동행은 상대방의 동의를 반드시 필요로 한다고 해석하였다.<10.1채용>

(2) **동행 후**

① 연락 또는 연락의 기회부여: 불심자를 동행한 경우 경찰관은 그 사람의 **가족이나 친지 등에게 동행한 경찰관의 신분·동행장소·동행목적과 이유를 알리**거나[♣알리고(×)], **본인**으로 하여금 **즉시 연락할 수 있는 기회를 주어**야 한다.[♣다른 사람으로 하여금(×)](경찰관직무집행법제3조 제5항)<17·22경간·24승진·7·15.2·19.1채용>

절차 / 임의동행

② **'변호인의 도움을 받을 권리' 고지** : '변호인의 도움을 받을 권리'가 있음을 **알려야 한다.**[♣알릴 필요 없다.(×)][♣진술거부권을 알려야(×)](경찰관직무집행법제3조 제5항)<17경간·24승진·5·10.1·15.2·19.1채용>

※ 변호인 조력권은 동행을 요구할 때에 알릴 필요는 없고, 경찰관서로 동행을 한때에 알리면 된다.<06채용>

(3) **유의사항**

① **6시간 초과 금지** : 임의동행한 **사람을 6시간을**[♣12시간을(×)] **초과하여 경찰관서에 머무르게 할 수 없다.**[♣퇴거 제한(×)](경찰관직무집행법 제6조 제6항)<11·13경간·24승진·11.2·15.3채용>

② **24시간 이내 보고** : 경찰관이 피검문자를 동행하여 검문한 때에는 24시간 이내에 동행검문결과보고서를 작성하여 소속 경찰관서의 장에게 보고하여야 한다.<07채용>

> **판례** 1) [6시간 초과금지 → 6시간 구금허용(×)] 임의동행한 경우 당해인을 6시간을 초과하여 경찰관서에 머물게 할 수 없다고 규정하고 있는 경찰관직무집행법 제3조 제6항이 임의동행한 자를 **6시간 동안 경찰관서에 구금하는 것을 허용하는 것은 아니다.**(대법원 97도1240 판결 [공무집행방해·폭력행위등 처벌에 관한 법률위반])

> **판례** 2) [6시간 초과상태 → 소변제출 → 적법(형소법상 임의동행)] 피고인의 마약류 투약 혐의가 상당하다고 판단하여 경찰서로 임의동행을 요구하였고, 동행장소인 경찰서에서 피고인에게 마약류 투약 혐의를 밝힐 수 있는 **소변과 모발의 임의제출을 요구**하였으므로 피고인에 대한 임의동행은 마약류 투약 혐의에 대한 수사를 위한 것이어서 형사소송법 제199조 제1항에 따른 임의동행에 해당한다는 이유로, 피고인에 대한 임의동행은 '경직법 6시간 초과 금지규정'(경찰관 직무집행법 제3조 제2항에 의한 것인데 같은 조 제6항)을 위반하여 불법구금 상태에서 제출된 피고인의 소변과 모발은 위법하게 수집된 증거라고 본 원심판단에 임의동행에 관한 법리를 오해한 잘못이 있다.[대법원 2020도398 판결]

정리 **경찰관직무집행법상 주요 숫자**<04·05승진>

24시간	① 요보호자를 경찰관서에 일시 보호할 때 최대허용 시간 　　**주의** 긴급구호에는 적용되지 않는다. ② '동행검문' 및 '임시영치'의 보고시한
6시간	임의동행의 최대허용 시간
10일	임시영치의 최대허용 시간
1년	경찰관직무집행법에 규정된 경찰관의 의무위반·직권남용 시의 벌칙

(2) **테마 79** **보호조치**

의의	경찰관은 수상한 행동이나 그 밖의 주위 사정을 합리적으로 판단하여 **응급구호가 필요하다고 믿을 만한 상당한 이유가 있는 사람**(구호대상자)을 발견한 때에는 **보건의료기관이나 공공구호기관에 긴급구호를 요청**하거나 **경찰관서에 보호**하는 등 **적절한 조치를 할 수 있다.**[♣기속적 판단(×), ♣하여야 한다.(×)](경찰관직무집행법 제4조 제1항)<16·18·19승진·14.1·2·20.1채용>

※ 경찰공공의 원칙의 예외 ➡ 보호조치는 위험방지를 위하여 신체의 자유 등 사생활 측면에 개입하는 측면이 있어 경찰공공의 원칙의 예외에 속한다.

※ 판례는 원칙적으로 **재량적 행위**이며, 예외적으로 기속적 판단으로 본다.

> **판례** [보호조치요건(×) → 피구호자 → 경찰관서로 데려간 행위 → 위법한 체포] **보호조치 요건이 갖추어지지 않았음**에도, 경찰관이 실제로는 범죄수사를 목적으로 피의자에 해당하는 사람을 이 사건 조항의 **피구호자로 삼아** 그의 의사에 반하여 **경찰관서에 데려간 행위**는, 달리 현행범체포나 임의동행 등의 적법 요건을 갖추었다고 볼 사정이 없다면, **위법한 체포**에 해당한다고 보아야 한다.[대법원 2012도11162 판결(음주측정 거부, 공집방 등)]

성질

① 보호조치에 따른 수인의무는 **대인적 즉시강제**에 해당하나, 다만 긴급구호의 요청은 즉시강제에 수반한 후속적 조치로서의 사실행위에 속한다.[♣행정상 강제집행(×), ♣하명(×)]<23경간·22.1·23.1채용>

※ 보호조치는 원칙적으로 재량행위나 구체적 상황(재량권의 0으로의 수축)하에서는 기속성이 인정되어 **국가배상책임이 인정되는 경우도 있다.**[♣재량행위에 해당하기 때문에 국가배상책임이 인정되는 경우는 없다.(×)](大判)<21승진>

> **판례** 극도의 만취상태에 있는 주취자가 병원후송조치까지는 필요 없어 파출소에 보호하더라도 지속적으로 관찰하여 생명·신체에 위해가 생기지 않도록 보호조치를 취하여야 할 주의의무가 있다.

② **명백성과 상당성** ➡ 보호조치에는 명백성과 상당성을 요한다.

③ **보충성** ➡ 경찰의 보호조치는 1차적으로 발동해서는 안 되고, 최후의 보충적 수단이 되어야 한다.

> **판례** 1) [주취자 보호조치 → 즉시강제] 경찰관직무집행법에서 규정하는 **술에 취한 상태**로 인하여 자기 또는 타인의 생명·신체와 재산에 위해를 미칠 우려가 있는 **피구호자에 대한 보호조치**는 경찰 행정상 **즉시강제**에 해당한다.(대법원 2012도11162 판결 [공용물건손상·도로교통법위반(무면허운전)·공무집행방해·상해·도로교통법위반(음주측정거부)])<23경간>

> **판례** 2) [보호조치 상태 음주측정요구만으로 → 위법(×), 보호조치 종료(×)] 경찰공무원이 **보호조치**된 운전자에 대하여 음주측정을 요구하였다는 이유만으로 그 음주측정 요구가 **당연히 위법**하다거나 그 보호조치가 **당연히 종료**된 것으로 볼 수는 없다.(대법원 2011도4328 판결)<23경간>

(1) 강제보호

강제보호조치 대상자를 발견하였을 때에는 해당 구호대상자의 동의 여부와 관계없이 **보호 조치를 실시할 수** 있다.[♣거절하는 경우 보호조치를 할 수 없다.(×)](제4조 제1항 제1,2호, 제2항)<19경간>

① 정신착란을 일으키거나 술에 취하여(주취자) 자신 또는 다른 사람의 생명·신체·재산에 위해를 끼칠 우려가 있는 사람[♣자기 제외한 타인에 대한 위해우려만(×)](경찰관직무집행법 제4조 제1항 제1호)<02·08·15·18승진·20.2채용>

> ※ 위해를 끼칠 우려가 없는 만취자도 정도에 따라 사망하는 사례도 있으므로 신속히 병·의원에 후송하여 구호조치하고 가족·친지 등에 신속히 연락한다.[♣다른 조치 불필요(×)]

② 자살을 시도하는 사람 (제4조 제1항 제2호)<19경간·15·18승진·05채용>

> **예** 극약을 소지하고 있으면서 그 구체적인 용도를 이야기하지 못하는 자

> **예** 경찰관은 한강에 투신하려고 다리 난간에 올라가는 사람이 거절하더라도 지구대에 보호하거나 병원에 인계할 수 있고 이는 적법한 조치이다.(자살시도자는 구호대상자의 의사와 상관없이 보호조치 대상)<21승진>

※ 주취자 보호조치 요령

> (1) 주취자는 면밀히 관찰하여 이상유무 발견시 신속 조치 ⇨ 음주 만취자는 즉시 병원에 구호, 연고자 확인시 즉시 가족 등에 인계(음주정도에 따라 심하면 사망하는 경우도 있으므로 병·의원에 구호조치하고 가족, 친지 등에 신속 연락)
>
> (2) 주취소란으로 자해, 자상의 우려가 명백한 경우 신속한 조치로 제지
>
> > ① 형사사건으로 구속대상이 아니면 보호자 확인 귀가조치 후 나중에 불러서 조사
> >
> > ② 지구대 내 소란, 공무집행 방해 시 CCTV작동하여 채증한다.
>
> (3) 대화요령 – 주취자와 대화요령을 기르고 덩달아 흥분하지 않는 자제력과 인내심을 가지고 대응(**예** 속 시원히 해결해 주겠으니 나를 믿어보시오.)
>
> (4) 주취자 연행요령
>
> > ① 주취자가 동행도중 부상을 입는 일이 없도록 안전하게 동행
> >
> > ② 음주 소란자는 연행 이전에 상처 여부 확인
> >
> > ③ 상대방의 말을 경청, 입장을 이해하는 척하며 설득 후 동행

> **판례** 1) **['술에 취한 상태' → 정상적인 판단능력이나 의사능력 상실할 정도]** 경찰관직무집행법 제4조 제1항 제1호(불심검문)의 '술에 취한 상태'란 피구호자가 술에 만취하여 정상적인 판단능력이나 의사능력을 상실할 정도에 이른 것을 말한다.[♣판단능력이나 의사능력을 상실할 정도에 이른 것을 요하지 않는다.(×)](대법원 2012도11162판결)<23경간>

> **판례** 2) **[보호실 → 정신착란자, 주취자, 자살기도자 등(○), 영장없는 피의자 구금(×)]** 보호실은 그 시설 및 구조에 있어 통상 철창으로 된 방으로 되어 있어 그 안에 대기하고 있는 사람들이나 그 가족들이 출입이 제한되는 등 일단 그 장소에 유치되는 사람은 그 의사에 기하지 아니하고 일정장소에 구금되는 결과가 되므로, 경찰관직무집행법상 정신착란자, 주취자, 자살기도자 등 응급의 구호를 요하는 자를 24시간을 초과하지 아니하는 범위내에서 경찰관서에 보호조치할 수 있는 시설로 제한적으로 운영되는 경우를 제외하고는 구속영장을 발부받음이 없이 피의자를 보호실에 유치함은 영장주의에 위배되는 위법한 구금으로서 적법한 공무수행이라고 볼 수 없다.(대법원 93도958판결)

대상

PART 03

| 판례 | **3) [구 윤락방지법상 '요보호여자' → 보호실 유치 → 위법]** 구 윤락행위등방지법 제7조 제1항 소정의 **'요보호여자'**에 해당한다 하더라도 그들을 경찰서 **보호실에 유치하**는 것은 영장주의에 위배되는 **위법한 구금**에 해당한다.[대법원 96다28578 판결] |

(2) 임의보호

| 대상 | **미아·병자·부상자 등**으로서 적당한 보호자가 없으며 응급구호가 필요하다고 인정되는 사람으로서 적당한 보호자가 없으며 응급의 구호를 요한다고 인정되는 경우 **보호조치를 할 수** 있다. 다만, 본인이 구호를 거절하는 경우는 제외한다.[♣본인이 거절하더라도 구호조치 할 수 있다.(×), ♣응급을 요하나 타인에 위해를 줄 우려가 없으면 보호조치 대상이 아니다.(×)](경찰관직무집행법 제4조 제1항 제3호)<12·18·20·22승진·08·17·22경간·01·17.1·20.2·21.2채용>

① 기타 **기아(버려진 아이), 기아상태에 있는 자, 조난자, 길을 잃은 병약한 노인** 등도 여기에 해당한다.

　주의 가출인(×) - 자구능력이 있기 때문에 보호조치의 대상이 아니다.<01승진>

② 본인이 구호를 거절하는 경우는 보호조치를 할 수가 없다.[♣거절하는 경우에도 하여야(×), ♣거부해도 보호조치할 수(×)](경찰관직무집행법 제4조 제1항 제3호)<17경간·15·18승진·07·12.2·14.1·17.1채용> |

(1) 일시보호

| 방법 | ① **통지·인계**: 경찰관이 긴급구호나 보호조치를 하였을 때에는 **지체 없이**[♣24시간 이내(×)] **구호대상자의 가족, 친지 그 밖의 연고자에게 그 사실을 알려야** 하며, **연고자가 발견되지 아니할 때는 공공보건의료기관이나 공공구호기관에 즉시 인계하여야** 한다.[♣통지할 필요 없다.(×), ♣관할 경찰서에 인계(×), ♣인계할 수(×)](제4조 제4항)<19·22경간·12·16·18·21·23승진·14.1·17.1·18.3·21.2·23.1채용>

　예 위해 우려가 없더라도 만취자는 술에 취한 정도에 따라서 사망하는 사례도 있으므로 신속히 병원 등에 후송하여 구호조치하고 연고자 확인 시 가족에게 인계한다.

② **보고**: 구호대상자를 공공보건의료기관 또는 공공구호기관에 인계한 때에는 즉시 그 사실을 소속경찰서장 또는 해양경찰서장에게 보고하여야 한다.(제4조 제5항)

③ **통보**: 보고를 받은 소속 **경찰서장 또는 해양경찰서장은** 피구호자를 인계한 사실을 지체 없이 당해 공공보건의료기관·공공구호기관의 장 및 그 감독행정청에 통보하여야 한다.[♣인계 경찰관이 통보(×)](제4조 제6항)<19·22경간>

④ **경찰관서에 일시 보호**: 경찰관서에서 보호하는 기간은 **24시간을 초과할 수 없다.**[♣6시간 이내(×)](제4조 제7항)<19경간·16·20·23승진·14.1·17.1·18.3·20.1·2·23.1채용>

　주의 긴급구호에는 시간적 제한이 없다. **예** 자살기도자 |

(2) 응급구호

① **119와 동시출동** ➡ 노상에 쓰러진 병자 및 부상자 신고접수 시 응급구호 대상자이므로 119 구급대와 동시에 출동할 수 있도록 조치한다.

　※ 응급성과 범죄관련성 등을 파악하여 **응급구호, 증거보전 등의 조치**를 취한다.

② **구호요청**: 보건의료기관이나 공공구호기관에 긴급구호를 요청할 수 있다.[♣없다.(×)](제4조 제2항)<99승진>

　※ 공공구호기관 ➡ 아동보호소, 부녀보호소, 양로원·고아원 등

③ **거부금지**: 긴급구호를 요청받은 보건의료기관이나 공공구호기관은 **정당한 이유 없이 긴급구호를 거절할 수 없다.**[♣거절할 수 있다.(×)](제4조 제2항)<17.1·18.3·21.2채용>

<table>
<tr>
<td rowspan="7">방법</td>
<td>

➡ 경찰관직무집행법상 긴급구호 거부에 대한 처벌규정은 없으며(신분에 따라 형법상 직무유기 적용가능), **응급의료 요청**을 받은 응급의료 종사자가 **정당한 사유**없이 응급의료를 거부한 경우 3년 이하의 징역 또는 3천 만원 이하의 벌금에 처한다.[♣경찰관직무집행법상 긴급구호 거부 처벌 가능(×) → '진료 거부', '응급의료 거부'가 처벌대상])(응급의료에 관한 법률 제6조 제2항, 제60조 제3항 제1호)<16·20·21승진·22경간·21.2채용>

➡ **자격정지 또는 취소처분**을 당할 수 있다.(응급의료에 관한 법률 제50조 제1항)

주의 처벌규정 − 의료법(제15조, 제89조, 진료 거부 처벌)·응급의료에 관한 법률(응급법 제6조, 제60조 제2항 제1호, 응급의료 거부)[♣경찰관직무집행법에 처벌규정(×)]<20승진>

※ 정당한 이유 ➡ 응급의료 등이 객관적으로 불가능한 경우(🔳 진료나 수술이 기술적·사실적으로 불가능한 경우)를 의미

※ 단순히 병실의 부족이나 의사의 출타는 정당한 이유가 될 수 없음.[♣병실부족으로 구호 요청 거부는 정당(×)]

판례 1) [피구호자→경찰관 평균인을 기준으로 판단] 보호조치를 필요로 하는 피구호자에 해당하는지는 구체적인 상황을 고려하여 경찰관 평균인을 기준으로 판단하되[♣개인을 기준으로 판단(×)], 그 판단은 보호조치의 취지와 목적에 비추어 현저하게 불합리하여서는 아니 되며, 피구호자의 가족 등에게 피구호자를 인계할 수 있다면 특별한 사정이 없는 한 경찰관서에서 피구호자를 보호하는 것은 허용되지 않는다.(대법원 2012도11162 판결 [공용물건손상·도로교통법위반(무면허운전)·공무집행방해·상해·도로교통법위반(음주측정거부)])<23경간>

판례 2) [국가와 보건의료기관 사이→치료위임계약 체결(×)] 경찰관이 응급의 구호를 요하는 자를 보건의료기관에게 긴급구호요청을 하고, 보건의료기관이 이에 따라 치료행위를 하였다고 하더라도 국가와 보건의료기관 사이에 국가가 치료행위를 보건의료기관에 위탁하고 보건의료기관이 이를 승낙하는 내용의 치료위임계약이 체결된 것으로는 볼 수 없다.[♣볼 수 있다.(×)](대법원 93다4472판결)

</td>
</tr>
</table>

─ **임시영치**(제4조 제7항)

<table>
<tr>
<td rowspan="3">의의</td>
<td>

대물즉시강제: 보호조치 시에 구호대상자가 휴대하고 있는 무기·흉기 등 위험을 일으킬 수 있는 것으로 인정되는 물건을 경찰관서에[♣공공보건의료기관이나 공공구호기관에(×)] 임시로 영치하여 놓을 수 있다.[♣하여야 한다.(×), ♣대인즉시강제(×)](제4조 제3항)<20승진·19경간·18.3·20.1·2·21.2·23.1채용>

</td>
</tr>
<tr>
<td>

− 흉기 등을 경찰관서에 보관하는 **대물적 즉시강제** 작용[♣대인즉시강제(×)]<05·18.3채용>

</td>
</tr>
<tr>
<td>

♣임시영치는 대인적 즉시강제의 일종이다.(×)

</td>
</tr>
<tr>
<td rowspan="4">절차</td>
<td>

① **임시영치증명서 교부**(경찰관서장의 의무사항)

</td>
</tr>
<tr>
<td>

② **10일 초과(×)**: 경찰관서에 임시로 영치하는 기간은 **10일을 초과할 수 없다.**[♣30일(×)](제4조 제7항)<99·17·20·21·23승진·11·19경간·03·15.3·21.2채용>

</td>
</tr>
<tr>
<td>

♣'경찰관직무집행법'상 보호조치에 있어서, 피구호자가 휴대하고 있는 무기·흉기 등에 대한 임시 영치기간은 30일을 초과할 수 없다.(×)<11경간>

</td>
</tr>
<tr>
<td>

③ **반환**: 기간이 만료되면 그 물건을 소지하였던 자의 청구에 의하여 이를 습득자에게 반환한다.

</td>
</tr>
</table>

(3) 테마 80 위험발생의 방지

의의	① 경찰관은 사람의 생명 또는 신체에 위해를 끼치거나 재산에 중대한 손해를 끼칠 우려가 있는 **천재(天災), 사변(事變), 인공구조물의 파손이나 붕괴, 교통사고, 위험물의 폭발, 위험한 동물 등의 출현, 극도의 혼잡, 그 밖의 위험한 사태**가 있을 때에는 경고등 일정한 조치를 할 수 있다.[♣벌금수배자 출현(×)](제5조 제1항)<98·99·12·13·19·23승진>
	ⓔ 경찰관 A는 사냥개의 줄이 풀려 사람을 물고 위협하고 있다는 신고를 받고 출동하여, 개 주인에게 사살하도록 명령했으나 주인이 거부하여 직접 사살했다.(위험발생의 방지조치)
	− **대상** ➡ 경찰책임자·비책임자에 대한 경찰권의 발동을 예정하고 있으며, 이는 행정경찰적 목적이기 때문에 사법경찰적 목적인 경찰권 발동은 제외
	ⓔ 벌금수배자의 출현(×)<05승진>
	② 경찰관은 조치를 하였을 때에는 지체 없이 그 사실을 소속 경찰관서의 장에게 보고하여야 한다.
	③ 조치를 하거나 보고를 받은 경찰관서의 장은 관계 기관의 협조를 구하는 등 적절한 조치를 하여야 한다.
	판례 **[경직법 제5조 → 재량규정 → 조치(×), 현저하게 불합리 → 위법]** 경찰관직무집행법 제5조는 형식상 경찰관에게 재량에 의한 **직무수행권한을 부여**한 것처럼 되어 있으나, 경찰관에게 그러한 권한을 부여한 취지와 목적에 비추어 볼 때 구체적인 사정에 따라 경찰관이 그 권한을 행사하여 필요한 **조치를 취하지 아니하는 것이 현저하게 불합리하다고 인정**되는 경우에는 그러한 권한의 불행사는 직무상의 의무를 위반한 것이 되어 **위법**하게 된다.(대법원 98다16890 판결 [손해배상(자)])<23.2채용>
성격	① 대인적＋대물적＋**(대가택적) 즉시강제**[♣압수(×)]<13승진·22.2채용>
	② 경찰관직무집행법상 포괄적 적용요건 ➡ 경비경찰권 발동의 가장 중요한 법적 근거로서, 이 조항을 경찰상 **개괄적 수권조항으로 보는 견해**가 있음.
수단	**(1) 경고** [● 그사기 위 그사기]
	그 장소에 모인 사람, 사물의 관리자, 그 밖의 관계인[♣위해를 받을 우려가 있는 자(×)]에게 필요한 **경고**를 하는 것 ➡ 관계자의 자율적 판단에 따른 위해방지 조치를 기대하여 가능한 한 강제력의 행사를 피하고자 하는 것이다.(제5조 제1항 제1호)<13·16·19승진> [● 그사기]
	※ 이때 경고를 받은 상대방은 수인의무를 부담하게 되며, 상대방이 경고에 복종치 않을 때에는 강제조치를 취할 수 있고 그 사태에 적당한 방법을 사용할 수가 있다.
	(2) 억류·피난
	'매우 긴급한 경우'에 위해를 입을 우려가 있는 사람을 필요로 한도 내에서 **억류하거나 피난**시키는 것[♣그 장소에 모인 사람, 사물관리자, 기타 관계인이 억류·피난 대상으로 규정(×), ♣즉시강제(○)](제5조 제1항 제2호)<08·16·19·23승진·18·17경간·11.1·22.2채용>
	※ 이 경우 필요한 한도 내에서는 상대방의 의사에도 불구하고 실력행사가 가능함.
	ⓔ 화재나 건물붕괴 현장에서 사람들을 대피
	ⓔ 위험물의 폭발로 인해 매우 긴급한 경우에 위해를 입을 우려가 있는 사람을 억류하거나 피난시키는 것[♣즉시강제(○)]<22.2채용>

(3) 위해발생의 방지조치

① 경찰관이 그 장소에 있는 사람, 사물의 관리자, 그 밖의 관계인에게 위해를 방지하기 위하여 필요하다고 인정되는 **조치를 하게 하거나**(조치명령), 또는 **직접 그 조치를 취하는 것**(직접조치)[♣직접 조치를 취할 수는 없다.(×)](제5조 제1항 제3호)<12·13·16·19승진>

    ⓐ **조치명령(경찰하명)** ➡ 폐 광견 등의 사살을 명하는 것, 위험상태 제거, 시설의 폐쇄 등<12승진>

        ※ 관계인에게 '**필요한 조치를 하게 하는 것**'은 상대방이 필요한 조치를 하도록 명하는 행위로 하명의 성질을 갖는다.[♣하명은 아니다.(×)]<23경간>

    ⓑ **직접조치(직접강제)** ➡ 폐 경찰관이 직접 광견을 사살하는 것, 파기·압류 등

      [☺그사기]

② **보고** : 경찰관은 **경고, 억류·피난, 위험발생의 방지조치**를 하였을 때에는 지체 없이 그 사실을 소속 경찰관서의 장에게 **보고하여야** 한다.(제5조 제3항)<23승진>

수단

> 판례 1) [**대집행 ← 위험발생의 방지조치 가능**] 행정청이 행정대집행의 방법으로 건물철거의무의 이행을 실현할 수 있는 경우에는 **건물철거 대집행 과정**에서 부수적으로 건물의 점유자들에 대한 **퇴거 조치를 할 수** 있고, 점유자들이 적법한 행정대집행을 위력을 행사하여 방해하는 경우 형법상 공무집행방해죄가 성립하므로, 필요한 경우에는 '경찰관 직무집행법'에 근거한 위험발생 방지조치 또는 형법상 **공무집행방해죄의 범행방지 내지 현행범체포의 차원**에서 **경찰의 도움을 받을 수도 있다.**(대법원 2016다213916 판결 [건물퇴거])

> 판례 2) [**나름대로 조치 → 살인범행 막을 다른 조치(×) → 적법**] 정신질환자를 훈방하거나 일시 정신병원에 입원시키는 등 경찰관직무집행법의 규정에 의한 긴급구호조치를 취하였고, 정신질환자가 퇴원하자 정신병원에서의 장기 입원치료를 받는 데 도움이 되도록 생활보호대상자 지정의뢰를 하는 등 그 **나름대로의 조치**를 취한 이상, 더 나아가 경찰관들이 정신질환자의 **살인범행 가능성을 막을 수 있을 만한 다른 조치를 취하지 아니**하였거나 입건·수사하지 아니하였다고 하여 이를 법령에 위반하는 행위에 해당한다고 볼 수 없다.[대법원 1996.10.25. 선고 95다45927 판결]

> 판례 3) [**시위 후 트랙터 방치 → 다른 운전자 상해 → 위법**] 경찰관이 농민들의 시위를 진압하고 **시위과정에 도로상에 방치된 트랙터 1대**에 대하여 이를 도로 밖으로 옮기거나 후방에 안전표지판을 설치하는 것과 같은 **위험발생방지조치를 취하지 아니**한 채 그대로 방치하고 철수하여 버린 결과, 야간에 그 도로를 진행하던 운전자가 위 **방치된 트랙터를 피하려다가 다른 트랙터에 부딪혀 상해를 입은 사안**에서 국가배상책임이 인정된다.[♣배상책임을 인정하기 어렵다.(×)](대판 1998.8.25, 98다16890)<09채용>

> 판례 4) [**사고 위험 예견 → 조치의무(○)**] 교통사고 발생신고를 받고 현장에 나온 경찰관으로서는 사고내용에 관한 다툼이 있어 사고현장보존의 필요성이 있다 하더라도 **사고 발생의 위험성이 예견되는 경우** 관계자에게 **사고 발생을 막을 안전조치를 하도록 지시**하거나 그것이 여의치 아니할 경우 위와 같은 **조치를 직접 하여야 할 주의의무가 있다.**[대법원 1992.10.27. 선고 92다21371 판결]

(4) 접근 · 통행의 제한 · 금지

수단

① **경찰관서의 장은**[♣경찰관은(×)] 대간첩 작전의 수행이나 소요(騷擾) 사태의 진압을 위하여 필요하다고 인정되는 상당한 이유가 있을 때에는 **대간첩 작전지역**이나 **경찰관서 · 무기고** 등 **국가중요시설에**[♣다중이용시설(×)] 대한 **접근 또는 통행을 제한하거나 금지할 수 있다.** [♣금지하여야(×)](제5조 제2항)<23승진 · 13 · 14.2 · 15.1채용>

※ 조치권자 ➡ 개개 경찰관이 아닌 경찰서의 장

※ 대간첩 지역이나 국가중요시설에 대한 **접근제한명령이나 통행제한명령은 수인의무를 명하는 행위로서 하명의 성질을 갖는다.**[♣하명의 설질이 아니다.(×)]<23경간>

② **접근 또는 통행을 제한하거나 금지하는 조치**를 하거나, **경고, 억류피난, 위험발생의 방지조치의 보고**를 받은 경찰관서의 장은 관계기관의 협조를 구하는 등 적절한 조치를 하여야 한다.(제5조 제4항)

(4) 테마 81 범죄의 예방 · 제지

의의

경찰관은 범죄행위가 목전(目前)에 행하여지려고 하고 있다고 인정될 때에는 이를 예방하기 위하여 관계인에게 필요한 경고를 하고, 그 행위로 인하여 사람의 생명 · 신체에 위해를 끼치거나 재산에 중대한 손해를 끼칠 우려가 있는 긴급한 경우에는 그 행위를 제지할 수 있다.[♣'생명 · 신체에 위해를 끼치거나 재산에 중대한 손해를 끼칠 우려가 있는 긴급한 경우'라는 단서 없이 즉시(×), ♣제지하여야(×)](제6조)<19 · 22 · 23승진 · 13.1 · 2 · 15.1채용>

① 성질은 대인적 즉시강제에 해당한다.<22.1 · 23.1채용>

② **"목전"**이란 범죄행위가 실행의 착수가 있기 직전 또는 실행 가능성이 아주 높은 경우를 뜻한다.

판례 1) [제지 → 시간여유(×) or 성질상 명령(×) → 의무불이행 전제(×)] 경찰관의 제지에 관한 부분은 범죄 예방을 위한 경찰 행정상 즉시강제, 즉 눈앞의 급박한 경찰상 장해를 제거할 필요가 있고 의무를 명할 **시간적 여유가 없거나 의무를 명하는 방법으로는 그 목적을 달성하기 어려운 상황**에서 의무불이행을 전제로 하지 않고 경찰이 직접 실력을 행사하여 경찰상 필요한 상태를 실현하는 **권력적 사실행위에 관한 근거조항**이다.(대법원 2016도19417 판결 [특수공무집행방해])<23경간>

판례 2) [기자회견 명목 집회 → 경찰제지(적법)] 해고자 복직을 위한 범대위가 **기자회견 명목의 집회**를 개최하려고 하자, 출동한 **경찰병력이 농성 장소를 둘러싼 채 진입을 제지**하는 과정에서 피고인 등이 경찰관들을 밀치는 등으로 공무집행을 방해하였다는 내용으로 기소된 사안에서, 경찰 병력이 농성 장소를 사전에 둘러싼 뒤 기자회견 명목의 집회 개최를 불허하면서 소극적으로 제지만 한 것은 구 경찰관 직무집행법 제6조 제1항의 범죄행위 예방을 위한 경찰 행정상 즉시강제로서 **적법한 공무집행**에 해당한다.[대법원 2021.9.30. 선고 2014도17900 판결]

판례 3) [검증장소 경비 순경 폭행 → 공집방(○)] 검증장소의 경비임무를 수행하는 순경은 경찰관직무집행법 제2조나 **제5조(현 제6조)**에 의하여 그 장소에서의 **폭행행위**를 제지하거나 또는 이를 제지하기 위해서, 폭행자에게 임의동행을 요구할 책무가 있다고 할 것이므로 피고인이 위 순경의 손목을 비틀고 **이를 방해**한 그 소위는 **공무집행방해죄의 구성요건을 충족**한 것이다.[대법원 1970.9.17. 선고 70도1391 판결]

① 범죄행위가 **목전에** 행하여지려고 하고 있다고 인정될 때 ➡ **경고**

② 목전에 행하여지려고 하는 범죄행위로 인하여 **사람의 생명·신체에 위해를 미치거나 재산에 중대한 손해를 끼칠 우려가 있어 긴급을 요**하는 경우 ➡ **제지**<19승진>

※ **제지** ➡ 제지는 **행정상 즉시강제**에 해당하며, **필요최소한도 내에서** 행해져야 한다.

🔟 판례는 서울의 불법집회에 참가하려는 사람을 제주공항, 충청남도 등에서 제지한 경우, 시간적 장소적으로 근접하지 않은 경우로 과잉금지의 원칙(비례의 원칙)에 위배된다고 하였다.[♣제지할 수(×)](대법원 2007도9794 판결)<12·22승진>

다만, 우리나라는 성문법 국가이므로 유권해석에 의해 실무에서는 판례와 다른 해석이 가능하다.

요건

판례 1))[경직법 제6조 경고, 제지 → 범죄 실행착수 전(○), 범죄 계속되는 중(○)] 경찰관직무집행법 제6조(범죄의 예방과 제지)에 규정된 경찰관의 **경고나 제지**는 그 문언과 같이 범죄의 예방을 위하여 범죄행위에 관한 **실행의 착수 전**에 행하여질 수 있을 뿐만 아니라, 이후 범죄행위가 계속되는 중에 그 진압을 위하여도 당연히 행하여질 수 있다고 보아야 한다.(대법원 2013도643)<23승진>

판례 2) [긴급성, 중대성, 보충성 → 경직법 제6조 제지(○)] 경찰관 직무집행법 제6조에 따른 경찰관의 제지 조치가 적법한 직무집행으로 평가되기 위해서는, 형사처벌의 대상이 되는 행위가 눈앞에서 막 이루어지려고 하는 것이 객관적으로[♣주관적으로(×)] 인정될 수 있는 상황이고, 그 행위를 당장 제지하지 않으면 곧 인명·신체에 위해를 미치거나 재산에 중대한 손해를 끼칠 우려가 있는 상황이어서, **직접 제지하는 방법 외에는** 위와 같은 결과를 막을 수 없는 절박한 사태이어야 한다.<23.2채용>

[제지조치 적법성 ← 조치 당시 구체적 상황 기초(○), 사후적 객관적 판단(×)] 경찰관의 제지 조치가 적법한지는 제지 조치 당시의 구체적 상황을 기초로 판단하여야 하고 사후적으로 **순수한 객관적 기준에서 판단할 것은 아니다.**[♣순수한 객관적 기준에서 판단해야(×)](대법원 2016도19417 판결 [특수공무집행방해])<23승진·22.2채용>

판례 3) [급박한 상황(막, 중대손해) → 제지, 적법] 경찰관은 **눈앞에서 형사처벌 대상인 행위가 막 이루어지려** 하고 그대로 내버려 두면 사람의 **생명·신체나 중대한 재산상 손해가 생길 수** 있어서 직접 막는 것 외에는 **다른 방법이 없는 급박한 상황**일 때에만 「경찰관 직무집행법」 제6조에 따라 적법하게 그 행위를 제지할 수 있다.(대법원 선고 2018다288631 판결)

[다른 방법(○) → 즉시강제 → 객관적 정당성(×) → 위법] 경찰관들은 신고된 물건이 아니면 집회 장소에 들일 수 없다면서 원고 측이 조형물을 내려놓지 못하게 하고, 광화문 광장 옆길에 차를 세워 두는 것은 도로교통법 위반이라는 이유로 이 사건 차량을 견인하려고 하였다. 원고 측은 견인차가 도착한 것을 보고 이 사건 차량을 **다른 곳으로 옮기겠다고 했으나,** 경찰관들은 응하지 않고 이 사건 차량을 조형물이 실린 채로 끌고 갔고 그 앞에 드러누워 저항하는 원고 2를 공무집행방해죄 현행범으로 체포하였다. **원고 단체는 시위가 아니라 옥외집회를 주최했을 뿐**이어서 「집회 및 시위에 관한 법률」에 따라 집회에 사용할 **물품을 신고할 의무가 없고,** 스스로 이 사건 차량을 옮기겠다고 말함으로써 물건을 내리려는 시도를 그만두겠다는 뜻을 드러냈다. 그런데도 경찰관들이 이 **사건 차량을 끌고 가고 원고 2를 체포**한 것은 **객관적인 정당성을 잃은 직무집행**이다. 경찰관들이 「경찰관 직무집행법」 제6조에 의하여 적법한 행위를 했다고 평가할 수 없다.(대법원 선고 2018다288631 판결)

(1) **경고** : 범죄예방을 위해 범죄행위로 나아가려는 하는 것을 중지하도록 통고하는 것을 의미 (주의를 환기시키는 것)

① **관계인** : 그 범죄행위가 실행되려고 하는 사태에 직·간접적으로 관계가 있는 모든 사람을 의미한다.

② **성질** : 이는 범죄예방을 위한 것으로서 '위험발생의 방지를 위한 경고'와는 구분되는 것 이나, 제6조의 경고와 제5조의 경고가 경합할 수도 있다.

※ **비권력적 사실행위**이며, **간접적 수단**에 해당한다.

(2) **제지** : 실력에 의한 행위의 강제적 중지 또는 중지하지 않을 수 없는 상태로 만드는 것을 의미(**경고**와 **제지**는 선택적이지 **순차적인 것은 아님.**)

① **대상** : 범죄행위를 하려는 자 또는 범죄행위를 실행 중인 자

② **성질** : 제지를 할 때 반드시 무기의 사용을 수반하지는 아니하지만, 제지는 사태가 절박 한 경우에만 가능하다.(지능범·행정범은 제지의 대상이 아님.)

※ **권력적 행위**이며, **직접적 수단**에 해당한다.[♣비권력적 사실행위 근거조항(×)]<22.2채용>

수단

> **판례 1)** [근접하지 않은 지역의 제지 → 위법] ...불법집회에 참가하려는 것을 막기 위하여 집 회장소와 시간적·장소적으로 근접하지 않은 다른 지역에서, ... 출발 또는 이동하는 행위를 함부로 제지하는 것은 경찰관직무집행법 제6조 제1항의 행정 상 즉시강제인 경찰관의 제지의 범위를 명백히 넘어 허용될 수 없다.[♣허용된 다.(×)] 따라서 이러한 제지 행위는 공무집행방해죄의 보호대상이 되는 공무원 의 적법한 직무집행이 아니다.(대법원 2007도9794 판결)<12·22승진>

> **판례 1-1)** [원거리 제지 → 위법 → 공집방(×)] 경찰당국이 서울시청 앞 광장에서 열릴 한미 자유무역협정(FTA) 체결 반대 집회의 개최를 금지하고 각 지방에서 집회에 참가하기 위해 상경하는 것을 원천봉쇄하기로 함에 따라, 제천경찰서 소속 경찰관들이, 위 집회에 참가하기 위하여 상경하려는 **제천시농민회 소속 농 민들의 차량이 출발하지 못하도록 진로를 막은 사안**에서, 위 경찰관들의 조 치는 경찰관직무집행법 제6조에서 정한 경찰권 발동의 요건이 갖추어졌다 고 볼 수 없으므로 공무집행방해죄의 성립에 요구되는 **공무집행의 적법성이 인정되지 않는다.**[청주지법 제천지원 2007고합13 판결 : 항소]

> **판례 2)** [주거에서 큰 음악소리, 큰소리로 떠듦 → '인근소란 등' → 예방·진압·수사, 제지가능] **주거지에서 음악 소리를 크게 내거나 큰 소리로 떠들어 이웃을 시끄럽게 하는 행위**는 경범죄 처 벌법 제3조 제1항 제21호에서 경범죄로 정한 **'인근소란 등'**에 해당한다. 경찰관은 경 찰관 직무집행법에 따라 경범죄에 해당하는 **행위를 예방·진압·수사**하고, 필요한 경우 **제지할 수 있다.**[♣즉시강제가 아니라 직접강제의 요건에 부합한다.(×)]<23경간·22.2채용> 피고인은 평소 집에서 심한 고성과 욕설, 시끄러운 음악 소리 등으로 이웃 주민 들로부터 수회에 걸쳐 112신고가 있어 왔던 사람인데, 피고인의 집이 소란스럽 다는 112신고를 받고 출동한 경찰관 갑, 을이 인터폰으로 문을 열어달라고 하였 으나 욕설을 하였고, 경찰관들이 **피고인을 만나기 위해 전기차단기를 내리자** 화 가 나 식칼을 들고 나와 욕설을 하면서 경찰관들을 향해 찌를 듯이 협박함으로 써 갑, 을의 112신고 업무 처리에 관한 직무집행을 방해하였다고 하여 **특수공무 집행방해로 기소**된 사안에서, 공소사실을 **무죄로 판단한 원심판결**에 필요한 심 리를 다하지 않은 채 논리와 경험의 법칙에 반하여 자유심증주의의 한계를 벗어 나거나 경찰관 직무집행법의 해석과 적용, 공무집행의 적법성 등에 관한 **법리를 오해한 잘못**이 있다.(대법원 2016도19417 판결 [특수공무집행방해])<23경간·22.2채용>

<table>
<tr>
<td rowspan="3">수단</td>
<td>

판례 3) [고착관리 → 즉시강제(○), 체포(×)] 전경대원들이 조합원들의 이동을 제한한 조치 (이른바 '고착관리')는 노사간의 충돌을 막기 위한 예방조치 차원에서 이루어진 행위로서 사실상 체포가 아니라 체포에 이르기 전 단계에서 취해진 경찰관 직무집행법 제6조 제1항에 근거한 즉시강제조치에 불과하다.(수원지방법원 2011 노5044 판결 [공무집행방해·상해])

</td>
</tr>
<tr>
<td>

판례 4) [긴급사정(×), 고착관리 → 즉시강제(×), 체포(○)] 경찰과 부식 반입 문제를 협의하거나 기자회견장 촬영을 위해 공장 밖으로 나오자, 전투경찰대원들은 '고착관리' 라는 명목으로 위 공소외 1 등 6명의 조합원을 방패로 에워싸 이동하지 못하게 하였다. 위 조합원들이 어떠한 범죄행위를 목전에서 저지르려고 하거나 이들의 행위로 인하여 인명·신체에 위해를 미치거나 재산에 중대한 손해를 끼칠 우려 등 긴급한 사정이 있는 경우가 아닌데도[♣긴급한 사정이 있는 경우에(×)] 방패를 든 전투경찰대원들이 위 조합원들을 둘러싸고 이동하지 못하게 가둔 행위는 구 경찰관 직무집행법 제6조 제1항에 근거한 제지 조치라고 볼 수 없고, 이는 형사소송법상 체포에 해당한다.(대법원 2013도2168 판결 [공무집행방해·상해])

※ 긴급한 사정○ → 제지 / 긴급한 사정× → 체포

</td>
</tr>
<tr>
<td>

판례 5) [행정대집행 직후 다시 같은 장소 점거를 소극적으로 제지 → 적법(○)] 경찰병력이 **행정대집행 직후** "A자동차 희생자 추모와 해고자 복직을 위한 범국민대책위원회"(이하 'A차 대책위'라 함)가 **또 다시 같은 장소를 점거하고 물건을 다시 비치하는 것을 막기 위해** 당해 사건 장소를 미리 둘러싼 뒤 'A차 대책위'가 같은 장소에서 기자회견 명목의 집회를 개최하려는 것을 불허하면서 소극적으로 제지한 것은 범죄행위 예방을 위한 경찰 행정상 즉시강제로 적합한 공무집행에 해당한다.(대법원 2018도2993 판결 [공무집행방해·일반교통방해·집회 및 시위에 관한 법률위반])<23.2채용>

</td>
</tr>
</table>

(5) **테마 82** **위험방지를 위한 출입**

<table>
<tr>
<td rowspan="3">의의</td>
<td>

경찰관은 위험한 사태(경찰관직무집행법 제5조, 제6조)가 발생하여 사람의 생명·신체 또는 재산에 대한 위해가 임박한 때에 그 **위해를 방지**하거나 **피해자를 구조**하기 위하여 부득이하다고 인정하면 합리적으로 판단하여 필요한 한도에서 **다른 사람의 토지·건물·배 또는 차에 출입** 할 수 있다.[♣수사를 위하여(×)](긴급출입)(제7조 제1항)<22승진>

</td>
</tr>
<tr>
<td>

① 위험방지를 위한 출입의 법적 성질은 **대가택적 즉시강제**이다.[♣행정조사(×)]<99·19승진>

</td>
</tr>
<tr>
<td>

② **출입의 유형(방법)** : ㉠ **예방출입** ㉡ **긴급출입** ㉢ **긴급검색**

</td>
</tr>
<tr>
<td rowspan="3">한계</td>
<td>

① 위험방지를 위한 출입은 경찰행정상 목적(위해방지)에 한정되어야 하므로 **범죄수사나 다른 행정목적(예 풍기의 단속)을 위해서는 출입을 할 수가 없다.**[♣범죄수사목적 출입(×)]<01승진>

</td>
</tr>
<tr>
<td>

② 보충성의 원칙상 **협의의 행정경찰의 관할에 속하는 사항**에 대하여는 경찰의 1차적 개입이 금지되므로 위험방지를 위한 출입을 할 수가 없다.

예 노래방에서의 주류 판매 확인을 위한 출입

</td>
</tr>
<tr>
<td>

③ **유의사항** : 위험방지를 위해 필요한 장소에 출입을 할 때(**예방출입, 긴급출입, 긴급검색**) 에는 경찰관은 그 **신분을 표시하는 증표를 제시하여야** 하며, 함부로 관계인의 정당한 업무를 방해하여서는 아니 된다.[♣신분증 제시는 불필요(×)](제7조 제4항)<19·22·23승진>

</td>
</tr>
</table>

(1) 예방출입 <13경간·13.2채용>

① 흥행장(興行場), 여관, 음식점, 역, 그 밖에 많은 사람이 출입하는 장소의 관리자나 그에 준하는 관계인은 경찰관이 범죄나 사람의 생명·신체·재산에 대한 위해를 예방하기 위하여 해당 장소의 영업시간이나 해당 장소가 일반인에게 **공개된 시간**에 그 장소에 출입하겠다고 요구하면 정당한 이유 없이 그 요구를 **거절할 수 없다.**[♣영업이 끝난 새벽 3시(×)](제7조 제2항)<19승진·13경간·13.2채용>

 ※ 공개된 장소 ➡ 불특정다수인이 출입하거나 집합하는 장소

 예 **영업이 끝나기 전에** 식당에 위험방지를 위해 출입하는 경우

② **내용** : 공개된 장소에 대하여 영업 또는 공개시간 내에만 출입이 가능하다.[♣새벽 3시 영업 끝난 식당(×)]

③ **절차** : 관리자 등에게 출입을 요구하여 동의를 얻어야 출입이 가능

 ※ 이때 상대방은 경찰관의 출입요구를 거절할 수 없으므로 실제로는 강제출입권의 성질을 가진다.

(2) 긴급출입

① 경찰관은 (제5조 제1항·제2항 및 제6조에 따른) **위험한 사태가 발생**하여 사람의 생명·신체 또는 재산에 대한 위해가 임박한 때에 그 위해를 방지하거나 피해자를 구조하기 위하여 부득이하다고 인정하면 합리적으로 판단하여 필요한 한도에서 다른 사람의 토지·건물·배 또는 차에 출입할 수 있다.[♣수사를 위하여(×)](제7조 제1항)

 예 경찰공무원은 **여관에 불**이 나서 객실에 쓰러져 있는 사람이 있는 경우에는 주인이 허락하지 않더라도 들어갈 수 있다.<19승진>

② **내용** : 타인의 토지·건물·선박과 차량 등에 대하여, **주·야를 불문하고 출입이 허용되며, 상대방의 동의는 요하지 않는다.**(상대방은 수인의무를 부담)[♣동의 필요(×), ♣불난 여관에 사람을 구하기 위해 출입하는 경우 동의 필요(×)]<03채용>

> 판례 **[싸우는 소리신고, 출동 → 허락없이 출입 → 폭행 → 공무집행방해(×)]** 피고인과 같은 아파트의 주민으로부터 피고인의 집에서 **싸우는 소리가 들린다는 112 신고**를 받고 현장에 출동한 경찰관 甲, 乙이 피고인의 집에 **허락 없이 들어가** 현관문 앞에서 피고인에게 사건 경위를 추궁하자, 피고인이 "너것들이 뭐냐"라고 소리를 지르며 빈 유리병을 甲을 향해 던지고 주먹으로 甲의 **뺨과 턱 부위를 때리는 등 폭행**함으로써 경찰관들의 112 신고 사건 처리에 관한 직무집행을 방해하였다는 내용으로 기소된 사안에서, 경찰관들이 피고인의 주거지에 임의로 출입한 것은 적법한 공무집행행위로 볼 수 없으므로, 피고인이 이에 대항하여 경찰관들을 폭행하였더라도 **공무집행방해죄에 해당하지 않는다.**[대구지법 2018노4026 판결 : 상고]

(3) 긴급검색

① 경찰관은 **대간첩 작전 수행에 필요할 때**에는 작전지역에서 흥행장(興行場), 여관, 음식점, 역, 그 밖에 **많은 사람이 출입하는 장소를 검색할 수** 있다.(대간첩작전을 위한 검색)(제7조 제3항)<19승진>

 예 무장공비출현으로 검거작전을 수행하는 경우 주인 동의 없는 작전구역 내 영화관 검색

② **주·야간 불문**, 동의 불필요하고, 법관의 **영장도 필요 없다.**[♣동의 필요(×)](다수설)

비교 **예방출입 · 긴급출입 · 긴급검색**

구분	예방출입	긴급출입	긴급검색
대상	공개된 장소	특별한 제한 없음.	작전지역 내
시간	영업 또는 공개시간 내	주 · 야 불문	주 · 야 불문
절차	관리자의 동의 요함.	상대방 동의 불필요	영장 불필요, 동의 불필요
신분증	모든 경우 신분증 제시해야 함.		

(6) 테마 83 **사실의 확인등**

의의	경찰관서의 장이 직무수행에 필요한 경우 국가기관이나 공사단체 등에 대하여 사실을 조회하거나, 경찰관이 사실의 확인을 위해 관계인에게 출석을 요구하는 행위 ① **성질**: 비권력적(임의적) **사실행위**로서 즉시강제의 수단에 포함되지 않으며, 강제집행이나 경찰벌의 대상이 되지 않는다.<03승진> ② 사실의 조회 · 확인 및 출석요구의 주체 – 법문상 ➡ 사실의 조회는 <경찰관서의 장> / 사실의 확인 및 출석요구는 <경찰관> ※ 법문상으로는 출석요구의 주체가 경찰관으로 되어 있지만, 상사의 결재에 의해서만 출석요구를 할 수 있다.
사실 조회	① **경찰관서의 장은**[♣경찰관은(×)] 직무수행에 필요하다고 인정되는 '상당한 이유가 있을 때'에는 국가기관이나 공사단체 등에 대하여 직무수행에 관련된 사실을 조회**할 수** 있다.(제8조 제1항)<22.1채용> ② 긴급한 예외 : 긴급한 경우에는 소속 경찰관으로 하여금 현장에 나가 해당 기관 또는 단체의 장의 협조를 받아 그 사실을 확인하게 할 수 있다.[♣긴급을 요할 때에는 사실을 확인 후 당해 기관 또는 단체의 장에게 추후 통보해야 한다.(×)](제8조 제1항 단서)<13.1 · 22.1채용>

출석
요구
	경찰관은 아래 직무를 수행하기 위하여 필요하면 관계인에게 출석하여야 하는 사유 · 일시 및 장소를 명확히 적은 출석 요구서를 보내 경찰관서에 **출석할 것을 요구할 수** 있다.(제8조 제2항)<13.1 · 23.2채용>
	
	※ 이 경우 임의출석한 당사자에게 특정장소로 이동할 것을 요구하는 경우에는 반드시 상대방의 동의를 구해야 한다.<10채용>
	
	① **사유(○)** : 행정처분을 위한 교통사고 조사에 필요한 사실 확인, 사고로 인한 사상자 확인, 유실물을 인수할 권리자 확인, 미아를 인수할 보호자 확인[♣고소사건 처리를 위한 사실확인(×)](제8조 제2항 제1호, 제2호, 제3호, 제4호)<06 · 07승진 · 04 · 08경간 · 04 · 10 · 23.2채용>
	
	  ※ 행정경찰 목적을 위한 경우로서 유사한 경우에 해당한다면 법문에 명시된 사유 이외의 사유로도 출석요구를 할 수가 있다.[☻교사유미]
	
	② **사유(×)** : 행정목적이 아닌 **수사목적을 위한 출석요구**는 경찰관직무집행법에 의해서는 할 수가 없고, **형사소송법 등에 근거**를 두어야 한다.
	
	  예 교통사고 시에 가해자와 피해자의 합의 종용을 위한 출석요구 / 형사책임 규명을 위한 사실조사를 위한 출석요구<99승진> / 범죄 피해내용의 확인을 위한 출석요구<97승진> / 고소사건 처리를 위한 사실의 확인

(7) **테마 84** **정보수집, 국제협력 – 정보의 수집 등**(제8조의2)

> ① 경찰관은 범죄·재난·공공갈등 등 공공안녕에 대한 위험의 예방과 대응을 위한 **정보의 수집·작성·배포와 이에 수반되는 사실의 확인을 할 수** 있다.
>
> ② 제1항에 따른 정보의 구체적인 범위와 처리 기준, 정보의 수집·작성·배포에 수반되는 사실의 확인 **절차와 한계는 대통령령으로 정**한다.

– **국제협력**(제8조의3)

> 경찰청장(해양경찰청 소속 경찰공무원의 직무에 관한 사항인 경우에는 해양경찰청장을 말한다)은 이 법에 따른 경찰관의 직무수행을 위하여 외국 정부기관, 국제기구 등과 **자료 교환, 국제협력 활동 등**을 할 수 있다.[♣등을 해야 한다.(×), ♣국제 협력은 규정되어 있지 않다.(×)](제8조의2)<17승진·15.1채용>

(8) **테마 85** **유치장**

의의	법률에서 정한 절차에 따라 **체포·구속**된 사람 또는 **신체의 자유를 제한하는 판결이나 처분**을 받은 사람을 수용하기 위하여 **경찰서와 해양경찰서에 유치장을 둔다.**[♣지구대에(×)](제9조)<12.3·13.2·15.1·2·18.2채용> ※ **유치장설치 법적 근거 : 경찰관직무집행법**<98승진·01경간·02·04·10채용> ※ 이 조항은 작용법적 성격을 갖는 다른 조항과는 달리 조직법적 성격을 가지고 있다.
수용 대상	① **체포·구속된 자 :** 유치장에는 일차적으로 구속영장이 발부되지 않은 피의자(체포영장발부 피의자, 현행범체포 피의자, 긴급체포 피의자)를 수감하는 것이 규정상 원칙으로, 피체포자가 구속영장을 받을 때까지의 임시적인 유치시설이라는 의미를 가진다. ※ "행형법"상 구속영장이 집행된 피의자나 피고인은 구치소나 미결수용실에 수용하도록 하고 있으나, 현실적으로 이를 유치장에 수용하는 경우가 많다. ② **자유형을 선고받은 자 :** 즉결심판에 의한 구류판결을 의미한다. ※ '보호조치 대상자'나 '임의동행자' 등은 유치장의 수용대상이 아니다.
처우	① 미결수의 경우 무죄추정의 법리에 따라 일반시민에 해당하는 처우를 하여야 한다. ② 유치장 내에는 수갑·포승을 제외한 일체의 계구를 비치할 수 없다.

(9) **테마 86** **경찰장비의 사용**

<table>
<tr>
<td rowspan="1">의의</td>
<td>

"**경찰장비**"란 무기, 경찰장구(警察裝具), 최루제(催淚劑)와 그 발사장치, 살수차, 감식기구(鑑識機具), 해안 감시기구, 통신기기, 차량·선박·항공기 등 경찰이 직무를 수행할 때 필요한 장치와 기구를 말한다.[♣경찰장구(×)](제10조 제2항)<15·19경간·15.2채용>

- **위해성 장비** : 경찰관이 직무를 수행하는 과정에서 그 장비의 **통상용법대로 사용**하는[♣통상용법대로 사용하지 않을(×)] 경우 **사람의 생명 또는 신체에 위해를 가할 수 있는 장비**(재10조 제1항 단서)

※ 경찰장비의 사용은 **대인적 즉시강제**에 해당하는 작용이다.

위해성 경찰장비의 사용기준 등에 관한 규정(대통령령)

제1조(목적) 이 영은 「경찰관 직무집행법」 제10조에 따라 국가경찰공무원이 직무를 수행할 때 사용할 수 있는 사람의 생명이나 신체에 위해를 끼칠 수 있는 경찰장비의 종류·사용기준 및 안전관리 등에 관한 사항을 규정함을 목적으로 한다.

제2조(위해성 경찰장비의 종류) 「경찰관 직무집행법」(이하 "법"이라 한다) 제10조 제1항 단서에 따른 사람의 생명이나 신체에 위해를 끼칠 수 있는 경찰장비(이하 "위해성 경찰장비"라 한다)의 종류는 다음 각 호와 같다.<12경간·13·18승진·12·13·14.2·17.1채용>

1. **경찰장구** : 수갑·포승(捕繩)·호송용포승·경찰봉·호신용경봉·전자충격기·방패 및 전자방패[♣도검(×)](위해성 경찰장비의 사용기준 등에 관한 규정 제2조 제1호)<17·18승진·10.1·13.1·14.2·15.2·16.1채용> [☺수포 봉방충]

2. **무기** : 권총·소총·기관총(기관단총을 포함한다. 이하 같다)·산탄총·**유탄발사기**·**박격포**·3인치포·함포·크레모아·**수류탄**·**폭약류** 및 **도검**[♣가스발사총(×)](위해성 경찰장비의 사용기준 등에 관한 규정 제2조 제2호)<17·18승진·10.1·13.1·14.2·17.1·22.1채용> [☺총포 유수아 폭도]

3. **분사기·최루탄 등** : 근접분사기·가스분사기·가스발사총(고무탄 발사겸용을 포함한다.)[♣발사겸용제외(×)] 및 **최루탄**(그 발사장치를 포함한다. 이하 같다)(위해성 경찰장비의 사용기준 등에 관한 규정 제2조 제3호)<17승진·14.2·17.1채용>[☺분발췌장]

4. **기타장비** : 가스**차**·살수**차**·특수진압**차**·물포·**석궁**·다**목**적발사기 및 도주**차**량차단장비[♣전자방패(×)](위해성 경찰장비의 사용기준 등에 관한 규정 제2조 제4호)<12경간·17승진·10·14.2·17.1채용> [☺물차목석]

※ **가스차·살수차·특수진압차·물포의 사용기준**(위해성 경찰장비의 사용기준 등에 관한 규정상)

① 경찰관은 **불법집회·시위 또는 소요사태**로 인하여 발생할 수 있는 **타인 또는 경찰관의 생명·신체의 위해**와 **재산·공공시설의 위험을 억제**하기 위하여 부득이한 경우에는 현장책임자의 판단에 의하여 필요한 최소한의 범위에서 **가스차**를 사용할 수 있다.[♣시·도경찰청장의 명령에 의하여(×)](규정 제13조 제1항)<20.2채용>

② 경찰관은 아래 어느 하나에 해당하여 살수차 외의 경찰장비로는 그 위험을 제거·완화시키는 것이 현저히 곤란한 경우에는 **시·도경찰청장의 명령**에 따라 **살수차를 배치·사용할 수** 있다.(규정 제13조의2 제1항)<21.1채용>

</td>
</tr>
</table>

1. 소요사태로 인해 타인의 법익이나 공공의 안녕질서에 대한 **직접적인 위험이 명백하게 초래**되는 경우(규정 제13조의2 제1항 제1호)<21.1채용>

2. 통합방위법 제21조제4항에 따라 지정된 **국가중요시설에 대한 직접적인 공격행위**로 인해 해당 시설이 파괴되거나 기능이 정지되는 등 **급박한 위험이 발생**하는 경우(규정 제13조의2 제1항 제2호)

③ 경찰관은 규정에 따라 살수하는 것으로 일정한 기준(제1항 각 호의 어느 하나)의 어느 하나에 해당하는 위험을 제거·완화시키는 것이 곤란하다고 판단하는 경우에는 **시·도경찰청장의**[♣경찰청장의(×)] **명령**에 따라 필요한 최소한의 범위에서 **최루액을 혼합하여 살수할 수** 있다. 이 경우 최루액의 혼합 살수 **절차 및 방법은 경찰청장이**[♣시·도경찰청장이(×)] **정한다.**(규정 제13조의2 제3항)

> ※ **혼합살수방법은 법령에 열거되지 않은 새로운 위해성 경찰장비**에 해당하고 위임하고 있는 법령이 없으므로, 법률유보원칙에 위배된다.[♣반드시 위헌·위법이라고 할 수 없다.(×)](헌재 2015헌마476)<22.2채용> → 이러한 판례에 의해 본조항이 신설되었다.

의의

> 판례 1) [직사살수 → 직접적, 명백한 위험 현존하는 경우에만] 위해성 경찰장비인 살수차와 물포는 필요한 최소한의 범위에서만 사용되어야 하고, 특히 인명 또는 신체에 위해를 가할 가능성이 더욱 커지는 **직사살수**는 타인의 법익이나 공공의 안녕질서에 **직접적이고 명백한 위험이 현존**하는 경우에 한해서만 사용이 가능하다고 보아야 한다.[♣위험이 존재하는 경우 가능(×)](대법원 2015다236196 판결 [손해배상(기)])

> 판례 2) [해산명령 후 → 직사살수 할 수] 경찰관이 **직사살수의 방법으로** 집회나 시위 참가자들을 **해산시키려면**, 먼저 집회 및 시위에 관한 법률 제20조 제1항 각호에서 정한 해산 사유를 구체적으로 고지하는 적법한 절차에 따른 **해산명령을 시행한 후에 직사살수의 방법을 사용**할 수 있다고 보아야 한다.[대법원 2015다236196 판결]

> 판례 3) [위해성 경찰장비 → 다른 용도나 방법 사용 → 반드시 법령상 근거 있어야] 「경찰관 직무집행법」상 **경찰장비 규정**은 경찰관의 직무수행 중 경찰장비의 사용 여부, 용도, 방법 및 범위에 관하여 **재량의 한계를 정한 것**이라 할 수 있고, 특히 위해성 경찰장비는 그 사용의 위험성과 기본권 보호 필요성에 비추어 볼 때 본래의 사용방법에 따라 지정된 용도로 사용되어야 하며 다른 용도나 방법으로 사용하기 위해서는 반드시 **법령에 근거가 있어야 한다.**(대법원 2016다26662, 26679, 26686 판결 [손해배상(기)·손해배상(기)·손해배상(기)])<23경간>

의의	[판례] **[어떤 장비 사용? → 구체적 상황, 구체적 위험에 비추어 → 재량(○)]** 불법적인 농성을 진압하는 방법 및 그 과정에서 **어떤 경찰장비를 사용할 것인지는 구체적 상황**과 예측되는 피해 발생의 **구체적 위험성**의 내용 등에 비추어 경찰관이 **재량의 범위 내에서 정할 수 있다.** **[통상용법과 달리 사용, 생명·신체에 위해 → 사용 필요(○), 위해가 통상적 예견범위 내 등 특별사정 없는 한 → 위법]** 그러나 그 직무수행 중 특정한 경찰장비를 필요한 최소한의 범위를 넘어 관계 법령에서 정한 **통상의 용법과 달리 사용**함으로써 타인의 **생명·신체에 위해**를 가하였다면, 불법적인 농성의 진압을 위하여 그러한 방법으로라도 해당 경찰장비를 **사용할 필요**가 있고 그로 인하여 발생할 우려가 있는 타인의 생명·신체에 대한 위해의 정도가 통상적으로 **예견되는 범위 내**에 있다는 **등의 특별한 사정이 없는 한** 그 직무수행은 위법하다고 보아야 한다. **[경찰장비 위법한 사용 → 직접적 대항 → 경찰장비 손상 → 정당방위]** 나아가 경찰관이 농성 진압의 과정에서 **경찰장비를 위법하게 사용**함으로써 그 직무수행이 적법한 범위를 벗어난 것으로 볼 수밖에 없다면, 상대방이 그로 인한 생명·신체에 대한 위해를 면하기 위하여 **직접적으로 대항**하는 과정에서 **경찰장비를 손상**시켰더라도 이는 위법한 공무집행으로 인한 신체에 대한 현재의 부당한 침해에서 벗어나기 위한 행위로서 **정당방위**에 해당한다.(대법원 2016다26662, 26679, 26686 판결 [손해배상(기)·손해배상(기)·손해배상(기)])<23경간> ※ 주요 용어 - 직접적 상황, 직접적 위험, 통상적 예견범위, 직접적 대항<23경간> → 헬기 하강풍으로 시위 진압, 헬기이용 최루제 살포 → 새총으로 볼트 발사행위
준수 사항	① **신규도입과 안전성검사**: 경찰청장은 위해성 **경찰장비를 새로 도입하려는 경우**에는 **대통령령**(위해성..장비..규정)으로 정하는바에 따라 **안전성 검사를[♣안전교육을(×)]** 실시하여 그 안전성 검사의 결과보고서를 국회 **소관 상임위원회에[♣국회의장에게(×), ♣행정안전부장관에게(×)] 제출하여야 한다.[♣할 수 있다.(×)]**(경찰관직무집행법 제10조 제5항)<17·19·22승진·22경간·18.1·2채용> 이 경우 **안전성 검사에는 외부 전문가를 참여시켜야** 한다.[♣외부 전문가를 참여시킬 수 있다.(×)](경찰관직무집행법제10조 제5항 단서)<15·19경간·16.1·18.2채용> ㉠ **경찰청장은** 위해성 경찰장비를 새로 도입하려는 경우에는 (법 제10조 제5항에 따라) **안전성 검사를 실시**하여 새로 도입하려는 장비("신규 도입 장비")가 사람의 생명이나 신체에 미치는 영향을 평가하여야 한다.(위해성 경찰장비의 사용기준 등에 관한 규정 제18조의2 제1항)<19승진> ㉡ (법 제10조 제5항 후단에 따라) 안전성 검사에 참여한 **외부 전문가**는 안전성 검사가 끝난 후 **30일 이내에** 신규 도입 장비의 안전성 여부에 대한 의견을 **경찰청장에게 제출하여야** 한다.[♣3개월 이내에(×), ♣국회 소관 상임위에(×)](위해성 경찰장비의 사용기준 등에 관한 규정 제18조의2 제3항)<19승진·15경간·18.1·2·21.1채용> ㉢ **경찰청장은** 신규 도입 장비에 대한 안전성 검사를 실시한 후 **3개월 이내에** 다음 각 호의 내용이 포함된 안전성 검사 결과보고서를 **국회 소관 상임위원회에** 제출하여야 한다.[♣2개월 이내(×), ♣국가경찰위원회에(×)][♣경찰관직무집행법 시행령에 규정(×)](위해성 경찰장비의 사용기준 등에 관한 규정 제18조의2 제4항)<19·21승진·15경간·18.1·2채용> 1. 신규 도입 장비의 주요 특성 및 기본적인 작동 원리 2. 안전성 검사의 방법 및 기준 3. 안전성 검사에 참여한 외부 전문가의 의견 4. 안전성 검사 결과 및 종합 의견

② **사용시 안전교육과 안전검사**

　㉠ **경찰관은** 직무수행 중 경찰장비를 사용할 수 있다. 다만, 사람의 생명이나 신체에 위해를 끼칠 수 있는 경찰장비("위해성 경찰장비")를 사용할 때에는 필요한 **안전교육과 안전검사를 받은 후 사용하여야** 한다.[♣긴급하게 사용할 때에는 안전검사 없이 안전교육을 받은 후 사용할 수 있다.(×)](제10조 제1항)<19승진·15·19·22경간·16.1채용>

　㉡ 직무수행 중 위해성 경찰장비를 사용하는 **경찰관은** (별표 1의 기준에 따라) **위해성 경찰장비 사용을 위한 안전교육**을 받아야 한다.(위해성 경찰장비의 사용기준 등에 관한 규정 제17조)

　㉢ 위해성 경찰장비를 사용하는 경찰관이 소속한 **국가경찰관서의 장은**[♣사용 경찰관은(×)] 소속 경찰관이 사용할 위해성 경찰장비에 대한 **안전검사를** (별표2 기준에 따라) **실시하여야** 한다.(위해성 경찰장비의 사용기준 등에 관한 규정 제18조)<19승진>

③ **위해성 경찰장비**는[♣모든 경찰장비는(×)] **필요한 최소한도에서 사용하여야** 한다.(제10조 제4항)

④ 경찰장비를 **임의로 개조**하거나 **임의의 장비를 부착**하여 일반적인 사용법과 달리 사용함으로써 다른 사람의 생명·신체에 위해를 끼쳐서는 아니 된다.[♣통상용법과 달리 사용할 수 있다.(×)](경찰관직무집행법 제10조 제3항)<08·19경간>

※ **위해성 경찰장비의 개조 등 : 국가경찰관서의 장**은 폐기대상인 위해성 경찰장비 또는 성능이 저하된 **위해성 경찰장비를 개조할 수** 있으며, 소속경찰관으로 하여금 이를 **본래의 용법에 준하여 사용하게 할 수** 있다.(위해성 경찰장비의 사용기준 등에 관한 규정 제19조)<21.1채용>

⑤ 위해성 경찰장비의 종류 및 그 사용기준, 안전교육·안전검사의 기준 등은 **대통령령**(위해성 경찰장비의 사용기준 등에 관한 규정)으로 정한다.[♣행정안전부령으로(×)](제10조 제6항)<22경간·23.2채용>

> ☞ **경찰장비관리규칙**
>
> 제157조(구분) 특별관리대상 장비는 경찰관의 직무수행 중 통상 용법대로 사용하는 경우 사람에게 위해를 가할 우려가 있어 관리 및 사용상 특별한 주의가 필요한 장비로, 다음과 같이 구분한다.
>
> 1. 경찰장구 : 수갑, 포승, 호송용포승, 경찰봉, 호신용경봉, 전자충격기, 진압봉, 방패 및 전자방패
>
> 2. 무기 : 권총, 소총, 기관총, 산탄총, 유탄발사기, 박격포, 3인치포, 클레이모어, 수류탄, 폭약류 및 도검
>
> 3. 분사기 등 : 근접분사기, 가스분사기, 가스발사총, 가스분사겸용경봉, 최루탄발사기 및 최루탄
>
> 4. 기타장비 : 가스차, 살수차, 특수진압차, 석궁, 다목적발사기(스펀지탄·고무탄·페인트탄·조명탄을 사용하는 경우)

준수 사항

⑽ **테마 87** **경찰장구의 사용**

의의

① 경찰관이 휴대하여 범인검거와 범죄진압 등 직무수행에 사용하는 물건으로서, 인명·신체에 실력을 가하는데 사용되는 **수갑·포승·경찰봉·방패·충격기(테이저건)** 등을 의미한다. [♣살수차(×), 분사기(×), 무기(×)](제10조의2 제2항)<99승진·11·12.2·15.2채용>

② **성격 :** 경찰장구의 사용은 **대인적 즉시강제**에 해당하는 작용이다.[♣대물 즉시강제(×)]<96·97승진·02·22.2채용>

③ **근거 :** 경찰장구 사용의 법적 근거는 **경찰관직무집행법**이다.[♣경찰공무원법(×)]<03승진·08채용>

경찰관은 다음 각 호의 요건을 위하여 필요하다고 인정되는 **상당한 이유**가 있을 때에는 그 사태를 합리적으로 판단하여 **필요한 한도 내에서** 경찰장구를 **사용할 수** 있다.[♣테이저를 사용할 때에는 3회 이상의 투기명령을 한 뒤, 대상자를 제압해야 한다.(×)](제10조의2 제1항)<01 · 05 · 07 · 15승진 · 19승진 · 11. 1 · 12 · 3 · 15.3 · 16.1 · 2 · 18.2 · 20.1 · 2채용>

요건

1. 현행범인 경우와 사형 · 무기 또는 장기 3년 이상의[♣단기 3년 이상(×)] 징역이나 금고에 해당하는 죄를 범한 범인의 체포 또는 도주의 방지[♣무기를 사용할 수(×), ♣범인의 체포 · 도주방지(×)]<22경간 · 10.1 · 15.3 · 16.1 · 2 · 18.2 · 20.1 · 2채용>

   🔲 적법한 체포에 격렬하게 항거하는 범인

   ※ **영장집행등에 따른 수갑 · 포승 · 호송용 포승의 사용기준** : 경찰관은 **체포 · 구속영장**을 집행하거나 신체의 자유를 제한하는 판결 또는 처분을 받은 자를 법률이 정한 절차에 따라 호송하거나 수용하기 위하여 필요한 때에는 최소한의 범위 안에서 **수갑 · 포승 또는 호송용포승**을 사용할 수 있다.(위해성 경찰장비의 사용기준 등에 관한 규정 제4조)<22.1채용>

2. 자신이나 다른 사람의 생명 · 신체의 방어 및 보호[♣재산(×)]<19승진 · 15.3 · 18.2 · 20.1 · 2채용>

   🔲 주취상태 또는 마약에 취해 난동을 부리는 자, 흉기 등을 소지하고 경찰 또는 타인을 위협하거나, 자해를 하려는 자 등에게 사용할 수 있다.

   ※ **자살방지등을 위한 수갑 · 포승 · 호송용 포승의 사용기준 및 사용보고** : 경찰관은 **범인 · 주취자 또는 정신착란자의 자살 또는 자해기도를 방지**하기 위하여 필요한 때에는 **수갑 · 포승 또는 호송용 포승**을 사용할 수 있다. 이 경우 경찰관은 소속 국가경찰서의 장에게 그 사실을 보고하여야 한다.(위해성 경찰장비의 사용기준 등에 관한 규정 제5조)<18 · 21승진 · 18.1채용>

3. 공무집행에 대한 항거의 제지[♣사용 불가(×)](제10조의2 제1항 제3호)<01 · 05 · 07 · 15승진 · 11. 1 · 12 · 15.3 · 18.2 · 20.1 · 2 · 채용>

   ※ 항거 ➡ 적극적인 방해 또는 거부행위를 의미하며 소극적인 경우는 제외된다.

   🔲 전자충격기 사용의 구체적 사례 : 적법한 체포에 격렬하게 항거하는 범인, 공무집행방해 사범, 주취상태 또는 마약에 취해 난동을 부리는 자, 흉기 등을 소지하고 경찰 또는 타인을 위협하는 자, 흉기 등으로 자해하려는 자

   🔲 주택가에서 흉기를 들고 난동을 부리며 경찰관의 중지명령에 항거하는 사람에 대해 전자충격기를 사용하여 강제로 제압하는 것(즉시강제)<22.2채용>

한계

전자충격기(테이저) 사용의 한계 : 전극침을 발사하는 경우, **전면**은 가슴 이하(허리 벨트선 상단과 심장 아래쪽 사이)를 조준하고, **후면**은 주로 근육이 분포되어 있는 넓은 등을 조준하는 것이 바람직하다.[♣테이져 건을 사용할 경우 3회 이상 투기명령을 한 후 사용해야(×)](실무)<15 · 16승진>

① **전자충격기 또는 전자방패** : 경찰관은 **14세 미만의 자**[♣14세 이하(×)] 또는 임산부에 대하여 전자충격기 또는 전자방패를 사용하여서는 아니 된다.[♣65세 이상 고령자(×)](위해성 경찰장비의 사용기준 등에 관한 규정 제8조 제1항)<15 · 16 · 22승진 · 16.1 · 22.1채용>

   ※ **물리력 행사의 기준과 방법에 관한 규칙(3.8.2.)** : 경찰관은 정당방위나 긴급피난의 요건이 충족되지 않는 한, 다음에 해당하는 상황에서는 **전자충격기를 사용하여서는 아니** 된다.(3.8.2.다) – 대상자가 **14세 미만 또는 임산부**인 경우(3.8.2.다.4)) 등

② **전극침 발사** : 경찰관은 전극침(電極針) 발사장치가 있는 전자충격기를 사용하는 경우 **상대방의 얼굴**을 향하여 전극침을 발사하여서는 아니 된다.(위해성 경찰장비의 사용기준 등에 관한 규정 제8조 제2항)<17경간 · 15 · 16승진 · 16.1 · 22.1채용>

(11) **테마 88** **분사기 등의 사용**

의의 · 요건	경찰관은 아래 직무를 수행하기 위하여 부득이한 경우에는 **현장책임자가**[♣해당 경찰관이(×)] **판단하여 필요한 최소한의 범위에서 분사기**(「총포·도검·화약류 등의 안전관리에 관한 법률」에 따른 분사기와 최루 등의 작용제 포함) **또는 최루탄을 사용할 수** 있다.[♣사용하여야(×)](제10조의3)<22승진·13.2채용>

① 범인의 체포 또는 범인의·도주 방지<22승진·10채용>

② 불법집회·시위로 인하여 자신이나 다른 사람의 생명·신체와 재산 및 공공시설 안전에 대한 현저한 위해의 발생 억제[♣경찰봉 또는 호신용 경봉을 사용할 수(○)→위해성 경찰장비의 사용기준 등에 관한 규정 제6조][♣명문으로 공무집행에 대한 항거의 억제규정(×)→명문규정은 없으나 범인체포·도주방지에 포함하여 실무적으로 사용은 가능하다., ♣즉시강제(○)](제10조의3)<98·03·04·05승진·16.1·2·22.2채용>

한계	① 부득이한 경우, **보충성의 원칙**을 지켜서,

② 현장책임자의 판단으로[♣배치 경찰관 각자의 판단으로(×)]<99승진>

③ 필요한 최소한의 범위 내 → 비례의 원칙(필요성의 원칙)<99승진·10채용>

　ⓐ **가스발사총**: 경찰관은 범인의 체포 또는 도주방지, 타인 또는 경찰관의 생명·신체에 대한 방호, 공무집행에 대한 항거의 억제를 위하여 필요한 때에는 최소한의 범위 안에서 가스발사총을 사용할 수 있다. 이 경우 경찰관은 **1미터 이내의 거리**에서 상대방의 **얼굴을 향하여 이를 발사하여서는 아니** 된다.(위해성 경찰장비의 사용기준 등에 관한 규정 제12조 제1항)<17경간·18승진>

　ⓑ **최루탄발사**: 경찰관은 **최루탄발사기**로 최루탄을 발사하는 경우 **30도 이상의**[♣15도 이상(×)] **발사각을 유지하여야** 하고, **가스차·살수차 또는 특수진압차의 최루탄발사대**로 최루탄을 발사하는 경우에는 **15도 이상의**[♣30도 이상(×)] **발사각을 유지하여야** 한다.(위해성 경찰장비의 사용기준 등에 관한규정 제12조 제2항)<17경간·21승진·16.1·18.1채용>

> **판례** **[가스총 근접발사하지 않는 등 안전수칙 준수의무(○)]** 가스총은 통상의 용법대로 사용하는 경우 사람의 생명 또는 신체에 위해를 가할 수 있는 이른바 위해성 장비로서 그 탄환은 **고무마개**로 막혀 있어 사람에게 근접하여 발사하는 경우에는 고무마개가 가스와 함께 발사되어 인체에 위해를 가할 가능성이 있으므로, 이를 사용하는 경찰관으로서는 인체에 대한 위해를 방지하기 위하여 **상대방과 근접한 거리에서 상대방의 얼굴을 향하여 이를 발사하지 않는 등** 가스총 사용 시 요구되는 최소한의 안전수칙을 준수함으로써 장비 사용으로 인한 사고 발생을 미리 막아야 할 **주의의무**가 있다.[대법원 2003.3.14. 선고 2002다57218 판결]
>
> ※ 경찰관이 난동을 부리던 범인을 검거하면서 가스총을 근접 발사하여 가스와 함께 발사된 고무마개가 범인의 눈에 맞아 실명한 경우 국가배상책임을 인정한다.(본문중)

(12) 테마 89 무기의 사용

의의	① **경찰관직무집행법상 무기** : 인명 또는 신체에 위해를 가할 수 있도록 제작된 **권총 · 소총 · 도검을 의미**한다.[♣경찰봉(×), ♣최루탄(×)](제10조의4 제2항)<23경간 · 13.1 · 16.2 · 17.1채용>
	② 경찰관직무집행법상의 무기는 **성질상의 무기만이 해당**이 되고, 용법상의 무기는 다른 경찰 장비에 포함된다.
	※ 성질상 무기 ➡ 사람을 살상하는 성능을 가진 기구로서 그러한 용도에 사용할 목적으로 제작된 것
	③ **대간첩 · 대테러 작전** 등 **국가안전에 관련되는 작전**을 수행할 때에는 개인화기(個人火器) 외에 **공용화기**(共用火器)를 **사용할 수** 있다.(제10조의4 제3항)<23경간>
근거	① **무기휴대의 법적 근거** : 경찰공무원법[♣경찰관직무집행법(×)]<98승진 · 03 · 14.2 · 15.3채용>
	※ **무기휴대** : 경찰공무원은 직무수행을 위하여 필요한 때에는 무기를 **휴대할 수 있다**.[♣하여야 한다.(×)](경찰공무원법 제26조 제2항)<11승진>
	판례 [무기휴대권리 → 개인적 휴대사용권리(×)] 경찰공무원법의 규정 취지는 경찰공무원이 직무수행을 위하여 필요하다고 인정되는 경우에 한하여 무기를 휴대할 수 있다는 것뿐이지, **경찰관**이라 하여 허가 없이 **개인적으로 총포 등을 구입하여 소지하는 것을 허용하는 것은 아니다**.(대법원 95도2408 판결 [총포 · 도검 · 화약류단속법위반 · 변호사법위반])
	② **무기사용의 법적 근거** : 경찰관직무집행법[♣휴대할 수(×)]<02경간 · 04 · 14.2 · 15.3채용>
요건	**(1) 무기의 사용**
	경찰관은 **범인의 체포, 범인의 도주 방지, 자신이나 다른 사람의 생명 · 신체의 방어 및 보호, 공무집행에 대한 항거의 제지를 위하여 필요**하다고 인정되는 상당한 이유가 있을 때에는 그 사태를 합리적으로 판단하여 필요한 한도 내에서 무기를 사용할 수 있다.[♣휴대할 수(×), ♣무기를 사용하여야(×), ♣위해를 줄 수(×)](제10조의4 제1항)<13 · 22승진 · 13.1채용>
	(2) 위해수반 금지<15 · 22승진 · 07 · 15.1채용>
	① 범인의 체포, 범인의 · 도주 방지
	② 자신이나 다른 사람의 생명 · 신체에 대한 방어 및 보호<07 · 15.1채용>
	※ 타인 속에는 침해의 주체인 상대방도 포함이 된다.
	③ 공무집행에 대한 항거의 제지[♣위해를 수반해서 무기를 사용할 수(×)]<15승진>
	※ **가스발사총** : 경찰관은 **범인의 체포 또는 도주방지, 타인 또는 경찰관의 생명 · 신체에 대한 방호, 공무집행에 대한 항거의 억제**를 위하여 필요한 때에는 최소한의 범위 안에서 가스발사총을 사용할 수 있다.[♣공무집행에 대한 항거의 억제목적 사용불가(×)](위해성 경찰장비의 사용기준 등에 관한 규정 제12조 제1항)
	(3) 위해수반 허용[♣공무집행에 항거 억제(×)]
	다음 각 호의 어느 하나에 해당할 때를 제외하고는 사람에게 위해를 끼쳐서는 아니 된다.(제10조의4 제1항 단서)

요건

① 장기3년 이상 범죄자 항거·체포·도주의 방지 등[♣단기 3년 이상(×)] ➡ 사형·무기 또는 **장기 3년 이상**의[♣1년 이상(×)] 징역이나 금고에 해당하는 죄를 범하였다고 의심할 만한 충분한 이유가 있는 사람이 경찰관의 직무집행에 대하여 **항거**하거나 **도주**하려고 할 때 또는 **제3자**가 그를 **도주**시키려고 경찰관에게 **항거**할 때에 이를 방지 또는 체포하기 위하여 무기를 사용하지 아니하고는 다른 수단이 없다고 인정되는 상당한 이유가 있을 때(제10조의4 제1항 제2호 가, 다)<11경간·01·02·10·13.1·17.1채용>

> 판례 경찰관이 **신호위반**을 이유로 한 정지명령에 불응하고 도주하던 차량에 탑승한 **동 승자를 추격**하던 중 몸에 지닌 각종 장비 때문에 거리가 점점 멀어져 추격이 힘들 게 되자 수차례에 걸쳐 경고하고 **공포탄을 발사했음에도 불구하고 계속 도주**하자 **실탄을 발사하여 사망**케 한 경우 위법하다.(대법원 98다61470 판결 [손해배상(기)])<23경간>
>
> ※ **논지**: 위 사망자가 아무런 흉기를 휴대하지 아니한 상태에서 경찰관을 공격하거 나 위협하는 등 거칠게 항거하지 않고 **단지 계속하여 도주**하였다면 그러한 상황 은 형법에 규정된 정당방위나 긴급피난의 요건에 해당한다고 보기 어렵고, 위 사 망자가 경찰관의 **정지명령에 응하지 아니하고 계속 도주하였다는 사실**만으로 경찰관직무집행법 제11조에서 규정하는 범죄를 범하였거나 범하였다고 의심할 충 분한 이유가 있다고 보기도 어려우며, 동료 경찰관이 총기를 사용하지 않고도 함 께 도주하던 다른 일행을 계속 추격하여 체포한 점에 비추어 볼 때, 경찰관이 **추격 에 불필요한 장비를 일단 놓아둔 채 계속 추격을 하거나 공포탄을 다시 발사하 는 방법으로 충분히 위 사망자를 제압할 여지가 있었다**고 보이므로, 경찰관이 그러한 방법을 택하지 아니하고 실탄을 발사한 행위는 경찰관직무집행법 제11조 에 정해진 총기 사용의 **허용 범위를 벗어난 위법**행위이다.

② 형법상의 정당방위와 긴급피난[♣자구행위(×), ♣정당행위(×)](제10조의4 제1항 제1호)<15승진· 10.1·15·17.1채용>

  – 정당방위의 경우에는 형법상 정당방위에 대한 일반론과는 달리 필요성뿐만 아니라 보충 성이나 균형성도 요구된다고 보아야 할 것이다.(判)

  – 형법상 정당행위에 해당하는 경우에는 무기사용으로 사람에게 위해를 주어서는 아니 된다. <97승진·10채용>

③ **영장집행**: 체포·구속영장과 압수·수색영장을 집행하는 과정에서 경찰관의 직무집행에 대하여 **항거**하거나 **도주**하려고 할 때 또는 **제3자**가 그를 **도주**시키려고 경찰관에게 **항거**할 때 이를 방지 또는 체포하기 위하여 무기를 사용하지 아니하고는 다른 수단이 없다고 인정 되는 상당한 이유가 있을 때(제10조의4 제1항 제2호 나, 다)<13승진·17.1채용>

④ **무기·흉기 등 위험물건 소지범인이 항거할 때**: 범인 또는 소요행위자가 무기·흉기 등 위험한 물건을 지니고 경찰관으로부터 **3회 이상**[♣연속해서 3회 이상(×)] **물건을 버리라는 명령 또는 항복하라는 명령을 받고도 이에 따르지 아니하면서 계속 항거**하여 이를 방지 또는 체포하기 위하여 무기를 사용하지 아니하고는 다른 수단이 없다고 인정되는 상당한 이유가 있을 때(제10조의4 제1항 제2호 라)<03·13·15승진·13.1·15.1채용>

  ※ 이 경우 투기할 시간적 간격 없이 연속적으로 투기명령을 하는 경우에는 1회의 투기명 령으로 보아야 한다.

⑤ **대간첩 작전수행**: 대간첩 작전 수행 과정에서 무장간첩이 항복하라는 경찰관의 명령을 받 고도 이에 따르지 아니할 때(제10조의4 제1항 제3호)<15승진·13.1·15.1채용>

요건

판례 1) 경찰관의 무기 사용이 특히 사람에게 위해를 가할 위험성이 큰 권총의 사용에 있어서는 그 요건을 더욱 엄격하게 판단하여야 한다.(대법원 2003다57956 판결 [손해배상(기)])<23경간>

※ **논지 :** 무기사용 요건을 충족하는지 여부는 범죄의 종류, 죄질, 피해법익의 경중, 위해의 급박성, 저항의 강약, 범인과 경찰관의 수, 무기의 종류, 무기 사용의 태양, 주변의 상황 등을 고려하여 **사회통념상 상당**하다고 평가되는지 여부에 따라 **판단하여야** 한다.

판례 2) [주취소란 → 임의동행불응 → 개머리판으로 가슴타격 → 시비중 카빈총 발사 → 위법] 경찰관이 술에 만취하여 노상에서 행패를 부리는 두 사람을 제지하면서 임의동행을 요구하자 그 중의 한 사람이 도망하여 이를 추격 끝에 붙잡고 **다시 임의동행**을 요구하였으나 이를 거부하므로 소지중인 **카빈총의 개머리판으로 그의 가슴을 강타**하자, **카빈총을 뺏으려 하여 서로 시비**하던 순간 안전장치가 되어 있지 않았던 **카빈총이 발사되어 그가 사망**하게 되었다면 위 경찰관의 위와 같은 무기사용은 경찰관직무집행법 소정의 무기사용요건(구경찰관직무집행법(53.12.14. 법률 제298호) 제7조소정의 경우)에 해당한다할 수 없다.[대법원 69다888 판결]

판례 3) [도난번호판 부착차량 → 수차 정지명령 불응 → 허벅지 총상(적법)] 경찰관이 **도난번호판 부착차량**의 운전자에게 **수차례의 정지명령과 경고사격**을 하였으나 운전자가 도주하므로 그를 검거하기 위하여 **실탄을 발사하여 허벅지 부위에 부상**을 입힌 사안에서, 경찰관의 **총기사용이 적법**하다.[서울고법 2006. 11. 16. 선고 2006나43790 판결 : 상고]

한계

① 조리상 한계 : **합리성**(합리적 판단), **필요성**(필요한 한도 내), **상당성**(상당한 이유), **보충성**(다른 수단이 없음.)<96승진>

예 도주하는 범인의 등 뒤에서 무기를 사용하는 경우 ➡ 상당성과 보충성을 인정받지 못함.

㉠ 경찰관은 권총 또는 소총을 사용하는 경우에 있어서 **범죄와 무관한 다중의 생명·신체에 위해를 가할 우려가 있는 때**에는 이를 사용하여서는 아니 된다. 다만, 권총 또는 소총을 사용하지 아니하고는 타인 또는 경찰관의 생명·신체에 대한 중대한 위험을 방지할 수 없다고 인정되는 때에는 **필요한 최소한의 범위** 안에서 이를 사용할 수 있다.(위해성 경찰 장비의 사용기준 등에 관한 규정 제10조 제1항)

㉡ 경찰관은 총기 또는 폭발물을 가지고 대항하는 경우를 제외하고는 14세 미만자 또는 임산부에 대하여 **권총 또는 소총을**[♣가스발사총을(×)] 발사하여서는 안 된다.(위해성 경찰 장비의 사용기준 등에 관한 규정 제10조 제2항)<17경간·17.1·18.1·21.1채용>

㉢ 보충성의 원칙은 "무기의 사용은 무기를 사용하지 아니하고는 다른 수단이 없다고 인정되는 상당한 이유가 있을 때에만 가능하다는 원칙"을 의미하며, '대간첩 작전 수행' 시의 경우에는 보충성이 적용되지 않으므로, 대간첩작전의 경우에는 타 요건에 비해 무기사용의 범위가 넓다고 볼 수 있다.

② 절차상 한계

㉠ **경고 :** 경찰관은 (법 제10조의4에 따라) **사람을 향하여 권총 또는 소총을 발사하고자 하는 때**에는 미리 **구두 또는 공포탄에 의한 사격으로 상대방에게 경고하여야** 한다.(위해성 경찰장비의 사용기준 등에 관한 규정 제9조)

한계

ⓒ **예외:** 다만, 다음 각 호의 어느 하나에 해당하는 경우로서 부득이한 때에는 경고하지 아니할 수 있다.(위해성 경찰장비의 사용기준 등에 관한 규정 제9조)

1. 경찰관을 급습하거나 타인의 생명·신체에 대한 중대한 위험을 야기하는 범행이 목전에 실행되고 있는 등 상황이 급박하여 특히 경고할 **시간적 여유가 없는 경우**

2. 인질·간첩 또는 테러사건에 있어서 **은밀히 작전을 수행**하는 경우

판례 1) [형사무죄 → 민사책임인정가능] 경찰관이 범인을 제압하는 과정에서 총기를 사용하여 범인을 사망에 이르게 한 사안에서, 경찰관이 총기사용에 이르게 된 동기나 목적, 경위 등을 고려하여 형사사건에서 무죄판결이 확정되었더라도 당해 경찰관의 과실의 내용과 그로 인하여 발생한 결과의 중대함에 비추어 **민사상 불법행위책임을 인정할 수 있다.**[♣민사불법행위책임은 면책 된다.(×)](대법원 2008.2.1. 2006다6713 판결)<11.2·12.2채용>

→ 이러한 경우 총기사용으로 사망한 범인의 유가족은 경찰관을 상대로 **형법 제268조의 업무상 과실치사를 주장할 수** 있다.<11.2채용>

→ 경찰관 A는 자기 또는 동료경찰관 B의 현재의 부당한 침해를 방위하기 위한 행위로서 상당성이 있기 때문에 형법 제21조상의 정당방위를 주장할 수 있다.<11.2채용>

판례 2) [등부위 권총발사로 사망 → 상당성(×)] 타인의 집 대문 앞에 은신하고 있다가 경찰관의 명령에 따라 순순히 손을 들고 나오면서 그대로 도주하는 범인을 경찰관이 뒤따라 추격하면서 **등 부위에 권총을 발사하여 사망케** 한 경우, 위와 같은 총기사용은 현재의 부당한 침해를 방지하거나 현재의 위난을 피하기 위한 **상당성 있는 행위라고 볼 수 없다.**(대법원 91다10084 판결)<12.1채용>

판례 3) [칼빈 총 왼쪽 가슴 아래 관통으로 사망 → 위법] ...난동을 부린 피해자가 출동한 2명의 경찰관들에게 칼을 들고 항거 하여 ..... 부득이 총을 발사할 수밖에 없었다고 하더라도 하체 부위를 향하여 발사함으로써 그 위해를 최소한도로 줄일 여지가 있었다고 보여지므로, **칼빈소총을 1회 발사하여 피해자의 왼쪽 가슴 아래 부위를 관통하여 사망케** 한 경찰관의 총기사용 행위는 경찰관직무집행법 소정의 **총기사용 한계를 벗어난 것이다.**(대법원 91다19913 판결)<12.1채용>

판례 4) [2m거리 복부관통 사망 → 위법] 경찰관이 길이 40cm가량의 칼로 반복적으로 위협하며 도주하는 차량 절도 혐의자를 추적하던 중, 도주하기 위하여 등을 돌린 혐의자의 몸 쪽을 향하여 **약 2m 거리에서 실탄을 발사하여 혐의자를 복부관통상으로 사망케** 한 경우, 경찰관의 총기사용은 사회통념상 **허용범위를 벗어난 행위로 위법**하다.[♣위법하지 않다.(×)](대법원 98다63445 판결)<23경간·12.1채용>

판례 5) [15-6세 절도혐의자 총상 → 위법] 50씨씨(cc) 소형 오토바이 1대를 절취하여 운전 중인 15~16세의 절도 혐의자 3인이 경찰관의 검문에 불응하며 도주하자, 경찰관이 체포목적으로 오토바이의 **바퀴를 조준하여 실탄을 발사하였으나 오토바이에 타고 있던 1인이 총상을 입게 된 경우**, 제반 사정에 비추어 경찰관의 총기사용이 사회통념상 허용범위를 벗어나 **위법하다.**(대법원 2003다57956 판결)<12.1채용>

판례 6) **[신호위반 도주 → 실탄발사, 사망 → 위법]** 경찰관이 **신호위반을 이유로 한 정지명령에 불응하고 도주하던** 차량에 탑승한 동승자를 추격하던 중 몸에 지닌 각종 장비 때문에 거리가 점점 멀어져 추격이 힘들게 되자 수차례에 걸쳐 경고하고 공포탄을 발사했음에도 불구하고 계속 도주하자 **실탄을 발사하여 사망케 한 경우**, 위 사망자가 아무런 흉기를 휴대하지 아니한 상태에서 경찰관을 공격하거나 위협하는 등 거칠게 항거하지 않고 단지 계속하여 도주하였다면 그러한 상황은 형법에 규정된 정당방위나 긴급피난의 요건에 해당한다고 보기 어렵고, 위 사망자가 경찰관의 정지명령에 응하지 아니하고 계속 도주하였다는 사실만으로 경찰관직무집행법 제10조의4에서 규정하는 범죄를 범하였거나 범하였다고 의심할 충분한 이유가 있다고 보기도 어려우며, 동료 경찰관이 총기를 사용하지 않고도 함께 도주하던 다른 일행을 계속 추격하여 체포한 점에 비추어 볼 때, 경찰관이 추격에 불필요한 장비를 일단 놓아둔 채 계속 추격을 하거나 공포탄을 다시 발사하는 방법으로 충분히 위 사망자를 제압할 여지가 있었다고 보이므로, 경찰관이 그러한 방법을 택하지 아니하고 실탄을 발사한 행위는 경찰관직무집행법 제10조의4에 정해진 총기 사용의 허용 범위를 벗어난 **위법행위**이다.(대법원 98다61470 판결 [손해배상(기)])

판례 7) **[공포탄, 가스총, 경찰봉으로 제압할 여지(○) → 다리에 총기사용 → 위법]** 경찰관은 범인의 체포·도주의 방지, 자기 또는 타인의 생명·신체에 대한 방호, 공무집행에 대한 항거의 억제를 위하여 상당한 이유가 있을 때에는 필요한 한도 내에서 무기를 사용할 수 있으나, 형법 소정의 정당방위와 긴급피난에 해당할 때 또는 체포·도주의 방지나 항거의 억제를 위하여 다른 수단이 없다고 인정되는 상당한 이유가 있는 때에 한하여 필요한 한도 내에서만 무기를 사용하여 사람에게 위해를 가할 수 있음이 경찰관직무집행법 제11조(현 10조의4)의 규정에 비추어 명백한바, 원심이 인정한 바와 같은 사정이라면, **소외 1은 원고 1이 체포를 면탈하기 위하여 항거하며 도주할 당시 그 항거의 내용, 정도 등에 비추어 소지하던 가스총과 경찰봉을 사용하거나 다시 한번 공포를 발사하여 위 원고를 제압할 여지가 있었다**고 보여지므로, 소외 1이 그러한 방법을 택하지 않고 도망가는 원고 1의 다리를 향하여 권총을 발사한 행위는 경찰관직무집행법 제11조(현 10조의4) 소정의 총기사용의 허용범위를 벗어난 **위법행위**라고 아니할 수 없다.[대법원 93다9163 판결]

참고 **총기사용 안전수칙**(경찰장비관리규칙 제123조 제1항)<15승진·17.1채용>

(1) 총구는 공중 또는 지면(안전지역)을 향함.[♣전방(×)]<15승진·17.1채용>

(2) 실탄 장전 시 반드시 안전장치(방아쇠울에 설치 사용)를 장착<15승진>

(3) **1탄은 공포탄, 2탄 이하는 실탄장전**(다만, 대간첩작전, 살인 강도 등 중요범인이나 무기·흉기 등을 사용하는 범인의 체포 및 위해의 방호를 위하여 불가피한 경우에 1탄부터 실탄을 장전할 수 있다.)<15승진·17.1채용>

(4) 조준 시는 대퇴부 이하를 향함.<15승진>

(13) **테마 90** **경찰착용기록장치의 사용** <24.07.31시행>

사용
요건
	① **정의** : "**경찰착용기록장치**"란 경찰관이 신체에 **착용** 또는 **휴대**하여 직무수행 과정을 **근거리에서 영상 · 음성**으로 **기록**할 수 있는 기록장치 또는 그 밖에 이와 유사한 기능을 갖춘 기계장치를 말한다.(제10조의5 제2항)
	
	② **사용요건** : 경찰관은 **다음**의 어느 **하나**에 해당하는 직무 수행을 위하여 필요한 경우에는 필요한 최소한의 범위에서 **경찰착용기록장치를 사용할 수** 있다.(제10조의5 제1항)
	
	1. 경찰관이 (「형사소송법」 제200조의2, 제200조의3, 제201조 또는 제212조에 따라) 피의자를 **체포 또는 구속**하는 경우
	
	2. 범죄 **수사**를 위하여 필요한 경우로서 다음 각 목의 요건을 모두 갖춘 경우
	   가. **범행 중**이거나 **범행 직전** 또는 **직후**일 것
	   나. **증거보전의 필요성 및 긴급성**이 있을 것
	
	3. **위험발생의 방지**(제5조 제1항)에 따른 인공구조물의 파손이나 붕괴 등의 **위험한 사태**가 발생한 경우
	
	4. 경찰착용기록장치에 기록되는 대상자("**기록대상자**")로부터 그 기록의 **요청 또는 동의**를 받은 경우
	
	5. **보호조치 대상**(제4조제1항 각 호)에 해당하는 것이 **명백**하고 **응급구호가 필요**하다고 믿을 만한 상당한 이유가 있는 경우
	
	6. **범죄의 예방과 제지**(제6조)에 따라 사람의 **생명 · 신체에 위해**를 끼치거나 **재산에 중대한 손해**를 끼칠 우려가 있는 범죄행위를 **긴급하게 예방 및 제지**하는 경우
	
	7. 경찰관이 「해양경비법」 제12조 또는 제13조에 따라 **해상검문검색 또는 추적 · 나포**하는 경우
	
	8. 경찰관이 (「수상에서의 수색 · 구조 등에 관한 법률」에 따라 같은 법 제2조 제4호의) **수난구호 업무 시 수색 또는 구조**를 하는 경우
	
	9. 그 밖에 이(제1호부터 제8호까지)에 준하는 경우로서 **대통령령**으로 정하는 경우

절차	① **표시의무** : 경찰관이 **경찰착용기록장치**를 사용하여 기록하는 경우로서 이동형 영상정보처리기기로 사람 또는 그 사람과 관련된 사물의 영상을 **촬영**하는 때에는 **불빛, 소리, 안내판 등 대통령령**으로 정하는 바에 따라 **촬영 사실을 표시**하고 알려야 한다.(제10조의6 제1항) ※ **예외** : 촬영사실 표시의무(제1항)에도 불구하고 경찰착용기록장치 사용요건(제10조의5 제1항 각 호)에 따른 경우로서 **불가피하게 고지가 곤란한 경우**에는 규정에 따라 영상음성기록을 전송 · 저장하는 때에 그 고지를 못한 사유를 기록하는 것으로 대체할 수 있다.(제10조의6 제2항) ② **전송 · 저장** : 경찰착용기록장치로 기록을 마친 영상음성기록은 **지체 없이** 제10조의7에 따른 **영상음성기록정보 관리체계**를 이용하여 영상음성기록정보 데이터베이스에 전송 · 저장하도록 하여야 하며, 영상음성기록을 임의로 편집 · 복사하거나 삭제하여서는 아니 된다.(제10조의6 제3항) ③ **위임** : 그 밖에 경찰착용기록장치의 **사용기준 및 관리 등**에 필요한 사항은 **대통령령**으로 정한다.(제10조의6 제4항)
구축 운영	**경찰청장 및 해양경찰청장**은 경찰착용기록장치로 기록한 영상 · 음성을 저장하고 데이터베이스로 관리하는 **영상음성기록정보 관리체계**를 **구축 · 운영하여야** 한다.(제10조의7)

(14) 테마 91 손실보상

보상 요건	① **보상의무**: 국가는 경찰관의 **적법한 직무집행**으로 인한 아래 어느 하나의 **손실을 입은 자에 대하여 정당한 보상을 하여야** 한다.[♣보상하지 않을 수(×)](제11조의2 제1항)<19경간·20승진·17.2채용> 　1. 손실발생의 원인에 대하여 **책임이 없는 자가 생명·신체 또는 재산상의 손실을 입은 경우**(손실발생의 원인에 대하여 책임이 없는 자가 경찰관의 직무집행에 **자발적으로 협조하거나 물건을 제공**하여 재산상의 손실을 입은 경우를 **포함**한다.[♣제외(×)](제1호)<19·23경간·20승진·21.1채용> 　2. 손실발생의 원인에 대하여 **책임이 있는 자가 자신의 책임에 상응하는 정도를 초과하는 생명·신체 또는 재산상의 손실을 입은 경우**[♣책임있는 자 제외(×)](제2호)<20승진·23경간> ② **시효소멸**: 보상을 청구할 수 있는 권리는 손실이 있음을 **안 날부터 3년, 손실이 발생한 날부터 5년간** 행사하지 아니하면 **시효의 완성으로 소멸**한다.[♣안날부터 5년 발생한 날부터 3년(×)](제11조의2 제2항)<17·23경간·17·18·20승진·15.1·2·3·17.2·18.2·22.1·23.2채용>
보상 기준	① **물건을 멸실·훼손한 경우 보상기준**(시행령 제9조 제1항)<19경간> 　1. 손실을 입은 물건을 수리할 수 있는 경우: **수리비**에 상당하는 금액<19경간> 　2. 손실을 입은 물건을 수리할 수 없는 경우: **손실을 입은 당시**의 해당 물건의 **교환가액** 　　[♣보상 당시(×)]<19경간> 　3. 영업자가 손실을 입은 물건의 수리나 교환으로 인하여 영업을 계속할 수 없는 경우: 영업을 계속할 수 없는 기간 중 **영업상 이익**에 상당하는 금액<19경간> ② **물건의 멸실·훼손으로 인한 손실 외의 재산상 손실**: 직무집행과 **상당한 인과관계가 있는 범위**에서 보상한다.(시행령 제9조 제2항)<19경간·20승진·15.1채용>
지급 절차	① **제출**: 경찰관의 적법한 직무집행으로 인하여 발생한 손실을 보상받으려는 사람은 **보상금 지급 청구서**에 손실내용과 손실금액을 증명할 수 있는 서류를 첨부하여 손실보상청구 **사건 발생지를 관할하는**[♣청구인 주소지를 관할하는(×)] **국가경찰관서의 장에게 제출**하여야 한다.(시행령 제10조 제1항)<22승진> ② **송부**: 보상금 지급 청구서를 받은 국가경찰관서의 장은 해당 청구서를 손실보상청구 사건을 심의할 **손실보상심의위원회가 설치된 경찰청, 해양경찰청, 시·도경찰청 및 지방해양경찰청의 장에게 보내야** 한다.(시행령 제10조 제2항) ③ **결정**: 보상금 지급 청구서를 받은 경찰청장등은 손실보상심의위원회의 심의를 거쳐 보상 여부 및 보상금액을 결정하되, 다음 각 호의 어느 하나에 해당하는 경우에는 그 청구를 **각하**하는 결정을 하여야 한다.[♣기각(×)](시행령 제10조 제3항)<22.1채용> 　1. 청구인이 같은 청구 원인으로 보상신청을 하여 보상금 지급 여부에 대하여 결정을 받은 경우. 다만, 기각 결정을 받은 청구인이 손실을 증명할 수 있는 새로운 증거가 발견되었음을 소명(疏明)하는 경우는 제외한다. 　2. 손실보상 청구가 요건과 절차를 갖추지 못한 경우. 다만, 그 잘못된 부분을 시정할 수 있는 경우는 제외한다.<22.1채용> ④ **통지**: 경찰청장등은 결정일부터 **10일 이내**에 통지서에 결정 내용을 적어서 청구인에게 통지하여야 한다.(시행령 제10조 제4항)<21.1채용> ⑤ **지급**: 보상금은 다른 법률에 특별한 규정이 있는 경우를 제외하고는 **현금으로 지급하여야** 한다.(시행령 제10조 제5항)<19경간·15.1채용>

지급 절차	※ 보상금은 **일시불로 지급**하되, 예산 부족 등의 사유로 일시금으로 지급할 수 없는 특별한 사정이 있는 경우에는 청구인의 동의를 받아 **분할하여 지급할 수 있다**.[♣분할 지급할 수 없다.(×)](시행령 제10조 제6항)<20승진·15.1·18.2·22.1채용> ⑥ **기타**: 규정한 사항 외에 손실보상의 청구 및 지급에 필요한 사항은 경찰청장 또는 해양경찰청장이 정한다.(시행령 제10조 제7항)
초과 지급 환수	① 경찰청장 또는 시·도경찰청장은 제3항의 손실보상심의위원회의 심의·의결에 따라 보상금을 지급하고, **거짓 또는 부정한 방법**으로 보상금을 받은 사람에 대하여는 해당 **보상금을 환수하여야** 한다.[♣환수할 수(×)](제11조의2 제4항)<20.1·21.1채용> ② 보상금이 지급된 경우 손실보상심의위원회는 대통령령으로 정하는바에 따라 **국가경찰위원회에 심사자료와 결과를 보고하여야** 한다. 이 경우 **국가경찰위원회**는 손실보상의 적법성 및 적정성 확인을 위하여 필요한 **자료의 제출을 요구할 수** 있다.(제11조의2 제5항)<23경간> ③ 경찰청장 또는 시·도경찰청장은 제4항에 따라 보상금을 반환하여야 할 사람이 대통령령으로 정한 기한까지 그 금액을 납부하지 아니한 때에는 **국세체납처분의 예에 따라 징수할 수** 있다.(제11조의2 제6항)
손실 보상 심의 위원회	손실보상의 **기준, 보상금액, 지급절차 및 방법, 손실보상심의위원회의 구성 및 운영, 환수절차,** 그 밖에 필요한 사항은 **대통령령으로**[♣행정안전부령으로(×)] 정한다.(경찰관직무집행법 제11조의2 제4항)<17승진·18.2채용> ① **설치**: 소속 경찰공무원의 직무집행으로 인하여 발생한 손실보상청구 사건을 심의하기 위하여 **경찰청, 시·도경찰청, 해양경찰청 및 지방해양경찰청에 손실보상심의위원회를 설치**한다.[♣경찰서 및 해양경찰서에(×)](시행령 제11조 제1항)<15.1·17.2·18.2·22.1채용> ② **구성**: 위원회는 **위원장 1명을 포함**한 **5명 이상 7명 이하의 위원으로 구성**한다.(시행령 제11조 제2항)<17·18·20승진·18.2채용> ③ **임명**: 위원은 소속 경찰공무원과 다음 각 호의 어느 하나에 해당하는 사람 중에서 **경찰청장등이**[♣대통령이(×)] **위촉하거나 임명**한다. 이 경우 위원의 **과반수 이상은 경찰공무원이 아닌 사람**으로 하여야 한다. 1. 판사·검사 또는 변호사로 5년 이상 근무한 사람 2. 「고등교육법」 제2조에 따른 학교에서 법학 또는 행정학을 가르치는 부교수 이상으로 5년 이상 재직한 사람 3. 경찰 업무와 손실보상에 관하여 학식과 경험이 풍부한 사람 ④ **임기**: 위촉위원의 임기는 **2년**으로 한다. ※ 위원회의 사무를 처리하기 위하여 위원회에 간사 1명을 두되, 간사는 소속 경찰공무원 중에서 경찰청장 등이 지명한다. ⑤ **위원장**: 위원장은 **위원 중에서 호선**(互選)하며, 위원장은 위원회를 대표하며, 위원회의 업무를 총괄한다.[♣경찰청장 등이 지명(×)](시행령 제12조 제1항, 제2항)<18·20승진> ※ **지정대리**: 위원장이 부득이한 사유로 직무를 수행할 수 없는 때에는 **위원장이 미리 지명한 위원이 그 직무를 대행**한다.[♣상임위원, 위원 중 연장자순으로 위원장의 직무를 대행한다.(×)](시행령 제12조 제3항)<21.1채용> ⑥ **운영**: 위원장은 위원회의 회의를 소집하고, 그 의장이 되며, 위원회의 회의는 **재적위원 과반수의 출석으로 개의**(開議)하고, **출석위원 과반수의 찬성으로 의결**한다.(경찰관직무집행법 시행령 제13조 제2항)<18승진·17.2채용> ※ 자료제출 등 요구 ➡ 위원회는 심의를 위하여 필요한 경우에는 관계 공무원이나 관계 기관에 사실조사나 자료의 제출 등을 요구할 수 있으며, 관계 전문가에게 필요한 정보의 제공이나 의견의 진술 등을 요청할 수 있다.(시행령 제13조 제3항)

(15) **테마 92** **범인검거 등 공로자 보상**

지급 대상	**경찰청장, 시·도경찰청장 또는 경찰서장은** 다음 각 호의 어느 하나에 해당하는 사람에게 보상금을 **지급할 수 있다.**[♣지급하여야(×)](법 제11조의3 제1항, 시행령 제21조)<17·19승진> 1. **범인** 또는 **범인의 소재**를 **신고**하여 **검거하게** 한 사람 2. **범인을** 검거하여 **경찰공무원에게 인도**한 사람 3. **테러범죄의 예방활동에 현저한 공로**가 있는 사람 4. 그 밖에 제1호부터 제3호까지의 규정에 준하는 사람으로서 대통령령으로 정하는 사람 → 1. 범인의 신원을 특정할 수 있는 정보를 제공한 사람 2. 범죄사실을 입증하는 증거물을 제출한 사람 3. 그 밖에 범인 검거와 관련하여 경찰 수사 활동에 협조한 사람 중 보상금 지급 대상자에 해당한다고 법 제11조의3 제2항에 따른 **보상금심사위원회가 인정**하는 사람(대통령령 제18조)
보상금 심사 위원회	① **설치** : **경찰청장, 시·도경찰청장 및 경찰서장**은 보상금 지급의 심사를 위하여 대통령령으로 정하는바에 따라 각각 보상금심사위원회를 **설치·운영하여야** 한다.[♣할 수 있다.(×)](제11조의3 제2항)<17·19승진> ② **구성** : 보상금심사위원회는 **위원장 1명을 포함한 5명 이내의 위원으로 구성**한다.[♣7명 이내(×), ♣위원장 1명 제외 5명(×)](제11조의3 제3항)<19승진·22.1채용> ③ **임명** : 보상금심사위원회의 위원은 **소속 경찰공무원 중에서**[♣과반수 이상은 경찰공무원이 아닌 사람으로(×)] **경찰청장, 시·도경찰청장 또는 경찰서장**이 임명한다.(제11조의3 제4항)<17승진> ※ 경찰청(지청, 서)에 두는 보상금심사위원회의 위원장은 **경찰청**(지청, 서) **소속 과장급 이상의 경찰공무원 중에서 경찰청장**(시·도청장, 서장)**이 임명**하는 사람으로 한다.(시행령 제19조 제1항) ④ **내용 :** '1. 보상금 지급 대상자에 **해당**하는 지 여부, 2. 보상금 지급 **금액**, 3. 보상금 **환수** 여부, 4. 그 밖에 보상금 지급이나 환수에 필요한 사항'을 심사·의결한다.(시행령 제19조 제3항) ※ **심사금액 결정기준**((직권 또는 신청으로 심사위원회 심사를 거쳐 지급 할 수 있다.))－ 1. 테러범죄 예방의 기여도, 2. 범죄피해의 규모, 3. 범인 신고 등 보상금 지급 대상 행위의 난이도, 4. 보상금 지급 대상자가 다른 법령에 따라 보상금 등을 지급받을 수 있는지 여부, 5. 그 밖에 범인검거와 관련한 제반 사정(시행령 제21조 제2항) ⑤ **운영 :** 보상금심사위원회의 회의는 **재적위원 과반수의 찬성으로 의결**한다.[♣재적위원 과반수 출석에 출석위원과반수의 찬성으로 의결(×)](시행령 제19조 제4항) ※ 경찰청장, 시·도경찰청장 및 경찰서장은 소속 보상금심사위원회의 보상금 심사를 위하여 필요한 경우에는 보상금 지급 대상자와 관계 공무원 또는 기관에 사실조사나 자료의 제출 등을 요청할 수 있다.(시행령 제21조 제3항)
지급 등	① 경찰청장, 시·도경찰청장 또는 경찰서장은 보상금심사위원회의 심사·의결에 따라 보상금을 지급하고, 거짓 또는 부정한 방법으로 보상금을 받은 사람에 대하여는 해당 **보상금을 환수한다.**(법 제11조의3 제5항)<17승진·22.1채용>

※ 보상금의 **최고액은 5억원**으로 하며, 구체적인 보상금 지급 기준은 **경찰청장이 정하여 고시한다.**(시행령 제20조)

☞「범인검거 등 공로자 보상에 관한 규정」(경찰청 고시)

제6조 ① 시행령 제20조에 따른 보상금 지급기준 금액은 다음 각 호와 같다.

    1. 사형, 무기징역 또는 무기금고, 장기 **10년 이상**의 징역 또는 금고에 해당하는 범죄 : **100 만원**<18.1채용>

    2. 장기 **10년 미만**의 징역 또는 금고에 해당하는 범죄 : **50만원**<18승진 · 18.1채용>

    3. 장기 **5년 미만**의 징역 또는 금고, **장기 10년 이상의 자격정지 또는 벌금형**에 해당하는 범죄 : **30만원**[♣15만원(×)]<18승진 · 18.1채용>

② 연쇄 살인, 사이버 테러 등과 같이 피해 규모가 심각하고 사회적 파장이 큰 범죄의 지급기준 금액은 별표에 따른다.

③ 위원회는 제1항 및 제2항에 따른 보상금 지급기준에서 시행령 제21조제2항 각 호의 사항을 고려하여 그 금액을 조정하거나 지급하지 아니할 수 있다.

④ 경찰청장 또는 경찰청장의 승인을 받은 지방경찰청장이 미리 보상금액을 정하여 수배할 경우에는 제1 항 및 제2항에 따른 보상금 지급기준에도 불구하고 예산의 범위에서 금액을 따로 결정할 수 있다.

⑤ 동일한 사람에게 지급결정일을 기준으로 연간(1월 1일부터 12월 31일까지를 말한다) **5회를 초과하여 보상금을 지급할 수 없다.**<18채용>

제9조(보상금 이중 지급의 제한) 보상금 지급 심사 · 의결을 거쳐 지급이 이루어진 이후에는 **동일한 사건에 대하여 보상금을 지급할 수 없다.**<18승진 · 18.1채용>

제10조(보상금의 배분 지급) 범인검거 등 공로자가 **2명 이상인 경우**에는 각자의 공로, 당사자 간의 분배 합의 등을 감안해서 **배분하여 지급할 수** 있다.<18승진>

지급 등

② 보상 대상, 보상금의 지급 기준 및 절차, 보상금심사위원회의 구성 및 심사사항, 그 밖에 필요한 사항은 **대통령령으로** 정한다.

⑴⁶ **테마 93 사용기록보관 등**

보고 및 기록 보관

① 경찰관직무집행법상 기록 보관 : **살수차, 분사기나 최루탄(등) 또는 무기를 사용하는 경우** 그 **책임자는**[♣사용자는(×)] 사용일시 · 사용장소 · 사용대상 · 현장책임자 · 종류 · 수량 등을 **기록하여 보관하여야** 한다.[♣경찰장구(×), ♣전자충격기 및 전자방패(×)](제11조)<15 · 17경간 · 16.2 · 20.2채용>

> ※ **경찰 물리력 행사의 기준과 방법에 관한 규칙 상 장비의 사용보고**
>
> **수갑**을 사용한 때에는 일시 · 장소 · 사용경위 · 사용방식 · 사용시간 등을 **근무일지 또는 수사보고서에 기재하여야** 한다.(경찰 물리력 행사의 기준과 방법에 관한 규칙 4.2.2)

② 위해성 경찰장비의 사용기준 등에 관한 규정(대통령령)상 사용 후 보고의무

㉠ (제2조 2호에서 4호) **살수차, 분사기등 · 최루탄등, 무기**(기타장비의 경우에는 **살수차만** 해당, **장구 제외**)를 사용하는 경우 그 현장책임자 또는 사용자는 (별지 서식의) 사용보고 서를 작성하여 **직근상급 감독자에게 보고**하고, 직근상급 감독자는 이를 **3년간 보관하 여야** 한다.[♣가스차만(×)](위해성 경찰장비의 사용기준 등에 관한 규정 제20조 제1항)<21.1채용>

※ 경찰관은 범인 · 주취자 또는 정신착란자의 자살 또는 자해기도를 방지하기 위하여 필요한 때에는 수갑 · 포승 또는 호송용포승을 사용할 수 있다. 이 경우 경찰관은 소 속 국가경찰관서의 장(경찰청장 · 해양경찰청장 · 시 · 도경찰청장 · 지방해양경찰청장 · 경찰서 장 또는 해양경찰서장 기타 경무관 · 총경 · 경정 또는 경감을 장으로 하는 국가경찰관서의 장을 말 한다. 이하 같다)에게 그 사실을 보고하여야 한다.(위해성 경찰장비의 사용기준 등에 관한 규정 제5조)<20.2채용>

㉡ 무기 사용보고를 받은 직근상급 감독자는 지체 없이 **지휘계통을 거쳐 경찰청장 또는 해양경찰청장에게 보고하여야** 한다.(위해성 경찰장비의 사용기준 등에 관한 규정 제20조 제2항)

보고 및 기록 보관

※ **경찰 물리력 행사의 기준과 방법에 관한 규칙**

① 경찰관이 **권총, 전자충격기**(스턴 방식 사용 포함), **분사기**, '**중위험 물리력**' 이상의 경 찰봉 · 방패, 기타 사람에게 위해를 끼칠 수 있는 장비를 사용한 경우 신속히 별지 서 식의 사용보고서를 작성하여 소속기관의 장에게 **보고하여야** 한다.(4.2.1.)

② **수갑 또는 신체적 물리력**을 사용하여 대상자에게 **부상**이 발생한 경우 별지 서식의 사용 보고서를 작성하여 **보고하여야** 한다.(4.2.3.)

③ 경찰관이 **권총을 사용**한 경우 또는 **권총 이외의 물리력 수단을 사용하여 대상자에게 사망 또는 심각한 부상**이 발생한 경우 소속기관의 장은 그 내용을 상급 경찰기관의 장 을 경유하여 **경찰청장에게 보고하여야** 한다.(4.2.4.)

※ **경찰장비 관리규칙상 장비의 사용보고**

① 사람의 생명 · 신체에 직접적인 침해를 일으킬 수 있는 **무기, 최루탄, 분사기 및 가스발 사총 등의 장비를 사용**한 경우에는 지체 없이 「경찰장비의 사용기준 등에 관한 규정」 별 지의 무기 사용보고서에 따라 **소속기관의 장에게 보고하여야** 한다. 다만, 훈련의 경우에 는 그러하지 아니하다.(경찰장비관리규칙 제168조 제1항)

② 제1항(무기, 최루탄, 분사기 및 가스발사총) **이외의 특별관리대상 장비(장구 등)의 사용결과 사람의 생명 · 신체에 대하여 중대한 침해가 발생**한 경우에는 일시, 장소, 사용자, 피해 자, 종류, 수량, 사용 경위, 피해상황, 사후조치 등을 지체 없이 **소속기관의 장에게 보고 하여야** 한다.(경찰장비관리규칙 제168조 제2항)

③ 제1항, 제2항의 보고를 받은 경찰기관의 장은 지체 없이 그 결과를 상급 경찰기관의 장 을 경유하여 **경찰청장에게 보고하여야** 한다.(경찰장비관리규칙 제168조 제3항)

– 벌칙, 보고 등(제12조 등)

벌칙	이 법에 규정된 경찰관의 의무에 위반하거나 직권을 남용하여 '다른 사람에게 해를 끼친 사람'은 **1년 이하의 징역이나 금고 또는 300만원 이하의 벌금에 처한다.**[♣직권남용에 벌칙규정이 없다.(×)](경찰관직무집행법 제12조)<17경간·03·06·09·13·17승진·07·15.3채용>−24.7.30시행 ♣경찰관직무집행법에는 경찰관의 직권남용에 대한 벌칙규정을 두고 있지 않은 점은 입법의 미비로 지적된다.(×) **예** 불심검문 시 응답할 의사가 없음을 확인하고도 계속 추적하여 신체의 자유를 구속하는 경우 또는 억압적인 언어를 계속 사용하여 심리적 강제를 하는 행위 등
동행 검문 보고	경찰관은 법 제3조 제2항의 규정에 의하여 피검문자를 경찰관서에 동행하여 검문한 때에는 **24시간 이내에** (별지 제1호 서식에 의한) 동행검문결과보고서를 작성하여 **소속 경찰관서의 장에게** 보고하여야 한다. 다만, 검문한 결과 형사소송법에 의하여 처리한 경우에는 그러하지 아니한다.(경찰관직무집행법에 의한 직무집행시의 보고절차 규칙 제2조)
임시 영치 보고	① 경찰관은 법 제4조 제3항의 규정에 의하여 무기·흉기 등 위험을 야기할 수 있는 물건을 임시영치한 때에는 **24시간 이내에** (별지 제3호 서식에 의한) 임시영치보고서를 작성하여 **소속 경찰관서의 장에게 보고하여야** 한다. 이를 반환한 때에도 또한 같다. [●동시 24] ② 임시영치한 물건에는 임시영치한 연월일, 휴대자의 주소, 성명 및 임시영치번호를 기입한 표찰을 달아 적당한 장소에 보관하여야 한다.(경찰관직무집행법에 의한 직무집행시의 보고절차 규칙 제4조)
보호 조치 보고	경찰관은 보건의료기관 또는 공공구호기관에 긴급구호를 요청하였거나 경찰관서에 보호조치한 때에는 **지체 없이** (별지 제2호 서식에 의한) 보호조치보고서를 작성하여 **소속 경찰관서의 장에게** 보고하여야 한다.(경찰관직무집행법에 의한 직무집행시의 보고절차 규칙 제3조)

(17) **테마 94** **소송지원과 면책**

① **소송지원**(제11조의4)

> **경찰청장과 해양경찰청장은**[♣국가경찰위원회 위원장은(×)] 경찰관이 직무의 수행으로 인하여 **민·형사상 책임**과 관련된 소송을 수행할 경우 **변호인 선임 등 소송 수행에 필요한 지원을 할 수 있다.**[♣지원을 하여야(×)](제11조의4)<22.1·23.2채용>
>
> ※ **손실보상규정이나 소송지원규정, 면책규정** 등은 경찰 임무의 **적극적인 수행**과 관련이 있다. [♣소극적 수행(×)]

② **면책**(제11조의5)

형의 감면	직무수행으로 인한 형의 감면 : 감면대상 범죄가 행하여지려고 하거나 행하여지고 있어 타인의 생명·신체에 대한 위해 발생의 우려가 명백하고 긴급한 상황에서, 경찰관이 그 위해를 예방하거나, 진압하기 위한 행위 또는 범인의 검거 과정에서 경찰관을 향한 직접적인 유형력 행사에 대응하는 행위를 하여 그로 인해 타인에게 피해가 발생한 경우, 그 경찰관의 직무수행이 불가피한 것이고 필요한 최소한의 범위에서 이루어졌으며 해당 경찰관에게 고의 또는 중대한 과실이 없는 때에는 그 정상을 참작하여 형을 감경하거나 면제할 수 있다.[♣감경하거나 면제한다.(×)](제11조의5)<23.2채용>

요건	① 감면대상 범죄가 **행하여지려고 하거나 행하여지고** 있어,
	② 타인의 **생명ㆍ신체에**[♣재산(×)] 대한 위해 발생의 우려가 **명백하고 긴급**한 상황에서,
	③ 경찰관이 그 위해를 **예방**하거나 **진압**하기 위한 행위 또는 범인의 **검거** 과정에서
	※ 현행범이거나 구체적 위험이 있어 현행범 체포나 즉시강제의 대상이 될 것을 요한다고 볼 수 있다.
	④ 경찰관을 향한 직접적인 유형력 행사에 **대응하는 행위**를 하여
	※ 저항이나 경고에 불응 등을 의미한다고 할 수 있다.
	⑤ 그로 인해 타인에게 **피해가 발생**한 경우,
	⑥ 그 경찰관의 직무수행이 **불가피**한 것이고 필요한 **최소한의 범위**에서 이루어졌으며[♣불가피, 필요 최소한 두가지 조건만 충족하면 정상을 참작할 수(×)],
	※ **비례의 원칙**에 충족해야 함을 의미한다고 할 수 있다.
	⑦ 해당 경찰관에게 **고의 또는 중대한 과실이 없는 때**,[♣고의 또는 과실이 없는 때(×)]
	※ 국가배상법에 의한 민사면책도 경과실에 제한하고, 고의나 중과실일 경우 구상권과 공무원 개인책임을 인정하고 있다.
	⑧ 그 정상을 참작하여 **형을 감경하거나 면제할 수** 있다.[♣면제 한다.(×)](제11조의5)
대상 범죄	1. 「형법」 제2편 제24장 **살인**의 죄, 제25장 **상해와 폭행**의 죄, 제32장 강간과 추행의 죄 중 **강간**에 관한 범죄, 제38장 절도와 강도의 죄 중 **강도**에 관한 범죄 및 이에 대하여 다른 법률에 따라 **가중**처벌하는 범죄
	2. 「가정폭력범죄의 처벌 등에 관한 특례법」에 따른 **가정폭력**범죄, 「아동학대범죄의 처벌 등에 관한 특례법」에 따른 **아동학대범죄**<23.2채용>

3. 테마 95 경찰 물리력 행사의 기준과 방법에 관한 규칙

(1) **목적**: 이 규칙은 경찰관이 물리력 사용 시 준수하여야 할 **기본원칙, 물리력 사용의 정도, 각 물리력 수단의 사용 한계 및 유의사항을 규정**함으로써 국민과 경찰관의 생명ㆍ신체를 보호하고 인권을 보장하며 경찰 법집행의 정당성을 확보하는 데에 그 목적이 있다.(1.1)<20.1채용>

(2) **경찰 물리력 사용 시 유의사항**

① 경찰관은 경찰청이 공인한 물리력 수단을 사용하여야 한다.(1.4.1)

② 경찰관은 성별, 장애, 인종, 종교 및 성정체성 등에 대한 선입견을 가지고 **차별적으로 물리력을 사용하여서는 아니** 된다.(1.4.2.)<20.1채용>

③ 경찰관은 대상자의 신체 및 건강상태, 장애유형 등을 고려하여 물리력을 사용하여야 한다.(1.4.3.)

④ 경찰관은 이미 경찰목적을 달성하여 **더이상 물리력을 사용할 필요가 없는 경우**에는 물리력 사용을 **즉시 중단하여야** 한다.(1.4.4.)<20.1채용>

⑤ 경찰관은 대상자를 징벌하거나 복수할 목적으로 물리력을 사용하여서는 아니 된다.(1.4.5.)

⑥ 경찰관은 오직 상황의 빠른 종결이나, 직무수행의 편의를 위한 목적으로 물리력을 사용하여서는 아니 된다.(1.4.6.)

(1) 대상자의 행위에 따른 경찰관 대응수준

대상자 행위		경찰관 대응수준	
순응	대상자가 경찰관의 지시, 통제에 따르는 상태를 말한다. 다만. 대상자가 경찰관의 요구에 즉각 응하지 않고 약간의 시간만 지체하는 경우는 '순응'으로 본다.(2.1.1)<24승진>	협조적 통제	'순응' 이상의 상태인 대상자에 대해 사용할 수 있는 물리력 수준으로서, 대상자의 **협조를 유도하거나 협조에 따른 물리력**을 말한다. 그 종류는 다음과 같다.(2.2.1.)<23.1채용> 가. 현장 임장 / 나. 언어적 통제 / 다. 체포 등을 위한 수갑 사용 / 라. 안내·체포 등에 수반한 신체적 물리력 /
소극적 저항	대상자가 경찰관의 **지시, 통제를 따르지 않고 비협조적**이지만 경찰관 또는 제3자에 대해 **직접적인 위해를 가하지 않는 상태**를 말한다. 경찰관이 정당한 이동 명령을 발하였음에도 가만히 서있거나 앉아 있는 등 전혀 움직이지 않는 상태, 일부러 몸의 힘을 모두 빼거나, 고정된 물체를 꽉 잡고 버팀으로써 움직이지 않으려는 상태 등이 이에 해당한다.(2.1.2.)<24승진·20.1·22.1채용>	접촉 통제	'소극적 저항' 이상의 상태인 대상자에 대해 사용할 수 있는 물리력 수준으로서, 대상자 신체 접촉을 통해 경찰목적 달성을 강제하지만 **신체적 부상을 야기할 가능성은 극히 낮은 물리력**을 말한다. 그 종류는 다음과 같다.(2.2.2.)<20.1·23.1채용> 가. **신체 일부 잡기·밀기·잡아끌기, 쥐기·누르기·비틀기** / 나. 경찰봉 양 끝 또는 방패를 잡고 대상자의 신체에 안전하게 밀착한 상태에서 **대상자를 특정 방향으로 밀거나 잡아당기기** /
적극적 저항	대상자가 자신에 대한 경찰관의 체포·연행 등 정당한 **공무집행을 방해**하지만 경찰관 또는 제3자에 대해 위해 수준이 낮은 행위만을 하는 상태를 말한다. 대상자가 자신을 체포·연행하려는 경찰관으로부터 물리적으로 **이탈**하거나 **도주**하려는 행위, 체포·연행을 위해 팔을 잡으려는 경찰관의 **손을 뿌리치거나, 경찰관을 밀고 잡아끄는 행위**, 경찰관에게 **침을 뱉거나 경찰관을 밀치는 행위** 등이 이에 해당한다.(2.1.3.)<24승진·22.1채용>	저위험 물리력	'적극적 저항' 이상의 상태인 대상자에 대해 사용할 수 있는 물리력 수준으로서, 대상자가 **통증을 느낄 수 있으나 신체적 부상을 당할 가능성은 낮은 물리력**을 말한다. 그 종류는 다음과 같다.(2.2.3.)<23.1채용> 가. **목을 압박**하여 제압하거나 **관절을 꺾는** 방법, 팔·다리를 이용해 움직이지 못하도록 **조르는 방법**, 다리를 걸거나 들쳐 매는 등 균형을 무너뜨려 **넘어뜨리는 방법**, 대상자가 넘어진 상태에서 움직이지 못하게 위에서 **눌러 제압**하는 방법 나. **분사기 사용**(다른 저위험 물리력 이하의 수단으로 제압이 어렵고, 경찰관이나 대상자의 부상 등의 방지를 위해 필요한 경우) [저분]

폭력적 공격	대상자가 경찰관 또는 제3자에 대해 **신체적 위해**를 가하는 상태를 말한다. 대상자가 경찰관에게 **폭력**을 행사하려는 자세를 취하여 그 행사가 임박한 상태, **주먹·발 등을 사용**해서 경찰관에 대해 신체적 위해를 초래하고 있거나 임박한 상태, 강한 힘으로 경찰관을 밀거나 잡아당기는 등 **완력을 사용해 체포에서 벗어나려고 하는 상태 등**이 이에 해당한다.[♣치명적 공격(×)](2.1.4.)<24승진·22.1채용>	중위험 물리력	'**폭력적 공격**' **이상**의 상태의 대상자에 대해 사용할 수 있는 물리력 수준으로서, 대상자에게 **신체적 부상**을 입힐 수 있으나 **생명·신체에 대한 중대한 위해 발생 가능성은 낮은 물리력**을 말한다. 그 종류는 다음과 같다.(2.2.4) 가. **손바닥, 주먹, 발** 등 신체부위를 이용한 **가격** 나. **경찰봉**으로 **중요부위가 아닌** 신체 부위를 **찌르거나 가격** 다. **방패**로 강하게 **압박**하거나 세게 **미는 행위** 라. **전자충격기 사용** [☺ 중전방]
치명적 공격	대상자가 경찰관 또는 제3자에 대해 **사망 또는 심각한 부상을 초래할 수 있는 행위를 하는 상태**를 말한다. 총기류(공기총·엽총·사제권총 등), 흉기(칼·도끼·낫 등), 둔기(망치·쇠파이프 등)를 이용하여 경찰관, 제3자에 대해 위력을 행사하고 있거나 위해 발생이 임박한 경우, 경찰관이나 제3자의 목을 세게 조르거나 무차별 폭행하는 등 생명·신체에 대해 중대한 위해가 발생할 정도의 위험한 폭력을 행사하는 경우가 이에 해당한다.(2.1.5.)<24승진>	고위험 물리력	가. '**치명적 공격**' 상태의 대상자로 인해 경찰관 또는 제3자의 **생명·신체에 급박하고 중대한 위해가 초래될 가능성이 있는 경우 최후의 수단으로 사용할 수 있는 물리력** 수준으로서, **대상자의 사망 또는 심각한 부상을 초래할 수 있는 물리력**을 말한다.[♣중위험 물리력(×)](2.2.5.가)<23.1채용> 나. 경찰관은 대상자의 '치명적 공격' 상황에서도 현장상황이 급박하지 않은 경우에는 낮은 수준의 물리력을 우선적으로 사용하여 상황을 종결시킬 수 있도록 노력하여야 한다. 다. '고위험 물리력'의 종류는 다음과 같다. 　1) **권총 등 총기류 사용** 　2) **경찰봉, 방패, 신체적 물리력**으로 대상자의 **신체 중요 부위 또는 급소 부위 가격**, 대상자의 목을 강하게 조르거나 신체를 강한 힘으로 압박하는 행위[♣소극적 저항에 대해(×)]<20.1채용>

정리 경찰 물리력 사용기준(경찰 물리력 행사의 기준과 방법에 관한 규칙)

[그림] 경찰 물리력 행사 연속체(대상자 행위에 대응한 경찰 물리력 수준)

정리 경찰 물리력 사용기준2(경찰 물리력 행사의 기준과 방법에 관한 규칙)

※ 색 글씨는 각 대상자 행위에 대해 사용 가능한 최고 수준의 경찰 물리력을 나타냄.

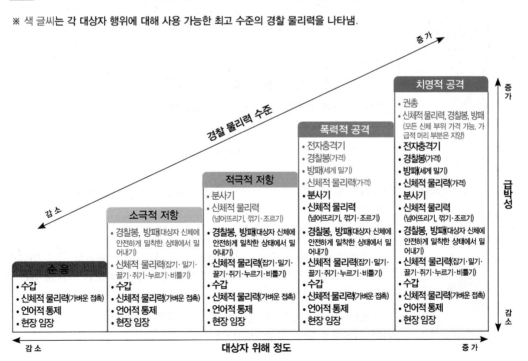

(2) 분사기, 전자충격기, 권총 사용한계, 유의사항

분사기	**사용요건**	① 경찰관은 '**적극적 저항**' 이상인 상태의 대상자에 대해 다른 **저위험 물리력 이하의 수단**으로 제압이 어렵고, 경찰관이나 대상자의 부상 등의 방지를 위해 필요하다고 판단되는 경우 분사기를 사용할 수 있다.(3.7.2.가) ② 경찰관은 범인의 **도주방지**를 위해 분사기를 사용할 수 있다.(3.7.2.나)
	사용한계	경찰관은 정당방위나 긴급피난의 요건이 충족되지 않는 한, 다음 어느 하나에 해당하는 상황에서는 **분사기를 사용하여서는 아니 된다**.(3.7.2.다) ㉠ **밀폐된 공간**에서의 사용(다만, 경찰 순찰차의 운행을 방해하는 대상자를 제압하기 위해 다른 물리력 사용이 불가능한 경우는 제외한다.)(3.7.2.다.1)) ㉡ 대상자가 **수갑 또는 포승으로 결박**되어 있는 경우(다만, 대상자의 행위로 인해 **경찰관 또는 제3자에 대한 신체적 위해 발생 가능성** 있는 경우는 **제외**한다.)(3.7.2.다.2)) ㉢ 대상자의 '**소극적 저항**' 상태가 장시간 지속될 뿐 이를 즉시 중단시켜야 할 정도로 급박하거나 위험하지 않은 상황(3.7.2.다.3)) ㉣ 경찰관이 대상자가 14세 미만이거나 임산부 또는 호흡기 질환을 가지고 있음을 인지한 경우(다만, 대상자의 저항 정도가 **고위험 물리력을 사용할 수밖에 없는 상황은 제외**한다[♣중위험 이상 물리력을 사용할 수밖에 없는 상황은 제외(×)])(3.7.2.다.4))
	유의사항	경찰관이 사람을 향하여 분사기를 발사하는 경우에는 **사전 구두 경고를 하여야** 한다. 다만, 현장상황이 **급박한 경우에는 생략할 수** 있다.(3.7.2.라)
전자충격기	**사용요건**	① 경찰관은 '**폭력적 공격**' 이상인 상태의 대상자에 대해 전자충격기를 사용할 수 있다.(3.8.2.가) ② 경찰관은 현행범 또는 **사형·무기 또는 장기 3년 이상의 징역이나 금고에 해당하는 죄를 범한 대상자가 **도주**하는 경우 **체포**를 위해서 전자충격기를 사용할 수 있다.(3.8.2.나)
	사용한계	경찰관은 정당방위나 긴급피난의 요건이 충족되지 않는 한, 다음 어느 하나에 해당하는 상황에서는 **전자충격기를 사용하여서는 아니** 된다.(3.8.2.다) ㉠ 대상자 주변에 **가연성 액체(휘발유, 신나 등)**나 **가스누출, 유증기**가 있어 전기 불꽃으로 인한 화재·폭발의 위험성이 있는 상황(3.8.2.다.1)) ㉡ 대상자가 계단, 난간 등 높은 곳에 위치하거나 **차량·기계류를 운전하고 있는 상황**(3.8.2.다.2)) ㉢ 대상자가 하천, 욕조 등의 부근에 있거나, 폭우 등으로 **주변이 모두 물에 젖은 상황**(3.8.2.다.3)) ㉣ 대상자가 **14세 미만** 또는 **임산부**인 경우(3.8.2.다.4)) ㉤ 대상자가 **수갑 또는 포승으로 결박**되어 있는 경우(다만, '**폭력적 공격**' 이상인 상태의 대상자로 인해 경찰관 또는 제3자에 대한 **신체적 위해 발생 가능성 있는 경우는 제외**한다)(3.8.2.다.5)) ㉥ 대상자의 '**저항**' 상태가 **장시간 지속**될 뿐 이를 즉시 중단시켜야 할 정도로 급박하거나 위험하지 않은 상황(3.8.2.다.6))

전자 충격기	**사용 한계**	ⓐ 경찰관이 대상자가 갖고 있는 **신체적·정신적 장애**로 인하여 전자충격기 사용 시 **상당한 수준의 2차적 부상 또는 후유증이 발생할 가능성을 인지**한 경우(다만, 대상자의 저항 정도가 '고위험 물리력'을 사용할 수밖에 없는 상황은 제외한다.)(3.8.2.다.7)) ⓑ 대상자가 증거나 물건을 자신의 입 안으로 넣어 **삼켰거나 삼키려 하여 질식할 수** 있는 상황(3.8.2.다.7))
	유의 사항	① 경찰관은 근무 시작 전 전자충격기의 **배터리 충전 여부**와 **전기 불꽃 작동 상태**를 **반드시 확인하여야** 한다.(3.8.3.가) ② 경찰관은 공무수행에 필요하다고 믿을 만한 상황이 아닌 경우에는 **전자충격기를 뽑아 들거나 다른 사람을 향하도록 하여서는 아니** 되며, 반드시 전자충격기집에 휴대하여야 한다.(3.8.3.나) ③ 경찰관은 전자충격기 사용 필요성이 인정되고 **시간적 여유가 있는 경우**에는 신속히 이 사실을 **직근상급 감독자에게 보고**하고, 동료 경찰관에게 전파하여야 한다. 이를 인지한 직근상급 감독자는 필요한 지휘를 하여야 한다.(3.8.3.다) ④ 경찰관이 대상자에게 **전자충격기 전극침을 발사**하는 경우에는 **사전 구두 경고를 하여야** 한다. 다만, 현장상황이 **급박한 경우**에는 **생략할 수** 있다.(3.8.3.라) ⑤ 경찰관이 사람을 향해 전자충격기를 사용하는 경우에는 **적정사거리(3~4.5m)에서 후면부(후두부 제외)나 전면부의 흉골 이하(안면, 심장, 급소 부위 제외)를 조준하여야** 한다. 다만, 대상자가 두껍거나 헐렁한 상의를 착용하여 전극침의 효과가 없다고 판단되는 경우 대상자의 **하체를 조준하여야** 한다.[♣언제나 후면부, 전면부 흉골 이하를 조준하여야(×)](3.8.3.마) ⑥ 경찰관은 전자충격기 전극침 **불발, 명중 실패, 효과 미발생 시** 예상되는 대상자의 **추가적인 공격에 대한 적절한 대비책**(스턴 방식 사용, 경찰봉 사용 준비, 동료 경찰관의 물리력 사용 태세 완비, 경력 지원 요청 등)을 미리 준비하여야 한다.(3.8.3.바) ⑦ 전자충격기 전극침이 대상자에 **명중한 경우**에는 필요 이상의 전류가 흐르지 않도록 **즉시 방아쇠로부터 손가락을 떼야**하며, **1 사용주기**(방아쇠를 1회 당겼을 때 전자파장이 지속되는 시간)가 **경과한 후** 대상자의 상태, 저항 정도를 확인하여 **추가적인 전자충격을 줄 필요**가 있다고 판단되는 경우 **다시 방아쇠를 당겨 사용할 수** 있다.(3.8.3.사) ⑧ 한 명의 대상자에게 **동시에 두 대 이상의 전자충격기 전극침을 발사하거나 스턴 기능을 사용해서는 아니** 된다.(3.8.3.아) ⑨ 수갑을 사용하는 경우, 먼저 **전자충격기를 전자충격기집에 원위치**시킨 이후 **양손으로 시도하여야** 한다. 전자충격기를 파지한 상태에서 다른 한 손으로 수갑을 사용할 수밖에 없는 불가피한 상황에서는 안전사고 및 전자충격기 피탈방지에 각별히 유의하여야 한다.(3.8.3.자)
권총	**사용 요건**	① 경찰관은 대상자가 경찰관이나 제3자의 생명·신체에 대한 급박하고 중대한 위해를 야기하거나, 위해 발생이 임박한 경우 **권총 이외의 수단으로서는 이를 제지할 수 없는 상황에 한하여** 대상자에게 권총을 사용할 수 있다.(3.9.2.가) ② 경찰관은 **사형·무기 또는 장기 3년 이상의 징역이나 금고**에 해당하는 죄를 저질렀거나 저지르고 있다고 믿을 만한 상당한 이유가 있는 대상자가 **도주**하면서 경찰관 또는 제3자의 **생명·신체**에 대한 **급박하고 중대한 위해를 야기**하거나, 그 위해 발생이 임박한 경우 **권총 이외의 수단으로서는 이를 제지할 수 없는 상황에 한하여** 체포를 위해 대상자에게 권총을 사용할 수 있다.(3.9.2.나)

권총	**사용 한계**	① 경찰관은 대상자가 경찰관 자신이나 제3자의 생명·신체에 대한 중대하고 급박한 위해를 야기하지 않고 **단순히 도주**하는 경우에는 **오로지 체포나 도주방지 목적으로 권총을 사용하여서는 아니** 된다.(3.9.2.다)
		② 경찰관은 오로지 대상자 본인의 생명·신체에 대해서만 급박하고 중대한 위해를 **야기**하는 경우에는 이를 제지할 목적으로 **권총을 사용하여서는 아니** 된다.(3.9.2.라)
		③ 경찰관은 오로지 **재산만을 보호**할 목적으로 권총을 **사용하여서는 아니** 된다.(3.9.2.마)
		④ 경찰관은 다음 어느 하나에 해당하는 상황에서는 **권총을 사용하여서는 아니** 된다. (3.9.2.바)
		㉠ 대상자에게 단순히 경고를 하거나 겁을 줄 목적 또는 주의를 환기시킬 목적으로 실탄 또는 공포탄을 발사하는 행위(3.9.2.바.1))
		㉡ **대상자 이외**의 제3자의 생명·신체에 대한 위해가 예상되는 경우(다만, 권총을 사용하지 아니하고는 타인 또는 경찰관의 생명에 대한 중대한 위험을 방지할 수 없다고 인정되는 등 **긴급피난의 요건을 충족하는 경우** 필요최소한의 범위 내에서 **사용할 수** 있다.)(3.9.2.바.2))
		㉢ **경찰관이 움직이는 차량에 탑승한 상태에서 권총 실탄을 발사하는 행위(다만, 대상자가 경찰관 또는 제3자를 향해 차량으로 돌진하는 경우와 같이 형법상 정당방위 또는 긴급피난의 요건을 충족하는 경우는 제외**한다.)(3.9.2.바.3))
		㉣ 경찰관이 움직이는 **차량을 정지시키기 위해 권총 실탄을 발사**하는 행위(다만, 대상자가 경찰관 또는 제3자를 향해 차량으로 돌진하는 경우와 같이 형법상 **정당방위 또는 긴급피난의 요건을 충족하는 경우는 제외**한다.)(3.9.2.바.4))
		㉤ **14세 미만의 자** 또는 임산부에 대한 권총 사용(다만, 대상자가 **총기 또는 폭발물을 가지고 대항**하여 권총을 사용하지 아니하고는 타인 또는 경찰관의 생명·신체에 대한 중대한 위험을 방지할 수 없다고 인정되는 경우는 제외한다.)(3.9.2.바.5))
	유의 사항	① 경찰관은 공무수행 중 필요하다고 믿을 만한 경우가 아닌 경우에는 **권총을 뽑아 들거나 다른 사람을 향하도록 하여서는 안 되며, 반드시 권총을 권총집에 휴대하여야** 한다.(3.9.3.가)
		② 권총 장전 시 반드시 **안전고무(안전장치)를 장착**한다.(3.9.3.나)
		③ 경찰관은 **권총 사용의 필요성**이 인정되고 **시간적 여유**가 있는 경우에는 신속히 이 사실을 **직근상급 감독자에게 보고**하고, 동료 경찰관에게 **전파**하여야 한다. 이를 인지한 직근상급 감독자는 신속히 현장으로 진출하여 지휘하여야 한다.(3.9.3.다)
		④ 경찰관이 권총을 뽑아드는 경우, 격발 순간을 제외하고는 항상 검지를 방아쇠울에서 빼 곧게 뻗어 실린더 밑 총신에 일자로 대는 '검지 뻗기' 상태를 유지하여 의도하지 않은 격발을 방지하여야 한다.(3.9.3.라)
		⑤ 경찰관이 권총집에서 권총을 뽑은 상태에서 사격을 하지 않는 경우, **총구는 항상 지면 또는 공중을 향하게** 하여야 한다.(3.9.3.마)
		⑥ 경찰관은 사람을 향하여 권총을 발사하고자 하는 때에는 **사전 구두 경고**를 하거나 **공포탄으로 경고**하여야 한다. 다만, 현장상황이 급박하여 대상자에게 경고할 시간적 여유가 없는 경우나 인질·간첩 또는 테러사건에 있어서 은밀히 작전을 수행하는 경우 등 부득이한 때에는 생략할 수 있다.(3.9.3.바)

권총	유의 사항	⑦ 경찰관이 **공포탄 또는 실탄으로 경고 사격**을 하는 때는 경찰관의 발 앞쪽 70도에서 90도 사이 각도의 지면 또는 장애물이 없는 허공을 향하여야 한다.(3.9.3.사) ⑧ 경찰관은 사람을 향해 권총을 조준하는 경우에는 가급적 **대퇴부 이하 등 상해 최소 부위**를 향한다.(3.9.3.아) ⑨ 경찰관이 리볼버 권총을 사용하는 경우 안전을 위해 가급적 **복동식 격발 방법을 사용하여야** 하며[♣단동식 격발 방법을 사용하여야(×)], 단동식 격발 방법을 사용하는 경우 **격발에 근접한 때가 아닌 한** 권총의 **공이치기를 미리 젖혀놓지 않도록 하여야** 한다.(3.9.3.자) ⑩ **수갑을 사용**하는 경우, 먼저 권총을 **권총집에 원위치** 시킨 이후 **양손으로 시도하여야** 한다. 권총을 파지한 상태에서 다른 한 손으로 수갑을 사용할 수밖에 없는 불가피한 상황에서는 오발 사고 및 권총 피탈 방지에 각별히 유의하여야 한다.(3.9.3.차)

Ⅱ 행정벌(경찰벌)

Ⅰ. 행정벌 일반

(1) **의의** : 행정벌은 **행정법상의 의무위반에 대한 제재로서** 일반통치권에 의거하여 사후적으로 과하는 **처벌**을 의미한다.<04행정>

① **의무위반자에 대한 제재** ➡ 경찰벌은 직접적으로 행정법상 의무위반자에 대한 제재로서의 의미가 있다.

② **간접적 의무이행 확보수단** ➡ 의무불이행에 대해서도 경찰벌을 과함으로서 간접적(심리적 압박을 가함으로써)으로 의무이행의 확보를 도모하고 있다.

(2) **제재처분의 기준** : 제재처분의 근거가 되는 법률에는 제재처분의 **주체, 사유, 유형 및 상한을 명확하게 규정하여야** 한다. 이 경우 제재처분의 유형 및 상한을 정할 때에는 해당 위반행위의 특수성 및 유사한 위반행위와의 형평성 등을 종합적으로 고려하여야 한다.(행정기본법 제22조 제1항)

1. 종류(행정벌＝경찰벌, 행정형벌＝경찰형벌, 행정질서벌＝경찰질서벌)

법률에 의한 행정벌	행정 형벌	**행정법규를 위반**한 사람에 대하여 형법상의 **형벌**(사형·징역·금고·자격상실·자격정지·벌금·구류·과료·몰수)을 부과하는 행정벌이다.<04행정·14경간> ※ '직접적으로' 행정목적을 침해한 행위가 대상으로 형사소송법상 절차에 따라 이루어 진다.
	행정 질서벌	**행정법규 위반**에 대한 제재로 형법상에 형의 명칭이 없는 행정벌의 일종인 **과태료를 과한다.**[♣과료(×)]<95행정·14경간> ※ '간접적으로' 행정상의 질서에 장해를 줄 위험성이 있는 경미한 행정 의무의 위반사항이 대상이다. 예 신고·보고의무 등의 위반
조례에 의한 행정벌		① 지방자치법의 규정에 의하여 조례로서 과하는 과태료 ② 조례에 의한 과태료는 성질상 행정형벌인 것과 행정질서벌인 것이 있을 수 있으나, **우리의 경우는 과태료만이 가능하므로 행정질서벌에 한정**이 되어 있음. ※ 지방자치단체는 조례로써 조례위반행위에 대하여 1천만 원 이하의 과태료를 정할 수 있다.<00행시>

2. 근거

(1) 행정형벌의 근거법 : 행정형벌은 행정법상 의무위반에 대하여 형벌을 가하는 행정벌로서 **특별형법**에 의하여 가능하므로 일반법은 없고 개별법에 근거를 두고 있다.[♣경찰관직무집행법(×)]<14경간>

① **죄형법정주의 :** "범죄와 형벌은 미리 법률로써 규정하여야 한다."는 근대형법의 기본원칙으로 **형사벌은 물론 행정형벌의 경우에도 적용**되는 것이 원칙이다.<93·95·00·02행정>

※ **행정질서벌은 적용대상(×) :** 그러나 행정질서벌의 경우에는 형벌을 과하는 것이 아니라, 과태료를 과하는 것이므로 **죄형법정주의의 규율대상에서 제외**된다.<04행정>

(2) 행정질서벌의 근거법 : 일반법으로 '**질서위반행위규제법**'과 개별법(또는 조례)에 근거를 두고 있다.

① **질서벌법정주의 :** 질서위반행위의 성립과 과태료 처분에 관한 법률관계를 명확히 하여 국민의 권익을 보호하도록 하고, 과태료의 부과·징수 절차를 일원화하기 위하여 **행정질서벌 법정주의를 채택**하고 있다.

※ **법정주의의 완화 :** 행정질서벌(과태료)의 부과는 행정형벌과는 달리 법률이나 법규명령뿐만 아니라, **조례로도 규정할 수** 있다.<02행시·14경간>

📖 지방자치법 ─ 조례에 의해 **1천만원 이하의 과태료를 부과할 수** 있도록 규정하고 있으며(지방자치법 제27조), 그 절차에 관해 **질서위반행위규제법에 의하도록** 하고 있다.[♣조례에 의한 과태료 부과 금지(×), 경찰관직무집행법에 의한 과태료 부과(×)](지방자치법 제139조 제3항)<14경간>

3. 특성

(1) 행정형벌의 과벌 절차

원칙적 형법총칙 적용, 예외적 제한·배제 : 행정형벌에 대하여도 원칙적으로 형법총칙이 적용이 되나, 행정범의 특성상 **"특별한 규정이 있는 경우"**에는 형법총칙의 적용이 제한·배제되는 경우가 많다.

※ **특별한 규정의 의미 ➡** 당해 규정 자체의 해석상 형벌의 범위를 축소한다든가 형벌을 감경하는 경우에는 죄형법정주의의 원칙에 반하지 않으므로 허용될 수 있다.

① **과벌 절차 :** 특별한 규정이 없는 이상 **원칙적으로 형사소송법이 적용**되고 법원에서 형사절차에 의하여 과벌된다.[♣비송사건절차법 적용(×)]<14경간>

② **과벌절차의 특칙**으로 **통고처분과 즉결심판제도**가 있다.

(2) 행정질서벌의 과벌 절차

형법총칙 적용(×), 행정질서벌 법정주의 : 행정질서벌(과태료)은 형벌은 아니기 때문에 형법총칙이 적용되지 아니하지만, 행정의 적정성 확보 및 국민의 권익 신장에 기여를 목적으로 행정질서벌 법정주의를 적용하여 과태료 부과의 요건을 강화하고 있다.

① **과벌 절차 :** 과태료 부과 대상이 되는 **질서위반행위와 과태료 금액은 개별법규에서** 정하고, 그 **부과 등 징수 절차는 질서위반행위규제법에서** 통칙적으로 규정하고 있다.

② **행위자 아닌 자의 법령상 책임 :** 객관적인 법규위반이 있으면 반드시 현실적인 행위자가 아니라도 법령상 책임자로 규정된 자에게 과태료를 부과할 수 있는 경우가 있다.<01·03행시>

(3) 행정형벌과 행정질서벌 비교<00행시·00·03·04행정·04입시·05채용>

행정형벌과 행정질서벌은 성질상 명확히 구분되는 것은 아니며, 동일한 금액이라고 처벌을 받은 자가 전과자로 되는지의 여부에서 차이가 나기 때문에 최근의 입법정책은 과태료 부과를 선호하고 있다.<02관세사>

구분	행정형벌	행정질서벌
보호법익	행정목적 및 사회공익	행정질서
대상	"직접적"으로 행정목적을 침해한 행위	"간접적"으로 행정법상 질서에 장해를 줄 위험성이 있는 행위
근거	**죄형법정주의** 적용	**질서위반행위 법정주의** 적용
형법총칙	(형벌을 과하므로) 형법총칙 적용	(과태료를 과하므로) 형법총칙 적용(×)
처벌	형법상의 '**형벌**'을 부과함	형벌이 아닌 '**과태료**'를 부과함[♣과료(×)]
처벌절차	**형사소송법**이 적용됨	**질서위반행위규제법**·과태료재판절차
특별절차	통고처분·즉심절차	주무행정관청의 직접 부과
공통점	**고의·과실, 위법성 필요** ➡ 양자 모두 범죄의 성립에 원칙적으로 고의·과실이나 위법성이 필요하다. ※ 양자 모두 위반자의 주소지를 관할하는 지방법원이 관할함이 원칙	

憲裁 1) [경찰질서벌, 경찰형벌 선택 → 입법재량] 행정법규위반에 대해 **행정(경찰)질서벌**을 과할 것인지 아니면 **행정(경찰)형벌**을 과할 것인지는 **입법재량**에 속하는 문제이다.(91헌바 14)<04행시>

憲裁 2) [금지통고된 옥외집회, 형벌부과 → 합헌] 집시법 제19조 제2항에서 **금지통고된 옥외집회·시위 등을 주최한 경우**는 단순히 행정질서에 장해를 줄 위험성이 있는 정도의 의무태만 내지 의무위반이 아니고 직접적으로 행정목적을 침해하고 나아가 공익을 침해할 고도의 개연성을 띤 행위라고 볼 수 있으므로 이에 대하여 행정형벌을 과하도록 한 집시법 제19조 제2항이 위의 법리를 어긴 것이어서 헌법 제21조 제1항, 제2항에 위반된다고 할 수 없고, 또 그 행정형벌의 내용으로서 **2년 "이하의" 징역이나 200만원 "이하의" 벌금형**에 처하도록 한 것이 위 입법재량의 한계를 벗어난 과중한 처벌이라고도 볼 수 없다 (구 집시법 제14조 제1항은 "7년 이하의 징역 또는 300만원 이하의 벌금에 처한다"고 규정하고 있었다). 그리고 **형량이 높다고 하여 신고제가 사실상 허가제화한다거나 형량이 낮다고 하여 그 반대가 된다고도 볼 수 없다**. 따라서 집시법 제19조 제2항은 헌법 제21조 제1항, 제2항에 위반되지 아니한다.[♣신고제를 사실상 허가제로 변경시킨 것으로 집회·시위의 허가제를 금지한 헌법 제21조 제2항에 위배(×)](헌재 91헌바14)

4. 구별개념

(1) 경찰벌과 징계벌<14경간>

※ 경찰벌과 징계벌은 권력적 기초와 목적이 다르므로 **병과가 가능**하다.[♣병과할 수 없다.(×)]<14경간>

	경찰벌	징계벌
권력적 기초	일반통치권	특별행정법관계(특별권력관계)
성질·목적	과거의 의무위반에 대한 제재	특별행정법관계 내의 질서유지
대상	일반국민(행정법상 의무위반자)	특별행정법관계 내의 질서문란자
내용	자유·재산의 제한 또는 박탈	일정한 신분적 이익의 박탈
부과절차	법원 또는 행정청	특별권력의 주체
	※ 경찰벌과 징계벌은 상호 처벌절차가 독립적이다.	

(2) 경찰벌과 집행벌 – 병과 가능(목적·취지 다름.)

	경찰벌	집행벌(이행강제금)
부과주체	법원 또는 행정청	의무 부과청
목적	과거의 의무위반에 대한 제재	장래의 의무이행을 강제
주관적 요건	(원칙적으로) 고의·과실을 요함.	고의·과실을 요하지 않음.
수단	**형벌과 질서벌(과태료)**	**이행 강제금(과태료) 부과**
반복성	**일시적**(반복적 부과는 불가)	**계속적**(이행 시까지 반복적 부과 가능)

(3) 행정범과 형사범(행정범＝법정범, 형사범＝자연범)

행정범(법정범) ⇨ 행정형벌(경찰형벌)	형사범(자연범) ⇨ 형사벌
① **법정범** ⇨ 법으로 규정하여 반사회성 인정	① **자연범** ⇨ 법규의 설정을 기다리지 않고 반사회성 인정
② 특별규정(형법총칙의 적용을 배제하는)을 두고 있는 경우 많음. ⇨ 유책성을 반드시 요하지는 않음.	② 형법총칙이 엄격히 적용됨.
📖 과속, 신호위반, 성매매 등	📖 살인, 강도, 강간, 폭행 등

(4) 병과 가능여부<98행정>

불가능	**(1) 형사벌과 경찰형벌** ① 양자는 특별법(경찰형벌)과 일반법(형사벌) 관계 ② 병과 불가 ⇨ 병과하면 일사부재리에 위반
가능	① **경찰형벌과 경찰질서벌(多·判)**<04입시·행시> ※ 행정형벌과 행정질서벌은 그 목적이나 성질을 달리하므로 행정형벌인 **과태료를 납부한 이후에 형사처벌**을 한다고 하여 이를 일사부재리에 반하는 것이라고 할 수 없다.(양자의 **병과가 가능하다**.)(대법원 96도158)

가능	**판례** [경찰질서벌, 경찰형벌 → 병과 가능] 자동차의 임시운행허가를 받은 자가 임시운행허가기간을 넘어 운행한 경우라면 과태료의 제재만을 받게 되겠지만, **무등록 차량**에 관하여 **임시운행허가기간을 넘어 운행**한 경우라면 과태료와 별도로 형사처벌의 대상이 된다.(대법원 96도158 판결)
	② 형사벌과 경찰질서벌(判)<03행시·04행정>
	③ 경찰벌과 징계벌
	④ 경찰벌과 집행벌(이행강제금) → 경찰형벌(행정형벌)과 집행벌(이행강제금)[♣형사처벌과 이행강제금을 병과하는 것은 헌법상의 이중처벌금지의 원칙에 위반(×)]<22.2채용>
	⑤ **경찰벌과 불이익 처분**
	⑥ **벌금과 가산세(가산금)**

II. 테마 96 통고처분

(1) **의의** : 절차의 간이·신속을 주안으로 통고처분은 **범칙행위**로 규정된 행위에 대해서 **범칙자 제외사유나 통고처분 제외사유에 해당하지 않는 경우** 정식재판에 갈음하여 **범칙금**(일정한 벌금 또는 과료에 상당하는 금액)의 납부를 명하는 **준사법적 행정처분**이다.<03·10채용>

　① **규정사례** : 경미한 법규위반의 '**경범죄사범**'·'**교통사범**'·'**조세범**'·'**관세범**'·'**출입국사범**'의 경우에 통고처분을 규정하고 있다.<96·99승진>

　※ 경미한 실정법 위반사건을 간이·신속하게 처리하여, 위반자에게도 편리하며 전과자가 되는 것을 막을 수 있고 법원 및 수사기관의 부담을 완화하는 등 유용한바 그 적용범위의 확대가 필요한 제도이다.

☞ 용어정리	
범칙 행위	① **경범죄처벌법** : 10만원(또는 20만원) 이하의 벌금이나 구류 또는 과료의 형에 해당하는 행위[♣경범죄처벌법 제3조 제3항 각 호(×)](경범죄처벌법 제3조 제1항, 제2항)<20.2채용>
	※ 거짓신고, 관공서 음주소란 : 60만원 이하 벌금·구류·과료(경범죄처벌법 제3조 제3항)<14승진·17.1채용>
	② **도로교통법** : 20만원 이하의 벌금이나 구류 또는 과료의 형에 해당하는 행위(제162조 제1항)<01·03승진>
범칙자	① 경범죄처벌법 : "범칙자"란 범칙행위를 한 사람으로서 '**피해자가 있는 행위를 한 사람**', '**죄를 지은 동기나 수단 및 결과를 헤아려볼 때 구류처분을 하는 것이 적절하다고 인정되는 사람**', '**범칙행위를 상습적으로 하는 사람**', '**18세 미만인 사람**'의 어느 하나에도 해당하지 않는 사람을 말한다.[♣통고처분제외 사유(×)](경범죄처벌법 제6조 제2항)<23승진·20.2채용>
	② 도로교통법 : "범칙자"란 범칙행위를 한 사람으로서 범칙행위 당시 **운전면허증등 또는 이를 갈음하는 증명서를 제시하지 못**하거나, 경찰공무원의 운전자 신원 및 운전면허 확인을 위한 **질문에 응하지 아니**한 운전자, **범칙행위로 교통사고**를 일으킨 사람(업무상과실치상죄·중과실치상죄 또는 벌을 받지 아니하게 된 사람은 제외)에 해당하지 아니하는 사람을 말한다.(도로교통법 제162조 제2항)

범칙금	① **의의** : 통고처분에 의하여 국고 또는 제주특별자치도의 금고에 납부해야 할 금전
	② **행정제재금**(○), **형벌**(×) : 범칙금은 일종의 **행정제재금으로 형벌에 포함되지 않는다.** <98승진>
	※ 범칙금의 액수는 범칙행위의 종류 및 차종 등에 따라 대통령령으로 정한다.<05승진>
	③ **납부** : 일사부재리 효력이 발생(즉결심판을 받은 것과 동일한 효력)
처분 권자	① **경범죄처벌법** : 경찰서장, 해양경찰서장, 제주특별자치도지사 또는 철도특별사법경찰대장은 범칙자로 인정되는 사람에 대하여 그 이유를 명백히 나타낸 서면으로 범칙금을 부과하고 이를 납부할 것을 **통고할 수 있다.**[♣경찰청장(×), ♣해양경찰서장 제외(×)](경범죄처벌법 제7조 제1항)<21·22경간·96승진·22.2채용>
	※ 제주특별자치도지사, 철도특별사법경찰대장은 통고처분을 한 때는 관할경찰서장에게 그 사실을 통보하여야 한다.
	② **도로교통법** : 경찰서장이나 제주특별자치도지사(일정사유 제외)는 범칙자로 인정하는 사람에 대하여는 이유를 분명하게 밝힌 범칙금 납부통고서로 범칙금을 낼 것을 **통고할 수 있다.**[♣재량여지 없다.(×)](제163조 제1항)<22.2채용>

(2) **성질** : 통고처분은 '**준사법적 행정행위**'로서 행정처분의 일종이지만, 구제에 대한 특별한 절차(형사소송절차)를 두고 있고 또한 통고처분 그 자체만으로는 통고이행을 강제하거나 상대방에게 아무런 권리·의무를 형성하지 않기 때문에 **행정소송의 대상이 아니다.**(判)<01행시>

※ 즉 통고처분은 **형식적 의미의 행정**이며 **실질적 의미의 사법**이다.<22.2채용>

① 통고처분 시 납부하는 **범칙금은 행정제재금의 성격**을 갖는다.

> 憲裁 통고처분이 **행정심판이나 행정소송의 대상에서 제외**되는 것이 재판청구권이나 적법절차에 위배되어 위헌이라고 볼 수는 없다.(96헌바4)

② **통고처분에 불복**하면 형사소송절차로 이행한다.

※ 통고처분이 행하여지면 공소시효의 진행은 중지된다.

1. 요건 (경범죄처벌법과 도로교통법상)

구분	경범죄처벌법	도로교통법
범칙자 제외사유	① 범칙행위를 **상습**적으로 행하는 자(제1호)<21경간> ② **피해자가 있는** 행위를 한 자(제3호) ③ **18세 미만**인 사람(제4호)<99·22승진> ④ **구류 처분함이 상당**하다고 인정되는 자[♣범칙자(×)](제6조 제2항 제2호)<18·21경간·11승진·14.2채용> [● 상피18구경]	① 범칙행위 당시 운전면허증 등 또는 이를 갈음하는 증명서를 **제시하지 못**(**무면허운전 포함**)하거나 경찰공무원의 운전자 신원 및 운전면허 확인을 위한 **질문에 응하지 아니한** 운전자 ② 범칙행위로 **교통사고를 일으킨** 사람(단, 합의나 종합보험 가입 등으로 교통법상 사고에 대한 형벌 면제자는 제외)(도로교통법 제162조 제2항) ― (도로교통법 제162조)[● 무사제질도]

범칙자 제외사유	① "범칙자"란 범칙행위를 한 사람으로서 **범칙자 제외사유의 어느 하나에 해당하지 아니하는 사람**을 말한다.[♣범칙자는 통고처분하기가 매우 어려운 사람, 통고처분서 받기를 거부한 사람, 주거·신원이 확실하지 아니한 사람(×)](제6조 제2항)<22승진> ② **범칙자 제외사유에 해당할 경우, 정식재판, 즉결심판, 훈방 등이 가능**하다.<13경간·14.2채용>	
통고처분 적용 제외사유	① 통고처분하기가 매우 **어려운** 사람 ② 통고처분서 받기를 **거부**한 사람 ③ **주거·신원**이 확실하지 아니한 사람[♣통고처분(×)](제7조 제1항)<18경간·02·06·10채용> [☺어거주경]	① **성명·주소**가 확실하지 아니한 사람 ② 범칙금납부통고서를 받기 **거부**한 사람 ③ **달아날 우려**가 있는 사람(제163조 제1항)<02·07승진·10채용> [☺성거달도통]
	① **통고처분 제외사유**의 어느 하나에 해당하는 사람에게는 **통고하지 아니**한다.(제7조 제1항)<21.1채용> ② 통고처분제외사유에 해당하는 경우 **즉결심판에 회부하여야** 한다.<18경간>	
	범칙금 납부의 통고를 하는 때에는 범칙금납부통고서·범칙금영수증서 및 범칙금납부고지서에 해당 사항을 기재하여 교부하고, 범칙금납부고지서원부와 범칙자적발보고서를 작성하여야 한다.	
범칙금 납부통고	범칙금 납부의 통고를 하는 때에는 범칙금납부통고서·범칙금영수증서 및 범칙금납부고지서에 해당 사항을 기재하여 교부하고, 범칙금납부고지서 원부와 범칙자적발보고서를 작성하여야 한다.	

참고 **개별조치요령**

① **무면허운전자 적발 시 조치** : 무면허운전자는 범칙자 제외대상으로 통고처분이 불가능하여 형사입건해야 하므로 통고처분 시 반드시 먼저 면허여부에 대하여 조회를 해야 한다.

② **면허가 필요 없는 차종의 통고처분** : 면허를 필요치 않는 차종(예 불도저·포클레인·경운기·손수레·자전거 등)이더라도 도로교통법 위반사유가 발생하면 **통고처분 대상이 될 수가 있다.**<02승진>

2. 납부절차(경범죄처벌법 제8조, 시행령 제6조)

1차 납부	통고처분서를 받은 사람은 통고처분서를 받은 날부터 **10일 이내**에 **경찰청장·해양경찰청장 또는 철도특별사법경찰대장**이 지정한 은행, 그 지점이나 대리점, 우체국 또는 **제주특별자치도지사**가 지정하는 금융기관이나 그 지점에 범칙금을 **납부하여야** 한다.(경범죄처벌법 제8조 제1항)<21경간·16.2·17.1·18.3채용>
	※ **통고 처분서를 받은 날** ➡ 위반일이 아니라 통고처분서 작성일 기준으로 한다.
	※ **유예기간** ➡ 다만, 천재·지변 등의 부득이한 사유가 있는 경우에는 그 부득이한 사유가 없어지게 된 날로부터 **5일 이내**에 납부하여야 한다.[♣10일 이내(×)](경범죄처벌법 제8조 제1항 단서)<11·18·21경간·18.3채용>
	※ 벌금·과료의 경우는 판결확정일로부터 30일 이내에 납입하여야 한다.
	※ 범칙금은 범칙금 납부대행기관을 통하여 신용카드, 직불카드 등("신용카드등")으로 낼 수 있다.(제8조의2 제1항), 그러나 범칙금은 **분할하여 납부할 수 없다.**(시행령 제4조 제2항)

2차 납부	**20일 이내, 20% 가산금 추가 납부**: 1차 납부기간 이내에 범칙금을 납부하지 아니한 사람은 납부기간이 만료되는 날의 다음 날부터 20일 이내에 통고받은 범칙금에 **100분의 20**의 가산금을 더한 금액을 납부해야 한다.[♣100분의 40 가산금(×)](경범죄처벌법 제8조 제2항)<11 · 22경간 · 04 · 11승진 · 21.1채용>
	판례 **[범칙금 납부기간까지 → 즉심청구(×), 기소(×)]** 경찰서장이 범칙행위에 대하여 통고처분을 한 이상, 범칙자의 위와 같은 절차적 지위를 보장하기 위하여 통고처분에서 정한 범칙금 납부기간까지는 원칙적으로 경찰서장은 즉결심판을 청구할 수 없고, 검사도 동일한 범칙행위에 대하여 공소를 제기할 수 없다고 보아야 한다.(대법원 2017 도13409 판결 [야간건조물침입절도 · 병역법위반 · 사기 · 점유이탈물횡령 · 절도])<23.2채용>
3차 납부	**30일 이내, 50% 가산금 추가납부**: "통고처분 불이행자"에게 납부기간만료일부터 **30일 이내에 범칙금에 그 금액의 100분의 50을 더한 금액을 납부할 경우 즉결심판을 받지 않아도 된다**는 사실을 적은 즉결심판 출석통지서를 범칙금등 영수증 및 범칙금등 납부고지서와 함께 발부하여야 한다.(경범죄처벌법 시행령 제6조 제2항)
	① 2차 납부 불이행자에 대해서는 **지체 없이 즉결심판을 청구하여야** 한다. 다만, 즉결심판이 청구되기 전까지 통고받은 범칙금에 그 금액의 100분의 50을 더한 금액을 납부한 사람에 대하여는 그러하지 아니하다.(법 제9조 제1항)
	▶ **통고처분 불이행자**의 경우 즉결심판을 위한 **출석일은 납부기간만료일부터 40일을 초과해서는 아니 된다.**(경범죄처벌법시행령 제6조②)
	② **미납 및 불출석시 납부 및 출석최고**: 통고처분 불이행자가 범칙금 등을 납부하지 아니하고 즉결심판기일에 출석하지도 아니하여 즉결심판절차가 진행되지 못한 경우에는, 지체 없이 범칙금 등의 납부와 즉결심판 출석최고를 하여야 한다.(경범죄처벌법시행령 제6조 제3항)
	▶ **즉결심판 불출석자**의 경우 즉결심판을 위한 출석일은 다른 사정이 없는 한 범칙금납부기간 만료일부터 **60일이 초과되어서는 아니** 된다.
	③ 즉결심판이 청구된 피고인이 통고받은 범칙금에 그 금액의 **100분의 50**을 더한 금액을 납부하고 그 증명서류를 즉결심판 선고 전까지 제출하였을 때에는 경찰서장 또는 해양경찰서장은 그 피고인에 대한 즉결심판 **청구를 취소하여야** 한다.[♣취소할 수(×)](제9조 제2항)<04승진 · 22경간 · 18.3채용>
기타	① 범칙금은 법상 납부 방법 외에 대통령령으로 정하는 범칙금 납부대행기관을 통하여 신용카드, 직불카드 등("신용카드등")으로 낼 수 있다.(제8조의2 제1항)
	② 범칙금은 **분할하여 납부할 수 없다.**(시행령 제4조 제2항)<05승진>
	③ **통고처분서를 분실한 경우**: 전국 어느 경찰서에서나 재발부가 가능<03승진>

참고 **민법상 기간 계산방법**<15승진>

① 기간의 계산은 법령·재판상의 처분 또는 법률행위에 다른 정한바가 없으면 원칙적으로 민법의 규정에 의한다.

- **초일불산입** - 기간을 일·주·월 또는 년으로 정한 때에는 기간의 초일은 산입하지 아니하나, 그 기간이 오전 0시로부터 시작하는 때에는 기간의 초일을 산입하게 된다.(2차 납부기간 기산일) (민법 제157조)

② 기간의 **말일이 토요일 또는 공휴일에 해당한 때에는 그 기간은 그 익일로 만료**(민법 제161조)

예 9월 10일(토)에 범칙금 납부통고서를 받은 경우 → 1차 납부기한은 9월 20일(화)까지
/ 8월 7일(수)에 범칙금 납부통고서를 받은 경우 → 1차 납부기한은 8월 19일(월)까지
/ 7월 5일(일)에 범칙금 납부통고서를 받은 경우 → 1차 납부기한은 7월 15일(목)까지

참고 **통고처분과 즉결심판**

① **통고처분 적용제외사유 대상자** : 경찰서장은 이들에 대하여 지체 없이 즉결심판을 위한 출석의 일시·장소를 알리는 **즉결심판 출석통지서를 출석일 10일 전까지 교부 또는 발송하여야** 한다.<10채용>

② **이의신청** : 교통사범의 경우 통고처분에 대하여 단속일로부터 10일 이내에 이의신청을 할 수 있다.

※ **즉심대상자의 경우**[♣처음부터 통고처분 대상(×)]

③ **교통범칙자의 면허정지** : 교통범칙자의 경우 즉결심판 출석최고에도 불구하고 통고처분 불이행자가 범칙금 등을 납부하지 아니하거나, 즉결심판절차가 진행되지 못하는 경우에는 운전면허의 효력을 일시 정지시킬 수 있다.

㉠ **벌점 40점을 부과** : 40일 면허정지, 단 누산점수에는 산입하지 않음(예외 있음)<02승진>

※ 정치처분집행의 효력 ➡ 40일 운전면허정지 행정처분을 부과한 경우 이는 위반행위의 범칙금에 대한 처벌적 성격을 가지는 것으로서 40일 행정처분이 집행되면 위반행위에 대한 처벌은 모두 종료된다.

㉡ **면허정지기간 중 납부** : 면허정지처분 집행기간 중에 범칙금 등을 납부하고 증빙서류를 제출한 때에는 운전면허정지 효력을 중지하고 잔여기간에 대하여 집행을 면제하여야 한다.

※ 교통범칙자의 면허정지 : 교통범칙자의 경우 즉결심판 출석최고에도 불구하고 통고처분 불이행자가 범칙금 등을 납부하지 아니하거나, 즉결심판절차가 진행되지 못하는 경우 벌점 40점을 부과 및 40일 면허정지가 가능하다. 단, 누산점수에는 산입하지 않는다.(예외 있음)<02승진>

3. 납부효과

(1) **범칙금 납부** : 범칙금을 납부한 사람은 그 범칙행위에 대하여 **다시 처벌받지 아니**한다.(경범죄처벌법 제8조 제3항)<17.1·18.3채용>

① **불가변력 발생** : 이미 통고된 내용을 변경하지 못한다.

② **기판력 발생(일사부재리)** : 확정판결에 준하는 **일사부재리 효력이 발생**하여 다시 소추할 수가 없으며 이에 위반한 공소제기에 대해서는 면소판결의 대상이 된다.

※ 통고처분을 받은 자가 임의로 범칙금을 납부하는 경우에는 즉결심판이 확정된 것과 동일한 효력이 발생하여, 더이상 통고처분의 위법을 다툴 수가 없게 된다.<03입시>

※ 통고처분의 이행기간이 경과해도 고발절차(또는 즉심기일) 이전에 범칙금을 납부하면 고발할 수 없다.

판례 **[통고처분→업무상과실치상죄처벌(○)]** "통고처분을 받게 된 범칙행위와 교통사고처리특례법 **제3조 제1항 위반죄**는 그 행위의 성격 및 내용이나 죄질, 피해법익에 현저한 차이가 있어 동일성이 인정되지 않는 별개의 범죄행위라고 보아야할 것이므로, (신호위반으로) 통고처분을 받아 범칙금을 납부하였다고 하더라도 (신호위반으로 인한) 업무상과실치상죄로 처벌하는 것이 이중처벌에 해당한다고 볼 수 없다.[♣업무상과실치상죄의 죄책을 물을 수 없다.(×)]" (대법원 2006도4322)<11·13·14·17·19승진>

※ 신호위반으로 교통사고를 야기한 자가 신호위반의 범칙금을 납부하였다고 하더라도 업무상과실치상죄로 처벌하는 것은 가능하다.<14승진>

※ 부득이한 사정으로 중앙선을 침범하여 교통사고를 야기한 경우 중앙선침범에 해당되지 않는다.(→ 중침사고에 해당)

(2) 범칙금을 미납하면 : 통고처분은 효력이 상실된다.

① **조세범·관세범·출입국사범의 경우 :** 통고권자(처분청)가 범칙자를 검찰에 **고발하여 형사절차가 진행**되며 강제징수의 대상이 되지 아니한다.<96입시·98행정>

※ 통고권자는 고발하여야 할 의무가 있고, 검찰은 통고권자의 고발 없이는 기소할 수가 없음.<02입시>

② **경범죄사범·교통사범의 경우 :** 검찰에의 **고발절차를 거치지 않고 직접** 즉결심판절차로 이행하게 된다.

III. 테마 97 즉결심판

의의	① 즉결심판절차란 지방법원, 지방법원지원 또는 시군법원의 판사가 **20만원 이하의 벌금·구류·과료에 처할 경미한 범죄에 대하여 공판절차에 의하지 아니하고** 즉결하여 심판하는 절차를 의미한다.
	※ 즉결심판의 유래는 미군정하의 치안판사제도에서 연유한다.<10승진>
	② **대상법규 제한(×) :** 즉결심판은 특정법규에 제한되지 않으므로 형법·특별법 및 행정법규에서 경미한 범죄로 벌금 등이 규정되어 있으면 청구가 가능하다.
	※ 주민등록증 제시요구 ➡ 즉결심판대상자가 인적사항을 밝히기를 거부하는 경우에는 주민등록법에 의거하여 경찰관은 주민등록증의 제시를 요구할 수 있다.
기능	즉결심판절차는 비교적 경미한 범죄를 신속히 처리하며, 신속한 재판을 구현하는 기능을 한다. 약식명령으로 신속한 재판을 어느 정도 달성할 수 있으나, 더욱 신속한 사건처리를 위하여 즉결심판제도가 인정된다.
성격	① **공판 전 절차 :** 즉결심판절차는 판사의 기각결정이 있을 때에는 검사에게 송치됨에 그치고, 피고인의 정식재판청구로 인하여 공판절차로 이행된다는 점에서 형사소송법상의 **공판절차가 아니라 공판 전의 절차**이다.
	② **특별 형사소송절차 :** 즉결심판절차도 즉결심판이 확정된 때에는 확정판결과 동일한 효력을 가지는 형벌부과 절차이다.
	※ 즉결심판절차법은 형사소송법의 특별법에 해당한다.

☞ **경미사건 현행범 체포문제**

① **다액 50만원 이하의 벌금, 구류 또는 과료에 해당하는 죄의 현행범인**에 대해서는 범인의 **주거가 분명하지 않은 경우에 한하여 현행범 체포가 가능**하다.(형소법 제214조)

※ 음주소란 등 10만원 이하 또는 20만원 이하 벌금·구류·과료나 경범죄처벌법 위반의 경우에도 주거부정인 경우 현행범 체포가 가능하다.[♣현행범으로 체포할 여지는 전혀 없다.(×)]

② 형사소송법상의 주거란 공법상 주소 개념이 아니라 사회 생활단위로서의 일정한 생활공간을 말하는 것이므로 **주민등록상의 주소가 있다고 하더라도 실제로 일정하게 살아가는 생활의 근거지가 없다면 주거부정에 해당**한다.

③ 따라서 **주민등록상의 주소가 실제 생활의 근거지인 주거와 일치하는지 여부를 판단**하여 현행범 체포여부를 결정해야 한다.

📖 '경범죄처벌법'상 '빈집 등에의 잠복죄'를 범한 s를 즉결심판에 회부하고자 동행을 요구하였으나 s는 주민등록증을 주면서 업무가 바쁘므로 차후에 경찰서에서 연락이 오면 출석하겠다고 하는 경우→s의 주민등록상의 주소가 실제 생활의 근거지인 주거와 일치하는 지 판단하여 주거가 명확하지 아니하면 현행범 체포가능[♣요구대로 방면, 현행범 체포 불가능(×), ♣현행범체포 가능(×)]

┌─────┐
│ 판례 │ **[주거불명 입증 – 주거불명인 자로 취급할 수 밖에 없었다는 점을 분명히]** 경미범죄의 현행범 체포에 필요한 주거불명의 사유를 입증하는 방법으로는 신분증의 제시를 요구하는 등의 방법으로 그 주거를 확인하려고 하였으나 이를 확인하지 못하여 피고인을 주거불명인 자로 취급할 수밖에 없었다는 점을 분명히 해야 할 것이다.(서울형사지법 1992.12.23 92고합1834)

1. 즉결심판의 청구

청구권자	① 즉결심판은 **관할경찰서장 또는 관할해양경찰서장**이 관할법원에 이를 청구한다.<즉결심판법 제3조><14경간·09·11경승·04.3·15.2채용>
	② 즉결심판청구는 검사의 **기소독점주의에 대한 예외**가 된다.<13경간> 즉결심판청구는 공소제기와 동일한 효력을 가지므로 별도의 공소제기가 불필요하다.
	※ 검사의 기소권에 인정되는 기소편의주의는 즉결심판청구에도 인정되는 것으로 해석됨.
	③ **훈방** – 우리 **형사소송법은 기소편의주의**를 취하고 있는바, 실무에서 즉결심판 청구 대상에 대해 기소권자에 해당하는 경찰서장의 훈방이 가능하다고 해석한다.
	※ **경찰훈방의 대상**(경찰업무편람3-12)

범죄사실이 경미하고 개전의 정이 현저한 경우

① 연령상 – **65세 이상 고령자, 미성년인 초범**[♣70세 이상고령(×)]

② 신체상 – **정신박약·보행불구·질병자**

③ 신분상 – **주거 및 신원이 확실하고 정상을 참작할 만한 부득이한 사유가 있는 자**

④ 죄질상 – **공무방해 또는 상습범이 아닌 자, 고의성이 없는 과실범**

⑤ 기타 **경찰서장이 특히 훈방할 사유가 된다고 인정하는 자**

청구 권자	③ **검사의 소추권 박탈(×)** ➡ 즉심에 불복하는 경우에는 정식재판의 청구가 가능하고, 즉심의 청구기각 결정이 있으면 관할지검으로 송치하여 검사의 관여가 가능하기 때문에 즉심청구 권이 검사의 소추권이나 판사의 양형권을 박탈한 것이라고 볼 수는 없다.
대상 사건	지방법원, 지원 또는 시·군법원의 판사는 즉결심판절차에 의하여 피고인에게 **20만원 이하의 벌금, 구류 또는 과료에 처할 수 있다.**[♣50만원 이하 벌금, 구류, 과료(×), ♣20만원 미만의 벌금(×)](즉 결심판법 제2조)<14·17경간·08·09·17경승·06.2·14.2·15.2·3채용> ㉠ 법정형이 아닌 **선고형을 기준으로** 판단한다.[♣법정형(×)]<16해간·13·14경간·05.3채용> 　　※ 즉결심판은 대부분 경범죄처벌법 위반을 대상으로 하지만, **형법상 범죄도 즉결심판의 대상**이 될 수 있다. ㉡ 법정형에 벌금, 구류 또는 과료가 단일형이 아니라 **선택형으로 규정되어 있는 범죄도 즉결 심판 대상사건이 될 수** 있다.<13.1채용>
관할 법원	**지방법원 또는 그 지원의 판사는** 소속 지방법원장의 **명령을 받아 소속 법원의 관할사무와 관 계없이** 즉결심판청구사건을 심판할 수 있다.(즉결법 제3조의2)<06경간·18경찰승진·15.1·16.2·17.1 채용> 　　※ 즉결심판은 지방법원, 지원 또는 시·군법원의 판사의 관할에 속한다.<15.2채용>
청구 방식	① 즉결심판을 청구함에는 즉결심판청구서를 제출하여야 하며, 즉결심판청구서에는 피고인의 성명 기타 피고인을 특정할 수 있는 사항, 죄명, 범죄사실과 적용법조를 기재하여야 한다.(즉 결 제3조 제2항)<12경승> 　　㉠ 즉결심판청구서에는 약식절차의 경우와는 달리 즉결심판에 의하여 선고할 형량은 기재 대상이 되지 않는다.<16해간·13경간> 　　㉡ 청구가 있으면 즉시 심판하므로 청구서 부분의 첨부가 필요 없으며 피고인에게 부본을 송달할 필요도 없다. ② 즉결심판을 청구할 때에는 사전에 **피고인에게 즉결심판의 절차를 이해하는 데 필요한 사 항을 서면 또는 구두로 알려주어야** 한다.(즉결심판법 제3조 제3항)<17.1채용> ③ 경찰서장은 즉결심판의 청구와 **동시에** 즉결심판을 함에 필요한 **서류 또는 증거물을 판사에 게 제출하여야** 한다.[♣따로이 제출(×), ♣검사에게 제출(×)](즉결심판법 제4조)<09경승·17.1채용> 　　※ 따라서 **공소장일본주의가 배제된다.**(09.2채용) ④ **즉결심판청구서의 작성 시 유의사항** 　　㉠ **기재사항** ➡ 즉결심판청구서에는 **피고인의 성명 기타 피고인을 특정할 수 있는 사항, 죄 명, 범죄사실과 적용 법조를 기재하여야** 한다. 　　　　※ 즉결심판청구서의 대상자는 **피고인으로 기재**한다.<02승진> 　　㉡ **적용법조 기재** ➡ 수 개의 적용법조가 경합한 때는 **전부를 기재**하여야 하고, **위반법조 와 처벌법조가 따로 규정된 경우**에는 양자를 모두 **기재**하여야 한다.[♣중한 적용법조 기재 (×), ♣위반법조기재(×)] 　　㉢ **위반사실 기재요령** ➡ 해당란에 위반사실을 다 기재하지 못할 경우에는 **별지를 사용하 며**, 범죄내용 란에 **심판의견을 기재할 수 없다.**[♣심판의견 기재(×)]<10승진>

기각 결정	판사는 즉결심판사건을 심사하여 사건이 **즉결심판을 할 수 없거나 즉결심판절차에 의하여 심 판함이 적당하지 아니하다고 인정할 때**에는 결정으로 즉결심판청구를 기각하여야 한다.[♣공판 절차에 의하여 심판하여야(×)](즉결심판법 제5조 제1항)<16국가7급·17해간·10경승·16지능특채·15.2채용>
송치	즉결심판청구 기각결정이 있는 때에는 경찰서장은 **지체 없이 사건을 관할지방검찰청 또는 지 청의 장에게 송치하여야** 한다.[♣검사승인 얻어 정식재판을 청구할 수(×), ♣7일 이내에 송치(×)](즉결심 판법 제5조 제2항)<17해간·14·15경찰승진·16지능특채·02.2·06.2·13.1·15.2·17.2채용>
검사 처분	① 기각사건을 송치받은 검사는 **공소제기여부를 독자적으로 결정**하고, 공소를 제기하는 때에 는 반드시 공소장을 제출하여야 한다. ② 경찰서장이 송치한 사건에 대해 검사는 불기소처분을 할 수 있다. 판례 **[즉심기각을 정식재판청구로 오인하여 공소장 미제출 → 공소제기 불성립]** 법원이 경찰서장의 즉결심판 청구를 기각하여 경찰서장이 사건을 관할 지방검찰청으로 송치하였으나, **검사가 이를 즉결심판에 대한 피고인의 정식재판청구가 있은 사건으로 오인하여 그 사건기록을 법원에 송부한 경우**, 공소제기의 본질적 요소라고 할 수 있는 검사에 의한 공소장의 제출이 없는 이상 기록을 법원에 송부한 사실만으로 **공소제기가 성 립되었다고 볼 수 없다.**[♣공소제기가 성립되었다고 볼 수 있다.(×)](대법원 2003도2735)<18경 찰승진·05.1·13.2·17.1채용> ♣법원이 경찰서장의 즉결심판 청구를 기각하여 경찰서장이 사건을 관할 지방검찰청으로 송치하였으 나 검사가 이를 즉결심판에 대한 피고인의 정식재판 청구가 있은 사건으로 오인하여 그 사건기록 을 법원에 송부한 경우, 공소제기가 성립되었다고 볼 수 있다.(×)<13.2채용>

2. 즉결심판청구사건 심리

(1) 증거특칙

배제	자백보강법칙과 전문법칙은 적용되지 않는다.[♣적용된다.(×)](즉결심판법 제10조)<02행시·16국가9 급·17·18해경승진·11·14·16경승·02·04.3·05.3·06.1·2·13.1·17.1·2채용> ※ 배제되는 법칙─ 형소법 제310조(자백배제법칙), 제312조 제3항(사법경찰관작성 피의자심 문조서의 증거능력), 제313조(진술서의 증거능력)(심판법 제10조) ※ 보강증거가 없을지라도 피고인의 자백만으로 유죄판결을 선고할 수 있고, **피고인이 내용을 인정하지 않더라도 사법경찰관 작성 피의자신문조서도 증거능력**이 있으며(즉결심판법 제 10조)(04행시·16경간·11경승·10.2·17.2채용) 피고인 또는 피고인 아닌 자가 작성한 진술서는 성립의 진정이 인정되지 않아도 증거로 할 수 있다.
적용	**자백배제법칙과 위법수집증거배제법칙**은 즉결심판에도 적용된다.[♣적용되지 않는다.(×)](즉결 심판법 제19조, 형소법 제310조)<18해경승진·10·11·14·16경승·05.3·17.1·2채용>

(2) 심리특칙

즉시 심판	① 즉결심판의 청구가 있는 때에는 판사는 기각의 경우를 제외하고 **즉시 심판을 하여야** 한 다.(즉결심판법 제6조) ② 그러므로 제1회 공판기일 유예기간, 공소장부본 송달 등 통상의 공판절차에서 요구되는 준 비절차들은 생략된다.

개정	심리 장소	① 즉결심판절차에 의한 심리와 재판의 선고는 **공개된 법정**에서 행하되, 그 법정은 **경찰관서(해양경찰관서를 포함)외의 장소**에 설치되어야 한다.[♣비공개로(×), ♣경찰서에(×)](즉결심판법 제7조 제1항, 제2항)<12해간·16.3해경·16경간·11·16경승·03.2·05.3·13.2·17.1채용>
		② 법정은 판사와 법원서기관, 법원사무관, 법원주사 또는 법원주사보가 열석하여 개정한다.(즉결심판법 제7조 제2항)
	심리 방법	① 판사는 피고인에게 피고사건의 내용과 진술거부권이 있음을 알리고 변명할 기회를 주어야 한다.(즉결심판법 제9조 제1항)<16국가9급·17해경승진>
		② 판사는 상당한 이유가 있는 경우에는 **개정없이 피고인의 진술서와 서류·증거물에 의하여 심판할 수 있다.**(벌금 또는 과료 선고가능). 다만 **구류에 처하는 경우에는 그러하지 아니**하다.(즉결심판법 제7조 제3항)<14경찰승진·04.1·13.1·15.2·16.2·17.2채용>
궐석 재판		① 즉결심판의 경우에도 원칙적으로 **피고인의 출석은 개정요건**이다.(즉결심판법 제8조)<13경승>
		※ **검사와 경찰서장의 출석**은 개정요건이 아니므로 출석을 **요하지 아니한다.**<11.2채용>
		② 벌금 또는 과료를 선고하는 경우에는 **피고인이 출석하지 아니하더라도 심판할 수** 있다. [♣허가한 때에 한하여(×), ♣모든 사건에서 개정요건(×), ♣구류를 선고하는 때(×)](즉결심판법 제8조의2 제1항)<04행시·16.3해경·17경간·13·14·18경승·06.2·11.2·13.1·2·15.3·16.2채용>
		③ 피고인 또는 즉결심판출석통지서를 받은 자는 **법원에 불출석심판을 청구할 수** 있고, **법원이 이를 허가한 때**에는 피고인이 출석하지 않더라도 심판할 수 있다.(제8조의2 제2항)<13국가9급·17경간>
		④ **불출석심판을 청구하고자 하는 자**는 즉결심판을 청구할 관할 **경찰서장(해양경찰서장을 포함)에게** (도교법, 경범죄 처벌법에) 규정된 **범칙금액에 그 100분의 50을 더한 금액**(또는 예납기준표에 따른 금액)**을 예납**하고, **불출석심판청구서를 제출**하여야 한다.(즉결심판절차에서의 불출석심판청구 등에 관한 규칙 제3조 제1항)<08승진>
증거 조사		① 판사는 필요하다고 인정할 때에는 **적당한 방법(증거조사 완화)**에 의하여 **재정하는 증거에 한하여(증거대상 제한)** 조사할 수 있다.(즉결심판법 제9조 제2항)<17.1채용>
		② 변호인은 기일에 출석하여 증거조사에 참여할 수 있으며 의견을 진술할 수 있다.(제8조 제3항)<11채용>

3. 즉결심판청구사건의 재판

(1) 즉결심판의 선고

선고 방식	① 즉결심판으로 유죄를 선고할 때에는 형, 범죄사실과 적용법조를 명시하고 피고인은 **7일 이내에 정식재판을 청구할 수** 있다는 것을 고지하여야 한다.(즉결 제11조 제1항)
	※ 불출석 또는 개정 없이 심판한 경우에는 법원사무관등은 **7일 이내**에 정식재판을 청구할 수 있음을 부기한 즉결심판서의 등본을 피고인에게 송달하여 고지한다.(즉결심판법 제11조 제4항)
	② **유죄의 즉결심판서**에는 피고인의 성명 기타 피고인을 특정할 수 있는 사항, 주문, 범죄사실과 적용법조를 명시하고 판사가 서명·날인하여야 한다.(즉결심판법 제12조 제1항)<12해간·11.1·15.3채용>

선고형	① 즉결심판 선고형은 **20만원 이하의 벌금 · 구류 · 과료**에 한한다.(법원조직법 제34조 제1항 제3호)<18해경승진>
	② 판사는 사건이 **무죄 · 면소 또는 공소기각**을 함이 명백하다고 인정할 때에는 이를 선고 · 고지할 수 있다.[♣선고 · 고지할 수 없다.(×)](즉결심판법 제11조 제5항)<16경간 · 18해경승진 · 11 · 16.3해경 · 17경승 · 04.3 · 10.2 · 14.2 · 17.1채용>
	※ 벌금, 과료, 몰수의 선고만 가능한 약식절차와 구별
	판례) **[구류형에 대한 선고유예 – 불가능]** 형법 제59조 제1항은 1년 이하의 징역이나, 금고, 자격정지 또는 벌금의 형을 선고할 경우 같은 법 제51조의 사항을 참작하여 개전의 정상이 현저한 때에는 선고를 유예할 수 있다고 규정하고 있어 형의 선고를 유예할 수 있는 경우는 선고할 형이 1년 이하의 징역이나 금고, 자격정지 또는 벌금의 형인 경우에 한하고 **구류형에 대하여는 선고를 유예할 수 없다.**(대법원 1993.6.22, 93오1)
유치명령	① 판사는 **구류의 선고를 받은 피고인**이 **일정한 주소가 없거나 또는 도망할 염려가 있을 때**에는 5일을 초과하지 아니하는 기간[♣7일 이내(×), ♣5일을 초과하는 기간(×)] 경찰서장유치장에 유치할 것을 명령할 수 있다.(즉결 제17조 제1항)<02 · 04행시 · 16.3해경 · 09 · 10경승 · 05. 2 · 13 · 15.3 · 17.2채용>
	※ **형 확정 전 유치명령이 가능**하다.<07.1채용>
	② 감정유치기간은 선고기간을 초과할 수 없다.[♣초과할 수 있다.(×)](즉결심판법 제17조 제1항 단서)<16.3해경 · 15.3채용>
	※ **판사의 유치명령이 있는 구류의 선고를 받은 자는 정식재판을 청구하더라도 석방되지 않는다.**(11경승)
	③ 집행된 유치기간은 본형의 집행에 산입한다.(즉결심판법 제17조 제2항)
가납명령	① **벌금 또는 과료를 선고하는 경우**에는 판결의 확정 후에는 집행할 수 없거나 집행하기 곤란할 염려가 있다고 인정한 때에는 직권 또는 청구에 의하여 피고인에게 벌금 또는 과료에 상당하는 금액의 가납을 명할 수 있다.(제334조 제1항, 즉결심판법 제17조 제3항)
	② 가납명령의 판결은 즉시로 집행할 수 있다.(제334조 제3항, 즉결심판법 제17조 제3항)
	※ 가납명령이 있는 벌금 · 과료를 납부하지 않을 때에는 노역장에 유치할 수 있다.

(2) 즉결심판의 효력

확정판결효력	① 즉결심판은 ㉠ 정식재판의 청구기간의 경과, ㉡ 정식재판청구권의 포기 또는 그 청구의 취하, ㉢ 정식재판청구 기각결정이 확정된 때 **확정판결과 동일한 효력(기판력, 집행력)**이 생긴다.(즉결심판법 제16조)<17법원 · 17 · 18해경승진 · 08 · 09 · 13 · 16경승 · 13 · 17경간 · 05.3 · 11.2 · 15.2채용>
	※ 판례에 의하면 **상해치사의 공소사실이 즉결심판이 확정된 경범죄처벌법위반의 범죄사실과 기본적 사실관계에 있어서 동일하다면 면소판결을 해야** 한다.<04행시>
	② 즉결심판의 판결이 확정된 때에는 즉결심판서 및 관계서류와 증거는 **관할경찰서 또는 지방해양경찰관서가 이를 보존**한다.[♣관할지방검찰청에서 보존(×)](즉결심판법 제13조)<18해경승진 · 12 · 17 · 18경승 · 16지능특채 · 11.1채용>

형의 집행	① **집행주체** : 형의 집행은 **경찰서장**이 하고 그 집행결과를 지체 없이 검사에게 보고하여야 한다.(즉결심판법 제18조 제1항)<12해간> ㉠ 구류는 경찰서유치장·구치소 또는 교도소에서 집행하며 구치소 또는 교도소에서 집행할 때에는 검사가 이를 지휘한다.(즉결심판법 제18조 제2항) ㉡ **벌금, 과료, 몰수는 그 집행을 종료하면 지체 없이 검사에게 이를 인계하여야** 한다.(제18조 제3항)<03.1여경> ※ 다만, 즉결심판 확정 후 상당기간 내에 집행할 수 없을 때에는 검사에게 통지하여야 한다. 통지를 받은 검사는 형사소송법 제477조(재산형 집행)에 의하여 집행할 수 있다.(제3항) ② **집행정지** : 형의 집행정지는 사전에 검사의 허가를 얻어야 한다.(즉결심판법 제18조 제4항)

4. 정식재판의 청구

(1) 정식재판 청구

피고인	① 정식재판을 청구하고자 하는 피고인은 즉결심판의 **선고·고지를 받은 날부터 7일 이내에** 정식재판청구서를 **경찰서장에게 제출하여야** 한다.(즉결심판법 제14조 제1항)<16국가9급·18해경승진·17경승·16지능특채·04·06·12.1 · 16.2·17.1·18.1채용> ② 피고인의 법정대리인, 배우자, 직계친족, 형제자매, 즉결심판절차의 대리인이나 변호인은 피고인을 위하여 정식재판을 청구할 수 있다.(법정대리인 이외의 자는 피고인의 명시한 의사에 반하여 하지 못한다.)(형사소송법 제340조, 제341조, 즉결심판법 제14조 제4항)<09승진> ③ 정식재판청구서를 받은 경찰서장은 **지체 없이 판사에게** 이를 송부하여야 한다.[♣검사에게 송부(×)](즉결심판법 제14조 제1항 단서)<12.1채용> [판례] **[기명, 서명→적법]** 피고인이 즉결심판에 대하여 제출한 정식재판청구서에 피고인의 **자필로 보이는 이름이 기재**되어 있고 그 옆에 서명이 되어 있어 위 서류가 작성자 본인인 피고인의 진정한 의사에 따라 작성되었다는 것을 명백하게 확인할 수 있으며 형사소송절차의 명확성과 안정성을 저해할 우려가 없으므로, **정식재판청구는 적법**하다고 보아야 한다. 피고인의 인장이나 지장이 찍혀 있지 않다고 해서 이와 달리 볼 것이 아니다.[♣정식재판청구는 부적법하다고 보아야(×)](대법원 2017모3458 결정 [항소기각결정에대한재항고])<23.2채용> ※ 근거 : 개정 형사소송법 제57조는 "공무원이 작성하는 서류에는 법률에 다른 규정이 없는 때에는 작성 연월일과 소속공무소를 기재하고 **기명날인 또는 서명하여야** 한다."라고 정하고 있다.
경찰 서장	① 경찰서장은 즉결심판에서 **무죄·면소·공소기각**[♣즉결심판 청구기각(×)]**의 선고가 있는 경우**에는 그 선고·고지를 한 날부터 **7일 이내에** 정식재판을 청구할 수 있다.[♣청구할 수 없다.(×)](즉결심판법 제14조 제2항)<10경승·17.1채용> ② 이 경우 경찰서장은 관할지방검찰청 또는 지청의 **검사의 승인을 얻어 정식재판청구서를 판사에게 제출하여야** 한다.[♣검사와 독립하여(×)](즉결 제14조 제2항 단서)<16해간·13경간>

(2) 정식재판 청구 후의 절차

판사	판사는 정식재판 청구서를 받은 날부터 **7일 이내**에 경찰서장에게 정식재판청구서를 첨부한 사건기록과 증거물을 **송부**하고(즉결심판법 제14조 제3항)
서장	사건기록과 증거물을 송부받은 경찰서장은 **지체 없이** 관할지방검찰청 또는 지청의 장에게 이를 **송부**하여야 하며,(즉결심판법 제14조 제3항)
검찰	① 경찰서장으로부터 정식재판청구서와 사건기록 및 증거물을 송부받은 관할지방검찰청 또는 지청의 장은 지체 없이 관할법원에 이를 송부하여야 한다.(즉결심판법 제14조 제3항) 　※ 공소장 일본주의는 적용되지 않는다.<04.3여경> ② 검찰의 기록 송부시 **공소제기는 필요 없지만**, 공소장일본주의 성격상 사건기록과 증거물은 공판기일에서 제출해야 한다고 보는 견해가 일반적이다.(학설) 　판례 **[제1회 공판기일 전에 사건기록 및 증거물이 법원에 송부]** 피고인이 택시 요금을 지불하지 않아 경범죄처벌법 위반으로 즉결심판에 회부되었다가 정식재판을 청구한 사안에서, 위 **정식재판청구로 제1회 공판기일 전에 사건기록 및 증거물이 경찰서장, 관할 지방검찰청 또는 지청의 장을 거쳐 관할 법원에 송부된다고 하여 그 이전에 이미 적법하게 제기된 경찰서장의 즉결심판청구의 절차가 위법하게 된다고 볼 수 없고**[♣위법하게 된다.(×)], 그 과정에서 정식재판이 청구된 이후에 작성된 피해자에 대한 진술조서 등이 사건기록에 편철되어 송부되었더라도 달리 볼 것은 아니다. (대법원 2008도7375)<12·13경승>

(3) 정식재판 청구의 효과

규정 준용	즉결심판절차에 있어서 이 법에 특별한 규정이 없는 한 그 성질에 반하지 아니한 것은 **형사소송법의 규정을 준용**한다.(즉결 제19조)
청구 기각 결정	① 정식재판의 청구가 **법령상의 방식에 위반되거나 청구권의 소멸 후인 것이 명백한 때**에는 결정으로 기각하여야 한다.(제455조 제1항, 즉결심판법 제14조 제4항) ② 정식재판청구 기각결정에 대하여는 **즉시항고**를 할 수 있다.(제455조 제2항, 즉결심판법 제14조 제4항)
공판 절차 심판	① 정식재판청구가 적법한 때에는 공판절차에 의하여 심판하여야 한다.(제455조 제3항, 즉결심판법 제14조 제4항) 　※ **공소장 변경, 공소취소 등이 허용**된다.<12해간> ② 즉결심판에 불복한 정식재판의 경우에는 **불이익변경금지의 원칙이 적용**된다.[♣적용되지 않는다.(×)](대법원 98도2550)<12국가9급·05·09·11·13경찰승진·07.1·11.2채용> 　판례 **[불이익변경금지(○)]** 즉결심판에 대하여 피고인만이 정식재판을 청구한 사건에 대하여도 즉결심판에관한절차법 제19조의 규정에 따라 형사소송법 제457조의2 규정을 준용하여, **즉결심판의 형보다 무거운 형을 선고하지 못한다.**[♣중한 형을 선고할 수(×)](대법원 98도2550)<12국가9급·18해경승진·05·11·13경찰승진·07.1·11.2채용>
판결 확정	정식재판 청구에 의한 판결이 확정된 때에는 **즉결심판은 그 효력을 잃는다.**(즉결심판법 제15조)<15경찰승진·04.1채용>

(4) 정식재판 청구권의 포기, 취하

포기 취하	① 정식재판청구권자는 정식재판청구권을 **포기하거나 취하할 수 있고**[♣피고인은 포기 불가(×)] 일부의 정식재판 청구와 정식재판 청구권 회복청구도 인정된다.(즉결심판법 제14조 제4항)<16경간·01·09·10·15·16경찰승진·17.1채용>
	② 포기, 취하한 자는 그 사건에 대하여 다시 정식재판을 청구할 수 없다.(즉결심판법 제14조 제4항, 형소법 제354조)<09경승>
취하 시기	정식재판청구는 제1심 판결 선고 전까지 취하할 수 있다.(즉결심판법 제14조 제4항, 형소법 제454조)<09승진>

정리 즉결심판제도 찬반론

즉결심판 폐지론	즉결심판 존치론
범죄즉결례 등 일제 강점기의 잔재라 할 수 있고 선진국에 입법례가 없으므로 즉시심판제도로 대체해야 한다고 주장한다.	➡ 즉결심판의 전신은 **미군정하의 치안판사제도**이다.[♣전신은 범죄즉결례(×)]<10승진>
피고인의 재판절차 **진술권을 침해**한다.	➡ 피고인의 재판절차 **진술권은 법원과 판사의 노력이 아니고서는** 즉시심판제도에서도 같은 상황이 야기될 것이다.
소추권 이원화로 **법적용상 불평등 초래**	➡ **법적용** 불평등은 판사의 판단을 **기소권자의 판단에 의존시키는 법 현실의 반영**
출석 불응자의 **신병확보·출석강제 수단이 없다.** ※ 현행 즉결심판제도는 검사를 재판의 청구권자로 하는 즉시심판제도로 대체해야 함.	➡ **불출석심판(불개정심판)의 청구**와 구류형 선고에 대한 **구인장의 발부**를 통해 현행 제도 하에서도 신병확보에 무리가 없음.

IV. 테마 98 질서위반행위규제

> **목적 :** 질서위반행위 규제법은 법률상 의무의 효율적인 이행을 확보하고 국민의 권리와 이익을 보호하기 위하여 **질서위반행위의 성립요건과 과태료의 부과·징수 및 재판** 등에 관한 **사항을 규정**하는 것을 목적으로 한다.(질서위반행위 규제법 제1조)<18경간>
>
> ※ 행정질서벌 : 행정법규 위반에 대한 제재로서 **과태료**가[♣과료(×)] 과하여지는 행정벌을 말한다.

1. 성립요건

(1) **질서위반행위 법정주의 :** 법률에 따르지 아니하고는 어떤 행위도 질서위반행위로 과태료를 부과하지 아니한다.(질서위반행위 규제법 제6조)

(2) **행위시법주의 :** 질서위반행위의 **성립과 과태료 처분은** 행위 시의 법률에 따른다.[♣처분 시 법률(×)](질서위반행위 규제법 제3조 제1항)<13·14·24승진·17.1채용>

※ **경한 신법주의** : 질서위반행위 후 법률이 변경되어 그 행위가 **질서위반행위에 해당하지 아니**하게 되거나 과태료가 변경되기 전의 법률보다 **가볍게 된 때**에는 법률에 특별한 규정이 없는 한 **변경된 법률을 적용**한다.(질서위반행위 규제법 제3조 제2항)<18경간 · 24승진>

> 판례 **[법률 개정으로 과태료 부과대상(×)→특별규정없으면, 재판시 법률 적용]** 질서위반행위에 대하여 과태료 부과의 근거 **법률이 개정**되어 행위 시의 법률에 의하면 과태료 부과대상이었지만 재판 시의 법률에 의하면 **과태료 부과대상이 아니게 된 때**에는 개정 법률의 부칙에서 종전 법률 시행 당시에 행해진 질서위반행위에 대해서는 행위 시의 법률을 적용하도록 **특별한 규정을 두지 않은 이상 재판 시의 법률을 적용하여야** 하므로 과태료를 부과할 수 없다.(대법원 2020마5594 결정 [공직자윤리법위반])<23.2채용>

⑶ **속지주의** : 이 법은 **대한민국 영역** 안에서 질서위반행위를 한 자에게 적용한다.(제4조 제1항)<24승진>

① **속인주의** : 이 법은 대한민국 영역 밖에서 질서위반행위를 한 대한민국의 국민에게 적용한다.(제4조 제2항)

② **기국주의** : 이 법은 대한민국 영역 밖에 있는 **대한민국의 선박 또는 항공기 안**에서 질서위반행위를 한 **외국인에게 적용**한다.[♣적용하지 아니한다.(×)](제4조 제3항)<24승진>

⑷ 고의 또는 과실이 없는 질서위반행위는 과태료를 부과하지 아니한다.[♣부과가능(×)](질서위반행위 규제법 제7조)<13 · 19승진 · 17.1 · 18.2 · 22.1 · 23.2채용>

⑸ **위법성 착오** : 자신의 행위가 위법하지 아니한 것으로 오인하고 행한 질서위반행위는 그 오인에 **정당한 이유가 있는 때에 한하여** 과태료를 부과하지 아니한다.[♣오인에 정당한 이유가 있는 때에도 과태료를 부과한다.(×)](질서위반행위 규제법 제8조)<22.1채용>

① **원칙** ➡ 과태료의 부과에는 위법성의 인식을 요하지 않는다.(법언- 법률의 부지는 용서받지 못한다.)

② **예외** ➡ 행위자에게 위법성 착오에 대한 정당한 사유가 있는 때에는 경찰질서벌을 부과할 수 없다.(判)

⑹ **책임능력** : 특별한 규정이 없는 한 **14세 미만자의 질서위반행위**에는 **과태료를 부과하지 아니**한다. 다만, 다른 법률에 특별한 규정이 있는 경우에는 그러하지 아니하다.[♣18세가 되지 아니한 자(×)](질서위반행위 규제법 제9조)<18경간 · 21승진 · 18.2채용>

① **감면** : 심신(心神)장애로 인하여 행위의 옳고 그름을 **판단할 능력이 없거나** 그 판단에 따른 **행위를 할 능력이 없는 자**의 질서위반행위는 과태료를 **부과하지 아니**한다.(질서위반행위 규제법 제10조 제1항)<18 · 20경간>

② **감경** : 심신장애로 인하여 행위의 옳고 그름을 판단할 **능력이 미약**한 자의 질서위반행위는 과태료를 **감경**한다.(제10조 제2항)<18경간>

※ **형법**의 경우 심신미약자의 범죄에 대해 **감경할 수 있도록 개정**하여 증가하는 **심신미약자의 범죄**에 대해 강력한 처벌의 가능성을 열어두고 있다.(형법 제10조 제2항)

③ 원인에서 자유로운 행위 : 스스로 심신장애 상태를 일으켜 질서위반행위를 한 자에 대하여는 감경규정을 적용하지 아니한다.(제10조 제3항)

④ **심신장애** : 면제 또는 감경한다. 단 스스로 장애를 일으킨 자에게는 적용하지 아니한다.

㉠ **심신상실자**(심신장애로 인하여 행위의 옳고 그름을 판단할 능력이 없거나 그 판단에 따른 행위를 할 능력이 없는 자) ➡ 질서위반행위에 대해 **과태료를 부과하지 아니**한다.(면제)

㉡ **심신미약자**(심신장애로 인하여 행위의 옳고 그름을 판단할 능력이 미약하거나 그 판단에 따른 행위를 할 능력이 미약한 자) ➡ 질서위반행위는 **과태료를 감경**한다.(감경)

※ **원인으로부터 자유로운 행위** ➡ 스스로 심신장애 상태를 일으켜 질서위반행위를 한 자에 대하여는 과태료의 면제나 감경을 적용하지 아니한다.

⑺ **2인 이상이 질서위반행위에 가담**한 때에는 **각자가 질서위반행위를 한 것으로 본다.**(질서위반행위 규제법 제12조 제1항)<14승진·17.1채용>

⑻ **신분에 의하여 성립**하는 질서위반행위에 **신분이 없는 자가 가담한 때**에는 **신분이 없는 자에 대하여도 질서위반행위가 성립**한다.(질서위반행위 규제법 제12조 제2항)<20경간>

※ 신분에 의하여 과태료를 감경 또는 가중하거나 과태료를 부과하지 아니하는 때에는 그 신분의 효과는 신분이 없는 자에게는 미치지 아니한다.(질서위반행위 규제법 제12조 제3항)

⑼ **하나의 행위가 2 이상의 질서위반행위에 해당**하는 경우에는 각 질서위반행위에 대하여 정한 과태료 중 **가장 중한 과태료를 부과**한다.(질서위반행위 규제법 제13조 제1항)<20경간>

※ 하나의 행위가 2 이상의 질서위반행위에 해당하는 경우를 제외하고 **2 이상의 질서위반행위가 경합하는 경우**에는 각 질서위반행위에 대하여 정한 **과태료를 각각 부과**한다. 다만, 다른 법령(지방자치단체의 조례를 포함한다. 이하 같다)에 특별한 규정이 있는 경우에는 그 법령으로 정하는 바에 따른다.(제13조 제2항)

⑽ **적용의 배제** ➡ '고의 또는 과실', '위법성의 착오', '책임연령', '심신장애'의 규정은 **"도로교통법"**상의 고용주 등에 대한 **과태료 처분에는 적용하지 아니**한다.

2. 부과·징수

⑴ **과태료 부과의 제척기간 :** 행정청은 질서위반행위가 종료된 날(다수인의 질서위반행위에 가담한 경우에는 최종행위가 종료된 날)부터 **5년이 경과**[♣3년(×)]한 경우에는 해당 질서위반행위에 대하여 과태료를 **부과할 수 없다.**(제19조 제1항)<13·21승진>

⑵ 행정청이 질서위반행위에 대하여 과태료를 부과하고자 하는 때에는 **미리** 당사자(고용주 등을 포함)에게 **대통령령으로 정하는 사항**을 **통지**하고, 10일 이상의 기간을 정하여 **의견을 제출할 기회를 주어야 한다.** 이 경우 지정된 기일까지 의견 제출이 없는 경우에는 의견이 없는 것으로 본다.[♣7일 이상(×)](질서위반행위 규제법 제16조 제1항)<13·14·19승진·18.2채용>

※ 행정청은 (제16조 제2항에 따라) 당사자가 제출한 **의견에 상당한 이유**가 있는 경우에는 **과태료를 부과하지 아니하거나 통지한 내용을 변경할 수 있다.**(제16조 제3항)<23.1채용>

⑶ 의견제출 절차를 마친 후에 **서면**(동의하는 경우 전자문서 포함)**으로 과태료를 부과하여야 한다.**[통지 → 의견제출 → 부과][♣서면 또는 구두(×)](질서위반행위 규제법 제17조 제1항)<11경간·13·14승진>

⑷ 당사자는 과태료, 가산금, 중가산금 및 체납처분비를 대통령령으로 정하는 **과태료 납부대행기관을 통하여 신용카드, 직불카드 등**("신용카드등")**으로 낼 수 있다.**(제17조의2 제1항)

⑸ 행정청은 당사자가 의견제출 기한 이내에 과태료를 **자진하여 납부**하고자 하는 경우에는 **20/100의 범위** 내에서 과태료를 **감경할 수 있다.**[♣감경해야(×)](제18조 제1항, 시행령 제5조)

① 당사자가 자진 납부에 따라 **감경된 과태료를 납부한 경우**에는 해당 질서위반행위에 대한 **과태료 부과 및 징수절차는 종료**한다.(제18조 제2항)<23.1채용>

① 행정청의 과태료 처분이나 법원의 과태료 재판이 확정된 후 법률이 변경되어 그 행위가 질서위반행위에 해당하지 아니하게 된 때에는 변경된 법률에 특별한 규정이 없는 한 과태료의 징수 또는 집행을 면제한다.(제3조 제3항)<22.1채용>

⑹ **과태료 징수유예 :** 행정청은 당사자가 과태료 징수유예 사유에 해당하여 과태료(체납된 과태료와 가산금, 중가산금 및 체납처분비를 포함)를 납부하기가 곤란하다고 인정되면 **1년의 범위에서** 대통령령으로 정하는바에 따라 과태료의 분할납부나 **납부기일의 연기**(이하 "징수유예등")**를 결정할 수 있다.**(제24조의3 제1항)<21승진>

① 행정청은 과태료의 분할납부나 납부기일의 연기("징수유예등")를 결정하는 경우 그 기간을 그 징수유예등을 **결정한 날의 다음 날부터 9개월 이내로 하여야** 한다.(시행령 제7조의2 제1항 본문)<21승진>

② 다만, 그 기간이 만료될 때까지 징수유예등의 사유가 해소되지 아니하는 경우에는 **1회에 한정**하여 **3개월**의 범위에서 그 기간을 **연장할 수** 있다.(시행령 제7조의2 제1항 단서)

과태료 징수유예 사유(제24조의3 제1항)

1. 「국민기초생활 보장법」에 따른 수급권자

2. 「국민기초생활 보장법」에 따른 차상위계층 중 다음 각 목의 대상자

   가. 「의료급여법」에 따른 수급권자 / 나. 「한부모가족지원법」에 따른 지원대상자

   다. 자활사업 참여자

3. 「장애인복지법」에 따른 장애인 / 4. 본인 외에는 가족을 부양할 사람이 없는 사람

5. 불의의 재난으로 피해를 당한 사람

6. 납부의무자 또는 그 동거 가족이 질병이나 중상해로 **1개월 이상의 장기 치료**를 받아야 하는 경우
   [♣3개월 이상(×)]

7. 「채무자 회생 및 파산에 관한 법률」에 따른 개인회생절차개시결정자

8. 「고용보험법」에 따른 실업급여수급자

9. 그 밖에 제1호부터 제8호까지에 준하는 것으로서 **대통령령으로 정하는 부득이한 사유**가 있는 경우

> "대통령령으로 정하는 부득이한 사유가 있는 경우"란 다음 각 호의 어느 하나에 해당하는 경우를 말한다.(시행령 제7조의2 제2항)
>
> 1. 도난 등으로 재산에 현저한 손실을 입은 경우
>
> 2. **사업이 중대한 위기에 처한 경우**
>
> 3. 과태료를 일시에 내면 생계유지가 곤란하거나 자금사정에 현저한 어려움이 예상되는 경우

(7) 가산금 징수 및 체납처분

① 행정청은 당사자가 납부기한까지 과태료를 납부하지 아니한 때에는 납부기한을 경과한 날부터 체납된 과태료에 대하여 **100분의 3에 상당**하는 **가산금**을 징수한다.(제24조 제1항)<23.1채용>

② 체납된 과태료를 납부하지 아니한 때에는 납부기한이 경과한 날부터 **매 1개월**이 경과할 때마다 체납된 과태료의 **1천분의 12에 상당하는 가산금**(이하 "중가산금")을 가산금에 가산하여 징수한다. 이 경우 중가산금을 가산하여 징수하는 기간은 **60개월을 초과하지 못한다.**(제24조 제2항)

③ 행정청은 당사자가 기한 이내에 이의를 제기하지 아니하고 가산금을 납부하지 아니한 때에는 국세 또는 지방세 체납처분의 예에 따라 징수한다.(제24조 제3항)

(8) 과태료는 행정청의 과태료 부과처분이나 법원의 과태료 재판이 확정된 후 **5년간** 징수하지 아니하거나 집행하지 아니하면 **시효로 인하여 소멸**한다.[♣3년간(×)](제15조 제1항)<13·14·19·21승진·11·20경간·17.1·18.2·22.1채용>

3. 불복

(1) 이의제기 : 행정청이 과태료 부과에 불복하는 당사자는 과태료 부과통지를 받은 날부터 **60일 이내에** 해당 행정청에 서면으로 이의제기를 할 수 있다.[♣30일 이내(×)](제20조 제1항)<11경간·19승진>

※ 이의제기가 있는 경우에는 행정청의 과태료 부과처분은 그 효력을 상실한다.[♣효력을 상실하지 않는다.(×)](제20조 제2항)<23.1채용>

(2) **법원에의 통보** ☞ 이의제기를 받은 행정청은 다음의 경우를 제외하고는 이의제기를 받은 날부터 **14일 이내**에 이에 대한 의견 및 증빙서류를 첨부하여 관할 **법원에 통보하여야** 한다.(제21조 제1항)

① 당사자가 이의제기를 철회한 경우

② 당사자의 이의제기에 이유가 있어 과태료를 부과할 필요가 없는 것으로 인정되는 경우

(3) 법원은 이의제기에 따른 행정청의 통보가 있는 경우 이를 **즉시 검사에게 통지하여야** 한다.(제30조)

① 법원은 **심문기일**을 열어 당사자의 진술을 들어야 한다.(제31조 제1항)

② 법원은 검사의 의견을 구하여야 하고, 검사는 심문에 참여하여 의견을 진술하거나 서면으로 의견을 제출하여야 한다.(제31조 제2항)

(4) 과태료 재판은 **검사의 명령으로써 집행**한다.(제42조 제1항)

※ 검사는 과태료를 **최초 부과한 행정청에 대하여** 과태료 재판의 **집행을 위탁할 수** 있고, 위탁을 받은 행정청은 국세 또는 지방세 체납처분의 예에 따라 집행한다.(제43조 제1항)

Chapter 06 권리구제 수단

제1절 사전적 권리구제 수단

☞ 사전구제제도의 유형	
공개	사전적 구제가 되는 것으로 국민의 알권리와도 관계있으며 정보를 공개할 때 구제가 가능해진다. ※ 관련법 – 공공기관의 정보공개에 관한 법률이 있다.
행정 절차	① 행정기관의 제1차적인 행정권 행사과정을 규율하는 사전절차 <협의의 개념> ② 오늘날 경찰행정 등 국민의 권리를 침해하는 행정 분야에서는 사전절차의 준수 등 절차적 권리의 중요성이 강조되고 있다.
청원	국민이 국가에 대하여 불만 또는 희망을 개진하고 시정을 구하는 제도
옴부 즈맨	의회에서 임명되나 의회로부터 광범한 독립성을 부여받은 의회의 의뢰인인 옴부즈맨이 개개 국민의 권리를 보호하는 역할을 하는 제도
기타	정당방위, 행정청에 의한 직권시정 등

1 행정정보공개제도

(1) **행정정보공개제도** : 국민이 국가가 보유한 정보에 접근하여 그것을 이용·통제할 수 있게 하기 위하여 국민에게 정부 보유 정보에 대한 공개를 청구할 수 있는 권리를 보장하고, 국가에 대하여 정보공개의무를 지게 하는 제도이다.

(2) **정보공개와 정보제공의 비교**<01·03·04승진>

구분	정보공개	정보제공
의의	국민이 원하는 정보를 접근·이용할 수 있게 하는 것	정부가 홍보·선전용으로 정보를 국민에게 제공하는 것
가공유무	**가공되지 않은** 정보를 제공	가공된 홍보성 정보를 제공
청구유무	공개청구를 요함	공개청구를 요하지 않음.
의무여부	법령에 의해 **공개가 의무임**	제공정보의 선택·제공이 재량사항
예	① 정보공개제도에 의한 정보공개제도 ② 법령에 의한 의무적 공표제도 ③ 자기 정보 공개청구제도	① 홍보·공청회제도에 의한 행정홍보 ② 보도기관에 대한 정보제공 ③ **행정창구**나 **자료실에 의한 일반정보 서비스**[♣정보공개(×)]<08승진>

(3) 정보공개청구권과 개인정보 보호의 필요성(프라이버시권)의 관계 : 정보공개청구권과 개인의 프라이버시권은 우열의 관계가 아니라 **상호 조화되어야 할 관계**에 있다.

① **공개기준** : 따라서 정보공개의 필요성과 개인정보 보호의 필요성이 **충돌한 경우에는 비교형량을 통해 공개여부를** 결정하여야 한다.

Ⅰ 프라이버시

(1) **의의** : 프라이버시는 심리적 측면에서 '자아영역의 불가침'이라는 의미를 내포한다.

(2) **확대** : 프라이버시권은 종래 사생활의 내용이 함부로 공개되지 않도록 하는 소극적 권리에서, **자신에 관한 정보를 통제하는 권리를 포함하는 적극적 권리로 확대**되었다.

※ 따라서 공공기관의 개인정보 관리에 있어 개인의 요구에 의해 청구인의 정보를 공개하는 것도 프라이버시와 관련이 있고 또한 공개하는 과정에서 타인의 프라이버시를 침해할 우려가 있다는 점도 프라이버시와의 관련성을 갖게 하는 요소이다.

(3) **프라이버시권에 대한 학자들의 정의**<10승진·10채용>

S. Warren & L. Brandeis	① 개인이 **혼자 있을 권리**(Right to be left alone) ② 민주주의에서 가장 중요한 자유로서 헌법에 반영되어야 한다고 주장
Alan F. Westin	개인·그룹 또는 조직이 자기에 관한 정보를 언제·어떻게 또는 어느 정도 **타인에게 전할까** 하는 것을 **스스로 결정할 수 있는** 권리
Edward Bloustine	인간의 **인격권의 법익**으로서 인격의 침해, 개인의 자주성, 존엄과 완전성을 보호하는 것 <10승진·10채용>
Ruth Gavison	프라이버시의 세 가지 요소로서 **비밀·익명성·고독**을 들고, 그것들이 자신의 선택 또는 타인의 행위에 의해서 상실할 수 있는 상태를 의미<10승진·10채용>

(4) **프라이버시 침해의 유형**(William. L. Prosser) [☻오이침공]

사생활에 관한 판단의 오도	사생활의 내용을 공개하거나 간섭하는 행위 이상으로 내용의 본질을 왜곡시켜 **대중의 판단을 그릇되게 하여** 해당 개인의 신상에 침해를 주는 행위이다. ◙ 특정인을 책·잡지의 표지인물로 게재하거나 **특정인의 사진을 현상수배자 리스트에** 넣는 행위 등으로 해당 개인에게 정신적 고통을 주는 행위[♣사적사실의 공개(×)]<10승진>
사적인 일의 영리적 이용	특정 개인의 인격적 이익을 침해하여 경제상의 이익을 취하는 행위 ◙ 특정인의 성명·사진·경력을 영업적 이익의 확보를 위해 이용하는 행위
사적인 일에의 침입	개인의 일상적이고 정상적인 사생활을 침해하여 불안이나 불쾌감 등을 유발하는 행위를 의미한다. ◙ **타인의 전화내용을 도청, 타인의 은행계좌의 불법 추적 등** ※ 수단이 불법적이면 목적에 관계없이 사생활 침해가 되며, 개인뿐만 아니라 공권력에 의해서도 발생할 수 있다.

사적인 사실의 공개	공개를 원하지 않는 사적인 사실을 일반에게 공개하는 행위를 의미한다.
	예 타인의 범죄경력 사실이나 기형적인 신체 상태를 공개하는 행위
	※ 주로 신문·잡지·방송 등 대중매체에 의해 이루어진다.

> **판례** [국군보안사령부가 민간인 상대로 사생활 정보 비밀수집 → 불법행위 구성] 피고 산하 국군보안사령부가 군과 관련된 첩보 수집, 특정한 군사법원 관할 범죄의 수사 등 법령에 규정된 직무범위를 벗어나 민간인인 원고들을 대상으로 평소의 동향을 감시·파악할 목적으로 지속적으로 개인의 집회·결사에 관한 활동이나 사생활에 관한 정보를 미행, 망원 활용, 탐문채집 등의 방법으로 비밀리에 수집·관리하였다면, 이는 헌법에 의하여 보장된 원고들의 기본권을 침해한 것으로서 **불법행위를 구성**한다.(정보기관이 법적 근거 없이 비밀리에 수집·관리하는 개인정보에 따른 손해는 그 정보가 공개되지 않더라도 발생한다. — 손해배상책임 긍정)(대법원 96다42789 판결 [손해배상(기)])<10승진>

Ⅲ 테마 99 공공기관의 정보공개

> **입법**: '공공기관의 정보공개에 관한 법률'은 '**국민의 알권리를 보장**'하고 국정에 대한 '**국민의 참여**'와 '국정운영의 투명성'을 확보함을 목적으로 하고 있다.

① **정보공개의 원칙을 채택**: '공공기관'이 보유·관리하는 정보는 국민의 알권리 보장 등을 위하여 적극적으로 **공개하여야** 한다.[♣공개할 수 있다.(×)](제3조)<19승진·11·15·17경간·15.2·3·17.1채용>

   ※ 따라서 비공개대상정보는 제한적으로 해석하여야 한다.<09승진·10.2채용>

   ※ 공공기관은 **전자적 형태**로 보유·관리하는 정보에 대하여 청구인이 전자적 형태로 공개하여 줄 것을 요청하는 경우에는 그 정보의 성질상 현저히 곤란한 경우를 제외하고는 청구인의 **요청에 따라야** 한다.(제15조 제1항)<22.1채용>

② 일정한 **비공개대상정보**에 대하여는 이를 **공개하지 아니할 수 있다.**[♣공개결정을 할 수 없다.(×)](제9조 제1항)<15·19·21승진>

   ※ **비공개대상정보**에 대한 정보공개청구에 대해서 실시기관은 '**공개결정**'을 할 수가 있다.

③ 비공개 대상에 해당하는 정보가 기간의 경과 등으로 인하여 **비공개의 필요성이 없어진 경우**에는 그 정보를 **공개 대상으로 하여야** 한다.(제9조 제2항)<21·23승진>

④ 공공기관은 규정된 비공개대상정보의 범위에서(제1항 각 호) 해당 공공기관의 업무 성격을 고려하여 비공개대상정보의 범위에 관한 **세부 기준**(비공개 세부 기준)**을 수립**하고 이를 정보통신망을 활용한 **정보공개시스템 등을 통하여 공개하여야** 한다.(제9조 제3항)

⑤ 공공기관(국회·법원·헌법재판소 및 중앙선거관리위원회는 제외)은 **비공개 세부 기준**이 제1항 각 호의 비공개 요건에 부합하는지 **3년마다 점검**하고 필요한 경우 비공개 세부 기준을 개선하여 그 점검 및 개선 결과를 **행정안전부장관에게 제출하여야** 한다.(제9조 제4항)

⑥ **비공개대상정보**(공공기관의 정보공개에 관한 법률 제9조 제1항 – 순서변경)

법규	① 다른 법령에 의하여 비밀 또는 비공개 사항으로 규정된 정보(1호)
국가적 법익	② 국가안전보장·국방·통일·외교관계 등에 관한 사항으로서 공개될 경우 국가의 중대한 이익을 **현저히 해칠 우려**가 있다고 인정되는 정보(2호)
	③ 감사·감독·검사·시험·규제·입찰계약·기술개발·인사관리에 관한 사항이나 의사결정 과정 또는 내부검토 과정에 있는 사항 등으로서 공개될 경우 업무의 공정한 수행이나 연구·개발에 현저한 지장을 초래한다고 인정할 만한 상당한 이유가 있는 정보(5호)
	④ 진행 중인 **재판에 관련된 정보와 범죄의 예방·수사, 공소의 제기 및 유지, 형의 집행, 교정(矯正), 보안 처분에 관한 사항**으로서 공개될 경우 그 직무수행을 현저히 곤란하게 하거나 형사피고인의 공정한 재판을 받을 권리를 침해한다고 인정할 만한 상당한 이유가 있는 정보(4호)
	예 폭력단체의 현황에 대한 정보 등[♣거부할 수(○), ♣공개하여야 한다.(×)]<21승진>
	판례 보안관찰법 소정의 '보안관찰 관련 통계자료'는 정보공개법상의 **비공개대상 정보이다.**(대법원 전원합의체 판결 2004.3.18.)[♣공개대상(×)] ♣경찰의 보안관찰관련 통계자료는 공공기관의 정보공개에 관한 법률 규정상 공개대상정보이다.(×)
사회적 법익	⑤ 법인·단체 또는 개인의 **경영상·영업상 비밀에 관한 사항**으로서 공개될 경우 법인 등의 정당한 이익을 현저히 해칠 우려가 있다고 인정되는 정보. 다만, 다음 각 목에 열거한 정보는 제외한다.(7호)
	가. 사업 활동에 의하여 발생하는 위해(危害)로부터 사람의 생명·신체 또는 건강을 보호하기 위하여 공개할 필요가 있는 정보
	나. 위법·부당한 사업 활동으로부터 국민의 재산 또는 생활을 보호하기 위하여 공개할 필요가 있는 정보
	⑥ 공개될 경우 **부동산 투기, 매점매석** 등으로 특정인에게 이익 또는 불이익을 줄 우려가 있다고 인정되는 정보(8호)
개인적 법익	⑦ 공개될 경우 **국민의 생명·신체 및 재산의 보호**에 현저한 지장을 초래할 우려가 있다고 인정되는 정보(제9조 제1항 제3호)<19승진>
	⑧ 해당 정보에 포함되어 있는 **성명·주민등록번호 등** 「개인정보 보호법」 제2조 제1호에 따른 **개인정보로서** 공개될 경우 **사생활의 비밀 또는 자유를 침해할 우려**가 있다고 인정되는 정보. 다만, 다음 각 목에 열거한 사항은 제외한다.(6호)
	가. 법령에서 정하는 바에 따라 열람할 수 있는 정보
	나. 공공기관이 공표를 목적으로 작성하거나 취득한 정보로서 사생활의 비밀 또는 자유를 부당하게 침해하지 아니하는 정보
	다. 공공기관이 작성하거나 취득한 정보로서 공개하는 것이 공익이나 개인의 권리 구제를 위하여 필요하다고 인정되는 정보
	라. 직무를 수행한 공무원의 성명·직위
	마. 공개하는 것이 공익을 위하여 필요한 경우로서 법령에 따라 국가 또는 지방자치단체가 업무의 일부를 위탁 또는 위촉한 개인의 성명·직업

Ⅰ. 주요내용<13·14승진·15경간·10·13·15.3채용>

청구 권자	① **모든 국민**은 정보의 공개를 청구할 권리를 가진다.(정보공개법 제5조 제1항)<13·15·17·18승진·15경간·10·13·15.2·3채용>
	② **외국인**의 정보공개 청구에 관하여는 **대통령령**으로 정한다.(대통령령으로 규정 – 국내에 주소·사무소를 두고 있거나, 학술·연구 목적으로 일시적으로 체류하는 **외국인·외국법인도 청구 가능**)[♣외국인 청구불가(×)](정보공개법 제5조 제2항)<13·15·17승진·15경간·10·13·15.2·3채용>
	※ **법률상 이해관계가 없는 경우에도 정보공개의 청구가 인정된다.**
정보	"정보"란 공공기관이 직무상 작성 또는 취득하여 관리하고 있는 문서(전자문서를 포함) 및 전자매체를 비롯한 **모든 형태의 매체 등에 기록된 사항**을 말한다.(제2조 제1호)<23.1채용>
공개	**공공기관이** 이 법에 따라 정보를 열람하게 하거나 그 사본·복제물을 제공하는 것 또는 (「전자정부법」 제2조 제10호에 따른) 정보통신망을 통하여 정보를 제공하는 것 등을 말한다.(제2조 제2호)
(공개대상) **공공 기관**	"공공기관"이란 다음의 기관을 말한다.[♣정부투자기관 배제(×), ♣공공기관은 국가 또는 지방자치단체에 한정(×), ♣지방자치단체 포함(○)](제2조 제3호)<17승진>
	가. **국가기관**
	1) 국회, 법원, 헌법재판소, 중앙선거관리위원회
	2) 중앙행정기관(대통령 소속 기관과 국무총리 소속 기관을 포함) 및 그 소속 기관
	3) '행정기관 소속 위원회의 설치·운영에 관한 법률'에 따른 위원회
	나. **지방자치단체**
	다. (「공공기관의 운영에 관한 법률」 제2조에 따른) **공공기관**
	라. 「지방공기업법」에 따른 **지방공사** 및 **지방공단**
	마. 그 밖에 **대통령령**으로 정하는 기관
	※ 청구를 받은 해당기관 소속 정보공개심의회에서 공개여부 결정
정보 공개 심의회	① **"국가기관등"**은 정보공개 여부 등을 심의하기 위하여 **정보공개심의회를 설치·운영한다.** [♣정보공개위원회(×)](제12조 제1항)
	※ **"국가기관등"**: **국가기관, 지방자치단체,** 「공공기관의 운영에 관한 법률」 제5조에 따른 **공기업** 및 **준정부기관,** 「지방공기업법」에 따른 **지방공사** 및 **지방공단**
	※ 이 경우 국가기관 등의 규모와 업무성격, 지리적 여건, 청구인의 편의 등을 고려하여 소속 상급기관(지방공사·지방공단의 경우에는 해당 지방공사·지방공단을 설립한 지방자치단체)에서 협의를 거쳐 심의회를 통합하여 설치·운영할 수 있다.(제12조 제1항 단서)
	② 심의회는 **위원장 1명을 포함하여 5명 이상 7명 이하의 위원으로 구성**한다.(제12조 제2항)
	③ 심의회의 위원은 소속 공무원, 임직원 또는 외부 전문가로 지명하거나 위촉하되, 그중 **3분의 2**는 해당 국가기관등의 업무 또는 정보공개의 업무에 관한 지식을 가진 외부 전문가로 위촉하여야 한다.(제12조 제3항) – 2021. 12. 23 시행
	※ 다만, **국가안보등 및 수사등에 해당하는 업무를 주로 하는 국가기관(경찰)**은 그 국가기관의 장이 외부 전문가의 위촉 비율을 따로 정하되, **최소한 3분의 1 이상은 외부 전문가로 위촉하여야** 한다.(제12조 제3항 단서)
	④ 심의회의 **위원장**은 위원 중에서 **국가기관등의 장이 지명하거나 위촉**한다.(제12조 제4항)

정보 공개 위원회	① 다음 각 호의 사항을 심의·조정하기 위하여 **행정안전부장관 소속**으로 정보공개위원회를 둔다.[♣행정안전부 장관 소속(×)](제22조)<14승진·11경간> 1. **정보공개에 관한 정책의 수립 및 제도개선**에 관한 사항 / 2. 정보공개에 관한 기준수립에 관한 사항 / 3. 제12조에 따른 심의회 심의결과의 조사·분석 및 심의기준 개선 관련 의견제시에 관한 사항 / 4. 제24조 제2항 및 제3항에 따른 공공기관의 정보공개 운영실태 평가 및 그 결과 처리에 관한 사항 / 5. 정보공개와 관련된 불합리한 제도·법령 및 그 운영에 대한 조사 및 개선권고에 관한 사항 / 6. 그 밖에 정보공개에 관하여 대통령령으로 정하는 사항 ② 위원회는 **성별을 고려**하여 **위원장과 부위원장 각 1명을 포함**한 11명의 위원으로 구성한다.[♣7명으로 구성(×)](제23조 제1항)<13.1채용> ③ 위원회의 위원은 **위원장을 포함한 7명은 공무원이 아닌 사람**으로 위촉하여야 한다.(제23조 제2항)<15.3채용> ※ **위원 자격** 1. 대통령령으로 정하는 관계 중앙행정기관의 차관급 공무원이나 고위공무원단에 속하는 일반직공무원 2. 정보공개에 관하여 학식과 경험이 풍부한 사람으로서 행정안전부장관이 위촉하는 사람 3. 시민단체(「비영리민간단체 지원법」제2조에 따른 비영리민간단체를 말한다)에서 추천한 사람으로서 행정안전부 장관이 위촉하는 사람 ④ **위원장·부위원장 및 위원**(일반직 공무원 위원 제외)의 **임기는 2년**으로 하며, **연임할 수 있**다.(제23조 제3항)<13.1채용>
제도 총괄	① **행정안전부장관**은 이 법에 따른 정보공개제도의 정책 수립 및 제도 개선 사항 등에 관한 기획·총괄 업무를 관장한다.(제24조 제1항) ② **행정안전부장관**은 위원회가 정보공개제도의 효율적 운영을 위하여 필요하다고 **요청하면 공공기관**(국회·법원·헌법재판소 및 중앙선거관리위원회는 제외한다)[♣국회·법원·헌법재판소 및 중앙선거관리위원회를 포함(×)]의 정보공개제도 **운영실태를 평가할 수** 있다.(제24조 제2항)<15.3채용> ③ 행정안전부장관은 제2항에 따른 평가를 실시한 경우에는 그 결과를 위원회를 거쳐 국무회의에 보고한 후 공개하여야 하며, 위원회가 개선이 필요하다고 권고한 사항에 대해서는 해당 공공기관에 시정 요구 등의 조치를 하여야 한다.<제24조 제3항>
공개 대상 정보	① **정보목록의 작성·비치 등 :** – 공공기관은 보유·관리하는 정보의 **정보목록을 작성, 공개하여야** 한다.(다만, 정보목록 중 제9조 제1항에 따라 공개하지 아니할 수 있는 정보가 포함되어 있는 경우에는 해당 부분을 갖추어 두지 아니하거나 공개하지 아니할 수 있다.) – 공공기관은 정보공개 장소를 확보하고 공개에 필요한 시설을 갖추어야 한다.(제8조) ② **공개대상정보의 원문공개 :** 공공기관 중 중앙행정기관 등(대통령령으로 정하는 기관)은 **전자적 형태**로 보유·관리하는 정보 중 공개대상으로 분류된 정보를 국민의 정보공개 **청구가 없더라도 정보통신망을 활용한 정보공개시스템 등을 통하여 공개하여야** 한다.(제8조의2)(원칙적으로 공공기관이 직무상 관리하고 있는 공문서의 성격을 갖는 일체의 기록이 그 대상)
비용 부담	① 정보의 공개 및 우송 등에 소요되는 비용은 실비의 범위에서 **청구인이 부담**한다.[♣행정청이 부담(×), ♣공공기관의 부담으로(×)](제17조 제1항)<14·17·18·20승진·13.1·15.2·22.1채용> ② 공개를 청구하는 정보의 사용 목적이 **공공복리의 유지·증진을 위하여 필요하다고 인정되는 경우에는 제1항에 따른 비용을 감면할 수** 있다.[♣질서유지를 위하여 필요(×)](제17조 제2항)

II. 절차(법 제11조, 제18조)<02·09·13·20승진·10·12·13채용·11경간>

청구	청구인은 당해 정보를 보유하거나 관리하고 있는 공공기관에 대하여 '**정보공개청구서**'를 제출하거나 '**말**'로써 정보의 공개를 청구할 수 있다.[♣서면으로 청구해야(×), ♣말로써 청구할 수 없다.(×)](제10조 제1항)<13·17·19·20·23승진·22.1채용>
통보	① **제3자에게의 통보(제3자 보호차원)**: 공개청구된 공개대상정보의 **전부 또는 일부가 제3자와 관련이 있다고 인정되는 때**에는 그 사실을 제3자에게 지체 없이 통지하여야 하며, 필요한 경우 그의 **의견을 들을 수 있다.**[♣3일 이내 통지(×), ♣의견을 들어야(×)](제11조 제3항)<17경간·13·19·21승진·12.2채용> ② **비공개 요청**: 통지받은 제3자는 통지받은 날부터 **3일 이내**에 당해 공공기관에 대하여 자신과 관련된 정보를 **공개하지 아니할 것을 요청**할 수 있다.[♣7일 이내(×)](제21조 제1항)<17경간·13·21승진·10.2·12.2채용> ③ **공개결정**: 비공개 요청에도 불구하고 공공기관이 공개 결정을 할 때에는 공개 결정 이유와 공개 실시일을 분명히 밝혀 지체 없이 **문서로 통지하여야** 하며, 제3자는 해당 공공기관에 문서로 이의신청을 하거나 행정심판 또는 행정소송을 제기할 수 있다. 이 경우 이의신청은 **통지를 받은 날부터 7일 이내에 하여야** 한다.[♣30일 이내에(×)](제21조 제2항) ※ 공개 결정일과 공개 실시일 사이에 **최소한 30일의 간격을 두어야** 한다.(제21조 제3항)
공개 여부 결정	① 공공기관은 정보공개의 청구를 받은 날부터 **10일 이내**에 공개여부를 결정하여야 한다.(기간 이내에 공개 여부를 결정할 수 없을 때에는 그 기간이 끝나는 **다음날부터 기산하여 10일 이내의 범위에서 연장할 수 있다.**)[♣7일 이내(×)](제11조 제1항, 제2항)<02·14·15·18·20·21·23승진·08·15·17경간·12.2·13.1·15.2·16.1·17.1·23.1채용> ※ 이 경우 공공기관은 연장된 사실과 연장 사유를 청구인에게 **지체 없이 문서로 통지하여야** 한다.[♣구두로 통지하여야(×)](제11조 제2항 단서)<17경간·22.1·23.1채용> ② **공개결정 통지**: 공공기관은 정보의 공개를 결정한 경우에는 **공개의 일시 및 장소 등을 분명히 밝혀 청구인에게 통지하여야** 한다.(제13조 제1항) ③ **공개방법**: 공공기관은 청구인이 **사본 또는 복제물의 교부를 원하는 경우**에는 이를 교부하여야 한다.(제13조 제2항)<23.1채용> ※ 공공기관은 정보를 공개하는 경우에 그 정보의 원본이 더럽혀지거나 파손될 우려가 있거나 그 밖에 상당한 이유가 있다고 인정할 때에는 그 정보의 **사본·복제물을 공개할 수 있다.**(제13조 제4항) ④ **비공개 결정통지**: 공공기관은 제11조에 따라 정보의 비공개 결정을 한 경우에는 그 사실을 청구인에게 지체 없이 문서로 통지하여야 한다. 이 경우 제9조 제1항 각 호 중 어느 규정에 해당하는 비공개대상정보인지를 포함한 **비공개 이유와 불복(不服)의 방법 및 절차를 구체적으로 밝혀야** 한다.(제13조 제5항)
공개 여부 판단	① **부분공개**: 공개 청구한 정보가 **비공개 대상 정보**(제9조 제1항 각 호의 어느 하나)에 해당하는 부분과 **공개 가능한 부분이 혼합되어 있는 경우**로서 공개 청구의 취지에 어긋나지 아니하는 범위에서 두 부분을 **분리할 수 있는 경우**에는 **비공개 대상 정보**(제9조제1항 각 호)의 어느 하나에 해당하는 부분을 **제외하고 공개하여야** 한다.(제14조)<23승진> ② **비교형량**: 정보공개의 필요성과 개인정보보호의 필요성이 충돌하는 경우 비교형량을 통해 공개여부를 결정하여야 한다.

이의 신청	① 청구인이 정보공개와 관련한 공공기관의 비공개 결정 또는 부분 공개 결정에 대하여 **불복**이 있거나 정보공개 청구 후 **20일이 경과하도록 정보공개 결정이 없는 때**에는, 공공기관으로부터 정보공개 여부의 **결정 통지를 받은 날** 또는 정보공개 청구 후 **20일이 경과한 날부터 30일 이내에 당해 공공기관에 문서로 이의신청을 할 수** 있다.[♣결정이 있는 날로부터(×), ♣직근상급기관에(×), ♣20일 경과..비공개 결정이 있는 것으로 본다.(×)](제18조 제1항)<04 · 18 · 19승진 · 11 · 15 · 17경간 · 10.2 · 15.3 · 16.1 · 18.2채용>
	② 국가기관 등은 이의신청이 있는 경우에는 심의회를 개최하여야 한다. 다만, '심의회의 심의를 이미 거친 사항, **단순 · 반복적인 청구**, 법령에 따라 비밀로 규정된 정보에 대한 청구'에 해당하는 경우에는 심의회를 **개최하지 아니할 수** 있으며 개최하지 아니하는 사유를 청구인에게 문서로 통지하여야 한다.(제18조 제2항)
	③ 공공기관은 이의신청을 받은 날부터 **7일 이내**에[♣10일 이내에(×)] 그 이의신청에 대하여 **결정**하고 그 결과를 청구인에게 지체없이 문서로 **통지하여야** 한다.(기간이 끝나는 날의 **다음날부터 기산하여 7일 이내의 범위**에서 연장 가능, 연장 사유를 청구인에게 통지하여야 한다.[♣10일 범위 내에 연장가능(×), ♣3일 이내에 통지(×)])(제18조 제3항)<17경간 · 06 · 15 · 18 · 19승진 · 16.1 · 17.1 · 18.2채용>
행정 심판	① 청구인이 정보공개와 관련한 공공기관의 결정에 대하여 **불복**이 있거나 정보공개 **청구 후 20일이 경과**하도록 정보공개 결정이 없는 때에는 「행정심판법」에서 정하는 바에 따라 행정심판을 청구할 수 있다.(제19조 제1항)<18승진 · 16.1 · 17.1채용>
	② **이의신청생략 가능 :** 청구인은 **이의신청 절차를 거치지 아니하고** 행정심판법에 의하여 행정심판을 청구할 수가 있다.[♣이의신청절차를 거쳐야만 행정심판 청구가능(×)](제19조 제2항)<11경간 · 03 · 13 · 17승진 · 12.2 · 16.1 · 23.1채용>
행정 소송	**심판전치주의 적용(×) :** 청구인이 정보공개와 관련한 공공기관의 결정에 대하여 불복이 있는 때에는 **행정심판을 거치지 아니하고** 행정소송을 제기할 수가 있다.(제20조 제1항)<18 · 20승진 · 11경간>

2 행정절차(行政節次) 제도

(1) **행정절차 :** 행정청이 공권력을 발동하여 행정에 관한 일반적인 결정을 함에 있어서 거쳐야 하는 일련의 외부와의 교섭과정을 의미한다.(협의설 · 통설)

※ **대외적 사전절차 :** 1차적 행정의사결정에 관한 대외적 사전절차를 의미한다.

① 행정현상의 다양화 · 전문화로 말미암아 실체적 규제가 불완전하게 되어, **절차적 규제를 통한 행정작용의 적정화(실질적 법치주의)** 및 개인권익 보호의 필요성이 가중되고 있다.

② **사전적 구제제도 :** 행정절차는 대표적인 **사전적 행정구제제도**에 속함.[♣사후적 구제수단(×)]<98 · 01 · 04행정>

(2) **근거 :** 행정절차는 **영미법계의 자연적 정의(natural justice), 또는 적법절차(due process)의 법리**를 근거로 인정되고 있다.

(3) 적법절차의 원칙(due process of law)

① **의의**: 법에 따른 적정한 절차를 통해서만 자유와 권리에 대한 제한이 가능하다는 원리로써 본래 국가의 자의적인 권력행사로부터 개인의 자유와 권리를 보장하기 위하여 제시된 개념이다.

  ※ **헌법적 근거 (헌법 제12조 제1항)**: "모든 국민은 신체의 자유를 가진다. 누구든지 법률에 의하지 아니하고는 체포·구속·압수·수색 또는 심문을 받지 아니하며, 법률과 적법한 절차에 의하지 아니하고는 처벌·보안처분 또는 강제노역을 받지 아니한다."

② **헌법상 '적법절차 원칙'의 행정절차에의 적용 여부**

  – 긍정설(다·헌재): 헌법 제12조를 유추 적용하여 헌법상의 적법절차의 원칙이 형사절차상의 영역에 한정되지 않고 **입법·행정 등 국가의 모든 공권력 작용에도 적용**된다.

  ※ 대법원은 이를 제한적으로 해석하여 적법절차의 원칙의 하나인 청문절차를 불문법적 원리로 인정하고 있지는 않다.

Ⅰ 테마 100 행정절차

Ⅰ. 특징

(1) **원칙적으로 절차적 규정으로만 구성**되어 있고, 실체적 규정은 예외적으로 일부만(예 신의성실의 원칙, 신뢰보호의 원칙)을 규정하고 있다.

(2) 행정절차는 내용적으로 사전절차와 사후절차를 포함하는 것이나, 행정절차법의 규율범위는 **사전절차에 한정**이 되어 있다.

  ※ 일본의 행정절차법과 상당히 유사한 내용을 가지고 있으며, 독일과는 달리 사전절차에 규율범위가 한정되어 있어 '행정계획의 확정절차', '행정집행절차', '행정조사절차' 및 '공법상 계약절차'는 규정하지 않고 있다.

Ⅱ. (행정절차법) **내용개요**<12경간>[● 신처지예고 계획 확약 공표]

통칙	① 행정절차의 원칙 ② 행정청의 관할 및 협조 ③ 송달 및 기간·기한의 특례
신고 절차	신고란 일정한 법률사실 또는 법률관계의 존부에 관하여 서면이나 구술로 관계행정청에 알리는 행위를 의미: 행정절차법은 자기 완결적 신고만을 규율하고 있다.
처분 절차	① **공통된 절차사항**: 처분기준의 설정·공표(제20조), 처분의 이유제시[이유부기](제23조), 처분의 방식(제24조) 및 고지(제26조), 처분의 정정(제25조) ② **부담적 처분절차**: 처분의 사전통지(제21조), 의견청취절차[의견제출(제27조), 청문(제22조 이하), 공청회(제38조 이하)] ③ **수익적 처분절차**: 처분신청(제17조), 다수 행정청이 관여하는 처분(제18조), 처리기간의 설정·공표(제19조)

행정지도	**의의 : 행정지도란** 행정기관이 그 소관 사무의 범위에서 일정한 행정목적을 실현하기 위하여 특정인에게 일정한 행위를 하거나 하지 아니하도록 **지도, 권고, 조언** 등을 하는 행정작용을 말한다.(제2조 제3호)<19.1채용>	
	원칙	① '과잉금지원칙' 및 '임의성의 원칙' 명문화[♣명문화되어 있지 않다.(×)] : 행정지도는 그 목적달성에 필요한 최소한도에 그쳐야 하며, 행정지도의 상대방의 **의사에 반하여 부당하게 강요하여서는 아니 된다.**[♣과잉금지의 원칙이 적용될 여지가 없다.(×)](제48조 제1항)<15·19승진·19.1·22.1채용>
		② '**불이익조치금지의 원칙**' : '행정기관은 행정지도의 상대방이 행정지도에 따르지 아니하였다는 것을 이유로 **불이익한 조치를 하여서는 아니 된다.**'(제48조 제2항)<15승진·22.1채용>
	방식	① **행정지도 실명제** : 행정지도를 행하는 자는 그 상대방에게 당해 행정지도의 **취지·내용 및 신분을 밝혀야** 한다.(행정절차법 제49조 제1항)<15·19승진>
		② **서면요구청구권** : 행정지도가 **말로 이루어지는 경우**에 상대방이 위의 사항을 기재한 **서면의 교부를 요구하는 때**에는 당해 행정지도를 행하는 자는 직무수행에 **특별한 지장이 없는 한 이를 교부하여야** 한다.[♣반드시 문서의 형식(×)](제49조 제2항)<19.1·22.1채용>
		※ 행정지도의 방식은 서면 또는 구두 모두 가능하다.[♣반드시 서면(×)]<19.1채용>
		③ **의견제출권** : 행정지도의 상대방은 당해 행정지도의 **방식·내용** 등에 관하여 행정기관에 **의견을 제출 할 수** 있다.[♣의견을 제출할 수 없다.(×)](행정절차법 제50조)<15·19승진·19.1·22.1채용>
확약	① 법령등에서 당사자가 신청할 수 있는 처분을 규정하고 있는 경우 행정청은 당사자의 신청에 따라 **장래에 어떤 처분을 하거나 하지 아니할 것을 내용으로 하는 의사표시**(이하 "확약")를 할 수 있다.(제42조의2 제1항)	
	② 확약은 문서로 하여야 한다.(제42조의2 제2항)	
위반사실 등 공표	① 행정청은 법령에 따른 의무를 **위반한 자의 성명·법인명, 위반사실, 의무 위반을 이유로 한 처분사실 등**("위반사실등")을 법률로 정하는 바에 따라 일반에게 **공표할 수** 있다.(제42조의3 제1항)	
	② 행정청은 위반사실등의 공표를 하기 전에 사실과 다른 공표로 인하여 당사자의 명예·신용 등이 훼손되지 아니하도록 객관적이고 타당한 증거와 근거가 있는지를 확인하여야 한다.(제42조의3 제2항)	
	③ 행정청은 위반사실등의 공표를 할 때에는 미리 당사자에게 그 사실을 통지하고 의견제출의 기회를 주어야 한다. 다만, 다음 각 호의 어느 하나에 해당하는 경우에는 그러하지 아니하다.(제42조의3 제3항)	
	1. 공공의 안전 또는 복리를 위하여 긴급히 공표를 할 필요가 있는 경우	
	2. 해당 공표의 성질상 의견청취가 현저히 곤란하거나 명백히 불필요하다고 인정될 만한 타당한 이유가 있는 경우	
	3. 당사자가 의견진술의 기회를 포기한다는 뜻을 명백히 밝힌 경우	
	④ 의견제출의 기회를 받은 당사자는 공표 전에 관할 행정청에 서면이나 말 또는 정보통신망을 이용하여 의견을 제출할 수 있다.(제42조의3 제4항)	

행정계획	행정청은 행정청이 수립하는 계획 중 국민의 권리·의무에 직접 영향을 미치는 계획을 수립하거나 변경·폐지할 때에는 관련된 **여러 이익을 정당하게 형량하여야** 한다.(제40조의4)
행정상 입법예고	국민의 권리·의무 또는 일상생활과 밀접한 관련이 있는 법령 등을 제정·개정 또는 폐지하고자 할 때 당해 입법안을 마련한 행정청이 이를 예고하는 절차 ① **상위법령의 단순한 집행**을 위한 경우 **입법예고를 하지 않을 수** 있다.(제41조) ② 입법예고기간은 예고할 때 정하되, 특별한 사정이 없으면 **40일(자치법규는 20일) 이상으로** 한다.(제43조)
행정예고	국민생활과 밀접한 관련이 있는 새로운 정책·지도 및 계획을 수립·시행하거나 변경하고자 하는 경우에는 상당한 기간을 정하여 이를 예고하는 절차

주의 행정계획절차나 행정조사절차 : 행정절차법 규율사항 아님, 행정조사절차는 행정조사기본법에서 규율

III. 절차

1. 신청절차

(1) 행정청에 대하여 처분을 구하는 **신청은 문서로 하여야** 한다. 다만, 다른 법령등에 특별한 규정이 있는 경우와 행정청이 미리 다른 방법을 정하여 공시한 경우에는 그러하지 아니하다.(제17조 제1항)

(2) 처분을 신청함에 있어 **전자문서로 하는 경우에는 행정청의 컴퓨터 등에 입력된 때에 신청한 것으로** 본다.(제17조 제2항)

(3) 행정청은 신청에 필요한 구비서류·접수기관·처리기간 기타 필요한 사항을 게시(인터넷 등을 통한 게시를 포함한다)하거나 이에 대한 편람을 비치하여 누구나 열람할 수 있도록 하여야 한다.(제17조 제3항)

(4) 행정청은 신청이 있는 때에는 다른 법령등에 특별한 규정이 있는 경우를 제외하고는 **그 접수를 보류 또는 거부하거나 부당하게 되돌려 보내서는 아니되며**, 신청을 접수한 경우에는 신청인에게 접수증을 주어야 한다. 다만, 대통령령이 정하는 경우에는 접수증을 주지 아니할 수 있다.(제17조 제4항)

(5) 행정청은 신청에 구비서류의 미비등 흠이 있는 경우에는 보완에 **필요한 상당한 기간을 정하여 지체없이 신청인에게 보완을 요구하여야** 한다.(제17조 제5항)

※ 보완하지 아니하면 되돌려 보낼 수 있다.

(6) **신청인은 처분이 있기 전에는 그 신청의 내용을 보완하거나 변경 또는 취하할 수** 있다. 다만, 다른 법령 등에 특별한 규정이 있거나 당해 신청의 성질상 보완·변경 또는 취하할 수 없는 경우에는 그러하지 아니하다.[♣변경할 수 없다.(×)](제17조 제8항)

2. 송달 등

(1) 송달은 **우편, 교부 또는 정보통신망 이용 등의 방법**으로 하되, 송달받을 자(대표자 또는 대리인을 포함)의 주소·거소(居所)·영업소·사무소 또는 전자우편주소("주소등")로 한다. 다만, 송달받을 자가 동의하는 경우에는 그를 만나는 장소에서 송달할 수 있다.(제14조 제1항)

(2) 교부에 의한 송달은 수령확인서를 받고 문서를 교부함으로써 하며, 송달하는 장소에서 송달받을 자를 **만나지 못한 경우**에는 그 사무원·피용자(被傭者) 또는 동거인으로서 사리를 분별할 지능이 있는 사람("**사무원등**")에게 **문서를 교부할 수** 있다.(제14조 제2항)

※ 다만, **문서를 송달받을 자 또는 그 사무원등이 정당한 사유 없이 송달받기를 거부하는 때에는 그 사실을 수령확인서에 적고, 문서를 송달할 장소에 놓아둘 수** 있다.(제14조 제2항 단서)

(3) **정보통신망을 이용한 송달은** 송달받을 자가 **동의하는 경우에만** 한다. 이 경우 송달받을 자는 송달받을 전자우편주소 등을 지정하여야 한다.(제14조 제3항)

⑷ 다음 각 호의 어느 하나에 해당하는 경우에는 송달받을 자가 알기 쉽도록 **관보, 공보, 게시판, 일간신문 중 하나 이상에 공고**하고 **인터넷에도 공고하여야** 한다.(제14조 제4항)

　1. **송달받을 자의 주소 등을 통상적인 방법으로 확인할 수 없는 경우**

　2. 송달이 불가능한 경우

⑸ 송달은 다른 법령 등에 특별한 규정이 있는 경우를 제외하고는 송달받을 자에게 **도달됨으로써 그 효력이 발생**한다.(제15조 제1항)

⑹ 정보통신망을 이용하여 전자문서로 송달하는 경우에는 송달받을 자가 지정한 **컴퓨터 등에 입력된 때에 도달된 것으로 본다.**(제15조 제2항)

⑺ 송달·공고의 경우에는 다른 법령 등에 특별한 규정이 있는 경우를 제외하고는 공고일부터 **14일이 경과한 때에 그 효력이 발생**한다. 다만, 긴급히 시행하여야 할 특별한 사유가 있어 효력발생시기를 달리 정하여 공고한 경우에는 그에 의한다.[♣10일 경과한 때(×)](제15조 제3항)

3. 의견청취절차(의견진술절차)(법 제21조, 제22조), (법 제27조 이하 법 제38조)[😊청공의]<13·14승진>

> ⑴ 의견청취절차는 행정처분의 상대방 등 이해관계인에게 행정처분 전에 의견진술의 기회를 주는 행정절차를 말한다.
>
> ⑵ 현행법상 의견청취절차는 **청문, 공청회, 의견제출**로 나누어진다.(행정절차법 제22조)<09·13승진>
>
> ⑶ 처리기간과 기준의 설정·공표
>
> 　① 행정청은 신청인의 편의를 위하여 **처분의 처리기간을 종류별로 미리 정하여 공표하여야** 한다.(제19조 제1항)
>
> 　② 행정청은 필요한 **처분기준**을 당해 처분의 성질에 비추어 될 수 있는 한 **구체적으로 정하여 공표하여야** 한다. 처분기준을 변경하는 경우에도 또한 같다.(제20조 제1항)
>
> ⑷ 행정청은 **처분 후 1년 이내**에 당사자등이 **요청하는 경우**에는 청문·공청회 또는 의견제출을 위하여 **제출받은 서류나 그 밖의 물건을 반환하여야** 한다.(제22조 제6항)

구분	청문<13·14승진>	공청회	의견제출
당사자 등 통지 시기	**개최 10일전까지 통지**(제22조 제1항)	**개최 14일전까지 통지**(제38조)	**제출기한 10일 이상**(제21조 제3항)
개시 사유	① 법령 등에서 규정 ② 행정청이 필요하다고 인정 ③ 다음 각 처분을 하는 경우 가. **인허가 등의 취소** 나. **신분·자격의 박탈** 다. 법인이나 조합 등의 **설립 허가의 취소**	① 법령 등에서 규정 ② 널리 **의견수렴 필요가 있다고 행정청이 인정** ③ **국민생활에 큰 영향을 미치는 처분**으로 당사자 등이 공청회 개최를 요구	의무를 과하거나 권익을 제한하는 처분 - 청문 및 공청회를 개최하는 경우 외에는 반드시 거쳐야(제22조 제3항)<18승진>
문서열람 복사청구권	있음.<13승진>	**×(없음.)**	있음.

※ 청문, 의견제출절차 시 문서의 열람 또는 복사의 요청이 있는 경우 행정청은 다른 법령에 의하여 제한되는 경우를 제외하고는 거부할 수 없다.(동법 제37조)<13승진>

(1) **"청문"**은 행정청이 어떠한 처분을 하기에 앞서 당사자등의 의견을 직접 듣고 증거를 조사하는 절차를 말한다.(제2조, 제5호)

① 행정청이 처분을 할 때 아래 어느 하나에 해당하는 경우에는 **청문을 한다.**[♣특별한 규정이 없으면 거쳐야(×), ♣필요하다고 인정하는 경우에만(×)](제22조 제1항)<09·14·19승진·23.1채용>

　　1. 다른 **법령등**에서 **청문을 하도록 규정**하고 있는 경우<23.1채용>

　　2. **행정청이 필요하다고 인정**하는 경우

　　3. 다음 각 처분을 하는 경우

　　　　가. 인허가 등의 **취소**<23.1채용>

　　　　나. 신분·자격의 **박탈**

　　　　다. 법인이나 조합 등의 설립허가의 **취소**<23.1채용>

② 행정청은 청문을 하려면 청문이 시작되는 날부터 **10일 전까지** 처분의 제목 등 일정한 사항을 **당사자등에게** 통지하여야 한다.(제21조 제2항)<18경간·09·19승진>

③ 행정청은 **소속 직원 또는 대통령령으로 정하는 자격을 가진 사람 중**에서 청문 주재자를 공정하게 선정하여야 한다.[♣소속직원은 청문주재자가 될 수 없다.(×)](제28조 제1항)<14승진>

④ 행정청은 청문이 시작되는 날부터 **7일 전까지**[♣10일 전까지(×)] **청문 주재자에게** 청문과 관련한 필요한 자료를 **미리 통지하여야** 한다.(제28조 제3항)<18경간>

⑤ 당사자등은 **의견제출**의 경우에는 처분의 사전 **통지가 있는 날부터 의견제출기한**까지, **청문**의 경우에는 **청문의 통지가 있는 날부터 청문이 끝날 때까지** 행정청에 해당 사안의 조사결과에 관한 문서와 그 밖에 해당 처분과 관련되는 **문서의 열람 또는 복사를 요청할 수** 있다.[♣공청회를 위하여(×)](제37조 제1항)<09승진>

　　※ 이 경우 행정청은 다른 법령에 따라 공개가 제한되는 경우를 제외하고는 그 요청을 **거부할 수 없다.**(제37조 제1항 단서)<09승진·18경간>

⑥ 청문은 당사자가 공개를 **신청**하거나 청문 주재자가 **필요**하다고 인정하는 경우 **공개할 수** 있다.[♣하여야(×)] 다만, **공익** 또는 제3자의 **정당한 이익**을 현저히 해칠 우려가 있는 경우에는 공개하여서는 아니 된다.(제30조)

(2) **"공청회"** : 행정청이 공개적인 토론을 통하여 어떠한 행정작용에 대하여 당사자등, 전문지식과 경험을 가진 자 기타 일반인으로부터 의견을 널리 수렴하는 절차를 말한다.(제2조 제6호)

① 행정청이 처분을 할 때 다음 각 호의 어느 하나에 해당하는 경우에는 공청회를 개최한다.(제22조 제2항)<23.1채용>

　　1. 다른 **법령등**에서 공청회를 개최하도록 **규정**하고 있는 경우

　　2. 해당 처분의 영향이 광범위하여 널리 의견을 수렴할 **필요가 있다고 행정청이 인정**하는 경우<23.1채용>

　　3. 국민생활에 큰 영향을 미치는 처분으로서 대통령령으로 정하는 처분에 대하여 대통령령으로 정하는 수 이상의 **당사자등이 공청회 개최를 요구**하는 경우

② 행정청은 공청회를 개최하려는 경우에는 공청회 **개최 14일 전까지** 일정 사항을 당사자등에게 통지하고 관보, 공보, 인터넷 홈페이지 또는 일간신문 등에 공고하는 등의 방법으로 널리 알려야 한다.(제38조)

※ 다만, 공청회 개최를 알린 후 예정대로 개최하지 못하여 새로 일시 및 장소 등을 정한 경우에는 공청회 개최 **7일 전까지** 알려야 한다.(제38조)

③ 공청회는 **입법예고**뿐 아니라 **행정절차에도**[♣행정절차에서는 활용할 수 없다.(×)] 공청회를 규정하고 있다.(동법 제38조, 제45조)

(3) **"의견제출"** : 행정청이 어떠한 행정작용을 하기에 앞서 당사자등이 의견을 제시하는 절차로서 청문이나 공청회에 해당하지 아니하는 절차를 말한다.(제2조 제7호)

① 당사자등은 처분 전에 그 처분의 관할행정청에 **서면이나 말 또는 정보통신망을 이용하여 의견 제출을 할 수 있다.**(제27조 제1항)<18경간 · 09 · 19승진>

※ 증거자료 첨부가능, 말로 제출 시 행정청은 진술의 요지와 진술자를 기록하여야 한다.

② 행정청이 당사자에게 의무를 부과하거나 권익을 제한하는 처분을 할 때 **청문 또는 공청회의 경우 외에는**(청문 또는 공청회를 거치지 않았을 때에는) 당사자등에게 **의견제출의 기회를 주어야 한다.**[♣줄 수 있다.(×), ♣다른 법령에 특별한 규정이 없으면 청문을 거쳐야(×)](제22조 제3항)<18경간 · 09 · 14 · 19승진>

③ 의견제출 기한은 **의견제출에 필요한 기간**을 10일 이상으로 고려하여 정하여야 한다.(제21조 제3항)

④ 당사자등이 정당한 이유 없이 **의견제출 기한 내에 의견제출을 하지 아니한 경우에는 의견이 없는 것으로 본다.**(제27조 제4항)<09승진>

⑤ 당사자등은 **의견제출**의 경우에는 처분의 사전 통지가 있는 날부터 **의견제출기한까지**, 행정청에 해당 사안의 조사결과에 관한 문서와 그 밖에 해당 처분과 **관련되는 문서의 열람 또는 복사를 요청할 수 있다.**[♣요청할 수 없다.(×)] 이 경우 행정청은 다른 법령에 따라 공개가 제한되는 경우를 제외하고는 그 요청을 **거부할 수 없다.**(제37조 제1항)

⑥ 행정청은 처분을 함에 있어서 당사자 등이 제출한 의견이 **상당한 이유가 있다고 인정하는 경우에는 이를 반영하여야** 한다.(제27의2 제1항)<09 · 14승진>

※ **하자의 문제 :** 의견청취절차를 거치지 않은 불이익처분은 하자있는 처분이 되고, 그 하자의 정도는 무효사유가 아니라 취소사유로 보는 것이 판례의 일반적 태도이다.[♣무효사유(×)]

⑦ 행정청은 당사자등이 제출한 **의견을 반영하지 아니하고 처분**을 한 경우 당사자등이 처분이 있음을 **안 날부터 90일 이내에 그 이유의 설명을 요청**하면 서면으로 그 **이유를 알려야** 한다. 다만, 당사자 등이 동의하면 말, 정보통신망 또는 그 밖의 방법으로 알릴 수 있다.(제27의2 제2항)

> [판례] 행행정청이 침해적 행정처분을 함에 있어서 당사자에게 행정절차법이 정한 바에 따라 사전통지를 하거나 **의견 제출의 기회를 주지 아니하였다면**, 사전통지를 하지 않거나 의견 제출의 기회를 주지 아니하여도 되는 예외적인 경우에 해당하지 아니하는 한 그 처분은 위법하여 취소를 면할 수 없다.(대법원 99두 5870판결)<19승진>

IV. 이유부기(제시)

(1) **의의 :** 행정청이 행정처분을 함에 있어서 그 근거가 된 **법적 · 사실적 이유**를 처분당시에 구체적으로 **명기**하도록 하는 것을 말한다.(행정절차법 제23조)<04국회>

① **목적 :** 행정청의 **신중한 처분**을 담보하고 쟁송단계에서 상대방이 당해 처분에 대하여 **다툴 수 있는 구체적 근거를 미리 제공**한다는 의미가 있다.

② **성격 :** 대법원은 행정절차법 제정 이전부터 처분의 이유부기를 요구하여, **이유부기를 불문법원인 행정법의 일반원리로 인정**하고 있었다. → **행정절차법** 제23조(처분이유의 제시)는 이유부기에 대한 사항을 조문으로 규정한 것이다.

③ **행정절차법**(제23조)을 비롯하여 각 개별법에서 규정하고 있다.

⑵ **방법 :** 행정청은 **처분을 할 때**에는 일정한 경우를 제외하고는 당사자에게 그 **근거와 이유를 제시하여야** 한다.(제23조 제1항) 이유부기도 원칙상 문서로 하여야 한다.

① **생략 :** 행정청은 단순·반복적인 처분 또는 경미한 처분으로서 당사자가 그 이유를 명백히 알 수 있는 경우, 신청내용을 그대로 인정하는 처분, 긴급 처분의 필요가 있는 경우에는 이유부기를 **생략할 수** 있다.[♣생략할 수 없다.(×)](법 제23조 제1항)

② **시기 :** 처분의 이유는 처분을 할 때 처분과 함께 제시되어야 하나 '단순·반복적인 처분 또는 경미한 처분으로서 당사자가 그 이유를 명백히 알 수 있는 경우, 긴급 처분의 필요가 있는 경우' 처분 후 당사자가 요청하는 경우에는 그 근거와 이유를 제시하여야 한다.(제23조 제2항)

③ **정도 :** 처분사유를 이해할 수 있을 정도로 단순히 처분의 근거가 되는 법령뿐만 아니라, 구체적인 사실과 당해 처분과의 관계가 구체적으로 제시되어야 한다.(判)[♣단순히 처분의 근거조문을 밝히는 것으로 충분(×)]<01입시>

⑶ **하자**

① **형식적 하자 :** '이유제시 자체를 하지 않은 경우'로서 행정절차에 대한 중대·명백한 흠결로서 그 위법성 정도는 무효라고 보아야 할 것이다.

– **형식적 하자의 치유(추완) 가능성 :** 부정설(判)

※ 처분 시에 이유부기를 하지 않고 사후에 이를 행하는 것은 인정되지 않음.

② **내용적 하자 :** '처분이유의 내용에 하자가 있는 경우'로서 그 위법성의 정도는 취소라고 보아야 한다.

– **내용적 하자의 치유(보완) 가능성 :** 제한적 긍정설(多·判)

※ 당초 행정처분의 근거로 삼은 사유와 '기본적 사실관계의 동일성'이 인정되는 한도 내에서 보완을 허용한다.<95행정>

> 판례] 면허의 취소처분에는 그 근거가 되는 법령이나 취소권 유보의 부관 등을 명시하여야 함은 물론 처분을 받은 자가 어떠한 위반사실에 대하여 당해 처분이 있었는지를 알 수 있을 정도로 구체적 사실을 적시할 것을 요하며, 이와 같은 **취소처분의 근거와 위반사실의 적시를 빠뜨린 하자**는 피처분자가 처분 당시 그 취지를 알고 있었다거나 그 후 알게 되었다 하여도 **치유될 수 없다.**(대법원 1990.9.11, 90누1786)

제2절 | 사후적 권리구제수단

☞ 사후적 권리구제제도의 유형

행정쟁송	행정심판	널리 **행정기관이 행하는** 행정법상의 분쟁(**위법·부당**)에 대한 **심리·판정절차**
	행정소송	행정법규의 적용에 대한 분쟁에 대하여 제3자적 지위에 있는 법원의 재판절차에 따라 판단하는 정식쟁송
손해전보	손해배상	공무원의 ⓐ **위법한 직무행위 및 국가 또는 공공단체가 설치·관리하는 영조물의 하자**로 인하여 국민에게 ⓑ **손해를 가한 경우** ⓒ **국가나 공공단체(지방자치단체)**가 그 ⓓ **손해를 배상**하는 제도
	손실보상	공공필요에 의한 ⓐ **적법한 공권력의 행사**에 의하여 개인에게 가하여진 ⓑ **특별한 희생**에 대하여 사유재산권의 보장과 공평부담의 견지에서 행정주체(또는 사업주체)가 행하는 조절적인 재산적 보상제도

1 행정쟁송(行政爭訟)

비교	행정심판<01채용·03행정>	행정소송
의의	널리 행정기관이 행하는 행정법상의 분쟁에 대한 심리·판정절차	행정상 분쟁에 대해 제3자인 법원이 재판절차에 따라 판단하는 정식쟁송
성격	행정감독: 행정통제적 성격이 강함	행정구제: 권리 구제적 성격
담당기관	행정심판위원회<행정부 소속>	법원<사법부 소속>
대상 (판단범위)	처분에 대한 적극적 변경이 가능: 의무이행심판을 인정	처분에 대한 소극적 변경만 가능: **부작위위법확인소송만** 인정
	위법(법률문제)+부당(재량문제·공익성)	위법(법률문제)만이 대상
판정절차	서면심리+구술심리 (병행적용)	**구두변론주의(구술심리주의)**
	직권탐지주의	변론주의·당사자주의·처분권주의
	비공개주의 <09승진>	공개주의
공통점	(1) 원고적격, (2) **집행부정지의 원칙** (3) **불고불리의 원칙**, (4) 불이익변경금지의 원칙[♣행정소송에서만 적용(×)] (5) 사정재결, 사정판결 (6) 청구(소)의 변경 <09승진>	

I 테마 101 행정심판

(1) **실질적 의미** : 널리 행정기관이 행하는 행정법상의 분쟁에 대한 심리·판정절차를 의미한다.

※ 실정법상으로는 이의신청, 심사청구·심판청구, 행정심판 등으로 사용되고 있다.

참고 **이의신청**

☞ **이의신청** : 위법 또는 부당한 행정처분의 재심사를 처분청에 청구하는 것

① **원칙적 행정심판법 준용** : 특별한 규정이 없는 경우에는 행정심판법이 준용된다.

② **예외적 허용** : 일반법은 없고 개별적인 법률이 이를 허용한 때에만 할 수 있다.

(2) **형식적 의미** : '행정심판법'의 적용을 받는 행정심판을 의미한다.

참고 **행정심판전치주의**

(1) **원칙 : 임의적 행정심판전치주의**

① 선택적 사항 : 원칙적으로 행정심판은 임의적 절차로서 국민은 행정심판을 거친 후 행정소송을 제기할 수도 있고, 행정심판 없이 처음부터 행정소송을 제기할 수도 있다.

(2) **예외 : 필요적 행정심판전치주의**

① 법률에 특별한 규정 : 필요적 행정심판 전치주의 적용

예 공무원의 신분상 처분에 대한 불복(소청심사), 도로교통법상의 처분에 대한 불복

② 취소소송, 부작위위법확인소송 : 필요적 행정심판전치주의 적용 가능

③ 무효등 확인소송 : 필요적 심판전치주의 적용(×)

PART
03

☞ 행정심판의 절차		
행정심판 청구	심판기관	행정심판위원회(심리 · 의결 · 재결)
	당사자	청구인, 피청구인, 관계인
	심판대상	개괄주의 적용 : '행정청의 처분'+'부작위'

⇩

심판청구서 제출 (심판제기)	청구요건	방식(서면), 기간(90일 … 180일), 제출(위원회 또는 처분청)
	청구변경	청구의 변경(처분변경으로 인한 청구의 변경)
	청구효과	집행부정지의 원칙

⇩

심리 (행정심판 위원회)	심리원칙	**직권심리주의(제한적), 서면심리주의와 구술심리주의, 비공개주의**
	심리범위	불고불리 및 불이익변경금지, 불법+부당
	심리내용	요건심리(각하 · 보정, 본안심리 회부), 본안심리

⇩

재결 (행정심판 위원회)	재결종류	각하재결, 기각재결, 사정재결(무효 ×), 인용재결
	재결기간	심판청구서를 받은 날부터 60일 이내(30일 연장 가능)
	재결효력	불가쟁력, 불가변력, 기속력, 형성력
	불복	재심판청구의 금지, 재결에 대한 행정소송(원칙적 금지)
	기타	송달(당사자에게) · 통보(일정 행정청에), 효력발생(재결서가 송달된 때)

Ⅰ. 종류 및 특성

(1) **취소심판** : 행정청의 위법 또는 부당한 처분을 취소하거나 변경하는 행정심판(제5조 제1호)

(2) **무효등 확인심판** : 행정청의 처분의 효력 유무 또는 존재 여부를 확인하는 행정심판(제5조 제2호)

(3) **의무이행심판** : 당사자의 신청에 대한 행정청의 **위법 또는 부당한 거부처분**이나 부작위에 대하여 **일정한 처분을 하도록 하는** 행정심판[♣취소심판(×)](제5조 제3호)<23.2채용>

정리 취소심판 / 무효등 확인심판 / 의무이행심판

	취소심판	무효등 확인심판	의무이행심판
청구기간의 제한	○ (적용)	× (부적용)	부작위 : × (부적용) / 거부처분 : ○ (적용)
집행정지결정	○ (적용)	○ (적용)	× (부적용)
사정재결	○ (적용)	× (부적용)	○ (적용)

Ⅱ. 당사자

(1) **청구인** : 심판을 청구할 '법률상 이익이 있는 자'가 청구권을 가진다.

※ 전통적 의미에서의 '권리'뿐만 아니라 '보호이익'을 침해당한 자도 청구인 적격이 있다.

(2) **피청구인 :** 처분 또는 부작위를 한 행정청

※ **승계한 행정청 :** 다만, 그 처분이나 부작위와 관계되는 권한이 다른 행정청에 승계된 때에는 이를 승계한 행정청을 피청구인으로 하여야 한다.

    예 서울시 종로구청장이 행한 행정처분에 대한 행정심판의 피청구인은 처분청인 종로구청장이다.
    [♣서울시장(×)]

Ⅲ. 행정심판기관

> **행정심판위원회 :** 행정심판의 청구를 수리하여 이를 **심리·재결**하는 권한을 가진 기관으로서 사법부 (법원)가 아닌 행정부 내에 행정심판위원회를 두고 있다.
>
> ※ **과거 : 재결청과 의결기관 분리 : 현재 : 재결청 개념 폐지**(현재는 재결청의 개념을 없애고 행정심 판위원회에서 행정심판사건의 심리를 마치면 직접 재결을 하도록 함으로써 신속한 권리구제를 도모)
>
> ※ **"재결(裁決)" :** 행정심판의 청구에 대하여 제6조에 따른 행정심판위원회가 행하는 판단을 말한다.

1. 설치

(1) **해당 행정청 소속**(해당 행정청 소속 행정심판위원회에서 심판하는 기관)

  ① 감사원, 국가정보원장, 그 밖에 대통령령으로 정하는 대통령 소속 기관의 장

  ② 국회사무총장·법원행정처장·헌법재판소사무처장 및 중앙선거관리위원회 사무총장

  ③ 국가인권위원회, 진실·화해를 위한 과거사정리위원회, 그 밖에 지위·성격의 독립성과 특수성 등이 인정되어 대통령령으로 정하는 행정청

(2) **중앙행정심판위원회(총리산하 국민권익위원회 소속) – 일반행정심판제도**

  ① 행정심판위원회를 두는 행정청 외의 국가행정기관의 장 또는 그 소속 행정청

    예 **경찰청장, 시·도경찰청장, 경찰서장의 처분**(모두 국민권익위원회 소속 중앙행정심판위원회에서 담당)[♣행정안전부 소속 행정심판위원회에서 의결(×)]

  ② 특별시장·광역시장·도지사·특별자치도지사(특별시·광역시·도, 특별자치도의 교육감을 포함) 또는 특별시·광역시·도·특별자치도(이하 "시·도"라 한다)의 의회(의장, 위원회의 위원장, 사무처장 등 의회 소속 모든 행정청)

  ③ 「지방자치법」에 따른 지방자치단체조합 등 관계 법률에 따라 국가·지방자치단체·공공법인 등이 공동으로 설립한 행정청

(3) **기타 행정심판위원회 – 특별행정심판제도**

  ① **시·도지사 소속 :** 특별시장·광역시장·도지사·제주특별자치도지사에 소속된 각급 국가행정기관 또는 그 관할구역 안에 있는 자치행정기관의 처분 또는 부작위

  ② **직근 상급행정기관 소속의 행정심판위원회**

    예 경찰서장 등의 집회시위 금지통고에 대한 이의신청제도

  ③ **제3의 기관 :** 개별 법률에서 행정심판의 공정성을 확보하기 위해 제3의 기관을 행정심판기관으로 정하는 경우

    예 소청심사위원회

2. 운영

행정심판의 공정성을 확보하기 위해서 위원의 제척 · 기피 · 회피 제도를 두고 있다.

① **제척 :** 일정한 법정사유에 해당하는 경우 당연히 해당 사건에서 제외

② **기피 :** 위원에게 심리 · 의결의 공정을 기대하기 어려운 사정이 있는 경우 당사자의 기피신청에 의해 해당사건에서 제외

③ **회피 :** 위원이 일정한 사유에 해당하는 때에 스스로 그 사건의 심리 · 의결에서 제외

Ⅳ. 대상

(1) **개괄주의 적용 :** 행정심판사항을 정하는 방식에는 개괄주의와 열기주의가 있는 바, 원칙적으로 행정청의 **모든 위법 · 부당한 처분 또는 부작위에 대하여 행정심판을 제기할 수 있도록** 하는 **개괄주의를 취하고 있다.**[♣열기주의 채택(×)]

① **개괄주의 :** 행정심판의 대상을 특정사항에 한정하지 않고 행정청의 위법 · 부당한 처분 또는 부작위에 대하여 일반적으로 행정심판을 제기할 수 있게 하는 개괄주의를 채택하여 **국민의 권리구제 범위를 확대**하였다.[♣현행법은 열기주의를 택하여 구제가능성 확대(×)](제3조)

② **처분 :** 행정심판법상 행정심판의 대상으로서의 처분은 '행정청이 행하는 구체적 사실에 관한 법집행으로서의 **공권력의 행사 또는 그 거부와 그 밖에 이에 준하는 행정작용**'으로 정의되어 있다.(행정심판법 제2조 제1호)

※ **위법**한 처분뿐만 아니라 **부당**한 처분도 행정심판의 대상이 된다.

③ **제한(예외) :** 대통령의 처분 또는 부작위와 행정심판의 재결은 **다른 법률에 특별한 규정이 있는 경우 외**에는 행정심판법상 심판사항이 될 수 없다.(행정심판법 제3조 제2항)<22.2 · 23.2채용>

※ 다른 법률에 별도의 구제절차가 마련되어 있는 처분은 행정심판법상의 처분에서 제외되어 행정심판의 대상이 될 수가 없다. 例 통고처분, 과태료처분 등

※ **부작위 :** 행정청이 당사자의 신청에 대하여 상당한 기간 내에 일정한 처분을 하여야 할 법률상 의무가 있음에도 불구하고 이를 하지 아니하는 것

Ⅴ. 심판청구 제기(심판청구서 제출)

1. 심판제기 요건

방식	**서면주의 :** 행정심판을 청구하려는 자는 **심판청구서를 작성**하여 피청구인이나 위원회에 **제출하여야** 한다. 이 경우 피청구인의 수만큼 심판청구서 부본을 함께 제출하여야 한다.[♣말로써 청구할 수 있다.(×)](제23조 제1항)<23.2채용> ※심판청구는 문서로 제기하여야 한다.
기간	(1) 처분이 있음을 **안 날부터 90일 이내**(불변기간)(제27조 제1항) 　① 이는 처분이 있었음을 '**현실적으로 안 날**'을 의미(判) 　② **불가항력(90일에 대한 예외) :** 천재 · 지변 · 전쟁 · 사변 그 밖에 불가항력으로 인하여 처분이 있음을 안 날부터 90일 이내에 심판청구를 할 수 없었을 때에는 그 **사유가 소멸한 날부터 14일(국외 30일) 이내 심판청구 가능**[♣7일 이내(×)](제27조 제2항)

기간	(2) **처분이 있은 날부터 180일 이내**(불변기간이 아님)[♣1년 이내(×) → 행정소송](제27조 제3항) ※ 정당한 사유가 있는 경우에는 180일이 경과되어도 청구가 가능하다.(제27조 제3항 단서) ※ **청구기간 만료** : '90일'과 '180일' 중 **어느 한 기간이 경과하면 심판청구기간이 만료**된다. (심판청구를 제기할 수 없게 된다.) (3) **심판청구기간의 적용범위** ① '취소심판'과 '거부처분에 대한 의무이행심판'의 경우 : 적용(○) ② '무효등 확인심판'과 '부작위에 대한 의무이행심판'의 경우 : 적용(×)

2. 심판청구서 제출

⑴ **제출상대** : 심판청구서는 **피청구인인 행정청 또는 위원회**에 제출하여야 한다.

※ 심판청구서가 제출된 때에 심판청구가 제기된 것으로 본다.

⑵ **피청구인에게 제출한 경우** : 청구내용의 인용 또는 위원회에의 송부를 한다.

① **청구내용의 인용** : 심판청구서를 받은 행정청은 그 심판청구가 이유 있다고 인정할 때에는 심판청구 의 취지에 따르는 처분이나 확인을 하고, 지체 없이 이를 위원회와 청구인에게 통지하여야 한다.

② **위원회에의 송부** : 피청구인이 청구내용을 인용한 경우와 청구인이 심판청구를 취하한 경우를 제외 하고는 심판청구서를 받은 날로부터 10일 이내에 답변서를 첨부하여 그 심판청구서를 위원회에 송부 하여야 한다.

⑶ **위원회에 제출한 경우** : 송부·통보를 거쳐 심리와 재결을 하게 된다.

① 위원회는 지체 없이 그 부본을 피청구인에게 송부하고, 피청구인은 그 부본을 받은 날부터 10일 이내 에 답변서를 위원회에 제출하여야 한다.

② 피청구인이 위원회에 심판청구서 및 답변서를 제출할 때에는 해당 국가특별지방행정기관이 소속된 중앙행정기관에도 그 심판청구·답변의 내용을 통보하여야 한다.

⑷ **청구의 변경** : 청구인의 편의와 심판의 촉진을 도모하기 위하여 심판청구의 변경이 인정되며, 청구인은 **청구의 기초에 변경이 없는 범위 안에서** 청구의 취지 또는 이유를 변경할 수가 있다.

① **요건 : 청구의 기초에 변경이 없어야 /** 심판청구 계속 중, 행정심판위원회의 의결 전 / 심판청구를 현 저히 지연시키지 않을 것

3. 심판청구의 효과

⑴ **행정심판위원회에 대한 효과** : 위원회는 심판청구를 심리·의결하고 재결하여야 한다.

⑵ **처분에 대한 효과** : 집행부정지의 원칙

① **원칙적 집행부정지** : 심판청구는 **처분의 효력이나 그 집행 또는 절차의 속행(續行)에 영향을 주지 아니한다.**(제30조 제1항)

※ 처분의 효력은 여전히 유효하다.

📖 학문상 허가에 속하는 운전면허에 대해 면허정지처분이 내려진 경우 정지기간 중 운전하게 되면 무면허 운전행위에 속하게 되고, 법률에 달리 정하는 바가 없는 한 **행정심판의 제기로 위 처분의 효력이 정지되지 않는다.**[♣효력정지(×)]

② **예외적 집행정지를 인정** : 위원회는 처분, 처분의 집행 또는 절차의 속행 때문에 **중대한 손해**가 생기는 것을 **예방할 필요성이 긴급**하다고 인정할 때에는 **직권으로 또는 당사자의 신청**에 의하여 처분의 효력, 처분의 집행 또는 절차의 속행의 전부 또는 일부의 정지("집행정지")를 결정할 수 있다.(제30조 제2항)

※ 다만, 처분의 효력정지는 처분의 집행 또는 절차의 속행을 정지함으로써 그 목적을 달성할 수 있을 때에는 허용되지 아니한다.(**데** 거부처분, 불허가 처분)(제30조 제2항 단서)

설명 **예외적 집행정지**

(1) **집행정지** : 승소의 실효성을 확보하기 위한 제도

(2) **요건**

   ① **적극적 요건** : 처분의 존재, 심판청구의 계속, **회복하기 어려운 손해발생 우려**, 긴급한 필요

   ② **소극적 요건** : 집행정지는 공공복리에 중대한 영향을 미칠 우려가 있을 때에는 허용되지 아니한다.(제30조 제3항)

(3) **대상**

   ① **처분의 효력, 처분의 집행 또는 절차의 속행**의 전부 또는 일부를 대상으로 한다.

   ② 다만, 처분의 집행 또는 절차의 속행을 정지함으로써 그 목적을 달성할 수 있는 때에는 처분의 효력정지는 허용되지 아니한다.

   ※ **거부처분(불허가 처분)**이나 부작위 등과 같은 **소극적 처분**에 대하여는 집행정지처분의 이익이 인정되지 아니한다. 이는 곧 **적극적 처분의 이행을 의미**하기 때문이다.(통설)

(4) **절차**

   ① **당사자의 신청 또는 직권**에 의하여[♣신청에 의해서만(×)] **행정심판위원회가 심리 · 결정**한다.

   ② 당사자가 집행정지의 신청을 하고자 하는 때에는 ⓐ **심판청구와 동시 또는** ⓑ **심판청구에 대한 재결이 있기 전까지** 신청의 취지와 원인을 기재한 서면을 위원회에 제출하여야 한다.[♣심판청구와 동시에 하여야(×)]

   ③ 위원회의 심리 · 결정을 기다려서는 회복하기 어려운 손해가 발생할 우려가 있다고 인정될 때에는 위원장이 직권으로 위원회의 심리 · 결정에 갈음하는 결정을 할 수 있다.

(5) **취소** : 위원회는 집행정지가 **공공복리에 중대한 영향**을 미치거나 정지사유가 없어진 때에는 당사자의 신청 또는 직권에 의하여 위원회의 심리 · 결정을 거쳐 집행정지의 결정을 취소할 수가 있다.

VI. 행정심판심리

의의	재결의 기초가 될 각종 사실 및 증거 등의 자료를 수집 · 정리하는 절차
내용	(1) **요건심리** : 당해 심판청구가 적법한 심판청구요건을 갖추었는지를 형식적으로 심사하는 것
	※ 요건심리로 '보정', '각하', '본안심리회부'를 결정하게 된다.
	(2) **본안심리** : 당해 심판청구의 내용에 관하여 실질적으로 심사하는 것
	※ 본안심리의 결과 '인용재결', '기각재결', '사정재결'의 판정을 하게 된다.

범위	(1) 불고불리의 원칙과 불이익변경금지의 원칙이 적용된다.
	(2) 법률문제(적법·위법)+재량문제(당·부당)+사실문제 : 모두 심리의 대상이다.
원칙	(1) **대심주의** : 당사자의 공격·방어방법을 기초로 하여 심리한다.
	(2) **직권심리주의** : 위원회는 필요하다고 인정할 때에는 당사자가 주장하지 아니한 사실에 대하여도 심리할 수 있다.
	① **불고불리의 원칙** : 위원회는 심판청구의 대상이 된 처분 또는 부작위 외의 사항에 대하여는 재결하지 못한다.
	※ 직권심리주의는 불고불리의 원칙을 보충하는 역할을 한다.(불고불리의 범위 내에서 직권심리)〈通〉
	(3) **서면심리주의와 구술심리주의** : 행정심판의 심리는 **구술심리 또는 서면심리**로 한다.
	(4) **비공개주의** : 위원회에서 위원이 발언한 내용 기타 일정한 사항은 이를 공개하지 아니한다.

Ⅶ. 행정심판 재결

① **재결** : 행정심판청구사건에 대한 행정심판위원회의 종국적 판단의 표시를 의미한다.

② **성질** : 재결은 준법률행위적 행정행위인 확인행위로서 준사법적 행정행위의 성질을 갖는다.

  ※ 행정심판법의 개정으로 '재결청'이라는 개념이 사라지고, 행정심판위원회에서 심리뿐만 아니라 재결까지도 하도록 하여 행정심판절차를 간소화하였다.(국민으로서는 재결청을 거치지 않아도 되므로 기간 및 절차 단축)[♣행정청인 재결청이 재결을 행한다.(×)]

1. 종류 - 각하재결, 기각재결, 인용재결, 사정재결

각하 재결	① 위원회는 심판청구가 **적법하지 아니**하면 그 심판청구를 각하(却下)한다.(제43조 제1항)
	② 각하재결이란 요건심리의 결과 심판청구가 부적법한 것인 때 **본안심리를 거부하는 재결**이다.
	※ 요건 심리 : 당해 심판청구가 요건을 갖춘 적법한 것인지의 여부를 심리하는 것
기각 재결	위원회는 심판청구가 **이유가 없다고 인정**하면 그 심판청구를 기각(棄却)한다.(행정심판법 제43조 제2항)〈23.1채용〉
	※ 기각결정은 원처분을 시인함에 그치고 원처분의 효력을 강화시키는 것이 아니므로 취소심판청구에 대한 기각재결이 있더라도, 처분청은 당해 처분을 **직권으로 취소할 수** 있다.
인용 재결	① **의의** : 심판청구가 이유 있다고 인정하여 청구의 취지를 받아들이는 재결
	② **유형**
	- **취소·변경재결** : 위원회는 취소심판의 청구가 이유가 있다고 인정하면 처분을 취소 또는 다른 처분으로 변경하거나 처분을 다른 처분으로 변경할 것을 피청구인에게 명한다.(제43조 제3항)
	- **무효등 확인재결** : 위원회는 무효등확인심판의 청구가 이유가 있다고 인정하면 처분의 효력 유무 또는 처분의 존재 여부를 확인한다.(제43조 제4항)
	- **의무이행재결** : 위원회는 의무이행심판의 청구가 이유가 있다고 인정하면 지체 없이 신청에 따른 처분을 하거나 처분을 할 것을 피청구인에게 명한다.(제43조 제5항)

사정 재결	위원회는 심판청구가 이유가 있다고 인정하는 경우에도 이를 **인용(認容)하는 것이 공공복리에 크게 위배된다고 인정**하면 그 심판청구를 **기각하는 재결을 할 수** 있다.[♣기각하는 재결을 하여야 한다.(×), ♣인용재결의 일종(×)](제44조 제1항)<22.2·23.2채용> ① **무효등확인심판**에는 **적용하지 아니한다.**(44조 제3항) ※ 무효등확인심판에서는 사정재결을 할 수 없다.<22.2채용> ② 이 경우 위원회는 재결의 주문(主文)에서 그 처분 또는 부작위가 **위법하거나 부당하다는 것을 구체적으로 밝혀야** 한다.(제44조 제1항 단서)<22.2채용> ③ 기각이므로 사정재결 이후에도 행정심판의 대상인 **처분등의 효력은 유지**된다.<22.2채용>

2. 요건

기간	행정청 또는 행정심판위원회가 심판청구서를 받은 날로부터 **60일 이내** 하여야 한다.(위원장 직 권으로 1차에 한하여 30일의 범위 내에서 연장 가능)
방식	재결은 **서면**으로 한다.(행정심판법 제46조 제1항)<23.1채용>

범위	(1) **불고불리 및 불이익변경금지원칙 적용**
	
	  ① **불고불리** : 위원회는 심판청구의 대상이 되는 처분 또는 부작위 외의 사항에 대하여는
	    재결하지 못한다.
	
	  ② **불이익변경금지** : 위원회는 심판청구의 대상이 되는 처분보다 청구인에게 불이익한 재
	    결을 하지 못한다.
	
	(2) **대상** = 법률문제(적법·위법)+재량문제(당·부당)+사실문제(모두 재결대상)

발효	① 위원회는 지체 없이 당사자에게 재결서의 정본을 송달하여야 한다. 이 경우 중앙행정심판위 원회는 재결 결과를 소관 중앙행정기관의 장에게도 알려야 한다.(제48조 제1항) ② 재결은 청구인에게 **송달되었을 때**에 그 효력이 생긴다.[♣발송되었을 때(×)](제48조 제2항)<23.1채용>

3. 효력

불가쟁력	동일한 재결, 처분 또는 부작위에 대해 다시 심판청구를 제기할 수 없다.
불가변력	재결은 준사법적 행정행위로서 위원회 자신도 이를 취소·변경할 수 없다.

**기속력
(구속력)**
	당해 심판청구의 당사자 및 기타 관계 행정청이 그 재결의 취지에 따르도록 구속하는 효력을
	의미하며, 행정청(피청구인)은 반복금지, 재처분 의무, 결과제거의무를 부담하게 된다.
	
	  ※ 범위 : **재결의 기속력은 인용재결에 대한 효력이며, 기각재결에는 인정되지 않는다.**
	
	  판례 [재결의 기속력→구체적 위법사유 판단에만(○), 다른 사유를 든 처분에(×)] **재결의 기속력**
	  은 재결의 주문 및 그 전제가 된 요건사실의 인정과 판단, 즉 **처분 등의 구체적
	  위법사유에 관한 판단에만 미친다**고 할 것이고, 종전 처분이 재결에 의하여 취
	  소되었다 하더라도 종전 처분시와는 다른 사유를 들어서 처분을 하는 것은 기
	  속력에 저촉되지 않는다고 할 것이다.(대법원 2003두7705 판결 [주택건설사업계획승인
	  신청서반려처분취소] > 종합법률정보 판례)<23.1채용>

형성력	재결의 내용에 따라 기존의 법률관계에 변동을 가져오는 효력

4. 불복

(1) **재심판청구의 금지 :** 심판청구에 대한 재결이 있는 경우에는 당해 재결 및 동일한 처분 또는 부작위에 대하여 다시 심판청구를 제기할 수 없다.

> ※ 다만 개별법(**예** 국세기본법)에 특별한 규정이 있으면 재심판청구가 가능하다.

(2) **행정소송 :** 기각재결이나 사정재결에 대해서는 행정소송을 제기할 수 있다.

> ※ 행정심판청구가 있는 날로부터 **60일이 경과하였음에도 재결이 없는 때**에는 청구인은 행정심판의 재결을 거치지 아니하고 행정소송을 제기할 수 있다.

참고 원처분주의와 재결주의

① **원처분주의 :** 원처분의 위법문제는 원처분을 다투는 취소소송에서만 주장할 수 있다고 보아 **취소소송의 대상을 원처분에 한정하고, 재결에 대한 행정소송은 재결자체에 고유한 위법이 있는 경우에만 가능하다는 입장이다.**

② **재결주의 :** 원처분의 위법이 문제되는 경우에도 재결에 대한 취소소송을 인정하여 재결자체에 고유한 위법이 있는 경우가 아니라도 원처분이 위법함을 이유로 재결에 대한 취소소송을 인정하는 입장이다.

Ⅱ 테마 102 행정소송

(1) **행정소송 :** 행정법규의 적용에 대한 분쟁에 대하여 제3자적 지위에 있는 법원의 재판절차에 따라 판단하는 정식쟁송을 의미한다.

> ※ **법무부장관의 지휘 :** 국가소송(국가를 당사자로 하는 소송) 및 행정소송의 수행에 있어서는 행정청의 장은 법무부장관의 지휘를 받아야 한다.

(2) **의무이행소송(×) :** 우리의 행정소송법은 현재 '의무이행소송'을 인정하고 있지 않다.

> ※ 의무이행소송 : 당사자의 일정한 행정행위의 신청에 대하여 행정청이 거부하거나 부작위로 대응한 경우, 행정청에 일정한 행정행위를 해줄 것을 청구하는 내용의 행정소송

(3) **위법(○), 부당(×) :** 위법성 통제를 내용으로 하는 행정소송은 오직 위법문제에 대해서만 판단할 뿐 부당(재량)문제에 대해서는 판단할 수가 없다.

☞ 행정소송의 절차개관		
소송 제기	재판관할	사물관할 : 피고인의 소재지를 관할하는 행정법원
	당사자 등	① 원고 : 원고적격(법률상 이익) / 협의의 소익(권리구제의 필요성) ② 피고 : 처분청 또는 부작위청(다른 법률에 규정있는 경우 그에 의함)
	대상	처분(원칙), 재결(예외)
	소의 제기	행정심판전치주의(임의적) / 제소기간(안 날로부터 90일 이내, 있은 날부터 1년)
	소의 변경	소의 종류의 변경, 처분변경으로 인한 소의 변경
	소제기 효과	집행부정지원칙 / 예외적 집행정지

⇩

소송 심리	범위	불고불리의 원칙, 재량문제(일탈·남용), 법률문제·사실문제
	심리원칙	일반원칙 : 구술심리, 변론주의, 공개심리, 처분권주의

⇩

판결 선고	판결종류	**소송판결, 본안판결**
	판결효력	기판력, 불가변력, 형성력, 구속력, 간접강제

Ⅰ. 종류

항고 소송	① 행정청의 처분 등이나 부작위에 대하여 제기하는 소송(제3조 제1호)	
	② **항고소송의 피고** : 처분청(행정청)	
	취소소송	행정청의 위법한 처분 등을 취소 또는 변경하는 소송<22.1채용>
	무효등 확인소송	처분이나 재결의 효력유무 또는 존재여부의 확인을 구하는 소송<22.1채용>
	부작위위법확인소송	행정청의 부작위가 위법하다는 것을 확인하는 소송<22.1채용> ※ 재처분 의무와 간접강제로서 그 실효성을 확보하고 있다.
당사자 소송	① 행정청의 처분등을 원인으로 하는 법률관계에 관한 소송 그 밖에 **공법상의 법률관계에 관한 소송**으로서 그 **법률관계의 한쪽 당사자를 피고**로 하는 소송(제3조 제2호) ② **성격** : 공법상 법률관계에 기한 민사소송적인 성격을 가진다. **예 공무원의 봉급·연금지급청구소송**, 공무원의 지위확인소송 등 ③ **당사자소송의 피고** : 행정주체 판례 [법관의 명예퇴직수당 청구권 → 당사자 소송] **명예퇴직한 법관이 미지급 명예퇴직수당액**에 대하여 가지는 권리는 명예퇴직수당 지급대상자 결정 절차를 거쳐 명예퇴직수당규칙에 의하여 확정된 **공법상 법률관계**에 관한 권리로서, 그 지급을 구하는 소송은 행정소송법의 당사자소송에 해당하며, 그 법률관계의 당사자인 **국가를 상대로 제기하여야** 한다.(대법원 2013두14863 판결 [명예퇴직수당지급거부처분취소])<23.2채용>		
민중 소송	국가 또는 공공단체의 기관이 **법률에 위반되는 행위**를 한 때에 자기의 법률상 이익과 직접 관계 없이 그 **시정을 구하기 위하여 제기**하는 소송[♣기관소송(×), ♣항고소송(×)](제3조 제3호)<22.1채용> **예 선거구민의 선거무효소송, 주민소송제도**		

기관 소송	국가 또는 공공단체의 기관 상호간에 있어서의 권한의 존부 또는 그 행사에 관한 다툼이 있을 때에 이에 대하여 제기하는 소송(제3조 제4호) ※ 다만, 헌법재판소법(제2조)에 의하여 **헌법재판소의 관장사항**(헌재소관 **권한쟁의**)으로 되는 소송은 **제외**한다.(제3조 제4호)<23.2채용> **예** 지방자치단체장이 지방의회의 재의결에 대하여 대법원에 제기하는 소송

(1) 항고소송과 당사자소송의 비교

구분	항고소송	당사자소송
대상	처분 등이나 부작위	(공법상의) 법률관계
피고	행정청(처분청)	행정주체

(2) 행정쟁송의 종류

목적	주관적 쟁송	개인적 권리 · 이익의 구제를 주된 목적으로 하는 쟁송 **예** 항고쟁송, 당사자쟁송
	객관적 쟁송	개인의 권익보호와는 관계없이 공익의 보호 또는 행정작용의 적법 · 타당성 확보를 주된 목적으로 하는 쟁송 **예** 기관쟁송, 민중쟁송
성질	항고 쟁송	이미 행하여진 처분의 위법이나 부당을 다투어서 그 취소나 변경을 구하는 쟁송 **예** 행정심판, 항고소송, 이의신청 · 심사청구 · 심판청구(국세기본법)
	당사자 쟁송	서로 대립하는 대등한 당사자(권리의무의 귀속주체)상호간의 법률관계의 형성이나 존부를 다투는 쟁송 **예** 부당이득반환소송, 공무원보수청구소송 등

Ⅱ. 당사자 등

1. 원고적격

취소소송	(1) **원고적격** : 소송을 구할 법률상 이익이 있는 자가 가진다. (2) **법률상 이익의 범위** : 전통적 의미에서의 '권리'뿐만 아니라 '보호이익'을 침해당한 자도 원고적격이 있다.[법률상 이익구제설(通 · 判)] ※ 법률상 이익이 있다면 처분의 상대방은 물론 제3자에게도 원고적격이 인정된다.
부작위 위법 확인소송	(1) **원고적격** : 일정한 처분의 신청자로서 행정청의 부작위의 위법확인을 구할 법률상 이익(소익)이 있는 자가 가진다. (2) 일정한 처분을 해 줄 것을 요구할 수 있는 법규상 또는 조리상의 신청권이 있는 자에게만 원고적격이 인정된다. ※ 따라서 당해 부작위의 직접 상대방이 아닌 **제3자는 원고적격이 부정**된다.

정리 소익

(1) **협의의 소익**: 분쟁을 재판에 의하여 해결할 만한 현실적 필요성, 즉 재판을 통한 권리보호의 필요성(권리구제의 필요성)을 의미한다. (= 회복되는 법률상 이익)

① **행정소송법 제12조 [원고적격]** 취소소송은 처분 등의 취소를 구할 **법률상 이익이 있는 자가** 제기할 수 있다. 처분 등의 효과가 기간의 경과, 처분 등의 집행 그 밖의 사유로 인하여 소멸된 뒤에도 그 처분 등의 **취소로 인하여 회복되는 법률상 이익이 있는 자의 경우**에는 또한 같다.

➡ **효력기간이 경과한 제재적 처분**에서 협의의 소익

> ① **원칙**: 소의 이익을 부정
>
> ② **그 후 다른 행정처분의 가중적 제재처분의 요건이 되는 경우**: 소의 이익을 긍정(근거의 형식과 무관)
>
> ③ **실제로 가중처분을 받을 위험성이 없어진 경우**: 소의 이익을 부정

➡ 효력기간이 경과하지 않은 '제재적 행정처분'의 경우

> ① **당연히 소의 이익이 있다.**
>
> 예 자격정지처분에 대해 집행정지결정이 있은 후에 처분 시 표시된 자격정지기간이 경과하지 않은 경우 ⇨ 이러한 경우는 원처분의 효력이 아직 남아 있는 경우이므로 당연히 소의 이익이 있다.

(2) **광의의 소익**: ① **원고적격** ② **대상적격** ③ **본안판결의 필요성(협의의 소익)**

판례 1) 선행의 업무정지처분이 법률에 의해 후행의 가중적 제재처분의 요건으로 될 때에는 법규성도 인정되고 협의의 소익도 인정되어 정지처분의 효력이 소멸한 이후에도 그 정지처분을 다툴 수 있다.(대법원 91누3512)

판례 2) 제재적 행정처분이 그 처분에서 정한 **제재기간의 경과로 인하여 그 효과가 소멸**되었으나, 부령인 시행규칙 또는 지방자치단체의 규칙의 형식으로 정한 처분기준에서 **제재적 행정처분을 받은 것을** 가중사유나 전제요건으로 삼아 장래의 제재적 행정처분을 하도록 **정하고 있는 경우**, 선행처분인 제재적 행정처분을 받은 상대방이 그 처분에서 정한 제재기간이 경과하였다 하더라도 그 처분의 취소를 구할 법률상 이익이 있다.[♣소의 이익이 없다.(×)](대법원 2003두1684) → 부령에서 정하는 가중처벌 규정'은 행정규칙에 불과한 것이므로 법규성이 없다고 하면서도 이로 인한 장래의 불이익을 이유로 소멸된 제재처분의 취소를 구할 소의 이익이 있다고 본 것이다.

2. 피고적격

(1) **원칙**: 처분청 – 취소소송의 피고는 그 처분을 행한 행정청을 피고로 한다.

※ **위임·위탁의 경우는 '수임청' / 대리의 경우에는 '피대리청'**

> 예 관할 경찰청장은 운전면허와 관련된 처분권한을 각 경찰서장에게 위임하였고, 이에 따라 A경찰서장은 자신의 명의로 甲에게 운전면허정지처분을 하였다면, 甲의 운전면허정지처분 취소소송의 피고적격자는 A경찰서장이다.[♣관할 경찰청장이다.(×)]<23경간>

(2) **예외** : 다른 법률에 특별한 규정이 있는 경우

① 경찰공무원에 대한 대통령의 징계 기타 불이익처분 : 경찰청장

② 일반공무원에 대한 대통령의 징계 기타 불이익처분 : 소속장관

III. 재판관할(취소소송)

사물관할	① 취소소송의 제1심관할법원은 피고의 소재지를 관할하는 **행정법원으로** 한다.(제9조 제1항) ② 행정법원이 설치되지 않은 지역에 있어서의 행정법원의 권한에 속하는 사건은 행정법원이 설치될 때까지 해당 지방법원본원(합의부)에서 관할한다. ③ 행정소송의 사물관할이 대법원·고등법원인 경우도 있다.(임의관할주의 채택)

토지관할	① 취소소송의 제1심관할법원은 **피고의 소재지를 관할**하는 행정법원으로 한다.(제9조 제1항)
	
	 ② **다음의 피고**에 대하여 취소소송을 제기하는 경우에는 **대법원소재지를** 관할하는 **행정법원에 제기할 수** 있다.(제9조 제2항)<23경간>
	
	   1. **중앙행정기관**, 중앙행정기관의 부속기관과 합의제행정기관 또는 그 장<23경간>
	
	   ※ 경찰청장을 피고로 하여 취소소송을 제기하는 경우, 대법원 소재지를 관할하는 행정법원이 제1심 관할 법원으로 될 수 있다.
	
	   2. 국가의 사무를 위임 또는 위탁받은 공공단체 또는 그 장

병합	① 관련청구의 소송의 병합 : 관련청구소송을 병합하여 하나의 소송절차에서 심리하는 것을 의미한다. ② 요건 : ㉠ 본체의 취소소송이 적법할 것, ㉡ 사실심 변론종결 이전일 것, ㉢ 취소소송이 계속된 법원에 병합할 것

IV. 소송의 대상

1. 의의

(1) **원처분주의** : 취소소송은 원칙적으로 "**처분 등**"을 대상으로 한다.

① **처분 등** : '행정청이 행하는 구체적 사실에 관한 법집행으로서의 공권력의 행사 또는 그 거부와 그 밖에 이에 준하는 행정작용' 및 '행정심판에 대한 재결'

※ **부정** : 교통사고조사서, 벌점부과행위, 당연 퇴직의 통보 등(판례)

※ **긍정** : 교통경찰관의 수신호, 교통신호등에 의한 신호, 도로점용허가(공권력 행사), 주민등록번호 변경신청 거부(거부처분)

② **취소소송의 대상** : 우리 행정소송법은 **원처분주의**를 채택하고 있어 취소소송의 원칙적 대상은 처분이고, 재결에 대한 취소소송은 **재결자체에 고유한 위법이 있음을 이유로 하는 경우**에 한한다.[♣원칙적으로 기각재결(×)]

(2) **처분의 의의** : 쟁송법적 개념설(이원설:多 ·判) ⇔ 실체법상 개념설(일원설)

> 판례 **1)** [행정처분의 판단기준] … 어떤 행정청의 행위가 행정소송의 대상이 되는 **행정처분에 해당하는가는 그 행위의 성질, 효과 외에 행정소송 제도의 목적 또는 사법권에 의한 국민의 권리보호의 기능도 충분히 고려하여 합목적적으로 판단되어야** 할 것이다.(대판 1984.2.14)<02행정>

판례 **2)** '**당연퇴직의 인사발령**'은 법률상 당연히 발생하는 퇴직사유를 공적으로 확인하여 알려주는 이른 바 관념의 통지에 불과하고 공무원의 신분을 상실시키는 새로운 형성적 행위가 아니므로 행정소송의 대상이 되는 독립한 **행정처분이라고 할 수 없다.**(대법원 95누2036)

판례 **3)** '**교통사고조사서**'는 행정기관의 내부문서에 불과하며 아무런 처분성을 가지지 않는다. '**벌점부과행위**'는 운전면허의 취소·정지의 기초자료로 제공하기 위한 것이고 그 자체만으로는 아직 국민에 대하여 구체적으로 어떤 권리를 제한하거나 의무를 명하는 등 법률적 규제를 하는 효과를 발생하는 요건을 갖춘 것이 아니어서 취소소송의 대상이 되는 **처분이라 할 수 없다.**(대법원 94누2190)

판례 **4) 도로 외의 곳**에서의 음주운전·음주측정거부 등에 대해서는 **형사처벌만 가능**하고 운전 **면허의 취소·정지 처분**은 부과할 수 없다.[♣면허의 취소·정지 처분도 부과할 수 있다.(×)](대법원 2018두42771 판결 [자동차운전면허취소처분취소])<23경간>

　* 논지: "운전이란 도로(제44조, 제45조, 제54조 제1항, 제148조 및 제148조의2의 경우에는 도로 외의 곳을 포함한다)에서 차마를 그 본래의 사용방법에 따라 사용하는 것(조종을 포함한다)을 말한다." 위 괄호의 예외 규정에는 음주운전·음주측정거부 등에 관한 형사처벌 규정인 도로교통법 제148조의2가 포함되어 있으나, 행정제재처분인 운전면허 취소·정지의 근거 규정인 도로교통법 제93조는 포함되어 있지 않기 때문이다.

참고 **처분성의 인정 및 부정사례(판례)**

인정사례	부정사례
(1) **거부처분** − 영업허가 갱신 신청에 대한 거부 행위 　→ 상대방에게 법규상 또는 조리상 신청권이 있어야 함. (2) **처분적 법규명령** 및 처분적 조례 (3) 구체적 처분인 **일반처분**	(1) 교통경찰관의 **교통사고조사서** (2) 교통법규위반에 대한 **벌점부과행위** (3) 공무원법상 결격사유로 인한 **당연 퇴직의 인사발령** (4) 기획재정부장관의 예산편성지침통보, 감사원의 변상판정 (5) 공무원에 대한 법정징계처분에 속하지 않는 단순 경고 (6) 행정지도

참고 **행정소송법상 처분성이 부정되는 행위**(→ 행정소송의 대상이 될 수 없음.)

(1) **행정행위가 아닌 행위**

　① 대등한 지위에서 행하여지는 작용 예 공법상 계약·합동행위, 사법행위

　② 표시되지 않은 행정주체의 내부적 의사결정, 행정기관 상호간의 행위 예 징계위원회의 의결

(2) **행정행위로서 다른 법률에 별도의 구제절차가 마련되어 있는 행위**<03입시>

　예 검사의 불기소처분, 통고처분, 비송사건절차법에 의한 과태료처분

2. 범위

행정행위	행정행위는 물론 ① **일반처분** ② 개별·추상적 규율 ③ 대물적 행정행위 ④ 가행정행위 ⑤ 예비결정 ⑥ 부분적 인·허가는 **모두 처분성이 긍정된다.**
사실행위	① **권력적 사실행위**: **처분성이 인정** ② **비권력적 사실행위**: **처분성이 부정** 🛑 행정지도, 권고·알선·권유
무효처분	무효등 확인소송(또는 취소소송)의 대상이 된다.
거부처분·부작위	국민에게 법규상 또는 조리상 신청권이 있는 신청에 대한 거부처분이나 부작위의 경우에는 처분성을 인정한다.
부관	부관은 처분성이 부정되지만, 부관 중 **부담만은 처분성이 인정**된다.
행정입법	① 원칙적으로 행정입법에는 처분성이 부정된다. ② 예외적으로 '**처분적 법규명령**'이나 '**처분적 조례**'는 **처분성이 긍정**된다. 　※ **처분적 법규명령**: 법규명령이 직접 국민의 법적 지위에 영향을 미치는 법규명령이나 조례를 의미한다.
특별권력관계	① 외부행위: 특별권력관계 복종자의 기본권에 영향을 미치는 행위는 처분성이 긍정된다.(通) 　🛑 경찰공무원의 면직처분 ② 내부행위: **처분성이 부정**된다. 🛑 제복의 착용, 용모의 제한 등

Ⅴ. 행정소송의 한계(요건)

1. 사법상 본질적 한계

(1) **문제**: 행정소송은 **법률적 쟁송에 한해 인정**되기 때문에 '**구체적 사건성**'과 '**법적 해결 가능성**'이 있어야만 행정소송의 대상이 될 수 있다.(법률적 쟁송의 한계)

(2) **구체적 사건성**: 당사자 사이의 **구체적인 권리·의무의 분쟁(다툼)**을 의미하며, 행정소송을 포함하는 모든 사법심사는 '구체적 규범통제'이지 추상적 규범통제는 허용되지 않는다.

　① **법령의 해석·효력을 구하는 소송**: 추상적인 법령의 효력이나 해석을 구하는 소송은 행정소송의 대상이 아니다.

　　※ 모든 사법심사는 구체적 규범통제이지 추상적 규범통제는 허용되지 않는다.

　② **객관적 소송**: 원칙적으로 행정소송의 대상이 아니나, 법률에 특별한 규정이 있는 경우에만 인정된다.

　　🛑 기관소송, 민중소송 등

(3) **법적 해결 가능성**: 구체적인 법령의 적용이 문제되며 법령의 적용에 의하여 해결될 수 있어야 한다.

　① **재량행위**: 행정소송의 대상은 위법의 문제이고, 행정청의 **재량위반 즉 행정행위의 부당의 문제**는 행정소송의 **대상이 되지 않는 것**이 원칙이다. → 기각설(多·判)

　　※ 하지만 재량의 일탈·남용이 있는 경우에는 위법한 처분이 되므로 행정소송의 대상이 될 수 있다.[♣재량권 남용의 경우 사법심사를 할 수 없다.(×)]

　② **통치행위**: 통치행위에 속하는 것은 원칙적으로 **행정소송의 대상이 아니다.** 그러나 그것이 국민의 기본권 침해와 직접 관련되는 경우에는 당연히 헌법재판소의 심판대상이 된다고 헌법재판소는 판시하고 있다.

예 국군의 해외파병, **대통령의 비상계엄선포행위**

※ 예외: 국민의 기본권 침해와 직접 관련되는 경우 인정(헌법재판소)

③ **비권력적 행정**: 원칙적으로 법적 구속으로부터 자유로운 행정에 해당한다.

④ **반사적 이익**: 법률상 이익의 침해가 아니므로 **행정소송의 대상이 될 수 없다.**

2. 권력분립상 한계

(1) **문제**: '**의무이행소송(의무화 소송)**'이나 '**부작위청구소송(예방적 부작위소송)**'과 같은 현행 행정소송법에 규정되어 있지 않은 '**무명항고소송**'을 인정할 수 있는가?'하는 것이 문제가 된다.

※ 무명항고소송은 주로 행정청의 부작위와 관련이 있다.

(2) **원칙**: 삼권분립의 원칙상 법원은 행정처분의 취소와 같은 **소극적인 판결만** 할 수 있고, 어떤 행정처분을 할 것을 명하는 **이행판결은 할 수 없는 것이 원칙**이다.

(3) **인정 여부**: 판례는 **행정소송법상 행정소송의 종류**를 예시규정이 아닌 **열거규정으로 보아서 일관되게 무명항고소송을 모두 부정**하고 있다.(따라서 **의무이행소송 부정**)[♣우리 판례는 인정(×)]

① **의무이행소송**: 행정청이 일정한 행위를 할 의무가 있음에도 불구하고 이를 하지 않은 경우 법원이 행정청에게 일정한 처분을 하도록 명할 것을 청구하는 행정소송으로 **의무이행소송은 인정되지 않고** 있다.

② **부작위청구소송**: 행정청이 특정한 행정행위 또는 행정상 사실행위를 하지 않을 것(부작위)을 구하는 내용의 행정소송(예방적 부작위소송 또는 부작위요구소송)으로 **부작위청구소송이나 예방적 부작위요구소송도 인정되지 않고** 있다.

VI. 소송의 제기

1. 소제기 요건

소송대상	행정청의 위법한 처분 등이 대상
	① **법령위반**: 형식적 위법은 물론 실질적 위법(조리위반)의 경우도 포함된다.
	② **행정규칙 위반**: 법규성이 부인되므로 위법성이 없어 제소할 수 없다.
원고적격	권리보호의 필요성: 처분 등의 취소·변경을 구할 **법률상 이익이 있는 자**[♣반사적 이익이 있는 자(×)]
피고적격	**처분청**: 처분 등을 행한 행정청이 피고
관할법원	소제기는 처분청 소재지 관할 등 관할권이 있는 법원에
서면주의	일정한 형식(소장 등)을 갖추어서
제소기간	① **취소소송·부작위위법확인소송의 제소기간**: 처분 등이 있음을 안 날(재결서 정본을 송달받은 날)부터 **90일 이내** 그리고 처분 등이 있은 날(재결이 있은 날)부터 **1년 이내**에 제기하여야 한다.
	※ '안 날로부터 90일'과 '있은 날로부터 1년'의 기간은 선택적인 것이 아니라, 둘 중 어느 한 기간이 경과하면 제소기간이 만료된다.
	② '**무효등 확인소송**'의 제소기간: 제소기간의 제한이 없음.(언제든지 소송제기가 가능)

| 임의적 전치주의 | ① **원칙**: 행정심판을 거치지 않고 **바로 행정소송을 제기할 수** 있다.<23경간> |

① **원칙**: 행정심판을 거치지 않고 **바로 행정소송을 제기할 수** 있다.<23경간>

② **예외(필요적 전치주의)**: 특별한 규정이 있는 경우에는 일정한 절차를 거쳐(전심절차) 제기하여야 한다.

※ **소청심사, 도로교통법상의 처분에 대한 불복 등**(제142조)

◙ 혈중알콜농도 0.13%의 주취상태에서 차량을 운전하다가 적발된 乙에게 관할 시·도경찰청장이[♣경찰청장이(×)] 「도로교통법」에 의거 운전면허취소처분을 하였을 경우, 乙은 행정심판을 거치지 않고 바로 행정소송을 제기할 수 없다.[♣제기할 수 있다.(×)]<23경간>

2. 소제기 효과

(1) 주관적 효과

① **법원**: 소송 제기된 사건이 법원에 계속되어 법원은 이를 '**심판할 의무**'를 지게 되며

② **당사자**: 당사자는 소송이 제기된 사건에 대하여 '**중복제소금지의무**'가 발생하여 당사자는 동일사건에 대해서 중복제소를 할 수 없다.

(2) 객관적 효과

① **집행부정지의 원칙**: "취소소송의 제기는 처분 등의 효력이나 그 **집행 또는 절차의 속행에 영향을 주지 아니**한다."[♣소송의 제기로 처분의 집행이 중단된다.(×)](제23조 제1항)<03채용>

◙ 경찰의 운전면허 취소처분에 대해 행정소송을 제기하여도 여전히 운전면허 취소처분 자체의 효력은 유효하므로 당사자는 운전이 금지된다.

② 법원은 **직권에 의해서 필요한 경우** 처분의 집행정지결정을 할 수 있다.

[설명] 소송의 제기와 예외적인 행정처분의 집행정지

1. 의의

(1) **예외적 집행정지**: 취소소송이 제기된 경우 처분 등이나 그 집행 또는 절차의 속행으로 인하여 생길 '회복하기 어려운 손해를 예방'하기 위하여 '긴급한 필요'가 있다고 인정할 때에는 법원은 당사자의 **신청 또는 직권**에 의하여 **처분 등의 효력이나 그 집행 또는 절차의 속행의 전부 또는 일부를 정지를 결정할 수** 있다.[♣직권으로는 할 수 없다.(×)](제23조 제2항)

※ 다만, 처분의 효력정지는 처분등의 집행 또는 절차의 속행을 정지함으로써 목적을 달성할 수 있는 경우에는 허용되지 아니한다.(제23조 제2항 단서)

2. 법적 성격

(1) **임시구제(기구제) 성격**: 집행정지제도는 확정판결이 있을 때까지 원고의 권리를 보전하여 권리회복 불능상태의 발생을 방지하려는 행정소송상 임시구제(가구제)의 성격을 가진다.

(2) **적용범위**: 집행정지는 '**무효등 확인소송**'에는 준용되나, 거부처분이나 부작위위법확인소송에는 집행정지처분의 이익이 인정되지 아니한다.(**적용이 없다.**)

3. 요건

(1) 적극적 요건

① **적법한 본안소송의 계속 / 집행정지의 대상인 처분 등의 존재**: 정지의 대상으로서 집행적 처분이 존재하여야 되며, **소극적 처분(거부·부작위)은 집행정지의 대상에서 제외**된다.

② **회복하기 어려운 손해발생의 우려**: 사회통념상 '금전배상이나 원상회복이 불가능'한 경우와 가능하더라도 금전배상만으로는 받아들이기 어려운 유형·무형의 손해를 의미한다.

> ※ **회복하기 어려운 손해** – 회복하기 어려운 손해란 사회통념상 금전보상이나 원상회복이 불가능하다고 인정되는 손해를 의미한다.

③ **긴급한 필요의 존재**: 본안소송에 대한 판결을 기다릴 여유가 없음을 의미한다.

(2) **소극적 요건**

① 집행정지는 **공공복리에 중대한 영향을 미칠 우려가 있을 때에는 허용되지 아니한다.**(제23조 제3항)

② **본안청구의 이유 없음이 명백하지 않을 것(通·判)**: 본안의 이유가 없음이 명백하다면 집행정지의 가구제로서의 실질적 전제가 아예 상실되는 것이므로 본안 승소의 개연성을 고려해야 한다.

(3) 집행정지의 결정을 신청함에 있어서는 그 이유에 대한 소명이 있어야 한다.(제23조 제4항)

4. 대상

(1) **거부처분(부작위위법확인소송)**: 원칙적으로 인정될 수 없다.(通·判)

① 거부처분이나 불허가, 부작위에 대하여는 집행정지처분의 이익이 인정되지 아니한다.

② 부작위위법확인 소송의 경우 집행정지가 인정되지 않는다는 것이다.

> ※ 소극적 처분에 대한 집행정지는 곧 적극적 처분의 이행을 의미하기 때문이다.

(2) **무효등 확인소송**: 무효등 확인소송의 경우에도 집행정지가 허용된다.

(3) **부관**: 원칙적으로 인정될 수 없지만, 부담의 경우에는 집행정지가 가능하다.[♣부관만에 대한 집행정지는 인정될 수 없다.(×)]

5. 내용

본안이 계속된 법원에서 당사자의 신청 또는 직권에 의해 결정한다.

① 집행정지는 '처분 등의 효력'·'처분 등의 집행' 및 '절차의 속행'을 전부·일부 정지함을 내용으로 한다.

② 처분의 효력정지는 처분 등의 집행 또는 절차의 속행을 정지함으로써 청구인의 목적을 달성할 수 있는 경우에는 허용되지 아니한다.

> 판례 판례에 의하면 **집행정지신청에 대한 심리에 있어서는 본안승소의 개연성을 고려하여야** 한다.

6. 효력

(1) **형성력**: 집행정지결정은 본안판결이 확정될 때까지 당해 행정행위의 효력을 정지시키는 잠정적인 효력만을 가진다.

(2) **기속력**: 정지결정은 당사자인 행정청과 그 밖의 관계행정청을 기속한다.

(3) **시간적 효력**: 집행정지는 집행정지결정 시점부터 장래에 향하여 발생하여 주문에 정하여진 시기(정함이 없으면 본안소송의 판결확정시)까지 존속하며 그 시기의 도래와 동시에 효력이 당연히 소멸

7. 불복

집행정지의 결정 또는 기각의 결정에 대하여는 **즉시항고할 수** 있다. 이 경우 집행정지의 결정에 대한 **즉시항고에는 결정의 집행을 정지하는 효력이 없다.**(제23조 제5항)

> **판례** 영업정지처분을 받고도 법원의 집행정지 결정이 있기 전에 영업을 한 이상 그 후 법원에서 집행정지 결정이 내려지고 본안소송에서 그 처분이 위법함을 이유로 취소되었다 하더라도 원래의 영업정지 처분이 당연 무효의 하자를 가지고 있는 처분이 아닌 한 그 영업정지시간 중에 영업하였음을 사유로 한 영업허가취소처분은 당연 무효가 아니다.(대법원 95누9402)

VII. 심리

의의	소송의 심리란 소에 대한 판결을 하기 위하여 그 기초가 될 소송자료를 수집하는 절차를 말한다.
내용	(1) **요건심리** : 제소된 소가 소송요건을 갖춘 것인지의 여부를 심리하는 것을 말한다.
	(2) **본안심리** : 요건심리의 결과 당해 소송이 소송요건을 갖춘 것으로 인정되는 경우 사건의 본안에 대하여 실체적 심사를 행하는 것을 말한다.
	① 본안심리의 결과 청구가 **이유 있다**고 인정되면 **청구인용판결**을 한다.
	② 청구가 **이유 없다**고 인정되면 **청구기각 판결**을 한다.
범위	(1) 불고불리의 원칙과 불이익변경금지의 원칙이 적용된다.
	(2) **법률문제**(적법·위법) 및 **사실문제**에 대하여 심리할 수 있다.
원칙	(1) **대심주의** : 당사자의 공격·방어방법을 기초로 하여 심리한다.
	(2) **변론주의** : 변론주의하에서 법원은 당사자가 주장하지 아니한 사실에 대하여는 판결의 기초로 할 수 없다.
	※ 변론주의 원칙상 당사자에게 주장책임이 있다.
	① **불고불리의 원칙** : 소송의 대상이 된 처분 또는 부작위 외의 사항에 대하여는 판결하지 못한다.
	(3) **처분권주의** : 소송의 개시, 심판대상의 특정 및 절차의 종료에 대하여 당사자에게 주도권을 인정하고 그 처분에 맡기는 소송원칙을 말한다.
	(4) **구술심리주의** : 행정소송의 심리는 구술심리를 원칙으로 한다.
	(5) **공개주의** : 법원에서 이루어지는 재판은 공개주의를 원칙으로 한다.

VIII. 판결

(1) **위법판단의 기준시점**

① **취소소송 · 무효등 확인소송 : 처분 시(通·判)**<03행시·04행정>

※ 당해 처분이 행하여진 당시의 법령 및 사실 상태를 기준으로 판단하여야 한다.

② 부작위위법확인소송 : 판결 시(엄밀한 의미에서의 처분은 존재하지 않기 때문임.)

(2) **사정판결(事情判決)** : 원고의 청구가 **이유 있다고 인정하는 경우에도**, 처분 등을 취소하는 것이 **현저히 공공복리에 적합하지 아니**하다고 인정하는 때에 법원이 원고의 **청구를 기각**하는 사정판결을 할 수 있다.[♣공공복리를 위해 청구를 기각할 수 있다.(○)]

IX. 판결의 효력

기판력	확정된 판결의 내용이 당사자 및 법원을 구속하여, 나중 소송에서 당사자 및 법원은 동일사항에 대하여 확정판결의 내용과 모순되는 주장·판단을 할 수 없게 되는 효력
구속력	당사자인 행정청과 관계행정청에 대하여 확정판결의 취지에 따라야 할 실체법상 의무를 발생시키는 효력을 의미한다.(기속력)
불가변력	법원이 판결을 일단 선고하면 선고법원 자신도 그 내용을 취소·변경할 수 없는 구속을 받게 되는 효력(자박력)
간접강제	행정청이 취소판결의 취지에 따르는 처분을 하지 아니하는 때에는 제1심 수소법원은 당사자의 신청에 의하여 결정으로써 상당한 기간을 정하고 행정청이 그 기간 내에 이행하지 아니하는 때에는 그 지연기간에 따라 일정한 배상을 할 것을 명하거나 즉시 손해배상을 할 것을 명할 수 있다.
형성력	취소판결의 확정으로 행정청에 의한 특별한 **의사표시나 절차 없이** 당연히 행정상 **법률관계의 발생·변경·소멸**, 즉 형성의 효과를 가져 오는 효력을 의미 **예** 파면처분을 받은 공무원이 법원으로부터 그 취소판결이 있게 되면 소급하여 공무원의 신분을 회복하게 되는 효력

설명 행정소송의 형성력

(1) **의의** : 취소판결의 확정으로 행정청에 의한 특별한 의사표시나 절차 없이 당연히 행정상 법률관계의 발생·변경·소멸, 즉 형성의 효과를 가져오는 효력을 의미한다.

(2) **내용**

① 당연효력 : 취소의 확정판결이 있으면 당해 처분의 취소나 취소통지 등의 별도의 절차를 요하지 아니하고 당연히 취소의 효과가 발생한다.

② 소급효 : 취소판결의 효력은 **원처분이 있었던 때로 소급적으로 발생**한다.

> **예** 파면처분을 받은 공무원은 법원으로부터 그 취소판결을 받게 되면 소급하여 공무원의 신분을 회복하게 된다.

> **예** 운전면허취소처분에 대한 취소소송을 제기한 후 운전을 하다가 무면허운전으로 적발되었다 해도, 새로운 처분을 받지 않고 취소처분에 대한 취소판결이 확정이 되면 그 이전 운전행위가 무면허운전이 되지 않는다.

> **예** 피고인이 행정청으로부터 자동차 운전면허취소처분을 받았으나 나중에 그 행정처분 자체가 행정쟁송절차에 의하여 취소되었다면, 위 운전면허취소처분은 **그 처분 시에 소급하여 효력을 잃게 되고, 피고인은 위 운전면허취소처분에 복종할 의무가 원래부터 없었음이 후에 확정되는 것**이다.

③ 제3자효 : 처분의 취소 확정판결은 당사자뿐 아니라 제3자에 대하여도 효력이 있다.

2 행정상 손해전보제도

비교	손해배상(국가배상)	손실보상
본질	**위법**한 행정작용에 대한 구제	**적법**한 행정작용에 대한 구제
양도·압류	재산적 침해의 경우에만 가능	가능
전보내용	**재산적 손해+비재산적 손해**	**재산적 손해에 한정**
책임자	국가 또는 지방자치단체	사업시행자(국가·공공단체·사인)

Ⅰ 테마 103 행정상 손해배상

Ⅰ. "국가배상법" 일반

(1) 국가배상법의 지위

① **손해배상책임 일반법**: 국가배상법은 국가 또는 지방자치단체의 손해배상책임에 관한 일반법적 성격을 가진다.

② **국가배상에 관한 법적용 순서**: '특별법' ➡ '국가배상법' ➡ '민법'

참고 **손해배상에 대한 헌법규정**(헌법 제29조 제1항)

> **헌법상 국가배상책임의 원칙**: "공무원의 **직무상 불법행위**로 손해를 받은 국민은 법률이 정하는 바에 의하여 국가 또는 공공단체에 정당한 배상을 청구할 수 있다. 이 경우 공무원 자신의 책임은 면제되지 아니한다."
>
> ① 헌법에는 영조물의 설치·관리상 하자로 인한 손해배상에 대한 명시적 규정이 없다.
>
> ② 헌법에는 국가배상의 주체를 '**국가 또는 공공단체**'로 규정하고 있다.

(2) 국가배상의 종류

① **공무원의 직무상 불법행위로 인한 손해배상책임(국가배상법 제2조)**: 과실책임주의

② **영조물의 설치·관리상의 하자로 인한 손해배상책임(국가배상법 제5조)**: 무과실책임주의, 헌법에는 규정이 없다.

(3) 국가배상법의 성격

① **공법설(多)**: 국가배상법은 공법 ➡ 배상청구권은 공권 ➡ 당사자소송의 대상

② **사법설(判)**: 국가배상법은 사법 ➡ 배상청구권은 사권 ➡ 민사소송의 대상

※ 판례는 국가배상책임을 민사상 손해배상책임의 일종으로 보고, 국가배상법을 민법의 특별법으로 보고 있다.

(4) 국가배상의 주체(피청구인)

① **헌법: 국가 또는 공공단체**[♣우리 헌법은 국가와 지방자치단체로 규정(×)]<11경간>

② **국가배상법: 국가와 지방자치단체**[♣국가 또는 공공단체 규정(×)]<05승진, 98행정>

※ 공공조합과 영조물법인은 국가배상의 주체에서 제외하여 민사상 손해배상의 대상으로 하고 있다.

예 고속도로상 사고에 대한 한국도로공사

① **상호주의** – 외국인이 피해자인 경우에는 상호보증이 있는 때에 한하여 국가배상법을 적용한다.

> 판례 [상호보증 → 외국 법령, 판례 및 관례 등에 의하여 발생요건을 비교, 인정되면 충분] 우리나라와 외국 사이에 국가배상청구권의 발생요건이 현저히 균형을 상실하지 아니하고 외국에서 정한 요건이 우리나라에서 정한 그것보다 전체로서 과중하지 아니하여 중요한 점에서 실질적으로 거의 차이가 없는 정도라면 국가배상법 제7조가 정하는 상호보증의 요건을 구비하였다고 봄이 타당하다. 그리고 상호보증은 외국의 법령, 판례 및 관례 등에 의하여 발생요건을 비교하여 인정되면 충분하고 반드시 당사국과의 조약이 체결되어 있을 필요는 없으며, 당해 외국에서 구체적으로 우리나라 국민에게 국가배상청구를 인정한 사례가 없더라도 실제로 인정될 것이라고 기대할 수 있는 상태이면 충분하다.[♣반드시 당사국과의 조약이 체결되어 있어야(×)][대법원 2013다208388 판결]<22.2채용>

② 한국에 주둔해 있는 미합중국군대의 구성원·고용원 또는 카투사의 공무집행 중의 행위로 피해를 받은 경우에도 국가배상법에 따라 **대한민국을 상대로 배상을 청구할 수** 있다.

③ **국가경찰이 자치경찰사무 수행 중 발생한 손해 : 사무의 귀속주체**인 지방자치단체, 경찰공무원의 월급을 지급하는 국가는 **비용부담자**로서 모두 피고가 될 수 있다.

II. 불법행위로 인한 배상책임

(1) 국가 또는 지방자치단체는 공무원이 그 직무를 집행함에 당하여 고의 또는 과실로 법령에 위반하여 타인에게 손해를 가하거나, 자동차손해배상보장법의 규정에 의하여 손해배상의 책임이 있는 때에는 이 법에 의하여 그 손해를 배상하여야 한다.(국가배상법 제2조)

예 서울시경찰청 소속 형사 A는 자신이 배당받은 절도사건을 수사하던 중 용의자가 현재 17세인 B라는 사실을 알게 되었고, 그 소재를 확인하여 검거하는 과정에서 B가 순순히 연행에 응하지 않는다는 이유만으로 경찰장구인 호신용경봉으로 제압하던 중 흥분하여 잘못 휘두르는 바람에 B의 얼굴에 맞게 되었고, 이로 인해 B의 코뼈가 부러지게 된 경우<11승진>

(2) **배상책임의 요건**<03승진·90·96·04행정·02채용>

① 공무원 ② 직무행위 ③ 고의·과실 ④ 법령에 위반(위법성) ⑤ 손해발생

1. 요건 – 국가배상법(제2조)

(1) 공무원(公務員) – 공무를 위탁받은 사인 포함

① 공무원으로 인정되는 자

㉠ 공무원의 신분을 가진 자(입법·사법·행정 모두 포함)[♣공무원의 신분을 가진 자의 행위만(×)]

㉡ 널리 공무를 위탁받아 실질적으로 이에 종사하는 모든 사람(공무수탁사인)

㉢ **사실상 공무원**도 포함된다.<02행정>

㉣ **일시적이고 한정적인 사항을 처리하는 경우도** 공무원에 포함된다.(判)<02관세사>

㉤ 시위진압 과정에서 가해공무원인 전투경찰이 특정되지 않더라도 손해배상책임이 인정된다.(판례)<22경간>

② 공무원으로 인정하지 않은 경우(判) : ① 의용소방대원, ② 시영버스 운전사(사경제 주체)[♣사경제 주체(×), ♣공무수탁사인(×)](대법원 68다2225 판결)<11경간>

청원경찰

① **원칙** : 형법 기타 법령에 의하여 벌칙을 적용할 경우와 청원경찰법 및 동시행령에서 특히 규정한 경우를 제외하고는 **공무원으로 보지 않는다.**

※ 원칙적으로 공무원이 아님. ➡ 배상관계에 민법이 적용된다.

② **예외** : 청원경찰의 임용권자가 국가기관·지방자치단체장인 경우에는 예외적으로 공무원의 신분을 가지게 되며, **국가배상법이 적용**된다.(판례)

> 판례 1) [교통할아버지로 선정 → 위탁범위 넘어 교통정리, 사고발생 → 배상책임(○)] 지방자치단체가 '교통할아버지 봉사활동 계획'을 수립한 후 관할 동장으로 하여금 '교통할아버지'를 선정하게 하여 어린이 보호, 교통안내, 거리질서 확립 등의 공무를 위탁하여 집행하게 하던 중 '**교통할아버지**'로 **선정된 노인이 위탁받은 업무 범위를 넘어** 교차로 중앙에서 교통정리를 하다가 교통사고를 발생시킨 경우에는 지방자치단체가 국가배상법 제2조 소정의 배상책임을 부담한다.(대법원 01.1.15 98다39060)

> 판례 2) [공익적인 자동차운수사업 → 국가배상법 적용(×)] 피고가 자동차운수사업을 영위함은 공익적 견지에서 운영하고 있는 것이므로 일종의 공무에 해당한다는 전제 아래 본 건은 국가배상법이 적용되어야 한다는 논지는 받아들일 것이 되지 못한다.(대법원 68다2225 판결 [손해배상등])

(2) 직무행위(職務行爲)

① **직무행위의 범위에 관한 학설[광의설(관리작용설)]** : 직무의 범위에는 '권력 작용'과 '비권력적 공행정작용(관리 작용)'만이 포함되고, 사경제작용은 제외된다.[♣관리작용 제외(×), ♣사경제 작용은 포함되지 않는다.(○)](대법원 68다2225 판결)<98입시·02관세사·11경간>

　㉠ **참고) 행정작용의 유형** : ⓐ 권력작용 ⓑ 비권력적 공행정작용 ⓒ 사경제작용

　㉡ **공무원의 직무행위 내용** : 입법·사법·행정작용 / 법적 행위·사실행위 / 권력적·비권력적 행위 / 작위·부작위 등이 모두 포함된다.[♣부작위로 인한 배상책임 부정(×)]<01입시>

　㉢ **부작위** : 국가기관이 법령에 의해 일정한 행위를 해야 하는데(작위의무) 이를 하지 않아 개인에게 손해가 발생한 경우에는 그 부작위 자체가 곧 직무행위로 인정될 수 있다.(判)

> 판례 [부작위, 국가배상 → 작위의무 법령규정(×), 손해심각성, 회피가능성 등 종합고려] 공무원의 **부작위**로 인한 국가배상책임을 인정할 것인지 여부가 문제되는 경우에 관련 공무원에 대하여 **작위의무를 명하는 법령의 규정이 없다면** 공무원의 부작위로 인하여 침해된 국민의 법익 또는 국민에게 발생한 **손해가 어느 정도 심각**하고 **절박**한 것인지, 관련 공무원이 그와 같은 결과를 **예견하여 그 결과를 회피하기 위한 조치를 취할 수 있는 가능성이 있는지** 등을 종합적으로 고려하여 판단하여야 한다.(대법원 2000다57856 판결 [손해배상(기)])

② **직무행위 판단기준에 관한 학설**

　㉠ **외형설(통·판)** : 행위의 외관을 관찰하여 객관적으로 공무원의 직무행위로 보일 때에는 행위자의 주관적 의사에 관계없이 비록 그것이 실질적으로 직무집행행위가 아니라 해도 그 행위를 공무원의 **직무집행행위**라고 본다.

> ☞ **외형설에 의한 판단**
>
> – **부수적 행위, 직무관련행위, 외관상 직무행위**: 직무행위와 관련된 '**부수적 행위**'는 말할 것도 없고, 직무행위의 외관을 띠고 있는 '**직무 아닌 행위**'에 대해서도 손해배상을 인정하고 있다.[♣직무행위와 관련된 행위를 포함하는 것은 아니다.(×)]<02행정>
> – **정당한 권원 불문**: 정당한 권한 내의 것인지 여부를 불문하며 실질적으로 직무행위가 아니라도 무방하다.[♣정당한 권한 내의 것인지 여부에 의함.(×)]
> – 주관적인 공무원의 **직무집행 의사는 불필요**하다.<02행정>
> – 실질적으로 공무집행행위가 아니라는 사정을 피해자가 알았더라도 무방하다.

   ⓛ 본래의 직무와 관련이 없는 행위이고 외형상으로도 직무범위 내에 속하는 행위라고 볼 수 없는 행위는 직무행위에서 제외된다.

       예 가택수색 중인 공무원이 귀중품을 절취하는 행위, 순찰 중인 경찰관이 원한관계에 있는 사람을 살해하는 행위 등

(3) 고의(故意) · 과실(過失)

  ① **고의 · 과실 필요**: 영조물 책임이 아닌 이상 국가배상법은 무과실책임을 취하고 있지 않기 때문에, 당해 공무원에게 고의 · 과실이 없으면 배상청구를 할 수 없다.<93행정 · 04입시>

    예 경찰이 음주 운전하는 차량을 단속하지 못하여 사고가 발생한 경우

    ㉠ **고의**: 공무원이 앞으로 일정한 결과가 발생할 것이라는 것을 인식하면서도 그 행위를 행하는 심리상태를 의미

    ⓛ **과실**: 공무원이 그 직무를 수행함에 있어서 당해 직무를 담당하는 평균인이 통상 갖추어야 할 주의의무를 게을리 한 것을 의미

      ※ 중과실: 주의의무 위반의 정도가 일반인의 상식으로는 이해할 수 없을 정도로 큰 경우

  ② **판단기준**

    ㉠ **행위 공무원 기준**: 당해 공무원을 기준으로 판단한다.

    ⓛ **국가의 무과실책임**: 공무원에게 고의 · 과실이 있으면, 국가 등이 당해 공무원의 선임 · 감독에 고의 · 과실이 없어도 책임을 진다.(**참고** 민사상 사용자 책임과 차이점)

  ③ **입증책임**

    ㉠ 입증책임은 원칙적으로 피해자인 원고 측에 있다.

    ⓛ 피해자의 입증책임의 경감을 위해 '일응 추정의 원리'를 인정하자는 견해가 있다.

(4) 법령에 위반(違法)

  ① **광의설**: 법령이란 '성문법'뿐만 아니라 '**불문법**'을 포함한 위법성을 의미하며, 이는 행위가 **비례의 원칙** 같은 조리 등 불문법원에 위배되는 경우까지 포함함을 의미한다.<11승진>

  ② **관련문제**

    ㉠ **행정규칙 위반의 위법성**: 위법성 긍정설(多) ⟺ 위법성 부정설(判)

    ⓛ **부당한 처분의 위법성**: 위법성 부정설(通) ⟺ 제한적 긍정설

    ⓒ **부작위의 위법성**: 위법성 긍정설(通)

판례 1) [적법한 추적, 제3자 손해 → 위법(×)] 경찰관이 교통법규 등을 위반하고 도주하는 차량을 순찰차로 추적하는 직무를 집행하는 중에 그 도주차량의 주행에 의하여 **제3자가 손해를 입었다고** 하더라도 그 추적이 당해 직무 목적을 수행하는 데에 불필요하다거나 또는 도주차량의 도주의 태양 및 도로교통 상황 등으로부터 예측되는 피해발생의 구체적 위험성의 유무 및 내용에 비추어 추적의 개시ㆍ계속 혹은 추적의 방법이 상당하지 않다는 등의 **특별한 사정이 없는 한 그 추적행위를 위법하다고 할 수는 없다.**(대법원 2000.11.10, 2000다26807)

판례 2) [권한 불행사가 현저하게 불합리 → 위법] 구체적인 직무를 수행하는 경찰관으로서는 제반 상황에 대응하여 자신에게 부여된 여러 가지 권한을 적절하게 행사하여 필요한 조치를 취할 수 있는 것이고, 그러한 권한은 일반적으로 경찰관의 전문적 판단에 기한 **합리적인 재량에 위임되어 있는 것이나,** ..... 필요한 조치를 취하지 아니하는 것이 현저하게 불합리하다고 인정되는 경우에는 그러한 권한의 **불행사는 직무상의 의무를 위반한 것이** 되어 위법하게 된다.(대법원 2004.9.23., 2003다49009)<22.2채용>

판례 2-1) [객관적인 정당성(×) → 위법] 공무원이 **형식적 의미의 법령을** 위반한 경우뿐만 아니라, 인권존중ㆍ권력남용금지ㆍ신의성실처럼 마땅히 지켜야 할 규범을 어겼을 때를 비롯하여 널리 그 행위가 **객관적인 정당성을 잃었다면 국가배상책임이 성립할 수 있다.**(대법원 2000다22607 판결)

판례 3) [적절한 조치라는 판단 → 직무수행, 현저 불합리(×) → 적법] 경찰관이 구체적 상황하에서 그 인적ㆍ물적 능력의 범위 내에서의 **적절한 조치라는 판단에** 따라 범죄의 진압 및 수사에 관한 **직무를** 수행한 경우, 그것이 객관적 정당성을 상실하여 현저하게 불합리하다고 인정되지 않는다면 그와 다른 조치를 취하지 아니한 부작위를 내세워 국가배상책임의 요건인 **법령 위반에 해당한다고 할 수 없다.**(대법원 2006다32132 판결 [손해배상(기)])<23경간>

* 고려사항 : 경찰관에게 그와 같은 **권한을 부여한 취지와 목적,** 경찰관이 다른 조치를 취하지 아니함으로 인하여 침해된 국민의 법익 또는 **국민에게 발생한 손해의 심각성 내지 그 절박한 정도,** 경찰관이 그와 같은 결과를 예견하여 그 결과를 회피하기 위한 조치를 취할 수 있는 가능성이 있는지 여부 등을 종합적으로 고려한다.(판례 본문)

판례 4) [형식적 의미의 법령근거(×) → 작위의무 인정(○)] 국민의 생명, 신체, 재산 등을 보호하는 것을 본래적 사명으로 하는 국가가 초법규적, 일차적으로 그 위험 배제에 나서지 아니하면 국민의 생명, 신체, 재산 등을 보호할 수 없는 경우에는 형식적 의미의 법령에 근거가 없더라도 국가나 관련 공무원에 대하여 그러한 위험을 배제할 **작위의무를** 인정할 수 있을 것이다.[♣경찰공무원의 부작위를 이유로 국가배상책임을 인정할 수 없다.(×)](대법원 98다18520 판결 [손해배상(의)])<23경간>

※ 위법하여 국가배상책임이 인정된다.

판례 5) [함정수사(범의×, 범의유발) → 위법, / 범의○, 기회제공 →적법○] 본래 **범의를 가지지 아니한 자에** 대하여 수사기관이 사술이나 계략 등을 써서 **범의를 유발케 하여 범죄인을 검거하는** 함정수사는 위법함을 면할 수 없고, 이러한 함정수사에 기한 공소제기는 그 절차가 법률의 규정에 위반하여 무효인 때에 해당한다 할 것이지만, **범의를 가진 자에** 대하여 단순히 범행의 기회를 제공하는 것에 불과한 경우에는 위법한 함정수사라고 단정할 수 없다.[♣위법한 함정수사이다.(×)](대법원 2007도1903 판결 [절도])<23경간>

> **판례** **6)** [**적절한 구조지휘 및 승객 퇴선 유도조치를 하지 않은 과실 → 위법행위**] 세월호 사고의 현장지휘관이 구조업무를 수행하면서 **적절한 구조지휘 및 승객 퇴선 유도조치를 하지 않은 과실**이 인정되는데, 이는 구조업무를 담당하는 해양경찰관이 과실로 인하여 현저히 불합리하게 공무를 처리함으로써 **직무상 의무를 위반한 위법행위**에 해당하고, 위와 같은 업무상 주의의무 위반과 희생자들 사망의 결과 사이에 **상당인과관계**가 있으므로, 국가는 국가배상법 제2조 제1항에 따라 해양경찰서 소속 공무원의 직무집행상 과실에 의한 위법행위로 인하여 희생자들 및 유가족인 甲 등이 입은 손해를 배상할 책임이 있다.[서울중앙지법 2015가합560627, 2016가합540934, 554339, 574418, 2017가합522414 판결]

(5) 타인의 손해 발생

① **타인의 범위:** 가해자인 공무원과 그의 위법한 직무행위에 가담한 자 이외의 모든 사람이 타인에 포함된다.

  ※ 자연인과 법인을 모두 포함하며, 공무원의 신분을 가진 자도 타인에 포함될 수 있다.

② **상당인과관계:** 공무원의 직무상 의무위반행위와 제3자의 손해발생 사이에는 상당인과관계가 있을 것이 요구된다. <02채용>

> **판례** [**사회구성원 개인의 안전과 이익보호목적 → 상당인과관계 인정(○)**] 공무원이 고의 또는 과실로 그에게 부과된 직무상 의무를 위반하였을 경우라고 하더라도 국가는 그러한 직무상의 의무 위반과 피해자가 입은 손해 사이에 **상당인과관계**가 인정되는 범위 내에서만 배상책임을 지는 것이고, 이 경우 상당인과관계가 인정되기 위하여는 공무원에게 부과된 직무상 의무의 내용이 단순히 공공 일반의 이익을 위한 것이거나 행정기관 내부의 질서를 규율하기 위한 것이 아니고 전적으로 또는 부수적으로 사회구성원 개인의 안전과 이익을 보호하기 위하여 설정된 것이어야 한다.(대법원 2011다34521 판결 [손해배상(기)])<22.2채용>

③ **손해:** 손해란 '**법익침해의 불이익**'을 의미한다.

  ※ 손해는 재산적 · 비재산적 손해(생명이나 신체의 침해), 적극적 · 소극적(기대이익) 손해를 불문하지만, 반사적 이익의 침해에 의한 불이익은 손해에 포함되지 않는다.

④ **국가배상법 제2조와 관련된 판례 - 배상책임 인정 / 부정**

책임 인정 사례	① 경찰관의 도로상 **방치된 트랙터**에 대한 위험발생방지조치 불이행의 부작위 <07채용>
	② 경찰관이 **심야에 바리케이드**를 쳐 놓았는데 그것을 치우지 않아 오토바이를 타고 가던 사람이 부딪혀 사망한 경우<07채용>
	③ 공무원이 자기의 개인 차량을 운전하여 **출장을 갔다가** 퇴근시간이 되어 자기 집으로 돌아오는 중에 교통사고를 일으킨 경우 (퇴근 후는 ×)
	④ 수사 도중의 고문행위
	⑤ **군인이 유흥목적으로 군용차량을 운행**하던 중 교통사고를 일으켜 행인을 다치게 한 경우
	⑥ **비번의 경찰관이 제복 · 제모를 착용**하여 통행인을 불심검문한 다음 그로부터 금품을 빼앗다가 살해한 행위(日判)<91행정>

	① 불법시위에 대한 진압 도중 **시위대가 던진 화염병에 의해 약국이 전소**된 경우(위법성×)
책임 부정 사례	② 불법시위 현행범을 추적 체포하기 위해 도서관으로 진입하여 학습권이 침해된 경우 (위법성×)
	③ 공무원이 **근무지로 출근**하기 위하여 자기 소유의 자동차를 운행하다가 자신의 **과실로 교통사고**를 일으킨 경우(직무×)
	④ **정신질병 환자에 의한 집주인 살인범행**에 앞서 그 구체적 위험이 객관적으로 존재하고 있었다고 보기 어려운 경우(고의·과실×)
	⑤ 경찰관이 상황에 따라 그 정신질병 환자를 훈방하거나 일시 정신병원에 입원시키는 등 경찰관직무집행법의 규정에 의한 긴급구호조치를 한 경우(위법성×)
	⑥ 공무원이 관용차를 사용(私用)으로 운전하다 타인에게 상해를 입힌 경우(직무×)<98승진>

판례 1) **[도로에 트랙터 방치, 상해사고 → 배상책임 인정]** 경찰관이 농민들의 시위를 진압하고 시위 과정에 도로상에 방치된 트랙터 1대에 대하여 이를 도로 밖으로 옮기거나 후방에 안전표지판을 설치하는 것과 같은 위험발생방지조치를 취하지 아니한 채 철수한 결과, 야간에 도로 운전자가 위 방치된 트랙터를 피하려다가 다른 트랙터에 부딪혀 상해를 입은 경우[국가배상책임 인정](대판 1998.8.28 98다16890)

판례 2) **[공용차 사용 직무집행 → 국가배상책임 인정, 공무원 개인책임 부정]** 공무원이 그 직무를 집행하기 위하여 국가 또는 지방자치단체 소유의 공용차를 운행하는 경우, 그 **자동차에 대한 운행지배나 운행이익은 그 공무원이 소속한 국가 또는 지방자치단체에 귀속**된다고 할 것이고 그 공무원 자신이 개인적으로 그 자동차에 대한 운행지배나 운행이익을 가지는 것이라고는 볼 수 없으므로, 그 **공무원이 자기를 위하여 공용차를 운행하는 자로서 같은 법조 소정의 손해배상책임의 주체가 될 수는 없다.**[국가배상책임 인정, 공무원 개인책임 부정](대판 1994.12.27 94다31860)

판례 3) **[윤락행위 방치 → 국가배상책임(○)]** 윤락녀들이 윤락업소에 감금된 채로 윤락을 강요받으면서 생활하고 있음을 쉽게 알 수 있는 상황이었음에도, 경찰관이 이러한 감금 및 윤락 강요행위를 제지하거나 윤락업주들을 체포·수사하는 등 필요한 조치를 취하지 아니하고 오히려 업주들로부터 뇌물을 수수하며 **그와 같은 행위를 방치한 것은 경찰관의 직무상 의무에 위반하여 위법**하므로 국가는 이로 인한 정신적 고통에 대하여 위자료를 지급할 의무가 있다.(대판 2004.9.23 2003다49009)

2. 효과 – 배상책임의 효과(국가배상법 제2조)

(1) 배상주체

① **국가 또는 지방자치단체**<03승진·98행시>

㉠ **피고**: 국가 또는 지방자치단체를 당사자로 하는 소송에서의 피고는 **국가 또는 지방자치단체**이다.[♣서울시경찰청장이 피고(×), ♣공공단체(×)](국가배상법 제2조 제1항)<11승진·11경간>

※ 국가경찰공무원에 의한 손해는 국가가 손해배상의 책임자가 되고, 자치경찰공무원에 의한 손해는 지방자치단체가 손해배상의 책임자가 된다.

㉡ **소송수행**: 국가의 경우에는 '법무부장관'이 **지방자치단체의 경우에는 '지방자치단체의 장'**이 각각 피고를 대표하여 소송을 수행한다.

※ 공무원의 직무상 불법행위로 손해를 받은 국민은 법률이 정하는 바에 의하여 **국가 또는 공공단체**에 정당한 배상을 청구할 수 있다. 이 경우 공무원 자신의 책임은 면제되지 아니한다.[♣헌법은 배상책임의 주체로 국가와 지방자치단체를 규정(×)](헌법 제29조 제1항)<11경간>

② **선택적 청구권**: 가해공무원의 '선임·감독자'와 '비용부담자'가 동일하지 아니한 경우에는 양자 모두 배상책임을 부담하게 되어 피해자는 선택적으로 배상을 청구할 수 있다.

※ 국가의 기관위임사무의 경우: 국가는 물론 지방자치단체도 손해를 배상할 책임이 있다.

(2) 가해공무원의 책임

내부 책임	① **구상권**: 공무원에게 **고의 또는 중대한 과실**이 있으면 국가나 지방자치단체는 그 공무원에게 **구상(求償)할 수** 있다.(제2조 제2항)<04·05승진·02행정> ② **변상책임**: 이 경우 국가 등이 공무원에게 구상권을 행사하게 되면, **가해공무원은 국가 등에 대해 변상책임**을 지게 된다. ┃판례┃[중과실→고의에 가까운 현저한 주의결여] 공무원의 **중과실**이란 공무원에게 통상 요구되는 정도의 상당한 주의를 하지 않더라도 **약간의 주의**를 한다면 손쉽게 위법·유해한 결과를 예견할 수 있는 경우임에도 만연히 이를 간과한 경우와 같이, 거의 고의에 가까운 현저한 주의를 결여한 상태를 의미한다.(대법원 2002다65929 판결 [손해배상(기)])<23경간>
외부 책임	**(1) 개인의 민사책임** ① **경과실**: 가해공무원에게 **경과실**이 있는 경우에는 피해자에 대한 **공무원 개인의 책임이 부정**된다. ② **고의 또는 중과실**: 가해공무원에게 **고의·중과실이 있는 경우에는 피해자에 대한 공무원 개인의 배상책임이 긍정**된다.(判)<00·02·05행정·23경간> **(2) 선택적 청구권**: 따라서 가해자인 공무원에게 고의 또는 중과실이 있는 경우, **피해자는 공무원이나 국가 등에 대하여** 선택적 청구권을 가지게 된다.(대법원 95다38677) ※ 고의·중과실의 경우: 공무원의 민사상 책임이 긍정된다.<96·97행시·01행정·02입시> ┃판례┃ 1) [견해대립→대법원과 다른 공무원의 해석, 집행→국가배상법상 과실(×)] 일반적으로 공무원이 직무를 집행함에 있어서 관계법규를 알지 못하거나 필요한 지식을 갖추지 못하여 법규의 해석을 그르쳐 잘못된 행정처분을 하였다면 그가 법률전문가가 아닌 행정직 공무원이라고 하여 과실이 없다고 할 수 없으나, 법령에 대한 해석이 그 문언 자체만으로는 명백하지 아니하여 여러 견해가 있을 수 있는 데다가 이에 대한 선례나 학설, 판례 등도 귀일된 바 없어 의의가 없을 수 없는 경우에 관계 공무원이 그 나름대로 신중을 다하여 합리적인 근거를 찾아 그중 어느 한 견해를 따라 내린 해석이 후에 대법원이 내린 입장과 같지 않아 결과적으로 잘못된 해석에 돌아가고, 이에 따른 처리가 역시 결과적으로 위법하게 되어 그 법령의 부당집행이라는 결과를 가져오게 되었다고 하더라도, 그와 같은 처리 방법 이상의 것을 성실한 평균적 공무원에게 기대하기는 어려운 일이고, 따라서 이러한 경우에까지 국가배상법상 공무원의 과실을 인정할 수는 없다.(대법원 95다32747 판결 [손해배상(기)])<22.2채용> ┃판례┃ 2) [경과실 책임(×)→공무집행의 안정성 확보 목적] 공무원이 직무를 수행함에 있어 **경과실**로 타인에게 손해를 입힌 경우에는 그로 인하여 발생한 손해에 대하여 공무원 개인에게는 배상책임을 부담시키지 아니하는 것은 공무원의 공무집행의 안정성을 확보하려는 데에 있다.(대법원 95다38677 전원합의체 판결 참조)<23경간>

(3) **손해배상**

① **손해배상액:** 가해행위와 **상당인과관계**가 있는 모든 손해액

　※ 중간이자의 공제: 피해자가 배상액을 일시에 청구하는 경우에는 중간이자를 공제하여야 하며, 중간이자의 공제방식은 피해자에게 유리한 '호프만식'을 적용하고 있다.

② **양도 · 압류**

　㉠ **생명 · 신체의 침해(비재산권 침해):** 이로 인해 발생한 국가배상청구권은 **양도하거나 압류하지 못한다.**[♣압류 · 양도 인정(×)](제4조)<98관세사 · 11승진>

　㉡ **재산권 침해:** 재산권 침해로 인한 국가배상청구권은 **양도 · 압류가 가능**하다.

③ **소멸시효:** 피해자나 그 법정대리인이 손해 및 가해자를 **안 날로부터 3년,** 불법행위를 한 날로부터 10년이 지나면 손해배상청구권은 시효로 소멸된다.

(4) **이중배상금지 – 국가배상법**(제2조 제1항)

① **의의:** 군인 등의 직무관련 공상의 경우 다른 법에 의한 보상을 받는 때에는 이 법 및 민법의 규정에 의한 손해배상을 청구할 수 없다는 **국가배상청구의 제한**을 의미한다.

② **이중배상 금지요건**

　㉠ **군인 · 군무원 · 경찰공무원** 또는 **향토예비군대원**이

　㉡ **전투 · 훈련 등 직무집행**과 관련하여 **전사 · 순직 또는 공상**을 입은 경우에

　㉢ 본인 또는 그 유족이 **다른 법령의 규정에 의하여** 재해보상금 · 유족연금 · 상이연금 등의 **보상**을 지급받을 수 있을 때

　– ㉠㉡㉢ **요건을 충족:** 손해배상을 청구할 수 없다.[♣이중배상 청구(×)](제2조 제1항 단서)

> [판례] **[전투경찰순경 → 국배법상 배상청구 제한되는 경찰공무원등(○)]** **전투경찰순경**은 「국가배상법」 제2조 제1항 단서에 따라 **손해배상청구가 제한되는 군인 · 군무원 · 경찰공무원** 또는 예비군대원에 **해당한다.**(대법원 94다25414 판결 [손해배상(기)])<22경간>

③ **이중배상 금지대상**

적용○	군인 · 군무원 · 경찰공무원 또는 향토예비군대원
	※ 의경도 이 경우의 경찰공무원에 포함된다.
적용×	공익근무요원(대판 97.3.28 97다4036), 현역병으로 입영하여 경비교도로 전임 임용된 자

④ **이중배상 금지범위의 축소**

종래 규정	전투 · 훈련 · 기타 직무집행과 관련하거나 '국방 또는 치안유지의 목적상 사용하는 시설 및 자동차 · 함선 · 항공기 · 기타 운반기구 안'에서 전사 · 순직 또는 공상을 입은 경우
개정 규정	**전투 · 훈련 등 직무집행**과 관련하여 전사 · 순직 또는 공상을 입은 경우(제2조 제1항 단서)
	※ 요건의 개정으로 인해 **이중배상이 금지되는 범위가 축소**되어서 해당 공무원의 기본권 신장과 권익보호에 기여하였다.
	※ 그러나 경찰공무원이 전투 · 훈련 등 직무집행과 관련하여 순직한 경우에는 전투 · 훈련 또는 이에 준하는 직무집행뿐만 아니라 **일반 직무집행**에 관하여도 **국가나 지방자치단체의 배상책임이 제한**된다.(판례)

사례 순직 공상경찰관의 손해전보 개선(2005) 관련

① '전투·훈련 등 직무집행'과 관련되지 않은 '**일반 직무집행 중에**' 발생한 관용차량 간의 교통 사고에 대해서도 **국가배상청구(종합보험보상)가 가능**하게 되었다고 보았다.[♣관용차량 간 교통 사고는 여전히 국가배상 불인정(×)] → 그러나 **일반직무집행**에 대해서는 **배상책임 제한이 이전처럼 적용**된다는 것이 판례의 입장이다.

> **판례** [**경찰공무원의 일반 직무집행 → 전투·훈련 등 직무집행과 마찬가지로 면책조항 적용**] 경찰공무원 등이 '전투·훈련 등 직무집행과 관련하여' 순직 등을 한 경우 같은 법 및 민법에 의한 손해배상책임을 청구할 수 없다고 정한 국가배상법 제2조 제1항 단서의 **면책조항**은 구 국가배상법(2005. 7. 13. 법률 제7584호로 개정되기 전의 것) 제2조 제1항 단서의 면책조항과 마찬가지로 전투·훈련 또는 이에 준하는 직무집행뿐만 아니라 '일반 직무집행'에 관하여도 국가나 지방자치단체의 배상책임이 제한된다.(대법원 2010다85942 판결 [손해배상(기)])<22경간>

② 관용자동차특별약관을 개정하여 경찰관이 순찰차 등 관용차에 탑승 중 사망하거나 부상을 입을 경우에도 종합보험이 가능하도록 개선하였다.

III. 영조물 설치·관리상의 하자로 인한 손해배상

제5조(공공시설 등의 하자로 인한 책임)

① 도로·하천, 그 밖의 공공의 영조물(營造物)의 설치나 관리에 하자가 있기 때문에 타인에게 손해를 발생하게 하였을 때에는 국가나 지방자치단체는 그 손해를 배상하여야 한다. 이 경우 제2조제1항 단서, 제3조 및 제3조의2를 준용한다.

> **예** 시위진압을 위해 출동한 김경장은 기동대 버스를 주차할 곳이 없어 언덕위에 사이드 브레이크를 사용해 안전하게 주차하였음에도 불구하고 버스가 뒤로 밀리면서 주민 甲의 주차된 승용차를 파손하고 행인 乙에게도 전치3주의 부상을 입힌 경우<04채용>

② 제1항을 적용할 때 손해의 원인에 대하여 책임을 질자가 따로 있으면 국가나 지방자치단체는 그 자에게 구상할 수 있다.

(1) **의의:** 도로·하천 기타 공공 영조물의 설치 또는 관리상의 하자로 인해 타인에게 손해가 발생되었을 경우 국가 또는 지방자치단체가 그 손해를 배상하는 것이다.(국가배상법 제5조)

> **예** 언덕에 세워둔 경찰차가 브레이크 고장으로 굴러 타인에게 손해를 가한 경우<86행정>

① **성질: 무과실책임**으로 당해 공무원의 고의·과실은 필요하지 않다.<98행정·04채용>

② **용어정리(요건)**<07채용>

공공 영조물	**(1) 영조물** : 행정주체가 직접적으로 공적 목적을 달성하기 위하여 제공한 유체물을 의미 한다.(공물) **(2) 영조물의 범위**<91행정·98행시·02관세사> ① 유체물에는 개개의 물건뿐만 아니라 물건의 집합체인 공공시설도 포함된다. ② 공용물·공공용물, **동산·부동산, 인공공물·자연공물**, 동물을 모두 **포함**한다.<07채용> 　　예 경찰차·**경찰견**, 교통신호기, 경찰관서인 건물 등<22경간·07채용> ③ **영조물에 포함되지 않는 경우** : 잡종재산, 공용폐지 된 경찰차, 예정공물 등 공용 개시가 되지 않은 공물
설치· 관리상 하자	**(1) 하자의 판단기준 : 객관설(通·判)** ① 하자란 객관적으로 영조물의 설치와 그 후의 유지·수선에 불완전한 점이 있어 통 상적으로 갖추어야 할 물적 안정성을 결여한 것을 의미한다. 　　예 시설물의 설치·자재·시공상의 흠, 유지·수선·관리상의 흠 등 ② 하자의 유무는 당해 공공시설의 구조·용법·장소적 환경 및 이용현황 등 제반사 정을 종합하여 구체적·개별적으로 판단하여야 한다. 　　➡ 관리자의 과실 여부는 고려대상이 아니다.[♣과실을 요건으로 한다.(×)]<07채용·11경간> **(2) 하자의 입증책임** : 원고인 피해자에게 있다.
손해 발생	① **손해** : 법익침해에 대한 불이익을 말하며, 손해는 재산적·비재산적 손해, 적극적·소 극적 손해를 불문한다. ② **상당인과관계** : 영조물의 설치·관리상의 하자와 손해발생 사이에는 상당인과관계가 있을 것이 요구된다.
면책 사유	① **불가항력** : 영조물의 하자 없이 **불가항력적인 사유에 의해 손해가 발생된 경우**에는 **상당인과관계가 부인되어 면책**된다. ② **재정적 제약** : 참작사유는 될 수 있으나, 면책사유는 될 수가 없다.

(2) **효과**

① **설치·관리자와 비용부담자가 동일하지 아니한 경우** : 국가나 지방자치단체가 손해를 배상할 책임이 있는 경우에 **공무원의 선임·감독 또는 영조물의 설치·관리를 맡은 자**와 공무원의 봉급·급여, 그 밖의 비용 또는 영조물의 설치·관리 비용을 부담하는 자가 동일하지 아니하면 그 비용을 부담하는 자도 손해를 배상하여야 한다.(제6조 제1항)<01·03행시>

② **구상권 문제** : 손해를 배상한 자는 내부관계에서 그 **손해를 배상할 책임이 있는 자**에게 **구상할 수** 있다.(국가배상법 제5조 제2항)<04·07채용>

　　예 불완전한 공사를 한 건설회사(성수대교 사건) / 영조물의 하자를 야기한 공무원(고의 또는 중과실을 요함)이나 사인 등

③ **국가배상법 제2조와 제5조의 경합** : 피해자는 그 어느 것에 의해서도 배상을 청구할 수가 있다.(일반적으로 제5조에 의한 배상이 피해자에게 더 유리하다.)

※ **외국인**의 청구에 대해서는 **상호주의를 적용**한다.

판례 **[교통신호기 고장 방치, 사고 → 국가, 지자체 모두 배상책임(○)]** 지방자치단체장이 **교통신호기**를 설치하여 관리권한이 관할시·도경찰청장에게 위임되어 지방자치단체 소속 공무원과 시·도경찰청 소속 공무원이 합동 근무하는 교통종합관제센터에서 관리업무를 담당하던 중 위 신호기가 고장난 채 방치되어 교통사고가 발생한 경우, 국가보상법 제2조 또는 제5조에 의한 배상책임을 부담하는 것은 시·도경찰청장이 소속된 국가가 아니라, 그 권한을 위임한 지방자치단체장이 소속된 지방자치단체라고 할 것이나, 한편 국가배상법 제6조 제1항은 국가 또는 지방자치단체가 손해를 배상할 책임이 있는 경우에 공무원의 선임·감독 또는 영조물의 설치·관리를 맡은 자와 **공무원의 봉급·급여 기타의 비용 또는 영조물의 설치·관리의 비용을 부담하는 자가 동일하지 아니한 경우에는 비용을 부담하는 자도 손해를 배상하여야 한다고 규정**하고 있으므로 교통신호기를 관리하는 시·도경찰청장 산하 경찰관들에 대한 봉급을 부담하는 국가도 국가배상법 제6조 제1항에 의한 배상책임을 부담한다.[♣부담하지 않는다.(×)](대법원 99다11120)

참고 용어정리

① **공물(公物)**: 행정주체에 의하여 직접 행정목적에 공용되는 개개의 유체물

② **공공용물(公共用物)**: 도로·공원·하천·항만·운하·제방·교량 등과 같이 일반 공중의 공동 사용에 제공하는 물건

③ **공용물(公用物)**: 관공서의 청사, 등대, 병기, 경찰견, 관용차, 부대 연병장 등과 같이 국가나 공공단체가 직접 자신의 사용에 제공하는 물건

④ **인공공물(人工公物)**: 도로·공원·광장·운동장·항만·운하 등과 같이 행정주체가 인공을 가하여 공공의 이용에 제공함으로써 비로소 공물이 되는 것

⑤ **자연공물(自然公物)**: 하천·호수·해변과 같이 자연 상태에서 공공의 목적에 이용될 수 있는 실체를 갖춘 것

⑥ **공용폐지(公用廢止)**: 행정주체가 공공용물에 대하여 그 물건을 공용(公用)에 제공하는 것을 폐지하는 의사표시로서, 공물은 공용폐지에 의하여 공물로서의 성질을 잃게 된다.

사례 서울시경찰청 소속 형사D는 자신이 배당받은 절도사건을 수사하던 중 용의자가 현재 17세인 S라는 사실을 알게 되었고, 그 소재를 확인하여 검거하는 과정에서 S가 순순히 연행에 응하지 않는다는 이유만으로 경찰장구인 호신용 경봉으로 제압하던 중 흥분하여 잘못 휘두르는 바람에 S의 얼굴에 맞게 되었고 이로 인해 S의 코뼈가 부러지게 되었다.

→ ⓐ 사례에서 D의 행위에 대한 위법성과 관련하여 **경찰비례의 원칙**이 고려될 수 있다.

ⓑ 사례의 경우 S의 입장에서는 **대한민국을 상대로**[♣서울시경찰청장을 상대로(×)] 국가배상청구소송을 제기할 수 있다.

ⓒ 사례에서 배상책임이 인정된다면 이는 **국가배상법 제2조**(불법행위 책임)의[ⓑ국가배상법 제5조(×)] 책임을 인정한 것이다.

ⓓ 사례에서 S의 경우 자신의 배상청구권을 친구인 C에게 **양도할 수 없다.**[♣있다.(×)]

Ⅱ [테마 104] **행정상 손실보상**

(1) **의의** : 공공필요에 의한 **적법한 공권력의 행사**에 의하여 개인에게 가하여진 **특별한 희생에 대하여** 사유재산권의 보장(헌법)과 공평부담의 견지에서 행정주체(또는 사업주체)가 행하는 조절적인 재산적 보상제도이다.<96입시>

※ **특별희생설(通)** : 사회적 제약을 넘어서는 특별한 희생에 대한 보상을 함으로써 공평부담의 이상을 실현하고, 공익과 사익을 조절하며, 법률생활의 안정을 기할 수 있다.

(2) **기준[완전보상설(通·判)]** : 재산적 가치에 대한 완전한 보상, 즉 재산권자가 입은 침해, 재산상의 모든 손실을 모두 산정한 액이어야 한다는 견해이다.<96입시>

※ 손실보상의 기준에 대해 기타 '**상당보상설**', '절충설' 등이 있다.

※ **사업시행자 측 사정(고려대상×)** : 손실보상액을 산정함에 있어서는 사업시행자의 재산 상태나 시행자가 얻는 이익 등 사업시행자 측의 사정은 고려의 대상이 되지 않는다.[♣기업자의 재산상태를 고려하여야 한다.(×)]<96행시· 01채용>

※ **방법** : 손실보상은 금전(현금)보상을 원칙으로 하며, 보상액의 지급방법은 선불(先拂)·일시불(一時拂)·개별불(個別拂)을 원칙으로 한다.

(3) **요건**

① **적법한 행위로 인한 손실일 것** : 손해배상과 구별

② **공공의 필요에 의한 재산권에 대한 공권적 침해(공용침해)일 것**

㉠ **공공필요** : 특정한 공익사업이나 공공복리는 물론이고 널리 공공의 목적을 위한 경우까지 포함하는 개념이다.

㉡ **재산권** : 소유권뿐만 아니라 법에 의하여 보호되고 있는 모든 재산적 가치가 있는 권리를 의미하나, '생명·신체의 침해에 대한 보상'은 손실보상의 대상에서 제외된다.

㉢ **공권적 침해** : 공법상의 일체의 직접적인 재산적 손실을 의미한다.(따라서 형사 작용으로 인한 형사보상이나 입법 작용으로 인한 손실보상은 제외된다.)

③ **특별한 희생일 것** : 사회적 구속을 넘는 손실(재산권의 내재적 제약을 넘는 손실)을 의미한다. 따라서 사회적 구속(내재적 제약) 범위 내의 재산상의 손실에 대해서는 손실보상의 문제가 생기지 않는다.

[참고] **결과제거청구권**

> **결과제거청구권** : 위법한 행정작용의 결과로서 남아 있는 상태로 인하여 자기의 법률상의 이익을 침해받고 있는 자가 행정주체를 상대로 하여 그 위법한 상태를 제거하여 침해 이전의 상태로 회복하여 줄 것을 청구하는 권리

박문각
경 찰

경찰청 출제위원 출신 저자가 직접 쓴

정통 경찰학개론!

PART

04

경찰 관리

<table>
<tr><td>Chapter</td><td>01</td><td># 경찰관리 일반</td></tr>
</table>

Ⅰ. 경찰관리

(1) **의의 :** 경찰관리란 경찰목적의 신속하고 효율적인 달성을 위하여 경찰조직과 그 밖의 인적·물적 자원을 관리하는 것, 즉 조직을 구성하고 있는 인력과 장비 및 예산을 확보하여 적재적소에 배치하여 직무수행을 원활하게 하는 작용이다.

(2) **목표 :** 경찰관리의 목표는 '**경영주의 실천**'에 있으며 이는 곧 **국가경찰과 자치경찰의 조직 및 운영에 관한 법률상 목표인 효율성 추구**를 의미하는바, 경찰관리는 '**시장경제원리**'에 바탕을 두어야 한다.

① **시장경제원리의 실천**을 위해서 내부적으로 경영이념의 도입이나 의사소통의 활성화도 중요하지만 외부적으로 **시민들의 치안수요를 파악**하는 것도 중요하다.

Ⅱ. 테마 105 **치안지수(치안만족도 향상에 효과적인 개념)**<11승진·03·11.2채용>

① **의의 :** 국민들이 평가한 각종 범죄 및 교통위험에 대한 **불안수준, 범죄간의 상대적 중요도 등을** 기초로 산출한 지표를 말하며 **주관적 성격**을 지닌다.<11승진>

② **활용**

㉠ 국민을 **불안하게 하는 범죄를 파악**하여 **치안정책의 중점사항을 선택**할 수 있고, 효과적인 **범죄예방대책을 수립**할 수 있다.(효과적인 치안만족도 향상)<11승진>

㉡ 지역별로 치안지수를 산출하여 **지역특성에 맞는 치안정책을 수립**할 수 있다.<11승진>

㉢ 정기적인 치안지수의 조사를 통하여 **국민들의 치안만족도의 변화를 파악**할 수 있다.

※ 다만 **범죄 발생원인 분석과 같은 통계적 분석은 할 수가 없다.**[♣통계적 분석(×), ♣체계적 분석(×)]<11승진·03채용>

③ **국민만족 치안활동에 대한 평가를 대폭 강화할 경우 기대효과**<11.2채용>

㉠ '재물손괴 등 사소한 사건이라도 지역주민의 피해신고에 적극적으로 대응한다.'고 기대할 수 있다.<11.2채용>

㉡ 범인검거실적은 주요 4대 범죄(살인·강도·강간·절도)만 평가할 것이 아니라 국민만족도를 고려하여 국민이 불안감과 불편을 느낄 수 있는 **사소한 범죄에 대해서도 형사활동을 확대**한다.[♣범인검거실적은 주요 4대범죄(살인·강도·강간·절도)만 평가하기 때문에 수사의 효율성을 높이기 위해 그 외의 범죄에 대한 형사활동을 축소하여 주요 범죄에 대한 수사에 집중한다.(×)]<11.2채용>

㉢ 교통단속실적을 평가에 반영하지 않아도 법규 준수율은 향상되고, 교통사고 사망자는 감소할 수 있다.<11.2채용>

㉣ 인권침해나 적법절차 준수 미흡 등 그간 수사상 관행으로 치부되었던 수사 과오가 발생하면 평가에서 불이익을 받는다.<11.2채용>

※ **테마 106** **정책결정모형**(개인차원, 산출지향)<21경간>

합리 (포괄) 모형	정책결정자가 이성과 **고도의 합리성**에 따라 행동하고 결정한다고 보며, 목표나 가치가 명확하고 고정되어 있다는 가정 하에 **목표달성의 극대화를 위한 합리적 대안의 탐색·선택을 추구**하여 **최선의 대안을 결정**하는 이상적·규범적 모형이다.[♣엘리트 모델(×)]<23경간>
만족 모델	만족 모델(Satisfying model)은 정책결정자가 최선의 합리성을 추구하기보다는, **제한적인 합리성**을 기반으로 시간적·공간적·재정적 측면에서 **여러 요인을 고려**하여 **주관적으로 만족할 만한 수준에서 결정**한다.<21경간>
점증 모형	실제의 정책결정은 **정치적 합리성**을 기반으로, 언제나 합리적인 결정을 하는 것이 아니라 **현실을 긍정**하고 그것보다 **약간 향상된 결정에 만족**하며 현재보다 크게 다른 쇄신적·창의적 결정을 기대하지 않는다는 것이다.[♣관료정치 모델(×)]<23경간> ※ 계속적·제한적 비교접근법 또는 지분법이라고 하며, 선진국 등 다원적 사회를 배경으로 한 모델이다.
최적모형	**합리모델의 비현실성**과 점증모델의 보수성을 극복하기 위해 **이상주의와 현실주의의 통합**을 시도, 기존의 정책을 바탕으로 이루어지는 점증주의를 비판하면서, 새로운 **정책결정을 내릴 때마다 정책방향도 다시 검토**할 것을 주장한다.[♣혼합탐사모델(×)]<23경간> ※ **정치적 합리성(현실)과 경제적 합리성(이상)을 조화**시키려 한다는 점에서 혼합모형과 유사하나 양자의 단순혼합이 아니라 '최적화'를 실현하려는 규범적 최적 모형이라는 점에서 혼합모형과 다르며 합리모형에 보다 가깝다.<21경간>
혼합 탐사 모델	**점증 모델(Incremental model)의 단점**을 합리 모델(Rational model)**과의 통합**을 통해서 보완하기 위해 주장된 것이다. 정책결정을 근본적 결정과 세부적 결정으로 나누고, **기본적 결정은 합리모델, 세부결정은 점증모델**을 따르는 방식으로 **합리적 결정과 점증적 결정을 적절하게 혼합**하여 의사결정을 한다.<21경간>
사이버 네틱스 모델	설정된 목표를 달성하기 위해 **정보분석과 환류과정**을 통해 자신의 행동을 스스로 조정해 간다고 가정하는 모델이다.<23경간>
엘리트 모델	정책결정이 통치엘리트의 가치나 이해관계에 의해 결정되며, **소수의 권력자만**이 정책을 **결정**(배분)할 수 있고, 대중은 이에 영향을 받는다.
쓰레기통 모델	조직은 **문제, 해결책, 선택기회, 참여자**라는 네 가지 요소가 비교적 독립적인 조건에서 뒤죽박죽 버려져 있는 쓰레기통으로 간주되며, 조직에서의 의사결정은 이 네 가지 요소가 **특정한 계기로 인해 우연히 서로 연결**되며 이루어진다고 본다.<21경간> ※ 쓰레기통 모델(집단차원) : 관련된 다른 문제들이 제기되기 전에 재빨리 의사결정하는 '**날치기 통과**', 결정이 어려울 때 걸림돌이 되는 관련문제 주장자들이 주장을 되풀이하다가 힘이 빠져 다른 의사결정기회를 찾아 떠날 때까지 기다렸다가 의사결정하는 '**진빼기 결정**'방식으로 나타난다.[♣정보분석과 환류과정을 통해 자신의 행동을 스스로 조정해 나간다고 가정(×)]<21경간>
관료정치 모델	앨리슨(Graham T. Allison)이 제시한 국제정치에 있어서 정책결정의 3가지 모델 중 하나. 하나의 국가의 대외정책을 생각할 때 그것은 해당의 **문제에 권한을 갖는 행정(관료)조직의 장(長) 사이의 줄다리기의 결과**라고 생각하는 모델이다.

Chapter **02** 경찰조직 관리

I 조직관리 일반

(1) **경찰조직 의의 :** 조직은 일반적으로 사회에서 목적을 가진 하나의 유기체라고 할 수 있다.

   ① 조직의 특징 : 목적성, 보편성, 합리성, 유기체성, 대면적 리더쉽 불혀, 환경과 상호작용

   ② 효율적 구성 : 경찰조직은 경찰목적 달성에 효율적으로 공헌할 수 있도록 조직되어야 한다.

(2) **경찰조직의 이념**<08 · 11승진 · 01채용>

내용	(1) **경찰조직의 이념(국가경찰과 자치경찰의 조직 및 운영에 관한 법률) : 민주성과 효율성** <01채용>
	(2) **국가경찰과 자치경찰의 조직 및 운영에 관한 법률 제1조(목적)** 이 법은 경찰의 **민주적**인 관리·운영과 **효율적**인 임무수행을 위하여 경찰의 기본조직 및 직무범위 기타 필요한 사항을 규정함을 목적으로 한다.
	① 민주성 확보 : 경찰작용은 권력적 수단이므로 통제 및 책임의 확보를 위해 **민주성의 확보가 강력히 요구**되며, 경찰조직은 불편부당, 공평중립을 요하는 경찰의 본질상 **정치적 중립성의 보장을 필요**로 한다.<11승진>
	② 효율성의 확보 : 사회안전과 질서유지라는 신속을 요하는 작용임을 그 특징으로 하기 때문에 경찰조직은 **능률성과 기동성을 요구**한다.
	(3) 종래 능률성 또는 효율성에 치중한 반면 민주성은 소홀히 여겨져 온 경향이 있었는데, 최근 민주성 역시 중요한 조직이념으로 여겨지고 있다.
구현	**민주성** 국가경찰위원회(합의제 조직), 자치경찰제도[♣성과급제도 도입(×)]<11승진 · 20경간>
	효율성 경찰관청 독임제, 국가경찰제도[♣민주성 요청(×)]<08승진>, **성과급제도 도입** 등<08승진>
조화	(1) 과거 우리 경찰은 효율성(능률성)에 치중하고 민주성은 경시하여 왔으나, 앞으로는 양자의 **조화를 이루어야** 한다.[♣반드시 합의제 행정관청으로 조직되어야(×)]<11승진>
	⇨ 합의제로 관청을 조직하면 공정성은 확보되지만 신속성이 희생되는 등 민주성과 효율성은 **양자택일의 문제가 아니다.**[♣양자택일 문제(×)]
	(2) 올바른 효율성은 민주성에 의해 뒷받침될 때 달성될 수 있다는 것을 인식해야 한다.

II 테마 107 경찰 관료제

(1) **의의 :** 관료제는 계층제 형태의 대규모 조직을 뜻하는 말로 M. Weber에 의하여 제시된 개념으로, **M. Weber의 관료제 모형**에서는 관료제의 **계층제적 측면을 가장 중시**한다.<01채용>

> ※ **대표관료제** : 인종·종교나 성별·계층·지역 등 여러 기준에 의하여 분류되는 모든 사회집단들이 한 나라의 인구전체 안에서 차지하는 비율에 맞게 관료조직의 지위들을 차지해야 한다는 원리가 적용되는 관료제를 의미한다. ⓔ 인재지역할당제, 여성고용할당제, 장애인 의무고용 등

(2) 경찰관료제의 특징 및 단점<01경간 · 02승진 · 07.2채용>

특징	**이념형 관료제 모형의 특성(M. Weber)** ① 관료에 의한 직무수행 : **전문지식 · 기술을 지닌 관료에 의해** 직무가 수행된다. ② 계층제적 조직구조 : 조직구조가 **계층제**를 이루고 있다.[♣관료직무조직은 수평구조(×)]<02 · 07.2채용> ③ 법규에 의한 행정(법규우선주의) : 관료의 **권한과 직무범위는 법규에 의해 규정**된다.[♣관례에 의해(×), ♣법규를 무시하는 관행(×)]<07.2채용> ④ 공 · 사의 구분 : **개인적 감정을 배제**한 법규에 의한 직무집행을 의미한다.[♣개인적 감정에 따라 임무를 수행한다.(×)]<01경간 · 02승진 · 07.2채용> ⑤ 문서주의 : 모든 직무의 수행은 문서(서류)에 의해서 행하여지며, **문서는 장기간 보존**된다.[♣단기간 보존(×)]<07.2채용> ⑥ 공개채용 : 관료는 시험 또는 자격 등에 의해 공개적으로 채용된다.<07.2채용> ⑦ 분업(전문화) : 효율적인 업무처리를 위한 분업(전문화)이 필요하다.
단점	**관료제의 역기능(Robert K. Merton)** ① 무사안일주의 : 상관의 권위에 의존하고 소극적으로 **일처리**를 하는 것으로, 관료들이 **신분보장에 의존**하며 책임을 회피하는 현상이다.[♣할거주의(×)] ② 변화에 대한 저항과 보수주의 : **한 가지 지식 또는 기술에 관하여 훈련**받고 기존 규칙을 **준수하도록 길들여**지기 때문에 **변동된 조건 하에서는 대응이 어렵게** 되며, 관료들이 자기유지에 대한 불안감 때문에 보수주의와 복지부동의 폐단이 생기고, 신기술 · 신지식의 도입이 어렵게 된다.<01경간> ③ 할거주의 : 관료들이 자기들이 **속한 기관 · 부서에만 충성하고 집착하는 현상**으로, 타부서에 대한 배려가 없어 결과적으로 조정 · 협조가 어려워지는 현상을 말한다.(출신을 따지거나 줄서기 하는 현상 포함) ④ 인격 · 인간성의 상실(몰인격적 역할관계, 몰인정성, 비정의성) : 지나친 몰정의성이 냉담과 무관심 · 불안의식으로 나타나는 현상으로 조직구성원의 **사회적 욕구충족을 저해**하며 그들의 **성장과 성숙을 방해**한다.[♣인간성과 애정으로 임무수행(×)] ⑤ 전문가적 무능 : **지나친 분업화로 인한**[♣동조과잉과 형식주의로 인한(×)] **병리현상**이며, 모든 직무는 전문지식과 기술을 지닌 관료가 담당하는바, 전문가는 타 분야에 대한 이해가 부족하고, 조정의 곤란을 초래한다. ⑥ 번문욕례(red tape), 형식주의 : 문서에 의한 업무처리가 결과적으로 **서면주의 · 형식주의 등의 현상**을 초래하는 현상을 말한다.[♣목표가 아닌 수단으로서의 규칙과 절차에 지나치게 집착(×)→동조과잉] ⑦ 동조과잉(목표의 전환, 형식주의) : 조직의 목표달성을 위한 규칙과 절차의 강조로 결과적으로 **목표가 아닌 수단으로서의 규칙과 절차, 법규에 지나치게 집착하게 되는 현상**이다.[♣전문가적 무능(×)→전문가적 무능은 지나친 분업화로 발생, ♣번문욕례(×)] ⑧ 집권적 권위주의 : **권한과 능력의 괴리**, 상위직으로 갈수록 **모호해지는 업적평가기준**, 조직의 공식적 **규범을 엄격하게 준수해야 한다는 압박감** 등으로 조직 구성원들이 불안해지므로 더욱 더 **권위주의적인 행태**를 가지게 된다. ⑨ 상하계급 간 갈등 : 상관의 계서적 권한과 부하의 전문적 권력이 이원화됨에 따라 조직 내에서 갈등이 발생하게 되어 조직구성원들의 불만이 증대된다. ⑩ 무능력자 승진(피터의 원리) : 조직구성원들이 승진만 추구하므로 결국 **무능력 수준까지 승진**한다.

Ⅲ 테마 108 조직편성의 원리

> (1) **효과적 목표달성 수단**: '조직이 어떠한 원리에 의해 편제되고 관리됨으로서 경찰조직의 목표를 효과적으로 달성하는 수단이 될 수 있는가?'의 문제에 대한 해답으로 조직편성의 원리는 의미가 있다.
>
> (2) **5가지 조직편성 원리**: 행정조직의 편성원리로서 **계층제, 통솔범위, 명령통일, 분업(전문화), 조정 및 통합** 등 5가지의 원리를 제시하고 있다.[♣획일화(×)]

Ⅰ. 계층제의 원리

(1) **의의**: 직무를 책임과 난이도에 따라 등급화(상하로 나누어 배치, 계층화)하고 상하계층 간에 **명령복종관계(지휘·감독관계)를 적용**하는 조직편성원리로, **상위로 갈수록 권한과 책임이 무거운 임무**를 수행하도록 하여 목적을 달성할 수 있게 한다.[♣명령통일의 원리(×), 임무의 기능 및 성질상의 차이로 구분(×)→ 경과 혹은 직위분류제 등 수평적 분류]<05·09·13·14·16·18·19승진·12.2·18.3·22.1·2·23.2채용>

※ 한국의 경찰조직은 중앙의 경찰청을 중심으로 시·도경찰청, 경찰서로 이어지는 상명하복의 계층제를 이루고 있다.

① **역할**: 관료제 조직을 구조적으로 형성시키는 역할을 하게 된다.

② **적용**: 계층제는 가장 일반적인 조직편성 원리이나, 조직의 모든 부서에 적용되는 것은 아니다.

　　예외 위원회 조직

(2) **장점과 단점**<04·15·19승진·18경간·19.2채용>

장점	① **통일성·일체감 유지 수단**: **권한과 책임한계 명확화**로, 지휘 계통을 확립하여 조직의 질서유지 및 통일성·일체감의 유지 수단이 되는바, 이러한 통일성과 일체감 유지는 **계층제의 필요성과 가장 깊은 관련**을 가지며, **조직의 업무수행에도 통일**을 기할 수 있다.<18·23경간·04·19승진> 　　※ 조직의 통일성·일체감 유지의 강한 필요성으로 인해 아직도 **계층제를 대체할 모형이 제시되지 못하고** 있다. ② 조직의 안정성 유지: 조직 내의 **갈등이나 분쟁이 계층구조 속에서 용해**된다.<23경간> ③ 업무처리·승진의 수단: 권한위임 및 상하 간 권한배분·공식적 의사전달의 기준 및 통로, 승진의 통로가 된다. ④ **신속한 업무처리(능률성)**: 명령과 지시의 일사 분란한 수행으로 신속한 업무처리가 가능하다.<15승진·23경간> ⑤ 신중한 업무처리의 수단: **권한과 책임의 배분을 통하여** 업무의 신중을 기할 수 있다.[♣신중성에 문제점이 제기된다.(×)]<13승진>

단점	① **경직성** : 지나친 수직적 서열주의의 강조로 할거주의나 배타주의, 조직의 보수화를 초래하게 되며, 환경변화에 대한 조직의 **신축적 대응이 어렵게** 하고, 이로 인해 **새로운 지식 · 기술 도입이 어려워진다.** [♣용이(×)]<18경간 · 02 · 03 · 19.2 · 23.1채용>
	② **갈등증가 · 시간지연** : 계층이 많아 **환경변화에 적응이 어려워**지면 업무처리과정이 지연되어 관리비용이 증가하게 되어 **행정능률을 저해**하고, 계층 간 갈등이 증가할 수 있다.[♣전문화되어 갈등이 줄어(×)]<20.1채용>
	③ **비민주성 · 독단성** : 구성원의 인격상실 등 상부의 비민주적 · 독단적 결정으로 집단적 의사결정이 어려워진다.[♣횡적 조정 저해(×)]<20.1채용>
	※ 동일계급간의 조정을 횡적 조정이라 하며 계층제의 원리는 횡적 조정과 무관하다.

II. 통솔범위의 원리

(1) **의의 : 통솔범위 판단의 문제, 효율성 문제** − 1인의 상관, 감독자가 효과적으로 통솔할 수 있는 부하의 수는 최대 어느 정도인가라는 문제는 관리의 **효율성을 좌우**하는 중요한 수단적 원리이다.[♣인사관리 목적(×), ♣무늬는 조직 제1의 원리라고 하였다.(×)]<14 · 19 · 23승진 · 12.1 · 22.1 · 23.1 · 2채용>

(2) **위반** : 관리자의 **통솔능력 한계를 벗어나는** 인원이 배치되면 **결제 시 대기시간이 길어지고 의사소통이 되지 않아 관리자의 의도와 다르게 집행되는 문제**가 생긴다. 따라서 통솔범위의 원리는 **관리의 효율성을 좌우**하는 중요한 원리이다.<12승진 · 18경간>

(3) **구조조정과 관련성** : 통솔범위의 원리는 '**구조조정의 문제**'와 깊은 관련성을 가지고 있다.[♣계층제의 원리(×), ♣조정의 원리(×)]<10 · 13승진 · 18경간>

(4) **고려요소** : 통솔범위의 원리에서 조직의 역사, 교통통신의 발달, 관리자의 리더십(Leadership), 부하의 능력 등은 통솔범위의 중요 요소이다.<22.2채용>

시간적 요인	**비례** : 신설조직보다는 **기성조직일수록(오래된 조직일수록) 통솔범위가 확대**된다.<19승진 · 18.3 · 19.2채용>
조직 계층 수 (조직 규모)	**반비례(상충관계)** : 계층수의 결정 시에 고려되어야 한다.[♣청사의 규모(×)]<02 · 05승진 · 08 · 23경간 · 12.2 · 20.1채용>
	① 계층 수 단축(**작은 규모 조직**) → 통솔범위 확대 → 의사소통이 용이, 사기 앙양
	② 계층 수 증가(**큰 규모 조직**) → 통솔범위 **축소**[♣넓어진다.(×)] → 의사소통의 장애, 사기 저하<23경간>
	※ 청사의 규모와 통솔범위는 무관하나 조직규모는 계층의 수와 관련이 있으므로 통솔범위와 관련이 있다.<08경간 · 12.2채용>
공간적 요인	**반비례** : 지리적으로 **분산된 부서**보다는 **근접한 부서**일수록 통솔범위가 **확대**된다.[♣축소(×)] ▷ 교통기관이 발전할수록 거리축소 효과로 통솔범위가 확대된다.<19승진 · 19.2채용>
직무의 성질	① **반비례** : **전문적 · 창의적이고 복잡**한 업무일수록 통솔범위 축소[♣확대(×)]<19승진 · 18.3 · 19.2 · 20.1채용>
	② **동질성 · 단순성** : 동질 · 단순한 업무일수록 통솔범위 확대[♣좁아지며(×)]<06승진>
조직원 능력	**비례** : 상사 및 부하직원이 **유능하고 훈련이 잘 된 경우일수록 통솔범위가 확대**된다.

PART 04

① **한 사람의 감독자가 직접 감독할 수 있는 부하의 수**는 일정한 한도로 **제한할 필요**가 있다. 한 사람이 직접적으로 감독할 수 있는 **부하의 수**는 업무의 성질, 부서의 역사, 고용기술, 작업성과 기준에 **달려** 있다.[♣계층제의 원리(×)]<12.1채용>

※ 모든 조직은 일반적으로 상관보다 부하가 더 많다. 이러한 이유 때문에 경찰조직은 사다리 모양보다는 피라미드 모양을 취하고 있다.<12.1채용>

※ 그 외 관리자 및 부하집단의 신임도나 사기·인간관계가 양호할수록 통솔범위는 확대되고 참모기관과 정보관리체계가 발달할수록 통솔범위가 확대된다.

② **파킨슨 법칙**

> ㉠ 모든 조직구성원은 자기영향력을 강화하기 위하여 업무나 여타 여건의 변화와 관계없이 부하를 많이 갖고 싶어 하는 경향을 의미 : 공무원 수의 증가와 업무의 양은 관계가 없다는 것(**적정한 통솔범위를 설정하는 데 장애가 되는 요소**이다.)
> ㉡ 파킨슨 법칙의 하위공리 : ⓐ 부하배증의 법칙 ⓑ 업무배증의 법칙

III. 명령통일의 원리

(1) **의의 : 지시와 보고의 원리** − 조직체의 구성원 간에 지시나 보고를 주고받는 과정에서 **지시는 한 사람만이 할 수 있고, 보고도 한 사람에게만** 하여야 한다는 조직편성원리를 말한다.[♣통솔범위의 원리(×), ♣책임과 난이도에 따라 상하로 나누어 배치(×)→계층제의 원리]<13·16·18·19승진·04·09·12.2·15.2·22.1·2·23.1채용>

📖 甲이 시위진압 도중 상관인 A와 B에게 명령을 받은 경우<09채용>

(2) **결단과 지시의 통합** : 신속히 **결단할 수 있는 권한**과 결단내용을 **지시할 수 있는 권한**이 **한 사람에게 통합**되어야 한다는 원리이다.<10·14승진>

(3) 과거 이루어졌던 수사상 **검사의 경찰에 대한 지휘권** 행사는 이러한 명령통일의 원리에 위배된다고 할 수 있었다.

(4) **장점과 한계**

장점	① **혼선·비능률 방지** : 둘 이상의 사람으로부터 지시나 명령을 받는 경우, 서로 모순되는 지시가 나오고 이 때문에 명령통일의 원리가 필요하게 되며, 이를 통해 집행하는 사람이 겪게 되는 업무수행의 혼선으로 인한 **비능률을 방지**할 수 있다.<18·23경간·12.2채용> ② **신속한 업무수행** : 신속한 결단과 결단내용의 지시가 한 사람에게 통합됨으로써 업무의 신속한 수행을 도모할 수 있다.<23경간> ※ 경찰의 경우에 수사나 사고처리 및 범죄예방활동에 이르기까지 거의 모든 업무수행에서 결단과 신속한 집행을 필요로 하는데, 이때 지시가 분산되고 여러 사람으로부터 지시를 받는다면, 범인을 놓친다든지 사고처리가 늦어 인명이나 재산의 피해에 신속하게 대응할 수 없게 된다.<12·18승진·18·21경간>
한계	① 명령통일의 원리는 너무 철저히 관철하면 오히려 업무의 **공백과 혼란**을 **초래**할 수 있다.<09·10·18승진·18.3채용> ⇨ **대행체제 필요** − 관리자의 공백 등에 의한 업무의 공백에 대비하기 위하여 조직은 권한의 위임·대리 또는 유고관리자의 사전지정 등의 대행체제를 적절히 활용하여 **명령통일의 한계를 완화할 수** 있다.[♣복귀 시까지 보류(×)]<09·18·19·23승진·18.3·20.1채용> ② **행정전문화에 역행** : 행정기능이 전문화될수록 명령통일 원리의 타당성이 희박해진다. 📖 계선과 막료의 관계

Ⅳ. 분업의 원리

(1) **의의 :** 다수가 일을 함에 있어 임무를 **종류와 성질별(임무의 기능 및 성질), 업무의 전문화 정도에 따라** 구분하여 조직구성원에게 기관별, 개인별로 **한 가지의 주 업무를 분담**시킴으로써 인간의 한계를 극복하고 업무수행의 능률을 향상시키려는 것으로 '**전문화의 원리**' 혹은 '**기능의 원리**'라고도 할 수 있다.<07 · 14 · 16승진 · 12.2 · 19.2 · 23.2채용>

(2) '한 사람이 수행할 수 있는 업무의 양과 시간에는 한계가 있고 **서로 다른 특성을 가진 업무를 한 사람이 알아서 하는 것은 비효율적**이다.'라는 것과 관계있는 조직원리이다.

(3) 분업은 **수평적 분업**을 의미하며, 대규모 조직일수록 **치밀한 분업체계가 형성**된다.

(4) **유형**

수평적 분업	기능별 분류 ⇨ 圖 경찰의 생활안전 · 교통 · 수사 · 경비 · 정보 · 보안 · 외사 분류
수직적 분업	계층제 ⇨ 상급기관과 하급기관 간에 의사결정의 전문화에 기여한다.

(5) **장점과 한계**<18승진 · 경간>

장점	한 가지의 주된 업무를 반복함으로써 **업무의 능률성 · 숙련성, 즉 전문성**이 높아져, 행정능률을 향상시켜, 시간을 단축시킨다.<23경간 · 18승진> 圖 **장기간 강력팀의 형사근무로 조폭검거와 절도범검거 업무의 효율성이 높아지는 경우**
한계	① **구성원의 부품화** : 인간성 상실과 그에 따른 인간의 소외감이 가중되며, **통찰력 약화**로 부품화된 구성원은 업무에 대한 흥미를 상실하고 **생산력도 저하(행정능률 저해)**될 수 있다.<18경간> ② **전문가적 무능현상** 　㉠ 전문행정가는 안목이 좁아 행정책임자가 될 수 없고, 보조적 기능만을 수행하는 것이 불가피하다는 원칙(**전문가 경계의 원칙**)이 전문가적 무능현상을 가장 잘 지적하는 원칙이라 할 수 있다. 　㉡ 전문가적 무능의 결과 업무관계의 예측 가능성이 저하된다. ③ **할거주의로 인해 조정 · 통합이 곤란** : 분업화의 정도가 높아질수록 조정과 통합이 어려워져서 할거주의가 초래될 수 있다.(**횡적 조정 저해**)<23경간 · 20.1채용> 　※ 전문화와 조정은 성격상 상충관계에 있으므로 조직목표 달성을 위해서는 원활한 조정을 통해 전문화의 부작용인 할거주의를 극복해야 한다. 　→ **분업의 원리**를 무리하게 적용할 경우 행정능률을 저해하고, 횡적 조정을 저해할 수 있다.[♣계층제의 원리(×)]<20.1채용>

Ⅴ. 조정 · 통합의 원리

(1) **의의 : 노력 · 행동의 배열 · 통일** - 조직의 집단적 노력을 질서 있게 배열하고 행동을 통일시키는 작용을 함으로써 경찰행정의 목표를 효율적으로 달성할 수 있게 한다.[♣명령통일의 원리(×)]<09 · 12 · 16 · 19 · 23승진 · 03 · 19.2 · 23.2채용>

　圖 **오케스트라의 지휘자**

(2) **기능 :** 조정 · 통합의 원리는 구성원이나 단위기관의 **활동을 전체적인 관점에서 통일**하여 **조직목적의 목표달성도를 높이기 위해 노력**한다.(행동양식 조정 = 활동을 전체적인 관점에서 통일)[♣계층제의 원리(×)]<10 · 14승진>

PART 04

⑶ **중요성** : 조직편성 원리의 장단점을 조화롭게 승화시키는 원리로 J. mooney는 '**조직의 제1의 원리**'이며 **최종적인 원리**라고 하였다.<18경간 · 23승진 · 22.2 · 23.2채용>

⑷ **필요성 : 구성원의 행동통일**을 위해 필요하다. 구성원의 행동통일은 구성원의 활동을 전체적인 관점에서 통일하여 조직의 목표달성도를 높이려는 것이다.<10승진 · 03채용>

⑸ **현대의 갈등이론**(갈등 순기능론 중심)<19승진>

> ① **갈등의 원인** : '**분업의 원리**', '**계층제의 원리**'의 추구는 조직 내 갈등을 발생시킬 수 있다. 즉 지나친 분업화 또는 분업화로 인한 단절, 계층제의 경직성 등이 갈등의 원인이 될 수 있다는 말이다.
>
> ※ **전문화와 조정의 관계** : 조직 내 기능의 지나친 전문화(지나친 업무의 세분화)는 갈등의 원인이 되며 전문화의 원리는 조정을 저해하게 되는 '**상충적 관계에 있는 원리**'이다. 따라서 목표달성을 위해서 **전문화가 많이 되어 있는 조직일수록** 더욱 '**조정 · 통합의 원리**'가 필요하다.[♣갈등해결을 위해서는 전문화(×), ♣조정(○)<17경간>
> 전문화는 할거주의를 초래하며, '**할거주의**'는 타기관 및 타부처에 대한 횡적인 **조정과 협조를 어렵게 만드는 대표적인 요인**으로 조정 · 통합의 원리에 **상충적인 요소**이다.[♣조정과 협조를 용이하게 만드는(×), ♣필수적인 요소(×)]<22.1 · 23.1채용>
>
> ② **갈등의 부작용** : 조직 내부의 갈등은 업무의 효율성을 떨어뜨리는 요인이 된다.
>
> ㉠ **갈등 순기능론** : 조정 · 통합의 주요 대상인 갈등에 대해 오늘날의 갈등이론은 '**갈등 역기능론**'에서 '**갈등 순기능론**'으로 **연구의 중심이 이동**하고 있다.[♣역기능론으로(×)]
>
> ☞ 현대의 갈등이론은 '갈등을 통해 조직의 문제점을 발견 · 해결하고, 조직내부에 개혁의 단초를 제공할 수 있는' 갈등의 순기능론적 측면을 중시하고 있다. 따라서 갈등을 억누르는 것만이 최선의 방안은 아니며 **갈등의 원인을 파악하여 조직의 문제점을 해결하는 기재로** 삼아야 한다.[♣최대한 억누르는 것이 최선의 방안(×)]
>
> ③ **갈등의 해결** : 갈등의 원인을 근원적으로 찾아내어 문제를 해결해 주는 것이 최선의 방법이며 이것이 여의치 않을 때 **조정 · 통합의 방법**을 쓰게 된다.
>
> ※ 에찌오니가 제시한 갈등 해결 방법인 **강제적 방법, 공리적 · 기술적 방법, 규범적 · 이상적 방법**이 모두 조정 · 통합의 방법(갈등 해결방법)으로 제시될 수 있다.
>
> ㉠ **근원적 문제해결** : 갈등의 원인을 근원적으로 찾아내어 문제를 해결해 준다.
>
> ㉡ **조정 · 통합**(통합 · 연결 · 대화채널 확보) : 갈등의 원인이 세분화된 업무처리에 있다면 업무처리과정을 조정 · 통합한다든지 **연결하는 장치나 대화채널을 확보**해 주는 방법으로 의사전달을 촉진하는 것이 필요하다.[♣전문화에 힘써야(×), ♣우선순위 지정(×)]<13 · 19승진>
>
> ㉢ **상위목표 제시** : **부서 간의 갈등**이 일어나고 있을 때는 더 높은 **상위목표**를 제시하여 서로 이해하고 양보하도록 하여야 한다.<17 · 19승진>
>
> ㉣ **우선순위 지정** : **한정된 인력이나 예산을 가지고 갈등이 생기는 경우**에는 가능하면 예산과 인력을 확보하고 업무추진의 우선순위를 지정할 필요가 있다.[♣조정 · 통합 필요(×)]<17경간 · 17 · 19승진>
>
> ※ 우선순위 지정은 **조정과 통합의 원리에 의해** 이루어지는 '**갈등의 해결방법**'이다.<21승진>
>
> ㉤ **보류 또는 회피** : 문제해결이 어려운 경우에는 갈등을 완화하고 **양자 간의 타협을 도출**하며 관리자가 갈등을 초래할 수 있는 결정을 보류 또는 회피하는 방식을 사용한다.<17경간 · 17 · 19승진>
>
> ㉥ **처벌과 제재**
>
> ㉦ **장기적 대응** : 그 외 장기적 대응방안으로[♣단기적 대응(×)] **조직의 구조, 보상체계, 인사 등의 제도개선과 조직원의 행태를 합리적으로 개선하는 방법**이 있다.<17 · 19승진 · 18.3채용>

Ⅳ 한국 경찰의 조직상 과제

(1) **민주성과 관련 : 국민에 의한 통제의 적정성 확보** – 민주성과 관련하여 **국민에 의한 통제의 적정성을 확보**하기 위해 국가경찰위원회의 정상화, 자치경찰제의 도입이 요구된다.

(2) **효율성(능률성)과 관련**

① **지나치게 많은 중간관리층의 슬림화 문제 :** 3~4단계의 계층구조가 적정하다.

② **획일적 구조 :** 도시와 농어촌 간의 획일적인 조직구조는 타당하지 못한 문제가 있다.

③ **집행기능과 정책입안기능의 혼재 적합성 확보 :** 정책입안기능과 집행기능이 혼재되어 있어 혼재의 적합성을 확보할 필요가 있다.

Chapter **03** # 경찰인사관리

1 인사관리일반

(1) **의의 :** 인사관리란 경찰관을 체계적이고 합리적인 기준에 따라 **분류 · 모집 · 채용 · 관리** 등을 해나가는 활동을 말한다. [♣채용 및 배치전환에 한정(×)]

　※ 인사관리는 모집 · 채용에 한정되는 것이 아니라 배치전환, 교육훈련, 동기부여, 행동통제 등을 통해 경찰관이 업무를 의욕적으로 수행할 수 있도록 하는 모든 활동이다.

　① **인사, 교육, 사기관리 포괄개념 :** 인사관리는 인사(채용, 배치, 승진, 징계 등), 교육훈련, 사기관리 등을 포괄하는 개념이다.

　② **동태적 과정 :** 경찰인력을 효율적이며 공정하게 운용하는 동태적인 과정이다.

　③ **장기적 계획 :** 인력규모와 질에 대한 **장기적인 계획을 세워야 합리적인 인사관리가 가능**하다.

(2) **인사관리의 목적**[♣통솔범위의 적정화(×)→조직편성의 원리]

　① **효율적인 경찰인력운영 :** 치안수요를 고려하고 능력과 자격 및 경력을 고려한 적재적소 배치와 사기의 유지관리가 효율성 확보를 위해 필요하다.

　② **조직의 효과성 제고 :** 우수한 사람들을 확보하여 그들의 능력을 발전시키고 근무의욕을 고취하여 열심히 일하게 함으로써 조직의 효과성이 제고된다.

　③ **조직과 개인욕구의 조화 :** 경찰조직과 경찰관 개개인의 욕구가 조화되어야 하며 조직에서는 조직체계 그 자체보다 경찰관 개개인의 능력과 의욕이 더 중요하다고 볼 수 있다.

　④ **환경변화에 대한 적응성 확보 :** 관행과 구습이 현재와 미래에는 적합하지 않음에도 그러한 것에 얽매인다면 유능한 인재는 기피할 것이고 경찰을 떠날 것이다.

　⑤ **공정성의 확보 :** 합리적이고 객관적인 기준에 의한 정원관리, 채용, 교육훈련, 보직관리, 근무성적 평가, 승진관리로 **공평성과 일관성**을 유지해야 한다.

　※ 조직편성의 원리는 기획부서와 관련이 있어 인사부서에 적용되는 인사관리의 목적과 조직편성의 원리는 상관이 없다.

(3) **인사기관**

　① **실적주의 도입 배경 : 중치중립과 전문성 부족**이라는 엽관주의의 단점을 극복하고 외부로부터의 압력에 대항하여 실적주의를 확립하기 위해 공무원에 대한 **신분보장과 직업공무원제를 도입**하고 **집권적인 중앙인사기관의 형태가 주류**를 이루었다.

　② **실적주의 확립 후 :** 실적주의가 확립된 오늘날은 행정의 탄력성과 민주적 능률의 확보를 위해 보수 · 정원 · 채용 등에 있어서 각 부처에 다양한 형태의 융통성을 부여한 **분권적인 부처 인사기관의 형태가 보편적** 경향이다.

ⓐ 실적주의 초기의 획일적인 집권적 중앙인사기관은 각 부처의 재량권을 축소시켜 사기저하의 문제가 발생하였다.[♣집권성을 강조하면 사기저하 우려(○)]

ⓑ 분권화로 각 부처의 실정에 맞는 융통성 있고 능률적인 인사관리가 가능해진다.[♣획일적 공직관리체계가 각 부처에 효과적(×)]

ⓒ **중앙인사기관의 약화 :** 중앙인사기관에 의하여 결정된 획일적인 공직관리체계로는 더이상 각 부처의 공무원을 효과적으로 관리하기가 불가능하여 중앙인사기관의 역할이 그만큼 약화되어 가고 있다.

※ 경찰은 부처인사 형태를 취하고 있으며 경무과(경찰청은 인사교육과)에서 보좌역할을 담당한다.

※ 조직 및 정원관리 – 기획조정과에서 담당, 의경의 인사관리 – 경비국 경비과에서 담당

Ⅰ 테마 109 엽관주의와 실적주의

구분	엽관주의	실적주의
의의	① **전제** : 행정의 **전문성을 무시**하고 평범한 **상식과 이해력**이 있으면 **누구나 행정을 수행할 수 있다는 가정(행정의 단순성)**을 전제로 한다.[♣실적주의(×)] ② **기준** : 인사행정의 **기준을 당파성과 정실(정당에 충성도 · 공헌도)**에 두는 제도이다. 　※ 엽관주의는 정치지도자의 국정지도력을 강화함으로써 공공정책의 실현을 용이하게 해준다.<24승진> ③ **도입** : 19C **미국의 자유민주주의 발달과정에서 도입**되었다.[♣실적주의 인사제도는(×)]<08경간> 　※ **잭슨 대통령**의 정치철학에 의해 도입 ④ **대상** : 장관급과 정무직 등 **고위직**에 일부 적용되고 있다.	① **전제** : 행정의 전문성을 긍정하며 공무원의 **신분보장과 중앙인사기관의 도입**을 전제로 한다. 　※ 법령저촉이 없는 한 신분상 불이익을 받지 않는다. ② **기준** : 인사행정의 기준을 **개인의 직무수행능력과 자격, 성적(실적)**에 두는 제도이다.<08경간> 　※ 임용시 연령과 학력 제한이 없는 완전한 기회균등, 채용당시의 능력이 임용기준이다. ③ **도입** : **엽관주의의 무능과 부패를 극복하는 과정**에서 도입되었다. 　※ 가필드(Garfield)대통령[♣잭슨(Jackson) 대통령(×)] 암살사건이 계기가 되었다.<24승진> ④ **대상** : 현재 **중 · 하위직**에 주로 적용되고 있다.
유래	19세기 초반(1828) 미국 대통령에 당선된 **잭슨**은 공직집단이 부패하고 변화를 거부하는 보수엘리트화한 것에 대하여, 선거에 승리한 정당이 공직을 정당원들에게 개방함으로써 **보수엘리트의 공직독점을 막고 국민의 참여를 유도**하였다.(미국의 민주주의 민주정치 발전과정에서 도입된 인사제도)	부패하고 무능한 엽관주의 공직제도의 정치중립 훼손의 폐해를 극복하고자 **영국**에서는 제2차 **추밀원령** 제정(1870년), **미국**에서는 **펜들턴법** 제정(1883년)으로 실적주의 공직임용 체제로 전면 수정되었다.

장점	① **정당정치 발전**에 **기여**한다. ② **민주통제에 유리** 　※ **관직의 특권화를 배제**로 공직침체를 방지하고, 시민들의 요구에 대한 공직사회의 대응성이 제고된다. ③ **충성심 유도** : 정당·정책에 대한 충성심 유도 ④ 국민의 지지에 따라 정부가 구성되므로 **정책 추진이 용이**하며, **의회와 행정부 간의 조정이 활성화**된다.	① **정치중립** : 정치적 중립의 확보와 행정능률의 향상에 기여한다. 　※ **신분보장** : 정치중립을 위해 법령에 저촉되지 않는 한 일체의 신분상의 불이익을 받지 않는다.[♣엽관주의는(×)]<11승진> ② **전문성 확보** : 행정의 **전문성·계속성**을 확보할 수 있다. ③ **기회균등** : 자격과 능력에 따른 채용으로 기회균등이 보장된다.[♣차별(×)] 　※ 공직은 모든 국민에게 개방되어 어떠한 차별도 받지 않는다.
단점	① **정치중립(×)** : **정당에 충성**하여 행정의 정치적 중립이 보장되지 않고, 정치헌금 수수 등 **정치부패·인사부패와 연관**되기 쉬우며, 불필요한 관직의 증설(위인설관, 파킨슨 법칙과 연관)로 이어지기 쉽다.[♣엽관주의 단점(×)]<13경간> 　※ 신분보장 미흡으로 사기 저하 ② **전문성(×)** : 행정의 **전문성·계속성·안정성·일관성**이 저해되고 책임확보가 어렵고 무능한 인재 유입으로 비능률을 초래한다.<01·24승진·13경간> ③ **기회균등(×)** : 기회균등이 보장되지 않아 인사의 객관성과 공정성이 약하고 공무원의 정당의 사병화가 일어난다.<13경간> 　※ **인사기준이 객관적이지 않아 인사의 공정성이 약하게** 된다.<08·13경간>	① **정당정치 발전 곤란** : 정당정치의 실현이 곤란하다. ② **통제곤란** : 지나친 집권성과 독립성으로 **민주적 통제가 곤란**하여, 공무원의 보수화와 특권의식화를 초래하며, 국민에 대한 **대응성이 저하**된다.(국민의 요구에 적극적으로 대응하지 않을 위험)<08·13경간> ③ **인사관리 경직** : **인사관리의 경직성**을 초래하며, 행정의 소극화·형식화·집권화 초래[♣엽관주의 단점(×)]<08·13경간·24승진>

(1) **현제도상 실적주의의 내용**

　① **공개경쟁시험**

　② **공직에의 기회균등** : 공직은 **모든 국민에게 개방**되며 **어떠한 차별도 받지 않는다**.<11승진>

　③ **정치적 중립과 이를 위한 신분보장**

(2) **실적주의와 엽관주의의 관계**

　① **실적주의 원칙, 엽관주의 가미** : 실제 우리나라 공직임용은 **실적주의 원칙에 엽관주의(정실주의)를 가미한 형태**를 취하고 있다.<11승진>

　　※ 실적주의와 정실(엽관)주의는 상호배타적 개념이 아니라 적절히 조화될 수가 있다.

　② **역사적 인식** : 19세기 말까지 미국에서는 **엽관주의가 우수한 인사제도**로 일컬어지다가 **공직의 매관매직·공직부패 등, 무능과 부패로 문제**가 불거진 19세기 말 이후에 **실적주의가 우수한 인사제도로 대두**되었다.[♣실적주의가 항상 우월한 제도로 인식(×)]<11승진>

참고 정실주의

> (1) 정실주의는 **영국에서 발달**한 제도로 **문벌 · 학연 · 혈연 · 충성 등과 같은 인사권자와의 친분이나 친밀 · 신임관계 등이 공직의 임용기준**이 되는 제도이다.<04경간>
>
> (2) 이와 비교해서 엽관주의는 미국에서 발달하였으며 정당에의 충성도와 공헌도(당파성이나 정치적 요인)가 공직 임용의 기준이 되는 제도이다.

Ⅱ 테마 110 직위분류제와 계급제

Ⅰ. 직위분류제

(1) **의의** : 직위분류제는 **직무분석과 직무평가를 통해** 행정기관을 구성하는 개개의 직위에 내포되어 있는 **'직무'의 종류와 책임도 및 곤란 정도에 따라** 여러 **직종과 등급 및 직급으로 분류**하는 제도이다.[♣계급제는(×)]<12 · 19승진 · 13경간 · 08채용>

   ① **직무중심의 분류**로서 **미국의 시카고에서 처음** 실시되었고 발달되었으며, 다른 나라로 전파되었다. [♣프랑스에서 처음 실시(×)]<12경감 · 13경간 · 08 · 16.2 · 17.1 · 23.1채용>

   ② **직무분석과 직무평가의 충실한 수행이 중요**하다.[♣계급제에서(×)]<14승진>

> ※ **직위분류제의 수립절차** : ① 기획과 절차의 결정 → ② 분류담당자의 결정 → ③ **직무기술서의 작성** → ④ **직무분석** → ⑤ **직무평가** → ⑥ **직급명세서의 작성** → ⑦ 정급 → ⑧ 제도의 유지와 관리

(2) **양성** : 동일한 직무를 장기간 담당하게 되어 **전문가 양성에 유리**한 제도이다.<19.1채용>

(3) **충원** : 도중에 어떠한 직급으로도 입직이 가능한 **개방형 인사제도**를 취한다.[♣폐쇄형(×)]<12경감>

(4) **배치** : 개인의 전문성을 살려서 배치해야 하므로 비신축적, 비용통적, 경직적이다.[♣신축적(×)]<12 · 19승진 · 19.1채용>

(5) **인사 : 시험, 채용, 전직의 합리적 기준을 제공**하여 **인사행정의 합리화**를 기할 수 있으며 인사가 비교적 **객관적**으로 이루어지게 된다.[♣계급제(×)]<14승진 · 10.2채용>

(6) **신분보장** : 전문성을 살린 단기적 근무가 많으므로 신분보장은 계급제에 비해 **미흡**하다.[♣직업공무원제의 확립에 기여한다.(×) → 계급제의 특징, ♣신분보장의 철저(×)]<08 · 13경간>

(7) **전문화** : 전직이 제한되고 동일한 직무를 장기간 담당하게 되어 **행정전문화에 기여**하나 **일반행정가 확보가 곤란**하다.<13경간>

(8) **보수** : **'동일직급 동일보수의 원칙'**을 확립하여 직무급 수립이 용이하고 **보수제도의 합리적 기준**을 제시할 수 있다.<10 · 14승진 · 13경간 · 02 · 16.2 · 23.1채용>

(9) **협조** : 전문화의 부작용으로 부서 간, 기관 간 **협조 · 조정은 곤란**하다.[♣횡적 협조가 용이한 편(×)]<19승진>

(10) **업무** : 권한과 책임의 명확화로 **분업화, 전문화, 능률화를 촉진**한다.[♣권한의 한계가 불명확(×)]<19승진 · 10.2 · 17.1순경>

(11) **민주통제** : 신분보장이 강하지 않아 상대적으로 행정에 대한 민주적 통제가 용이하다.

II. 계급제<10.2채용>

(1) **의의 :** 계급제는 직위에 보임하고 있는 공무원의 **자격 · 신분을 중심**으로 계급을 만드는 제도이다.[♣직무중심 분류(×)]

① 인간중심의 분류로서 관료제의 전통이 강한 **영국 · 독일 · 프랑스 · 한국 · 일본 등에서** 채택하고 있다.[♣직위분류제(×)]<12 · 19승진 · 10.2 · 17.1 · 23.1채용>

② 보통 **계급의 수가 적고, 계급 간의 차별이 심하다.**[♣직위분류제는(×)]<14 · 19승진>

(2) **양성 :** 널리 일반적 교양 · 능력을 가진 사람을 채용하여 신분보장과 함께 장기간에 걸쳐 능력이 키워지므로 공무원이 보다 **종합적 · 신축적인 능력**을 가질 수 있는 **일반 행정가 양성에 유리**한 제도이다.[♣직위분류제는(×)]<13경간 · 12 · 14 · 19승진 · 10.2 · 17.1 · 19.1채용>

(3) **충원 :** 입직할 수 있는 계급(주로 하위직으로)이 정해져 있고 원칙적으로 중간입직은 허용하지 않는 **폐쇄형 충원 방식**을 취하며, 이는 **직업공무원제도 정착에 기여**한다.[♣개방형(×), ♣직위분류제(×)]<23경간 · 12 · 14승진 · 10.2채용>

(4) **배치 :** 해당 직급(계급)에서 보직부여가 자유로워 인사배치가 **신축적, 융통적, 탄력적**이다.[♣비융통적 (×), ♣직위분류제(×)]<12 · 19승진 · 02 · 23.1채용>

(5) **인사 :** 인사가 **객관적이지 못하게** 된다.

(6) **신분보장 :** **신분보장이 강**하여, 공직을 평생의 직장으로 이해하는 직업공무원제의 확립에 기여한다.<19승진 · 13경간 · 17.1순경>

(7) **전문화 :** 순환보직으로 동일직무를 오래 수행하지 않는 등 전문화에 **유리하지 못하나 일반행정가 확보**에는 유리하다.[♣전문화에 기여(×)]<19승진>

(8) **보수 :** 계급이 보수의 기준으로 직위분류제보다는 **보수의 기준**이 합리적이지 못하다.

(9) **협조 :** 신축적 · 탄력적 인사배치로 업무전반에 이해력이 넓어져 기관 간 **협조조정이 용이**하다.<16.2순경>

(10) **업무 :** **통찰력 있는 업무수행**이 가능하다.

(11) **민주통제 :** 강력한 신분보장으로 민주통제는 용이하지 못하다.[♣계급제(×)]

III. 관계<04 · 50 · 10 · 12승진 · 08 · 13경간 · 05 · 08채용>

구분	직위분류제<07경간>	계급제
중심	직무중심	인간중심<12경감>
양성	전문가 양성에 유리	**일반 행정가** 양성에 유리
충원	개방형 충원방식	폐쇄형 충원방식<12경감>
배치	비신축적, 비융통적, 경직적	**신축적, 융통적, 탄력적**
인사	객관적	객관적이지 못함.
신분보장	미흡	**강하다.**[♣직업공무원제도 정착에 유리(○)]
전문화	**전문화, 분업화, 능률화**	**일반화, 통찰력 있는 업무수행**
보수	합리적 기준제시 가능	직위분류제보다 합리적이지 못하다.
협조조정	**협조 · 조정이 어렵다.**	기관 간 횡적인 **협조 · 조정이 용이**하다.
업무	권한과 책임의 명확화	통찰력 있는 업무수행
민주통제	잘된다.	어렵다.

구분	직위분류제	계급제
장점	① 전문행정가의 확보가 용이 : 권한과 책임의 한계를 명확하게 하고, 보직의 변경이나 전직이 제한되고 동일한 직무를 장기간 담당하게 되어 행정의 전문화와 분업화 · 정원관리 등에 유용하다.[♣전문화 곤란(×), 권한과 책임한계 불명확(×)]<10.2채용 · 12경감> ② 인사행정 합리화 : 시험 · 채용 · 전직 등의 인사배치의 기준을 제공하여 인사행정의 합리화를 기할 수 있다.<10.2채용> ③ 보수제도의 합리적 기준 제시 : '동일직무에 대한 동일보수의 원칙'을 확립함으로써 직무급의 수립이 용이하고, 보수제도의 합리적 기준을 제시할 수 있다.<14승진 · 02채용>	① 일반 행정가의 확보가 용이 : 일반적인 교양과 능력을 지닌 사람의 임용이 가능하게 하여 인사행정의 신축성을 유지할 수 있다.<08경간> ② 신축성 · 융통성 · 탄력성 : 인사배치 및 행정의 신축성 확보가 가능하며, 순환근무를 통한 권태감의 방지가 가능하다. ③ 신분보장에 유리하여 직업공무원제 수립에 기여 : 생활급과 폐쇄형 충원, 신분보장을 통해 직업공무원제의 수립에 기여하며 조직의 안정감을 제공한다.<12경감> ④ 기관 간 횡적인 협조 · 조정이 용이하다.
단점	① 일반 행정가 확보가 곤란하다.<19승진> ② 인사배치가 비융통적이고, 신분보장이 미흡하다.<10 · 19승진> ③ 합리적인 직위의 분류가 어려워 실제 적용에 문제가 많다.	① 전문행정가의 양성이 곤란하다. ② 강력한 신분보장으로 공무원에 대한 민주통제에는 어려움이 있으며, 복지부동, 무사안일 등의 문제점이 있다. ③ 인사 · 보수에 합리적 기준이 부족하다.

(1) 계급제와 직위분류제의 관계

① 직위분류제보다 중간계급에의 진입을 허용하지 않는 **계급제**가 공직을 평생직장으로 이해하는 **직업공무원제도의 정착에 보다 유리**하다.[♣직위분류제가 유리(×)]

② 계급제와 직위분류제의 관계는 양립될 수 없는 **상호배타적인 관계가 아니라** 서로의 결함을 시정할 수 있는 **상호보완적인 관계**에 있다고 볼 수 있다.[♣상호 배타적 관계(×)]<12승진>

③ 각국의 공직제도는 **계급제와 직위분류제가 상호 융화**하는 경향에 있다.<12승진>

(2) 우리의 공직분류제도 : 계급제를 원칙으로 하고 직위분류제적 요소를 가미하고 있는 혼합형태라고 할 수 있다.<12승진 · 16.2 · 17.1 · 19.1 · 23.1채용>

> **국가공무원법 제24조(직위분류제의 실시)** 직위분류제는 대통령령으로 정하는바에 따라 그 실시가 쉬운 기관, 직무의 종류 및 직위부터 단계적으로 실시할 수 있다.

Ⅲ 테마 111 직업공무원제도

공직에 종사하는 것이 전 생애에 걸쳐 보람되고 매력 있는 직업으로 여겨질 수 있도록 조직되고 운영되는 제도이다.

(1) 성공 요건 : 실적주의 확립, 공직에 대한 높은 사회적 평가, 젊고 유능한 인재채용, 적정한 보수 및 연금제도 확립, 승진기회부여와 능력발전, 폐쇄형 인사제도와 계급제 확립, 장기적인 인력계획 수립 등[♣실적주의는 직업공무원 제도의 성공요건이 아니다.(×)]<23경간>

(2) (실적주의와의) 관계 : 실적주의는 직업공무원제도로 발전되어가는 기반이 되지만, **실적주의가 바로 직업공무원 제도를 의미하는 것은 아니다.**(실적주의가 직업공무원제보다 더 넓은 개념임.)<20.1채용>

※ **신분보장을 전제**로 하며 정치적 중립을 달성하기 위해 현 경찰 및 일반 공무원도 원칙적으로 직업공무원제도를 채택하고 있다.

      ⓐ **공통점**(실적주의, 직업공무원제도) : 신분보장, 정치중립, 자격이나 능력에 의한 인사, 정실배제 등[♣개방형 충원방식(×)]<23경간>

      ⓑ **차이점 : 직업공무원제도**는 충원방식이 **폐쇄형**이나 실적주의는 개방형(직위분류제) 또는 폐쇄형(계급제)이다.<23경간>

         ※ 실적주의 중 폐쇄형을 취하는 **계급제가 직업공무원제도 정착에 기여**한다.

(3) **특징**

    ⓐ **장점** : 직업공무원제도를 통해 **행정의 안정성, 계속성, 독립성, 중립성 확보가 용이**하다.<23경간·20.1채용>

    ⓑ **단점**

        ㉠ 민주통제의 곤란으로 **무책임성**, 환경변동에의 **부적응성과 경직성**[♣외부환경변화에 신속한 대응(×)]<20.1채용>

        ㉡ 행정전문성 · **기술성 저해**, 연령제한등 공직 임용의 기회균등을 제약으로 **비민주성**<20.1채용>,

        ㉢ 직업전환 곤란, 공직사회의 전반적인 질 저하, 해고나 징계면직이 어려워 행정통제 및 행정책임 확보가 상대적으로 어렵다.[♣용이하다.(×)]<20.1채용>

(4) **선발기준** : 임용시 연령 · 학력 등의 제한으로 제약된 기회균등, **발전가능성**(잠재능력)**을 기준**으로 한다.<23경간>

※ **실적주의** : 임용시 연령과 학력 제한이 없는 완전한 기회균등, 채용당시의 능력이 임용기준이다.

2 사기관리(士氣管理)

Ⅰ 사기(士氣)

> 사기의 원인과 결과라는 관점에서 **리더십 · 욕구 · 생산성 · 성취도 등과의 관련성**을 파악할 필요가 있다.

(1) **의의** : 조직의 구성원들이 소속된 조직 내에서 **직무와 관련하여** 조직목표를 인식하고 그 목표를 달성하려는 **자발적인 의욕**을 가지는 것을 사기라 한다.[♣직무와 무관한 단순 만족감도 사기(×)]

(2) **성격**

① **자주성 · 자발성** : 자발적이고 적극적인 근무의욕과 근무태도를 유발하며, **사기의 제1요소**로 인간의 자율성을 인정하지 않는 타율적 통제나 규율을 배제하는 개념이다.[♣타율성(×), ♣복종의식과 관련(×)]

② **집단성 · 조직성** : 사기는 개인의 직무뿐만 아니라 조직의 목표달성에 기여해야 하므로, 개인적 · 집단적 · 사회적인 성격을 띠고 있으며, 협동심 · 단결성을 전제로 한다.

    ※ 사기는 개인적 관심과 집단적 충성심을 통합하는 적극적인 수단이다.

③ **사회성** : 사기는 개개 경찰관의 **단순한 자기만족을 의미하는 것이 아니라**, 보다 큰 사회적 가치 또는 발전에 공헌하는 것이어야 한다.

(3) **사기의 원인**(**욕구는 사기의 원인**) : 욕구는 사기에 영향을 미치는 것으로 사기향상을 위해서는 구성원들의 **욕구에 대한 정확한 연구가 필요**하다.(욕구 → 사기)

    ※ 초기의 조직이론가들은 조직인의 욕구 연구를 통해 욕구충족을 조직의 **능률성 향상**으로 연결시키고자 했다.

(4) **사기의 효과**

① 충성심과 동질감의 강화, 직업에 대한 자긍심 제고, 경찰이미지 제고로 우수인력의 지원

② 열성적 임무완수로 능률성 향상, **성취도 · 생산성 · 창의성 향상**[♣창의성 저하(×), ♣성취도와 무관(×)]

③ 자발적 규범준수, 위기극복능력 증대

> ※ 욕구 ⇨ 사기 ⇨ 생산성(성취도)

Ⅱ 테마 112 동기부여 이론

(1) **동기부여** : 인간의 행동과 관련된 내적 심리적 개념으로서 조직구성원에게 바람직한 행동을 유발시키고, 그 행위를 유지시키며 나아가 그 행위를 목표지향적인 방향으로 유도해 가는 과정을 의미한다.

※ 인간을 어떤 존재로 볼 것인가에 따라 관리전략이 달라지므로, 동기부여의 방법은 인간관과 밀접한 관련성을 가지게 된다.

(2) **이론 발전**

초기 이론	조직인의 욕구연구를 통해 **욕구충족을 조직의 능률성 향상으로 연결**시키고자 하였다.
	- 조직인과 조직인의 욕구를 능률성 향상의 **수단적(도구)** 개념으로 생각하였다.
현대 이론	종래의 수단적 · 소극적인 조직인의 욕구연구에 대해 비판하면서 **조직의 생산성 향상＋구성원의 삶의 질(QOL) 향상과 인간성 회복**을 위한 연구가 되어야 하는 것으로 보고 있다.
	- 조직구성원의 **삶의 질 향상과 인간성 회복도 욕구, 동기이론을 연구하는 목적으로 인정** [♣삶의 질 향상을 추구하면 안 된다.(×)]

Ⅰ. 과정 이론

(1) **의의** : 동기부여의 **과정적 차원을 중시**하고 사람이 다르면 반응도 다르다는 전제하에 **'기대' 및 기대에 따르는 '노력'이라는 과정적 요인**을 중시하는 현대적 동기부여 이론이다.

※ 인간의 욕구가 곧바로 인간행동을 유발하는 것이 아니라 자신의 행동이 가져오는 결과를 고려하여 행동한다는 것을 강조한다.<05승진>

(2) **생산성에 영향요인** : 생산성에 영향을 미치는 요인으로서 구성원의 사기나 만족보다는 오히려 노력이 중요하며, 보상의 공평성에 대한 지각이 동기부여의 결정적 변인이라고 본다.

(3) **유형**[😊 공기업]

① **Adams의 '공정성이론' 등**[♣아담스가 내용이론 주장(×)]<05승진 · 22경간>

② **Vroom의 '기대이론'**

③ **Porter & Lawler의 '업적만족모형'**<23.2채용>

Ⅱ. 내용 이론

> 동기부여의 구체적 실체로서 욕구를 전제하고 그것을 찾고자 하는 이론이다.
>
> ※ 유형 : McClelland의 '인간의 욕구이론', Maslow의 '욕구단계설', Schein의 '인간관이론', McGreor의 'X이론·Y이론', Herzberg의 동기위생요인이론(2요인론) 등이 있다.[♣내용이론(○)]<22경간·23.2채용>

1. Maslow의 욕구 5단계 이론<02·03·04·08·10·12·13승진·14·23경간·02·05·07·15.3·17.2·22.2채용>

(1) **욕구의 계층화** : 인간의 5가지 욕구는 서로 연관되어 **우선순위의 계층을 이루고 있어**, 하위욕구부터 상위욕구로 발전한다.<23경간>

① 인간의 **모든 욕구가 충족될 수는 없으므로** 부족한 욕구 충족을 위해 노력하게 된다.[♣누구나 다섯 가지 욕구를 모두 충족하고 있다.(×)]

(2) **만족진행 접근법**

① 하위 단계의 욕구가 충족되어야 상위 욕구로 진행하며 매슬로우는 자기완성욕구(자아실현욕구)에 최고의 가치를 부여하고 있다.<19승진·22.2채용>

> 예 충분한 휴식을 취하지 못한 경찰관이 존경욕구를 충족시키기 위해 열심히 일할 수는 없다고 본다.[♣휴식을 취히지 못해도 존경욕구를 위해 열심히 일하는 경우가 있다.(×)]

② 이미 **충족된 욕구는** 더이상 동기부여 요인으로서의 의미가 없어진다.<03승진>

③ 매슬로우는 욕구를 생리적 욕구(Physiological Needs), 안전의 욕구(Safety Needs), 사회적 욕구(Social Needs), 존경의 욕구(Esteem Needs), 자기실현욕구(Self-actualization Needs)로 구분하였다.<17.2채용>

(3) **단계별 욕구**<.....10·12·13·17·19승진·14경간·02·05·07·15.3·17.2·20.2채용>

자아 실현 욕구	① 자기완성과 관계되는 최고가치의 궁극적인 욕구 ② 자아실현의 욕구는 조직목표와 조화되기 어려움.[♣인간관계 개선(×), ♣권한의 위임과 참여를 확대(×)]<17·19승진>	－ **공정하고 합리적인 승진**(지연·학연에 의한 편파적 인사 배제) － 공무원단체 인정<13·19승진>
↑		
존경 욕구	① **지위·인정·명예·위신**에 대한 욕구<05승진·14경간> 예 유능한 형사라는 **인정**을 받고 싶어 열심히 일하는 경우[♣자아실현욕구(×)]<19승진> ② 주체적 욕구라고도 한다.[♣신분보장, 연금제도(×)]<15.3채용> ※ 소속 직원 개개인을 인격의 주체로서 합당한 대우를 해준다. ♣매슬로에 의하면 존경욕구를 충족시키는 수단에는 권한의 위임, 연금제도, 제안제도, 포상제도 등이 있다.(×)	－ **참여의 확대·권한의 위임**<20.2채용> － 제안, 포상**제도**<02·05·08·13승진·15.3채용>

애정 욕구	① 친밀한 인간관계나 사랑, 집단에의 **소속감을 추구**하는 욕구, 동료·상사·조직 전체에 대한 친근감·귀속감 충족에 관한 것 圓 동료가 열심히 강도를 검거하는 것을 보고, 소속감을 느끼고자 열심히 범인을 검거하는 경우 ② **사회적 욕구**라고도 한다.[♣존경욕구(×)]<02·10·17승진·14경간·05·15.3·17.2채용> ※ 직원들의 불만·갈등을 평소 들어줄 수 있도록 **상담창구 마련**	– 인간관계 개선(비공식 집단)[♣권한의 위임으로 해소(×)]<13승진> – 고충처리의 상담[♣존경의 욕구(×), ♣공무원단체 활용(×)]<19승진·15.3·17.2채용>
안전 욕구	**현재 및 장래의 신분이나 생활에 대한 불안해소**, 위험·위협에 대한 보호, 경제적 안정 등[♣적정보수, 휴양제도(×)]<15.3채용>	– 신분보장·연금제도로 충족<13·17승진·15.3·17.2채용>
생리적 욕구	기초적 욕구로서 음악·휴식에 대한 욕구나 성적욕구, **의·식·주 및 건강 등에 관한 것** 등을 의미 ⇨ 가장 강력한 욕구[♣참여확대, 위임, 제안, 포상(×)]<14경간·17승진·07·15.3채용>	– 적정한 보수제도 – 휴양·휴가제도(휴게)<14경간·17승진·07·15.3·17.2채용>

2. 기타이론

(1) McClelland의 욕구이론 : McClelland는 **권력욕구** ⇨ **친교욕구**[♣자아실현욕구(×)] ⇨ **성취욕구의 순**
으로 인간의 동기가 발달되어 간다고 보았다.<03·05승진·23경간·02채용>

※ 성취욕구가 높을수록 차원 높은 생산성(훌륭한 직무수행)이 유발된다고 보았다.

(2) E. Schein의 4대 인간관이론

합리적 경제인관	타산적·경제적 존재
사회인관	인간관계 등 사회적 욕구를 중시하는 존재
자아실현인관	잠재능력을 최고도로 발휘하고 싶어 하는 자율적 존재
복잡인관	다양한 욕구와 변이성을 지닌 존재

① 조직 내에서의 개인(부하)의 성격과 조직 관리자의 리더쉽과 가치관에 따라 생산성이 달라진다는 내용의 동기부여 이론이다.<03·05승진·02채용>

(3) McGregor의 X이론·Y이론

① **X이론 :** 인간은 좋은 말로 해서는 안 되고, **물리적인 제재와 강압이 수반되어야** 소기의 목적을 달성할 수 있다는 견해이다.(성악설적 입장)

McGregor의 X이론에 따르면 인간은 **근본적으로 일을 싫어하기 때문에** 이러한 의욕을 강화시키기 위해 **금전적 보상과 포상제도를 강화**하였다.[♣업무에 대한 의욕을 가지고(×)]<20.2채용>

② **Y이론 :** Y이론적 인간형은 **부지런**하고, **책임과 자율성 및 창의성**을 발휘하기를 좋아하고, 스스로 통제와 발전이 가능하기 때문에 민주적이고 인간적인 동기유발 전략이 필요한 유형이다.(성선설적 입장)<22.2채용>

McGregor의 Y이론을 적용하면 상급자의 **일방적 지시와 명령을 줄이고** 의사결정 과정에 일선경찰관들의 **참여를 확대**시키도록 지시하는 것이 바람직하다.<20.2채용>

※ **관리전략** : 분권화와 권한의 위임 등 민주적 관리전략이 유용하고, 목표관리 및 자기평가제도의 강화를 통한 관리가 있다.

(4) **Herzberg의 동기위생요인이론(2요인론)** : Herzberg의 동기위생요인이론에 따르면 **사기진작을 위해서는 동기요인이 강화되어야** 하므로 **적성에 맞는 직무에 배정**하고 책임감과 성취감을 느낄 수 있도록 **독려**하였다.<20.2채용>

위생요인 (불만요인)	**열악한 근무환경, 낮은 보수 등**으로, 경찰조직의 정책과 관리, 개인상호간의 관계, 임금, 지위, 안전 등 개인의 **환경과 관련된 불만요인**으로 개인의 욕구를 충족시키는 데 있어서 주로 개인의 **불만족을 방지**해 주는 효과를 가져오는 것들을 말한다. (소극적 효과) ※ 위생요인을 제거해주는 것은 불만을 줄여주는 소극적 효과일 뿐이기 때문에, 근무태도 변화에 단기적 영향을 주어 사기는 높여줄 수 있으나 생산성을 높여주지는 못한다.<22.2채용>
동기요인 (만족요인)	주어진 일에 대한 **성취감, 주변의 인정, 승진 가능성 등**으로, 직무성취에 대한 **인정, 책임감, 성장, 발전, 존경과 자아실현 욕구**를 포함하며, 동기요인이 충족되지 않아도 불만은 없다.(독립적)<23경간> ※ 만족 요인이 충족되면 자기실현욕구를 자극하여, 적극적 만족을 유발하고 동기 유발에 장기적 영향을 준다.<22.2채용>
관계	**상호 독립** : 두 요인은 근본적으로 다른 개념이다. 따라서 동기 요인이 결핍되었다고 해서 불만족이 생기지 않으며, 위생 요인이 충족되었다고 해서 만족이 생기지는 않는다.<23경간>

(5) **아지리스(C. Argyris)의 성숙·미성숙 이론**

인간의 개인적 성격과 성격의 성숙과정을 '**미성숙에서 성숙으로**'라고 보고, 관리자는 조직 구성원을 **최대의 성숙상태로 실현시켜야** 한다고 하였다.<22.2채용>

(6) **앨더퍼(Alderfer)의 ERG 이론**

매슬로의 인간 욕구단계설을 확장한 ERG 이론[Existence, Relatedness & Growth, **존재**(매슬로 욕구 1, 2번 통합) − **관계**(매슬로 욕구 2,3,4번 통합)[♣존경(×)] − **성장**(매슬로 욕구 4,5번 욕구 통합)]이다.<23경간>

실존욕구 (Existence needs)	배고픔, 갈증, 안식처 등 생리적, 물질적인 욕망들이다. 매슬로의 처음 2개 욕구와 같다.
관계욕구 (Relatedness needs)	가족, 감독자, 공동작업자, 부하, 친구 등과 같은 타인과의 관계와 관련되는 모든 욕구를 포괄한다. 매슬로의 2, 3, 4번째 욕구에 해당
성장욕구 (Growth needs)	창조적 성장이나 개인적 성장과 관련된 모든 욕구를 포괄하고 있다. 메슬로의 4번째, 5번째에 해당

3 경찰 교육훈련

⑴ **개념**: 전통적 개념으로는 특정업무 수행에 직접 필요한 지식·기술의 습득활동을 말하고 현대적 개념으로는 경찰공무원이 직책을 수행함에 있어 필요로 하는 전문적 지식이나 기술은 물론 가치관·태도를 발전시키려는 체계적, 계획적 활동이다.

⑵ **근거**

> **경찰공무원법 제22조(교육훈련)**
>
> ① 경찰청장 또는 해양경찰청장은 모든 경찰공무원에게 균등한 교육훈련의 기회가 부여되도록 교육훈련에 관한 종합적인 기획 및 조정을 하여야 한다. .... 등
>
> **경찰공무원교육훈련규정 제6조(교육훈련실시의 의무)**
>
> ① 경찰기관의 장은 소속경찰공무원에게 그 직무와 관련된 학식·기술 및 응용능력을 배양할 수 있도록 교육훈련계획과 교육순위에 따라 교육훈련을 시켜야 한다. ....등

⑶ **목적**

① 경찰지식과 기술의 학습, 새로운 관리기법의 도입, 효율성과 경영마인드 향상(효율성)

② 민주적 가치관과 직업윤리, 준법정신 확립과 적법절차관련 지식 습득(민주성)

③ 승진대비와 개인의 발전성 유지: 승진에 대비하고 발전성을 상실하지 않도록 계속적인 훈련이 필요하지만 승진을 위한 훈련이나 승진욕구의 충족은 교육훈련의 목적이 될 수 없다.<01채용>

　※ 교육훈련의 효과는 교육훈련의 내용, 관리자의 관리방식, 조직의 공식규칙이 조화되고 일관성을 이룰 때 극대화된다.<05승진>

⑷ **교육훈련기관**

경찰대학	경찰인재개발원	중앙경찰학교
① 4년제 정규대학 교육	① 경찰간부후보생의 교육	① 순경 신임채용교육
② 치안정책교육(총경)	② 기본교육(경위·경사)	② 의경의 교육
③ 기본교육(경정·경감)	③ 전문교육(경정 이하)	

※ 수사연수원: 경찰대학 부설의 수사보안연수소를 경찰청 소속의 경찰수사연수원으로 변경하였다.

※ 치안정책연구소: 경찰대학 부설기관으로 교육기관이 아니라 연구기관이다.

Ⅰ. 교육훈련 절차

1. **퇴학처분**(경찰공무원교육훈련규정 제20조의2)

> ① 경찰교육기관의 장은 교육 대상자가 다음 각 호의 어느 하나에 해당하게 된 때에는 퇴학처분을 하고, 해당 소속기관등의 장에게 이를 통보해야 한다.(제20조의2 제1항)
>
>   1. 입교명령을 받은 자가 타인으로 하여금 **대리**로 교육훈련을 받게 한 때
>
>   2. 정당한 이유 없이 **결석**한 때
>
>   3. 수업을 극히 **태만**히 한 때
>
>   4. 생활**성적**이 **극히 불량**한 때
>
>   5. 시험 중 **부정한 행위**를 한 때
>
>   6. 경찰교육기관의 장의 교육훈련에 관한 **지시에 따르지 아니**한 때
>
>   7. 질병 및 그 밖에 교육 대상자의 **특수사정**으로 인하여 교육훈련을 계속 받을 수 없게 된 때
>
> ② 소속기관 등의 장은 제1항 제1호 내지 제6호의 사유로 인하여 퇴학처분을 당한 자 또는 정당한 이유 없이 등록을 기피한 자로서 국가공무원법 제78조 제1항 각 호의 1(징계사유)에 해당한다고 인정하는 때에는 관할 징계위원회에 **징계의결을 요구하고(의무)**, 이를 경찰교육기관의 장에게 통보하여야 한다.(제20조의2 제2항)
>
> ③ 제1항의 규정에 의하여 퇴학처분을 받은 자는 차후 **다시 교육훈련**을 받아야 한다.(제20조의2 제3항)
>
> [☻ 대결성태부지사]

2. **수료점수 미달자**(경찰공무원교육훈련규정 제20조)

> **수료점수 미달자에 대한 인사조치**
>
> ① 교육훈련에서 **수료점수에 미달**된 경찰공무원은 **1회에 한하여 다시** 그 과정의 교육훈련을 받게 할 **수 있다.**(제20조 제1항)
>
> ② 임용권자는 제1항의 규정에 의하여 다시 교육훈련을 받은 경찰공무원이 재차 수료점수에 미달하고 **직무수행능력 또는 성실성이 현저히 결여**되어 법 제28조 제1항 제2호에 따른 직권면직사유에 해당된다고 인정하는 때에는 **관할징계위원회에 직권면직의 동의를 요구할 수** 있다.(제20조 제2항)<02승진>
>
> ③ 소속기관 등의 장은 제2항의 규정에 의한 처리결과를 당해 교육기관의 장에게 통보하여야 한다.(제20조 제3항)

II. **교육훈련 유형**(경찰공무원교육훈련규정 제7조)

학교교육	의의		경찰교육기관인 경찰대학·경찰인재개발원 및 중앙경찰학교에서 실시하는 교육훈련
	유형	신임교육	**의의** 신규 임용될 자가 대상<간부후보생(52주), 순경공채(34주)>(제8조 제1항)
			내용 ① **소양교육** <02승진> ② **실무에 필요한 법규** ③ **직무수행에 필요한 기초지식**, ④ **체력연마와 무술훈련**
		기본교육	① **기본교육**: 경정(5주)·경감·경위·경사(3주)(**승진후보자명부에 등재된 자 포함**)는 해당 계급별 기본교육을 받아야 한다.(제8조 제2항) ② **치안정책과정**: 선발된 총경(승진후보자 명부에 등재된 자 포함)은 기본교육으로 치안정책교육을 받아야 한다.(22주)(제8조 제3항)
		전문교육	① 경정 이하의 경찰공무원은 직무와 관련된 전문교육을 받아야 한다.(제8조 제4항) ② 전문교육의 교육대상 및 기간은 매년도의 경찰교육훈련계획에 의한다. → 교육대상 및 기간이 매년 바뀔 수 있다.
위탁교육	의의		① 재직경찰관들을 국내외의 교육기관 등에 위탁하여 행하는 교육훈련을 말한다.(제2조 제4호) ② 교육훈련기관의 성격에 따라 '국외파견교육'과 '국내위탁교육'으로 나누어진다.
	결과보고		**위탁교육이수자 결과보고**: 위탁교육을 이수한 자는 교육훈련결과보고서를 이수 후 출근하는 날로부터 30일 안에 경찰청장(해양경찰청장)에게 제출하여야 함.<04·05승진>
직장훈련	의의		① 경찰기관의 장이 소속 경찰공무원의 직무수행능력을 향상시키기 위하여 **일상 업무를 통하여 행하는 훈련**(제2조 제5호)<02승진, 01경간> ② **경정 이하의 경찰공무원을 대상**으로 하며 직무수행에 지장이 없도록 유의해야 한다. ③ 직장훈련의 평가는 연1회 실시하되 10월 말일을 기준으로 한다.<02승진>
	유형	직장교육	① 기관·부서·그룹단위의 업무관련 직무교육: 월 1회 이상 ② 정서함양동호회 및 연구모임 활동: 월 2회 이상
		체력단련	체력단련동호회(무도훈련 포함)활동: 월 2회 이상
		사격훈련	① 정례사격 <연 2회 이상>, 외근요원 특별사격 <연 6회 이상> ② 사격훈련의 평가는 경위 이하 경찰관에 한하여 평가
기타교육			**"기타교육훈련"**이란 위 교육훈련에 속하지 아니하는 교육훈련으로서 경찰기관의 장의 명에 의하거나 경찰공무원 스스로 하는 직무 관련 학습·연구 활동을 말한다.(제2조 제6호)

1. 체력관리(경찰공무원 체력관리규칙)

체력관리
계획수립
	① 체력관리기관의 장은 **연도 개시 전까지 소속 경찰공무원에 대한 체력검정을 포함한 체력관리계획을 수립하여야** 한다.(제4조 제1항)<14승진>
	② 제1항의 체력관리계획에는 다음 각 호의 사항이 포함되어야 한다.(제4조 제2항)
	  1. 체력단련의 시간, 장소, 내용
	  2. 체력검정의 일시, 방법 등 제반 절차
	  3. 기타 체력단련 및 체력검정에 필요한 사항(규칙 제4조)

체력관리 담당관 및 체육교관 지정	① **체력관리기관의 장**은 소속 경찰공무원에 대한 체력단련과 체력검정에 필요한 사항을 관리·운영하게 하기 위하여 **체력관리담당관 1인과 체육교관 1인을 지정하여야** 한다.(제5조 제1항) ② **체력관리담당관은 직장훈련담당관이 겸**하고, **체육교관은 체력관리기관별 소속 무도지도사범이 겸**한다.(제5조 제2항)
체력검정 · 체력단련 실시	① 체력관리기관의 장은 소속 경찰공무원에 대한 체력검정을 **매년 10월까지 정기적으로 실시하여야** 한다.(제7조 제1항) ② 체력관리기관의 장은 (체력검정) 미실시자와 최종등급 4등급인 자에 대하여 **개인별 1회에 한하여** 추가로 체력검정을 실시할 수 있다.[♣2회에 한하여(×)](제7조 제2항)<14승진> ③ 체력관리기관의 장은「경찰공무원 직장훈련 시행규칙」제9조에 정한 범위 안에서 **무도훈련시간을 이용** 소속경찰공무원에 대하여 체력단련을 시켜야 한다.(제7조 제3항)

체력검정
대상자 등
	① 체력관리기관의 장은 치안감 이하 경찰공무원에 대한 체력검정을 실시한다. 다만, **만 55세 이상 또는 경무관 이상 경찰공무원**(이하 "자율실시자")은 **자율 실시할 수** 있다.[♣50세 이상(×)](제9조 제1항)<14승진>
	② 체력검정제외 대상(기간 중 아래 어느 하나에 해당하는 자는 체력검정을 실시하지 아니할 수 있다.)(제9조 제2항)
	  1. 파견근무 또는 교육훈련 중인 자
	  2. 임신 중이거나 출산 후 1년이 경과되지 않은 자
	  3. 사고나 질병 또는 신체적·정신적 장애로 체력검정이 불가능한 자
	  4. 휴직, 직위해제, 정직 중인 자
	  5. 그 해에 퇴직이 예정된 자
	  6. 그 밖에 특별한 사유로 소속 체력관리기관의 장이 검정이 불가능하다고 인정하는 자
	③ 체력관리기관의 장은 제2항에 따라 체력검정을 실시하지 아니하는 자("검정제외자")를 선정할 수 있다. 이 경우 진단서 등 객관적 자료의 확인을 통해 선정하여야 한다.(제9조 제3항)

기타	① **체력검정 종목 :** ㉠ **100m 달리기** ㉡ **팔굽혀펴기** ㉢ **교차 윗몸일으키기** ㉣ **악력의 측정**[♣1200m달리기(×)](제10조)<14승진> ② **체력검정의 평가기준** : 체력검정은 일정기준(규칙별표)에 따라 **종목별, 성별 및 연령별로 구분하여 평가**한다.[♣구분 없이(×)](제12조) ③ **체력검정결과의 인사관리 반영** : 체력검정결과를 **총경 이상** 경찰공무원에 대하여는 **인사관리의 참고자료**로 활용하고, **경정 이하** 경찰공무원에 대하여는 해당 연도 근무성적평정에 반영한다.(제15조)

4 근무성적 평정제도

Ⅰ. 근무성적 평정

(1) **의의**: 공무원의 근무실적·근무수행태도·직무수행능력 등을 일정한 기준에 따라 체계적·정기적으로 그의 감독자가 평가하는 제도가 근무성적 평정제도이며 조직발전의 기초로 작용하는 공무원의 **'능력개발'과 '평가'가 목적**이고, 행정제도 개선의 수단으로도 활용될 수 있다.<97승진·22.2채용>

① **유용성**: 인사관리(상벌), 시험의 타당도 측정기준, 교육훈련수요의 파악, 적재적소의 인사배치 기준 파악 등

※ 전통적 근무성적평정제도는 생산성과 능률성에 중점을 두어 공무원의 직무수행능력을 측정하고 이를 인사행정의 표준화와 직무수행의 통제를 위한 수단으로 활용하였다.<22.2채용>

② **실적주의 인사행정의 중요수단**: 실적주의 인사행정의 중요한 수단이며, 근무성적 평정에 있어서는 객관성·신뢰성·타당성 등이 보장되어야 한다.

(2) **대상**: **총경 이하**의 경찰공무원에 대해서는 **매년(연 1회)** 근무성적을 평정하여야 하며, 근무성적 평정의 결과는 승진 등 **인사관리에 반영하여야** 한다.[♣반영할 수 있다.(×)](경찰공무원 승진임용 규정 제7조 제1항)<20 경간·02·04승진>

※ **인사평정제도**: 경무관 이상을 대상으로 근무성적을 평가하는 제도를 말한다.

(3) **횟수, 기준시점**

① 근무성적 평정은 **연 1회** 실시한다.(경찰공무원 승진임용 규정 시행규칙 제4조 제1항)<20경간>

② 근무성적 평정은 **10월 31일을 기준**으로 한다.(경찰공무원 승진임용 규정 시행규칙 제4조 제2항)

(4) **근무성적평정의 요소와 배정**(경정 이하 -경찰공무원 승진임용 규정 시행규칙 별지 제2호 서식)<99·02·10승진>

제1평정요소(30점) (객관적 평정요소)	제2평정요소(20점) (주관적 평정요소)
(1) 경찰업무 발전에 대한 기여도<6>	(1) 근무실적<6>
(2) 포상(벌점상계)<9>	(2) 직무수행능력<8>
(3) 교육훈련<13>	(3) 근무수행태도<6>
(4) 근무태도<2>	* 총경의 근무성적평정은 제2평정요소에 대해서만 실시함.

① 근무성적의 총평정점은 50점을 만점으로 한다.(경찰공무원 승진임용 규정 시행규칙 제7조)

② 다만, **총경**의 근무성적은 **제2평정 요소(주관적 요소: 근무실적, 직무수행능력 및 직무수행태도)**로만 평정한다.(경찰공무원 승진임용 규정 제7조 제2항 단서)<22.2채용>

(5) **근무성적 평정자**: 근무성적의 평정자는 3人으로 한다.(경찰공무원 승진임용 규정 시행규칙 제6조 제1항)<20경간>

① 제1차 평정자: 평정대상자의 감독자 **예** 지구대경찰관의 경우 순찰팀장

② 제2차 평정자: 제1차 평정자의 바로 위 감독자 **예** 지구대장(생활안전과장과 협의)

③ 제3차 평정자: 제2차 평정자의 바로 위 감독자 **예** 경찰서장

※ 경찰청장은 평정자를 특정하기가 곤란하다고 인정할 경우에는 따로 평정자를 지정할 수가 있다.

PART
04

⑹ **우리 경찰의 근무성적 평정방법**

① **도표식 평정척도법**<96승진>

② **강제배분법 :** 주관적 평정요소(제2평정요소)에 따른 근무성적 평정은 평정대상자의 계급별로 평정 결과는 **수(20%), 우(40%), 양(30%), 가(10%)**의 분포비율에 맞도록 **하여야** 한다.(경찰공무원 승진임용 규정 제7조 제3항)<20경간·22.2채용>

다만, 평정 결과 '가(10%)'에 해당하는 사람이 없는 경우에는 '**가(10%)**'의 비율을 '**양(30%)**'에 가산**하여 적용**한다.(경찰공무원 승진임용 규정 제7조 제3항 단서)

※ 응시연령제한 예외에 해당하는 일정 경찰공무원과 경찰서 수사과에서 **고소·고발 등에 대한 조사 업무를 직접 처리하는 경위** 계급의 경찰공무원을 평정할 때에는 평정 비율을 적용하지 아니할 수 있다.[♣분배해야(×)](제7조 제4항)<22.2채용>

⑺ **공개·통보 :** 근무성적 평정 결과는 **공개하지 아니**한다.[♣공개한다.(×)] 다만, 경찰청장은 근무성적 평정이 완료되면 평정 대상 경찰공무원에게 해당 근무성적 **평정 결과를 통보할 수** 있다.(경찰공무원 승진임용 규정 제7조 제5항)<20경간>

① **근무성적 평정 결과의 통보 및 이의신청 :** 경찰청장은 다음 각 호의 근무성적 평정 결과를 평정 대상 경찰공무원에게 **통보할 수** 있다.(경찰공무원 승진임용 규정 시행규칙 제9조의2 제1항)

1. 제1평정요소에 대한 평정점(경정 이하 경찰공무원에 한한다.)

2. 제2평정요소에 대한 평정점의 분포비율에 따른 등급

3. 그 밖에 경찰청장이 통보가 필요하다고 인정하는 사항

② 평정 대상 경찰공무원은 '제1평정요소에 대한 평정점'의 근무성적 평정 결과에 이의가 있는 경우에는 제2차평정자에게 **이의를 신청할 수** 있다.(경찰공무원 승진임용 규정 시행규칙 제9조의2 제2항)

③ 이의신청을 받은 제2차평정자는 이의신청의 내용이 타당하다고 판단하는 경우에는 해당 경찰공무원에 대한 '제1평정요소에 대한 평정점'의 근무성적 평정 결과를 조정할 수 있으며, 이의신청을 받아들이지 않는 경우에는 그 사유를 해당 경찰공무원에게 **설명하여야** 한다.(경찰공무원 승진임용 규정 시행규칙 제9조의2 제3항)

⑻ **근무성적 평정의 예외**

① 휴직·직위해제 등의 사유로 해당 연도의 평정기관에서 **6개월 이상 근무하지 아니한 경찰공무원**에 대해서는 근무성적을 평정하지 아니한다.(경찰공무원 승진임용 규정 제8조 제1항)<22.1채용>

② 교육훈련 외의 사유로 국가기관, 지방자치단체 또는 인사혁신처장이 지정하는 기관에 2개월 이상 파견근무하게 된 경찰공무원에 대해서는 파견받은 기관의 의견을 고려하여 근무성적을 평정하여야 한다.(경찰공무원 승진임용 규정 제8조 제3항)

③ 평정대상자인 경찰공무원이 전보된 경우에는 그 경찰공무원의 근무성적 평정표를 전보된 기관에 이관하여야 한다. 다만, 평정기관을 달리하는 기관으로 전보된 후 2개월 이내에 정기평정을 할 때에는 전출기관에서 전출 전까지의 근무기간에 대한 근무성적을 평정하여 이관하여야 하며, 전입기관에서는 받은 평정 결과를 고려하여 평정하여야 한다.(경찰공무원 승진임용 규정 제8조 제4항)

④ **정기평정 이후에 신규채용되거나 승진임용된 경찰공무원**에 대해서는 **2개월이 지난 후부터** 근무성적을 평정하여야 한다.[♣3개월 지난 후부터(×)](경찰공무원 승진임용 규정 제8조 제5항)<20경간>

Ⅱ. 경력평정

(1) **의의** : 경찰공무원의 경력 평정은 승진소요 최저근무연수가 지난 **총경 이하**의 경찰공무원이 해당 계급에서 근무한 연수(年數)에 대하여 실시하며, 경력평정 결과는 **승진대상자 명부 작성에 반영**한다.(경찰공무원 승진임용 규정 제9조 제1항)

※ 승진소요 최저근무연수가 경과된 총경 이하의 전 경찰관을 대상으로 직무에 대한 경험과 숙련도를 측정하는 것을 말한다.

① 경력평정은 기본경력(최고 32)과 초과경력(최고 3)을 합산하여 평정하며 총평정점은 35점이다.(경찰공무원 승진임용 규정 시행규칙 제13조)

② **평정자와 확인자** : 경력의 평정자는 평정대상자가 속한 소속기관등의 인사담당 경찰공무원이 되고, 확인자는 평정자의 바로 위 감독자가 된다.(경찰공무원 승진임용 규정 시행규칙 제11조)

③ **경력평정의 기준 시** : 경력 평정은 **12월 31일**을 기준으로 한다. 다만, **총경과 경정**의 경력 평정은 **10월 31일을 기준**으로 한다.(경찰공무원 승진임용 규정 시행규칙 제4조 제2항)

④ 경력 평정은 **연 1회** 실시한다.(경찰공무원 승진임용 규정 시행규칙 제4조 제1항)<20경간>

(2) **경력기간** : 경력 평정은 **기본경력(최근)과 초과경력(기본경력 전)으로 구분**하여 실시하되, 계급별로 기본경력과 초과경력에 포함되는 기간은 다음과 같다.(경공 승진임용 규정 제9조 제3항)

① **기본경력**

가. **총경 · 경정 · 경감** : 평정기준일부터 최근 **3년**간[♣최근4년(×)]

다. **경위 · 경사** : 평정기준일부터 최근 **2년**간

라. **경장 · 순경** : 평정기준일부터 최근 **1년 6개월**간

② **초과경력**(기본경력 이전 기간) ....

(3) **경력의 기간계산**

① 경력평정대상기간 중에 휴직 · 정직 또는 직위해제기간이 있을 때, 경찰대학을 졸업하고 경위로 임용된 사람이 의무경찰대 대원으로 복무한 기간은 평정에서 그 기간을 제외한다.(경찰공무원 승진임용 규정 시행규칙 제10조 제1항 제1호)

② 승진소요 최저근무연수에 산입되는 휴직기간, 관할 징계위원회가 징계하지 아니하기로 의결한 경우와 해당 직위해제처분의 사유가 된 징계처분이 소청심사위원회의 결정 또는 법원의 판결에 따라 무효 또는 취소로 확정된 경우나 처분 사유가 된 형사사건이 법원의 판결에 따라 무죄로 확정된 경우의 직위해제기간, 퇴직한 경찰공무원이 퇴직 당시의 계급 또는 그 이하의 계급에 재임용되는 경우 경력평정 기준일 전 10년 이내의 기간 중 재임용된 계급 이상으로 근무하였던 기간, 시보임용기간. 기타 규정에 따라 승진소요최저년수에 포함되는 기간은 경력평정대상기간에 산입된다.(경찰공무원 승진임용 규정 시행규칙 제10조 제2항)

③ 경력평정대상기간은 경력월수를 단위로 하여 계산하되, 15일 이상은 1월로 하고 15일 미만은 경력에 산입하지 아니한다.(경찰공무원 승진임용 규정 시행규칙 제10조 제3항)

(4) **재평정** : 경력 평정을 한 후에 평정사실과 다른 사실이 발견되었을 때에는 다시 평정하여야 한다.(경찰공무원 승진임용 규정 시행규칙 제12조)

Chapter 04 경찰예산제도

1 테마 113 경찰예산관리

Ⅰ 예산의 의의

(1) **개념**: 예산이란 1회계년도 단위로 정부에 의해 편성되어 국회의 심의·의결로 성립되는 국가의 세입·세출의 재정계획으로 국가의 주요정책이나 사업계획을 구체화하는 일련의 계획과정이다.

① **예산**: 1회계년도 내의 국가의 수입과 지출의 예정된 계획이다.

② **결산**: 1회계년도 내의 국가의 세입과 세출의 실적을 확정적 계수로 표시한 것이다.

③ **회계연도**: 국가의 회계연도는 매년 **1월 1일에 시작**하여 **12월 31일에 종료**한다.(국가재정법 제2조)

④ **회계연도 독립의 원칙**: 각 회계연도의 경비는 그 연도의 세입 또는 수입으로 충당하여야 한다.(국가재정법 제3조)

(2) **기능**: 국민의 조세부담을 전제로 하여 적정 재원의 확보와 확보된 재원의 배분을 통하여 경찰의 범죄예방 수사 등 범죄에 대처하는 활동을 조장하고 유도한다.

(3) **회계에 따른 예산의 분류**: 국가의 회계는 **일반회계와 특별회계**로 구분한다.(국가재정법 제4조 제1항)<04승진·07·12.1채용>

일반회계	일반회계는 조세수입 등을 주요 세입으로 하여 국가의 일반적인 세출에 충당하기 위하여 설치한다.(국가재정법 제4조 제2항) ① **중앙정부 예산의 중심 회계제도**로 국가의 전반적 활동에 관한 총세입·총세출을 포괄하여 편성한 예산이다. ② 중앙정부의 거의 모든 예산이 일반회계로 이루어지며 **경찰예산의 대부분도 일반회계**에 속한다.[♣경찰예산 대부분이 특별회계(×)]<05승진·12.1채용> 　　♣경찰예산의 대부분은 특별회계에 속한다.(×)<12.1채용>
특별회계	국가에서 **특정한 사업을 운영**하고자 할 때, 특정한 자금을 보유하여 운용하고자 할 때, **특정한 세입**으로 특정한 세출에 충당함으로써 **일반회계와 구분**하여 회계처리할 필요가 있을 때에 **법률로써 설치**한다.(국가재정법 제4조 제3항) ① **증가 추세**: 최근 조세 이외의 정부수입과 사업적 성격을 지니는 행정 분야의 증대에 따라 이들 분야의 경영합리화를 위해 **특별회계의 적용이 점차 늘어나고 있는 경향**이다.[♣축소경향(×)] 　※ 특별회계의 확대는 국회(국민)의 예산통제원칙에 악영향을 미치기 때문에 정부는 특별회계의 무차별 적용에 제한을 가하고 있다. ② **경찰이 운영하는 특별회계**: 책임운영기관 특별회계(경찰병원의 세입·세출)

| 특별
회계 | 설치
요건 | ① **국가에서 특별한 목적의 사업을 운영할 때**[● 목자구]

② **특정한 자금을 보유하여 운영할 때**

③ **기타 특정한 세입으로서 특정한 세출에 충당함으로써 일반의 세입·세출과 구분하여 경리할 필요가 있을 때**[♣특별행정기관에서 사용함에 필요할 때(×)]

♣경찰과 같은 특별행정기관에서 사용함에 필요할 때, 특별회계를 설치·운영할 수 있다.(×) |
| | 특징 | **소관부서 관리**: 특별회계는 원칙적으로 이를 설치한 **소관부서가 관리**하며 **기획재정부의 직접적인 통제를 받지 않는다.**<12.1채용> |

(4) 예산의 형식과 구조(내용중심 분류)[● 총세 계명국]

예산총칙	예산에 대한 총괄적 규정
세입· 세출예산	수입·지출의 견적서로서 예산의 핵심부분(예비비를 포함) ① **예비비**: 정부는 예측할 수 없는 예산 외의 지출 또는 예산초과지출에 충당하기 위하여 일반회계 **예산총액의 100분의 1 이내의 금액**을 예비비로 세입세출예산에 계상할 수 있다.(국가재정법 제22조, 제1항) ② 다만, 예산총칙 등에 따라 미리 사용목적을 지정해 놓은 예비비는 본문에도 불구하고 별도로 **세입세출예산에 계상할 수 있다.**(국가재정법 제22조, 제1항 단서) ※ 예측할 수 없는 예산 외의 지출 또는 예산초과지출에 충당하기 위하여 정부는 예비비로 상당한 금액을 세입·세출예산에 계상할 수 있다.(국가재정법 제22조 제1항)<09승진>
계속비	**완성에 수년이 필요한 공사나 제조 및 연구개발사업**은 그 경비의 총액과 연부액(年賦額)을 정하여 미리 국회의 의결을 얻은 범위 안에서 **수년도에 걸쳐서 지출할 수** 있다.(국가재정법 제23조 제1항)<09승진>
명시 이월비	세출예산 중 경비의 성질상 연도 내에 지출을 끝내지 못할 것이 예측되는 때에는 그 취지를 세입세출예산에 명시하여 **미리 국회의 승인을 얻은 후** 다음 연도에 이월하여 사용할 수 있다.(국가재정법 제24조 제1항)<09승진>
국고채무 부담행위	국가는 법률에 따른 것과 세출예산금액 또는 계속비의 총액의 범위 안의 것 외에 채무를 부담하는 행위를 하는 때에는 미리 예산으로써 국회의 의결을 얻어야 한다.(국가재정법 제25조 제1항)<09승진>

참고 예산과목분류

(1) 예산의 내용을 정확하게 파악하고 비교하기 용이하도록 예산을 예산과목으로 분류하는 것으로 '소관(조직)·장·관·항·세항·목'으로 분류되고 있다.

※ 경우에 따라 이를 '장·관·항·세항·세세항·세사업·목·세목'으로 분류하기도 한다.

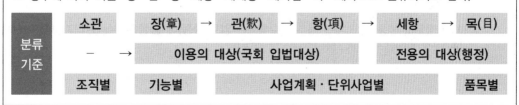

분류 기준	소관	장(章) →	관(款) →	항(項) →	세항 →	목(目)
	− →		이용의 대상(국회 입법대상)		전용의 대상(행정)	
	조직별	기능별		사업계획·단위사업별		품목별

Ⅲ 예산제도의 종류<03승진 · 14경간 · 08채용>

Ⅰ. 품목별 예산(LIBS)

(1) **의의**: 품목별예산제도는 **지출품목마다 그 비용이 얼마인가에 따라 예산을 배정**하는 제도이다.

① 세출예산의 **대상 · 성질에 따라 지출품목별로 분류**하여 지출대상과 그 한계를 명확히 규정함으로써 예산집행 시에 유용이나 부정을 방지하려는 제도이다.<18승진 · 14경간 · 19.2채용>

② 전통적인 예산기법으로 **통제 지향적**이라고[♣관리 지향적(×)] 볼 수 있으며 **예산담당 공무원들에게 필요한 핵심적 기술은 회계기술**이다.<17경간>

③ 현재 **우리 정부(경찰)의 예산제도**이다.<98승진>

(2) **장점과 단점 비교**<12 · 18승진 · 13 · 14 · 17경간 · 10.2 · 19.2채용>

장점	① **회계 집행내용과 책임이 명확**하며, 예산의 **운용이 비교적 쉽고**, 인건비 등 경직성 경비에 적용이 쉬워 기본경비에 대해서는 적용이 용이하다.[♣회계책임이 분명하지 아니한 단점(×), ♣계획예산제도(×)]<13 · 14 · 17경간 · 10 · 18승진 · 10.2 · 19.2채용>
	② 국회 및 감독부서의 지출 합법성을 검토하는 **재정통제(회계검사)가 용이**하며 **경비사용의 적정화에 유리**하다.[♣감사기관에 의한 통제가 용이하지 않고(×)]<12 · 13 · 14경간 · 19.2채용>
	③ **인사행정에 유용한 정보 · 자료를 제공**한다.[♣성과주의 예산제도(×)]<05 · 13승진 · 10.2채용 · 13 · 14경간>
	④ 행정의 재량범위가 축소된다.
단점	① 지출대상 및 금액이 명확히 설정되어 있어 예산집행의 **신축성이 제약**된다.<13 · 14경간>
	② **성과측정이 곤란**하다.<14경간>
	③ **지출목적이 불분명**: 기능의 중복이 심하며, 계획과 지출이 불일치한다.[♣기능중복을 피하기 용이(×), ♣계획과 지출이 일치(×)]<10 · 18 · 19승진 · 14 · 17경간 · 08채용>
	④ **의사결정을 위한 충분한 자료제시가 부족**하여 **의사결정의 참고자료로 하기 어렵고**, 품목과 비용을 따지는 미시적 관리에 치중하여 정부전체 활동의 **통합조정에 필요한 수단을 제공하지 못한다.**[♣성과주의(×)]<14경간 · 10승진>

Ⅱ. 성과주의 예산제도(PBS)

(1) **의의**: 사업계획을 세부사업으로 분류하고 각 세부사업별로 '**단위원가 × 업무량 = 예산액**'으로 표시하여 편성하는 예산이다.[♣품목별 예산제도는(×)]<04 · 07 · 14 · 17경간 · 12승진 · 04채용>

① 따라서 **단위원가 계산이 중요한 대표적인 예산제도**는 성과주의 예산제도라고 할 수 있다.[♣품목별 예산제도(×)]<12경간>

② 또한 정부의 물품구입보다는 정부가 수행하는 **업무(활동)에 중점**을 두는 **관리지향적 예산제도**이다. [♣품목별 예산제도(×)]<01 · 04 · 13승진 · 12 · 13경간>

(2) **성과주의예산제도의 장점과 단점 비교**<13 · 14경간 · 10.2 · 23.2채용 · 01 · 04 · 05 · 10 · 12승진>

장점	① **자원배분의 합리성과 예산집행의 신축성**을 기할 수 있다.[♣기능중복을 피하기 곤란(×)]<19승진>
	② **국민의 입장에서 경찰의 활동을 이해하기 용이**하다.[♣계획예산(×)]<12승진 · 13 · 17경간 · 23.2채용>
	③ 해당부서의 **업무능률을 측정하여 다음 연도의 예산에 반영**할 수 있다.<14경간>
단점	① **단위원가 계산 및 업무측정단위 선정이 어려워** 총괄예산계정에는 부적합하다.<14경간>
	② **인건비(봉급)등 경직성 경비의 적용이 어려워 기본경비에 대한 적용이 곤란**하다.[♣계획예산 (×), ♣인건비 등 경직성 경비에 적용이 용이(×)]<01 · 04 · 05 · 10승진 · 13 · 14경간 · 23.2채용>

III. 계획예산(PPBS)

(1) **의의 :** 장기적인 기획(Plan)과 단기적인 예산편성(사업구조화–Programming)을 구체적인 활동계획을 통하여 유기적으로 연결시켜, 예산(budgeting)배분에 관한 의사결정을 합리적으로 일관성 있게 행하려는 예산제도이다.[♣사업의 우선순위 결정이 중요(×), ♣품목별 예산제도(×)]<12경감>

※ 정책결정자의 욕구를 충족시키기 위한 것으로서 일명 프로그램 예산제도라 한다.

※ 계획예산의 핵심은 **프로그램 예산형식**을 따르는 것으로서, **기획(Planning), 사업구조화(programming), 예산(budgeting)을** 연계시킨 **시스템적 예산제도**이다.<23.2채용>

(2) **특징 :** 의사결정을 위한 **자료제시가 상대적으로 충분**하다.[♣충분한 자료제시 부족(×)]

(3) **장점 : 예산과 기획의 통합이 가능**하고 자원배분의 **일관성과 합리성**을 도모한다.

(4) **단점 :** 예산편성의 **집권화**(의회의 통제기능이 약화)되며 **계량화가 곤란**하며, 국민입장에서 경찰활동 등 이해가 용이하지 않고, 회계검사가 어려운 등 **통제가 어려워** 행정의 **재량이 상대적으로 확대**된다.[♣이해 용이(×), ♣회계검사 용이(×), ♣행정재량범위 축소(×)]

IV. 영점기준예산(ZBB)

(1) **의의 :** 조직체의 **모든 사업 · 활동**에 대하여 영기준을 적용해서 각각의 효과성 · 효율성 및 중요도 등을 체계적으로 분석하고, 사업의 축소 · 확대 여부를 **원점에서 다시 검토**하여, 매년 **사업의 우선순위를 새로이 결정**하고, **우선순위별로 실행예산을 결정**하는 제도이다.[♣품목별 예산제도는(×), ♣일몰법은(×)]<03 · 07채용 · 14경간 · 12경감>

① 영기준 예산은 **사업의 우선순위 결정이 중요**하다.[♣계획예산제도(×)]<14경간 · 12승진>

(2) **목적 :** 예산편성 시 **전년도 예산을 기준으로 점증적으로 예산액을 책정하는 폐단**을 시정하려는 목적에서 유래하며 '**작은 정부시대**', '**자원난 시대**'의 감축관리로서 조명받는다.[♣계획예산(×)]<14경간 · 13 · 19승진 · 12.1 · 23.2채용>

(3) **장점 :** 예산의 팽창 방지(국가자원의 절약) 및 조세부담 증가를 방지하고, 하의상달의 의사구조로 실무계층의 참여를 증대시킨다.

(4) **단점 :** 시간 · 노력이 과다하게 소모, 사업축소나 폐지의 곤란성이 문제가 된다.

PART
04

Ⅴ. 일몰법 예산<10.2채용>

(1) **입법부가 중요한(특정) 사업**이 일정기간(3~7년)이 경과하면 **의무적·자동적으로 폐지**되게 하는 법률을 제정하여 시행하는 예산이 일몰법 예산이다.[♣행정부가(×), ♣모든 사업(×)]<12·19승진·10.2채용>

(2) 예산제도의 일종이지만 **행정부가 아닌 입법부에서 법을 제정**한다.<10채용>

(3) 근본에서 재검토한다는 측면과 감축관리라는 관점에서 영기준 예산과 맥을 같이 한다.

(4) 정책의 자동적 종결과 주기적 재심에 초점을 둔다.

Ⅵ. 자본예산(CBS)

예산을 **경상지출과 자본지출로 구분**하여, **경상지출**은 경상수입으로 충당시켜 **균형**을 이루도록 하지만, **자본지출은 적자재정·공채발행으로 그 수입에 충당**함으로써 **불균형 예산**을 편성하는 제도이다.[♣자본지출은 균형예산(×)]<10승진>

Ⅲ 예산의 과정

> **예산과정** : 예산과정은 회계연도를 단위로 하여 **주기적으로 예산의 입안·집행·통제를 되풀이하는 순환적 과정**이다.
>
> ① 예산과정은 일반적으로 **예산의 편성, 예산의 심의·의결, 예산의 집행, 결산 및 회계검사의 4단계 과정**으로[♣심의·편성·집행·결산 순으로(×)] 이루어지며 3개 연도를 주기로 반복되는 특성을 지니고 있다.
>
> > ♣예산과정을 구성하는 기본적 활동 단계는 예산의 심의·편성·집행·결산 순으로 이뤄진다.(×)
>
> ② 예산은 매 회계연도마다 **행정부가 편성하고, 국회의 심의·의결을 거쳐 확정되면 관계기관에서 집행**한다.

Ⅰ. 예산편성(국가재정법 제28조~제33조)

1. 신규 및 중기사업계획서 제출(경찰청 ⇨ 기획재정부)

각 중앙관서의 장(경찰청장)은 매년 **1월 31일까지 해당**[♣다음(×)] 회계연도부터 **5회계연도**[♣3회계연도(×)] 이상의 기간 동안의 **신규사업** 및 **기획재정부장관**[♣행정안전부장관(×)]이 정하는 **주요 계속사업**에 대한 **중기사업계획서**를 기획재정부장관에게 제출하여야 한다.[♣매년 2월 말까지(×)](국가재정법 제28조)<05·13·17승진·11·22경간·12.2·18.1·22.1채용>

2. 예산안편성지침의 통보(기획재정부 ⇨ 경찰청)

기획재정부장관은 **국무회의**[♣국회(×)]의 **심의**를 거쳐 **대통령의 승인**을 얻은 다음 연도의 **예산안편성지침**을 매년 **3월 31일까지** 각 중앙관서의 장에게 통보하여야 한다.(국가재정법 제29조)<07·13·17·23승진·12·23경간·12.2·18.1·20.2채용>

※ 기획재정부장관은 제7조의 규정에 따른 국가재정운용계획과 예산편성을 연계하기 위하여 제1항의 규정에 따른 예산안편성지침에 중앙관서별 지출한도를 포함하여 통보할 수 있다.

※ 기획재정부장관은 제29조제1항의 규정에 따라 각 중앙관서의 장에게 통보한 예산안편성지침을 **국회 예산결산특별위원회에 보고하여야** 한다.(국가재정법 제30조)<23승진>

3. 예산요구서 제출(경찰청 ➪ 기획재정부)

각 중앙관서의 장(경찰청장)은 예산안편성지침에 따라 그 소관에 속하는 다음 연도의 **세입세출예산·계속비·명시이월비 및 국고채무부담행위 요구서**("예산요구서")를 작성하여 매년 **5월 31일까지** 기획재정부장관에게 제출하여야 한다.[♣행안부장관에게(×), ♣6월 31일까지(×)](국가재정법 제31조 제1항)<11·13·17·23승진·11·20·22경간·12.2·18.1·20.2·22.1·23.1채용>

※ 사업계획서에서 **제시된 예산과 실제 요구예산 사이에는 상당한 차이**가 있게 된다.

4. 정부안의 확정 및 국회제출(행정부 ➪ 국회)<09승진>

(1) **예산안의 편성** : 기획재정부장관[♣경찰청장은(×)]은 "예산요구서"에 따라 예산안을 편성하여 **국무회의 심의**를[♣국회 심의(×)] 거친 후 **대통령의 승인**을 얻어야 한다.(국가재정법 제32조)<20경간·13·17·23승진·23.1채용>

(2) **예산안의 국회제출** : 정부는 대통령의 승인을 얻은 예산안을 **회계연도 개시 120일 전까지**[♣90일 전까지(×)] 국회에 제출하여야 한다.(행정부제출예산제도)(국가재정법 제33조)<20경간·05·13·17승진·12.2·18.1·19.2·20.2·22.1채용>

※ 헌법 제54조② 정부는 회계연도마다 예산안을 편성하여 회계연도 개시 **90일 전까지** 국회에 제출하고, 국회는 회계연도 개시 30일 전까지 이를 의결하여야 한다.

II. 예산심의·의결

(1) **심의과정** : 국회에 제출된 경찰예산안은 **예산결산특별위원회**에서 **종합심사**를 통해 구체적이고 실질적인 금액조정이 이루어지며 종합심사가 끝난 예산안은 본회의에 상정된다.[♣행정안전위원회에서 종합심사(×)]<20경간>

① 대통령(시정연설) → 기획재정부장관(예산안 제안·설명) → **상임위원회(예비심사)** → **예산결산특별위원회(종합심사)** → **국회 본회의 의결**을 거친다.

② **예산결산특별위원회의 종합심사** 순서[♣행정안전위원회에서 종합심사(×)] : '**종합**정책질의 → **부처별** 심의 → **계수조정**소위원회의 계수조정 → 예결위 전체회의에서 소위원회의 조정안 **승인**'<20경간·18승진> [☻종부계승]

(2) **국회본회의 의결** : 회계연도 개시 30일 전까지 예산을 확정(심의·의결)한다.(헌법 제54조 제2항)<11·20경간·20.2채용>

※ 국회는 정부의 동의 없이 예산액을 증액하거나 새 비목을 설치하지 못한다.

(3) **예산편성 절차(성립과정)에 따른 예산의 분류**[♣특별회계예산(×)]<04·13승진·07·10.2채용>

본예산	최초로 편성되어 국회에 제출된 후 국회에서 의결·확정된 예산(당초예산)
수정 예산	① **의의** : 행정부가 예산을 편성하여 국회에 제출한 이후 **심의·확정되기 전**에 국내외의 사정변동으로 예산안의 **일부 내용을 변경하여 다시 국회에 제출**한 예산[♣확정된 후(×)] ② **수정 가능** : 수정예산은 **예산금액의 감소나 증가**, 예산목적이나 예산총칙의 변경 등 예산 전반에 걸친 수정을 가할 수 있다. ※ **예산의 수정** : 행정부가 아닌 국회가 예산의 내용을 변경하는 것으로서, 국회는 행정부의 동의 없이는 예산금액의 합계를 증가시킬 수가 없다.

추가 경정 예산	예산이 국회에서 **심의 · 의결로 확정된 후에 생긴 사유**로 인하여 필요한 경비의 부족 등, 이미 성립한 예산에 변경을 가할 필요가 있을 때 편성하는 예산이다.[♣수정예산(×), ♣확정전 사유(×)]<11 · 19승진 · 02 · 19.2채용>
	※ 금액을 추가하는 '추가예산'과 비목 간 조정을 하는 '경정예산'이 합쳐진 개념
준예산 <13승진>	① **의의** : 회계년도 개시 전까지 예산이 성립되지 못하는 경우에, 해당 년도 예산이 국회에서 **의결될 때까지 전년도에 준해서 임시 지출**하는 예산이다.<03 · 13 · 14승진 · 12.1 · 23.2채용>
	② **기능** : 예산집행에 **신축성을 부여**하고 예산의 불성립으로 인한 **행정의 중단을 방지**하는 기능을 한다.<13승진>
	③ **지출용도(예산 확정 전 지출)**
	㉠ 헌법이나 법률에 의하여 설치된 **기관 또는 시설의 유지 · 운영비**(공무원의 보수와 사무처리에 관한 기본경비)[♣새로운 경찰관서 설치비용(×), ♣예산 확정 전 사용불가(×)]<19승진>
	㉡ **법률상 지출의무의 이행**
	例 **공무원의 보수, 사무 처리에 관한 기본경비**[♣공무원보수 지출불가(×)]
	㉢ **이미 예산으로 승인된 사업의 계속비** 등<10.2채용>[● 운법승]

III. 예산집행

> 국회에서 의결 · **확정된 예산에 따라 재원을 조달하고 경비를 지출하는 재정활동**을 집행이라 한다.
> ※ **예산의 집행(지출원인행위)은 예산의 배정으로 시작**된다.

1. 배정

배정 : 기획재정부장관이 각 중앙관서의 장에게 일정기간 동안 집행할 수 있는 금액과 책임소재를 명확히 하는 절차를 배정이라 한다.

> **절차 : 배정요구 → 배정계획수립 → 배정 · 재배정 → 지출원인행위 → 지출행위 → 현금지급**

① **예산배정요구서 제출** : 각 중앙관서의 장(경찰청장)은 예산이 확정된 후 **사업운영계획 및 이에 따른 세입세출예산 · 계속비와 국고채무부담행위를 포함**한 예산배정요구서를 기획재정부장관에게 제출하여야 한다.[♣명시이월비를 포함한 예산배정요구서(×)](국가재정법 제42조)<12 · 20 · 22경간 · 15 · 20.2채용>

② **예산배정 : 기획재정부장관은** 예산배정요구서에 따라 **분기별[♣월별(×)] 예산배정계획**을 작성하여 **국무회의의 심의**를 거친 후 **대통령의 승인**을 얻어야 한다.(국가재정법 제43조 제1항)<20경간>

  ※ **기획재정부장관**은 각 중앙관서의 장에게 예산을 배정한 때에는 **감사원에 통지하여야** 한다.(국가재정법 제43조 제2항)<15.1 · 22.1 · 23.1채용>

③ **예산집행지침 통보 : 기획재정부장관**은 예산집행의 효율성을 높이기 위하여 매년 **예산집행에 관한 지침**을 작성하여 각 **중앙관서의 장(경찰청장)에게 통보하여야** 한다.(국가재정법 제44조)<15.1채용>

④ **예산의 목적 외 사용금지** : 각 중앙관서의 장(**경찰청장**)은 세출예산이 정한 **목적 외에 경비를 사용할 수 없다.**[♣사용할 수 있다.(×)](국가재정법 제45조)<15.1채용>

2. 재배정

(1) **의의 :** 기획재정부장관으로부터 예산을 배정받은 중앙관서의 장이 산하 각 기관에 대하여 분기별로 예산을 다시 배정해 주는 절차를 재배정이라 한다.

(2) **재배정의 목적 :** 중앙관서의 장으로 하여금 각 기관의 예산집행 상황을 감독 · 통제하고 재정적 한도를 엄수하게 하려는 데 있다.

※ 중앙관서의 장은 예산의 효율적 집행을 위한 재정통제의 한 방법으로서 배정받은 예산을 산하 기관에 배정하지 않고 유치 · 보유하는 것이 관례로 되어 있다.

3. 지출

(1) **지출원인행위 : 예산의 집행**(지출원인행위)**은 예산의 배정으로 시작**되므로, 예산이 확정되더라도 해당 예산이 **배정되지 않은 상태**에서는 **지출원인행위를 할 수 없다.**[♣배정되기 전이라도 지출원인행위를 할 수 (×)]<11 · 19승진 · 19.2채용>

(2) **목적 외 사용금지 :** 각 중앙관서의 장(경찰청장)은 **세출예산이 정한 목적 외에 경비를 사용할 수 없다.**(국가재정법 제45조)<22경간 · 15.1채용>

(3) **예산의 전용**

① 각 **중앙관서의 장(경찰청장)**은 예산의 목적범위 안에서 재원의 효율적 활용을 위하여 대통령령으로 정하는바에 따라 **기획재정부장관의 승인**을[♣국무회의 심의 대통령 승인(×)] 얻어 각 **세항 또는 목의 금액을 전용할 수** 있다.(국가재정법 제46조 제1항)<23경간>

※ 이 경우 사업 간의 유사성이 있는지, 재해대책 재원 등으로 사용할 시급한 필요가 있는지, 기관운영을 위한 필수적 경비의 충당을 위한 것인지 여부 등을 종합적으로 고려하여야 한다.(국가재정법 제46조 제1항 단서)

② 각 중앙관서의 장은 회계연도마다 **기획재정부장관이 위임**하는 범위 안에서 각 **세항 또는 목의 금액을 자체적으로 전용할 수** 있다.(국가재정법 제46조 제2항)

③ 관서운영경비출납공무원은 교부받은 관서운영경비에 대하여 목간 전용하여 사용할 수 없으나, **세목 간에는 용도를 변경하여 사용할 수** 있다.<01 · 05승진>

예 운영비목의 세목에 해당하는 '공공요금'의 경우 동일한 목인 운영비 내에서는 전용할 수도 또 전용받을 수도 있다.

(4) **예산의 이용 · 이체**

① 각 **중앙관서의 장(경찰청장)은** 예산이 정한 **각 기관 간** 또는 **각 장 · 관 · 항 간**에 상호 **이용(移用)할 수 없다.**[♣이용할 수 있는 것이 원칙(×)](국가재정법 제47조 제1항)

다만, 다음 각 호의 어느 하나에 해당하는 경우에 한정하여 **미리 예산으로써 국회의 의결**을 얻은 때에는 **기획재정부장관의 승인**을 얻어 이용하거나 **기획재정부장관이 위임하는 범위** 안에서 자체적으로 이용할 수 있다.(국가재정법 제47조 제1항 단서)

1. 법령상 지출의무의 이행을 위한 경비 및 기관운영을 위한 필수적 경비의 부족액이 발생하는 경우
2. 환율변동 · 유가변동 등 사전에 예측하기 어려운 불가피한 사정이 발생하는 경우
3. 재해대책 재원 등으로 사용할 시급한 필요가 있는 경우
4. 그 밖에 대통령령으로 정하는 경우

② **기획재정부장관은** 정부조직 등에 관한 법령의 제정·개정 또는 폐지로 인하여 중앙관서의 **직무와 권한에 변동**이 있는 때에는 그 중앙관서의 장의 요구에 따라 그 예산을 상호 **이용하거나 이체(移替)할 수** 있다.(국가재정법 제47조 제2항)

③ **예산의 탄력적 집행제도**<02·03·05승진·10.2채용>

	① **입법과목(장·관·항)**간의 상호융통을 의미
예산의 이용	② 예산의 이용은 미리 **국회의 의결(승인)**과 **기획재정부장관의 승인이나 위임**을 요함.[♣전용(×)]<10.2채용>
	♣예산집행상의 필요에 따라 미리 예산으로써 국회의 의결을 얻은 때에 기획재정부장관의 승인을 얻거나 기획재정부장관이 위임하는 범위 안에서 장·관·항간에 예산금액을 상호 이용하는 것을 예산의 전용이라 한다.(×)<10.2채용>
예산의 전용	**행정과목(세항·목)** 간의 상호융통을 의미(**기획재정부장관의 승인**을 요함.)(제46조 제1항)
예산의 이체	정부조직의 변동에 따른 예산의 책임소재 변경을 의미한다.
이월 명시이월	세출예산 중 경비의 성질상 연도 내에 지출을 끝내지 못할 것이 예측될 경우 미리 국회의 승인을 얻어 예산을 다음 연도에 넘겨서 사용하는 것
사고이월	연도 내에 지출원인행위를 하고 불가피한 사유로 인하여 연도 내에 지출하지 못한 경비와 지출원인행위를 하지 아니한 부대경비의 금액을 다음 연도에 넘겨서 사용하는 것(사고이월은 1회에 한하여 할 수 있음.)

(5) **예산의 지출**

① **지출원인행위 :** 재무관이 세출예산·계속비·국고채무부담행위 및 기금운용계획에 따라 지출의 원인이 되는 계약 등을 행하는 것을 의미한다.

② **지출행위 :** 계약체결을 한 후 자금배정을 받은 범위 내에서 국고를 지출하는 행위

③ 경찰의 경우 경찰청장 또는 경찰청장의 위임을 받은 자가 지출원인행위의 수행이 가능하다.

(6) **지출의 원칙**

① **계좌이체에 의해** 지급할 것

② **회계연도 개시 후**에 지출할 것

③ **해당 연도 세입예산으로**부터 지출할 것

④ 확정채무가 존재하고 그 **이행기가 도래한 때** 지출할 것

4. 관서운영경비(지출의 특례)(국고금관리법 제24조, 동법 시행령 제31조, 동령 시행규칙 제52조)

(1) **의의**

① 관서를 운영하는 데 드는 경비로서 그 성질상 지출의 원칙적 절차규정에 따라 지출할 경우 업무수행에 지장을 가져올 우려가 있는 경비에 대하여, 출납공무원(또는 관서의 장)으로 하여금 지출관으로부터 교부받아 지급하게 함으로써 그 책임과 계산 하에 사용하게 하는 경비를 의미한다.<96승진>

② **서류 등의 보관 :** 관서운영경비의 집행에 관한 증빙서류, 현금출납부 등은 회계연도 종료 후 **5년간 보존하여야** 한다.[♣3년간 보존(×)]<12경간>

(2) 범위(국고금관리법 시행령 제31조)<04채용>

① **운영비**(복리후생비·학교운영비·일반용역비 및 관리용역비는 제외)·**특수활동비·안보비 및 업무추진비** 중 기획재정부령으로 정하는 금액(건당 500만원) 이하의 경비[♣업무추진비 제외(×), 봉급(×)](국고금관리법 시행령 제31조 제1호)<10승진>

※ 기획재정부령 : 시행령에 따라 **관서운영경비로** 지급할 수 있는 경비의 **최고금액은 건당 500만원**으로 한다.(국고금관리법 시행규칙 제52조 제1항)

건당 500만원의 - 예외	다만, **다음** 어느 하나에 해당하는 경우에는 **그러하지 아니**하다.(국고금관리법 시행규칙 제52조 제1항 단서)
	1. **기업특별회계상** 해당 **사업**에 **직접 소요되는 경비**
	2. **운영비** 중 **공과금 및 위원회참석비**[♣건당 500만 원 이하(×)]
	3. **특수활동비** 중 **수사활동**에 **소요**되는 **경비**
	4. **안보비** 중 **정보활동**에 **소요**되는 **경비**
	5. 그 밖에 기획재정부장관이 정하는 경비 [☻정수 참공직]

② 외국에 있는 채권자가 외국에서 지급받으려는 경우에 지급하는 **경비**(재외공관 및 외국에 설치된 국가기관에 지급하는 경비를 포함)

③ **여비**

④ 그 밖에 규정 절차에 따라 지출할 경우 업무수행에 지장을 가져올 우려가 있는 경비로서 기획재정부령으로 정하는 **경비**

(3) 취급

① **취급관서 :** 관서운영경비는 그 성격상 경찰청·지방청·경찰서·지구대·파출소 등 각급 경찰관서에서 사용할 수 있고, 종래의 도급경비와 같이 일정한 소규모 관서에 한정되지 않는다.

② **취급자 :** 관서운영경비는 **관서운영경비출납공무원이 아니면 지급할 수 없다.**(국고금관리법 제24조 제3항)<19승진>

※ 관서운영경비 출납공무원 : 경찰청·지방청·경찰서의 경우에는 출납공무원, 지구대의 경우에는 지구대장, 파출소의 경우에는 파출소장

③ **관리방식 :** 관서운영경비출납공무원은 관서운영경비를 **금융회사등에 예치**하여 관리하여야 한다.(국고금관리법 제24조 제4항)<19승진>

④ 관서운영경비출납공무원은 교부된 자금의 범위 안에서 지급원인행위를 할 수 있다.

(4) 지급

① **관서운영경비의 지출원인행위 :** 관서운영경비출납공무원은 지출관으로부터 교부받은 예산과목별 사용한도액의 범위 안에서 지급원인행위를 할 수 있다.

② **관서운영경비의 지급방법 : 정부구매카드를 사용하여야** 한다.(국고금 관리법 시행령 제34조)<05승진>

※ 경비의 성질상 정부구매카드를 사용할 수 없는 경우에는 **예외적으로 계좌이체**(예 공공요금, 채권자가 계좌이체를 요청하는 경우)나 **현금지급 등의 방법**을 병행할 수 있다.(국고금 관리법 시행령 제36조)

③ 일정한 관서운영경비는 회계연도 개시 전에도 필요한 자금의 지급이 가능하다.

예 운영비, 업무추진비 및 특수활동비, 외국에서 지급하는 경비, 국내여비

PART 04

⑸ **정산**

① 관서운영경비가 부족할 때에는 추가교부 신청이 가능하고, 사용 잔액은 반납해야 한다.

② 관서운영경비출납공무원은 매 회계연도의 관서운영경비 사용 잔액을 **다음 회계연도 1월 20일까지** 해당 **지출관에게 반납하여야** 한다.(국고금관리법 시행령 제37조 제1항)

Ⅳ. 예산결산

⑴ 5 / 20까지 기획재정부장관에게 회계검사 결과보고서 송부 : 감사원 → 기획재정부장관 → 예비심사(상임위) → 종합심사(예결위) → 본회의 보고

① **중앙관서결산보고서의 작성 및 제출 :** 각 **중앙관서의 장(경찰청장)**은 「국가회계법」에서 정하는바에 따라 회계연도마다 작성한 **결산보고서**("중앙관서결산보고서")를 **다음 연도 2월 말일까지 기획재정부장관에게 제출하여야** 한다.(국가재정법 제58조 제1항)<20·23경간>

② **국가결산보고서의 작성 및 제출 :** 기획재정부장관은 「국가회계법」에서 정하는바에 따라 회계연도마다 작성하여 **대통령의 승인**을 받은 **국가결산보고서**를 **다음 연도 4월 10일까지 감사원에 제출하여야** 한다.(국가재정법 제59조)<20경간·20.2채용>

③ **결산검사 :** 감사원은 제출된 **국가결산보고서**를 검사하고 그 보고서를 **다음 연도 5월 20일까지 기획재정부장관에게 송부하여야** 한다.[♣대통령 승인(×)] (국가재정법 제60조)<23경간>

④ **국가결산보고서의 국회제출 :** 정부는 감사원의 검사를 거친 **국가결산보고서**를 **다음 연도 5월 31일까지 국회에 제출하여야** 한다.(국가재정법 제61조)<20경간·20.2채용>

⑵ **정부책임 :** 정부가 회계검사를 마친 결산서류를 국회에 제출하고, **국회가 결산을 하게 되면 정부의 예산집행 책임이 해제**되고 해당 연도 예산은 완결하게 된다.(결산은 차기 국회에 제출)[♣정부의 책임이 해제되는 것은 아니다.(×)]

Chapter 05 기타관리

1 테마 114 물품관리

(1) **의의:** 경찰업무수행에 필요한 물품을 취득하여 효율적으로 보관·사용하고, 합리적으로 처분하는 과정을 의미한다.

(2) 경찰 **물품(장비)관리의 목적:** 능률성·효과성·경제성을 들 수 있다.[♣민주성(×)]<08경간>

(3) **물품관리기관** ─ 물품관리법, 경찰소관 회계직 공무원 관직지정 및 회계사무 취급에 관한 규칙<13·17승진>

총괄기관	① **기획재정부장관**은[♣조달청장은(×)] 물품관리의 **제도와 정책에 관한 사항을 관장**하며, 물품관리에 관한 정책의 결정을 위하여 필요하면 조달청장이나 각 중앙관서의 장으로 하여금 물품관리 상황에 관한 보고를 하게 하거나 필요한 조치를 할 수 있다.(제7조 제1항)<17승진>
	② **조달청장**은[♣기재부 장관은(×)] 각 중앙관서장이 수행하는 **물품관리에 관한 업무를 총괄·조정**한다.(제7조 제2항)<13·17승진·18채용>
관리기관	**각 중앙관서의 장**은 그 소관 물품을 관리한다.(제8조)
물품 관리관	① 각 중앙관서의 장은 대통령령으로 정하는바에 따라 그 소관 **물품관리에 관한 사무를 소속 공무원에게 위임할 수 있고**(임의적 설치기관)[♣위임한다.(×)], 필요하면 다른 중앙관서의 소속 공무원에게 위임할 수 있다.(제9조 제1항)<13·17승진>
	② 각 중앙관서의 장으로부터 물품관리에 관한 사무를 위임받은 공무원을 **물품관리관**(物品管理官)이라 한다.[♣물품운용관(×), ♣물품출납공무원(×)](제9조 제2항) 예 경찰청 경무국 장비과장, 지방청 경무과장 ※ **분임물품관리관**(임의적 설치기관): 각 중앙관서의 장은 **물품관리관의 사무의 일부를 분장**하는 공무원을 대통령령으로 정하는바에 따라 **둘 수 있다.**[♣두어야(×)](제12조 제1항)<18.1채용> 예 경찰서 경무과장
	③ **관리기관의 분임 및 대리** ㉠ **각 중앙관서의 장**은 물품관리관의 사무의 일부를 분장하는 분임물품관리관을[♣분임물품출납공무원을(×)] 대통령령으로 정하는바에 따라 **둘 수 있다.**[♣두어야 한다.(×)](제12조 제1항)<18.1채용> ㉡ 각 중앙관서의 장은 물품관리관이 부득이한 사유로 직무를 수행할 수 없을 때에는 그 사무를 대리하는 공무원을 대통령령으로 정하는바에 따라 지정할 수 있다.(제12조 제2항)

물품출납 공무원	① **물품관리관**(분임물품관리관 포함)**은** 대통령령으로 정하는바에 따라 그가 소속된 관서의 공무원에게 그 관리하는 물품의 **출납(出納)과 보관에 관한 사무**(출납명령에 관한 사무 제외)를 **위임하여야** 한다.(제10조 제1항)
	※ **물품관리관이 임명하는 의무적 설치기관**으로서 물품의 출납 및 보관에 관한 실질적인 관리기관이다.(**물품관리관의 출납명령에 따라 출납하고 필요한 사항을 기록**)(제10조 제1항)<04·13승진>
	② **물품**의 **출납과 보관에 관한 사무를 위임**받은 공무원을 **물품출납공무원**이라 한다.(제10조 제2항)<13·17승진>
	③ **분임물품출납공무원**(임의적 설치기관) : 물품관리관은 **물품출납공무원의 사무의 일부를 분장**하는 공무원을 대통령령으로 정하는바에 따라 **둘 수 있다.**[♣두어야(×)](제12조 제1항)<18.1채용>
	④ 물품관리관은 **물품출납공무원 또는 물품운용관**이 부득이한 사유로 직무를 수행할 수 없을 때에는 그 사무를 **대리하는 공무원**을 대통령령으로 정하는바에 따라 각각 **지정할 수 있다.**(제12조 제2항)
물품 운용관	① **물품관리관**은 대통령령으로 정하는바에 따라 그가 소속된 관서의 공무원에게 국가의 사무 또는 사업의 목적과 용도에 따라서 **물품을 사용하게 하거나 사용 중인 물품의 관리에 관한 사무**("물품의 사용에 관한 사무")를 **위임하여야** 한다.(제11조 제1항)
	※ 물품관리관으로부터 물품사용에 관한 사무를 위임받은 공무원을 **물품운용관**이라 한다.[♣물품출납공무원(×)](제11조 제2항)<13·17승진·18.1채용>
	囫 경찰서 각 과의 주무담당 (계장)
	② 물품관리관이 임명하는 **필요적 설치기관**으로서, '**출납명령 요청 및 필요사항의 기록·관리**' 및 '**수선·개조를 위한 적절한 조치 및 정비책임**'등을 담당한다.[♣출납하고 필요사항 기록(×)]
	③ 물품관리관은 **물품운용관**이 부득이한 사유로 직무를 수행할 수 없을 때에는 그 사무를 **대리하는 공무원**을 대통령령으로 정하는바에 따라 **지정할 수 있다.**(제12조 제2항)

2 테마 115 장비관리

> 경찰의 장비관리의 목표는 **능률성·효과성·경제성**에 있으므로 절약과 능률을 근간으로 과학적인 관리기법을 적용하여 경찰업무수행을 원활하게 지원함과 동시에 낭비적 요소를 제거함으로써 국가예산과 물자를 절약하도록 노력하여야 한다.[♣민주성(×)]<08·13경간>

I. 무기 및 탄약관리

(1) 무기·탄약 관리 및 사용 시에는 반드시 법정요건을 준수하고 안전수칙을 지켜야 한다.

(2) 용어정리(경찰장비관리규칙 제112조)<17승진·13.2·17.2채용>

무기	"무기"란 인명 또는 신체에 위해를 가할 수 있도록 제작된 **권총·소총·도검 등**을 말한다.(경찰장비관리규칙 제112조 제1호)<17승진>
집중 무기고	경찰인력 및 경찰기관별 무기 책정기준에 의하여 배정된 **개인화기와 공용화기를 집중보관·관리하기 위하여** 각 경찰기관에 설치된 시설을 말한다.[♣간이무기고(×)](제112조 제2호)<17승진·13.2·17.2·23.2채용>
탄약고	경찰탄약을 집중 보관하기 위하여 다른 용도의 사무실, **무기고 등과 분리 설치**된 보관시설을 말한다.(제112조 제3호) ※ **탄약고는 무기고와 분리되어야** 하며 가능한 본 청사와 격리된 독립 건물로 하여야 한다.[♣통합되어야 한다.(×)](경찰장비관리규칙 제115조 제3항)<17승진·13.2·17.2채용> ♣탄약고는 관리의 효율성을 높이기 위해 무기고와 통합되어야 한다.(×)
간이 무기고	경찰기관의 각 기능별 운용부서에서 효율적 사용을 위하여 **집중무기고로부터 무기·탄약의 일부를 대여받아 별도로 보관·관리**하는 시설을 말한다.[♣임시무기고(×)](경찰장비관리규칙 제112조 4호)<13.2채용>

(3) 무기고 및 탄약고 설치

① **집중무기고 설치기관**: 경찰청, 시·도경찰청, 경찰대학·인재개발원·중앙경찰학교, 경찰서, 경찰기동대 및 경비대, 의무경찰대, 경찰특공대, 기타 경찰청장이 지정하는 경찰관서(경찰장비관리규칙 제115조 제1항)

※ 무기고와 탄약고는 견고하게 만들고 **환기·방습장치와 방화시설 및 총가시설**(총기거치대) 등이 완비되어야 한다.(경찰장비관리규칙 제115조 제2항)<16승진>

② **무기고와 탄약고 시설**: 탄약고는 무기고와 분리되어야 하며, 될 수 있는 한 본 청사와 격리된 독립 건물로 하여야 한다.[♣통합 설치하여야(×)](경찰장비관리규칙 제115조 제3항)<16·17승진·22.1채용>

※ 무기고와 탄약고의 환기통 등에는 **손이 들어가지 않도록 쇠창살 시설**을 하고, **출입문은 2중**으로 하여 각 1개소 이상씩 자물쇠를 설치하여야 한다.(경찰장비관리규칙 제115조 제4항)<13.2·22.1채용>

③ **무기고 및 탄약고 설치요령**: 무기·탄약고 비상벨은 상황실과 숙직실 등 초동조치 가능 장소와 연결하고, 외곽에는 **철조망장치와 조명등 및 순찰함**을 설치하여야 한다.[♣할 수 있다.(×)](경찰장비관리규칙 제115조 제5항)<16·17승진·22.1채용>

④ **간이무기고 설치장소**: 간이무기고는 **근무자가 24시간 상주하는 지구대 등과 상황실 및 5분대기대** 등 경찰기관의 장이 필요하다고 인정하는 상당한 이유가 있는 장소에 설치할 수 있다.(경찰장비관리규칙 제115조 제6항)<23경간·16·17승진>

⑤ **조명설비 등**: 탄약고 내에는 **전기시설을 하여서는 아니 되며**[♣전기기설 설치가 원칙(×)], **조명은 건전지 등**으로 하고 방화시설을 완비하여야 한다. 단, 방폭설비를 갖춘 경우 전기시설을 설치할 수 있다.(제115조 제7항)<23경간·24승진·22.1채용>

(4) 무기·탄약 등의 대여(제118조)

① **대여절차**: 무기·탄약을 대여하고자 할 때에는 무기·탄약 대여신청서에 따라 **경찰관서장의 사전 허가**를 받은 후 **감독자의 입회**하에 대여하고 무기탄약출납부, 무기탄약 출·입고서에 이를 **기재하여야** 한다.(제2항)

PART

04

② **입·출고 : 상황실 등**의 **간이무기고**에 대여 또는 배정받은 무기탄약을 **입출고**할 때에는 휴대 사용자의 **대여 신청**에 따라 **소속부서 책임자의 허가**를 받아 무기탄약 출·입고부에 **기록**한 후 관리책임자 **입회**하에 입출고 하여야 한다.(제3항)

③ **지급절차 : 지구대 등**의 간이무기고의 경우는 **소속 경찰관에 한**하여 무기를 지급하되 **감독자 입회**(감독자가 없을 경우 반드시 **타 선임 경찰관 입회**)하에 무기탄약 입출고부에 **기재**한 뒤 입출고하여야 한다. 다만, **긴급상황** 발생시 경찰서장의 **사전허가**를 받은 경우의 대여는 예외로 한다.(제4항)<23경간>

④ **대여무기 관리 및 입고 :** 무기탄약을 대여 받은 자는 그 무기를 **휴대하고 근무**하는 경우를 제외하고는 **무기고에 보관**하여야 하며, **근무 종료**시에는 **감독자 입회**아래 무기탄약 입출고부에 **기재**한 뒤 즉시 **입고**하여야 한다.(제5항)<23.2채용>

⑤ 경찰기관의 장이 평상시에 소속경찰관에게 무기의 실탄을 대여할 때에는 다음 기준에 따라야 한다. 다만, 기능별 임무나 상황에 따라 이를 가감할 수 있다.(제6항)

　　1. 소총은 정당 실탄 20발 이내

　　2. 권총은 정당 실탄 8발 이내

(5) **규정 : 무기·탄약의 회수 및 보관**(경찰장비관리규칙 제120조)<18·23경간·17승진·13.2·17.1·2·23.2채용>

즉시 회수해야 하는 경우(제1항)	회수할 수 있는 직원(심의위 거쳐서)(제2항)	무기고에 보관해야 하는 경우(제4항)
① 직무상 비위 등으로 인하여 **중징계** 의결 요구된 자 ② **사의를 표명한 자**[♣주벽이 심한 자(×), ♣변태성벽이 있는자(×)](제1항)<15승진·23경간·17.1채용>	① 직무상의 비위 등으로 인하여 **감찰조사의 대상**이 되거나 **경징계의결** 요구 또는 경징계 처분 중인 자 ② 형사사건의 **수사 대상**이 된 자<23.3채용> ③ 경찰공무원 직무적성검사 결과 **고위험군**에 해당 되는 자 ④ 정신건강상 문제가 우려되어 **치료**가 필요한 자 ⑤ 정서적 **불안** 상태로 인하여 무기 소지가 적합하지 않은 자로서 소속 부서장의 요청이 있는 자 ⑥ 그 밖에 **경찰기관의 장**이 무기 소지 적격 여부에 대해 **심의를 요청**하는 자(제2항)<15승진·17.1채용> [●경사 고치불안 심의]	① **술자리 또는 연회 장소**에 출입할 경우<24승진> ② **상사의 사무실 출**입시<23.2채용> ③ 기타 정황을 판단하여 **필요하다고 인정**되는 경우[♣보관할 수 있는 경우(×)](제4항)

(1) 회수할 수 있는 경우 - 무기소지 적격심의위원회 경유(제120조 제2항)

(2) 회수해야 하는 경우 - 대상자가 **이의신청**을 하거나 **소속 부서장이 무기 소지 적격 여부**에 대해 **심의를 요청**하는 경우에는 무기 소지 적격 심의위원회('**심의위원회**')의 **심의를 거쳐**[♣소속기관장이(×)] 대여한 무기·탄약의 회수여부를 결정한다.(제120조 제1항 단서)

① 무기·탄약 회수 대상자에 해당하는지 여부 및 회수의 해제 여부를 심의하기 위하여 **각급 경찰기관의 장 소속하**에 심의위원회를 둔다.(제120조의2 제1항)

② 심의위원회는 위원장 1명을 포함하여 총 **5명 이상 7명 이내의 위원**으로 **구성**하되 **민간위원 1명 이상**이 위원으로 참여하여야 한다.(제120조의2 제2항)

③ 위원은 다음 각 호의 사람이 된다.(제120조의2 제3항)

  1. 내부위원 : 심의 대상자 소속 경찰기관의 장이 당해 경찰기관에 소속된 자 중 지명한 자

  2. 민간위원 : 정신건강 분야에 관한 전문성을 갖춘 사람으로서 심의 대상자 **소속 경찰기관의 장이 위촉**하는 사람

④ 심의위원회의 **위원장은 심의 대상자 소속 경찰기관의 장이 지명**한다.(제120조의2 제4항)

⑤ 심의위원회의 사무를 처리하기 위하여 위원회에 간사를 두며, **간사는 경찰공무원 중에서 위원장이 지명**한다.(제120조의2 제5항)

(3) 예외 : 다만, 심의위원회를 개최할 **시간적 여유가 없거나** 사고 방지 등을 위해 **신속한 회수가 필요**하다고 인정되는 경우에는 대여한 무기·탄약을 **즉시 회수할 수** 있으며, 회수한 날부터 **7일 이내에 심의위원회를 개최**하여 회수의 타당성을 심의하고 계속 회수 여부를 결정하여야 한다.(제120조 제2항 단서)

(4) 해제 : 경찰기관의 장은 무기를 회수해야하는 사유와 회수할 수 있는 사유(제1항, 제2항)들이 소멸되면 **직권 또는 당사자 신청**에 따라 무기 소지 적격 **심의위원회의 심의를 거쳐** 무기 회수의 해제 조치를 할 수 있다.(제120조 제3항)

⑹ **무기고의 열쇠관리 책임** : 아래 관리자가 보관 관리한다. 다만, 휴가, 비번 등으로 **관리책임자 공백시는 별도 관리책임자를 지정하여야** 한다.(경찰장비관리규칙 제117조 제2항)<17.2채용>

① **경찰서 집중무기고의 경우**(제1호)<24승진>

  ㉠ 일과시간의 경우 **무기 관리부서의 장**(정보화장비과장, 운영지원과장, 총무과장, **경찰서 경무과장** 등)

  ㉡ 일과시간 후(토, 공휴일 포함)에는 당직 업무(청사방호) 책임자(**상황관리관** 등 당직근무자)

② **간이무기고의 경우**

  ㉠ 상황실 간이무기고는 112종합상황실(팀)장

  ㉡ 지구대 등 간이무기고는 **지역경찰관리자**(지구대장·파출소장 - 주간, 순찰팀장 - 야간)(지역경찰관서장이 비번 또는 부재중일 경우 순찰팀장)[♣항상 순찰팀장이(×)]

  ㉢ 그 밖의 간이무기고는 일과시간의 경우 설치부서 책임자, 일과시간 후 또는 토요일·공휴일의 경우 당직 업무(청사방호) 책임자(경찰장비관리규칙 제117조 제2항 제2호)

[참고] **무기고 열쇠관리 책임**

집중무기고		지구대·파출소 등 간이무기고	
일과시간	일과시간 후	일과시간	일과시간 후
경무과장	상황관리관(상황실장)	지구대장, 파출소장	순찰팀장

II. 기타 경찰장비관리(경찰장비관리규칙) [시행 2019. 9. 26.] [경찰청훈령 제952호]

규칙 목적	규칙은 「물품관리법」,「경찰관직무집행법」 및 「위해성 경찰장비의 사용기준 등에 관한 규정」의 시행을 위하여 필요한 사항을 정하고 기타 경찰장비의 관리에 관한 기본적인 사항을 규정함으로써 경찰장비의 합리적 운용 및 관리를 도모함을 목적으로 한다.(제1조)
수갑	① 수갑은 개인이 관리·운용할 수 있다. ② 물품관리관은 집중관리하는 수갑 중 일부를 피의자 호송용으로 사용하기 위하여 유치장을 관장하는 주무과장("유치인보호주무자")에게 대여하여 유치인보호주무자의 책임하에 관리하도록 할 수 있다. ③ 물품관리관은 신규 임용되거나 수갑 사용부서에 전입한 직원에게 수갑을 지급하고, 수갑 지급대상자에서 제외되거나 퇴직하는 경우에는 수갑을 반납받아야 하고, 그 결과를 별지 제25호 서식의 특별관리대상 장비대여 관리대장에 기록하여야 한다. ④ 물품관리관은 반기 1회 이상 수갑의 보유현황을 점검하여야 한다.(제76조)
포승	① 포승, 호송용 포승은 운용부서에서 운용부서장의 책임하에 관리·운용한다. ② 운용부서장은 운용부서 내에 견고한 보관시설 또는 보관함을 만들어 보관하고, 보관함 열쇠는 운용부서장이 관리한다.(제77조)
경찰봉	① 경찰봉, 호신용 경봉은 물품관리관의 책임하에 집중관리한다. 다만, 운용부서에 대여하여 그 부서장의 책임하에 관리·운용하게 할 수 있다. ② 지구대 등에서 관리·운용하는 경찰봉, 호신용 경봉은 지역경찰관리자의 책임하에 관리·운용한다. ③ 경찰관이 직무수행을 위하여 경찰봉, 호신용 경봉을 사용할 경우에는 다음 각 호의 안전수칙을 준수하여야 한다. 1. 범인의 검거 및 제압 등 정당한 공무수행을 위해서만 사용하여야 한다./ 2. 손상 등으로 날카롭게 된 경찰봉을 사용하지 않도록 사전점검을 실시하여야 한다./ 3. 위해를 가할 수 있는 물질을 경찰봉에 삽입하거나 부착하는 등의 임의적인 변형을 하지 않아야 한다./ 4. 상대방의 머리, 얼굴, 흉·복부 등을 직접 가격하는 것은 자제하여야 한다.(제78조)
전자 충격기	① 전자충격기는 물품관리관의 책임하에 집중관리함을 원칙으로 하나, 운용부서에 대여하여 그 부서장의 책임하에 관리·운용하게 할 수 있다.(제79조 제1항)<18경간> ② 경찰관이 직무수행을 위하여 전자충격기를 사용할 경우에는 다음 각 호의 안전수칙을 준수하여야 한다. 1. 사용 전 배터리 충전여부를 확인한다./ 2. 전극침이 발사되는 전자충격기의 경우 안면을 향해 발사해서는 아니된다./ 3. 14세미만의 자 또는 임산부에 대하여 사용하여서는 아니된다.(제79조)
방패	① 방패, 전자방패는 각급 경찰기관의 보관시설에 집중관리함을 원칙으로 한다. 다만, 신속한 출동을 위해 출동버스에 보관할 수 있다. ② 경찰관이 직무수행을 위하여 방패, 전자방패를 사용할 경우에는 다음 각 호의 안전수칙을 준수하여야 한다.(제80조) 1. 방패 – 가. 모서리 등이 파손되어 가장자리가 날카롭지 않도록 사전점검을 철저히 하여야 한다./ 나. 가장자리로 상대의 머리 등 중요부위에 사용하지 않도록 주의하여야 한다. 2. 전자방패 – 가. 누전 여부를 확인 후 사용하여야 한다. 특히, 우천 등으로 피복이 젖은 경우에는 사용을 자제하여야 한다. / 나. 14세 미만자나 임산부임이 명백한 경우에는 사용하지 않아야 한다.

차량구분	① 차량의 **차종**은 **승용·승합·화물·특수용**으로 구분하고, **차형**은 차종별로 **대형·중형·소형·경형·다목적형**으로 구분한다.(제88조 제1항)<18경간>
	② 차량은 용도별로 **전용·지휘용·업무용·순찰용·특수용 차량**으로 구분한다.[♣수사용(×), ♣행정용(×)](제88조 제2항)<12·16·18승진>
	[☻ 전지업순특]
차량정수소요계획	① **부속기관 및 시·도경찰청의 장**은 다음 년도에 소속기관의 **차량정수를 증감**시킬 필요가 있을 때에는 매년 **3월 말까지**[♣11월 말까지(×)] 다음 년도 차량정수 소요계획을 **경찰청장에게 제출하여야** 한다.(제90조 제1항)<18경간·12·17·18승진>
	② 제1항에도 불구하고 예기치 못한 치안수요의 발생 등 특별한 사유로 조기에 증·감 필요가 있을 경우에는 차량 제작기간 등을 감안 사전에 경찰청장에게 요구할 수 있다.(제90조)
차량의교체	① 부속기관 및 시·도경찰청은 소속기관 차량 중 다음 년도 교체대상 차량을 **매년 11월 말까지**[♣3월 말까지(×)] 경찰청장에게 보고하여야 한다.(제93조 제1항)<17승진·17.1채용>
차량불용처리	① **차량교체를 위한 불용 대상차량은** 부속기관 및 시·도경찰청에 배정되는 수량의 범위 내에서 내용연수 경과 여부 등 **차량사용기간을 최우선적으로 고려**하여 선정한다.[♣주행거리를 최우선 고려(×)](제94조 제1항)<12·14·16·17·18승진·13경간·17.1채용>
	② **사용기간이 동일**한 경우에는 **주행거리와 차량의 노후상태, 사용부서 등을 종합적으로 검토** 예산낭비 요인이 없도록 신중하게 선정한다.<12경위>
	③ 불용처분된 차량은 부속기관 및 시·도경찰청별로 실정에 맞게 **공개매각을 원칙**으로 하되, 공개매각이 불가능한 때에는 폐차처분을 할 수 있다. 다만, 매각을 할 때에는 **경찰표시도색을 제거하는 등 필요한 조치**를 하여야 한다.(제94조)<14승진>
집중관리	각 경찰기관의 **업무용차량**은 운전요원의 부족 등 **불가피한 사유가 없는 한 집중관리를 원칙**으로 한다. 다만, 지휘용 차량은 업무의 특성을 고려하여 지정 활용할 수 있다.(제95조 제1항)<18경간·16승진·17.1채용>
차량관리	① **차량열쇠**는 아래 관리자가 **지정된 열쇠함에 집중보관** 및 관리하고, 예비열쇠의 확보 등을 위한 **무단 복제와 운전원의 임의 소지 및 보관을 금**한다. 다만, 휴가, 비번 등으로 관리책임자 공백시는 별도 관리책임자를 지정하여야 한다.[♣운전원의 복제된 예비열쇠 지참 또는 복사(×)](제96조 제1항)<11·12경위>
	1. 일과시간은 차량 관리부서의 장(정보화장비과장, 운영지원과장, 총무과장, 경찰서 경무과장 등)
	2. 일과시간 후 또는 토요일·공휴일의 경우 당직 업무(청사방호) 책임자(상황관리관 등 당직근무자, 지구대·파출소는 지역경찰관리자)
	② 의경 신임운전요원은 **4주 이상 운전교육을 실시한 후에 운행**하도록[♣2주 이상 안전교육(×)]하여야 한다.(경찰장비관리규칙 제102조 제2항)<17.1순경>
	③ 112타격대 기타 작전용 차량 등 긴급출동 차량에 대하여는 사전에 철저한 정비와 운전원 확보를 통해 출동에 차질 없도록 대비하여야 한다.(경찰장비관리규칙 제102조 제3항)<08경간>
운행절차	① 차량을 운행하고자 할 때는 사용자가 **경찰배차관리시스템을 이용하여** 주간에는 해당 경찰기관장의 **운행허가를 받아야** 하고, 일과 후 및 공휴일에는 상황관리(담당)관(경찰서는 상황(부)실장)의 허가를 받아야 한다. 다만, 시스템을 이용할 수 없는 때에는 **운행허가서로 갈음할 수 있다.**(제99조 제1항)<14경간>
	② 차량을 운행할 때에는 경찰배차관리시스템에 운행사항을 입력하여야 한다. 다만, 112·교통 순찰차 등 상시적으로 운행하는 차량은 시스템상의 운행사항 입력을 생략할 수 있다.(제99조 제2항)

관리 책임	차량 운행 시 **책임자는 1차 운전자, 2차 선임탑승자(사용자), 3차 경찰기관의 장으로** 한다.[♣1 차 선임탑승자(×)](제98조 제3항)<14 · 16 · 17 · 18승진 · 13경간>

무기
탄약
안전
관리
	① 경찰관은 권총 · 소총 등 총기를 휴대 · 사용하는 경우 다음의 안전수칙을 준수하여야 한다.(제
	123조 제1항)
	
	1. 권총
	
	   가. 총구는 **공중 또는 지면**(안전지역)을 향한다.[♣전방(×)]<15승진 · 17.1채용>
	
	   나. 실탄 장전시 **반드시 안전장치**(방아쇠울에 설치 사용)를 장착한다.<15승진>
	
	   다. **1탄은 공포탄, 2탄 이하는 실탄**을 장전한다. 다만, 대간첩작전, 살인 강도 등 중요범인이
	      나 무기 · 흉기 등을 사용하는 범인의 체포 및 위해의 방호를 위하여 **불가피한 경우에**
	      1탄부터 실탄을 장전할 수 있다.<15 · 24승진 · 17.1채용>
	
	   라. **조준시는 대퇴부 이하**를 향한다.[♣허리 이하(×)]<15승진>

특별
관리
대상
장비
	특별관리대상 장비는 경찰관의 직무수행 중 **통상 용법대로 사용하는 경우 사람에게 위해를 가**
	할 우려가 있어 관리 및 사용상 특별한 주의가 필요한 장비로, 다음과 같이 구분한다.(제157조)
	
	※ 경찰장비를 임의로 개조하거나 임의장비를 부착하여 통상의 용법과 달리 사용해서는 안 된
	다.(경찰관직무집행법 제10조 제3항)<08경간>
	
	1. **경찰장구** : 수갑, 포승, 호송용 포승, 경찰봉, 호신용 경봉, 전자충격기, 진압봉, 방패
	   및 전자방패
	
	2. **무기** : 권총, 소총, 기관총, 산탄총, 유탄발사기, 박격포, 3인치포, 클레이모어, 수류탄, 폭약
	   류 및 도검
	
	3. **분사기 등 : 근접분사기, 가스분사기, 가스발사총, 가스분사겸용경봉, 최루탄발사기 및 최루탄**
	
	   ※ 경찰책임자 이외의 다수의 제3자에게도 파급효과를 미치므로 피해의 최소화에 특히 주
	     의해야 하는 경찰장비는 최루탄이다.
	
	4. **기타장비 : 가스차, 살수차, 특수진압차, 석궁, 다목적발사기**(스펀지탄 · 고무탄 · 페인트탄 ·
	   조명탄을 사용하는 경우)

3 〔테마 116〕 보안관리

Ⅰ 보안관리 일반

(1) **보안관리** : 보안의 대상을 보안원칙에 입각하여 관리함으로써 보안의 궁극적 목적인 국가안전보장
뿐만 아니라 개인의 프라이버시 보호 등 정보 누출에 의한 부작용의 예방이 가능해진다.

(2) **보안개념의 분류**

소극적 보안	국가가 필요로 하는 **비밀 · 인원 · 문서 · 자재 · 시설 및 지역 등의 보호활동**(보안관리의 대상)[♣불순분자 색출(×)]<98승진> ♣소극적 보안활동에는 인원보안, 지역보안, 불순분자 색출, 자재보안 등이 있다.(×)
적극적 보안	국가안전보장을 해치고자 하는 **간첩이나 불순분자에 대하여 탐지 · 조사 · 체포** 등의 **적극적 예방활동**을 하는 것[보안기능(보안경찰)의 업무]

(3) **법적 근거**: **국가정보원법, 정보 및 보안업무 기획조정규정**(대통령령), **보안업무규정**(대통령령), **보안업무규정 시행규칙**(대통령령훈령), **보안업무규정시행세부규칙**(경찰청훈령)[♣국가보안법(×)]<10승진>

> **주의** 국가보안법은 국가적 법익침해에 대한 특별형법으로 소극적 보안관리의 법적 근거 아님.

(4) **보안대책**: **각급기관의 장은** 비밀의 분류·취급·유통 및 이관 등의 모든 과정에서 비밀이 누설되거나 유출되지 아니하도록 **보안대책을 수립하여 시행하여야** 한다.(보안업무규정 제5조)<16.1채용>

(5) **보안의 원칙**[♣통합관리의 원칙(×)]<09승진·03채용>

> ① 보안(정보)의 원칙으로 '부분화의 원칙' 대신에 '적당성의 원칙'을 드는 경우가 있다.
> ② 적당성의 원칙: 사용자가 요구하는 것 이상으로 정보를 제공하는 것은 불필요한 보안상 문제를 야기할 수 있다는 원칙이다.

'알 사람만 알아야 하는 원칙'	보안의 대상이 되는 사실을 전파할 때, 전파가 꼭 필요한가의 여부를 신중히 검토한 후에 비밀을 **꼭 필요로 하는 사람에게만 전달하여야 한다는 원칙**이다. ※ 가장 기본이며 중요한 원칙이다.(일명 '한정의 원칙', '접근 최소화의 원칙') ※ 정보경찰에서 정보의 통제효용과 일맥상통하는 원칙이다.
'부분화의 원칙'	① **한 번에 다량의 비밀이나 정보가 유출되지 않도록** 조치하는 원칙이다.[♣한정의 원칙(×)]<10·15승진> ② 조직에 있어서는 종적 분화와 횡적 분화의 방법이 있다. ③ 문서에 있어서는 내용과 가치의 정도에 따라서 **다른 비밀과 관련되지 않게 독립시키거나 부분적으로 보관하는 원칙**을 의미한다.
'보안과 효율의 조화 원칙'	① 보안과 업무효율은 반비례의 관계가 있으므로 **양자의 적절한 조화**를 유지하는 방법을 강구해야 한다. ② '알 사람만 알아야 하는 원칙'은 꼭 알 필요가 있는 사람이 알지 못하게 되는 단점을 초래하므로, 생산된 정보에 대한 충분한 검토가 필요하다.

(6) **보안심사위원회** ─ 보안업무규정 시행세부규칙(제5, 6조)

설치	중요보안사항을 심의 결정하기 위하여 보안심사위원회를 설치·운영하고, 보안심사위원회에서 심의·결정된 사항은 당해 기관의 장에게 보고한다.	
위원장	① 경찰청 → **차장**(5~7명의 국관 위원) ③ 경찰대학 → **교수부장**(3명 이상 과장급 위원) ⑤ 경찰인재개발원·중앙경찰학교 및 수사연수원 　→ **운영지원과장**(5~7명 계장급 위원)	② 시·도경찰청 → **차장**(5~7명 부장, 과장급 위원) ④ 경찰병원 → 총무과장(5~7 계장급 위원) ⑥ **경찰서 등 총경(급) 이상이 장인 경찰기관 → 기관장**[♣경찰서는 경무과장(×)] (시행세부규칙 제5조 제2항)
운영	① 위원회의 회의는 **재적위원 과반수의 출석으로 개의**하고, **출석위원 과반수의 찬성으로 의결**한다.[♣재적위원 2/3 출석과 출석위원 과반수 찬성(×)](시행세부규칙 제6조 제1항) ② 다만, **가부 동수일 경우에는 위원장이 결정권**을 갖는다.(시행세부규칙 제6조 제1항 단서)	

심의	위원장은 심의요구일로부터 **20일 이내**에[♣10일 이내에(×)] 위원회를 열어 의안을 심의하여야 한다. 다만 심의에 필요한 자료의 조사나 의안의 보안이 필요하여 해당기간 내에 처리할 수 없는 경우에는 처리 기간을 **10일간 연장할 수** 있다.(보안업무규정 시행 세부규칙 제8조 제3항)
	① 심의사항
	㉠ **보안업무와 관련된 법령 · 규칙 · 지침의 제정 또는 개정**에 관한 사항
	㉡ **분야별 보안대책의 수립에 관한 사항**
	㉢ 그 밖의 **각 기관 고유 업무 추진과 관련한 보안업무수행에 필요한 사항** 등이다.
	② 의안심의
	㉠ 보안심사위원회의 부의안건 심의방법은 회의제 심의에 의함.
	㉡ 필요시 보안심사위원장의 결정에 의해 **서면으로 심사할 수** 있다.

Ⅱ 보안의 대상 및 방법

정리 보안의 대상(보안업무규정)

목적		국가정보원장은 '**국가안전보장에 한정된 국가기밀을 취급하는 인원**'에 해당하는 사람의 **충성심 · 신뢰성 등**을 확인하기 위하여 신원조사를 한다.(제36조 제1항)
대상		① 지위의 고하를 불문, 내방 중인 외국인도 대상에 포함 <98승진>
		② 인원보안업무의 취급은 각급 경찰기관의 인사업무 부서에서 분장함.
인원	수단	① 신원조사 대상 [♣공비국보정]
		1. **공무원임용예정자**(국가안전보장에 한정된 **국가 기밀을 취급하는 직위에 임용될 예정인 사람으로 한정**)[♣공무원임용예정자는 신원조사 대상 아니다.(×)]<12.3 · 17.2채용>
		2. **비밀취급인가예정자**<17.2채용>
		3. 삭제
		4. **국가보안시설 · 보호장비를 관리**하는 **기관** 등의 **장**(해당 국가보안시설 등의 관리 업무를 수행하는 소속 직원을 포함한다.[♣제외한다.(×)])<17승진 · 17.2채용>
		5. 삭제<13.2 · 17.2채용>
		6. 그 밖에 다른 법령에서 정하는 사람이나 각급기관의 장이 국가보안상 필요하다고 **인정**하는 사람(보안업무규정 제36조 제3항)<12.3채용>
		② 보안교육, ③ 출입통제 등 보안조치
문서 자재		① 내용의 중요성과 가치의 정도에 따라 각 급으로 분류(**비밀사항에 대한 표시방법 또는 보호방법을 강구하는 것 = 정보 및 자재보안의 확립**)
		② **비밀로 분류되지 않은 문서**라도 **국가기밀에 해당하는 문서는 보안의 대상**이 됨
시설		① 국가중요시설로서 특별히 보호를 요하는 시설: 소유관계 불문(사유시설도 포함)
		② 각급 기관의 장과 중요시설의 장(보안책임자)은 시설보안을 위해 중요시설의 보호구역을 설정할 수 있다. <98승진>
지역		① 국가안전보장상 특별히 보호가 요청되는 지역
		② 국경, 영공, 해상선, 군 요새지역, 수원(水源)지역 등

※ **보안(경계)의 대상(객체) : 인원**(적의 공작원 · 단체 · 불순분자 등의 행위), **문서 · 자재, 시설, 지역** 등을 대상으로 한다.[♣국가(×)]

주의 국가는 보안의 주체이며 보안의 대상이 아니다.<04승진>

Ⅰ. 문서보안

1. 비밀취급인가<08경간>

> **비밀취급** - 비밀은 해당 등급의 **비밀취급인가를 받은 사람만 취급**할 수 있으며, 암호자재는 해당 등급의 **비밀 소통용 암호자재 취급인가를 받은 사람만** 취급할 수 있다.(보안업무규정 제8조)<16.1 · 23.1채용>

(1) 비밀취급인가(일반인가)

① 경찰의 경우에는 **경찰청장과 소속기관장**[경찰대학장 · 경찰종합학교장 · 중앙경찰학교장 · 경찰병원장, 시 · 도경찰청장]이[♣경찰청 보안국장(×)] **Ⅱ · Ⅲ급 비밀취급인가권**을 가지고 있다.[♣경찰청장은 Ⅰ급 비밀취급 인가권자(×)](보안업무규정 시행세칙 제11조 제1항)<05 · 10승진 · 12경간 · 12.3 · 16.1채용>

② 시 · 도경찰청장은 **경찰서장 · 기동대장에게 Ⅱ급 및 Ⅲ급 비밀 취급인가권을 위임한다.**[♣다시 위임(×)] 또한 **경정 이상**의 경찰공무원을 장으로 하는 단위 경찰기관의 **장에게도 위임할 수** 있다.(보안업무규정 시행세칙 제11조 제2항)<10승진>

※ 비밀취급인가권자가 될 수 있는 최소한의 계급은 경정이며 Ⅱ급 및 Ⅲ급 비밀취급인가권을 위임받은 기관의 장은 이를 **다시 위임할 수 없다.**(보안업무규정 시행세칙 제11조 제3항)

③ 비밀취급 인가권자는 소속 직원의 **인사기록 카드**에 기록된 비밀취급의 인가 및 인가해제 사유와 임용 시의 신원조사회보서에 따라 **새로 신원조사를 하지 아니하고 비밀취급을 인가할 수** 있다. 다만, **Ⅰ급 비밀** 취급을 인가할 때에는 **새로** 신원조사를 하여야 한다.(보안업무규정 시행규칙 제12조 제2항)<18경간>

④ 비밀취급 인가권자는 **업무 상 조정 · 감독을 받는 기업체나 단체에 소속된 사람**에 대하여 소관 비밀을 계속적으로 취급하게 하여야 할 필요가 있을 때에는 **미리 국가정보원장과의 협의**를 거쳐 해당하는 사람에게 **Ⅱ급 이하의 비밀취급을 인가할 수** 있다.[♣경찰청장과 협의(×)](보안업무규정 시행규칙 제13조 제1항)<18 · 경간>

⑤ **Ⅰ급 비밀 및 Ⅰ · Ⅱ급 비밀 소통용 암호자재 취급 인가권자**<12경간 · 17승진 · 12.3채용>

> 대통령, 국무총리, 감사원장, 국가인권위원회위원장, 고위공직자범죄 수사처장, 각 부 · 처의 장, 국무조정실장, 방송통신위원회 위원장, 공정거래위원회 위원장, 금융위원회 위원장, 국민권익위원회 위원장, 개인정보 보호위원회 위원장 및 원자력안전위원회 위원장, 대통령 비서실장, 국가안보실장, 대통령경호실장, 국가정보원장, 검찰총장, 합동참모의장, 각군 참모총장, 지상작전사령관 및 육군제2작전사령관, 국방부장관이 지정하는 각군 부대장[♣경찰청장(×)](보안업무규정 제9조 제1항)<12경간 · 07 · 17승진 · 12.3 · 23.1채용>

⑥ Ⅱ급·Ⅲ급 비밀취급 및 Ⅲ급 비밀 소통용 암호자재 인가권자<24승진·12·16.1채용>

> − Ⅰ급 비밀 및 Ⅰ·Ⅱ급 비밀 소통용 암호자재 취급인가권자
>
> − 중앙행정관서인 청의 장(경찰청장)<24승진·12·16.1채용>
>
> − 지방자치단체의 장<24승진>
>
> − 특별시·광역시·도 및 특별자치시·특별자치도의 교육감<24승진>
>
> − 경찰대학장, 경찰인재개발원장, 중앙경찰학교장, 경찰수사연수원장, 경찰병원장
>
> − 시·도경찰청장 / 경찰서장, 기동대장(위임에 의해)(보안업무규정 제9조 제2항, 보안업무규정 시행세부규칙 제11조)<12·16.1채용>

(2) 특별인가

① (비밀을 취급하고자 하는 자는 비밀취급인가증을 발급받아야 하나, **특별인가의 대상**인 경우) 비밀의 취급인가를 받은 자에 대하여는 별도로 **비밀취급인가증을 발급하지 않는다.** 다만, 업무상 필요한 경우에는 발급할 수 있다.(보안업무규정 시행세부규칙 제15조 제3항)

② 모든 경찰공무원(전투경찰순경 포함)은 임용과 동시에 Ⅲ급 비밀취급권을 가진다.[♣임명과 동시 Ⅲ급 비밀취급인가권(×), ♣Ⅰ급 비밀취급권(×)](보안업무규정 시행세부규칙 제15조 제1항)<04·15·22승진>

③ 경찰공무원 중 다음 각 호의 부서에 근무하는 자(의무경찰순경을 포함한다)는 그 **보직발령(= 근무를 명받으면)**과 동시에 Ⅱ급 비밀취급권을 인가받은 것으로 한다.[♣운전경과(×)](보안업무규정 시행세부규칙 제15조 제2항)<03·05·13·22승진>

※ 이 경우 보직명령을 근거로 비밀취급인가증 발급대장에 정리하게 되며 **특수경과는 항공, 정보통신으로 구성되어 모두 Ⅱ급 비밀취급권**을 가진다.<08경간·13승진>

1. **경비**, 경호, 작전, **항공, 정보통신** 담당부서(기동대, 전경대의 경우는 행정부서에 한정)

2. **정보, 보안**, 외사부서<22승진>

3. 감찰, 감사 담당부서

4. 치안상황실, 발간실, 문서수발실

5. 경찰청 각 과의 서무담당자 및 비밀을 관리하는 보안업무 담당자

6. 부속기관, 시·도경찰청, 경찰서 각 과의 서무담당자 및 비밀을 관리하는 보안업무 담당자

④ 각 **경찰기관의 장**은 Ⅱ급 **특별인가 대상 부서**에 근무하는 경찰공무원 중 신원특이자에 대하여는 **위원회 또는 자체 심의기구에서**[♣각 기관장이(×)] Ⅱ급 비밀취급의 인가여부를 **심의**하고, 비밀취급이 **불가능하다고 의결된 자**에 대하여는 **즉시 인사조치**한다.(보안업무규정 시행세부규칙 제15조 제4항)

(3) 비밀 취급자 : 행정청으로부터 해당 등급의 비밀취급 인가를 받은 자에 한하며 **담당업무와 무관한 비밀에 관하여는 비인가자로** 본다.

2. 비밀의 분류(보안업무규정 제4조)<05·10승진·06경간·03채용>

(1) 의의 : "**비밀**"이란 **국가기밀, 국가안보관련 기밀취급 인원에 대한 보안업무**(각급 기관에 대한 보안감사 제외)('국가정보원법 제4조 제1항 제2호')'에 따른 국가기밀로서 이 영에 따라 비밀로 분류된 것을 말한다.(보안업무규정 제2조 제1호)<15.1채용>

① 비밀은 보안업무규정에 의해 Ⅰ급, Ⅱ급, Ⅲ급으로 분류한다.[♣대외비(×)](보안업무규정 제4조)<10·16·17·19승진·15.1채용>

※ **대외비** : 보안업무규정(대통령령) 제4조에 따른 **비밀 외에 직무수행상 특별히 보호가 필요한 사항**
은 이를 "대외비"로 하며, 비밀과 같은 방법으로 관리한다.(보안업무규정 시행규칙 제16조 제3항)<12경간>

② 보안업무규정상 비밀 구분의 기준은 비밀의 **중요성과 가치의 정도**이다.(보안업무규정 제4조)<14승진·12
경간·15.1·23.1채용>

(2) **비밀 분류기준**(보안업무규정 제4조)<16·17·19·22승진·12·22경간·15.1·22.1·23.1채용>

Ⅰ급	누설되는 경우 대한민국과 외교관계가 단절되고 **전쟁을 유발**하며, 국가의 방위계획·정보활동 및 국가방위상 필요불가결한 **과학과 기술의 개발**을 위태롭게 하는 등의 우려가 있는 비밀 [♣Ⅱ급 비밀(×)]<14승진·12경간·15.1·23.1채용>
Ⅱ급	누설되는 경우 국가안전보장에 **막대한 지장**을 초래할 우려가 있는 비밀[♣Ⅰ급(×)]<16·17·19·24승진·12·22경간·22.1채용>
Ⅲ급	누설되는 경우 국가안전보장에 **해를 끼칠 우려**가 있는 비밀[♣막대한 지장(×),♣Ⅱ급(×)]<16·19·22승진·22경간·12·15.1채용>

(3) **비밀의 분류주체** : 비밀을 **생산하거나 관리하는 사람**은 비밀의 **작성을 완료하거나 비밀을 접수하는
즉시** 그 비밀을 (내용의 중요성과 가치에 따라) 분류하거나 재분류할 책임이 있다.[♣경무과에서 일괄결정(×)](보
안업무규정 제11조 제3항)<10·15승진>

🔲 A경찰서 경비과에서 중요시설 경비대책이란 제목으로 비밀문건을 생산한 경우 경비과에서 비밀분류
를 담당한다.[♣경비과에서 생산한 문건을 보안과에서 비밀분류(×)]<12승진>

(4) **비밀 분류 원칙**(보안업무규정 제12조)<99·02·03·12·15·19승진·04·12.3·16.1·22.1·23.1채용>

"과도·과소분류 금지의 원칙"	비밀은 적절히 보호할 수 있는 **최저 등급으로**[♣최고 등급으로(×)] 분류하여야 하며 과도 또는 과소하게 분류하여서는 안 된다.<14·16·24승진·04·12.3·16.1·22.1·23.1채용>
"외국비밀 존중의 원칙"	"외국정보 또는 국제기구로부터 접수한 비밀은 그 생산기관이[♣접수기관이(×)] 필요로 하는 정도로 보호할 수 있도록 분류하여야 한다."<17·19승진·12.3채용>
"독립분류의 원칙" [♣보안과 효율 조화의 원칙(×)]	비밀은 **그 자체의 내용과 가치의 정도에 따라** 분류하여야 하며 다른 비밀과 관련하여 분류하여서는 아니 된다.(문서와 분류되는 문서의 등급을 관련시켜 생각해서는 안 된다는 원칙)[♣과도, 과소분류 금지의 원칙(×)]<12·14·19승진·16.1채용> 🔲 지시문서가 Ⅱ급이라고 해서 응신문서까지 Ⅱ급으로 분류해서는 안 된다. 🔲 상급부서가 획일적으로 보고문서에 대한 비밀등급을 지시했다면 이는 **독립분류의 원칙에 위배**되는 것이다.

① 비밀 분류시 과도 또는 과소분류 금지 원칙, 독립분류의 원칙, 외국비밀 존중의 원칙을 준수하여야
한다.(보안업무규정 제12조)<15승진>

※ 각급기관의 장은 비밀 분류를 통일성 있고 적절하게 하기 위하여 **세부 분류지침을 작성하여 시행
하여야** 한다. 이 경우 세부 분류지침은 **공개하지 않는다.**(보안업무규정 제13조)<24승진>

(5) 비밀을 효율적으로 보호하기 위하여 비밀등급 또는 예고문 변경 등의 **재분류**를 한다.(보안업무규정 제15조
제1항)

(6) 분류된 비밀에는 보호기간 및 보존기간을 명시하기 위하여 **예고문을 기재하여야** 한다.(보안업무규정 제14조)

⑺ **비밀영수증**은 비밀을 생산한 부서의 담당자가 작성하여 보존한다. 비밀을 비밀수발기록부에 의해서 발송하였거나, 등기우편으로 발송하였을 때에도 비밀영수증을 별도로 받아 보관하여야 한다.(보안업무규정 제36조 제1항, 제2항)

   ① **대외비 :** 비밀은 아니지만 일시적 누설을 방지하기 위해 직무상 특별히 보호를 요하는 사항으로 보호기간을 명시하고 비밀에 준하여 취급 및 관리한다.<05승진>

   ② **암호자재**

의의	"암호자재"란 비밀의 보호 및 정보통신 보안을 위하여 암호기술이 적용된 장치나 수단으로서 Ⅰ급, Ⅱ급 및 Ⅲ급 비밀 소통용 암호자재로 구분되는 장치나 수단을 말한다.(보안업무규정 제2조 제4호)
제작	**국가정보원장은**[♣경찰청장은(×)] 비밀 소통용 암호자재를 제작하여 필요한 기관에 공급한다.(보안업무규정 제7조 제1항) ※ 다만, **국가정보원장이 필요하다고 인정하는 암호자재**의 경우 그 암호자재를 **사용하는 기관은 국가정보원장이 인가하는 암호체계의 범위에서 암호자재를 제작할 수** 있다.(보안업무규정 제7조 제1항 단서)
반납	암호자재를 사용하는 기관의 장은 **사용기간이 끝난 암호자재**를 지체 없이 그 **제작기관의 장에게 반납하여야** 한다.(보안업무규정 제7조 제2항)

3. 비밀의 관리

⑴ **보관**

   ① **혼합보관금지**

      ㉠ 비밀은 **일반문서나 자재와 혼합 보관하여서는 아니** 된다.(보안업무규정 시행규칙 제33조 제1항)

      ㉡ **Ⅰ급 비밀은 반드시 금고에 보관**하여야 하며, 다른 비밀과 **혼합하여 보관하여서는 아니** 된다.[♣혼합 보관할 수 있다.(×)](보안업무규정 시행규칙 제33조 제2항)<17경간>

      ㉢ Ⅱ급 비밀 및 Ⅲ급 비밀은 금고 또는 이중 철제캐비닛 등 잠금장치가 있는 안전한 용기에 보관하여야 하며, 보관책임자가 **Ⅱ급 비밀 취급 인가를 받은 때**에는 **Ⅱ급 비밀과 Ⅲ급 비밀을 같은 용기에 혼합하여 보관할 수** 있다.(보안업무규정 시행규칙 제33조 제3항)<18경간>

      ㉣ **보관용기에 넣을 수 없는 비밀**은 제한구역 또는 통제구역에 보관하는 등 그 내용이 노출되지 아니하도록 특별한 보호대책을 마련하여야 한다.[♣제한지역에 보관(×)](보안업무규정 시행규칙 제33조 제4항)<18경간>

   ② **보관용기 외부표시금지**

      ㉠ 비밀의 보관용기 외부에는 비밀의 보관을 알리거나 나타내는 **어떠한 표시도 하여서는 아니** 된다.[♣알 수 있도록 외부에 표시하여야(×)](보안업무규정 시행규칙 제34조 제1항)<17경간·12·15승진>

      ㉡ 보관용기의 잠금장치의 종류 및 사용방법은 보관책임자 외의 사람이 알지 못하도록 특별한 통제를 하여야 하며, 다른 사람이 알았을 때에는 즉시 이를 변경하여야 한다.(보안업무규정 시행규칙 제34조 제2항)

   ③ **보관기간**

      ㉠ 다음의 자료는 비밀과 함께 철하여 보관·활용하고, 비밀의 **보호기간이 만료**되면 비밀에서 분리한 후 각각 편철하여 **5년간 보관해야** 한다.

         1. 비밀접수증 / 2. 비밀열람기록전 / 3. 배부처

ⓛ 다음의 자료는 **새로운 관리부철**로 옮겨서 관리할 경우 **기존 관리부철을 5년간 보관해야** 한다.

　1. 비밀관리기록부 / 2. 비밀 접수 및 발송대장 / 3. 비밀대출부 / 4. 암호자재 관리기록부

ⓒ 서약서는 서약서를 작성한 비밀취급인가자의 인사기록카드와 함께 철하여 인가 해제 시까지 보관하되, 인사기록카드와 함께 철할 수 없는 경우에는 별도로 편철하여 보관해야 한다.

ⓔ **암호자재 증명서**는 해당 암호자재를 반납하거나 파기한 후 **5년간** 보관해야 한다.[♣3년간 보관(×)]

ⓜ 암호자재 점검기록부는 최근 5년간의 점검기록을 보관해야 한다.

ⓗ **규정에 따른 보관기간이 지나면** 해당 자료는 「공공기록물 관리에 관한 법률」에 따른 **기록물관리기관으로 이관해야** 한다.

④ **파기**

ⓐ 다음 각 호의 어느 하나에 해당하는 경우에는 예고문의 **비밀 보호기간 및 보존기간과 관계없이 비밀을 파기할 수** 있다.(보안업무규정 제15조 제2항 단서)

　1. **전시·천재지변 등** 긴급하고 부득이한 사정으로 비밀을 계속 보관할 수 없거나 안전하게 반출할 수 없는 경우

　2. **국가정보원장의 요청**이 있는 경우

　3. 비밀 재분류를 통하여 예고문에 따른 파기 시기까지 계속 보관할 필요가 없게 된 경우로서 **해당 비밀취급 인가권자의 사전 승인**을 받은 경우

ⓑ '서약서철, 비밀영수증철, 비밀관리기록부철, 비밀수발대장, 비밀열람기록전(철), 비밀대출부'의 문서 및 대장은 **5년간 보존하여야** 하며, **그 이전에 폐기하고자 할 때**에는 **국가정보원장의 승인을 받아야** 한다.[♣경찰청장의 승진(×)](보안업무규정 시행 세부규칙 제70조)<17·22경간>

(2) **관리**

① **모든 비밀에는** 작성 및 접수되는 순서에 따라 **관리번호를 부여하여야** 한다.(보안업무규정 시행규칙 제40조 제1항)

② **비밀관리기록부**

ⓐ 각급기관의 장은 비밀의 작성·분류·접수·발송 및 취급 등에 필요한 모든 관리사항을 기록하기 위하여 비밀관리기록부를 작성하여 갖추어 두어야 한다. 다만 **Ⅰ급 비밀관리기록부는 따로 작성**하여 갖추어 두어야 하며, **암호자재는 암호자재 관리기록부로** 관리한다.[♣Ⅰ급과 Ⅱ급은 구분된 관리번호를 사용하여 동일한 관리기록부 사용가능(×), ♣Ⅱ급 이상 비밀관리기록부는(×)](보안업무규정 제22조 제1항)<19경간·13승진·18.3·23.2채용>

　　※ 해석상 **Ⅱ급이나 Ⅲ급 비밀과 대외비는 구분된 관리번호를 사용하여 동일관리기록부를 사용할 수** 있다.

　　※ 비밀관리기록부와 암호자재 관리기록부에는 모든 비밀과 암호자재에 대한 보안책임 및 보안관리 사항이 정확히 기록·보존되어야 한다.(보안업무규정 제22조 제1항)<19경간>

ⓑ 비밀관리기록부는 갱신함이 없이 계속 사용함을 원칙으로 한다.(보안업무규정 시행세칙 제52조 제1항)

③ **복제 및 복사제한**

ⓐ 비밀의 일부 또는 전부나 암호자재에 대해서는 **모사(模寫)·타자(打字)·인쇄·조각·녹음·촬영·인화(印畵)·확대 등 그 원형을 재현(再現)하는 행위를 할 수 없다.** 다만, 다음 각 호의 구분에 따른 비밀의 경우에는 그러하지 아니하다.(보안업무규정 제23조 제1항)<18.3채용>

1. Ⅰ급 비밀 : 그 **생산자의 허가**를 받은 경우[♣재현할 수 없다.(×)](보안업무규정 제23조 제1항 제1호)<19승진>

2. Ⅱ급 비밀 및 Ⅲ급 비밀 : 그 생산자가 특정한 제한을 하지 아니한 것으로서 해당 등급의 **비밀취급 인가**를 받은 사람이 **공용(共用)으로 사용**하는 경우[♣Ⅰ급 비밀(×)](보안업무규정 제23조 제1항 제2호)<18.3채용>

3. 전자적 방법으로 관리되는 비밀 : 해당 비밀을 보관하기 위한 용도인 경우

ⓛ **각급기관의 장**은 보안 업무의 효율적인 수행을 위하여 필요하다고 인정되는 경우에는 해당 비밀의 **보존기간 내에서 '복사 등 금지' 예외 단서에 따라** 그 **사본을 제작하여 보관할 수** 있다.[♣국가정보원장의 승인하에(×)](보안업무규정 제23조 제2항)<18.3채용>

ⓒ 예외규정에 따라 비밀의 사본을 보관할 때에는 그 예고문이나 비밀등급을 변경해서는 아니 된다. 다만, 「공공기록물 관리에 관한 법률 시행령」(제68조 제6항)에 따라 비밀을 재분류하는 경우에는 그러하지 아니하다.(보안업무규정 제23조 제3항)

④ **열람제한**

㉠ 비밀은 해당 등급의 비밀취급 **인가를 받은 사람 중 그 비밀과 업무상 직접 관계가 있는 사람만** 열람할 수 있다.(보안업무규정 제24조 제1항)<19승진>

ⓛ 비밀취급 **인가를 받지 아니한 사람**에게 비밀을 열람하거나 취급하게 할 때에는 국가정보원장이 정하는바에 따라 **소속 기관의 장**(비밀이 군사와 관련된 사항인 경우에는 국방부장관)**이** 미리 열람자의 인적사항과 열람하려는 비밀의 내용 등을 확인하고 열람 시 비밀 보호에 필요한 자체 보안대책을 마련하는 등의 **보안조치를 하여야** 한다. 다만, **Ⅰ급 비밀의 보안조치**에 관하여는 **국가정보원장과 미리 협의하여야** 한다.(보안업무규정 제24조 제2항)<18.3채용>

ⓒ 비밀열람자는 비밀을 열람하기에 앞서 **비밀열람기록전**에 정해진 사항을 기재하고 서명 또는 날인한 후 비밀을 열람하여야 한다.(보안업무규정 시행규칙 제45조 제4항)

※ 개별 비밀에 대한 열람자 범위를 파악하기 위하여 각각의 비밀문서 끝 부분에 일정 서식의 **비밀열람기록전을 첨부**한다. 이 경우 문서 형태 외의 비밀에 대한 열람기록은 따로 비밀열람기록전(철)을 비치하고 기록 · 유지한다.(보안업무규정 시행규칙 제45조 제2항)

ⓔ **비밀열람기록전**은 그 비밀의 생산기관이 첨부하며, **비밀을 파기하는 때에는 비밀에서 분리하여 따로 철하여 보관하여야** 한다.[♣함께 파기(×)](보안업무규정 시행규칙 제45조 제3항)<17 · 19경간 · 13승진>

ⓜ 비밀의 발간업무에 종사하는 사람은 작업일지에 작업에 관한 사항을 **기록 · 보관해야** 한다. 이 경우 작업일지는 비밀열람기록전을 갈음하는 것으로 본다.(보안업무규정 시행규칙 제45조 제5항)<19경간>

⑤ **반출금지**

㉠ **비밀대출부 :** 비밀보관책임자는 보관 비밀을 대출하는 때에는 비밀대출부에 관련사항을 기록 유지한다.(보안업무규정 시행규칙 제45조 제1항)<19경간>

ⓛ 비밀은 보관하고 있는 시설 밖으로 반출해서는 아니 된다. 다만, 공무상 반출이 필요할 때에는 **소속 기관의 장의 승인**을 받아야 한다.[♣중앙행정기관장(경찰청장)의 승인(×)](보안업무규정 제27조)<19승진 · 22.1채용>

ⓒ (출장 중 비밀보관)비밀을 휴대하고 **출장 중**인 사람은 비밀을 안전하게 보호하기 위하여 국내 경찰기관 또는 재외공관에 보관을 **위탁할 수** 있으며, 위탁받은 기관은 그 비밀을 **보관하여야** 한다.(보안업무규정 제19조)<22.1채용>

⑥ **공개제한**

㉠ **중앙행정기관의 장**은 다음 각 호의 어느 하나에 해당하는 사유가 있을 때에는 그가 생산한 비밀을 **보안심사위원회의 심의를 거쳐 공개할 수** 있다. 다만, **Ⅰ급 비밀**의 공개에 관하여는 **국가정보원장과 미리 협의**하여야 한다.(보안업무규정 제25조 제1항)<23.2채용>

1. 국가안전보장을 위하여 국민에게 긴급히 알려야 할 필요가 있다고 판단될 때

2. 공개함으로써 국가안전보장 또는 국가이익에 현저한 도움이 된다고 판단될 때

※ 중앙행정기관에 비밀의 공개에 관한 사항을 심의하기 위하여 보안심사위원회를 둔다.(보안업무규정 제26조 제1항), 보안심사위원회의 구성·운영 등에 필요한 세부사항은 국가정보원장이 정한다.(보안업무규정 제26조 제2항)

㉡ **공무원 또는 공무원이었던 사람**은 **법률에서 정하는 경우를 제외**하고는 **소속 기관의 장이나 소속되었던 기관의 장의 승인 없이** 비밀을 공개해서는 아니 된다.[♣어떠한 경우에도(×)](보안업무규정 제25조 제2항)<19승진>

⑦ **비밀 소유 현황 통보:** 각급기관의 장은 **연 2회 비밀 소유 현황**을 조사하여 **국가정보원장에게 통보하여야** 한다.(제31조 제1항)<23.2채용>

⑧ **비밀문서의 통제:** 각급기관의 장은 **비밀문서의 접수·발송·복제·열람 및 반출 등의 통제에 필요한 규정**을 따로 **작성·운영할 수** 있다.(보안업무규정 제29조)<23.2채용>

Ⅱ. 시설보안

⑴ **각급기관의 장과 관리기관 등의 장**은 국가안전보장에 관련되는 인원·문서·자재·시설의 보호를 위하여 필요한 장소에 일정한 범위의 **보호지역을 설정할 수** 있다.(보안업무규정 제34조 제1항)<98승진>

⑵ 보호지역은 그 중요도에 따라 **제한지역, 제한구역 및 통제구역**으로 나눈다.(보안업무규정 제34조 제2항)<17승진>

① **보호지역의 유형**(보안업무규정 시행규칙 제54조)<03·17·22승진·06경간·14.1채용>

제한지역	비밀 또는 시설을 보호하기 위하여 울타리 또는 경호원에 의하여 일반인의 출입에 대한 **감시**가 요구되는 지역이다.[♣제한구역(×)](보안업무규정 시행규칙 제54조 제1항 제1호)<17승진> 예 경찰관서 전역 ♣비밀 또는 정부재산의 보호를 위하여 울타리 또는 경호원에 의하여 일반인의 출입감시가 요구되는 보호구역은 제한구역이다.(×)
제한구역	비밀 또는 주요시설 및 자재에 대한 비인가자의 접근을 방지하기 위하여 출입에 **안내**가 요구되는 구역이다.[♣출입이 금지 및 출입자 통제대장 운용(×)](보안업무규정 시행규칙 제54조 제1항 제2호)<04·10·22승진·22경간·14.1채용>
통제구역	비인가자의 **출입이 금지**되는 보안상 극히 중요한 지역으로서 출입자 통제대장을 운용한다.[♣안내가 요구(×)](보안업무규정 시행규칙 제54조 제1항 제3호)<17승진·03채용>

참고 **보안업무규정 시행 세부규칙 제60조**<07·20승진·09경간·04·06·08·21.2채용>

제한구역	① 전자**교**환기(통합장비)실, 정보통신실	② **과**학수사센터
	③ **발**간실(경찰기관)	④ 작**전**·경호·정보·보안업무 담당부서 **전역**
	⑤ 경찰청 및 시·도경찰청 **항**공대	⑥ **송**신 및 중계소, 정보통신관제센터
	[☻교과발전 전역항송]	
통제구역	① **암호취급소**	② **암호장비관리실**
	③ **종합상황실·치안상황실**	④ **종합조회처리실**
	⑤ **무기창(무기고) 및 탄약고**	⑥ **정보보안기록실**
	⑦ **비밀발간실**	⑧ **정보상황실**[♣감식과(×)]
		[☻암암종종무정비정]

(3) 보호지역에 접근하거나 출입하려는 사람은 **각급기관의 장 또는 관리기관 등의 장의 승인**을 받아야 한다.(보안업무규정 제34조 제3항)

(4) 보호지역을 관리하는 사람은 **승인을 받지 않은 사람의 보호지역 접근이나 출입을 제한하거나 금지할 수** 있다.(보안업무규정 제34조 제4항)

4 문서 관리

Ⅰ. 정의(행정업무의 운영 및 혁신에 관한 규정 제3조)

① "공문서"란 행정기관에서 공무상 작성하거나 시행하는 문서(도면·사진·디스크·테이프·필름·슬라이드·전자문서 등의 특수매체기록을 포함한다. 이하 같다)와 **행정기관이 접수한 모든 문서**를 말한다.[♣접수한 문서는 공문서에 포함되지 않는다.(×)]<14승진>

※ 유효한 공문서 성립요건 − ㉠ 당해기관의 의사표시가 정확하고 명백하게 표시, ㉡ 내용적으로 위법, 부당하거나 시행 불가능한 사항이 없을 것, ㉢ 당해기관의 권한 내의 사항 중에서 작성될 것, ㉣ 법적 기타의 요식절차 등 일정한 절차에 따라서 그 형식이 갖추어질 것

※ 주체에 의한 문서구분 − 공문서, 사문서 / 대상에 의한 구분 − 대내문서, 대외문서

② "서명"이란 기안자·검토자·협조자·결재권자[제10조에 따라 결재, 위임전결 또는 대결(代決)하는 자를 말한다. 이하 같다] 또는 발신명의인이 **공문서**(전자문서는 제외한다)**에 자필로 자기의 성명을 다른 사람이 알아볼 수 있도록 한글로 표시하는 것**을 말한다.

③ "업무관리시스템"이란 행정기관이 업무처리의 모든 과정을 제22조제1항에 따른 **과제관리카드 및 문서관리카드 등을 이용하여 전자적으로 관리하는 시스템**을 말한다.[♣행정정보시스템(×)](제3조 제11호)

④ "**행정정보시스템**"이란 행정기관이 행정정보를 생산·수집·가공·저장·검색·제공·송신·수신하고 활용할 수 있도록 **하드웨어·소프트웨어·데이터베이스 등을 통합한 시스템**을 말한다.(제3조 제12호)

⑤ "정책실명제"란 정책의 투명성과 책임성을 높이기 위하여 행정기관에서 소관 업무와 관련하여 수립·시행하는 주요 정책의 결정 및 집행 과정에 참여하는 관련자의 실명과 의견을 기록·관리하는 제도를 말한다.

Ⅱ. 공문서[♣대내문서(×)]의 종류(행정업무의 운영 및 혁신에 관한 규정 제4조)

법규문서	헌법·법률·대통령령·총리령·부령·조례·규칙(이하 "법령"이라 한다) 등에 관한 문서<14승진·22.1채용>
지시문서	**훈령·지시·예규·일일명령 등**[♣직무명령(×)] 행정기관이 그 하급기관이나 소속 공무원에 대하여 일정한 사항을 지시하는 문서<14승진·22.1채용>
공고문서	고시·공고 등 행정기관이 일정한 사항을 일반에게 알리는 문서<14승진·22.1채용>
비치문서	행정기관이 일정한 사항을 기록하여 행정기관 내부에 비치하면서 업무에 활용하는 대장, 카드 등의 문서<14승진>
민원문서	민원인이 행정기관에 허가, 인가, 그 밖의 처분 등 특정한 행위를 요구하는 문서와 그에 대한 처리문서[♣일반문서(×)]<14승진·22.1채용>
일반문서	제1호부터 제5호까지의 문서에 속하지 아니하는 모든 문서

Ⅲ. 문서의 성립 및 효력발생

① 문서는 결재권자가 해당 문서에 **서명**(전자이미지서명, 전자문자서명 및 행정전자서명을 포함한다. 이하 같다)**의 방식으로 결재함으로써 성립**한다.<14·24승진>

> ☞ **행안부령 제7조(문서의 결재)** ① 결재권자의 서명란에는 서명날짜를 함께 표시한다.<14승진>

② 문서는 수신자에게 **도달**(전자문서의 경우는 수신자가 관리하거나 지정한 전자적 시스템 등에 입력되는 것을 말한다)**됨으로써 효력을 발생**한다.<14승진>

※ 상대방의 친족이나 점원, 사무직원, 가정부 등이 수령하여도 본인이 직접 받는 경우와 동일한 효력이 있다.

표백주의	시행문서의 작성이 완료한 때에 효력이 발생한다는 견해
발신주의	시행문서를 발송한 시점에서 효력이 발생한다는 견해
도달주의	시행문서가 상대방에게 도달된 때에 효력이 발생한다는 견해(통설·판례)
	※ 도달이라 함은 문서가 상대방의 지배 또는 생활권 내에 들어간 때를 말한다.
요지주의	시행문서가 전달되어 상대방이 내용을 보고 알았을 때에 효력이 발생한다는 견해

③ 도달주의 원칙에도 불구하고 **공고문서**는 그 문서에서 효력발생 시기를 구체적으로 밝히고 있지 않으면 그 **고시 또는 공고 등이 있은 날부터** 5일이 경과한 때에 **효력이 발생**한다.[♣20일이 경과한 때(×)]<14·24승진>

Ⅳ. 문서 작성의 일반원칙

① 문서는 「국어기본법」 제3조 제3호에 따른 어문규범에 맞게 **한글로 작성하되, 뜻을 정확하게 전달하기 위하여 필요한 경우에는 괄호 안에 한자나 그 밖의 외국어를 함께 적을 수 있으며**, 특별한 사유가 없으면 가로로 쓴다.[♣한글전용의 원칙은 철저히 지킨다.(×)]<24승진>

② 문서의 내용은 간결하고 명확하게 표현하고 일반화되지 않은 약어와 **전문용어 등의 사용을 피하여 이해하기 쉽게 작성하여야** 한다.

③ 문서에는 **음성정보나 영상정보 등이 수록되거나 연계된 바코드 등을 표기할 수** 있다.<24승진>

④ 문서에 쓰는 숫자는 특별한 사유가 없으면 아라비아 숫자를 쓴다.

⑤ 문서에 쓰는 날짜는 숫자로 표기하되, 연·월·일의 글자는 생략하고 그 자리에 온점을 찍어 표시하며, 시·분은 24시간제에 따라 숫자로 표기하되, 시·분의 글자는 생략하고 그 사이에 쌍점을 찍어 구분한다. 다만, 특별한 사유가 있으면 다른 방법으로 표시할 수 있다.

⑥ 문서 작성에 사용하는 용지는 특별한 사유가 없으면 **가로 210밀리미터, 세로 297밀리미터의 직사각형 용지**로 한다.

⑦ 제1항부터 제6항까지에서 규정한 사항 외에 문서 작성에 필요한 사항은 행정안전부령으로 정한다.

☞ **시행규칙 제2조**(공문서 작성의 일반원칙)

① 공문서(이하 "문서"라 한다)의 내용을 둘 이상의 항목으로 구분할 필요가 있으면 그 항목을 순서(항목 구분이 숫자인 경우에는 오름차순, 한글인 경우에는 가나다순을 말한다)대로 표시하되, 상위 항목부터 하위 항목까지 1., 가., 1), 가), (1), (가), ①, ㉮의 형태로 표시한다. 다만, 필요한 경우에는 □, ○, -, · 등과 같은 특수한 기호로 표시할 수 있다.

② 문서에 금액을 표시할 때에는 「행정업무의 효율적 운영에 관한 규정」(이하 "영"이라 한다) 제7조 제4항에 따라 아라비아 숫자로 쓰되, 숫자 다음에 괄호를 하고 다음과 같이 한글로 적어야 한다.
　㎖ 금113,560원(금일십일만삼천오백육십원)

제6조(기안자 등의 표시)

① 기안문에는 영 제8조 제4항에 따라 발의자와 보고자의 직위나 직급의 앞 또는 위에 **발의자는 ★ 표시를, 보고자는 ⊙표시를 한다.**[♣발의자는 ⊙표시를, 보고자는 ★표시(×)]

② 기안문에 첨부되는 계산서·통계표·도표 등 작성상의 **책임을 밝힐 필요가 있다고 인정**되는 **첨부물에는 작성자를 표시하여야** 한다.

③ **기안자, 검토자 또는 협조자**는 기안문의 해당란에 직위나 직급을 표시하고 서명하되, **검토자나 협조자가** (영 제9조 제3항 또는 제4항에 따라) **다른 의견을 표시하는 경우에는 직위나 직급 다음에 "(의견 있음)"이라고 표시하여야** 한다.

④ **총괄책임자**(영 제60조에 따른 처리과의 업무분장상 여러 개의 단위업무를 총괄하는 책임자를 말한다. 이하 같다)는 총괄책임자가 총괄하는 단위업무를 분담하는 사람이 기안한 경우 그 기안문을 검토하고 검토자란에 서명을 하되, **다른 의견이 있으면 직위나 직급 다음에 "(의견 있음)"이라고 표시하고 기안문 또는 별지에 그 의견을 표시할 수** 있다. 다만, 총괄책임자가 출장 등의 사유로 검토할 수 없는 등 부득이한 경우에는 검토를 생략할 수 있으며 서명란에 출장 등 검토할 수 없는 사유를 적어야 한다.

행정 효율과 협업 촉진에 관한 규정 제10조(문서의 결재)

① 문서는 해당 행정기관의 장의 결재를 받아야 한다. 다만, 보조기관 또는 보좌기관의 명의로 발신하는 문서는 그 보조기관 또는 보좌기관의 결재를 받아야 한다.

② 행정기관의 장은 업무의 내용에 따라 보조기관 또는 보좌기관이나 해당 업무를 담당하는 공무원으로 하여금 위임전결하게 할 수 있으며, 그 위임전결 사항은 해당 기관의 장이 훈령이나 지방자치단체의 규칙으로 정한다.

③ 제1항이나 제2항에 따라 결재할 수 있는 사람이 휴가, 출장, 그 밖의 사유로 결재할 수 없을 때에는 그 직무를 대리하는 사람이 대결하고 내용이 중요한 문서는 사후에 보고하여야 한다.

제7조(문서의 결재)

① 결재권자의 서명란에는 서명날짜를 함께 표시한다.

② 영 제10조 제2항에 따라 위임전결하는 경우에는 전결하는 사람의 서명란에 "전결" 표시를 한 후 서명하여야 한다.

③ 영 제10조 제3항에 따라 대결(代決)하는 경우에는 대결하는 사람의 서명란에 "대결" 표시를 하고 서명하되, 위임전결사항을 대결하는 경우에는 전결하는 사람의 서명란에 "전결" 표시를 한 후 대결하는 사람의 서명란에 "대결" 표시를 하고 서명하여야 한다.

④ 제2항과 제3항의 경우에는 서명 또는 "전결" 표시를 하지 아니하는 사람의 서명란은 만들지 아니한다.

Ⅴ. 관인의 종류 및 비치

관인은 **행정기관의 명의로 발신하거나 교부하는 문서에 사용**하는 청인(廳印)과[♣직인(×)] **행정기관의 장이나 보조기관의 명의로 발신하거나 교부하는 문서에 사용**하는 직인(職印)으로[♣청인(×)] 구분한다.(제33조 제1항)

경찰이미지 관리

1 테마 117 **경찰홍보**

Ⅰ 홍보의 개념과 유형

Ⅰ. 경찰홍보의 개념

협의	경찰의 활동이나 업무에 관련된 사항을 널리 알려서 **경찰목적 달성에 유리한 환경을 조성하는 행위**이다.
광의	지역 주민의 경찰활동에 대한 참여를 확대하고 각종 기관·단체 및 언론 등과의 상호 협조체제를 강화하여 이를 경찰이 수행하는 모든 업무에 연계시키는 것까지를 포함한다.

Ⅱ. 경찰홍보의 유형<05·10승진·04채용·13경간>

협의의 홍보(PR) = 공공관계 <04채용>	Public Relation : 유인물, 팸플릿 등 각종 매체를 통해 개인이나 단체의 **좋은 점을 일방적으로 알리는 활동**이다.<13·21경간>
	① **공공관계 :** 협의의 홍보는 공공관계(pr)라고도 한다. 공공관계란 조직활동에 대한 공중(公衆, public)의 이해를 조장하고 조직과 공중과의 사이에 건전하고 생산적인 관계(sound and Productive relations)를 구축하고 유지하기 위한 일체의 조직활동을 말한다.
	※ **공공관계(PR)와 선전** <table><tr><td>선전</td><td>선전자의 이익이나 특정목적을 위하여 선전자의 입장에서 **유리한 정보만을 일방적으로 제공**하고 왜곡된 사실을 단순화시켜 감정에 호소하면서 반복적으로 알리는 것</td></tr><tr><td>공공관계</td><td>쌍방적인 교류를 통하여 상호간에 영향을 미치고 **왜곡 없이** 사실상의 정보를 제공함</td></tr><tr><td>공통점</td><td>공공관계는 상대방의 지지를 얻기 위한 활동이라는 점에서 선전과 유사<10승진></td></tr></table>
	② 공공관계(pr)는 **상대방의 지지와 동조를 얻기 위한 노력이나 활동**이라는 점에서 **선전과 유사**하다.<15경간·10승진>
경찰과 지역 공동체 관계 (PCR) <15·16승진>	Police – Community Relations : 지역사회 내의 각종 기관·단체 및 **주민들과 유기적인 연락·협조체계를 구축·유지**하여 지역사회 각계각층의 요구에 부응하는 경찰활동을 하는 동시에 경찰활동의 긍정적인 측면을 지역사회에 널리 알리는 종합적인 **지역사회 홍보체계**이다.<21경간·16승진>

| 경찰과
지역
공동체
관계
(PCR)
<05·16승진> | ※ PR과 CR의 비교 | | | |

※ PR과 CR의 비교

구분		PR(협의의 홍보)	CR(지역공동체 관계)
차이점	대상	일반국민 <불특정 다수인>	지역사회의 주민 <특정 다수인>
	수단	대중매스컴을 통한 간접수단	주민과 대화 등 **직접수단**<96승진>
공통점		국민이나 주민의 협력을 얻기 위한 **대외적 홍보활동**<99승진·01채용>	

① 지역사회 내의 **경찰, 공사기관 그리고 각 개인**이 그들의 **공통된 문제·욕구·책임**을 발견하고 지역사회문제의 해결과 지역사회 프로그램을 위해 공동 노력하는 것이다.

② CR의 수단으로서 가장 효율적인 것은 지역경찰관의 활동이다.<96승진>

경찰과 언론관계 (PPR)

Police - Press Relation : 신문, TV 등 뉴스 프로그램의 보도기능에 대응하는 활동으로서, 대개 기자들의 **질의에 답하는** 대응적이고 **소극적인 홍보활동**이다.[♣대중매체관계(×)]<12·21경간>

♣신문, TV 등 뉴스 프로그램의 보도기능에 대응하는 활동으로 대개 사건·사고에 대한 기자들의 질의에 답하는 대응적이고 소극적인 홍보활동을 대중매체 관계라고 한다.(×)<12경간>

경찰과 대중매체 관계 (PMR)

① Police - Media Relations : 언론관계의 대상과 범위가 확대·발전한 보다 **종합적인 홍보활동**으로서 대중매체 제작자와 긴밀한 협조관계를 구축·유지하며, 대중매체의 필요를 충족시키는 동시에 경찰의 긍정적인 측면을 알리는 활동으로서 경찰관보다는 주로 전직 언론인 등 **전문가를 채용하여 운용**한다.<21경간>

② **기능 :** 대중매체는 공공의 장으로 들어가는 통로를 장악하고 있기 때문에 경찰에 대한 유리한 여론을 형성시키고, **경찰정책결정자들의 경찰에 대한 관심을 확보하기 위한 중요한 수단**이 될 수 있다.

기업 이미지식 홍보 <13경간>

소비자주권시대를 맞아 주민을 소비자로 보는 관점에서 **영국과 미국을 중심으로 발달한** 개념으로서, 사설경비업체의 증가와 더불어 **경찰이 더이상 독점적인 치안기구가 아니라는 인식에 근거**한다.[♣경찰을 독점기구로 보는 인식에서 출발(×)]

① 경찰업무를 **서비스 개념으로 파악**한다.

② 시민을 기업의 소비자와 같은 지위에 있는 것으로 보는 관점으로 **친근한 상징물인 캐릭터의 개발과 전파** 등 조직 이미지를 고양시키는 계획적 홍보활동이다.<09승진>

예 포돌이·포순이 제작 및 활용

예 기관별로 조직이미지를 고양하고 주민 지지도를 제고하기 위한 방법으로 친근한 상징물을 제작하거나 보급<09승진>

③ 높아진 주민의 지지도를 바탕으로 예산획득·형사사법 상의 협력확보 등의 목적을 달성하는 종합적이고 계획적인 홍보활동이다.<13·15경간>

※ **경찰홍보 담당기관 :** 경찰청의 대변인, 시·도경찰청의 홍보담당관

Ⅲ 홍보의 역할과 문제점

Ⅰ. 경찰홍보의 역할

(1) **목적** : 홍보의 목적은 **국민의 동의와 지지의 획득을 통해 경찰목적 달성에 유리한 환경을 조성**하는 것이다.<96 · 99 · 09승진>

※ 중요성 : 오늘날 경찰업무는 국민의 이해와 협력 없이는 목적달성이 곤란하다.

(2) **기능(필요성)** : 국민에게 경찰의 시책이나 경찰활동의 상황을 정확하게 전달하는 한편, 국민의 경찰에 대한 의견이나 요망을 파악하여 경찰활동에 반영하는 등 경찰과 국민의 접점 내지 교량으로서 역할을 수행한다.

① 국민의 **'알권리'를 충족**

② 국민의 **요구를 정책에 반영**

③ 정책의 **공공성 · 객관성을 제고**

④ 국민의 **신뢰와 협조를 확보**[♣국민의 오해를 가중시킬 우려(×)]

(3) **경찰과 대중매체의 관계**<18승진 · 12 · 15경간 · 05 · 08채용>

Sir Robert Mark	① 경찰과 대중매체의 관계를 '단란하고 행복스럽지는 않지만 오래 지속되는 결혼생활'에 비유하였다.<18승진 · 13경간 · 05 · 07채용>
	② 적극적인 대언론정책(열린 정책 : open policy)을 수행하며 1970년대 영국경찰개혁의 주도자적 역할을 하였다.
G. Crandon	① G. Crandon[♣Ericson(×)]은 "경찰과 대중매체는 서로를 필요로 하기 때문에 둘 사이에는 '공생(共生)관계'가 발달한다."고 주장하였다.<18승진 · 15경간>
R. Ericson	① 경찰과 대중매체는 서로 얽혀서 범죄와 정의, 사회질서의 현실을 해석하고 규정짓는 사회기구의 역할을 수행한다고 주장하였다.[♣Crandon(×)]<05 · 08채용 · 12 · 15경간>
	② 경찰과 대중매체는 서로 연합하여 그 사회의 '일탈에 대한 개념을 규정'하며, '도덕성과 정의를 규정'짓는 사회적 엘리트 집단을 구성한다고 주장하였다.

Ⅱ. 경찰홍보의 문제점

(1) 경찰홍보에는 '**개인의 사생활 보호(프라이버시)**'와 '**국민의 알권리(공공의 이익)**' 간의 충돌 가능성이 크므로 **균형 있는 조화가 필요**하다.<15경간>

① 헌법상 사생활의 보호(제17조), 형사피고인의 무죄추정(제27조 제4항), 형법상 피의사실 공표죄(제126조) 등의 규정을 통한 사생활의 비밀을 보호해야 할 의무가 있다.

② 헌법상 언론 · 출판의 자유(제21조)와 알권리, 형법상 정당행위와 위법성 조각사유(형법 제310조)규정을 고려해야 한다.

Ⅲ 홍보전략과 언론관계 <96·02·09승진>

Ⅰ. 경찰홍보의 전략

적극적 전략	① **대중매체의 적극적 이용**: 경찰을 필요로 하는 대중매체의 속성을 파악하여, 대중매체를 잘 아는 전직언론인이나 전문가를 채용하여 홍보업무를 수행해야 한다. ② **공개주의와 비밀최소화 원칙**: 정보의 적극적인 공개를 통해 경찰에 대한 신뢰를 향상시키고 경찰조직과 지역사회를 유기적으로 연결해야 한다.[♣비밀주의와 공개최소화(×)]<09승진> ③ **전 경찰의 홍보요원화**: **언론 대응훈련을 실시**하여 언론대응 역량을 갖추게 한 후, 모든 경찰관에게 특정사안을 제외하고는 자유로이 언론을 접촉하도록 허용해야 한다. ④ **홍보와 타 기능의 연계**: 홍보실과 타 기능 간에 네트워크 연결을 통하여 홍보실에서 공개 가능한 정보를 최단시간 내에 언론의 문의에 답하고 기사거리를 제공할 수 있도록 총체적 홍보 전략을 구사해야 한다.
소극적 전략	① **현행 공보실과 기자실의 운영방식**: 소극적·편의주의적인 발상의 산물로서 언론 보도내용을 발췌·배포하고, 출입기자의 취재에 대한 협조업무를 수행하면서, '**협의의 홍보**'와 '**언론관계**'의 일부기능을 수행하고 있다. ② **비밀주의와 공개최소화 원칙**: 각종 정보·기록·자료와 의견을 공개하는 측면에서 극히 소극적이다.[♣적극적 전략(×)]<02승진·13경간> ③ **홍보와 타 기능의 분리 (홍보기능의 고립)**: 경찰의 공보기능과 타 기능의 유기적인 협조체제가 구축되지 않아 경찰관련 정보를 종합하지 못함으로써, 공보담당자가 실질적인 언론관계를 수행하지 못하고 있다. <96승진> ④ **언론접촉의 규제**: 상관의 허락 없이 언론과 접촉하는 것이 허용되지 않고 있으며, 경찰관이 사적으로 기자와 접촉하는 과정에서 비밀유출이나 사실왜곡이 발생하고 있다.

Ⅱ. 언론인터뷰 등 <96·02·09승진>

1. 유의사항

(1) 범죄사실을 공개할 경우의 공공의 이익과 개인의 프라이버시 침해를 비교하고 저울질해서(비교형량) **공공의 이익이 더 클 경우에만 발표**할 수 있다.

※ 연예인이나 정치인은 사생활 보호의 필요성보다 국민의 알권리의 충족이 더 중요하므로 **공개의 필요성이 일반인보다 더 크다.**(공적인물의 이론)

(2) 발표내용은 범죄사실 및 밀접한 관련사실에 국한해야 하며 진실의 증명이 불가능한 사실 등은 발표되어서는 안 된다.

(3) 청소년 범죄의 소년범이나 성범죄자는 실명으로 발표할 수 없다.

> **참고** **수사사건 언론공개의 한계** <11.2채용>
>
> 1. 범죄와 직접관련이 없는 명예, 사생활에 대한 사항
> 2. 보복당할 우려가 있는 사건관계인의 신원에 관한 사항
> 3. 범죄 수법 및 검거 경위에 관한 자세한 사항
> 4. 기타법령에 의해 공개가 금지된 사항

2. 기자회견

(1) 기자회견의 특성

① 알리려는 정보를 가장 많은 사람에게 효과적으로 전달할 수 있다.

② 어떤 정보를 어떻게 공개할지를 미리 준비하고 통제할 수 있다.

③ 모든 대중매체가 동시에 같은 정보를 받을 수 있으므로 시비와 오해를 없앤다.

④ 신문, 라디오, TV등 **모든 매체를 만족시킬 수 있는 시간대는 찾을 수 없다.**[♣찾을 수 있다.(×)]

(2) 기자회견 요령

① 목표에 따라 대상 매체를 선정하고, 기자회견을 개최하기 최소한 **3시간 전**에 언론사에 통보한다.[♣2시간 전 통보(×)]<12경간>

② 기자회견 개최 전 그 주제와 내용을 미리 알려주어야 한다.

③ 회견 도중 사진기자들이 **마음대로 촬영하도록** 한다.[♣촬영하는 데 일정한 제한을 둔다.(×)]

④ 기자회견 내용은 언제나 녹음해 두고, 중대한 사건 관련일 경우, 비디오 촬영으로 참석자 전원의 모습을 담아 놓을 수 있도록 한다.

⑤ 가능하면 회견 후 TV나 라디오의 단독 인터뷰 요청에 응해준다.

⑥ 사진 등을 배포하려면 기자회견 현장에서 나누어줄 수 있도록 미리 준비한다. 사진을 나누어 줄 테니 기다리라고 하면 적시성을 놓쳐 기사 자체가 게재되지 않을 수 있다.[♣사진 등 배포시 회견 후 기다리게 하여 준다.(×)]

(3) 기자회견 장소선정 시 고려사항

① 기자회견의 주제와 내용에 따라 장소를 선정하라.

② 전면에 출입문과 통로가 있어서 회견을 주재하는 사람이 모여 있는 **기자들 사이를 통과하지 않고 출입하여 기자회견 단상에 오르내릴 수 있어야** 한다.[♣기자들 사이를 통과하여 단상에 오를 수 있도록(×)]

③ **보도통제 요청이 필요한 사안은 보안유지가 가능한 장소에서** 한다.

④ 기자회견장에는 전화와 전기단자를 설치해 놓아야 한다.

(4) 보도기관 발표 시 유의 사항

① **보도 마감시간을 고려하여** 발표해야 한다.

② 사건의 전모파악에 상당한 시간을 요하는 경우에는 **중간발표를 하도록** 해야 한다.[♣중간발표를 하지 말고 최종발표를 할 것(×)]

③ 취재활동이 예상되는 사건현장에는 공보연락이 이루어지도록 조치할 것

④ **담당자는 발표할 수 있는 책임 있는 지위에 있는 자이어야** 한다.[♣범죄사실 발표를 경비과장이(×)]<12경간>

⑤ 경찰업무수행을 위해 필요한 보도의 유보는 발표할 수 없는 이유를 솔직히 설명하고 협력을 요청할 것

(5) 보도관련 용어

deadline	취재된 기사를 편집부에 넘겨야 하는 **기사 마감시간**
lead	기사 내용을 요약해서 **1~2줄 정도로 간략하게 쓴 글**
issue	일정 시점에서 중요시되어 논쟁·갈등의 요인이 되는 **사회·문화·경제·정치적 관심이나 사고**

embargo	어느 시한까지 보도하지 않을 것을 전제로 자료 제공이 이루어지는 관행
off the record	**보도하지 않을 것을 조건**으로 하는 자료나 정보의 제공[♣사회 · 문화 · 경제 · 정치적 관심이나 사고(×)]<10승진 · 15경간> ─ 어떤 형식으로도 보도하지 못하는 '**전면적 비보도**', 취재원을 보호하기 위하여 소속기관까지도 공표하지 않을 것을 약속하는 '**취재원 및 소속기관 비보도**', 취재원의 신원만을 밝히지 않을 것을 조건으로 하는 '**취재원 비보도**'등이 있다.

3. 언론 인터뷰의 유의사항

☞ 인터뷰 시 유의사항 ⇨ 인터뷰 시에 언론의 견해와 경찰관 자신의 견해가 상이하다 해도 절대 감정적인 논쟁을 해서는 안 된다.<97승진>

(1) 신문기자와의 인터뷰 10원칙

① **모든 발언에 주의**할 것　　　　　　　⑥ 자신 **스스로의 말을 할 것**
② 확인할 시간을 달라고 요청　　　　　　⑦ 말 다듬어주기는 환영할 것
③ 계속 이어질 질문을 예상　　　　　　　⑧ 단호하게 표명하고 실수는 사과할 것
④ **사실에 입각한 이야기만** 할 것[♣사건의 이면사　⑨ 'No comment'는 금지
　항 · 자신의 견해를 말한다.(×)]<02채용>
⑤ **확실하고 명확하게 답변**할 것　　　　⑩ 혼자 고민하지 말 것

(2) 라디오 인터뷰 10원칙

① 겁내지 말 것　　　　　　　　　　　　⑥ 청취자를 의식할 것
② 인터뷰의 주제를 파악할 것　　　　　　⑦ **평이한 용어로 쉽게 설명**할 것
③ 생방송 · 녹음방송을 구분 대응할 것　　⑧ 간결하게 설명할 것
④ 관련 **자료의 정확성 여부를 확인**할 것 → 관　⑨ 너무 장황하게 늘어놓지 말 것
　련서류를 앞에 두지 말 것　　　　　　⑩ 당황하지 말 것
⑤ 주요 메시지에 집중할 것

(3) TV 인터뷰 10원칙

① 계획하고, 계획하고, 계획할 것　　　　⑦ 자신 있게 이야기할 것
② 질문할 사항이 무엇인지 확인하고, 충분한 시　⑧ **피의자의 실명 등이 공표되지 않도록 주의**
　간을 갖고 출발할 것　　　　　　　　　　[♣피의자의 실명 등 자세히 언급(×)]<01경간>
③ 사무실 주위를 깨끗이 정돈할 것　　　⑨ 오직 진실만을 이야기할 것
④ 방해요소는 미리 제거할 것　　　　　　⑩ 카메라 주위에서는 항상 긴장할 것(**시선은 항**
⑤ 대본을 미리 점검할 것　　　　　　　　　**상 진행자에게 고정할 것**)
⑥ 기자(진행자)와 친근감을 조성할 것

Ⅳ 언론에 의한 피해의 구제방안 - 언론중재 및 피해구제 등에 관한 법률<03·04승진>

(1) **의의**: 국민이 언론사(방송·정기간행물·뉴스통신·**인터넷신문**)의 언론보도로 인하여 명예나 권리 등 법익에 관하여 침해를 받았을 경우 이를 어떻게 구제받느냐하는 문제를 말하며, 언론피해 구제제도를 포괄하여 단일화한 법령으로 '언론중재 및 피해구제 등에 관한 법률'이 있다.

☞ 주요용어 정리	
언론	"언론"이란 방송, 신문, 잡지 등 정기간행물, 뉴스통신 및 인터넷신문을 말한다.[♣인터넷신문 제외(×)](언론중재 및 피해구제 등에 관한 법률 제2조 제1호)<09승진>
언론사	방송사업자, 신문사업자, 잡지 등 정기간행물사업자, 뉴스통신사업자, **인터넷신문사업자**
방송	방송법 규정에 의한 텔레비전방송·라디오방송·데이터방송 및 이동멀티미디어방송
신문	'신문 등의 자유와 기능보장에 관한 법률'의 규정에 의한 신문
잡지 등 정기간행물	'**잡지 등 정기간행물의 진흥에 관한 법률**'에 따른 잡지 및 기타 간행물
언론분쟁	언론사의 **언론보도로 인하여 침해되는 명예나 권리 그 밖의 법익에 관한 다툼이 있는 경우**를 말한다.[♣기자 측의 피해에 대하여 취재권을 보장하기 위한 개념이다.(×)]<09승진>
사실적 주장	증거에 의하여 그 존재 여부를 판단할 수 있는 사실관계에 관한 주장
정정보도	언론의 보도내용의 전부 또는 일부가 **진실하지 아니**한 경우에 이를 진실에 부합되게 고쳐서 보도하는 것(16호)<22.1채용>
반론보도	보도내용의 **진실 여부에 관계없이** 그와 대립되는 반박적 주장을 보도하는 것

(2) **언론중재위원회**<05·15승진·12경간·16.1채용>

언론등의 보도 또는 매개("언론보도등")로 인한 분쟁의 조정·중재 및 침해사항을 심의하기 위하여 **언론중재위원회**(이하 "중재위원회")를 둔다.(언론중재 및 피해구제 등에 관한 법률 제7조 제1항)<15·17승진·19.2채용>

① 중재위원회는 **40명 이상 90명 이내의 중재위원으로 구성**하고, 중재위원은 **문화체육관광부장관이 위촉**한다.(언론중재 및 피해구제 등에 관한 법률 제7조 제3항)<23승진·16.1채용>

② 중재위원회에 **위원장 1인, 2인 이내의 부위원장 및 2인 이내의 감사**를[♣3인 이내의 감사(×)] 두며, 각각 **중재위원 중에서 호선**한다.(언론중재 및 피해구제 등에 관한 법률 제7조 제4항)<17·23승진·16.1·18.1채용>

　※ 위원장은 중재위원회를 대표하고 중재위원회의 업무를 총괄한다.(언론중재 및 피해구제 등에 관한 법률 제7조 제6항)<15승진>

③ 위원장·부위원장·감사 및 중재위원의 **임기는 각각 3년**으로[♣2년으로(×)] 하며, 한 차례만 **연임할 수 있다.**[♣연임할 수 없다.(×)](언론중재 및 피해구제 등에 관한 법률 제7조 제5항)<17승진·16.1·22.1채용>

④ 중재위원회는 **제적위원 과반수의 출석과 출석위원 과반수의 찬성으로 의결**한다.[♣재적위원 1/4의 출석과 출석위원 과반수의 찬성으로 의결(×)](언론중재 및 피해구제 등에 관한 법률 제7조 제9항)<15·17승진·12경간·16.1채용>

⑤ 언론중재위원회는 아래 사항 등을 심의한다.(제7조 제2항)<15승진>

　㉠ 중재부의 구성에 관한 사항(제1호)

　㉡ 중재위원회 **규칙의 제정·개정 및 폐지**에 관한 사항(제2호)<15승진>

ⓒ 사무총장의 임명 동의(제3호)

ⓓ 언론보도 내용 시정권고의 결정 및 그 취소결정(제4호)

ⓔ 그 밖에 중재위원회 위원장이 회의에 부치는 사항(제5호)

(3) 구제 방안

① **행정상 구제** : '언론중재 및 피해구제 등에 관한 법률'상의 정정보도청구권·반론보도청구권·추후보도청구권 <정정보도청구권 등>, 공직선거법상의 정정보도청구권 <02승진>

② **민사상 구제** : 정정보도청구권(민법 제764조)·손해배상청구

③ **형사상 구제** : 출판물에 의한 명예훼손죄

정정 보도 청구권	**⑴ 의의** : **사실적 주장**에 관한 언론보도등이 **진실하지 아니함으로 인하여** 피해를 입은 자가 그 보도내용에 관한 정정보도를 언론사에 청구하는 것을 말한다.(언론중재 및 피해구제 등에 관한 법률 제15조)<23승진·21.2채용> **판례 1)** [사실적 주장과 의견표명 구별 → 객관적 내용+사회적 흐름, 전체적 인상 함께 고려] 사실적 주장이란 **의견표명**에 대치되는 개념으로서 사실적 주장과 의견표명이 혼재할 경우 양자를 구별할 때에는 해당 언론보도의 객관적인 내용과 아울러 **해당 언론보도가 게재한 문맥의 보다 넓은 의미나 배경이 되는 사회적 흐름 및 시청자에게 주는 전체적인 인상도 함께 고려**하여야 한다.(대법원 2015다56413 판결 [정정보도등])<20경간> **판례 2)** [중요부분이 진실에 합치 → 보도의 진실성 인정] 복잡한 사실관계를 알기 쉽도록 단순하게 만드는 과정에서 일부 특정한 사실관계를 압축·강조하거나 대중의 흥미를 끌기 위하여 실제 사실관계에 장식을 가하는 과정에서 **다소 수사적 과장**이 있더라도 **전체적인 맥락에서 보아 보도내용의 중요부분이 진실에 합치한다면 보도의 진실성은 인정**된다고 보아야 한다.(대법원 2009다52649 전원합의체 판결 [정정·반론])<20경간> **판례 3)** [증명책임 → 피해자가 부담] 정정보도를 청구하는 경우에 그 언론보도 등이 **진실하지 아니하다는 것에 대한 증명책임**은 그 청구자인 피해자가 부담한다.[♣언론사가 부담(×)](대법원 2009다52649 전원합의체 판결)<20경간> ※ 정정보도의 청구에는 언론사의 **고의·과실이나 위법성을 요하지 아니**한다. **⑵ 요건** : "피해자"는 해당 언론보도등이 있음을 **안 날부터 3개월 이내**에 "언론사 등"에 그 언론보도 등의 내용에 관한 정정보도를 청구할 수 있다. 다만, 해당 언론보도등이 **있은 후 6개월이 지났을 때에는 그러하지 아니**하다.[♣안 날부터 6개월 이내(×)](언론중재 및 피해구제 등에 관한 법률 제14조 제1항)<17·20·22경간·13·14·15·23승진·19.2·21.2채용> ※ 둘 중 하나의 기간만 경과해도 청구권이 상실된다. **⑶ 행사** : 정정보도 청구는 **언론사의 대표자**에게 **서면으로 신청**하여야 한다. ① 정정보도 청구를 받은 언론사 등의 대표자는 **3일 이내**에 그 수용 여부에 대한 통지를 청구인에게 발송하여야 한다.[♣7일 이내 발송하여야(×)](언론중재 및 피해구제 등에 관한 법률 제15조 제2항)<17·19·22경간·10·13·15·17승진·19.2채용> ♣정정보도 청구를 받은 언론사의 대표자는 7일 이내에 그 수용 여부에 대한 통지를 청구인에게 발송하여야 한다.(×)

정정 보도 청구권	② 언론사등이 정정보도의 청구를 수용할 때에는 지체 없이 피해자 또는 그 대리인과 정정보도의 내용·크기 등에 관하여 협의한 후, 그 청구를 받은 날부터 **7일 내에 정정보도문을 방송하거나 게재**하여야 한다.(제15조 제3항)<17경간> ※ 다만, 신문 및 잡지 등 정기간행물의 경우 이미 편집 및 제작이 완료되어 부득이할 때에는 다음 발행 호에 이를 게재하여야 한다.(제15조 제3항) (4) **거부사유** : 아래 거부사유가 있는 경우에는 언론사등은 정정보도 청구를 **거부할 수 있다.**(언론중재 및 피해구제 등에 관한 법률 제15조 제4항) ① 피해자가 정정보도청구권을 행사할 **정당한 이익이 없는 경우**[♣정당이익 없어도 거부할 수 없다.(×)](제1호)<19·22경간·15·17·23승진> ② 청구된 정정보도의 내용이 명백히 **사실과 다른 경우**[♣명백히 사실인 때(×)](제2호)<19경간·17승진> ③ 청구된 정정보도의 내용이 명백히 **위법한 내용인 경우**(제3호)<19경간·17승진> ④ **상업적인**[♣공익적인(×)] **광고만을 목적**으로 하는 경우(제4호)<19경간·17승진> ⑤ 청구된 정정보도의 내용이 국가·지방자치단체 또는 공공단체의 **공개회의**와 법원의 **공개재판절차의 사실보도에 관한 것**인 경우[♣비공개회의와 비공개 재판절차의 보도에 관한 것(×), ♣거부할 수 없다.(×)](언론중재 및 피해구제 등에 관한 법률 제15조 제4항 제5호)<19·22경간·13·15·17승진>
반론 보도 청구권	(1) **의의** : 사실적 주장에 관한 언론보도등으로 인하여 피해를 입은 자는 그 보도 내용에 관한 반론보도를 언론사등에 청구할 수 있다.(제16조 제1항)<21.2·22.1채용> ※ 액세스(Access)권 : 액세스권이란 언론매체에서 소외당한 국민이 이를 통하여 자기의사를 표명하려 할 경우에 그것을 이용할 수 있는 권리로 **보도매체접근이용권**을 말한다.<09승진> ① 광의의 액세스권은 국민이 **자신의 사상이나 의견을 발표하기 위하여** 언론매체에 자유로이 접근하여 그것을 이용할 수 있는 권리를 말한다.<09승진> ② 협의의 액세스권은 자기와 관련된 보도에 대하여 **반론 또는 해명할 기회를 요구할 수 있는 권리**, 즉 **반론권**을 말한다.<09승진> (2) **요건** : 반론보도의 청구에는 언론사등의 고의·과실이나 위법성을 필요로 하지 아니하며, 보도 내용의 **진실 여부와 상관없이** 그 청구를 할 수 있다.[♣진실하지 않은 경우에만 청구할 수(×), ♣고의·과실이나 위법성을 필요(×)](제16조 제2항)<09승진·21.2·22.1채용> ① **기간** : 반론보도청구에 관하여는 **청구기간(안날로부터 3개월, 있은 날로부터 6개월) 등에 대한 정정보도의 규정을 준용**한다.
추후 보도 청구권	언론등에 의하여 범죄혐의가 있거나 형사상의 조치를 받았다고 보도 또는 공표된 자는 그에 대한 형사절차가 무죄판결 또는 이와 동등한 형태로 종결되었을 때에는 그 사실을 안 날부터 3개월 이내에 언론사등에 이 사실에 관한 추후보도의 게재를 청구할 수 있다.(제17조 제1항) ① 추후보도청구권은 특별한 사정이 있는 경우를 제외하고는 이 법의 규정에 의한 정정보도청구권이나 반론보도청구권의 행사에 영향을 미치지 아니한다.(제17조 제4항) ② 기타 사항은 정정보도 청구에 관한 규정을 준용한다.(제17조 제3항)
조정	(1) **의의** : 언론중재법에 따른 정정보도청구등과 관련하여 분쟁이 있는 경우 **피해자 또는 언론사등**은 중재위원회에 조정을 신청할 수 있다.[♣언론사도 신청할 수 있다.(○)](제18조 제1항)<21.2채용> (2) **신청** : 정정보도청구등과 손해배상의 조정신청은 당해 언론보도가 있음을 **안 날부터 3개월, 있은 날로부터 6개월**의 기간 이내에 조정을 신청할 수 있다. 이 경우 피해자는 손해배상액을 명시하여야 한다.(제18조 제2항)

조정	① **정정보도등을 거친 경우**: 피해자가 언론사에 먼저 정정보도등을 청구한 때에는 피해자와 언론사간의 협의가 불성립된 날부터 **14일 이내**에 하여야 한다.(제18조 제3항)[♣10일 이내에 (×)]<12경간>

※ **'피해자와 언론사 간의 협의가 불성립된 날'**: 언론사가 피해자의 **청구를 거부한다는 명시적인 의사표시를 기재한 문서를 피해자가 수령한 날**을 의미한다.[♣발송한 날(×)] (언론중재 및 피해구제 등에 관한 법률 시행령 제13조)<12경간・13승진>

② 조정은 **관할 중재부**에서 한다. 관할구역을 같이 하는 **중재부가 여럿**일 경우에는 **중재위원회 위원장이 중재부를 지정**한다.(제19조 제1항)

(3) **조정**: 조정은 신청 **접수일부터 14일 이내**에 하여야 하며, 중재부의 장은 조정신청을 접수하였을 때에는 지체 없이 조정기일을 정하여 당사자에게 출석을 요구하여야 한다.(제19조 제2항)

① **언론사인 피신청인의 불출석**: 출석요구를 받은 **신청인이 2회에 걸쳐 출석하지 아니한** 경우에는 **조정신청을 취하한 것**으로 보며, **피신청 언론사등이 2회에 걸쳐 출석하지 아니한** 경우에는 조정신청 취지에 따라 정정보도등을 이행하기로 **합의한 것**으로 본다.(제19조 제3항)<05경정・22.1채용>

② 조정기일에 중재위원은 조정 대상인 분쟁에 관한 사실관계와 법률관계를 당사자들에게 설명・조언하거나 절충안을 제시하는 등 **합의를 권유할 수** 있다.[♣합의를 권유할 수 없다.(×)](제19조 제5항)

③ 조정은 비공개를 원칙으로 하되, 참고인의 진술청취가 필요한 경우 등 필요하다고 인정되는 경우에는 중재위원회규칙으로 정하는 바에 따라 참석이나 방청을 허가할 수 있다.(제19조 제8항)

④ **조정에 의한 합의 등의 효력**: 조정결과 당사자 간에 합의가 성립하거나 합의가 이루어진 것으로 보는 경우 및 직권조정결정에 이의신청이 없는 때에는 재판상 화해와 동일한 효력이 있다.(제23조)

⑤ **직권조정결정**: 당사자 사이에 합의(합의로 보는 경우 포함)가 이루어지지 아니한 경우 또는 신청인의 주장이 이유 있다고 판단되는 경우(제22조)

㉠ 중재부는 당사자들의 이익이나 그 밖의 모든 사정을 고려하여 신청취지에 반하지 아니하는 한도에서 직권으로 조정을 갈음하는 결정을 할 수 있다.(조정신청 접수일부터 21일 이내에 하여야 한다.)(제22조 제1항)

㉡ 직권조정결정에 불복하는 자는 결정 정본을 송달받은 날부터 7일 이내에 불복 사유를 명시하여 서면으로 중재부에 이의신청을 할 수 있다. 이 경우 그 결정은 효력을 상실한다.(제22조 제3항)

㉢ 직권조정결정에 관하여 이의신청이 있는 때에는 소(訴)가 제기된 것으로 보며, 피해자를 원고로 하고 상대방인 언론사 등을 피고로 한다.(제22조 제4항)

중재	(1) 당사자 양쪽은 정정보도청구등 또는 손해배상의 분쟁에 관하여 중재부의 종국적 결정에 따르기로 **합의하고** 중재를 신청할 수 있다.(제24조 제1항)<21.2채용>
	(2) **중재결정의 효력**: 중재결정은 확정판결과 동일한 효력이 있다.(제25조 제1항)<21.2채용>
소송	(1) **정정보도청구등의 소**: 피해자는 당해 언론보도가 있음을 **안 날부터 3월(있은 날로부터 6월)**의 기간 이내에 법원에 정정보도청구등의 소를 제기할 수 있다.(제26조 제3항)
	※ 사전에 중재위원회의 **중재를 거치지 아니하고** 정정보도청구등의 소를 제기할 수 있다.
	(2) **재판**: 정정보도청구등의 소는 접수 후 3월 이내에 판결을 선고하여야 한다.(제27조 제1항)

Chapter 07 경찰에 대한 통제 및 개혁

1 경찰통제

> **통제 필요성:** 경찰윤리가 경찰에 의한 자기통제를 목적으로 한다면 본 단원에서는 외부통제를 다루게 되는바, 통제의 필요성이나 목적의 측면에서는 유사한 점이 있다.
>
> (1) 행정의 **전문화와 재량권의 확대**로 행정권력이 **남용될 가능성**이 높아지고 있다.
>
> > ※ 경찰작용이 **침해행정을 수반**하는 경우 등 **권력적 성격과 재량성** 때문에 경찰통제가 필요하다.
> > <01·02경간·04채용>
>
> (2) 경찰업무는 범위가 **광범위하고 다양한 특성**을 가지고 있으며 그 권한과 수행하는 기능으로 인해 권력으로부터 유혹을 받기가 쉽다.

Ⅰ 경찰통제 일반

> ① **행정책임(경찰책임):** 통제의 기본요소 중 하나로 경찰조직, 경찰공무원이 직무를 수행할 때 주권자인 국민의 기대와 요구에 부응**하여** 공익·근무규율 등 일정한 기준에 따라 **행동하여야 할 의무**를 말한다.<14승진>
>
> > ※ **기준:** 합법성, 공익, 근무규율, 국민의 요청이나 고객의 요구, 정책목표
> >
> > ※ 경찰조직의 **정책과오에 대하여는** 정책결정의 책임보다는 경찰공무원 **개인의 책임으로 돌리는 경우가 많다.**<14경간>
>
> ② **경찰책임 확보수단:** 행정책임을 확보하기 위한 수단으로서 경찰통제가 행하여지는바 경찰통제의 목적이 행정책임의 확보라고도 할 수 있다.[♣경찰통제와 경찰책임은 별개(×)]<14승진>
>
> > ※ 한국의 경우 종래 **권위적 정치문화로** 인해 행정기관은 폐쇄적으로 운영되어 외부통제가 적절히 이루어지지 못했다고 볼 수 있다.[♣한국은 통제의 필요성 미약(×)]

Ⅰ. 통제의 의의

(1) **의의:** 경찰의 조직과 활동을 체크하고 감시함으로써 **경찰조직과 경찰활동의 적정을 도모하기 위한 제도적 장치 또는 활동을 총칭**하는 개념이다.

① 경찰통제는 자율적 통제가 바람직하지만 조직의 자기이익 추구와 보수성 때문에 외부적 통제가 필요하다.

② 그러나 지나친 외부통제는 조직의 자율성을 저해하는 문제점이 있으므로 양자의 적정한 조화가 필요하다.

> ※ 경찰통제는 경찰책임(행정책임) 확보와 밀접한 관련이 있다.

(2) **통제의 목적(필요성)**

① **경찰의 민주적 운영과 정치중립의 도모** : 경찰활동의 적정을 도모하는 경찰통제는 **경찰의 능률성 확보와는 관련이 없다.**[♣능률성 확보(×), ♣민주성 추구와 배치되는 경향(×)]<14승진 · 09채용>

② **법치주의의 실현** : 경찰활동의 신뢰성과 정당성 확보의 전제가 된다.

③ **국민의 인권보호** : 법집행에서 적법절차원리 준수와 밀접한 관련이 있다.

※ 경찰은 업무의 성격 자체가 사회 공공의 안녕과 질서유지라고 하는 경찰의 기본적 임무를 수행하기 위하여 **국민의 자유와 권리를 제한(침해)**하는 등 국민의 기본적 인권과 충돌하는 경우가 많아 **통제의 필요성이 크다.**[♣경찰의 인권침해는 상정하기 어렵다.(×)]<14경간>

④ **경찰의 정치적 중립성의 확보** : 정치세력과 무관하게 공정성과 중립성을 유지해야 한다.

⑤ **조직의 부패방지와 건강성 유지** : 사익추구 등 탈선을 막아야 한다.<02 · 03채용>

(3) **통제과정의 고려사항**

① 통제의 분명한 **목표와 기준**을 설정해야 한다.

② **환류**를 통한 순환적 발전을 유도해야 한다.

③ 민간부분의 **생산성** 개념의 도입이 필요하다.

④ 국민 참여 강화에 의한 **민주적 통제**와 구성원에 대한 **윤리성의 제고** 노력이 병행되어야 한다.

Ⅱ. 경찰통제의 기본요소<04채용>

> 통제는 자기통제가 바람직하나 조직의 자기비호와 변화를 거부하는 속성상 **외부통제가 필요**하다. 그러나 **외부기관에 의한 상시적인 지휘는 조직의 자율성을 저해하는** 등 문제점이 있으며 바람직스럽다고 볼 수 없다.[♣외부기관에 의한 지휘강화(×)]
>
> 예 검사에 의한 경찰지휘

1. 권한의 분산

(1) 경찰에 대한 통제의 기본요소로 권한의 **적절한 분산**이 필요하다.

① 권한의 분산은 제도의 구성단계에서 부터 필수적으로 고려해야 하는 **통제의 기본요소**이며 가장 먼저 이루어져야 하는 요소이다.

② 권한의 분산은 반드시 자치경찰제의 시행만을 전제하는 것은 아니며, 단기적으로는 경찰조직 내에서의 **중앙과 지방간**의 권한의 분산, **상위계급과 하위계급 간**의 권한의 분산이 더 필요하다.

2. 공개

(1) 행정기관의 정보공개가 없으면 국민의 참여가 불가능하고 그 결과 통제가 불가능하게 되는바 공개는 경찰통제의 근본이며 전제요소가 된다.<04승진 · 01경간>

※ 행정의 **독선과 부패는 정보독점과 폐쇄성에 기인**한다고 볼 수 있다.

(2) 경찰기관의 정보는 공개대상이 아닌 정보를 제외하고는 **원칙적으로 공개되어야** 한다.

※ 그러나 경찰이 보유하고 있는 정보에는 공개 시 개인의 인권을 침해할 우려가 있는 부분이 있으므로 공개대상이 아닌 정보를 제외하고 공개되어야 한다.[♣과감하게 모두 공개(×)]

(3) 국민의 알권리와 행정의 투명성의 확보를 위해 **"공공기관의 정보공개에 관한 법률"**을 두고 있으며,[♣정보공개가 법률에 근거하는 것은 아니다.(×)]

※ 경찰행정은 **공개를 전제로 투명하게 처리하려는 자세전환이 필요**하다.

3. 참여의 보장

(1) **종래**의 행정이 **실체적 권리보장에 중점을 둔 나머지, 절차적 권리 보호에 소홀**한 것이 사실이다.

(2) 그러나 오늘날은 **행정절차법 등의 제정으로 절차적 참여의 중요성**이 부각되고 있다.

(3) 행정참여를 통해 행정의 **공정성·투명성 및 신뢰성**을 확보할 수 있다.

※ **행정절차법** : 행정의 공정성·투명성·신뢰성 확보가 목적이다.

정리 경찰행정에 주민(국민)참여의 방안 <04승진>

직접적 참여장치	**방범리콜제도**, 경찰서행정발전위원회, 시민단체, 경찰협력위원회
간접적 참여장치	치안행정위원회, 민원봉사실, (국가, 자치)**경찰위원회**, **자치경찰제**

※ **국가경찰위원회** : 간접적인 국민참여 방안에 속한다.[♣직접적 주민참여 방안(×)]

※ **자치경찰제가 확대 시행이 되면 경찰행정에 주민참여의 폭은 더욱 넓어지게 될 것이다.**[♣줄어든다.(×)]

참고 방범리콜제도

① 잘못된 행정서비스에 대한 **불만제기권을 부여하고 이를 시정하는 장치**이다.

② 생활안전활동에 **주민의 의견을 반영**하기 위한 제도이다.

③ 생활안전활동과 관련된 주민의 건의사항을 생활안전시책에 반영함으로써 **주민의 치안참여를 확대하기 위한 제도**로 볼 수 있다.[♣주민참여와는 관계없다.(×)]

④ **고객지향행정의 최종목표는 고객이 감동하는 행정서비스의 제공**에 있다.

4. 책임 확보

(1) 경찰은 국민에 대해 법적·도의적 책임을 부담하고 있으며 이러한 **책임을 확보하기 위해 통제가** 이루어지게 되는바 **경찰통제의 목적이 되는 개념**이다.

① 경찰은 그 구성원 개인의 위법행위나 비위에 대해서 **형사책임·민사책임이나 징계책임 등의 형태로 책임을 져야** 한다.

② 책임은 경찰에 대한 책임추궁만으로 끝나는 것이 아니라, **발전을 위한 과정으로 이해되어야** 한다.

(2) **책임의 유형**(Responsibility와 Accountability)

Responsibility	① 경찰구성원 개인이 위법행위나 비위에 대해서 지는 형사·민사·징계 등의 책임 ② 공무원 개인의 책임을 의미한다.
Accountability	① 경찰기관이 경찰행정에 대해 **조직으로서 지는 책임**을 의미한다. ② 경찰행정기관의 설명책임(說明責任)을 의미한다.

(3) 경찰기관의 행정에 대해서는 조직으로서 책임을 져야 하며, 경찰조직에 대한 바람직한 통제는 **조직에 대한 민주적 통제**와 국민참여를 보장하는 한편 **구성원의 윤리성을 확립**하기 위한 노력이 **병행되어야** 한다.[♣조직에 대한 통제는 불필요(×)]

① 일반적으로 경찰기관의 **조직책임보다 경찰공무원 개인의 징계책임이** 지나치게 무겁다는 평가를 받고 있다.

② 경찰조직의 정책과오에 대해서는 둔감한 반면, 경찰공무원 개인의 비위문제에 대해서는 민감하게 반응하는 경향으로, **조직책임**은 경찰공무원의 개인책임보다는 **경시되는 경우가 많다.**[♣조직의 정책과오에 엄격한 책임을 묻고 있다.(×)]<14경간>

③ 앞으로는 조직책임에 보다 관심을 기울여야 하며, 경찰기관의 행정에 대해서 **조직으로서 책임을 져야** 한다.

5. 환류

(1) 투입에 대한 산출의 결과가 다음 단계의 투입이나 환경요소에 연결되는 과정, 즉 산출의 결과가 다시 환경에 미치는 영향을 의미한다.

(2) 통제는 환류(feedback)를 위한 과정이며, 환류를 통하여 조직의 순환적인 발전을 도모하여야 한다.

Ⅱ 테마 118 통제의 유형 및 그 장치

> **통제의 유형** : 통제주체를 기준으로 '민주적 통제와 사법적 통제', '경찰권 발동 시점'을 기준으로 '사전통제와 사후통제', '경찰청 조직'을 기준으로 '내부통제와 외부통제'로 구분할 수 있다.

Ⅰ. 민주적 통제와 사법적 통제

구분	민주적 통제(영미법계)	사법적 통제(대륙법계)
의의	경찰의 민주성 확보를 위한 제도적 장치의 마련에 중점 : **절차적 · 사전통제 중심**	경찰행정에 대한 **사법심사 시스템의 구축**에 중점 : **실체적 · 사후통제 중심**
예	① **국가경찰위원회제도, 국민감사청구제도**<23승진 · 20.2채용> ② **자치경찰제도**[♣우리나라에서는 시행하지 않고 있다.(×)]<13경간> ③ **경찰책임자의 선거제도**[♣우리나라에서는 시행하지 않고 있다.(○)]<13경간 · 02채용> [♣국가배상제도(×), ♣행정소송제도(×)]	① **국가배상제도**<03 · 23승진 · 03채용> ② **행정소송제도** ※ 대상 : **열기주의 → 개괄주의**[♣열기주의(×)]
특색	민주성 확보를 위한 제도적 장치 발달 : '적정절차의 원칙'에 중점(시민이 직접 혹은 대표기관을 통해 간접으로 참여, 감시를 가능케 하는 시스템)<09채용>	**사법심사 제도의 발달(행정소송 · 국가배상):** ➡ '실체적 권리보장'에 중점을 두어 법원이 행정부의 행위를 심사함으로써 행정부를 통제하는 시스템을 구축하고 있다.

| 특색 | ※ 영미법계는 판례법국가로 법원은 대륙법계보다 더 강력한 통제장치로 기능한다.<12.2채용> | ※ 경찰활동이 행정편의주의에 입각한 고도의 재량행위지만, 오늘날에는 재량의 일탈과 남용에 대해서는 사법심사의 대상이 된다고 보고 있는데, 이 경우 실체적 심사뿐만 아니라 재량의 절차적 통제가 가능하다고 본다.<13경간> |
| | 오늘날 대부분의 국가에서는 점차 혼합적인 시스템을 구축해 가고 있다. | |

(1) **개괄주의와 법원통제**<08승진 · 12.2채용>

> ① **개괄주의문제** : 행정소송의 열기주의는 행정소송이 가능한 사항만 몇 가지 열거하는 방식이고, 개괄주의는 포괄적으로 행정소송의 가능성을 인정하는 방식임. 대륙법계 국가에서는 초기 행정소송 등의 열기주의에서 개괄주의로 전환함으로써 **행정에 대한 법원의 통제를 확대**하고 있다.
> [♣법원통제 축소(×)]<08승진>
>
> ② **법원통제** : 사법적 통제장치는 대륙법계가 더 발달해 있지만, 판례법이 법의 근간을 이루는 **영미법계에서는** 법해석 권능을 가지는 **법원이 대륙법계보다 더 강력한 통제장치로 작용**한다고 할 수 있다.<12.2채용>

(2) **우리나라의 제도**<13경간 · 08승진>

> (1) **민주적 통제** − 경찰행정에 대하여 국민들의 참여를 보장하는 민주적 통제장치
>
> ① **국가경찰위원회 제도** : 행정안전부 장관의 재의요구권이 있어 실질적 한계가 있다.
>
> ② **국민감사청구 제도** : **18세 이상의 국민**은 경찰을 비롯한 공공기관의 사무처리가 법령위반 또는 부패행위로 인하여 공익을 해치는 경우 **300인 이상의 연서로 감사원에** 감사를 청구할 수 있다.[♣100인 이상 연서(×)](부패방지 및 국민권익위원회 설치와 운영에 관한 법률 제72조, 동법시행령 제84조)<09승진 · 22.1채용>
>
> (2) **사법적 통제** : 행정소송과 국가배상을 통해 위법한 처분 등 통제
>
> > ※ 사법통제는 사후통제이기 때문에 행정결정에 대하여 효과적인 구제책이 되지 못하고, 소송절차가 복잡하고 시간과 경비가 많이 소요되며, 위법성 여부만을 다툴 수 있을 뿐이며 행정의 비능률성이나 부작위(의무이행소송 불가), 부당한 재량행위는 다툴 수 없다는 점 등이 문제점으로 제기되고 있다.<13경간>
> >
> > ※ 그러나 경찰활동이 행정편의주의에 입각한 고도의 재량행위지만, 오늘날에는 **재량의 일탈과 남용**에 대해서는 사법심사의 대상이 된다고 보고 있는데, 이 경우 **실체적 심사뿐만 아니라 재량의 절차적 통제가 가능하다**고 본다.(행정절차법)<13경간 · 08승진>

Ⅱ. 사전통제와 사후통제

(1) 사전통제와 사후통제의 구분은 '**경찰권 발동의 시점**'을 기준으로 한다.

(2) **사전통제의 강화** : 오늘날에는 행정청의 행위로 권리나 이익을 침해받기 전에 국민이 절차적으로 참여하는 등 사전통제를 강화하는 추세이다.<13경간>

> ※ 민주성확보를 위한 사전통제의 강화는 행정의 능률성을 저해할 소지가 있으나 양자는 조화되어야 하는 개념으로 민주적 절차를 통한 능률성 추구가 필요하다.

(3) **법적근거 :** 사전통제를 규정하고 있는 기본법은 행정절차법이다.<08승진>

(4) **사전통제 / 사후통제 비교**<14 · 15 · 17경간 · 10.2 · 19.1 · 20.2채용>

사전통제	사후통제
① 정보공개 청구권	① **입법부(국회) :** 행정감독권(국정감사 · 조사권 등) · 예산결산권 등<17 · 19경간 · 23승진 · 12.2 · 20.2채용>
② 행정절차 : **행정절차법**상의 **입법예고제와 행정예고제,** 청문 · 공청회절차 · 이유제시, 이유부기 등[♣사후통제(×)]<17 · 19경간 · 08승진 · 19.1채용>	② **사법부 :** 사법심사(행정소송, 국가배상 등)<15 · 17경간 · 23승진 · 19.1채용>
③ **국회 :** 입법권 · 예산심의권[♣사후통제(×)]<14 · 17경간 · 01 · 03 · 12.2 · 19.1 · 20.2 · 22.1채용>	③ **행정부 : 상급기관의** 감독권(감사권), 행정부 내의 **징계책임 · 행정심판** 등[♣감사권은 사전통제(×)], 감사원의 직무감찰<15경간 · 23승진 · 12.2 · 19.1채용>
④ **인가권**(경사, 경위 승진에 대한 청장 승인)	

III. 내부적 통제와 외부적 통제

(1) 내부적 통제와 외부적 통제의 구별은 '경찰청이라는 조직'을 기준으로 그 내부인가 외부인가에 따른다.

(2) 내부적 통제의 확보가 가장 바람직하나, 현실적 여건상 외부적 통제의 필요성이 증대하고 있다.

(3) 내부적 통제장치가 효과를 발휘하기 위해서는 감독자의 의지가 중요하며 경찰활동 표준운영절차 (SOP)의 문서화 및 경찰윤리교육이 필요하다.

1. 내부통제[♣국민권익위원회의 통제(×), ♣소청심사제도(×)]<16승진 · 14경간 · 12 · 20.2 · 23.1채용>

(1) **훈령권 · 직무명령권**[☻훈이 청] : 상급관청이나 상관이 **훈령이나 직무명령을 발할 수 있는 권한**으로 하급기관의 위법이나 재량권 행사의 오류를 시정할 수 있는 내부적 통제장치이다.<17경간 · 16 · 23승진 · 12.2 · 19.1 · 22.1 · 23.1채용>

(2) **이의신청에 대한 재결권**[♣소청심사위원회(×)] : 처분청의 **직근상급 관청**은 개별법에 의해서 인정되는 이의신청에 대한 재결권을 행사할 수 있다.

  🔲 **'집회 및 시위에 관한법률'**상 금지통고에 대한 **이의신청의 재결권**

(3) **청문감사인권관 제도 :** 경찰의 대국민 신뢰제고를 위한 취지에서 신설되었으며 **경찰서의 감찰 · 감사 업무를 담당**한다.[♣외부적 행정통제제도(×)]<16승진 · 11 · 17 · 19경간 · 11.1 · 19.1 · 23.1채용>

  ① 경찰청의 **'감사관',** 시 · 도경찰청의 **'청문감사인권관' :** 감사기능을 수행한다.<19경간>

  ② 경찰서의 **'청문감사인권관'** 제도 : 민원인의 **민원상담 · 고충해결,** 민원처리의 지도감독(민원처리실 담당), 감찰 · 감사업무 및 경찰서 내의 **인권보호 상황을 확인 · 점검하는 기능**을 수행한다.

  ※ 청문감사인권관 제도는 경찰의 대국민 신뢰제고를 위한 취지에서 도입되었다.

③ **경찰감찰활동**(경찰감찰규칙 [시행 2022. 10. 7.] [경찰청훈령 제1063호])

정의	① "의무위반행위": 소속공무원이 「국가공무원법」 등 **관련 법령 또는 직무상 명령 등에 따른 각종 의무를 위반한 행위**를 말한다.(제2조 제1호) ② "**감찰**": 복무기강 확립과 경찰행정의 적정성을 확보하기 위해 경찰기관 또는 소속공무원의 제반업무와 활동 등을 조사·점검·확인하고 그 결과를 처리하는 **감찰관의 직무활동**을 말한다.(제2조 제2호)<23.2채용> ③ "감찰관"이란 감찰을 담당하는 경찰공무원을 말한다.(제2조 제3호)
감찰관 결격 사유	① 직무와 관련한 **금품 및 향응 수수, 공금횡령·유용, 「성폭력범죄의 처벌 등에 관한 특례법」에 따른 성폭력범죄로 징계처분을 받은 사람(말소기간 경과여부 불문)**[♣말소기간 경과하지 않은 사람(×)](제5조 제1호)<16·17승진> ♣'경찰감찰규칙'에 의하면 직무와 관련한 금품 및 향응 수수, 공금횡령·유용, '성폭력범죄의 처벌 및 피해자보호 등에 관한 법률'에 따른 성폭력범죄로 징계처분을 받아 말소기간이 경과하지 아니한 사람은 감찰관이 될 수 없다.(×) ② ① 이외의 사유로 징계처분을 받아 말소기간이 경과하지 아니한 사람(제5조 제2호) ③ 질병 등으로 감찰관으로서의 업무수행이 어려운 사람(제5조 제3호) ④ 기타 감찰관으로서 적합하지 아니하다고 판단되는 사람(제5조 제4호)
제척	감찰관은 다음 경우에 당해 감찰직무(감찰조사 및 감찰업무에 대한 지휘를 포함한다)에서 **제척된다.**(제9조)<23.2채용> 1. 감찰관 **본인이 의무위반**행위로 인해 **감찰대상이 된 때**<23.2채용> 2. 감찰관 본인이 의무위반행위로 인해 피해를 받은 자(이하 "**피해자**"라 한다)인 때 3. 감찰관 본인이 의무위반행위로 인해 감찰대상이 된 소속공무원(이하 "조사대상자"라 한다)이나 피해자의 **친족**이거나 친족관계가 있었던 자인 때 4. 감찰관 본인이 조사대상자나 피해자의 **법정대리인이나 후견감독인**인 때

감찰관
신분
보장
	① 경찰기관의 장은 감찰관이 제5조에 따른 결격사유에 해당되는 것으로 밝혀졌을 경우와 다음 각 호의 어느 하나에 해당하는 경우를 제외하고는 **2년 이내에 본인의 의사에 반하여 전보하여서는 아니 된다.** 다만, 승진 등 인사관리상 필요한 경우에는 그러하지 아니하다.[♣3년 이내(×)](제7조 제1항)<21승진>
	
	  1. 징계사유가 있는 경우, 2. 형사사건에 계류된 경우, 3. 질병 등으로 감찰업무를 수행할 수 없거나 직무수행 능력이 현저히 부족하다고 판단되는 경우, 4. 고압·권위적인 감찰활동을 반복하여 물의를 야기한 경우
	
	② 경찰기관장은 **1년 이상 성실히 근무한 감찰관**에 대해서는 **희망부서를 고려하여 전보**한다.[♣3년 이상 성실히 근무한 감찰관에 대해서(×)](제7조 제2항)<16·17·21승진·16.2채용>
	
	  ♣경찰기관장은 3년 이상 성실히 근무한 감찰관에 대해서는 희망부서를 고려하여 전보한다.(×)<16·17승진·16.2채용>

감찰관 적격 심사	① 경찰기관의 장은 소속 감찰관에 대하여 감찰관 보직 후 **2년마다**[♣3년마다(×)] **적격심사를 실시**하여 인사에 반영**하여야** 한다.(제8조 제1항)<23.2채용> ② 감찰관 선발을 위한 적격심사에 관한 세부사항은 경찰청장이 별도로 정한다.(제2항)

관할	감찰관은 소속 경찰기관의 관할구역 안에서 활동하여야 한다. 다만, **상급 경찰기관의 장의 지시가 있는 경우에는 관할구역 밖에서도** 활동할 수 있다.[♣관할 구역 안에서만 활동하여야(×)](제12조)<16·17·21승진·13.2·17.1채용>
특별 감찰	경찰기관의 장은 의무위반행위가 자주 발생하거나 그 발생 가능성이 높다고 인정되는 시기, 업무분야 및 경찰관서 등에 대하여는 **일정기간 동안 전반적인 조직관리 및 업무추진 실태 등을 집중 점검할 수** 있다.(제13조)<21경간·11·16승진·23.2채용>
교류 감찰	경찰기관의 장은 **상급 경찰기관장의 지시**에 따라[♣소속경찰기관장의 지시에 따라(×)] 소속 감찰관으로 하여금 일정기간 동안 다른 경찰기관의 소속 직원의 복무실태, 업무추진 실태 등을 점검하게 할 수 있다.(제14조)<21경간·14·17·19승진·13.2·16.2채용>
감찰 활동의 착수	① 감찰관은 소속공무원의 의무위반행위에 관한 **단서**(현장인지, 진정·탄원 등을 포함)**를 수집·접수한 경우** 소속 경찰기관의 **감찰부서장에게 보고하여야** 한다.[♣소속기관장에게(×)](제15조 제1항)<21경간·19·21승진> ② **감찰부서장은** 제1항에 따른 보고를 받은 경우 감찰 대상으로서의 적정성을 검토한 후 **감찰활동 착수 여부를 결정하여야** 한다.(제15조 제2항)<19승진>
결과 보고	① 감찰관은 감찰활동 결과 소속공무원의 의무위반행위, 불합리한 제도·관행, 선행·수범 직원 등을 **발견**한 경우 이를 **소속 경찰기관의 장에게**[♣소속 상관에게(×)] **보고하여야** 한다.(제19조 제1항) ② 경찰기관의 장은 감찰결과에 대하여 문책 요구, 시정·개선, 포상 등 필요한 조치를 **하여야** 한다.(제19조 제1항)
증명서 제시	감찰관은 요구를 할 경우 소속 경찰기관의 장이 발행한 감찰관 증명서 또는 경찰공무원증을 제시하여 신분을 밝히고 감찰활동의 목적을 설명하여야 한다.(제18조)
자료 제출 요구 등	① 감찰관은 직무상 다음 각 호의 요구를 할 수 있다. 다만, 제2호 및 제3호의 경우에는 필요 최소한의 범위 내에서 요구하여야 한다.(제17조 제1항)<21경간·16·18승진> 1. **조사를 위한 출석, 2. 질문에 대한 답변 및 진술서 제출, 3. 증거품 등 자료 제출, 4. 현지조사의 협조** ② 소속공무원은 감찰관으로부터 제1항에 따른 요구를 받은 때에는 정당한 사유가 없는 한 그 **요구에 응하여야** 한다.[♣정당한 사유가 없더라도 감찰관의 요구에 응하지 않을 수(×)](제17조 제2항)<16·18승진> ③ 감찰관은 직무수행 중 알게 된 정보나 제출받은 자료를 감찰 목적 외의 용도로 이용할 수 없다.(제17조 제3항)
출석 요구	감찰관은 감찰조사를 위해서 '조사대상자'의 출석을 요구할 때에는 **조사기일 3일 전까지** (별지 제5호 서식의) **출석요구서 또는 구두로 조사일시, 의무위반행위사실 요지 등을 통지하여야** 한다. 다만, 사안이 급박한 경우 또는 조사대상자의 요청이 있는 경우에는 즉시 조사에 착수할 수 있다.[♣2일 전까지(×)](제25조 제1항)<16·18·19승진>
변호인 선임	① 조사대상자는 **변호사를 변호인으로 선임할 수** 있다. 다만, 감찰부서장의 승인을 받은 경우에는 변호사가 아닌 사람을 특별변호인으로 선임할 수 있다.(제26조 제1항) ② 조사대상자의 변호인으로 선임된 사람은 그 **위임장을 미리 감찰관에게 제출하여야** 한다.(제26조 제2항)
진술 거부권	① 조사대상자는 진술하지 아니하거나 개개의 질문에 대하여 **진술을 거부할 수** 있다.(제27조 제1항) ② 감찰관은 조사대상자에게 제1항과 같이 **진술을 거부할 수 있음을 사전에 고지하여야** 한다.(제27조 제2항)

PART 04

조사전 고지	① 감찰관은 감찰조사를 실시하기 전에 조사대상자에게 의무위반행위 사실의 **요지를 알려야** 한다.(제29조 제1항)[♣알릴 수 없지만(×)]<17.1채용>
	② 감찰관은 조사대상자에게 아래 사항을 신청할 수 있다는 사실을 고지하여야 한다.(제29조 제2항)<12경감>
조사 참여 동석	감찰관은 조사대상자가 다음 각 호의 사항을 **신청할 경우** 이에 해당하는 사람을 참여하게 하거나 **동석하도록 하여야** 한다.[♣동석시킬 수(×)](제28조 제1항)
	1. 다음 각 목의 사람의 참여
	가. 다른 감찰관 / 나. 변호인
	2. 다음 각 목의 사람의 동석
	가. 조사대상자의 동료공무원 /
	나. 조사대상자의 직계친족, 배우자, 가족 등 조사대상자의 심리적 안정과 원활한 의사소통에 도움을 줄 수 있는 자
영상 녹화	① 감찰관은 조사대상자가 영상녹화를 **요청하는 경우**에는 그 조사과정을 **영상녹화하여야** 한다.(제30조 제1항)
	② 영상녹화의 범위 및 영상녹화사실의 고지, 영상녹화물의 관리와 관련된 사항은 「**범죄수사규칙**」의 영상녹화 관련 규정을 준용한다.(제30조 제2항)
심야 조사 금지	① 감찰관은 **심야**(자정부터 오전 6시까지를 말한다)에 조사를 하여서는 아니 된다.[♣일몰부터 오전 6시까지(×)](제32조 제1항)<12·14·16·17승진·13.2·16.2·17.1채용>
	② 제1항에도 불구하고 감찰관은 조사대상자 또는 그 변호인의 (별지 제6호 서식에 의한) 심야조사 **요청이 있는 경우**에는 예외적으로 심야조사를 **할 수** 있다. 이 경우 심야조사의 사유를 조서에 명확히 기재하여야 한다.(제32조 제2항)
조사시 유의 사항	감찰부서장은 **성폭력·성희롱 피해 여성**에 대하여는 **피해자의 의사에 반하지 않는 한 여성 경찰공무원이 조사하도록 하여야** 하고, 조사 과정에서 피해자의 인격이나 명예가 손상되거나 사적인 비밀이 침해되지 않도록 하여야 한다.(제31조 제5항)
처리 기한	감찰관은 소속공무원등의 의무위반사실에 대한 민원을 접수한 경우 **접수일로부터 2개월 내에** 신속히 처리하여야 한다. 다만, 부득이한 사유로 민원을 기한 내에 처리할 수 없을 때에는 소속 경찰기관의 감찰부서장에게 보고하여 그 처리 기간을 연장할 수 있다.[♣3개월 이내 처리(×)](제35조 제1항)<12·14·16·18승진·13.2·16.2채용>
기관 통보 사건	감찰관은 **다른 경찰기관 또는 검찰, 감사원 등 다른 행정기관으로부터 통보받은 소속 공무원의 의무위반행위**에 대해서는 통보받은 날로부터 1개월 이내에 신속히 처리하여야 한다.[♣통보받은 날로부터 2개월 이내 처리(×)](제36조 제1항)<14·17승진·13.2채용>
수사 개시 통보	감찰관은 검찰·경찰, 그 밖의 수사기관으로부터 **수사개시 통보를 받은 경우**에는 징계의 결요구권자의 결재를 받아 해당 기관으로부터 수사결과의 통보를 받을 때까지 **감찰조사, 징계의결요구 등의 절차를 진행하지 아니 할 수** 있다.[♣진행해서는 아니 된다.(×)](제36조 제2항)<12·19승진·17.1순경>
감찰관 징계	① 경찰기관장은 감찰관이 이 규칙에 위배하여 직무를 태만히 하거나 권한을 남용한 경우 및 직무상 취득한 비밀을 누설한 경우에는 해당 사건의 담당 감찰관 교체, 징계요구 등의 조치를 한다.(제40조 제1항)
	② 감찰관의 의무위반행위에 대해서는 「경찰공무원 징계령 세부시행규칙」의 **징계양정에 정한 기준보다 가중하여 징계조치**한다.[♣직무와 관련된 금품 및 향응 수수, 공금횡령·유용, 성폭력범죄에 한하여(×)](제40조 제2항)<18승진>

(4) 경찰청 감사(경찰청 감사 규칙 [시행 2021.5.28] [경찰청훈령 제1017호])

감사 종류 · 주기	① 감사의 종류는 다음과 같이 구분한다.(제4조 제1항) – **종합감사** : 피감사기관의 주기능·주임무 및 조직·인사·예산 등 업무 전반의 적법성·타당성 등을 점검하기 위하여 실시하는 감사(제1호) – **특정감사** : 특정한 업무·사업 등에 대하여 문제점을 파악하여 원인과 책임 소재를 규명하고 개선대책을 마련하기 위하여 실시하는 감사(제2호) – **재무감사** : 예산의 운용실태 및 회계처리의 적정성 여부 등에 대한 검토와 확인을 위주로 실시하는 감사[♣복무감사(×)](제3호) – **성과감사** : 특정한 정책·사업·조직·기능 등에 대한 **경제성·능률성·효과성의 분석과 평가를 위주**로 실시하는 감사[♣특정감사(×)](제4조 제1항 제4호)<18.3채용> – **복무감사** : 피감사기관에 속한 사람이 감사대상 사무와 관련하여 법령과 직무상 명령을 준수하는지 여부 등 그 복무에 대하여 실시하는 감사(제5호) ② 종합감사의 주기는 **1년에서 3년까지** 하되 치안수요 등을 고려하여 조정 실시한다.(제4조 제2항)
감사 결과 조치 기준	감사관은 감사결과를 다음 각 호의 기준에 따라 처리**하여야** 한다.[♣처리할 수(×)](제10조)<18.3채용> ① **징계 또는 문책 요구** : 국가공무원법과 그 밖의 법령에 규정된 징계 또는 문책 사유에 해당하거나 정당한 사유 없이 **자체감사를 거부**하거나 **자료의 제출을 게을리**한 경우(제10조 제1호)<20승진> ② **시정 요구** : 감사결과 위법 또는 부당하다고 인정되는 사실이 있어 추징·회수·환급·추급 또는 원상복구 등이 필요하다고 인정되는 경우[♣징계 또는 문책요구(×), ♣변상명령(×)](제10조 제2호)<18·20승진·15경간> ③ **경고·주의** : 감사결과 위법 또는 부당하다고 인정되는 사실이 있으나 그 정도가 **징계 또는 문책사유에 이르지 아니**할 정도로 **경미**하거나, 피감사기관 또는 부서에 대한 **제재가 필요**한 경우[♣권고 조치(×), ♣할 수 있다.(×)](제10조 제3호)<15경간·18.3·22.1채용> ④ **개선 요구** : 감사결과 **법령상·제도상 또는 행정상 모순**이 있거나 그 밖에 **개선할 사항**이 있다고 인정되는 경우[♣권고(×), ♣시정요구(×)](제10조 제4호)<18승진·15경간·22.1채용> ⑤ **권고** : 감사결과 문제점이 인정되는 사실이 있어 그 **대안을 제시**하고 피감사기관의 장 등으로 하여금 개선**방안**을 마련하도록 할 필요가 있는 경우[♣개선요구(×)](제10조 제5호)<18승진·15경간·22.1채용> ⑥ **통보** : 감사결과 비위 사실이나 위법 또는 부당하다고 인정되는 사실이 있으나 제1호부터 제5호(징계 또는 문책 요구, 시정요구, 경고·주의, 개선 요구, 권고)까지의 요구를 하기에 부적합하여 피감사기관 또는 부서에서 **자율적으로 처리할 필요**가 있다고 인정되는 경우(제10조 제6호)<18승진> ⑦ **변상명령** : 「회계관계직원 등의 책임에 관한 법률」이 정하는바에 따라 변상책임이 있는 경우(제10조 제7호) ⑧ **고발** : 감사결과 범죄 혐의가 있다고 인정되는 경우(제10조 제8호) ⑨ **현지조치** : 감사결과 경미한 지적사항으로서 **현지에서 즉시 시정·개선**조치가 필요한 경우[♣변상명령(×)](제10조 제9호)<22.1채용>

감사 담당자 자격	① 감사담당자는 다음 각 호의 자격을 구비하여야 한다.(제11조 제1항) 1. 해당 감사부문에 관한 3년 이상의 실무경험이 있는 사람으로서 해당 업무를 분석하고 종합하는 능력과 이해력 및 표현력을 구비한 사람 2. 신체가 건강하고 사명감·책임감이 투철하며 청렴한 사람 ② 다음의 어느 하나에 해당하는 사람은 감사담당자가 될 수 없다.(제11조 제2항) 1. **징계**처분을 받은 날부터 **3년이 지나지 아니**한 사람(제1호)<18.3채용> 2. 그 밖에 **경찰청장**이 감사담당자로서 부적당하다고 인정하는 사람[♣시·도경찰청장이 인정(×)](제2호)<18.3채용>

2. 외부통제 <15경간·11.1·19.1채용>

(1) **입법통제(국회) : 예산의 심의의결권, 예산의 심의결산권, 국정감사·조사권, 입법권** 등을 통해 경찰의 입법과정, 예산책정과 결산과정 및 경찰행정에 대해 감사하고 조사하며 이를 통해 경찰을 통제한다.<15경간·23.1>

(2) **사법통제(법원) : 행정소송(무효, 취소), 국가배상소송(배상) 등** 소송, 공무원 개인에 대한 민·형사상 책임(처벌과 민사배상)에 대한 재판을 주관하여 위법을 통제한다.<15경간·22.1채용>

※ 사후통제에 그치지만 가장 실효성이 큰 경찰통제기관이다.

(3) **행정통제(행정부) :** 행정심판[♣사법통제(×)], 국가인권위원회, 국민권익위원회, 대통령, 행정안전부 장관 등의 통제[♣직무명령(×)]<20.2채용>

대통령	인사권, 정책결정권 등
국가인권위원회 <11.1채용>	① **방문조사권** : 인권관련 유치장 등 조사·유치 또는 수용 시설에 대한 **방문조사권**이 있다.<09승진> ② **통보의무** : 경찰청장이 인권의 보호·향상에 영향을 미치는 내용의 **법령을 제정·개정**할 경우 국가인권위원회에 통보해야 한다.<09승진> ③ 행정부 내에서 독립성을 가진 기관이므로 **광의의 행정통제**에 해당하며 협의의 행정통제에서는 제외된다.[♣협의의 행정통제(×)]<19경간>
감사원	감사원은 국가의 세입·세출의 결산검사를 하고, 감사원법 및 다른 법률에서 정하는 회계를 상시 검사·감독하여 그 적정을 기하며, 행정기관 및 공무원의 **직무를 감찰**하여 **행정 운영의 개선과 향상**을 기한다.[♣국회·법원 및 헌법재판소 포함 소속 공무원 사무감찰, 비위적발(×)](감사원법 제20조)<15·17경간·01·22.2채용> ※ 감사원은 **대통령에 소속**하되, 직무에 관하여는 독립의 지위를 가진다.(제2조 제1항)
국민권익위원회	① 과거 국민고충처리위원회, 국가청렴위원회, 중앙행정심판위원회 기능을 통합하여 설치하였다.[♣내부통제(×)]<11.1·19.1·23.1채용> ② 국민의 고충사항의 처리 시정·권고권을 가진다. ③ 수사 및 경찰인사 관련 사항은 처리대상에서 제외된다.
중앙 행정심판위원회	① 경찰의 처분에 대한 **행정심판의 심리·재결권**은 특별한 규정이 없는 한 국민권익위원회 소속의 **중앙행정심판위원회**에서 담당한다.<17경간> ② 행정심판은 행정통제에 속한다.

시민권익위원회	각 지방자치단체 소속, 자치단체 및 그 소속기관 관련 고충처리 ※ **시정조치 권고, 제도개선권고**(권고를 받은 기관의 장은 30일 이내 처리결과 통보, 감사원 또는 자치단체에 감사의뢰)
행정안전부장관	경찰청장과 국가경찰위원회 위원의 임명제청권 등은 행정통제에 해당하며 동시에 외부통제에 해당한다.<19경간>
소청심사위원회	**인사혁신처 소속**으로서 소청에 대한 심사권을 가진다.<19.1·23.1채용>
국가경찰위원회	**행정안전부장관 소속**으로 경찰의 주요정책 등에 대한 심의·의결권을 통해 경찰을 통제한다.[♣내부통제(×)]<17경간·11.1·19.1·23.1채용>
기타	**국정원의 정보업무조정**, 국방부(전시 등), **검사의 수사지휘(법무부)**[♣국회의 국정조사·감사권(×)→ 행정통제가 아니라 입법통제]

(4) **민중통제**: 국민감사청구제도<19.1채용>, 국민여론, 언론기관, 정당, 이익집단, NGO 등

① **NGO**(non-governmental organization: 비정부기구)

㉠ **의의**: 비정부기구(비정부단체)란 개인이나 민간단체가 연합하여 국제적인 기구를 조직하는 것이다.

㉡ **요건**

비영리성	이윤을 추구하지 않아야 한다.
지속성	주장 내용이 일회성 캠페인에 그치지 않아야 한다.
독립성	정보 내지 정치적 영향으로부터 독립적으로 운영되어야 한다.
자율성	의사결정의 자율성이 보장되어야 한다.

㉢ **경찰과의 관계**

ⓐ 경찰은 NGO와의 협력을 강화하여 상호 관심사를 치안정책에 반영함으로써 경찰행정의 공정성과 신뢰성을 높일 수 있으며 사회 각계각층의 경찰지원세력을 확보할 수 있다.

ⓑ 법집행의 사각지대를 보충할 수 있는 분야의 활동을 유도하여 경찰력을 보완할 수 있다.

※ 그러나, 민간단체인 NGO에게 경찰의 법집행 과정에 개입할 수 있는 법적 권한을 부여할 수는 없다.<01·02채용>

② 경찰개혁

Ⅰ. 저항과 극복

1. 개혁의 저항과 극복방법

(1) 저항이란 개혁과 변화를 거부하는 적대적인 태도와 행동을 의미하며 행정개혁이 조직구성원의 안정성을 위협할수록 저항이 강해진다.

(2) 저항은 안정성 유지와 개혁이라는 상충되는 요구를 조정하는 순기능적인 역할을 하기도 하므로, 저항을 무조건 억제하는 것을 옳다고 할 수는 없다.

(3) 저항원인과 극복<11승진>

저항원인	극복방법
① 개혁내용의 **불명확성**, 개혁과정의 **폐쇄성**으로 인한 **참여부족과 무관심**[♣참여자 수 확대(×)]	① 참여의 확대
② 개혁의 **급진성, 전면성**에서오는 불안감	② 의사소통의 촉진
③ **기득권 침해우려**, 피개혁자의 **능력부족**<11승진>	③ 개혁안의 명확화와 공공성의 강조
④ 관료제의 **경직성과 보수적 경향**	④ 개혁방법·기술의 수정[♣개혁의 수정기회 차단(×)]
	⑤ 개혁의 점진적 추진

(4) A. Etzioni의 개혁에 대한 저항과 극복전략(갈등해결방안)<11승진·17경간>

강제적 전략	공리적·기술적 전략	규범적·이상적 전략
➡ **제재로 위협**하는 전략	➡ **경제적 보상 등**의 이용전략	➡ **윤리규범에 호소**하는 전략
① **물리적** 제재의 사용 ㉯ **징계 등** 처벌<17경간>	① 개혁의 **시기 조절** ㉯ **점진적 추진**	① **참여 및 의사소통 촉진**<02채용> ② **개혁의 공공성 강조** ㉯ **상위목표의** 제시<17경간>
② 의도적인 긴장 조성	② 개혁**내용의 명확화**	③ 설득·교육으로 지지확대
③ 전격적 추진	③ 개혁**방법과 기술의 수정**[♣수정기회 차단(×)] [☺조명방기]	④ 집단토론

> ※ **전략의 선택** : 개혁에 대한 저항의 극복 전략은 저항 집단의 크기나 응집력 및 저항의 강도, 개혁집단의 응집력과 능력, 사회적 여건 등 종합적으로 고려하여 결정할 것이므로 **항상 특정 전략(강제적 방법)이 효과적이라고 할 수는 없다.**[♣강제적 전략이 항상 효과적이다.(×)]
>
> ① **강제적 전략** : 강제 그 자체가 반감이나 오해를 야기할 수 있으므로 긴급을 요할 경우나 **최후의 수단으로 한정적으로 사용하는 것이 바람직**하다.<07채용>
>
> ② **규범적 전략** : 개혁의 논리와 당위성에 대한 여론, 교육과 훈련을 통한 의식의 개혁 등을 이용해 잠재적 저항 심리를 완화하거나 혁신에 동조하도록 하는 전략이다.

PART

05

범죄학

Part **05** 범죄학

제1장 | 테마 119 **범죄의 개념**

> **G. M. Sykes (사이키스)**: 범죄는 **법규범에 대한 위반행위**로서 각 시대의 **사회적·역사적·문화적 상황과 환경에 따라 차이가 있는 상대적 개념**이다.[♣절대적 개념(×), ♣도덕·윤리규범위반(×)]<05·10승진>
>
> ♣'사이키스'에 의하면 범죄는 각 시대의 사회·문화적 상황에 불구하고 절대적 개념이다.(×)

I. 법률적 개념(법률적 시각)(Martin R. Haskell and Lewis Yablonsky)

① **의의**: 어떤 행위건 **법률에 위반하는 것을 범죄**라고 규정한다.

   ※ 법률은 인간이 사회를 형성하고 유지하며 구성원들 간에 지켜야 할 기본적 규범이다. 법이 요구하는 행위를 고의적으로 하지 않거나 법이 금지하는 행위를 고의적으로 한 행위가 법률적 개념에서의 범죄이다.

② **일반적 개념**: 법률적 개념은 범죄학 분야에서 가장 일반적으로 규정하는 범죄개념이다.

③ **명확성·예측 가능성**: 이 개념은 매우 단순하지만 사회질서를 유지하는 일반적인 규범이자 사회구성원들의 동의를 전제로 하는 '법률'을 기준으로 한다는 점에서 가장 명확하고 객관적이며 예측 가능성이 높은 개념이다.

④ **비판**: 다원화되고 변화 속도가 빠른 현대 사회에서 법률이 변화를 모두 반영할 수 없다는 한계가 있다.

	(1) 법제정 과정상 개념	
의의	① 사회적 환경변화에 따라 범죄의 개념이 성립한다.	
	② 법규가 형성되는 과정을 중심으로 개념을 정의한다.	
	③ 범죄의 개념은 법제정기관인 **의회의 방침과 정책**에 따라 달라진다.	
예	※ 청소년들의 건전한 육성과 유해한 환경으로부터의 보호 필요성에 대한 사회적 합의에 기초하여 1997년 '청소년보호법'을 제정하여 청소년들에 대한 담배나 주류의 판매행위를 범죄로 규정한 경우 → 법제정 및 집행과정상의 개념에 모두 해당	
	(2) 법집행 과정상 개념	
의의	① 범죄의 개념은 주로 경찰, 검찰, 법원 등 **사법기관**에 의해 활성화되고 또 **이루어진다.**	
	② 시대와 국가마다 법집행기관의 방침과 정책에 따라 범죄의 개념이 다르다.	
	– 시간과 국가별로 실체적 내용이 상이한 경우가 있다.	
예	아동을 대상으로 한 성범죄가 급증하자 아동·청소년이용음란물을 다운로드받는 행위도 아동·청소년이용음란물 소지로 보아 처벌하겠다는 정책을 결정하였다.(사법기관(경찰·검찰)의 정책과 방침이 범죄형성에 중요한 역할)	

Ⅱ. 낙인이론적 개념(정치적 시각)(정치적 시각에서의 범죄 - Howard Becker)

① **의의** : 범죄란 **범죄를 정의할 권한이나 힘을 가진 자**, 즉 **특정한 계급이나 권력계층에 의해 범죄로 규정된 행위(정의되어진 행위)**이다.[♣법률에 위반한 행위(×), ♣상위계층의 경제범죄 심각성 고려(×), ♣법적으로 개념화되지 않고 실질적으로 해악유발(×)]<05경간>

② 일탈이라는 낙인이 부착된 사람을 '**일탈자**'라 하고, 사람들에 의해 일탈한 것으로 낙인찍힌 행위를 '**일탈행위**'로 규정한다.

※ 갈등이론적 관점으로 사회의 특정세력에 의해 전반적인 질서유지의 범위와 수준이 결정되고 이들에 의해 주도된 법률은 하류계층 사람들의 행위에 대해 부도덕하고 일탈적인 것으로 정의하여 범죄개념을 하류계층 사람들의 행위에 중점을 두고 정의한다.

③ **비판** : 범죄나 일탈의 개념이 너무 사회적 반응에 의존하고 매우 수동적인 개념으로 규정하고 있으나 실제는 그렇지 않다.(David Bordua)

Ⅲ. 해악기준의 개념(사회학적 시각)

화이트칼라 범죄의 범죄성 - Sutherland <23.1채용>	① 화이트칼라범죄는 **상류계층의 경제범죄에 대한 사회적 심각성을 연구하는 과정에서 등장**한 개념이다.<23.1채용> ※ 화이트칼라범죄는 **직업활동과 관련하여 높은 지위**를 가지고 있는 사람에 의해 저질러지는 범죄이다.<23.1채용> 예 횡령, 배임, 뇌물죄 등[♣살인, 강도, 강간(×)]<23.1채용> ② **화이트 칼라 범죄의 해악과 사회적 심각성에 대한 연구** : 화이트 칼라 범죄가 기존에 다루어지는 범죄보다 실질적인 해악이 더욱 크면서도 이에 대한 처벌은 약하거나 민사 사건화되고 있어 이에 대한 대처방안이 필요하다고 주장하였다. ※ 초기 화이트칼라범죄를 정의한 학자는 서덜랜드(Sutherland)이다.<23.1채용>
인권침해 행위의 범죄성 - Herman & Schwendinger	범죄는 **인간의 기초적 인권을 침해하는 행위**라고 규정하고, 인간의 생존욕구와 자존의 욕구를 침해하는 행위에 대해 심각하게 고려한다. ① **인간의 기초적인 인권** : 생존욕구와 자존욕구 등 두가지의 구성요소를 가진다. ② **생존욕구**는 행복을 위한 기본전제조건이며, ③ **자존욕구**는 타인의 억압으로부터 안전을 보장받음으로써 자존과 즐거움을 누릴 권리를 말한다.
사회적 해악 행위의 범죄성 - Raymond Michalowski	범죄의 범주에는 불법적인 행위는 물론이고 결과적으로 **불법과 유사**하지만 법적으로는 개념화되지 않은 사회적 해악행위도 범죄에 포함된다. ① 범죄는 **불법과 유사하나 일부는 법적으로 용인되어지기도 한다**고 주장한다.[♣일체 법적으로 용인될 수 없다.(×)] ② 이를 '사회적 침해와 유사한 형태(Analogous Forms of Social injury)' ③ **비판** : 해악을 기준으로 하는 개념은 **해악이라는 가치적인 측면**에만 치중한 개념이라는 비판이 있다.

제2장 | 테마 120 | **범죄의 원인**

I 범죄원인론

범죄원인론이란 범죄의 발생 원인에 대한 접근법을 의미한다.

① **정태적 연구방법** : 종래에는 범죄원인에 대한 접근이 인간의 소질이나 환경 중 어느 한쪽에 치중하여 정태적으로 이루어져 왔다.

② **다원적 연구방법(동태적)** : 종래의 이러한 정태적 접근에 대한 반성이 이루어지면서, 1930년대에 들어와 소질과 환경의 상호작용에 의해 변화하는 인간을 동태적으로 파악하는 다원적인 연구방법이 등장하게 되었다.

Ⅰ. 범죄원인을 구성하는 요소

1. 범죄유발의 요소(상황적 요소) [☻동기기자]

(1) **범죄의 4대 요소** : Joseph F. Sheley(실리)는 범죄인의 입장에서 범죄를 일으키는 데 필요한 필요조건으로[♣충분조건(×)] 아래 4가지를 제시하였다.(**범죄의 필요조건**)[♣일상활동이론(×)]<09 · 20경간 · 10 · 14승진 · 10 · 13.2 · 15.2 · 18.3채용>

> ① **범행의 동기**(Motivation) ② **범행의 기회**(Opportunity)[♣보호자(감시자) 부재(×)]
>
> ③ **범행의 기술** ④ **사회적 제재로부터의** 자유[♣범죄피해자(×),♣이동의 용이성(×)]<20경간>

① 이러한 범죄의 요소는 범행의 **필요조건이지만, 충분조건은 되지 못하기** 때문에 어떠한 범행이 가능하기 위해서는 이들 요소가 동시에 상호작용을 해야 한다.

2. 소질과 환경(선천적, 환경적 요소) − Luxemburger

범죄는 소질과 환경에 모두 영향을 받게 된다.	
범인성 소질	범인성 소질은 '**선천적 원시요소인 유전물질(유전적 결함)**'과 더불어, '**후천적인 발전요소(체질과 성격의 이상, 연령, 지능)**' 등에 의하여 형성된다.[♣선천적 유전물질만(×)]<18승진>
범인성 환경	인간의 행동에 직접 또는 간접으로 영향을 미치는 물질과 심리적 구조, 과정 등의 외부적 사정과 경험을 포함하는 개념으로 경험적 외계와 외부사정을 의미한다. ① '**범인성 행위환경**'과 '**범인성 인격환경(행위자 환경)**'으로 구성된다. ② 개인적 환경(알코올 중독, 가정의 해체, 교육의 부재 등) / 사회적 환경(사회구조, 경제변동, 전쟁 등)으로 구분된다.
양자의 계	**내인성 범죄** 범인성 소질(성격이나 신체이상)에 **더 많은 영향을 받는 범죄**
	외인성 범죄 범인성 환경(환경적 요인)에 **더 많은 영향을 받는 범죄**

Ⅱ 범죄원인에 관한 제학설

Ⅰ. 개인적 수준의 범죄원인 이론

> 개인의 범죄성에 초점을 맞춘 이론으로, 개인적 수준의 범죄원인 이론은 범죄원인을 개인의 자질·특성에서 찾고자 하였다.

1. 고전주의 범죄학

내용	① **전제** : 인간은 **자유의지**가 있다.<09승진> ※ 범죄를 인간의 자유의지에 따른 행위로 규정하고 인간이 범죄를 선택할 경우 불이익(형벌)을 주어 통제하여야 한다고 한다. ② **대책** : 형벌은 엄격하고 신속하고 확실해야 효과적인 범죄예방의 방법이 될 수 있다.<09·18승진> ※ 효과적 **범죄예방은** 범죄를 선택하지 못하게 하는 **형벌**이다.<09승진> ③ **특징** : 범죄발생의 외생변수는 무시하고 그 결과만을 가지고 범죄원인을 연구하며, 효과적인 범죄예방은 범죄를 선택하지 못하게 하는 것이라고 한다.[♣범죄는 외적요소에 의해 강요되는 것(×)]
학자	① Beccaria : 저서(**범죄와 형벌**), 범죄와 형벌 사이의 균형을 강조(형벌은 범죄에 비례하여 부과)<03·05승진> ② Bentham : 공리주의 주장, 형벌을 통한 범죄의 통제

2. 실증주의 범죄학 <02승진>

내용	① 인간행위, 특히 범죄가 **생물학적·심리학적 성질에 의해 결정**된다고 본다.[♣생물학적 이론은 사회학적 이론(×), ♣실증주의에 의하면(×)]<15경간·09승진> ② 고전주의 범죄학의 한계를 보완한다. ③ 범죄는 자유의지가 아닌 **외적 요소(생래적 요소)에 의해 강요되는 것이다.**[♣고전주의(×)]<10·19승진> ④ **범죄성향이 높은 개인들에게 범죄예방 역량을 집중**할 것을 주장하며, 기존의 형벌과 제도로는 통제가 불가능하게 되어 **치료 및 갱생**을 통해 추가적인 범죄예방을 도모하게 된다. ※ 실증주의의 태도는 고전주의 이론의 한계로서 의미를 갖게 된다.
유형	① **생물학적 이론** : **인상, 골격, 체형** 등 타고난 생물적 특성으로 인해 범죄를 저지른다. **예** Lombroso : 생래적 범죄인설 ② **심리학적 이론** : 범죄원인은 **정신이상, 낮은 지능, 모방학습에 기인**한다고 한다.<13승진>

정리 이탈리아 실증학파(형사학파)

C. Lombroso	① 범죄 인류학의 창시자이며, 실증학파를 창설했다.(생물학적 이론)
	② 저서[범죄인론]에서 생래적 범죄인론, 격세유전을 주장하였다.
	※ **생래적 범죄인론** : 범죄인 가운데 기회범죄인이나 격정범죄인과는 달리 신체적·정신적으로 변질징후를 가진 변종의 인간으로서, 환경 여하를 불문하고 운명적으로 범죄에 빠질 수밖에 없는 유형이 있다고 본다.
E. Ferri (페리)	이탈리아 형법초안에 영향을 끼쳤으며, 저서[범죄사회학]에서 범죄포화의 법칙을 주장하였다.
	※ **범죄포화의 법칙** : 범죄의 원인이 존재하는 사회에서는 이에 상응하는 **일정한 양의 범죄가 반드시 발생**한다.<10.1채용>
R. Garofalo	저서[범죄학] : **자연범과 법정범을 구별**하였다.

II. 사회학적 수준의 범죄원인이론 − 사회적 범죄이론

(1) **고전주의·실증주의 범죄학** : 범죄원인을 **개인의 자질·특성에서** 찾고자 하였다.

(2) **사회학적 범죄학(사회적 수준의 범죄원인이론)** : 범죄원인을 보다 다양한 요소에서 찾고자 하는 관점을 통해 **사회적 환경에 주목**하게 된다.

참고 사회학적 수준의 범죄원인이론 유형

(1) 사회구조이론 : 아노미이론(긴장이론), 사회해체이론, 문화갈등이론, 하위문화이론

(2) 사회과정이론 : 사회학습이론, 사회통제이론, 낙인이론

① 사회학습이론 : 차별적 접촉이론, 차별적 동일시이론, 차별적 강화이론, 중화기술이론

② 사회통제이론 : 사회유대이론, 견제이론, 동조성전념이론

1. 사회구조 이론 − 범죄원인을 사회적 구조의 특성에서 찾는 이론분류<20승진·15경간>

(1) **아노미 이론(E. Durkheim, R. Merton)** : Durkheim − 범죄는 **아노미 상태에서 발생**한다.<15·20경간>

① **아노미(anomie : 무규범)** − '아노미'는 급격한 사회변화로 인해 규범이 붕괴되고 작동하지 않는 상태를 말하며, 이러한 아노미(무규범·억제력의 상실) 상태에서 범죄가 쉽게 발생한다고 본다.<20승진>

② **뒤르껭(Durkheim)**은 "**범죄는 정상적인 것이며 불가피한 사회적 행위**"라고 한다.[♣Cohen에 의해 주장(×)]<20경간>

정리 긴장이론(아노미 이론)(Merton)<07승진·14경간·09채용>

긴장이론(긴장유발이론) : 하위계층의 목표달성에 대한 좌절이 범죄의 원인이다.

① 공통되는 성공목표에의 접근기회가 차단된 사람들이 사회적 긴장을 야기하고,

② 그들이 그 **목표달성을 위하여 수단의 합법성 여부를 무시하는 행동**으로 나오게 된다는 이론으로 사회의 **구조적인 문제점을 범죄의 원인**으로 본다.[♣사회적 통제의 결속과 유대의 약화로 인하여 범죄가 발생(×) → 유대이론]<07승진·14경간·09채용>

③ 이러한 긴장이론에 의하면 목표와 수단의 괴리라고 하는 **긴장 상태에서 나타나는 대표적인 현상이 아노미 현상**이며 이에 의해 쉽게 범죄가 발생한다고 본다.

> ※ **목표와** 그 목표를 이루기 위한 **수단과의 간극**이 커지면서 아노미 조건이 유발되어 분노와 좌절이라는 **긴장이 초래**되고, 그 목적을 달성하기 위한 수단으로서 **범죄를 선택**하게 된다.<21.2채용>

(2) **사회해체론(Show & Macay / Burgess & Park)** : 빈민(slum)지역에서 범죄발생률이 높은 것은 도시의 산업화·공업화 과정에서 지역사회의 **제도나 규범 등이 극도로 해체**되기 때문으로, 이 지역에서는 비행적 전통과 가치관이 사회통제를 약화시켜서 일탈이 야기되며 이러한 지역은 **구성원이 바뀌더라도 비행발생률은 감소하지 않는다**.[♣구성원이 바뀌면 비행발생률 감소(×)]<20승진·14·15경간·07·21.2채용>

> ※ 사회해체가 발생한 지역에서는 인구밀집, 불안정한 주거환경, 빈곤·실업, 약화된 가족유대 등의 부정적인 전통과 가치관이 사회통제를 약화시켜서 일탈이 야기된다고 본다.

> 예 경제 불황으로 실직한 甲은 사업자금을 마련하고자 살고 있던 집을 처분하고 빈민가로 이사를 하였는데, 자신의 아들 乙이 점점 비행소년으로 변해갔다면, 이를 가장 잘 설명해주는 범죄 원인론은 사회해체론이다.<07채용>

> 예 건물유리창이 깨진 채 방치되어 있고, 길거리에 낙서가 가득하며, 마약 및 알코올 중독자나 부랑자가 눈에 많이 띄는 틈새지역[♣긴장이론(×)]

① Burgess & Park는 시카고 지역을 5개의 동심원지대로 나누어 각 지대별 특성과 범죄의 관련성을 조사하여 빈곤, 인구유입, 실업 등과 관련이 있다고 규정하였다. 산업화, 도시화로 인한 조직의 해체와 지역의 환경적 측면을 설명하였다.

② Shaw & Macay - 도시의 특정지역에서 범죄가 일반화되는 이유는 인구의 유입보다는 지역사회의 내부에 있다고 규정하였다.

③ 이 이론은 **특정 지역에서의 범죄가 다른 지역에 비해서 많이 발생하는 이유를 규명하고자** 하였으며, 연구결과 **전이지역**(transitional zone)은 타 지역에 비해 범죄율이 **상대적으로 높게** 나타났다. 또한 '**낮은 경제적 지위**', '**민족적 이질성**', '**거주불안정성**'을 **중요한 3요소로 제시**하였으며, 이로 인해 지역 주민은 서로를 모르기 때문에 공동체 의식이 발달하지 못하고 **사회적 통제가 약화**된다고 보았다.<24승진>

참고 생태학이론(시카고학파 - W. Burgess)<09승진·07채용>

> ① **주장 : 시카고학파의 W. Burgess가 주장**, 도시 사회생태학(social ecology)연구<09승진>
> ② 도시생태학적 조사를 통하여 도시지역에 작용하는 사회적인 힘이 범죄를 일으킨다는 시카고학파들의 연구를 생태학파라고 부르고 그들의 이론을 생태학이론이라 부른다.
> ③ **사회해체론의 한 유형** : 각 사회의 문화적 갈등을 통해 범죄나 비행이 발생한다고 본다.
> ④ 한 지역사회가 **지배·침입·승계되는 과정을 통해 다른 지역사회를 지배하게 되는 과정을 설명**한다.(범죄는 그들이 거주하는 주변 환경의 소산)<09승진·07채용>

참고 문화적 전파이론<09승진·14경간·07·10채용>

> 문화전파이론은 '**범죄를 부추기는 가치관으로서의 사회화**'나 '**범죄에 대한 구조적·문화적인 유인에 대한 자기통제의 상실**'을 범죄의 원인으로 본다.[♣마르크스 이론(×)]<09·18승진·14경간·07·10채용>
> ① '**범죄를 부추기는 가치관으로의 사회화**'란 : 성장 과정에서 정상적인 사회화 과정을 거치지 않고, 비행성 등 범죄를 일으킬 수 있는 성향을 띠는 것을 말한다.[♣차별적 접촉이론(×)]<10.1채용>

(3) 기타이론

하위 문화 이론	① **Cohen** - 하류계층의 청소년들이 **목표와 수단의 괴리**를 통해 **중류계층에 대한 저항**으로 비행을 저지르며 목표달성의 어려움을 극복하기 위해 **자신들만의 하위문화**를 만들게 되며 범죄는 이러한 하위문화에 의해 저질러지는 것이다.<15경간·20·21승진> ② **Miller(밀러)** - 범죄는 하위문화의 가치와 규범이 **정상적으로**[♣비정상적으로(×)] **반영**된 것이다.<18·20승진>
문화 갈등 이론	① **시카고 학파**에 의하면 **각 지역사회의 문화적 갈등을 통해** 범죄나 비행이 발생한다.<10·13승진> ② **T. Sellin**에 의하면, 범죄는 문화의 갈등을 통한 **심리적**[♣육체적(×)] **갈등**으로 인해 발생하는 것이다.

2. 사회과정 이론 - 범죄원인을 사회과정에서 찾는 이론<15경간·18승진·07·10.1채용>

(I) 사회학습이론

① **차별적 접촉이론**(D. Sutherland)

　㉠ **분화적 접촉이론, 사회적 학습이론, 차별적 기회이론**이라고도 한다.(D. Sutherland)

　㉡ **'사회적 분화'라는 개념으로 설명 :** 쇼와 맥케이의 '사회해체' 개념에 대비해 **서덜랜드**[♣Hirshi(×)]는 이를 '사회적 분화'라는 개념으로 설명하며 개인의 학습을 '사회적 학습'이라고 규정하였다.<18승진>

　㉢ **범죄의 원인 :** 서덜랜드는 범죄의 원인을 물리적 환경으로 보아서, 분화된 사회조직 속에서 차별적으로 특정개인이 범죄문화에 접촉·참가·동조함에 의해서 **범죄행동이 정상적으로 학습되는 것**으로 보았다.[♣비정상적으로 학습(×), ♣문화적 전파이론(×)]<21승진·07·10.1채용>

　　※ 즉 범죄는 범죄적 전통을 가진 사회에서 많이 발생하며 이러한 사회에서 개인은 범죄에 접촉, 참가, 동조하면서 범죄를 배우는 것이란 설명이다.

　　　예 '유흥업소 밀집지역에서의 많은 범죄발생', '나쁜 친구와의 교제', 친구로부터 오토바이 절도 기술을 배워 상습절도범이 되는 경우

　　※ 왜 지역사회 간에 범죄율의 차이가 있으며, 왜 하필이면 어느 특정인이 범죄자가 되는가라는 명제에 대한 해답을 제시하고 있다.<06승진>

　㉣ 차별적 접촉이론, 차별적 기회이론은 최근 물리적 환경의 개선이나 범죄자의 무력화를 통한 범죄의 예방과 억제, 피해자학의 연구 등에서 나타나고 있다.<07채용>

　　※ **'모방범죄 이론'** - 이와 유사한 이론으로 **'가브리엘 따르드'**는 '모방범죄이론'을 주장한 바 있다.

② **차별적 동일시 이론**(Glaser) : 청소년들이 영화의 **주인공을 모방하고 자신과 동일시**하면서 범죄를 학습한다.[♣Burgess & Akers의 차별적 강화이론(×)]<20경간·13·19승진·19.2채용>

　예 D경찰서는 관내 청소년 비행 문제가 증가하자 청소년들을 대상으로 **폭력 영상물의 폐해**에 관한 교육을 실시하고, 해당 유형의 영상물에 대한 접촉을 삼가도록 계도하였다.<19.2채용>

　예 청소년 甲은 영화 '000습격사건'을 보고 "영화속 주인공이 멋있다."며 닮고 싶다는 생각에 주인공의 행동을 그대로 따라 하다가 절도까지 저지르게 되었다.[♣차별적 강화이론(×)]

③ **차별적 강화이론**(Burgess & Akers) : 범죄행위의 결과로서 **보상이 취득**되고, **처벌이 회피**될 때 그 **행위는 강화**되는 반면, **보상이 상실**되고 **처벌이 강화**되면 그 **행위는 약화**된다.<21.2채용>

※ 청소년의 비행행위는 **처벌이 없거나 칭찬**받게 되면 반복적으로 저질러진다.[♣영화주인공 모방과 동일시(×)]<20경간 · 13승진>

④ **중화기술이론(G. Sykes & Matza)**<14경간>

㉠ 자기 행위가 실정법상 **위법하다는 것을 알지만** 그럴 듯한 구실이나 이유를 내세워 자신의 행위를 **도덕적으로 문제 없는 정당한 행위로 합리화**시켜 준법정신이나 가치관을 마비시킴으로써 범죄에 나아간다는 이론을 말한다.[♣다른 사람의 잘못은 눈감아 주면서 나의 잘못만 처벌받을 수 없다는 생각(×) → 불법에 있어 평등으로 중화기술과 관련 없다.](G. Sykes)<14경간>

　　예 자기가 물건을 훔치는 것은 남편이 돈을 못 벌어오기 때문이라거나, A는 부자니까 내가 이 정도의 돈을 훔치는 것은 별로 문제될 것이 없다고 생각

㉡ **청소년 범죄의 원인 :** 중화기술이론은 자기행위가 실정법상 위법하다는 것을 알지만 그럴 듯한 구실이나 이유를 내세워 자신의 행위를 도덕적으로 문제없는 정당한 행위로 합리화시켜, 이미 내면화되어 있는 **합법적 규범, 준법정신이나 가치관을 중화(마비)**시킴으로써 범죄에 이르게 된다는 이론을 말한다.(죄의식의 중화)<06 · 14경간 · 21승진 · 09채용>

※ 마짜(Matza)와 싸이크스(Sykes)는 청소년은 비행의 과정에서 **합법적, 전통적 관습, 규범, 가치관 등을 중화**시킨다고 주장하였다.<10 · 19승진>

㉢ **중화기술의 유형**<21승진>[☺ 책가피 비충]

책임의 부정	스스로 통제할 수 없는 힘이나 사건 때문에 범죄가 발생했다는 주장(denial of responsibility)
	예 술에 취해서 자신이 의도한 행동을 한 것이 아니라는 핑계
가해의 부정	자기의 행위로 **아무도 피해를 받지 않았다는 생각**을 자기 자신과 타인에게 강조하는 방법(denial of injury)
	예 훔치려고 한 것이 아니라 빌리려고 했다는 핑계,
	예 남의 물건을 손괴해 놓고 국가에서 다 보상해 줄 텐데 손해 본 게 무엇이냐며 합리화하는 경우
피해자 부정	자기의 가해행위는 피해자가 마땅히 받아야 하는 것이라는 변명(denial of victim)
	예 여자가 술에 취해 여관까지 따라 갔다면 성폭행이 아니란 변명
비난자 비난	자기를 비난하는 교사 · 경찰 · 법관 등에 대해서 그들의 약점 · 비행을 내세워 자신의 비행에 대한 양심의 가책을 중화시키는 것(condemnation of condemners)
	예 비행청소년이 **단속하는 경찰관이나 법관이 더 나쁜 사람**이라고 생각하거나, 혹은 무전유죄 유전무죄라고 주장한다.[♣책임의 부정(×)]<09채용>
	예 사회통제기관은 부패하여 나를 심판할 자격이 없다고 생각하는 경우
	예 편의점에서 물건을 훔치다가 발각되자 **어른이 더 나쁜 사람이니 아이의 작은 잘못을 비난할 자격이 없다**고 합리화하는 경우
충성심 호소	자기의 가족 · 친구 그 밖의 개인적 친근 집단의 관계 때문에 자기는 범죄행위를 하지 않을 수 없다는 식으로 생각하는 것(appeal to higher loyalties)
	예 친구나 주변의 친한 사람을 위해 어쩔 수 없었다는 핑계로 '친구와의 소중한 우정을 지키기 위해서는 오토바이 절도가 무슨 대수냐고 합리화하는 경우'

PART 05

(2) 사회통제이론

① **사회적 유대이론(Hirshi)** : 규범내면화의 약화 즉, 통제의 이완(마이너스 통제)이 비행과 일탈의 원인이라고 본다.<20경간 · 21승진>

　　㉠ **범죄의 원인은 사회적 유대약화** : 사람은 **누구나 사회규범을 일탈할 잠재적인 가능성**을 가지고 있고 이것을 **통제하는 시스템에 장애가 생기면**, 즉 **사회적 유대가 약화**되면, 통제가 이완되어 범죄가 발생한다고 보는 범죄 원인론이다.[♣긴장이론(×)]<02 · 19승진 · 14경간 · 07 · 09채용>

　　㉡ **애착, 전념, 신념, 참여** 등이 사회적 결속의 요소가 된다.[♣기회(×)]<20경간 · 21승진>

② **견제이론(Reckless)** : **좋은 자아관념**은 주변의 **범죄적 환경에도 불구하고 비행행위에 가담하지 않도록** 하는 중요한 요소이다.[♣Durkheim이 주장(×)]<13 · 20승진>

　　㉠ 범죄유발의 외적압력 – 가난, 비행하위문화, 퇴폐환경, 차별적 기회구조 등

　　㉡ 범죄유발의 내적압력 – 좌절, 욕구, 분노, 열등감 등

③ **동조성전념이론(Briar & Piliavin)** : 사람들은 행위와 가치에 영향을 미치는 단기유혹에 노출되며 노출이 끝나면 다시 **정상적인 상태**로 돌아가고 범죄를 행했을 때 자신에게 돌아오는 처벌의 두려움, 자신의 이미지, 사회에서의 지위와 활동에 미치는 영향 등을 염려하는 **동조성에 대한 전념**을 가지고 있다.

　　㉠ **동조성에 대한 전념**은 부모와 선생님 등 다른 사람과의 대인관계를 통해 얻어지게 된다.

(3) 낙인이론(Tannenbaum, Lemert) : 어떤 사람을 범죄자로 만드는 것은 **행위의 질적인 면이 아닌 사람들의 인식**이다.[♣인식이 아니라 질적인 면(×)]<14경간>

※ 범죄와 일탈을 가진 자의 시점에서 파악된 것이라고 전제하고, 제도 · 관습 · 규범 · 법규 등 사회를 유지하기 위한 기본적인 **제도적 장치들이 오히려 범죄를 조장**한다고 본다.(**가진 자의 인식 → 법과 제도에 반영 → 범죄를 규정**)

🔲 중학생 A는 친구들과 호기심에 처음으로 편의점에서 과자를 몇 개 훔쳤다. 그 후 이 일이 발각되자 동네 어른들은 A를 볼 때마다 "도둑"이라며, "커서 뭐가 되려고 그러니", "바늘 도둑이 소도둑 되는 거다."라고 한 경우[♣중화기술이론(×)]

① **Tannenbaum** : 악의 극화라고 표현하였다.

② **Lemert** : 일차적 일탈과 이차적 일탈로 구분하여 설명하였다.

※ 기존의 범죄학이 범죄원인론에 집착했던 것과는 달리, 낙인이론은 범죄 그 자체가 어떻게 형성되는가에 더 관심이 있다. 사회제도나 규범을 근거로 특정인을 일탈자로 인식하기 시작하면 그 사람은 결국 범죄인이 되고 만다는 이론으로 일반인이 가지고 있는 그 행위에 대한 인식이 범죄자(비행자)를 만든다는 이론이다.<04승진>

> **참고** **피낙인자를 위한 형사정책적 결론(5D)**
>
> ① **비범죄화**(decriminalization) : 사회변화로 사회 위해성이 없는 행위는 범죄목록에서 삭제
>
> ② **전환**(diversion) : 범죄에 대한 공식적 반작용 → 비공식반작용/ 중한 반작용 → 경한 반작용 <19.2 · 22.1채용>
>
> 　　🔲 A경찰서는 관내에서 음주소란과 폭행 등으로 적발된 청소년들을 **형사입건하는 대신** 지역사회 축제에서 실시되는 행사에 **보안요원으로 봉사할 수 있는 기회**를 제공하였다.<19.2채용>

> **예** A경찰서는 관내에서 폭행으로 적발된 청소년을 **형사입건하는 대신**, 학교전담경찰관이 외부 전문가와 함께 3일 동안 다양한 활동으로 구성된 **선도프로그램을 제공**함으로써 해당 청소년에게 스스로 잘못을 뉘우치고 장차 지역사회로 다시 통합될 수 있는 기회를 제공하였다.<22.1채용>
>
> ③ **비시설수용화**(deinstitutionalization): 가능한 한 범죄자를 자유로운 공동체에 머물게 한다.
>
> ④ **비낙인화**(destigmatization): 재사회화가 성과있게 진행된 뒤 피낙인자에게 그의 사회적 지위를 돌려주어야 한다.
>
> > **예** 학교폭력사건을 처리하면서 학부모와 지도교사의 입회하에 해당학생들을 선도, 귀가조치 → 비낙인화
>
> ⑤ **법의 적정절차**(due Process of law)

3. 기타 이론

> **마르크스 주의(갈등 범죄학)**: 마르크스주의 이론(갈등 범죄학)은 **구조적으로 야기된 경제적 문제**(**예** 자본주의 경제제도하에서 계층의 분화)나 신분·지위의 문제(**예** 계급투쟁의 산물)를 범죄의 원인으로 본다.[♣아노미 이론(×)]<07승진·07·09채용>
>
> **예** 유전무죄, 무전유죄(탈주범 지○○사건)

제3장 | 테마 121 | 범죄의 예방

① 범죄예방의 의의<05승진>

> **(1) 현대범죄의 특징**
>
> ① 강력범·소년범·여성범죄의 증가와 범죄자의 저연령화 현상이 두드러지고 있다.
>
> ② 범죄의 집단화·기동화·흉포화, '무동기 범죄(이유 없는 범죄)의 증가', '완전범죄' 기도 등
>
> **(2) 범죄예방의 중요성**(사후적 범죄통제의 한계)
>
> ① 일단 범죄가 발생하면 **피해의 회복이 매우 어려우며**, 특히 전속적 법익의 경우는 피해의 회복은 기대할 수가 없게 된다. **예** 살인죄
>
> ② 범죄자의 **검거와 교정에는 많은 비용**이 든다.
>
> ③ 범죄의 발생은 부정적인 환경(**예** 법의 권위추락·사회적 불안 등)을 조성하여 사회해체 현상을 초래하게 된다.
>
> ※ Robert Peel − 경찰의 **첫째 목적**은 범죄 진압이 아니라 예방에 있다고 보고, 범법자를 사후에 색출하고 처벌하는 것보다는 미연에 방지하는 것이 더욱 효과적임을 강조하였다.<01채용>

Ⅰ. 범죄예방의 정의

美범죄예방 연구소	범죄발생의 요소를 **범죄욕구, 범죄기술, 범죄기회로 구분**하고, 범죄예방이란 범죄욕구나 범죄기술에 대한 예방이 아니라 **범죄기회를 감소시키려는 사전활동**이며[♣범죄 환경에 초점을 두는(×)], 범죄에 관련된 환경적 기회를 제거하려는 **직접적 통제활동**이라고 하였다.[♣간접적 통제활동(×), ♣범죄예방은 범죄억제(×)]<05승진·06·11·12경간·03·04·07·08.1채용>
Jeffery	범죄예방이란 범죄가 발생하기 전에 이루어지는 **직접적인 활동**으로 주로 **범죄환경에 초점**을 두는 활동이라고 하였다.
S. Lab	① 범죄예방이란 **실제의 범죄발생뿐만 아니라**, 범죄에 대한 **공중의 두려움을 줄이는 사전활동**이라고 하였다.[♣실제 범죄발생만을 줄이는 것(×), ♣사후적 활동(×)]<07.2·08.1채용> ※ 치안지수와 사실상 같은 개념이다. ② 범죄예방에 대한 **통계적 측면과 심리적 측면을 동시에 고려**하였다.<03·04승진·07·08채용> [☺연기(잘하는) 재환(이) 랩두 (잘해)]

Ⅱ. 주요 범죄예방모형

1. Brantingham & Faust의 범죄예방 접근법<04·05승진·08경간·01·02·04·07·09채용>

유형	대상	내용
1차적 예방	일반 대중	물리적·사회적 환경 중 범죄원인이 되는 **조건을 개선하기 위한 활동**이다. ※ **범죄의 기회를 제공하는 물리적 환경조건을 찾아 개입하는 전략, 범죄발생 원인에 영향을 미치는 경제 및 사회 조건에 개입하는 전략** 등으로, 범죄기회를 제공하는 물리적 환경, 경제·사회적 조건 등 범죄를 야기할 가능성을 가진 문제들을 방지하는 데 중점을 둔다.<09.2채용> 예 방범교육(생활안전교육), 환경설계[조명·금은방의 **비상벨 설치지도, 금융기관에 CCTV 설치 권고 등**], **민간경비 활동의 강화**, 주민신고 활동, 이웃감시, 형사사법기관의 활동 등 ☞ **일반예방모델**<05승진·07경간·01.1·08.1채용>
2차적 예방	우범 집단	잠재적 범죄자의 범죄의 **기회를 차단**하기 위한 활동<08경간·04·09.2채용> ─ 이미 존재하는 일탈행위를 조장하는 요인들의 제거에 더 중점을 두고 있다. ─ 우범지역을 중심으로 지역사회 지도자, 부모 등에 의해 수행된다. ※ **우범지역단속활동, 잠재적 범죄자를 초기에 발견하여 개입하는 전략** 등으로 범죄예방을 추구한다.<09.2채용> 예 범죄예측, 범죄지역 분석, 전환(Diversion)제도<09.2채용>
3차적 예방	범죄자	**범죄자를 대상으로 하는 격리 및 재범예방 활동** 등으로 형사사법기관이나 민간단체 등에 의해 수행된다. 예 **상습범 대책수립 및 재범억제를 지향하는 전략**, 범인의 체포·구금, 기소, 범죄자의 교도소 구금조치, 범죄자에 대한 민간단체나 지역사회의 교정치료(교정프로그램) 등 ☞ **특별예방모델**<09.2채용>

※ **Brantingham 모형의 특징**: 공중보건모델의 접근으로서 범죄를 질병에 비유하고 있다.

☞ **1차적 예방과 2차적 예방의 차이**

- **1차적 예방**: 범죄를 야기할 가능성을 가진 문제들을 방지하는 것에 초점을 두고 있다.

- **2차적 예방**: 이미 존재하는 요인들과 일탈행위를 조장하는 요인들에 초점을 두고 있다.

2. 제퍼리(C. R. Jeffery)의 범죄예방 모형<05승진·02·07.2채용>

범죄억제 모델	형벌을 통한 '**범죄억제**'[♣경찰력 강화를 통한 범죄검거모델(×)] ♣제퍼리의 범죄통제모형에는 형벌을 통한 범죄억제 모델, 경찰력 강화를 통한 범인검거모델, 치료와 갱생을 통한 사회복귀모델, 사회환경개선에 의한 범죄예방 모델이 있다.(×)
사회복귀 모델	범죄자의 **치료(재사회화)와 갱생**을 통한 '**사회복귀**'<08채용> 예 지역활동, 직업훈련, 복지정책 등을 통해 범죄자를 재사회화시키는 것 ※ 최근에는 사회정책의 일환으로서 그 중요성이 강조되어 있다.
환경개선 모델	사회적 환경의 개선을 통한 '**범죄예방**'(CPTED ⇨ 환경공학적 접근) 예 도시정비, 환경정화 등 ※ **특징**: 범죄발생 이전의 활동, 범죄에 대한 직접적 통제, 환경과의 상호작용에 초점, 다양한 학문에 기초한 접근 [☻억치개]

Ⅱ 범죄예방 이론

Ⅰ. 범죄예방 이론의 변화<05승진·01경간·01채용>

근대 이전	고전주의	실증주의	20C 이후 범죄사회학자
응보·복수	형벌·제재	교정·치료[♣예방(×)]	범죄의 예방[♣교정·치료(×)]
사후적 조치		사전 예방조치	

Ⅱ. 전통적 범죄통제이론<04·05승진·04·06·12경간·05·09·17.2채용>

1. 억제이론

내용	억제이론은 범죄에 대한 국가의 **강력하고 확실한 처벌**이 범죄예방에 효과적이라고 본다.<19승진·12경간> ※ **억제이론은 18세기 고전주의 범죄학의 직접적인 영향**을 받았다.<09.2채용> ① **합리적 인간관에 기초** - 개인은 자기 스스로의 자유의사에 의해 범죄를 저지름으로써 범죄자보다는 **범죄행위 자체**에 관심을 가진다.[♣범죄동기나 환경에 초점(×), ♣자유의지를 인정하지 않는(×)]<09.2·17.2채용>	- 합리적 인간관, 자유의지 - 비결정론, 개인책임 - 객관주의 - 응보주의, 일반예방 [☻합자 비개관 응일]

<table>
<tr><td rowspan="6">내용</td><td>

― **비결정론적 인간관**에 입각하며 범죄에 대한 **책임은 사회가 아니라 전적으로 개인에게 있**음을 강조한다.[♣결정론적 인간관(×)]<09·17.2채용>

― **객관주의**에 입각하므로 객관적으로 표출된 결과에 따라 **엄한 형벌을 부과**한다.

※ **범죄의 동기나 원인, 사회적 환경**과 같은 외적 변수에는 관심이 없다.<19승진>

　♣억제이론은 범죄의 동기와 범죄자의 환경에 초점을 둔다.(×)

② 응보주의 입장에서 범죄에 대한 **엄중하고 확실하고 신속한 처벌을 강조**한다.<04승진·09.2채용>

― **처벌의 확실성**을 일반 공중에게 보여줌으로써 **일반예방효과**가 나타나고, 범죄자에게 엄격하고 강력한 처벌(**처벌의 엄격성**)을 할 때 특별예방효과가 나타난다.[♣특별예방효과에 중점(×)]<04승진·17.2채용>

　♣억제이론은 범죄에 대한 국가의 강력하고 확실한 처벌이 범죄예방에 효과적이라고 본다.(○)<12경간>

※ **일반예방(일반억제)**으로서 범죄자 처벌을 통해 대중의 범죄를 예방하고자 하는 것을 강조한다.[♣특별예방(×)]<09.1·2채용>

</td></tr>
<tr><td>비판</td><td>폭력과 같은 **충동적 범죄**에는 적용에 한계가 있다.[♣치료 및 갱생이론은(×)]<05·09·14.1·18.3채용></td></tr>
</table>

2. 치료 및 갱생이론 <12경간·03·04·05승진·14.1·17.2채용>

<table>
<tr><td rowspan="6">내용</td><td colspan="2">

생물학적·심리학적 범죄이론에서는 범죄자의 치료와 갱생을 통한 **범죄의 사후대책 측면을 강조**하며 치료 및 갱생이 범죄예방에 효과적이라고 본다.[♣범죄예방을 통해(×), ♣범죄기회의 제거(×)]<18승진·12경간·17.2채용>

</td></tr>
<tr><td>

① 생물학적·심리학적 요소가 개인의 범죄를 결정지으므로, **결정론적 인간관**에 입각하여 범죄행위보다는 '범죄자의 속성'에 관심을 둔다.[♣범죄행위를 대상(×)]<04승진·14.1·18.3채용>

</td><td>

― 자유의지 부정, 결정론
― 주관주의, 사회책임
― 치료와 갱생, 특별예방
[● 자결주사 치료 특별]

</td></tr>
<tr><td colspan="2">

― 범죄에 대한 **책임은 사회에 있고** 개인에게 있지 않음을 강조한다.<12경간>

― 인간의 행위가 복합적 요인에 의해서 야기되는 자연적 현상이라고 보아, 범죄인에 대한 **개별적인 원인탐구와 대책을 강조**한다.

― 범죄인에 대한 처우, 형사처분의 다양화 및 교정전문가들의 역할을 강조한다.

② 범죄자의 치료와 갱생에 초점을 두고 **특별예방효과**에 중점을 둔다.<03승진·14.1·18.3채용>

</td></tr>
<tr><td>비판</td><td colspan="2">비용이 많이 들고, 사후 대책으로 **적극적 예방**에 한계가 있고, 범죄자 개인을 대상으로 하므로 일반예방(**적극적 범죄예방**)의 효과에 한계가 있다.[♣억제이론은(×)]<09·18·19승진></td></tr>
</table>

3. 사회발전 이론<07승진·07채용>

내용	① **사회학적 이론**으로 **사회적 환경**이 범죄자의 내재적 성향보다 더 중요한 범죄원인이라고 보아 **사회발전을 통한 환경개선을 강조**하게 된다.[♣범죄기회의 제거와 범죄행위의 이익을 감소(×)]<18승진> 　– 범죄의 동기나 범죄자의 환경에 관심을 가진다. ② 공동체의 유대강화나 범죄를 유발할 수 있는 **사회 환경의 개선 등 사회 발전을 통한** 범죄의 **근본적 원인제거를 강조**한다.<09경간>
비판	① 범죄의 원인이 되는 사회적 **환경을 개선할 능력이 있는가**의 여부가 문제이다. ② 막대한 인적·물적 자원이 필요하기 때문에 **개인이나 소규모 조직체에 의해 수행될 수 없다**는 비판이 제기된다.[♣개인이나 소규모 ... 될 수 있다.(×)]<09승진·10.2채용> 　※ **사회를 실험대상으로 이용**하고 있다.

III. 현대적 범죄예방이론(생태학적 관점 이론)<04·05승진·04·06·08경간·05채용>

① **생태학적 이론**은 **어두운 거리에 가로등을 설치하는 등 범죄취약요인을 제거**함으로써 **범죄예방**을 하고자 한다. CPTED는 그 **대표적 예**로서 환경설계를 통한 범죄예방기법(CPTED)이다.<08경간·10.2채용>

② **생태학적 이론**은 범죄발생을 용이하게 하는 **환경적 요소를 개선하거나 제거함으로써 기회성 범죄를 줄이려는** 범죄예방론이다.<10.1채용>

③ 현대적 범죄예방이론은 '**생태학적 관점**'에서 범죄예방에 접근하고 있으며 그 대표적인 유형으로 환경범죄이론이 거론될 수 있다.

1. 환경범죄이론(= 생태학적 이론) – Jacobs, Jeffery, Oscar Newman

의의	범죄발생을 용이하게 하는 **환경적 요소를 파악**하여 주택 및 도시의 건설에 있어 **설계단계부터 범죄환경을 최소화**하여 범죄발생을 줄이려는 이론으로 미국의 지역사회감시프로그램(neighborhood watch Program) 등 많은 범죄예방 정책들이 환경범죄이론에 근거하여 시행되었다.<10채용> ※ 환경범죄이론이나 상황이론 등은 **생태학적 이론**으로 분류되며, 환경에 중점을 두는 **거시적 이론**이고, 일반인을 상대로 **일반예방효과를 추구**한다. 예 가로등 설치, CCTV의 설치, 순찰 및 감시가 용이한 주택설계 등
내용	① **환경설계를 통한 범죄예방기법(CPTED) :** **1 의의** : jeffery(1971)는 jacobs의 '도시재생에 관한 연구'의 영향을 받아 범죄인의 교화보다는 물리적 환경의 변화를 통해 범죄를 예방할 수 있다는 '환경설계를 통한 범죄예방(CPTED-이하 셉테드)'을 주장했다.[♣CPTED는 생태학적 이론의 대표적인 사례(○)<..15·18승진·13경간·12·13·16.2·19.1채용> 환경설계를 통한 범죄예방(CPTED : Crime Prevention Through Environment Design)이란 **물리적 환경과 관련**해 범죄에 대한 **방어적 디자인을 통해, 범죄기회를 차단**하고 시민의 범죄에 대한 **불안감을 감소**시키는 전략이다.(**Jeffery, Oscar Newman**)<13·21경간·15.1·23.1채용>

※ 주거 및 도시지역의 **물리적 환경 설계 또는 재설계를 통해** 범죄기회를 차단하고 시민 범죄에 대한 불안을 감소시키는 전략이다.<15.1 · 23.1채용>

⑴ 물리적 설계 · 주민참여 · 경찰활동 등 3가지 요소를 종합적 · 계획적으로 접합시켜 주택 및 도시설계를 통하여 **환경을 개선**함으로써 범죄발생을 줄이려는 **일반예방**의 범죄예방 전략을 의미한다.

⑵ 건물구조 · 도로모양 · 조명 · 조경 등 주변 환경 개선을 통해 범죄기회를 차단하여 주거침입절도와 같은 기회성 범죄의 발생을 예방하려는 기법이다.

❷ 연혁

⑴ **C. R. Jeffery**가 처음으로 '**환경설계를 통한 범죄예방(CPTED)**'의 개념을 제시하였다.

⑵ 미국 **Oscar Newman**이 '**방어공간이론(1972)**'에서 공동주택의 설계와 범죄와의 상관성을 입증하였다.

⑶ 영국의 '방범환경설계제도', 호주의 '건축허가 시 범죄위험성 평가 의무화' 등

❸ 기본원리[🌑 감접영활유]<12 · 13경간 · 13.1 · 16.2 · 19.1 · 20.1 · 22.2채용>

내용		
	자연적 감시	건축물이나 시설물의 설계 시 **가시권을 최대한 확보**하여 외부침입에 대한 **감시기능을 확대**함으로써 검거위험(발견가능성)을 증가시키고, 범죄의 기회를 감소시킨다는 원리이다.[♣자연적 접근통제(×)]<20 · 21경간 · 15 · 18 · 24승진 · 13 · 15.1 · 19.1 · 20.1 · 22.2 · 23.1채용>
		예 **조명설치, 조경 · 가시권이 확보**되는 건물배치[♣방범창(×)]<18 · 20 · 24승진 · 12 · 19 · 20경간 · 19.1채용>
	자연적 접근 통제	일정한 지역에 접근하는 사람들을 **정해진 공간으로 유도**하거나 **외부인의 출입을 통제**하도록 설계함으로써 접근에 대한 심리적 부담을 증대시켜 범죄를 예방하려는 원리이다.[♣경계선 구분을 통해(×), ♣영역성 강화(×)]<20경간 · 15 · 16 · 18 · 20 · 24승진 · 13 · 15.1 · 16.2 · 20.1채용>
		예 **통행로 설계, 출입구 최소화, 차단기, 방범창, 잠금장치** 등[♣체육시설에의 접근성과 이용의 증대(×), ♣영역성의 강화(×)]<18 · 24승진 · 12 · 19 · 20경간 · 19.1채용>
	영역성 강화	**사적공간에 대한 경계를 표시**함으로써 사적공간과 공적공간을 분리하여, **주민들의 책임의식과 소유의식을 증대**하여 사적공간에 대한 권리를 강화시키고, 외부인들에게는 침입에 대한 불법사실을 인식시켜 범죄기회를 차단하여 자연적 접근통제 및 영역성의 강화를 증대하는 원리이다.[♣영역성 약화(×), ♣책임의식과 소유의식을 감소시킴으로써 사적공간에 대한 관리권을 약화(×), ♣청결유지(×)]<20경간 · 18승진 · 13.1 · 16.2 · 19.1 · 20.1 · 22.2 · 23.1채용>
		예 **펜스 · 울타리 설치, 사유지 표시, 사적 · 공적 공간의 구분** 등[♣청결유지(×), ♣방범창, 출입구의 최소화(×)]<18승진 · 12 · 19 · 20경간 · 22.2채용>

활동의 활성화	지역사회의 설계 시 주민들이 모여서 **상호의견**을 교환하고 유대감을 증대할 수 있는 **공공장소**를 설치·이용하도록 함으로써 **'거리의 눈'**을 활용한 자연적 감시와 자연적 접근통제의 기능을 확대하는 원리이다.(활동성의 증대)[♣자연적 접근통제(×)]<09·13경간·10·12·15·18·20·24승진·13·15.1·19.1·20.1·22.2채용> 🔲 **놀이터, 공원, 체육시설 등 공공장소의 설치, 벤치·정자의 위치 및 활용성 설계**[♣통행로 설계(×)]<20·24승진·12·19경간·19.1·22.2채용>
유지 관리	처음 설계된 대로 혹은 개선한 의도대로 기능을 **지속적**으로 유지하도록 관리함으로써 범죄예방을 위한 환경설계의 장기적이고 지속적 효과를 유지하는 원리[♣잠금장치(×)→접근통제]<15·18승진·19.1·22.2·23.1채용> 🔲 **청결유지, 파손의 즉시 수리, 청결유지, 조명, 조경의 관리**[♣잠금장치(×)→자연적 접근통제]<20경간·18·24승진·19.1·22.2·23.1채용>

4 방안

(1) **방범용 CCTV의 설치·운용**<12.1채용>

① **법적근거** – ㉮ **'주차장법시행규칙'**, ㉯ **'개인정보보호법'**(범죄예방 및 교통단속 등 공익을 위하여)에서 법적근거를 두고 있다.

② **이론적 근거** – **상황적 범죄예방이론**(합리적 선택이론, 일상활동이론) 및 CPTED 이론 등을 근거로 설치가 확대되고 있다.<12.1채용>

③ **효과** – **일반예방효과**를 기대할 수 있다.[♣특별예방효과(×)]<12.1채용>

　※ 인근지역의 범죄가 증가하는 전이효과와 같은 부작용도 있을 수 있다.

(2) **SBD(방범환경설계제도 – secured by design)의 도입을 추진**

① 범죄예방을 위한 건축자재나 방범용 제품에 대한 인증제도의 도입추진(표준화 작업)

(3) **'범죄예방 설계지침'의 도입**

① 건축허가 시 '범죄예방 설계지침'의 반영을 조건으로 하는 지방자치단체 조례제정을 추진

② 우리나라에서는 **서울시 마포구 염리동에서 적용한 사례**가 있고, 자치단체 조례로 「**서울특별시 마포구 범죄예방을 위한 도시환경 디자인 조례**」가 2018 제정되어 시행되고 있다.<21경간>

② **방어공간이론(Oscar Newman)** : 건축학자인 오스카 뉴만(1972)은 제퍼리의 이론 중 **영역성** 개념을 더욱 발전시킨 '방어공간이론'을 통해 **주택건축과정에서 범죄예방을 고려**할 것을 **주장**하였다.<12승진·13경간>

※ 주민들이 자신들이 살고 있는 지역이나 장소를 자신들의 영역이라 생각하고 감시를 게을리하지 않으면 범죄로부터 안전할 수 있다고 주장했는데 공공주택 건설 등에서 기준으로 채택되기도 했다.<12경감>

내용	※ 방어적 공간의 4가지 요소	
	영역성	**자기 소유의 관념**, 본인의 집 또는 동네라는 인식을 가지고 있는 것 → 이웃과의 좋은 유대관계를 가지고 있는 것도 영역성 증대요소 ※ 지역에 대한 소유의식은 일상적이지 않은 일이 있을 때 주민으로 하여금 행동을 취하도록 자극함.<22.1채용>
	자연적 감시	집 또는 거리를 일상생활에서 **자연히 감시**할 수 있는 능력(물리적인 요소 중심) ※ 특별한 장치의 도움 없이 실내와 실외의 활동을 관찰할 수 있는 능력임.<22.1채용>
	이미지	**이미지로 판단**하여 범죄자의 **범죄** 실행가능성이 **용이한지 여부**에 관한 것 → 깨진 유리창 이론과 유사 ※ 깨끗하고 고급스러운 건물 ↔ 지역 또는 낡고 허름한 건물 → 지역에 따른 범죄를 실행하기 용이한지 여부 ※ 지역의 외관이 다른 지역과 고립되어 있지 않고, 보호되고 있으며 주민의 적극적 활동의지를 보여줌.<22.1채용>
	입지조건	**(안전지대)입지적 요인에 따라** 범죄 실행이 용이한지 여부
	※ **방어적 공간의 위계** : 공공 공간 − 준공적 공간 − 준사적 공간 − 사적 공간	
비판	① 비판은 주로 잠재적 범죄인이 **환경변화에 쉽게 적응해 간다는 측면**에서 이루어진다. ② 물리적 환경의 변화만으로는 범죄예방이 불가능하며 **지역주민들의 참여**가 필수적인데 이점이 **간과**되었다.	

2. 상황적 예방이론(상황이론 − clark) − (생태학 이론으로 분류)

의의	범죄행위에 대한 위험과 어려움을 높여 **범죄기회를 제거**하고 **범죄행위의 이익을 감소**시킴으로써 범죄행위를 억제하려 한다.[♣사회발전을 통해 범죄의 근본적인 원인을 제거(×)]<09경간·05·18승진> ① 인간의 **자유의지를 전제**로 개인을 합리적 존재로 가정하는 **비결정론적 인간관**에 입각하고 있다.[♣개인의 범죄성에 초점을 맞춘 이론(×)]<09·12·21경간·07채용> ② 환경범죄이론이나 상황이론 등은 **생태학적 이론**으로 분류된다.[♣일상활동이론, 합리적 선택이론, 범죄패턴이론은 사회발전이론에 속함.(×), ♣개인의 성장발달과정의 차이에 의해 범죄발생 좌우(×)]<12경간·12경위> ③ 개별 상황에 초점을 두는 **미시적 이론**이며, 일반인을 상대로 하여 **일반예방효과에 중점**을 둔다고 할 수 있다.[♣합리적 선택이론은 거시적 범죄예방모델(×), ♣범죄성향이 높은 개인들에게 범죄예방 역량을 집중할 것을 주장(×)]<21.1채용>
유형	상황적 범죄예방이론은 **합리적 선택이론, 일상활동 이론, 범죄패턴 이론**에 근거하여 범죄행위에 대한 위험과 어려움을 높여 범죄 기회를 줄이고 범죄행위의 이익을 감소시켜 범죄를 예방하려는 이론이다.[♣사회발전이론(×)]<12승진·08경간>
비판	① **풍선효과(전이효과)**(crime displacement effect) : 범죄를 예방하는 장치나 수단 등은 실제로 범죄예방에 효과가 없으며, 범죄기회를 줄여도 실제적 범죄가 주는 것이 아니라 범죄가 다른 곳으로 전이되어 전체범죄는 줄어들지 않는다.[♣충동적인 범죄에 한계(×)]<09·18승진·09·21경간·12.1채용> **예** CCTV 설치로 해당지역의 범죄는 감소하였으나 인근지역의 범죄가 증가한 경우<12.1채용>

비판	※ '**이익의 확산효과**': **전이효과에 대해 반대하는 견해**로, 한 지역의 범죄예방활동이 다른 지역의 범죄예방에도 영향을 미친다고 한다.[♣비판(×)] ② '**요새화된 사회**'(**부정적 사회 현상**): 범죄의 기회를 줄이기 위해 국가에 의한 **사회통제가 심화**되고, '요새화된 사회'를 만들어 오히려 시민의 인권이나 기본권이 침해될 수 있다.<05승진> ③ **국가통제사회화**: 사회에 대한 국가권력의 과도개입을 초래함으로써 이른바 '大兄(big brother)'에 의하여 통제되는 **국가통제사회가 될 가능성**이 있다.

합리적
선택
이론
	합리적 선택이론은 범죄행위는 **비용과 이익을 고려하여 합리적으로 선택하는 것**으로 범죄자의 입장에서 선택할 수 있는 **기회를 미리 진단하여 예방**하여야 한다는 입장이다.(**클락 & 코니쉬** - Clarke & Cornish : 1985)[♣코헨과 펠슨이 주장(×)]<12경간·12경위>
	
	※ **고전주의 범죄학 이론에 기반**을 둔 것으로, 인간은 **범죄로부터 얻을 수 있는 이익보다 더 큰 고통을 받게 되면, 범죄를 저지르지 않을 것(합리적 선택)**이라는 전제를 하고 있다.<21.2채용>
	
	① **범죄기회의 제거**: 효과적인 범죄예방은 범죄자의 입장에서 선택할 수 있는 기회를 미리 진단하여 보호자를 만들거나 체포의 위험성과 처벌의 확실성을 제고하는 등의 방법으로 기회를 제거하는 것이라고 본다.[♣레클리스(Reckless)의 견제(봉쇄)이론(×)]<17경간·21.2채용>
	
	  🔲 CCTV로 침입절도나 강도 등을 예방하는 경우<12.1채용>
	
	  ※ Clarke & Cornish는 범죄를 유발할 수 있는 상황을 변경하기 위한 5가지 주요한 방법을 제시함: ① 노력의 증가, ② 위험의 증가, ③ 보상의 감소, ④ 자극(충동)의 감소, ⑤ 변명의 제거
	
	  🔲 변명의 제거: C경찰서는 관내 자전거 절도사건이 증가하자 관내 자전거 소유자들을 대상으로 **자전거에 일련번호를 각인해 주는 서비스**를 제공하였다.<19.2채용>
	
	② **합리적 인간관 전제**: 자유의지를 가지고 있는 **합리적 인간관을 전제**로 하여 범죄자는 자신의 범죄행위에 있어서 비용과 이익을 계산하고, **자신에게 유리한 경우에 범죄를 행한다**고 보았다.<08경간·19승진·10.2·17.2채용>
	
	  ※ **신고전주의**: 합리적 선택이론은 **자유의지를 전제**로 하지만 완전한 자유의지가 아니라 제한된 자유의지로서 합리적 인간성을 의미하는 자유의지를 설정하여 '체포의 위험성'과 '처벌의 확실성'의 제고를 통해 범죄를 예방할 수 있다고 본다.[♣자유의지를 전제로 하지 않는다.(×)]<09승진>
	
	③ **비결정론적 인간관 전제**: 인간은 자유의지를 가진 합리적 인간관을 전제로 하므로 **비결정론적 인간관에 바탕**을 두고 있다고 할 수 있다.[♣결정론적 인간관에 근거(×)]<08·20경간·19승진·10.2·17.2채용>

일상 활동 이론	(1) 범죄의 발생은 일상 활동에서 '동기가 부여된 **잠재적(의욕적) 범죄자**(motivated offender)', '**적절한 피해대상**(suitable target)', '**힘 있는 보호자의 부재**(absence of capable guardianship)' 등 세 가지 요소가 시공간적으로 동시에 일어날 확률에 영향을 받고 이러한 확률은 우리의 일상 활동에 의해 큰 영향을 받는다는 이론이다.(**코헨 & 펠슨**)<21경간·12경위·08·14.1채용> 🔲 여성취업으로 인한 여성에 대한 범죄위험 증가 ① 잠재적 범죄자: 범죄기회가 주어지면 누구든지 범죄를 저지를 수 있다고 보아 모든 개인을 잠재적 범죄자로 파악하고 있다.(범죄자의 속성을 범죄의 결정적 요소로 보지 않음.)

일상 활동 이론	② 일상 활동에서 범죄양상, 범죄조건, 범죄기회 등에 대한 **구체적이고 미시적인 분석을 통해** 범죄를 예방하려고 한다.[♣거시적 범죄분석(×)]<02승진·08경간·09채용> **(2) 범죄발생의 3요소[☻ 자대부]** ① **범죄자(➡ VIVA모델), 범죄의 대상, 보호자(감시)의 부재**[♣장소의 접근성(×), ♣범행의 동기(×)]<09·12경간·10·12승진·03·14.1·17.2채용> ② **범죄자 입장 4가지 요소(VIVA모델)** : 범죄발생 3요소 중 **범죄자의 입장**에서 범행을 결정하는 데 고려되는 4가지 요소를 든다.(범행의 리스크 수준을 결정하는 요인)[☻ 가용가접] ➡ ㉠ **가치(Value), ㉡ 이동의 용이성(Inertia), ㉢ 가시성(Visibility), ㉣ 접근성(Access)**[♣범행의 기술(×)]<20·21경간·10.2채용>
범죄 패턴 이론	① 잠재적 범죄인은 그들이 잘 알고 있는 지역 안에서 잘 알고 있는 **이동 경로나 수단을 이용**해서 적당한 기회가 왔을 경우에 범행을 저지른다고 본다.(**브랜팅햄** – brantingham-1993)<21경간> ※ 범죄패턴은 범죄자의 일상적인 행동패턴과 유사하며 우리 모두가 잠재적 범죄인임을 가정할 경우 집과 직장 등 이동경로와 이동수단이 어느 정도 일정함을 알 수 있다. ② **지리적 프로파일링** : 범죄자의 여가활동장소와 이동경로·이동수단 등 일정한 장소적 패턴을 분석하여[♣시간적 패턴(×)] 다음 **범행지역을 예측**하는 모형인 '**지리적 프로파일링**'을 통한 **범행지역의 예측 활성화에 기여**함으로써 연쇄살인이나 연쇄강간 등의 **연쇄범죄해결**에 도움을 준다.[♣집중 순찰을 통해 효율적으로 범죄를 예방(×)]<17·21경간·12승진·21.1채용>

3. 집합효율성이론 – 로버트 샘슨과 동료들<14.1·18.3·21.1채용>

	집합효율성 : 지역주민 간의 **상호신뢰 또는 연대감(유대강화)**과 범죄 등 사회문제에 대한 적극적인 개입, 즉 비공식적 사회통제의 결합을 의미한다.<12경간·14.1·18.3채용>
내용	① **사회구조적 설명** : 시카고학파의 **사회해체이론**을 현대도시의 맥락에서 계승·발전시켜, 지역사회의 범죄율 차이의 원인을 사회구조적으로 설명하려고 한다. ② **범죄예방의 열쇠** : 지역사회의 구성원들이 범죄를 공공의 적으로 인식하고 이를 해결하기위해 **적극적으로 참여**하면 효과적으로 범죄를 예방할 수 있다고 본다.[♣일상활동이론(×), ♣범죄패턴이론은(×)]<17·20경간·12·19승진> ③ **비공식적 통제의 중요성** : 집합효율성은 **지역사회 구성원 간의 연대감(유대강화)**, 그리고 문제 상황 발생 시 **구성원의 적극적인 개입의지**를 결합한 개념이다.[♣방어공간이론(×)]<21.1채용>
비판	공식적 사회통제, 즉 경찰 등 **법집행기관의 중요성을 간과**하고 있다.

4. 깨진 유리창 이론 – 윌슨 & 켈링, 브래튼

의의	사소한 무질서(예 음주소란, 쓰레기, 낙서, 빈 집, 버려진 자동차)가 방치되면 심각한 범죄의 원인이 된다고 보았다. → 무관용 경찰활동 예 甲 지역은 건물유리창이 깨진 채 방치되어 있고, 길거리에 낙서가 가득하며 마약 및 알코올 중독자나 부랑자가 눈에 많이 띄는 틈새지역이다.[♣긴장(아노미)이론(×)] 예 B경찰서는 지역사회에 만연해 있는 **경미한 주취소란**에 대해서도 예외 없이 **엄격한 법집행**을 실시하였다.<19.2채용> ① 무질서와 심각한 범죄를 연결시킨 최초의 이론으로 willson & kelling에 의해 제시되었다. ② 1990년대 **뉴욕의 줄리아니 시장과 브래튼 경찰국장**이 적용하여 뉴욕의 범죄도시로서의 오명을 불식시키는 데 성공하였다.
내용	경미한 무질서에 대한 **무관용 원칙**과 **지역주민 간의 상호협력**이 범죄를 예방하는 데 중요한 역할을 한다.<17경간 · 12승진> ① 무관용 원칙(zero tolerance) : '깨진 유리창 이론'에 기초하여, 경미한 범죄 및 사소한 무질서행위에 대한 경찰의 강경한 대응을 강조한다.[♣사소한 무질서에 관대하게 대응했던 전통적 경찰활동의 전략을 계승(×)]<12승진 · 17경간 · 09 · 23.1채용> ※ **무관용 경찰활동**은 1990년대 **뉴욕에서 본격적으로 시행**되었으며,<09.2 · 23.1채용> **깨진 유리창이론**에 이론적 근거를 두고 있는 무관용 경찰활동은 **처벌의 확실성을 높여 범죄를 억제하는 전략**이다.<21.1 · 23.1채용> ② **지역주민 상호협력(집합효율성 강화)** : 시민들이 파괴되거나 더럽혀진 주변 환경에 대해 신속한 회복을 수행함으로써, 지역주민 간의 상호협력을 통한 범죄와 무질서의 예방노력이 어우러진 결과 효과적인 범죄예방이 이루어진다.[♣시민에 기대된 역할 없었다.(×)]<17경간>
한계	경미한 비행에 대한 무관용 개입은 **낙인효과를 유발**할 수 있다.<09.2 · 23.1채용> ※ 보수적 우파의 성향을 내포하고 있다.

정리 범죄이론과 범죄통제이론

범죄이론	통제이론	내용	비판
고전학파	억제이론	범죄에 대한 강력하고 확실한 처벌	폭력과 같은 충동범죄에는 적용 한계
생물학적 심리학적 이론	치료 및 갱생이론	범죄자 치료 · 갱생	비용이 많이 들고, 일반예방효과에 한계
사회학적 이론	사회발전이론	사회발전을 통한 범죄의 근본원인 제거	사회적 환경을 개선할 능력이 있는가?
범죄예방이론	① 생태학 이론, 환경범죄이론 ② 상황적 예방이론(합리적 선택이론, 일상활동이론, 범죄패턴이론)	범죄 기회 제거, 범죄행위의 이익감소	① 국가통제사회 가능성, ② 전이효과(범죄가 다른 곳으로 전이)

5. 지역사회 경찰활동(Community Policing) — J. Skolnick

(1) **지역사회와 협력이 중요 :** 지역사회 모든 분야의 공동체와 협력하여 범죄를 예방하고, 범죄 피해를 줄이는 것을 목표로 하는 활동으로 지역주민의 전반적인 생활의 질 향상을 위한 임무를 수행한다.

　※ 등장배경 ➡ **자동차순찰의 효과와 신고에 대한 반응시간**이 범죄해결과는 별로 관계가 없다는 연구결과와 함께 범죄대응에 대한 시민의 역할이 중요하다는 인식의 확산으로 1960년대 미국경찰의 개혁 필요성 제기

　☞ **모든 경찰활동이 지역사회와의 협력에서 출발**

(2) 지역사회 경찰활동은 사전적 **범죄예방활동을 우선시한다.**[♣사후적 검거 강조(×)]<21경간 · 04 · 07승진>

(3) **지역사회 경찰활동에 있어 패러다임의 전환**<11경간 · 23.2채용>

> ① **범인검거에서 범죄예방 분야로의 역량 강화**
>
> 　－ 사후적 검거활동에서 **사전적 예방활동으로의 전환**<23.2채용>
>
> 　－ 범죄예방을 위한 **다양한 자원의 투입**
>
> 　－ 경찰 능률평가의 기준을 검거실적에서 **범죄예방노력과 범죄발생률**로 전환<11경간>
>
> ② **지역사회 협력치안의 강화**
>
> 　－ 경찰력에만 의존한 기존의 치안정책에서 지역사회 협력치안으로의 전환
>
> 　－ 지역사회 문제해결을 위한 경찰업무영역의 확대 / 주민의 경찰행정 참여기회의 보장
>
> ③ **경찰내부의 개혁**
>
> 　－ 권한의 집중에서 **권한분산**을 통한 경찰책임의 증대로 **권한 · 책임의 일치**
>
> 　－ 상의하달의 의사구조를 **하의상달**의 구조로 상호교류 확대

(4) **지역사회 경찰활동 프로그램**(POP를 묻는 질문이 면접에서 등장한 적이 있다.)<21경간 · 23.1채용>

지역중심 경찰활동 (Community–oriented policing) — **트로야노비치**(Trojanowich) **& 버케로**(B.Bucqueroux)	① 지역사회와 경찰 사이의 새로운 관계를 증진시키는 조직적인 전략 및 원리로 지역사회에서의 전반적인 삶의 질을 향상하는 것에 목표를 둔다. ② **경찰과 지역사회가 협력**하여 길거리 범죄, 물리적 무질서 등을 확인하고 해결함으로써 주민들의 삶의 질을 개선하고자 노력한다.<23경간> ③ 경찰과 지역사회가 범죄에 대한 두려움, 사회적 · 물리적 무질서 그리고 **전반적인 지역의** 타락과 같은 지역사회의 **문제들을 확인**하고 우선순위를 정하여 **해결하고자 함께 노력**한다.<22승진>
문제지향적 경찰활동 (problem–oriented policing) — POP – **골드슈타인**(Goldstein) **에크**(Eck) **& 스펠만**(Spelman)	문제지향 경찰활동은 경찰활동이 단순한 법집행자의 역할에서 지역사회 범죄문제의 **근원적 원인을 확인하고 해결하는 역할로 전환할 것을 추구**한다.<20경간> ※ 경찰의 역할에서 범죄투사(Crime fighter)의 역할보다 문제해결자(Problem solver)로서의 역할에 중점<21경간> ① **지역사회의 문제를 해결**하기 위한 여러 가지 방안을 중점으로 **우선순위를 재평가**, 각각의 문제에 따른 **형태별 대응을 강조**한다.

ⓐ 문제들에 대한 효과적인 대응 전략들을 마련하면서 필요한 경우 **경찰과 지역사회가 협력할 수 있는 대응전략들에 보다 높은 가치를 부여**한다.<20경간 · 22승진>

ⓑ 문제지향 경찰활동은 종종 **지역사회경찰활동과 병행**되어 실시되며, 이때 효과성이 제고된다.<20경간 · 22승진>

② **문제해결과정[SARA 모형]** ➡ 탐색(조사)(scan) → **분석**(analysis) → **대응**(response) → **평가**(assessment)[♣조사(Scanning) − 평가(Assessment) − 대응(Response) − 분석(Analysis)(×), ♣무관용 경찰활동(×)]<20경간 · 22승진 · 20.2채용>

ⓐ 일선경찰관에 대한 **문제해결 권한과 필요한 시간을 부여**하고 **범죄분석 자료를 제공**한다, 대중정보와 비평을 적극적으로 수용한다.<20.2채용>

ⓑ 「**형법**」의 적용은 여러 대응 **수단 중 하나**에 불과하다.<20.2채용>

ⓒ 경찰과 지역사회가 전통적인 **경찰업무로 해결할 수 없거나** 그것의 해결을 위하여 특별히 **관심을 필요로 하는 사안**들에 있어서 그 상황에 맞는 **대안을 개발하기 위해 노력**하는 활동에 주력한다.<23경간>

PART 05

문제지향적 경찰활동
(problem−oriented policing) − POP
−
골드슈타인(Goldstein),
에크(Eck) **&**
스펠만(Spelman)

탐색 (조사)	문제를 발견하고 확인하는 과정, **경찰과 시민의 관심사항이 되는 지역사회에서 발생하는 일련의 유사한 사건**을 **탐색**하고 조사대상화하는 것에서 출발한다.[♣대중의 이목을 집중시키는 심각한 중대범죄 사건을 우선적으로 조사(×)]<23.2채용>
분석	문제해결에 필요한 자료와 정보는 경찰제작 기록뿐만 아니라 **다양한 분야에서 수집**되어야 하고, 분석기초는 **6하원칙**에 의거해 문제가 발생하는 때와 장소를 확인, 지역사회 타 기관의 정책과 제도 등 문제발생 원인 촉진결과의 **요소** 확인, 관련 기관의 **대응**과 그 **효과를 점검**하는 단계
	※ 각종 통계자료 등 수집된 자료를 활용하여 **심층적인 분석**을 실시하며, 당면 문제의 성격을 정확하게 파악하기 위해 **문제분석 삼각모형**(problem analysis triangle)을 유용한 분석도구로 **활용**할 수 있다.<23.2채용>
대응	**문제의 화젯거리** 혹은 사건, 상태 등에 **직접적으로 반응**하여 행해지는 활동이라 정의함. 대응과정에서는 **자원, 외부협조**, 기획단계의 필요한 사항 검토, **문제를 완전 해소**하거나 **해결 가능수준으로 축소를 시도**하는 단계
	※ 경찰이 보유한 자원과 역량만으로는 한계가 있으므로 지역사회 내의 여러 **다른 기관들과의 협력**을 통한 대응방안을 추구하며, **상황적 범죄예방**에서 제시하는 25가지 **범죄예방기술을 적용**해 볼 수도 있다.<23.2채용>

문제지향적 경찰활동 (problem-oriented policing) – POP – 골드슈타인(Goldstein), 에크(Eck) & 스펠만(Spelman)	평가	문제해결과정에서의 최후 단계로 **결과**와 시행된 **계획의 효과성을 비교평가, 발전가능성 탐색**, 필요 범위 내에서 **계획·수정**하는 단계 등이다. ※ **과정평가와 효과평가의 두 단계**로 구성되며, 이전 문제해결과정에의 **환류**를 통해 각 단계가 **지속적인 순환** 과정으로 작동할 수 있도록 한다는 점에서 중요한 의미를 가진다.<23.2채용>

③ **한계** ➡ 경찰의 역할과 직무에 대한 **막연하고 추상적인 규정**, 경찰권 발동은 최소한에 그쳐야 한다는 **전통적인 경찰활동의 원칙**, 경찰의 기능을 응급처치 기능으로 생각하는 인식, 경찰이 취급하는 문제는 **해결 불가능** 하다는 경찰관의 고정관념[●막전응고]

이웃지향적 경찰활동 (neighborhood-oriented policing) – 윌리엄스(Willams)	① 지역에서 범죄는 비공식적 사회통제의 약화와 경제적 궁핍이 소외를 정당화하기 때문이다. ② 경찰과 주민의 **의사소통을 활성화**하고 주민들에 의한 순찰을 실시하는 등 지역사회에 기초를 둔 범죄예방 활동 등을 위해 노력한다.<23경간> ③ 지역조직은 경찰관에게서 중요한 역할을 부여 받으며, **서로를 위해 감시하**고 공식적인 민간순찰을 실시한다. ※ 규모 지역공동체 모임의 활성화를 통해 **상호감시를 증대**하고 단속 중심의 경찰활동을 전개함으로써 범죄에 대응하는 전략을 추진한다.[♣관용중심적 경찰활동(×)]<23경간> ※ 지역조직 거주자들에게 **지역에 관한 정보를 제공**하며, 주민들은 **민간순찰**을 실시[♣문제지향적 경찰활동(×)]하는 등 경찰과 협동해서 범죄를 억제하는 기능을 수행한다.<20.2채용> ※ 경찰활동의 목적과 우선순위를 결정할 때 **시민의 참여가 중요**하다.<23.2채용>

전략지향적 경찰활동 (Strategic-Oriented Policing)	경찰이 전통적인 관행과 절차를 이용하여 **확인된 문제 지역에 대한 그들의 자원을 재분배하는 것**이다. 즉, **치안수요가 많은 시간대나 장소에 많은 경찰력을 배치하는 방식**으로 최소한의 자원을 투입하여 최대한의 범죄나 무질서를 예방하는 효과를 거두는 활동을 강조한다.[♣지역사회경찰활동이다.(×)→23년 기출]<20.1·23.2채용> ※ 20년에 지역사회 경찰활동의 내용으로 출제하였다가 23년에는 지역사회 경찰활동의 내용이 아닌 것으로 출제된 바 있다. 논란이 있는 상대적인 문제로 풀이도 상대적으로 해야한다.

(I) **J. Skolnick의 기본(구성)요소** — 지역사회 경찰활동의 4가지 기본요소[♣윌슨(W. Wilson)과 사이먼(H. A. Simon) 이 연구(×)]<21경간>

① **지역사회에 기초한 범죄예방활동** : 지역사회에 기초한 범죄예방활동으로, 지역사회의 비공식적 통제 능력을 향상시킨다.<12경감>

② **주민에 대한 경찰의 책임성을 중시(경찰책임의 증대)** : **경찰의 자율성·창의성이 더욱 중요하게 부각**된다.[♣범죄예방에 대한 주민책임 중시(×)][♣지역주민과 관련된 경찰의 책임 강화(○)]<12경감>

   ㉠ 범인검거에만 중점을 두는 것이 아니라 어린이, 노인, 무주택자, 장애자와 같은 사회적 약자를 보 호하고 생활을 지원하는 등 지역주민의 전반적인 생활의 질 향상을 위한 임무를 수행

      예 경찰일선에서 추진하는 독거노인 보호 등 **소외계층 보호활동**은 이러한 지역사회경찰활동에 해당

③ **일반서비스 제공을 위한 순찰활동(순찰활동의 개선)** : 주민에 대한 일반서비스 제공을 위한 순찰활 동으로의 **방향전환(차량순찰에서 도보순찰로 전환)**[♣112차량순찰 위주로 전환(×)]<12경감>

   ※ **범죄 이외의 문제도** 중요한 경찰업무로 **취급**한다.<09채용>

④ **권한 분산(명령의 분권화)** : **정책결정과정에서 주민참여를 포함한 권한의 분산화**가 필요하다.[♣일 선 경찰관에 대한 감독자의 지휘 통제가 강조(×)]<07경간·12경감·20.1채용>

   [☺지역사회를 책임지고 서비스하는 분]

(2) **방안**

① **지역주민과의 유대 강화** : 지역주민과 **유대관계를 긴밀히** 하여야 하고, 심각한 범죄에 대한 신속하 고 효과적인 대응보다는 **지역사회와의 밀접한 상호작용에 가치**를 둔다.<16승진> [☺유대 분 특성]

   ㉠ 경찰은 지역사회의 일원이어야 하며, 지역주민과의 신뢰관계 회복으로 치안의 영역으로 지역주민 을 적극적으로 유인하여야 한다.<07승진>

   ㉡ **타 기관과**는 권한과 책임 문제로 인한 갈등구조가 아닌 지역사회 문제해결의 공동목적 수행을 위한 **협력구조**를 이룬다.<20.1채용>

② **분권화** : 대민접점 경찰관에게 많은 재량이 부여되어야 한다.[♣권한의 상급부서 집중(×)]<16승진>

   ㉠ **일선 기능 활성화** : 지휘·통제를 대폭적 축소하여, 경찰서나 지구대 기능의 활성화를 이루는 '조 직의 개편', 즉 경찰조직의 개혁이 필수적 전제가 된다.<02승진>

   ㉡ **권한이양의 효과** : 자율성 확대, 초기 대응능력 강화, 사기의 제고, 부패의 감소

③ **지역특성에 맞는 조직과 활동 필요** : 각 경찰서의 신축적 운영과 **지역의 특성에 맞는 조직과 활동이 이루어져야** 한다.<16승진>

   ㉠ 규정보다는 현장위주의 실정에 맞는 경찰활동이 요구된다.

   ㉡ 지역담당 경찰관(Community policing officer)의 활용이 필요하다.

   ㉢ **지역사회 문제의 엄밀한 분석** : 지역사회 경찰활동(범죄예방활동)을 위해 가장 선행되어야 할 사 항은 지역사회 문제에 대한 엄밀한 분석이다.

정리 **미국의 지역사회 범죄 예방활동**<07 · 09채용>

Head Start Program	미국의 빈곤계층 **아동들을 적절한 사회화 과정**을 거치게 함으로써 장차 범죄를 저지를 수 있는 잠재성을 감소시키려는 **교육 프로그램**
Crime Stopper Program (범죄해결사)	미국에서 범죄에 관한 정보를 가지고 있는 주민이 신고할 수 있도록 동기부여를 하기 위해 **현금보상**을 실시하는 범죄정보 보상 프로그램
Diversion Program	비행을 저지른 소년이 주변의 낙인 영향으로 심각한 범죄자로 발전하는 것을 방지하기 위하여 형사 사법적 제재를 가하지 않고 **지역사회의 보호 및 관찰로 대치**하여 범죄를 예방하려는 프로그램
National Alliance of Businessmens JOBS Program	미국 정부와 민간단체에서 전국적으로 전개하는 **직업 기회제공** 프로그램으로 비행소년이나 비행에 빠질 가능성이 높은 청소년을 대상으로 직업 훈련 · 재정지원 · 교육 · 취업알선을 하는 프로그램
Take A Bite out of Crime (범죄분쇄방안)	**개를 심벌**로 등장시켜 가상 범죄 상황을 보여주고 유사한 상황에 처한 시청자가 취해야 할 적절한 행동을 가르쳐 주는 형식으로 구성된 언론의 범죄예방 캠페인

참고 **영국의 지역사회 범죄예방활동**<07승진>

safer city Program ➡ 지역사회발전 프로그램을 통한 사회환경 개선으로 범죄의 원인을 제거하려고 하는 영국의 안전도시운동이다.

(3) 효과

단기	① 주민의 책임의식과 주민에 의한 범죄통제 증가
	② 경찰과 지역사회간의 **협력 및 상호작용의 증가**[♣장기 효과(×)]<04승진>
장기	① 범죄(특히 **강력범죄**)의 **감소**<04승진>
	② 범죄에 대한 **두려움 감소**
	③ 주거지역 **생활환경 향상**<04승진>
	④ 통합과 **비공식적 사회통제의 증대**<04승진>

① **전통적인 경찰활동과 지역사회 경찰활동비교(Sparrow 1988)**<05·09·20승진·11·13·14경간·20.1·22.1채용>

구분	전통적인 경찰활동	지역사회 경찰활동
누가 경찰인가? (책임소재)	법집행 책임 있는 유일한 정부기관은 경찰<22.1채용>	**경찰과 시민 모두에게 범죄방지의무(책임)**가 있음.<13·14경간·23.1채용> (경찰이 시민이고, 시민이 경찰)<22.1채용>
경찰책임의 핵심적 특징?	주로 규칙과 규정에 따라 활동하고 **정책이나 법에 대해 책임**이 있다.	조직의 **가치를 바꾸거나 향상**시키는 것
역할	범죄해결 우선(법집행자, 범죄해결자)	**질서문란요인** 등, 보다 포괄적이고 근본적인 문제해결과 **상황적 범죄예방**(서비스제공자, 연락관)<05·09승진·09채용>
활동대상	**범죄사건**	주민의 문제와 걱정거리<09채용>
중요정보	**범죄정보**(특정범죄 또는 일련의 범죄와 관련되는 정보)<22.1채용>	**범죄자에 대한 정보**(개인 또는 집단의 활동사항 관련 정보)<22.1채용>
평가기준	**범인 체포와 검거율**<09승진·09채용>	**범죄나 무질서의 감소율**(얼마나 적은가?)[♣범인 검거율(×)]<11·13·14경간·20.1·23.1채용>
기소를 어떻게 생각하는가?	경찰활동의 **중요한 목표**	많은 경찰활동 중 **하나의 도구**이다.
효율성 판단	범죄신고에 대한 경찰의 반응시간<13경간·22.1채용>	**주민의 경찰업무에 협조도**[♣범죄 신고에 대한 출동시간(×)]<13·14경간·20승진·22.1·23.1채용>
경찰 전문주의는 무엇인가?	심각한 범죄에 대한 신속하고 효과적인 대응	지역사회와 밀접한 상호작용
서비스 요청에 대한 대응	해야 할 경찰업무가 없는 경우 대응할 수 있다.	경찰업무의 중요한 기능이자 기회이다.(적극성)
업무 우선순위	범죄와 폭력의 퇴치	지역사회를 방해하는 모든 문제들
조직구조	경직·집중된 구조	분권화된 구조
타 기관 관계	종종 갈등	협력구조(삶의 질 향상시킬 책임 있는 공공서비스 기관 중 하나)
언론접촉부서의 역할·기능	현장 경찰관에 대한 비판여론 **차단**<22.1채용>	지역사회와의 원활한 **소통** 창구<22.1채용>
강조점	집중화된 조직구조, 법과 규범에 의한 규제, **법을 엄격히 준수하는 책임을 강조**	지역사회의 요구에 부응하는 **분권화된 경찰관 개개인의 능력을 강조**<13·14경간>

참고 우리나라에서의 지역사회 경찰활동 사례

㉠ 자율방범대
㉡ 시민경찰학교 운영
㉢ 생활안전협의회 운영
㉣ 파출소 제도 및 민원담당관 제도의 운영
㉤ 청소년 범죄예방활동 : ① 범죄예방교실, ② 사랑의 교실, ③ 명예경찰 포돌이·포순이 소년단

6. 톤리와 패링턴(tonry & Farrington)의 범죄예방 전략<23.2채용>

발달적 범죄예방	범죄로 진행될 위험요인을 차단하고 보호요인을 증대시키기 위해 **생의 초기에 개입**하는 것이다. 범죄로 진행될 위험요인으로는 **개인적 요인, 가족요인, 학교요인, 또래요인, 지역사회 요인 등으로 분류**된다. ㉠ 경찰서의 여성청소년 담당부서에서 운영하고 있는 **학교전담경찰관**(Spo)은 학교에 배치되어 **학교폭력예방교육 등 학교폭력 관련 예방과 가해학생 선도 등 사후관리** 역할을 담당하고, **학대예방경찰관**(Apo)은 **미취학 혹은 장기결석 아동에 대해 점검**하고 학대피해 우려가 높은 아동에 대해 지속적으로 **모니터링을 실시**함으로써 아동학대의 위험성을 감소시키고 아동의 안전 등을 확인하는 역할을 담당하고 있다.<23.2채용>
상황적 범죄예방	상황적 범죄예방의 특징으로는 ① **매우 구체적인 범죄 형태를 대상**으로 하고 ② 가능한 **체계적이고 장기계획적인 방법**으로 직접 환경을 관리, 기획, 조정하고자 하며 ③ **범죄기회를 감소**시키고 여러 부류 **범죄자의 지각된 위험도를 증진**시키고자 한다. ㉠ 여성 1인 가구 밀집지역에 대한 **경찰순찰을 확대**함으로써 공식적 감시기능을 강화하거나 혹은 **아파트 입구 현관문에 반사경을 부착**함으로써 출입자의 익명성을 감소시켜 범행에 수반되는 발각 위험을 증대하기 위한 조치를 취하고 있다.<23.2채용>
법집행을 통한 범죄예방	**처벌을 통한 범죄억제**를 효과적으로 하기 위해서는 **처벌의 엄격성, 확실성, 신속성**이. 라는 세 가지 요소가 필요하다. ㉠ 위법행위에 대한 **단속을 강화**하는 무관용 경찰활동을 지향함으로써 **처벌의 확실성을 높여** 범죄를 억제하고 노력하고 있다.<23.2채용>

IV. 범죄 피해자학

(1) 범죄피해자학 : 피해자를 연구대상으로 한 현대적 범죄학

Garofalo (1914)	범죄피해자가 다른 사람으로 하여금 **공격하도록 유발시킬 수**도 있다고 언급하였다.<13경간>
B. Mendelshon (1956)	1940년대 **강간피해자 연구**를 통해 '범죄피해자의 유형론'을 제시하였다.<13경간>
H. Von Hentig (1948)	범죄피해자의 특성을 중심으로 한 피해자의 계층과 **범죄에 대한 취약성을 증대시키는 인성과의 관계**를 통해 피해자의 역할에 대해 서술한 '범죄자와 피해자'를 저술하였다.<13경간>

(2) 범죄예방의 전통적 이론이 범죄자를 연구대상으로 하였으나 피해자에 대한 연구 없이는 충분한 범죄연구라고 보기 어렵다.

① B. Mendelshon(1956)은 1940년대 강간피해자의 연구를 통해 범죄피해자 유형론을 제시하였다.

피해자 유형(Mendelshon)	내 용
완전히 책임 없는 피해자	순수한 피해자(무자각 피해자) 예 영아살해에 있어 영아, 약취유인된 유아
책임이 조금 있는 피해자	무지에 의해 책임이 적은 피해자 예 무지에 의한 낙태여성, 인공유산시도중 사망한 임산부
가해자와 **같은 정도의 책임** 있는 피해자	자발적인 피해자 예 **촉탁살인에 의한 피해자**[♣자신의 부주의로 인한 피해자(×)]<13경간>, 자살미수 피해자, 동반자살 피해자
가해자보다 더 책임이 있는 피해자	피해자의 행위가 범죄자의 가해행위를 유발시킨 피해자 예 자신의 부주의로 인한 피해자, 부모에게 살해된 패륜아<13경간>
가장 책임이 높은 피해자	공격을 가한 자신이 피해자가 된 피해자 예 정당방위의 상대자가 되는 공격적 피해자, 무고죄의 범인같은 기만적 피해자

② H. Von Hentig(1948)는 그의 저서 '범죄자와 피해자'를 통해 범죄피해자의 특성을 중심으로 한 피해자 계층과 범죄에 대한 취약성을 증대시키는 인성과의 관계를 통해 피해자의 역할에 대해 서술한 바 있다.

(3) 초기단계에는 피해자의 범죄기여에 초점을 두었으나 현대에는 피해자의 보호에 더 많은 관심을 두면서 범죄발생의 요인을 피해자의 특성에서 찾으려는 노력이 전개되고 있다.

MEMO

MEMO

MEMO

한상기

약력

- 경찰대학 졸업
전) 서울 중부 형사 · 수사반장
전) 서울지방경찰청 상황실장
전) 경찰청 순경공채시험 출제위원(동작교육청 인증)
전) 중앙경찰학교 교수
전) 수사보안연수원 외래교수
전) 유원대학교 협력교수
전) 노량진 우리경찰, 이그잼, 메가스터디, 해커스 경찰학개론 전임
전) 연성대학교 경찰학 겸임교수
현) 박문각(남부) 경찰학원 경찰학 전임

한쌤
경찰학 총론
기본 이론서

초판 인쇄 | 2024. 3. 4.   **초판 발행** | 2024. 3. 8.   **편저** | 한상기
발행인 | 박 용   **발행처** | (주)박문각출판   **등록** | 2015년 4월 29일 제2015-000104호
주소 | 06654 서울시 서초구 효령로 283 서경 B/D 4층   **팩스** | (02)584-2927
전화 | 교재 문의 (02)6466-7202

저자와의
협의하에
인지생략

이 책의 무단 전재 또는 복제 행위를 금합니다.

정가 38,000원
ISBN 979-11-6987-829-6
      979-11-6987-828-9(세트)